湖南省煤业集团志

（2006—2022）

上册

《湖南省煤业集团志》编纂委员会　编

应急管理出版社

·北　京·

图书在版编目（CIP）数据

湖南省煤业集团志. 2006—2022：上下册/《湖南省煤业集团志》编纂委员会编. --北京：应急管理出版社，2024
ISBN 978-7-5237-0522-3

Ⅰ.①湖… Ⅱ.①湖… Ⅲ.①煤炭工业—企业集团—概况—湖南—2006-2022 Ⅳ.①F426.21

中国国家版本馆CIP数据核字（2024）第084204号

湖南省煤业集团志（2006—2022） 上下册

编　　者 《湖南省煤业集团志》编纂委员会
责任编辑 武鸿儒　杜　秋　尹燕华　杨晓艳　李景辉
编　　辑 贾　音　康嘉焱
责任校对 赵　盼　李新荣　孔青青
封面设计 安德馨

出版发行 应急管理出版社（北京市朝阳区芍药居35号　100029）
电　　话 010-84657898（总编室）　010-84657880（读者服务部）
网　　址 www.cciph.com.cn
印　　刷 北京盛通印刷股份有限公司
经　　销 全国新华书店

开　　本 880mm×1230mm 1/16　**印张** 57 1/4　**插页** 20　**字数** 1740千字
版　　次 2024年5月第1版　2024年5月第1次印刷
社内编号 20240319　　**定价** 398.00元

《湖南省煤业集团志》
编纂委员会

《湖南省煤业集团志》
编委办公室（编辑部）

主　　任　涂湘明

成　　员

总部部室主要负责人

唐小龙　匡　蓉　杨瑞美　严华平　廖自然　王亮山
谢海燕　蒋　晟　黄有文　蒋勇军　李明春　李永富
艾广生　唐宇龙

所属单位主要负责人

杨光军　谭景茂　周才标　龙正松　伍玉君　李冬明
潘锡辉　袁振华　何小武　李小全　尹清文　周国荣
禹太楚　梁　铁　刘　文　赵正稳　肖国圣　樊伍即
梁成交　刘建军　李和平　裴凯雄　陈红文　石武军
王勖荣　陈久良　李梅发　宋齐国　王明智　阳忠义
张俊杰　彭永湘　陈桂龙　揭志文　李界宏　孙朝晖
周向志　李由顺　陈秋华　梁瑞虎　龙建军　王福全
彭伯雄　郭建铁　黄奂果　许亚兵　李如顺　王占虎
聂秋洪　刘建伟　李超群　敬贵华　周建辉　蒋勇平
邓建长　叶知源　向　毅　刘　琪　刘嘉玲　李　超
刘英杰　刘学服　陈红斌　徐东方　黄海清　李新良
严晓湘　熊菊芳　卢建伟　刘　乐　周秋生　康忠辉
李运来　谢攸松　王纲要　钟　元　彭　猛　李文军
邓世瑜　谢申南　丁治军　赵树良

编辑部办公室

主　　任　童建良

执行编辑　邹跃平

编　　辑　苏艳燕　邱发亮　蒋兴华　蒋明华　谢喜荣　王庚如
刘尚初　鲁炳元

主要参与人员

袁振戎　彭　蔚　张　静　李　瑾　龙志强　周小勇
夏隆哲　刘　娟　龚晓芬　李元昊　刘俊明　许　隽
肖思慧　肖智望　严　磊　肖群耀　唐晓梅　吕爱清
胡祥芸　皮露露　谢　艳　刘　思

2006 年 6 月 19 日，湖南省煤业集团有限公司正式挂牌

2013 年 6 月，湖南省煤业集团有限公司办公楼投入使用

领导关怀

2006 年 4 月 25 日，湖南省委书记张春贤（前排右一）到湘煤集团金竹山公司塘冲煤矿调研

2008 年 6 月 19 日，湖南省委副书记梅克保（前排左一）出席湖南省煤业集团有限公司成立二周年庆典暨劳动模范表彰会

2011年1月12日，湖南省委书记、省人大常委会主任周强（前排中）到湘煤集团华磊光电公司调研

2012年5月30日，湖南省委常委、长沙市委书记陈润儿（中）到湘煤集团华磊光电公司调研

2012 年 7 月 17 日，湖南省委常委、统战部部长李微微（前排左一）到华磊光电公司调研

2013 年 4 月 5 日，湖南省委副书记、代省长杜家毫（前排右一）到华磊光电公司调研

2013 年 6 月 8 日，湖南省委书记徐守盛与湖南省第四届技能大师、湖南省第十一届技术能手胡文胜亲切握手

2016 年 5 月 6 日，湖南省委组织部、省国资委主持召开湖南省煤业集团有限公司干部大会。经省委研究决定，廖建湘任湖南省煤业集团有限公司董事长，罗瑞锋任湖南省煤业集团有限公司党委书记

2016 年 12 月 23 日，湖南省委副书记乌兰（右二）到华磊光电公司调研

2017 年 2 月 17 日，湖南省副省长杨光荣（前排右二）到湘煤集团周源山煤矿督查安全生产工作

2017 年 4 月 11 日，国家安监总局副局长李兆前（前排左一）在周源山煤矿督查安全生产工作

2017 年 4 月 12 日，湖南省委常委、省国资委党委书记胡衡华（前排右一）在湘煤集团华磊光电公司调研

2017 年 8 月 24 日，国家安监总局副局长、国家煤矿安监局局长黄玉治（前排左二）率国务院安委办第四督导组到湘煤集团嘉禾矿业公司督导安全生产。湖南省副省长杨光荣（右二）陪同

2018 年 2 月 11 日，湖南省委副书记、省长许达哲（右二）到牛马司矿业公司调研慰问

2019 年 1 月 2 日，湖南省委常委、省国资委党委书记张剑飞（左二）到集团公司慰问困难职工、检查安全生产、调研指导工作

2019 年 1 月 13 日，湖南省副省长陈飞到湘煤集团红卫矿业公司龙家山煤矿督查安全生产、慰问矿工并现场办公

2019 年 12 月 11 日，国家煤矿安全监察局副局长桂来保（左二）到金竹山矿业公司检查指导工作，深入土朱煤矿井下督查安全生产

2020 年 6 月 11 日，湖南省委常委、省国资委党委书记姚来英（左一）到集团公司调研指导企业改革发展、党的建设、安全生产、经营管理工作

2021 年 9 月 24 日，湖南省人大常委会副主任、省总工会主席周农（右二）到集团公司调研指导职工队伍建设和企业文化建设工作，以及企业落实“三高四新”战略，促进转型升级和高质量发展工作

2022 年 1 月 22 日，湖南首家“智慧矿山”在周源山矿业公司建成，湖南省副省长、省国资委党委书记陈飞出席启动仪式并按下“智慧矿山”运行启动键

党建活动

2016年6月30日，集团公司召开纪念建党95周年暨集团公司成立10周年总结表彰大会。集团公司董事长廖建湘在会上作《着力推进“和谐湘煤、廉洁湘煤、高效湘煤”建设构建企业改革发展稳定基石》的讲话，首次全面阐述“三个湘煤”建设

2017年5月27日，集团公司党委召开视频会议，全面部署推进“两学一做”学习教育常态化制度化工作

2019 年 9 月，集团公司总部机关党委开展“不忘初心，牢记使命”主题教育培训学习活动

2019 年 11 月 5—6 日，集团公司召开中国共产党湖南省煤业集团有限公司第一次代表大会

2019 年 11 月 6 日，第一次党代会选举产生了第一届党委班子成员：党委书记廖建湘（中），党委副书记文仕秋（右四）、杨洁（左四），党委委员罗和平（右三）、张小雁（左三）、贺灿星（右二）、胡瑞连（左二）、王群伟（右一）、曹建书（左一）

2022 年 12 月 26 日，集团公司党委班子成员合影。党委书记廖建湘（中），党委副书记胡瑞连（右四）、文仕秋（左四），党委委员罗和平（右三）、张小雁（左三）、贺灿星（右二）、王群伟（左二）、曹建书（右一）、饶高（左一）

2020 年 7 月 7 日，集团公司、股份公司领导赴慈利县溪口镇红军树广场开展主题党日活动

2021 年 3 月，集团公司在韶山召开党史学习教育动员大会暨第一次专题学习

2021年7月1日，集团公司庆祝中国共产党成立100周年暨先进表彰大会在长沙举行

2022年10月16日上午，集团公司组织集中收看党的二十大开幕会

2022年10月28日，集团公司基层党建工作现场交流会在资兴实业公司召开

企业发展

2009年6月19日，湖南黑金时代股份有限公司成立。湖南省副省长刘力伟（前排左三），国家煤矿安全监察局副局长彭建勋（前排右三），中国煤炭工业协会副会长孙之鹏（前排右二）出席成立庆典仪式

2009年3月，在集团公司控制的新疆沙尔湖煤田第四勘探区内，钻孔见煤厚度达151.34米

2009 年 8 月，华磊光电公司新建厂房投产

2010 年 9 月 27 日，铜角湾煤矿改扩建工程联合试运转成功

2010 年 12 月 10 日，周源山煤矿引进 ZY3400/12/28 型重型掩护液压支架，在 22110 工作面建设综采综掘综合配套工程，成为湖南第一家大型综采工作面

2011 年 5—7 月，湘永矿业公司接受并完成集团公司与三一重工联合研制开发钻装机工业性试验，为南方煤矿掘进机械化提供第一手实用资料

2017 年 9 月，周源山矿业公司揭牌

2018 年 3 月，湖南楚湘建设工程集团有限公司举行挂牌成立庆典

2018 年 5 月 18 日，湖南省国资委购电、售电企业对接座谈会在集团公司召开

2020 年 1 月，湖南楚湘建设工程集团有限公司走出国门，承建越南冒溪煤矿项目

2020 年 6 月 28 日，湖南煤业股份有限公司举行揭牌仪式。“湖南黑金时代股份有限公司”更名为“湖南煤业股份有限公司”

2021 年 4 月，岳阳铁水集运码头项目一期工程开工建设，2023 年 5 月投入运营

2022 年 1 月 26 日，湖南省煤炭大数据中心煤炭交易平台上线启动仪式举行

2022 年 7 月 31 日，白沙光伏二期项目顺利全容量并网

2022 年 8 月 4 日，集团公司与岳阳市人民政府就湖南岳阳铁水集运煤炭储备项目共同签署战略合作协议

2022 年 11 月 26 日，湖南岳阳铁水集运煤炭储备项目推进暨储备基地工程（一期）在岳阳开工

企业风貌

2017 年 5 月 16—17 日，湘煤集团首届红五月“我创造，我光荣”职工运动会在集团总部举行

2017 年 6 月 30 日，集团公司举行“放歌七月 燃情湘煤”庆祝中国共产党诞辰 96 周年文艺汇演

2018 年 11 月，棚户区改造项目——白沙佳苑小区竣工并交付使用，新建住宅 188 栋，5791 套。职工喜迁新家，安居乐业

2019 年 5 月 13 日，集团公司荣获 2016—2017 年度全国煤炭工业先进煤矿、优秀矿长的代表与中国煤炭工业协会会长王显政（左三）合影

2019 年 6 月，集团公司举办“迎国庆 颂党恩 湘煤情”歌咏汇演

2019 年 6 月 10 日，集团公司中层干部 MBA 课程培训班在湘煤培训中心举行

2020 年 1 月，集团公司党委书记、董事长廖建湘督导督查新冠疫情防控工作

2020 年 9 月 16 日，集团公司党委书记、董事长廖建湘与湖南省张家界市慈利县县委书记邱初开共同种植三王村扶贫攻坚纪念树“香梅”

2020 年 11 月 18 日，集团公司党委书记、董事长廖建湘当选为中国煤炭工业协会副会长，并与中国煤炭工业协会会长梁嘉琨（左二）及其他新当选的副会长合影

2021 年 9 月，集团公司举行第五届“国庆杯”职工篮球赛，图为资兴赛区现场

2022 年 2 月，集团公司领导在马田矿业公司开展春节节后复产安全大检查

2022 年 7 月 10 日，集团公司荣膺“赖永兴”杯第十六届湖南省直单位篮球赛冠军

从 2020 年启动绿色矿山建设到 2022 年 12 月，全集团累计投资 3 亿多元，加大对环境治理和绿色矿山建设，图为南阳矿业公司

企业荣誉

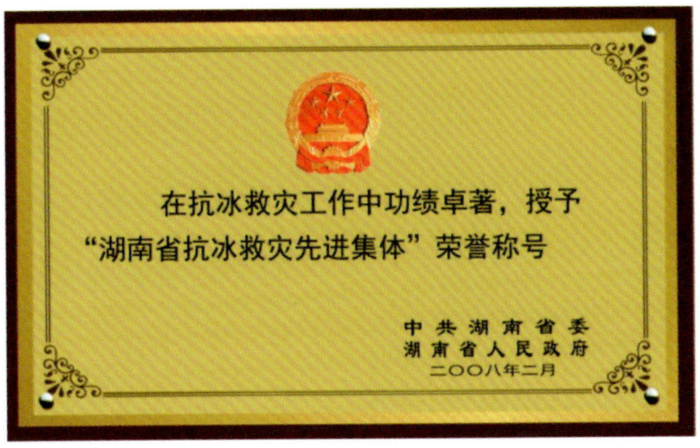
在抗冰救灾工作中功绩卓著，授予
“湖南省抗冰救灾先进集体”荣誉称号
中共湖南省委
湖南省人民政府
二〇〇八年二月

全国“安康杯”竞赛优胜企业
中华全国总工会
国家安全生产监督管理总局
二〇〇九年一月

2008年湖南省调煤保电
先进集体
湖南省人民政府
二00九年二月

2010年度安全生产工作
先进单位
中共湖南省委
湖南省人民政府
二0一0年十二月

煤炭行业人力资源工作
先进单位
中国煤炭工业协会
二〇一〇年十一月

全省国有企业创先争优活动
先进单位
中共湖南省国资委委员会
二0一二年六月

2012年湖南省保障性安居工程工作
优秀单位
湖南省人民政府
二〇一三年二月

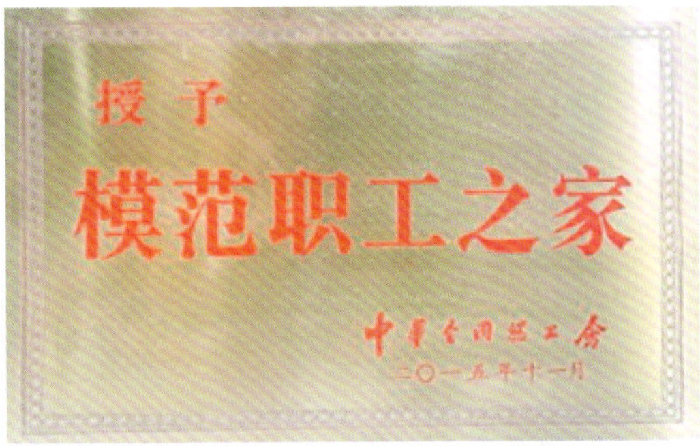
授予
模范职工之家
中华全国总工会
二〇一五年十一月

2017年度湖南省综治工作
先进单位
中共湖南省委
湖南省人民政府
二〇一七年十二月

湖南省煤业集团有限公司
二〇一八年度
企业文化建设先进单位
中国企业文化建设峰会组委会
二〇一八年十一月

全国煤炭工业社会责任报告发布
优秀企业
中国煤炭工业协会
2019年5月

2020年中国煤炭工业协会先进会员单位
统计工作先进单位
中国煤炭工业协会
二〇二〇年十月

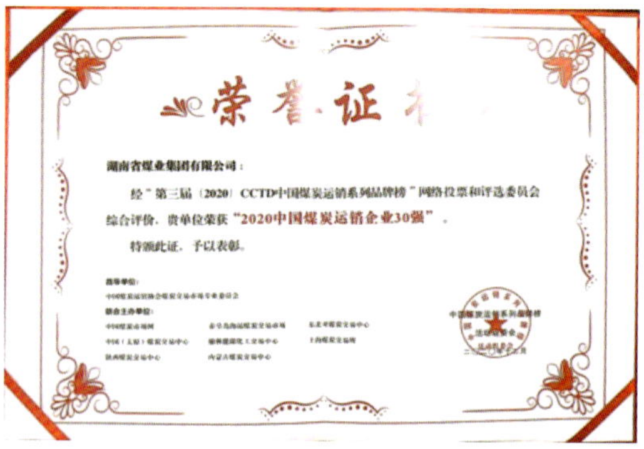
荣誉证
湖南省煤业集团有限公司：
经"第三届（2020）CCTD中国煤炭运销系列品牌榜"网络投票和评选委员会综合评价，贵单位荣获"2020中国煤炭运销企业30强"。
特颁此证，予以表彰。

全国煤炭工业
先进集体
人力资源社会保障部
中国煤炭工业协会
二〇二一年三月

2017—2022年，集团公司篮球队连续获得第十一届、十二届、十三届、十四届、十五届、十六届湖南省直属单位篮球赛企业组一等奖

2019年12月荣获（首届）中国职工沙滩运动会3×3篮球赛第一名

2023 年 6 月 27 日，集团公司召开《湖南省煤业集团志》编纂工作启动大会

2024 年 1 月 5 日，集团公司召开《湖南省煤业集团志》评审会，图为评审组专家与志书编纂人员合影

序

习近平总书记喜欢读志、善于用志、重视修志，曾就修志工作发表一系列重要论述，为我们修志工作指明了方向、提供了遵循。

2023年，是湖南省煤业集团成立的第17个年头，我们组织编纂《湖南省煤业集团志》，目的是全面系统记述集团公司组建以来发生的历史性变化、取得的历史性成就，从中总结经验教训，挖掘精神富矿，凝聚向上向善力量，推动集团公司在新时代新征程实现高质量发展。

回望历史烟云，湖南煤矿的开采史，就是一部风云激荡的变革史，就是一部战天斗地的奋斗史，就是一部激情燃烧的创业史。“十步之内，必有芳草。”1926年8月，中共湘西特委在牛马司成立煤矿产业工会，党的组织在湖南煤矿落地生根，党的活动在湖南煤矿蓬勃开展。在新中国成立初期，为缓解国家北煤南运困局，一座座井架在湖南拔地而起，一代代英雄矿工搏击煤海、开采光热，掀起了社会主义建设热潮。改革开放以来，以“三局”“三矿”为代表的湖南煤矿逐步发展壮大，为湖南经济社会发展作出了突出贡献。

细数一路风雨，“做湖南能源保障主平台”的初心和使命不改。2006年6月，由中央下放至湖南的涟邵矿业集团、白沙煤电集团、资兴矿业集团以及省属长沙矿业集团、湘潭矿业集团、辰溪煤矿重组设立湖南省煤业集团，从此湖南煤炭工业开启了崭新篇章。

党的十八大以来，特别是2016年新班子到任以来，我们自信自强、守正创新、踔厉奋发、勇毅前行，集团公司实现了由“绝境求生、奋力自强”到“全面提升、彰显价值”的跨越式发展，向省委省政府和广大干部职工交出了一份满意的答卷。

我们坚持安全发展，托牢安全底板。持续推进智慧矿山、绿色矿山建设，安全基础进一步夯实，不断向着本质安全的目标迈进。

我们顺势求变，推进改革发展。从“韶山会议”到国企改革三年行动，再到国企改革深化行动，集团公司从泥淖中向上爬升，由濒临崩溃到重回正轨，一度弯曲的脊梁重新挺立，并用实践证明“湖南经济社会发展需要煤，离不开煤，也就需要湘煤，离不开湘煤”。

我们精细管理，提高运行质效。2018—2022年，连续五年收入破百亿元，行业排名稳定在40位左右，在全国煤炭行业的地位和影响力不断提升，已成为南方煤企的重要代表和标杆。

我们强基提能，狠抓企业党建。毫不动摇地坚持和加强党的领导，建设“三个湘煤”，打造“三个共同体”，积极倡导“统信为”的企业行为准则，大力弘扬“取向正、全力拼”“无奋斗不湘煤”的新湘煤精神，形成了良好的政治生态和干事创业的浓厚氛围。

我们厚泽民生，履行社会责任。坚持“共生共赢共和共享”的发展理念，职工薪酬稳步提升，棚改建设圆了数万矿工的安居梦；助力脱贫攻坚，接续乡村振兴重任，在慈利县三王村书写了新时代的“山乡巨变”；服从服务全省大局，落实结构化保供任务，积极参与事故救援，充分发挥了国企“顶梁柱”“顶得住”作用。

展望美好未来。“十四五”期间，我们将坚守“为我省‘三高四新’战略实施贡献湘煤力量，为湖南经济社会发展能源供给安全保障贡献湘煤力量，为满足全体湘煤人对美好生活的追求进一步建设好我们共有的精神和物质家园”的三大任务。到2025年末，力争实现煤炭产销量3000万吨/年，接近全省需求的1/3，年营业收入达到260亿元，利润总额超15亿元，为“百年湘煤”打下坚实的基础。

以史为鉴可以知兴替。《湖南省煤业集团志》堪称湘煤之全史、集团之百科全书。集团公司各级党组织要认真组织好学志、传志、用志，从中汲取智慧和力量，关注当下展望未来，充分发挥其存史、资治、育人的功能，助力将集团公司打造成在全国具有较大影响力的能源产业投资控股集团。

盛世修志，古已有之。为编纂《湖南省煤业集团志》，编纂人员怀着强烈的事业心和使命感，广征博采，梳理辨析，反复推敲，数易其稿，付出了艰苦的劳动，洒下了辛勤的汗水，做出了有价值的贡献，可谓是受托当代、未负前驱、无愧后辈。《湖南省煤业集团志》的编纂成功，不仅凝聚了编写人员的智慧和心血，也离不开中国煤炭工业协会领导和专家的大力指导和帮助。在此，我谨代表湖南省煤业集团向所有参与、关心和支持本志编纂的领导和同志们表示最衷心的感谢！

是为序。

湖南省煤业集团有限公司
党委书记、董事长

凡　　例

一、本志以马列主义、毛泽东思想、邓小平理论、“三个代表”重要思想、科学发展观、习近平新时代中国特色社会主义思想为指导，坚持辩证唯物主义和历史唯物主义，客观记述史实，力求思想性、科学性和资料性的统一，力求体现时代特点和湘煤特色。本志较为完整地记述企业改革发展的历史，为集团公司全面发展提供借鉴。

二、《湖南省煤业集团志》（2006—2022）时间断限为2006—2022年。为了记述的完整性，部分内容记述有所上溯。

三、本志书采用述、记、志、图、表、录等体裁，以志为主。图、表除文前彩页部分外，大多根据编写内容随文设置。各种体裁互相配合，从不同侧面反映客观事物的统一性和多样性。

四、本志结构基本分为篇、章、节、目四个层次。遵循“事以类从，类为一志”的原则，横排门类，纵述史实。本志卷首设序言、凡例、概述、大事记，后面依次设置公司治理、煤炭产业、非煤产业、安全生产、环境保护、改革改制、经营管理、科技与信息化、企业文化、中国共产党组织、工会与共青团共十一篇，人物与荣誉、单位简介不设篇，卷末设附录和编纂始末。

五、本志采用现代汉语，用第三人称记述。概述、大事记纵横结合，总揽全志。概述以叙为主，叙议结合。大事记以编年体为主，兼以记事本末体。为了较完整地把握事物的发展脉络和全貌，篇下大多设置无题序。

六、“人物简介”主要记述集团、股份公司高管层成员。全国“五一劳动奖章”获得者、全国煤炭工业劳动模范、湖南省劳动模范、湖南省“五一劳动奖章”获得者、全国人大代表、湖南省政协委员、历任集团（股份）公司总部部门负责人、各类高级专业技术人员，列入相关人物简介、名录中，有的采用“以事系人”的方式，散记于相关篇章中。“荣誉”部分记载了获得集团公司及以上荣誉的单位和个人。

七、凡人物直书其名，必要时冠以职务。地名、单位名称以事件发生时的名称为准。因机构改革等原因有改变的在不同时间有不同表述。机构、团体、会议名称等首次出现用全称，括注简称，其后出现均用简称。

八、有关数据，采用财务、统计部门编发的资料和报送上级机关、部门或有关会议公布的资料。计量单位执行《中华人民共和国法定计量单位》标准。行文执行修志惯例，专业技术术语按照全国煤炭行业有关规定执行。

九、本志资料采自集团公司档案室的档案、总部机关各部（室）和集团公司下属各单位提供的资料，同时参考有关报刊、书籍，经考证核实后收录。图片多为集团公司展览、画册、报刊、文化丛书、网站等采用的照片，文中不再注明出处。

目 录

上 册

第一篇 公司治理

第二篇 煤炭产业

第三篇 非煤产业

第四篇 安 全 生 产

第五篇 环 境 保 护

第六篇 改 革 改 制

下　　册

第七篇　经　营　管　理

第八篇　科技与信息化

第九篇 企业文化与社会责任

第十篇 中国共产党组织

第十一篇 工会和共青团

人物与荣誉

单位简介

附 录

概　　述

一

湖南省煤业集团有限公司（以下简称“集团公司”）是一个有着百年历史和深厚文化底蕴的企业，经过了几代煤矿人的艰苦奋斗。2006 年，湖南省委省政府为确保全省能源安全，将中央下放湖南省管的涟邵矿业集团、资兴矿业集团、白沙煤电集团以及省属长沙矿业集团、湘潭矿业集团、辰溪煤矿重组设立集团公司，属省管国有大型企业。2016 年 5 月以来，集团公司新一届领导班子到任后，确立了建设“和谐、廉洁、高效”湘煤，打造“责任、感情、利益”共同体的全新企业理念，重新明确了“做湖南能源保障主平台”的战略定位和“打造以能源产业为依托、有限多元，产业经营和资本运营融合发展的大型能源投资控股集团”的战略目标，进一步明确了煤炭开采、储备、贸易及综合利用（核心主业），矿山建设、智慧矿山装备制造及工程服务，清洁能源开发利用及节能应用为三大主业方向，对内部业务和资产资源进行深度重组和结构调整，形成了煤炭、LED 节能、新能源、机械装备、施工建设、资产管理六大业务板块。在省委、省政府的正确领导下，认真贯彻落实“三高四新”战略定位和使命任务，聚焦主责主业，勇担煤炭能源保供重任，通过不断优化资本布局，深耕实体经济，优化资源配置，守住了安全生产底线，解决了一系列历史遗留问题，实现了规模效益的稳步增长。企业经营形势持续向好，政治生态全面改善，资源基础进一步夯实，承担重大使命和战略任务的能力进一步提升，职工群众的幸福感、获得感、归属感和安全感进一步增强。企业由“十三五”的绝境求生、奋力自强进入到“十四五”的全面提升、彰显价值，迈入了高质量发展新阶段。集团公司投身湖南经济社会发展大局，积极履行社会责任，持续开展乡村振兴项目建设，支持湖南竞技体育事业发展，展现国企担当，为湖南经济社会发展不断贡献湘煤力量。截至 2022 年末，集团公司资产总额 147 亿元，净资产 41 亿元，居全国煤炭 50 强企业第 40 位，是中国煤炭工业协会副会长单位。2022 年底有员工 3 万余人。

二

集团公司成立后，对原有管理体制和运行模式进行了重大改革，撤销原三大集团建制，将涟邵、资兴、白沙集团本部改组为 3 个矿区安全生产管理局和 3 个实业公司。将涟邵、资兴、白沙集团所属矿业公司（煤矿）上收集团公司直管，对煤炭主业实行煤炭运销、资金调配、投资决策、大宗物资采购、重要人事实行统一管理，即“五统一”管理体制。非煤企业相应归口到三个实业公司，由集团公司管理。2009 年 6 月，成立湖南黑金时代股份有限公司（以下简称“股份公司”），与煤炭主业相关的 3 个矿区安全生产管理局、矿业公司和物资、销售公司等，整合到股份公司。

集团公司根据战略定位，坚持与时俱进，不断深化改革，使传统的老牌企业始终保持旺盛的活力。推进企业改革改制，对省内煤炭行业非煤产业进行战略性重组，重启煤炭资源状况较好的煤矿生产，争取政策整合省内煤炭资源。2008 年 6 月，集团公司成立湘能华磊光电股份有限公司（以下简称“华磊光电”）。2009 年 9 月，集团公司对政策性破产的原株洲洗煤厂实施重组，成立湘煤洁净煤股份有限公司（以下简称“洁净煤公司”）。12 月，重组成立湘煤立达矿山装备股份有限公司（以下简称“立达公司”）。2016 年 12 月，成立湖南能投售电有限公司（以下简称“售电公司”）。2017 年 12 月，成立辰溪实业有限公司（以下简称“辰溪实业”）。2018 年 3 月，成立湖南楚湘建设集团工程有限公司（以下简称“楚湘建工”）。2019 年 12 月，成立湖南岳阳铁水集运煤炭储备有限公司（以下简称“岳阳铁水”）。2020 年 12 月，成立湖南煤炭大数据中心有限公司（简称“大数据中心”）。2021 年 3 月，湖南省国资委将湖南省煤炭科学研究院有限公司（以下简称“煤科院”）、湖南煤矿安全装备有限公司（以下简称“煤安公司”）、湖南省煤炭有限责任公司、湖南省煤炭进出口有限责任公司（以下简称“煤炭进出口公司”）无偿划转至集团公司。集团公司成立湖南省煤业集团湘东矿业公司（以下简称“湘东公司”）。2021 年 9 月，湖南省国资委将湖南煤矿机械有限公司（以下简称“煤机公司”）国有 51.3% 股权无偿划转至集团公司。集团公司成立湖南省煤业集团大岭矿业有限公司（以下简称“大岭公司”）和湖南省瓦斯治理和利用工程研究中心有限公司（以下简称“瓦斯中心”）。2022 年 5 月，将立达公司、煤安公司、煤机公司、湖南省煤业集团资兴实业有限公司机电装备分公司（以下简称“装备集团资兴分公司”）进行专业化整合，成立“湖南能投智能装备制造集团有限公司”（以下简称“装备集团”）。湖南省国资委将湖南第一工业设计研究院有限公司（以下简称“第一工业设计院”）整合至集团公司。至此，集团公司完成了所有省属煤炭资产的专业化整合。2022 年 8 月，在新疆维吾尔自治区吐鲁番市鄯善县注册成立新疆能源开发有限责任公司。通过重组整合与煤相关的科研、设计、装备制造、煤炭贸易企业，集团公司从一个单一的煤炭生产企业，逐步形成了包括勘探设计、基建施工、安全生产、智能装备、洗选加工、销售供应链、能源科研，新能源开发、售电和节能应用研制等在内的较为完整的、科技含量较高的煤炭能源产业体系，产业基础能力和产业链水平得到有效提升，国有资本布局和结构调整更加优化。

集团公司根据现有资源能力、产业格局，推进以转型发展为目标的战略调整，打造以能源产业为依托，有限多元，产业经营和资本运营并举的大型能源投资控股集团。通过整合产业资源和价值链，优化产业结构，创新业务模式，总部定位于战略投资管理中心、运营管控中心、风险控制中心、共享服务中心。集团公司与子公司是以产权为纽带的母子公司关系。管理体制和运行机制得到不断优化，为企业实现高质量发展注入了强劲活力。

三

集团公司深入学习贯彻习近平总书记关于党的建设和国有企业改革发展的重要论述，认真落实湖南省委省政府、省国资委关于全省国有企业深化改革的决策部署，推进实施国企改革“三年行动”。一是现代企业治理能力不断提升。始终坚持两个“一以贯之”，持续建立完善中国特色现代企业制度，全面完成党建进章程工作，把加强党的领导和完善公司治理统一起来；推进董事会建设，全面推行经理层任期制和契约化管理，增强经理层经营能力，激发经理层活力。二是企业现代管理水平全面提升。不断优化组织架构和管控模式，聚焦价值创造和“战略投资管理中心、运营管控中心、风险控制中心、共享服务中心”功能定位，构建了运行有效的战略＋财务管控型模式，打造了精简高效的集团总部，总部在资源配置、产业提升、资本运营、人才培养、科技创新和区域布局方面发挥了统筹推动作用。认真开展对标一流管理提升行动暨开展“比安全比效益比生态”活动，进一步深化“三项制度”改革，建立健全“竞争机制、奖励机制、淘汰机制”，建立了较为健全的内部管理制度体系和控制流程运行机制，按照“与时俱进、系统规范、简便易行”的原则进行动态管理。三是构建全面风险管理体系。集团公司深入贯彻省委省政府关于“打好防范化解风险阻击仗”的决策部署，更好统筹发展和安全，坚持稳字当头、稳中求进，深刻吸取长丰集团破产重整的教训，严格落实省国资委国资事前事中事后“553”监管体系、严格执行“十严禁”，以规范和加强企业借款管理和投资决策为重点，构建全面风险管理体系，切实防范、稳控、化解企业系统性风险，2016 年以来未发生重大风险事件，经营活动正常开展，业绩指标稳中有进。四是全面推进“压减去”工作。集团公司全面完成了僵尸企业、厂办大集体企业的清理处置；集团管理层级动态控制在三级以内；严控法人子企业户数，集团所属法人子公司共 60 户，户均资产规模达 2.5 亿元、营收达 3 亿元、盈利能力达 2000 万元，企业规模质量全面提升，市场竞争力不断增强。五是全面完成企业办社会职能分离移交。争取中央和省财政资金 19.56 亿元，完成了所属 30 户企业 414757 户“三供一业”分离移交，完成了 35547 名退休人员的社会化管理工作。

四

集团公司坚持以习近平总书记关于安全生产的重要论述为指导，大力弘扬“人民至上、生命至上、安全第一”思想，践行“三个最大”“三个首要”的安全文化理念，在集团上下形成了广泛的思想认同、感情认同、行动认同。一是建立健全安全管控体系。总部设置了安全环保部等安全生产管理机构，按需配备了专业技术和管理人员。按区域分别设立了涟邵、白沙、资兴3个矿区安全生产管理局，作为集团公司派驻到区域的安全管理机构，负责对所辖范围内各单位安全生产进行监督、考核、指导和协调。同时，实行管理局向各矿井派驻安全监察专员制度，对所有矿井的安全生产工作实施全方位监督检查，保证了监管的及时性和有效性。二是强化重大灾害治理。深入开展安全生产综合整治和重大事故隐患专项排查整治行动，认真开展隐蔽致灾因素普查治理，及消除各类安全隐患。三是大力提升矿井标准化水平。2017年以来，全集团累计投入安全资金达16亿元，主要用于瓦斯治理、防治水工程建设、淘汰设备更新、井下安全避险六大系统维护与完善、救援器材购置等，不断夯实安全基础，改善安全生产条件。所属矿井标准化水平均达二级及以上，周源山煤矿达到一级标准并建成全省第一个智慧矿山。四是确保特护期安全。在重要节日和举行重大政治活动等特殊时段，集团公司采取安全联责、带队检查、强化下井、严格监管、加重处罚、暗查暗访、加强值守等保障措施，厉行“十个必停”“十个必须”铁规铁律，层层联责盯守现场，确保特护期的绝对安全。2016年，集团公司被评为全国“安全生产月”活动先进单位，2017—2018年连续两年被评为湖南省安全生产工作优秀单位，2019—2022年连续四年被评为湖南省安全生产工作良好单位。

五

集团公司始终坚持创新驱动发展战略，科技赋能创新发展。一是数字提效。全面启动了智慧管控系统建设，围绕数字化管理、智能化决策目标，建设了集团决策分析系统、业务填报系统、国资监管系统、大数据系统等。周源山公司率先建成省内首个智慧矿山，采煤工作面劳动用工减少70%，采煤工效提高20%，矿井防灾抗灾能力显著提升，为南方煤矿安全高效发展提供了样本。能投售电公司积极打造智慧充电综合服务平台，实现品牌推广、客户引流、数据管理相融合，已与湖南省近500家电力市场化用户建立合作关系，年度售电量80余亿度，为省属国企年均节约用电成本6000多万元。煤炭贸易业务在湖南省煤炭大数据中心上线，充分发挥大数据“平台”优势，夯实高质量发展基础。二是科技赋能。高度重视科技兴企，将科技创新作为推动高质量发展的重要支撑，聚焦培育企业核心技术优势，组建湖南省瓦斯治理和利用工程研究中心、矿建工程研究中心、智能矿山装备工程研究中心、第三代半导体工程研究中心等科技创新平台，围绕矿山重大灾害治理、矿山施工建设、复杂煤层机械装备制造及智慧矿山技术集成等，开展理论研究和关键技术攻关，突破了一批制约企业发展的技术瓶颈，储备了一批专有技术。集团拥有国家级高新技术企业20家、省级及以上专精特新企业4家、省级及以上创新平台5个；拥有知识产权数量791项，其中发明专利281项、实用新型专利445项、软件著作权65项；参与或主导制定国家/行业标准23项。

六

集团公司始终坚持党建引领，充分发挥企业党组织“把方向、管大局、保落实”的作用，以活动为载体，强党建、优队伍、促发展，惠民生。深入开展党的十七大、十八大、十九大、二十大精神和习近平新时代中国特色社会主义思想学习宣传贯彻。深入开展“党的先进性教育”“学习实践科学发展观”“党的群众路线教育”“三严三实”“两学一做”“不忘初心、牢记使命”“党史学习教育”“学习贯彻习近平新时代中国特色社会主义思想”等主题教育。持续深化“书记联项目、党员先锋行”活动，各级党组织书记联项目403项，设立党员先锋岗274个、党员责任区226个、党员立项攻关83项。持续开展“我为群众办实事”活动，着力解决职工急难愁盼问题：筹资2亿多元彻底解决陈欠“五险”等历史遗留问题，回应了职工所思所盼；让23030户职工家庭搬进了棚改新区，圆了安居梦；每年帮扶困难职工9000余人次，累计发放慰问金及帮扶物资7000余万元。在岗职工人均工资年增长5%以上（已由2015年人均工资3.83万元增至2022年人均工资7.68万元）。每年组织“五一”职工运动会、“七一”庆祝党的生日文艺汇演、“十一”国庆杯职工篮球赛等群众性文体活动，建树了湘煤人“爱党、爱国、爱企”情怀。集团公司篮球队多次在省直机关篮球赛中蝉联企业A组冠军，代表省直单位夺得第二届“健康湖南”全民运动会篮球总决赛冠军，在全国煤矿职工第30届“乌金·伊泰杯”篮球比赛中荣获亚军。集团公司狠抓平安建设，及时化解纠纷，确保了“两节”、两会、党的二十大特护期的和谐稳定，连续五年获评全省平安建设先进单位。

在服务“三高四新”战略和使命任务中，集团公司坚决听从省委省政府号令，落实迎峰度夏、迎峰度冬结构化保供任务。参与“11·29”耒阳源江山煤矿事故和“4·29”望城自建房倒塌事故救援，助力慈利县广福桥镇三王村脱贫攻坚，2020—2021年投入资金1383万元实施产业发展和基础设施援建，募集资金100万元设立村民帮扶基金，并帮助村集体运营民宿、餐饮业务，打造原生态文化旅游圈。2022年度投入100万元援建项目资金和200万元消费帮扶资金，村集体年收入达65万元，构建了输血与造血相结合的乡村振兴“三王模式”，展现了国企担当。

“物有甘苦，尝之者识；道有夷险，履之者知。”集团公司成立的17年，企业由绝境求生、奋力自强进入全面提升、彰显价值，是无奋斗不湘煤书写的传奇，是上下同欲、共同奋斗、永不懈怠创造的历史，是统一目标追求、同心凝聚力量、奋力创造价值刷新的纪录，是“三个湘煤、三个共同体”铺展的生动画卷。展望未来，集团公司将坚守初心，踔厉奋发。“十四五”期间，集团公司将坚持以习近平新时代中国特色社会主义思想为指导，坚决贯彻落实省委十二届四次全会精神，锚定“三高四新”美好蓝图，以打造“湖南能源保障主平台”为战略定位，重点围绕“三个核心”“三个驱动”“三个升级”“三个市场”，整合产业资源，调优产业结构，提升产业核心竞争力，以“安全、转型、高效”为主题，深入推进“三个湘煤”建设，打造“三个共同体”，全力“保安全、谋转型、促高效、强党建、惠民生”，不断提升企业经济运行质效和规模，将集团打造成在全国具有较大影响力的能源产业投资控股集团、省内最大的煤炭供应综合服务商，为湖南省构建现代化产业体系提供坚实的能源保障支撑。到2025年末，实现煤炭产销量3000万吨，煤炭供应量接近全省需求的1/3，集团资产规模达300亿元，净资产100亿元，年营业收入260亿元，利润总额15亿元。在此基础上，实现员工收入与经济效益同步增长，幸福指数不断提高。

大　事　记

2005 年

11 月 7 日　湖南省人民政府印发《湖南省人民政府关于设立湖南省煤业集团有限责任公司的批复》，批准设立湖南省煤业集团有限责任公司。

2006 年

3 月 21 日　中共湖南省委印发《关于欧资源等同志任职的通知》，任命欧资源担任集团公司党委书记。

4 月 12 日　湖南省国资委召开集团公司领导班子第一次会议。

4 月 17 日　湖南省人民政府印发《关于覃道雄等同志任职的通知》，任命覃道雄担任集团公司董事长、总裁。

4 月 25 日　湖南省委书记张春贤到涟邵矿业集团金竹山实业公司塘冲煤矿考察指导工作。

5 月 8 日　中共湖南省国资委党委印发《关于覃道雄等同志任职的通知》，任命覃道雄、廖建湘、罗瑞锋担任集团公司党委副书记，张小雁担任集团公司纪委书记，文仕秋、张小雁、欧阳维、李义成、吴正水、涂湘明为集团公司党委委员。

同日　湖南省国资委印发《关于廖建湘等同志任职的通知》，任命廖建湘担任集团公司常务副总裁，欧阳维、李义成、吴正水担任集团公司副总裁。

同日　湖南省人民政府印发《关于欧资源等同志任职的通知》，任命欧资源担任集团公司副董事长，廖建湘、罗瑞锋担任集团公司董事。

同日　湖南省国资委印发《关于文仕秋同志任职的通知》《关于同意湖南省煤业集团有限责任公司工会主席人选的通知》，分别任命文仕秋为集团公司监事会主席、涂湘明为集团公司工会主席。

6 月 6 日　湖南省国资委印发《关于同意涂湘明、何烽同志任职的批复》，任命涂湘明为集团公司总法律顾问，任命何烽为集团公司总经济师。

6 月 16 日　湖南省国资委印发《关于设立中共湖南省煤业集团有限公司委员会和纪律检查委员会的通知》，同意设立中国共产党湖南省煤业集团有限公司委员会和纪律检查委员会。

6 月 19 日　集团公司成立庆典在总部举行。国家煤矿安全监察局局长赵铁锤，中国煤炭工业协会副会长濮洪九，湖南省人大常委会副主任、湖南省总工会主席王四连，湖南省人民政府副省长杨泰波和湖南省国资委领导等出席庆典并作重要讲话。

7 月 15 日　受百年不遇的 4 号台风“碧利斯”、5 号台风“格美”的影响，白沙矿区大岭、桐子山、沈家湾、新星、前进矿井和资兴矿区嘉禾浦溪井共 6 对矿井被淹。抢险期间，红卫矿业公司沈家湾煤矿 8 位矿工遇难，造成重大人员伤亡及经济损失。

8 月 29 日　湖南省国资委发文批准《湖南省煤业集团有限公司组建方案》。

9 月 8 日　湖南省国资委印发《关于对湖南省煤业集团有限公司与贵州能发公司合作开发煤矿项目的复函》，批复同意集团公司与贵州能发公司合作开发煤矿项目。

9 月 11 日　集团公司与贵州能发公司签署了合作开发神仙坡、晋家冲、义忠 3 个煤矿的意向协议。10 月 26 日签订了正式协议。

9 月 18 日　白沙煤电集团白沙能源股份公司南阳煤业分公司浉江矿发生顶板事故，死亡 3 人。

10 月 9—10 日　集团公司召开组建以来第一次工作会议。会议对省政府批准的组建方案的实施方案进行了全面部署，对集团公司管理体制和运行机制进行了全面调整。

10 月 23 日　全国煤炭工业“双十佳”采掘队长和优秀队（工）长表彰大会在北京召开。辰溪煤矿蒋家坪工区李吉国被授予“全国煤炭工业十佳掘进队长”称号；周源山煤矿李忠春、唐洞煤炭公司周逊、金竹山矿业公司一平硐煤矿刘思明、牛马司矿业公司运输队刘美华、湘潭矿业集团公司四矿邓伟胜、南阳煤业公司浉江煤矿代甲蛮、红卫煤业公司坦家冲煤矿何志明、长沙矿业集团公司西峰仑煤矿闵国军等 8 人被授予

“全国煤炭工业优秀队（工）长”称号。

10月29日 集团公司召开2007年度安全生产工作会议，进一步明确新的体制下安全生产工作职责，各原煤公司递交了安全生产责任状。

11月8日 中国煤炭工业协会、中华全国体育总会煤矿体育协会授予集团公司“全国煤炭系统群众体育工作先进单位”称号，授予涂湘明、易发科、陈新华“全国煤炭系统群众体育工作先进工作者”称号。

12月6日 湖南省国资委印发《关于同意贺灿星同志任职的通知》，任命贺灿星为集团公司总会计师人选。

12月8日 湖南省辰溪煤矿改制为湖南省煤业集团辰溪矿业有限公司。

12月10日 湖南省国资委批复同意集团公司代省国资委行使部分出资人权力。

12月18日 湖南省总工会印发《关于同意湖南省煤业集团有限公司成立工会的批复》，同意设立湖南省煤业集团有限公司工会委员会。

12月18—20日 集团公司召开2007年工作会议。会议总结了2006年的工作，对2007年的工作进行了全面部署，签订了“2007年经营目标责任书”。会议期间，组织参观了中联重科，印发并学习了《华为的冬天》。会议确定2007年为管理效益年。

12月24日 湖南省委常委、副省长徐宪平到南阳公司前进煤矿考察工作，并下井了解安全生产情况。

12月26日 集团公司召开第一次党委工作会议，并举行《湘煤集团报》首发式。集团公司党委书记欧资源给总部、涟邵局、资兴局、白沙局、白沙能源股份公司、长沙矿业公司、湘潭矿业公司、辰溪矿业公司8个记者站授牌、颁证。

同日 小煤窑非法越界开采马田矿业公司新星煤矿立井井筒保护煤柱，井筒垮塌，垮塌高度30米，垮塌煤矸石3000立方米，充填井筒100米，造成全井停产。经过9个月抢修，2007年9月25日，新星煤矿井筒垮塌治理工程竣工，矿井恢复生产。

2007年

1月1日 集团公司“五统一”管控模式启动运行，对煤炭运销、资金调配、投资决策、大宗物资采购及重要人事实行“五统一”管理。

1月8日 湖南省煤炭工会主席尹仁才到集团公司考察、调研工会工作。

1月18日 湖南省总工会副主席刘革安到集团公司调研指导工作。

2月4日 国家煤矿安全监察局副局长彭建勋率领国务院安委办第十督查组到集团公司检查指导工作，提出建设“两型三化”矿井的目标。

2月5日 湖南省委副书记梅克保、副省长杨泰波到周源山煤矿调研指导工作，同时看望了员工群众，慰问了特困家庭。

2月6日 资兴煤矸石发电厂60兆瓦一期工程正式并网式投产。这是集团公司组建后，下属公司非煤产业通过资本运作参股投资形成的第一家综合利用型企业。

2月10日 集团公司与湖南省国资委“祝福春天、共建和谐”联欢会在华天大酒店举行。

2月12日 集团公司与贵州能发燃料开发有限公司合作项目签约。

3月9日 湖南省财政厅副厅长王新国、湖南省国资委副主任向曙光到集团公司调研指导工作。

3月20—21日 集团公司安全文化建设暨矿井质量达标现场会在资兴召开。

3月21日 集团公司首次党风廉政建设和反腐倡廉工作会议在长沙召开，湖南省国资委党委副书记、纪委书记唐德胜到会并讲话。

4月6日 街洞公司茶塘煤矿发生顶板事故，死亡3人。

同日 金竹山公司一平硐煤矿发生煤与瓦斯突出事故，死亡4人。

4月12日 贵州湘能实业有限公司注册成立。

4月17日 湖南省重点企业“安康杯”竞赛启动仪式在集团公司举行。湖南省人民政府副秘书长刘明欣，省总工会党组书记、副主席石光明，省总工会副主席吴天保、陈潇，省煤炭工会主席尹仁才出席仪式。

4月25日 湖南省国资委副主任朱爱光到集团公司调研指导监事会工作。

6月6日 集团公司红卫矿业有限公司挂牌成立。

6月19日　集团公司在总部举行成立一周年座谈会。湖南省煤炭工业局副局长曾平江、省安监局副局长许冬生、省国资委副主任王宏、省委组织部副部长朱启明出席座谈会。

6月28日　集团公司召开庆祝建党86周年暨优秀党务工作者、优秀党员代表座谈会。

7月10日　湖南省国土资源厅厅长到集团公司调研指导工作。

7月27日　湘潭矿业谭二井破产改制工作正式启动。

8月4日　辰溪煤业有限责任公司破产改制工作正式启动。

8月8日　集团公司首台薄煤液压牵引层采煤机MG132/300－W型在周源山煤矿试采成功。

9月12日　湖南省国资委党委书记、主任莫德旺，副主任王宏、向曙光到集团公司调研指导工作。

9月20—23日　“湘煤杯”湖南省煤炭系统职工乒乓球赛在株洲洗煤集团体育馆举行。

9月21日　集团公司、华菱涟钢集团与贵州能发电力燃料开发公司在长沙签约，共同开发贵州六盘水地区煤矿项目。湖南省国资委党委书记、主任莫德旺出席项目合作签约仪式。

9月27—28日　全国煤炭系统先进集体、劳动模范和先进工作者表彰大会在北京召开。集团公司周源山煤矿周向志、长沙矿业集团五亩冲煤矿贾运仲、湘潭矿业集团三矿曾跃龙荣获全国煤炭工业劳动模范，金竹山矿业公司托山煤矿被授予“全国煤炭工业先进集体”称号。

10月20日　贵州湘能公司神仙坡煤矿首采工作面贯通。

10月23日　洪山殿公司蛇形山矿瓦斯发电站点火试车成功，填补湖南省瓦斯发电空白。

10月31日　集团公司在郴州召开“圣帕”台风抗洪抢险表彰大会。8月19—24日8时，资兴市降雨量达5161毫米，湖南部分河流水位暴涨，出现超历史最高洪水位，集团公司组织广大干部职工抗洪抢险，有效避免了淹井、人员伤亡事件。

11月14日　集团公司召开学习贯彻党的十七大精神大会。

11月19日　国家发展和改革委员会能源局巡视员、煤矿瓦斯防治部际协调小组办公室主任吴吟到洪山殿实业公司瓦斯发电厂检查指导工作。

11月28日　湘潭矿业集团黔西正湘煤业有限公司箐口煤矿正式开工。

12月10日　集团公司司歌《我的湘煤我的家》制作完毕，贺东久、张千一作词谱曲，王丽达演唱。

12月19—20日　集团公司召开2008年工作会议。湖南省国资委党委书记、主任莫德旺到会并讲话。会议确定“精细化管理”为2008年的发展主题。

12月20日　集团公司召开第一次工会会员代表大会。139名会员代表参加会议。会议选举产生了第一届工会委员会和工会经费审查委员会，审议通过《湖南省煤业集团有限公司工会第一次会员代表大会选举办法》《湖南省煤业集团有限公司工会工作条例（试行）》。

12月30日　贵州湘能公司神仙坡煤矿成功实现联合试运转。

2008年

1月10日　湖南省委副书记梅克保到白沙矿区走访慰问。

1月28日　集团公司发出“全面动员全力以赴抗击冰冻灾害确保电煤供应”的动员令，要求原煤生产单位春节不放假，全力以赴抓好安全生产，确保全省电煤供应。

1月29日　集团公司召开抗冰救灾专题会议。

1月31日　湖南省国资委党委副书记、副主任吴志雄，省国资委副主任向曙光到集团公司就调煤保电、抗冰救灾等工作情况专项调研指导。

1月31日—2月2日　国家煤矿安全监察局副局长王树鹤到集团公司检查指导抗冰救灾保井及调煤保电工作。

2月21日　湖南省委、省政府召开全省抗冰救灾总结表彰暨部署灾后重建工作电视电话会议。集团公司被授予“湖南省抗冰救灾先进集体”荣誉称号。

3月7日　湖南省委副书记梅克保到长沙矿业集团就灾后补损工作进行调研。

3月18日 集团公司在资兴矿区召开抗冰救灾总结表彰大会。111名抗冰救灾先进个人分别被授予特等功及一等功、二等功、三等功荣誉称号。

3月28日 国家安监总局副局长王显政到周源山煤矿检查指导工作，提出要以创效、规模、现代化为发展目标，加快煤炭工业建设步伐。

3月30日 集团公司总部基地地址选定，地点在长沙市天心区暮云镇万家丽南路与芙蓉南路交会处。

4月1日 集团公司荣获“湖南省重点企业‘安康杯’竞赛优秀组织单位”称号。

4月3日 湖南省政府外派监事会进驻集团公司。第一届外派监事会共5人，李建华任监事会主席，邓德贵、潘小清、龙玉忠、盛伟任专职监事。

4月11日 大唐华银电力股份有限公司与集团公司在长沙签署合作协议，加盟湘能公司水城煤炭资源开发。

4月15日 集团公司2008年安全生产工作会在南岳召开。

4月23日 国家煤矿安全监察局副局长彭建勋、中纪委驻国家总局监察局副局级监察专员卜庆林率国务院安全生产百日督查专项行动第7督查组到集团公司检查指导工作。

5月14日 集团公司向四川灾区捐款280多万元，交纳特殊党费46万余元。

5月15日 洪山殿公司破产工作全面启动。9月28日，破产重组后的洪山殿矿业有限公司挂牌成立。

同日 湖南省国资委党委副书记、副主任吴志雄，省国资委副主任向曙光到集团公司调研工作。

5月28日 湖南省政协副主席魏文彬、中国作家协会副主席谭谈、省作家协会副主席梁瑞郴出席在娄底市白马湖畔湖南文艺家创作之家举行的集团公司成立二周年暨纪念改革开放30周年、迎奥运湘煤矿工书画展。

5月30日 湖南省副省长陈肇雄、省国资委主任莫德旺、省国资委党委书记吴志雄、省经委主任谢超英、省煤炭局局长李联山到集团公司考察调研。陈肇雄强调，要站在确保全省能源安全和经济安全的高度，积极支持煤炭行业特别是省属煤炭企业做大做强，将湘煤集团打造成为全省基础能源供应的主力军、全省能源安全的保障平台。

6月9日 国家煤矿安监局副局长彭建勋到金竹山和牛马司矿业公司督查安全生产。

6月16日 中国煤炭工业协会副会长杨化彭率调研组到集团公司调研煤炭经济运行情况。

6月19日 湖南省委副书记梅克保、省政协副主席魏文彬、中国作家协会副主席谭谈、省委副秘书长肖冬生、省国资委党委书记吴志雄、省经委副主任杨晓晋、省煤炭局局长李联山出席集团公司劳动模范表彰暨成立二周年庆典大会。会议表彰集团公司首批28名劳动模范。

7月2日 湖南省国资委副主任王宏、省政府外派企业监事会主席李建华到集团公司检查指导百日安全督查专项行动开展工作。

7月9日 中国安全生产科学研究院党委书记、副院长吴宗之，民航新疆管理局副局长胡亚明，中国地震局防灾科技学院党委书记齐福荣，中直机关团工委书记王晓峰，新华社参考新闻编辑部副主任王言彬等中央党校中青二班的学员到集团公司调研。

7月15日 湖南省国资委印发《关于同意湖南省煤业集团有限公司改变领导人员管理体制的批复》。

同日 湖南省国资委党委委员、总经济师张美诚，副巡视员杨子文到集团公司检查指导工作。

7月26日 湖南省委副书记梅克保、省国资委党委书记吴志雄、省财政厅副厅长王新国、省经委副主任杨晓晋到贵州湘能实业公司考察调研工作。

8月18日 集团公司与湘潭大学联合培养项目首批录取考生375名。

8月27日 集团公司矿区管理体制改革动员大会在长沙召开。全面启动矿区管理体制改革，将长沙、湘潭、辰溪公司的安全生产纳入矿区安全生产管理局监管；将涟邵、资兴矿业集团和白沙煤电集团分别更名为湖南省煤业集团涟邵、资兴、白沙实业有限公司。

9月5日 湖南省委副书记、省长周强主持召开省政府第12次常务会议。省政府就做强做大湘煤集团，打造湖南省能源保障主平台作了专题研究。强调要突出湖南省能源保障主平台地位，湖南省煤炭产业政策、资源、资金、资本等要素要向湘煤集团集中。湖南省委常委、常务副省长于来山，副省长甘霖、陈肇雄、刘力伟，省政府秘书长袁建尧出席会议。

9 月 10 日　集团公司与三一重型装备有限公司在长沙签署战略合作伙伴协议。

10 月 22 日　集团公司将 177.6659 万元捐款送到了在“5·12”地震中受灾的四川省煤炭产业集团有限公司。

11 月 7 日　湖南省委副书记梅克保对湖南省华磊光电有限责任公司 LED 项目调研指导。梅克保指出，为了推进湖南光伏产业的发展，将 LED 项目列为“湖南省重点工程”和受产业政策扶持的“高新技术企业”。

11 月 13 日　湖南省人民政府办公厅印发《湖南省人民政府常务会议纪要》，指出做强做大湘煤集团，是省委、省政府站在全省能源安全和经济安全的战略高度做出的一项重要战略决策，对于加快推进“一化三基”和新型城市化，实现富民强省具有十分重要的意义，全省各级各有关部门要进一步统一思想，增强忧患意识和责任意识，加大对湘煤集团的支持力度，全力扶持湘煤集团进一步做强做大。

11 月 19 日　集团公司组建以来在湖南省内投资的第一个矿井延伸改扩建工程湘永铜角湾煤矿立井改扩建工程开工。

11 月 22 日　集团公司召开专题会议贯彻落实省政府常委会会议精神。

11 月 28 日　国家发展改革委能源局总工程师吴吟到集团公司调研。

同日　湖南省煤炭股份有限公司发起人第一次会议在长沙华雅国际大酒店召开。

同日　集团公司首台综采机组落户贵州湘能公司晋家冲煤矿。

12 月 1 日　中共中央政治局委员、新疆维吾尔自治区党委书记王乐泉会见集团公司董事长，为集团公司参与新疆煤炭资源开发创造良好环境，实现双方互惠共赢。

12 月 19—20 日　集团公司 2009 年工作会议在长沙召开。湖南省国资委党委副书记唐德胜、省安监局副局长丁国强、省煤炭局总工程师赵军、省政府派驻国有大型企业监事会主席李建华出席会议并讲话。会议确定 2009 年全集团的工作主题是“拧毛巾、降成本、提效益、谋发展，深化精细化管理”。

12 月 21 日　集团公司首届科技工作大会在长沙召开。会议强调要以科技进步水平的提高，推动集团快速、健康、持续发展。

2009 年

1 月 5 日　湖南省煤炭工业局局长李联山到湘潭矿业公司进行春节前后的安全督查。

1 月 13 日　湖南省国资委副主任杨平到集团公司就业绩考核、经营管理、安全、稳定等情况进行调研。

1 月 17 日　做大做强湘煤集团被写进湖南省第十一届人民代表大会第二次会议《政府工作报告》。

本月　中华全国总工会、国家安全生产监督管理总局授予集团公司“全国‘安康杯’竞赛优胜企业”。

2 月 5 日　湖南省财政厅副厅长王新国到集团公司调研。

2 月 6 日　集团公司赴新疆的先遣人员启程。集团公司正式入驻新疆。

2 月 7 日　集团公司邀请湖南省煤炭系统老领导和湖南省安监局领导在长城宾馆国际会议厅举行新春座谈汇报会。湖南省政协副主席魏文彬、中国作家协会副主席谭谈出席会议。

2 月 18 日　湖南省委副书记梅克保、副省长甘霖到湖南省华磊光电有限责任公司考察指导工作。

2 月 27 日　湖南省加速推进新型工业化工作会在长沙召开。集团公司获得“2008 年度湖南省调煤保电工作先进集体”荣誉称号。

3 月 6 日　由湖南省国土资源厅党组成员、总经济师尹学朗任组长，省国资委、省国企改革办、省安监局、省煤炭局有关部门领导组成的“服务经济保增长、关注民生保稳定”作风建设主题活动工作组到集团公司调研。

3 月 10 日　集团公司在新疆吐鲁番地区鄯善县成立湖南省煤业集团新疆能源有限公司。

3 月 12 日　中国科学院半导体所与湖南省

华磊光电有限责任公司正式签署战略协议。中国科学院副院长丁仲礼、湖南省人民政府副省长陈肇雄出席签字仪式并讲话。

同日 集团公司党委书记欧资源、副书记罗瑞锋率团到中国建筑第五工程局有限公司，就企业文化建设进行专题考察和学习交流。

3月17日 集团公司控制的新疆沙尔湖煤田第四勘探区内钻孔见煤厚度达151.34米。

3月23日 湖南省政协主席胡彪到湖南省华磊光电有限责任公司考察。

4月9日 集团公司党委书记欧资源出席省属国企“学习实践活动”推进会并作典型发言。

4月14日 华菱集团、湘煤集团合作座谈会在华菱集团召开。

4月17日 中共中央政治局委员、新疆维吾尔自治区党委书记王乐泉在新疆会见集团公司董事长。王乐泉充分肯定集团公司在新疆的前期工作，表示将一如既往支持集团公司资源开发。

4月30日 黑金时代广场工程设计合同签约仪式在集团公司举行。

同日 湘潭矿业公司一矿安全通风科科长周泽知荣获全国“五一劳动奖章”。

5月8日 湖南省政协副主席魏文彬，中国作协副主席、湖南省文联名誉主席谭谈出席集团公司“走进湘煤——纪念涟邵矿务局（集团）成立50周年”座谈会。

5月12日 湖南省政府外派监事会主席李建华调研集团公司总部基地。

6月1日 湖南省国资委主任莫德旺考察湖南省华磊光电有限责任公司。

6月3日 集团公司召开领导班子学习实践科学发展观专题民主生活会。

6月5日 股份公司发起人会议召开。湖南省国资委党委书记吴志雄出席会议。

6月6日 湖南省国资委主任莫德旺考察集团公司总部基地。

6月17日 湖南省国资委副主任杨平到集团公司调研维稳工作。

6月18日 集团公司第一台岩巷钻装机落户磨田煤矿。

同日 股份公司召开创立大会暨第一次股东大会。

6月19日 股份公司举行成立庆典仪式。湖南省副省长刘力伟，国家煤矿安全监察局副局长彭建勋、监察专员赵振海，中国煤炭工业协会副会长孙之鹏，湖南省委组织部副部长郭树人，湖南省政府副秘书长、湖南安监局局长刘尧臣，湖南省国资委副主任余景涛、副主任杨平，湖南省政府驻企业监事会主席李建华，湖南省发改委副主任黄河，湖南省经委副主任杨晓晋，湖南省审计厅副厅长罗良葆，湖南煤矿安全监察局局长宋元明，湖南省煤炭局纪检组组长陈永康，湖南省地方金融证券办主任张志军，湖南省经济技术协作办公室党组书记、主任毛七星等领导出席庆典仪式。湖南卫视节目主持人张丹丹应邀主持庆典大会。

7月14日 全国政协副主席、民革中央常务副主席厉无畏，湖南省政协副主席、民革湖南省主委刘晓，国际投资促进会执行会长王平考察湖南省华磊光电有限责任公司。

7月15日 国家煤监局副局长付建华到集团公司督查指导安全生产工作。

7月22日 湖南省副省长陈肇雄考察湖南省华磊光电有限责任公司。他强调华磊光电公司要加快运行进度，确保产品尽快投产，加大LED产业链的开发。

8月13日 株洲市人民政府召开天泰能源公司破产专题协调会议，集团公司党委书记欧资源出席会议。

8月21日 湖南省人大常委会党组书记、副主任戚和平考察湖南省华磊光电有限责任公司。

8月28日 湖南省华磊光电有限责任公司LED项目一期工程竣工投产，填补了湖南省LED芯片制造空白。

9月9日 集团公司召开深入学习实践科学发展观活动总结大会。湖南省国资委副主任杨平、省委第十四指导组组长王凤飞出席会议。

9月10日 湘煤洁净煤股份有限公司发起人会议在集团公司总部召开。

9月11日 湖南省国资委副主任王宏、省政府外派监事会主席李建华到集团公司检查指导工作。

9月15日 湖南省国资委主任莫德旺、总经济师张美诚到集团公司就改革改制工作进行专题调研。

9 月 18 日 湖南省委常委、常务副省长于来山率省直有关单位负责人到湖南省华磊光电有限责任公司考察指导工作。

9 月 23 日 集团公司首批 89 名委培生学成结业奔赴 17 家矿区原煤子公司生产一线。集团公司党委书记欧资源出席结业典礼。

9 月 25 日 洪山殿公司退休工人、全国劳模喻雨初获得新中国 60 年湖南省最具影响劳模提名奖。

9 月 26 日 湖南省副省长韩永文到湖南省华磊光电有限责任公司考察指导工作。

10 月 14 日 湖南省国资委主任莫德旺到新疆公司考察调研。

10 月 21—22 日 湖南省国资委主任莫德旺、省政府外派监事会主席李建华到集团公司进行安全生产检查。

10 月 27 日 湖南省委书记、省人大常委会主任张春贤到湖南省华磊光电有限责任公司考察。他提出：华磊光电要把 LED 光伏产业做好、做优、做大、做强。

11 月 19 日 国务院安委办主任、国家安全生产监督管理总局局长、党组书记骆琳在国家煤矿安全监察局副局长黄毅和湖南省副省长陈肇雄的陪同下，到集团公司所属洪山殿公司蛇形山煤矿考察调研。骆琳强调，要严格防突管理，落实“四位一体”综合防突措施，积极开展防治瓦斯新技术、新工艺试验。

11 月 25 日 湖南省政协副主席魏文彬到洪山殿公司考察。

11 月 28 日 湘煤洁净煤股份有限公司在株洲市挂牌成立，被列为长株潭地区两型社会发展的洁净能源生产供应基地。

11 月 30 日 湘煤华磊光电有限责任公司挂牌成立，该公司前身是湖南省华磊光电有限责任公司。

12 月 1 日 湖南省首支综合机械化掘进队伍（简称综掘队）在周源山煤矿正式成立。

12 月 5 日 由湖南省煤业集团有限公司、株洲瑞升投资咨询有限公司、株洲市国有资产投资经营有限公司、株洲瑞力投资服务有限公司共同组织的湘煤立达重型装备股份有限公司发起人会议在长沙召开。

12 月 8 日 湖南省国资委主任莫德旺、省政府外派监事会主席李建华到集团公司调研。莫德旺表示，将集团公司作为重中之重，全力支持发展。

12 月 19—20 日 湖南省人民政府副省长陈肇雄、省国资委主任莫德旺出席集团公司 2010 年工作会议。

12 月 31 日 股份公司在全国银行间债券市场公开发行 6 亿元企业债券（简称为“10 黑金时代债”，债券代码 1080180），是湖南煤炭系统首次发行企业债券。

2010 年

1 月 4 日 集团公司与湖南万安达集团万世达机械能源有限责任公司、湖南万安达集团有限责任公司就湘南监狱所属煤矿资产转让在长沙蓉园宾馆举行协议签订仪式。

1 月 8 日 湖南省国资委副主任王宏到集团公司检查指导工作。

2 月 5 日 集团公司兴源矿业有限公司挂牌。

3 月 6 日 以国家安全生产监督管理总局副司长孙广宇为组长的国务院安委办督导调研组到周源山煤矿检查指导工作。

3 月 11 日 湖南省国资委党委书记吴志雄、副主任杨晓喻到集团公司督查安全维稳工作。

4 月 1 日 湖南省煤业集团有限公司培训中心（2021 年 11 月之前集团公司内部称为“湘煤大学”，2021 年 11 月后停止使用“湘煤大学”名称）挂牌成立。湖南省国资委党委副书记唐德胜、湖南省总工会副主席钟小泪、湖南煤矿安全监察局副局长贺德安、湖南省人力资源与社会保障厅副厅长刘正华等出席挂牌庆典并讲话。集团公司党委书记欧资源主持庆典仪式。庆典仪式后，举办了第一期集团所属子（分）公司党政主要领导人培训班。

4 月 2 日 湖南省国资委副主任杨晓喻到集团公司检查指导工作。

4 月 10 日 湖南省国资委主任莫德旺考察华磊光电公司。

5 月 5 日 集团公司沙尔湖煤炭建设项目启动仪式在新疆吐鲁番市举行。湖南省委书记、省长周强，新疆维吾尔自治区主要领导为项目启动剪彩。湖南省领导许云昭、李江、于来山、杨泰波、陈润儿、路建平、肖雅瑜、甘霖、阳宝华，新疆维吾尔自治区领导肖开提·依明、胡伟等参加项目启动仪式。

5月17日 湖南省国资委主任莫德旺、副主任杨平、总经济师张美诚到湘煤驻株洲企业考察调研。莫德旺提出：要做大做强湘煤驻株洲企业，力争实现销售收入过百亿元。

6月1日 湖南省国资委主任莫德旺主持召开支持华磊光电公司发展专题会议。

6月2日 商务部副部长蒋耀平、湖南省商务厅厅长刘捷到华磊光电公司考察。

6月6日 集团公司在长沙蓉园宾馆举行“低碳技术与煤炭产业”主题峰会。来自全国各地的煤炭企业负责人、安全监察局领导及部分院校人员参加会议。

6月17日 集团公司等28家煤炭企业被国家发改委确定为经济运行调度重点联系企业。

7月6日 湖南省国资委副主任王宏、省政府外派监事会主席李建华到集团公司就华磊光电公司LED项目的发展情况进行调研。

7月12日 股份公司公开发行公司债券担保协议签约仪式在蓉园宾馆举行。

7月22日 湖南黑金时代股份有限公司和湘煤立达矿山装备股份公司同时列入2010年湖南省重点上市后备企业资源库，湖南黑金时代股份有限公司名列榜首。

7月27日 新疆维吾尔自治区党委书记张春贤在新疆会见集团公司董事长。

8月16日 股份公司发行公司债券信用等级评定为AA+，主体信用等级为AA，评级展望为稳定。

8月18日 中国信达资产管理股份有限公司与集团公司在长沙举行了《股权转让合同》和《战略合作协议》签订仪式。中国信达资产管理股份有限公司将其持有的白沙能源股份有限公司22.99%的股权，以原始投入的0.7214转让给集团公司。

8月19日 破产重组后的牛马司矿业公司揭牌。

8月22日 湖南省国资委主任莫德旺到华磊光电公司调研。

8月28日 第三届湖南最受尊敬企业（企业家）颁奖典礼在长沙举行。集团公司获得湖南“最受尊敬企业”称号。

9月8—11日 集团公司董事长赴新疆乌鲁木齐，向新疆维吾尔自治区党委张春贤书记汇报沙尔湖项目勘探开发工作进展情况。

9月10日 湖南省委副书记、代省长徐守盛考察调研华磊光电公司。

9月12日 集团公司《大型煤业集团集约化管理体系建设》荣获2009年度湖南省企业管理现代化创新成果二等奖。

9月16—21日 由湖南省国资委、省人力资源和社会保障厅、省总工会、团省委联合举办的，湘煤集团承办的“湘煤杯”2010年湖南省属监管企业职工技能大赛在耒阳、长沙举行。红卫矿业公司胡文胜被授予“湖南省技术能手”荣誉称号，红卫矿业公司梁瑞志、刘光明被授予“湖南省青年岗位能手”称号，集团公司获大赛特色贡献奖。

9月27日 湘永矿业公司铜角湾煤矿新立井联合试运转成功。

10月9日 湖南省国资委党委副书记、纪委书记赵振营，省政府外派监事会主席李建华到集团公司检查指导工作。

10月20日 湖南省国资委监事会监督检查组对新疆公司进行工作调研。

10月25日 大型电视宣传片《腾飞的湘煤——黑金闪耀》制作完成。

11月4日 集团公司在湖南省煤业集团有限公司培训中心举行中共湖南省煤业集团有限公司委员会党校揭牌仪式暨开学典礼。湖南省国资委党委书记吴志雄、省委组织部干部五处处长出席典礼并为党校揭牌。同日，举办了开班培训班。

同日 湖南省国资委党委委员、总经济师卢光祖到集团公司就安全生产和业绩考核工作进行调研。

11月15日 国家能源局瓦斯治理会诊专家组组长、教授刘明举，湖南省煤炭局总工程师赵军到集团公司检查指导工作。

11月17日 周源山煤矿矿长周向志获2009年度全国煤炭工业“优秀矿长”称号。

12月3日 湖南省委政策研究室副主任刘国良到集团公司调研。

12 月 6 日 洪山殿公司咸沙坝矿掘三队队长李存谷、周源山煤矿采一队生产班长张知平荣获“2010 年湖南省劳动模范”称号。

12 月 9 日 湖南省国资委主任莫德旺到集团公司调研。他强调要将湘煤集团打造成战略性新兴产业的先锋企业。

12 月 10 日 集团公司首个综采综掘综合配套矿井在周源山煤矿投产。

12 月 19—20 日 湖南省委组织部副部长郭树人、省国资委主任莫德旺、省外派监事会主席李建华出席集团公司 2011 年工作会。

12 月 31 日 2010 年股份公司的 6 亿元债券（简称为“10 黑金时代债”，债券代码 1080180）于即日起在全国银行间债券市场成功公开发行，同日在中央国债登记结算有限公司开立债券发行账户和登记账户。

2011 年

1 月 5 日 股份公司 6 亿元债券资金全部募集到账。

1 月 12 日 湖南省委书记、省人大常委会主任周强，省委常委、省委秘书长杨泰波，省国资委主任莫德旺考察华磊光电公司。

2 月 9 日 湖南煤矿安全监察局局长、党组书记宋元明到集团公司检查指导工作。

3 月 8 日 湖南省国资委党委委员、总经济师卢光祖到集团公司就 2011 年全省“转变方式建‘两型’，转变作风惠民生”作风建设主题活动和安全生产工作情况进行检查。

3 月 18 日 湖南省第一个标准化井下避灾硐室在红卫公司坦家冲煤矿投入使用。

3 月 30 日 湖南省国资委主任莫德旺、副主任杨平到集团公司专题调研华磊光电公司 LED 产业发展情况。

3 月 31 日 湖南省委第六巡视组巡视集团公司动员大会在集团公司总部召开。

4 月 13 日 湖南省安监局副局长李大剑到集团公司检查指导工作。

4 月 21—23 日 由《中国煤炭工业》传媒联盟、《中国煤炭工业》杂志社主办的全国煤炭工业首届“百名优秀青年矿工”评选发布系列活动在北京举行。湘潭矿业公司一矿西采区采煤队队长罗勇杰、牛马司矿业公司铁箕山煤矿掘五队队长黄峰、南阳矿业公司前进煤矿采二队采煤工人获全国煤炭工业首届“百名优秀青年矿工”荣誉称号。

4 月 22 日 集团公司召开“百亿行动计划”誓师动员大会。

4 月 29 日 集团公司与广东中铁产业集团在株洲华天大酒店举行湖南能源保障主平台综合物流项目框架协议签字仪式。

5 月 7 日 科技部副部长曹健林到华磊光电公司考察调研。

5 月 15 日 集团公司在长沙市天心区暮云镇举行总部基地奠基仪式。

同日 国务院南水北调工程建设委员会办公室副主任、党组成员到华磊光电公司考察指导工作。

5 月 19 日 集团公司发展战略与“十二五”规划专家评审会在长沙召开。

5 月 21 日 湘煤立达矿山装备股份有限公司煤机装备制造基地奠基。

同日 湖南省首个电煤储备基地授牌暨开工奠基庆典仪式在湘煤洁净煤公司举行。

5 月 30 日 湖南省副省长刘力伟到周源山煤矿调研指导工作。

6 月 15 日 集团公司董事长陪同湖南省委书记、省人大常委会主任周强会见美国蒙大拿州州长施韦策。

6 月 30 日 集团公司纪念中国共产党诞生 90 周年暨庆祝公司成立 5 周年“旗帜颂 · 湘煤情”颁奖晚会在长沙湖南大剧院举行。

7 月 7 日 湖南省加速推进新型工业化领导小组召开“湖南战略新兴产业企业上市推进会”，股份公司、湘煤立达和华磊光电公司同时被列为 2011 年湖南省重点上市后备企业，其中股份公司名列全省第一。

8 月 2 日 湖南省委常委、副省长郭开朗考察华磊光电公司，强调华磊光电公司要拉伸产业链条，实现可持续发展。

8 月 9 日 湖南省国资委党委副书记、纪委书记赵振营到周源山煤矿进行安全生产综合检查。

9 月 21 日 湖南省能源局局长王亮方来集团公司检查指导工作。

9 月 26 日 国家煤监局安全质量标准化检查组到周源山煤矿检查工作。

10 月 31 日 国家能源局副局长吴吟到金竹山矿业公司督查调研工作。

11 月 集团公司将在岳阳投资兴建大型煤炭储运基地，这一项目已得到湖南省省长徐守盛的重要批示："这是件好事，要求相关部门和地方政府要全力支持、大力支持，积极配合。"

11 月 4 日 湖南省国资委副主任张美诚、副巡视员张雪到集团公司调研，检查改革改制、安全生产、LED 等工作情况。

11 月 17 日 湖南省国资委党委书记向曙光、副巡视员张雪到集团公司检查指导工作。向曙光提出，湘煤要向百亿企业、百年湘煤目标迈进，真正担当全省能源保障主平台重任。

11 月 30 日 集团公司与新华联集团举行座谈会，就加强华磊光电公司 LED 项目的深度合作进行研讨磋商。

12 月 18 日 中国煤炭工业协会会长王显政到长沙为集团公司中高级管理人员作关于煤炭工业经济形势的专场报告会。

12 月 19 日 中国煤炭工业协会会长王显政到集团公司岳阳城陵矶新建煤炭储备基地调研。

12 月 19—20 日 中国煤炭工业协会会长王显政，湖南省政府秘书长盛茂林，省国资委党委书记向曙光，省煤监局局长宋元明，省煤炭工业局局长李联山出席集团公司 2012 年工作会。

2012 年

1 月 8 日 湖南省调煤保电工作总结表彰大会在长沙召开，集团公司获得"2011 年度全省调煤保电工作先进单位"荣誉称号。

1 月 9 日 集团公司、股份公司举行 2012 年重点客户新年答谢宴会。湖南省政府副秘书长刘明欣、省国资委主任吴志雄、省经济和信息化委员会副巡视员黄雪工、省煤炭局局长李联山、省煤炭局总工程师赵军出席宴会。

1 月 15 日 长沙实业有限公司挂牌成立。

1 月 16 日 集团公司《黑金时代》杂志首发。

1 月 20 日 湖南省国资委和集团公司 2012 年春节联欢会在华天大酒店举行。

2 月 2—3 日 湖南省煤炭工业局副局长曾平江到金竹山公司看望井下一线职工，检查指导节后安全生产工作。

2 月 5 日 集团公司邀请湖南省煤炭系统在长离退休老领导举行新春汇报会。

2 月 9 日 金竹山矿业有限公司一平硐煤矿掘进 118 队队长刘思明入围"同煤杯·第二届寻找感动中国的矿工百名入选人物"。

2 月 22 日 国家煤矿安全监察局副局长彭建勋率国务院安委办公室第 8 督导组来集团公司检查指导工作，并作了"用哲学观点指导安全生产"的演讲。

2 月 28 日 股份公司 2012 年安全生产暨创建本质安全型矿井动员大会召开。

3 月 1 日 湖南省国资委党委委员、副主任杨晓喻到长沙矿业公司进行员工工资收入分配调研。

3 月 13 日 湖南楚湘建设工程有限公司承建的铜角湾煤矿立井井筒工程，获得"太阳杯"工程奖。

3 月 14 日 由集团公司、中化化肥、宜章县政府、天沅化工公司共同出资兴建的宜章煤化工项目合作框架协议签约仪式在郴州华天宾馆举行。

同日 中化化肥有限公司总经理冯志斌考察集团公司岳阳储备煤基地。

3 月 25 日 中国矿业大学（北京）党委书记、博士生导师杨仁树到洁净煤公司、湘煤立达调研考察。

3 月 26 日 湖南省人大常委会副主任、省总工会主席刘莲玉到湘潭矿业公司考察调研。

4 月 9 日 湖南省国资委党委书记向曙光、巡视员余景涛到集团公司调研考察党建工作。

4 月 28 日 集团公司被湖南省政府评为全省调煤保电工作先进单位。

同日 集团公司团委获"全国煤炭行业五四红旗团委"称号。

5 月 5 日 湖南煤矿安全监察局局长陈国新到集团公司检查指导工作。

5 月 24 日 湖南省发改委副主任黄河到资兴矿区察看棚户区改造项目进展情况。

5 月 30 日 湖南省委常委、长沙市委书记陈润儿到华磊光电公司检查指导工作。

同日　集团公司举行总部新基地办公大楼封顶典礼。

6月4日　股份公司上市募投项目工作推进专题会议在长沙召开。

6月6日　湖南省国资委副主任杨平到立达公司“煤机装备制造产业基地”和洁净煤公司“湖南电煤储备基地”进行督查调研。他表示支持两个基地建设，力挺推广立达产品。

6月9日　湖南省国资委党委委员、总经济师彭冬福到集团公司调研。

6月19日　湖南省委常委、副省长陈肇雄，省人大常委会副主任蔡力峰，省国资委主任吴志雄出席集团公司劳模表彰暨成立六周年总结大会。

7月6日　集团公司与湖南万安达集团有限责任公司、湖南万安达集团万世达机械能源有限责任公司、湖南省煤业集团兴源矿业有限公司就湘南监狱所属煤矿资产转让签订补充协议。

7月9日　湖南省财政厅正厅级巡视员王新国、副厅长刘崇斌到集团公司检查指导工作。

7月10日　湖南省人大常委会党组副书记、副主任陈叔红到集团公司考察工作。

7月11日　股份公司增资扩股签约仪式在长沙华天大酒店举行。增资扩股后，股份公司的总股本由188719.95万股增至205000万股，股东由8家增加到12家。

7月17日　湖南省委常委、省委统战部部长李微微到华磊光电公司考察工作。

7月20日　国家煤矿安全监察局副局长黄玉治到集团公司检查指导工作。

8月22日　湖南省委常委、长株潭试验区工委书记到华磊光电公司检查指导工作。

9月3日　湖南省政府召开专题会议，加快推进湖南黑金时代股份有限公司上市。

9月12日　湖南省国资委党委书记向曙光到周源山煤矿和华磊光电公司考察调研。

10月11日　湖南省环保厅召开股份公司上市专题工作会。

10月16日　股份公司收购新疆神宇煤业公司股权签约仪式在长沙举行。

10月18日　湖南省国资委副书记、纪委书记王宏到湘能公司进行工作调研。

10月19日　湖南省副省长盛茂林在省政府副秘书长、省安监局局长刘尧臣，省煤炭管理局局长李联山，湖南煤矿安全监察局局长陈国新，衡阳市委副书记、市长张自银的陪同下到白山坪矿区磨田煤矿调研。

10月30日—11月6日　国家安监总局安全生产专项督查组到集团公司进行安全生产专项检查。

11月16日　湖南省委组织部、省国资委在集团公司召开高管层级综合部门负责人会议，宣布省委任命文件，覃道雄兼任集团公司党委书记，欧资源退休。

11月28日　贵州省六盘水市开发投资有限公司入股股份公司签约仪式在六盘水市明湖花园大酒店举行。

12月5—6日　召开集团公司、股份公司高管务虚会，强调要以党的十八大精神统一全集团思想，凝心聚力，深化改革，攻坚克难。

12月10日　湖南省委宣讲团到集团公司宣讲党的十八大精神。

12月11日　湖南省国资委在株洲逸景华天大酒店举行第三次“购销合作、抱团发展”主题活动暨湘煤集团矿山装备推介会。

12月19—20日　集团公司在长沙召开2013年工作会。工作大会确定“解放思想，深化改革，苦练内功，提升管理”为2013年工作主题。

2013年

1月11日　集团公司周源山煤矿、南阳矿业公司获得“中国最美矿山”荣誉称号。

2月22日　集团公司荣获“湖南省2012年保障性安居工程工作优秀单位”称号，全集团3个矿区国家批准的13个棚改项目全部启动，实现新开工建设8193户。

2月28日　湖南省委组织部宣布省委任命文件，李义成任集团公司总经理。湖南省国资委明确：覃道雄、李义成、罗瑞锋、文仕秋、张小雁、欧阳维、吴正水、何烽、李传红为集团公司领导班子成员。

3月13日　湖南省国资委党委副书记、纪委书记王宏率队到集团公司开展“服务企业渡难关，转变方式提质效”支帮促服务活动。

4月5日　湖南省委副书记、省政府党组书记杜家毫到华磊光电公司调研考察工作。

4月12日 湖南煤矿安全监察局局长、党组书记陈国新到集团公司检查指导工作。

同日 湖南省国资委党委副书记、纪委书记王宏到集团公司总部基地调研。

4月23—25日 湖南省国资委党委委员、总经济师彭冬福到集团公司总部及所属周源山公司、湘永公司、嘉禾公司督查安全生产工作。

4月28日 街洞矿业公司茶塘煤矿矿长张敬阳获全国“五一劳动奖章”。涟邵实业公司副总经理、工会主席袁于胜，华磊光电公司副总经理许亚兵荣获湖南省“五一劳动奖章”。

同日 集团公司团委获“湖南省五四红旗团委”称号。兴源矿业公司副总经理胡瑞连被授予第一届“全国煤炭青年五四奖章”。南阳公司南阳庙煤矿掘二队被团中央授予“全国青年安全示范岗”称号。辰溪公司、南阳公司获2012年度“全煤行业五四红旗团委”称号。

5月2日 湖南省煤炭管理局局长李联山到兴源公司检查指导工作。

5月7日 湖南省国资委副主任杨平到集团公司总部基地调研。

5月24日 国家能源局湖南能源监管派驻机构副专员夏旭率调研组到集团公司调研。

6月18日 集团公司召开专题会议，传达贯彻落实中央及湖南省党的群众路线教育实践活动工作会议精神。

6月25日 湖南省国资委党委副书记、纪委书记王宏主持召开省国资委派驻湘煤集团新任监事会主席汪学高履职见面会。

同日 集团公司在湘煤培训中心召开棚户区改造专题会议。

7月23日 集团公司召开上市环保核查环境综合治理攻坚会议。

7月26日 湖南省国资委党委委员、副主任张美诚深入立达公司开展党的群众路线教育实践活动。

7月30—31日 湖南省国资委党委员会、副主任张美诚，省国资委副巡视员、省国企发展改革办副主任张雪到白沙实业公司调研企业改革改制工作。

7月31日 湖南煤矿安全监察局局长陈国新到周源山煤矿检查指导工作。

同日 湖南省国资委副主任杨平到湘能公司调研。

8月1日 湖南省国资委党委副书记、纪委书记王宏到华磊光电公司开展“倾听职工群众意见，深化支帮促服务”活动。

8月11日 新疆吐鲁番地委副书记、湖南省新一轮对口援疆前方指挥部指挥长赵清云率招商引资组到集团公司考察调研。

8月21日 中共中央委员、湖南省政协主席陈求发带领省委第二十督导组到集团公司调研。

8月29日 国家安监总局副局长、国家煤矿安监局局长付建华到辰溪矿业公司检查指导工作。

9月2日 湖南省国资委党委书记文志强到集团公司调研指导工作。

9月4日 川煤集团党委副书记、董事于忠，副总经理刘万波，总经济师王昌润到集团公司调研。

9月6日 湖南煤矿安全监察局局长陈国新、副局长贺德安到集团公司调研。

9月24日 湖南省国资委派驻集团监事会进行换届交接。第二届外派监事会成员共5人，邹福明任监事会主席。

10月31日 湖南省国资委党委副书记、纪委书记王宏，湖南省国资委派驻集团监事会主席邹福明到集团公司调研。

11月20日 中国煤炭工业协会副会长彭建勋、中国煤炭机械工业协会理事长张勇到集团公司调研。

11月21日 新疆吐鲁番地区地委书记张文全率吐鲁番地区党政代表团到集团公司调研。

12月2日 湖南煤矿安全监察局副局长丁国强到集团公司调研。

12月27日 集团公司召开2014年工作会。省政府外派监事会主席邹福明出席会议。会议确定集团公司2014年工作指导思想：全面贯彻党的十八届三中全会精神，省委经济工作会议精神，认真落实省委省政府及省国资委的决策部署，坚持以市场决定资源配置为研判，深化企业改革，推进管理创新，积极应对煤炭行业产能过剩的危机，立足当前保安全、保增长、保稳定，着眼长远抓发展，稳中求进，坚决实现生存发展新突破。

2014 年

1 月 12 日 集团公司与中国万向公司就库木塔格区域资源开发利用签订合作协议。

1 月 15 日 湖南省重点联系企业经济形势分析座谈会在集团公司召开。

1 月 17 日 湖南省委常委、统战部部长李微微到洁净煤公司看望慰问职工。

1 月 27 日 第二批教育实践活动省委派驻省属企业督导组第五组在组长邹福明的带领下进驻集团公司。

2 月 15 日 湖南省发改委主任谢建辉，湖南省发改委副主任、省能源局局长王亮方到集团公司检查指导工作。

2 月 26 日 集团公司召开党的群众路线教育实践活动动员暨培训会，湖南省委第五督导组组长邹福明出席会议并讲话。

3 月 5 日 湖南省国资委主任吴志雄到集团公司调研。

3 月 20 日 国家安监总局副局长、国家煤监局局长付建华在白沙安全生产管理局主持“千名干部与万名矿长谈心对话”活动。

3 月 21 日 株洲洁净煤股份有限公司和中南煤炭运销有限公司揭牌。

3 月 30 日 湖南煤矿安全监察局局长李建民到集团公司检查指导工作。

3 月 31 日 集团公司工会荣获湖南省总工会 2013 年度基层工会工作一等奖。

4 月 10 日 湖南省副省长黄兰香到华磊光电公司考察指导工作。

4 月 16 日 湖南省委组织部部务委员、省委教育实践活动办国企联络组组长、省国企教育实践活动领导小组副组长丁兰安到集团公司专题调研指导党的群众路线教育实践活动开展情况。

4 月 24 日 湖南省国资委党委副书记、纪委书记王宏到集团公司开展“深化改革转机制、创新发展强服务”支帮促活动。

4 月 28 日 牛马司矿业公司铁箕山矿掘五队二班班长周高中荣获“全国五一劳动奖章”和“湖南省劳动模范”称号。

5 月 14 日 湖南省国资委总经济师、党委委员彭冬福到集团公司调研企业维稳工作。

5 月 28 日 集团公司向安信证券投资银行部执行总经理汲秦立送交《湖南黑金时代股份有限公司首次公开发行股票并上市申请文件》。

6 月 4 日 集团公司第一期中青年干部培训班开班。经各单位选拔推荐和集团公司审查通过的 39 名中青年干部参加为期三个月集中脱产培训。

7 月 18 日 集团公司与中国矿业大学（北京）在长沙签订战略合作协议。

7 月 24 日 国家能源局国际合作司司长邹逸桥到集团公司检查指导工作。

8 月 6 日 湖南省委书记徐守盛接见红卫矿业公司胡文胜、龙新贵、梁瑞志以及金竹山矿业公司赵练平等“第四届湖南省技能大师”和“第十一届湖南省技术能手”。

同日 湖南省国资委副主任卢光祖到集团公司调研。

8 月 27 日 集团公司与中国万向控股公司就新疆鄯善县库木塔格沙尔湖煤矿区第四勘查区探矿权办理合作协议签约仪式在新疆吐鲁番举行。

9 月 5 日 湖南省国资委副主任杨晓喻到集团公司就经营业绩考核等工作进行调研。

9 月 26 日 湖南省经信委党组书记、主任谢超英到集团公司调研工作。

10 月 9 日 湖南省煤炭管理局局长李联山到集团公司调研矿井关闭退出工作。

同日 集团公司第二期中青年干部培训班开班。来自集团公司所属各单位的 33 名中青年干部参加为期三个月的集中脱产培训。

10 月 17 日 湖南省副省长黄兰香到集团公司调研检查指导工作。

10 月 22 日 集团公司召开党政联席（扩大）会议，学习传达贯彻湖南省副省长黄兰香在集团公司调研时的讲话精神。

10 月 23 日 湖南省国资委党委副书记、纪委书记王宏，省国资委党委委员、机关党委书记翟晓莎，省政府外派监事会主席邹福明到集团公司调研生产经营情况，并开展支帮促工作。

10 月 31 日 集团公司召开党的群众路线教育实践活动总结大会。

11 月 8 日 国家安全生产监督管理总局重点地区煤矿安全督导第一巡视组到集团公司所属

辰溪公司督导巡视安全工作。

12月12日 集团公司在总部对一批超标超编机动车集中公开拍卖，参加竞拍的有50人，本次有22辆机动车拍卖成交。

12月17日 湖南省国资委党委委员、副主任杨平到集团公司检查指导工作。

12月28—29日 集团公司召开2015年工作会。会议提出2015年集团公司工作的指导思想：深入贯彻党的十八大和十八届三中、四中全会，中央和省委经济工作会议精神，以习近平总书记系列重要讲话精神为指导，以扭亏为盈为目标，以“创新、优化、提升、落实”为工作主题，狠抓安全生产，着力改革攻坚，突出挖潜增效，振奋精神、破难而上，奋力开创新常态下集团公司和股份公司各项工作的新局面。

12月30日 湖南省人力资源和社会保障厅副厅长、厅党组成员杨长永到集团公司就资源枯竭型企业关闭破产、老工伤移交等问题进行调研。

2015年

1月4日 集团公司取得国土资源部颁发的《矿产资源勘查许可证》(证号T65520140201050602)，国土资源部将位于新疆维吾尔自治区吐鲁番地区鄯善县库木塔格沙尔湖煤矿区第四勘探区探矿权正式授予集团公司。

2月8日 中国煤矿文工团“祝你平安”安全宣传晚会在周源山煤矿举行。

2月9日 湖南省财政厅党组成员、副厅长刘崇斌到集团公司调研指导工作。

3月11日 国家安监总局督察组徐英旺、湖南省煤炭管理局副局长郝去吾到集团公司督查煤矿隐患集中排查治理工作。

4月3日 湖南省国资委副主任樊建军、省外派监事会主席邹福明到集团公司开展“支帮促”。

4月10日 国务院国资委会同人力资源和社会保障部、国家发展改革委、工信部、财政部等五部委联合组成的调研组在长沙召开国有企业稳增长调研座谈会，集团公司董事长出席会议并发言。

4月15日 原国家安全生产监督管理局局长、原中国职业安全健康协会理事长张宝明率领“千名干部与万名矿长谈心对话活动”调研组到周源山煤矿开展谈心、对话、指导工作。

4月28日 集团公司举行第三次机动车专场拍卖会。三次共计42台车辆拍卖成交。

5月5日 湖南省国资委总经济师、党委委员彭冬福到集团公司调研维稳工作。

5月9日 中共中央政治局常委、中央书记处书记刘云山在中央组织部常务副部长陈希，中央宣传部常务副部长黄坤明，中央党校常务副校长何毅亭，中央政策研究室副主任江金权，湖南省委书记、省人大常委会主任徐守盛，省委副书记、省长杜家毫，省委常委、秘书长韩永文陪同下，到集团公司所属华磊光电公司调研考察。刘云山指出：核心价值观建设，建设的是思想道德和文明风尚，需要一以贯之、久久为功。要大力弘扬中华优秀传统文化，弘扬党领导人民创造的革命文化，以文化自信支撑价值观自信。

5月12日 集团公司召开党政联席会，传达贯彻中央、省委会议精神，研究部署集团开展“三严三实”专题教育工作。

5月23日 集团公司召开“三严三实”专题教育工作会议。

6月4日 集团公司召开棚户区改造建设工作视频会议。

6月12日 湖南省国资委副主任樊建军、省政府派驻监事会主席邹福明到牛马司公司开展“支帮促”服务活动。

6月24日 集团公司召开党政领导联席扩大会议，研究部署新常态下企业的深化改革、生存发展和经营管理等工作。

6月25日 湖南省国资委主任丛培模、省政府派驻监事会主席邹福明到集团公司调研。

7月1日 集团公司与陕西煤业化工集团就推进株洲洁净煤公司与中南煤炭运销公司的健康运行召开座谈会。

7月3日 集团公司召开党政联席会，研究股份公司新三板挂牌上市有关工作。

7月28日 湖南省国资委副主任杨平到集团公司进行规划、发展、安全、维稳专项调研。

8月11日 周源山煤矿通过国家一级矿井验收。

8月12日 湖南省纪委常委刘大放到集团

公司调研并作“三严三实”专题教育讲座。

8月24日 国务院安委会巡视督查组在集团公司总部组织召开国有煤矿企业安全生产工作座谈会。

8月25—28日 湖南省政府派驻监事会主席邹福明到贵州湘能公司调研。

8月29日 国土资源部副部长、国家测绘地理信息局局长库热西·买合苏提，湖南省国土资源厅厅长方先知到集团公司考察调研。

9月11日 湖南省国资委党委委员、副主任卢光祖到集团公司调研。

9月15—17日 湖南煤矿安全监察局党组书记、局长李建民到牛马司矿业公司开展安全执法检查。

10月14日 湖南省委督办专员吴志雄、省国资委副主任樊建军率领省国资委预算处、规划发展处及省委党校的专家到集团公司进行“稳增长和提质增效”专题调研。

11月3日 集团公司第三期中青年干部培训班开班。38名中青年干部参加为期三个月脱产培训。

11月17日 湖南省国资委主任丛培模、党委书记文志强一行就省政府派驻监事会对集团公司进行监督检查揭示问题与风险的整改落实情况进行专项督导检查。

11月26日 湖南省国资委副主任杨平率省属监管企业安全生产第六考核组到集团公司进行安全考核。

11月27日 集团公司召开2015年度述责述廉暨民主测评会，湖南省国资委党委委员、副主任李新连出席并考核集团公司2015年度党风廉政建设责任制落实情况。

12月9日 湖南省人民政府副省长张剑飞主持召开会议，专题研究支持湘煤集团改革发展有关问题。湖南省人民政府办公厅，湘潭市、怀化市人民政府，省发改委、省经信委、省财政厅、省国土资源厅、省人社厅、省卫计委、省审计厅、省国资委、省煤管局、湖南煤监局、省国税局、省地税局、集团相关负责人参加会议。会议听取了集团公司关于企业基本情况和当前生产经营情况的汇报，听取了省国资委主任丛培模关于支持集团改革发展的措施和建议的汇报。会议要求各厅局、各部门认真研究，尽快出台能管长远的、很有含金量的、最大力度的支持政策。

同日 湖南省委讲师团巡视员陈志强到集团公司集中宣讲党的十八届五中全会精神。

12月15—18日 国家煤矿安全监察局副局长桂来保深入集团公司调研安全生产工作。

12月29—30日 集团公司召开2016年工作会议，会议提出要着力打造“1346”工程，实现集团公司转型发展。

2016年

1月5日 湘潭市委副书记、市长胡伟林调研谭家山矿区综合治理工作。

1月11日 集团公司召开安全生产视频会，落实全国全省安全生产电视电话会议精神。

1月13日 湖南省煤炭管理局局长李联山到宝源矿业公司北平硐煤矿进行质量标准化矿井达标检查。

1月22日 湖南省人社厅副厅长杨长永到集团公司调研指导工作。

1月29日 集团公司召开领导班子、党委班子“三严三实”专题教育民主生活会。

2月24日 湘煤立达矿山装备股份有限公司成功在全国中小企业股份转让系统挂牌上市，公司的证券简称为“立达股份”，证券代码为836605。

2月27日 股份公司召开2016年安全生产工作会议。

3月4日 湖南省委组织部、省国资委主持召开集团公司干部大会。省委组织部部务委员丁兰安宣布由罗瑞锋主持集团公司全面工作。省国资委主任丛培模，省国资委巡视员、派驻集团公司工作组组长江秋波，省委组织部干部五处、省国资委党委干部部负责人出席会议，集团公司、股份公司班子成员、各单位党政主要负责人及总部各部室负责人参加会议。

3月9日 湖南省国资委党委委员、总经济师彭冬福到集团公司专题调研安全稳定工作。

3月9—10日 湖南省煤炭管理局局长李联山到红卫矿业公司坦家冲煤矿、龙家山煤矿检查督导安全工作。

3月11日 湖南省国资委党委委员、副主任卢光祖到华磊光电公司调研。

3月14—15日 湖南省国资委巡视员、派驻集团公司工作组组长江秋波到资兴矿区调研并督导两会期间安全稳定工作。

3月23日 国家煤矿安全监察局事故调查司司长史宝中到嘉禾公司督导安全生产工作。

3月26日 世界银行非洲区副行长贾马尔·萨格尔到华磊光电公司参观考察。

4月11日 湖南省委巡视第九组专项巡视湘煤集团党委工作动员会召开。省委巡视第九组组长孙剑霖作动员讲话，罗瑞锋作表态发言。省委巡视第九组副组长胡东风及巡视组全体成员，省国资委党委委员、副主任卢光祖，省国资委巡视员、驻湘煤集团工作组组长江秋波，省政府外派监事会主席邹福明出席会议。

4月12日 全国人大财政经济委员会委员王力、全国人大外事委员会委员路建平到华磊光电公司考察调研。

4月26日 红卫矿业公司坦家冲煤矿掘四队队长胡文胜、周源山煤矿安全协管员向水滔荣获“第三届感动中国的矿工”称号。

4月28日 湖南省国资委副主任、党委委员张美诚率“提质增效稳增长”帮扶小组一行到集团公司调研。

5月4日 集团公司召开“两学一做”学习教育视频会议，深入学习贯彻落实中央、省委、省国资委关于开展“两学一做”学习教育工作一系列会议和文件精神，对全集团“两学一做”学习教育进行动员部署。

5月6日 湖南省委组织部、湖南省国资委主持召开集团公司干部大会。经省委研究决定，廖建湘任湖南省煤业集团有限公司董事长，罗瑞锋任湖南省煤业集团有限公司党委书记。

6月1日 湖南省委巡视第九组向集团公司党委反馈巡视情况。集团公司董事长廖建湘主持会议，党委书记罗瑞锋代表党委班子作表态发言。

6月14日 湖南省委“两学一做”学习教育督导组成员、省委组织部党代表联络办副主任唐瑛到集团公司督查指导“两学一做”学习教育情况。

6月16日 集团公司代表队获湖南省国资委“两学一做”知识竞赛二等奖。

6月23日 集团公司董事长廖建湘带队到新华联集团考察。

6月28日 湖南黑金时代股份有限公司成功在全国中小企业股份转让系统（简称“新三板”）挂牌上市，证券代码837893。

6月30日 集团公司召开纪念建党95周年暨湘煤集团成立10周年总结表彰大会。集团公司董事长廖建湘在会上作题为“着力推进‘和谐湘煤、廉洁湘煤、高效湘煤’建设 构建企业改革发展稳定基石”的重要讲话，集团公司党委书记罗瑞锋作大会报告。

7月7日 集团公司董事长廖建湘赴辰溪县委县政府协调辰溪矿业公司破产关闭事宜，与辰溪县委书记杨一中、县长周详进行了友好交流和商谈。

7月12日 集团公司董事长廖建湘会见中民嘉业投资有限公司总裁陈东辉、副总裁阊军。

7月15日 集团公司董事长廖建湘带队赴湖南黄金集团考察学习。

7月20日 湖南省煤炭管理局总工程师赵军到湘永公司荆南煤矿调研。

7月26日 湖南省国资委党委委员、总经济师彭冬福到集团公司调研安全维稳工作。

同日 集团公司董事长廖建湘带队赴湖南华菱钢铁集团学习考察。

8月9日 湖南省信访局副局长夏玄英到集团公司调研。

8月16日 集团公司董事长廖建湘会见中民筑友科技集团董事局副主席、总裁阊军。

8月29日 国海证券副总裁燕文波到集团公司调研。

9月1日 集团公司董事长廖建湘会见湖南省有色地质勘查局局长杨晓晋。

9月10日 集团公司获评全国“安全生产月”活动先进单位。

9月18日 集团公司董事长廖建湘、集团公司党委书记罗瑞锋在新疆鄯善县与鄯善县委、县政府就政企合作和集团公司沙尔湖矿区勘探开发、新疆能源公司发展等举行会谈。

9月20日 集团公司董事长廖建湘、集团公司党委书记罗瑞锋在新疆吐鲁番会见市委书记张文全，市委副书记、代市长芒力克·斯依提。

9月21日 集团公司与新疆维吾尔自治区国土资源厅在新疆乌鲁木齐举行座谈会。集团公司董事长廖建湘、集团公司党委书记罗瑞锋、新疆国土资源厅党组书记任辉出席座谈会，并就集团公司在新疆的资源开发相关工作进行全面对接。

9月22日 集团公司与新疆煤炭设计研究院有限责任公司在新疆乌鲁木齐举行座谈会。集团公司董事长廖建湘、党委书记罗瑞锋出席座谈会。

9月25日 湖南省委副书记、代省长许达哲考察华磊光电公司。许达哲指出，华磊光电公司要取得进一步的发展，在光电行业立于不败之地，就要抢抓国家供给侧结构性改革机遇，不断做大做强。

9月27—28日 集团公司深化改革座谈会在韶山召开。会议决定了集团公司战略目标和发展路径，明确了集团公司做湖南能源保障主平台；决定打造以能源产业为依托，有限多元发展，产业经营和资本运营融合发展的大型能源投资控股集团的战略定位和战略目标。

10月9日 湖南省人民政府副省长张剑飞主持召开会议，专题研究帮助解决集团公司融资有关问题。

10月19日 集团公司召开“两学一做”学习教育工作推进会。传达贯彻习近平总书记在全国国有企业党的建设工作会上的重要讲话精神，落实中央、省委对“两学一做”学习教育工作的有关指示，对集团公司“两学一做”学习教育情况进行总结、部署。

10月25日 集团公司董事长廖建湘会见光大银行长沙分行副行长周武。

同日 集团公司纪检监察干部培训班在湘煤培训中心开班，集团公司党委书记罗瑞锋出席开班仪式并讲话。

10月31日 集团公司董事长廖建湘会见煤炭科学技术研究院有限公司董事长朱凤山、党委书记王翰锋。

11月16日 湖南省煤炭管理局局长李联山到街洞矿业公司调研去产能工作。

同日 集团公司董事长廖建湘、党委书记罗瑞锋到贵州湘能公司调研。

11月17日 集团公司获2014—2015年度煤炭工业统计工作先进单位。

11月18日 集团公司董事长廖建湘会见香港汇富金融集团首席执行官梁展胜和中粮信托有限责任公司总经理辛伟。

11月22日 华磊光电公司博士后科研工作站授牌。

11月29日 集团公司召开科技工作会议。会议表彰了21个集团公司科技进步奖项目、5个集团公司科技工作先进单位和27名集团公司科技工作先进个人。

12月1日 湖南省国资委副主任杨平到集团公司开展2016年度安全考核工作。

12月14日 湖南省委宣讲团成员、省委党校（行政学院）副校（院）长曹建华到集团公司集中宣讲党的十八届六中全会精神。

12月16日 集团公司董事长廖建湘会见湖南省农村信用联社董事长张志军。

12月22日 湖南省煤炭管理局局长李联山到牛马司矿业公司检查指导安全工作。

12月23日 湖南省委常委、省国资委党委书记胡衡华在省国资委副主任樊建军、省政府派驻监事会主席邹福明的陪同下到集团公司调研指导工作。胡衡华强调，湘煤集团下步发展要在全面从严治党，以上率下，增强危机意识，抢抓发展机遇，深化企业改革，紧扣安全稳定，全力扭亏增盈，提高经济效益上下功夫。

同日 湖南省委副书记乌兰到华磊光电公司考察指导工作。乌兰指出，华磊光电公司要切实抓好中央关于支持实体经济发展决策部署的落实，要进一步降低成本，解决融资难题，加强技术创新，加快科技成果转化，促进转型升级。

2017年

1月9—10日 集团公司召开2017年工作会。集团公司董事长廖建湘作了题为“坚定信心 奋力自强 开拓创新 真抓实干 为实现2017年各项目标任务而努力奋斗”的工作报告。

1月23日 湖南省国资委党委委员、纪委书记朱映红到立达公司调研并慰问困难职工。

2月9日 郴州市人民政府在华磊光电公司召开现场办公会，多措并举支持企业攻坚克难壮大发展。郴州市委副书记、市长刘志仁，集团公司董事长廖建湘出席会议。

2月14日 湖南省政府派驻企业监事会主

席陈国辉到集团公司调研指导工作。

2月15日 国家煤矿安全监察局副局长桂来保，湖南煤矿安全监察局党组书记、局长吴卫龙，湖南煤矿安全监察局纪检组组长陈滨，湖南省煤炭管理局党组成员、副局长曾平江到集团公司调研指导工作。

2月17日 湖南省副省长、省政府秘书长杨光荣在集团公司董事长、股份公司董事长廖建湘陪同下，深入周源山煤矿督查安全生产工作。

2月18日 湖南省煤炭管理局局长李联山到马田矿业公司调研指导工作。

2月23日 湖南省国资委副主任杨平到集团公司调研安全工作及项目投资情况。

2月27日 股份公司召开2017年安全生产工作会。

3月4日 湖南省委组织部、湖南省国资委主持召开集团公司干部大会。经省委常委会议、省委组织部部务会议研究决定：廖建湘任集团公司党委书记；罗瑞锋因年龄原因退出领导岗位，不再担任集团公司党委书记，在湘煤集团从事顾问工作，享受原职务经济待遇；何烽任集团公司党委副书记、总经理。

3月7—8日 集团公司党委领导班子召开2016年度民主生活会。湖南省国资委纪委书记朱映红、省国资委纪委干部张人彪到会指导。

3月9日 集团公司召开去产能工作推进会。

3月14—19日 湖南煤矿安全监察局党组书记、局长吴卫龙，局党组成员、总工程师周革忠率领湖南煤矿安全体检组一行，对白沙矿区的红卫煤矿及其所属的坦家冲、里王庙、龙家山、沈家湾煤矿开展全面安全体检。

3月24日 湖南省煤炭系统离退休老领导座谈会在集团公司总部召开。出席座谈会的老领导有：原湖南省煤炭厅厅长、离休干部李玉和，原湖南省煤炭厅正厅级副厅长蒋德玟，原湖南煤矿安全监察局局长陶干三，原湖南省煤炭厅副厅长唐仲杨，原湖南煤矿安全监察局纪检组组长范文杰，原湖南煤矿安全监察局副局长周仁涛，原湖南煤矿安全监察局副局长许冬生，原湖南省煤炭厅总工程师李丕圣，原湖南省煤炭厅工会主席潘家梁，原湖南省煤炭厅三项副局级离休干部李才燕，原湖南煤矿安全监察局副巡视员彭新其。

4月6日 湖南省企业电力供给侧改革交流会在集团公司召开，湖南能投售电有限公司与2家发电企业、4家用电企业签署了购售电战略合作协议。

4月12日 国家安监总局副局长李兆前在周源山煤矿督查安全生产、调研指导工作。

同日 湖南省委常委、省国资委党委书记胡衡华，省国资委副主任张美诚到湘能华磊光电公司考察调研。

4月20—23日 集团公司举办为期3天半的中层正职以上干部专题培训班，学习贯彻党的十八届六中全会精神、国有企业党的建设工作会议精神以及五大发展理念。集团公司、股份公司高管，集团公司所属单位党政正职，总部职能部室主要负责人及正部级干部参加培训。

4月25日 湖南省国资委副主任彭冬福、省国资委安稳办处长彭兴华、省国资委安稳办副处长胡运杰到集团公司调研安全稳定工作。

4月26日 集团公司党委书记、董事长廖建湘会见青海盐湖工业股份有限公司党委书记、董事长。

4月28日 集团公司党委书记、董事长廖建湘会见新疆维吾尔自治区国土资源厅党组书记任辉。

同日 股份公司突出矿井生产能力核定现场推进会在街洞公司召开。

5月3日 湖南省副省长杨光荣，省政府副秘书长张银桥，省国资委主任丛培模，省安监局局长李大剑，湖南煤矿安全监察局党组书记、局长吴卫龙到集团公司调研考察。

5月4日 湖南省政府派驻国有重点骨干企业监事会主席陈国辉到周源山公司、资兴实业公司调研指导工作。

5月6日 集团公司与株洲市人民政府、陕西煤化工集团签订战略合作协议。

5月9—12日 集团公司党委书记、董事长廖建湘率团赴安徽省淮南矿业集团考察并重点就安全管理、瓦斯防治、采掘机械化、企业经营学习“取经”。

5月16日 湖南省国资委党委委员、副主任赵东生到牛马司矿业公司进行环境保护督察。

5月16—17日 集团公司首届红五月“我创造·我光荣”职工运动会在集团公司总部

举行。

5月17日　集团公司召开党委领导班子换届工作动员大会。省企换届考察组组长、湖南省委组织部干部五处副处长王斌初，副组长、湖南省委宣传部出版处副处长孙先富出席会议。

5月27日　集团公司召开推进“两学一做”学习教育常态化制度化工作视频会议。

6月1—9日　湖南省政府派驻企业监事会主席陈国辉到金竹山、牛马司、白山坪、红卫、新疆能源公司就企业改革、发展、稳定等情况进行调研。

6月6日　黑金时代煤炭销售公司省内销售基地项目在岳阳城陵矶港正式启动。

6月7日　集团公司党委书记、董事长廖建湘在陕西西安会见陕煤化集团党委书记、董事长杨照乾，双方围绕株洲洁净煤公司的有关问题进行座谈。

6月12日　集团公司召开会议，专题学习传达贯彻湖南省国有企业党的建设工作会议精神。

6月13日　集团公司党委书记、董事长廖建湘出席集团公司与华菱集团战略合作签约协议。华菱集团正式与集团公司旗下湖南能投售电公司进行购售电战略合作。

6月30日　集团公司召开深化改革推进会。

同日　集团公司召开庆祝建党96周年暨表彰大会。

7月5日　湖南省国资委主任丛培模到集团公司进行企业深化改革专项调研。省国资委相关处室负责人肖亦农、李艾东、冯炯文、高先祥、吕琼陪同调研。

7月20—21日　集团公司党委书记、董事长廖建湘考察青海盐湖工业股份有限公司，会见了盐湖股份党委书记、董事长。双方签订战略合作意向协议。

7月28日　湖南省煤炭管理局局长李联山、总工程师赵军到集团公司督导安全生产工作。

8月3日　湖南省煤矿安全大检查启动仪式在兴源矿业公司伍家冲煤矿举行。湖南省煤炭管理局局长李联山，集团公司党委书记、董事长廖建湘出席仪式。

8月8日　集团公司与澳大利亚CFT煤气集团在长沙举行战略合作洽谈会暨意向协议签约仪式。

8月11日　湖南省国资委党委委员、总经济师彭冬福到集团公司调研安全、维稳工作。

8月24日　国家安监总局副局长、国家煤矿安监局局长黄玉治率国务院安委办第四督导组到嘉禾矿业公司督导安全生产。湖南省副省长杨光荣，国家煤矿安监局监察司副司长李大生，湖南省政府副秘书长黎咸兴，湖南省安监局局长李大剑，湖南煤监局党组书记、局长吴卫龙，郴州市副市长贺遵庆，股份公司总经理赵斌、副总经理李永友陪同调研。

8月30日　湖南省审计厅进驻集团公司开展审计工作。

8月31日　集团公司党委书记、董事长廖建湘会见湖南华菱钢铁集团有限责任公司总经理易佐、副总经理张志钢。

9月13日　湖南省副省长、省国资委党委书记张剑飞到集团公司调研。省政府副秘书长向曙光，省经信委主任谢超英，省国资委主任丛培模，省发改委副主任卓群，省人力资源和社会保障厅副厅长王运柏，省安监局党组成员、省煤炭局局长赵军，省政府外派监事会主席陈国辉，省财政厅企业处调研员刘豪陪同调研。

9月14—19日　湖南煤矿安全监察局党组书记、局长吴卫龙率检查组一行，深入集团公司所属矿井、单位就落实安全生产主体责任情况进行检查指导，并于9月22日在集团公司总部召开通报会。

9月18日　集团公司首届“国庆杯”职工男子篮球赛分别在长沙、郴州、耒阳3个赛区开幕。

9月20日　集团公司召开总部机构改革动员大会。总部功能定位：战略投资管理中心、运营管控中心、风险控制中心、共享服务中心。由行政机关型向职能型、服务型、增值型转变。

9月28日　股份公司周源山矿业公司挂牌成立。

9月29日　集团公司召开总部副部级以上干部大会，总部机构改革顺利完成定岗定编定员工作。

同日　楚湘公司成功中标临湘市羊楼司竹木家居创新创业园EPC总承包项目。该项目是楚湘公司中标的首个EPC总承包项目，工程中标总造价约2.98亿元。

10月11日 湖南省副省长、省国资委党委书记张剑飞就郴州高新区工业企业发展情况对华磊光电公司进行了调研。湖南省人民政府副秘书长向曙光，郴州市副市长贺遵庆，高新区管委会主任李黎明，集团公司党委书记、董事长廖建湘陪同调研。

10月20日 集团公司党委中心组专题学习党的十九大报告。

10月23日 湖南省2017年电力体制改革后首轮电力市场交易于10月13日落下帷幕，湖南能投售电公司购售电代理取得成交总量第一、成交价格最优、祁韶直流成交量第一的好成绩。

10月24日 集团公司党委书记、董事长廖建湘会见大唐湖南分公司总经理徐永胜一行。

11月6—9日 集团公司党委书记、董事长廖建湘会见山西煤矿安全监察局党组书记、局长卜昌森，山西焦煤集团有限公司党委书记、董事长武华太，山西能源交通投资有限公司党委书记、董事长武强。

11月10日 湖南省委组织部部务委员由红军到集团公司专题宣讲党的十九大精神，并调研企业党建工作。

11月18日 湖南能投售电有限公司举行揭牌仪式，该公司是湖南省第一批准入的售电公司。

11月23日 国家煤矿安全监察局副局长杨富率科技装备司司长张文杰，湖南煤矿安全监察局党组书记、局长吴卫龙到白沙矿区考察调研。

11月23—24日 湖南省国资委副巡视员、党委组织部部长曾寿彬到集团公司宣讲党的十九大精神并检查调研党建工作。

11月24日 集团公司学习贯彻党的十九大精神暨基层党建工作现场会在周源山矿业公司召开。

11月28—29日 集团公司召开全面预算管理工作会。集团公司党委书记、董事长，股份公司董事长廖建湘在会上强调，要坚持“统、信、为”（即统一目标追求、诚实守信、坚持企业利益第一原则正确地作为）的企业行为准则。

11月30日 湖南省委宣讲团到集团公司宣讲党的十九大精神。

12月3日 集团公司辰溪实业有限公司挂牌成立。

12月11日 中国煤炭建设协会发布2016年度全国煤炭行业施工企业实力排名。楚湘建工列2016年度全国煤炭建设施工企业第二位。

12月13日 湖南省政府派驻监事会主席张雪、省纪委驻省国资委纪检组副组长干忠荣率检查考核组到集团公司检查考核党风廉政建设情况。

12月22日 集团公司荣获2017年度湖南省安全生产工作优秀单位和2017年湖南省综治工作先进单位。

12月28—29日 集团公司召开务虚会，传达湖南省委经济工作会议精神，谋划新年工作。

12月29日 岳阳市委书记、市人大常委会主任胡忠雄调研楚湘公司临湘项目。

2018年

1月11日 湖南省军区司令员黄跃进到华磊光电公司调研考察。

1月12日 湖南煤矿安全监察局党组书记、局长吴卫龙到金竹山公司一平硐矿检查指导煤矿安全生产工作。

1月18日 集团公司召开2018年工作会。集团公司党委书记、董事长廖建湘作了《统一目标追求 同心凝聚力量 奋力创造价值 为谱写富饶美丽幸福新湖南的湘煤篇章而努力奋斗》的工作报告。

1月27日 集团公司党委书记、董事长廖建湘当选政协湖南省第十二届委员会常务委员。

1月29日 华磊光电公司技术研发中心主任苗振林博士当选第十三届全国人民代表大会代表。

1月30日 集团公司党委书记、董事长廖建湘在长沙会见澳中经济合作促进会主席董军。

2月11日 湖南省委副书记、省长许达哲到牛马司矿业公司调研慰问，副省长陈飞陪同调研。

2月24日 湖南省副省长陈飞到华磊光电公司检查指导工作。

3月1日 湖南楚湘建设集团工程有限公司举行挂牌成立庆典。

3月7日 国家煤矿安全监察局技装司司长

张文杰率国务院安委办第 13 督导组到白山坪磨田煤矿、嘉禾公司开展全国两会期间安全生产专项督查。

3 月 8 日　湖南省国资委巡视员彭冬福到牛马司矿业公司督查安全生产工作。

3 月 9 日　北京新华联产业投资有限公司董事长王晶、助理总经理宋建邦、股权管理部副总监王一竹到华磊光电公司调研考察。

3 月 16 日　集团公司召开 2018 年党委工作暨党风廉政建设工作会议。

4 月 19 日　湖南煤矿安全监察局党组书记、局长吴卫龙到街洞公司调研安全生产工作。

5 月 3 日　全国总工会副主席、书记处书记江广平率全国总工会调研组到华磊光电公司调研。湖南省总工会党组书记、副主席徐文龙陪同调研。

5 月 4 日　湖南省国资委巡视员彭冬福到集团公司调研安全维稳工作。

5 月 7—8 日　国家煤矿安监局异地交叉监察执法检查组组长陈富庆率贵州煤监局一行 6 人在湖南煤监局党组书记、局长吴卫龙，衡阳煤监分局局长梁大树的陪同下到白山坪公司白山坪煤矿开展“一通三防”专项监察。

5 月 8 日　集团公司党委书记、董事长廖建湘陪同哈尔滨工大光电科技有限公司董事长阿里莫望，河北畅达集团党委书记、董事长、总裁王贵玉，证道商学院创始理事、执行院长武爱荣，证道商学院副院长陈蓓蓓一行到华磊光电公司考察调研。

同日　湖南省国资委副巡视员兼党委组织部部长曾寿彬到集团公司调研党建工作。

5 月 17 日　湖南煤矿安全监察局党组书记、局长吴卫龙到嘉禾公司调研安全生产工作。

同日　集团公司第二届红五月“我创造 · 我光荣”职工运动会开幕。

5 月 18 日　湖南省国资委购电、售电企业对接座谈会在集团公司召开。

5 月 22 日　集团公司党委书记、董事长廖建湘带队赴中民筑友考察洽谈。

5 月 28 日　集团公司党委书记、董事长廖建湘会见湘投控股集团公司总经济师、湖南国企改革发展基金有限公司董事长蔡神元。

5 月 31 日—6 月 1 日　集团公司召开纪念改革开放 40 周年暨深化三项制度改革座谈会。

6 月 6—7 日　湖南煤矿安全监察局党组书记、局长吴卫龙到牛马司矿业公司检查指导安全工作。

6 月 12 日　湖南煤矿安全监察局总工程师周革忠到南阳公司前进煤矿开展安全专项检查。

6 月 21 日　湖南煤炭销售联合体峰会在湖南黑金时代煤炭销售有限公司成功举办。

7 月 1 日　集团公司在总部召开庆祝建党 97 周年暨集团公司成立 12 周年庆祝表彰会。

7 月 2 日　湖南省能源局副局长李建成到集团公司调研指导工作。

7 月 8 日　湖南煤矿安全监察局党组书记、局长吴卫龙到红卫公司龙家山煤矿开展瓦斯防治调研。

7 月 18 日　湖南省安监局党组书记、局长李大剑到红卫公司龙家山煤矿进行安全生产执法突击检查。省安监局党组成员、省煤炭局局长赵军陪同参加检查。

7 月 19 日　集团公司党委书记、董事长廖建湘会见华天集团公司总经理李征兵。

7 月 25 日　《湖南省煤业集团有限公司实行职业经理人制度实施办法（试行）》正式出台。

7 月 26 日　集团公司召开深化改革工作推进会。会议印发了《湖南省煤业集团有限公司深化改革指导意见》《湖南省煤业集团有限公司深化“三项制度”改革实施方案》《湖南省煤业集团剥离国有企业办社会职能工作方案》。

7 月 27 日　华磊光电公司与清华大学深圳研究生院合作开展的项目“高密度小间距 LED 显示关键技术开发”获湖南省重点研发计划项目。

8 月 6—10 日　湖南煤矿安全监察局副局长贺德安对资兴安全生产管理局、周源山公司、湘永公司开展煤矿企业落实安全生产责任制专项监察。

8 月 17 日　集团公司党委书记、董事长廖建湘考察湖南新云网科技有限公司。

8 月 20 日　集团公司上榜 2018 年中国煤炭企业 50 强，居第 45 位，这是湖南煤炭企业首次进入行业 50 强榜单。

8 月 28 日　湖南省国资委党委委员、副主任杨平到集团公司调研。

同日 集团公司能源资产管理事业部挂牌成立。

9月11—15日 湖南煤矿安全监察局党组书记、局长吴卫龙到牛马司矿业公司、黄牛岭公司、嘉禾矿业公司检查安全工作。

9月24日 湖南省煤炭工业管理局局长赵军率督察组到周源山矿业公司开展安全生产标准化专项督查，并召开安全生产标准化专项督查通报会。通报会上，周源山矿业公司以97.5分通过湖南省煤炭工业管理局国家一级标准化矿井达标验收，并授牌。

9月26日 国家机械科学研究总院装备制造业发展中心吴进军博士到华磊光电公司进行智能制造工作调研。

10月8日 湖南省政府副省长陈飞率省政府副秘书长易佳良，省国资委主任丛培模，省安监局局长李大剑，湖南煤监局党组书记、局长吴卫龙，省煤炭局局长赵军到集团公司调研。陈飞指出：湖南经济社会的发展需要煤，离不开煤，也需要湘煤，离不开湘煤！湘煤集团要在新班子的带领下，成为湖南煤炭企业安全生产的表率、省属国企资产收益率的表率。

10月17日 全国煤炭工业先进集体、劳动模范和先进工作者表彰大会在北京召开。南阳矿业公司荣获“全国煤炭工业先进集体”称号，兴源矿业公司周家坳煤矿采二队队长邝良忠荣获“全国煤炭工业劳动模范”称号。

11月4—6日 2018中国企业文化建设峰会在陕西大会堂举行。集团公司荣获“2018中国企业文化建设先进单位”称号，集团公司党委书记、董事长廖建湘荣获“中国企业文化建设功勋人物”称号，《建设“和谐湘煤、廉洁湘煤、高效湘煤”构建企业改革发展稳定基石》（作者：廖建湘）获评2018中国企业文化优秀理论成果。

11月8日 集团公司党委书记、董事长廖建湘会见澳中经济合作促进会主席董军，台湾和进集团和昌未来科技公司董事吴昌融、吴恭缙，总经理沈炜，澳洲嘉士德集团（台湾）公司总经理尤克雄一行。

同日 集团公司党委书记、董事长廖建湘会见内蒙古兴蒙投资集团有限责任公司董事长、内蒙古大江润业能源集团有限公司董事长、湖南华中铁水联运能源基地有限公司董事长杜霖。

11月12—16日 集团公司考察团赴澳大利亚考察煤气层开发。

11月27日 白沙光伏发电有限公司挂牌成立。

12月13日 集团公司党委书记、董事长廖建湘会见中南大学党委副书记蒋建湘、湖南新云网科技有限公司董事长陈娅芳。

12月26日 湖南省委在全省经济工作会上通报了2018年度全省人口和计划生育、综治、安全生产工作考核评估情况和全省产业项目建设年“五个100”优秀项目。集团公司荣获“2018年度湖南省安全生产工作优秀单位”称号和“湖南省综治维稳工作合格单位”称号。

同日 湖南省国资委党委委员、副主任杨平到集团公司督导安全生产和维稳工作。

2019年

1月2日 湖南省委常委、省国资委党委书记张剑飞到集团公司所属周源山矿业公司慰问困难职工，检查安全生产、调研指导工作。湖南省国资委副主任张美诚，郴州市委副书记、市长刘志仁，郴州市副市长贺遵庆陪同调研慰问。

同日 国家发改委副司长王冬欣考察白沙矿区棚户区改造白沙佳苑项目。

1月13日 湖南省副省长陈飞到集团公司所属红卫矿业公司龙家山煤矿督查安全生产、慰问矿工并现场办公。湖南省政府副秘书长易佳良，省应急管理厅厅长李大剑，省煤监局党组书记、局长吴卫龙，省工业和信息化厅副厅长黄宝林，衡阳市委副书记、市长邓群策，衡阳市委常委、耒阳市委书记罗琼，衡阳市副市长杨洪峰陪同调研慰问。

1月23—24日 集团公司召开2019年工作会。集团公司党委书记、董事长廖建湘作了《勇担时代重任　矢志奋斗拼搏　奋力开启湘煤高质量发展新征程》的工作报告。

1月28日 黄牛岭矿业公司挂牌成立。

2月12日 湖南省安委办主任、省应急管理厅厅长李大剑，省应急管理厅党组成员赵军到街洞公司茶山岭煤矿调研煤矿复工及安全生产工作。

2 月 13 日 集团公司党委书记、董事长廖建湘到湘煤培训中心调研教育培训工作，他强调：守正创新，加强学习型组织建设。

2 月 15 日 华磊光电公司与中国科学院半导体研究所合作研发的 CSP LED 芯片超过国家“十三五”重点研发计划项目中期目标。

3 月 13 日 集团公司党委书记、董事长廖建湘会见湖南省水运建设投资集团党委书记、董事长蒋鹏飞，党委委员、副总经理徐国兵，党委委员、总会计师曾光明一行。

3 月 14 日 集团公司党委书记、董事长廖建湘会见湖南能源监管办专员银车来。

4 月 2 日 湖南省国资委巡视员卢光祖到集团公司督导安全维稳工作。

5 月 13 日 集团公司党委书记、董事长廖建湘出席中国煤炭工业协会五届理事会第二次会议。集团公司所属周源山矿业公司总经理王双开获评 2016—2017 年度全国煤矿“双十佳”矿长，集团公司所属马田矿业公司副总经理王明智获评 2016—2017 年度全国煤矿优秀矿长，集团公司所属湘永矿业公司铜角湾煤矿被评为 2016—2017 年度煤炭工业先进煤矿，集团公司企管业考部被评为统计工作先进单位（部门）。

5 月 27 日 湖南省审计厅在集团公司举行经济责任审计进点会议。

6 月 3 日 集团公司党委书记、董事长廖建湘会见浙商银行长沙分行行长刘智达。

6 月 5 日 集团公司首个青年创新工作室“苗振林青年创新工作室”在华磊光电公司揭牌。

6 月 10 日 集团公司 2019 年中层干部 MBA 课程培训班在湘煤培训中心开班。集团公司党委书记、董事长廖建湘主讲了题为“以党建促学习，以学习谋发展，加快推进湘煤集团学习型组织建设”开学第一课。

同日 国务院安委会 2018 年度省级政府安全生产和消防工作现场考核巡查第十三组到红卫公司龙家山煤矿开展安全生产和消防工作现场考核巡查。

6 月 14 日 集团公司召开“不忘初心、牢记使命”主题教育动员部署会，湖南省委巡回指导组第十四组组长邓三龙、副组长黄爱华，组员申林华、胡上波、杨继多、张立波出席会议。

6 月 30 日 集团公司召开庆祝建党 98 周年暨表彰大会。

7 月 9 日 湖南省国资委“不忘初心、牢记使命”主题教育专题调研组到集团公司就企业党建与生产经营融合情况进行专题调研。

7 月 10 日 集团公司召开所属单位党委书记会议，部署集团公司第一次党代会代表提名暨选举工作。

7 月 11 日 湖南省委“不忘初心、牢记使命”主题教育第十四指导组到集团公司督导调研。

7 月 17—18 日 湖南省委“不忘初心、牢记使命”主题教育第十四指导组到华磊光电公司、周源山矿业公司进行工作督导并调研基层党建工作。

7 月 18 日 国家煤矿安全监察局党组成员、副局长张恩玺到周源山矿业公司考察调研。

7 月 28 日 国家矿山应急救援郴州队通过全国矿山救护队质量标准化互查互检。

7 月 30 日 集团公司召开“不忘初心、牢记使命”主题教育第一次推进会。

8 月 9—13 日 首届中国报业企业报刊媒体峰会在延安举行。由集团公司主办的《湘煤集团报》荣获“2018—2019 年度中国品牌企业报刊百强”称号。

8 月 13 日 集团公司党委书记、董事长廖建湘到周源山矿业公司为党员干部讲授“不忘初心、牢记使命”专题党课。

8 月 15 日 集团公司以营业收入 102.8 亿元再度进入煤炭工业 50 强榜单，居第 45 位。这是湖南煤炭企业自 2018 年来，再次入围。

8 月 17 日 集团公司连续实现安全生产 1000 天，创湖南国有煤矿安全生产新纪录。

8 月 22 日 集团公司召开领导班子“不忘初心、牢记使命”主题教育专题民主生活会。省委“不忘初心、牢记使命”主题教育第十四巡回指导组组长邓三龙出席会议。

8 月 29 日 集团公司党委书记、董事长廖建湘到周源山参加并指导公司领导班子“不忘初心、牢记使命”主题教育专题民主生活会。

9 月 3 日 湖南省应急管理厅党组副书记、厅长李大剑到牛马司矿业公司督查“特护期”

安全生产工作。湖南省应急管理厅党组成员赵军陪同督查。

9月10日 集团公司举行第三届“国庆杯”职工男子篮球赛。

9月11日 集团公司召开“不忘初心、牢记使命”主题教育总结大会。

同日 集团公司党委举行庆祝中华人民共和国成立70周年主题宣讲活动，集团公司党委书记、董事长廖建湘作主题宣讲报告。

9月25日 湖南省国资委举行湖南省属监管企业第一届“国企楷模”发布会。集团公司所属红卫矿业公司坦家冲煤矿掘四队队长胡文胜被授予“国企楷模”称号，华磊光电公司副总工程师苗振林被授予“国企楷模”提名奖称号。

9月26日 股份公司2019年度安全生产标准化现场推进会在红卫公司龙家山煤矿召开。

10月16日 湖南省国资委党委委员、副主任张美诚到集团公司督查安全生产、环境保护和信访维稳工作。

10月20日 中共湖南省委组织部颁发文件，在全省通报表扬一批“担当作为优秀干部”，集团公司党委书记、董事长廖建湘荣膺“担当作为优秀干部”称号。

10月30日 湖南省政协常委、人口资源环境委员会主任李壮丽受省政协主席李微微的安排委托，到集团公司开展走访看望委员活动并进行工作调研。

10月31日 集团公司党委书记、董事长廖建湘会见陕西煤业化工集团党委书记、董事长杨照乾一行。

11月5—6日 集团公司召开中国共产党湖南省煤业集团有限公司第一次代表大会。大会选举了新一届党委委员和纪委委员，廖建湘当选为集团公司党委书记，文仕秋、杨洁当选为集团公司党委副书记，罗和平、张小雁、贺灿星、胡瑞连、王群伟、曹建书当选为集团公司党委委员。罗和平当选为集团公司纪委书记。

11月22日 集团公司党委书记、董事长廖建湘会见湘电集团党委书记、董事长周健君一行。

11月28日—12月1日 集团公司篮球代表队代表中国煤炭行业参加2019（首届）中国职工沙滩运动会3×3篮球赛夺得冠军。

12月3日 湖南岳阳铁水集运煤炭储备有限公司注册成立。该公司注册资本6亿元，全部由集团公司出资。

12月6日 集团公司举办党的十九届四中全会精神集中宣讲报告会。

12月10—11日 集团公司所属白山坪矿业有限公司磨田煤矿30万吨/年升级改造项目完成竣工验收。

12月11日 国家煤监局副局长桂来保到金竹山矿业公司检查指导工作，深入土朱煤矿井下督查安全生产。

12月24—26日 集团公司召开务虚会，明确集团公司2020年营业收入考核目标109亿元，奋斗目标113.25亿元；利润总额考核目标2.6亿元，奋斗目标3.66亿元。

12月27日 集团公司工会召开第二次会员代表大会。大会选举产生了集团公司工会第二届委员会和经费审查委员会以及女工委员会，李永友当选为集团公司工会主席，童建良当选为副主席，喻朝晖当选为女工主任。

2020年

1月18日 集团公司召开2020年工作会议。回顾总结2019年工作，全面部署2020年工作。集团公司党委书记、董事长廖建湘作了《守正创新　担当作为　奋勇争先　全面开创集团公司高质量发展新局面》的工作报告。

1月28日 集团公司党委书记、董事长廖建湘主持召开集团公司、股份公司高管会议，对新型冠状病毒感染的肺炎疫情防控工作进行再安排、再部署、再落实。会议决定，集团公司和股份公司分别成立新型冠状病毒感染的肺炎疫情防控工作领导小组，均由集团公司党委书记、董事长，股份公司董事长廖建湘担任组长，要求所属各单位均要成立由主要负责人任组长的工作领导小组，确保疫情防控工作措施落实到位。

2月1日 集团公司党委书记、董事长廖建湘主持召开党委扩大会议。会议决定，按照湖南省政府《关于延期我省企业复工和学校开学的通知》要求，集团公司总部2月10日正式上班，非煤单位与集团公司总部放假时间同步。

2月3日起 集团公司认真落实湖南省委省

政府、省国资委有关复工复产指示精神，坚持压实防疫责任、压实安全生产，压实经营指标，一手铁腕抓防疫战“疫”，一手稳健推稳产达产。科学制定复工方案，有序组织休假人员返岗，加强安全检查，消除事故隐患，从2月3日起陆续复工，至2月11日，全集团六大板块均实现平稳有序复工复产，主业原煤生产板块复工达产率90%。2月省内13家原煤生产单位完成煤炭产销量69万吨。湖南省单井产量最大的周源山矿业公司自2月6日复工，天天超过平均日产水平。

2月6日 湖南省国资委主任、党委副书记从培模到集团公司调研督导企业疫情防控和复工复产工作。

2月10日 集团公司党委书记、董事长廖建湘主持召开集团公司、股份公司高管会议，对新型冠状病毒感染的肺炎疫情防控工作进行再部署，对集团公司所属单位复工后的“三保”工作进行周密安排。

2月12—13日 集团公司总部机关党委、工会在总部全体干部职工中开展了“助力战疫　赋能湘煤”专项募捐活动，大家积极响应、踊跃参与、慷慨解囊，总部机关党委所属7个党支部、煤炭销售分公司党委、能投售电公司党委、湘煤培训中心党委299名党员干部职工共捐款145400元。

2月13日 湖南省应急管理厅党组成员赵军到白山坪公司督查复工复产及疫情防控工作。

2月26—27日 湖南煤矿安全监察局党组书记、局长吴卫龙到红卫公司龙家山矿和坦家冲矿开展安全集中整治和一通三防专项督查。

2月28日 股份公司召开2020年安全生产工作会。

同日 集团公司总部举行“助力战疫　赋能湘煤”捐款仪式，15万元爱心款捐给金竹山公司、南阳公司和宝源公司。

3月3—4日 集团公司党委书记、董事长廖建湘到马田矿业公司开展安全督查、督导疫情防控、指导企业经营管理、调研基层党的建设工作。

3月4日 湖南省应急管理厅副巡视员胡金文到牛马司矿业公司督查疫情防控和复工复产工作情况。

3月10日 湖南省国资委巡视员卢光祖到金竹山公司进行“四不两直”安全督查。

3月11—13日 湖南煤矿安全监察局党组书记、局长吴卫龙到金竹山矿业公司开展“一通三防”和煤矿安全集中整治专项监察工作。

3月20日 集团公司召开2020年党委工作暨党风廉政建设工作会议。

3月24日 湖南省委党校（湖南行政学院）常务副校（院）长曹健华、省纪委省监委驻省委组织部纪检监察组组长谢立三带队到集团公司开展主题党日活动。

3月30日 集团公司参与T179次列车事故救援。

4月3日 集团公司驻村帮扶工作队正式入驻张家界市慈利县广福桥镇三王村。

4月9日 “新疆鄯善县库木塔格矿区总体规划”获得国家发展改革委的批复，集团公司所属的第四勘查区一号露天矿被指定为唯一先行开发的试点矿井。

4月10日 集团公司党委书记、董事长廖建湘会见大唐华银电力股份有限公司党委委员、副总经理黄晓衡。

4月16—17日 湖南省国资委一级巡视员卢光祖到集团公司和集团公司所属华磊光电公司、马田矿业公司新星煤矿进行安全检查督查。

5月12日 湖南省国资委一级巡视员卢光祖到集团公司开展联点督导。

5月27日 由集团公司帮扶援建的张家界市慈利县广福桥镇三王村脱贫攻坚8个项目工程正式开工。

5月28日 集团公司打通浩吉铁路大通道“首航”第一单，装载55节车皮煤炭，编号84187次的专列从浩吉铁路海则滩站出发。

6月4日 集团公司党委书记、董事长廖建湘主持召开专题会议，传达学习全国两会和湖南省深化国企改革工作推进会精神。

6月10—12日 由集团公司策划、组织，湖湘文化交流协会专家深入湘煤集团扶贫联系点慈利县广福桥镇三王村，就文化扶贫、智力扶贫展开深度调研。

6月11日 湖南省委常委、省国资委党委书记姚来英到周源山矿业公司、华磊光电公司调研指导企业改革发展、党的建设、安全生产、经营管理工作。郴州市委副书记、市长刘志仁，湖南省国资委一级巡视员卢光祖，郴州市领导冯海燕、贺遵庆陪同调研。

6月28日 湖南煤业股份有限公司举行揭牌仪式。“湖南黑金时代股份有限公司”更名为“湖南煤业股份有限公司”。

7月1日 集团公司举行庆祝中国共产党成立99周年暨表彰大会。

同日 集团公司党委书记、董事长廖建湘会见大唐集团湖南分公司党委委员、副总经理、总会计师罗建军。

同日 集团公司召开2020年深化改革推进会。

7月7—8日 集团公司党委书记、董事长廖建湘率领集团公司、股份公司全体高管到慈利县广福桥镇三王村，调研脱贫攻坚工作，决定在湘煤集团中层及以上管理人员中募集资金，捐赠100万元给三王村设立村民帮扶基金，对遭遇意外、突发重大疾病的村民给予点对点救助和帮扶。

7月15—16日 湖南省委常委、省国资委党委书记姚来英到慈利县三王村调研督战脱贫攻坚工作。

7月27日 集团公司党委书记、董事长廖建湘会见岳阳市委副书记、市长李爱武。

7月28日—8月1日 集团公司党委书记、董事长廖建湘率团赴云南省煤炭产业集团有限公司考察。

7月31日 湖南省国资委党委委员、副主任、一级巡视员杨平到集团公司调研安全生产、环境保护和防洪防汛工作。

8月11—13日 由河南煤矿安全监察局党组成员、副局长郑其堂一行8人代表的国家煤矿安全监察局异地执法组到白山坪公司开展煤矿安全监察执法检查。

8月13日 中国煤炭工业协会发布了2020中国煤炭企业50强名单，集团公司居第41位，比2019年前进4位。

8月18—19日 集团公司党委书记、董事长廖建湘率团到陕西煤业化工集团进行洽谈。

9月5日 集团公司所属湖南能投售电有限公司与特来电新能源股份有限公司在青岛与中国新能源生态科技馆签署战略合作协议。

9月10日 集团公司召开退休人员社会化管理移交工作推进会。

9月16日 集团公司召开驻三王村扶贫攻坚座谈会并举行援建项目移交仪式，与慈利县三王农业综合开发有限公司签订了移交协议。

9月22日 湖南省国有企业基层党建工作现场交流会在湘潭钢铁集团公司召开。集团公司所属周源山矿业公司掘七队党支部、兴源矿业公司觉光寺煤矿采掘党支部被授予“省属监管企业示范党支部”。马田矿业公司党委书记、董事长樊五即联系“新星煤矿产业升级”项目和南阳公司创建“抗疫硬核先锋队”两案例获省国资委“国企千名书记联项目”“国企业万名党员先锋行”活动优秀案例。

9月25日 股份公司2020年安全生产标准化现场会在金竹山矿业公司召开。集团公司党委书记、董事长，股份公司董事长廖建湘就安全生产标准化建设为企业固本、为生产赋能、为效益筑基，为与会人员上了一堂“微党课”。

9月26日 集团公司收购株洲市攸县湘东煤矿。

10月12日 中国煤炭工业协会副会长王虹桥到集团公司考察指导工作。

同日 湖南能投招标代理有限责任公司挂牌成立。

10月16日 集团公司第四届“国庆杯”职工篮球赛开幕。

10月18—19日 集团公司党委书记、董事长廖建湘带队赴中国万向集团考察交流。

10月27日 在应急管理部、司法部、全国普法办联合举办的以“推进应急普法，增强法治意识”为主题的第二届全国应急管理普法知识竞赛中，集团公司因为组织有力、参赛成绩优异，受到省应急管理厅和省司法厅的通报表扬。集团公司被评为“优秀组织单位”，牛马司公司水井头煤矿通风科防突技术员曾辉被评为“优秀个人”。

10月30日 学习贯彻习近平总书记考察湖南重要讲话精神省委宣讲团省属国企分团报告会在集团公司举行。湖南省委宣讲团成员、省委改革办综合处处长唐超雄作宣讲报告。

11月5日 集团公司党委书记、董事长廖建湘会见湖南省援疆前方指挥部指挥长、吐鲁番市委副书记刘中杰。

11月9日 集团公司组织收看党的十九届五中全会精神中央宣讲团国资国企系统视频报告会。

11月16日 集团公司最后一个棚户区项目嘉矿嘉园小区三期交付使用，标志着集团历时10年的棚户区建设全面完工。自2010年以来，根据国家棚改政策精神，按照“居民自愿，应改尽改”的原则，湘煤集团先后组织建设棚户区项目13个，建设职工住房23030套，总投资46.8亿元。

11月17—18日 2020年湖南省应急救援技能竞赛在长沙举行，集团公司获得团体第二名，团体单项1个第一名、2个第二名，个人单项第二名。

11月18日 中国煤炭工业协会五届理事会第四次会议在北京召开。集团公司党委书记、董事长廖建湘当选中国煤炭工业协会副会长。集团公司所属周源山矿业公司、嘉禾矿业有限公司被授予“先进煤矿”光荣称号，周益文、樊五即、周学锋被授予“优秀矿长”光荣称号。

11月20日 集团公司党委书记、董事长廖建湘出席宝武集团韶关钢铁2020年客户座谈会，会见宝武集团韶关钢铁公司党委书记、董事长李世平，党委副书记、高级副总裁（主持工作）解旗。

本月 集团公司所属楚湘建工集团被科技部认定为国家高新技术企业。

12月2日 学习贯彻党的十九届五中全会精神省委宣讲团报告会在集团公司举行，湖南省委宣传部教授、理论宣讲工作处处长田辉宣讲。

12月9日 集团公司在“2021年度全国煤炭交易会暨中国太原煤炭交易大会”上，荣获“2020中国煤炭运销企业30强”“2020中国煤炭运销卓越品牌”“2020中国煤炭运销突出贡献企业”奖项。

12月25—26日 集团公司召开务虚会，全面谋划2021年工作。

12月29日 湖南煤炭大数据中心有限公司成立。

2021年

1月15日 集团公司党委书记、董事长廖建湘会见广发银行长沙分行党委书记、行长陈健松一行。

1月18日 集团公司2021年工作会议在长沙召开。集团公司党委书记、董事长廖建湘在会上作《坚定信心，持续奋斗，全面提升，彰显价值，奋力实现集团公司“十四五”良好开局》的工作报告。

1月20日 湖南省副省长陈飞深入黄牛岭矿区督查调研安全生产工作。陈飞强调，要始终把安全生产放在第一位，强化自身自觉，时刻保持警惕，拖牢底板，守住红线。要始终坚持“生命至上、安全第一”的安全发展理念，切实把煤矿安全生产工作抓实抓好抓出成效，实现本质安全。

2月2日 湖南省副省长陈飞到集团公司考察调研指导工作。陈飞强调，集团公司要抢抓机遇、坚定信心，切实担负起湖南省能源保障主平台责任。

2月8日 集团公司召开党委领导班子2020年度民主生活会，湖南省国资委党委委员、副主任阳望平，湖南省纪委处长黄建明等到会指导。

2月14日 湖南煤矿安全监察局党组书记、局长吴卫龙到马田公司高泉塘煤矿调研和检查安全生产工作。

2月25日 湖南省副省长陈飞调研集团公司岳阳铁水集运煤炭储备基地项目，省政府副秘书长周义祥、岳阳市委书记王一欧等陪同参加调研。陈飞要求，要进一步加快项目建设进度，强化责任担当，密切配合协作，精心组织施工，确保码头一期工程在2022年6月30日前投入营运。

3月5日 集团公司湘东矿业公司正式挂牌。

3月9日 股份公司召开2021年安全生产工作会。

3月19日 湖南省委副书记、省长毛伟明主持召开省能源委员会会议。集团公司党委书记、董事长廖建湘参加会议并专题汇报湘煤集团全省能源保障体系建设及其发挥的主平台作用。

3月20日 湖南省人民政府国有资产监督管理委员会印发《关于湖南省煤炭科学研究院有限公司等企业国有股权无偿划转有关事项的通知》。为优化国有资本布局，做强做大煤炭相关产业，根据“主业归核、资产归集、产业归位”

的要求，经研究，湖南省国有资产管理集团有限公司持有的湖南省煤炭科学研究院有限公司100%股权、湖南煤矿安全装备有限公司90%股权、湖南省煤炭有限责任公司95.32%股权、湖南省煤炭进出口有限责任公司100%股权无偿划转至湘煤集团，划转股权用于增加湘煤集团注册资本。

同日 集团公司党史学习教育动员大会暨第一次专题学习在韶山举行。

3月24日 集团公司党委书记、董事长廖建湘率队到湖南煤矿安全装备有限公司开展划转接收和调研。

3月25日 集团公司党委书记、董事长廖建湘率队到湖南省煤炭科学研究院有限公司开展划转接收和调研。

3月26日 集团公司党委书记、董事长廖建湘率队到湖南省煤炭有限责任公司开展划转接收和调研。

3月29日 集团公司召开2021年党委工作暨党风廉政建设工作会。

3月31日 湖南省委统战部一级巡视员胡东风到华磊光电公司就国企统战工作及推进产学研用合作进行调研。

4月9日 集团公司党委书记、董事长廖建湘会见湖南联通党委副书记、副总经理周智。

4月15—17日 集团公司党委书记、董事长廖建湘率团赴中煤科工集团重庆研究院有限公司、重庆能投渝新能源有限公司、重庆钢铁股份有限公司考察学习。

4月21日 集团公司举行党史学习教育第二次专题“学史增信”研讨暨中心组集体学习。

4月22日 湖南省委宣讲团党史学习教育宣讲报告会在集团公司举行。中共湖南省委党校、湖南行政学院教授霍修勇主讲。

同日 湖南省属煤矿安全生产重点整治督导工作动员部署会在集团公司召开。

4月26日 集团公司党委书记、董事长廖建湘会见中国煤炭工业协会副会长解宏绪。

4月27—28日 由中国煤炭工业协会主办，湘煤集团承办的中国煤炭工业协会2021年兼职副会长联络员第一次会议在韶山举行。

5月7日 集团公司召开湖南省煤炭科学研究院有限公司、湖南煤矿安全装备有限公司、湖南省煤炭有限责任公司、湖南省煤炭进出口有限责任公司尽职调查情况通报会。

5月12日 集团公司在白沙实业公司召开与耒阳市企地交流会。集团公司党委书记、董事长廖建湘，衡阳市委副书记、耒阳市委书记赖馨正出席交流会。

5月19日 集团公司举行党史学习教育第三专题“学史崇德”学习研讨会议。

同日 集团公司召开发展战略暨“十四五”规划评审会。湖南省经济学学会荣誉理事长、湖南师范大学经济学研究所所长刘茂松，湖南大学工商管理学院院长杨智，湖南大学环境科学与工程学院学术委员会副主任龚继来，湖南大学老科协会长李立明，中国煤炭工业发展研究中心副处长、教授级高工朱超，湖南科技大学资源环境与安全工程学院院长王海桥，湖南第一工业设计研究院总工程师、高级工程师龙朝晖等省内外行业和经济专家参加评审。

6月11日 湖南省副省长陈飞调研集团公司岳阳铁水煤炭集运项目建设。陈飞强调，岳阳铁水煤炭集运项目意义重大，对全省“三高四新”战略实施和全省经济社会发展都将产生深远影响，要高度重视、大力支持、抓紧推动。

6月16日 湖南省国资委监督处二级调研员陈克根率党史学习教育第一巡回指导组到集团公司调研。

同日 股份公司瓦斯防治示范矿井建设现场会暨防突办公会在嘉禾矿业公司召开。

6月21日 集团公司举行党史学习教育第四次专题“学史力行”学习研讨。

6月30日 集团公司与三峡集团新能源合作签约仪式在长沙举行。

7月1日 集团公司组织全体公司领导和总部机关员工共200多人集中收看庆祝中国共产党成立100周年大会盛况。

同日 集团公司召开庆祝中国共产党成立100周年暨表彰大会。

7月15日 集团公司党委举办学习贯彻习近平总书记“七一”重要讲话专题读书班。

7月27日 湖南省能源局局长石超刚一行就调煤保电工作到集团公司进行调研。

7月29日 湖南省委党史学习教育巡回指导组第八组组长、长沙市人大常委会原主任袁观清，副组长、省自然资源厅一级巡视员王善明到集团公司调研指导党史学习教育和“我为群众办实事”开展情况。

8月6日　集团公司党委书记、董事长廖建湘在长沙会见衡阳市委副书记、耒阳市委书记赖馨正一行。

同日　集团公司党委书记、董事长廖建湘在长沙会见湘潭大学副校长葛飞一行。

8月7日　集团公司党委书记、董事长廖建湘调研湖南省煤炭科学研究院并出席顶鑫环保科技有限公司乔迁揭牌仪式。

8月18日　集团公司党委书记、董事长廖建湘会见华夏银行长沙分行党委书记、行长肖钢一行。

8月30日　湖南省委第六巡视组巡视集团公司党委工作动员会在长沙召开。

9月1日　集团公司大岭矿业公司挂牌成立。

9月3日　湖南省瓦斯治理和利用工程研究中心有限公司挂牌成立。

9月7日　湖南省国资委党史学习教育第一巡回指导组组长刘少君到集团公司督查全国国有企业党的建设工作会议精神贯彻落实情况“回头看”开展情况。

9月9日　集团公司党委书记、董事长廖建湘在山西太原与晋能控股集团党委书记、董事长就为湖南煤炭能源保供提供支持及加强广泛深入合作等进行了会谈。

9月23日　集团公司与湘潭大学校企联合培养专业技术人员项目启动，经各基层单位选送的120名学员将在湘潭大学进行1年的全脱产学习，后续在湘煤函授点进行1.5年的函授学习。

9月24日　湖南省人大常委会副主任、省总工会主席周农到集团公司调研指导职工队伍建设和企业文化建设工作，以及企业落实“三高四新”战略，促进转型升级和高质量发展工作。

9月29日　集团公司党委书记、董事长廖建湘到湖南煤矿机械有限公司开展划转接收调研。

11月2日　集团公司党委书记、董事长廖建湘会见中国进出口银行湖南省分行党委书记、行长陈震一行。

11月5日　国家矿山安全监察局湖南局、湖南省应急管理厅对集团公司开展安全责任监察及安全重点整治考核。

11月8日　湖南省副省长、省国资委党委书记陈飞在集团公司党委书记、董事长廖建湘的陪同下到岳阳铁水集运煤炭储备项目进行现场调研。

11月9日　集团公司对口扶贫张家界市慈利县三王村《驻村帮扶工作日记》被湖南省档案馆收藏。

11月11日　集团公司党委书记、董事长廖建湘会见广东韶钢松山股份有限公司党委书记、董事长解旗。

11月18日　集团公司党委书记、董事长廖建湘到中国移动湖南分公司考察调研。

11月19日　湖南省煤炭学会第九次会员代表大会在集团公司召开。湖南省民政厅社会组织管理局局长张再祥，省科协党组成员、副主席傅爱军，湖南科技大学副校长王卫军，国家矿山安监局湖南局安全技术中心主任曾学礼出席会议。集团公司党委书记、董事长，省煤炭学会名誉理事长廖建湘出席会议，为新当选的理事长、理事会理事、常务理事、秘书长、副理事长颁发聘书，并发表讲话。

11月23日　湖南省委第六巡视组向集团公司党委反馈巡视情况，省委组织部部务委员王武，省委第六巡视组组长王前良，省国资委党委副书记、副主任杨晓喻，省委第六巡视组副组长戴清，集团公司党委领导班子成员，省纪委监委驻省国资委纪检监察组有关负责同志出席会议，集团公司各分、子公司党组织书记、董事长、总经理，集团公司总部中层副职及以上干部，近三年退休的领导干部、职工代表等列席会议。

本月　立达股份公司研制的永磁防爆提升机取得国家煤安标志。

12月10日　新疆吐鲁番市商务局党组副书记、局长、二级巡视员外力·阿不来孜率鄯善县考察团，到集团公司就“吐电入湘”工作进行考察。

12月11日　集团公司党委书记、董事长廖建湘在郴州会见郴州市委书记刘志仁，就进一步加强企地融合发展、实现共同发展进行深入交流和探讨。

12月21日　集团公司获评湖南省平安建设

先进单位。

12 月 23—24 日　湘鲁苏闽皖赣浙七省煤炭学会年度学术交流会在韶山召开。集团公司党委书记、董事长，湖南省煤炭学会名誉理事长廖建湘书面致辞。

12 月 25—26 日　集团公司召开 2022 年度务虚会，深入分析研判形势，全面谋划 2022 年工作。

12 月 26 日　学习贯彻党的十九届六中全会精神省委宣讲团成员刘丹到集团公司开展集中宣讲。

12 月 27 日　湖南省政协“双碳”委员工作室年度工作会在集团公司举行。省政协常委、经济科技委员会主任吴金明主持会议，省政协副秘书长杨晓晋，省政协常委、经济科技委员会副主任刘小明，省政协经济科技委员会副主任、省发改委党组副书记刘崇斌，省政协经济科技委员会驻会副主任、分党组书记范波，省政协常委、集团公司党委书记廖建湘等委员及工作人员共 26 人参加会议。

12 月 29 日　集团公司党委书记、董事长廖建湘会见大唐华银电力公司党委书记、董事长贺子波一行。

12 月 30 日　集团公司党委书记、董事长廖建湘会见重庆钢铁股份公司党委副书记、总裁谢志雄，副总裁陈贺宏一行。

2022 年

1 月 21 日　集团公司召开 2022 年工作会议。集团公司党委书记、董事长廖建湘作《坚定守恒　创新驱动　闯关夺隘　冲锋决胜　为开创新阶段高质量发展新局面而不懈奋斗》的工作报告。

1 月 22 日　湖南首家“智慧矿山”在周源山建成，湖南省副省长、省国资委党委书记陈飞出席启动仪式并按下“智慧矿山”运行启动键。省国资委主任丛培模，郴州市委书记刘志仁，省工信厅副厅长黄宝林，省应急厅副厅长朱崇洲，省市场监督管理局党组副书记、副局长钱俊君，郴州市委常委、常务副市长冯海燕，郴州市委常委、副市长马天毅，郴州市委常委、秘书长陈荣伟，资兴市委书记杨理诚、市长陈占华，集团公司领导廖建湘、彭双良、汤士杰、张新建等出席启动仪式。

1 月 24 日　湖南省国资委主任丛培模到湖南省煤科院进行慰问调研。

1 月 26 日　集团公司党委召开领导班子党史学习教育、巡视整改专题民主生活会。

同日　湖南省煤炭大数据中心煤炭交易平台上线启动仪式举行。

2 月 11 日　国家矿山安全监察局湖南局党组书记、局长吴卫龙到街洞公司督导检查春节冬奥期间安全生产工作。

2 月 23 日　股份公司召开 2022 年安全生产工作会。

3 月 11 日　集团公司党委书记、董事长廖建湘会见宁波合盛集团有限公司、合盛硅业（鄯善）有限公司董事长罗立国。

3 月 14 日　湖南省国资委外派董事进驻集团公司见面会在长沙召开。

3 月 15 日　集团公司召开新任职干部集体谈话会。9 名新提拔干部平均年龄 43.6 周岁，70 后 4 人、80 后 3 人、90 后 1 人。

3 月 18 日　湖南省瓦斯治理和利用工程研究中心有限公司云南曲靖师宗服务站挂牌成立。

3 月 22 日　集团公司党委书记、董事长廖建湘会见岳阳市委常委、统战部部长邱虹一行。

3 月 25 日　集团公司召开 2022 年党委工作暨党风廉政建设工作会议。

3 月 31 日　集团公司党委书记、董事长廖建湘到牛马司矿业公司开展安全生产检查和疫情防控工作督查，并会见邵东市委书记周玉凡。

4 月 7 日　集团公司旗下的湖南省煤炭大数据中心首次启动公开竞价交易，华电煤业集团 8800 吨优质混煤均以线上最高价成交。

4 月 12 日　集团公司印发成立湖南能投智能装备集团的文件，将所属湘煤立达矿山装备股份有限公司、湖南煤矿安全装备有限公司、湖南煤矿机械有限公司等三户企业的资产整合至湖南能投智能装备集团有限公司。

4 月 19 日　集团公司召开干部大会，湖南省委组织部部务委员王武出席会议并宣布省委有关干部任职决定：胡瑞连任湖南省煤业集团有限公司总经理。

4 月 21 日　集团公司党委书记、董事长廖建湘在长沙会见湘潭大学校长李伯超一行。

同日　湖南省国资委一级巡视员邹福明到集团公司调研安全生产及“十四五”规划落实情况。

4 月 27 日　集团公司和股份公司举行经理层任期制和契约化管理“一协两书”签字仪式。

5 月 1 日　集团公司参与长沙“4·29”自建房倒塌事故救援。

5 月 6 日　湖南能投智能装备集团有限公司挂牌成立。

同日　集团公司党委书记、董事长廖建湘到岳阳铁水集运煤炭储备公司调研项目建设，并会见岳阳市委副书记、代市长李挚。

5 月 12 日　集团公司党委书记、董事长廖建湘会见湖南省体育局党组书记熊倪、局长罗双全。

5 月 18 日　湖南省人民政府副省长、省国资委党委书记陈飞到集团公司调研考察工作。

5 月 26 日　集团公司党委书记、董事长廖建湘会见湖南有色环保研究院党委书记、董事长肖亦农，党委委员、副总经理王铃。

6 月 2 日　集团公司党委书记、董事长廖建湘率调研组到湖南第一工业设计研究院进行划转接收调研。

6 月 6 日　湖南省工信厅副厅长张治平到集团公司调研。

6 月 7 日　集团公司党委书记、董事长廖建湘会见中国银行湖南省分行行长李芒。

6 月 21—22 日　集团公司党委书记、董事长廖建湘到新疆中泰（集团）有限公司总部考察调研。

6 月 22 日　集团公司党委书记、董事长廖建湘到新疆鄯善县调研一号露天矿项目，就集团公司在鄯善县的库木塔格矿区一号露天矿项目前期核准工作与鄯善县委书记、县人大常委会党组书记李光耀，县委副书记、县长尼加提·尼亚孜等县委领导会谈。

6 月 27 日　集团公司党委书记、董事长廖建湘会见嘉禾县委副书记、县长袁章中。

7 月 1 日　湖南国有企业“百名工匠传薪火”启动仪式暨庆“七一”党旗红活动在长沙举行，集团公司下属湖南煤矿机械公司铆工班班长刘小军、周源山矿业公司机电厂厂长张亮获评2022 年度湖南“国企工匠”荣誉称号。

同日　集团公司召开庆祝中国共产党成立101 周年暨“七一”表彰大会。

7 月 10 日　集团公司荣膺第十六届湖南省直单位篮球赛冠军。

7 月 19 日　湖南省应急管理厅党组书记、厅长李大剑到红卫公司开展安全生产执法检查。

8 月 3 日　集团公司在新疆维吾尔自治区吐鲁番市鄯善县注册成立新疆能源开发有限责任公司。

8 月 4 日　集团公司与岳阳市政府就岳阳铁水集运煤炭储备项目签署战略合作协议。

8 月 8 日　集团公司召开智慧管控系统（一期）实施项目启动会，标志着集团公司推进数字化转型取得新进展。

8 月 20—26 日　集团公司党委书记、董事长廖建湘带队赴国家能源集团雁宝能源公司、兖矿能源（鄂尔多斯）公司、陕西榆林能源集团、中国华能陕西竹园嘉原矿业有限公司进行考察调研。

9 月 8 日　湖南省应急厅主持召开的《矿山安全法（2022 年修订稿）》会审会议在集团公司召开。

9 月 9 日　楚湘建工集团再次成功中标华能煤业有限公司陕西矿业分公司四川煤矿安全生产整体托管项目，集团公司开拓煤矿托管业务再创佳绩。

9 月 19—23 日　集团公司 2022 年中高层管理人员领导力提升培训班在湖南大学举行。集团公司（股份公司）高管、所属单位正职（主持工作）、总部职能部室主要负责人（正部级）共计 64 名中高层管理人员参加培训。

9 月 23 日　集团公司党委书记、董事长廖建湘率团赴晋能投资控股集团交流洽谈，并会见晋能投资控股集团党委书记、董事长李国彪。

9 月 26 日　受国家税务总局党委委员、副局长姚来英委托，湖南省国资委党委委员、副主任、一级巡视员张美诚率队到集团公司驻慈利县广福桥镇三王村督查调研乡村振兴工作。

9 月 28 日　股份公司 2022 年安全生产标准化现场会在南阳矿业公司召开。

10 月 6—7 日　国家矿山安全监察局湖南局党组书记、局长吴卫龙先后到红卫公司、兴源公司开展安全督查工作。

10 月 12 日　湖南省副省长、省国资委党委书记陈飞到集团公司调研。湖南省人民政府副秘书长周义祥，省国资委党委副书记、主任丛培模，省国资委党委副书记、副主任杨晓喻，省自然资源厅党组副书记、副厅长张皓，国家矿山安全监察局湖南局党组成员、一级巡视员周革忠，国家税务总局湖南省税务局党委委员、副局长王宏伟，省应急厅二级巡视员黄方明陪同调研。

10 月 16 日　集团公司集中收看党的二十大开幕会盛况，聆听习近平总书记代表党的十九届中央委员会所作的工作报告后，第一时间组织集中专题学习。

10 月 18 日　国家矿山安全监察局湖南局到集团公司举行安全生产责任监察通报会。

10 月 28 日　立达股份第一台焊接机器人投入使用。

10 月 31 日　集团公司学习宣传贯彻党的二十大精神培训班在湘煤培训中心举行。

11 月 1 日　国家矿山安全监察局事故调查和统计司副司长杨以民到湘东公司开展矿山安全生产明察暗访工作。

11 月 6 日　国家矿山安全监察局事故调查和统计司副司长杨以民到省煤科院、瓦斯中心调研考察。

11 月 8 日　集团公司所属红卫、马田、宝源三家原煤公司入列湖南省 3390 家高新技术企业备案名单。

11 月 10 日　集团公司召开深化总部机构改革推进大会。集团公司总部各部门主要职能职责调整为：价值创造部门 6 个（战略投资部、生产技术部、工程管理部、安全环保部、企业管理部、市场营销部）；价值创造保障部门 4 个（党群综合部、董事会工作部、纪检监察部、审计部）；价值创造服务部门 2 个（财务管理部、人力资源部）。股份公司单独设立财务管理部、安全通风部（瓦斯研究室）。保留湘煤培训中心、资产管理事业部，以及股份公司供应、销售分公司。

11 月 16 日　湖南省委宣讲团成员、湖南师范大学马克思主义学院教授唐未兵到集团公司宣讲党的二十大精神。

同日　湖南省企业和工业经济联合会发布了 2022 湖南企业 100 强名单，集团公司居第 39 位。

11 月 26 日　岳阳铁水集运煤炭储备项目推进暨储备基地工程（一期）在岳阳开工。

12 月 7 日　湖南省副省长、省国资委党委书记陈飞到岳阳铁水集运煤炭储备项目现场调研。

第 一 篇
公 司 治 理

湖南省煤业集团有限公司成立于2006年6月19日，是湖南省人民政府为确保全省能源安全，整合原中央下放的涟邵矿业集团有限公司、资兴矿业集团有限公司、白沙煤电集团有限公司及省属的长沙矿业集团有限公司、湘潭矿业集团有限公司和湖南省辰溪煤矿6家煤矿企业组建成立的特大型国有企业，是湖南省委、省政府确定的全省能源保障主平台和重点支持加快发展的企业。

湖南省煤业集团有限公司始终遵循习近平总书记强调的“两个一以贯之”要求，把坚持党对国有企业的领导这一重大原则与建设现代企业制度的方向紧密结合起来，充分发挥党组织“把方向、管大局、保落实”的领导作用，把企业党组织内嵌到公司治理结构之中。集团公司认真落实省委省政府“三高四新”战略定位和使命任务，坚守省委、省政府组建湘煤集团的初心，充分发挥国有企业“压舱石”“顶梁柱”的作用，勇担全省能源保障使命，严格按照《中华人民共和国公司法》（简称《公司法》）和中国特色现代企业制度，创新体制机制，制定战略发展规划，完善国有企业治理结构，持续推进董事会建设，探索经理层成员任期制契约化管理，运用现代化的经营理念、管理思想和管理手段，加大管控力度，理顺管控体系，狠抓文化融合，健全规章制度，聚合优势资源，最大限度发挥了集团的协同效应和规模优势。在日常经营管理实践中，集团公司坚持党委统揽全局、核心领导的地位不动摇，不忘初心、牢记使命，把重心放在把方向、谋战略、抓改革、促发展上，凡涉及重大决策事项，都要提交党委会讨论，确保党的路线方针政策及时贯彻落实到经营管理中。

2016年，新一届领导班子立足现有资源能力，按照“湖南能源保障主平台”战略定位、“主业归核、资产归集、产业归位”原则和“巩固加强一批、创新发展一批、重组整合一批”总体思路，重组整合煤炭、施工建设、LED芯片、新能源、机械装备、资产管理六大业务板块。到2022年，集团公司已建立起矿山勘察、设计、施工、煤矿开采、储备、贸易、洗选加工、矿山装备制造、环境综合治理等煤炭全产业链体系。

截至2022年底，集团公司注册资本18亿元人民币。湖南省人民政府国有资产监督管理委员会（以下简称“省国资委”）占比81%，湖南兴湘投资控股集团有限公司占比10%，湖南省国有投资经营有限公司占比9%。集团公司资产总额147亿元，净资产40.67亿元，资产负债率72.27%，员工3万余人。集团公司拥有一级全资子公司14家，一级控股子公司2家，直属机构1家，参股企业2家，一级子公司分布于湖南省、新疆维吾尔自治区。其中，湖南省内长沙10家，岳阳、衡阳、郴州、娄底、怀化各1家，新疆维吾尔自治区吐鲁番市1家。从2018年起，集团公司连续4次进入中国煤炭企业50强，2022年综合实力列全国煤炭企业第40位。2020年，集团公司作为南方煤炭行业重要代表，荣选中国煤炭工业协会副会长单位。

第一章 管 理 体 制

第一节 集团公司成立与建制

湖南煤炭开采历史悠久。早在13世纪末，就有土法开采的记载。由官府设置机构管理矿务始于清光绪二十二年，1886年设立湖南矿务总局。民国时期，煤炭产业落后，至1949年全省官办商办煤矿90处。新中国成立后，湖南煤炭工业得到迅速发展。经过五十多年建设与发展，至2004年，湖南省形成地质勘探、科研设计、基建施工、安全生产、经营贸易、洗选加工、机械制造、教育培训、多种经营等多层次、多门类、较完整的煤炭工业体系，全省煤矿2108处。(包括国有重点煤矿38处，省直煤矿12处，省属劳改煤矿4处，市县国有煤矿108处，乡镇煤矿1946处)，全省年产煤5053万吨。其中省属大型煤炭企业6家，即涟邵矿业集团有限公司(原湖南省涟邵矿务局，始建于1959年，2001年经湖南省政府批准，改制为湖南省涟邵矿业集团有限公司)、资兴矿业集团有限公司（原湖南省资兴矿务局，1960年湖南省人民委员会批准设立，2001年经湖南省政府批准，改制为湖南省资兴矿业集团有限公司)、白沙煤电集团有限公司（原湖南省白沙矿务局，1973年湖南省人民政府批准成立，2001年经湖南省政府批准，改制为湖南省白沙煤电集团有限公司）和长沙矿业集团有限公司（原湖南省煤炭坝煤矿，始建于1958年，1997年改制为湖南省煤炭坝能源有限公司，后更名为湖南省长沙矿业集团有限公司)、湘潭矿业集团有限公司（原湖南省谭家山煤矿，2003年改制为湖南省湘潭矿业集团有限公司)、辰溪煤矿，俗称“三局三矿”，有省属煤矿50对，总设计能力1001万吨/年。

2004年1月15日，湖南省政府副省长郑茂清在全省煤炭工作会议上要求，构建新型煤炭工业体系，积极推进煤炭企业战略性重组，以省属现有煤炭企业为主体，整合资源，盘活资产，加快组建湖南省煤业集团公司，力争2~3年产量达到1000万吨，3~5年达到1500万吨。

2004年3月，为认真谋划湖南省属煤炭企业改革和发展，保证湖南省经济发展对煤炭的基本需求，湖南省煤炭工业局（以下简称“省煤炭局”）组成以局长李联山为组长、改革处处长涂湘明、涟邵矿业集团公司董事长李友元、资兴矿业集团公司董事长欧资源、白沙煤电集团公司董事长杨伯欢、煤炭坝能源公司董事长罗瑞锋、湘潭矿业集团公司董事长廖建湘、辰溪煤矿矿长姚湘安为成员的调研组，赴江西省、陕西省、宁夏回族自治区、云南省，历时10天，对四省区煤炭企业改革和管理模式进行考察，向湖南省政府呈报了《赴赣、陕、宁、云四省区学习煤炭企业改革考察报告》。

2004年7月，湖南省煤炭局向湖南省政府、省国企改革领导小组呈报《省属国有煤炭企业深化改革总体方案》及《省煤业集团有限公司组建方案》(湘煤改〔2004〕176号)。

2004年8月9日，湖南省委副书记、常务副省长、省国企改革领导小组组长，湖南省副省长郑茂清主持现场办公会议，专题审议省属国有煤炭企业深化改革总体方案，印发《湖南省省属国有企业改革领导小组会议纪要》(〔2004〕第8次)。原则同意湖南省煤炭局所提组建湖南省煤业集团公司的构想，要求湖南省国资委、省煤炭局尽快拿出湖南省煤业集团公司组建方案，报湖南省政府批准后实施。

2004年9月11日，湖南省煤炭局在岳阳南湖召开“深化省属煤炭企业改革工作会议”，召集三局三矿主要负责人研究组建湖南省煤业集团重要事项。

2004年12月，湖南省属国有企业改革领导小组办公室印发《关于同意湖南省煤炭工业局省属国有煤炭企业深化改革总体方案的批复》(湘国企改革办〔2004〕31号)。明确“以涟邵、资兴、白沙集团公司和长沙矿业集团公司、湘潭矿业集团公司、辰溪煤矿为主体，整合重组省属煤炭企业优质资产，组建国有独资的省煤业集团公司”。随后，湖南省国资委、省煤炭局联合成立湘煤集团筹建工作组（湘国资函〔2004〕200号)，李联山、向曙光为筹建组组长，张八旬、陈永康、冯建社、曾平江、李友元、欧资源、杨伯欢、罗瑞锋、廖建湘、姚湘安、陈健为筹建工作组成员。李联山兼任筹建工作组办公室主任，涂湘明、陈健为筹建工作组办公室副主任。

2005年3月，集团公司筹建办聘请中南大学商学院和湖南大学工商管理学院的专家团队进行专题论证，提出《湖南省煤业集团有限公司组建方案》。并组织有关专家和湖南省发改委、省经委、省国资委、省财政厅、省国土资源厅、省劳动厅、省煤炭局（包括三局三矿）负责人，进行评审。

2005年8月，湖南省国资委、湖南省煤炭工业局向省政府呈报《关于组建湖南省煤业集团公司情况汇报》(湘国资〔2005〕330号)。

2005年9月，湖南省政府副秘书长李妙和召集湖南省发改委、湖南省经委、湖南省国资委、湖南省国土资源厅、湖南省财政厅、湖南省煤炭局等部门和单位负责人，就组建湖南省煤业集团有限公司的有关问题进行专题研究，向省长周伯华、常务副省长肖捷呈报了《关于组建湖南省煤业集团公司有关情况的汇报》。省长周伯华作了“同意协调意见，请按程序办理”的重要批示。

2005 年 11 月 7 日，湖南省政府印发《湖南省人民政府关于设立湖南省煤业集团有限责任公司的批复》(湘政函〔2005〕214 号)，同意设立湖南省煤业集团有限责任公司。集团公司以涟邵矿业集团有限公司、资兴矿业集团有限公司、白沙煤电集团有限公司、长沙矿业集团有限公司、湘潭矿业集团有限公司、湖南省辰溪煤矿等 6 家省属国有企业的国有净资产作为出资，重组设立国有独资的特大型企业集团，总资产 40 亿元，注册资本 18 亿元，总人数 70529 人，注册地在长沙市。

集团公司组建后，对煤炭主业实行“五统一”管理体制，将涟邵、资兴、白沙集团所属矿业公司（煤矿）上收集团公司直管。同时，撤销三大集团建制，将涟邵、资兴、白沙集团本部改组为三个矿区安全生产管理局和三个实业公司。

2009 年成立湖南黑金时代股份有限公司，与煤炭主业相关的三个矿区安全生产管理局、矿业公司和物资公司、销售公司等，重组整合到股份公司。同时，在干部管理层级上，股份公司所属二级企业负责人，均视同为集团公司直属企业负责人。

2019 年，湖南省国资委印发《关于将湖南省煤业集团有限公司 10% 股权无偿划转至湖南兴湘投资控股集团有限公司有关问题的通知》(湘国资产权〔2019〕107 号)。湖南省国资委将集团公司股权注册资本 18000 万元无偿划转给湖南兴湘投资控股集团有限公司（以下简称“兴湘集团”），股权比例为 10% 。

2020 年，湖南省财政厅、省人力资源和社会保障厅、省国资委联合印发《关于划转部分国有资本充实社保基金的通知》，省国资委将所持湘煤集团股权注册资本 16200 万元无偿划转给湖南省国有投资经营有限公司（以下简称“湖南国投”），股权比例为 9% 。

两次股权划转后，集团公司股本结构见表 1－1－1。

表 1－1－1　2020 年底集团公司股本结构

出资人				资本金额	出资方式（万元）					出资比例（%）	出资时间
名称	国别（地区）	证件类型	证件号码		货币资产	实物资产	无形资产	其他	合计		
省国资委	中国（湖南）	统一社会信用代码	114300007607278946	认缴		145800			145800	81	2006－06－19
				实缴		145800			145800	81	2006－06－19
兴湘集团	中国（湖南）	统一社会信用代码	91430000772273922H	认缴		18000			18000	10	2006－06－19
				实缴		18000			18000	10	2006－06－19
湖南国投	中国（湖南）	统一社会信用代码	9143000018378058XP	认缴		16200			16200	9	2006－06－19
				实缴		16200			16200	9	2006－06－19
总计				认缴		180000			180000	100	2006－06－19
				实缴		180000			180000	100	2006－06－19

第二节 领 导 体 制

一、湖南省委省政府对集团公司的领导体制

2006 年，集团公司组建时，《湖南省人民政府关于设立湖南省煤业集团有限责任公司的批复》中明确，集团公司由湖南省国资委履行出资人职责，集团公司董事长、总裁、党委书记按照省委管理干部的有关办法任免，集团公司副职领导由湖南省国资委按照国有企业领导人员管理办法统一管理。

2009 年，报经湖南省人民政府批准，集团公司将煤炭主业板块的原煤生产、供应、销售全产业链企业，实施资产重组，发起成立湖南黑金时代股份有限公司（2020 年 6 月更名为湖南煤业股份有限公司），其领导班子由湖南省国资委实行任前备案管理。

根据全国国有企业党的建设工作会议精神，2017 年，省管国有企业领导班子和领导人员管理发生了重大改变。集团公司领导班子成员为省管干部。集团公司主要领导由湖南省委省政府行文任免，集团公司副职领导由湖南省委组织部行文任免，按《公司法》办理有关手续。

二、集团公司对所属企业的管理体制

2006 年 4 月，在集团公司组建阶段，依据湖南省人民政府批准的组建方案，按照“平稳实施、分步到位”的组建思路，继续保留涟邵矿业集团有限公司、资兴矿业集团有限公司、白沙煤电集团有限公司和长沙矿业集团、湘潭矿业集团、辰溪矿业公司的法人地位，相应调整其管理职能。为此，湖南省国资委《关于明确湖南省煤业集团有限公司领导人员管理体制的函》（湘国资函〔2006〕180 号），明确涟邵、资兴、白沙集团公司领导班子和长沙矿业集团、湘潭矿业集团、辰溪矿业公司正职由湖南省国资委管理和任免。

2006 年 9 月 26 日，湖南省煤业集团报经湖南省国资委同意，实施深度重组，推进实施《〈湖南省煤业集团有限公司组建方案〉组织实施方案》（湘煤集办〔2006〕125 号），将涟邵、资兴、白沙集团所属煤炭生产、供应、销售企业，调整为集团公司直属企业。对三大集团机关实施改组，设立涟邵矿区安全生产管理局、资兴矿区安全生产管理局、白沙矿区安全生产管理局（以下统称为“矿区安全生产管理局”）作为集团所属的区域性管理机构。同时暂保留涟邵矿业集团有限公司、资兴矿业集团有限公司、白沙煤电集团有限公司（以下统称为“矿区集团”）的法人地位与牌子，调整其相应的职能。矿区安全生产管理局与矿区集团合并办公，两块牌子一套人马。

（一）集团公司管控模式

此期间，依据湖南省人民政府批准的组建方案，集团公司实行“财务严格把控、投资集中决策、市场统一运筹、安全分级管住、业务分类搞活、整体协调发展”的管理模式，对所辖企业的煤炭运销、资金调配、投资决策、大宗物资采购、重要人事实行统一管理。

集团公司统一制定发展规划及项目投资计划，统一组织实施。

（二）集团母子公司管理体制

1. 集团公司总部

集团公司总部是全集团公司最高管理决策机关，对子公司行使资产收益、重大决策和选择经营管理者等权利，是全集团公司的战略决策中心、资本运营中心、考核评价中心、管理控制中心、供销运营中心。

2. 矿区安全生产管理局（矿区集团）

集团公司设立涟邵矿区安全生产管理局、资兴矿区安全生产管理局、白沙矿区安全生产管理局作为集团公司所属的区域性管理机构。暂时保留涟邵矿业集团有限公司、资兴矿业集团有限公司、白沙煤电集团有限公司的法人地位与牌子，调整其相应的职能。矿区安全生产管理局与“矿区集团”合并办公，两块牌子一套人马，主要负责所在矿区的原煤安全生产管理、非煤公司管理、维护矿区社会稳定、矿区社会性事务管理和矿区辅业改制、资源枯竭矿井关闭破产及湘煤集团授权的其他工作。

（三）子公司

集团公司各子公司是安全、生产、经营和维护稳定的主体，是集团公司的利润中心。子公司所属矿、井等生产单位是成本中心，主要职责是

组织安全生产、成本控制、质量管理。除集团煤炭运销公司及物资供应公司为分公司外，湘煤集团直属公司，均为具有独立法人资格的子公司。各全资子公司、控股子公司的名称前冠以“湖南省煤业集团”字号并由集团公司授牌。参股子公司自愿申请，经集团公司批准，也可以在其名称前冠以“湖南省煤业集团”的字号。

（四）集团公司组织管理

（1）原隶属矿区集团管理的全资及控股原煤子公司、矿区煤炭运销公司、矿区物资公司调整为集团公司直管，连同长沙矿业集团、湘潭矿业集团、辰溪煤矿（即“三矿”）作为集团公司的直属全资、控股子公司（以下简称“直属子公司”）。矿区煤炭运销公司、矿区物资公司的经营业务分别由集团煤炭运销公司、集团物资供应公司管理。

（2）原隶属矿区集团管理的非煤公司由矿区安全生产管理局（矿区集团）管理。

（3）原由矿区集团投资参股的原煤子公司的出资人变更为湘煤集团，矿区安全生产管理局（矿区集团）负责对该参股原煤子公司进行安全监管。

2009年，组建股份公司，原煤生产企业、煤炭运销企业、物资供应企业均重组到股份公司，同股份公司实施“五统一”管理。其他企业均保持原管理体制，由集团公司管理。

（五）重要人事管理体制

2006年4月，依据湖南省人民政府批准的组建方案，涟邵、资兴、白沙集团的正职由湖南省国资委管理，集团公司协助管理。矿区集团副职、直属子公司的领导班子成员由集团公司管理。矿区集团所属单位领导班子的主要负责人由矿区集团管理，任前报集团公司备案；其副职任后报集团公司备案。矿区集团直属子公司所属矿井（区）的主要负责人任后报集团公司备案。

2006年9月，将涟邵、资兴、白沙集团所属煤矿生产、供应、销售企业调整为集团公司直属单位，其领导班子负责人由集团公司管理。同时，在矿区集团的基础上，增设涟邵、资兴、白沙安全生产管理局，与矿区集团两块牌子，一套人马。矿区集团领导班子和长沙、湘潭、辰溪矿业正职均由湖南省国资委管理。

2008年7月15日，湖南省国资委印发《关于同意湖南省煤业集团有限公司改变领导人员管理体制的批复》（湘国资函〔2008〕155号），湖南省国资委将涟邵、资兴、白沙集团公司领导班子和长沙矿业、湘潭矿业、辰溪矿业正职管理下放给集团公司，由集团公司对所属单位领导班子及成员进行统一管理。

2008年8月，对矿区管理体制进行改革后，将矿区安全生产职能与非煤管理职能分离，即将矿区安全生产管理局与矿区集团分离。将涟邵、资兴矿业集团和白沙煤电集团分别更名为湖南省煤业集团涟邵实业有限公司、资兴实业有限公司、白沙实业有限公司，均直属于集团公司管理。

2013年5月，湖南省国资委对股份公司领导成员不再实行任前备案，由集团公司管理。

至2022年，集团公司对股份公司，以及对集团公司、股份公司的直属二级单位领导班子及成员进行统一管理。

（六）安全生产管理体制

2006年，集团公司安全生产实行分级管理：涟邵、资兴、白沙矿区各原煤子公司的安全生产管理，实行集团公司—安全生产管理局（矿区集团）—原煤子公司—生产矿井（区）的监督、管理体制。“三矿”的安全生产，实行集团公司—“三矿”—生产矿井（区）的监督、管理体制。

2008年9月，集团公司将长沙矿业、辰溪矿业公司的安全生产划入涟邵矿区安全生产管理局（以下简称“涟邵管理局”）监管。

2015年6月29日，集团公司调整安全监管范围，将原属白沙矿区安全生产管理局（以下简称“白沙管理局”）监管的湘潭矿业公司纳入涟邵管理局监管。

至2022年底，集团公司安全生产实行分级管理：涟邵、资兴、白沙矿区各原煤子公司的安全生产管理，实行集团公司—安全生产管理局—原煤子公司—生产矿井的监督、管理体制。涟邵管理局监管的企业有6家：涟邵实业、涟邵物资公司、煤机公司、金竹山公司、牛马司公司、湘东公司。资兴矿区安全生产管理局（以下简称

"资兴管理局"）监管的企业有7家：周源山公司、宝源公司、嘉禾公司、黄牛岭公司、马田公司、湘永公司、街洞公司。白沙管理局监管的企业有7家：红卫公司、白山坪公司、南阳公司、兴源公司、大岭公司、白沙实业、白沙物资公司。

（七）财务与资金管理体制

集团公司对资金实行集中管理、统一调控的管理模式，各直属子公司的销售收入均进入集团公司收入账户，所有支出均通过支出账户开支核算。集团公司设立内部银行，矿区安全生产管理局（矿区集团）、各直属子公司、各分公司的内部往来业务均通过内部银行进行。各直属子公司直接与集团公司建立并表关系。矿区煤炭运销公司、矿区物资公司分别先与集团煤炭运销公司、集团物资供应公司并表，再由集团煤炭运销公司和集团物资供应公司与集团公司并表，按《湘煤集团费用预算管理办法》的规定拨付。

（八）煤炭运销管理体制

各直属子公司的电煤、铁路运输煤及大宗地销煤均由集团煤炭运销公司和矿区煤炭运销公司按"五统一"（即统一合同管理，统一价格决策，统一计划调运，统一开票结算，统一货款回笼）的销售模式组织销售。零散小批量地销煤炭由子公司按集团公司确定的销售价格指导线自主销售。

（九）煤炭物资供应管理体制

集团公司对生产、基建物资实行分级采购的管理模式。集团物资供应公司对"大宗、批量、专项"生产、基建物资实行统一招（议）标、统一签订合同、统一物资配送、统一货款结算的模式组织供应。矿区物资公司主要开展经营贸易，并协助集团物资供应公司对该矿区的物资供应工作进行管理与服务。

（十）经营业绩考核管理体制

经营业绩考核实行谁主管、谁考核的层级考核原则，集团公司制定统一的经营业绩考核模式，由业绩考核责任单位组织实施。

2008年7月15日，湖南省国资委下发《关于同意湖南省煤业集团有限公司改变领导人员管理体制的批复》（湘国资函〔2008〕155号），湖南省国资委将涟邵、资兴、白沙集团公司领导班子和长沙矿业、湘潭矿业、辰溪矿业正职管理下放给集团公司，由集团公司对所属单位领导班子及成员进行统一管理。

2016年，集团公司制定《湖南省煤业集团有限公司深化改革方案》，推进深化改革。根据改革方案，集团公司将根据现有资源能力、产业格局，全面确立集团公司的定位权变、战略权变、运营权变，推进以转型发展为目标的战略调整，实现规模数量型向质量效益型跨越，实现传统业态向新型业态跨越，实现生产经营向资本运营跨越，打造一个以能源产业为依托，有限多元，产业经营和资本运营并举的大型能源投资控股集团。按照能源投资控股集团定位，实施业务重组，对集团管理模式和流程进行优化调整，构建与能源投资集团相适应的新的管理体制和组织架构。形成煤炭、新能源、LED芯片、机械装备、施工建设、资产管理六大业务板块。在煤炭板块，使集团公司成为湖南省最大的煤炭供应综合服务商。

集团公司与股份公司及各下属企业，遵循现代产权制度规定，以产权为纽带，以整体利益最大化为目标，以事权划分为管理控制核心，按照集团化管控模式下母子公司的产权关系、法律关系、交易关系和文化关系，发挥集团公司治理、控制、管理三大维度的综合作用，改革优化集团化管理体制。

集团公司是湖南省政府整合省属煤炭能源资产，授权经营的特大型独资公司，与子公司是以产权为纽带的母子公司关系，是所属企业出资人，对其履行出资人职责。依《公司法》，对全资子公司行使股东会职权，对控股公司行使大股东职权，对参股公司按出资额行使股东职权。集团公司对子公司以出资额为限承担有限责任，不再是传统行政管理方式下的上级机关。子公司是业务板块利润中心，具有企业法人资格，依法独立承担民事责任。

（1）对全资子公司管控核心职能，提供管理支持与服务。集团公司对所属新能源、楚湘建工、资产管理等全资子公司，保持核心管理功能。通过战略发展、人力资源、财务权限进行统筹管控，对经营计划、预算、考核、绩效管理进行系统统筹管控，对运营信息、风控全程统筹管控，根据其业务发展需要，给予资源配置、管理支持和全面服务。

（2）在遵循上市公司“三独立、五分开”规则下，坚持从实际出发，本着精简机构，减少管理成本，提高管理效能的目标，按照应分必分、能合则合、依法规范的原则，集团公司与股份公司实行统一领导，集中办公，统筹管理，独立运行，规范运作。

（3）改革优化集团公司总部功能。集团公司总部的管理功能为：通过整合产业资源和价值链、优化产业结构，创新业务模式，发挥集团公司总部的资源优化配置和服务共享功能。总部定位于战略投资管理中心、运营管控中心、风险控制中心、共享服务中心。

战略投资管理中心：整合全集团战略资源，确定全集团发展方向，对全集团各类项目投资的必要性、投资方向、投资目标、投资规模、投资结构、投资成本与收益等进行综合评价、研究决策，制定并组织实施项目投资方案。战略投资管理中心是全集团最高层次的责任中心，既拥有最大的决策权，也承担最大的责任。

运营管控中心：运用全集团各类资源，根据集团公司所处发展阶段和管理特点，对全集团的经营管理模式、运营管理制度、工作规范标准、实施运作流程、技术研发、物流及供应链、生产技术、市场营销等运营重点环节，适度进行管理、监督、控制。

风险控制中心：建立集团公司风险防范体系，建立法务、合同、审计和风险管理机制，有效防范和控制战略投资、资本运作、经营管理、资产处置过程中的重大风险，保障国有资产安全、保值增值和公司经营安全。

共享服务中心：充分利用集团公司在政策、资金、人才、信息、信誉、商誉、地位、区位、文化等资源的集中优势，为所属企业提供经验共享、技术支撑和协调服务，创造价值，提供最基础支持。

（4）总部对全资、控股子公司的管控职能。①整体发展战略的控制决策权。审核、批准发展战略规划，包括投、融资，企业关、停、并、转重大经营活动决策审批，组织制定业务规划。②选择高层管理人员的人事权。负责高层管理人员的任免，对关键中层管理人员进行备案。控制人力资源总成本，审批薪酬方案和人员编制。③收益分配权。监控业务收入、成本费用、利润和现金流情况，制定收益分配方案。④经营计划管理。组织制订经营目标计划。⑤预算管理。纳入集团公司统一的预算体系，审核批准、监控实施预算。⑥审计管理。审批预算、财务、投资、经济责任审计报告。⑦绩效管理。对任免派遣人员的绩效，包括财务、市场、内部运营管理（安全、生产、技术、质量、研发）成长性目标指标，进行考核。⑧运营管控。协调政府关系及其他外部资源整合的支持，内部资源支持，实施采购控制监督，审批重大经济事项。⑨信息监控。对子公司财务信息、经营管理信息、人力资源信息、重大事项和突发事件报告进行获取，分析、评估及处理应对。⑩投融资控制。资产运营安全全过程监控，定期进行资产评估和检查登记、使用、增减、盘点情况，企业运营中的法律风险控制。

根据全国国有企业党的建设工作会议精神，2017 年，股份公司及集团公司、股份公司直属子分公司均由集团公司党委管理。

第三节 管理机构（职能部门）

2006 年，湖南省政府批复《湖南省煤业集团有限公司组建方案》，按照“设计上一步到位，操作上分步进行”的基本原则，集团公司机构设置分两步实施。第一步是完成集团公司高层、总部管理部门、原煤子公司管理机构设置；第二步是改革矿区管理体制。

2006 年，集团公司设董事会、党委会、经理层、监事会。董事会下设战略发展委员会、薪酬考核委员会和审计与风险管理委员会。

集团公司总部管理机构设 11 个职能部门：董事会办公室、办公室（法律事务室）、安全生产部、战略发展部、人力资源部、财务部、企管改革部、审计监察部（监事会办公室）、党委工作部、纪委办公室、工会办公室；定编 55 人。设 2 个直属分公司：集团煤炭运销公司、集团物资供应公司。

2007 年 4 月，集团公司成立工程管理部，明确其基本建设、重点工程以及专项工程方面的管理、指导和监督检查职能。

2008 年 8 月，集团公司对总部有关职能部室做出调整。设立证券投资部。安全生产部分设为安全监管部和生产技术部。人力资源部分设为人力资源部和劳资社保部，在人力资源部加挂党委干部部牌子。撤销纪委办公室和审计监察部，将纪检、监察业务合署办公，成立纪检监察部和审计部。撤销监事会办公室。

2009 年 6 月，集团公司成立非煤管理部，具体负责非煤企业的安全生产、经济运行和项目建设监管等工作。

2009 年 7 月，股份公司成立后，集团公司对总部职能部室设置进行调整。其中：董事会办公室，负责集团公司董事会日常事务处理和董事长秘书工作；办公室（加挂法律事务室），负责集团公司行政、法律事务、后勤、计算机信息管理、维稳及标准化管理体系建设；战略发展部，负责战略规划制订、投资开发项目管理、资源管理及标准化管理体系建设；人力资源部（加挂党委干部部），负责集团公司人力资源开发与管理及标准化管理体系建设；劳资社保部，负责集团公司劳动力、工资、福利、社会保险统筹管理及标准化管理体系建设；财务部，负责集团公司财务管理、会计核算等标准化管理体系建设。另设股份公司财务部；企管改革部更名为企管业考部，负责集团公司企业管理和改革改制工作及标准化管理体系建设；工程管理部，负责集团公司新建、改扩建项目立项核准后到建成投产全过程工程管理；审计部，负责集团公司审计管理及标准化管理体系建设；证券投资部，负责集团公司证券管理与股权管理工作；非煤管理部，负责集团公司非煤企业管理及管理体系建设；党委工作部，负责集团公司党委组织、宣传及精神文明建设、共青团、维稳等工作，团委、维稳办设在党委工作部；纪检监察部，负责集团公司党委及各级党组织与党员的监督、教育、惩处、保护和公司内部监察工作；工会办公室，负责集团工会日常工作；机关党委，负责集团公司总部机关党委思想、作风、组织及精神文明建设等工作。集团公司煤炭运销公司、集团公司物资供应公司分别变更为黑金时代煤炭销售分公司、黑金时代物资供应分公司。

2011 年 4 月，设立股份公司总工程师室（瓦斯研究室）。2012 年 11 月，设立股份公司环境保护管理部，与股份公司战略发展部合署办公。2014 年 3 月，股份公司环境保护管理部更名为环保科技部。同年 6 月，设立集团公司环保科技部。同年 12 月，集团公司审计部与纪检监察部合并设立纪检审计监察部。

至 2017 年 8 月，集团公司与股份公司总部的职能部门是两块牌子、一套人马、合署办公。集团公司总部管理机构设 19 个职能部门，其中董事会办公室、纪检审计监察部（股份公司监事会办公室）、办公室（信息中心）、安全监管部、生产技术部、总工程师室（瓦斯研究室）、战略发展部、人力资源部（党委干部部）、劳资社保部、证券投资部、企管业考部（法律事务室）、工程管理部、环保科技部共 13 个部门同时是集团公司和股份公司总部职能部门，为合署办公。另集团公司单独设立财务部、非煤管理部、党委工作部、工会办公室、机关党委共 5 个部门为集团公司总部职能部门。股份公司总部设立股份财务部和 2 个直属分公司：煤炭销售分公司和物资供应分公司。股份公司在涟邵、资兴、白沙 3 个片区分别设立了矿区安全生产管理局，分片区负责煤矿的安全监管工作。

2017 年 9 月，集团公司印发《湖南省煤业集团有限公司总部机构改革方案》（湘煤集办〔2017〕325 号），明晰集团公司总部定位为战略投资管理中心、运营管控中心、风险控制中心、共享服务中心，由行政机关型向职能型、服务型、增值型转变。集团公司总部采用“大部制”形式，强化总部“四大中心”职能，对职能相关、相近或存在协同的部门或职能进行合并重组，采取合署、合并、拆分、撤销等方式组建大部室，履行总部战略投资、运营管控、共享服务、风险控制职能，优化管控流程，发挥协同合力，提高管理效率，打造精简高效的集团总部。改革后，集团公司总部共设置办公室（董事会办公室）、战略投资部、财务管理部、人力资源部（党委干部部）、企管业考部（法律事务室）、安全监管部，党委工作部、纪检监察部（审计部）、工会办公室 9 个职能部门。保留湖南省煤业集团有限公司培训中心（以下简称“湘煤培训中心”），赋予其集团教育培训实施管理职能，比照总部部室管理。股份公司总部设立财务管理部、安全通风部（瓦斯研究室）、生产技术部（总工程师室）、劳资社保部、工程管理部5个职能部门。保留煤炭销售分公司、物资供应分公司。其中，办公室（董事会办公室）、战略投资部、人力资源部、企管业考部（法律事务部）4个职能部门为集团公司、股份公司合署办公。

2020年6月，“湖南黑金时代股份有限公司”更名为“湖南煤业股份有限公司”。

2022年11月，集团公司印发《湖南省煤业集团有限公司关于集团总部部室设立与调整的通知》（湘煤集企〔2022〕439号）。新设生产技术部，主要负责集团公司原煤主业生产管理、技术管理、资源管理；新设工程管理部，主要负责集团公司重大项目工程建设、煤矿改扩建工程项目建设全过程管理，集团公司棚户区工程建设管理；新设市场营销部，主要负责集团公司市场分析研究，市场开拓、营销管理和品牌建设；新设党群综合部，承担原党委工作部、办公室、工会办公室职能职责。董事会办公室变更名称为董事会工作部，承接原董事会办公室职能职责。企管业考部变更名称为企业管理部，承接原企管业考部职能职责。安全监管部变更名称为安全环保部，承接原安全监管部职能职责，并增加环保管理、平安建设职能职责。纪检监察部、审计部机构和职能职责成建制保留，不再合署办公。财务管理部、人力资源部机构和职能成建制保留。战略投资部机构和职责成建制保留，增加科技创新管理职能。同时，撤销法律事务室，其职能由企业管理部承接。撤销党委干部部，其职能由人力资源部承接。撤销党委工作部、办公室、工会办公室，其职能职责由党群综合部承接。撤销集团公司监事会办公室及其派驻资兴、白沙、长沙办事处，其职能整合到审计监督部门。

经过机构改革后，集团公司总部设战略投资部、生产技术部、企业管理部、工程管理部、市场营销部、安全环保部、纪检监察部、审计部、董事会工作部、党群综合部、财务管理部、人力资源部共12个职能部室。股份公司设立战略投资部、生产技术部、企业管理部、工程管理部、纪检监察部、审计部、董事会工作部、党群综合部、财务管理部、人力资源部、安全通风部共11个职能部室。其中，战略投资部、生产技术部、企业管理部、工程管理部、纪检监察部、审计部、董事会工作部、党群综合部、人力资源部等9个职能部门为集团公司、股份公司合署办公。保留湘煤培训中心、资产管理事业部以及股份公司煤炭销售分公司、物资供应分公司。

第四节 所属单位（子分公司）

2006年，在矿区管理方面，保留矿区集团，成立矿区安全生产管理局，与矿区集团合署办公，实行“两块牌子、一套人马”，负责原煤企业安全、生产的监督管理、指导和非煤企业的经营管理。原隶属于矿区集团管理的白沙能源公司、全资及控股原煤子公司、矿区煤炭运销公司、矿区物资供应公司调整为集团的直属单位。湘潭矿业公司、长沙矿业公司、辰溪煤矿为集团公司直属单位。矿区煤炭运销公司经营业务由集团煤炭运销公司管理，矿区物资供应公司经营业务由集团物资供应公司管理。

2008年5月，成立湖南黑金时代房地产开发有限公司。6月，成立湘能华磊光电股份有限公司。8月，进一步理顺集团内部的管理关系、资产关系、人事关系，集团公司印发《湖南省煤业集团有限公司矿区管理体制改革方案》，对矿区管理体制进行改革。将矿区安全生产职能与非煤管理职能分离，即将矿区安全生产管理局与矿区集团分离。将涟邵矿业集团、资兴矿业集团和白沙煤电集团分别更名为湖南省煤业集团涟邵实业有限公司、资兴实业有限公司、白沙实业有限公司。实业公司为企业法人，是集团直管的全资子公司，按照“自主经营、自负盈亏、自我约束、自我发展”的“四自”原则开展经营活动，主要职责是对本矿区所属非原煤公司的资产进行规划、发展、管理和经营，负责本矿区历史遗留问题的处理，维护本单位及所属非煤企业的稳定。将涟邵、资兴、白沙矿区安全生产管理局定位为集团派出的特设的安全生产监管机构，是集团公司总部的一部分，主要职责是对监管区域的安全生产进行监督、管理、指导与协调，对监管区域原煤公司的安全生产负第一监管责任。

2009年3月，成立湖南省煤业集团新疆能源有限公司。6月，为整合优质原煤资产，由集团公司发起联合涟钢集团、国电益阳发电有限公司、大唐华银电力、大唐集团、湘江产业、湖南发展集团、兴湘投资公司，设立以上市为目的的湖南黑金时代股份有限公司，将集团公司直管的原煤公司（除唐煤、祥和、洪山殿、黄牛岭外）陆续装入股份公司，矿区安全生产管理局、煤炭运销公司、物资供应公司也一并划入股份公司。股份公司为集团控股子公司。股份公司成立后，除党委工作部、纪检监察部、工会、机关党委由集团公司专设，财务部门分设外，其他职能部门与集团公司都实行“两块牌子、一套人马”。2008年9月，集团公司对政策性破产的原株洲洗煤厂实施重组，成立湘煤洁净煤股份有限公司。12月，重组成立湘煤立达矿山装备股份有限公司。

2010年4月，成立湘煤培训中心。10月，成立中共湖南省煤业集团有限公司委员会党校，与湘煤培训中心“两块牌子、一套人马”。

2012年1月，成立长沙实业有限公司。6月，集团公司参股湖南华晟能源投资发展有限公司。7月，集团公司参股湖南文化旅游投资基金企业（有限合伙）。

2014年，集团公司将洪山殿矿业公司整体移交给双峰县人民政府。

2015年12月，股份公司将湘潭矿业公司和辰溪矿业公司转让给集团公司实施政策性破产。

2016年12月，成立湖南能投售电有限公司。

2017年12月，成立辰溪实业有限公司。

2018年3月，成立湖南楚湘建设集团工程有限公司。8月，成立湖南省煤业集团能源资产管理事业部（以下简称“资产管理事业部”）。

2019年12月，成立湖南岳阳铁水集运煤炭储备有限公司。

2020年6月28日，“湖南黑金时代股份有限公司”更名为“湖南煤业股份有限公司”。12月，成立湖南煤炭大数据中心有限公司。

2021年3月，湖南省国资委将湖南省煤炭科学研究院有限公司、湖南煤矿安全装备有限公司、湖南省煤炭有限责任公司、湖南省煤炭进出口有限责任公司无偿划转至集团公司。集团公司成立湖南省煤业集团湘东矿业公司。9月，湖南省国资委将湖南煤矿机械有限公司国有51.3%股权无偿划转至集团公司。成立湖南省煤业集团大岭矿业有限公司和湖南省瓦斯治理和利用工程研究中心有限公司。是年，集团公司参股湖南电力交易中心有限公司。

2022年5月，按照“主业归核、资产归集、产业归位”的要求，将立达公司（证券代码：836605）、煤安公司、煤机公司、湖南省煤业集团资兴实业有限公司机电装备分公司进行专业化整合，设立“湖南能投智能装备制造集团有限公司”。湖南省国资委将湖南第一工业设计研究院有限公司整合至集团公司。至此，集团公司完成了所有省属煤炭资产的专业化整合。8月，在新疆维吾尔自治区吐鲁番市鄯善县注册成立新疆能源开发有限责任公司，注册认缴资本金为14286万元人民币。

截至2022年底，集团公司煤炭、新能源、LED节能、能源机械、施工建设、资产管理六大业务板块共拥有14家直接管理全资子公司、2家控股子公司、2家参股公司以及2家直属分公司。2022年底集团公司组织架构如图1－1－1所示。

集团公司控股的股份公司旗下拥有全资子公司15家、控股子公司3家、参股子公司1家、直属机构3家、直属分公司3家、托管公司3家。2022年底股份公司组织架构如图1－1－2所示。

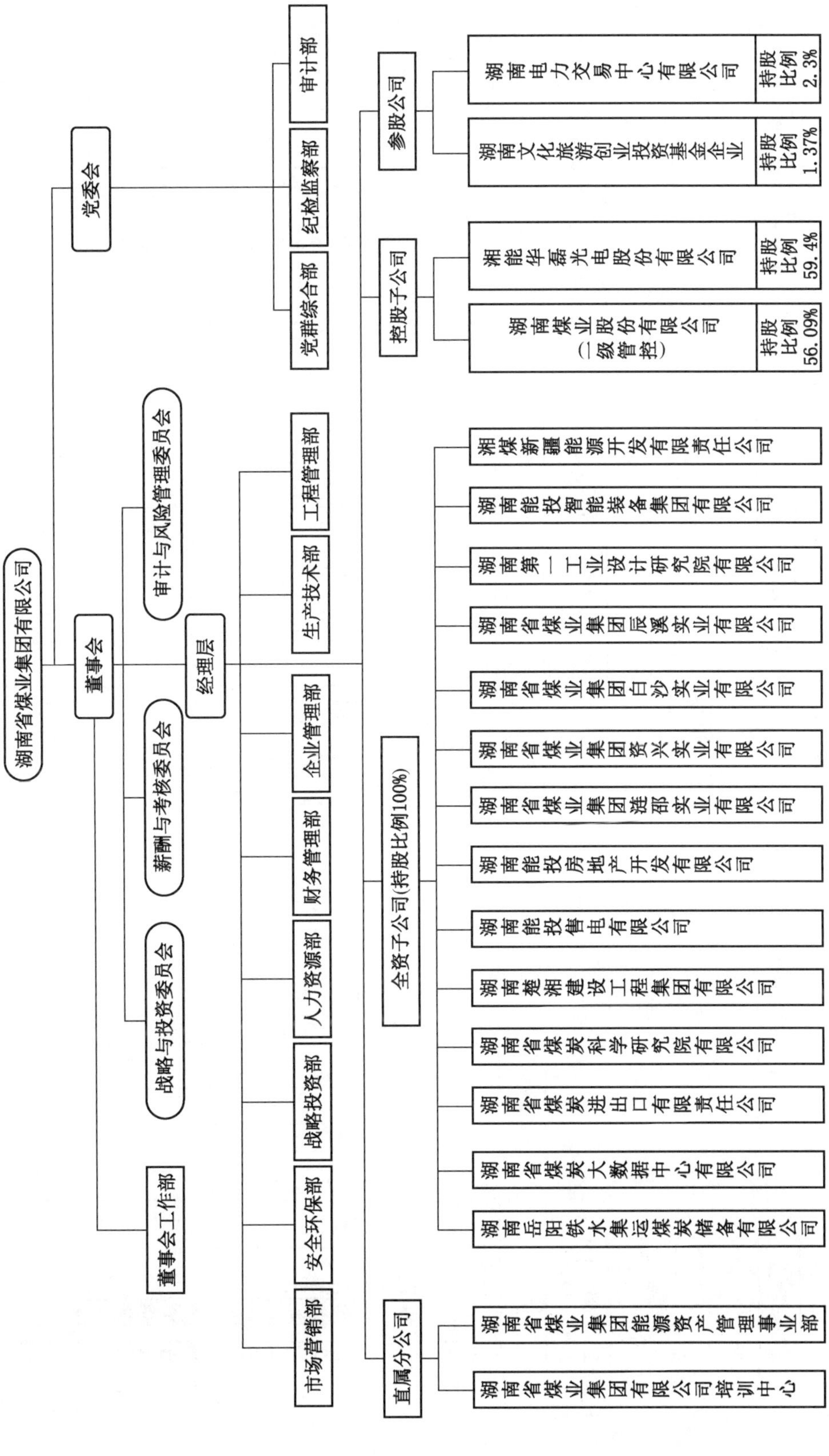

图1-1-1 2022年底集团公司组织架构

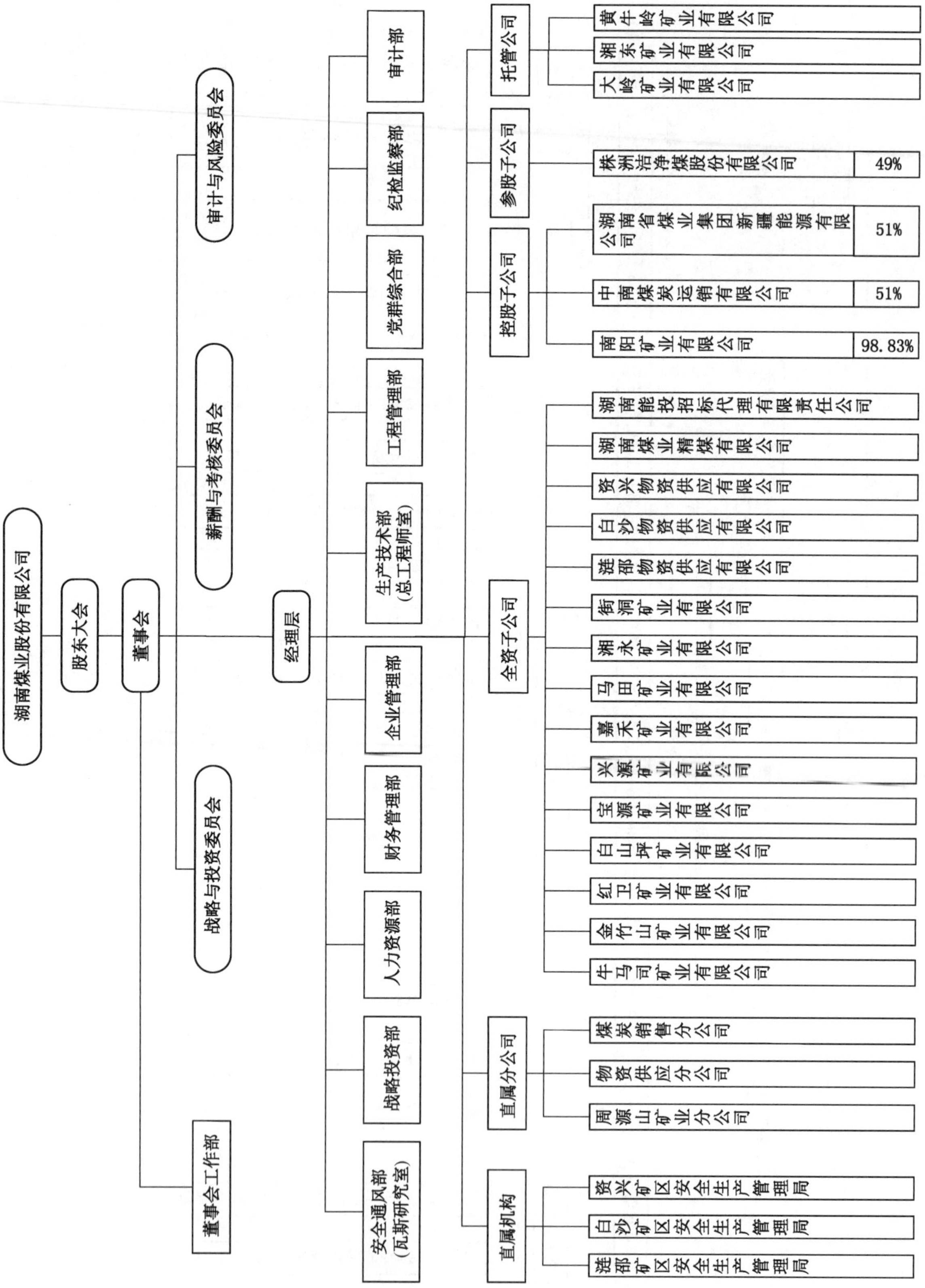

图1-1-2 2022年底股份公司组织架构

第二章 治 理 结 构

第一节 党 委 会

中国共产党湖南省煤业集团有限公司委员会（以下简称“集团公司党委”）成立于2006年6月，其上级党委为中国共产党湖南省国资委委员会（以下简称“省国资委党委”）。2017年6月，全国、全省国有企业党建工作会议召开后，在中共湖南省委领导下，具体接受省委组织部和省国资委党委管理。

一、历届党委领导班子情况

2006年6月16日，根据中共湖南省委组织部《关于同意设立中共湖南省煤业集团有限公司委员会和纪律检查委员会的批复》（湘组〔2006〕47号），湖南省国资委党委下发《关于设立中共湖南省煤业集团有限公司委员会和纪律检查委员会的通知》（湘国资党函〔2006〕25号），设立中共湖南省煤业集团有限公司委员会和纪律检查委员会。

2006年6月，集团公司党委委员：覃道雄、欧资源、廖建湘、罗瑞锋、文仕秋、张小雁、欧阳维、吴正水、李义成、涂湘明。欧资源为党委书记，覃道雄、廖建湘、罗瑞锋为党委副书记。

2016年3月，罗瑞锋主持集团公司全面工作。2016年5月，廖建湘任集团公司董事长、党委副书记。罗瑞锋任集团公司党委书记。集团公司党委委员：廖建湘、罗瑞锋、文仕秋、张小雁、欧阳维、李传红、涂湘明、马庆仁、赵斌。

2017年2月，廖建湘任集团公司党委书记，何烽任集团公司党委副书记。集团公司党委委员：廖建湘、何烽、文仕秋、张小雁、欧阳维、李传红、涂湘明、马庆仁、赵斌。

至2019年11月，集团公司党委委员：廖建湘、文仕秋、罗和平、张小雁、欧阳维、涂湘明、赵斌。廖建湘为集团公司党委书记。2019年11月6日，中国共产党湖南省煤业集团有限公司第一次代表大会选举产生第一届党委和纪委。《中共湖南省委关于中共湖南省煤业集团有限公司第一次代表大会选举结果的批复》（湘委干〔2019〕203号），同意廖建湘当选为集团公司党委书记，文仕秋、杨洁当选为集团公司党委副书记，同意罗和平当选为集团公司纪委书记。第一届党委班子成员：廖建湘、文仕秋、杨洁、罗和平、张小雁、贺灿星、胡瑞连、王群伟、曹建书。

2021年7月，胡瑞连任集团公司党委副书记。

2022年12月，集团公司党委委员：廖建湘、胡瑞连、文仕秋、罗和平、张小雁、贺灿星、王群伟、曹建书、饶高。廖建湘任集团公司党委书记，胡瑞连、文仕秋为集团公司党委副书记。

二、党委会职责

2016年10月，全国国有企业党的建设工作会议召开后，集团公司党委发挥把方向、管大局、保落实的重要作用，依照规定讨论和决定公司重大事项。“三重一大”事项须经党委会前置审议。党委会主要职责是：加强集团公司党的政治建设，坚持和落实中国特色社会主义根本制度、基本制度、重要制度，教育引导全体党员始终在政治立场、政治方向、政治原则、政治道路上同以习近平同志为核心的党中央保持高度一致；深入学习贯彻习近平新时代中国特色社会主义思想，学习宣传党的理论，贯彻执行党的路线方针政策，监督、保证党中央重大决策部署和上级党组织决议在本公司贯彻落实；研究讨论公司重大经营管理事项，支持股东（大）会、董事会和经理层依法行使职权；加强对公司选人用人的领导和把关，抓好领导班子建设和人才队伍建设；履行公司全面从严治党主体责任，领导、支持纪检监察机构履行监督责任，推动全面从严治党向基层延伸；加强基层党组织建设和党员队伍建设，发挥基层党组织战斗堡垒作用和党员先锋模范作用，团结带领职工群众积极投身公司改革发展；领导公司意识形态工作、思想政治工作、精神文明建设、统一战线工作，领导公司工会、共青团、妇女组织等群团组织。

第二节 董 事 会

一、历届董事会成员情况

根据《中华人民共和国公司法》《湖南省煤业集团有限责任公司章程》，集团公司设立董事会。董事会根据湖南省国资委的授权，行使出资人的部分职权，决定集团公司的重大事项。董事会由7名董事组成,其中职工董事1人,由职工代表大会选举产生,其他董事由湖南省国资委委派。董事会设董事长1人,由湖南省人民政府任免(指定),副董事长1人,由湖南省国资委指定。

2006年6月，集团公司第一届董事会，董事5人：覃道雄、欧资源、廖建湘、罗瑞锋、涂湘明。覃道雄担任董事长。

2013年4月，集团公司第二届董事会，董事7人：覃道雄、李义成、罗瑞锋、文仕秋、欧阳维、吴正水、李传红。覃道雄担任董事长。

2016年5月，集团公司第三届董事会，董事5人：廖建湘、罗瑞锋、文仕秋、欧阳维、李传红。廖建湘担任董事长。

2020年2月，集团公司第四届董事会，董事6人：廖建湘、文仕秋、杨洁、贺灿星、胡瑞连、王群伟。廖建湘担任董事长。

至2022年2月，集团公司董事会成员：廖建湘、文仕秋、胡瑞连、贺灿星、王群伟、李永友。廖建湘担任董事长。2022年3月，集团公司董事会成员：廖建湘、文仕秋、胡瑞连、贺灿星、王群伟、李永友、周鹏、王铃丁、张笑。廖建湘担任董事长。

2022年5月，集团公司董事会成员：廖建湘、文仕秋、胡瑞连、李永友、周鹏、王铃丁、张笑。廖建湘担任董事长。同年9月，集团公司董事会成员：廖建湘、胡瑞连、文仕秋、周鹏、王铃丁、张笑、李新首。廖建湘担任董事长。

二、董事会职责

集团公司董事会是集团公司的最高决策机构，负责定战略、作决策、防风险，主要职权：负责召集股东会会议，并向股东会报告工作；执行股东会的决议；决定公司的经营计划和投资方案；制订公司的年度财务预算方案、决算方案；制订公司的利润分配方案和弥补亏损方案；制订公司增加或者减少注册资本以及发行公司债券的方案；制订公司合并、分立、解散或者变更公司形式的方案；决定公司内部管理机构、分支机构的设置并对其进行监控；决定聘任或者解聘公司总经理及其报酬事项，并根据总经理的提名决定聘任或者解聘公司副总经理、财务负责人及其报酬事项；审议批准总经理工作报告；制定公司的基本管理制度；对子公司行使股东职权；监督检查公司经理层、子企业股权代表对董事会决议的执行情况；决定公司高级管理人员和子企业股权代表的考核、薪酬、奖惩等事项；决定公司的风险管理体系，对公司风险管理进行总体监控；制订公司重大会计政策和会计估计变更方案；审议公司内部审计报告，聘用或者解聘负责公司财务会计报告审计业务的会计师事务所并决定其报酬；股东会授予公司董事会行使的职权；制订公司章程草案或章程修订案；股东会及有关部门授权的其他职权。

三、董事会专委会

2006年6月，集团公司设薪酬考核委员会和战略发展委员会。7月，李友元任集团公司薪酬考核委员会副主任；杨伯欢任集团公司战略发展委员会副主任。

2022年7月，集团公司董事会下设战略与投资委员会、薪酬与考核委员会、审计与风险委员会，负责在董事会授权范围内开展工作，为董事会重大决策提出意见建议，起草议案或方案。战略与投资委员会成员为廖建湘、周鹏、王铃丁、张笑，主任委员为廖建湘。薪酬与考核委员会成员为周鹏、王铃丁、张笑，主任委员为周鹏。审计与风险委员会成员为张笑、周鹏、王铃丁，主任委员为张笑。

同年9月，集团公司战略与投资委员会成员为廖建湘、周鹏、王铃丁、张笑、李新首，主任委员为廖建湘。薪酬与考核委员会成员为周鹏、王铃丁、张笑、李新首，主任委员为周鹏。审计与风险委员会成员为张笑、周鹏、李新首，主任委员为张笑。

四、董事会工作部职责和相关制度

集团公司董事会设立董事会工作部，作为董事会常设工作机构，负责筹备董事会会议，办理董事会及各专门委员会日常事务，与董事沟通信息，为董事工作提供服务。根据《湖南省煤业集团有限公司章程》，集团公司制订了《湖南省煤业集团有限公司董事会议事规则》《湖南省煤业集团有限公司董事会议案管理办法》等制度。

第三节 经 理 层

一、历任经理层领导任职情况

根据《中华人民共和国公司法》《湖南省煤业集团有限责任公司章程》(湘政函〔2005〕214号批准)，集团公司设经理层，为集团公司高管层。经理层以集团公司总经理办公会的形式履行职责，负责集团公司日常经营管理。

2006年6月，集团公司经理层成员：覃道雄、廖建湘、欧阳维、李义成、吴正水、涂湘明、何烽。覃道雄任总裁，廖建湘任常务副总裁。

2013年2月，董事会换届，集团公司经理层成员：李义成、文仕秋、张小雁、何烽、涂湘明、马庆仁。李义成为总经理。

2016年5月，集团公司经理层成员：廖建湘、文仕秋、张小雁、何烽、涂湘明、马庆仁、曹建书、彭良文。

2017年2月，集团公司经理层成员：何烽、文仕秋、张小雁、涂湘明、马庆仁、曹建书、彭良文。何烽为总经理。

2020年2月，集团公司经理层成员：文仕秋、张小雁、贺灿星、曹建书、涂湘明、彭良文。集团公司常务副总经理文仕秋主持经理层工作。

2021年7月起，胡瑞连主持经理层工作。

2022年4月，胡瑞连任集团公司总经理。

2022年12月，集团公司经理层成员：胡瑞连、张小雁、贺灿星、曹建书、饶高、涂湘明、彭良文。胡瑞连为总经理。

二、经理层职责

经理层负责谋经营、强管理、抓落实，主要职责是：负责公司的生产经营管理工作，组织实施董事会决议；组织拟订公司发展战略和中长期规划草案；组织拟订公司年度经营计划，投融资方案草案，年度财务预、决算草案，利润分配及亏损弥补草案，发行债券、兼并重组、产权转让及改制草案；组织实施经董事会审议通过的经营计划，投融资方案，年度财务预、决算方案，利润分配及亏损弥补方案，发行债券、兼并重组、产权转让及改制方案；组织拟订公司内部管理机构、分支机构设置方案，公司内部改革方案，公司员工招聘、调整方案，公司总部员工录用、调动、晋级和奖惩方案，公司发展、改革与生产经营年度工作计划；组织拟订相关生产经营制度；董事会授予的其他职权。

总经理对董事会负责，向董事会报告工作，接受董事会的监督管理和监事会的监督。主要职权是：组织主持公司的生产经营管理工作，组织实施股东会、董事会决议；组织拟订公司发展战略和中长期规划草案；组织拟订公司年度经营计划，投融资方案草案，年度财务预、决算草案，利润分配及亏损弥补草案，发行债券、兼并重组、产权转让及改制草案；组织实施经董事会审议通过的经营计划，投融资方案，年度财务预、决算方案，利润分配及亏损弥补方案，发行债券、兼并重组、产权转让及改制方案。

第四节 监 事 会

一、监事会组成

2006年，根据《湖南省煤业集团有限责任公司章程》规定，依法设立监事会。监事会是集团公司的监督机构，代表湖南省人民政府对企业国有资产保值增值情况实施监督。监事会由6~7名监事组成，其中职工监事2名，由职代会（工会委员会）选举产生，其他监事由湖南省国资委委派。监事会主席设1名，由湖南省国资委从监事成员中指定。

集团公司第一届监事会主席由文仕秋担任。监事会成员：文仕秋、傅兵庆、吴英杰、李传红、肖章大、张燕。

2008年3月，湖南省政府对集团公司监事会制度进行改革，由湖南省国资委代表湖南省人民政府向集团公司派驻监事会。集团公司内部监事会撤销。第一届外派监事会共5人，李建华任监事会主席，邓德贵、潘小清、龙玉忠、盛伟任专职监事。

2013年6月，汪高学任集团公司外派监事会主席。同年9月，湖南省国资委派驻集团公司监事会进行换届。第二届外派监事会成员共5人，邹福明任监事会主席，毛利辉、荣华、谢芳、岳倩如任专职监事。

2016年10月，湖南省国资委派驻集团公司监事会进行换届。第三届监事会成员共6人，陈国辉任监事会主席，刘祁雄、滕伦菊、龙玉忠任专职监事，刘勇、谢艳任职工监事。

2017年12月，冯炯文、张东锋任专职监事。刘祁雄、龙玉忠不再担任专职监事。

2018年10月，湖南省国资委《关于国有企业监事会退出派驻企业的通知》(湘国资监督〔2018〕192号）明确，按照《湖南省机构改革方案》中“不再保留省国有企业监事会”的要求，派驻省属国有重点骨干企业监事会全部从各派驻企业退出，不再履行监事会职责。

二、监事会职责

检查集团公司贯彻执行有关法律、行政法规和规章制度的情况；对集团公司重大决策、重大项目安排、大额度资金运作事项及重要人事任免等实行当期监督；检查集团公司财务；对董事、总裁及其他高级管理人员执行集团公司职务的行为进行监督，向省国资委、董事会提出奖惩、任免建议；当董事、总裁及高级管理人员的行为损害集团公司的利益时，要求董事、总裁及其他高级管理人员予以纠正；监事列席董事会、总裁办公会、党委会及其他重要会议，并对会议决议事项提出质询或建议；向出资人提出提案，定期和不定期向出资人报告工作；对企业进行年度评价，出具评价报告；指导和监督集团公司内部审计工作；法律、行政法规、出资人授予的其他职权。

第三章 公 司 运 营

第一节 产 业 结 构

一、煤炭板块

煤炭板块主要包括原煤生产、洗选加工、煤炭贸易等子产业，其中原煤生产是集团公司核心主业，是集团公司利润主要来源。

（一）原煤生产

集团公司成立之初，拥有生产矿井51对，包括牛马司公司斗米山、水井头、铁箕山矿，金竹山公司一平硐、土朱、托山、塘冲矿，洪山殿矿业有限公司蛇形山、彭家冲、咸沙坝矿，周源山煤矿，宝源公司南平硐、北平硐矿，嘉禾公司浦溪矿，唐煤矿业有限公司（1对矿井），祥和矿业有限公司（1对矿井），黄牛岭公司，马田公司爱和山、桐子山、芝兰冲、高泉塘、新星矿，湘永公司铜角湾、安陵、荆草坪、荆草坪南矿，红卫公司沈家湾、坦家冲、里王庙、龙家山矿，白山坪公司龙塘、白山坪、磨田、大岭矿，南阳公司南阳庙、淝江、前进矿，街洞公司茶山岭、茶塘矿，长沙矿业有限公司五亩冲、西峰仑、竹山塘、跃进、湘东、高陂矿，湘潭矿业有限公司谭一井、谭二井、谭三井、谭四井，辰溪矿业有限公司大坪、蒋家坪矿。其中，唐煤矿业有限公司、祥和矿业有限公司为集团参股公司(参股比例20%)，黄牛岭公司、白山坪公司大岭矿实行租赁经营。

2016年10月，集团公司“进军”贵州。10月26日，集团公司与贵州能发电力燃料开发有限公司（以下简称“贵州能发”）签订合作开发贵州六盘水市水城县神仙坡、晋家冲、义忠等3个煤矿正式协议。

2006年，集团公司生产原煤658.58万吨，实现煤炭产值21.75亿元，占当年集团公司生产总值（31.96亿元）的68%。

2007年，集团公司确立“十一五”期间“积极稳步实施产业重组，整合资源优势，以开发建设大、中型煤炭基地，不断壮大煤炭主业为主线，为保障湖南经济建设的能源供给发挥主力军作用”的指导思想，调整和优化产业结构的重点是发展煤炭资源开采、洗选加工和购销业务。4月12日，集团公司在贵州成立贵州湘能实业有限公司（以下简称“贵州湘能”），先后收购了神仙坡、晋家冲、义忠、下河坝、长田、保华、丰胜、黔源8个煤矿，贵州湘能最高年产量（2013年）曾达到86.7万吨。2016年，由于煤炭行业进入低谷，贵州湘能亏损严重，所有矿井停产，2019年贵州湘能启动经营性破产。

2007年，集团公司生产原煤688.37万吨，实现煤炭产值23.61亿元，占当年集团公司生产总值（34.67亿元）的68%。

2008年，集团公司生产原煤725.50万吨，实现煤炭产值36.89亿元，占当年集团公司生产总值（48.30亿元）的76.4%。

2009年1月，集团公司“进军”新疆，在新疆维吾尔自治区吐鲁番市鄯善县成立了新疆能源公司，开展对新疆维吾尔自治区吐鲁番市库木塔格矿区（沙尔湖煤田）煤炭资源勘探工作，标志着集团公司正式入疆进行煤炭资源开发。是年2月，集团公司在省内第一个投资兴建的改扩建项目湘永矿业公司铜角湾矿新立井正式动工。翌年9月27日，铜角湾矿新井联合试运转成功，矿井年产量由7万吨/年提高到21万吨/年。是年6月，股份公司成立，集团公司直管的矿区安全生产管理局下属的10家原煤公司（牛马司公司、金竹山公司、周源山煤矿、宝源公司、嘉禾公司、马田公司、湘永公司、街洞公司、红卫公司、白山坪公司）和湘潭矿业公司、辰溪煤矿、贵州湘能、精煤有限公司（以下简称“精煤公司”）、洁净煤公司、煤炭运销公司、物资供应公司等划入股份公司，标志着集团公司煤炭主业核心已经形成。

2009年，集团公司原煤产量762.9万吨，实现煤炭产值32.79亿元，占当年集团公司生产总值（42.62亿元）的76.9%。其中：股份公司实现产值20.09亿元，占当年全集团生产总值的47.13%。

2010年2月，集团公司与湖南万安达集团、湖南万安达集团万世达机械能源公司签订煤矿资产转让协议，由集团公司收购湘南监狱及万世达公司的觉光寺、周家坳、伍家冲等3个煤矿，并成立全资子公司——湖南省煤业集团兴源矿业有限公司（以下简称“兴源公司”），该公司核定生产能力42万吨/年。是年，南阳公司、兴源公司、长沙矿业公司划入股份公司。2010年，集团公司实现煤炭产量744.36万吨，实现煤炭产值45.22亿元，占当年集团公司生产总值（57.60亿元）的78.5%。其中：股份公司实现产值29.98亿元，占当年全集团生产总值的52.5%。

2011年10月，集团公司在新疆维吾尔自治区乌鲁木齐市注册成立湖南省煤业集团新疆神宇公司，收购了位于新疆维吾尔自治区乌鲁木齐市米东区的向阳、东发两个煤矿，两矿最高产量达到13.7万吨（2012年）。2014年，由于煤炭行业进入低谷，加上新疆煤炭产业政策调整和乌鲁木齐市城市规划扩展，两矿被迫停产退出。

2011年，集团公司实现煤炭产量776.96万吨，实现煤炭产值56.67亿元，占当年集团公司生产总值（70.76亿元）的80.09%。其中：股份公司实现产值36.04亿元，占当年全集团生产总值的50.93%。

2012年，在国家经济增速放缓的背景下，集团加快了对贵州、新疆能源资源控制开发与达产达效和省内矿井扩改步伐，贵州湘能义忠煤矿、丰胜煤矿完成项目竣工验收，白山坪磨田煤矿产业升级项目新立井落底，马田公司新星煤矿产业升级项目有序推进。是年，全集团实现煤炭产量806.89万吨，比2006年多产原煤148.29万吨，实现煤炭产值52.67亿元，占当年全集团生产总值（73.79亿元）71.38%。其中：股份公司实现产值34.75亿元，占当年全集团生产总值的47.1%。

2013年，国家实施新的产业政策，加快落后小煤矿关闭退出，集团公司煤炭主业面临严峻挑战和发展压力。集团应对国家产业新政策的变化，“调结构、转方式”，优化产业结构，使煤炭产业比重保持在合理区间。是年，全集团实现煤炭产量790.43万吨，实现煤炭产值45.17亿元，占当年全集团生产总值（65亿元）69.5%。其中：股份公司实现产值45亿元，占当年全集团生产总值的69.23%。

2014年，煤炭行业经济形势进一步下行，集团公司年初提出“多措深化改革，着力调整结构，分块做优做强”。股份公司科学组织原煤生产，完成煤炭产量目标任务，推进采掘机械化，抓好项目建设，对在建项目进行评估，有效益的项目按计划竣工投产，达产达效，没有效益的坚决停建。实施资金管理“三保三砍”政策（三保：保卫现金流、保障正常生产经营、保证职工基础工资；三砍：砍投资、砍亏损源、砍当年不见效的项目），2014年暂停一切对外投资和对内投资当年不见效的基本建设和改扩建的经济活动。建立退出机制，对于资源已基本枯竭、销售价格低于直接生产成本或经营现金流为负的矿井，利用湖南省煤炭企业关闭整合政策进行关闭。2014年，将资源枯竭、亏损严重的洪山殿矿业公司整体移交给双峰县人民政府。是年，全集团实现煤炭产量693.06万吨，实现煤炭产值32.6亿元，占当年全集团生产总值（61.96亿元）52.61%。其中：股份公司实现产值33.21亿元，占当年全集团生产总值的53.6%。

2016年5月，集团公司新班子到任，始终坚持安全第一的方针，严格落实国家安全生产法规和省委省政府指令，牢固树立“安全是最大的政治、最大的效益、最大的福利”“确保安全是煤矿企业的首要任务，是煤矿领导班子的首要职责，是体现煤矿领导能力的首要指标”一系列安全理念。2015—2016年，集团对于资源已趋于枯竭、销售价格低于直接生产成本或经营现金流为负的矿井，利用国家煤炭企业关闭整合政策进行关闭，期间关闭14对矿井：斗米山、爱和山、桐子山、荆草坪、五亩冲、西峰仑、竹山塘、谭二井、大坪、芝兰冲、南阳庙、谭三井、谭四井、蒋家坪。在经历了一轮去产能政策，关闭一批亏损严重矿井后，至2017年底，集团公司保留生产矿井26对，年煤炭产量437.32万吨，是集团公司历史上矿井数量和原煤产量最少的时期，但由于保留煤矿都是赋存条件较好、开采成本相对较低的矿井，煤矿经济效益却得到提升。2017年，集团公司实现生产总值53.83亿元。

2018年，针对煤炭市场持续回暖的大好形势，集团公司恢复了2015年因市场下滑而停建的伍家冲、磨田、新星3对矿井的技改施工，3对矿井技改工程先后于2019年、2020年竣工，提升产能39万吨/年。是年，集团公司收回了黄牛岭公司的经营权，并进行复产前的改造，于2019年恢复生产，当年产煤8.75万吨，实现利润509万元。是年，全集团实现煤炭产量440.18万吨。集团实现生产总值112.6亿元。

2020年4月，集团公司根据省政府文件要求，收回大岭煤矿经营权，成立湖南省煤业集团大岭矿业公司筹建处，开始复产前的改造工作（包括水平延深井巷工程）。9月1日，大岭矿业有限公司（以下简称“大岭公司”）挂牌成立，继续实施矿井安全整改。直至2022年4月，改造工程基本完成，投入正常生产。当年产煤7.03万吨，在消化改造工程资金投入的基础上，实现利润69万元。

2020年9月26日，集团公司全面接管湘东公司，正式启动复工复产工作，至2021年3月，复产前的改造工程基本完成，湘东公司正式挂牌。2021年3月—2022年5月，实施矿井扩能改造，核定生产能力由15万吨/年提升至30万吨/年，技改投产当年产煤9.11万吨，实现利润771万元。是年，全集团实现煤炭产量452.87万吨。集团公司实现生产总值119.74亿元。

至2022年末，集团公司拥有原煤生产矿井29对，年产原煤497.94万吨。

（二）洗煤生产

集团公司成立前，原资兴矿务局建有1座洗选能力60万吨/年的洗选厂；牛马司煤矿建有1座原煤洗选能力20万吨/年的小型洗选厂；金竹山煤矿在一平硐和土朱矿井的铁路煤仓处分别建有1座设计能力均为9万吨/年的斜槽洗选厂；周源山煤矿建有1座洗选能力30万吨/年的洗选厂。

2006年起，周源山煤矿洗煤厂对泥煤回收系统进行改造，形成了闭式循环泥煤回收系统，每年可创利近百万元。

2008年11月，集团公司成立湖南省煤业集团煤炭经贸有限公司（以下简称“经贸公司”），该公司主要从事煤炭洗选；煤制品制造、销售等。2018年8月更名为湖南煤业精煤公司。

2009年，牛马司公司筹集资金1272.13万元，对洗煤厂进行技术改造，改进洗选工艺。

2011 年竣工投产，年选煤能力达到 30 万吨，资源回收率由以前平均 72% 提高到 80%，投产后的主要产品为精煤、中煤和煤泥，每年多收回优质精煤 2.4 万吨。是年 11 月 28 日，由集团公司作为发起人，联合湘潭矿业公司共同发起设立湘煤洁净能源股份有限公司。该公司以炼焦煤、特种煤和动力煤三大产品的生产与技术开发为主业，拥有入洗原煤 240 万吨/年、动力配煤 100 万吨/年、水煤浆 10 万吨/年的生产能力。2014 年 3 月更名为株洲洁净煤股份有限公司（以下简称“洁净煤公司”）。

2010 年，宝源公司投入 401.76 万元专项资金，新建一座入洗能力达 30 万吨/年的动力煤洗煤厂。是年 4 月，资兴实业焦电公司洗煤浮选改造项目选用先进的喷射式浮选机和精尾煤压滤机联合工艺替代原机械搅拌式浮选机和圆盘式真空过滤机回收煤泥水工艺。

2012 年，经贸公司投资 2000 多万元在湘南耒阳兴建了一座洗煤厂，设计生产能力为 45 万吨，自 2013 年 9 月投产，2014 年洗选加工原煤 20 万吨。

至 2013 年，牛马司公司洗煤厂承担本公司原煤洗选任务，洗煤量一直比较稳定，年洗煤量维持在 12 万～16 万吨。其他洗煤厂均需从外部采购原煤，洗选加工后作为精煤卖出，洗煤量上下波动较大。2011 年，洁净煤公司洗煤厂达到最高洗煤量 92.56 万吨，2014 年受煤炭形势下滑影响，年洗煤量跌至 12.68 万吨，2015 年以后几乎没有再洗选煤炭。资兴实业焦电公司洗煤厂持续经营，洗煤产量随市场变化波动，2021 年达最高值 32.39 万吨，其余年份均维持在 16 万吨左右。

2017 年，集团公司加大煤炭洗选力度，用于加工精品煤的入洗量同比增加 78.98 万吨，净增收 9478 万元。

至 2022 年，剔除牛马司公司洗煤产值已计算在煤炭产值内和资兴实业焦电公司洗煤产值计入资产管理板块外，集团公司洗煤产量 51.73 万吨，较集团成立之初将近翻了一番。

（三）煤炭贸易

集团公司最大的贸易就是煤炭销售，最大的优势也是煤炭销售，拥有多种销售渠道和长期固定的用户。通过岳阳铁水、精煤公司、中南煤炭运销、煤炭进出口公司、煤科院经营省外入湘煤和省内地方煤，发挥集团优势，不断增加集团公司煤炭资源控制总量，提高集团公司在省内煤炭市场中的份额及市场话语权，增强市场竞争力。

2006 年 6 月，集团公司成立煤炭销售分公司。

2008 年 11 月，集团公司成立经贸公司，主要从事煤炭洗选和煤制品制造、销售等业务。

2009 年 6 月，股份公司成立煤炭销售分公司，与集团公司煤炭销售分公司一套人马，两块牌子。

2014 年 3 月，集团公司成立中南煤炭运销有限公司（以下简称“中南煤炭运销”，与洁净煤公司两块牌子、一套人马）。是年 5 月，成立股份公司煤炭销售有限公司（以下简称“销售子公司”），由股份公司持股 100%，公司注册资本 1 亿元。主要经营无烟煤、烟煤、贫瘦煤、炼焦煤等多品种煤炭。

2015 年，集团公司发挥销售子公司、经贸公司优势，理顺洁净煤公司和中南煤炭运销体制，实现煤炭贸易煤销量近 200 万吨，实现收入 8.86 亿元。

2016 年，面对经济下行的巨大压力和煤价低谷的严峻考验，销售子公司、经贸公司等单位奋力开拓市场，积极争取新用户，实现煤炭贸易同比增收 13.8 亿元。

2017 年，集团公司优化产品和客户结构，实施精品煤战略，累计向省内外钢厂销售精品煤 135.42 万吨，商品煤综合售价（不含税）从 2016 年的 416.85 元/吨涨至 2017 年的 626.98 元/吨，涨幅 50.4%。

2018 年 8 月，经贸公司更名为精煤公司。是年，集团公司坚定不移实施精品煤战略，累计向省内外钢厂销售精品煤 133.3 万吨，全年完成贸易煤销售 674.36 万吨。

2019 年 11 月，集团公司召开中国共产党湖南省煤业集团第一次代表大会，对构建全省煤炭供应保障体系做出了全面部署，拉开了以“一平台（湖南省煤炭大数据中心）、一枢纽（在岳阳建立北煤南运中转枢纽）、五基地（株洲、衡阳、娄底、郴州、常德 5 个区域性煤炭储备分销配送基地）、一集运站（浩吉铁路沿线蒙西、陕北煤炭集运站）”为核心的全省煤炭供应保障体系建设序幕。12 月 3 日，集团公司在湖南省岳阳市云溪区成立了岳阳铁水。岳阳铁水由销售子公司衍生而来。2021 年 11 月 19 日，岳阳铁水与陕西延长中陕签订首单业务，采购 1000 万元煤炭销售到华菱电商公司。

2021 年，煤科院、煤炭进出口公司划转加入集团公司，陆续开启了煤炭贸易业务，并不断发展壮大，为集团公司做大做强，打造湖南能源保供主平台做出重要贡献。

至 2022 年末，集团公司经营煤炭贸易业务的单位主要有岳阳铁水（销售公司）、精煤公司、中南煤炭运销、煤炭进出口公司（省煤炭公司）、煤科院。

2018—2022 年集团公司煤炭贸易量见表 1－3－1，2017—2022 年集团公司煤炭贸易业务营业收入见表 1－3－2。

表 1－3－1 2018—2022 年集团公司煤炭贸易量表 万吨

年份	2018	2019	2020	2021	2022
集团公司合计	674.36	625.36	936.24	708.18	663.48
其中：销售公司	509.27	462.82	662.07	597.81	132.32
岳阳铁水集运					321.36
精煤公司	67.69	64.38	135.21	75.03	61.98
省煤炭公司（煤炭进出口公司）				33.64	61.28
中南煤炭运销	97.4	98.16	138.96	1.7	50.11
煤科院					36.43

表 1－3－2 2017—2022 年集团公司煤炭贸易业务营业收入表 亿元

年份	2017	2018	2019	2020	2021	2022
集团公司合计	29.72	51.54	52.03	54.72	74.78	93.05
岳阳铁水（销售公司）	25.63	35.10	34.89	36.71	50.36	48.15
精煤公司	1.04	10.93	10.90	12.58	21.62	25.17
省煤炭公司（煤炭进出口公司）					2.68	9.73
煤科院						4.15
中南煤炭运销	3.05	5.51	6.24	5.43	0.12	5.85

注：由于精煤公司销售煤炭大部分来自集团内部原煤公司，为避免重复计算，集团汇总时未包括该公司在内。

2022 年，全集团煤炭板块实现生产总值 130.77 亿元，占全集团生产总值的 67.88%。

二、施工建设板块

集团公司施工建设企业主要是楚湘建工。该公司 2018 年以前属集团白沙实业下属子公司。2007 年建筑施工产值仅 0.88 亿元，2017 年楚湘建工实施市场战略转移，积极拓展非煤矿山领域，PPP、EPC 项目，矿山托管业务，当年产值达到 9.2 亿元，增长了 10 倍，全年合同金额 14 亿元。2018 年，集团公司为优化产业结构，推进集团公司改革创新、转型发展，做大做强建筑建工施工业务，将楚湘建工上划为集团公司直属子公司。是年，楚湘建工完成营业收入 18 亿元，实现利润 2368 万元。2019 年，该公司新签合同达 39.05 亿元，市场布局由原来的 19 个省（市）增加到 23 个，并且成功进入越南市场。2020 年，楚湘建工新签订合同额 40.55 亿元。2021 年，实现营业收入 33.33 亿元，利润 7755 万元。2022 年，楚湘建工施工建设产值（包含工程设计、物业管理、煤矿托管等业务）达 40.05 亿元，占集团公司当年生产总值的

20.79%。

三、LED 芯片板块

LED 板块主要以华磊光电为支柱企业。华磊光电作为集团公司一家全新高科技企业，主要经营发光二极管（LED）外延材料产品、芯片器件、LED 封装及相关应用产品的生产和自产产品的销售，承接 LED 照明工程及提供相关的技术咨询、节能服务。华磊光电的成立，拓展了集团公司产业链，填补了湖南省 LED 芯片制造空白。

2008 年 4 月 16 日，集团公司召开经济运行工作会议，部署资兴焦电 LED 项目建设工作。6 月，集团公司成立湖南省华磊光电股份有限公司。7 月 23 日，以资兴焦电公司为项目实施主体的华磊光电 LED 产业化项目在郴州有色金属产业园区举行奠基仪式。华磊光电项目先后被列为省重点项目、省推进新型工业化“双百工程”、国家发展改革委 2009 年节能减排备选项目。项目总投资 7.32 亿元，分两步实施，第一期投资 3.74 亿元，第二期 3.58 亿元。翌年 3 月，华磊光电与中国科学院半导体所签署战略合作协议，双方确定以 LED 核心技术攻关为合作重点，共建联合试验室，在技术开发、成果转让、生产技术指导等方面开展合作。2010 年 8 月，一期工程竣工投产，当年生产芯片 701 万片，实现产值 1.95 亿元。2011 年，二期工程竣工，达到了拥有 32 台蓝绿光 MOCVD 外延及配套芯片生产线，硬件实力进入全国行业前三强，被列入 2011 年湖南省重点上市企业名单。2012 年，华磊光电推进下游封装厂并购和照明市场开拓，投资 5000 万元，与郴州城市建设投资公司合资成立控股子公司湖南日晶照明科技有限公司，延伸产业链。年度实现利润 2097 万元。2013 年，华磊光电建立标准成本管理体系，对生产经营全流程实行成本预测预控，实施全面预算管理和成本核算，控制成本，实现利润 7000 万元，创历史最好成绩。2014 年，华磊光电被认定为国家高新技术企业。

至 2015 年，华磊光电资产总额达 17 亿元，净资产达 13 亿元，拥有 32 台 MOCVD 外延芯片生产设备，具有年产 GaN 基蓝绿光外延芯片 130 万片、灯具 220 万盏的生产能力。2016 年，在集团公司新领导班子带领下，华磊光电调整产品结构、对芯片工艺实施技术改造，实现从 11 万片/月到 15 万片/月的突破，全年芯片同比增销 92 万片，增收 3360 万元。翌年，成功突破芯片 2 寸转 4 寸技术，PSS 4 寸产能达 3.2 万片/月，外延 MOCVD 4 寸芯片产能达 3.6 万片/月。2018 年，华磊光电实现营业收入 5.89 亿元。翌年，取得授权专利 42 项，形成了年产 600 万片的产能。2020 年，华磊光电加快背光、高光效芯片和紫外、Mini 芯片开发，高端芯片产量占比达 36.88%。2021 年，引进外延技术专家，突破中微手机背光和电视背光外延技术瓶颈，手机背光和电视背光亮度同比提升 6.32% 和 4.75%。

2022 年，华磊光电深耕第三代半导体外延、芯片、封装、应用等自主研发，聚焦背光芯片开发与技术提升，拓宽手机背光产品的应用面；不断延伸产业链，灯珠销售收入持续攀高，海外市场开拓实现“破冰”，首批十个货柜的应用灯具销售到非洲加纳。华磊光电成功入选国家专精特新“小巨人”企业名单、2022 年度全省制造业重点产业链群重点企业名单和湖南省“数字新基建”100 个标志性项目库。是年，华磊光电生产芯片 349.58 万片，实现产值 2.09 亿元，占集团公司当年生产总值的 1.08%。

四、机械装备板块

机械装备板块由立达矿装、煤安公司、煤机公司、装备集团资兴分公司 4 家公司组成。2022 年 5 月 6 日，集团组建装备集团，这 4 家公司都属于其下属子、分公司。

2009 年 12 月，集团公司作为发起人，联合株洲瑞升投资咨询有限公司、株洲市国有资产投资经营有限公司、株洲瑞力投资服务有限公司，共同出资组建立达公司，注册资本 1.33 亿元。其中，集团公司出资 8875 万元，控股 66.73%。2022 年，该公司营业收入 7284 万元。

2021 年 3 月、9 月，经湖南省国资委批准，煤安公司和煤机公司先后划入集团公司。

2022 年 5 月，组建装备集团时，资兴分公司从资兴实业公司划入装备集团。是年，装备集团所属湘煤立达中标单绳缠绕式提升机项目 2210.8 万元订单，煤安公司取得龙煤集团化学氧自救器 22690 台订单，煤机公司成功斩获川藏铁路拉月隧道出渣皮带机系统项目2635万元订单。

2022年，机械装备板块实现生产总值2.54亿元，占当年集团公司生产总值的1.32%。

五、新能源板块

新能源板块主要以售电公司为支柱企业。2016年11月23日，集团做出成立售电公司的决定。12月20日，售电公司完成湖南省国资委项目备案和工商注册，注册资本2亿元人民币，主要从事售电服务、合同能源管理；综合节能、用电信息咨询服务；新能源汽车充电桩的建设及运营，新能源汽车充电信息化平台开发运营等业务。

2017年11月18日，售电公司揭牌。该公司是湖南省委、省政府、省国资委利用集团公司的资源平台优势，在国家推进新一轮电力体制改革之初成立的服务于省属国有企业、在湘央企、知名民营企业的省属国有购售电主平台，湖南省能源局第一批批准设立的售电企业，是集团公司新能源板块的重要平台与抓手。是年，售电公司与60多家企业签订合作协议，代理电量35.9亿千瓦时。2018年实际成交电量51亿千瓦时，占全省市场电量的12.47%，售电规模位居全省第二，在独立售电公司中排名第一。2021年，年度交易电量突破80亿度，稳居全省售电公司第二，独立售电公司第一，为省属国有企业节约用电成本6281万元。

2018年，集团公司利用国家产业政策，在原白沙机厂厂区内新建了白沙光伏发电公司，装机容量6兆瓦，年发电量600万千瓦时。2019年，在阴雨天气较多的情况下，全年发电567万千瓦时，实现利润222万元。2021年，白沙光伏二期5.68兆瓦分布式光伏项目上网得到政策支持，完成了项目可研及立项审批。2022年，在原基础上扩大规模，增加装机容量5.68兆瓦，2022年实现光伏发电857万千瓦时，实现产值428万元。

2022年，售电公司全年共签约购售电用户558户，年度合同电量达80.06亿千瓦时，同比增长7.51亿千瓦时，完成营收2208万元，实现利润1302万元。交易电量突破80亿千瓦时。

2022年，新能源板块完成生产总值0.29亿元，占集团当年生产总值的0.15%。

六、资产管理板块

资产管理板块主要由涟邵实业、资兴实业、白沙实业、辰溪实业4家实业公司和能投房地产开发有限公司（以下简称“能投房产公司”）、第一工业设计院等组成。2018年8月28日，为了实现主业归集、资产归集、产业归位，通过搭建运营管理平台、不良资产处置平台和存量项目孵化培育平台，使集团公司的不良资产得到完全处置、闲置资产得到有效利用、运营资产得到价值提升，集团公司组建了能源资产管理事业部（以下简称“资产管理事业部”），其主要职能是对涟邵实业、资兴实业、白沙实业、辰溪实业及湘潭矿业破产有效资产进行整合，实现资产的集中管理、分类处置，无效资产退出和优质资产提质增效。

（一）涟邵实业公司

2008年9月，集团公司对原涟邵矿业集团进行整体改革，矿业集团直属原煤公司直属集团公司管理，成立涟邵矿区管理局和涟邵实业公司。涟邵矿区管理局负责对涟邵片区各原煤公司的安全监管，涟邵实业公司负责对涟邵矿区非煤公司的管理。

涟邵实业公司经营主业为房地产开发。2006—2022年，先后开发了长沙“枫华府第”“华泰尚都”，湘潭“华泰和府”，娄底“涟邵北苑”等楼盘，下一步将开发煤科院小区和立达公司老厂区，发展前景广阔。公司成立以来，营业收入逐年递增，由公司组建初期的6677万元，增加到2022年的33601万元。

（二）资兴实业公司

2008年9月，集团公司对原资兴矿业集团进行整体改革，矿业集团直属原煤公司直属集团公司管理，成立资兴矿区管理局和资兴实业公司。资兴矿区管理局负责对资兴片区各原煤公司的安全监管，资兴实业公司负责对资兴矿区非煤公司的管理。

资兴实业公司经营范围主要有洗煤、炼焦、发电、房屋建筑与房产开发等，集团成立之初还有一家球团厂，因国家产业政策调整，于2015年关闭退出。

资兴实业公司生产发展比较稳定，洗煤产

量一直维持在 20 万吨上下，焦炭产量除 2006 年、2007 年两年突破 30 万吨以外，一般维持在 17 万吨左右。该公司 2022 年营业收入 8.41 亿元。

（三）白沙实业公司

2008 年 9 月，集团对原白沙煤电集团进行整体改革，煤电集团直属原煤公司直属集团公司管理，成立白沙矿区管理局和白沙实业公司。白沙矿区管理局负责对白沙片区各原煤公司的安全监管，白沙实业公司负责对白沙矿区非煤公司的管理。

白沙实业公司经营范围主要有：发电（2018 年以前为火力发电、后期为太阳能光伏发电）、铁路运输、通信，2020 年前还有房地产开发业务。该公司 2022 年营业收入 1.91 亿元。

（四）辰溪实业公司

辰溪实业是在原辰溪矿业公司破产后于 2017 年重新组建的一家非煤公司，主要经营范围为辰溪公司医院，2022 年营业收入 1668 万元。

（五）资产管理事业部

资产管理事业部收入主要来源于 4 家实业公司资产处置收益，属于非经营性收入，未计入集团公司营业收入。

（六）能投房产公司

能投房产公司前身为“湖南黑金时代房地产开发有限公司”，成立于 2008 年 10 月，注册资本 3839 万元。2022 年 8 月 11 日更名为“湖南省煤业集团能投房地产开发有限公司”。主要经营范围有：湘煤大厦物业管理、东头写字楼出租、西头酒店租赁。2022 年营业收入 3486 万元。

（七）第一工业设计院

第一工业设计院原名为湖南省煤炭设计院，2022 年 6 月经湖南省国资委批准划入集团公司。该公司 2022 年营业收入 7088 万元。

2022 年，资产管理板块实现生产总值 16.91 亿元，占全集团生产总值的 8.78%。

2016—2022 年度集团公司各业务板块生产总值构成情况见表 1-3-3。

表 1-3-3 2016—2022 年集团各业务板块生产总值构成情况

年份	全集团生产总值（亿元）	六大板块											
		煤炭板块		施工建设板块		LED 板块		新能源板块		机械装备板块		资产管理板块	
		生产总值（亿元）	占比（%）	生产总值（亿元）	占比（%）	生产总值（亿元）	占比（%）	生产总值（亿元）	占比（%）	生产总值（亿元）	占比（%）	生产总值（亿元）	占比（%）
2016	42.23	22.17	52.5	10.26	24.3	2.56	6.06			0.48	1.14	6.76	16
2017	53.83	30.78	57.18	9.2	17.09	4.9	9.1			0.89	1.65	8.06	14.98
2018	112.6	79.08	70.23	18	15.99	5.89	5.23	0.1	0.09	0.75	0.67	8.78	7.79
2019	116.45	77.32	66.40	25	21.47	3.54	3.04	0.08	0.07	0.84	0.72	9.67	8.3
2020	119.74	77.68	64.87	29.39	24.54	2.46	2.05	0.28	0.23	0.61	0.51	9.32	7.80
2021	155.3	106.14	68.35	33.59	21.63	2.06	1.33	0.22	0.14	0.89	0.57	12.4	7.98
2022	192.65	130.77	67.88	40.05	20.79	2.09	1.08	0.29	0.15	2.54	1.32	16.91	8.78

第二节 资 产 结 构

2006 年，集团公司注册资本为人民币 18 亿元。所属单位以 2006 年 4 月 30 日为基准日，审计的全部资产总额为 41.33 亿元，负债总额为 21.15 亿元，资产负债率为 51.17%；所有者权益总额为 19.94 亿元；流动资产为 21.87 亿元，占全部资产总额的 52.92%；固定资产为 15.35 亿元，占全部资产总额的 37.14%；其他资产为 4.11 亿元，占全部资产总额的 9.94%。总体上资产为良性状态，有利于企业生产经营健康发展。

2007 年 4 月，集团公司、贵州能发共同出资 3 亿元组建贵州湘能实业公司。集团公司出资 2.4 亿元，控股 80%，贵州能发出资 0.6 亿元，参股 20%。9 月，华菱涟钢集团加盟贵州湘能，总股本达4.7亿元，其中集团公司仍以出资2.4亿元占股比例51.06%。是年，原省属“三矿四井”实施破产改制，争取政府补助资金3.5亿元。红卫煤业公司、洪山殿矿业公司实行政策性破产争取国家财政补助资金2亿元，不良资产和债务得到处理，资产结构进一步优化。年末，集团公司资产总额为52.02亿元，资产净值20.76亿元。

2008年4月，大唐华银加盟湘能实业在贵州水城的煤炭资源开发，引进资金1.3亿元。11月28日，股份公司召开第一次发起人会议。湘煤集团、中国国电集团、大唐集团、湖南安石企业集团有限公司、中国华电集团、涟源钢铁集团等6家企业集团签署了发起人意向协议书等重要文件。集团公司以优质原煤资产和股权资产作价出资，其他战略投资者以现金出资共同设立。实物资产与股权资产占股份公司70%的股份，现金资产占30%的股份。是年，洪山殿公司、湘潭谭二井和辰溪煤业破产工作终结；长沙矿业、牛马司矿业整体破产项目得到省政府批准。通过争取破产政策，集团公司共处置不良资产1.74亿元，资产质量进一步优化。当年，集团公司实现利润1.27亿元。年末，集团公司资产总额63.16亿元，其中净资产28.18亿元。

2009年6月，成立股份公司，注册资本20.50亿元，集团公司按出资比例占股74%。是年8月，华磊光电LED项目第一期工程竣工投产，并通过增资扩股，总股本由1.15亿元增加到2.4842亿元，集团公司实际控股达61.59%。10月，华磊光电增资扩股在省产权交易所挂牌募集到位资金7亿元。11月，原株洲洗煤厂破产重组，股份公司出资1.2亿元，湘潭矿业出资0.27亿元，组建洁净煤公司。12月，成立立达公司，集团公司出资1.4亿元，共引进战略者投资5610万元，顺利实现政策划转。2009年，集团公司资产总额69.62亿元，实现利润1.26亿元，其中净资产31.62亿元。

2010年，集团公司与湖南万安达集团万世达机械能源有限公司、湖南万安达集团签订湘南监狱所属3家煤矿资产转让协议，组建兴源公司。2010年，集团公司实现利润2.33亿元。年末，集团公司资产总值91亿元，其中净资产30.84亿元。

“十一五”期间，集团公司随着改革改制和资产结构调整，进一步优化资产结构，实现了国有资产保值增值。2010年，资产总额91亿元，同比增加21.38亿元，增幅26.70%，比集团公司成立时增加115%，实现了比2006年翻一番的目标；净资产38亿元，同比增加6.83亿元，比集团公司成立时增加17.14亿元，增幅111%；总资产报酬率达1.58%。

2011年1月5日，股份公司经国家发展改革委批准首次发行公司债券“10黑金时代债”，募集资金6亿元；同年完成白沙能源股份公司分立改制工作，低成本收购信达、华融资产管理公司以及湘潭钢铁集团的股权，平稳实施了资产分割和划转工作。2011年，集团公司实现利润4.07亿元，年末，集团公司资产总额114.51亿元，净资产45.12亿元。

2012年，集团公司实行转方式、调结构，走资产资本化、资本证券化发展道路，融资23亿元。股份公司的总股本增加6亿股，实现现金及股权融资18亿元。新疆能源公司通过增资扩股实现股权融资4286万元。2012年，集团公司实现利润4.83亿元，年末，集团公司资产总额127.86亿元，净资产53.82亿元。

2013年，股份公司不断进行增资扩股，扩大资产规模，股东增至13个，资本总额40.33亿元。集团公司持股56.09%，资产结构进一步得到优化。2013年，集团公司实现利润2.14亿元，年末，全集团资产总额达135.86亿元，净资产56.03亿元。

2014年，由于煤炭行业经济下行，集团公司实行产业结构调整，优化资产结构，关闭退出部分矿井。为解决洁净煤公司资源瓶颈问题，集团公司经过两年反复商谈和汇报，引进陕煤化集团，对洁净煤公司进行重组，实现“资源”与“市场”优势的互补，促进了洁净煤公司煤炭加工和煤炭物流的发展。同时，非煤板块实行有序进退，关停亏损严重的资兴球团公司，对长沙实业和宇置业公司的资产进行挂牌转让，进一步消灭亏损源，优化资产质量。年末，集团公司资产总额136.95亿元，净资产50.86亿元，实现利润-3.61亿元。受部分企业关闭破产、主营收入下降等因素影响，资产总额增幅明显降低，资产净值有所减少。

2015年，集团公司争取银行信贷支持，新增兴业银行1亿元信用授信额度，完成7.6亿元银行续贷工作，实现较优融资利率，增加外部融资2.75亿元。同时，继续实施矿井关停破产，进一步消灭亏损源，剥离不良资产。当年，集团公司实现利润-11.94亿元。

“十二五”期间，集团公司大力实施改革调整，不断提升企业管理，扎实推进各项工作，企业安全形势稳步好转、资源控制成效显著、资本运作硕果累累，逐步形成了由煤炭资源开发、洗选、煤炭贸易、煤机制造、半导体照明（LED）、矿山建设工程、工民建筑及其他产业组成的多元化产业格局。2015年末，集团公司注册资本18亿元人民币，资产总额127.32亿元，净资产42.29亿元，资产负债率66.78%。

2016年5月，集团公司新领导班子上任。面对经济下行的巨大压力和煤价处于低谷的严峻考验，新一届领导班子团结带领全体干部员工迎难而上、奋立自强，从“调查研究、传递信心、和谐氛围、保障工作”入手，开展了一场保现金流、保职工吃饭、保企业生存的“生死大决战”。提出建设“和谐湘煤、廉洁湘煤、高效湘煤”、打造“责任共同体、感情共同体、利益共同体”的全新企业理念，明确了“做湖南能源保障主平台”的战略定位和“打造以能源产业为依托、有限多元，产业经营和资本运营发展的大型能源控股集团”的战略目标，制定“确保安全、增产增效、扭亏脱困工作方案”，召开扭亏脱困攻坚大会，领导对口蹲点，在确保安全的前提下，落地多项措施，多出煤，出好煤，细化管控降成本；抢抓市场回暖转机，调整营销策略，适时提质提价，商品煤综合售价（不含税）从2015年的397.7元/吨涨至2016年的421.57元/吨，涨幅6%。当年，集团公司根据“深化改革、逐步优化资产结构、瘦身健体”的要求，在年度决算中处理不良资产及潜亏84516.32万元。主要包括：①按照国家和省里矿井关闭政策，所属爱和山煤矿等十二对矿井被强制关闭退出，根据相关会计政策黑金股份共计提减值33087万元；②消化以年度潜亏15519.17万元（原煤公司14165万元、非煤公司1354.17万元）；上述两事项按照会计准则规定均计入了2016年度损益；③华磊光电处理不良资产及潜亏35910.15万元，按照会计准则规定追溯调整了以前年度损益。经过不懈努力，10月煤炭板块扭亏为盈。11月，全集团实现整体盈利，结束了长达4年严重亏损的局面，企业实现绝境求生。12月，集团公司组建能投售电公司，该公司注册资本2亿元。是年，全集团营业收入由2015年的49.4亿元增长到2016年59.1亿元；资产总额由2015年的127.32亿元增长到2016年129.58亿元；利润由2015年的亏损11.9亿元减到亏损3.3亿元，实现企业绝境求生。年末，集团公司资产总额129.58亿元，净资产30.2亿元，资产负债率76.69%。

2017年，在集团公司新领导班子的带领下，紧紧围绕“安全、改革、效益”三大主题，打赢了深化改革、扭亏增盈攻坚战。12月，组建辰溪实业，该公司注册资本5000万元。年末，全集团实现营业收入76.52亿元，同比增收17.41亿元，增幅29.5%，利税8.56亿元，其中利润2.58亿元。资产总额125.77亿元，净资产30.09亿元，资产负债率76.07%。

2018年3月，楚湘建工挂牌成立，该公司注册资金3.1亿元。当年，集团公司突出降本增效，实施精细化管理，全年累计完成营业收入102.81亿元，同比增收25.26%，营业收入进入百亿企业行列，较2006年集团公司成立之初增长2.4倍，较2015年增长1.1倍。2018年，集团公司实现利税9.35亿元，其中利润2.69亿元，超额完成湖南省国资委下达的经营业绩指标。年末，集团公司资产总额120.96亿元，净资产32.45亿元，资产负债率73.18%。

2019年1月，停产4年后的黄牛岭公司经过上年的复工复产改造，正式挂牌成立，该公司注册资金1.76万元。7月，贵州湘能进入破产清算程序。12月，岳阳铁水挂牌成立，注册资金12亿元。2019年，集团公司账面利润-14.81亿元，剔除贵州湘能破产损失和当年消化历史潜亏，实际实现利润2.75亿元。年末，集团公司资产总额123.06亿元，其中净资产37.32亿元，较上年增加4.87亿元，主要是其他权益工具增加12亿元，贵州湘能破产等原因导致权益减少7.12亿元，资产负债率69.67%。

2020年6月，湖南黑金时代股份有限公司更名为湖南煤业股份有限公司。当年，集团公司账面盈利8342万元，剔除上年度贵州湘能破产损失影响和当年消化历史潜亏影响，实际实现利润3.35亿元。年末，集团公司资产总额122.56亿元，净资产37.47亿元，资产负债率69.43%。

“十三五”时期初是集团公司最为困难、最为复杂的一年，煤炭行业周期下行、煤价跌入低谷使得集团陷入了严重亏损，集团公司政治生态恶化，内外负债沉重，现金流几乎断裂，当年亏损额达8.18亿元，各种不稳定风险一触即发。在新一届领导班子组建后，坚持党的领导，加强党的建设及干部团队建设，狠抓正风肃纪，团结带领全体干部职工绝境求生、艰苦奋斗，2017年打赢了扭亏增盈攻坚战，实现利润总额2.58亿元，2018—2020年连续3年集团公司营业收入超百亿，创造了新的经营业绩，重回健康发展轨道。

2021年3月，湘东公司挂牌成立，该公司注册资金639万元。本月，煤安公司、煤科院、省煤炭公司经湖南省国资委批准划入集团公司。3家公司2021年度资产总额分别为0.98亿元、1.91亿元、3.49亿元；净资产分别为0.21亿元、0.37亿元、0.35亿元。9月，大岭公司挂牌成立，注册资金7776万元；瓦斯中心挂牌成立，注册资金1000万元；煤机公司划入集团公司，该公司2021年末资产总额2.28亿元，净资产0.82亿元。年末，集团公司资产总额140.71亿元，营业收入152.22亿元，利润总额5.19亿元，同比增长分别为14.81%、33.93%、522.39%，受煤价高位的良好影响，利润总额指标实现了历史性的飞跃，净资产42.38亿元，资产负债率69.88%。

2022年6月，第一工业设计院划入集团公司，该公司2022年末资产总额1.44亿元，净资产1.06亿元。当年集团公司实现利润10.18亿元。年末，集团公司资产总额147亿元，净资产40.67亿元，资产负债率72.27%。当年集团公司减少权益工具12亿元。

2006—2022年集团公司资产总额、净资产情况见表1-3-4。2022年底集团公司所属企业资产情况见表1-3-5。

表1-3-4 2006—2022年集团公司资产总额、净资产情况 亿元

年份	资产总额	净资产
2006	41.43	19.94
2007	52.02	20.76
2008	63.16	28.18
2009	69.62	31.62
2010	91.00	30.84
2011	114.51	45.12
2012	127.86	53.82
2013	135.86	56.03
2014	136.95	50.86
2015	127.32	42.29
2016	129.58	30.20
2017	125.77	30.09
2018	120.96	32.45
2019	123.06	37.32
2020	122.56	37.47
2021	140.71	42.38
2022	147	40.67

表1-3-5 2022年底集团公司所属企业资产情况

序号	企业名称	产权状况		是否上市	资产总额（万元）	净资产（万元）	母公司权益（万元）	在职人数（人）	注册地点
		属性	比例（%）						
1	湖南煤业股份有限公司（含托管）	控股	56.09	新三板	696559	275914	154760	21188	长沙
2	湖南岳阳铁水集运煤炭储备有限公司	全资	100	否	103720	60297	60297	45	岳阳
3	湖南省煤炭大数据中心有限公司	全资	100	否	2067	2005	2005	7	长沙
4	湖南省煤炭进出口有限责任公司	全资	100	否	30718	3225	3225	69	长沙
5	湖南省煤炭科学研究院有限公司	全资	100	否	22504	21718	21718	338	长沙
6	湖南楚湘建设工程集团有限公司	全资	100	否	199450	23149	23149	661	长沙

表1-3-5（续）

序号	企业名称	产权状况		是否上市	资产总额（万元）	净资产（万元）	母公司权益（万元）	在职人数（人）	注册地点
		属性	比例（%）						
7	湘能华磊光电股份有限公司	控股	59.4	否	135179	88923	52820	705	长沙
8	湖南能投售电有限公司	全资	100	否	21461	21000	21000	19	长沙
9	湖南能投智能装备集团有限公司	全资	100	否	85069	30632	30632	666	长沙
10	湖南省煤业集团白沙实业有限公司	全资	100	否	55092	13915	13915	658	衡阳
11	湖南省煤业集团资兴实业有限公司	全资	100	否	87928	27624	27624	1055	郴州
12	湖南省煤业集团涟邵实业有限公司	全资	100	否	63701	41969	41969	116	娄底
13	湖南省煤业集团辰溪实业有限公司	全资	100	否	4457	3844	3844	79	怀化
14	湖南省煤业集团能投房地产开发有限公司	全资	100	否	40968	18412	18412	47	长沙
15	湖南第一工业设计研究院有限公司	全资	100	否	14391	10568	10568	245	长沙
16	湘煤新疆能源开发有限责任公司	全资	100	否	—	—	—	6	吐鲁番
内部抵消					-115639	-144336			
总计					1447626	498859		25920	

注：1. 序号9湖南能投智能装备集团有限公司由立达股份、湖南煤机、湖南煤安、湖南能投智能装备有限公司资兴分公司新组建而成，各单位分别控股67%、51.3%、90%、100%。

2. 资产总额和净资产指标总计包括内部抵消，在职人数指标总计未包括集团总部编制98人，其中在岗人数22999人。另有直属机构1家（湖南省煤业集团有限公司培训中心）、参股企业2家（湖南文化旅游创业投资基金企业、湖南电力交易中心有限公司）不列入该表。

3. 湘煤新疆能源开发有限责任公司是集团积极推动库木塔格矿区一号露天矿开采工作新设立的公司，暂未进行生产经营活动。

"十四五"以来，集团公司坚持党的领导，加强党的建设及干部团队建设，狠抓正风肃纪，团结带领全体职工对抗疫情、抢抓煤炭发展机遇，艰苦奋斗，实现集团公司经营业绩快速增长。同"十三五"末相比，集团公司营业收入、利润总额、净利润等主要经济指标均创历史最高水平。2022年底集团公司三大主业业务构成情况见表1-3-6。

表1-3-6 2022年底集团公司三大主业业务构成情况

业务分类	资产总额		营业收入		利润总额		在职职工（人）
	数量（万元）	比例（%）	数量（万元）	比例（%）	数量（万元）	比例（%）	
一、核心主业							
煤炭开采、储备、贸易及综合利用	938138	60.85	1273076	70.72	84417	77.53	23051
二、培育主业							
1. 矿山建设、智慧矿山装备制造及工程服务	391985	25.43	470352	26.13	21518	19.76	1585
2. 清洁能源开发利用及节能应用	211570	13.72	56682	3.15	2945	2.70	1382
内部抵消	-94067	—	-79868	—	-8259	—	—
合计	1447626	100.00	1720241	100.00	100621	100.00	26018

注：主业板块分类按国资委公布确认的主业划分填写：①核心主业煤炭开采、储备、贸易及综合利用包括煤炭板块以及资产管理板块的资兴实业、湖南第一工业设计研究院有限公司；②培育主业矿山建设、智慧矿山装备制造及工程服务包括施工建设板块、机械装备板块及资产管理板块的辰溪实业、涟邵实业、能投房产公司；③培育主业清洁能源开发利用及节能应用包括LED芯片板块、新能源板块以及资产管理板块的白沙实业。

第三节 产 权 结 构

2006年，集团公司旗下拥有二级公司6家，即涟邵矿业集团有限公司、资兴矿业集团有限公司、白沙煤电集团有限公司、长沙矿业（集团）有限公司、湘潭矿业（集团）有限公司、辰溪矿业有限公司。2006年度集团公司股权结构一览表见表1-3-7。

2007年，集团公司实施产权多元化策略，改革产权国有独资的单一格局，不断优化产权结构。4月，由集团公司、贵州能发共同设立湘能实业公司，集团公司占股80%，贵州能发出资占股20%。后来，华菱涟钢、大唐华银相继加盟，湘能实业公司股本扩至6亿元，集团公司占总股本的40%，仍为相对控股公司。11月10日，湘潭矿业集团与美国利世集团北京世海投资有限公司正式签订黔西正湘煤业有限公司增资扩股协议，前期投资7170万元，其中正湘煤业控股51%，北京世海占49%。

2008年6月，成立华磊光电，该公司系由湘煤华磊光电整体变更设立的股份公司，设立时股本总额11500万股，集团公司占股97.75%，郴州潘辰科技有限公司占股2.25%，集团公司绝对控股。后经多次增资扩股和股权转让，华磊光电股东占股比例不断调整。至2022年底，经增资扩股，华磊光电注册资本增加至43700.129万元，其中：集团公司股本金额25959.9306万元，持股比例59.4%；北京新华联产业投资有限公司股本金额5232.9699万元，持股比例11.97%；北京瑞华景丰投资中心（有限合伙）股本金额4000万元，持股比例9.15%；新理益集团有限公司股本金额3000万元，持股比例6.86%；湘江产业投资有限责任公司股本金额2802万元，持股比例6.41%；深圳七匹狼晟联股权投资基金有限公司股本金额813.4744万元，持股比例1.86%；厦门富益升股权投资有限公司股本金额813.4744万元，持股比例1.86%；郴州华创投资有限公司股本金额625.37万元，持股比例1.43%；郴州潘辰科技有限公司股本金额452.9097万元，持股比例1.04%。

2009年6月，成立股份公司，注册资本22.27亿元。出资人股权结构为：集团公司出资

表1-3-7 2006年度集团公司股权结构一览表

企业名称	级次	股权比例（%）	认缴出资额/总股本（万元）
涟邵矿业集团有限公司	二	100	
牛马司矿业有限公司	三	100	
金竹山矿业有限公司	三	100	
洪山殿矿业有限公司	三	100	
联众置业有限公司	三	34.97	1923.29/5500
资兴矿业集团有限公司	二	100	
周源山煤矿	三	100	
宝源矿业有限公司	三	80	1600/2000
嘉禾矿业有限公司	三	80	800/1000
黄牛岭矿业有限公司	三	66.41	431.68/650
唐洞煤业公司	三	20	300/1500
祥和煤业公司	三	20	160/800
格瑞特	三	90	900/1000
神扬公司	三	81.1	811/1000
资兴焦电公司	三	49.92	2527.2/5062.5
资兴球团公司	三	45.45	1000/2200
白沙煤电集团有限公司	二	100	
马田矿业有限公司	三	80	1120/1400
湘永矿业有限公司	三	80	880/1100
红卫矿业有限公司	三	100	
白山坪矿业有限公司	三	80	1200/1500
白沙能源股份有限公司	三	49.34	15066/30535
街洞矿业有限公司	三	80	400/500
白沙水泥厂	三	100	
楚湘建设工程公司	三	100	
长沙矿业（集团）有限公司	二	100	
湖南麓山天然植物制药有限公司	三	93	2995.73/3221.22
湖南湘东矿业有限责任公司	三	70	820.98/1172.83
湖南高陂矿业有限责任公司	三	100	1468.935/1468.935
湘潭矿业（集团）有限公司	二	100	
正湘煤业有限公司	三	99.7	1997/2003
正鑫投资有限责任公司	三	96.86	3086.9/3186.9
正科公司	三	98.26	395/402
辰溪矿业有限公司	二	100	

16.48 亿元，认购 107300 万股，占股 74%；国电益阳发电公司出资 2.23 亿元，认购 14500 万股，占股 10%；大唐集团出资 1.11 亿元，认购 7250 万股，占股 5%；湘投高科技创业投资公司出资 1.11 亿元，认购 7250 万股，占股 5%；涟钢集团出资 0.56 亿元，认购 3625 万股，占股 2.5%；湖南发展投资集团有限公司出资 0.56 亿元，认购 3625 万股，占股 2.5%；湖南兴湘投资公司出资 0.22 亿元，认购 1450 万股，占股 1%。

2009 年 11 月，由股份公司、湘潭矿业集团、陕西煤炭运销集团共同出资 3.7 亿元组建洁净煤公司。其中股份公司出资 1.2 亿元，持股 35.31%；湘潭矿业出资 0.27 亿元，持股 13.69%；陕西煤炭运销公司出资 1.74 亿元，持股 51%。12 月，由集团公司、株洲瑞升投资咨询有限公司、株洲市国有资产投资控股集团有限公司、株洲瑞力投资服务有限公司共同出资 2.08 亿元组建湘煤立达公司。其中：集团公司出资 1.4 亿元，持股 67%；株洲瑞升公司出资 0.31 亿元，持股 15%；株洲市国有资产投资控股公司出资 0.27 亿元，持股 13%；株洲瑞力公司出资 0.11 亿元，持股 5%。

2010 年，股份公司出资 1 亿元在省内收购湘南监狱所属 3 个煤矿，成立兴源公司。兴源公司为集团公司全资子公司。同时，加快推进集团公司原煤资产注入股份公司的工作，完成了牛马司矿业公司破产重组和重组后的牛马司矿业、长沙矿业的资产注入。白沙能源分立改制，低成本收购信达、华融资产管理公司以及湘潭钢铁集团的股权，实施了资产分割和划转。

2011 年 12 月，股份公司实施增资扩股，增资扩股后黑金时代注册资本 35.34 亿元。出资人股权结构为：集团公司出资 21.77 亿元，认购 124992.52 万股，占股 66.23%；国电益阳发电公司出资 2.23 亿元，认购 14500 万股，占股 7.68%；大唐集团出资 1.80 亿元，认购 9551.05 万股，占股 5%；湘投高科技创业投资公司出资 0.0158 亿元，占股 0.04%；涟钢集团出资 4.30 亿元，认购 16157.20 万股，占股 8.56%；湖南发展投资集团有限公司出资 0.90 亿元，认购 4775.52 万股，占股 2.53%；湖南兴湘投资公司出资 0.36 亿元，认购 1910.21 万股，占股 1.01%；大唐华银电力股份有限公司出资 2.86 亿元，认购 9583.45 万股，占股 5.08%；湘江产业投资有限责任公司出资 1.11 亿元，认购 7250 万股，占股 3.84%。

2012 年 2 月，长沙实业公司挂牌成立，为法人独资有限责任公司。10 月 16 日，股份公司收购新疆神宇煤业公司股权，出资 2.78 亿元（只完成第一期付款 8000 万元）收购 100% 的股权及东发煤矿、向阳煤矿的全部资产和采矿权。后因政策环境和市场形势发生变化，收购工作未继续进行。

2012 年 7 月，股份公司实施增资扩股，增资扩股后黑金时代注册资本 40.33 亿元。出资人股权结构为：集团公司出资 21.77 亿元，认购 124992.52 万股，占股 60.97%；国电益阳发电公司出资 2.23 亿元，认购 14500 万股，占股 7.07%；大唐集团出资 1.80 亿元，认购 9551.05 万股，占股 4.66%；涟钢集团出资 4.30 亿元，认购 16157.20 万股，占股 7.88%；湖南发展投资集团有限公司出资 0.90 亿元，认购 4775.52 万股，占股 2.33%；湖南兴湘投资公司出资 0.36 亿元，认购 1910.21 万股，占股 0.93%；大唐华银电力股份有限公司出资 2.86 亿元，认购 9583.45 万股，占股 4.67%；湘江产业投资有限责任公司出资 1.11 亿元，认购 7250 万股，占股 3.54%；北京满瑞佳德投资有限公司出资 2.76 亿元，认购 9000 万股，占股 4.39%；湖南藏晖同金投资合伙企业出资 0.92 亿元，认购 3000 万股，占股 1.46%；广东合银创新投资合伙企业出资 0.92 亿元，认购 3000 万股，占股 1.46%；湖南轻盐创业投资管理有限公司出资 0.39 亿元，认购 1280.05 万股，持股 0.62%。

2012 年 12 月，股份公司部分股权转让，股权转让后股份公司注册资本 40.33 亿元。出资人股权结构为：集团公司出资 21.77 亿元，认购 114992.52 万股，占股 56.09%；国电益阳发电公司出资 2.23 亿元，认购 14500 万股，占股 7.07%；大唐集团出资 1.80 亿元，认购 9551.05 万股，占股 4.66%；涟钢集团出资 4.30 亿元，认购 16157.20 万股，占股 7.88%；湖南发展投资集团有限公司出资 0.90 亿元，认购 4775.52 万股，占股 2.33%；湖南兴湘投资公司出资 0.36 亿元，认购 1910.21 万股，占股 0.93%；

大唐华银电力股份有限公司出资2.86亿元，认购9583.45万股，占股4.67%；湘江产业投资有限责任公司出资1.11亿元，认购7250万股，占股3.54%；北京满瑞佳德投资有限公司出资2.76亿元，认购9000万股，占股4.39%；湖南藏晖同金投资合伙企业出资0.92亿元，认购3000万股，占股1.46%；广东合银创新投资合伙企业出资0.92亿元，认购3000万股，占股1.46%；湖南轻盐创业投资管理有限公司出资0.39亿元，认购1280.05万股，持股0.62%；六盘水市开发投资有限责任公司出资3.07亿元，认购10000万股，持股4.88%。

2013年6月，华磊光电实施增资扩股和股权转让，产权结构发生变化。集团公司出资4.65亿元，持股53.12%；北京新华联产业投资有限公司出资2.45亿元，持股13.52%；北京瑞华景丰投资中心出资1.96亿元，持股10.82%；天茂实业集团股份有限公司出资1.47亿元，持股8.11%；湘江产业投资有限公司出资1.37亿元，持股7.58%；海峡富国投资基金（福建）有限合伙企业出资0.37亿元，持股2.03%；深圳七匹狼晟联股权投资基金有限公司出资0.37亿元，持股2.03%；郴州华创投资有限公司出资0.21亿元，持股1.56%；郴州睿辰科技有限公司出资0.14亿元，持股1.23%。同年，湘煤立达、长沙实业先后进行产权多元化改革并取得实质性成效。集团公司完成引进陕西煤化集团重组洁净煤公司和组建中南煤炭运销公司工作。贵州湘能公开征集投资者增资扩股，实现股权融资4亿元。

2014年，针对煤炭行业持续不景气、经济效益大幅下滑的情况，集团公司加大引进战略投资者、实施产权多元化步伐。原则上组建国有资本、非国有资本、管理层和员工持股等各类投资者持股的混合所有制企业。8月，集团公司与中国万向控股公司签订协议，股份公司将持有新疆能源公司19%的股权有偿转让万向公司，换取其注销5个钠硝石探矿权证，带来3592.09万元的股权收益，并为取得沙尔湖煤矿区第四勘查区探矿权证奠定基础。

2015年4月，华磊光电实施股权转让，产权结构发生变化。集团公司出资4.65亿元，持股53.12%；北京新华联产业投资有限公司出资2.45亿元，持股13.52%；北京瑞华景丰投资中心出资1.96亿元，持股10.82%；天茂实业集团股份有限公司出资1.47亿元，持股8.11%；湘江产业投资有限公司出资1.37亿元，持股7.58%；厦门来尔富贸易有限责任公司出资0.37亿元，持股2.03%；深圳七匹狼晟联股权投资基金有限公司出资0.37亿元，持股2.03%；郴州华创投资有限公司出资0.21亿元，持股1.56%；郴州睿辰科技有限公司出资0.14亿元，持股1.23%。

2015年，启动湘潭矿业和辰溪矿业两家单位政策性破产工作，年底经法院宣告破产并进入破产程序。

2017年11月，集团公司组建售电公司，该公司注册资本2亿元。同年12月，组建辰溪实业，该公司注册资本5000万元，集团占股100%。

2018年3月，股权上移后的楚湘建工挂牌成立，该公司注册资金3.1亿元。

2018年5月，华磊光电实施增资扩股。集团公司持股59.4%；北京新华联产业投资有限公司持股11.97%；北京瑞华景丰投资中心持股9.15%；新理益集团有限公司持股6.86%；湘江产业投资有限公司持股6.41%；厦门来尔富贸易有限责任公司持股1.86%；深圳七匹狼晟联股权投资基金有限公司持股1.86%；郴州华创投资有限公司持股1.43%；郴州睿辰科技有限公司持股1.04%。

2019年1月，停产4年后的黄牛岭公司经过上年的复工复产改造，正式挂牌成立，该公司注册资金176亿元。同年12月，岳阳铁水挂牌成立，注册资金12亿元。

2020年6月，湖南黑金时代股份有限公司更名为湖南煤业股份有限公司。

2021年3月，湘东公司挂牌成立，该公司注册资金639万元。本月，煤安公司、煤科院、省煤炭公司经湖南省国资委批准划入集团公司。三家公司注册资金分别为2397万元、1000万元、2084万元。

2021年9月，大岭公司挂牌成立，注册资金7776万元；本月，瓦斯中心挂牌成立，注册资金3479.05万元；本月，煤机公司划入集团公司，注册资金5200万元。

2022年6月，第一工业设计院划入集团公司，注册资金5200万元。

2022年8月，在新疆维吾尔自治区吐鲁番市鄯善县注册成立新疆能源开发有限责任公司，注册认缴资本金为14286万元人民币。

至2022年末，集团公司旗下拥有全资、控股子公司16家，直属分公司2家，参股公司2家。其中湖南煤业拥有全资子公司15家，控股公司3家，参股公司1家，直属分公司3家，集团公司托管公司3家。2022年末集团公司股权结构明细见表1－3－8。

表1－3－8 2022年末集团公司股权结构明细

企业名称	企业级次	资本或股本（万元）	省国有持股比例（%）	省国有持股单位持股
湖南省煤业集团有限公司	一	180000.00	100.00	湘煤集团81%，兴湘集团10%，湖南发展集团9%
一、湖南煤业股份有限公司	二	205000.00	69.84	湘煤集团56.09%，涟钢集团7.88%，湘江产业投资公司3.54%，湖南发展资管公司2.33%
湖南煤业南阳矿业有限公司	三	10118.79	100.00	湖南煤业股份98.83%，湖南发展投资集团有限公司1.17%
湘煤集团白山坪矿业有限公司	三	6460.09	100.00	湖南煤业股份100%
湖南煤业煤炭销售有限公司	三	10000.00	100.00	湖南煤业股份100%
湘煤集团金竹山矿业有限公司	三	5925.76	100.00	湖南煤业股份100%
湘煤集团兴源矿业有限公司	三	10000.00	100.00	湖南煤业股份100%
湖南煤业精煤有限公司	三	12666.67	100.00	湖南煤业股份100%
湘煤集团红卫矿业有限公司	三	11353.49	100.00	湖南煤业股份100%
湘煤集团马田矿业有限公司	三	3372.03	100.00	湖南煤业股份100%
湘煤集团湘永矿业有限公司	三	4285.86	100.00	湖南煤业股份100%
湘煤集团宝源矿业有限公司	三	3306.25	100.00	湖南煤业股份100%
湘煤集团街洞矿业有限公司	三	2105.56	100.00	湖南煤业股份100%
湘煤集团新疆能源有限公司	三	14286.00	51.00	湖南煤业股份51%
湖南煤业牛马司矿业有限公司	三	9500.00	100.00	湖南煤业股份100%
湘煤集团嘉禾矿业有限公司	三	2868.28	100.00	湖南煤业股份100%
湘煤集团白沙物资供应有限公司	三	500.00	100.00	湖南煤业股份100%
中南煤炭运销有限公司	三	5000.00	51.00	湖南煤业股份51%
湘煤集团涟邵物资供应有限公司	三	50.00	100.00	湖南煤业股份100%
湘煤集团资兴物资供应有限公司	三	500.00	100.00	湖南煤业股份100%
湖南能投招标代理有限公司	三	208.00	100.00	湖南煤业股份100%
湘煤集团黄牛岭矿业有限公司	二	1346.00	100.00	湘煤集团100%
湘煤集团大岭矿业有限公司	二	3479.05	100.00	湘煤集团100%
湖南省湘东矿业有限公司	二	639.09	100.00	湘煤集团100%
二、湖南楚湘建设工程集团有限公司	二	23149.15	100.00	湘煤集团100%
湖南楚湘正诚物业服务有限公司	三	500.00	100.00	湘煤集团100%
湖南楚湘矿山工程有限公司	三	10000.00	100.00	湘煤集团100%
湖南楚湘建筑工程有限公司	三	3200.00	100.00	湘煤集团100%
湖南楚湘设计有限公司	三	500.00	100.00	湘煤集团100%

表1-3-8（续）

企 业 名 称	企业级次	资本或股本（万元）	省国有持股比例（%）	省国有持股单位持股
三、湘能华磊光电股份有限公司	二	43700.13	65.81	湘煤集团59.4%
日晶照明科技有限责任公司	三	5000.00	80.00	华磊光电80%
四、湘煤集团资兴实业有限公司	二	6626.64	100.00	湘煤集团100%
资兴焦电股份有限公司	三	5062.50	49.92	资兴实业48.92%，资兴实业机电分公司1%
资兴煤矸石发电有限责任公司	三	6954.00	56.37	资兴实业56.37%
资兴丽景物业服务有限公司	三	50.00	100.00	资兴实业100%
资兴丽景建筑工程有限公司	三	2616.00	100.00	资兴实业100%
郴州神杨特种水泥有限公司	三	1000.00	96.45	资兴实业96.45%
郴州格瑞特电子科技有限公司	三	1000.00	100.00	资兴实业100%
宏景房地产开发有限公司	三	800.00	100.00	资兴实业100%
五、湘煤集团涟邵实业有限公司	二	11000.00	100.00	湘煤集团100%
湖南华泰广厦房地产有限公司	三	5000.00	100.00	涟邵实业100%
湖南继善机电设备有限公司	三	650.00	100.00	涟邵实业100%
湖南兴宁物业管理有限公司	三	500.00	100.00	涟邵实业100%
六、湘煤集团白沙实业有限责任公司	二	16544.26	100.00	湘煤集团100%
耒阳白沙物业服务有限公司	三	50.00	100.00	白沙实业100%
湖南省白沙电力有限公司	三	2567.62	100.00	白沙实业100%
湘煤集团白沙房地产开发公司	三	800.00	100.00	白沙实业100%
永耒铁路运输服务有限公司	三	7644.00	100.00	白沙实业100%
七、能投装备集团公司	二	30000.00	100.00	湘煤集团100%
湘煤立达矿山装备股份公司	三	13247.64	67.00	装备集团67%
立达选矿成套装备有限公司	四	3115.28	100.00	湘煤立达100%
立达环保科技有限公司	四	608.00	60.00	湘煤立达60%
湖南煤矿机械有限公司	三	5200.00	51.30	湖南第一工业设计研究院51.3%
金塔机械制造有限公司	四	2600.00	100.00	湖南煤机100%
慈利县金塔停车管理有限公司	四	680.00	79.00	湖南煤机79%
湖南煤矿安全装备有限公司	三	1319.34	89.99	装备集团89.99%
八、湖南能投房地产开发有限公司	二	3839.79	100.00	湘煤集团100%
九、湖南省煤炭有限责任公司	二	3671.58	98.00	湘煤集团98%
湖南省煤炭进出口有限公司	三	2084.00	100.00	湘煤集团100%
湖南省湘煤贸易有限公司	三	3775.31	100.00	湘煤集团100%
湖南省湘煤电煤储备有限公司	三	1000.00	100.00	湘煤集团100%
湖南省兴旺湘煤能源有限公司	三	1000.00	100.00	湘煤集团100%
湖南娄底湘旺煤炭有限公司	三	2000.00	60.00	湘煤集团60%
十、岳阳铁水集运煤炭储备有限公司	二	18000.00	100.00	湘煤集团100%
十一、湖南能投售电有限公司	二	20000.00	100.00	湘煤集团100%
十二、湖南省煤炭科学研究院	二	1000.24	100.00	湘煤集团100%
顶鑫环保科技有限公司	三	5800.00	51.00	煤科院51%
纺织科学研究院	三	1943.00	100.00	煤科院100%

表 1-3-8（续）

企 业 名 称	企业级次	资本或股本（万元）	省国有持股比例（%）	省国有持股单位持股
岳阳英派科特种设备检验检测公司	三	142.89	100.00	煤科院 100%
湖南省皮革研究所有限公司	三	474.68	100.00	煤科院 100%
湖南国标检测科技有限公司	三	200.00	100.00	煤科院 100%
同德矿山科研勘察设计有限公司	三	200.00	100.00	煤科院 100%
长沙市煤科物业管理有限公司	三	50.00	100.00	煤科院 100%
十三、湘煤集团辰溪实业有限公司	二	3500.00	100.00	湘煤集团 100%
十四、湖南省煤炭大数据中心有限公司	二	2000.00	100.00	湘煤集团 100%
十五、瓦斯治理和利用工程研究中心	二	1000.00	100.00	湘煤集团 100%
十六、新疆能源开发有限责任公司	二	14286.00	100.00	湘煤集团 100%
十七、湖南第一工业设计院	二	5200.00	100.00	湘煤集团 100%

第四节 运 营 管 控

2006 年，依据湖南省人民政府批准的组建方案，集团公司实行“财务严格把控、投资集中决策、市场统一运筹、安全分级管住、业务分类搞活、整体协调发展”的经营模式对所辖企业的煤炭运销、资金调配、投资决策、大宗物资采购、重要人事实行统一管理。集团公司组建后采用母子公司的集团管理体制。集团公司总部是全集团公司最高管理决策机关，对下属各子公司资产收益、重大决策和经营管理者任命等重大事项实行管理，是全集团的企业战略中心、资本运营中心、管理控制中心、供销运营中心。各分、子公司是集团的利润中心；子公司所属矿井等生产单位是成本中心。

2007 年 1 月，在集团公司实施“发展战略与‘十一五’规划”经营模式的总体框架下，正式启动运行“五统一”管控模式。“五统一”即对所辖企业的煤炭运销、资金调配、投资决策、大宗物资采购、重要人事 5 个方面实行统一管理，改变原三局三矿产、供、销、人、财、物独立运营模式。主要业务运行基本模式：

（1）煤炭运销。各直属子公司的电煤、铁路运输煤及大宗地销煤均由集团煤炭运销公司和矿区煤炭运销公司按“五统一”（统一合同管理、统一价格决策、统一计划调运、统一开票结算、统一贷款回笼）的销售模式组织销售。

（2）物资供应。集团公司对生产、基建物资实行分级采购的管理模式。集团物资供应公司对“大宗、批量、专项”生产、基建物资实行统一招（议）标、统一签订合同、统一物资配送、统一贷款结算的模式组织物资供应。

（3）财务与资金。集团公司对矿区安全生产管理局（矿区集团）机关及各分公司、直属子公司财务人员实行统一委派。集团公司设立企业内部银行，对资金实行集中管理，统一调控，各直属子公司销售收入均进入集团收入账户，所有支出均通过集团公司支出账户开支核算。

（4）投资决策。由集团公司统一制定发展规划及项目投资计划，统一组织实施。

2008 年 8 月，集团公司对矿区管理体制进行改革，将矿区安全生产管理职能与非煤职能分离，矿区安全生产管理局作为集团公司派出的特设机构，专门负责安全生产的监督管理。长沙矿业、湘潭矿业、辰溪矿业公司的安全生产分别纳入涟邵、白沙矿区安全生产管理局监管。成立涟邵、资兴、白沙三个矿区实业公司，按照“四自”原则对本矿区非煤经济进行统一规划、管理和经营。9 月，新的矿区管理体制全面运行。

至 2014 年，集团公司实施“转方式、调结构”的经营战略，对经营管理机制进行改革。1 月，集团公司制定《关于深化改革的指导性意见》，重点是深化产权制度改革、经营机制改革、主辅分离辅业改制和劣势企业破产退出。主要措施包括：积极引进战略投资者，实施高管层持股，鼓励中层骨干员工投资入股；实行“三项制度改革”，优化人力资源结构，实现减人提效；对不具备引进战略投资、实施管理层持股的子公司实行风险抵押任期考核。6月，根据煤炭销售货款催收难度增加、股份公司“先款后货”市场用户大幅萎缩的情况，集团公司制定《关于优化煤炭运销“五统一”管控模式的通知》，决定在维持煤炭运销“五统一”管控模式和基本管理制度稳定的前提下，对煤炭销售结算主体进行优化分类，两家或两家以上原煤公司共有的省内外客户由股份公司煤炭销售分公司统一销售和结算，除共有客户外的其他客户、现有自销客户由原煤公司自主销售和结算。

2015年，在煤炭行业整体亏损的背景下，集团公司在经营策略上顺势而为，创新思路，对煤炭板块实施“有序收缩，优存劣汰，多措并举，做优做强”的经营战略。根据实际情况实行“一企一策、一矿一策”，分类突围。

2016年5月，集团公司新领导班子上任，提出建设“和谐湘煤、廉洁湘煤、高效湘煤”、打造“责任共同体、感情共同体、利益共同体”的全新企业理念。9月27—28日，集团公司深化改革座谈会在韶山召开，会议对《湖南省煤业集团有限公司深化改革方案》进行了认真审议和深入研讨。会议明确了集团公司做湖南能源保障主平台，打造以能源产业为依托，有限多元发展、产业经营与资本运营融合发展的大型能源投资控股集团的战略定位和战略目标。明确了“三步走”的分步路径，“六大板块”的整合重组构想和“四个中心”的总部职能定义，确定要通过深化改革重新定义总部机关职能，建设高效服务型总部，推动建立“放管结合、放而不乱、管而不死”的管控模式。集团公司对各业务板块管控采用“战略+财务”管控型。股份公司对原煤业务管控，实行资源的集中控制，采用运营管控。股份公司所属原煤企业资金统一集中管理，统一调度，按计划使用，发挥集团效应。

煤炭销售按照“有统有分、统分结合、以统为主”原则，优化煤炭运销机制，建立完善集中销售服务共享平台。战略客户、重点客户由股份公司统一销售，一般客户、零散客户由矿业公司直销，股份公司销售分公司派驻销售代表，确保地销煤价格合理、货款回收安全快捷。煤炭供应按照大宗物资进一步集中采购、零散物资进一步下放的原则，减少采购层级，变三级采购为二级采购，优化供应链管理，建立物资采购服务共享新平台。

2017年1月，集团公司召开2017年工作会议。明确要进一步优化集团管控模式，按照“战略投资管理中心、运营管控中心、风险控制中心、共享服务中心”的定位，推动总部机构改革，以转变总部职能，优化组织结构，建设服务基层、精干高效的总部机关，坚持“放管结合、放而不乱、管而不死”的原则，进一步精简环节、优化审批流程，提高工作效率，建设“高效湘煤”。

2017年6月30日，集团公司召开深化改革工作推进会议，明确集团公司与股份公司、下属子公司是以产权为纽带的母子公司关系，是所属企业出资人，对其履行出资人职责。集团公司对股份公司、下属子公司的管控以产权为纽带，以整体利益最大化为目标，以事权划分为管理控制核心。集团公司总部的职能定位为战略投资管理中心、运营管控中心、风险控制中心、共享服务中心，以管战略、管政策、管宏观、管资本、管资产、管风险为核心，加强服务，强化监督，做到精干高效、流程简洁、管控有力。按照“放管原则、放而不乱、管而不死”的原则，适当分权、分灶吃饭、分块突围，进一步优化统一投资决策机制、资金管控机制、煤炭运销机制、重要物资采购机制、风险管控机制。集团公司对所属各单位行使出资人职责，不干涉日常生产经营。9月，集团公司推进总部机构改革，建立大部制组织管理体系。集团公司总部部室由19个精减到14个，精减26.3%，人员编制由118人减到88人，精简25%。出台总部部室权力清单、责任清单和负面清单，在集团公司内推行派驻监事会制度，设立长沙、白沙、资兴3个监事会办公室。

2018年，集团公司健全完善集团内部管控体系。按照“战略投资管理中心、运营管控中心、风险控制中心、共享服务中心”定位，进一步优化总部职能，坚持管理与服务并重，实现了由行政机关型总部向职能型、服务型、增值型总部的转变。完善各单位党委、董事会、经理层、监事会设置，推进“放管服”改革，优化二级单位管控，形成了“战略+财务型”的现代集团管控模式，集团公司履行出资人职责，子公司是利润中心，发挥集团公司治理、控制、管理三大维度的综合作用。是年，集团公司全面实施流程再造和制度“立改废”，修订集团公司管理制度98项、股份公司管理制度135项，分别印制了《管理制度汇编》。同时，修改了集团公司章程，把加强党的领导与健全法人治理结构结合起来，形成统一的领导制度、管理制度、工作制度，界定“放管服”范围，厘清业务流程，实现以制度管人管事。

2020年，进一步优化集团化管控模式，推进总部机关“放管服”改革。以“打造以能源产业为依托，有限多元，产业经营和资本运营融合发展的大型能源投资控股集团”为战略导航，进一步理清集团公司与下属公司是以产权为纽带的母子公司关系，按照现代集团化管控模式下母子公司的产权关系、法律关系、管控关系和文化关系，发挥集团公司治理、控制、管理三大维度的综合作用。制订下发总部机关权力、责任、负面清单；进一步完善规章制度体系，建立定期梳理、评估机制，推进制度“立改废”，实施业务流程再造，提高管理效能。

至2022年，集团公司持续推进“放管服”改革，进一步优化了对二级单位的管控，建立了分级授权经营体制，对所属法人单位实行“战略+财务型”管控模式，集团公司总部按照“战略投资管理中心、运营管控中心、风险控制中心、共享服务中心”的定位，建立职能型、服务型、增值型总部机关。2022年，集团公司实现利润10.06亿元，创历史最佳业绩。

第四章　发　展　战　略

第一节　发 展 规 划

一、“十一五”发展规划

（一）制定规划

2006年3月，集团公司编制《湖南省煤业集团有限公司发展战略与“十一五”规划》。2007年4月20日，湖南省国资委批复，原则同意《湖南省煤业集团有限公司发展战略与“十一五”规划》。

战略思路：以资本经营为手段，以产业经营为基础，以资源扩张与控制为核心，优化煤炭产业结构，整合非煤核心产业，不断提升企业竞争力和自主创新能力，促进集团公司健康、协调、可持续发展。

企业定位：资源扩张与控制、战略管理、资本运作，产品经营和资本运营的综合型企业。实行财务严格把控、投资集中决策、市场统一运筹、安全分级管住、业务分类搞活、整体协调发展的管理模式，实行煤炭运销、资金调配、投资决策、大宗物资采购、重要人事“五统一管理”。业务发展策略：“以煤为主、有限多元、综合发展”的战略思路。

“十一五”主营业务规划，营业收入250亿元，煤炭产量4468万吨。2010年，煤炭产量1156万吨，营业收入70亿元，利税12亿元，资产总额80亿元以上。

“十一五”煤炭产业规划，改扩建一批煤矿，联合兼并一批地市国有煤矿，投资建设一批煤矿，2010年，集团公司省内煤矿生产能力达到900万吨/年。加快外省煤炭资源扩张，2010年，省外煤矿生产能力300万吨/年。

“十一五”非煤产业规划，按照“以煤为主、有限多元、整合发展”的思路，深度重组非煤产业，发展煤炭洗选、焦化产业、发电、冶炼产业、高新技术产业群，整合集团公司基础工程、建筑工程设计与施工，湘潭九华、继善高科房地产等业务产业群。改变“散、小、差”的状况，实现产业化、规模化，增加新的经济增长点。

（二）实施规划

2006年9月8日，湖南省国资委《关于对湖南省煤业集团有限公司与贵州能发公司合作开发煤矿项目的复函》，批复同意集团公司与贵州能发公司合作开发煤矿项目。9 月 11 日，集团公司与贵州能发公司签署合作开发神仙坡、晋家冲、义忠三个煤矿的意向协议，10 月 26 日签订合作开发协议。

2007 年 4 月 12 日，贵州湘能注册成立，其中：集团公司持股 95.04%，贵州能发电力燃料开发有限公司持股 4.96%。9 月，集团公司与华菱涟源钢铁集团签约共同开发贵州六盘水地区煤炭资源。

2008 年 4 月 11 日，大唐华银电力股份有限公司与集团公司签署合作协议，大唐华银电力投资参股贵州湘能，参与水城煤炭资源开发。9 月 5 日，省委副书记、省长周强主持召开湖南省人民政府第 12 次常务会议，专题研究做强做大湘煤集团，要站在确保全省经济安全和能源安全的高度，站在推进“一化三基”、实现富民强省的高度，全力把湘煤打造成为湖南省能源保障主平台。11 月 13 日，湖南省人民政府办公厅印发《湖南省人民政府常务会议纪要》，明确提出：做强做大湘煤集团打造湖南省能源保障主平台，是省委、省政府站在全省能源安全和经济安全的战略高度做出的一项重要战略决策，对于加快推进“一化三基”和新型城市化，实现富民强省具有十分重要的意义。11 月 19 日，集团公司召开办公会议，专题研究贯彻落实省政府第 12 次常务会议纪要精神，同时，就抓住国家拉动内需机遇，争取国家政策资金的有关工作进行全面部署。

2009 年 1 月 12—17 日，湖南省第十一届人民代表大会第二次会议召开，周强省长在作《政府工作报告》时指出：要着力推进产业整合，做优做大做强一批骨干企业，重点扶持湘煤集团等企业加快发展。

2009 年 3 月 10 日，湖南省煤业集团新疆能源有限公司在鄯善县注册成立，公司经营范围包括煤炭批发经营、煤矿（矿业）投资、煤矿基础设施建设等。

2009 年 3 月 12 日，中国科学院半导体研究所与华磊光电签署战略合作协议。协议约定以 LED 核心技术攻关为合作重点，共建联合实验室，在技术开发、成果转让、人员培训、生产技术指导、情报信息交流、项目联合攻关等方面开展友好合作，大力推进国家半导体照明工程的研究开发与实施。

2009 年 6 月 19 日，集团公司联合国电益阳发电公司、大唐集团公司、湖南湘投高科技创业投资公司、涟源钢铁集团、湖南省土地资本经营投资公司、湖南兴湘投资公司共同发起设立湖南黑金时代股份有限公司，出资总额 22.27 亿元，总股本 14.5 亿股，其中：集团公司出资 16.47 亿元，持股 74%。股份公司承继集团公司煤炭主业，企业定位：煤炭资源利用与开采、煤炭产品生产经营及煤炭主业相关的资本运作。

2009 年 9 月 10 日，湘煤洁净煤能源股份有限公司召开发起人会议。11 月 8 日，洁净煤公司注册成立，落实湖南省政府第 12 次常务会议精神，建设成为长株潭两型社会发展洁净能源基地，湖南省电煤储备基地。

2010 年 2 月，集团公司与湖南万安达集团公司、湖南万安达集团万世达机械能源公司签订煤矿资产转让协议，集团公司收购湘南监狱及万世达公司的觉光寺、周家坳、伍家冲等 3 家煤矿（设计能力 81 万吨/年，核定生产能力 42 万吨/年），组建兴源公司。

（三）规划执行效果

“十一五”期间，集团公司坚持“以煤为主、有限多元、综合发展”的战略，组建成立股份公司、贵州湘能、新疆能源、洁净煤公司、立达公司、兴源公司、冷水江矿业、经贸公司、能投房产公司、华磊光电等 10 家公司。产业结构调整取得突破，组建了湖南省第一家 LED 外延芯片生产企业，初步形成以华磊光电、洁净煤公司、立达公司和资兴焦电、球团为主的非煤产业格局，深化矿区管理体制改革，实现“扁平化”和“五统一”管理模式。

2010 年末集团公司子公司基本情况见表 1-4-1。

“十一五”期间，原煤实际产量 3574.5959 万吨，主营业务收入 171.4 亿元。其中：2010 年，原煤产量 788.65 万吨，主营业务收入 56 亿元（原煤业务收入 54.33 亿元），利润总额 2.2345 亿元，净利润 1.4349 亿元，内部考核利润 4.11 亿元，期末总资产 91 亿元，净资产 38 亿元。

表 1-4-1 2010 年末集团公司子公司基本情况表

企业名称	产权状况		是否上市公司	资产总额（万元）	净资产（万元）	国有资产权益（万元）	在职职工人数（人）	所在地区
	属性	比例（%）						
湖南黑金时代股份有限公司	控股	74.00	否	282507	169748	125614	26429	湖南
涟邵实业有限公司	全资	100.00	否	62759	37501	37501	134	湖南
资兴实业有限公司	全资	100.00	否	65449	30933	30933	1498	湖南
白沙实业有限责任公司	全资	100.00	否	34306	13183	13183	453	湖南
辰溪矿业有限公司	全资	100.00	否	7345	2912	2912	1332	湖南
牛马司矿业有限公司	全资	100.00	否	21828	5196	5196	3016	湖南
洪山殿矿业有限公司	控股	90.00	否	7088	652	587	1253	湖南
黄牛岭矿业有限公司	控股	83.78	否	2704	1922	1610	178	湖南
湖南省白沙能源股份有限公司	控股	49.34	否	47282	35918	17722	3892	湖南
贵州湘能实业有限公司	控股	40.00	否	150445	72367	28947	2723	贵州
新疆能源有限公司	全资	100.00	否	2000	2000	2000	8	新疆
冷水江矿业有限公司	全资	100.00	否	3000	3000	3000		湖南
湘煤洁净煤有限公司	全资	100.00	否	13800	13800	13800		湖南
湖南省华磊光电有限责任公司	控股	58.16	否	11500	11500	11558		湖南
黑金房地产公司	全资	100.00	否	17060	17044	17044	8	湖南
湖南正鑫投资有限责任公司	全资	100.00	否	3880	3842	3842	27	湖南

二、“十二五”发展规划

（一）制定规划

2011 年 5 月，集团公司编制《湖南省煤业集团有限公司发展战略与“十二五”规划》。8 月 5 日，湖南省国资委批复，原则同意《湖南省煤业集团有限公司发展战略与“十二五”规划》。

战略定位：打造湖南省能源保障主平台，煤炭与新能源产业投资控股集团。

业务定位：实行“一主四翼”的方针，打造以煤业为主，以 LED、洗煤、煤机、建工为辅的业务组合，形成战略核心业务、战略协同业务和多元化业务三大类型的业务。

“十二五”发展战略目标：实施产权多元改革，积极引进战略投资者，解决破产改制遗留问题，打造湖南能源保障主平台，培育湖南新能源产业先导企业。

2013 年，集团公司根据国家宏观政策和行业发展趋势，修编“十二五”规划目标，2014 年，营业收入 76.28 亿元，利润总额 2.19 亿元，期末总资产 148.21 亿元；2015 年，营业收入 85.49 亿元，利润总额 2.82 亿元，期末总资产 174.21 亿元。

“十二五”规划营业收入 455.77 亿元，利润总额 20.61 亿元，资产总额 805.6 亿元。“十二五”期间集团公司收入、利润、资产情况见表 1-4-2。

表 1-4-2 “十二五”期间集团公司收入、利润、资产情况 亿元

年份	2011	2012	2013	2014（修）	2015（修）
收入	78	101	115	76.28	85.49
利润总额	3.3	5.3	7	2.19	2.82
资产总额	127.1	157.6	197.8	148.89	174.21

“十二五”规划，湖南省内生产、基建矿井 69 对，生产能力 1134 万吨/年，其中：生产矿井 56 对（含整合收购矿井 5 对），核定生产能力 798 万吨/年，新建、恢复、勘探矿井 13 对，设计生产能力 336 万吨/年，“十二五”期内投产 5 对，生产能力 117 万吨/年。贵州省新建矿

井5对，设计生产能力810万吨/年，“十二五”期内投产2对，生产能力150万吨/年。“十二五”期间资源枯竭矿井衰老报废矿井12对，减少核定生产能力177万吨/年。2012年规划原煤产量980万吨，2015年规划原煤产量1500万吨。

“十二五”规划，洁净煤公司打造为多品种洁净煤供应、物流服务、煤炭储备“三位一体”的现代企业；2015年成为江南地区最大的煤炭物流中心；“十二五”营业收入44.4亿元，其中2012年营业收入8.2亿元，2015年营业收入11亿元；“十二五”利润总额0.48亿元，其中2012年利润总额0.07亿元，2015年利润总额0.15亿元。

“十二五”规划，华磊光电LED产业打造成为国内领先、世界先进的LED外延及芯片生产基地，打造成为湖南省内领先的LED封装企业；“十二五”营业收入89亿元，其中2012年营业收入12亿元，2015年营业收入30亿元；“十二五”利润总额13.35亿元，其中2012年利润总额1.8亿元，2015年利润总额4.5亿元。

“十二五”规划，煤矿机械装备走成套化、智能化、大型化、机电一体化之路，力争发展成为国内矿井提升机的骨干企业，成为南方煤矿机械装备的制造基地；“十二五”营业收入33.8亿元，其中2012年营业收入4亿元，2015年营业收入11亿元；“十二五”利润总额2.5亿元，其中2012年利润总额0.1亿元，2015年利润总额0.61亿元。

（二）实施规划

2012年2月16日，集团公司董事长、总裁同岳阳市市长会谈岳阳港煤炭储配基地项目。项目战略目标：通过铁海、海江、铁江联运，打通“西煤东运”通道、海运通道、长江通道、兰渝和蒙西铁路通道，建立湖南最大煤炭储备基地。实施能源保障主平台综合物流项目规划，建立城陵矶、广州港、防城港三大港口货场，株洲、耒阳、岳阳、湘潭四大储备基地、一个数字加工中心、一个电子商务交易系统，煤炭储配保障能力4000万吨/年。

2012年4月17日，湖南省交通运输厅专家组审查岳阳港煤炭储配基地项目（一期）可行性研究报告，项目选址岳阳市云溪区陆城镇新设村洋洲河段，中转集、运量500万吨/年。

2012年6月1日，贵州湘能义忠煤矿通过贵州省、市、县三级煤矿安监部门复核验收。

2012年10月16日，股份公司收购新疆神宇煤业公司。

2014年1月12日，集团公司与中国万向公司就鄯善县库尔塔格煤矿矿区第四勘探区煤炭资源、钠硝石的权证办证及权益归属签订协议，集团公司在新疆的资源控制开发工作取得新进展。

2014年3月7日，集团公司针对开年以来经营状况一路走低的严峻形势，召开党政领导联席会议，梳理出当前要抓好落实“三保三砍”政策、盘活存量资产、坚决消灭亏损源、积极培育新的经济增长点等13项工作。

2014年9月，集团公司出台企业深化改革调整结构指导意见，主要方针：省内煤炭板块实施“有序收缩、优胜劣汰、多措并举、做强做优”的方针，收缩煤炭生产，发展煤炭贸易；省外煤炭板块实行“依托资源、科学开发、多措并举、做优做强”方针；非煤板块实行“盘活存量、去劣扶优、多措并举、做优做强”方针。

2014年9—12月，贵州湘能晋家冲、丰胜、保华煤矿，因煤炭滞销，库存量大，煤价下降，生产亏损，相继停止生产经营。

2015年，受经济增速放缓、能源结构调整等因素影响，煤炭需求大幅下降，供给能力持续过剩，供求关系严重失衡，煤炭销售价格大幅度下降，导致煤炭企业效益普遍下滑。集团公司煤炭平均销售价格下降至390元/吨，比上年度下降79元/吨，比2012年下降212元/吨，降幅35%。集团公司主动适应新常态，围绕“创新、优化、提升、落实”的工作主题，提出有效整合省内煤炭资源、合理开发省外资源、完善煤炭运销体系、有选择进入煤炭相关行业、全面提升综合实力的经营战略目标。煤炭板块省内实施“有序收缩、优存劣汰”，省外实施“依托资源、科学开发”，非煤板块实行“盘活存量、去劣扶优”的战略举措。

2015年9月，面对煤炭行业“极寒”严峻形势，贯彻落实《中共中央、国务院关于深化国有企业改革的指导意见》，集团公司提出了“关停整转熬创”改革调整思路，分类推进企业改革。集团公司及所属各单位根据实际编制可行性报告、制订具体实施方案，落实“关停整转敖创”脱困突围改革调整战略思路。

2015年10月，贵州湘能黔源、下河坝、神仙坡煤矿因煤炭滞销、煤价下降，煤炭售价低于矿井吨煤成本，亏损严重，矿井停产。同年底，贵州湘能义忠煤矿承包经营亏损严重，承包人失联，煤矿停产。依据贵州省煤矿兼并重组政策，保华、丰胜、下河坝煤矿永久性关闭退出。

（三）规划执行效果

“十二五”期间，集团公司、股份公司成立13家新公司，推进原煤、LED、煤机装备等三大产业的混合所有制改造，丰富企业产权结构，优化资产质量；以上市为契机，不断完善治理机制、股权激励，从治理机制上为集团发展提供强有力保障；破产核销企业债务近10亿元，破产关闭落后矿井20对和资兴球团、焦化生产线。

2015年末，集团公司直接管理的全资、控股子公司8家。2015年末，集团公司子公司基本情况见表1－4－3。

表1－4－3 2015年末集团公司子公司基本情况

序号	企业名称	产权状况		是否上市	资产总额（万元）	净资产（万元）	国有资产权益（万元）	在职人数（人）	所在地区
		属性	股权（%）						
1	股份公司	控股	56.09	是	692304	174298	154216	20362	长沙
2	华磊光电	控股	54.89	否	166338	118950	117553	826	郴州
3	立达矿装	控股	67	是	39530	23254	23085	220	株洲
4	涟邵实业	全资	100	否	54942	37425	37425	111	娄底
5	资兴实业	全资	100	否	65480	27624	18119	1084	郴州
6	白沙实业	全资	100	否	53854	22414	22341	1049	衡阳
7	长沙实业	全资	100	否	40022	3169	3169	49	长沙
8	黑金房地产公司	全资	100	否	60651	16742	16742	44	长沙

“十二五”期间，集团公司实际营业收入310.31亿元，利润总额－4.40亿元，2013—2015年，营业收入和利润下行，2014年利润总额－2.7亿元，2015年利润总额－11.94亿元；煤炭产量3654.7054万吨，期末总资产127.9亿元。

2015年末，股份公司全资、控股子公司22家，分公司3家。生产矿井40对，核定年生产能力701万吨，控制煤炭资源近55.7亿吨，“十二五”期间煤炭板块营业收入222.59亿元，利润总额－3.313亿元，期末资产总额71.6141亿元。华磊光电LED营业收入17.1189亿元，利润总额0.533亿元，期末资产总额17.3851亿元；立达公司营业收入5.6898亿元，利润总额4661万元，期末资产总额4.0517亿元。“十二五”期间集团公司主要指标实际情况见表1－4－4。“十二五”期间集团公司主要指标完成情况见表1－4－5。“十二五”期间集团公司业务板块经营指标实际情况见表1－4－6。

表1－4－4 “十二五”期间集团公司主要指标实际情况 万元

年份	2011	2012	2013	2014	2015
营业收入	661655	680109	657833	608992	494057
利润总额	36427	44725	21357	－27171	－119407
净利润	22989	25241	13837	－23138	－119848
资产总额	1145110	1278631	1358551	1369506	1273217
净资产	451151	538242	560338	508909	422908

表1-4-5 “十二五”期间集团公司主要指标完成情况

	实际（亿元）					完成规划值比例（%）				
年份	2011	2012	2013	2014	2015	2011	2012	2013	2014	2015
收入	66.2	68	65.8	60.9	49.41	84.9	67.3	57.2	79.8	57.80
利润	3.64	4.47	2.14	-2.71	-11.94	110.3	84.3	30.6	-124.2	-423
资产总额	114.5	127.9	135.9	137	127.32	90.1	81.2	68.7	92.0	73.1

表1-4-6 “十二五”期间集团公司业务板块经营指标实际情况 万元

指标		2011年	2012年	2013年	2014年	2015年
集团公司合计	总收入	661655	680109	657833	608992	494057
	利润总额	36427	44725	21357	-27171	-119407
	资产总额	1145110	1278631	1358551	1369506	1273217
股份公司	收入	579029	502305	447500	384468	312615
	利润额	37947	51121	11797	-29458	-104537
	资产总额	638021	773630	758390	781880	716141
华磊光电	收入	17001	24258	40394	48089	41447
	利润额	1417	3360	7573	2146	-9166
	资产总额	150127	161808	168362	176714	173851
立达矿装	收入	11172	15664	14151	9149	6762
	利润额	1733	1860	1833	166	-931
	资产总额	28598	41876	48442	44483	40517
白沙实业	收入	52349	118739	128513	108325	97861
	利润额	-1053	6	-466	497	-483
	资产总额	59469	62276	62539	51017	57722
涟邵实业	收入	7405	4055	6081	7701	11570
	利润额	5	-409	-350	188	720
	资产总额	55359	49491	58110	60543	57287
资兴实业	收入	65152	69706	61372	47634	38405
	利润额	476	11	-32	7	424
	资产总额	76998	79512	72977	67956	64218
长沙实业	收入	166	1079	8254	3516	3213
	利润额	230	365	475	-585	-2908
	资产总额	5604	22613	49490	48866	46528
黑金房地产公司	收入	0	0	587	28876	6512
	利润额	-171	-238	-182	313	130
	资产总额	23938	58857	79834	62424	61387
湘煤培训中心	收入	392	546	101	92	382
	利润额	-49	0	-196	-226	59
	资产总额	34	32	-23	88	91

三、“十三五”发展规划

（一）制定规划

2016年，集团公司编制《湖南省煤业集团有限公司发展战略暨“十三五”规划》。2017年3月27日，湖南省国资委批复，原则同意《湖南省煤业集团有限公司发展战略暨“十三五”规划》。

“十三五”规划指导思想：以党的十八大和习近平总书记系列重要讲话精神为指导，秉承“创新、协调、绿色、开放、共享”的新发展理念，按照集团“扭亏增盈、深化改革、转型发展”的总体思路，确立“以改革促发展、转型促发展、创新促发展”的指导思想，打造以煤为本、有限多元，产业经营和资本经营并举的大型投资控股集团，实现企业健康、持续发展。

发展原则：产业创新、资本创新、模式创新、改革创新原则。

战略定位：国内优秀的能源产业投资控股集团，“煤业集团”向“能源投资控股集团”的转型发展，重点加快“新型煤炭互联网供应链物流业务建设”“能源清洁高效利用业务建设”“节能环保高新技术产业和产业技术服务业务建设”“新能源开发建设”。“十三五”规划，以煤炭能源为主业，以新能源、LED节能、能源机械、能源建设为重点培育主业，资产管理业务的产业格局，实现“能源供应商、能源服务商、能源投资商”产业定位。

“十三五”发展目标：营业收入414.4亿元，利润总额2.3亿元，净利润-0.6亿元，其中：2020年，营业收入100亿元，利润总额3.5亿元，净利润2亿元，期末总资产200亿元。“十三五”期间集团公司总收入、利润规划见表1-4-7。“十三五”期间集团公司资产总额、负债和收益率规划见表1-4-8。“十三五”期间集团公司业务板块收入规划见表1-4-9。“十三五”期间集团公司业务板块利润规划见表1-4-10。

（二）实施规划

2016年2月，立达公司新三板上市，证券代码8366005。是年6月，股份公司新三板上市，证券代码837893。

表1-4-7 “十三五”期间集团公司总收入、利润规划

指 标	2016年	2017年	2018年	2019年	2020年
营业收入（亿元）	60.9	76.5	84.2	92.5	100
利润总额（亿元）	-3.04	-0.68	0.5	2	3.5
净利润（亿元）	-3.08	-0.97	0.28	1.16	2.03
收入增长率（%）	23.3	25.6	10.1	9.86	8.1
利润率（%）	-4.99	-0.89	0.59	2.16	3.5
净利润率（%）	-5.06	-1.27	0.33	1.25	2.03

表1-4-8 “十三五”期间集团公司资产总额、负债和收益率规划

指 标	2016年	2017年	2018年	2019年	2020年
总资产（亿元）	138.45	152.3	167.5	184.3	200
净资产（亿元）	40.01	45.69	51.2	57.96	64.8
资产负债率（%）	71.1	70	69.43	68.55	67.6
净资产收益率（%）	-7.48	-2.26	0.58	2.13	3.31
总资产收益率（%）	-2.32	-0.67	0.18	0.66	1.06

表1-4-9 “十三五”期间集团公司业务板块收入规划 亿元

业务板块	2016年	2017年	2018年	2019年	2020年
一、煤炭能源	41	56	56	56	55
1. 煤炭开采	17.35	22	22	21	20
2. 煤炭贸易	23.65	34	34	35	35
二、新能源	0	0.50	6	8	10
1. 光伏发电	0	0	2	3	4
2. 售电公司	0	0.50	4	5	6
三、能源建设	11.25	10.13	10	15	20
1. 楚湘建工	9.61	8	8	13	17
2. 房地产	1.64	2.13	2	2	3
四、能源机械	0.4	1.42	1.5	2	2
立达矿装	0.4	1.42	1.5	2	2
五、LED节能	4	5.47	5.50	6	8
华磊光电	4	5.47	5.50	6	8
六、资产管理	7.14	6.16	8.40	8.70	8.50
1. 白沙实业	1.97	1.43	2.20	2.40	2.30
2. 资兴实业	4.64	4.20	5.60	5.80	5.70
3. 长沙实业	0.11	0.46	0.40	0.30	0.30
七、内部抵消	-2.89	-3.18	-3.2	-3.2	-3.5
合计	60.9	76.5	84.2	92.5	100

表1-4-10 “十三五”期间集团公司业务板块利润规划 亿元

业务板块	2016年	2017年	2018年	2019年	2020年
煤炭能源	-1.34	0.49	0.5	0.5	0.5
新能源	0	0	0.1	0.5	1.2
能源建设	0.16	0.09	0.1	0.6	1
能源机械	-0.2	-0.13	0	0.05	0.1
LED节能	-1.3	-0.48	0	0.2	0.5
资产管理	-0.36	-0.65	-0.2	0.15	0.2
合计	-3.04	-0.68	0.5	2	3.5

2016年9月27—28日，集团公司召开深化改革座谈会，会议审议和深入研讨集团公司深化改革方案，会议决定集团公司战略目标和发展路径，明确集团公司战略定位：做湖南能源保障主平台，明确战略目标：打造以能源产业为依托、有限多元发展、产业经营和资本运营融合发展的大型能源投资集团。

2016年10月9日，湖南省人民政府副省长张剑飞主持召开会议，专题研究支持解决集团公司融资的有关问题，省人民政府副秘书长张值恒，省国资委、省政府金融办、人民银行长沙中心支行、湖南银监局、工商银行湖南省分行、中国银行湖南省分行、建设银行湖南省分行、交通银行湖南省分行、邮储银行湖南省分行、华融湘江银行、长沙银行、中信银行长沙分行、光大银行长沙分行、招商银行长沙分行、兴业银行长沙分行、浦发银行长沙分行等单位负责人参加会议。会议认为：尽管当前经济下行压力较大，行业景气指数不高，但集团公司新班子到任以后，外部环境和内部改革方面均出现了积极的变化。特别是国家推进以“三去一降一补”为核心的供给侧结构性改革以来，去产能政策效应不断显现，煤炭价格呈现稳步回升势头。同时，集团公司在新一届领导班子的带领下，以“保安全、保稳定、抓改革”为第一要务，奋力拼搏、积极作为，各项工作步入良性发展轨道。省直各有关部门和各金融机构要对集团公司的发展充满信心，积极为集团公司做好融资服务，帮助集团公司实现转型发展，促进银企互利共赢。会议要求，要协同配合，多措并举帮助集团公司解决融资问题，支持集团公司走出困境。一是要维持集团公司及股份公司2015年末的授信规模和授信条件，到期贷款予以续贷，不抽贷、压贷，确保集团公司及股份公司资金链的基本平稳。二是在依法依规的前提下，积极争取将集团公司及股份公司短期流贷转为中长期专项贷款。三是湖南银监局、省政府金融办要指导集团公司，由光大银行长沙分行牵头成立集团公司债权人联席会议，协调解决集团公司融资难问题，帮助集团公司纳入省申报“债转股”试点企业名单。四是要加强指导督促，由省政府办公厅牵头，省国资委和省政府金融办积极配合，督促推进各项工作落实。是年11月12日，省银监局落实张剑飞副省长主持召开的专题会议精神，召集所有债权银行第一次债权人会议，合作银行基本同意维持2015年末的授信规模和授信条件，贷款到期予以续贷，确保集团公司资金正常周转。

2016年12月，集团公司投资2亿元成立售电公司，主要提供售电服务、电力生产和供应、配电投资与建设、电力工程施工、合同能源管理、综合节能、用电信息咨询等服务。

2016年，根据《国务院关于煤炭行业化解落后产能实现脱困发展的意见》(国发〔2016〕7号）和湖南省人民政府办公厅《湖南省煤炭行业化解过剩产能实现脱困发展的实施方案》(湘政办发〔2016〕28号）的要求，本着统一规划、分步实施和最大限度争取政策安置人员的原则，制订出台了《湖南省煤业集团省内矿井化解过剩产能总体方案》。

2017年1月9日，集团公司2017年工作会确定，进一步优化管控模式，按照“战略投资管理中心、运营管控中心、风险控制中心、共享服务中心”定位，推进总部机构改革，转变总部职能，优化组织结构，建设服务基层、精干高效的总部，坚持“放管结合、放而不乱、管而不死”的原则，进一步优化管控模式。是年9月，集团公司落实总部为战略投资管理中心、运营管控中心、共享服务中心、风险控制中心的定位，实行集团公司总部机构改革。

2018年3月1日，集团公司优化产业结构，能源建设板块组建成立楚湘建工，集团公司主动推进集团改革创新、转型发展，实现“打造大型能源投资控股集团”的战略目标，确保国有资产保值增值。成立楚湘建工是打造湘煤能源建设业务板块的重要平台和主要抓手，充分发挥自身在矿山建设施工、工程地质领域的专业优势，不断提升企业核心竞争能力，做强实业、做优资质、做大规模。通过3～5年努力，楚湘建工成为湖南省乃至全国具有品牌影响力的大型能源建工集团。

2018年8月28日，集团公司落实湖南省委省政府和省国资委深化国企改革、优化资本布局、调整产业结构要求，加强集团公司资产管理和运营，推动企业主业归核、资产归集、产业归位，提升运行质效，促进集团公司深化改革总体目标实现，成立资产管理事业部。该部对集团公司所属涟邵、资兴、白沙、长沙实业公司资产及湘潭矿业有效资产进行清理、整合，推进资产布局优化和权益资本保值增值，是集团公司深化改革、优化资本布局的服务平台和权益资本的增值平台。资产管理板块是集团公司六大业务板块的重要组成部分，是集团公司的经营部门、利润中心和经集团公司授权管理的能源资产管理平台。

2018年11月29日，白沙6兆瓦分布式光伏发电试点项目并网发电，光伏发电成为白沙实业公司转型发展的新支撑和新的经济增长点。

2019年7月22日，六盘水中级人民法院裁定受理贵州湘能实业有限公司破产清算申请，民事裁定书〔2019〕黔02破10号之二裁定：宣告贵州湘能实业有限公司破产。10月16日，六盘水中院指定贵州忠章律师事务所担任贵州湘能破产清算案件破产管理人。

2020年1月，国家发展改革委批准《新疆库鄯善县库木塔格矿区总体规划》，集团公司所属第四勘查区一号露天矿被列为试点先行开发矿井。第四勘查区位于库木塔格矿区北面，规划设计为一号露天矿和一号矿井。《新疆库鄯善县库木塔格矿区总体规划》中，第四勘查区的含煤面积56.05平方千米，煤炭储量75.46亿吨。一号露天矿规划产能1000万吨/年（首期），一号矿井规划产能为1500万吨/年。第四勘查区一号露天矿一期500万吨/年列入自治区“十四五”规划建设煤矿项目，二期500万吨/年列入“十四五”规划储备煤矿项目，具备项目核准基本条件。区内可采C6、C7、C8三层煤。主采煤层C8煤层，全区单层平均煤厚114.04米。煤层构造简单、赋存状态稳定，属于中等水分、低灰分、特低硫、低磷、高热值长焰煤（CY41），新疆能源有限公司已完成第四勘查区煤炭资源预查、普查、详查和露天煤矿勘探四个阶段的勘查工作，已经办理第四勘查区详查勘探许可证，并完成资源储量备案等工作。

2020年8月5日，股份公司任命湘东公司领导班子；9月22日，收购民营股东股权，签订股权转让协议，湘东公司成为股份公司全资子公司。

2020年10月28日，六盘水中级人民法院指定贵州忠章律师事务所全面接管贵州湘能。

2020年12月29日，煤炭大数据中心成立，注册资本2000万元。煤炭大数据中心是以交易服务为核心、以信息服务为基础、以物流服务为保障、以金融服务为支撑的煤炭交易综合服务平台，实现供应链及仓储物流的标准化、数据化和金融化，促进产业链商品与服务交易、供应成本优化及综合效率提升，打造集煤炭交易、储运、供应链金融、资讯、价格指数、大数据分析应用等增值服务为一体的煤炭产业生态圈，促进全省煤炭相关行业统计、监测、预警和可持续发展能力建设，成为“立足湖南，辐射华中，面向全国”具有公信力的交易平台。

2020年12月，湖南省发展和改革委员会核准岳阳铁水集运煤炭储备项目码头一期工程。

（三）规划执行效果

“十三五”期间，集团落实“产业归位、主业归核、资产归集”，打造湖南能源安全保障平台，以能源产业为依托，打造有限多元，产业经营和资本运营融合发展的大型能源投资控股集团，形成了能源供给、能源装备及节能应用、能源建设三大主要业务方向，构建煤炭、新能源、LED芯片、机械装备、施工建设、资产管理六大业务板块。

集团公司贯彻落实《国务院关于煤炭行业化解落后产能实现脱困发展的意见》和湖南省人民政府办公厅《湖南省煤炭行业化解过剩产能实现脱困发展的实施方案》的精神，“十三五”期间，关闭破产湘潭、辰溪矿业公司和贵州湘能；按照《湖南省煤业集团省内矿井化解过剩产能总体方案》，关闭退出省内落后产能矿井11对，退出产能173万吨/年，妥善安置职工15105人。推动“压减去”工作，清理四级企业

7户，减少法人单位23户，清理“僵尸企业”18户。

2020年末，集团公司直接管理全资、控股子公司16家，直属机构1家，参股企业3家。2020年末集团公司子公司基本情况见表1－4－11。

“十三五”期间集团公司财务指标情况见表1－4－12。2020年集团公司板块业务构成情况见表1－4－13。“十三五”期间集团公司主业主要产品（业务）产量见表1－4－14。

表1－4－11 2020年末集团公司子公司基本情况

序号	企业名称	产权状况		是否上市	资产总额（万元）	净资产（万元）	国有资产权益（万元）	在职人数（人）	地区
		属性	股权（%）						
1	湖南煤业股份有限公司	控股	56.09	新三板	645230	199670	111995	19128	长沙
2	湖南楚湘建设工程集团	全资	100.00	否	99801	24683	24683	501	
3	湘能华磊光电股份有限公司	控股	59.40	否	135017	87384	51906	692	长沙
4	湖南能投售电有限公司	全资	100.00	否	21847	21536	21536	15	长沙
5	湘煤立达矿山装备有限公司	控股	67.00	新三板	36643	19059	12770	225	株洲
6	湖南省煤业集团白沙实业	全资	100.00	否	59614	13428	13428	669	耒阳
7	湖南省煤业集团资兴实业	全资	100.00	否	80927	22715	22715	1079	资兴
8	湖南省煤业集团涟邵实业	全资	100.00	否	60940	37794	37794	175	娄底
9	湖南省煤业集团辰溪实业	全资	100.00	否	3961	3676	3676	86	怀化
10	湖南省黑金时代房地产公司	全资	100.00	否	42744	18205	18205	47	长沙
11	湖南省煤炭大数据中心	全资	100.00	否	暂无	暂无	暂无		长沙
12	株洲天泰资产管理有限公司	全资	100.00	否	1020	－1111	－1111	—	株洲
13	湖南岳阳铁水集运煤炭储备有限公司	全资	100.00	否	3100	3024	3024	12	岳阳
14	湖南省煤炭科学研究院	全资	100.00	否	13918	3065	3065	237	长沙
15	湖南煤矿安全装备有限公司	控股	90.00	否	10555	2691	2422	195	长沙
16	湖南省煤炭有限公司	控股	95.32	否	25961	2618	2495	39	长沙
17	湘煤培训中心	直属分公司		否	51	－117	－117	17	长沙
18	湖南文化旅游创业投资基金企业有限合伙	参股	1.37	否	202461	190878	2615	—	长沙
19	大唐华银电力股份有限公司	参股	0.33	是	1807020	296161	977		长沙
20	湖南电力交易中心有限公司	参股	2.30	否	11109	9854	227	—	长沙

表1－4－12 “十三五”期间集团公司财务指标情况

指标	2016年	2017年	2018年	2019年	2020年
营业收入（万元）	590905	765188	1028115	1106711	1136545
利润总额（万元）	－81796	25774	26911	－149020	8342
净利润（万元）	－83221	17507	21987	－137872	3488
资产总额（万元）	1295757	1257661	1209637	1230572	1225561
负债总额（万元）	993736	956743	885173	857331	850906
所有者权益总额（万元）	302020	300918	324464	373240	374655
经济增加值（万元）	－107958	6225	10477	－151188	－10623

表 1－4－12（续）

指　　标	2016 年	2017 年	2018 年	2019 年	2020 年
成本费用总额（万元）	629888	741266	995894	1065005	1127220
人工成本（万元）	143698	165422	173019	174204	155365
在岗职工（人）	21177	21609	20986	20421	20675
净资产收益率（%）	－6. 47	1. 37	1. 78	－39. 52	0. 93
总资产报酬率（%）	－22. 96	5. 81	7. 03	－11. 3	2. 1
国有资产保值增值率（%）	91. 21	100. 15	104. 22	104. 9	100. 42
年度科技支出总额	13035	13941	14532	15016	15983
技术投入比率（%）	2. 21	1. 82	1. 41	1. 36	1. 43

注：2020 年利润总额、净利润主要受消化潜亏、疫情支出和租金减免影响，剔除影响后分别为 33565 万元以及 19724 万元。调整后的经济增加值为 5613 万元，净资产收益率为 4. 11%，总资产报酬率为 4. 14%，国有资产保值增值率为 104%。2019 年利润总额、净利润的亏损主要受贵州湘能破产影响，剔除影响后分别为 27482 万元和 22240 万元，调整后经济增加值为 4558 万元，净资产收益率为 6. 38%，总资产报酬率为 3. 5%，国有资产保值增值率为 104. 9%。

表 1－4－13　2020 年集团公司板块业务构成情况

业务分类	资产总额		营业收入		利润总额		在职职工人数（人）
	数量(万元)	比例(%)	数量(万元)	比例(%)	数量(万元)	比例(%)	
煤炭	645230	56. 40	724110	61. 53	9006	45. 78	19641
施工建设	99801	8. 72	293937	24. 98	3856	19. 60	501
LED 芯片	135017	11. 80	40752	3. 46	28	0. 14	692
新能源	21847	1. 91	2512	0. 21	2006	10. 20	15
机械装备	36643	3. 20	10023	0. 85	9	0. 05	225
资产管理	205442	17. 96	105561	8. 97	4769	24. 24	2015
合计	1143980	100. 00	1176895	100. 00	19674	100. 00	23089

表 1－4－14　“十三五”期间集团公司主业主要产品（业务）产量

产品(业务)名称		年份				
		2016	2017	2018	2019	2020
煤炭	原煤(万吨)	457	438	440	449	456
	贸易煤(万吨)	488	483	697	646	942
施工建设	矿山工程建设(万元)	102064	85118	142936	208545	234148
	建筑工程建设(万元)	—		36892	40216	57420
LED 芯片	LED 外延片(万片)	128	181	277	286	344
	LED 芯片(万片)	167	331	526	578	405
机械装备	绞车(台)	13	72	30	62	45
	辅助产品(台)	8	14	22	55	40
	电气产品(台)	2	17	32	23	50
	皮带机及其他(台)	—		—	11	20
新能源	代理购售电(亿度)	—	9. 78	51. 02	60. 1	73. 41

“十三五”营业收入 463. 1 亿元，2018—2020 年，集团公司连续 3 年营业收入超百亿元。2020 年综合实力列全国煤炭企业第 41 位，在全国煤炭行业的地位和影响力得到提升，成为南方

煤炭企业的重要代表和标杆。

“十三五”报表利润总额-16.98亿元，剔除贵州湘能破产清算、消化“十二五”期间潜亏和防控新冠增加支出及房产租金减免等特殊因素20.18亿元，利润总额为3.2亿元，其中：2016年，煤价低位箱体运行，亏损仍然严重，利润总额-8.18亿元。2016年5月6日，省委、省政府调整集团公司领导班子，新的领导班子坚持党的领导，加强党的建设及干部团队建设，狠抓正风肃纪，团结带领全集团干部职工艰苦奋斗。2017年扭亏为盈，利润总额2.58亿元；2018年利润总额2.69亿元；2019年，贵州湘能政策性破产清算特殊因素影响，报表利润总额-14.90亿元，剔除特殊因素，利润总额2.7亿元；2020年，因消化“十二五”期间潜亏、防控新冠增加支出及房产租金减免等特殊因素，报表利润总额8342万元，剔除特殊因素影响，利润总额3.4亿元。

“十三五”期间，集团公司实际煤炭产量2257.3684万吨，贸易煤量3256万吨，产销量5513万吨；承担湖南能源保障主平台的重任，2020年集团原煤产量456万吨，占湖南省总产能43%。2020年煤炭产销量1398万吨，营业收入72.4亿元，利润0.9亿元。获得了“岳阳铁水集运煤炭储备项目”实施的主导权，着力构建全省煤炭供应保障体系，以吸聚浩吉铁路蒙陕甘宁和环渤海港口煤炭资源为“两翼”，着力布局云贵西南和海江沿线市场。打造把控湖南、辐射中南，全国煤炭市场有一定话语权的煤炭购销平台。

2018年，集团公司整合建设、施工、物业、设计和房地产开发业务，组建湖南楚湘建工集团有限公司。“十三五”期间楚湘建工业务遍布全国23个省市区，2020年营业收入29.4亿元，利润3856万元。

“十三五”期间，华磊光电面对LED白光芯片行业周期下行、产能过剩的市场竞争环境，按照“不进则亡、进而求生、生而图强”的工作方针，2017年实施外延芯片技术升级扩能改造项目，成功突破芯片2寸转4寸技术，产量翻番，芯片产量从2016的167万片提升至2019年的578万片，生产效率提升4倍。技术革新方面也不断取得进步，积极布局UV、Mini、车灯等新产品领域，产品转型战略取得阶段性成果，稳定了市场占有。2020年营业收入4.07亿元，利润总额28万元，实现扭亏为盈。

“十三五”期间，立达公司推进传统产品升级及系列化，引入带式输送机产新产品，加大外协产品加工力度，形成六大类产品体系，部分产品出口越南、乌兹别克斯坦等国。进一步加强科技研发及技术投入，加强矿山智能装备产品研发，推出远程监测、无人值守等数字化、智能化的新产品。2020年营业收入1亿元，利润总额9万元。

“十三五”期间，售电公司与省内300家电力市场化用户建立了合作关系，代理售电量73亿度/年，位居全省售电公司第二、独立售电公司第一，累计为湖南省内企业节约用电成本4亿余元，确保了省属企业享受电改红利。

“十三五”期间，集团公司积极稳妥开展光伏发电试点及充电桩业务。2018年，白沙6兆瓦分布式光伏发电试点项目成功并网发电，充电桩业务逐步有序落地。

2018年，集团公司成立资产管理事业部。“十三五”期间，累计处置闲置、不良资产6亿元，资产处置收入19318.47万元，资产处置收益10217.76万元，有效盘活了存量资产，推进资产布局优化和国有资产保值增值。

四、“十四五”发展规划

（一）制定规划

2021年，集团公司编制《湖南省煤业集团有限公司发展战略暨“十四五”规划》，呈报湖南省国资委。2021年9月14日，湖南省国资委批复，原则同意《湖南省煤业集团有限公司发展战略暨“十四五”规划》。

“十四五”规划指导思想：以习近平新时代中国特色社会主义思想为指导，深入贯彻党的十九大和十九届二中、三中、四中、五中全会精神，习近平总书记对湖南重要讲话重要指示批示精神，“四个革命、一个合作”能源安全新战略，全面落实“三高四新”战略定位和使命任务，坚持“问题、目标、结果”导向，以“安全、转型、高效”为主题，深入推进“三个湘煤”建设，打造“三个共同体”，全力“保安全、谋转型、促高效、强党建、惠民生”，做强做优湖南能源保障主平台，奋力打造在全国具有较大影响力的能源产业投资控股集团、省内最大的煤炭供应综合服务商，为“三高四新”战略实施贡献湘煤力量，为中国式现代化新湖南经济社会发展能源供给安全保障贡献湘煤力量，为满足全体湘煤人对美好生活的追求，进一步建设好湘煤人共有的精神和物质家园。

战略定位：做强做优湖南能源保障主平台。紧扣集团公司战略定位，重点围绕“三个核心”“三个驱动”“三个升级”“三个市场”，整合产业资源，调优产业结构，提升产业核心竞争力，不断提升企业经济运行质效和规模，“十四五”期末，发展成为全国具有较大影响力的能源产业投资控股集团、省内最大的煤炭供应综合服务商。“三个核心（业务方向）”：煤炭开采、储备、贸易及综合利用，矿山建设、智慧矿山装备制造及工程服务，清洁能源开发利用及节能应用。“三个驱动”：创新、改革、资本。“三个升级”：业务模式升级、技术升级、产品升级“三个市场”：湖南、全国、境外。

发展目标：产业布局更进一步优化，集团公司综合实力居全国煤炭企业40强，发展成为全国具有较大影响力的能源产业投资控股集团、省内最大的煤炭供应综合服务商。

煤炭开采、储备、贸易及综合利用：煤炭开发和运销储备体系基本建成，原煤产量1000万吨，煤炭贸易2000万吨，煤炭供应量接近全省需求的1/3。

矿山建设、智慧矿山装备制造及工程服务：打造成集矿山勘察、设计、规划、施工、安装等能力于一体，具备总承包特级资质的国内一流大型建工集团。矿山装备制造领域进入全国煤机50强，打造成为全国具有重要影响力的智能装备制造及运维服务商、智慧矿山及矿山智能提运装备制造基地、全国薄煤层采运智能装备制造基地、全国救护及无人监控监测装备制造基地。

清洁能源开发利用及节能应用：建成先进的瓦斯抽采利用体系，瓦斯灾害治理水平大幅提升，瓦斯实现资源化产业化利用。LED芯片进入行业综合实力（高端产品生产能力和利润水平）前三名，并实现上市，打造国内一流、面向全球的LED芯片制造商。

规划目标：2025年，煤炭产销量3000万吨，煤炭供应量接近全省需求的1/3；资产规模265亿元，营业收入246亿元，利润总额10亿元，利税总额20亿元。

“十四五”期间集团公司经济指标发展规划见表1－4－15。“十四五”期间集团公司业务板块收入规划见表1－4－16。“十四五”期间集团公司业务板块利润规划见表1－4－17。

表1－4－15 “十四五”期间集团公司经济指标发展规划

指　标	2021年	2022年	2023年	2024年	2025年
营业收入（万元）	1150000	1360000	1510000	2190000	2460000
利润总额（万元）	28000	33000	41000	78000	100000
净利润（万元）	21000	24750	30750	58500	75000
资产总额（万元）	1310000	1600000	1900000	2200000	2650000
负债总额（万元）	900000	1080000	1270000	1460000	1800000
所有者权益总额（万元）	410000	520000	630000	740000	850000
经济增加值（万元）		—			—
成本费用总额（万元）	1140000	1190000	1290000	1620000	1750000
人工成本（万元）	190000	200000	210000	220000	240000
在岗职工（人）	22900	23200	23600	24100	24600
净资产收益率（%）	5.1	4.8	4.9	7.9	8.8
总资产报酬率（%）	2.2	2.3	2.3	3.8	4.1
国有资产保值增值率（%）	108.0	108.0	108.0	108.0	108.0
年度科技支出总额（万元）	17000	23000	26000	33000	37000
技术投入比率（%）	1.5	1.7	1.7	1.5	1.5

表1-4-16 “十四五”期间集团公司业务板块收入规划 亿元

业务板块	2021年	2022年	2023年	2024年	2025年
营业收入	115.08	135.70	150.80	218.97	246.36
1. 煤炭	73.00	86.27	90.00	145.30	155.34
2. 施工建设	32.04	37.50	46.10	56.80	70.00
3. LED芯片	4.85	5.00	6.50	7.50	9.00
4. 新能源	0.15	0.29	0.50	0.81	1.00
5. 机械装备	1.18	1.51	1.91	2.40	3.02
6. 资产管理	9.76	11.13	11.79	12.16	14.00
7. 内部抵消	-5.90	-6.00	-6.00	-6.00	-6.00

表1-4-17 “十四五”期间集团公司业务板块利润规划 亿元

业务板块	2021年	2022年	2023年	2024年	2025年
利润总额	2.80	3.33	4.12	7.80	10.00
1. 煤炭	1.34	2.19	2.38	4.85	5.40
2. 施工建设	0.62	0.76	0.96	1.25	1.60
3. LED芯片	0.15	0.42	0.60	1.09	1.50
4. 新能源	0.06	0.08	0.15	0.28	0.40
5. 机械装备	0.63	0.09	0.14	0.21	0.30
6. 资产管理	0.65	0.39	0.49	0.73	1.40
7. 内部抵消	-0.65	-0.60	-0.60	-0.60	-0.60

（二）实施规划

2021年2月10日，湖南省副省长陈飞到集团公司调研指导工作，强调集团公司要聚焦煤炭主业制定“十四五”规划，“十四五”期间湘煤供应量要占全省的30%以上。2月25日，副省长陈飞率省直有关部门调研岳阳铁水集运煤炭储备基地项目。

2021年3月5日，湘东公司成立，3月24日，湖南省发展和改革委员会《关于核准湖南省湘东矿业有限公司升级改造项目的批复》（湘发改能源〔2021〕207号）批准湘东公司升级改造，核定生产能力30万吨/年。

2021年3月20日，湘国资产权〔2021〕45号文为优化国有资本布局，做强做大煤炭相关产业，落实“主业归核、资产归集、产业归位”的要求，湖南省国有资产管理集团有限公司持有湖南省煤炭科学研究院有限公司100%的股权、湖南省煤矿安全装备有限公司90%股权、湖南省煤炭有限责任公司95.32%股权、湖南省煤炭进出口有限责任公司100%股权无偿划转至集团公司，划转股权用于增加集团公司注册资本。

2021年6月11日，湖南省副省长陈飞率省直有关部门调研岳阳铁水集运煤炭储备基地项目，强调岳阳铁水煤炭集运项目意义重大，对全省“三高四新”战略实施和全省经济社会发展都将产生深远影响，各方面都要高度重视，大力支持，抓紧推进项目。

2021年9月1日，大岭公司挂牌成立，设计生产能力30万吨/年，核定生产能力21万吨/年。9月3日，瓦斯中心成立，打造在全国具备较强实力和影响力的科学研究、技术应用、项目实施等科工一体化的煤矿安全工程、瓦斯抽采利用综合服务商。9月8日，湘国资产权函〔2021〕150号文将湖南第一工业研究院所持有的湖南煤矿机械有限公司51.3%股权无偿划转至集团公司。11月5日，湖南省副省长陈飞率省直有关部门调研岳阳铁水集运煤炭储备基地项目，要求一定要按既定计划倒排时间、分解任务、抢工期、促进度、强管理、优质量，高效推进项目建设，坚决确保项目在2023年6月30日前投入营运。

2022年1月26日，大数据中心平台上线启动。组建成立湖南省煤炭大数据中心有限公司、搭建煤炭交易平台，是集团公司贯彻落实“三高四新”战略、服务现代化新湖南建设的重要举措，是将集团公司打造成为在全国具有较大影响力的能源产业投资控股集团、省内最大的煤炭供应综合服务商的重要举措，是构建数据引领、物流支撑、资源保障为一体的“湖南省煤炭供应保障体系”的重要举措。

2022年4月12日，集团公司将立达公司、煤安公司、煤机公司等3家企业整合组建装备集团。

2022年5月8日，售电公司人民路杨家山新能源汽车充电站上线运营，配备16个直流电桩，总功率900千瓦。8月16日，售电公司新兰路新能源汽车充电站上线运营，该站点位于天心区新兰路长利电气工业园区内，配备有18把直流快充枪，总功率1080千瓦。为迅速提升新站热度，抢占周边区域市场，售电公司坚持以“线上+线下”双营销模式拓客引流，现场充电车辆爆满。

2022年5月31日，湘国资〔2022〕94号文确定将第一工业设计院整合至集团公司。6月2日，集团公司与兴湘公司签订管理权移交协议。6月17日，湘国资产权〔2022〕104号文将第一工业设计院国有股权无偿划转至集团公司。

第一工业设计院拥有建筑行业（建筑工程）专业甲级、煤炭行业（矿井、洗煤厂）专业甲级设计资质，煤炭、建筑、市政公用工程、生态建设等6个甲级咨询资质，市政公用工程甲级、房屋建筑工程甲级、煤矿和洗煤厂甲级监理资质。

2022年7月26日，湘东公司30万吨/年升级改造工程通过国家矿山安全监察局湖南局、株洲市应急管理局竣工验收；8月25日，获得湖南省应急管理厅复函确认集团公司湘东矿业有限公司生产能力30万吨/年，核发《安全生产许可证》（证号：（湘）MK安许证字〔2022〕028号）。

2022年8月4日，集团公司与岳阳市政府就岳阳铁水集运煤炭储备项目共同签订战略合作协议，项目建设启动“快进键”模式。

2022年8月18日，白沙实业5.68兆瓦分布式光伏发电并网发电。白沙光伏发电是白沙火力发电全面关停退出后，利用自有燃煤电厂拆除机组厂房周边的闲置土地73亩，实现土地综合利用，持续为红卫、南阳、白山坪等矿业公司提供清洁、安全、高效、的绿色新能源，实现“十四五”战略转型发展。

2022年11月26日，岳阳铁水（一期）开工建设。岳阳铁水集运煤炭储备项目是打造国家级北煤南运中转枢纽，湖南煤炭供应保障体系的核心项目。12月7日，湖南省副省长陈飞，现场调研岳阳铁水集运煤炭储备项目，对项目建设提出具体要求。

2022年末，集团公司注册资本18亿元，湖南省人民政府国有资产监督管理委员会占比81%，湖南兴湘投资控股集团有限公司占比10%，湖南省国有投资经营有限公司占比9%。集团公司资产总额147亿元，净资产40.67亿元，资产负债率72.27%。

2022年末，集团公司拥有全资子公司14家，控股子公司2家，直属机构1家，参股企业2家。

2022年末集团公司子公司基本情况见表1-4-18。

表1-4-18 2022年末集团公司子公司基本情况

序号	企业名称	产权状况		是否上市	资产总额（万元）	净资产（万元）	母公司权益（万元）	在职人数（人）	注册地
		属性	比例（%）						
1	湖南煤业股份有限公司（含托管）	控股	56.09	新三板	696559	275914	154760	21188	长沙
2	湖南岳阳铁水集运煤炭储备有限公司	全资	100	否	103720	60297	60297	45	岳阳
3	湖南省煤炭大数据中心有限公司	全资	100	否	2067	2005	2005	7	长沙
4	湖南省煤炭进出口有限责任公司	全资	100	否	30718	3225	3225	69	长沙

表1-4-18（续）

序号	企 业 名 称	产权状况		是否上市	资产总额（万元）	净资产（万元）	母公司权益（万元）	在职人数（人）	注册地
		属性	比例（%）						
5	湖南省煤炭科学研究院有限公司	全资	100	否	22504	21718	21718	338	长沙
6	湖南楚湘建设工程集团有限公司	全资	100	否	199450	23149	23149	661	长沙
7	湘能华磊光电股份有限公司	控股	59.4	否	135179	88923	52820	705	长沙
8	湖南能投售电有限公司	全资	100	否	21461	21000	21000	19	长沙
9	湖南能投智能装备集团有限公司	全资	100	否	85069	30632	30632	666	长沙
10	湖南省煤业集团白沙实业有限公司	全资	100	否	55092	13915	13915	658	衡阳
11	湖南煤业集团资兴实业有限公司	全资	100	否	87928	27624	27624	1055	郴州
12	湖南省煤业集团涟邵实业公司	全资	100	否	63701	41969	41969	116	娄底
13	湖南省煤业集团辰溪实业公司	全资	100	否	4457	3844	3844	79	怀化
14	湖南省煤业集团能投房地产开发有限公司	全资	100	否	40968	18412	18412	47	长沙
15	湖南第一工业设计研究院有限公司	全资	100	否	14391	10568	10568	245	长沙
16	湘煤新疆能源开发有限责任公司	全资	100	否	—	—	—	6	吐鲁番
	内部抵销				-115639	-144336			
总计					1447626	498859		25920	

注：1. 序号9湖南能投智能装备集团有限公司由立达股份、湖南煤机、湖南煤安、湖南能投智能装备有限公司资兴分公司新组建而成，各单位分别控股67%、51.3%、90%、100%。

2. 资产总额和净资产指标总计包括内部抵销，在职人数指标总计未包括集团总部编制98人，其中在岗人数22999人。另有直属机构1家（湖南省煤业集团有限公司培训中心），参股企业2家（湖南文化旅游创业投资基金企业、湖南电力交易中心有限公司）不列入该表。

3. 湘煤新疆能源开发有限责任公司是集团积极推动库木塔格矿区一号露天矿开采工作新设立的公司，暂未进行生产经营活动。

2021—2022年经营业绩实现快速增长。2021年资产总额140.71亿元，较2020年增长14.81%；营业收入152.22亿元，较2020年增长33.93%；利润总额5.19亿元，较2020年增长522.39%。2022年资产总额144.76亿元，同比增长2.88%；营业收入172.02亿元，同比增长13.01%，利润总额10.06亿元，同比增长93.80%。

2020—2022年集团公司主要经济指标实际情况见表1-4-19。2021—2022年集团公司主要经济指标完成情况见表1-4-20。

表1-4-19 2020—2022年集团公司主要经济指标实际情况

指 标	2020年	2021年	2022年
营业收入（万元）	1136545	1522178	1720241
利润总额（万元）	8342	51920	100621
净利润（万元）	3488	39225	80428
资产总额（万元）	1225561	1407108	1447626
负债总额（万元）	850906	983341	948767
所有者权益总额（万元）	374655	423768	498859
经济增加值（万元）	-10623	3625	27532
成本费用总额（万元）	1127220	1474141	1632193
人工成本（万元）	155365	223105	226191

表 1-4-19（续）

指　　标	2020 年	2021 年	2022 年
在岗职工（人）	21536	23233	22999
净资产收益率（%）	0.93	9.83	17.43
总资产报酬率（%）	2.1	2.98	5.63
国有资产保值增值率（%）	100.42	113.11	117.72
年度科技支出总额（万元）	15983	23893	29170
技术投入比率（%）	1.43	1.57	1.70

注：2020 年剔除消化潜亏、新冠防疫和减免租金影响，利润总额为 33565 万元，净利润为 19724 万元。调整后 2020 年经济增加值为 5613 万元，净资产收益率为 4.11%，总资产报酬率为 4.14%，国有资产保值增值率为 104%；2021 年净资产收益率为 8.51%；2022 年净资产收益率为 15.12%。

表 1-4-20　2021—2022 年集团公司主要经济指标完成情况　　万元

项　　目	规　划　值		完　成　值			
	2021 年	2022 年	2021 年	完成率（%）	2022 年	完成率（%）
营业收入	1150000	1360000	1522178	132	1720241	126
利润总额	28000	33000	51920	185	100621	305
净利润	21000	24750	39225	187	80428	325
资产总额	1310000	1600000	1407108	107	1447626	90
负债总额	900000	1080000	983341	109	948767	88
所有者权益总额	410000	520000	423768	103	498859	96
经济增加值	—	—	3625	—	27533	—
成本费用总额	1140000	1190000	1474141	129	1632193	137
人工成本	190000	200000	223105	117	226191	113
在岗职工（人）	22900	23200	23233	101	22999	94
净资产收益率（%）	5.12	4.76	9.83	—	17.43	—
总资产报酬率（%）	2.21	2.27	2.98	—	5.63	—
国有资产保值增值率（%）	108	108	113.11	—	117.72	—
年度科技支出总额	17000	23000	23893	141	29170	127
技术投入比率（%）	1.48	1.69	1.57	—	1.70	—

第二节　资本运作

一、湖南黑金时代股份有限公司（2020 年 6 月更名为湖南煤业股份有限公司）

（一）组建湖南黑金时代股份有限公司

2008 年 9 月 6 日，《湖南省黑金时代股份有限公司组建与上市初步组建方案》呈报湖南省国资委，集团公司作为主发起人，以优质原煤资产出资，联合其他战略投资者，共同发起设立股份公司，申请证券交易所上市交易。9 月 24 日，湖南省国资委批复，同意湘煤集团开展组建股份公司各项筹备工作。11 月 28 日，第一次发起人会议同意，聘请安信证券股份有限公司、开元信德会计师事务所有限公司、北京中天华资产评估有限责任公司、湖南启元律师事务所、湖南万源评估咨询公司和湖南万源矿业权评估咨询公司为股份公司的组建与上市担任财务顾问、财务审计、资产评估、法律咨询、土地评估和矿业权评估咨询工作。

2009 年 3 月，集团公司《关于申请设立湖南黑金时代股份有限公司有关问题的请示》（湘煤集投〔2009〕131 号）呈报湖南省国资委。5

月，湖南省国资委《关于湘煤集团等 7 家企业联合发起设立湖南黑金时代股份有限公司的批复》(湘国资改革函〔2009〕74 号)，批准同意设立“湖南黑金时代股份有限公司”，并同意集团公司联合长安益阳发电有限公司（原国电益阳发电有限公司）、中国大唐集团、湖南湘投高科技创业投资有限公司、涟源钢铁集团有限公司、湖南发展资产管理集团有限公司（原湖南省土地资本经营有限公司、湖南省发展投资集团有限公司）和湖南兴湘投资有限公司等 6 家发起设立，对组建方案、出资方案、总股本、发起人及其认购股份、发起人协议书、公司章程等重大问题予以明确。

2009 年 3 月，集团公司《关于湖南省煤业集团有限公司发起设立湖南黑金时代股份有限公司出资资产价值评估结果备案的请示》(湘煤集投〔2009〕130 号）呈报湖南省国资委。5 月，湖南省国资委对集团公司出资资产的评估结果予以备案。评估基准日 2008 年 10 月 31 日，出资资产评估结果：非货币财产价值为 155868. 182843 万元。

2009 年 6 月 18 日，股份公司创立大会暨第一次股东大会召开。发起人湘煤集团对股份公司出资由非货币财产（含股权资产）和货币资金构成，其中：货币出资 66800. 64979 万元，占总出资额 30%；非货币财产出资 155868. 182843 万元，占总出资额 70%；出资总额 222668. 832633 万元，按 65. 1191% 的折股比例折股，总股本 145000 万股。

股东出资额和出资方式具体如下：集团公司以经评估的非货币财产和货币出资 164774. 936148 万元，按折股比例折算为 107300 万股，占股份公司股份总数的 74%。湘煤集团出资的非货币财产包括金竹山、宝源、嘉禾、马田、湘永、街洞、红卫、白山坪、湘潭矿业、周源山煤矿、集团销售、涟邵销售、资兴销售、白沙销售、煤炭经贸、集团物资、涟邵物资、资兴物资、白沙物资、涟邵、资兴、白沙矿区安全生产管理局等 22 家单位的股权资产或全部资产。长安益阳发电有限公司货币出资 22266. 883263 万元，按折股比例折算为 14500 万股，占股份总数的 10%。大唐集团货币出资 11133. 441632 万元，按折股比例折算为 7250 万股，占股份总数 5%。湘投高创投货币出资 11133. 4416. 32 元，按折股比例折算为 7250 万股，占股份总数 5%。涟钢集团货币出资 5566. 720816 万元，按折股比例折算为 3625 股，占股份总数的 2. 5%。湖南发展资产管理集团有限公司货币出资 5566. 720816 元，按折股比例折算为 3625 万股，占股份总数的 2. 50%。兴湘投资公司货币出资 2226. 688326 万元，按折股比例折算为 1450 万股，占股份总数的 1%。发起人出资总额 222668. 832633 万元。按折股比例，折合为 145000 万股，其中：股本 145000 万元，资本公积 77668. 832633 元。

2009 年末股份公司股权结构见表 1 -4 -21。

表 1 -4 -21　2009 年末股份公司股权结构

股东名称	出 资 方 式	持股数（万股）	股权比例（%）
湘煤集团	货币、非货币资产	107300. 00	74. 00
国电益阳	货币	14500. 00	10. 00
大唐集团	货币	7250. 00	5. 00
湘江产业	货币	7250. 00	5. 00
涟钢集团	货币	3625. 00	2. 50
湘发展	货币	3625. 00	2. 50
兴湘投资	货币	1450. 00	1. 00
合计		145000. 00	100. 00

股份公司引进长安益阳发电有限公司、大唐集团、湘投高创投、涟钢集团、湖南发展资产管理集团有限公司、兴湘投资公司等 6 家股东，从资本市场公开募集现金 5. 79 亿元。

2009 年 7 月 8 日，股份公司获得湖南省工商局核发工商营业执照，企业法人营业执照号 430000000061471，注册地长沙市芙蓉区紫薇路纬二路 1 号，注册资本为人民币 145000 万元，总股本 145000 万股。

依法设立股东大会、董事会、监事会等机构，聘任总经理、副总经理、财务总监、董事会秘书等高级管理人员在内的经营管理层；根据经营管理的需要设置办公室（信息中心）、安全监管部、生产技术部、总工程师室（瓦斯研究室）、战略发展部、人力资源部、劳资社保部、财务部、证券投资部、企管业考部（法律事务室）、工程管理部、环保科技部等 12 个职能部门；同时设立涟邵矿区安全生产管理局、资兴矿区安全生产管理局和白沙矿区安全生产管理局等3个派出机构，分片区进行安全监督和管理。

（二）增资扩股

2011年，湖南省国资委湘国资产权函〔2011〕221号文批准同意股份公司增资扩股及换股收购贵州湘能实业有限公司股权，9月28日，第一届董事会第六次会议通过增资扩股，12月15日，2011年第四次临时股东大会批准增资扩股，12月19日，第一届董事会第八次会议审议增资扩股方案，增资扩股分两步实施。

第一步，2011年12月，股份公司向特定对象募集方式增发43719.95万股股份，新增股权资产净值13.12亿元，其中：湘煤集团、涟钢集团、华银电力以所持贵州湘能公司股权作价参与增发，其他增发对象以现金购股。通过换股方式收购贵州湘能公司，同时，增加大唐华银电力股东，股东从7家增加至8家，注册资本由145000万股变更为188719.95万股，本次增资扩股募集现金1.169343亿元。

2011年末股份公司股权结构见表1－4－22。

表1－4－22 2011年末股份公司股权结构

股东名称	出 资 方 式	持股数（万股）	股权比例（%）
湘煤集团	货币、非货币资产	124992.52	66.2317
涟钢集团	货币、非货币资产	16157.20	8.5615
国电益阳	货币	14500.00	7.6833
华银电力	非货币资产	9583.45	5.0781
大唐集团	货币	9551.05	5.061
湘江产业	货币	7250.00	3.8417
湘发展	货币	4775.52	2.5305
兴湘投资	货币	1910.21	1.0122
合计		188719.95	100.00

第二步，2012年，股份公司增发16280.05万股，通过湖南省联合产权交易所挂牌公开引进北京满瑞佳德投资顾问有限公司、湖南藏晖同金投资合伙企业、广东合银创新投资合伙企业、湖南轻盐创业投资管理有限公司等4家战略投资者。其中：北京满瑞佳德投资顾问有限公司出资27630万元，持股9000万股；湖南藏晖同金投资合伙企业（有限合伙）出资9210万元，持股3000万股；广东合银创新投资合伙企业（有限合伙）出资9210万元，持股3000万股；湖南轻盐创业投资管理有限公司出资3929.7535万元，持股1280.05万股。股份公司实施第二步增资扩股，股东人数从8家增加至12家。注册资本由188719.95万股变更为205000万股，公开征集战略投资人募集现金4.99797535亿元。

2012年7月末股份公司股权结构见表1－4－23。

表1－4－23 2012年7月末股份公司股权结构

股东名称	出 资 方 式	持股数（万股）	股权比例（%）
湘煤集团	货币、非货币资产	124992.52	60.9720
涟钢集团	货币、非货币资产	16157.20	7.8816
国电益阳	货币	14500.00	7.0732
华银电力	非货币资产	9583.45	4.6749
大唐集团	货币	9551.05	4.6590
满瑞佳德	货币	9000.00	4.3902
湘江产业	货币	7250.00	3.5366
湘发展	货币	4775.52	2.3295
藏晖同金	货币	3000.00	1.4634
合银创新	货币	3000.00	1.4634
兴湘投资	货币	1910.21	0.9318
轻盐创投	货币	1280.05	0.6244
合计		205000.00	100.00

（三）股份转让

2010年8月，股份公司第一届董事会2010年第三次临时会议和2010年第二次临时股东大会决议，湘投高科技创业投资公司将所持的股权全部转让给湘江产业投资有限责任公司。

2012年，第一届董事会第十三次会议审议通过，第二次临时股东大会批准，广东合银创新投资合伙企业（有限合伙）将所持的股权全部转让给广州中铁合银投资合伙企业（有限合伙）。

2012年，湖南省国资委湘国资产权函〔2012〕225号文批复同意集团公司将所持有股份公司1亿股股份协议转让给六盘水市开发投资有限公司，股份公司第一届董事会第十四次会议审议通过，第二次临时股东大会做出同意湘煤集团以3.07元/股的价格转让1亿股份给六盘水市开发投资有限公司的决议。六盘水市开发投资有限公司出资3.07亿元受让湘煤集团持有股份公司1亿股股权，股东人数从12家增加至13家。

2014年末股份公司股权结构见表1-4-24。

表1-4-24 2014年末股份公司股权结构

股东名称	出资方式	持股数（万股）	股权比例（%）
湘煤集团	货币、非货币资产	114992.52	56.0939
涟钢集团	货币、非货币资产	16157.20	7.8816
长安益阳	货币	14500.00	7.0732
六盘水投资	货币	10000.00	4.8781
华银电力	非货币资产	9583.45	4.6749
大唐集团	货币	9551.05	4.6590
满瑞佳德	货币	9000.00	4.3902
湘江产业	货币	7250.00	3.5366
湘发展	货币	4775.52	2.3295
藏晖同金	货币	3000.00	1.4634
中铁合银	货币	3000.00	1.4634
兴湘投资	货币	1910.21	0.9318
轻盐创投	货币	1280.05	0.6244
合计		205000.00	100.00

（四）“10黑金时代债”

2010年，根据湖南省国资委《关于湖南黑金时代股份有限公司发行企业债券有关问题的批复》、集团公司第102次董事会议决议、股份公司第一届董事会2010年第一次临时会议、2010年第一次临时股东大会决议，聘请国泰君安证券股份有限公司为主承销商、中诚信国际信用评级有限公司为信用评级机构、湖南金州律师事务所为法律服务机构为发行债券提供服务，湖南湘投控股集团有限公司提供担保。国家发展改革委发改财金〔2010〕2988号文批准，同意发行股份公司6亿元债券。2010年12月31日，“10黑金时代债”（债券代码1080180）在全国银行间债券市场公开发行。同日，中央国债登记结算有限公司开立债券发行账户和登记账户。

2011年1月5日，募集资金到账。“10黑金时代债”发行5年期固定利率债券6亿元，附发行人调整票面利率选择权及投资者回售选择权。本期债券在存续期内前5年票面年利率为5.98%，比同期银行贷款基准利率低42个基点。

2015年11月，评级机构中诚信国际信用评级有限责任公司连续五年发布跟踪评级报告，继续维持湖南黑金时代股份有限公司主体信用等级为AA，评级展望为稳定；维持“10黑金时代债”的债项信用等级为AA+。同年12月，“10黑金时代债”延续2年。

（五）推进IPO上市

2009年6月，股份公司召开第一次股东大会，公司定位为煤炭资源利用与开采，煤炭产品生产与经营及煤炭主业相关的资本运作。

2009年11月10日，湖南省政府组织10个厅局召开专题会议，研究股份公司设立过程中的土地处置、采矿权价款缴纳、环境治理、采矿权证延续和更名、资产评估增值所得税、营业税和印花税、契税、工商登记、纳入省重点上市后备企业及组建与上市等问题，并印发《关于设立湖南黑金时代股份有限公司有关问题的会议纪要》（湘府阅〔2009〕129号文）。

2009年12月，湖南省长沙矿业集团有限公司破产后，股份公司联合广东中铁实业投资有限公司收购破产资产，重组设立股份公司长沙矿业有限公司，并将湘东公司注入长沙矿业公司。

2010年1月18日，湖南省省属监管企业主要负责人会议提出：湖南黑金时代股份有限公司将充分利用证券市场，积极推进资产证券化。

2009年4月，出资2981.2万元，协议收购集团所持冷水江矿业公司全部股权，并作为企业债重要募投项目。8月，收购原湖南省煤业集团牛马司公司破产资产，重组设立牛马司公司。

2009年，依法依规出资4858万元，清理所属8家原煤公司7429名员工持股；收购因采矿权价款转增形成集团对红卫、马田、湘永、白山坪、街洞所持国有股本；落实湘国土函〔2009〕350号文的规定，有偿处置10家原煤公司和黄牛岭的146宗划拨土地。

2009年，股份公司列入2010年湖南省重点企业上市后备资源库。

2011年3月、6月、9月，股份公司召开3次专题会，精心筹划，规范运作，全力推进上市工作。2011年6月、7月，举办A股发行上市辅导集中培训班，公司高管和总部管理人员累计集中辅导培训 10 次。

2011 年，集团公司所持南阳、湘东、湘潭、贵州湘能、辰溪等 5 家原煤生产企业的资产注入股份公司，清理黄牛岭矿业公司职工股。

2011 年，股份公司组织 6 家中介机构，尽职调查南阳、兴源、黄牛岭、洪山殿、辰溪、贵州湘能 6 家原煤公司，安信证券提交了调查报告；制订《湖南黑金时代股份有限公司上市前应解决的问题及解决方案》。股份公司列入 2011 年湖南省重点企业上市后备资源库。

2012 年 2 月，股份公司组织中介机构尽职调查 16 家原煤公司和集团所属洁净煤、资兴焦电、永耒铁路等相关单位，通过二次深度调研和论证，查摆问题，细化工作方案，安信证券提交了《关于湖南黑金时代股份有限公司首发上市申报前重点推进和解决问题的说明》，列出 22 项重点工作。

2012 年 4 月，股份公司召开股份公司上市攻坚大会，大会确定上市攻坚目标：2012 年 9 月 30 日为 IPO 审计基准日，2012 年 12 月 31 日，IPO 申报材料报中国证监会审核。2013 年上半年，上海证券交易所股份公司上市交易。按照既定目标，对照安信证券《关于湖南黑金时代股份有限公司首发上市申报前重点推进和解决问题的说明》所列 22 项重点工作，将职责和任务予以落实。同年 8 月，实施剥离非主业资产，转让湘潭矿业公司下属和宇置业。12 月，剥离移交职工医院、幼儿园、转供电等企业办社会职能。

2012 年 9 月 3 日，湖南省政府副秘书长主持召开研究股份公司上市有关问题专题会议，湖南省发改委、省财政厅、省人社厅、省国土资源厅、省环保厅、省住建厅、省国资委等 15 个厅局领导参加专题会议，就采矿权价款缴纳、采矿权证办理、兴源公司土地处置、募投项目核准、资产转让评估增值税费、上市环保核查、出具上市合规证明等 7 个方面的问题进行专题研究，印发《关于加快推进湖南黑金时代股份公司上市有关问题的会议纪要》（湘府阅〔2012〕76 号文）。

2012 年，集团公司所持黄牛岭、祥和、唐洞、洪山殿公司股权划转给兴湘投资公司。股份公司出资 10562. 027 万元，协议收购集团公司所持新疆能源公司 70% 股权；出资 10206. 22 万元，协议收购集团所持兴源公司全部股权；出资 29490. 65 万元，协议收购集团公司所持洁净煤公司 86. 31% 的股权。

2012 年，按照上市公司必须依法经营的要求，股份公司取得了税务、安监、环保、国土、诉讼、工商、社保、海关、外汇等部门首轮上市无违规证明。

2012 年，股份公司获得国土资源部《关于〈湖南省资兴市周源山煤矿煤炭资源储量核实报告〉矿产资源储量评审备案证明》（国土资储备字〔2012〕452 号）、《关于〈湖南省冷水江市塘冲煤矿煤炭资源储量核实报告〉矿产资源储量评审备案证明》（国土资储备字〔2012〕475 号）等 18 家原煤生产公司 54 对矿井资源储量备案文件。

2013 年 4 月，进一步规范集团公司治理，董事会、监事会换届，设立审计委员会、战略委员会、预算与关联交易委员会、提名与薪酬及考核委员会等 4 个专业委员会，独立董事占 1/3 以上，符合上市规范要求。制定董事会审计委员会议事规则、董事会战略委员会议事规则、董事会预算与关联交易委员会议事规则、提名与薪酬及考核委员会议事规则、董事会秘书工作制度，修订公司章程、信息披露管理制度等。

2013 年 10 月，召开上市申报平衡会，会议确定：2013 年 12 月 31 日，上市审计基准日；2014 年 4 月 30 日前，上市申报材料报中国证券会。

2013 年，向国家环保部呈报环保核查的申请文件，经环保部审核，环保部印发《关于湖南黑金时代股份有限公司上市环保核查意见的函》（环函〔2013〕261 号）。

2013 年，土地使用证、采矿许可证、排污许可证、取水许可证、安全生产许可证、矿长资格证、营业执照、房屋所有权证、机动车行驶证等 12 证 1 照，近一万本权证均办理齐全，建立权证台账并跟踪管理，即将到期的采矿权证、车辆行驶证等在到期前及时办理延期，确保各类权证合法有效。

2013 年，制定《湖南黑金时代股份有限公司关联交易管理办法》《湖南黑金时代股份有限公司董事会预算与关联交易委员会议事规则》，科学规范关联交易，关联交易均通过股东大会确认，公司与股东之间的关联交易做到公平、公正和公允。

2013 年，募投项目获得立项审批，采掘机械化升级改造项目、嘉禾矿业公司浦溪井扩建工程和兴源矿业公司伍家冲煤矿扩建工程等 3 个募投项目完成可行性研究报告，取得项目备案核准和项目环评批复。

2013 年底，在股东、董事会、监事会、经理层及全体员工共同努力下，股份公司上市前 22 项重点工作、180 个重要问题基本得到解决。

2014 年，上市申报《股份公司首次公开发行股票（A 股）招股说明书（申报稿）》《关于湖南黑金时代股份有限公司首次公开发行股票并上市的律师工作报告》《关于湖南黑金时代股份有限公司首次公开发行股票（A 股）并上市的法律意见书》《审计报告》《内部控制鉴证报告》《验资事项专项复核报告》《申报财务报表与原始财务报表差异情况的专项审核报告》《净资产收益率和每股收益明细表专项审核报告》《主要税种纳税情况的专项审核报告》《非经常性损益的专项审核报告（2011—2013 年度）》等，按照证监会 IPO 要求，整理、汇总 36 项申报材料。5 月，《湖南黑金时代股份有限公司首次公开发行股票并上市申请文件》全稿原件，送安信证券北京总部。安信证券出具《关于接收湖南黑金时代股份有限公司首次公开发行股票并上市申请文件的函》(安证函〔2014〕22 号)，内部审查上市申请文件，组织专家评审，依程序向中国证券会呈报申请文件。

（六）新三板上市

因经济增速放缓、能源结构调整等因素影响，从 2013 年开始，全国煤炭产能过剩逐步显现，供大于求的局面持续突出，煤炭销售价格大幅下降，导致煤炭企业效益普遍下滑，2015 年股份公司煤炭平均售价降至 390 元/吨，个别煤矿煤炭售价跌破矿井原煤单位成本，煤炭生产亏损严重，集团公司省内煤炭板块实行“有序收缩、优胜劣汰”，加快结构调整步伐。股份公司主板 IPO 上市受阻，转向“新三板”寻求突破，2015 年，股份公司开始实施推进新三板上市工作。

2015 年 1 月 6 日，集团公司召开股份公司新三板上市专题工作会议，决定加快推进股份公司新三板挂牌。2 月，《湖南省国资委关于湖南黑金时代股份有限公司到全国中小企业股份转让系统挂牌有关问题的意见函》(湘国资产权函〔2015〕21 号）批准同意股份公司到全国中小企业股份转让系统挂牌。7 月 3 日，集团公司召开党政联席会和董事会会议，会议决定：2015 年 6 月 30 日为股份公司新三板上市审计基准日，推进新三板上市申报工作。9 月，股份公司第二届董事会第十次会议、2015 年第三次临时股东大会同意，申请新三板挂牌。聘请国海证券股份有限公司、锦天城律师事务所和利安达会计师事务所分别作为新三板挂牌的主办券商、律师事务所和会计师事务所。10 月，国海证券和锦天城律师事务所内部审核，向全国中小企业股份转让系统呈报申报材料，取得股转公司的受理通知书。11 月，股转公司出具第一次反馈意见。12 月，按照股转公司要求将第一次反馈回复意见呈报股转公司。

2016 年 6 月，股份公司在全国中小企业股份转让系统（新三板）挂牌上市，证券简称“湖南煤业”，证券代码 837893。

2017 年 9 月 18 日，集团公司第三届董事会第四十九次会议研究审议通过《关于支持黑金股份归还到期企业债的议案》，并决议：集团公司同意筹集资金 4 亿元借支（期限 1 年，利率为企业债票面利率）给股份公司用于专项归还企业债，同时股份公司通过盘活存量、压缩开支、增产增收等措施筹措资金。12 月，债券本金及利息已全部付清。

2020 年 6 月 28 日，湖南黑金时代股份有限公司更名为湖南煤业股份有限公司。2018—2022 年，股份公司总股本、股本结构没有变更。

二、湘煤立达矿山装备股份有限公司

2005 年，株洲煤矿机械厂、株洲力达液压机械有限责任公司和职工共同持股成立“株洲力能型煤机械有限责任公司”。2008 年 12 月 31 日，株洲煤矿机械厂破产。2009 年 12 月，依据湖南省国资委湘国资改组函〔2009〕239 号文，集团公司联合株洲市国有资产投资控股集团有限公司、株洲瑞升投资咨询有限公司、株洲瑞力投资服务有限公司共同发起组建湘煤立达矿山装备股份有限公司（简称湘煤立达），收购、重组株洲煤矿机械厂和株洲力达液压机械有限责任公司资产。股东出资总额 17000 万元，注册资本 11050 万元，其中：集团公司出资 11390 万元，持有股份 67%；瑞升投资出资 2550 万元，持有股份 15%；株洲国投出资 2210 万元，持有股份 13%；瑞力投资出资 850 万元，持有股份 5%。2012 年，公司按股东持股比例增资扩股，注册资本增至 13247 万元。

2015 年 8 月 27 日，集团公司第二届董事会第四十一次会议做出立达公司申请到全国中小企业股份转让系统上市挂牌决议，并以《关于湘煤立达矿山装备股份有限公司申请到全国中小企业股份转让系统挂牌的请示》（湘煤集投〔2015〕219 号）呈报湖南省国资委。9 月 22 日，湖南省国资委《关于湘煤立达矿山装备股份有限公司到全国中小企业股份转让系统挂牌有关问题的意见函》（湘国资产权函〔2015〕138 号）同意立达公司申请在全国中小企业股份转让系统上市挂牌。

2015 年，聘请安信证券股份有限公司、湖南启元律师事务所和天职国际会计师事务所分别作为新三板挂牌的主办券商、律师事务所和会计师事务所。11 月，安信证券内部审核湘煤立达新三板申报材料，并向全国中小企业股份转让系统呈报申报材料，取得股转公司的受理通知书。12 月 25 日，取得股转公司第一次反馈意见。

2016 年 2 月，立达公司在全国中小企业股份转让系统（新三板）挂牌上市，证券简称：湘煤立达，证券代码 836605。

2016—2022 年，立达公司总股本及股本结构没有变更。

2022 年，集团公司实施产业优化整合，同年 4 月，组建装备集团，立达公司出资股东由集团公司变更为湖南能投智能装备集团有限公司。

三、湘能华磊光电股份有限公司

2008 年 6 月，集团公司、北京新华联产业投资有限公司等 9 家股东出资成立华磊光电。华磊光电主要经营发光二极管（LED）外延材料产品、芯片器件、LED 封装及相关应用产品的生产和自产产品的销售，承接 LED 照明工程及提供相关的技术咨询、节能服务。

华磊光电自成立以来，一直十分重视融资工作。其中 2009—2011 年，集团公司先后 3 次对华磊光电增资扩股，共投入资金 2 亿元。同时，华磊光电的优势产业和资源，受到外部投资者的青睐，2011 年 9 月，17 家投资公司参与 400 多个回合的竞争，通过考察选择，引进北京新华联产业投资有限公司、北京瑞华景丰投资中心（有限合伙）、上海新理益集团投资公司、湘江产业投资有限责任公司、厦门来尔富股权投资有限公司 5 家实力投资公司，经湖南省产权交易所挂牌，以每股 3.7102 元的价格，一次性从资本市场公开募集资金 7.89 亿元。具体股权变更情况如下：

2008 年 7 月 26 日，股东缴纳第一期出资，实收资本 3632.305 万元，其中：集团公司资兴实业有限公司出资 3474.75 万元，持股 95.66%；濬辰科技有限公司出资 157.555 万元，持股 4.34%。

2009 年 11 月 18 日，股东缴纳第二期出资，实收资本增加至 13661.555 万元。其中：集团公司出资 2515 万元，持股 18.41%；集团公司资兴实业出资 2725 万元，持股 19.95%；湖南省资兴焦电股份公司出资 8264 万元，持股 60.49%；濬辰科技有限公司出资 157.555 万元，持股 1.15%。

2009 年 9 月 26 日，公司由原名“湖南省华磊光电有限责任公司”变为“湘煤华磊光电有限责任公司”。

2010 年 4 月 8 日，股东缴纳第三期出资，实收资本增加至 14059.633 万元。其中：集团公司出资 2515 万元，持股 17.89%；集团公司资兴实业公司出资 2725 万元，持股 19.38%；湖南省资兴焦电股份公司出资 8264 万元，持股 58.78%；濬辰科技有限公司出资 555.633 万元，持股 3.95%。

2010 年 6 月 25 日，股东缴纳第四期出资，实收资本增加至 24842 万元。其中：集团公司出资 12575 万元，持股 50.62%；集团公司资兴实业公司出资 2725 万元，持股 10.97%；湖南省资兴焦电股份公司出资 8982 万元，持股 36.16%；濬辰科技有限公司出资 560 万元，持股 2.25%。

2010 年 7 月 23 日，根据股东会决议和郴州市招商合作局《关于合资企业湘煤华磊光电有限责任公司股权转让及撤销批准证书的批复》（郴招外资〔2010〕27 号），澬辰科技有限公司将其持有的股份协议转让给郴州澬辰科技有限公司；湖南省资兴焦电股份公司将其持有的股份、集团公司资兴实业公司将其持有的股份协议转让给集团公司。股份转让后，集团公司出资 24282 万元，持股 97.75%；郴州澬辰科技有限公司出资 560 万元，持股 2.25%。

2010 年 7 月 30 日，办理工商变更登记，取得郴州市工商行政管理局核发《企业法人营业执照》（注册登记号：431000400001340），企业类型由中外合资变更为有限责任公司。

2010 年 8 月 10 日，根据湖南省国资委《关于湘煤华磊光电有限责任公司整体变更为股份有限公司有关问题的批复》（湘国资改革函〔2010〕196 号）和股东会决议，注册资本变更为 11500 万元，实收资本 11500 万元。集团公司持股 97.75%，郴州澬辰科技有限公司持股 2.25%。

2010 年 8 月 13 日，郴州市工商行政管理局批准，公司名称"由湘煤华磊光电有限责任公司"变更为"湘能华磊光电股份有限公司"。

2010 年 9 月 28 日，股东大会决议，注册资本变更为 19959.7273 万元，实收资本 19959.7273 万元。其中：集团公司持股 98.39%；郴州澬辰科技有限公司持股 1.61%。

2011 年 4 月 22 日，根据湖南省国资委《关于湘煤华磊光电有限责任公司整体变更为股份有限公司有关问题的批复》（湘国资改革函〔2010〕196 号）、股东大会决议、增资扩股合同、湖南省联合产权交易所有限公司出具的《产权交易鉴证书》及湖南省国资委核发的《产权交易鉴证复核通知书》等文件，申请增资扩股 16433.6713 万股，新增注册资本 16433.6713 万元，注册资本变更为 36393.3986 万元，实收资本（股本）36393.3986 万元。其中：集团公司持股 53.96%；北京新华联产业投资有限公司持股 13.74%；北京瑞华景丰投资中心（有限合伙）持股 10.99%；新理益集团有限公司持股 8.24%；湘江产业投资有限责任公司持股 7.70%；厦门来尔富贸易有限责任公司持股 4.12%；郴州澬辰科技有限公司持股 1.25%。

2011 年 6 月，根据湖南省国资委《关于湘煤华磊光电股份有限公司境内管理层与技术骨干增资持股有关问题的批复》（湘国资产权函〔2011〕114 号）和股东大会决议，增资扩股 576.56 万股，新增注册资本 576.56 万元。注册资本 36969.9586 万元。实收资本（股本）36969.9586 万元。其中：集团公司持股 53.12%，北京新华联产业投资有限公司持股 13.52%，北京瑞华景丰投资中心（有限合伙）持股 10.82%，新理益集团有限公司持股 8.11%，湘江产业投资有限责任公司持股 7.58%，厦门来尔富贸易有限责任公司持股 4.06%，郴州澬辰科技有限公司持股 1.23%，郴州华创投资有限公司持股 1.56%。

2013 年 9 月 6 日，股东大会决议，新理益集团有限公司将其持有股份协议转让给天茂实业集团股份有限公司，厦门来尔富贸易有限责任公司将其持有股份分别转让给海峡富国投资基金（福建）有限合伙企业和深圳七匹狼晟联股权投资基金有限公司。公司股权结构变更为：集团公司持股 53.12%，北京新华联产业投资有限公司持股 13.52%，北京瑞华景丰投资中心（有限合伙）持股 10.82%，天茂实业集团股份有限公司持股 8.11%，湘江产业投资有限责任公司持股 7.58%，海峡富国投资基金（福建）有限合伙企业持股 2.03%，深圳七匹狼晟联股权投资基金有限公司持股 2.03%，郴州华创投资有限公司持股 1.56%，郴州澬辰科技有限公司持股 1.23%。

2015 年 4 月 30 日，股东大会决议，海峡富国投资基金（福建）有限合伙企业将其持有股份协议转让给厦门来尔富贸易有限责任公司。股权结构变更为：集团公司持股 53.12%，北京新华联产业投资有限公司持股 13.52%，北京瑞华景丰投资中心（有限合伙）持股 10.82%，天茂实业集团股份有限公司持股 8.11%，湘江产业投资有限责任公司持股 7.58%，厦门来尔富贸易有限责任公司持股 2.03%，深圳七匹狼晟联股权投资基金有限公司持股 2.03%，郴州华创投资有限公司持股 1.56%，郴州澬辰科技有限公司持股 1.23%。

2015 年 6 月 5 日，根据 2014 年股东大会决定，注册资本增加 487.4376 万元，变更后注册资本为 37457.3962 万元。新增注册资本由集团公司、厦门来尔富贸易有限责任公司、深圳七匹狼晟联股权投资基金有限公司、郴州华创投资有限公司认缴。股权结构为：湘煤集团持股53.26%，北京新华联产业投资有限公司持股13.35%，北京瑞华景丰投资中心（有限合伙）持股10.68%，天茂实业集团股份有限公司持股8.01%，湘江产业投资有限责任公司持股7.48%，厦门来尔富贸易有限责任公司持股2.17%，深圳七匹狼晟联股权投资基金有限公司持股2.17%，郴州华创投资有限公司持股1.67%，郴州濬辰科技有限公司持股1.21%。

2015年，根据股东大会决定，注册资本增加1350.3649万元，变更后注册资本为38807.7611万元，新增注册资本由集团公司认缴。变更后股权结构为：集团公司持股54.89%，北京新华联产业投资有限公司持股12.88%，北京瑞华景丰投资中心（有限合伙）持股10.31%，天茂实业集团股份有限公司持股7.73%，湘江产业投资有限责任公司持股7.22%，厦门来尔富贸易有限责任公司持股2.10%，深圳七匹狼晟联股权投资基金有限公司持股2.10%，郴州华创投资有限公司持股1.60%，郴州濬辰科技有限公司持股1.17%。

2018年，根据5月16日股东会决议，注册资本增加4892.3679万元，注册资本变更为43700.129万元。新增股份认购价2.1462元/股，新增注册资本由集团公司、北京新华联产业投资有限公司认缴。变更后股权结构为：集团公司持股59.4%，北京新华联产业投资有限公司持股11.97%，北京瑞华景丰投资中心（有限合伙）持股9.15%，新理益集团有限公司持股6.86%，湘江产业投资有限责任公司持股6.41%，厦门富益升股权投资有限公司持股1.86%，深圳七匹狼晟联股权投资基金有限公司持股1.86%，郴州华创投资有限公司持股1.43%，郴州濬辰科技有限公司持股1.04%。

2019—2022年，注册资本（实收资本）、股权结构没有变更。

2022年末，华磊光电总资产135315万元，净资产88920万元。拥有28台MOCVD外延芯片制造规模，生产能力GaN基外延片440万片/年、芯片600万片/年。主导产品为高光效白光LED照明芯片、电视/手机背光芯片、mini-LED芯片、紫外芯片以及车灯芯片等。

四、湖南省煤业集团新疆能源有限公司

2009年3月10日，新疆能源公司在新疆吐鲁番地区鄯善县注册成立。注册资本金1亿元，其中集团公司持股97%，楚湘建工持股3%。

2011年，集团公司收购楚湘建工所持全部股权，集团公司将所持新疆能源公司的股权全部转让给股份公司。4月，经湖南省国资委批准，通过湖南省产权交易中心挂牌，公司引进中联华夏投资集团有限公司（以下简称：中联华夏）战略投资者参股投资4286万元，股权变更中联华夏持股30%，股份公司持股70%，公司注册资本金变更为1.4286亿元。

2015年1月，经湖南省国资委批准，股份公司转让其所持19%的股权给中国万向控股有限公司（以下简称：中国万向），出让价2714.14万元。股权变更为：股份公司持股51%，中联华夏持股30%，中国万向持股19%。

2016—2022年，注册资本、股权结构没有变更。

五、划拨土地作价出资（入股）增加国有资本金

2019年，集团公司实施第一轮资本结构优化，引入权益工具投资12亿元。为满足集团公司转型发展的融资需求，进一步提升股份公司防范系统性金融风险能力，实现集团公司高质量发展，股份公司必须持续推进资本结构优化。

2020年，进一步优化股份公司资本结构，防控系统性金融风险，提高企业资产运行质效，集团公司制定出台《湖南煤业股份有限公司资本结构优化工作方案》（湘煤集财〔2020〕225号），推进第二轮资本结构优化。成立资本结构优化工作专门班子，廖建湘任组长，文仕秋任副组长，贺灿星任优化办主任。通过划拨土地作价入股、定向增发购买或注入柳树冲煤矿等煤矿项目资产、矿业资产评估增值、新疆资产评估增值等一系列资本结构优化项目操作，实现集团公司增量资源整合，盘活存量资源，保障资产安全，快速提升企业资产规模，降低财务杠杆率，增强全集团的投融资能力和抗市场风险能力。土地作价入股工作取得了实质性成效，其他项目也在推

进。根据湖南省国资委、省自然资源厅的统一部署，集团公司对所属单位的土地进行全面清查摸底，召开专题工作会议及培训会议，出台专项考核办法，完成土地处置内部审批程序，清理土地权属关系，完成了土地确权、地籍测绘、土地历史沿革溯源等工作，取得省自然资源厅前置审查函。

2021—2022年，贯彻落实湖南省自然资源厅《湖南省省属国有企业原划拨土地作价出资（入股）管理办法（试行）》（湘自资规〔2021〕7号文）精神，集团公司分四批强力推进了划拨土地作价出资（入股）工作。湖南省政府同意集团公司划拨土地35宗4052亩，地价8.6亿元以作价出资（入股）方式进行处置；划拨土地1123亩，地价2.1亿元已经完成组卷并报省自然厅审批；已出具评估报告报湖南省自然资源厅评审的有1家单位，地价约0.9亿元，以上共计11.6亿元。正开展评估工作6家单位，另5家划拨土地经湖南省自然资源厅发函，所在地政府自然资源部门正在开展前置审查。资兴实业已取得了集团公司首批作价出资（入股）不动产证。集团公司的完成工作总量及进度均位于省管企业前列。

湖南省政府将原划拨土地作价出资（入股）注入集团公司，有利于做实做厚资本金，降低资产负债率，在提高融资保障能力方面发挥重要作用，改善资本结构，增强企业的核心竞争力，助推企业规模持续扩大，提高整体竞争力，为实现战略目标保驾护航。

六、盘活立达矿山装备股份有限公司老厂区土地

2021年6月24日，集团公司第四届董事会第四十四次会议，同意将立达公司老厂区土地及厂房等地面资产注入立达公司全资子公司湖南立达选矿成套装备有限公司，同意湖南立达选矿成套装备有限公司在湖南省联合产权交易所挂牌公开转让全部股权。

2021年10月21日，集团公司第四届董事会第五十七次会议，同意立达公司所持湖南立达选矿成套装备有限公司100%股权，湖南省联合产权交易所公开挂牌转让底价11385.16万元。

2021年10月22日，湖南省联合产权交易所交易平台预公告，转让湖南立达选矿成套装备有限公司100%股权（国资监测编号G32021HN1000123－0）。2021年10月28日，湖南省联合产权交易所交易平台挂牌，正式公告转让湖南立达选矿成套装备有限公司100%股权（国资监测编号G32021HN1000123），转让底价为11385.16万元。

2021年11月19日，集团公司第四届董事会五十九次会议，同意涟邵实业公司参股企业湖南省娄底市联众置业发展有限公司所属全资子公司娄底市兴洪物业管理有限公司参与摘牌收购立达选矿公司100%股权。同年12月，娄底市兴洪物业管理有限公司摘牌获得了湖南立达选矿成套装备有限公司100%股权，按股权转让合同约定支付了股权转让价款，并办理了湖南立达选矿成套装备有限公司股东变更手续。

七、引进战略投资者参股煤炭运销大平台

充分发挥岳阳铁水集运煤炭储备项目资源整合、业务整合优势，集团公司内煤炭贸易企业实施必要的整合重组，构建煤炭物流、购销大平台，打造湖南省最大煤炭供应综合服务商。深度重组整合岳阳铁水、大数据中心、销售子公司、中南煤炭运销、省煤炭公司资产、业务、人员，组建煤炭运销平台。

2019年12月，集团公司出资成立岳阳铁水，注册资本12亿元。

岳阳铁水是国家北煤南运战略运输通道浩吉铁路在湖南区域的配套集疏运系统——湖南岳阳铁水集运煤炭储备项目的运营主体，肩负做好湖南煤炭战略储备，构建湖南煤炭产供储销、煤炭物流和综合服务新格局的重大使命。岳阳铁水集运煤炭储备基地项目是湖南省“2021—2022年重点建设项目”“重点能源项目”、国家发展改革委“煤炭战略储备项目”和国家发展改革委、自然资源部、交通部、国家铁路局、国铁集团联合确定2022—2023年铁路专用线重点项目。岳阳铁水集运煤炭储备基地项目为浩吉铁路和海进江煤炭入湘的集疏运系统，可实现铁转水、铁转铁、水转水、水转铁等多式联运，集煤炭贸易、货物仓储、铁路运输、港口运营、物流园服务于一体，全力构建湖南省煤炭供应保障体系，构筑煤炭现代物流新格局、煤炭供应综合服务新格

局，助推集团公司打造湖南省能源保障主平台。

大数据中心为集团二级子公司，主要依据“互联网+煤炭”，为产运销三方共同搭建统一、开放、公平、内容全方位、服务全渠道、用户全参与、资源全共享、跨区全支持、过程全监控的煤炭交易平台，注册资本2000万元。

销售子公司是股份公司的全资子公司，注册资本1亿元，主营煤炭贸易，承担省外煤集采和调入湘分销，助力集团公司打造湖南省能源保障主平台。中南煤炭运销注册资本5000万元，股份公司持股51%，陕西煤炭运销集团持股49%，主营煤炭及制品采购与销售。省煤炭公司注册资本1572.46万元。

集团公司与晋能控股集团、山东能源集团、陕煤化工集团、国家能源集团、云煤集团、华能集团、华电集团、大唐集团、国电集团、华润集团、中石化、海螺水泥等300多家上下游大中型企业建立合作伙伴关系，煤炭销量3000多万吨/年。

“十四五”建设“一平台”“一枢纽”“五基地”“一资源集运”等项目，“十四五”期末构建“通道+枢纽+基地+配送”物流体系。打通煤炭物流终端配送网络，高效服务省内各大用煤企业。并同步在蒙西、陕北等资源地，以煤炭贸易战略合作方式整合构建煤炭集运系统。推动物流配送、应急储备、煤炭交易、集采统销、分选配煤、质检服务、供应链金融等七位一体整合协同，构筑湖南省煤炭市场新格局、湖南省煤炭现代物流新格局、湖南省煤炭供应综合服务新格局，打造湖南省最大煤炭供应综合服务商。

为充分体现煤炭产业链、供应链优势，促进项目经营质效提升和高质量发展，引进上游煤炭资源方、下游市场客户方中实力雄厚、管理经营丰富的央企或国企战略合作，参股投资集团公司煤炭运销大平台，构建“资源+物流+市场”产业链格局。

八、引入战略投资者参股湖南能投售电公司

2016年12月，湖南省国资委批准成立售电公司，注册资本5000万元。根据《湖南省售电公司准入与退出管理实施细则》有关规定，2018年9月5日，集团公司第三届董事会第八十九次会议研究决定：售电公司注册资本增加至2亿元。2020年6月4日，根据湘国资投备〔2018〕063号文精神，集团公司第四届董事会第十次会议，审议实缴注册资本议案，并做出同意售电公司实缴注册资本增加至2亿元决议。2020年7月3日，注册资本金全额实缴到位。

售电公司是湖南省能源局第一批批准设立的售电企业；是湖南省政府、省国资委和集团公司充分利用其资源平台优势，在国家推进新一轮电力体制改革之初成立的致力于服务省属国有企业、在湘央企和重点民营企业的省属国有购售电主平台；是省电力市场管理委员会委员单位。作为湖南省煤业集团新能源板块的重要平台与抓手，2022年交易电量规模超80亿度，客户电力保障率100%，是湖南省售电行业的领军企业，随着规模的进一步扩大，增资扩股，引入战略投资者参股能投售电公司。

第三节 投 资 融 资

一、投资

（一）投资管理

1. 投资管理机构及职责

战略投资部是集团公司投资管理的主要部门，主要负责固定资产投资、股权投资。固定资产投资包括基本建设、技术改造及重大技术开发投入；股权投资包括设立全资或合资企业、控股或参股企业、对出资企业增资等。集团公司投资遵循6项原则：投资主体具备投资资格；“谁投资，谁论证”；符合国家产业、技术、环保、土地等政策，符合湖南省政府和湖南省国资委有关国有经济战略布局与结构调整的总体方向，符合湖南省国资委对集团公司董事会的投资授权；符合集团公司发展战略，有利于培育和壮大企业主业，有利于调整产业结构，有利于提高企业自主创新能力和核心竞争能力；投资项目预期经济效益达到行业优秀水平，并有严格的风险防范措施；投资与自身投资能力相匹配，投资规模与企业资产经营规模、资产负债水平以及实际筹资能力、管控能力和抗风险能力相适应，自有资金不得低于项目投资额30%等6项原则。

战略投资部主要职责：负责投资战略研究，建立、修订和完善集团公司投资管理制度，负责

集团公司范围内所有投资活动的日常管理工作，组织投资项目论证、立项、审批或备案等管理日常工作；牵头组织集团公司、下属单位编制投资规划、投资计划；牵头负责集团公司工程项目建设管理，投资项目前期风险评估，投资项目后评价的管理工作；归口管理所投企业股权代表行权的管理工作。

投资主体的主要职责：负责投资项目的前期调研、可行性研究、投资项目的筹资、实施、运营、取得收益和风险控制等工作。

为实现集团公司战略发展目标，规范投资行为，提高投资决策水平，实现投资效益最优化，规避投资风险，依据国家、省有关法律法规，制订印发了《湖南省煤业集团有限公司投资管理制度》《湖南省煤业集团有限公司投资管理办法》《湖南省煤业集团有限公司股权管理制度》《湖南省煤业集团有限公司中央预算内投资项目管理办法》。这些文件对投资管理组织机构及职能职责、投资项目前期调研、投资项目可行性研究、投资项目决策、投资项目初步设计、投资项目过程控制、投资项目后评估、投资的清算和处置、投资信息管理作出了明确规定。

2. 投资决策管理

投资项目主要流程：投资机会研究、项目建议书、项目预立项、项目可行性研究、项目可行性论证与评估、合规合法审查、项目决策、项目审批、项目立项等阶段。

集团公司董事会是投资决策的主体，对集团公司范围内所有投资具最高决策权，并承担决策责任。集团公司党委对属于“三重一大”的大额投资履行前置研究程序，提出意见或建议，集团公司经理层负责投资实施工作，各法人单位具体组织项目实施。

（二）重点投资项目

1. 煤炭能源板块

1）煤矿安全改造中央预算内投资项目

国家、省政府大力支持集团公司煤矿安全改造，2007—2023 年，中央预算内投资煤矿安全改造项目 251 个，项目总投资 493428 万元。其中：中央预算内投资 123995 万元，地方配套 42962 万元，企业自筹 326471 万元。2007—2022 年煤矿安全改造中央预算内投资项目见表 1-4-25。

表 1-4-25 2007—2022 年煤矿安全改造中央预算内投资项目 万元

年份	项目个数	中央资金	地方配套	企业自筹	合计
2007	19	8759	3505	22762	35026
2008	20	7167	2868	29829	52861
2009	12	10149	4060	19626	33835
2010	34	9433	3776	18220	31429
2011	13	9973	3988	19279	33240
2012	8	3982	1593	7700	13275
2013	17	8635	3455	16694	28784
2014	14	8922	3770	19331	32023
2015	10	6838	2735	13218	22791
2016	14	11213	4486	21676	37375
2017	12	7221	2888	13960	24069
2018	15	9773	3909	18895	32577
2019	15	6147	1026	13317	20490
2020	6	3850	903	13280	18033
2021	12	3685	0	28866	32551
2022	11	1902	0	8664	10566
合计	232	117649	42962	285317	445928

2）铜角湾煤矿改扩建

2006 年，湖南省发展和改革委员批准同意铜角湾煤矿改扩建，生产能力由 7 万吨/年扩建到 21 万吨/年，净增加生产能力 14 万吨/年。新建立井井口标高 +128 米，井底标高 -550 米，井筒直径 6 米，井筒深度 700.6 米，橹式钢架结构井架，单层双车罐笼提升，概算投资 1.5 亿元。矿建工程及设备安装由楚湘建工中标施工，2008 年 11 月开工建设，2010 年 9 月改扩建工程联合试运转。2009 年 12 月立井井筒成巷 113 米，创湖南立井掘进最高纪录，铜角湾立井井筒工程获得煤炭行业“太阳杯”工程奖和行业优质工程奖。

3）新星煤矿产业升级改造

2010 年 5 月，《湖南省发展和改革委员关于湖南省煤业集团马田矿业有限公司新星煤矿产业升级改造项目核准的批复》（湘发改交能〔2010〕422 号）批准立项，新星煤矿生产能力由 21 万吨/年升级改造为 45 万吨/年。

2011 年 9 月，《湖南省煤炭工业局关于马田矿业有限公司新星煤矿产业升级改造初步设计的批复》(湘煤规〔2010〕148号)批复项目初步设计。《湖南煤矿安全监察局关于马田矿业有限新星煤矿产业升级改造安全专篇的批复》(湘煤安全监察局〔2011〕218号)批复安全设施设计。12月，一期工程开工，2013年3月完工。主立井延深至-400米水平。2012年5月，二期工程开工建设，至2014年12月底完成工程4269.7米，形成-400米水平供电、排水系统。累计完成投资13544.53万元。

2015年，因受经济增速放缓、能源结构调整影响，煤炭产能严重过剩，供给量大于需求量，煤炭滞销，矿井效益下降，为落实集团公司“三保三砍”和“关停整转熬创”脱困突围改革调整战略，新星煤矿产业升级改造工程暂停。

2019年，煤炭市场回暖，新星煤矿产业升级改造重新启动建设。综合机械采煤调整为普通机械化采煤，生产能力由45万吨/年调整为30万吨/年，湘发改能源〔2019〕148号文同意新星煤矿核准产能调整为30万吨/年。湖南第一工业设计院修改新星煤矿产业升级改造初步设计，11月，湖南煤矿安全监察局湘煤监察函〔2019〕93号文批准安全设施设计，12月，湖南省应急管理厅湘应急业务审函〔2019〕1号文批准新星煤矿产业升级改造修改设计。

2020年5月26日，湖南煤矿安全监察局、市、县应急管理局现场竣工验收。7月14日，湖南省应急管理厅现场核能，湘应急业务审函〔2020〕6号文确认新星煤矿核定生产能力30万吨/年。

4）磨田煤矿升级改造

2010年6月，《湖南省发展和改革委员会关于湖南省煤业集团白山坪矿业有限公司磨田煤矿产业升级改造项目核准的批复》(湘发改交能〔2010〕452号文)批准同意立项，2011年9月，湖南第一工业设计研究院编制《湖南省煤业集团白山坪矿业有限公司磨田煤矿产业升级改造初步设计》和《湖南省煤业集团白山坪矿业有限公司磨田煤矿产业升级改造安全专篇》，设计概算28952.04万元，设计生产能力45万吨/年。2012年9月，湖南省煤炭工业局《关于白山坪矿业有限公司磨田煤矿产业升级改造初步设计的批复》(湘煤规〔2012〕155号)批准初步设计。2012年10月，湖南煤矿安全监察局衡阳监察分局《关于白山坪矿业有限公司磨田煤矿产业升级改造安全专篇的批复》(衡煤安监〔2012〕53号)批复安全专篇。

2013年5月，根据《关于对省内煤矿在建项目进行重新评估的通知》(湘煤股工管函〔2013〕229号)精神，优化磨田煤矿产业升级改造项目。《关于对白山坪矿业公司磨田煤矿产业升级改造项目工程优化方案的批复》(湘煤股工管函〔2014〕38号)批复，项目分两期建设，一期生产能力30万吨/年，缓建主井延深等部分工程；二期根据地质情况和企业融资情况再完善生产能力45万吨/年配套建设。公开招投标，楚湘建设工程有限公司承建工程一期，湖南黑金工程建设监理咨询有限公司负责工程监理。

2014—2015年，因受经济增速放缓、能源结构调整影响，煤炭产能严重过剩，供给量大于需求量，煤炭滞销，为贯彻落实集团公司“三保三砍”和“关停整转熬创”脱困突围改革调整战略，磨田煤矿产业升级改造工程暂缓建设。

2018年1月15日，股份公司总经理办公会批准同意白山坪矿业有限公司磨田煤矿产业升级改造项目按设计生产能力30万吨/年优化方案，组织实施剩余工程施工，白山坪公司自行组织施工二、三期工程。

2019年，湖南省发改委《关于湖南省煤业集团有限公司新星煤矿和磨田煤矿核减建设规模批复》(湘发改能〔2019〕148号文)同意磨田煤矿生产能力由45万吨/年调整为30万吨/年，8月，湖南煤矿安全监察局批复白山坪矿业有限公司磨田煤矿产业升级改造安全专篇，湖南第一工业设计研究院有限公司修改初步设计，概算投资29793.22万元。2019年9月30日项目竣工，12月11日，通过竣工验收。2020年8月，集团公司批准竣工决算34672.1839万元。是年8月，《湖南省应急管理厅关于确认白山坪矿业有限公司磨田煤矿生产能力的复函》(湘应急业务审函〔2020〕7号)，磨田煤矿核定生产能力30万吨/年。

5）伍家冲煤矿改扩建

2012年，湖南省发改委《关于核准湖南省煤业集团兴源矿业有限公司伍家冲煤矿扩建工程项目的批复》(湘发改能源〔2012〕1977号文)，批准伍家冲煤矿扩建，生产能力由15万吨/年扩建为30万吨/年，项目总投资27624万元。湖南第一工业设计研究院有限公司编制初步设计和安全设施设计。伍家冲煤矿一水平，一对立井开拓，初步设计维持主副立井功能不变，现工业广场内另新掘一全能立井至－350米水平，井筒长度499.6米。－350米水平建立排水、供电、通风、压风、运输、安全避险“六大系统”，地改造面供电系统，矿井北翼抽风机房，地面排矸、运煤运输系统，环保绿化工程，坑木房等生产配套工程。

2013年1月17日，扩建工程开工。是年11月，井筒落底－350米水平。2014—2015年，落实集团公司“三保三砍”和“关停整转熬创”脱困突围改革调整战略，改扩建工程暂停。2016年3月，湖南省煤炭管理局《关于兴源矿业有限公司伍家冲煤矿扩建工程延期的函》(湘煤安监函〔2016〕8号文）同意建设工期顺延。2016年8月，启动项目工程续建。

2020年1月6日，湖南煤矿安全监察机构验收合格，获得《煤矿安全生产许可证》(编号为（湘）MK安许证字〔2020〕0682G5Y6号)。2020年1月22日，获得《湖南省应急管理厅关于确认兴源公司伍家冲煤矿生产能力的复函》(湘应急业务审函〔2020〕4号)，生产能力30万吨/年。实际投资21026.17万元。

6）收购湘东公司及升级改造

2020年4月，湖南省应急管理厅、湖南煤矿安全监察局、湖南省能源局《关于调整湖南省湘东矿业有限公司为保留升级改造煤矿》的函（湘应急函〔2020〕54号)，同意将湖南省湘东矿业有限公司调出关闭对象，同意技改扩能升级改造，矿井生产能力30万吨/年。8月5日，集团公司组建湘东公司领导班子，全面接管湘东公司，收购自然人股份，湘东公司成为集团公司全资子公司。9月22日，集团公司出资收购两家股东所持股份。

2021年3月24日，湖南省发展和改革委员会《关于核准湖南省湘东矿业有限公司升级改造项目的批复》(湘发改能源〔2021〕207号)文件发出。8月24日，《湖南煤矿安全监察局关于湖南省湘东矿业有限公司升级改造安全设施设计的批复》(湘煤监监察函〔2021〕64）文件发出。8月25日，《湖南省应急管理厅关于湖南省湘东矿业有限公司升级改造初步设计的复函》（湘应急业务审函〔2021〕5号）文件发出。9月，株洲市应急管理局株应急煤发〔2021〕16号文批复同意湘东公司启动升级改造项目工程建设。9月18日，升级改造工程正式开工建设。

2022年5月，联合试运转，7月26日，安全设施暨项目总体验收合格。8月25日，湖南省应急管理厅复函确认湘东公司生产能力为30万吨/年，核发《安全生产许可证》(证号：（湘）MK安许证字〔2022〕028号)。

7）永耒煤炭储备基地改扩建（一期）

2020年10月26日，湖南省发展和改革委员会批准，永耒煤炭储备基地改扩建一期项目实施，项目总投资19397万元，其中：中央预算内投资为1300万元，地方预算内投资为948万元，企业自筹投资17149万元，总静态储备能力50万吨。

2020年11月13日，集团公司第四届董事会第二十五次会议同意湖南省永耒铁路运输服务有限公司运输线路改造和南阳矿业有限公司储煤建设内容。湖南省永耒煤炭储配基地改扩建项目（一期）南阳储煤场改扩建项目所有设备、物资的招标采购，永耒铁路运输通道超限道岔改造项目建设采用公开招投标。永耒运输线路改造、铁路道口升级、线路灾害治理、防雷系统改造等工程及安装利用自有队伍自主施工及安装。

一期静态储备能力20万吨，预算投资4541万元，2020年3月开工，2022年4月30日按设计标准全部建成，达到初步设计的要求。项目实际总投资4541.38万元。其中：南阳公司南阳储煤场工程2860.38万元，永耒铁路运输线路改造1681万元。

8）街洞配煤基地建设项目

2022年7月13日，《湖南省发改委关于湖南省煤业集团街洞矿业有限公司街洞储配煤基地项目备案证明》(编号2205－430000－04－02－228389）批准立项。第一工业设计院设计，一期工程新建原煤库一座，建筑面积4371.88平方米，增设配煤系统，完善计量、化验等配套设施；二期工程新建原煤库一座，建筑面积2661.23平方米，铁路装车线封闭1030平方米，以及建设雨污水处理系统。项目静态储煤能力14100吨。项目投资金额1878.74万元。

湖南省招标投标监管网湖南省公共资源交易服务平台公开招投标。楚湘建工中标承建，2022年9月1日开工，2023年2月竣工，验收合格。

9）湖南省煤炭大数据中心有限公司

湖南省煤炭交易中心是湖南省煤炭现代物流及供应保障体系的重要组成部分，整个平台是以交易服务为核心、以信息服务为基础、以物流服务为保障、以金融服务为延伸的煤炭综合服务平台。2018年9月，集团公司下达《湖南省煤业集团有限公司关于湖南省煤炭交易中心及储配基地建设项目的立项批复》(湘煤集投〔2018〕445号)。依据《湖南省国资委关于湖南省煤业集团有限公司成立湖南省煤炭交易中心有限公司的复函复》(湘国资发展函〔2019〕2149号)，集团公司注资成立大数据中心，注册资本2000万元。

2020年12月29日工商登记注册。大数据中心总股本2000万元，湖南省煤业集团有限公司持股100%。2022年1月26日，大数据中心平台上线启动。平台面向煤炭消费市场，对接煤炭生产和供应商，既优化了原有交易渠道，又推进了依法有序交易，对全省煤炭行业“产、供、储、销”一体化及煤炭供应链数字化、可视化，全面提升全省煤炭保供能力具有重要意义。组建湖南省煤炭大数据中心有限公司、搭建煤炭交易平台，是集团公司贯彻落实“三高四新”战略定位和使命任务、服务现代化新湖南建设的重要举措，将为构建集数据引领、物流支撑、资源保障为一体的湖南省煤炭供应保障体系提供坚实保障。大数据中心以平台正式上线运行为契机，构建更加完善的煤炭大数据交易系统；充分利用集团公司拥有的庞大客户群和数据基础，通过煤炭交易平台让数据产生价值，在实现企业经济运行的同时，形成湘煤的“生态圈”，将大数据中心打造成提供专业、高效、全面服务的全国性煤炭交易中心，实现“立足湖南、辐射华中、面向全国”的目标定位。

10）岳阳铁水集运煤炭储备基地

湖南省国资委批准岳阳铁水集运煤炭储备基地项目投资估算56.37亿元，其中一期工程投资估算41.6亿元。项目地处岳阳市云溪区陆城镇南洋洲，铁水集运煤炭储备基地项目由铁路专用线、码头及陆域堆场3部分组成。其中：铁路专用线自浩吉铁路坪田站东端引出，沿随岳高速公路西侧北上，线路全长约21.074千米，全线新征永久用地1260.8亩（占用基本农田347.8亩），采用国铁Ⅱ级标准，按单线铁路设计。工程投资估算16.18亿元；工期2年。码头及陆域工程位于岳阳云溪区陆城镇南洋洲，占地面积916.55亩，新建散货进口泊位2个、散货出口泊位3个，新建东侧4条堆场，静态储备能力100万吨，工期3年。远期规划进口泊位3个，出口泊位6个，规划堆场静态储备能力200万吨。

码头工程（一期）设计吞吐煤炭量1090万吨/年。新建进口煤炭泊位5000吨级1个、出口煤炭泊位3000吨级2个（水工结构均兼顾万吨级）。委托湖南省港务集团委托代建，签订委托代建合同。2020年4月1日，码头工程（一期）开工建设，2022年6月30日，主体工程竣工，11月18日，交工验收。

储备基地工程（一期）设计建设西侧4条堆场及其配套设施，堆场容量80万吨，周转量1190万吨/年。

2021年1月28日，获得《岳阳市发展和改革委员会关于岳阳铁水集运煤炭储备基地工程项目核准的批复》(岳发改审〔2021〕19号)。2022年6月9日，获得《岳阳市交通运输局关于岳阳铁水集运煤炭储备基地工程（一期）初步设计的批复》(岳交规划〔2022〕134号)。2022年8月15日，获得《岳阳市发展和改革委员会关于岳阳铁水集运煤炭储备基地工程（一期）项目概算总投资的批复》(岳发改概审〔2022〕10号)。

2022年，公开招投标，湖南建工集团有限公司（牵头人）和中交第一航务工程勘察设计院有限公司中标设计及建筑工程施工总承包；11月26日开工建设。

2022年8月22日，铁路专用线获得《湖南省发展和改革委员会关于浩及铁路煤炭集疏运系统岳阳港区铁路专用线工程项目核准的批复》(湘发改基础〔2022〕658号)。12月14日，获得岳阳市交通局核发的《关于铁路专用线南洋洲站铁路装车系统配套工程初步设计审查意见的批复》(岳交铁路〔2022〕304号)。

11）湖南省瓦斯治理和利用工程研究中心有限公司

2021年6月，湖南省煤科院制订了《湖南省瓦斯治理和利用工程研究中心组建运营方案》，经提交集团公司党委会、董事会审议通过。9月3日，湖南省瓦斯治理和利用工程研究中心有限公司挂牌成立。

2. LED、能源建工、能源装备板块

1）华磊光电外延芯片技术升级扩能改造

2017年，湖南省国资委批复华磊光电实施外延芯片技术升级扩能改造，改扩投资估算4.79亿元。改扩建生产能力，由芯片180万片/年（配套外延片生产能力168万片，另12万片外购）改扩芯片600万片/年（配套外延片生产能力456万片，另144万片外购）。原有设备落后，通过设备改造及技术升级，大幅提升产品生产规模、质量及提高设备、人员、能源、空间利用效率，大大降低成本。华磊光电技术改造为低投入高产出的投资，相对三安、华灿、聚灿等头部企业的大肆扩产，防御性的技术提升扩能，使华磊光电外延芯片达到了基本生产规模，使华磊在销售价格大幅度下降的市场中生存立足。

2）组建湘煤矿建工程研究中心、湘煤智能矿山装备工程研究中心、湘能第三代半导体工程研究中心3个研究中心。

2021年7月21日，集团公司深改办召开3个工程研究中心建设推进座谈会，组织楚湘建工、立达公司、华磊光电制订《湘煤矿建工程研究中心组建方案》《湘煤智能矿山装备工程研究中心组建方案》《湘能第三代半导体工程研究中心组建方案》，湘煤集团党委会、董事会讨论、审议3个工程研究中心组建方案。10月9日，集团公司批复下发“矿建工程研究中心”等3个技术创新平台组建方案。10月底，楚湘建工、立达公司、华磊光电3户主管企业按批复方案组建3个工程研究中心。

3. 新能源板块

白沙实业光伏发电：2018年5月10日，集团公司第三届董事会第七十八次会议批准同意白沙光伏发电（一期）项目立项，建设规模6兆瓦，投资估算3300万元。

2018年9月25日，白沙光伏发电采购及施工（PC）总承包项目在湖南省公共资源交易中心公开招标，湖南红太阳新能源科技有限公司中标，中标价2476.2146万元。9月30日，双方签订《白沙光伏发电采购及施工（PC）总承包合同》，合同价2476.2146万元，包括土建施工、设备供货、设备安装调试、技术培训、工程验收、并网验收等服务。2018年10月3日开工。

2019年3月1日，白沙实业、湖南省白沙电力公司、中国电建集团中南勘测设计研究院有限公司、常州正衡电力工程监理有限公司、湖南省白沙光伏发电有限公司、湖南红太阳新能源科技有限公司竣工验收合格，符合设计和施工合同要求。实际装机容量5.74兆瓦，实际投资2812.11万元。

2022年1月14日，集团公司第四届董事会第六十三次会议批准同意白沙5.68兆瓦分布式光伏发电项目立项，概算总投资2403万元。2022年4月22日，项目采购及施工（PC）总承包在湖南公共资源交易中心挂网公开招标，中标单位为湖南红太阳新能源科技有限公司，中标总价1831.25万元。5月31日正式开工，6月30日电站首批并网，7月31日全容量并网试运行，项目实际装机容量5.81兆瓦，投资总额2196.28万元。

4. 资产管理板块

1）煤矸石电厂超低排放改造

资兴煤矸石发电有限公司烟气超低排放改造项目投资估算2435万元。该改造工程被省生态环境厅纳入湖南省2019年度“蓝天保卫战”重点减排项目。同时，资兴煤矸石电厂也是资兴实业的重点骨干企业，对稳定资兴矿区劣质煤价、维护资兴实业关联企业的生产经营平稳运行发挥了积极作用，实施超低排放改造是煤矸石电厂生存的正确选择。为响应政策，进行机组改造，严格把握工作程序，确保技改工程实施后通过环保验收，实现超低排放目的。

2）白沙实业职工医院总院搬迁改造

2021年8月13日，集团公司第四届董事会第四十九次会议批准同意白沙职工医院总院搬迁改造，总投资控制在875万元以内。2022年4月，委托湖南能投招标代理有限责任公司在衡阳市公共资源交易中心挂网招标，选聘珠海巨业建设监理有限公司对工程实施监理。施工中标单位为韶山市方圆建设有限公司，中标总价483万元。2022年6月20日开工建设，2022年12月20日竣工验收，白沙实业职工医院总院整体搬迁新址运营。项目办理竣工结算。

5. 对外投资

1）清理、集中持有华银电力股票及股票交易

1993年3月，涟邵、资兴、白沙3个矿务局681万元购买华银电力股份股票（股票代码600744）5965284股。涟邵矿务局企业出资90.45万元，个人名义购入华银电力股票509648股，共计投资771.6056万元，持有华银电力股份6474932股。

2018年，厘清股票资产权属关系，协调湖南省煤监局、芙蓉区法院、律师事务所、省国资委等推进法人股过户事项，3月14日，华银电力股票大宗交易过户到集团公司。

2021年3月22日，所持华银电力股票全部抛售，成交金额4300.03万元。

2）出资参股湖南华晟能源投资发展有限公司

2012年6月，湖南华菱钢铁集团有限责任公司、湖南省煤业集团有限公司、湖南发展集团矿业开发有限公司三大股东出资设立华晟能源投资发展有限公司，注册资本51000万元。集团公司出资5000万元，持股9.804%，华菱集团持股85.294%，矿业开发公司持股4.902%。

2018年，落实湖南省国资委监管企业“主业归核、资产归集、产业归位”的要求，做精做强主业，9月5日，集团公司第三届董事会第八十九次会议审议，10月14日，湖南省国资委以《关于湖南华晟能源投资发展有限公司部分股权非公开协议转让有关问题的批复》批准同意，集团公司将所持华晟能源9.804%的股权转让给华菱集团，转让价为50753906.51元。

3）出资参股湖南文化旅游创业投资基金企业（有限合伙）

2012年7月，湖南省国资委《关于湖南省煤业集团有限公司出资参与湖南省文化旅游产业投资基金的复函》（湘国资发展函〔2012〕144号）批准同意集团公司出资3000万元参股省文旅基金二期投资，并成为省文旅基金理事会的理事单位。

2018年8月，湖南省文旅基金按照《湖南文化旅游产业投资基金设立方案》，各理事单位启动文旅基金三期投资的募资。9月19日，召开第二十四次理事会，形成《湖南省文化旅游产业投资基金理事会第二十四号会议纪要》，要求各理事单位按在文旅基金持股比例所占份额进行三期投资。12月23日，第一轮出资429万元，投资湖南省文化旅游产业投资基金三期。2020年9月30日，第二轮出资571万元，投资湖南省文化旅游产业投资基金三期。

集团公司分得湖南省文化旅游产业投资基金股利3147万元，其中：2017年260万元，2018年502万元，2019年1800万元，2020年132万元，2023年1月453万元（其中：二期分配210万元，三期分配243万元）。

4）投资湖南电力交易中心有限公司

2018年11月，湖南省经信委下发《关于印发〈湖南电力交易中心有限公司股份制改造实施方案〉的通知》，此方案明确省电力交易中心资本金暂定1亿元，其中：国网湖南省电力有限公司占比70%；大唐华银、华能湖南分公司、国电湖南分公司、五菱电力、长安电力华中公司、华电湖南分公司、华润电力湖南分公司、湘投控股集团等8家发电企业各占比2.31%；华菱集团、湖南新奥能源等2家电力用户各占比2.31%；湘煤集团、中石油长岭分公司、华自科技等3家电力用户各占比2.3%。12月5日，集团公司召开第三届董事会96次会议，同意集团公司出资230万元参与省电力交易中心股改，持股2.3%。

2020年2月21日，集团公司第三届董事会137次会议审议，为确保集团公司持股保持2.3%，同意投资总额追加至253万元。4月，集团公司签订增资协议。5月7日，北京产权交易所出具了湖南电力交易中心有限公司增资项目的“增资凭证”。电力交易中心增资后股本为9651.18万元。集团公司实际投资239.203957万元，其中：股本221.98万元，持股2.3%。

5）煤科院并购顶鑫环保科技有限公司股权

2021年，为支持煤科院转型发展，加快构建矿山建设及环境综合治理全产业链，集团公司党委会、第四届董事会四十一次会议审议，湖南省国资委《关于湖南省煤业集团有限公司下属湖南省煤炭科学研究院有限公司并购顶鑫环保科技有限公司项目的提示函》，调整了原国资公司上报湖南省国资委的并购方案，煤科院按调整后

的方案出资1542.0214万元，持有顶鑫环保51%的股权，借款500万元补充顶鑫环保流动资金。出资总额由原国资公司方案的3765.31万元调整为：第一步，出资755.6万元控股收购；第二步，出资786.4万元，与转让方同比例实缴注册资本；第三步，顶鑫环保500万元，并约定三年偿还。8月7日顶鑫环保公司重组，煤科院控股顶鑫环保公司。

二、融资

（一）融资管理

集团公司统一管理、统一规划、统筹安排融资工作。各子公司根据融资用途制订年度融资预算，集团公司、股份公司财务部会同相关业务部门审查融资用途、分析融资风险，提出融资意见报集团公司决策层依规审议。集团公司根据各单位融资需求情况，审核下达各单位年度融资预算，各单位为实施融资责任主体，融资额度严格控制在集团公司预算范围内。

集团公司财务部归口管理集团公司融资工作，组织制订集团公司融资管理制度、组织编制集团公司中长期融资计划和年度融资计划，指导和督促集团所属各成员企业依规、有序开展融资业务工作；各成员企业应当结合资金实际需求，优化债务结构，融洽银企关系，自主科学决策，严控融资风险。

（二）融资方式

1. 贷款融资

2015年，全集团煤炭平均价格390元/吨，比2014年同期下降79元/吨，降幅17%；比2012年下降212元/吨，降幅35%，个别煤矿煤炭价格跌破煤炭成本，生产越多亏损越多，因煤炭价格持续下跌导致生产经营亏损严重；受行业去产能政策影响，银行融资异常艰难，银行纷纷将钢煤行业调整为关注类客户，原则不增加新的信贷支持，并逐步减退现有授信规模。2015—2016年，光大、建设、招商等银行已缩贷4.8亿元，严重影响企业的生存与发展。集团高度重视、亲自部署安排融资工作，常务副总兼总会计师亲自带队逐一走访各家银行，请求合作银行考虑集团公司的实际困难，帮助企业渡过难关，并多次向省政府、银监会汇报、协调。2016年10月9日，张剑飞副省长主持召开了支持湘煤集团解决融资问题的协调会，要求各有关部门和贷款银行要多措并举帮助湘煤集团解决融资问题，支持企业走出困境。2016年11月12日，省银监局又召集所有债权银行召开了第一次债权人会议，进一步推进省政府协调会议精神落地生效。通过不断的协调、沟通和汇报，合作银行基本做到维持2015年末的授信规模和授信条件，且贷款到期予以续贷，并不抽贷、压贷，确保湘煤集团资金正常周转。

2018年，年度融资预算分预算内续贷、新增贷款、预算外融资，分不同流程审批，增加担保、抵押业务的审批流程。

根据湖南省国资委双监管要求，严格实施新增带息债务决策“四有”管理制度：即增债有度、用债有规、还债有策、管债有方。集团不断加大与银行合作力度，拓宽银企合作领域，除国有大银行外，与地方银行也进行了充分合作，合作银行有19家。通过全集团整体授信方式，提升谈价筹码，指导集团公司所属各单位统一谈判口径并加强协调，优化贷款结构，以竞价方式争取最优惠利率，确保了集团生产经营资金正常周转和资金成本的逐步下降。2020年初贷款年利率5.19%，2022年下降至3.36%，2020—2022年末，节省资金成本5000万元。2022年末，全集团银行授信余额76.83亿元，贷款余额37.75亿元。

2. 债券融资

根据《国家发展改革委关于湖南黑金时代股份有限公司发行2010年公司债券核准的批复》（发改财金〔2010〕2988号），2010年12月股份公司由国泰君安证券股份有限公司作为主承销商，通过承销团成员设置的发行网点向境内机构投资者以公开发行的方式发行了“2010年湖南黑金时代股份有限公司债券”（简称“10黑金时代债”、债券代码：1080180）6亿元，并在中央国债登记结算有限责任公司登记托管。本期债券期限7年（5+2），债券年利率5.98%，单利按年计息，逾期不另计息。按照国家发展改革委的核准批复，6亿元“10黑金时代债”所筹资金4.8亿元用于冷水江矿业公司金兴煤矿建设、湘永矿业有限公司铜角湾煤矿改扩建、金竹山矿业公司塘冲煤矿改扩建、2009年煤矿安全改造项目和马田公司新星煤矿产业升级改造等5个项目的建设，1.2 亿元用于补充公司营运资金。为确保按期归还“10 黑金时代债”本息，打赢生存保卫战，杜绝债务违约风险，集团公司决定举全集团之力帮助股份公司归还企业债，2017 年 9 月 18 日召开第三届董事会第四十九次会议，研究审议通过《关于支持黑金股份归还到期企业债的议案》，并决议：集团公司同意筹集资金 4 亿元借支（期限 1 年，利率为企业债票面利率）给股份公司用于专项归还企业债。同时，股份公司通过盘活存量、压缩开支、增产增收等措施，2017 年 12 月债券本金及利息已全部付清。

3. 其他权益工具

2018 年末，湖南黑金时代股份有限公司资产总额 66.7 亿元，负债总额 50.6 亿元，净资产 16.1 亿元，资产负债率 75.9% 。2019 年贵州湘能实业有限公司破产清算，导致股份公司当年增加亏损 17.7 亿元，净资产减少 10.8 亿元，资产负债率大幅上升至 89.3% 。为确保集团公司稳定发展，化解流动性风险，经湖南省国资委批准，2019 年底，集团公司在湖南省国资委监管企业中发行 12 亿元权益性融资工具。引入权益资本优化股份公司资本结构，平缓贵州湘能实业有限公司破产引起的巨大冲击，给股份公司 2 ~ 3 年缓冲期，该权益性融资工具 2022 年 12 月到期终止。

第二篇
煤炭产业

煤炭产业是集团公司的支柱产业，2006年煤炭产业实现营业收入21.75亿元，占集团公司营业总收入的68%。2009年6月，湖南省煤业集团有限公司整合优质煤矿资产，联合中国大唐集团公司、国电益阳发电有限公司、湖南涟钢、湘江产业投资、湖南发展集团、兴湘集团等六家企业，发起设立以上市为目的的湖南黑金时代股份有限公司（以下简称黑金时代）。公司于2016年在“新三板”挂牌，证券代码837893。2020年6月更名为湖南煤业股份有限公司。

公司始终坚持“做湖南能源保障主平台”的战略定位和使命任务，立足煤、巩固煤、提升煤、延伸煤，聚焦主业、创新发展，全力打造“省内最具竞争力的煤炭供应综合服务商”。

截至2022年底，集团公司拥有煤炭产业全资、控股子公司22家，拥有煤矿29处，员工总数26800人；煤炭产业实现营业收入118.19亿元，占集团公司营业总收入的68.23%。

第一章　煤炭资源及勘查

第一节　煤炭资源

一、湖南省内矿区井田分布

集团公司2006年成立之初，下属煤矿为原三局三矿所属的51对矿井。此后因资源枯竭，集团公司利用国家破产关闭政策，关停了部分矿井。截至2022年底，集团公司拥有15家原煤公司29对生产矿井，核定生产能力614万吨/年。29对生产矿井分别是牛马司矿业有限公司铁箕山、水井头煤矿，金竹山矿业有限公司一平硐、土朱、塘冲煤矿，周源山矿业有限公司周源山煤矿，宝源矿业有限公司南平硐、北平硐煤矿，嘉禾矿业有限公司浦溪煤矿，黄牛岭矿业有限公司黄牛岭煤矿，马田矿业有限公司新星、高泉塘煤矿，湘永矿业有限公司铜角湾、安陵煤矿，街洞矿业有限公司茶山岭煤矿，红卫矿业有限公司沈家湾、坦家冲、里王庙、龙家山煤矿，白山坪矿业有限公司白山坪、磨田、龙塘煤矿，大岭矿业有限公司大岭煤矿，南阳矿业有限公司前进、淝江煤矿，兴源矿业有限公司伍家冲、周家坳、觉光寺煤矿，湘东矿业有限公司湘东煤矿。煤炭资源主要分布在涟源、邵阳、资宜、郴耒、茶醴5个煤田，金竹山、牛马司、三都、袁家、永耒、白沙、黄兰7个矿区，金竹山、牛马司、三都、浦溪、湘永、街洞、马田、大岭、白山坪、红卫、南阳、兴源、湘东13处井田内。

二、省外矿区井田分布

2008年12月，新疆维吾尔自治区政府决定将位于吐鲁番地区鄯善县境内的库姆塔格—沙尔湖煤矿区第四勘查区配置给集团公司进行勘查开发。2009年，集团公司在新疆成立了新疆能源有限公司，获得了吐鲁番鄯善县境内的沙尔湖煤田库姆塔格矿区第四勘探区的勘探开发权。2009年3月17日，在集团公司控制的沙尔湖煤田库姆塔格矿区第四勘探区内钻得厚度达151.34米的世界罕见的特厚煤层。该勘查区在普查阶段估算了主要可采煤层的资源量。全区（333+334）煤炭资源总量为51.22亿吨。

2022年底集团公司拥有湖南、新疆两省区内6个煤田，8个矿区14个井田（区段）内的资源储量5360294千吨。生产矿井29对，核定生产能力为614万吨/年；探矿权一处。

三、资源储量

（一）湖南省内

集团公司在湖南省内的煤炭资源主要分布于湖南省中部的涟源煤田、邵阳煤田、东部和东南部的郴耒煤田、资宜煤田和茶醴煤田5个煤田。截至2022年底，省内所属各矿区井田的资源储量为 311294 千吨。其中基础储量 137700.8 千吨，占 44.23%；资源量为 173593.2 千吨，占 55.77%。

（二）新疆探矿权

截至 2022 年底，集团公司在新疆维吾尔自治区吐鲁番市鄯善县拥有勘探资源储量 5049480 千吨。其中，控制基础资源量 1784160 千吨，占 35.33%，推断资源量 3265320 千吨，占 64.67%。

（三）集团公司总量

截至 2022 年底，集团公司总资源储量 5360774 千吨，位于湖南、新疆两省区(表 2-1-1)。其中，基础储量 1921860.8 千吨，占 33.85%，资源量为 3438913.2 千吨，占 64.15%。

表 2-1-1 2022 年 12 月末集团公司已控制的煤炭资源情况

矿区	所在位置	资源储量（万吨）			可采储量（万吨）	累计探明储量（万吨）	备案登记 2022（万吨）				核定产能（万吨/年）
		合计	基础储量	资源量			资源储量	控制量	推断量	累探量	
周源山煤矿	资兴市	1437.40	346.90	1090.50	1219.30	3003.30	1475.70	676.60	799.10	2009.50	75
金竹山矿业	冷水江市	6313.90	3275.70	3038.20	5706.26	9384.30	6491.90	3543.10	2948.80	8676.40	78
塘冲煤矿		3197.00	959.00	2238.00	2749.40	4558.10	3384.60	1023.40	2361.20	4552.70	30
一平硐煤矿		678.10	539.10	139.00	650.30	1673.10	671.50	532.50	139.00	1207.50	21
土朱煤矿		2438.80	1777.60	661.20	2306.56	3153.10	2435.80	1987.20	448.60	2916.20	27
红卫矿业	耒阳市	2329.75	1026.05	1303.70	2069.01	5261.17	2253.50	1351.70	901.80	4308.40	47
沈家湾煤矿		223.10	108.00	115.10	200.08	1116.30	296.00	183.70	112.30	540.10	10
坦家冲煤矿		1339.50	623.10	716.40	1196.22	2004.00	1258.50	763.60	494.90	1853.00	11
里王庙煤矿		242.05	92.55	149.50	212.15	1036.87	257.90	119.10	138.80	967.90	11
龙家山煤矿		525.10	202.40	322.70	460.56	1104.00	441.10	285.30	155.80	947.40	15
白山坪矿业	耒阳市	3328.60	620.10	2708.50	2786.90	4712.70	13886.40	865.50	13020.90	4656.60	57
白山坪煤矿		1220.70	163.50	1057.20	1009.26	1774.40	1189.00	274.70	914.30	1708.00	12
磨田煤矿		1610.30	314.90	1295.40	1351.22	1975.50	12168.00	446.90	11721.10	1984.40	30
龙塘煤矿		497.60	141.70	355.90	426.42	962.80	529.40	143.90	385.50	964.20	15
大岭煤矿		2268.90	1208.50	1060.40	2056.82	2775.10	2247.70	1190.70	1057.00	2774.60	21
宝源矿业	资兴市	1590.10	488.40	1101.70	1369.76	4497.00	1537.90	673.40	864.50	4115.60	50
南平硐煤矿		693.50	206.10	487.40	596.02	2337.40	593.70	540.70	53.00	2312.20	22
北平硐煤矿		896.60	282.30	614.30	773.74	2159.60	944.20	132.70	811.50	1803.40	28
嘉禾浦溪井		2473.50	1235.40	1238.10	2225.88	2866.40	1959.70	1267.40	692.30	2340.30	15
黄牛岭公司		3377.89	1063.09	2314.80	2914.93	4277.00	3359.60	1049.00	2310.60	4179.10	21
湘永矿业	永兴县	1645.04	1179.68	465.36	1551.97	2697.00	1551.10	486.50	1064.60	2852.60	36
铜角湾煤矿		1030.74	850.58	180.16	994.71	1606.50	918.20	222.90	695.30	1598.70	21
安陵煤矿		614.30	329.10	285.20	557.26	1090.50	632.90	263.60	369.30	1253.90	15
马田矿业	永兴县	1426.09	582.19	843.90	1257.31	2405.00	1418.40	827.80	590.60	2384.90	42
新星煤矿		768.89	410.99	357.90	697.31	1445.70	788.10	509.00	279.10	1423.60	30
高泉塘煤矿		657.20	171.20	486.00	560.00	959.30	630.30	318.80	311.50	961.30	12
街洞茶山岭	苏仙区	332.52	119.80	212.72	289.98	1153.60	129.70	94.90	34.80	860.00	18
牛马司公司	邵东县	852.10	370.90	481.20	755.86	1987.00	852.10	683.20	168.90	1987.00	26
铁箕山煤矿		275.80	110.90	164.90	242.82	824.50	275.80	247.10	28.70	824.50	13
水井头煤矿		576.30	260.00	316.30	513.04	1162.50	576.30	436.10	140.20	1162.50	13
南阳矿业	耒阳市	1621.30	1465.86	155.44	1590.21	3091.86	2028.40	1535.70	492.70	3259.20	41

表2－1－1（续）

矿区	所在位置	资源储量（万吨）			可采储量（万吨）	累计探明储量（万吨）	备案登记2022（万吨）				核定产能（万吨/年）
		合计	基础储量	资源量			资源储量	控制量	推断量	累探量	
前进煤矿	耒阳市	1206.80	1148.87	57.93	1195.21	2172.95	1201.20	851.20	350.00	2019.60	26
淝江煤矿		414.50	316.99	97.51	395.00	918.91	827.20	684.50	142.70	1239.60	15
兴源矿业		1412.31	638.71	773.60	1257.59	3665.80	1799.90	517.80	1282.10	4149.90	57
伍家冲煤矿		1028.84	423.94	604.90	907.86	1809.30	897.10	256.20	640.90	1697.30	30
周家坳煤矿		258.17	167.17	91.00	239.97	1191.00	191.90	121.90	70.00	957.30	14
觉光寺煤矿		125.30	47.60	77.70	109.76	665.50	79.40	79.40	0.00	614.40	13
湘东煤矿		720.00	1488	5712	612.00		631.50	60.30	571.20	880.90	30
合计	湖南省	31129.40	13770.08	17359.32	27663.78	51777.23	41623.50	14823.60	26799.90	49435.00	614
	新疆	504948	178416	326532	0.00						0

四、煤种煤质

（一）湖南省

1. 煤种

集团公司控制了湖南省内15%左右的煤炭资源量，整合了省内最优质的煤炭资源。在湖南省内的煤炭资源储量中煤种丰富，有无烟煤、炼焦用煤中的焦煤、1/3焦煤等。按照《中国煤炭分类》（GB/T 5751—2009），集团公司在湖南省内所属各矿区井田的资源储量总量为311294千吨。其中，无烟煤：资源储量为272498千吨，占集团省内资源储量的87.54%，分布在11个井田内，占井田数的84.62%；生产矿井24对，占生产矿井数的82.76%；生产能力463万吨/年，占省内煤矿生产能力的75.41%。炼焦用煤：资源储量38796千吨，占集团公司在湖南省内资源储量的12.46%，分布在2个井田，占省内井田数量的15.38%；矿井数5对，占集团省内矿井对数的17.24%；生产能力151万吨/年，占省内煤矿生产能力的24.59%（表2－1－2）。

（1）涟源煤田：该煤田属于中、高变质程度的煤种，以区域变质为主。测水煤系的各个煤层，在金竹山矿区均为无烟煤。

（2）邵阳煤田：该煤田牛马司矿区为中低硫、特低磷、低灰分、易选的焦煤。

（3）资宜煤田：该煤田三都矿区各煤层煤种均属炼焦用煤。三都矿区内南平硐煤矿、北平硐煤矿各煤层属于焦煤和1/3焦煤。周源山煤矿1、2煤层属于1/3焦煤，其余均为焦煤。

（4）郴耒煤田：该煤田各矿区井田内的煤种均为无烟煤。

（5）茶醴煤田：该煤田湘东矿区井田内的煤种均为无烟煤。

表2－1－2　集团公司湖南省境内所属各矿区井田内煤种统计表

煤种	井田个数		生产矿井个数		核定生产能力		资源储量	
	个数	百分比（%）	个数	百分比（%）	万吨/年	百分比（%）	千吨	百分比（%）
炼焦用煤	2	15.38	5	17.24	151	24.59	38796	12.46
无烟煤	11	84.62	24	82.76	463	75.41	272498	87.54
合计	13	100.00	29	100.00	614	100.00	311294	100.00

2. 煤质

（1）涟源煤田：该煤田的测水煤系各煤层的灰分和硫分以金竹山矿区为中心，向四周有逐渐增高的趋势。金竹山矿区3煤为干燥基灰分14%、干燥基全硫0.51%的无烟煤，发热量较高，可直接用于高炉喷吹用粉煤以代替部分焦炭，也可作球团矿烧结用煤，块煤可作气化用煤，是制造化肥、纯碱、碳素的原料。

（2）邵阳煤田：该煤田牛马司矿区煤质为灰分3.06%～5.06%、全硫0.62%～0.96%的特低灰、特低硫焦煤，且特低磷、易选，是冶金焦和铸造焦的原料。

（3）资宜煤田：该煤田三都矿区内煤层为中高灰、低硫、低磷、中发热量、高软化温度的中等变质程度的1/3焦煤及焦煤。

（4）郴耒煤田：

① 袁家矿区：矿区内2煤为中灰富硫无烟煤，5煤为低灰低硫无烟煤，6煤为中灰低硫无烟煤。5煤属特低强度煤，6煤属低强度煤。2煤灰分为17.20%，洗后为3.98%；5煤灰分为10.48%，洗后为2.61%；6煤灰分为20.84%，洗后为1.93%。2煤属富硫煤，5、6煤属低硫煤。6煤块煤占一定比例，符合化肥工业气化用煤要求。各煤层中的有害杂质低，发热量一般为25.09兆焦/千克，属良好的动力用煤。

② 永耒矿区：湘永井田所发育各个煤层的物理性质：原煤干燥无灰基挥发分一般在6～9，原煤干燥基灰分一般在15%以内，干燥基全硫小于1%，发热量大于27.18兆焦/千克。属于低灰、低～中硫、高热值的无烟煤，适合作动力用煤和生活用煤。

街洞井田所发育各个煤层的物理性质为低灰、低硫、高热值的无烟煤。热稳定性好，适合作动力用煤和生活用煤，部分煤炭可作高炉喷吹用煤、球团矿烧结用煤或气化用煤。

马田井田内高泉塘煤矿3、4、5、6、7煤层为低～中灰、低～中硫、高热值～特高热值无烟煤；新星煤矿6煤层为中灰、低硫、特高热值煤，干燥基灰分为33.05%，干燥基全硫为0.58%，干燥基高位发热量为22.45兆焦/千克，可作动力用煤和生活用煤。

大岭井田煤层为低灰、低硫、特高热值煤，干燥基灰分为16.7%，空气干燥基挥发分为2.83%，干燥基全硫为0.57%，干燥基高位发热量为28.29兆焦/千克，可作动力用煤、化工用煤与民用煤。

③ 白沙矿区：矿区内各可采煤层除2煤层外其他各煤层均属低～中灰、低硫优质无烟煤。本矿区煤主要提供动力用煤及生活用煤，同时可用作气化用煤。

南阳井田煤质均为高变质程度、低灰、低硫、低磷、高发热量的优质无烟煤。灰分为11.18%，挥发分为5.93%，含硫为0.75%，发热量为26.76兆焦/千克，可作高炉喷吹用煤和球团烧结用煤。

红卫井田2煤层为特低灰、低硫、特高热值无烟煤。适合作动力用煤、生活用煤及高炉喷吹和球团烧结用煤。6煤层为中灰、低硫、高热值无烟煤，适合作动力用煤和生活用煤。

兴源井田煤层干燥基灰分为15.96%，空气干燥基挥发分为5.32%，空气干燥基固定碳为73.48%，干燥基全硫为0.62%，干燥基高位发热量为28.76兆焦/千克。煤质为低灰、低硫、高热值无烟煤。适合作动力用煤和生活用煤。部分煤炭可作高炉喷吹用煤和球团矿烧结用煤。

白山坪井田所属各矿井的煤质为中低硫、低灰、高热值无烟煤，适合作动力用煤和生活用煤。部分煤炭可作高炉喷吹用煤和球团矿烧结用煤。

（5）茶醴煤田：黄兰矿区湘东煤矿：3煤为高灰、中高硫、高磷、中热值无烟煤；5煤为中灰、低硫、中磷、中热值无烟煤；6煤为中灰、低硫、高磷、中热值无烟煤；7、8煤为中灰、中硫、高磷、中热值无烟煤；9煤为高灰、特低硫、中磷、中热值无烟煤；13煤为高灰、特低硫、低磷、低热值无烟煤。可作为火力发电、生活用煤，块煤可用作合成氨气化用煤。

（二）新疆

1. 煤种

新疆能源公司库姆塔格—沙尔湖煤矿区第四勘查区的煤种为中等水分、低灰分、特低硫、低磷、高热值的长焰煤（CY41），是优质火力发电、工业锅炉及民用煤，属于非炼焦烟煤。

2. 煤质

库姆塔格—沙尔湖煤矿区第四勘查区的煤炭属于长焰煤，其煤质特征属中等水分、特低灰～中灰、高挥发分、特低硫～中硫、低磷～中磷、中～高热值，适合作动力用煤和气化、低温干馏用煤。

（三）集团公司总量

集团公司煤种较齐全（表2-1-3），有无烟煤、炼焦用煤中的焦煤、1/3焦煤、长焰煤等。按照《中国煤炭分类》（GB/T 5751—2009），集团公司所属各矿区井田的资源储量 5360774 千吨中，无烟煤资源储量为 272498 千吨，占比 5.08%，焦煤、1/3 焦煤储量 38796 千吨，占比 0.73%，全部分布在湖南省境内。新疆库姆塔格—沙尔湖煤矿区第四勘探区有 5049480 千吨长焰煤资源储量，长焰煤资源储量占 94.19%。

表2-1-3　集团公司各矿井、井田煤种统计

煤种	井田个数		生产矿井个数		核定生产能力		资源储量	
	个数	百分比（%）	个数	百分比（%）	万吨/年	百分比（%）	千吨	百分比（%）
炼焦用煤	2	14.29	5	17.24	151	24.59	38796	0.73
长焰煤	1	7.14					5049480	94.19
无烟煤	11	78.57	24	82.76	463	75.41	272498	5.08
合计	14	100.00	29	100.00	614	100.00	5360774	100.00

五、资源开采技术条件分类

（一）湖南省

1. 水文地质

截至 2022 年底，集团公司在湖南省内所属的 5 个煤田、7 个矿区 13 个井田 29 对生产矿井，水文地质条件中等的 10 个，在井田个数、生产矿井个数、核定生产能力和资源储量上，都居多数（表2-1-4）。

2. 瓦斯

表2-1-4　集团公司在湖南省内各矿井、井田按水文地质分类

井田水文地质条件	井田个数		生产矿井个数		核定生产能力		资源储量	
	个数	百分比（%）	个数	百分比（%）	万吨/年	百分比（%）	千吨	百分比（%）
水文地质条件简单井田	2	15.38	3	10.34	54	8.79	19775.6	6.35
水文地质条件中等井田	10	76.92	25	86.21	539	87.79	268829.4	86.36
水文地质条件复杂井田	1	7.69	1	3.45	21	3.42	22689	7.29
水文地质条件极复杂井田								
合计	13	100.00	29	100.00	614	100.00	311294	100.00

截至 2022 年底，集团公司省内 29 对矿井中，煤与瓦斯突出矿井、高瓦斯矿井、低瓦斯矿井具体分布的井田个数、核定生产能力、资源储量、占矿井个数的百分比、生产能力的百分比、资源储量的百分比见表2-1-5。

表2-1-5　集团公司在湖南省内各矿井按瓦斯分类

矿井瓦斯	分布井田	生产矿井个数		核定能力		资源储量	
	个数	个数	百分比（%）	万吨/年	百分比（%）	千吨	百分比（%）
低瓦斯矿井	8	13	44.83	339	55.21	125773	40.4
高瓦斯矿井	2	2	6.90	25	4.07	7207	2.32
煤与瓦斯突出矿井	7	14	48.27	250	40.72	178314	57.28
合计		29	100.00	614	100.00	311294	100.00

3. 煤层自然发火

截至 2022 年底，集团公司省内所属井田中，煤层不易自然发火的矿井 27 个，在井田个数、生产矿井对数、核定生产能力、资源储量上都占

绝对多数（表2－1－6）。

4. 煤尘爆炸性

截至2022年底，集团公司省内井田中煤尘无爆炸性的井田11个、矿井24个（表2－1－7）。

表2－1－6 集团公司在湖南省内各井田按煤层自燃倾向性分类

煤层自燃倾向性	井田个数		生产矿井个数		核定能力		资源储量	
	个数	百分比(%)	个数	百分比(%)	万吨/年	百分比(%)	千吨	百分比(%)
煤层不易自燃	12	92.3	27	93.1	588	95.77	302773	97.27
煤层容易自燃	1	7.7	2	6.9	26	4.23	8521	2.73
合计	13	100.00	29	100.00	641	100.00	311294	100.00

表2－1－7 集团公司湖南省内各矿井、井田按煤尘爆炸危险性分类

煤尘爆炸危险性	井田个数		生产矿井个数		核定能力		资源储量	
	个数	百分比（%）	个数	百分比（%）	万吨/年	百分比（%）	千吨	百分比（%）
煤尘无爆炸危险性	11	84.61	24	82.76	463	75.41	272498	87.54
煤尘具有爆炸危险性	2	15.39	5	17.24	151	24.59	38796	12.46
合计	13	100.00	29	100.00	614	100.00	311294	100.00

（二）新疆

（1）水文地质：新疆沙尔湖煤田库姆塔格矿区第四勘查区水文地质单元是相对独立、封闭、贫水的水文地区，属水文地质条件简单类型。

（2）瓦斯：新疆沙尔湖煤田库姆塔格矿区第四勘查区的主要煤层瓦斯分带基本属二氧化碳－氮气带，局部为氮气－沼气带，总之位于瓦斯氧化带内。煤层直接顶、底板多为粉砂岩、细砂岩，次为中砂岩、粗砂岩、泥岩、炭质泥岩，不利于瓦斯的保存，初步确认勘查区属低瓦斯矿区。

（3）煤层自然发火：根据煤质化验测试结果，沙尔湖煤田库姆塔格矿区第四勘查区煤层吸氧量变化范围在0.40～0.80立方厘米/克，煤层属Ⅰ级容易自燃和Ⅱ级自然发火煤层。

（4）煤尘爆炸性：煤尘爆炸性试验结果表明，沙尔湖煤田库姆塔格矿区第四勘查区煤层火焰长度变化在80～690毫米，扑灭火焰的岩粉量变化在25%～80%，各煤层均属有煤尘爆炸危险性煤层。

（三）集团公司资源开采技术条件

集团公司各矿区井田利用状况、生产能力及开采技术条件统计见表2－1－8。

表2－1－8 集团公司各矿区井田利用状况、生产能力及开采技术条件统计表

管理局	公司名称	矿井名称	利用状况	核定生产能力（万吨/年）	水文地质条件	瓦斯等级	煤尘爆炸性	煤层自燃倾向
涟源管理局	金竹山公司	6对矿井		134				
		3对矿井		78/3				
		一平硐	生产	21	中等	突出	无	不易
		土朱	生产	27	中等	突出	无	不易
		塘冲	生产	30	中等	突出	无	不易
	牛马司公司	2对矿井		26/2				
		水井头	生产	13	中等	突出	有	自燃
		铁箕山	生产	13	中等	突出	有	自燃
	湘东公司	湘东	生产	30	中等	低瓦斯	无	不易

表2-1-8（续）

管理局	公司名称	矿井名称	利用状况	核定生产能力（万吨/年）	水文地质条件	瓦斯等级	煤尘爆炸性	煤层自燃倾向
资兴管理局	宝源公司	10 对矿井		257				
		2 对矿井		50/2				
		南平硐	生产	22	中等	低瓦斯	有	不易
		北平硐	生产	28	中等	低瓦斯	有	不易
	周源山分公司	周源山	生产	75	中等	低瓦斯	有	不易
	黄牛岭公司	黄牛岭	生产	21	中等	突出	无	不易
	嘉禾公司	浦溪	生产	15	中等	突出	无	不易
	马田公司	2 对矿井		42				
		高泉塘	生产	12	中等	低瓦斯	无	不易
		新星	生产	30	中等	低瓦斯	无	不易
	湘永公司	2 对矿井		36				
		铜角湾	生产	21	简单	低瓦斯	无	不易
		安陵	生产	15	简单	低瓦斯	无	不易
	街洞公司	茶山岭	生产	18	简单	突出	无	不易
白沙	白山坪公司	13 对矿井		223				
		3 对矿井		57				
		白山坪	生产	12	中等	突出	无	不易
		龙塘	生产	15	中等	高瓦斯	无	不易
		磨田	生产	30	中等	低瓦斯	无	不易
	大岭公司	大岭	生产	21	中等	低瓦斯	无	不易
	红卫	4 对矿井		47/4				
		龙家山	生产	15	中等	突出	无	不易
		里王庙	生产	11	中等	突出	无	不易
		坦家冲	生产	11	中等	突出	无	不易
		沈家湾	生产	10	中等	高瓦斯	无	不易
南阳	兴源	2 对矿井		41/2				
		溵江	生产	15	中等	低瓦斯	无	自燃
		前进	生产	26	中等	低瓦斯	无	不易
		3 对矿井		57/3				
		周家坳	生产	14	中等	低瓦斯	无	不易
		觉光寺	生产	13	中等	突出	无	不易
		伍家冲	生产	30	中等	突出	无	不易
湖南省内		45 个井田		614/29				
新疆		第四勘探区	勘探		简单	低瓦斯	有	自燃
合计				614/29				

第二节 煤 田 地 质

集团公司所属煤矿分布在湖南和新疆两省区的6个煤田、8个矿区、14个井田（区段内），拥有29个采矿权和1个探矿权。其中，湖南省内5个煤田、7个矿区、13处井田、29对生产矿井；新疆维吾尔自治区内1个煤田、1个矿区、1处井田（区段）、1处探矿权。各处煤田、矿区、井田的分布状况见表2-1-9。

表2-1-9 集团公司煤田、矿区、井田的分布状况表

行政区划	煤田名称	矿区名称	井田名称	矿井名称	生产能力/（万吨/年）	煤种
娄底市	涟源煤田	金竹山矿区	金竹山	一平硐	21	无烟煤
				土朱	27	无烟煤
				塘冲	30	无烟煤
邵阳市	邵阳煤田	牛马司矿区	牛马司	水井头	13	焦煤
				铁箕山	13	焦煤
郴州市	资宜煤田	三都矿区	三都	南平硐	22	焦煤、1/3焦煤
				北平硐	28	焦煤、1/3焦煤
				周源山	75	1/3焦煤、焦煤
	郴耒煤田	袁家矿区	浦溪	黄牛岭	21	无烟煤
				浦溪井	15	无烟煤
		永耒矿区	湘永	铜角湾	21	无烟煤
				安陵	15	无烟煤
			街洞	茶山岭	18	无烟煤
			马田	高泉塘	12	无烟煤
				新星	30	无烟煤
			大岭	大岭	21	无烟煤
衡阳市		白沙矿区	白山坪	白山坪	12	无烟煤
				龙塘	15	无烟煤
				磨田	30	无烟煤
			红卫	龙家山	15	无烟煤
				里王庙	11	无烟煤
				坦家冲	11	无烟煤
				沈家湾	10	无烟煤
			南阳	灑江	15	无烟煤
				前进	26	无烟煤
			兴源	周家坳	14	无烟煤
				觉光寺	13	无烟煤
				伍家冲	30	无烟煤
株洲市	茶醴煤田	黄兰矿区	湘东	湘东	30	无烟煤
吐鲁番市	沙尔湖	库姆塔格	第四勘探区	勘探		长焰煤
合计	6个煤田	8个矿区	14个井田	29对矿井/1处勘探权	614	

一、湖南省内煤矿

集团公司在省内的煤炭资源主要分布在涟源、邵阳、郴耒、资宜和茶醴煤田，成煤时代主要有早石炭系、晚二叠系、晚三叠系～早侏罗系成煤期。主要的含煤地层有石炭系下统测水组下段、二叠系上统龙潭组上段和三叠系上统～侏罗系下统的小江口群煤系。

石炭系下统测水组煤系主要分布于湘中的涟源。在涟源煤田内金竹山矿区一带，煤系地层以中上部一层比较稳定的含砾石英砂岩作为标志层，将测水组分为上下两段。全组厚度40～538米，平均厚177米。

二叠系上统龙潭组煤系分布于湘中的邵阳煤田以及湘东及湘东南的郴耒煤田、茶醴煤田内，以新化县鹧鸪塘～涟源市观山～双峰县洪山殿一线为界分为南北两型。

龙潭组煤系北型只保留有上段煤系地层，分布于韶山煤田。煤系厚度在韶山煤田为19～85米。集团公司在此段地层中的煤矿均因政策性关闭而退出。

龙潭组煤系南型煤系上下段地层均发育，分布于邵阳煤田南部和郴耒煤田，以煤系中上部一层比较稳定的灰黑色砂岩为标志层，分为上下两段。煤系厚度：邵阳煤田南部为304～746米，其中上段为104～158米；郴耒煤田为330～729米，其中上段为117～276米；袁家矿区平均厚330米，其中上段平均厚130米；黄兰矿区平均厚933米，其中上段厚度602米。

小江口群煤系分为出炭垄组和杨梅垅组，分布于资兴市、宜章县及桂东县沙田一带的资宜煤田内，资兴市境内的三都矿区发育比较完整，三叠系上统煤系厚177～442米，平均厚274米。

（一）涟源煤田

1. 含煤地层

涟源煤田由聚煤凹陷盆地组成，含煤地层为石炭系下统测水组下段，含煤1～7层，其中3、5煤层普遍发育可采，2、4煤层仅局部可采，可采煤层平均厚度2.3～4.8米，可采含煤系数1.1%～2.2%。涟源矿区内开采测水组煤炭的有冷水江市的金竹山公司所属的金竹山矿区的一平硐、土朱和塘冲4对矿井。

2. 煤层

金竹山矿区是涟源煤田测水组煤系的主要发育区，含煤1～7层，其中3、5煤层普遍发育可采，2、4煤层仅局部可采，可采煤层平均厚度2.3～4.8米，可采含煤系数1.1%～2.2%。金竹山矿区一平硐井田含煤7层，2、3、5煤层为可采煤层，4煤层局部可采，煤层总厚度5.48米。

冷水江矿区测水组含煤7层，其中3、5煤为主要可采煤层。3煤层全区发育，煤厚0～16米，一般厚1.5～3米。5煤层层位稳定，普遍较发育。煤厚0～21米，一般1～2米。

3. 构造及岩浆岩

（1）构造。涟源煤田金竹山矿区（含一平硐、土朱、塘冲矿井），主体构造形态为一轴向北东～南西的向北开口的两翼不对称的向斜。东南翼倾角15°～35°，西北翼陡峻，多直立倒转。轴部开阔平缓，矿区内褶曲、断层发育，断层对含煤地层及煤层破坏较大，大型断层多为各井田的自然边界。一平硐矿井以比较紧密的小褶曲为主；土朱矿井以小型正断层为主；托山矿井则以中、小型倾向逆断层为主。区内地质构造复杂程度属中等。

（2）岩浆岩。涟源煤田内岩浆活动较频繁，以多旋回花岗岩侵入为特征，由多幕花岗岩侵入形成的复式岩体较发育。各个时期侵入的岩浆岩体离含煤盆地均有一定距离，对于煤的变质程度与煤层的连续稳定性均无直接影响。

4. 水文地质

金竹山矿业公司所属一平硐煤矿、土朱煤矿和塘冲煤矿均属水文地质条件中等类型矿井。

涟源煤田内矿坑直接充水含水层为煤系中的砂岩，属于弱含水层。区内断层充填好，透水性和含水性较差。金竹山矿区发育有地下暗河，有规模宏大的溶洞系统（波月洞）。主要充水因素是大气降水、老窿水和煤系地层中的砂岩孔隙裂隙水。由于浅部多年有小煤窑开采，残坑废巷积水量大，形成老窿水，成为不可忽视的矿井充水因素。

5. 瓦斯

涟源煤田金竹山矿区内所属一平硐矿井、土朱矿井和塘冲矿井瓦斯等级鉴定为煤与瓦斯突出的矿井。5、6、7煤属突出煤层，突出点主要分布在分支煤，3、5煤合槽区域以及6、7煤增厚区域。

6. 煤的自然发火

金竹山矿区内可采煤层自燃性倾向属三类不易自燃。矿井没有发生过煤层自燃现象。

7. 煤尘爆炸性

金竹山矿区矿井所采煤炭的可燃基挥发分均小于10%，综合爆炸指数为4.17%，无煤尘爆炸危险。

8. 煤层顶、底板

各煤层顶板为砂、泥岩互层，厚3～7米，为Ⅰ～Ⅱ顶板，即易冒落的松软顶板～中等冒落型顶板；底板为砂质泥岩，厚3～12米，较稳定。

9. 地温

根据省煤勘二队（165队）在涟源煤田勘探区所做的井温测量，涟源煤田范围内金竹山矿区尚未发现地温异常。

（二）邵阳煤田

1. 含煤地层

邵阳煤田含煤地层为二叠系龙潭组，一般厚83米，含煤7层，其中可采煤层为2、3、4、5煤层，3、5煤层全井可采，2、4煤层局部可采。

2. 煤层

牛马司矿区内，水井头煤矿开采煤层为2煤，见煤厚度为0.24～4.17米，平均厚1.92米，一般厚1.6～2.20米。铁箕山煤矿含煤地层7层，其中可采1层。主采煤层为2煤层，见煤厚度为0.76～2.51米，平均厚1.99米，为较稳定煤层。

3. 构造及岩浆岩

（1）构造：牛马司矿区的构造为一北东～南西向之不对称向斜构造；矿区地质构造复杂，断层发育，落差大于100米以上的有大粟山、西冲、五相塘、九龙庵等正断层；断层落差20～150米，大中型断层密度2.1条/平方千米，落差20米以下的断层密度为2.5～55条/平方千米，对采掘十分不利。

（2）岩浆岩：邵阳煤田牛马司矿区范围未见岩浆活动迹象。

4. 水文地质

牛马司矿区牛马司原煤公司所属水井头矿井、铁箕山矿井均属水文地质条件简单矿井，铁箕山矿巷道已开拓到－720米水平，矿井最大涌水量为200立方米/小时，正常涌水量为68立方米/小时。水井头煤矿巷道已开拓到－530米水平，矿井最大涌水量为200立方米/小时，正常涌水量为80立方米/小时。

5. 瓦斯

邵阳牛马司矿区煤层沼气含量高，根据2022年度瓦斯等级鉴定结果，水井头矿和铁箕山矿两矿井最大绝对瓦斯涌出量为5.11～5.21立方米/分钟，最大相对瓦斯涌出量为25.81～33.06立方米/(吨·天)，均属有煤与瓦斯突出矿井。

6. 煤的自然发火

牛马司矿区的水井头、铁箕山矿井为煤层自然发火的矿井。

7. 煤尘爆炸性

牛马司矿区的水井头和铁箕山煤矿煤尘爆炸指数鉴定为19.44%～24.31%，均有爆炸危险性。

8. 煤层顶、底板

矿区内可采煤层顶板为黑色泥岩，厚10～16米；底板为砂质泥岩，厚6～9米。为Ⅰ～Ⅱ级顶板。

9. 地温

牛马司矿区尚未发现地温异常。

（三）资宜煤田

1. 含煤地层

三都矿区内宝源井田下辖周源山、南平硐、北平硐3个矿井。周源山煤矿位于三都矿区的中深部，含煤地层为三叠系上统～下侏罗统的小江口群煤系杨梅垅组。南平硐、北平硐煤矿位于三都矿区东部和中北部，矿井内煤层主要赋存于三叠系上统杨梅垄含煤组中，其次是出炭垄组。

2. 煤层

矿区内宝源井田周源山、南平硐、北平硐煤矿开采范围内含煤地层含可采煤层9层，均为薄和中厚煤层，一般厚0.4～3.1米。南平硐、北平硐煤矿的主要含煤地层杨梅垄组共有1、2、3、－3、4、5六个煤层，发育较好的仅有1、2、3、4四个煤层，也是该矿井的主要煤层。出炭垄组共有9、10、11三个煤层，局部发育较好的仅11煤层，其中10煤不可采，9煤、11煤厚度变化大，为局部可采煤层；周源山煤矿开采范围内主要含煤地层为小江口群煤系中的杨梅垅组。

杨梅垅含可采和局部可采煤层五层，即1、2、3、-3及4煤层。均为薄煤层及中厚煤层，平均厚度1.5米。

3. 构造

矿区内宝源井田南平硐煤矿位于三都矿区东部，为一走向北北东-南南西的单斜构造，地层倾向北西，倾角16°~26°。矿井内的地质构造以断层为主，落差在1~3米，常给生产带来影响。井田内构造总体属中等类型。

4. 水文地质

资宜煤田三都矿区地形东高西低，东陡西缓，山系走向为北北东~南南西。三都矿区宝源井田内有7个含水层。各煤层顶底板均为砂质泥岩或泥质粉砂岩，隔水层层位稳定，厚度一般在10米，隔水性能较好。

三都矿区地质构造复杂程度中等，煤层上下含水层富水性弱，主要含煤段中的含水层间无密切水力联系，断层的富水性和导水性较差。地表水体对矿井开采影响不大，大气降水和老窑水是各含水层的主要补给来源，井田内矿井水文地质条件中等。经过几十年的开采，现有生产矿井已开采到深部，矿井充水因素主要是通过各种渠道向井下渗透的大气降水，特别是雨季洪水，其次是小煤窑老空区积水。根据生产矿井涌水量观测记录，矿井涌水量趋于稳定。

5. 瓦斯

三都矿区各矿井均属低瓦斯矿井。

6. 煤层自然发火

三都矿区井田尚未发现煤层有自然发火现象，为无自燃矿区。

7. 煤尘爆炸性

三都矿区井田煤矿主采的3煤煤尘爆炸指数为24.95%，4煤煤尘爆炸指数为23.63%，均具有煤尘爆炸性。

8. 煤层顶底板

三都矿区井田主采的1煤层直接顶板为厚层状石英长石砂岩，坚硬，难冒落，厚度5~15米。2煤层直接顶板为粉砂岩或砂质泥岩,厚度0.5~8.0米。3煤层直接顶板为泥岩或砂质泥岩，厚度0.4~2.0米，易冒落。4煤层直接顶板为麻灰色砂质泥岩~砂岩，厚度0.4~5米，易维护;底板为黑色泥岩或砂质泥岩,厚度0.4~12米。

9. 地温

随着产量的不断提高，南平硐、北平硐矿井地温梯度不大于3摄氏度，周源山煤矿向深部开拓，在深部开采水平（-800米）温度达42摄氏度。

（四）郴耒煤田

1. 含煤地层

郴耒煤田主要含煤地层为二叠系上统龙潭组，煤层厚41~250米，平均厚度133米。含煤6~10层，以6号煤层普遍可采，结构比较简单，煤厚变化大，多为不稳定至极不稳定。

1）袁家矿区浦溪、黄牛岭煤矿

含煤地层，共7层，其中2、5、6煤层为可采煤层，均位于龙潭组中段。区内含煤7层，V煤层为主采煤层，Ⅱ、Ⅵ煤为局部可采煤层。

2）永耒矿区

矿区含煤地层为二叠系上统龙潭组。湘永、街洞、马田井田含12个煤层位，其中5、6、7煤为可采煤层。大岭井田含煤7层，煤层总厚5.85米，主要可采煤层为1、6_1、6_2煤层，可采煤层总厚为5.34米。

3）白沙矿区

矿区含煤地层为二叠系上统龙潭组。

（1）南阳井田：共含煤9层，南阳矿区含煤面积为15平方千米，现有淝江煤矿、前进煤矿生产矿井。

（2）红卫井田：含煤6层，其中可采2~3层，局部可采3~4层。

（3）兴源井田：含煤7层，可采3、5煤。

（4）白山坪井田：含煤5层，其中5、6煤为主要可采煤层，1、2、3煤为局部可采煤层。

2. 煤层

郴耒煤田含煤岩系为龙潭煤系，含煤5~10层，一般可采1~2层，局部可采1~2层，6煤层普遍可采，平均煤厚0.6~4.0米，可采含煤系数0.51%~1.44%，可采煤层层位稳定。白沙、马田、湘永、街洞等矿区，6煤层可采，2、5、7、8煤为局部可采煤层。

1）袁家矿区

袁家矿区含煤7层。嘉禾矿业公司浦溪井、黄牛岭公司黄牛岭煤矿所开采含煤地层为二叠系上统龙潭组，含煤7层，矿井可采煤层共3层。其中主采5煤，平均厚度2.33米；6煤局部可采，平均厚度1.04米；2煤局部可采，平均厚度0.74米，尚未开采。

2）永耒矿区

（1）湘永井田：铜角湾煤矿可采煤层6煤，煤层不稳定，呈鸡窝状；安陵煤矿主采6煤，呈藕节状，属不稳定型煤层。

（2）街洞井田：含煤12层，6、7两层煤为主采煤层。6煤煤厚0～17.55米，平均厚2.35米，属不稳定煤层。7煤煤厚0～7.20米，平均厚度1.33米，属不稳定煤层。

（3）马田井田：3煤层厚度0～9.47米，结构简单，为极不稳定的局部可采煤层；4煤层厚度0～5.12米，平均厚度0.93米，厚度变异系数为81.99%，结构简单，为极不稳定偶尔可采煤层；5煤层煤厚0～11.40米，倾角15°～30°，平均倾角20°，为极不稳定的局部可采煤层；6煤层煤厚0～23.25米，在高泉塘煤矿和新星煤矿为不稳定大部可采的主要可采煤层。

（4）大岭井田：5煤层煤厚0～6.34米，平均煤厚0.74米，结构较简单，属不稳定煤层；6_1煤层煤厚0～3.31米，平均煤厚1.15米，该煤层在全井田内较稳定，厚度变化小且大面积可采，结构较简单；6_2煤层煤厚0～3.10米，平均煤厚1.09米。该煤层在井田内发育较好，厚度变化小，普遍可采，结构较简单，属较稳定煤层。

3）白沙矿区

矿区内龙潭组含煤7层，5、6煤为可采煤层，全区均较发育。

（1）南阳井田现有两对生产矿井，以采6、8煤为主。前进矿6煤层厚度0.86～60.45米，平均厚约6.26米。

（2）红卫井田龙潭煤系含煤6层，其中2、6煤在全区范围内发育较好，为主采煤层。主采6煤层厚3.62米，最厚处为25.7米，煤层结构简单。富煤区域主要集中在坦家冲矿、里王庙矿，其中坦家冲矿平均煤厚6.45米，里王庙矿平均煤厚5.92米。

（3）兴源井田含煤7层，觉光寺煤矿主采6煤层，煤厚0.23～11.92米，平均厚度2.91米。周家坳煤矿主采6煤层，煤厚0.28～7.82米，平均厚度2.66米，倾角8°～11°，平均倾角9°。5煤局部可采，煤厚0～1.16米，平均厚度0.74米，倾角8°～11°。

（4）白山坪井田含煤7层，其中2、5、6煤层可采。主要可采煤层6煤层厚度一般在2米以上，最厚处为3.5米。

3. 构造与岩浆岩

1）构造

郴耒煤田内地质构造比较复杂，以褶皱为主，其次是断裂。主要向背斜构造有近南北向的白沙向斜、永耒向斜。次级褶皱相当发育，尤其是宽度为30米、幅度小于20米的褶皱十分发育。

（1）袁家矿区：嘉禾矿业公司浦溪井井田内主要构造形态为一轴向南北的大型复式向斜。煤层平均倾角在向斜的东翼较缓，为30°～35°，西翼较陡，为35°～48°。

（2）永耒矿区：湘永井田位于郴耒煤田永耒向斜西翼，主体构造形态为走向南北、两端倾伏的龙王岭背斜，背斜轴部出露下二叠统栖霞组灰岩。区内构造以断裂为主，错距50米以上的断层在一平方千米内有10条之多，对矿山开采颇有影响。

街洞井田总体呈倾向北西的单斜构造。地质构造以褶皱为主，属复杂类型，－70米标高以上地层倾角较大，局部地段直立、倒转。

马田井田高泉塘矿井位于石里山向斜西翼，为一单斜构造，倾向南东，倾角25°，井下遇到的小断层带对采煤有一定影响，构造类别属于中等。新星矿井的主要构造形态为一单斜构造，但次一级褶曲发育，并伴生断裂。F11斜交逆断层，断层落差较大，为本井田南部天然边界。

大岭井田位于郴耒煤田永耒复式向斜北东端的西翼，井田东部有永耒向斜东翼断层。

（3）白沙矿区：白沙矿区主体构造形态为一不对称向斜，西缓东陡，轴面向东倾斜，轴向由北北东转向近南北。向斜两端（南至周家坳井田北抵资家台井田）封闭收敛。

南阳井田位于湘南郴耒煤田白沙向斜东翼，总体构造形态呈单斜。矿区内中小型断层较发育，影响开采的断层较少。

红卫井田地处郴耒煤田白沙向斜南段，呈南北狭长状的向斜构造。由南至北依次为沈家湾矿、坦家冲矿、里王庙矿、龙家山矿。小型褶皱发育无规律，走向及倾向皆有，对煤层赋存情况变化影响较大，给矿井工程布置及开采工作带来诸多困难。

兴源井田位于白沙向斜南段转折端。

白山坪井田位于郴耒煤田白沙矿区西翼中北部。白山坪矿井的主体构造形态为倾向南东的单斜；磨田、龙塘矿井的主体构造形态为倾向东的单斜；大岭煤矿位于郴耒煤田永耒矿区东北部，总体形态为一向南西开口、向北西收敛的向斜。

2）岩浆岩

郴耒煤田岩浆岩在一些井田内有岩脉侵入。铜角湾井田有角闪辉长岩侵入煤层的现象。这些岩脉侵入煤层，使煤层灰分增高，并且吞蚀煤层。岩浆岩的侵入使得郴耒煤田各煤层的变质程度普遍高于同时代的涟源煤田龙潭煤系各煤层。

4. 水文地质

郴耒煤田范围内地表水系发育，以湘江支流耒水为主体，分别切割永耒向斜南端和白沙向斜，主要支流有西河、淝江、敖河、太平河等，流经部分井田，切割含煤地层，与地表小型水库、水塘等联系密切，不同程度地增加了矿井水文地质条件的复杂性。白垩系红层（K）岩性以紫红色粉砂岩、泥岩、砂砾岩为主，红层有二层系以裂隙为主的含水层。当本组含水层与含煤地层不整合接触时，往往成为局部区段充水的因素。

隔水层有二叠系下统当冲组，可采煤层的顶底板隔水层多，且厚度大于10米，隔水性能好。

1）袁家矿区

矿井主要充水因素是大气降水及老窿积水。井田内两对生产矿井水文地质条件均为中等类型。

2）永耒矿区

（1）湘永井田影响矿井开采的主要充水因素以大气降水、老窿水为主，断层水、大隆组地层裂隙水为辅。各矿井水文地质条件属简单类型。

（2）街洞井田矿井水的主要补给来源为大气降水渗入和老窑水。矿井水文地质条件为简单类型。

（3）马田井田大气降水和老窑水为本井田充水的主要因素。采掘工程一般受水害影响小，防治水工作不复杂。矿井水文地质条件为中等类型。

（4）大岭井田矿区水文地质条件以老窑水、周边关闭小煤矿水突水、裂隙弱含水层直接充水为主，矿井水文地质条件为复杂类型。

3）白沙矿区

地表水主要来自耒河，分别切割向斜两翼地层。历年最高洪水位：东翼沈家湾井田为+90米，西翼白山坪井田为+86米。

（1）南阳井田煤系外围新老含水岩层主要通过断层渗水、透水对矿井产生影响。田内两对生产矿井水文地质条件均为中等类型。

（2）红卫井田内四对生产矿井水文地质条件均为中等类型。

（3）兴源井田内三对生产矿井水文地质条件均为中等类型。

（4）白山坪井田内三对生产矿井水文地质条件均为中等类型。

5. 瓦斯

郴耒煤田的二叠系上统龙潭煤系为“南型”地层，煤系地层厚度为330~590米，其中，泥岩类占61%~85%，砂岩类占15%~39%，可采煤层属中厚煤层到厚煤层。顶底板围岩以泥岩类为主，不透气层多且厚度较大，多属于高瓦斯及煤与瓦斯突出的矿井。东面的湘永矿区为低瓦斯区，中部南阳矿业公司、马田矿区的东部为高瓦斯区，西面袁家矿区、红卫矿业公司为突出区，在白沙矿区西翼，瓦斯等级从南至北由突出到高瓦斯再至低瓦斯。

1）袁家矿区

矿井Ⅴ煤层瓦斯压力最高为1.42兆帕，坚固性系数为0.25；Ⅵ煤层瓦斯压力最高为4.20兆帕，坚固性系数为0.32。浦溪井主要可采煤层5煤层瓦斯含量14.568立方米/吨，最大瓦斯压力1.65兆帕。2022年度瓦斯等级鉴定相对瓦斯涌出量53.66立方米/(吨·天)，绝对瓦斯涌出量为16.01立方米/分钟。黄牛岭煤矿2022年度瓦斯等级鉴定相对瓦斯涌出量51.78立方米/(吨·天)，绝对瓦斯涌出量为10.2立方米/分钟，井田内矿井属煤与瓦斯突出矿井。

2）永耒矿区

（1）湘永井田主要可采煤层6煤层瓦斯样成分分析结果：CH_4含量大于10%~70%，N_2含量为5%~55%，CO_2含量大于20%~34%，表明该煤层仍位于瓦斯氧化带内。铜角湾煤矿从未发生过瓦斯突出现象。历年瓦斯鉴定结果均属于低瓦斯矿井，相对瓦斯涌出量梯度114.94米/立方米/(吨·天);安陵煤矿属低瓦斯矿井,开采以来从未发生过煤与瓦斯突出现象，相对瓦斯涌出量梯度36.697米/立方米/(吨·天)。

(2) 街洞井田：8煤层瓦斯含量最大值为4.1445立方米/吨，7煤层瓦斯含量最大值为4.2907立方米/吨，7、8煤层原始瓦斯压力最大值均为0.38兆帕，为煤与瓦斯突出矿井。

(3) 马田井田：高泉塘煤矿提取瓦斯样测得的煤层自然瓦斯成分中CH_4含量为68.57%~13.93%，大部分在50%以下；N_2含量为85.98%~18.37%，大部分在40%以上。相对瓦斯涌出量4.90立方米/(吨·天)，绝对涌出量1.00立方米/分钟，二氧化碳相对涌出量1.10立方米/(吨·天)，为低瓦斯矿井。新星煤矿主采煤层6煤层，测得自燃瓦斯成分：CH_4含量为27%~87%、N_2含量为0%~43%、CO_2含量为7%~34%，部分处于沼气带内。瓦斯等级鉴定结果为低瓦斯矿井。

(4) 大岭井田：瓦斯绝对涌出量为2.11立方米/分钟，相对涌出量为6.45立方米/(吨·天)，矿井鉴定为低瓦斯矿井。

3) 白沙矿区

全矿区矿井多数为高瓦斯至有煤与瓦斯突出矿井，其中坦家冲井田瓦斯相对瓦斯涌出量达29.04~60.06立方米/(吨·天)，并有煤与瓦斯突出现象。同时瓦斯含量随着开采深度的增大而增加，而且突出次数增多，突出强度增大。

(1) 南阳井田：井田内有淝江、前进两对矿井。淝江煤矿绝对瓦斯涌出量为0.68立方米/分钟，相对瓦斯涌出量为3.66立方米/(吨·天)；前进煤矿绝对瓦斯涌出量0.63立方米/分钟，相对瓦斯涌出量3.18立方米/(吨·天)，均属低瓦斯矿井。

(2) 红卫井田：坦家冲、里王庙、龙家山矿井开采范围内各煤层有严重的煤与瓦斯突出现象，三对矿井从1963年建矿至2009年共发生煤与瓦斯突出755次（其中，坦家冲矿497次，里王庙矿228次，龙家山矿30次），共突出煤量94067吨。其中采煤工作面突出138次，占比18.3%；掘进工作面突出510次，占比67.5%；石门突出107次，占比14.2%（施工措施孔时突出17次）。千吨以上突出发生了23次（坦家冲矿16次，里王庙矿6次，龙家山矿1次）。最大一次突出发生于1972年2月20日，坦家冲矿-50米石门揭煤，突出煤量4500吨，涌出瓦斯1385000立方米。2022年度坦家冲煤矿绝对瓦斯涌出量为9.78立方米/分钟，相对瓦斯涌出量为47.92立方米/(吨·天)；里王庙煤矿绝对瓦斯涌出量为7.66立方米/分钟，相对瓦斯涌出量为47.38立方米/(吨·天)；龙家山煤矿绝对瓦斯涌出量为7.83立方米/分钟，相对瓦斯涌出量为30.11立方米/(吨·天)；沈家湾煤矿绝对瓦斯涌出量为1.43立方米/分钟，相对瓦斯涌出量7.41立方米/(吨·天)。坦家冲矿、里王庙矿、龙家山矿三对矿井为瓦斯突出矿井，沈家湾矿为高瓦斯矿井。

(3) 兴源井田：觉光寺煤矿、伍家冲煤矿为煤与瓦斯突出矿井，周家坳煤矿为高瓦斯矿井。2022年度觉光寺煤矿绝对瓦斯涌出量为1.69立方米/分钟，相对瓦斯涌出量为10.38立方米/吨；伍家冲煤矿绝对瓦斯涌出量为2.96立方米/分钟，相对瓦斯涌出量9.34立方米/(吨·天)；周家坳煤矿绝对瓦斯涌出量为1.26立方米/分钟，相对瓦斯涌出量6.01立方米/(吨·天)。

(4) 白山坪井田：龙塘煤矿为高瓦斯矿井，2022年经鉴定瓦斯绝对涌出量为2.57立方米/分钟，相对涌出量为15.89立方米/(吨·天)。白山坪煤矿属煤与瓦斯突出矿井，2022年经鉴定瓦斯绝对涌出量为4.49立方米/分钟，相对涌出量为39.19立方米/(吨·天)。磨田煤矿为低瓦斯矿井，2022年经鉴定绝对瓦斯涌出量为2.07立方米/分钟，相对瓦斯涌出量为9.45立方米/(吨·天)。

6. 煤层自然发火

郴耒煤田大矿井无煤层自燃现象。

7. 煤尘爆炸性

郴耒煤田各矿井因煤种为无烟煤，变质程度高，干燥无灰基挥发分含量低，煤尘无爆炸性。

8. 煤层顶底板

郴耒煤田开采煤层的顶板大多数是泥岩、砂质泥岩、粉砂岩，属Ⅰ~Ⅱ级顶板。

9. 地温

郴耒煤田属地温正常区，据沈家湾井田深部

勘探报告，地温增温率为每百米增加 1.5 摄氏度。

（五）茶醴煤田

1. 含煤地层

黄兰矿区主要含煤地层为龙潭组，含煤 15 层。

2. 煤层

黄兰矿区湘东井田范围内共发育可采和局部可采煤层，分述如下：

3－1 煤：本矿山巷道控制见煤厚 0.1～3.50 米，平均 1.73 米，点可采含煤率为 71%，煤厚变异系数为 75%，属不稳定型薄煤层。

3 煤：全矿区厚度 0～2.13 米，平均 0.91 米，属可采煤层。本矿山巷道及钻孔控制见煤厚 0～3.0 米，平均 0.98 米，点可采含煤率为 83%，煤厚变异系数为 60%，属不稳定型薄煤层。

5 煤：全矿区厚 0～1.11 米。平均 0.42 米。本矿山巷道及钻孔控制见煤厚 0～3.0 米，平均 0.89 米，点可采含煤率为 74%，煤厚变异系数为 73%，属不稳定型薄煤层。

6 煤：全矿区厚 0～2.64 米，平均 0.75 米。本矿山巷道及钻孔控制煤厚 0～2.64 米，平均 0.69 米，属不稳定型薄煤层。

3. 构造与岩浆岩

（1）构造：黄兰矿区内兰村复式含煤向斜为一轴向北东～南西的短轴向斜，由燕山向斜、小水背斜、满江向斜组成一个横断面呈“W”形的含煤复式向斜。湘东井田位于兰村向斜北部仰起端。井田整体呈复式向斜构造，发育两背五向 7 个次级褶曲，发育有 F7、F16、F12、F11、F9 五个断裂构造，构造属中等类型。

（2）岩浆岩：井田范围内地表、井下均无岩浆岩出露，开采过程中也未发现岩浆岩。

4. 水文地质

现有开采水平水文地质条件属简单类型。确定矿区水文地质勘查类型属于裂隙含水层充水为主的矿区水文地质条件中等类型矿床。

5. 瓦斯

湘东煤矿属于低瓦斯矿井。2022 年瓦斯鉴定瓦斯绝对涌出量为 0.85 立方米/分钟，相对涌出量为 4.52 立方米/(吨·天)。

6. 煤层自然发火

井田煤层均无自然发火。

7. 煤尘爆炸性

黄兰矿区湘东煤矿煤尘无爆炸性。

8. 煤层顶底板

黄兰矿区湘东井田根据生产矿井观察，矿区内煤层顶底板岩层稳定，较易管理。

9. 地温

至 2022 年底矿区最低开采水平在＋142 米，未发现地温异常现象，属地温正常区。

二、省外勘探区

集团公司在新疆维吾尔自治区勘探区的煤炭资源储量分布于吐鲁番市鄯善县沙尔湖煤田库姆塔格矿区第四勘探区，勘探现场如图 2－1－1 所示。控制探矿权资源量 504948 千吨。

图 2－1－1　沙尔湖煤田库姆塔格矿区第四勘探区勘探现场

（一）含煤地层

集团公司所属新疆能源公司吐鲁番市鄯善县境内的沙尔湖煤田库姆塔格矿区第四勘查区，含煤地层为中侏罗统西山窑组，其岩性主要为滨湖相～泥炭沼泽相沉积的泥岩、炭质泥岩、粉砂岩、细砂岩、粗粒砂岩、细砾岩和煤层。根据岩性特征、含煤性以及其他组合特征，本组地层自下而上分为三段，中段为主要含煤段。含煤地层总厚 59.70～371.95 米，平均厚度 252.83 米。

煤层较为集中，所含煤层自下而上编号为 C4～C15，共 12 个煤层，其中 5 层可采。

（二）煤层

根据煤层的可采程度，沙尔湖煤田库姆塔格区第四勘查区共有可采煤层 5 层，其中全区可采的煤层为 C8 煤层；大部可采的煤层为 C11、C7 煤层；局部可采的煤层有 C10、C9 煤层。可采煤层的总厚度为 14.81～176.80 米，平均厚度 119.48 米。不可采的煤层有 7 层，分别为 C15、C14、C13、C12、C6、C5、C4，煤层总厚 8.31 米。

本区共有可采煤层 5 层，其中 C8 煤层为主要可采煤层，为特厚煤层，C7、C9、C10、C11 煤层为薄～中厚煤层。

C8 煤层含煤面积 37.80 平方千米，其中可采面积 37.48 平方千米。有 9 个控制点，均为可采点，可采性指数 1.00，为全区可采煤层。

（三）构造与岩浆岩

1. 构造

以本区东部沙西一带近南北向次级基底隆起为界，以西为库姆塔格向斜，以东为沙尔湖向斜。

勘查区属库姆塔格向斜的北翼。总体呈一向南偏西缓倾的单斜构造，倾角在 5°左右。区内未发现断层。构造复杂程度属简单类型。

2. 岩浆岩

新疆沙尔湖煤田库姆塔格区第四勘查区煤层赋存未受岩浆岩影响。

（四）水文地质

按规范中有关标准，本勘查区的水文地质类型划分为以孔隙—裂隙水直接充水的、水文地质条件简单的矿床，即二类一型。

（五）瓦斯

瓦斯含量：甲烷为 0～19.868 毫升/克，平均 1.444 毫升/克；氮气为 2.448～9.436 毫升/克，平均 5.771 毫升/克。

瓦斯煤样的工业分析结果：水分含量 10.98%～33.78%，灰分产率 3.87%～36.17%，挥发分产率 23.17%～33.91%。

根据瓦斯成分含量，本区主要煤层瓦斯分带基本属于二氧化碳～氮气带，初步确定勘查区属低瓦斯矿区。

（六）煤层自然发火

勘查区煤层吸氧量变化范围为 0.40～0.80 立方厘米/克，其中 C8 煤层属Ⅰ级容易自燃和Ⅱ级自然发火煤层。

（七）煤尘爆炸性

沙尔湖煤层火焰长度变化为 80～690 毫米，扑灭火焰的岩粉量变化为 25%～80%，各煤层均属有煤尘爆炸危险性煤层。

（八）煤层顶底板

新疆能源公司沙尔湖煤田库姆塔格矿区第四勘查区内西山窑组中段岩组（J2x2）赋存的主要可采煤层 C7～C11 煤层，各煤层顶底板多属层状结构的软岩。

（九）地温

本区地温梯度为每百米 0.56～4.80 摄氏度，平均 2.45 摄氏度/百米，即地热增温率为 1 摄氏度/40.82 米。属无热害区。

第三节 资源勘查

一、省内煤炭资源勘查

（一）省内煤矿边深部资源勘察

2007 年，经对省内煤矿边深部资源潜力和开采的可行性进行分析论证，确定了白山坪等 16 处有勘探开发前景的边深部资源。

2008 年 9 月 5 日，省政府第 12 次常务会议批准同意集团公司进行勘探后扩界开采。

2009 年，白山坪等 13 处上报省自然资源厅（国土资源厅）核准预留了勘探范围（湘国土资函〔2009〕342 号批准）。

2013 年，街洞矿业公司通过湖南省自然资源厅（国土资源厅）、省财政厅争取到采矿权探矿权价款地质勘查项目即茶山岭矿井边深部煤炭普查勘查，街洞矿业公司匹配资金占 30%。此项目由湖南省煤田地质局第五勘探队完成勘探工作。

同年 12 月 15 日，湖南省自然资源厅（国土资源厅）地质勘查项目管理办公室组织有关专家对“湖南省郴州市苏仙区街洞矿区茶山岭煤矿边深部煤炭普查”项目进行了野外验收。主要进行了1：5000地质图、简测、钻探、物探测井、生产井资料收集、测量及煤样测试等工作，共完成钻探4143.92米/5个。

2014年2月，煤勘五队提交了《湖南省郴州市苏仙区街洞矿区茶山岭煤矿边深部煤炭普查报告》，省自然资源厅（国土资源厅）组织相关专家对报告进行了评审和备案。普查报告提交的（333）煤炭资源量为1093.7万吨。

从2009年到2014年底，集团公司委托楚湘建设工程有限公司施工，共完成白山坪、磨田、龙塘、南阳庙、安陵煤矿等5处矿井地质勘探详查任务并提交了详查地质报告，省自然资源厅（国土资源厅）已对该5处勘探成果进行了评审备案，同时完成浉江煤矿深部资源勘探的预查任务，5年来共完成施工钻孔121个，钻探工程进尺8.8万米，投入资金10667.66万元，获取煤矿边深部煤炭资源储量4923.4万吨（332资源量1223.7万吨，33资源量3699.7万吨），吨煤勘探成本2.17元/吨。另外，龙家山煤矿深部详查项目施工共完成钻孔6个，工程量4597.48米，已完成投资552万元，预计可获得资源储量（333+334）3293.1万吨，此项目因资金不足暂停。

（二）集团公司其他煤炭资源勘查

2002年取得煤炭探矿权并完成勘察工作主要是清溪冲矿区双江矿段煤炭普查和清溪冲矿区道林矿段煤炭普查，湘潭坪塘矿区补充勘探。

长沙矿业公司宁乡县清溪冲矿区勘探项目是“全国第一批危机矿山资源接替找矿项目”，也是长沙矿业公司唯一的接替矿区。

该项目于2005年通过招拍挂方式以900万元价格取得探矿权，2006年清溪冲矿区道林矿段和双江口矿段分别新立勘查许可证，有效期至2014年5月。勘探工作于2006年开始施工，到2013年12月止。省煤田地质局第六勘探队于2013年12月提交了《湖南省宁乡县清溪冲煤矿双江口区段煤炭详查地质报告》，省自然资源厅（国土资源厅）组织相关专家进行评审并下达了“关于《湖南省宁乡县清溪冲煤矿区双江口区段煤炭详查地质报告》矿产资源储量评审备案证明”，双江口矿段煤炭资源储量（332+333+334）1664.5万吨，具备资源接替条件。道林矿段没有找到可采煤层，不具备资源接替意义。

在长沙矿业公司准备申请转采时，因空军机场建设需要压覆，不能设立采矿权，长沙矿业公司与长沙市空军长沙机场迁建办公室协商签订了压覆协议并获得了财政补助退出。

坪塘冲矿区补充勘查工作完成转采时，坪塘矿区煤炭资源因地方建设项目需要压覆，辰溪矿业公司与省自然资源厅（国土资源厅）协商达成协议获得财政补偿退出。

湖南省煤业集团有限公司省内煤炭资源勘察情况见表2－1－10。

二、省外煤炭资源勘查

2008年12月，新疆维吾尔自治区政府将新疆鄯善县库姆塔格—沙尔湖煤矿区第四勘查区配置给集团公司进行风险勘探。

（一）探矿权证办理情况

湖南省煤业集团新疆能源有限公司于2014年12月办理了第四勘查区普查探矿权证，证号为T65520140201050602，探矿权人为湖南省煤业集团有限公司，有效期为2014年2月25日至2017年2月25日。

2017年9月29日，又办理了第四勘查区普查探矿权延续1年的勘查许可证，证号为T65520140201050602，有效期为2017年9月28日至2018年9月28日。

2018年12月17日，办理了第四勘查区详查勘查许可证，证号为T65520140201050602，有效期为2018年11月30日至2020年11月30日。

2021年1月20日，办理了第四勘查区勘探勘查许可证，有效期为2020年12月23日至2025年12月23日。

（二）资源勘查

1. 普查阶段

普查钻孔施工钻孔13个，实际工程量7205.25米，普查二维地震共完成物理点2356个，普查阶段共投入资金9274185.00元。提交了《新疆鄯善县库姆塔格—沙尔湖煤矿区第四勘查区普查报告》和《新疆鄯善县库姆塔格—沙尔湖煤矿区第四勘查区普查二维地震勘探报告》并通过评审备案。

表2-1-10 湖南省煤业集团有限公司省内煤炭资源勘察情况表

序号	项目名称	勘探许可证号或批准文号	有效期	勘探面积（平方千米）	勘探单位	实际完成工程量		开工时间	完工时间	投入资金（万元）	勘探地质报告编制评审备案情况	获取资源储量（万吨）			探转采情况
						钻孔	钻探量（米）					合计	332	333	
1	磨田煤矿边深部资源勘查			3.0	湖南楚湘建设工程公司	15	13559.8	2009-12	2010-10	1491.6	地质报告已评审备案	1322.2	308.9	1013.3	已办好扩界转采手续
2	白山坪煤矿边深部资源勘查			4.09	湖南楚湘建设工程公司	16	11986.0	2010-03	2010-12	1318.5	地质报告已评审备案	499.8	197.3	302.5	已办好扩界转采手续
3	龙塘煤矿边深部资源勘查			5.38	湖南楚湘建设工程公司	39	28996.33	2010-12	2013-05	3543.0	正在编制地质报告	1229.4	374.7	854.7	拟办理扩界转采手续
4	南阳庙煤矿边深部资源勘查			1.7	湖南楚湘建设工程公司	15	4261.99	2009-12	2012-03	1321.0	地质报告已评审备案	545.4	157.5	387.9	已退出补偿
5	浬江煤矿边深部资源勘查			3.41	湖南楚湘建设工程公司	2	1887.66	2010-07	2011-05	271.0	已编写预查工作总结	378.5	—	51.1	
6	龙家山煤矿边深部煤炭详查	D43020130900002459	2012-09—2014-09	4.71	湖南楚湘建设工程公司	20	15000	2013-01		2204-02	目前仅完成6个钻孔				勘探后拟办理扩界转采手续
7	安陵煤矿边深部勘探		2011-07—2012-12	4.58	湖南楚湘建设工程公司	28	22934.77				地质报告已评审备案	797.7	265.3	532.4	已办好扩界转采手续
8	茶山岭煤矿边深部资源勘查			2.38	煤田地质局第五勘探队	5	4300	2013-03	2014-03	561.0	已完成普查	—	—	—	拟申请扩界转采手续
9	湘潭县坪塘冲矿区补充勘查			25.02	煤田地质局第六勘探队			2003-01	2004-12		地质报告已评审备案	1518.2	1155.7	362.5	湘潭市城市道路压覆补偿退出
10	辰溪柳其山区段煤炭普查			4.18	湖南楚湘建设工程公司	5	603	2011-03	2011-08	54.3	已完成普查	—	—	—	
11	清溪冲矿区双江矿段煤炭普查	4300000610069		18.59	煤田地质局第六勘探队		14100	2007-03	2010-06	3800	已完成详查	3146.0	—	1603.0	大托铺机场搬迁压覆补偿退出
12	清溪冲矿区道林矿段煤炭普查	T431201206101046214		18.59	煤田地质局第六勘探队						已完成详查				大托铺机场搬迁压覆补偿退出

2. 详查阶段

（1）详查钻孔施工钻孔 20 个，实际工程量 12711.57 米，投入资金 15348331.80 元。提交了《新疆鄯善县库姆塔格—沙尔湖煤矿区第四勘查区详查报告》，并通过了评审备案。

（2）详查二维地震共完成物理点 5214 个，投入资金 1929180.00 元。提交了《新疆鄯善县库姆塔格—沙尔湖煤矿区第四勘查区详查二维地震勘探报告》，并通过了评审。

3. 勘探及补充勘探阶段

勘探及勘探补充施工钻孔 62 个，实际工程量 28397.25 米，投入资金 35089307.20 元。2011 年 12 月已完成编制《新疆鄯善县库姆塔格—沙尔湖煤矿区第四勘查区露天煤矿勘探报告》。

按照煤田地质勘查规范，新疆鄯善县库姆塔格—沙尔湖煤矿区第四勘查区勘查野外施工已全部完成，共投入资金 61641004 元。

4. 勘探成果

第四勘查区的地质报告表明，C8 煤层为勘查区主要可采煤层，构造简单、煤层稳定。区内含煤面积 37.18 平方千米，可采煤层厚度 1.25 ~ 238.86 米，平均 107.43 米。煤类为长焰煤，其煤质特征属中等水分、特低灰 - 中灰、高挥发分、特低硫 ~ 中硫、低磷 ~ 中磷、中 ~ 高热值，是优质火力发电、工业锅炉、煤化工及民用煤。

2015 年 10 月 29 日，《新疆鄯善县库姆塔格—沙尔湖煤矿区第四勘查区普查报告》矿产资源储量评审通过，新疆国土资源厅备案（新国土资储备字〔2015〕098 号），备案煤炭资源总量为 50.49 亿吨。

2019 年 7 月 23 日，《新疆鄯善县库姆塔格—沙尔湖煤矿区第四勘查区详查报告》评审通过。同年 11 月 22 日，新疆维吾尔自治区自然资源厅出具了矿产资源储量评审备案证明（新自然资储备字〔2019〕047 号），备案煤炭资源总量为 54.5499 亿吨。

2020 年 1 月 30 日，《新疆鄯善县库木塔格矿区总体规划》获得国家发展改革委的批复，规划中，第四勘查区的含煤面积为 56.05 平方千米，煤炭储量为 75.46 亿吨。比已办理的第四勘查区权证范围内的煤炭资源量增加了 24.97 亿吨。总体规划将第四勘查区规划为一号露天矿，产能 1000 万吨/年；一号矿井，产能为 1500 万吨/年（前期）。一号露天矿位于矿区东北部，面积约 9.11 平方千米，矿田范围内煤炭资源总量 740.51 兆吨，估算可采储量 444.31 兆吨，矿田建设规模为 10.0 兆吨/年，服务年限 37.1 年。一号矿井位于矿区北部，面积约为 55.74 平方千米，井田范围内煤炭资源总量 6805.96 兆吨，估算可采储量为 4219.70 兆吨。矿井建设规模为 15.0 兆吨/年，服务年限 200.9 年。一号露天矿开采结束后，一号矿井接续生产。

2022 年 5 月 19 日，新疆维吾尔自治区人民政府下发了《关于印发〈加快新疆大型煤炭供应保障基地建设服务国家能源安全的实施方案〉的通知》（新政发〔2022〕57 号），将集团公司所属的一号露天矿一期 500 万吨/年列入了自治区“十四五”规划建设煤矿项目，二期 500 万吨/年列为“十四五”储备煤矿项目。要求在 2023 年 6 月底前获得国家发展改革委核准，并在“十四五”期间开工建设。

2022 年 8 月 26 日，一号露天矿项目取得了国家发展改革委统一配备的项目代码 2208 - 000000 - 04 - 01 - 741789。

第二章　煤矿建设与收购

第一节　规 划 设 计

一、“十一五”规划

集团公司成立以后，按照“以煤为主、有限多元、整合发展”的思路编制了“十一五”规划，旨在通过改建、扩建、挖潜现有矿井，联合、兼并、收购、控股其他煤矿，投资建设湖南省内外新矿，实现煤炭生产能力和规模总量的提升，为集团公司又好又快发展提供强大支持。

在“十一五”期间，集团公司在湖南省内

外总计规划有22个重点项目，计划投资总额319802.4万元，净增产能781万吨。

（一）湖南省内项目

湖南省内重点建设项目19个，其中新建项目16个，改扩建项目3个，计划总投资141246.4万元，净增产能391万吨。

1. 新建项目

1）金竹山深部

设计生产能力60万吨/年。总投资20250万元。2010年完成项目建设。

2）华源矿业攸县黄兰矿区中深部（一期）

设计生产能力60万吨/年。总投资20879万元，其中集团公司投资8351.6万元，其他股东投资12527.4万元。2010年完成项目建设。

3）清溪冲矿区

设计能力54万吨/年。总投资27000万元。2010年完成项目建设。

4）华源矿业攸县黄兰矿区深部（二期）

设计能力60万吨/年。总投资30000万元，其中集团公司投资12000万元，其他股东投资18000万元。2011年完成项目建设。

5）冷水江良溪井田、耒阳坦里矿区、资磨矿区

在这3个已探明储量的矿区新建3~6对年生产能力约15万吨的矿井。冷水江良溪井田已完成详查，探明资源储量1500万吨；耒阳坦里矿区已完成详查，探明资源储量4680万吨；资磨矿区深部已完成普查，探明资源储量3500万吨。净增生产能力45万~60万吨。

（1）冷水江良溪井田：设计能力15万吨/年，总投资7500万元，计划2009年项目开工建设，2011年项目建设完成。

（2）耒阳坦里矿区：设计能力30×2万吨/年，总投资3000万元，计划2010年开工建设，2013年竣工投产。

（3）资磨矿区：设计能力30万吨/年，总投资15000万元，计划2009年开工建设，2012年竣工投产。

6）其他新建项目

选择湖南煤田地质局已获得探矿权即将进行普查勘探的湘潭县列家桥矿区王家山井田、邵阳市短陂桥矿区、常宁市烟洲四丘田矿区、醴陵白兔塘矿区、隆回滩头矿区、桂阳鲁塘矿区等新建2~3对年生产能力约15万吨的矿井。净增生产能力30万~45万吨/年。

2. 扩改建项目

（1）金竹山塘冲井生产能力由30万吨/年扩改至45万吨/年，净增生产能力15万吨/年，总投资4931.2万元，2008年完成项目建设。

（2）金竹山土朱井生产能力由21万吨/年扩改至45万吨/年，净增生产能力24万吨/年，总投资3933.6万元，2008年完成项目建设。

（3）高陂煤矿生产能力由2万吨/年扩改至9万吨/年，总投资1780万元，2009年完成项目建设。

（二）湖南省外矿井建设项目

新建项目3个，计划总投资178556万元，净增产能300万~390万吨。

（1）贵州水城矿区：设计能力150万吨/年，总投资83000万元。其中，集团公司投资66400万元，贵州能发公司投资16600万元。2007年神仙坡煤矿竣工投产。

（2）贵州黔西箐口矿区：设计生产能力60×2万吨/年，总投资42076万元。2010年、2011年完成项目建设。

（3）云南镇雄堰塘矿区：设计生产能力30万吨/年（可考虑扩改至120万吨/年）。总投资10500万元，其中，集团公司投资10080万元，其他股东投资420万元。2010年、2011年完成扩改项目建设。

二、“十二五”规划

根据2012年集团公司原煤产业（含洁净煤）实现总收入61.12亿元，利润2.96亿元；2015年集团公司原煤产业（含洁净煤）实现总收入92亿元，利润5.055亿元的原煤产业发展目标，制定了“十二五”原煤产业发展规划。

集团公司原煤业务“十二五”规划，拟通过实施原煤产能规划和规划措施，阶段性推进资源控制，稳步实现集团公司资源整合和产业结构优化，合理开发湖南省煤炭资源，加快煤炭蕴藏丰富的外省煤炭资源开发和投资建设、适时寻求收购兼并优质矿井，构筑有利于湖南省安全、稳定、可持续发展的能源保障体系。

集团公司在规划期内的原煤业务产能见表2-2-1，计划2012年达到980万吨，2015年计划达到1500万吨。

表2-2-1 集团公司原煤业务产能规划汇总表（2010—2015年）

项目名称	矿井数	矿井生产能力（万吨/年）			现有煤炭储量（千吨）								
		设计	核定	净增	基础储量	资源量	合计	资源	2010年	2011年	2012年	2013年	2014年
集团公司总计	84	5373	798	343	322410	1475360	1797770	211660	798	868	980	1065	1250
本省	69	1373	798	227	322410	423470	745880	211660	688	718	750	760	770
生产井及改扩井	51	977	750	125	322410	122280	444690	172060	688	708	732	737	740
拟收购井	5	60	48	102		24850	24850	39600	0	10	18	23	30
新建井	8	228				191640	191640						
恢复井	2	36				15550	15550						
勘探井	3	72				69160	69160						
贵州	15	1000	0	116	0	1051890	1051890	0	110	135	200	245	380
生产井及改扩井	7	171		60		144970	144970		110	128	160	184	225
收购井	3	19		56		37640	37640		0	7	20	31	60
新建井	5	810				869280	869280				20	30	95
新疆		3000	0	0	0	0	0	0	0	15	30	60	100
新建井	1	240											
新建露天矿	1	2500											
收购井		260								15	30	60	100

（一）湖南省内

共规划69处矿井，有生产井56处（含收购井5处），核定能力798万吨/年；新建、恢复、勘探井13处，设计能力336万吨/年；共计1134万吨/年。资源储量9.575亿吨，可采储量5.457亿吨。

（二）贵州省

共规划15处矿井，设计能力1000万吨/年，资源储量10.52亿吨，可采储量8.05亿吨。

（1）生产井7处，设计能力171万吨/年，资源储量1.45亿吨，可采储量0.99亿吨。

（2）新建井5处，设计能力810万吨/年，资源储量8.69亿吨，可采储量6.76亿吨。

（3）收购井3处，设计能力19万吨/年，资源储量0.3764亿吨，可采储量0.3011亿吨。

在贵州省内计划达到1000万吨/年的生产能力，焦煤及烟煤比例较大，煤质较好，是集团公司在省外的重要原煤生产基地。

（三）新疆

规划2014年新建能力为2500万吨/年的露天煤矿一处，另有1处新建矿井，规划年生产能力240万吨，规划资源量预计80亿吨以上。规划收购多处煤矿，生产能力达到260万吨/年，总设计能力达到3000万吨/年。

三、其他规划项目

2008年12月，新疆维吾尔自治区政府决定将位于吐鲁番地区鄯善县境内的沙尔湖煤田库姆塔格矿区第四勘查区配置给湖南省煤业集团有限公司进行勘查开发。2009年，湘煤在新疆成立了新疆能源有限公司，获得吐鲁番鄯善县境内的沙尔湖煤田库姆塔格矿区第四勘探区的勘探开发权。2009年3月17日，在集团公司控制的沙尔湖煤田第四勘探区内钻得厚度达151.34米的特厚煤层。在该区完成了普查、详查和勘探阶段工作，提交了地质报告，普查地质报告通过了评审，在普查阶段估算了主要可采煤层的资源量。全区（333）+（334）煤炭资源总量为51.22亿吨，这是集团公司获得的最大的资源储量块段，自治区发展改革委将沙尔湖煤田列入“十三五”开发规划。2010年5月5日，集团公司沙尔湖煤炭建设项目启动仪式在新疆吐鲁番市举行。湖南省委书记、省长，以及新疆维吾尔自治区主席出席并为项目启动剪彩。湖南省领导、新疆维吾尔自治区领导共同参加了项目启动仪式。按照库姆塔格矿区总体规划，第四勘查区划分为一个露天煤矿和两个井工矿井，总资源量7921.94兆吨，可采储量4805.25兆吨，规划总产能3800万~4800万吨/年。该勘探区的建设规划如下：

（一）一号露天矿

一号露天矿位于矿区东北部，东西长1.45~1.73千米，南北宽3.41~4.43千米，面积6.04平方千米。矿田地质资源量（331）+（332）+（333）740.52兆吨，估算可采储量444.31兆吨。根据本矿田煤炭储量、煤炭赋存及开采技术条件，确定矿田建设规模为10.0兆吨/年，储量备用系数按1.2计，服务年限37.1年。矿田平均剥采比为4.4立方米/吨，适合露天开采。总投资704317万元，建设周期3年。一号露天矿是沙尔湖煤田库姆塔格矿区唯一满足设计需要的露天煤矿。

（二）一号矿井

一号矿井位于矿区北部，北部与规划矿区边界重合，东部与一号露天矿相邻，南部与二号矿井相邻，西部与三号露天矿相邻。矿田东西长7.86千米，南北宽1.7~2.1千米，面积15.48平方千米。在矿区规划的三个矿井中，一号矿井煤层埋藏最浅，采用斜井开拓方式，开采条件最好。规划明确一号露天矿开采结束后，一号矿井接续生产。规划明确一号矿井于2055年开工建设，建设期3年，2058年投产。地质资源量1302.07兆吨，可采储量833.33兆吨，规划矿井生产能力为8.0兆吨/年，储量备用系数按1.4计，服务年限74.4年。

（三）二号矿井

二号矿井位于矿区中部，北部与一号井田相邻，东部与一、二号露天矿相邻，南部与三号井田和勘查区相邻，西部与三号露天矿相邻。矿田东西长8.0千米，南北宽4.73千米，面积38.04平方千米。二号矿井煤炭资源量丰富，建设规模大，服务年限长，开采条件优于三号矿井。规划明确四号露天矿开采结束后，二号矿井接续生产。二号矿井2022年开工建设，建设期3年，2025年投产。二号井田地质资源量5879.35兆吨，可采储量3527.61兆吨，规划矿井生产能力20~30兆吨/年，储量备用系数按1.4计，服务年限91年。采用立井开拓方式。

四、“十三五”规划

集团公司煤炭资源开发业务投资主要用于煤炭资源勘探、技改扩能、机械化升级改造、瓦斯等灾害治理，投资总额为4.95亿元。其中，湖南基地1.95亿元，新疆基地3亿元。表2-2-2所示为2016—2020年集团公司煤炭资源开发业务投资计划表，集团公司“十三五”期间煤炭产量（按煤矿）规划见表2-2-3。

表2-2-2 2016—2020年集团公司煤炭资源开发业务投资计划表 亿元

项目名称		投资总额	2016年	2017年	2018年	2019年	2020年
湖南	矿井建设	1.05	0.20	0.40	0.35	0.10	0
	资源勘探	0.90	0.17	0.21	0.28	0.16	0.08
贵州	矿井建设	0	0	0	0	0	0
新疆	矿井建设	2.50	0	0.60	0.7	0.60	0.60
	电厂建设	0.50	0	0.10	0.2	0.10	0.10
合计		4.95	0.37	1.31	1.53	0.96	0.78

表2-2-3 集团公司"十三五"期间煤炭产量（按煤矿）规划表

基地名称	企业名称		2014年底储量（万吨）		勘探储量（万吨）		矿井规模（万吨/年）			建设起止时间	服务年限（年）	时间				
			资源量	可采储量	资源量	可采储量	设计	核定	改扩后			2016年	2017年	2018年	2019年	2020年
湖南基地			36079	16647	3707	1853		624				510	503	474	464	469
湖南基地	牛马司矿业有限公司	水井头煤矿	642.0	245.8			21	13	15	2017年、2018年	11.7	10.5	10	11	11	11
湖南基地	牛马司矿业有限公司	铁箕山煤矿	349.4	128.0			15	13	15	2016年、2017年	6.1	10.5	10	10	10	10
湖南基地	金竹山矿业有限公司	塘冲煤矿	2851.0	1504.0			30	30			35.8	23	23	23	23	23
湖南基地	金竹山矿业有限公司	土朱煤矿	3067.0	2240.0			40	27			59.3	24	24	24	24	24
湖南基地	金竹山矿业有限公司	托山煤矿	1024.0	614.0			21	21			20.9	18	18	18	18	18
湖南基地	长沙矿业有限公司	高陂煤矿	83.1	59.8			6	6			7.1					
湖南基地	长沙矿业有限公司	湘东公司	838.5	589.1			6	9	15	2015年	28.1	14	14	14	14	14
湖南基地	辰溪矿业有限公司	蒋家坪煤矿	66.3	57.6			6	13			3.2					
湖南基地	湘潭矿业有限公司	一矿	434.5	94.9			12	28			2.4	26	15			
湖南基地	湘潭矿业有限公司	四矿	222.0	29.5			12	15			1.4	10	6			
湖南基地	周源山煤矿	周源山煤矿	1861.3	1302.9			45	75			12.4	68	65	60	60	60
湖南基地	宝源矿业有限公司	南平硐煤矿	459.0	121.1			30	22			3.9	22	22	20		
湖南基地	宝源矿业有限公司	北平硐煤矿	921.1	220.3			30	28			5.6	25	25	25	25	15
湖南基地	嘉禾矿业有限公司	浦溪煤矿	2619.9	1025.5			30	15			48.8	12	12	12	12	12
湖南基地	马田矿业有限公司	高泉塘煤矿	690.5	170.6			21	12			10.2	10	10	10	10	10
湖南基地	马田矿业有限公司	新星煤矿	987.8	434.2			21	20			15.5	19	19	19	19	19
湖南基地	湘永矿业有限公司	铜角湾煤矿	1136.1	719.3			15	21			24.5	18	18	18	18	18
湖南基地	湘永矿业有限公司	安陵煤矿	148.6	117.7	602.4	301.0	21	9			33.2	6	6	6	6	6
湖南基地	湘永矿业有限公司	荆南煤矿	43.0	36.6			6	6			4.4	6	6			
湖南基地	街洞矿业有限公司	茶山岭煤矿	540.7	340.7			10	18			13.5	16	16	16	16	16
湖南基地	街洞矿业有限公司	茶塘煤矿	60.4	24.4			5	7			2.5	7	6	6	6	6
湖南基地	红卫矿业有限公司	沈家湾煤矿	633.6	114.0			15	10			8.1	10	10	10	10	10
湖南基地	红卫矿业有限公司	坦家冲煤矿	1427.8	460.8	230.0	115.0	30	11	15	2016年、2017年	37.4	11	11	11	11	11
湖南基地	红卫矿业有限公司	里王庙煤矿	313.2	55.3	800.0	400.0	15	11	15	2017年、2018年	29.6	10	10	10	10	10
湖南基地	红卫矿业有限公司	龙家山煤矿	624.9	126.1			21	15			6.0	14	14	14	14	14
湖南基地	白山坪矿业有限公司	龙塘煤矿	568.2	115.1	1575.0	787.0	22	12			53.7	10	10	10	10	10
湖南基地	白山坪矿业有限公司	白山坪煤矿	1302.5	133.0	499.8	250.0	21	12	15	2018年、2019年	22.8	10	10	10	10	10
湖南基地	白山坪矿业有限公司	磨田煤矿	1875.8	1148.8			15	20	30		18.2	19	19	19	25	30
湖南基地	白山坪矿业有限公司	大岭煤矿	3332.5	1218.4			30	21			41.4	0	10	12	12	12

表2-2-3（续）

基地名称	企业名称		2014年底储量（万吨）		勘探储量（万吨）		矿井规模（万吨/年）			建设起止时间	服务年限（年）	时间				
			资源量	可采储量	资源量	可采储量	设计	核定	改扩后			2016年	2017年	2018年	2019年	2020年
湖南基地	兴源矿业有限公司	觉光寺煤矿	226.1	135.7			21	13	15	2018年、2019年	7.5	10	10	9	9	9
		周家坳煤矿	317.5	190.5			30	14			9.7	10	10	9	9	9
		伍家冲煤矿	1255.0	753.0			30	15	30	2013年、2015年	17.9	13	14	16	20	30
	南阳矿业有限公司	溷江煤矿	578.5	380.3			15	15			18.1	14	14	14	14	14
		前进煤矿	1385.5	986.5			20	26			27.1	24	24	24	24	24
	黄牛岭矿业有限公司	黄牛岭煤矿	3192	753.3			30	21			25.6	10	12	14	14	14
	小计		36079	16647	3707	1853		624				510	503	474	464	469
贵州基地			21013	11504								68.0	62.0	75.0	120.0	160.0
	贵州湘能实业有限公司	义忠煤矿	9484.0	3974.5			60	60	90	2016年、2018年	31.5	40	50	60	65	65
		丰胜煤矿	2581.0	1598.6			15	15	45	2018年、2020年	25.4	0	0	0	15	20
		黔源煤矿	4586.0	2961.0			15	15	60	2017年、2020年	47.0	16	0	0	0	25
		盘县石桥煤矿（长田煤矿）	2077	1260.0			15	6	45	2018年、2020年	20.0	0	0	0	20	25
		下河坝煤矿	2285.0	1710.0			15	15	45	2016年、2018年	27.1	12	12	15	20	25
	小计		21013	11504								68.0	62.0	75.0	120.0	160.0
新疆基地			660119	461895								0	0	0	0	20
	新疆神宇煤业有限公司	东发煤矿	1138.5	642.0			9	9	60	2017年、2020年	15.4	0	0	0	0	20
		向阳煤矿	980.6	653.3			9	9								
	新疆能源有限公司	沙尔湖露天煤矿	394800	276360			1000	1000		2021年、2025年	197.4					
		沙尔湖井工煤矿	263200	184240			1000	1000		2025年、2030年	131.6					
	小计											0	0	0	0	20
	合计		717211	490046	3707	1853						578	565	549	584	649

五、“十四五”规划

紧密围绕打造“在全国具有较大影响力的能源产业投资控股集团、省内最大的煤炭供应综合服务商”的宏伟目标，力争到2025年实现煤炭产销3000万吨的规模。

至“十四五”末，煤炭开发和运销储备体系基本建成，产业布局逐步优化，煤炭生产供应质量和销量明显提高，安全生产水平大幅提升。到2025年煤炭产销量达到3000万吨，营业收入突破164.5亿元，利润总额12亿元。2021年度、2022年度集团公司重大投资项目计划分别见表2-2-4、表2-2-5。

1. 煤炭开发

到“十四五”末，通过升级改造生产煤矿和兼并重组省内民营煤矿，煤炭产能提升至1092万吨/年，煤炭产量达1000万吨，实现营业收入75亿元。

2. 瓦斯抽采利用

到“十四五”末，建成先进的瓦斯抽采利用体系，瓦斯灾害治理水平大幅提升，瓦斯实现资源化产业化利用，瓦斯抽采量2800万立方米，瓦斯利用量1800万立方米，瓦斯发电量3800万度。至2025年，建成先进的瓦斯抽采利用体系，瓦斯灾害治理水平大幅提升，集团公司瓦斯防治研究中心建设得到业界认可并形成一批科研创新成果，形成较为成熟的煤矿瓦斯治理方案。

3. 实现安全生产目标

完善安全治理体系，提升安全治理能力，提高安全装备水平，建设本质安全煤矿，实现安全生产。

表2-2-4　集团公司重大投资项目计划表（2021年度）　万元

序号	项目名称	项目主要内容	投资总额
1	湘东矿业有限公司升级改造项目	排除积水，恢复矿井生产系统，然后进行改造升级，矿井设计生产能力为30万吨/年，净增15万吨/年。采用立井开拓方式，优化采区布置，采用机械化开采，完善安全设施等	9865
2	2020年煤矿安全改造项目	水害隐蔽灾害治理、完善井下紧急避险系统、深部地温灾害治理、完善矿井通风系统、完善瓦斯抽采系统等	7607
3	2021年煤矿安全改造项目	根据国家能源局的文件要求，对周源山等11处煤矿进行安全改造，主要进行矿井瓦斯抽采系统完善、水害隐蔽灾害治理、通风系统改造、智能化改造等	32551
4	湖南煤炭大数据中心（湖南省煤炭贸易中心）项目	省煤炭大数据中心建设场所位于集团公司总部湘煤大厦。围绕煤炭交易的运营，建立现代网络系统、信息发布系统、应急保障系统的煤炭现货交易服务平台，具有电子自动撮合合同签订、场内交易、远程交易、货款结算、货物交收等全程化多方位服务功能，可为交易商提供纯市场化的交易模式以及传统订货会、洽谈交易相结合的各种交易模式和场所	3187
5	湖南省煤业集团有限公司岳阳铁水集运煤炭储备项目	项目包括港口、铁路、堆场3个工程：铁路专用线自浩吉铁路坪田站东端引出，线路全长约21.074千米，采用国家Ⅱ级标准，按单线铁路设计。港口工程位于岳阳云溪区陆城镇南洋洲，项目新建5000吨级（结构兼顾10000吨级）散货进口泊位3个、2000吨级（结构兼顾10000吨级）散货出口泊位6个，堆场占地面积约6.15×10^5平方米，静态储备能力200万吨	152000
6	湖南省永耒铁路运输服务有限公司永耒煤炭储配基地改扩建项目（一期工程）	永耒铁路白南线储煤场、耒新线储煤场改扩建，新生储配煤基地由20万吨提升至30万吨，主要工程：煤炭装卸系统升级改造，购置振动筛、破碎机、带式输送机、除尘器等设备；建设封闭式储煤棚、挡风抑尘墙；改造场内运输线路，购置轨道、轨枕、道岔及信号设备；改造在线与智能控制系统，建设综合管控平台	4541
7	湖南能投售电长岭充电站项目	项目位于湖南省包装公司停车场内，东靠韶山路，南临湖南省水利厅，建设16个新能源汽车直流充电枪	216
8	湖南能投售电有限公司新能源汽车充电桩项目（2021年）	拟计划在长沙城区建设2个充电站，38个直流充电枪，总功率2280千瓦	513
合计			210480

表2-2-5 集团公司重大投资项目计划表（2022年度）

万元

序号	项目名称	项目主要内容	投资总额
1	湖南省煤业集团周源山煤矿智能化建设项目	煤矿实现智能化，实现开拓设计、地质保障、采掘、运输、通风、洗选物流等系统的智能化决策和自动化协同运行，井下重点岗位机器人作业，推动智能化技术与煤炭产业融合发展，提升煤矿智能化水平	4000
2	湖南省煤业集团新星煤矿智能化建设项目	煤矿实现智能化，实现开拓设计、地质保障、采掘、运输、通风、洗选物流等系统的智能化决策和自动化协同运行，井下重点岗位机器人作业，推动智能化技术与煤炭产业融合发展，提升煤矿智能化水平	3000
3	宝源矿业公司南平硐煤矿机械化智能化建设项目	选择一处条件适宜的回采工作面装备综采设备，采用综采工艺。煤矿实现智能化，实现开拓设 计、地质保障、采掘、运输、通风、洗选物流等系统的智能化决策和自动化协同运行，井下重点岗位机器人作业，推动智能化技术与煤炭产业融合发展，提升煤矿智能化水平	5000
4	2022年煤矿安全改造项目	根据国家能源局的文件要求，对符合条件的煤矿安全改造，主要进行瓦斯灾害防治、水害防治、智能化改造等工作，提高技术装备水平和灾害防治能力	35000
5	绿色矿山建设项目	所有生产煤矿2022年底前建成省级绿色矿山	30000
6	新疆鄯善县库木塔格矿区一号露天煤矿前期工作	拟在库木塔格矿区建设1000万吨/年的露天煤矿，推进项目前期工作	500
7	煤层气（煤矿瓦斯）治理研究中心项目	在股份公司办公楼建设煤层气（煤矿瓦斯）治理研究中心，办公场地200平方米，配备专业技术人员，购置瓦斯取样分析、研究、钻探、试验等专用设备，研究瓦斯灾害治理、抽采利用技术，提高公司煤层气（煤矿瓦斯）资源化、专业化利用水平	2000
8	里王庙煤矿瓦斯抽采利用项目	改造瓦斯抽采系统，提高瓦斯抽采能力，包括泵站、管路、专用巷道等。新建瓦斯发电站，安装2台瓦斯发电机组，利用井下抽采瓦斯	1500
9	伍家冲煤矿瓦斯抽采利用项目	改造瓦斯抽采系统，提高瓦斯抽采能力，包括泵站、管路、专用巷道等。新建瓦斯发电站，安装2台瓦斯发电机组，利用井下抽采瓦斯	1500
10	湖南省煤业集团有限公司岳阳铁水集运煤炭储备项目	项目包括港口、铁路、堆场3个工程：铁路专用线自浩吉铁路坪田站东端引出，线路全长约21.074千米，采用国家Ⅱ级标准，按单线铁路设计。港口工程位于岳阳云溪区陆城镇南洋洲，项目新建5000吨级（结构兼顾10000吨级）散货进口泊位3个、2000吨级（结构兼顾10000吨级）散货出口泊位6个，堆场占地面积约922亩，静态储备能力200万吨	88000
11	郴州煤炭储配基地建设项目	新建风选系统，配煤系统及配套物流装、卸、储系统；购置振动筛、破碎机、带式输送机、除尘器等设备；新建封闭式储煤棚、挡风抑尘墙等	5500
12	智慧煤仓建设项目	通过使用互联网访问、高清视频监控、激光脉冲、物联网等先进技术，实现股份公司对集团下属各单位煤仓储装运系统的远程监管、实时监管，并通过与股份公司煤炭运销信息化系统对接，及时掌握各单位销售和库存的真实情况	3000
13	华磊光电第三代半导体GaN基UVC（深紫外）及Mini LED产业化项目	项目以公司现有技术为基础，实现第三代半导体GaN基UVC及Mini LED芯片的开发与产业化制造，购置MOCVD设备16台套及其配套的芯片生产线，每月生产UVC芯片约4000片，生产Mini芯片5万片，适时进军GaN半导体功率器件领域	20000
14	楚湘建工物资租赁公司项目	投资成立物资租赁公司	8000
15	能投售电新能源汽车充电桩项目	继续甄别优质地块开展充电站建设	1000
16	白沙实业光伏发电项目	30兆瓦	11000

表 2-2-5（续）　万元

序号	项 目 名 称	项 目 主 要 内 容	投资总额
17	资兴实业 100 万吨洗煤厂项目	新建年入洗原煤能力为 100 万吨重介洗煤生产线，建设重介质洗煤厂房一座、一套浮选系统，扩建原煤坪和精煤坪，购置堆取料机等	2700
18	资兴实业 100 万吨焦炉项目	调研论证：建设年生产焦炭 100 万吨焦炉一组，新建煤炭运输线、焦炭运输线、焦仓、化工产品回收系统、煤气净化系统、干法熄焦系统、废水处理系统，扩建铁路专运线、工业厂房、办公楼等	600
19	资兴实业煤炭分销基地项目	新建郴州储煤仓库，扩建铁路专用线，购置堆取料机等，大力发展煤炭分销业务	4000
合计			226300

第二节　建 设 项 目

一、湖南省内建设项目

金竹山矿业有限公司塘冲、兴源矿业有限公司伍家冲煤矿、湘永矿业有限公司铜角湾煤矿扩建项目，白山坪矿业有限公司磨田煤矿、马田矿业有限公司新星煤矿、湘东矿业有限公司产业升级改造项目，湖南岳阳铁水集运煤炭储备项目（省重点建设项目）。

（一）塘冲煤矿

金竹山矿业有限公司塘冲煤矿位于湖南省冷水江市中连乡和新化县坪溪乡境内，原设计生产能力 30 万吨/年，1987 年建成投产，2006 年核定生产能力为 30 万吨/年。金竹山公司 2003 年 11 月收购了井田南边浅部的兰家田煤矿，在 2004 年 7 月塘冲煤矿申请扩界通过后，矿井可采储量达到 18010 千吨，具备扩建条件。2009 年 1 月，湖南省发展和改革委员会以湘发改交能〔2009〕53 号文批复了《关于核准塘冲煤矿改扩建项目的请示》，核准同意矿井设计能力由 30 万吨/年改扩为 45 万吨/年，净增生产能力 15 万吨/年，服务年限 28.6 年。2009 年 9 月，湖南省工业第一设计院对塘冲煤矿改扩建工程进行初步设计，2010 年 3 月，湖南省煤炭工业局以湘煤规〔2010〕43 号文批复了《湖南省煤业集团金竹山矿业有限公司塘冲煤矿改扩建工程初步设计》，项目概算投资 18481 万元，同年 10 月，项目正式开工建设。

项目主要施工单位是湖南涟邵建工集团，湖南黑金监理公司负责工程监理，煤炭工业湖南煤业集团建设工程质监站负责工程质量监督。

由于市场变化和金竹山公司实际生产经营情况，塘冲煤矿扩建项目于 2014 年始缓建，到 2013 年底，项目除部分采区巷道外，其他系统基本建成，累计完成投资 23759 万元。

（二）白山坪矿业有限公司磨田煤矿

白山坪矿业有限公司磨田煤矿位于湖南省耒阳市大市乡境内，原设计生产能力 15 万吨/年，1986 年建成投产。矿井采用立井开拓，开采标高 +150 ~ -400 米水平，走向长 3.76 千米，倾向宽 0.93 千米，面积 3.489 平方千米。扩界后，开采标高 +150 ~ -800 米水平，走向长 4.3 千米，倾向宽 1.9 千米，面积 5.8926 平方千米，矿井可采储量 11702.8 千吨。2010 年 6 月，湖南省发展和改革委员会以湘发改交能〔2010〕452 号文对磨田煤矿产业升级改造项目进行了批复，磨田煤矿产业升级改造完成后，年产量由 15 万吨提升到 45 万吨，年产量净增 30 万吨，矿井服务年限 20 年。2012 年 9 月，湖南省煤炭工业局以湘煤规〔2012〕155 号文对白山坪矿业有限公司磨田煤矿产业升级改造初步设计进行了批复，批准项目概算投资 28952 万元。项目由湖南第一工业设计院设计，湖南楚湘建设公司等单位施工，湖南黑金监理公司负责监理，煤炭工业湖南煤业集团建设工程质监站负责工程质量监督。

白山坪矿业有限公司磨田煤矿产业升级改造工程于 2011 年 11 月开工，于 2019 年 12 月 10 日已通过专家组竣工验收。

截至 2019 年 12 月 31 日，经竣工决算共完成基建工程总投资 24132.9852 万元，其他相关费用1733.9632万元、贷款利息8798.1459万元，共完成投资34665.0944万元。

磨田煤矿产业升级改造工程于2020年1月全部投入使用，2020年无新增投资项目，只新增了贷款利息410.0032万元。截至2020年12月31日，共完成投资35075.0975万元。

2020年8月4日，湖南省应急管理厅《关于确认白山坪公司磨田煤矿生产能力的复函》（湘煤应急业务审函〔2020〕7号）给予批准确认磨田煤矿改造升级后生产能力为30万吨/年。

（三）马田矿业有限公司新星煤矿

马田矿业有限公司新星煤矿于1983年10月开始基建，1987年10月建成投产，原设计生产能力为21万吨/年。经探明矿井可采储量7520千吨，具备扩建条件。2010年5月湖南省发展和改革委员会以湘发改交能〔2010〕422号对新星煤矿产业升级改造项目进行了批复，2011年9月湖南省煤炭工业管理局以〔2011〕148号对新星煤矿产业升级改造项目初步设计进行了批复，项目概算投资20287万元。新星煤矿产业升级改造项目完成后，设计生产能力为45万吨/年，净增生产能力24万吨/年，服务年限12年。项目由湖南第一工业设计院设计，湖南楚湘建设公司等单位施工，湖南黑金监理公司负责监理，煤炭工业湖南煤业集团建设工程质监站负责工程质量监督。

新星煤矿产业升级改造项目于2012年5月开工，已完成主井井筒施工，已形成首采区通风、井下供电、主排水等系统，累计完成投资11964万元。由于市场变化和马田公司实际生产经营情况，项目于2014年始缓建。

马田矿业有限公司新星煤矿产业升级项目于2011年12月至2014年12月期间共投资1.33亿元，剩余工程于2018年4月续建，工程预计结算5080万元。两次施工共计投入1.708亿元。

新星煤矿产业升级改造项目于2014年5月继续完成-400米水平供电、排水系统安装工程，剩余工程暂停建设，2019年在煤炭市场回暖的情况下重新启动建设。因开采地质条件变化，矿井设计由综采调整为普通机械化开采，生产能力达不到45万吨/年规模。为减少投资，尽快实现投产，2019年湖南省发展和改革委员会以湘发改能源〔2019〕148号文对新星煤矿核减建设规模进行了批复，同意将新星煤矿核准产能调整为30万吨/年。原设计单位湖南第一工业设计院有限公司对新星煤矿产业升级改造初步设计进行了修改，2019年12月，湖南省应急管理厅以湘应急业务审函〔2019〕1号文对新星煤矿产业升级改造修改初步设计进行了批复。同年11月湖南煤矿安全监察局以湘煤监监察函〔2019〕93号文对修改后的安全设施设计进行了批复。

2019年1月，新星煤矿产业升级改造项目按30万吨/年建设规模进行续建，续建工作完成了井底车场、井筒装备安装、井上及井下操车设备安装、井口房等工程内容。

2020年3月，施工单位按批准建设的标准和工程内容完成了产业升级改造项目工程建设。同年5月26日，省、市、县局领导、专家对马田公司新星煤矿进行了产业升级改造项目竣工验收。同年根据湖南省应急管理厅湘应急业务审函〔2020〕6号文，确认该煤矿核定生产能力为30万吨/年。

（四）兴源矿业有限公司伍家冲煤矿

兴源矿业有限公司伍家冲煤矿是兴源矿业有限公司3个矿井中唯一具备扩建和改造潜力的矿井。在矿井范围内，截至2010年6月底资源储量为10572千吨，矿井向深部延深到-400米，可增加资源储量5177千吨，总资源储量可达15749千吨，可采储量7130千吨。

2012年12月，湖南省发展和改革委员会以湘发改能源〔2012〕1977号文下发《关于核准湖南省煤业集团兴源矿业有限公司伍家冲煤矿扩建工程项目的批复》，同意伍家冲煤矿从15万吨/年扩建到30万吨/年，矿井设计服务年限18.3年。

2014年1月，湖南省煤炭管理局以湘煤规划〔2013〕18号文件批复了兴源矿业有限公司伍家冲煤矿扩建工程初步设计，按该初步设计项目投资19082.8万元。

2014—2018年，伍家冲煤矿扩建工程完成立井井筒、采区轨道上山、首采工作面等矿建工程，井筒装备、井架、主提升绞车等安装工程，地面绞车房、井口房、煤棚等土建工程，累计完成投资8624万元。

2019年，伍家冲煤矿扩建工程项目竣工，项目累计投资21026.17万元。工程竣工后，可

扩界到 -400 米水平，增加资源储量 517.7 万吨，生产能力提升至 30 万吨/年，服务年限为 28 年。

该项目由湖南衡阳同力工业设计有限公司设计，湖南楚湘建设公司、湖南省建一公司等单位施工，湖南黑金监理公司负责监理，煤炭工业湖南煤业集团建设工程质监站负责工程质量监督。

（五）湘永矿业有限公司铜角湾煤矿

湘永矿业有限公司铜角湾煤矿原核定生产能力 7 万吨/年，经探明矿井保有储量 12170 千吨，可采储量 8130 千吨。2007 年湖南省煤业集团白沙工程设计有限公司对项目扩建进行了可行性研究。2008 年 7 月，湖南省发展和改革委员会以湘发改交能〔2008〕622 号文对项目批准立项，同意对铜角湾煤矿进行扩建，扩建后生产能力为 21 万吨/年，提高产能 14 万吨/年，项目批准总投资 7622 万元，设计服务年限 29.8 年。湖南省煤炭工业局 2008 年 11 月和郴州煤监分局 2009 年 1 月分别以湘煤规〔2008〕211 号文和郴煤安监〔2009〕12 号文对项目初步设计和安全专篇进行了批复。

项目于 2009 年 2 月正式开工建设，通过 2 年 4 个月的建设，2011 年 6 月开始进行联合试运转，煤矿生产能力由原有的 7 万吨/年，提升到 21 万吨/年。2011 年 12 月，通过由湖南省煤炭工业局和湖南煤监局组织的竣工验收。铜角湾矿改扩建工程是集团公司成立以来，在湖南省内投资兴建的第一个改扩建项目，该工程多项技术为省内立井最新技术水平，井架为湖南省煤炭系统第一个橹式钢架结构。井筒施工于 2009 年 12 月单进 113 米，创湖南省立井掘进纪录。

铜角湾煤矿扩建单项工程共有单位工程 45 个，已竣工 45 个，竣工率 100%。竣工的 45 个单位工程均已通过湘永矿业公司组织的竣工验收和集团质监站组织的单位工程质量认证，合格率 100%。其中，立井井筒和井筒装备及井架安装工程获中国煤炭建设协会授予的“太阳杯”工程（煤炭行业建设工程最高奖），这是湖南煤炭系统首次获得此奖。

该项目由湖南省煤业集团白沙工程设计有限公司设计，湖南楚湘建设工程有限公司承建，湖南黑金工程建设监理咨询有限公司负责监理，煤炭工业湖南煤业集团建设工程质量监督站对项目建设工程质量监督。

（六）湖南省湘东矿业有限公司升级改造项目

湖南省湘东有限公司为矿井升级改造项目总投资 11929.8 万元，其中，收购民营股东股权 2430 万元，矿井恢复 2856.95 万元，改扩建费用 6642.85 万元。项目内容为收购民营股东股权、矿井生产恢复、15 万吨/年改扩为 30 万吨/年。

2020 年已完成民营股东股权收购和矿井恢复，共投入 3430 万元。

湘东公司技改项目于 2021 年 9 月开工建设，主要内容包括主立井井筒、主立井井底车场及绕道、主立井清理斜巷及绞车房、2235 及 2255 两个机采工作面巷道布置、2255 辅助提升上山及绞车房，机电设备安装工程和土建工程等。

项目于 2022 年 8 月完工，技改投资 9500 万元，新增产能 15 万吨/年，核定产能 30 万吨/年。

（七）湖南岳阳铁水集运煤炭储备项目（省重点建设项目）

1. 湖南岳阳铁水集运煤炭储备项目（以下简称岳阳项目）

项目地处岳阳市云溪区陆城镇南洋洲，由铁路专用线、码头及陆域堆场三部分组成，总投资估算 415990.7 万元。

2. 项目建设主要内容

岳阳项目由铁路专用线、码头及陆域堆场三部分组成。其中：①铁路专用线自浩吉铁路坪田站东端引出，沿随岳高速公路西侧北上，线路全长约 21.074 千米，全线新征永久用地 1260.8 亩（占用基本农田 347.8 亩），采用国铁Ⅱ级标准，按单线铁路设计。工程估算总投资 16.18 亿元，工期 2 年；②码头及陆域工程位于岳阳云溪区陆城镇南洋洲，占地面积 916.55 亩，新建散货进口泊位 2 个、散货出口泊位 3 个，新建东侧 4 条堆场，静态储备能力 100 万吨，工程估算总投资 25.42 亿元，工期 3 年；③远期规划 3 个进口泊位，6 个出口泊位，规划堆场静态储备能力 200 万吨。

3. 项目进展

（1）码头一期工程：2021 年 4 月开工，截至 2022 年底累计完成投资 3.56 亿元。

（2）储备基地一期工程：2022 年 11 月 26 日开工。二期工程（堆场容量 120 万吨）正在组织开展初步设计，并积极申报中央政府煤炭储备基地。

（3）铁路专用线工程：2022年底取得了用地预审与选址意见书、立项核准批复，完成了铁路专用线用地蓝线图测量放样和房屋入户调查工作，勘察设计已完成招标，正在开展土地报批相关准备工作。

（4）外水外电工程：2022年底项目的外电接入工程码头调试临时用电工程完工，正式通电；项目外电网线路永久用电工程"陆城线"已通电，"依江线"正在开展施工图设计。

二、湖南省外建设项目

省外煤矿建设为贵州湘能实业有限公司所属的6个煤矿建设项目，其中神仙坡、晋家冲、义忠煤矿为新建项目，保华、丰胜、下河坝煤矿扩建项目为煤矿整合建设项目。

（一）神仙坡煤矿

贵州湘能实业公司神仙坡煤矿建设项目系新建项目，贵州省发展改革委以黔发改能源〔2005〕874号文批准立项，是国家西部大开发西电东送项目水城电厂异地改扩后发电燃煤供应的配套矿井。井田内工业储量50350千吨，可采储量25811.3千吨，设计生产能力为45万吨/年，服务年限41年。项目由贵州煤矿设计院设计，2004年9月正式开工建设，原建设单位为贵州能发电力燃料开发有限公司，后因故于2006年7月停建。根据2006年10月贵州能发电力燃料开发有限公司和湖南省煤业集团有限公司所签合资开发水城神仙坡等三矿合同书及2007年2月所签补充合同的有关规定，由湖南省煤业集团有限公司控股成立了贵州湘能实业有限公司，负责水城神仙坡等煤矿的建设工作，设计概算投资24356.03万元。

2007年6月开始神仙坡煤矿的复建工作。自开工建设以来，先后有湘、渝、川、黔等省市具有国家一级建设资质，技术力量雄厚，施工机械齐全，建设经验丰富的十余家施工队伍参与了矿井建设，其中包括湘煤二处、重煤五处、贵州化建等单位。中煤陕西中安项目管理公司承担项目全过程监理任务。煤炭工业贵州能发建设工程质量监督站对项目的全过程进行工程质量监督。

通过三年的建设，于2007年12月完成了建设任务。经贵州省原煤炭管理局批准，神仙坡煤矿于2007年12月开始进行联合试运转。神仙坡煤矿实际建井工期为38个月。神仙坡煤矿先后通过了消防、水土保持、环境保护、工业卫生、单项工程质量认证、档案和安全设施及条件等省级专项验收，2009年1月，神仙坡煤矿通过竣工验收。2008年12月和2009年2月，神仙坡煤矿分别获得安全生产许可证和煤炭生产许可证。项目累计完成投资29135亿元。

（二）晋家冲煤矿

晋家冲煤矿建设项目系贵州省发展改革委以黔发改能源〔2005〕873号文批准立项的新建项目，是国家西部大开发西电东送项目水城电厂异地改扩后发电燃煤供应的配套矿井。矿井设计资源储量26596千吨，矿井设计可采储量16205千吨，设计生产能力为45万吨/年，矿井服务年限25.8年。项目由贵州省煤矿设计研究院设计，于2003年9月进场开工建设，原建设单位为贵州能发电力燃料开发有限公司，后因故于2006年9月1日停建。根据2006年10月贵州能发电力燃料开发有限公司和湖南省煤业集团有限公司所签合资开发水城晋家冲等煤矿合同书，由湖南省煤业集团有限公司出资控股成立了贵州湘能实业有限公司，负责对水城晋家冲等煤矿的建设工作。项目概算投资24583万元。

2007年6月，该矿全面复工建设。施工单位包括重煤二处、川煤九处、湖南涟邵建工、贵州化建等。中煤陕西中安项目管理公司对项目建设进行监理，煤炭工业贵州能发建设工程质量监督站对项目的全过程进行工程质量监督。

贵州省煤炭管理局以黔煤建监字号〔2008〕1383号文批复，同意晋家冲煤矿于2008年12月开始进行联合运转。晋家冲煤矿消防、水保、环保、工业卫生、安全等工程设施与主体工程通过专项验收，单项工程已于2009年10月经煤炭工业贵州建设工程质量监督中心站认证合格。2010年1月，晋家冲煤矿通过贵州煤矿安全监察局组织的安全设施及条件验收，5月通过贵州能源局组织的综合验收。项目累计完成投资33382万元。

（三）义忠煤矿

义忠煤矿建设项目系贵州省发展改革委以黔发改能源〔2005〕871号文批准立项的新建项

目，是国家西部大开发西电东送项目水城电厂异地改扩后发电燃煤供应的配套矿井。矿井设计资源储量32350千吨，可采储量23540千吨，设计生产能力为60万吨/年，设计服务年限28年。项目由贵州省煤矿设计研究院设计，于2005年5月开工建设，原建设单位为贵州能发电力燃料开发有限公司，后因故于2006年7月停建。根据2006年10月贵州能发电力燃料开发有限公司和湖南省煤业集团有限公司所签合资开发水城义忠等煤矿合同书，由湖南省煤业集团有限公司出资控股成立了贵州湘能实业有限公司，负责对水城义忠等煤矿的建设工作。概算总投资43429万元。

贵州湘能实业有限公司于2008年10月开始对义忠煤矿进行复建，经批准复建工期为20个月。由于2008年冰灾造成主、副、风三井筒均被水淹，致使巷道返修工程量较大，复工后顺延工期到基建完成的实际工期为36个月。建井期间矿井停建2年，从矿井开工建设到联合试运转的实际建井工期为49个月。

义忠煤矿建设项目主要施工单位为湖南涟邵建工集团、湖南楚湘公司、贵州化工建设公司。陕西中安监理公司及西安煤炭建设监理中心先后对项目建设的全过程进行工程监理，煤炭工业贵州能发建设工程质量监督站对工程质量的全程监督。

贵州省能源局以黔能源煤炭〔2011〕772号文批复，同意义忠煤矿于2011年11月开始进行联合试运转。项目于2012年6月通过由贵州能源局组织的综合验收，累计完成投资67910万元。

（四）保华煤矿

贵州湘能实业有限公司保华煤矿整合建设项目是根据贵州省人民政府《关于六盘水市六枝特区等四县（区）煤矿整合和调整布局方案的批复》(黔府函〔2006〕205号）文件精神，为原保华煤矿、东升煤矿进行资源整合的矿井。矿井设计利用储量9167千吨，矿井设计可采储量7144千吨，设计生产能力30万吨/年，设计服务年限17年。概算总投资6240.56万元。

该项目由贵州盘江煤电设计院设计，主要施工单位为湖南楚湘建设工程有限公司，湖南黑金工程监理咨询有限公司对工程建设进行监理，煤炭工业湖南煤业集团建设工程质量监督站对项目建设的质量全程监督。

项目于2009年5月开工建设，通过两年多的建设，六盘水市能源局以市能源批字〔2011〕18号文批复同意项目于2011年6月联合试运转。单项工程质量认证于2011年8月经煤炭工业贵州建设工程质量监督中心站委托水城矿区质量监督站认证合格。2011年9月，保华煤矿通过贵州煤矿安全监察局及水城监察分局组织的安全设施与条件暨安全生产许可证颁证验收。2011年11月通过六盘水市能源局组织的综合验收。保华煤矿实际完成投资15442万元。

（五）丰胜煤矿

贵州湘能实业有限公司保华丰胜煤矿（整合）建设项目是根据贵州省人民政府《关于六盘水市六枝特区等四县（区）煤矿整合和调整布局方案的批复》(黔府函〔2006〕205号）文件精神，由水城县原东兴煤矿、原昌宏煤矿、原丰胜煤矿、原加营煤矿进行资源整合而成。井田内共查明资源储量14100千吨，矿井设计利用储量10643千吨，设计可采储量8843千吨。改扩建后设计生产能力为15万吨/年，服务年限为42年。丰胜煤矿概算总投资12283万元。

该项目由贵州盘江煤电设计院设计，主要施工单位为湖南涟邵建工集团，湖南黑金工程建设监理，咨询有限公司对项目建设进行工程监理，煤炭工业湖南煤业集团建设工程质量监督站对工程质量全程监督。该项目于2009年5月正式开工。

该项目通过两年多的建设，于2011年12月进行联合试运转。2012年6月和7月分别通过贵州煤监局和六盘水市能源局组织的安全设施验收和项目综合验收。项目累计完成投资24419万元。

（六）下河坝煤矿

贵州湘能实业公司下河坝煤矿（整合）项目是根据贵州省人民政府《关于六盘水市六枝特区等四县（区）煤矿整合和调整布局方案的批复》(黔府函〔2006〕205号）文件精神，为原下河坝煤矿、大冲煤矿进行资源整合的矿井。井田内共查明资源储量22190千吨，矿井设计利用储量2448千吨，设计可采储量2089千吨。下河坝煤矿设计生产能力15万吨/年，服务年限10年，概算总投资8364万元。

该项目由贵州省盘江煤电（集团）煤矿设

计研究院设计，主要施工单位为湖南涟邵建设工程（集团）有限公司，煤炭工业湖南煤业集团建设工程质量监督站对项目的全过程进行工程质量监督。2008 年 5 月项目正式开工建设。

通过一年多的建设，六盘水市原煤炭管理局以市批字〔2009〕19 号文批复，同意下河坝煤矿于 2009 年 12 月开始联合运转，单项工程已于 2010 年 3 月经煤炭工业贵州建设工程质量监督中心站委托盘江矿区质量监督站认证合格。2010 年 9 月，下河坝煤矿通过贵州煤矿安全监察局及水城监察分局组织的安全设施与条件暨安全生产许可证颁证验收。2011 年 11 月通过六盘水市能源局组织的综合验收。项目累计完成投资 9732 万元。

2022 年，《新疆鄯善县库木塔格矿区总体规划》获得国家发展改革委批复，公司所属的第四勘查区一号露天矿被指定为唯一先行开发的试点矿井。

集团公司成立后共实施了湘永铜角湾煤矿扩建工程、金竹山公司塘冲煤矿扩建工程、马田公司新星煤矿产业升级改造项目、白山坪公司磨田煤矿、湘东矿业有限公司产业升级改造项目和兴源公司伍家冲煤矿扩建项目及湖南岳阳铁水集运煤炭储备项目（省重点建设项目），以及贵州湘能公司下河坝煤矿、义忠煤矿、晋家冲煤矿、神仙坡煤矿、保华煤矿和丰胜煤矿、新疆鄯善县库木塔格矿区等 14 个项目的建设。其中缓建项目 1 个，在建项目 2 个，完成项目 11 个。

第三节 煤 矿 收 购

2006 年 9 月 11 日，集团公司与贵州能发公司签署了合作开发神仙坡、晋家冲、义忠 3 个煤矿的意向协议；10 月 26 日签订了正式协议。

2007 年，在调研考察的基础上，集团公司下属湘能公司收购资源赋存较好但经营暂时困难的神仙坡、晋家冲、义忠 3 个煤矿。

2008 年，湘能公司又在贵州收购了丰胜、保华、长田 3 个煤矿。同年 12 月，新疆维吾尔自治区政府决定将位于吐鲁番地区鄯善县境内的库姆塔格 - 沙尔湖煤矿区第四勘查区配置给湖南省煤业集团有限公司进行勘查开发。2009 年，集团公司在新疆成立了新疆能源有限公司，获得了吐鲁番鄯善县境内的沙尔湖煤田库姆塔格矿区第四勘探区的勘探开发权。2009 年 3 月 17 日，在集团公司控制的沙尔湖煤田库姆塔格矿区第四勘探区内钻得厚度达 151.34 米的世界罕见特厚煤层。该勘查区在普查阶段估算了主要可采煤层的资源量。全区（333）+（334）煤炭资源总量为 51.22 亿吨。

2009 年，湘能公司再次在贵州收购下河坝、黔源两个煤矿。同年底，集团公司收购原湖南万安达公司下辖的觉光寺煤矿、周家坳煤矿、伍家冲煤矿 3 对矿井成立了兴源矿业公司，其中，觉光寺煤矿核定产能 13 万吨/年,周家坳煤矿核定产能 14 万吨/年,伍家冲煤矿核定产能 30 万吨/年。

2007—2011 年，湘能公司已在贵州相继收购、改扩建了 8 个煤矿。2007 年 4 月以前，神仙坡煤矿、晋家冲煤矿、义忠煤矿由贵州能发公司开发建设，公司组建后，湘能公司全面接管了神仙坡煤矿、晋家冲煤矿、义忠煤矿。同年 11 月 16 日收购了下河坝煤矿，2008 年 1 月 19 日收购了丰胜煤矿。2008 年 1 月 23 日，公司与贵州雨田集团实业有限公司签订了《合资开发贵州省盘县新民乡三官营煤矿合同书》，取得盘县三官营煤矿探矿权（规划 120 万吨）。同年 3 月 27 日收购了长田煤矿，4 月 8 日收购了保华煤矿。2011 年 6 月长田煤矿政策性关停，集团公司在贵州境内保有神仙坡、晋家冲、义中、下河坝、丰胜、保华、黔源 7 对生产矿井。集团公司在贵州的煤炭资源分布在 5 个煤田、5 个矿区的 8 个井田范围内。

2012 年 10 月 16 日，股份公司收购位于乌鲁木齐市东区白杨河乡的新疆神宇煤业有限公司下辖的向阳煤矿、东发煤矿。两个矿的生产能力分别为 9 万吨/年，合计生产能力为 18 万吨/年。集团公司在新疆维吾尔自治区内的煤炭资源分布在 2 个煤田、2 个矿区的 3 个井田（区段）内。

2014 年 2 月又收购了威宁县大冲沟煤矿、龙里县月亮田煤矿、贵定县沙坡煤矿用于关闭重组。其时，集团公司拥有分布于湖南、贵州、新疆三省（区）的 12 个煤田，20 个矿区 56 个井田（区段）内的资源储量为 5788583.5 千吨。生产矿井 47 对，核定生产能力为 941 万吨/年。

2015—2022 年，集团公司未再收购新的煤矿。

第三章 煤 炭 生 产

第一节 生 产 规 模

一、生产规模的演变与现状

2006 年，集团公司成立之初拥有矿井 51 对，核定生产能力 775.5 万吨/年。

涟邵矿业集团并入集团公司前原有生产矿井 28 对，设计生产能力 588 万吨/年。因资源枯竭，利用国家破产关闭政策，关停了部分矿井。并入集团公司前，有生产矿井 10 对，其中金竹山公司 4 对，牛马司公司 3 对，洪山殿公司 3 对。金竹山矿业公司一平硐、土朱、托山、塘冲煤矿设计能力合计为 121 万吨/年，2006 年核定能力为 105 万吨/年；牛马司矿业公司斗米山煤矿、水井头煤矿、铁箕山煤矿设计能力合计为 51 万吨/年，2006 年核定能力为 32 万吨/年；洪山殿矿业公司蛇形山、咸沙坝、彭家冲煤矿设计能力合计为 45 万吨/年，2006 年核定能力为 25 万吨/年。并入集团公司前涟邵矿务局所属 10 对矿井设计能力为 217 万吨/年，2006 年核定能力为 162 万吨/年。2008 年 9 月集团公司实行矿区管理体制改革，将长沙、辰溪矿业公司的安全生产纳入涟邵矿区安全生产管理局（简称涟邵管理局）监管。纳入涟邵管理局监管的长沙矿业公司有生产矿井 6 对（其中 4 对生产矿井在宁乡县境内，2 对生产矿井在攸县境内），长沙矿业公司五亩冲、西峰仑、竹山塘、湘东、高陂、跃进煤矿设计能力合计为 123 万吨/年，2006 年核定能力为 104 万吨/年；辰溪矿业有生产矿井 2 对（均在辰溪县境内），辰溪矿业公司大坪、蒋家坪矿井设计能力合计为 16 万吨/年，2006 年核定能力 18 万吨/年。2010 年，长沙矿业公司跃进煤矿因资源枯竭关闭。2011 年 3 月，洪山殿矿业公司彭家冲煤矿关闭。2013 年 12 月，蛇形山、咸沙坝煤矿关闭。2014 年 3 月，长沙矿业公司竹山塘煤矿关闭；7 月，西峰仑煤矿关闭；11 月，五亩冲煤矿关闭。同年 11 月 20 日，国家电网宁乡供电分公司对公司煤炭坝矿区实行拉闸停电，导致煤炭坝矿区内五亩冲、西峰仑、竹山塘 3 对矿井被淹，被迫永久性关闭退出。同年 12 月，牛马司矿业公司斗米山煤矿关闭。2015 年 3 月辰溪矿业公司大坪煤矿关闭；7 月，集团公司将原属白沙管理局监管的湘潭矿业公司纳入涟邵管理局监管。并入集团公司之初的湘潭矿业公司一矿、二矿、三矿、四矿设计能力合计为 33 万吨/年，2006 年核定能力为 51 万吨/年。2006 年 10 月 25 日，省国企改革办批准启动湘潭矿业公司二矿破产程序，2010 年谭二井因资源枯竭关闭。湘潭矿业公司下辖生产矿井 3 对（一矿、三矿、四矿），均在湘潭县境内。截至 2015 年，涟邵管理局管辖生产矿井 11 对，核定生产能力 215 万吨/年。其中金竹山矿业公司 4 对（塘冲、一平硐、土朱、托山），牛马司公司 2 对（水井头、铁箕山），辰溪公司 1 对（蒋家坪），长沙矿业公司 1 对（湘东公司），湘潭矿业公司 3 对（湘潭一矿、湘潭三矿、湘潭四矿）；改扩建矿井 1 对（高陂公司）。

资兴矿业集团并入集团公司前，辖 6 个原煤公司，7 对生产矿井，设计生产能力 191 万吨/年。其中周源山煤矿（设计能力 45 万吨/年，2006 年核定能力 57 万吨/年）、宝源公司（含南平硐矿、北平硐矿 2 对矿井，合计设计能力 60 万吨/年，2006 年核定能力 36 万吨/年）、唐煤公司（唐洞）、祥和公司（宇字）在资兴市境内；嘉禾公司（设计能力 30 万吨/年，2006 年核定能力 9 万吨/年）、黄牛岭公司（设计能力 30 万吨/年，2006 年核定能力 12 万吨/年）在嘉禾县境内。2008 年 9 月，集团公司将马田公司、湘永公司、街洞公司的安全生产划入资兴管理局监管。此时划入资兴局监管的马田公司有生产矿井 5 对（爱和山煤矿、桐子山煤矿、芝兰冲煤矿、高泉塘煤矿、新星煤矿均在永兴县境内，五矿合计设计能力 105 万吨/年，2006 年核定能力

45万吨/年），湘永公司有生产矿井4对（荆草坪煤矿、安陵煤矿、铜角湾煤矿、荆南煤矿均在永兴县境内，合计设计能力63万吨/年，2006年核定能力27万吨/年），街洞公司2对（茶山岭煤矿、茶塘煤矿均在苏仙区境内，合计设计能力15万吨/年，2006年核定能力19万吨/年）。2010年10月，唐煤公司被华润集团收购后，资兴管理局不再对其进行安全监管；马田公司爱和山矿和桐子山矿因资源枯竭，于2014年3月关闭；2014年8月，湘永公司荆草坪煤矿关闭；2015年4月27日，股份公司对马田公司芝兰冲煤矿进行了现场调研。做出了停产保井，待批关闭的决定。截至2015年，资兴管理局管辖生产矿井14对，核定生产能力284万吨/年。

2008年8月，根据《湖南省煤业集团有限公司矿区管理体制改革方案》，白沙管理局属集团公司派出的特设安全生产监管机构，监管区域包括湘潭、红卫、白山坪、南阳、马田、街洞、湘永7个原煤公司。2008年11月，马田、街洞、湘永3个原煤公司划入资兴管理局监管。2009年兴源矿业公司（原新生煤矿）加入集团公司，2010年2月白沙生产安全管理局对新成立的兴源矿业公司进行安全监管。2015年7月，湘潭矿业公司划归涟邵管理局监管。截至2015年，白沙安全生产监督管理局监管区域包括红卫、白山坪、南阳、兴源4个矿业公司（白山坪、红卫、南阳、兴源），生产矿井14对，核定生产能力202万吨/年。

2007—2011年，贵州湘能公司组建后，全面接管了神仙坡煤矿、晋家冲煤矿、义忠煤矿，2007年11月16日收购了下河坝煤矿，2008年1月19日收购了丰胜煤矿，2008年3月27日收购了长田煤矿，2008年4月8日收购了保华煤矿，2009年收购了黔源煤矿。为满足贵州省煤矿兼并重组政策要求，2014年2月又收购了威宁县大冲沟煤矿、龙里县月亮田煤矿、贵定县沙坡煤矿用于关闭重组。2008年1月23日，公司与贵州雨田集团实业有限公司签订了《合资开发贵州省盘县新民乡三官营煤矿合同书》，取得盘县三官营煤矿探矿权（规划120万吨）。2011年长田煤矿政策性关闭，湘能公司保有神仙坡、晋家冲、义中、下河坝、丰胜、保华、黔源7对生产矿井，生产能力225万吨/年。

2012年10月16日，股份公司收购位于乌鲁木齐东区白杨河乡的新疆神宇煤业公司下辖的向阳煤矿东发煤矿。东发、向阳两矿生产能力均为9万吨/年，合计生产能力18万吨/年。

2015年11月25日，股份公司以湘煤股安函2015〔415〕号函转发《湖南省煤矿安全监察局关于注销湖南省煤业集团有限公司马田矿业有限公司芝兰冲煤矿等5处煤矿安全生产许可证的决定》，关闭马田矿业公司芝兰冲煤矿、南阳矿业公司南阳庙煤矿、辰溪矿业公司蒋家坪煤矿、湘潭矿业公司三井、四井。

截至2015年底集团公司所属生产矿井44对，核定总生产能力884万吨/年，其中省内生产矿井35对，核定生产能力641万吨/年。涟邵管理局下辖9对矿井，核定生产能力174万吨/年；资兴管理局下辖13对生产矿井，核定生产能力272万吨/年；白沙安全生产管理局下辖13对生产矿井，核定生产能力195万吨/年。省外生产矿井9对，生产能力243万吨/年。贵州湘能公司生产矿井7对，生产能力225万吨/年；新疆神宇公司生产矿井2对，生产能力18万吨/年。

2016年后，集团公司响应国家“去产能”号召，争取到帮扶政策，继续破产、关停淘汰了一批落后矿井。截至2022年底，集团公司下辖15个原煤生产单位，拥有煤矿29处，设计能力792万吨，核定能力614万吨/年。具体见表2-3-1。

表2-3-1 集团公司各矿井生产能力统计表（截至2022年） 万吨

序号	矿井名称	设计能力	核定能力	采矿权证号码
1	水井头煤矿	21	13	C4300002010121120097138
2	铁箕山煤矿	15	13	C4300002010121120097125
3	一平硐煤矿	30	21	C4300002009091120036557
4	土朱煤矿	40	27	C4300002009091110038851

表2-3-1（续）

万吨

序号	矿 井 名 称	设计能力	核定能力	采矿权证号码
5	塘冲煤矿	30	30	C4300002009091120037108
6	周源山煤矿	45	75	C4300002009081110030434
7	南平硐煤矿	30	28	C4300002010121120098766
8	北平硐煤矿	30	22	C4300002010121110098688
9	浦溪煤矿	30	15	C4300002010121130096588
10	黄牛岭煤矿	30	21	C4300002010121120097768
11	高泉塘煤矿	21	12	C4300002009091120044260
12	新星煤矿	21	30	C4300002009101110039279
13	铜角湾煤矿	15	21	C4300002009061120026682
14	安陵煤矿	21	15	C4300002009021120012207
15	沈家湾煤矿	15	10	C4300002011031120109956
16	坦家冲煤矿	30	11	C4300002009071110030477
17	里王庙煤矿	15	11	C4300002009071110030461
18	龙家山煤矿	21	15	C4300002009071110030478
19	龙塘煤矿	22	15	C4300002010121120097819
20	白山坪煤矿	21	12	C4300002009081110031774
21	磨田煤矿	15	30	C4300002010121120103103
22	大岭煤矿	30	21	C4300002009041120014075
23	淝江煤矿	15	15	C4300002010051120100559
24	前进煤矿	20	26	C4300002010051120100570
25	茶山岭煤矿	10	18	C4300002009121120101094
26	湘东煤矿	6	30	C4300002011101120122124
27	觉光寺煤矿	21	13	C4300002009021120010951
28	周家坳煤矿	30	14	C4300002009021120010953
29	伍家冲煤矿	30	30	C4300002009021120010952

2006—2022年，湖南省煤业集团有限公司一直承担着全省能源保障主平台的历史使命。17年来，共生产煤炭104518129吨，具体生产情况见表2-3-2。

表2-3-2 2006—2022年湖南煤业集团有限公司生产情况表

年份	煤炭产量（吨）	备 注
2006	6585782	
2007	6832372	
2008	7254959	
2009	7629216	
2010	7443630	
2011	7769556	
2012	8068868	
2013	7904326	

二、托管矿井生产规模

2018年以来，集团公司下属子公司湖南楚湘建设工程集团有限公司作为矿山托管主平台，充分利用管理人才、技术、资金优势，全力进军国内煤矿托管市场，组建了矿山托管工作组，并于2021年挂牌成立矿山托管事业部，同时取得了煤炭企业安全生产许可证。

表2-3-2（续）

年份	煤炭产量（吨）	备注
2014	6930587	
2015	5873717	
2016	4777340	去产能关闭6对矿井（其中贵州3对）
2017	4373202	去产能关闭3对矿井
2018	4401810	
2019	4492716	
2020	4528616	
2021	4672074	
2022	4979358	
合计	104518129	

矿山托管以西南、西北为主战场，通过与央企的强强联合，成功托管了大唐华银攸县能源有限公司柳树冲煤矿、华电集团山西石泉煤业有限责任公司石泉煤矿、水城县阿戛捡材沟煤矿、山西陆合煤化集团万安煤矿、陕西西韩集团兴隆煤矿、韩城市枣庄实业有限公司桑北煤矿、中国华能集团陕西竹园嘉园矿业有限公司柳巷煤矿、中国华能集团云南滇东雨汪能源有限公司雨汪煤矿一井、中国华能集团铜川照金煤电有限公司西川煤矿、青海西海煤电有限责任公司默勒三矿等安全生产整体托管项目。

截至2022年底有煤矿托管项目6个（表2-3-3），其中生产项目5个，技改项目1个。总产能达到1120万吨/年。

表2-3-3 集团煤矿托管项目统计表

煤矿名称	核定能力（万吨/年）	2021年产量（万吨）	2022年产量（万吨）
桑北煤矿	180	69.20	165.00
柳巷煤矿	400	10.36	188.60
万安煤矿	90	0.10	17.04
雨汪煤矿	300	0.00	19.23
西川煤矿	120	0.00	2.09
默勒三矿	30	0.00	0.00
合计	1120	79.66	391.96

1. 万安煤矿技改项目

该项目业主单位为山西陆合煤化集团万安煤业有限公司，工程地点位于山西省洪洞县万安镇，万安煤矿核定产能为90万吨/年，该矿为低瓦斯矿井，矿井水文地质类型均为中等，煤层自燃倾向性等级均为Ⅱ类，属自燃煤层，煤尘具有爆炸性。

万安煤矿属于先技改后托管项目，合同签订时间为2021年3月，合同工期共7年。合同金额13亿元。

2. 陕西桑北煤矿

该项目业主单位为韩城市枣庄实业有限公司，工程地点位于陕西省韩城市，桑北煤矿核定产能为180万吨/年，属安全生产整体托管项目。该矿为煤与瓦斯突出矿井，矿井水文地质类型为复杂，煤层自燃倾向性等级均为Ⅱ类，属自燃煤层。

该托管项目合同签订时间为2021年5月，合同工期为5年，合同金额约11亿元。

3. 陕西柳巷煤矿

该项目业主单位为陕西竹园嘉原矿业有限公司，工程地点位于陕西省榆林市，柳巷煤矿核定产能为400万吨/年，属于整体托管项目。该矿为低瓦斯矿井，井田地质构造简单，矿井水文地质类型为中等，煤尘具有爆炸性危险，为易自燃煤层。

该托管项目合同签订时间为2021年6月，合同工期5年，合同金额约5亿元。

4. 云南雨汪煤矿一井

该项目业主单位为云南滇东雨汪能源有限公司，工程地点位于云南省曲靖市富源县，雨汪煤矿一井核定产能为300万吨/年，属于整体托管项目。该矿为煤与瓦斯突出矿井，矿井水文地质类型为中等，煤不易自燃，煤尘无爆炸危险性。

合同签订时间为2022年7月，合同工期为5年，合同金额为197720万元。

5. 陕西西川煤矿

该项目业主单位为华能铜川照金煤电有限公司，工程地点位于陕西省铜川市庙湾镇，西川煤矿核定产能为120万吨/年，属于整体托管项目。该矿为低瓦斯矿井，水文地质类型中等，煤尘具有爆炸性危险，为易自燃煤层。

该托管项目合同签订时间为2022年10月，合同工期为5年，合同金额为71145万元。

6. 青海默勒三矿

该项目业主单位为青海西海煤电有限责任公司，工程地点位于青海省海北州祁连县，默勒三矿核定产能为30万吨/年，属于整体托管加煤炭销售。该矿井为低瓦斯矿井，煤尘有爆炸性，属自燃煤层，地质类型为极复杂，水文地质类型为中等。

该托管项目合同签订时间为2023年3月，合同工期为3年，合同金额为4亿元。

第二节 开拓掘进

集团公司在湖南省、贵州省内的煤炭资源都蕴藏在暴露式煤田内，煤层倾角大多为倾斜或缓倾斜，因而多采用斜井开拓方式，其次是斜井和平硐。开拓方法一般采用多水平分区式方法，采区前进式布置。采区内采用多煤层联合布置方式。回风和运输大巷主要布置在主要可采煤层的底板。

掘进工艺有普掘工艺和综掘工艺两种。集团公司成立后，制订煤矿机械化规划、管理和考核办法，引进掘进机械化设备，开发适合地质条件的掘进机械，制定了采掘机械化设备租赁管理办法，降低原煤生产企业生产成本，发挥大型采掘机械设备（专用设备）统一计划、集中管理、集中储备、灵活调动的优势，提高了掘进机械化水平和掘进工效。

一、开拓

（一）开拓方式

因湖南省内煤炭资源都蕴藏在暴露式煤田内，煤层倾角大多为倾斜至缓倾斜，斜井开拓方式在湖南煤矿被普遍采用。煤层赋存较浅、水文地质条件较简单的倾斜和极倾斜煤层，一般采用斜井开拓。斜井施工技术简单，进度快，建井费用较立井低。在20世纪五六十年代建设的新井，采用斜井开拓者居多。斜井开拓按井筒位置不同分为底板斜井、顶板斜井、煤层斜井和伪斜井等。1967年建设的金竹山煤矿土朱矿井为隧道暗斜井开拓方式。

底板斜井对地质构造复杂、煤层不稳定的矿区有较好的适应性，井筒不压煤，易于维护。对瓦斯突出煤层用底板斜井开拓更为安全。采用底板斜井开拓方式的有托山、咸沙坝、高泉塘、荆草坪、坦家冲、里王庙、南阳庙、竹山塘及谭家山一井、二井、四井等矿井。

顶板斜井须留设井筒及工业广场安全煤柱，故一般只在受地形和工业广场选择及交通运输等条件限制或底板有强含水层的情况下采用。以顶板斜井开拓的有爱和山、芝兰冲、龙家山、白山坪、茶山岭、蒋家坪、西峰仑、觉光寺、周家坳等矿井。

煤层斜井须留设井筒保安煤柱，煤层起伏则很难确保沿煤掘进，其井筒较难维护。在老窿开采区内的井筒维护更困难。宁家垅（斗米山煤矿前身）和桐子山井采用煤层斜井开拓。

受地形、交通条件限制或底板不宜凿井的矿区，往往采用反斜井的开拓方式，其井筒和工业广场深部压煤。采用反斜井开拓的有铁箕山、龙家山、淝江等矿井。在地层倾角较大或工业广场选择受到限制，井筒过于接近煤层时，采用伪斜井，因其井筒受力不均，不利维护。荆草坪、咸沙坝及谭家山四井等矿井，均采用伪斜井开拓方式。

斜井开拓有单一斜井的布置方式，由一个全能斜井担负全矿井的提升，配合风井开拓的矿井有龙家山、咸沙坝等矿井。

一对斜井的开拓布置方式：由主副斜井配合风井开拓的有托山、铁箕山、浦溪、爱和山、桐子山、芝兰冲、高泉塘、安陵、坦家冲、里王庙、龙家山、白山坪、蒋家坪、竹山塘、周家坳、觉光寺、谭家山一井、二井、四井等矿井。

浅部由两个井田两对斜井开拓，深部合并为一个井田一对斜井的有茶山岭井、塘角上井深部（－150米水平）合并为茶塘井。

在斜井开拓方式中，初期为平硐方式，后来改为斜井的有北平硐二水平（0米）以上为平硐开拓，三水平（－200米）改为明斜井开拓；周家坳矿井二水平（＋85米）以上为平硐开拓，三水平（－20米）改为明斜井开拓；一平硐矿井一水平（＋100米）为平硐开拓，二水平（－50米）改为明斜井开拓。

湖南省内由国家投资建设最早的煤矿立井是牛马司煤矿的水井头矿井和斗米山矿井，均于1958年8月开工。水井头矿井设计能力为30万吨/年（后核减为21万吨/年），1965年12月投产。斗米山矿井（设计能力15万吨/年，后核定为6万吨/年），1960年12月投产。随后开工的立井有牛马司煤矿麻元村矿井，也于1960年投产。

20世纪60年代，开工建成的立井有洪山殿煤矿的鲤鱼塘、彭家冲、蛇形山和红卫煤矿的沈家湾、湘永煤矿铜角湾等矿井。20世纪七八十年代建设的立井有周源山井、新星井、磨田井、前进井，以及煤炭坝煤矿五亩冲井等。开采深度最大的是周源山煤矿立井，井深800米。

在一些大水矿区内，煤层底板直接与含丰富的裂隙岩溶承压水的茅口灰岩接触，涌水量大，常易穿水淹井，需将立井开凿在顶板岩石内，并在顶板岩石内布置好泵房水仓，形成排水能力后再揭穿茅口灰岩。开拓延深也常采用这种方法。在煤炭坝、谭家山矿区，煤层顶板的长兴灰岩存在硅质灰岩破碎带，富含承压水，井筒穿过破碎带时会遇到流沙，难以通过，五亩冲井井筒位置选在没有流沙层的地方，并经3个检查孔控制，确认没有流沙层，才确定井筒设置，顺利地通过了长兴灰岩。

立井开拓的矿井，井筒布置方式有主副立井开拓方式、单一立井配合斜风井开拓方式、一个立井和一个斜井配合开采等几种。主、副立井开拓布置方式的矿井有水井头、鲤鱼塘、蛇形山、周源山、新星、五亩冲、伍家冲等矿井，这些矿井设计生产能力一般在30万吨/年以上；采用单一立井配合斜风井开拓布置方式的矿井，多为设计生产能力在21万吨/年以下的小型矿井。由一个单独的立井担负全井的煤、矸、人员、物料的提升，并配合斜风井开拓全井田。井筒设有梯子间作为人员升井的安全出口，并设有管子间敷设排水、压风管路。这种开拓方式可节省井筒和井底车场工程量。采用这种布置方式的矿井有斗米山、铜角湾、前进等矿井。采用一立一斜的开拓布置方式，主要是矿井井型小，可节省井巷工程量。采用这种布置方式的矿井有沈家湾、彭家冲等。

斗米山、沈家湾、铜角湾等矿井在第一水平为立井开拓，在延深中采用暗斜井布置方式。这些矿井都为单一立井，为了在延深中不影响生产，采用了暗斜井的延深开拓方式。

2018年，公司先后对《湘永公司铜角湾煤矿-700米水平延深方案设计》《黄牛岭煤矿-300米水平延深方案设计》《湘永矿业有限公司安陵煤矿-340～-500米水平延深方案设计》《南阳矿业有限公司前进煤矿-250米水平开拓方案修改设计》《湘东矿业公司三水平延深方案设计》等进行了严格审查、批复。

至2021年，淝江、铁箕山、白山坪、茶山岭4对矿井水平延深工程已基本完成。

2021年，铜角湾煤矿完成了-550米至-700米暗主井延深水平的开拓工程，其-700米延深水平配套水泵房及吊挂人车的安装在2021年12月完成，2022年投产。

2022年，黄牛岭煤矿-300米水平延深、湘永公司安陵煤矿-340～-500米水平延深、南阳公司前进煤矿-250米至-400米水平延深、湘东矿业公司三水平延深也在有序进行。

随着资源枯竭、去产能及市场淘汰等因素，公司所属矿井不断优化。2015—2022年集团公司各原煤生产矿井开拓方式分别见表2-3-4、表2-3-5、表2-3-6。

表2-3-4 2006年集团公司各原煤生产矿井开拓方式

单 位	立 井 开 拓	斜 井 开 拓	平硐开拓
涟邵矿业集团	斗米山井、水井头井、蛇形山井彭家冲井	铁箕山井、托山井、咸沙坝井、一平硐	土朱井、塘冲井
资兴矿业集团	周源山井	浦溪井、黄牛岭井、北平硐、唐洞井	南平硐、宇字井
白沙煤电集团	新星井、铜角湾井、沈家湾井、磨田井、前进井	爱和山井、桐子山井、芝兰冲井、高泉塘井、安陵井荆草坪井、坦家冲井、里王庙井、龙家山井、白山坪井龙塘井、淝江井、茶山岭井、荆南、大岭井	
辰溪煤矿		大坪井、蒋家坪井	
长沙矿业集团	五亩冲井、湘东	西峰仑井、跃进井、竹山塘井、高陂	
湘潭矿业集团		一井、二井、三井、四井	

表2-3-5 2015年集团公司各原煤生产矿井开拓方式

单 位	立井开拓	斜井开拓	平硐开拓	混合开拓
涟邵安全生产管理局	水井头井、湘东井	铁箕山井、托山井、一平硐、高陂、谭家山一井、二井、四井、蒋家坪	土朱井	塘冲井（平硐－立井）
资兴安全生产管理局	周源山井、新星井铜角湾井	浦溪井、芝兰冲井、黄牛岭井、北平硐、高泉塘井、安陵井荆南、茶山岭、茶塘井	南平硐祥和井	
白沙安全生产管理局	沈家湾井、磨田井前进井、伍家冲井	坦家冲井、里王庙井、龙家山井、白山坪井、龙塘井、溷江井、觉光寺井、周家坳井、大岭井、南阳庙井		
贵州湘能公司		晋家冲、神仙坡、义忠、下河坝、丰胜、保华	黔源	
新疆神宇公司	东发井、向阳井			

表2-3-6 2022年集团公司各原煤生产矿井开拓方式

单 位	立井开拓	斜井开拓	平硐开拓
涟邵片区	水井头井、湘东井	铁箕山井、一平硐	土朱井、塘冲井
资兴片区	周源山井、铜角湾井、新星井	浦溪井、黄牛岭井、北平硐、高泉塘井、安陵井、茶山岭井	南平硐
白沙片区	沈家湾井、磨田井、前进井、伍家冲	坦家冲井、里王庙井、龙家山井、白山坪井、龙塘井、溷江井、大岭井、周家坳、觉光寺	

（二）大巷布置

20世纪50年代至60年代初，煤矿的开拓及采准巷道一般都是沿煤层掘进。除掘进工具及工艺落后的因素外，主要是井田勘探精度不够，沿煤送巷可起到探煤的作用。20世纪60年代后煤矿的主要巷道逐步改煤巷为岩巷，沿底板岩石掘进。矿井主要巷道布置在煤层底板，既可以减少煤柱的损失，也有利于巷道的维护，以及安全、通风、运输和水害、瓦斯的治理。大水矿井的煤炭坝煤矿，20世纪60年代以前，井下巷道沿煤掘进，多次发生茅口灰岩溶洞水穿透采掘工作面造成淹井事故。1962年，该矿尝试在茅口灰岩中布巷，将运输大巷、泵房和水仓，布置在底板茅口灰岩，在石门构筑水闸门，加大排水能力和水仓容量以及探放水等综合防治措施，首次采用对茅口灰岩岩溶裂隙水进行疏干的开采方法。由于长期排水疏干，茅口静止水位不断下降，地下水压力下降，从而减少和避免了带压采煤突然透水给该矿井带来的威胁。带压开采时，由于水头高，突然透水时的水量较大，夹带泥沙并将巷道中一些杂物冲洗进水仓，极易引起吸水井阻塞、水泵故障而发生淹井事故。煤炭坝煤矿将主要的运输巷道和总回风巷布置在煤层底板茅口灰岩中，不仅减少了淹井威胁，加快了掘进进度，且可以减少大巷煤柱损失。茅口灰岩巷道采用裸体巷道，不用支护，巷道维护费用和坑木消耗量大幅降低。

此后，大部分矿井均采取在茅口灰岩布置主要巷道的方法。主要巷道既可作为运输通风巷道，又可作为茅口含水层的疏水巷道。巷道均开凿了较大的排水沟，避免了过去工作面和煤巷穿水时满巷道流水给生产带来的困难和损失。对岩溶水发育矿井，除了采取煤层底板（茅口灰岩）布巷方式外，对茅口灰岩与煤层之间存在一定厚度隔水层的矿区，采用带压开采，亦取得了较好的效果。

20世纪60年代煤矿改煤巷布置为岩巷布置，至2022年一直沿用在煤层岩石中布置大巷的方式，为瓦斯的治理创造了条件。对瓦斯突出矿井，除运输大巷、轨道上下山布置在煤层底板外，采区中巷亦布置在底板岩石，而且对采区巷道一般采取3条上山布置，即一条轨道运输上山、一条运煤上山和一条回风上山，这样就解决了采区内采掘分风的问题。结合瓦斯抽放采区巷道布置在煤层底板，先期作为瓦斯抽放巷道，后期作为采区运输通风巷道。

集团公司各生产矿井各煤层多以煤层群发育，因而多采用多水平分区式开拓方式。阶段垂高100～150米。以前进式方式布置采区，采区长度400～600米。一般采用暗斜井延伸。大巷仍沿用布置在煤层底板中的方式。

二、掘进

集团公司各煤矿阶段运输、回风大巷一般设在主采煤层底板较稳定的岩层中，由石门贯穿煤层。在采区内采取多煤层联合布置方式，一般为双翼采区，在主采煤层底板或顶板岩层中设轨道上山、溜煤上山、回风上山；区段设甩道石门、底板中巷；石门揭煤后沿煤层布置采煤工作面溜子道、回风巷及开切眼形成采煤工作面。突出矿井的主要巷道布置在底板岩层中，有利于在长距离的巷道掘进中避免煤与瓦斯突出的威胁、进行瓦斯抽放或石门揭煤。集团公司就如何解决煤与瓦斯突出矿井实现采掘机械化的问题，从技术、管理等方面采取新的办法和措施，做到推进机械化与预防瓦斯相互促进，鼓励和促使突出矿井多掘岩巷，超前布置运输、通风巷道和瓦斯抽放系统，对瓦斯进行“超长期”抽放。股份公司对突出矿井的岩巷掘进进尺实行“按实结算，多掘多结，少掘处罚”的政策，促使各突出矿井通过实施机械化掘进，提高掘进进度，保证有充足的瓦斯抽放时间，从而达到煤层消突的目的，继而促进机械化的发展。

（一）掘进工艺

2006—2022年，集团公司在开拓掘进方面推广机械化作业和锚杆支护等先进技术，要求掘进工程质量达到标准化要求，做到一次成巷。巷道贯通必须制定施工安全技术措施，防止透水、有害气体超限、通风系统混乱、爆破着火、崩坏设备、伤人、冒顶等事故的发生。当两个工作面相距20米、综合机械化掘进巷道相距50米时，必须停止一个工作面，实行单工作面施工。在此之前，测量部门下达通知单，并报告主管矿长和总工程师，编制安全技术措施，经矿总工程师批准后执行。巷道贯通工作由分管副矿长组织安监、通风、地质测量、调度等部门人员和掘进区队长分班负责到现场指挥，直至贯通工作完毕。掘进过断层、集中应力区、冒落带、石门见煤附近的三角区及巷道开门等事故多发地段，必须先编制安全技术措施报矿总工程师批准后执行。在掘进过程中，由分管副矿长组织安监、生产技术部门人员和掘进区队长现场指挥。掘进工作面在永久支护之前，必须使用安全可靠的临时支架或金属前探梁，严禁空顶作业。棚梁支护的上下山掘进和平巷掘进都必须装设支架联锁防倒装置，做到“支架+联锁”。煤巷锚杆支护加强锚固力的检查，锚固力不低于设计值的要求，临时支护应做到有效承载。

1. 普掘工艺

普掘工艺包括人工钻眼、爆破、扒装运输。工艺流程如下：“敲帮问顶”（班前安全检查）→延划巷道中腰线→画巷道轮廓线→点炮眼（钻眼）→装药联线→爆破→通风排烟→“敲帮问顶”→引巷道中腰线→修巷道断面→往后调矸→锚网→出矸→平底→初喷→清理回弹物→复喷→清理巷道。岩巷掘进工作面采用气动式凿岩机钻眼，光面爆破技术凿岩爆破掘进，锚网喷联合支护，耙斗装岩机装矸，电机车运输；煤巷掘进工作面采用煤电钻钻眼，爆破落煤，使用金属或单体支护，人工攉煤，刮板输送机运输。

由于地质条件复杂，集团公司部分矿井仍采用普掘工艺。

2. 综掘工艺

综掘工艺包括机械截割、机械装矸、支护。截割方式、装运煤（岩）方式、工作面临时支护方式全部实现机械化。工艺流程如下：开机前准备→掘进机割装、运→运料、清浮煤→临时支护→永久支护→下一循环。

（二）掘进机械化

2008年6月5日，EBZ230型硬岩掘进机在周源山煤矿－650米西配风巷试运行成功，填补了湖南硬岩掘进技术的空白。同年10月9日，由三一重工生产的EBZ－200H型悬臂式掘进机在周源山煤矿－650米西配风巷掘五队试车成功。这台总投资700多万元的悬臂式掘进机整机结构紧凑、配置高、行走驱动扭矩大、爬坡能力强、截割功率大，配备车体稳定装置，多项技术具有国际先进水平，适用于半煤岩及全岩、硬岩巷道的掘进，该设备在周源山煤矿取得了一个小班进尺4米的好成绩。同年11月27日，该矿在22112运道应用EBZ－135型半煤岩巷综合掘进机获得成功。在全省实现了现代化综合掘进生产线零的突破。是年，该矿引进了省内第一台EBZ160型半煤岩巷综掘机，尝试掘进机械化升级，取得了掘进机械化的突破，积累了集团公司岩巷综掘经验。

2009年，集团第一台岩巷钻装机落户磨田煤矿。同年，三一重工的EBZ200H型硬岩掘进机在金竹山公司塘冲煤矿北翼－90米运输大巷试用。该巷岩石硬度大于8，掘进机的截割进度相当缓慢，运行数月后停用。同年，周源山煤矿成立首支综合机械化掘进队伍。

2010年1月，周源山煤矿引进了EBZ132CZ型半煤巷掘进机，创造了小班进尺达到11米、月均进尺169米、单月最高进尺250米的纪录。同年11月1日，投资378万元的EBZ－160型第二代软岩综掘机在红卫公司坦家冲煤矿－150米南大巷正式开掘，掘进速度达到过去同断面的3倍。该机具有破矸、清矸、装矸功能，能提高软岩掘进速度，降低职工劳动强度，这是该公司继引进CMJ型煤矿全液压钻车和ZWY－80/38.5型煤矿用挖掘机式装载机后又一重大机械化项目。集团公司生产技术部的工程技术人员多次到现场进行指导，靠前指挥，现场解决该机械在使用过程中出现的各种问题。

2011年，突出矿井红卫公司坦家冲煤矿坚持管理、技术同步推进，全面推动综掘机械化。坚持每天有矿领导和工程技术人员带班下井提供技术服务，每月召开岩巷掘进机械化工作会研究部署机械化工作，每周有综掘机操作技能培训，使综掘队员全部实行了持证上岗。是年，该矿实现10.12平方米断面软岩巷道安全进尺近600米，掘进工效是过去同断面掘进速度的3倍。同年3月11日，股份公司在该矿成功召开了岩巷综掘机械化现场推进会，并把岩巷综掘机械经验在全公司进行了推广。

同年，兴源矿业公司伍家冲煤矿15采区15608煤巷掘进工作面使用新型设备EBH35型悬臂式煤巷掘进机。通过近半年的技术攻关，应用该掘进机改变传统掘进工艺，巷道一次成型，支护顶帮及时，为安全生产提供了保证。是年，在长沙矿业公司五亩冲煤矿煤掘一队5211掘进头使用煤巷综掘机，创下了单班掘进7架，单头单月掘进240米的煤掘记录。

2012年7月，在新星煤矿2266、2265运输巷实施了CMSF－400/37R煤巷综掘机项目。

2013年，宝源公司在北平硐煤矿42522中巷和南平硐41421中巷安装使用了综掘机。

2016年5月，红卫公司在坦家冲煤矿－150米南大巷使用EBZ1600型综掘机进行机械化综掘作业，共施工265米。

2017年，为提高煤矿劳动生产效率，鼓励大力实施采掘机械化，努力提高采掘机械化水平，股份公司制订了《湖南黑金时代股份有限公司采掘机械化项目管理实施办法》，成立了采掘机械化项目实施管理领导小组。掘进机械化率提高5%以上。

2018年，股份公司要求各原煤公司充分发挥机械化优势，提高岩巷进尺。是年，股份公司实际完成岩巷进尺39766米，超计划759米。

2019年，股份公司计划岩巷进尺39007米，由于掘进机械化的稳定推进，实际完成40207米，超计划1200米，完成计划的103%。所有原煤公司都完成了岩巷进尺计划。

2020年，股份公司制定下发了《关于印发推进“四化”建设和科技进步意见的通知》。

2022年，在龙家山煤矿－400米南北大巷使用EBZ160型综掘机进行机械化综掘作业，共掘进巷道582米。综合机械化掘进取得成功，月平均进尺在100米以上。

同年，红卫公司推进岩巷综合机械化掘进、机械化装岩作业、巷道锚网喷支护，单进由开始的50米/月不断提高,单进最高纪录达120米/月。

2022年度原煤公司岩巷施工队伍净减25个，岩巷综合单进突破70米/月。

（三）支护

集团公司成立之前，所有矿井对掘进巷道均采取木支护或少量金属、砌碹支护等措施，部分坚硬的岩巷巷道裸体。

2006年，集团公司成立后总结所属煤矿长期顶板压力观测和顶板周期压力监测统计数据，组织职能部门和煤矿现场专家对各矿井主采煤层工作面顶底板进行分类管理，集团公司顶板管理工作进入全新的顶压观测和管理阶段。

2007—2015 年，集团公司从淘汰木支柱、摩擦金属支柱开始，不断探索单体液压支柱、锚杆、锚喷、锚网喷、特殊支架等适合矿井条件的支护方式、方法。

2015 年 10 月，在土朱煤矿 2231 机巷试验了煤巷、半煤巷锚网支护，共施工锚网巷道 155 米，试验取得成功。

2017 年，金竹山公司为解决煤矿半煤巷单进较低制约了矿井回采工作面正常接替、架棚支护不稳定影响安全管理等情况，组建技术攻关小组，自主研发出煤巷金属支架防倒装置，可适应不同棚距的支架，联锁提高支架稳定性，经过将近 3 个月不断地改进，试验取得成功。

2018 年，股份公司继续大力推广煤矿支护改革。在新星煤矿煤巷沿顶板掘进、磨田煤矿 -600 米水平底板大巷沿煤掘进中采用锚杆、锚索、高分子塑性锚网、粗钢网、钢带联合支护进行试点取得成功。

2020 年 5 月，周源山分公司制定了《周源山矿业公司2020 年巷道支护改革方案》，在三槽煤软顶大断面巷道中采用"锚索 + W 形钢带"联合支护，达到了良好的支护效果，巷道变形量小、巷道返修率低，降低了支护成本；同时施工简单安全，减轻了工人劳动强度，且"锚索 + W 形钢带"联合支护具有主动性、及时性、安全性的特点，其支护方式可在同类巷道中进行推广应用。

2021 年 12 月，在土朱煤矿 2222 机巷试点了煤巷、半煤巷锚网索支护改革试验并取得成功。

2022 年，马田公司新星煤矿在 21 下 65、21 下 66 运道进行了煤掘工作面架棚喷浆联合支护试验并取得成功，为该矿进行大工作面布置、工作面支护改革、大幅度提高单产创造了条件。

同年，黄牛岭煤矿、大岭煤矿自行研制改进了煤巷金属 T 形支架联锁装置，加强了煤巷金属支架的稳定性，有效杜绝了煤巷爆破倒棚现象，进一步增强了煤巷掘进施工现场的安全。

同年，马田公司、周源山分公司在 3232 边眼、3232 风巷、2433 风巷、2433 运道等煤巷试行"锚索网 + W 形钢带"联合支护，在三槽煤软顶大断面巷道中达到了良好的支护效果。巷道变形量小、巷道返修率低，为综采支架创造了有利的运输和安装条件。

第三节 采 煤

一、采煤方法

（一）历史沿革

2006 年以前，湖南煤矿采用的采煤方法有以下几种：

（1）走向长壁式采煤法。适用于倾斜和缓倾斜薄煤层及中厚煤层。在涟邵矿务局、白沙矿务局大部分矿井，资兴矿务局三都矿区，煤炭坝煤矿普遍采用。采区布置一般采用联合方式，多为双翼采区。采区一般在煤层底板设轨道、行人上山或溜煤上山。采区走向长度一般在 400 ~ 600 米，少数 800 米。工作面长度依煤层赋存条件和地质情况而定：资兴三都矿区一般在 100 ~ 120 米，最长 180 米；涟邵矿务局一般在 80 ~ 90，个别达 100 米；白沙矿区局一般在 40 ~ 80 米。

（2）走向长壁分层采煤法。此方法在红卫、煤炭坝等煤矿开采倾斜、缓倾斜厚煤层时采用，采区布置与走向长壁式采煤法相同。红卫煤矿为解决采、掘通风和防突问题，采区巷道采用多上山系统，每个采区有两条底板上山，四条溜煤上山，集中底板中巷，多石门及分层超前工作面巷道。煤炭坝煤矿五亩冲矿井，煤层倾角较缓，采用集中盘区石门，分段底板中巷，分区上山，分层工作面超前工作面巷道的盘区布置方式。石门、上山、中巷均布置在底板茅口灰岩中，石门内分段设装车站，经煤仓与分段集中运输巷（设带式运输机）联通，供上下分段各分层工作面使用。

（3）水平分层采煤法。此方法适用于开采急倾斜厚煤层和倾角变化较大的煤层，在湘永煤矿、马田煤矿、街洞煤矿、谭家山煤矿和涟邵矿务局部分矿井的急倾斜煤层中广泛采用，有人工假顶水平分层采煤、再生顶板水平分层采煤和留护顶煤或放顶煤采煤等几种形式。采区运输大巷、中巷和回风巷布置在煤层底板岩石中，采用集中运输平巷把采区划分为若干个区段，每个区段分成若干个分层。再在中巷石门开凿底板天眼或煤层天眼联通回风道，然后从上而下依次在各煤层里的同一标高掘进工作面运输巷、回风巷，使工作面呈水平状态。

（4）分层采煤法。在有煤与瓦斯突出的矿井，当上一分层回采后，下一分层的瓦斯得到释放，利于防突，但需要掌握煤层变化。

（5）走向短壁采煤法。适用于急倾斜薄煤层及中厚煤层。1960—1989 年，涟邵矿务局先后在彭家冲、铁箕山、咸沙坝等矿井使用此法，采出率达 80% ~85% 。省属其他急倾斜煤层矿井曾广泛采用。20 世纪 80 年代后期，随着伪倾斜正台阶采煤法、分段密集采煤法、斜坡采煤法和柔性掩护支架采煤法的出现，短壁采煤法在省属煤矿中逐渐减少使用，1989 年涟邵矿务局短壁式采煤法工作面只占全局工作面总数的 4% 。

（6）伪倾斜柔性掩护支架采煤法。适应于较稳定的急倾斜薄、中厚煤层。1971 年先后在牛马司、谭家山等煤矿运用，其中谭家山煤矿应用效果最佳。该矿采区走向长度一般为 100 米，采区两端各有一条运输石门和回风石门。上回风石门与下运输石门阶段垂高为 100 米（即采区垂高），采区内沿煤设一中间平巷，将采区分为上下两阶段，在中间平巷内装刮板输送机。每个石门有一组天眼，供行人、上料、通风、下煤用。工作面采煤前在上回风道铺设杂木条掩护支架，然后从中间平巷沿走向每隔 7 ~9 米开天眼透通回风道的掩护支架，回采准备即告完成。爆破落煤后，工作面形成一条地槽，支架随工作面伪倾斜推进而下落，煤炭从工作面天眼下落到中间平巷的输送机上，经主刮板输送机煤眼下到石门装车。

（7）倒台阶采煤法、伪斜正台阶采煤法和分段密集采煤法。这几种采煤法都适应急倾斜煤层开采。倒台阶采煤法在 20 世纪 80 年代被伪倾斜正台阶和分段密集采煤法等取代。伪斜正台阶工作面的布置，是将整体呈伪倾斜的长壁工作面分成若干与走向垂直的短壁面，短壁面之间用伪斜上山（上山长 5 ~6 米）联络，形成伪斜正台阶短壁工作面，沿走向推进。分段密集采煤是保留工作面的伪斜，分段采用密集支柱护顶—切顶—挡矸，整个工作面呈伪斜，同时作业，整体推进。

（8）斜坡采煤法。此法是涟邵矿务局在开采急倾斜中厚煤层中使用的一种采煤法。其特点是用伪斜巷道把煤层切割成条带，留护顶煤，爆破落煤，该工作面机械（或人工）运输为自溜运输。1989 年，该矿务局用此法采煤的产量占回采总量的 15% 。

由于湖南省内各矿井的地质条件复杂，煤层薄且不稳定，各矿井采用巷道式等非正规采煤方法的比例较大。集团公司成立以前，采煤工作面中采用壁式工作面的煤矿很少。

（二）采煤方法改革

集团公司成立后，要求矿井开采必须坚持采用正规采煤方法，制定淘汰落后采煤方法的整改规划，并认真组织实施。集团公司规定对灾害严重、经专家论证已有技术条件难以保证安全的矿井，如突出矿井的巷道式采煤法，坚决停止开采。

2006 年，湘永公司安陵煤矿 27603 工作面率先推行了正规化开采，该工作面实行“柔性假顶水平分层采煤法”。采用此法开采后，采出率从以前的不足 80% 提高到 95% 以上，该工作面延长服务年限一年以上，且月产量稳定在 2500 吨左右，多出精煤 4 万吨以上。27603 工作面正规化开采的成功，起到了示范作用，安陵煤矿先后有 27603、3264(A)两个工作面实现了正规化开采，保障了安陵煤矿的持续稳产高产。

同年 9 月，湘永公司在安陵煤矿 29633 工作面强力推行“优化井巷布置，取消‘天眼’开掘工作”，用“底板通风上山”取代“天眼”布置方式，取得了成功。

同年，南阳公司与湖南科技大学合作，确定了科研课题，签订了合作协议，对条带式采煤方法进行可行性研究论证和进一步完善。

2006 年、2007 年，湖南科技大学与牛马司公司合作完成了科研项目“急倾斜中厚煤层巷道放顶采煤法研究”，解决了该公司急倾斜不稳定煤层的开采问题，找到了安全高效的开采方法。

2007 年，湘永公司在征集广大工程技术人员建议的基础上，决定采用具有湘永特色的采煤方法。在采煤系统上：以 40 米为一区段，区段平巷采用底板巷与沿煤中巷联合布置方式，在走向上每隔60米布置一条沿煤上山与上区段平巷连通。之后在上山内沿煤布置工作面巷道平巷，开成回采系统。在工作面布置上：当煤层坡度小于或等于30°，煤层赋存正常时，采用走向长壁式采煤法；当煤层赋存不稳定时，采用短壁式采煤法，工作面长度视煤层赋存情况，每20～40米为一个短壁面，在一个区段内布置2～3个小区段，回采面布置两个安全出口，开成上山安全出口。当煤层坡度在30°～45°时，采用条带式采煤法，在上山内每隔20米布置一条工作面巷道平巷，每条工作面巷道平巷分3个条带进行回采，每个条带为6米。工作面支护采用单体配Π梁。是年，涟邵局牛马司公司水井头矿和金竹山公司土朱矿完成了急倾斜煤层开采方法的创新；资兴嘉禾、黄牛岭公司与湖南煤矿研究所合作，寻找解决构造极复杂煤层的采煤方法；周源山煤矿探索回采工作面支护改革；白沙局南阳庙、浉江、荆草坪、磨田、龙塘、茶山岭探索解决巷道式采煤问题；湘潭公司开展柔性掩护支架采煤法研究等，均取得了一定的科研成果。

2008年，街洞公司与湖南科技大学就急倾斜极不稳定煤层采煤方法研究进行合作。南阳庙、浉江、荆草坪、磨田、龙塘、茶山岭、嘉禾、黄牛岭、水井头和土朱矿主动与科研院所合作，探索构造极复杂煤层的采煤方法研究和解决巷道式采煤方法的问题，均取得了较好的效果。辰溪公司装备了建矿以来第一个单体液压支柱支护的壁式工作面。该公司蒋家坪煤矿派遣工程技术人员和采煤骨干到外地参观学习，引进壁式采煤法，同时在采区实行双下（上）山布置，彻底消灭了剃头下山，有效解决了薄煤层开采过程中的丢煤问题，提高了资源利用率和采煤工效。又建立了液压泵站，引进了单体液压支柱和铰接顶梁，全面实施安全保障度高的单体液压支护，使该矿逐步形成了单体支护下的壁式采煤。金竹山公司将该井采煤方法列入科技攻关项目，由湖南科技大学组织对托山煤矿复杂煤层采煤方法进行研究和论证，形成了研究和论证报告。该报告由湖南煤炭工业学会组织专家进行评审，评审认为托山矿采用斜切分层采煤法经过长期的实践运用，对托山煤矿构造及赋存条件极其复杂的煤层是适用的。为了确保安全开采，采取了以下几项措施：①每个主上山都与上部回风巷贯通，形成负压通风系统和两个安全出口；②推进了支护改革，强化顶板管理；③采用单体配铰接梁抬双栌加强支护，采用机械回柱；④加强局部通风和瓦斯管理。所有局部通风机全部实行了双风机、双电源，同时保证局部通风质量达标，按要求配齐了瓦斯检查员，加强瓦斯检测和监控系统的维护，还安装了移动式抽放泵站，抽放采空区瓦斯，有效地消除了瓦斯超限。

同年，湘潭公司推进采煤方法和支护方式的技术革新，制定了技术创新和技术进步的工作计划，在组团赴重庆中梁山煤业公司考察学习采区联合布置和伪倾斜走向长壁掩护支架采煤方法的基础上，成立技术攻关小组，采取先试点后推广的办法，先后投入资金1200余万元，推广伪倾斜走向长壁掩护支架采煤方法。使用该方法后，煤巷掘进工程量大幅减少，万吨煤巷掘进率下降，为平板型掩护式支架采煤法的30%；采出率普遍提高。工作面单产和采煤工效成倍提高，分别为平板型柔性掩护支架的208%和192%。材料消耗降低，为平板型掩护式支架采煤法的36%。通风系统简单可靠、作业环境改善、劳动强度降低、安全系数和矿井生产能力得到了提高。街洞公司与湖南科技大学合作开展“极复杂煤层水平分层开采方法”课题研究，采用双巷负压通风，改原11号矿工钢支架为9号矿工钢制作轻型金属支架，用于煤巷掘进，提高了掘进效率，同时对采煤工作面推行“Π型梁配单体支柱垂直煤壁交替迈步推进”采煤支护方式获得成功，单产由过去的600吨/月提高到3500吨/月。与传统的急倾斜煤层开采方法相比，该方法不仅在防突、节约成本、改善采煤工作面的生产环境等方面具有优势，还减少了巷道顶板边留煤柱带采现象，提高了采出率，使采出率达到97%，单产水平提高20%。

2009年，湘潭矿业公司推动技术创新项目，推广伪倾斜走向长壁掩护支架采煤方法。该公司一、三矿共有6个采用伪倾斜走向长壁掩护支架采煤法的工作面，产量达到公司总产量的60%以上。万吨煤巷掘进率为248米，为平板型掩护式支架法的30%；采出率达到92%，提高了4%；基本消灭了木材支护，万吨坑耗24.12立方米，下降了256立方米；作业环境改善，劳动强度降低，提升了安全系数，新采煤法实现了全负压通风，解决了困扰谭家山矿区几十年的工作面采用局部通风机通风的问题，杜绝了瓦斯事故。南阳公司认真分析了南阳庙矿 2666 工作面煤层形态，形成了双出口负压通风工作面，改变了南阳庙矿 20 多年来采煤工作面只有一个出口的状况。

2010 年，集团公司不断创新采掘工艺，改善生产环境，以科技保安全。各单位按进度落实科技进步五年规划，组织重大课题尤其是事关安全生产的课题攻关和研究工作，在岩巷掘进、支护改革、防突措施、采煤方法上取得了新的突破，矿井抗灾防灾能力进一步增强，提升了本质安全型矿井水平。如辰溪公司工作面采用了单体液压支柱。湘潭公司、洪山殿公司推广使用了急倾斜煤层“八”字形金属柔性掩护长壁式采煤法。是年 5 月，湘潭矿业公司一矿准采三队 -775 米水平东七石门长壁柔性支架工作面，实现安全生产原煤 8200 吨，创该矿单面月产新高。街洞公司全部消灭了单出口工作面，牛马司、嘉禾、黄牛岭基本上推行了壁式采煤。湘永公司各矿井在地质条件复杂、煤层赋存差、煤层薄、开采难度大的条件下，推行正规开采。在采煤工作面管理上实施水平（斜切）分层柔性假顶开采，壁式双巷布置，负压通风正规推采，彻底消灭了“天眼子”，有效提高了单产率。各单位采煤工作面基本全部实行单体液压支柱支护，非正规采煤工作面的数量与集团公司组建之初比减少了 90%。

2011 年，南阳公司南阳庙矿 2166、淝江矿 2686 形成了正规工作面开采，结束了两矿没有正规工作面开采的历史。嘉禾公司全面推行壁式双出口工作面采煤，全年共有 6 个正规的壁式工作面采煤。湘潭四矿大力推广伪斜掩护支架和正倾斜掩护支架工作面，提高了工作面的单产，取得了较好的经济效益和安全效果。

同年，集团公司通过全面推行锚网喷支护、金属支护和壁式开采方法，基本上消灭了木支护和非正规采煤法。

2012 年，集团公司逐步深化矿井安全质量标准化建设。把安全质量标准化作为实现管理强矿的一项重要基础工作来抓，坚决淘汰国家明令禁止使用的设备、材料、工艺和落后的支护方式，推行壁式开采、机械化开采和井巷锚喷支护等先进适用技术。因自然条件的制约，辰溪公司大坪煤矿仍采用巷道式采煤，金竹山公司托山煤矿采用斜切分层开采，南阳公司淝江煤矿采用单引巷开采，湘潭公司所属 3 对矿井还存在条带式开采等非正规采煤方式。

同年 5 月，辰溪公司组织对大坪矿推行支护方法改革进行调研，以解决大坪煤矿巷道式采煤的问题。公司在大坪矿 -150 米北翼 -190 米回采工作面进行采煤方法和支护方式改革试点，投入单体 500 根、铰接梁 400 根。同时，大坪矿专门指派 10 名大工到蒋家坪矿学习一个月，掌握了相关技术后，在大坪矿正式开始试点。但该工作面在试点的过程中，由于煤层赋存条件极差，构造复杂，无法按照壁式工作面的要求推进，且单体回收困难，改革试点只取得部分成功，难以全面推广。大坪矿 -150 米北四下山 -190 米回采工作面继续使用单体支护，无法和工作面回风巷采通的，通过打探巷的方式掘通工作面回风巷，保证有两个安全出口。此后加大采煤方法改革力度，在矿井适合的地点，通过缩小区段长度等方法，强力推行壁式采煤。

2013 年 1 月 11 日，省煤管局召开了省管煤矿四季度安全生产办公例会。会议强调：在实现正规工作面开采方面，矿井实现正规工作面开采是组织生产的先决条件，实现正规工作面开采的标志是具备两个安全出口并形成负压通风的壁式工作面开采。省煤管局对于正规工作面开采目标管理采用的监管措施是：能形成正规开采的矿井必须实现正规开采；全矿井未能实现正规开采的必须限期停产整顿，经努力仍不能实现正规开采的煤矿关闭退出；矿井因地质条件复杂的局部块段采用非正规工作面开采必须报省煤管局批准同意后方可进行。根据《湖南省煤炭管理局关于印发〈湖南省煤矿“打非治违推行正规开采”专项行动方案〉的通知》（湘煤行管〔2013〕44 号）的要求，股份公司出台了《湖南黑金时代股份有限公司“打非治违推行正规开采”专项行动实施方案》，按照在 9 月底前所有煤矿都形成正规水平、采区和正规工作面的总体目标，对推行正规开采提出了具体措施。淝江煤矿在煤层中掘巷道探钻 1500 余米，在开采前基本摸清煤层赋存情况，在煤层赋存好的 2486 北块段，形成了双引巷负压通风工作面实行正规开采；南阳庙煤矿在摸清地质情况的基础上，克服困难，多打岩巷，布置了2166、2666 C两个正规回采工作面，做到了双引巷负压通风回采。湘潭公司为了进一步淘汰落后的巷道式采煤，推广伪斜掩护支架采煤法，4月、5月，一矿-375米水平东四腰石门7煤采区新布置了宽度为一米的掩护支架工作面，三矿在-800米水平东二石门新增一个掩护支架工作面，四矿在-725米水平东七石门12煤新增一个伪斜掩护支架工作面。是年，全公司共有掩护支架采面9个，淘汰非正规采煤工作面10个以上。同时湘潭公司还在一矿-850米水平东七石门12煤掩护支架采面进行小型割煤机试运行，效果较好。白山坪公司大岭煤矿安排工程技术人员及一线管理人员赴湘潭矿业公司学习伪倾斜柔性掩护支架采煤法，赴磨田学习正台阶采煤法。根据实际情况在21621、2157等工作面使用以上两种采煤方法。

2014年，集团公司督促各原煤公司对蒋家坪、托山、茶山岭、南阳庙、前进、铜角湾、安陵、龙塘、湘潭公司各矿存在非正规开采的问题拿出整改方案，要求整改到位。

截至2015年，集团公司各矿井一般采用走向长壁后退式采煤法，采用单体液压支架，金属Π型钢梁交替迈步组合垂直支护，或单体液压支架配金属铰接梁支护，全部陷落法管理顶板。工作面斜长一般50~100米，走向长度一般200~300米。但各矿井地质条件不同，采用的采煤方法也有差别，有的矿井采用掩护支架采煤法，有的采用倾斜分层采煤法、水平分层采煤法、正台阶采煤法、短壁式工作面采煤法等。

壁式工作面采煤法的推广应用，保证了工作面的负压通风和两个安全出口，显著优化了安全条件，改善了工作环境，促进了生产的集中和集约化，提高了生产效率。

2016—2022年，集团公司杜绝了非正规采煤方法，规定只能使用综采、高档普采、伪倾斜掩护支架采煤法等壁式正规采煤法。同时大力推进采掘机械化作业，并向自动化、信息化、智能化方向发展。

二、采煤机械化

湖南省煤层赋存条件差，煤层较薄，不利于大规模机械化开采，且煤矿地质条件复杂，水、火、瓦斯、煤尘、顶板5大灾害齐全，属全国煤炭工业灾害重灾区之一。由于煤矿分散，地质构造复杂，因此机械化水平非常有限，与国内大型煤炭企业差距明显，煤矿机械化程度在全国范围内处于下游水平。2004年，采煤机械化程度较高的宝源煤矿原煤生产格局为炮破落煤加高档普采，采煤机械化程度仅为60%。2005年，全国重点煤矿全员工效已达3.0吨，而集团公司全员工效仅为0.5吨。

2006年10月9日，集团公司工作会议要求提高生产机械化水平和单产单进水平，“十一五”末，采掘机械化程度达到30%左右，实现了安全高效。是年8月4日，集团公司首台具有国内先进水平的MG132/300-W型薄煤液压牵引层采煤机在周源山煤矿采五队2216工作面试运行成功。

2007年，周源山煤矿筹集资金，对割煤机械设备进行更新换代，推广滑移式液压支柱，抓好大坡度采煤和集中控制。购置MG132/300-W型采煤机组2台，配套SGB630/150C型刮板输送机2台，KSGZY-800千伏安型移动变电站2台，ZH2000/16/24Z(k)型滑移支架150架。

2008年9月10日，集团公司与三一重工集团装备有限公司在长沙签订了战略合作伙伴协议，强强联手，着力提升矿井机械化水平。

是年11月28日，集团公司首台综采机组落户贵州湘能公司晋家冲煤矿井下11111工作面并投入使用，该机组采高可达3.8米，截割速度每分钟可达3.59米，每小时可采煤550吨。是年，周源山煤矿推进采掘机械化升级，引进应用MG132/300-W型大功率液压牵引采煤机和悬移支架，实现了“准综采”，不仅降低了工人的劳动强度，改善了安全生产环境，而且较大幅度地提高了单产水平，月单产突破了21750吨，全省实现了现代化综合掘进生产线零的突破。该矿引进了省内第一台EBZ200型硬岩综掘机和第一台EBZ160型半煤岩巷综掘机，取得了掘进机械化的突破，积累了集团公司岩巷综掘的经验。湘能公司神仙坡煤矿应用高档普采，工作面回采工效提高到7.7吨/工。

2009年，集团公司制订了采掘机械化实施计划并严格考核，以减少井下作业人数，降低万吨用工率。目标是掘进机械化在已有基础上增加3～4条综掘作业线，掘进装载机械化程度提高15%以上；平均单产提高10%以上、平均单进提高30%以上；每个原煤公司至少建成1支快速掘进队；机采、综掘工艺在复杂地质条件下的应用取得新突破。集团公司采煤机械化要力争达到25%以上，机掘率达到5%以上。拟订了对周源山煤矿、宝源北平硐煤矿、马田新星煤矿、白山坪磨田煤矿上综采的实施计划。同年，周源山、宝源两公司在原高档普采的基础上又新增了3个机采工作面，金竹山公司塘冲煤矿进行了全岩综掘机试验，使集团公司机采工作面达到了8个，综掘工作面达到了2个。贵州湘能公司神仙坡高档普采成效显著，晋家冲综采工作面在恶劣的开采技术条件下取得成功，周源山、金竹山等单位的快速掘进工作初见成效，单产单进水平得到提高。

湖南省煤炭工业局于2009年3月21日以湘煤安监〔2009〕57号文对集团公司提出了《关于切实抓好重大安全隐患整改、推进技术进步、提高采掘机械化水平、稳定和提高省内产量的意见》，集团公司贯彻落实省局“意见”精神，提出了“湖南煤矿的根本出路在于机械化”的理念，切实提高生产机械化水平和单产单进水平，争取到“十一五”末，采掘机械化程度达到30%的目标。通过机械化水平的提升，提高了公司的劳动生产效率，实现了矿井增产扩能、减人提效，打造了一批安全高效示范性矿井，不断降低入井人数、万吨用工人数。同年，股份公司专门成立了机械化推进办公室，推进采掘机械化。

2010年1月，周源山煤矿建成了股份公司第一条煤巷综掘作业线，首月完成进尺180米；4月1日，宝源公司北平硐煤矿4252运输巷煤巷综掘作业线顺利开机；4月15日，红卫公司龙家山煤矿在－400米北大巷建成第一条岩巷机掘作业线；5月1日，周源山煤矿在22110回风巷建成第二条煤巷综掘作业线。

同年，股份公司印发了《湖南黑金时代股份有限公司2010年采掘机械化工作意见》及《黑金时代股份有限公司采掘机械化管理办法》。计划集团公司采煤机械化达到25%以上，机掘率达5%以上，岩巷平均单进提高20%以上，回采工效提高20%。是年，长沙矿业公司五亩冲煤矿5211工作面实施整体顶梁链式悬移液压支架配采煤机采煤项目；金竹山公司在土朱煤矿14318七块工作面成功实现了悬移支架高档普采，月产8000吨。采煤机型号MG132/320WD，双滚筒切割，采用单体配Π梁成对布置，交替迈步前进支护，后采用悬移支架进行支护，机巷运输采用SGD－420/30型刮板输送机输送。

同年9月13日，来自湘、鲁、桂、滇、晋等9省的专家齐聚资兴矿区，召开全国薄煤层机械化开采技术研讨会。在宝源公司井下，专家们观摩了煤层厚度为0.8～1.6米、同一个工作面的煤层坡度在10度至35度之间变化、地质构造复杂的薄煤层机械化开采工作面。宝源公司自2004年以来先后购进4台MG100－111－TD型牵引薄煤层机组，成为提产提效的利器，焦煤年产量从2004年的34万吨上升到2010年的50万吨。

2010年12月10日，集团公司首个综采综掘配套矿井在周源山煤矿正式投产。该矿22110工作面安装的综采机组，由中煤北京煤机厂的ZY3400/12/28型两柱掩护式液压支架、西安煤机厂的MG200/468－WD型采煤机，山东矿机集团的SGZ630/220型刮板输送机三机套组成，共投资2000多万。作为湖南省第一条综采线落户周源山煤矿，在江南创下了“三个第一”：使用可移动伸缩皮带长度第一，长达500米；自动化程度第一，采用了468千瓦采煤机；综采线安装的速度第一；同时还是江南首家使用9.9吨的重型掩护液压支架的采面。该综采线的投产使周源山煤矿在已有的机械化水平的基础上工效提高一倍以上，月产煤达到3万～5万吨，综掘作业线（半煤巷）月进尺达到了200米以上。

2011年，集团公司制定了采掘机械化中长期发展规划和采掘机械化年度计划及考核办法。计划到年底建成5条综采作业线、7条综掘作业线、17个高档普采作业面，18条岩巷机械化钻装作业线，岩巷机装率达到100%，煤巷机装率达到70%以上。规定各单位要根据矿井实际确定实施采掘机械化方案，选择适用的技术和装备，确保2011年集团公司的采掘机械化程度和装载机械化程度分别达到45%和70%以上。规定凡是要上炮采的必须经过管理局批准。采掘机械化奖金单列，上一个综采奖励总经理5万元，上一个普采或一个综掘奖励总经理3万元，上一个钻装奖励总经理1万元，凡万吨用工低于30人的另加奖10万元。3月11日，集团公司组织在红卫公司召开了掘进机械化推进会，出台政策引导和鼓励煤井实现机械化生产，大力支持引进和自主研发机械化采煤掘进新技术。原煤公司每成功实施一个项目，对领导班子实行重奖，且奖金不计入年薪考核范畴。凡2011年因采掘机械化的提高降低了劳动用工人数的，当年减人不减工资总额，2012年也不减工资总额；凡2011年末采掘机械化未实现零的突破的单位，不得评先评优，领导班子成员不得提拔重用；凡2011年末万吨用工超过了80人的单位，党政主要领导要主动辞职，其他班子成员不得提拔；凡万吨用工低于30人的单位，党政正职各奖励10万元。矿井基础条件适合，但不创造条件上机械化的，由安全管理局鉴定，应上未上的，其质量标准化按降低1个等级评定，并从年薪中罚正职5万元。先后在周源山、宝源、红卫、金竹山等矿业公司建成了综采、高档普采、综掘、钻装掘进等国内较先进的机械化作业面（头），奠定了集团公司采掘机械化发展的基础。集团公司加强与科研机构、厂家的合作，充分发挥立达矿山装备股份公司的人才和技术优势，加快开发适合集团公司各单位的机械化设备。重点探索短壁、小型采煤工作面机械化采煤新工艺。大力探索适合小断面巷道的机械化掘进工艺，从技术上解决集团公司小型煤矿难实施机械化的问题。是年，与三一重装等设备生产厂家进行技术合作，联合研发适合集团公司小型矿井、小型工作面、小断面巷道的特小型采掘设备。其中，与三一重装公司合作研发的“单臂钻装一体机”，填补了我国小断面巷道机械化掘进的空白，在铜角湾煤矿工业性试验中取得了初步成功。与省内外科研单位开展合作，自主研发了“湘煤系列”小型煤矿采掘设备，至2011年，已完成了3台套设备的工业性试验。立达公司与嘉禾矿业公司联合研发的小型岩巷钻装机投入使用；与周源山煤矿联合研发综采液压支架项目进入批量生产阶段。

同年，周源山煤矿22110综采工作面连续6个月突破月产3万吨，成功推过4个断距达4米的较大断层，工艺日趋成熟，产量稳步提高；是年，该矿又建成了3煤综采工作面，计划在2013年实现全矿井综采综掘化。白山坪矿业公司磨田煤矿2647工作面克服地质条件复杂、煤层坡度大、矿井生产能力和下放大件设备受主提升系统能力制约的困难，建成了集团公司第一个大坡度（达52°）综采工作面，与改造前相比煤炭产量从每小班40吨增长到200多吨，矿井煤炭采出率提高了20%，平均回采工效由原来的每工日3.8吨提高到11.7吨。五亩冲和土朱煤矿在采煤工作面采用悬移式支架支护获得成功，解决了中厚煤层一次采全高和破碎顶板支护的难题。红卫矿业公司先后在符合开采地质条件的沈家湾矿28610工作面、龙家山矿2768－2（1）工作面，采用MG100/111－TD型单滚筒采煤机进行回采。在沈家湾矿3426、3622、3621工作面以及坦家冲煤矿23631工作面，采用大倾角极薄煤层MG100－TP型采煤机进行了回采，通过实现高档普采，减少了回采巷道的掘进率，提高了回采工作的采出效率。是年12月，金竹山公司投资540万元的首台采煤机组在土朱煤矿14318高档普采工作面投入生产，这台双滚筒刮煤机可在采高为1.3～2.86米的煤层中进行刮采。装机为多部电机横向控制，电控为机载式，采用计算机控制技术。宝源公司南、北平硐煤矿的煤层均为薄－中厚缓倾斜煤层，采煤方法为走向长壁后退式，采用机组割煤和爆破落煤两种方式，采煤工作面顶板全部采用单体液压支柱和Π型梁联合支护，刮板输送机运煤，全部垮落法管理顶板。2011年该公司投资近1000万元，上了5套采煤机组，南平硐矿采二、采三队，北平硐采四、采五、采六都上了高档普采，高档普采率达到了80%，掘进装矸机械化达到了100%。北平硐煤矿还在42521工作面首次采用了综合机械化采煤工艺。综采面采用ZY3400/14/32型掩护式液压支架和MG160/375－WD1型交流电牵引采煤机割煤，提高了工作面的单产能力，月产达到2万吨，安全生产状况、环境都得到改善。

2011年是集团公司采掘机械化工作取得较大进步的一年。综采、综掘、高档普采、钻装等技术工艺方面有所突破，投入资金1.12亿元，用于购置采掘机械设备，新装备3个综采工作面、6个普采工作面、7个综掘作业线、3个钻装作业线、123个岩巷机装掘进头，促进了全公司采掘机械化水平的提高。周源山、磨田、神仙坡等矿井新建了综采工作面；土朱、晋家冲、义忠、沈家湾等矿井新建了高档普采面；茶山岭、茶塘、南平硐、下河坝、伍家冲、五亩冲、土朱等矿井新建了综掘作业线。集团公司采掘机械化进程明显加快，新建成了综采、综掘、高档普采、钻装等采掘机械化项目共19项，其中综采工作面3个，高档普采工作面4个，综掘作业线8条，钻装作业线4条。截至2011年底，集团公司建成综采工作面4个，高档普采工作面11个，综掘作业线9条，钻装作业线4条。机采率达到25.8%，比年初提高9.1个百分点；机械化掘进率达到了2.6%，比年初提高了1.3个百分点；岩巷掘进机装率达到91.5%，比年初提高10.3个百分点。省内煤矿已建成综采工作面2个，高档普采工作面10个，岩巷综掘线3条，煤巷综掘线4条，钻装作业线3条。采掘机械化各项主要指标与年初相比都有大幅度提高。集团公司已有机械化作业头面28个，综采、综掘、高档普采、钻装都逐步得到推广和应用。

2012年，集团公司突出了“煤矿的根本出路在于机械化”的理念，树立了“推进煤矿采掘机械化，是实现本质安全的根本途径”的基本思路，要求2012年采掘机械化水平要有新提高，要狠抓已有采掘机械化项目的达产达效。全公司已有机械化作业头面28个，综采、综掘、高档普采、钻装都逐步得到推广和应用。2012年要求各单位切实抓好这些项目的质量，实现达产达效目标。要求2012年采掘机械化项目要新增3个综采面、6个高档普采面、7条综掘作业线，所有矿井都要上钻装作业线，岩巷掘进机装率要达到100%。积极开展科技攻关，重点解决机采、综掘工艺在复杂地质条件下的应用难题，进一步提高单产单进和减人减头减面水平。全公司采掘机械化总体水平接近或达到国家要求的行业水平。为加强考核，股份公司制定了《湖南黑金时代股份有限公司采掘机械化管理办法》和《湖南黑金时代股份有限公司2012年采掘机械化考核办法》，重点考核“计划投产或开机时间”“工作面生产原煤产量”“开机后的持续运行时间”。出台矿井单产单进考核办法，确定每个矿井的最低目标，达不到最低目标的，要给予经济处罚。编制了采掘机械化周报和月报的调度，及时掌握实施进度，对存在的问题及时落实处理。是年，股份公司对极薄煤层采煤工作面推广应用机械化采煤进行论证，在股份公司内实施两个极薄煤层机采试验。加强岩巷机械化掘进管理，大幅提高岩巷机械化掘进效率，实现单进新的突破。完善采掘机械化项目和设备台账，做好各项基础工作。

同年，股份公司印发了《湖南黑金时代采掘机械化设备租赁管理办法（试行）》。设备租赁制度的推行促进了集团公司采掘机械化的发展，提高了原煤生产企业机械化水平和经济效益，降低了生产成本，最大限度地发挥了大型采掘机械设备（专用设备）统一计划、集中管理、集中储备、灵活调动的优势。通过对采掘机械化实施计划的督促落实，省内新安装了周源山煤矿的21311工作面综采工作面，红卫矿业公司在坡度35度的2768工作面安装了一套高档普采设备。

同年，湘煤立达公司与上海万协机电科技有限公司合作研发CMSF－400/37轻型煤巷综掘机，在马田公司试用。同年5月1日周源山煤矿21311三槽煤双软煤层综采工作面安装成功，创造出湖南省煤炭工业历史上三个第一：第一条由集团公司立达公司自主研发的综合机械化采煤设备生产线投运；第一次在湖南省内双软煤层上综采；第一次在湖南省内双软煤层5.2米宽的边眼成功使用锚网梁联合支护。是年7月，马田公司第一台CMSF－400/37型综采机在新星煤矿22626工作面投入运行。是年，对湘永铜角湾试用的第二代钻装机进行试用改进，优化后的产品使用基本正常，月进尺达到81.8米，通过试用，对该钻装一体机进行评审和鉴定，评审验收后全面推广。

2012年，省内已建成综采工作面5个（省内3个），高档普采工作面11个（省内10个），综掘作业线9条（省内8条），钻装作业线5条。当年机采率为25.8%，巷道机掘率为2.6%，机装率为91.5%。

2013年，湘潭矿业公司为了进一步提高伪斜掩护支架采煤方法的机械化程度，降低劳动强度，提高工作面单产，将柔性掩护支架下机械化采煤项目上报集团公司，正式列入科技进步项目。柔性掩护支架下机械化采煤项目完成了外地学习考察和机械化采煤实施方案的技术性论证，与科研机构、生产厂家对小型割煤机共同研发和制造。3月小型割煤机投入一矿－850米水平东九石门12煤柔性掩护支架工作面。当月完成项目试点工作，工作面单产7500吨。

是年，股份公司继续以发展采掘机械化为主攻方向，确定2013年新增15个机械化项目。其中2个综采工作面，3个高档普采工作面，3条综掘作业线，7条钻装作业线。同年，股份公司对长沙矿业公司的悬移支架配机采、南阳公司的钻装机项目、周源山煤矿1436综采工作面项目等进行了验收。督导宝源矿业公司完成了42521综采工作面的安装，兴源矿业公司完成了极薄煤层机采工作面的安装，两个工作面都顺利进行了试采，宝源公司北平硐煤矿42521综采工作面月产量达到13800吨，产量比原来用高档普采提高了5800吨；伍家冲煤矿1326工作面平均月产8696吨，最高月产9662吨，是原来的8倍。兴源矿业确定了在周家坳煤矿再上一个薄煤层高档普采工作面的计划。红卫沈家湾煤矿薄煤层机采项目投入使用。

为解决小断面岩巷掘进打眼效率低、装矸速度慢等问题，集团公司与三一重装共同研制了适应集团公司特点的全岩巷钻装一体机，一季度分别在金竹山矿业公司、宝源矿业公司、湘潭矿业公司安装了一条钻装线并全面推广。湘煤立达公司与兄弟单位共同研制综采设备，已有两套综采支架在周源山和宝源公司投入使用，为周源山的薄煤层综采进行三机配套。

2013年全公司新建成综采工作面2个，高档普采工作面3个，综掘作业线2条，钻装作业线3条。截至2013年10月底，全公司已建成综采工作面7个，高档普采工作面8个，综掘作业线10条，钻装作业线8条。集团公司采煤机械化率29.8%，同比提高了2%，掘进机械化率3.7%，同比提高了2%，掘进机装率同比提高了2%。采掘机械化健康发展，矿井安全生产环境得到改善，提高了矿井的安全水平。集团公司平均综合单产4036吨/(月·面)，同比增加39吨/(月·面)；平均岩巷综合单进76.2米/(月·头)，同比增加3.2米/(月·头)。

2014年，股份公司制定《2014年采掘机械化项目实施计划和考核办法》，规划新增2个综采、1个综掘，即周源山3242薄煤层综采、金竹山公司土朱煤矿推广综采，神宇公司东发煤矿新上一套EBH35型煤巷综掘设备，继续重点解决机械化在复杂地质条件下的应用难题，进一步提高单产单进水平，实现贵州所有矿井的机械化开采。各原煤公司都成立了采掘机械化领导小组，并编报了新增项目的采掘机械化实施方案。股份公司组织设备租赁公司以及煤机设备生产厂家技术人员，做好采掘机械化项目实施的前期调研和方案编制工作。对周源山、红卫、兴源、金竹山等单位机械化项目进行现场调研，并指导其机械化实施方案的编制以及设备选型。与湖南科大联系对急倾斜煤层机械化采煤机进行多次方案论证和修改，确定采煤机的改进方案，为湘潭矿业和新疆神宇公司的急倾斜机械化实施奠定基础。协调和解决机械化项目实施过程中存在的问题，对已实施机械化项目进行跟踪调度，对存在问题的工作面组织现场办公，进行现场指导。解决了周源山、宝源、兴源矿业公司几个综采工作面以及高档普采工作面的搬家倒面，改进周源山煤矿－800米钻装机，指导兴源矿业公司将新的机采工作面运输巷由原来的刮板输送机运输改用带式输送机，提高了运输效率，减少了维护量和事故率。

2014年，包括贵州湘能公司在内共实施机械化项目22个，其中综采项目8个、高档普采项目5个、综掘项目2个、钻装项目2个。

2016年末，股份公司采、掘机械化率同比分别提高5%和3%，全公司采煤机械化率达30%，新增4个高档普采工作面，1个钻装工作面，1个综掘工作面。平均单产提高10%，平均单进提高20%。

2017年，集团公司机械化进一步稳定提升。全公司实际完成采煤机械化项目23个、综掘项目1个，机械化采煤135.5万吨，采煤机械化推广工作取得了较好的效果。

2018年、2019年，周源山、宝源、兴源稳定了原有机械化项目。周源山和宝源组织对三套综采支架进行了大修，为下一步采煤工作面实施综采提供了设备保障，金竹山公司对机采项目的实施做了大量调研和前期准备工作，制定了土朱煤矿14518两块工作面布置机采方案，兴源、街洞、宝源公司推广使用了液压耙装机，使用效果较好，采掘机械化水平稳中有升。

2020年，集团公司认真推进煤矿“四化”

建设，嘉禾公司浦溪井、金竹山公司土朱煤矿实现了机械化采煤，突出矿井机械采煤实现突破。是年，集团公司机械化采煤工作面达13个。

2021年，红卫公司在总结和吸纳公司沈家湾煤矿多年来薄煤层工作面机械化采煤经验基础上，对坦家冲煤矿、里王庙煤矿、龙家山煤矿实施保护层机械化采煤。

至2021年，集团公司建成28个机械化采煤工作面，5套刮板输送机和带式输送机集中控制系统；投入资金2632万元建成周源山智慧矿山。

2022年，集团公司共实施机采项目29个，其中综采3个、高档普采13个、截煤机机采13个。全公司采煤机械化率达到了42%，同比提高了10%。周源山智慧矿山运行良好。

2016—2022年重点采煤机械化项目见表2-3-7。

表2-3-7 2016—2022年重点采煤机械化项目表

序号	矿井名称	实施地点	工作面基本情况及设备基本参数等	备 注
1	南平硐矿	4332工作面	走向510米，倾斜135米，约24.2万吨；采煤机MG160/375WD1；刮板输送机SGZ630/220；支架QYZ3000/14/30	综采
2	北平硐矿	4238工作面	走向750米，倾斜145米，约46.3万吨；采煤机MG160/375WD1；刮板输送机SGZ630/220；支架QYZ3400/14/32	综采
3	南平硐矿	4313工作面	走向200米，倾斜55米，约3.5万吨；采煤机MG100/111TD；刮板输送机SGB－150C	
4	南平硐矿	3142工作面	走向680米，倾斜55米，约6.8万吨；采煤机MG100/111TD；刮板输送机SGB－150C	
5	北平硐矿	5444工作面	走向420米，倾斜100米，约7万吨；采煤机MG100/132TD；刮板输送机SGZ630/55	
6	周源山矿	1435工作面	长度300米，10.5万吨，ZY2800/12/28综采支架60架，SGZ630/220刮板输送机110米，MG－200/320机组一台	综采
7	周源山矿	3232工作面	长度600米，21.1万吨，ZY2800/12/28综采支架80架，SGZ630/220刮板输送机130米，MG－200/458机组一台	智能化综采
8	周源山矿	2433工作面	长度500米，18万吨，ZY2800/12/28综采支架60架，SGZ630/220刮板输送机140米，MG－200/458机组一台	综采
9	周源山矿	2417工作面	长度500米，5.8万吨，SGZ150刮板输送机100米，MG－200/258机组一台	
10	周源山矿	2217工作面	长度450米，6.2万吨，安装SGZ150刮板输送机90米，安装MG－200/300机组一台	
11	周源山矿	3446工作面	长度350米，6.1万吨，安装SGZ150刮板输送机120米，安装MG－200/355机组一台	
12	伍家冲矿	1325工作面	走向长度300米，倾斜长度120米，储量4.5万吨，采煤机MG－100/111TD	
13	觉光寺矿	2253工作面	走向长度190米，倾斜长度90米，储量2.1万吨，采煤机MG－100/111TD	
14	周家坳矿	3254工作面	走向长度400米，倾斜长度80米，储量6万吨，采煤机MG－100/111TD	
15	龙家山矿	3163－2工作面	走向200米，倾斜80米，约3万吨，倾角30度	
16	沈家湾矿	31021工作面	走向220米，倾斜90米，约2.5万吨，采煤机MG－100/111TD	

表2-3-7（续）

序号	矿井名称	实施地点	工作面基本情况及设备基本参数等	备 注
17	坦家冲矿	2351 工作面	走向 180 米，倾斜 90 米，约 2.2 万吨，采煤机 MG－100/111TD	
18	里王庙矿	3451 工作面	走向 260 米，倾斜 80 米，约 2.4 万吨	
19	茶山岭矿	3271 工作面	走向长度：120 米储量：5.5 万吨，安装 MG110/125－TWD 采煤机一台，SGB420/30 型刮板机一台	
20	浦溪井	2365 工作面	走向长度 190 米，倾斜长度 90 米，约 4.5 万吨，采煤机 MG－100/111TD	
21	一平硐煤矿	2421 工作面	走向长度 120 米，倾向长 70 米，坡度 15 度，煤厚 2.2 米，储量 2.46 万吨。设备型号 MG100/122－TWD	
22	黄牛岭煤矿	2458 工作面	工作面走向 200 米，倾向 50 米，储量 3.5 万吨	
23	水井头煤矿	3624 工件面	走向长度 280 米，坡度 24 度，储量 6.4 万吨	
24	铁箕山煤矿	4224 工作面	走向长度 350 米，坡度 20 度，储量 5 万吨	
25	大岭煤矿	22617 工作面	坡度 40 度，走向长度 380 米，倾向 50 米，储量 3.8 万吨	
26	湘东煤矿	2255 工作面	坡度 26 度，走向长度 400 米，倾向 85 米，储量 8.7 万吨，采煤机 MG100－TP	
27	土朱煤矿	2253 工作面	走向长度 420 米，倾向长 70 米，坡度 15 度，煤厚 2.2 米，储量 5 万吨。设备型号 ZH2000/16/24Z	整体顶梁组合支架
28	塘冲煤矿	2655 工作面	走向长度 230 米，倾向长 95 米，坡度 20 度，煤厚 1.7 米，储量 4.88 万吨。设备型号 ZH2000/16/24Z	整体顶梁组合支架
29	新星煤矿	21 下 65 工作面	走向长 260 米，倾向长 70 米，储量 10.7 万吨，SGB420/40 边双链刮板输送机，支架型号 ZH2000/16/24Z 型	整体顶梁组合支架
30	高泉塘煤矿	3867 工作面	走向长 185 米，倾向长 70 米，储量 7.09 万吨，SGB420/40 边双链刮板输送机，支架型号 ZH2000/16/24Z 型	整体顶梁组合支架
31	伍家冲矿	2263 工作面	整体顶梁组合液压支架	整体顶梁组合支架
32	周家坳矿	31610 工作面	整体顶梁组合液压支架	整体顶梁组合支架
33	觉光寺矿	2268 工作面	整体顶梁组合液压支架	整体顶梁组合支架

三、支护改革

20 世纪 50 年代初至 60 年代初期，支护沿用传统的鸭嘴棚、木点柱、木丛柱、木垛、沙压支柱以及矸石垒墙，坑木消耗平均 372.40 立方米/万吨，最高达 585 立方米/万吨。20 世纪 70 年代末开始使用单体液压支柱，至 90 年代，工作面支护开始采用单体液压支柱配铰接顶梁的支护方式。

2006 年集团公司成立时，各矿井煤巷支护基本采用木支架。各矿井采煤工作面支护以木支护为主，部分使用金属摩擦支柱和铰接顶梁。少数矿井使用单体液压支柱配铰接顶梁支护工作面。

2007 年，集团公司下辖各矿区安全生产管理局、原煤公司回采工作面液压化率达到 50% 以上，壁式工作面全部实行单体支护，原煤坑木消耗同比下降 20% 。

同年，周源山煤矿推进回采支护改革，实施坚硬顶板的矿压观测与顶板动态监控技术，确保顶板安全；对采煤工作面，继续搞好一、四槽托伪顶采煤；三槽使用 Π 型梁、“铁鞋子”或“塑料鞋”支护，加强对松软顶底板管理；推进回采工作面上“小综采”的支护改革工作；在 2345 陡坡工作面继续推广使用柔性掩护支架采煤。该矿采煤支护技术主要有两种：一种是普采工作面使用单体液压支柱配Π型梁支护，单体液压支柱的型号有DZ100和DW100两种，支护控顶方式通常有“三、四”控顶、“三、五”控顶；另一种是综采工作面的掩护式液压支架支护，掩护式液压支架型号有ZY3400/12/28、ZY2600/12/26、ZY2600/07/17三种。2007年引进ZH2000/15/35Z型悬移支架，2010—2013年先后引进ZY3400/12/28型液压支架、ZY2600/12/26型液压支架、ZY2600/07/17型液压支架，配合采掘机械化的推广应用，有效地控制了顶板灾害的发生。

2008年4月，辰溪矿业公司首次引进单体液压支柱技术，先后投资40万元购买了液压泵站、单体液压支柱和Π型梁等支护设备，并从白山坪煤矿聘请了3名专家担任现场技术指导，在蒋家坪煤矿煤层赋存较为典型的37采区进行了试验。7月，蒋家坪支护改革试点工作面初次放顶成功，结束了该公司沿用多年的木点柱支护方式，为下一步采煤方法改革打下基础。

2010年，湘永矿业公司对生产矿井的采煤工作面全部使用单体液压支柱，全公司单体液压支柱达到10000根。

2008—2011年，长沙矿业公司共投入资金1400多万元。主要用于购置单体支柱4000根，购置工字钢金属1400多吨，淘汰木支护，淘汰了5个非正规采煤工作面。

2011年，辰溪公司在蒋家坪矿全面实现单体支护，并在大坪矿-190米回采工作面推广使用单体支护。

2012年，蒋家坪煤矿各回采工作面全部实行单体支护、壁式采煤。

2008—2015年，湘潭矿业公司原来各矿井采煤工作面支护均以木支护为主，通过一系列改革，除在开展采煤方法上使用四边形金属支护外，部分地点采用了金属梯形棚支护，万吨坑耗明显减少。

2006—2015年，经过多年的努力，截至2015年，集团（股份）公司各矿井大部分采用单体液压支柱和Π型梁联合支护或单体液压支柱配铰接梁支护顶板；部分综合机械化采煤工作面顶板采用掩护式液压支架支护，全部垮落法管理顶板；但仍有少数工作面使用木支护。

2016年，金竹山公司的工作面支护全部采用液压支柱配铰接梁或Π型梁支护；嘉禾公司回采工作面均推行单体支柱配Π型梁“二梁五柱”交替迈步支护形式，消灭了木支护；红卫公司回采工作面支护已全部金属化，其中中厚煤层中采用单体液压配Π型梁、“二梁五柱”走向支护；薄煤层采用金属单体液压配边木倾向支护；宝源公司采煤工作面顶板已全部采用单体液压支柱和Π型梁联合支护，全部垮落法管理顶板。综合机械化采煤工作面顶板采用掩护式液压支架支护。

2017年、2018年，公司继续大力推广煤矿支护改革，在新星煤矿煤巷沿顶板掘进、磨田煤矿-600米水平底板大巷沿煤掘进采用锚杆、锚索、高分子塑性锚网、粗钢网、钢带联合支护进行试点并取得成功。

2019年、2020年，周源山2238与宝源北平峒4238两个工作面实施综合机械化采煤，顶板实现掩护支架支护；周源山、宝源、兴源、红卫、街洞、金竹山、马田、嘉禾等公司建成了16个高档普采工作面，实现液压支柱配梁支护顶板。

2020年5月，周源山分公司制定了“周源山矿业公司2020年巷道支护改革方案”，在三槽煤软顶大断面巷道中采用“锚索+W型钢带联合支护”，达到了良好的支护效果，巷道变形量小，巷道返修率低，降低了支护成本；同时施工简单安全，减轻了工人劳动强度，且“锚索+W型钢带联合支护”具有主动性、及时性、安全性的特点，其支护方式可在同类巷道中进行推广应用。

2021年，宝源公司在南平硐煤矿4314工作面建成了该矿第一个综采工作面；兴源公司在伍家冲、觉光寺煤矿进行了采煤工作面支护改革，用整体顶梁悬移支架取代传统的单体液压支柱配金属梁支护，减少了操作工序，提高了自动化水平，实现了快速移架。

同年12月，在土朱煤矿2222机巷试点了煤巷、半煤巷锚网索支护改革试验取得成功。

2022年，马田公司新星煤矿在21下65、21下66运道进行了煤掘工作面架棚喷浆联合支护试验取得成功，为该矿进行大工作面布置、工作面支护改革创造了条件，大幅度提高单产水平。

同年，黄牛岭煤矿、大岭煤矿自行研制改进

了煤巷金属 T 型支架连锁装置，加强了煤巷金属支架的稳定性，有效杜绝了煤巷支架爆破倒棚现象，进一步增强了煤巷掘进施工现场的安全管理。

截至 2022 年底，集团公司所属矿井 29 个机采项目采用掩护式液压支架、单体支柱加 Π 型梁或铰接顶梁、整体顶梁组合液压支架支护工作面，全部垮落法管理顶板；所有煤巷或半煤巷使用单体液压支柱配合梁或金属材料支护；彻底消灭了木支护和金属摩擦支柱支护。

第四节 煤炭生产辅助

一、提升运输

（一）立井提升

1. 周源山矿业有限公司（原周源山煤矿）

1973 年 3 月，湖南省最大的立井提升装备安装在周源山煤矿。该矿主副立井各安装一台洛阳矿山机械厂生产的 JKM1.85 ×4（B）型多绳摩擦轮绞车，均配套 550 千瓦、6 千伏的电机。主井提升容器为 4 吨箕斗，提升速度 9.7 米/秒，主要负责煤炭提升。副井负责下料、提矸及升降人员，提升容器为一吨 U 型矿车双层单车罐笼。主副井均为钢丝绳罐道，井架为钢筋混凝土框架结构。主副井井架高度分别为 40.2 米和 22.3 米。

1998 年，周源山煤矿为新副井安装了一台绞车，型号为 JKM2.8 ×4。新副井井筒深度 790 米，井架高度 48 米，采用双层罐笼提升，为该矿二、三水平全能提升井。周源山煤矿是全省最早使用大型多绳摩擦轮绞车的矿井。

2003 年，周源山煤矿主井绞车角移式块闸制动器改造成盘形闸制动器和行星齿轮减速箱。次年，主井、新副井绞车电气控制系统原触点控制继电器改造为 PLC 无触点智能控制系统，率先成功进行绞车电控改革创新。

2006 年，周源山煤矿对副井绞车进行改造，全矿三对立井提升的原继电器电控系统全部改造为 PLC 智能控制系统。

2007 年，周源山煤矿对主井箕斗装卸载系统的人工控制系统技改为全自动控制系统。

2008 年，周源山煤矿对主井绞车的 550 千瓦主电动机扩容至 630 千瓦电机（型号为 YR630 - 8/1180）。

2009 年 12 月，周源山煤矿率先在该矿进行提升绞车高压电动机（6 千伏）的变频调速改造，加装一套 GBP - H 高压变频器加速系统，使绞车同时具备工频和变频两大系统，便于切换。同年，把新副井绞车直流制动改成 660 伏交流低频制动，改善制动效果。

2010 年，周源山煤矿对新副井井筒设施进行改造，在 -650 米井底安装托罐装置，对钢罐道进行改善性加固。同年，在老副井安装一套先进的防过卷过放装置。

2011 年 12 月，周源山煤矿将副井绞车角移式块闸制动器改造成盘形闸制动器和行星齿轮减速箱。

2016 年，周源山矿业有限公司对新副井绞车电控系统进行升级改造，加装一套 GBP - H 高压变频器加速系统，绞车具备工频和变频两大系统，同时完成井口操车系统改造，做到井底、井口辅助设施、闭锁装置齐全可靠，绞车安全、节能、高效运转。

2018 年，周源山矿业有限公司进行老副井绞车电控系统升级改造，加装一套 GBP - H 高压变频器加速系统，绞车同时具备工频和变频两大系统。同年，完成主井绞车提升集中控制的改造，实现无人值守，自动提煤。完成新副井及主井绞车液压站改造，使用洛阳九亿重工有限公司生产的 JY - 131B 型液压站，保障绞车运行安全。同年底完成 1 号带式输送机、井底煤仓装载系统、主井提煤系统全自动无人值守改造，保证了绞车安全、节能、高效运转，同时该系统的投入，减少了岗位人员 16 人，真正实现了减人提效。

2022 年，周源山矿业有限公司对主井绞车进一步升级改造，更换备用切换的高压工频驱动系统为高压变频驱动，实现双变频轮换，极大保障了运行稳定性。

周源山煤矿一矿三立井的提升方式经逐年技改，矿井提升能力由年产 45 万吨提升为 75 万吨。

主立井提升机为 JKM1.85 ×4 型塔式多绳提升机，采用一对 4 吨提煤箕斗（电动机型号为 YR118/34 - 8，6 千伏、630 千瓦），配 GBP3 -

H06型变频电控装置，PLC控制系统，井底设有缓冲煤仓。2005年主井完成定重装载并实现了提升系统自动化运行。

新副立井提升机为JKM2.8×4型塔式多绳提升机，采用一对1吨双层双车罐笼，电动机型号为YR800－10/1180，6千伏、800千瓦，配GBP3－H06型变频电控装置，PLC控制系统，担负提矸、提升材料和升降人员等辅助提升任务，此外还可实现单层提矸和单层乘人，沉罐换层。

老副立井提升机为JKM1.85×4型塔式多绳提升机，采用一对1吨双层单车罐笼，电动机型号为YR118/34－8，6千伏、550千瓦，配GBP3－H06型变频电控装置，PLC控制系统，担负提矸、提升材料和升降人员等辅助提升任务，可双层提矸和双层乘人，沉罐换层。

2. 马田矿业有限公司

马田矿业公司新星煤矿副立井井深420米、净直径5.5米，担负全矿人员煤炭、物料提升、进风和管线敷设任务，绞车型号为2JK－3.5/11.5，采用1吨双层罐笼提升。2006年12月26日，受周边小煤矿开采危害影响，造成井筒严重垮塌。井壁垮塌高度30米，垮塌煤矸近3000立方米；垮塌段以下井筒装备全部被摧毁，井筒面临报废、工业广场沉陷的严重后果。

2007年初，集团公司所属楚湘建设工程有限公司接受抢险保井任务，在井筒垮塌范围大(垮塌段围岩松软破碎并穿过约13米厚的主采煤层)、淋水大、地质工程地质条件复杂并不断恶化的困难条件下，果断地采取了一系列针对性的技术措施和多种工程手段，在10个月内，安全顺利地完成了井筒整修保井复产任务。

2009年7月，马田矿业公司对新星煤矿副立井提升绞车电控系统进行技改，装备了高压变频电控系统，相继更换了该副立井两对提升罐笼，提升系统运行稳定可靠。

2010年5月，湖南省发展和改革委员会批复新星煤矿产业升级改造项目。2011年9月湖南省煤炭工业管理局批复了新星煤矿产业升级改造项目初步设计，新主立井井深569米，井筒净直径4.5米，选用JKMD2.25×4型落地式绞车，配套电机为500千瓦、660伏电动机，提升容器选用箕斗提升。该矿产业升级改造项目完成后，设计生产能力为45万吨/年，净增生产能力24万吨/年。改造项目于2012年5月开工，在完成主井井筒施工后，由于市场变化和马田矿业公司实际生产经营情况，项目于2014年始缓建。

2019年，在煤炭市场回暖的情况下，马田公司组织相关人员对新星煤矿产业升级改造项目进行了研究分析。因开采地质条件变化，矿井设计由综采调整为普通机械化开采，生产能力达不到45万吨/年规模，为减少投资，尽快实现投产，将新星煤矿产业升级改造项目申请为30万吨/年，并按30万吨/年进行续建。2020年4月1日至30日改造项目开始联合试运转，6月通过由湖南省应急管理厅和国家矿山安全监察局湖南局组织的竣工验收。

2021年，马田公司按照煤矿“四化”建设要求，提高了装备水平，增强了矿井安全生产保障能力，实现了矿井本质安全，将新星煤矿副立井提升机电控装置由TKDG－PC－BP型改造为LD－HKZT－6000S型，同时新设备实现了提升机在线监测功能，系统运行稳定可靠。同年，新星煤矿副立井更换一对GDS1/6/2/2型双层单车罐笼，并安装一套罐内自动阻车装置。

2022年，新星煤矿主井承担矿井原煤提升任务，安装1台JKMD－2.25×4型落地多绳摩擦式提升机，装备一对GDS1/6/2/2型双层二车罐笼，配套一台355千瓦、6千伏交流电动机。副井承担矿井辅助提升任务，安装1台2JK－3.5×1.7/11.5型双滚筒缠绕式提升机，配JR1512－10型电动机，功率480千瓦，配套双层二车罐笼提升容器，担负矿井矸石、材料、设备等及人员提升任务。

3. 湘永矿业有限公司

2007年，集团公司所属白沙工程设计有限公司对铜角湾矿井改扩建工程项目进行了研究分析。2008年7月，湖南省发展和改革委员会批准项目立项，同年11月湖南省煤炭工业局批复了项目初步设计。新立井设计深度700.6米，井筒直径6米，采用单层双车罐笼，安装JKMD－2.8/4(Ⅰ)E型落地式多绳摩擦轮绞车，配套电动机功率717千瓦，担负人员、原煤、矸石、材料和设备的全能提升任务。

2009年2月项目正式开工建设，2011年6

月进行联合试运转。

2011 年 12 月，通过了由湖南省煤炭工业局和煤矿安全监察局组织的竣工验收。铜角湾矿改扩建工程是集团公司成立以来，在省内开展的第一个改扩建项目，多项立井施工、安装技术创湖南省最高水平，井架为全省煤炭系统第一个橹式钢架结构。单井筒施工进尺 113 米，创湖南立井掘进最高纪录。其中，立井井筒施工、井筒装备及井架安装工程荣获中国煤炭建设协会“太阳杯”工程奖，被评为集团公司优质工程。铜角湾矿年产量由 7 万吨/年提升到 21 万吨/年。

2022 年，铜角湾煤矿采用全能立井（全能井）开拓，主立井担负全矿煤炭、矸石、人员设备及其他材料的提升任务。主井安装 1 台 JKMD－2.8/4(I)E 型落地式摩擦轮提升机，配用 Z500－3A、717 千瓦、660 伏直流电动机，以及 SCR－D 供电（可逆式）全数字式直流传动系统电控设备。使用 GDG1－6/1/2 型和 GDG1－6/1/2K 型单层双车多绳罐笼各一台，采用 1 吨固定式矿车，刚性罐道。

4. 金竹山矿业有限公司

2009 年 1 月，湖南省发展和改革委员会下文批复《关于核准塘冲煤矿改扩建项目的请示》，批准矿井设计能力由 30 万吨/年改扩为 45 万吨/年。同年 9 月湖南省工业第一设计院对该矿改扩建工程进行了初步设计。

2010 年 3 月，湖南省煤炭工业局批复《湖南省煤业集团金竹山矿业有限公司塘冲煤矿改扩建工程初步设计》，副立井井深 419.8 米，井筒净直径 5 米，选用 2JK－3.5/11.5E 型双筒提升机。提升容器为双层单车罐笼，配套 497 千瓦、660 伏直流电动机。同年 10 月，项目正式开工建设。2013 年底，提升系统建成，但因为各种原因一直停用。

5. 白山矿业有限公司

2010 年 6 月，湖南省发展和改革委员会批复白山坪矿业有限公司磨田煤矿产业升级改造项目，对磨田煤矿主提升系统进行改造，年产量由 15 万吨提升到 45 万吨。

2012 年 9 月，湖南省煤炭工业局批复该矿产业升级改造初步设计，主立井井深 786.82 米，井筒净直径 4.5 米，选用 JKMD3.25×4 型落地式多绳摩擦轮绞车，配套 800 千瓦、6 千伏直流变频电动机，提升容器选用双层双车罐笼提升。2012 年 11 月项目开工，2015 年 6 月提升系统建成。

2020 年 8 月，湖南省应急管理厅以湘应急业务审函〔2020〕7 号文件确认白山坪矿业有限公司磨田煤矿生产能力为 30 万吨/年。

磨田矿副立井井筒垂高为 281 米，选用 2JK－3.5/15.5 型双滚筒缠绕式提升机，配套电动机型号为 JR1510－10，400 千瓦、380 伏。2012 年完成对电控系统变频改造。

6. 兴源矿业有限公司

1）伍家冲煤矿主立井

1972，主立井投入使用，井深 310 米，绞车型号为 JK2×3－20，配备 JS－3 吨箕斗 2 台。

2009 年 7 月，电控系统完成技改，装备使用 PLC＋电阻控制高压电控系统。

2015 年 6 月，对箕斗进行更换。

2020 年 1 月，对箕斗进行更换。

2）伍家冲煤矿新立井

2012 年 12 月，湖南省发展和改革委员会下发《关于核准湖南省煤业集团兴源矿业有限公司伍家冲煤矿扩建工程项目的批复》，同意该矿从 15 万吨/年扩建到 30 万吨/年。

2013 年 1 月，湖南省煤炭管理局批复了伍家冲煤矿扩建工程初步设计，新立井井深 474.6 米，井筒净直径 6 米，选用 JKMD3.25×4（I）E 型落地式多绳摩擦轮绞车，担负矿井开拓新水平的人员升降、煤、矸、物料提升、管线敷设任务，配套 907 千瓦、660 伏直流电动机。配备双层双车 GDG1/6/2/4（K）罐笼 2 台，井口井底配备 TX－6 推车系统和 KXT7B－2 信号操车控制系统。项目获批正式开工后，于 2015 年 6 月建成提升系统。

2019 年完成地面运煤系统后，新立井正式投入生产。

3）伍家冲煤矿副立井

1976 年，副立井投入使用。副立井井硐深度 302 米，绞车型号为 2JK3×1.5/20B。

2013 年 1 月对绞车的主轴装置进行了更换，同年 12 月，将绞车的电控改造为低压变频系统。

2014—2022 年，三次对在用罐笼进行更新换代，运行稳定可靠。

7. 牛马司矿业有限公司

1）水井头煤矿主井

1986年，主立井投入使用。主立井井深556米，绞车为2JK－4－11.5型双筒提升机。该绞车为股份公司滚筒直径最大的缠绕式提升机，配套电动机型号为YR630－10/1180，电动机功率630千瓦、电压6千伏，采用双层单车罐笼提升，其底部悬挂平衡绳，主要用于升降人员和物料。

2018年，公司将水井头煤矿主井绞车角移式制动闸改为盘型制动闸。

2019年，公司将水井头煤矿主井绞车电控进行PLC技术改造。

2）水井头煤矿副井

1959年，副立井投入使用。副立井井深556米，绞车为：2БM3000/1520型双筒提升机，配套电机为YTS400S3－8M，电动机功率355千瓦、电压660伏，采用单层单车罐笼提升，主要用于升降物料。

2013年9月，公司对该矿副井绞车电控进行PLC技术改造。

8. 南阳矿业有限公司

前进煤矿主立井采用钢丝绳罐道、双罐双层混合提升，安装2JK2－3×1.5B－11.5型单绳缠绕式提升机，配用JRQ1512－12、6千伏、330千瓦交流电动机。

2011年11月对绞车电控改造，采用变频调速控制。

2022年9月又新增了一套主变频控制系统及一台套液压站，与原来的控制及液压系统互为备用，提升了立井提升运输的安全可靠性。

9. 湘东矿业有限公司

湘东矿业有限公司立井提升系统选用2JK－3×1.8P单绳缠绕式提升绞车，井筒长338米，配套电动机功率355千瓦。

2022年5月对立井绞车电控系统进行改造，新增电控系统一套，保证绞车电控系统一用一备。系统于同年7月建成投入使用。

10. 红卫矿业有限公司

沈家湾煤矿建井时设计为立井，采用的是木罐道，井硐深度253米，原绞车型号为2БM2.5×1.2×20，电控为TKD系统。2009年，将TKD系统改造成PLC电控。2010年对绞车进行了改造，改造后型号为2JK－2.5×1.2P。

2022年底，集团公司立井绞车共有17台，在用16台，其中箕斗提升2对，罐笼提升14对。

（二）斜井提升和运输

2006年集团公司成立时有51对矿井，因淘汰落后产能、资源枯竭等因素，至2017年保留29对矿井，其中主斜井和副斜井提升共26处。北平硐、嘉禾两矿主斜井为箕斗提升，其余为双钩或单钩串车提升。副斜井担负人员、矸石、物料的运送任务，土朱、塘冲的暗斜井提升方式是从暗斜井提至平硐隧道，再从平硐隧道由电机车牵引运至地面。

2006年以后，集团公司相继对所属矿井主（副）斜井老、旧、杂提升设备、地面及井下运输系统进行了改造和完善。

1. 金竹山矿业有限公司

2007年1月，金竹山矿业公司土朱矿主斜井2JTB－2.5×1.2型绞车电控系统由金属电阻调速改造为变频调速。同年，该公司托山矿主斜井2.5米绞车的电控系统也由金属电阻控制改造为变频控制，电动机改为变频电机，制动系统由角移式块闸机械式改造为液压式盘形闸，增加了液压系统，操作台改为显示屏操作。

2008年，金竹山矿业公司托山矿新建翻矸系统。同年，土朱矿隧道运输系统由架线式机车整改为防爆特殊型电机车。

2009年1月，湖南省发展和改革委员会批复金竹山公司塘冲煤矿改扩建项目，核准矿井设计能力由30万吨/年改扩为45万吨/年。

2010年3月，湖南省煤炭工业局批复塘冲矿初步设计，矿井主平硐和水平运输大巷采用蓄电池电机车牵引矿车运输方式，均铺设30千克/米钢轨。主平硐和－200米水平分别选用CTY12/6G192型、CTY8/6－G110型矿用防爆特殊型蓄电池电机车。

2015年，金竹山矿业公司完成一平硐主井2JKB－2.5/20、塘冲地面2JKB－3×1.5P/20双滚筒提升绞车变频调速电控改造，取代老式TKD金属电阻调速控制方式。

2016—2022年，公司3对矿井（托山矿于2017年关闭退出）先后将井下机车运输全部整改为防爆特殊型蓄电池电机车运输，并将主要运输大巷的窄轨全部更换为22千克/米、43千克/米钢轨，各轨道下山、车场、底板运输巷铺设22千克/米钢轨。

2022年，三矿提升运输状况：塘冲煤矿采用两级提升系统，从主平硐到-90米水平布置有暗斜井，安装有2JK-2.5/20型提升机，配套电机JRQ1410-10、200千瓦、6千伏电动机，钢丝绳直径26毫米，用来提升煤矸、下放材料，每次提升6辆矿车。采区采用JTPB-1.6×1.5P变频绞车3台。+220米主平硐（包括平硐口至地面煤仓）运输采用12吨与8吨蓄电池电机车运输，-90米水平大巷运输采用5吨蓄电池电机车运输，采区运输巷采用2.5吨蓄电池电机车牵引1吨矿车运输。

土朱煤矿南平硐至煤仓采用蓄电池电机车运输，运输大巷采用蓄电池电机车运输，暗主斜井采用双钩串车提升方式。安装一台2JTB-2.5×1.2型提升机，配套280千瓦电动机，担负提煤、提矸、下放材料设备等任务。运输采用MG1.1-6型矿车；运送材料采用1吨材料车。大巷运输采用XK8-6/110KBT型蓄电池电机车牵引1吨矿车运输，采区采用2.5吨蓄电池电机车牵引矿车运输。

一平硐主斜井由地面落底至-50米水平，各采区煤炭通过轨道上山至-50米水平运输大巷至主井井底车场，再经井底车场至地面，采用斜井双钩串车提升，担负全矿井原煤、矸石、材料、辅助设备的提升任务，安装2JK-2.5/20型双滚筒提升机1台。水平大巷运输采用XK8-6/110KBT型蓄电池电机车牵引1吨矿车运输，采区采用2.5吨蓄电池电机车牵引1吨矿车运输。

该公司三矿地面运煤采用蓄电池电机车或架空线电机车将煤运至煤仓翻煤笼旁，经主带式输送机、配仓带式输送机运至煤仓内，矸石运至翻矸笼房后装入矸石箕斗，采用绞车运往矸石山，配备自动卸矸箕斗和自动卸矸架。煤炭运输方式主要有铁路和公路运输。一平硐、土朱煤矿有专用轨道与湘黔铁路干线衔接，直达煤仓，通往全国各地；塘冲矿紧邻冷锡公路，由物流公司车队承担煤炭运输任务。

2. 宝源矿业有限公司

2008年，宝源矿业公司淘汰和更新了20台7T电阻调速架线电机车，新增9台矿用变频架线电机车。

2009—2011年，宝源矿业公司先后对北主斜井、北副斜井、南主斜井三大提升系统进行全面改造。北平硐主斜井采用6吨箕斗提升，绞车型号为2JK-3/20。副斜井采用双钩串车提升，绞车型号为2JK-3/20。南主斜井采用双钩串车提升，绞车型号为2JKB-2.5×1.2B。

2012年，宝源矿业公司将位于矿区工业广场西部的矸子山倒矸翻笼和地面上车场翻笼进行技术改造，采用万能链连接不摘钩液压传动翻笼和电动翻笼两种形式。地面运煤系统主要为型号CJY7/6GB的架线式变频机车将原煤运至地面翻笼房，再经带式输送机运至筛选、洗煤处。

2016年，公司将北主副斜井、南主斜井3个井筒的22千克/米钢轨更换为30千克/米钢轨，减少了频繁掉道的现象。同时，对三部绞车电控均进行变频调速改造，取代老式TKD金属电阻调速控制方式，经测算每年可节约电费25万元。

2021年起，宝源公司对4条运道系统安装刮板输送机（带式输送机）视频和集中控制。该项目计划2023年完成。

2017—2022年，公司对7吨架线式机车进行变频改造。

2022年，更换北主斜井2JK-3/20型绞车主轴装置，减少了绞车故障。

2022年，两个矿井提升运输情况：

北平硐采用斜井提升，主井绞车房1台2JK-3/20型双滚筒缠绕式变频调速绞车箕斗提升，副井绞车房1台2JK-3/20型双滚筒缠绕式变频调速绞车串车提升，主要运输大巷为±200水平运输大巷，均采用变频调速7吨架线式电机车串1吨标准U型矿车运输；采区工作面运输巷均采用SGW-40T型刮板输送机及SPJ-800型吊挂式阻燃带式输送机；掘进工作面采用CTY2.5/6GP型防爆特殊型蓄电池机车运输。

南平硐为平硐暗斜井提升，暗斜井绞车房安装1台2JKB-2.5χ1.2P双滚筒缠绕式变频调速绞车串车提升。主要运输大巷为+190米水平及±0米水平运输大巷，均采用变频调速7吨架线式电机车串1吨标准U型矿车运输；采区工作面运输巷均采用SGW-40型刮板输送机及SPJ-800型吊挂式阻燃带式输送机；掘进工作面采用

CTY2.5/6GP 型防爆特殊型蓄电池机车运输。

3. 街洞矿业有限公司

2009 年 10 月，茶山岭煤矿对主井绞车道及绞车房进行了技改，淘汰了原 TKD 电控单绳提升机，在新绞车房安装了 2JK－3.5×2.1 型高压变频绞车，担负矿井的全部提升运输任务。

2012 年，街洞矿业公司茶山岭煤矿提升运输系统改造，将原主斜井和主要运输大巷的 15 千克/米、18 千克/米钢轨全部更换为 30 千克/米钢轨，总长计 3500 余米；将地面属于电阻型蓄电池机车改为 7 吨架线式机车运输。

2016 年，研制并投入使用矿车自动摘钩装置，发挥了安全、高效的作用。

2022 年 5 月，对－300 米暗主井绞车道及绞车房进行技改，安装 JKB－2.5×1.2P 型绞车一台，担负－300 米区域和 400 米水平的提升运输任务。

2022 年，提升运输状况：矿井主井绞车房安装 1 台 3.5 米双滚筒缠绕式变频调速绞车，担负了矿井的全部提升运输任务。－400 米暗主井安装 1 台 2.5 米双滚筒缠绕式变频调速绞车，担负－300 米区域和 400 米水平的提升运输任务。主要运输大巷均采用防爆特殊型蓄电池机车作牵引运输；采区工作面运输巷采用刮板输送机运输，掘进工作面采用防爆特殊型蓄电池机车运输。地面运煤采用蓄电池电机车或架空线电机车将煤运至煤仓翻煤笼旁，经主带式输送机、配仓带式输送机运至煤仓内，矸石运至翻矸笼房后装入矸石箕斗，采用绞车运往矸石山，配备自动卸矸箕斗和自动卸矸架。

4. 马田矿业有限公司

2007 年，马田公司高泉塘煤矿井下主运输大巷机车运输改造为防爆特殊型蓄电池机车运输；同年，新星煤矿井下运输方式调整完善为架线电机车轨道运输。

2015 年，马田公司高泉塘煤矿完成对主斜井提升绞车技改工作，淘汰 TKD－2BM 2500/1220 型提升机，新安装 2JK－2.5×1.5P 变频控制绞车，配套新型低压变频调速系统，2016 年 1 月 1 日正式运行。

2022 年，两个矿井斜井提升运输状况：

高泉塘煤矿主斜井采用双钩串车提升。主斜井提升系统采用 1 台 2JK－2.5×1.5/20 型矿用提升绞车，配套电动机功率 220 千瓦，担负提升煤炭、矸石、材料、设备任务。主要运输大巷采用防爆特殊型蓄电池机车牵引矿车运输；采区工作面运输巷采用刮板输送机运输，掘进工作面采用防爆特殊型蓄电池机车运输。地面运输采用惯性自溜至煤仓。

新星煤矿暗副斜井采用双钩串车提升作业，安装 1 台 2JTPB1.6×1.2 型防爆双滚筒提升绞车，采用变频电控装置，承担矿井矸石、材料、设备的提升任务。216 下采区轨道下山担负采区辅助提升任务，安装 1 台 JTPB1.2×1.0P 型防爆型单滚筒提升绞车。主要运输大巷采用架线式电机车牵引矿车运输；采区工作面运输巷采用刮板输送机运输，掘进工作面采用防爆特殊型蓄电池机车运输，煤炭由双层罐笼提升出井口后再由翻煤笼卸至风选机，煤矸杂物分离后由带式输送机转运至煤仓。

5. 兴源矿业有限公司

2010 年，兴源矿业公司周家坳、伍家冲煤矿对地面翻矸系统进行了改造。

2011 年，公司对周家坳煤矿地面主绞车电控系统进行了改造，采用变频控制方式。同年，觉光寺、周家坳煤矿提升斜井井口安装自动取钩装置和井口推车器，井硐装备“一坡三挡”装置。

2013 年，兴源矿业公司觉光寺煤矿及周家坳煤矿对井下主运输大巷主运输设备进行技改，井下主运输巷和地面轨道均更新为 22 千克/米的轻轨，更新轨道约 18720 米。

2014 年，觉光寺煤矿主井绞车完成电控变频改造。

2018 年年终检修期间，兴源矿业公司完成觉光寺煤矿地面主井绞车改造，更新了主轴和减速箱装置。

2022 年，觉光寺、周家坳煤矿提升运输状况：

觉光寺煤矿为斜井二级串车提升，分主井、暗主井，承担矿井矸石、材料、设备的提升任务。主井装备绞车型号为 XKT2×1.5/20，暗主井装备绞车型号为 2JTPB－1.2×0.8P，主要运输大巷采用防爆特殊型蓄电池机车牵引矿车运输；采区工作面运输巷采用刮板输送机或带式输送机运输，掘进工作面采用防爆特殊型蓄电池机车运输。

周家坳煤矿为斜井一级串车提升，主井装备的绞车型号为 2JK2 × 1.5/20，承担矿井矸石、材料、设备的提升任务。主要运输大巷采用防爆特殊型蓄电池机车牵引矿车运输；采区工作面运输巷采用刮板输送机或带式输送机运输，掘进工作面采用防爆特殊型蓄电池机车运输。

两矿井均没有独立的煤仓，觉光寺煤矿及周家坳煤矿生产原煤出井后通过架线式机车运到公司集中煤仓，再通过火车销往用户所在地。

6. 大岭矿业有限公司

2021 年 9 月，大岭矿业有限公司组建后，对地面、主斜井、副斜井以及井下主要运输大巷轨道进行整治，先后将淘汰的钢轨更换为 22 千克/米的轨道，更换轨道 5000 多米。

2022 年，大岭矿业公司对地面运输系统进行了改造，增设 1 套翻矸系统，对地面带式输送机走廊以及煤仓进行系统改造，安装分选系统，实现了各种煤的分类存储。

2022 年，大岭煤矿提升运输状况：

斜井一级串车提升，主井提升系统安装 1 台 JK－2.5 × 2.3P 型提升绞车，负责提升矿井煤炭、矸石及下放材料任务，主斜井敷设 22 千克/米钢轨。副井提升系统安装 JK－2 × 1.8P 型提升绞车，辅助提升矿井煤炭、矸石及下放材料，斜井敷设 22 千克/米钢轨。主要运输大巷采用防爆特殊型蓄电池机车牵引矿车运输；采区工作面运输巷采用刮板输送机运输，掘进工作面采用防爆特殊型蓄电池机车牵引矿车运输。

7. 湘东矿业有限公司

2020 年 10 月，公司对副斜井 JTB1.6 × 1.2P 型提升绞车电控进行了改造，采用变频控制，用作辅助提升。同年，公司对井下主要巷道的轨道进行了更换，将 18 千克/米轨道更换成 22 千克/米的轨道，共计 4000 余米。

2022 年，湘东公司对地面运输系统进行改造，新安装了立井地面运输系统一套，包括翻煤机、爬车机、带式输送机等。

主要运输大巷采用防爆特殊型蓄电池机车牵引矿车运输；采区工作面运输巷采用刮板输送机运输，掘进工作面采用防爆特殊型蓄电池机车牵引矿车运输。井下煤车从立井罐笼内出来后通过自溜的方式至翻煤机房，煤炭通过翻煤机翻至带式输送机上后运至煤仓，再通过汽车运至客户；翻煤过后的空车通过爬车机运至立井空车道，通过自溜至立井口车场空车道，井下的矸石则从罐笼出来后直接自溜至矸石场下车场，翻完矸后空车自溜至立井口空车道。

8. 南阳矿业有限公司

2010 年 10 月，对滗江煤矿主井绞车电控进行改造，采用高压变频调速控制。

2015 年，滗江煤矿在主井井口安装自动取钩装置和井口推车器，井硐装备“一坡三挡”装置。

2016 年，南阳矿业公司对两对矿井井下主运输大巷的 CJY7/6G 型架线式电机车电控进行技改，将电阻调速改为斩波调速。

2018 年，将前进煤矿－120 米水平、滗江煤矿－400 米水平电机车改造为 CJY6/6GP 型变频架线式电机车。

2020 年 8 月，公司完成对滗江地面主绞车减速箱装置更新。同年，对集中煤仓进行了升级改造，形成了一定能力的储煤基地。

2022 年，公司又对两矿的煤仓进行了升级改造，实施煤仓全封闭，增加了储煤、环保设施。

2022 年，滗江煤矿提升运输主井采用斜井双钩串车提升，主斜井担负提煤、提矸、提升设备及材料的任务，采用 MGC1.1 型固定车厢式矿车，绞车型号为 2JK2.5 × 1.2B－20。暗主斜井担负二水平提煤、提矸、提升设备及其他材料的提升任务，采用斜井双钩串车提升，绞车型号为 2JTPB－1.6 × 1.2，配套 BROOM－8 型电动机，功率 132 千瓦。矿井主要运输大巷采用防爆型蓄电池机车或架线式电机车运输，采区使用防爆型蓄电池机车牵引，运输大巷使用 22 千克/米的钢轨。

南阳矿业公司两矿分别建立了翻矸系统，前进矿地面运煤采用架空线电机车将煤运至煤仓翻煤笼，经主带式输送机、配仓带式输送机运至煤仓内，滗江矿地面运煤采用矿车自溜至煤仓翻煤笼。矸石采用绞车运往矸石山，配备自动卸矸架。两矿煤炭由公路运输到公司集中煤仓。

9. 白山坪矿业有限公司

2009 年，公司完成白山坪煤矿地面主井绞车更新安装。

2012 年，白山坪、龙塘煤矿提升斜井井口安装自动取钩装置和井口推车器，井硐装备“一坡三挡”装置。

2013 年，矿业公司将磨田煤矿地面排矸系统和电动翻笼进行技术改造，增加了一套矸子山排矸系统，新安装 1 台 JTB－1.0/45 千瓦 380 伏型绞车及排矸架。

2014 年、2015 年，公司先后对三矿煤仓进行了全封闭式改造，安装了配套防尘喷雾洒水装置。

2014—2016 年，公司将矿井 18 台电阻调速架线电机车及蓄电池电机车改造成变频调速。

2016 年，磨田矿工业广场侧山沟内兴建了 1 套 QGX－117.5 千瓦/380 伏型平式翻矸架，增加了 1 台 CCG3.0/600 型矿用防爆柴油机车协助运输。

2017 年，白山坪矿业公司对龙塘煤矿主井 2JK－2.5P/30X 型绞车电控进行改造，采用变频控制技术。

2019 年，公司对所属三矿井下主运输大巷原 18 千克/米轨道进行改造，磨田煤矿更换为 30 千克/米、龙塘及白山坪煤矿更换为 22 千克/米轨道。

2015—2019 年，公司先后对龙塘矿、白山坪矿及磨田矿井固定式矿车没有防跳插销装置进行了技改。

2022 年，龙塘煤矿提升运输主斜井安装 1 台 JK－2.5×2.0P 型矿用提升绞车，采用双钩串车提升，暗主井采用单钩串车提升，安装 1 台型号为 JKB－2×1.5P/28 的绞车，承担矿井的原煤、矸石、材料等提升任务。

白山坪煤矿主井采用双钩串车提升，安装 1 台 2JK－3/20E 型提升机，暗主井采用双钩串车提升，安装 1 台 2JTB1.6×1.2－20 型绞车，承担矿井的原煤、矸石、材料等提升任务。

龙塘及白山坪煤矿主要运输大巷均采用防爆特殊型蓄电池机车牵引运输；采区工作面运输巷采用刮板输送机运输，掘进工作面采用防爆特殊型蓄电池机车运输。磨田煤矿主要运输大巷采用架线式电机车牵引运输；采区工作面运输巷采用刮板输送机运输，采掘工作面石门采用防爆特殊型蓄电池机车运输。

三矿井地面运煤系统采用矿车在轻轨上自溜至电动翻笼进行翻转，经多条带式输送机运输至煤仓。运煤运矸卸载后的空车利用爬车器等辅助设备提升高度回至各矿井井口，实现循环运转。

10. 周源山矿业有限公司

2009 年，周源山煤矿 24 采区轨道上山新安装 JTPB1.6×1.2 型 PLC 电控绞车。

2011 年，周源山煤矿改造地面矸石山主提升系统，安装使用 2JK2.0×1.5P 型绞车提升，采用 PLC 电控。同年，32 采区主斜巷绞车道安装 JTPB1.6×1.2 型绞车，采用 PLC 电控。

2014 年，周源山煤矿对倾斜井巷的跑车防护装置进行了改造，引进 ZDC30－2.5(A)型跑车防护装置。同年,周源山煤矿推广 7 吨 CJY7－6/250 型变频架线电机车，并在井下运输大巷安装直流架空线路智能安全装置，在各斜巷绞车道安装绞车道信号闭锁装置，绞车道各水平甩道信号实现闭锁。

2015 年，周源山煤矿在－650 米水平将 1 吨 U 型矿车运煤、电动翻笼侧翻式卸煤方式改造成 2 吨底卸式矿车运煤、曲轨底卸式卸煤方式，改造后，缩短了运输线路，增加了每趟车的运煤量。

2017 年，周源山矿业公司完成－650 米运煤系统轨道改造，全线使用符合 7 吨及以上电机车使用要求的 30 千克/米钢轨 5000 余米。同年，对运煤系统“信集闭”系统进行改造，引进可靠的监控调度系统，确保运煤大巷的运输安全。

2018 年，周源山矿业公司对井下 1～4 号带式输送机进行改造，实现主运输带式输送机的无人值守。同年，周源山矿业公司对地面入仓带式输送机道进行改造，实现地面带式输送机集中控制，减少值守人员。

2020 年，周源山矿业公司在－650 米西配风巷新建卸煤站取代因巷道压力大、无法保证正常卸煤的老卸煤站，同时新建 DTL80－2×45S 型（6 号）滚筒驱动带式输送机 150 米搭接至 4 号主运输带式输送机。

井下主要运输大巷采用架线式电机车牵引运输；采区工作面运输巷采用刮板输送机、带式输送机运输，采掘工作面石门采用防爆特殊型蓄电池机车运输。

11. 牛马司矿业有限公司

2007 年，牛马司矿业有限公司更新 7 台防爆特殊型电机车，并对翻矸运输系统进行了改造。

2014 年，牛马司矿业有限公司新购特殊型蓄电池电机车 6 台，将地面 10 台机车更新为 ZK－7 型架线式电机车。

牛马司矿业有限公司水井头煤矿井下采用 22 千克/米轨道，平巷采用矿用蓄电池电机车运输，斜井采用绞车提升，采煤工作面采用刮板输送机运输。

铁箕山煤矿地面主井绞车型号为 2JK－2.5×1.2P，主斜井担负提升煤炭、矸石和物料任务，采用双钩串车提升。井下东、西两翼以两对斜井布置，分别安装 JTPB1800×1200 型和 JTB1600×1200 型绞车各 1 台。井下运输大巷（平巷）采用防爆特殊型电机车运输，采煤工作面采用刮板输送机运输。

两矿煤炭运输采用火车发运和汽车发运两种方式。

12. 黄牛岭矿业有限公司

2018 年 6 月，黄牛岭煤矿恢复生产，主斜井安装了一台 2JK－3.0/20 型提升绞车，采用双钩串车提升，配套 JR157－10 型电动机，额定功率 310 千瓦，额定电压 6 千伏，2019 年改造电控实现变频控制。

副斜井安装 1 台型号为 2JK－3/11.5 的绞车，电动机型号为 JR147－8、200 千瓦、6 千伏，减速器型号为 ZHLR－150K－30。2013 年安装高压提升机变频电控系统，型号为 JD－BP37－400T。2019 年 6 月该绞车道改为架空乘人装置运送人员，副斜井绞车停止运行。

井下运输大巷（平巷）采用防爆特殊型电机车运输，采煤工作面采用刮板输送机运输，地面主井口煤经电机车牵引至地面煤仓，再从煤仓用汽车运到客户所在地。

13. 湘永矿业有限公司

铜角湾煤矿各工作面采用刮板输送机运输，主要运输大巷和地面运输采用架线式电机车运输，运输石门采用矿用防爆特殊型蓄电池电机车。

安陵煤矿主斜井承担全矿井人员升降和原煤运输的提升任务，提升绞车为 JK2.0×1.5P 型单滚筒矿用提升绞车，采用变频调速控制方式。人员升降采用 RKQ15－6/6 型全路况异形轨卡轨人车，井筒中铺设 SMJ140 型异型轨道。各工作面采用刮板输送机运输，主要运输大巷和地面运输采用架线式电机车运输，运输石门采用矿用防爆特殊型蓄电池电机车。

14. 嘉禾矿业有限公司

2015 年，嘉禾矿业有限公司将 18 千克/米以下钢轨全部更换为 22 千克/米钢轨，合计约 12000 米。

2016 年，嘉禾矿业有限公司将大巷运输 3 台单机头机车改造为 CTY5/6GB 型双机头双司控蓄电池电机车，司控器采用斩波调速，轨道每米重 22 千克。

2017 年，嘉禾矿业有限公司将采区轨道上山 21、24 采区绞车更换为 JTPB－1.2×1P 型变频器控制提升绞车，装备“一坡三挡”、信号闭锁、斜井防跑车装置。

2018 年，嘉禾矿业有限公司将 22、23 采区绞车更换为 JTPB－1.2×1.2P 型变频器控制提升绞车，装备“一坡三挡”、信号闭锁、斜井防跑车装置。

2022 年，浦溪井提升运输状况：

矿井提升系统设有主、副两个斜井。主斜井安装 1 台 2JK－3/20 型双滚筒绞车，采用箕斗提升；副斜井安装 1 台 2JK－3/30 型双滚筒绞车，采用双钩串车提升，担负全矿井矸石、材料及辅助设备的提升任务。主要运输大巷、运输石门、地面采用矿用防爆特殊型蓄电池电机车牵引，采煤工作面及运道使用刮板输送机运输，煤炭经转载楼振动筛、给煤机，自转载楼到煤仓带式输送机进入地面煤仓，再从煤仓用汽车运到客户所在地。

15. 红卫矿业有限公司

红卫矿业有限公司各矿井下运输大巷均采用 CTY5－6GB 型防爆特殊型蓄电池机车牵引 MGC1.1－6 型矿车运输，采区轨道上山辅助绞车提升，自主研制了轨道上山超速挡，在上山提升过程中能有效拦住断绳、掉道、脱销等引起的跑车，可靠性较高。2012 年以后逐步改造为斜井防跑车装置，底板运输巷及刮板输送机道多采用刮板输送机运输，从 2015 年起开始使用带式输送机运输。

1）坦家冲矿

主斜井矿井建井初期设计采用的是仿苏式

2БM2.5×1.2×20型绞车，TKD电控系统，2010年对绞车电控系统进行了改造，改造后为变频电控；2013年对绞车改造，改造后型号为2JK2.5×1.2P。

副井原绞车型号为2БM2×1.2×20，KKX电控系统，2013年对绞车进行改造，改造后型号为2JK2.0×1.2，电控改为PLC变频电控。2015年在副井安装架空乘人装置运送人员后，该绞车停止使用。

2）里王庙矿

主斜井建井初期设计采用的是仿苏式2БM2.5×1.2型绞车，TKD电控系统，2010年对绞车电控系统进行了改造，改造后为变频电控；2011年对绞车进行改造，改造后型号为2JK2.5×1.2P。

副井原绞车型号为JTK1.6×1.2，KKX电控系统，2013年对绞车进行改造，改造后型号为JTP－1.6X1.2，电控改为PLC变频电控。2017年在副井安装架空乘人装置运送人员后，该绞车停止使用。

3）龙家山矿

主斜井矿井建井初期设计采用的是仿苏式2БM2.5×1.2型绞车，TKD电控系统，2010年对绞车进行改造，改造后绞车型号为2JK－3X1.5/20E，生产厂家为洛阳矿山机械有限公司，电控采用PLC带电阻调速。

红卫矿业公司地面运输除沈家湾矿地面从上煤仓采用ZK－7型架线式电机车运输至下煤仓，再下放到船上至清水铺经自卸驳船或塔吊装运上汽车外运外，其他三矿，包括沈家湾矿主井口至上煤仓均采用矿车自溜至煤仓翻煤笼，经带式输送机转运至地面煤仓，再从煤仓用汽车或火车运到客户所在地。

截至2022年，集团公司所属29对矿井地面主要提升机49台，其中立井提升机17台，在用16台；主斜井提升机32台，在用25台，一台箕斗提升。

（三）架空乘人

2006年开始，集团公司所属各单位联合正规专业生产厂家对架空乘人装置进行技术改造升级，由原来的刮板输送机减速箱或蜗轮减速机全部改造成RJY型双制动机头并加装轮边制动器，使集团公司所有架空乘人装置具有双制动功能，并按规程要求和行业规范完善了保护装置，安装了远程监控，实现了无人值守。大大提高了架空人装置的安全使用效果，给矿井人员输送安全提供了保证。

1. 湘东矿业有限公司

2020年11月至2021年5月，湘东公司先后对地面副井RJY37－28/1000（A）型固定抱索器架空乘人装置和21暗副井RJY37－28/1000（A）型固定抱索器架空乘人装置的蜗轮蜗杆减速箱、机头和机尾及电控、保护等进行改造，两台架空乘人装置运行正常。

2. 金竹山矿业有限公司

1）塘冲煤矿

矿井分采区及区段安装了固定抱索式架空乘人装置，用于矿井人员上下。

2012年5月完成安装调试，投入运行21采区RJY37－32/1000型固定抱索式架空乘人装置。

2013年3月完成安装调试，投入运行114采区RJY30－30/1200（A）型固定抱索式架空乘人装置；同年6月完成安装调试，投入运行26采区RJY37－30/1200型固定抱索式架空乘人装置。

2017年12月完成安装调试，投入运行北翼暗副井RJY45－28/1300A型固定抱索式架空乘人装置。

2019年5月完成安装调试，投入运行28采区RJY37－28/1000（A）型固定抱索式架空乘人装置。

2）一平硐煤矿

2018年5月完成安装调试，投入运行25采区RJY37－28/1000（A）型固定抱索式架空乘人装置。

2020年3月完成安装调试，投入运行副井RJY55－26/1300（A）型固定抱索式架空乘人装置。

2020年8月完成安装调试，投入运行24采区RJY37－28/1000（A）型固定抱索式架空乘人装置。

3）土朱煤矿

2016年6月，完成21采区型号为RJY30－30/1200（A）型固定抱索式架空人车改造。

2017年8月，完成22采区型号为RJY30－

30/1200(A)型固定抱索式架空人车改造。

2020年5月，+246米副斜井安装1套固定抱索式架空乘人装置，型号为RJY55－26/1300(A)，电机功率55千瓦。

3. 牛马司矿业有限公司

1）铁箕山煤矿

2011年，铁箕山煤矿对副井普通轨插爪式人车进行技术改造，改为RJY55－35/1200型固定抱索式架空乘人装置。

2018年，铁箕山煤矿对442斜井普通轨插爪式人车进行技术改造，改为RJKY30－25/900(A)型固定抱索式架空乘人装置。

2）水井头

2019年，水井头煤矿312斜井普通轨插爪式人车进行技术改造，改为RJY30－30/5A型固定抱索式架空乘人装置。

4. 街洞公司矿业有限公司

2022年8月，街洞公司对原一号人车进行改造，对原副井绞车道进行了扩刷、落底，从地面到－70米水平安装了一台RJY37－28/1000A型固定抱索式架空乘人装置，原一号人车停止了运行。

2022年12月，街洞公司对原二号人车进行改造，对原副井绞车道进行扩刷、落底，从－70米至－300米水平安装了1台RJY37－28/1000A型固定抱索式架空乘人装置。

三号固定抱索式架空乘人装置从－300米水平到－400米水平，型号为RJY22－35/600(A)。

5. 宝源公司矿业有限公司

1）北平硐煤矿

2019年，宝源矿业有限公司在54绞车道安装1台RJKY37－18/1000(A)型可摘挂式架空乘人装置。

2020年，宝源矿业有限公司对北平硐副井原普通轨插爪式人车进行技术改造，改为RJKY45－30/1500(A)型可摘挂式架空乘人装置。

2021年，宝源矿业有限公司在42绞车道安装1台RJKY30－25/900(A)型可摘挂式架空乘人装置，实现了无人值守。

2）南平硐煤矿

2020年，宝源公司在43绞车道安装1台RJKY30－25/900(A)型可摘挂式架空乘人装置，实现了无人值守。

2021年，宝源公司对南平硐煤矿2012年安装的RJKY30－25/900(A)型固定抱索式架空乘人装置控制部分进行改造，实现了无人值守。

6. 周源山公司矿业有限公司

2020年，周源山矿业有限公司在34轨道下山投入使用RJ型可摘挂式架空乘人装置，采用斜巷提升与架空乘人装置同巷布置，实现了电气闭锁。

2022年，周源山矿业有限公司在22轨道下山使用RJ系列的可摘挂式架空乘人装置替代XRK6/10型卡轨式斜巷人车，斜巷提升与架空乘人装置同巷布置，实现了电气闭锁。

7. 黄牛岭矿业有限公司

2019年6月，黄牛岭煤矿副井绞车道安装了一套型号为RJY55－26/1300(A)、55千瓦的固定式抱索架空乘人装置，绞车道斜长为1050米。

8. 嘉禾公司矿业有限公司

2018年，嘉禾矿业有限公司对浦溪井南冀21采区2012年安装的固定抱索式架空人车蜗轮蜗杆减速箱、机头和机尾及电控、保护等进行改造。

2019年，嘉禾矿业有限公司对浦溪井副井普通轨插爪式人车进行技术改造，改为RJKY－35/1000A型可摘挂式架空乘人装置，斜巷提升与架空乘人装置同巷布置，实现了电气闭锁和无人值守。

2020年，嘉禾矿业有限公司在北翼22采区安装1台RJY37－28/1000(A)型可摘挂式架空乘人装置。

9. 马田公司矿业有限公司

1）新星煤矿

2018年，新星煤矿在226（一）轨安装1台RJ37－35/1000(A)型固定抱索式架空乘人装置。

2019年，新星煤矿在－480米安装1台RJKY37－25/1000(A)型可摘挂式架空乘人装置。

2）高泉塘煤矿

2017年，高泉塘煤矿在地面副井安装1台RJY37－18/1000A型固定抱索式架空乘人装置。

2019年，高泉塘煤矿在暗副井安装1台RJKY30－35/900A型固定抱索式架空乘人装置。

10. 湘永矿业有限公司

2022年12月，铜角湾煤矿在暗副井安装1台RJY30－25/1000型固定抱索式架空乘人装置。

11. 红卫矿业有限公司

红卫矿业公司在用架空乘人装置共10套，除里王庙矿暗副井－125米水平至－250米水平用的是贵州高原生产的，其余9台都是湘煤立达矿山装备股份公司生产的。

1）里王庙煤矿

2011年，里王庙煤矿暗副井安装1台RJY30－28/332型固定式架空乘人装置，经电控改造后，实现了无人值守。

2016年，对里王庙煤矿原副井普通抱轨式人车进行技术改造，改为RJKY－35/1000A型固定抱索式型架空乘人装置，实现了无人值守。

2）沈家湾煤矿

2014年6月，在沈家湾煤矿22轨道上山安装了1台RJY30－30/750A型固定抱索式架空乘人装置。

2017年6月，在沈家湾煤矿副井安装了1台RJY22－35/600(A)型固定抱索式架空乘人装置；在沈家湾煤矿－30米至－140米水平安装了1台RJY22－35/600(A)型固定抱索式架空乘人装置。

2020年11月，在沈家湾煤矿－300米至－400米水平安装了1台RJY22－35/660(A)型固定抱索式架空乘人装置。

3）龙家山煤矿

2019年2月，在龙家山煤矿－100米至－250米水平安装了1台RJY30－28/1000(A)型固定抱索式架空乘人装置；11月，在龙家山煤矿－250米至－400米水平安装了1台RJY30－28/1000(A)型固定抱索式架空乘人装置。

2020年3月，在龙家山煤矿地面至－100米水平安装了1台RJKY30－25/900A型固定抱索式架空乘人装置。

4）坦家冲煤矿

2015年10月，在坦家冲煤矿地面至－150米水平安装了1台RKY45－30/1500A型固定抱索式架空乘人装置。

12. 大岭矿业有限公司

2021年11月，大岭煤矿副井绞车道安装1套型号为RJKY55－25/1600(A)、可摘挂式抱索架空乘人装置。

2022年12月，暗副井安装1套型号为RJY55－28/1600(A)、固定抱索式架空乘人装置，架空乘人装置采用变频控制系统，实现了无人值守。

13. 白山坪矿业有限公司

1）龙塘煤矿

副井架空乘人装置（地面＋127～－100米）采用RJKY37－25/1100(A)型摘挂式架空乘人装置运送人员，运行速度0.988米/秒，巷道最大坡度23°，牵引钢丝绳直径为18毫米，配套电动机功率37千瓦、电压0.4千伏。

暗副井架空乘人装置（－100～－300米）采用RJY37－28/1100(A)型固定抱索式架空乘人装置运送人员，运行速度0.988米/秒，巷道最大坡度18°，牵引钢丝绳直径为18毫米，配套电动机功率37千瓦，电压0.69千伏。

32轨道上山架空乘人装置（－300～－390米）采用RJKY37－25/1100(A)型摘挂式架空乘人装置运送人员，运行速度0.988米/秒，巷道最大坡度22°，牵引钢丝绳直径为18毫米，配套电动机功率37千瓦，电压0.69千伏。

37架空人车专用巷架空乘人装置（－300～－375米）

采用RJY37－28/1000(A)型固定抱索式架空乘人装置运送人员，运行速度0.988米/秒，巷道最大坡度20°，牵引钢丝绳直径为18毫米，配套电动机功率37千瓦，电压0.69千伏。

2）白山坪煤矿

副井采用RJY37－28/1100A型固定抱索式架空乘人装置进行人员提升，运行速度0.8米/秒，巷道最大坡度28°，牵引钢丝绳直径为18毫米，配套电动机功率37千瓦，电压0.4千伏。

－200米暗副井采用RJY37－28/1100(A)型固定抱索式架空乘人装置进行人员提升，运行速度0.78米/秒，巷道最大坡度27°，牵引钢丝绳直径为18毫米，配套电动机功率37千瓦，电压0.69千伏。

－400米人车专用巷采用RJY37－28/1100(A)型固定抱索式架空乘人装置进行人员提升，运行速度0.78米/秒，巷道最大坡度25°，牵引钢丝绳直径为18毫米，配套电动机功率37千瓦，电压0.69千伏。

14. 南阳公司矿业有限公司

1）前进煤矿

2011年10月，前进煤矿在暗副斜井安装了1台RJY22－26/300A型固定抱索式架空乘人装置，后电控部分变频改造。

2）洲江煤矿

2011年11月，在洲江煤矿副井安装了1台RJY37－28/600(A)型固定抱索式架空乘人装置，2013年对电控部分进行变频改造。

2012年10月，在洲江煤矿－150米暗斜井安装了1台RJY30－28/460(A)型固定抱索式架空乘人装置。

2018年10月，在洲江煤矿－300米暗斜井安装了1台RJY22－35/600(A)型固定抱索式架空乘人装置。

15. 兴源公司矿业有限公司

1）觉光寺煤矿

2011年，觉光寺煤矿暗副井安装了1台RJY30－28/460型固定抱索式架空乘人装置。

2014年，对觉光寺煤矿地面固定抱索式架空乘人装置机头、机尾、电控部分进行改造，实现了无人值守。

2）周家坳煤矿

2014年，对周家坳煤矿地面固定抱索式架空乘人装置机头、机尾、电控部分进行改造。

截至2022年，集团公司所属29对煤矿使用61台架空乘人装置，其中固定抱索式49台，可摘挂式12台。

二、供电与照明

（一）地面供电

1. 供电系统

2006年集团公司对所属煤矿老、旧、杂供电设备设施淘汰、更新、改造，以及对变压器进行增容、线路大修等；同时，在改扩建矿井和新井建设中，采用供电新技术新装备，提高了供电质量和网络运行的可靠性。35千伏及以上等级的区域变电站和电网由电力部门供电，大多数煤矿有35千伏双电源双母线变电站，并以35/6千伏（个别为10千伏）双母线分段双回路向各矿井地面变电所辐射供电。

1）湘东矿业有限公司

湘东矿业有限公司设有10千伏降压站一座，双回路进线电源，一回路从黄丰桥变电站10千伏引出，另一回路从东岳山变电站10千伏引出，入井电压10千伏。

2）牛马司矿业有限公司

2009年，牛马司矿业有限公司对35千伏降压站进行了改造，完善了主变的保护，更新测控屏。

牛马司矿业有限公司建有一座35/6千伏变电站，变电站采用两回35千伏架空线路供电，一回路引自宋家塘110/35千伏变电所，另一回路引自范家山35千伏变电站。公司在水井头煤矿和铁箕山煤矿分别建有一个配电房，配电房采用两回6千伏架空线路供电，二回电源线路取自公司35/6千伏变电站6千伏不同母线段，导线均为6千伏专用线路。矿井地面配电房用两回6千伏线路向井下中央变电所供电。

3）金竹山矿业有限公司

塘冲煤矿地面设有35/6千伏变电站一座（2008年新建），两趟电源均来自冷江中连变电站，一趟工作，另一趟备用。变电所配备5000千伏安主变两台，1台工作、1台备用。35千伏变电所降压6千伏后经两趟架空线路送至二风井、四趟6千伏双电源下井。

2020年至2021年8月，一平硐完成地面降压站机房、供电设备更新改造。建有35/6千伏变电站一座，两趟电源一趟来自岩口35千伏变电站，另一趟来自沙塘湾110千伏变电站。变电站配备5000千伏安主变两台，变比为35/6千伏，1台工作、1台备用。地面机房和井下供电由地面降压站馈出6千伏线路供电。

土朱煤矿地面设10/6千伏变电所一座。变电所装备两台主变压器，分别为S9－4000/10/6千伏、4000千伏安型变压器和S11－4000/10/6千伏、4000千伏安，1台运行，1台备用。双回路进线电源引自岩口变电站10千伏不同母线段，一趟采用LGJ－120型架空线（岩土线），另一趟采用LGJ－95型架空线（岩土线），供电距离1.8千米，互为备用。

4）周源山矿业有限公司

周源山矿业有限公司设有35千伏降压站1座，降压至6千伏后向地面、井下供电。

2008年底，周源山煤矿实现地面配电房主变压器增容改造，两台主变容量都由6300千伏安更换为10000千伏安。

2010年，周源山煤矿进行地面配电房改造，淘汰GG－1A型高压油开关柜47台，更换为KYN28A－12型真空开关，实现计算机远程操作，电容补偿改造成自动跟踪补偿，同时将低压配电屏更换为GCK型低压抽出式开关柜，2台380伏高能耗油变压器更换为S11－1000千伏安节能变压器，加装1台线路融冰变压器。同年，更换两台南抽风机启动控制柜。

2017年，周源山矿业有限公司完成井下变电所电力监控系统的改造升级，实现地面远程分、合闸及监控。

2018年，周源山矿业有限公司将压风机房S7－560千伏安高能耗油变压器更换为S11－800千伏安节能变压器。

2019年，周源山矿业有限公司将南风井少油高压开关柜更换为KYN28A－12型手车式高压真空断路器开关柜，使用先进的微机保护装置，确保抽风机运行稳定可靠，同时更换两台30千伏安辅助低压变压器。

5）宝源矿业有限公司

宝源矿业有限公司设地面10千伏变电站一座。两趟电源引自资兴实业供电公司三南一线、三南二线，线径均为150平方毫米，长度2.7千米。地面配电房安装2台型号S11－6300/10、6300千伏安变压器，将10千伏电压降压至6千伏后馈出北坑一、二线，北斜一、二线，－375米一线向北平硐煤矿提供用电电源，将10千伏电压降压至6千伏后馈出南坑一、二线向南平硐煤矿提供双回路电源。

2009年，宝源矿业有限公司利用300多万元的国债资金对公司配电房进行了改造，淘汰GG－1A型高压油开关柜40台，更换为KYN28A－12型真空开关，实现计算机远程操作。

6）马田矿业有限公司

马田矿业有限公司在新星煤矿设35千伏降压站一座。一回电源引自江家35千伏变电站35千伏母线段，线路规格为LGJ－150型钢芯铝绞线，距离5.1千米；另一回电源引自复合35千伏变电站35千伏母线段，线路规格为LGJ－150型钢芯铝绞线，距离2.0千米，容量10000千伏安降压变压器2台。降压站降压至6千伏后为新星和高泉塘两个矿井提供6千伏电源。

7）湘永矿业有限公司

安陵煤矿在地面设有10千伏降压站一座。采用两趟10千伏电源线路架设至工业广场主供电源引自郴电国际永兴分公司湘永供电所304线10千伏变电站，以一回LGJ－150型、长10.5千米的10千伏线路供电；备用电源引自湘永供电所316线10千伏变电站，以一回LGJ－120型、长10.5千米的10千伏线路供电。正常情况下，一回工作、一回带电备用。地面降压站降压至3千伏后双回路向井下供电。

铜角湾煤矿在工业广场建设有10千伏地面降压站1座。该矿井主供电源来自郴电国际永兴分公司湘永供电所35/10千伏降压站和郴电国际永兴分公司康绪35/10千伏降压站。地面降压站降压至6千伏后双回路向井下供电。

8）街洞矿业有限公司

街洞矿业有限公司设有35千伏降压站1座，由天街线和箕街线双回路电源供电，茶山岭煤矿建有6千伏变电所1座，由公司213、216双回线电源引入。

2008年，公司对35千伏降压站进行改造。2010年，对茶山岭矿主井6千伏配电房进行改造。2013年对茶山岭副井配电房进行改造，实现对生产电路的控制、保护和监测。

2017年，街洞矿业有限公司对茶山岭矿6千伏配电房进行改造，完善生产用电的控制、保护和监测。

9）黄牛岭矿业有限公司

2018年6月，黄牛岭煤矿恢复生产，地面设有1座6千伏变电所，两回路均取自嘉禾矿业有限公司浦溪35/6千伏变电所不同母线。1号、2号回路经6千伏架空线分别进入黄牛岭变电所1号电源屏和2号电源屏，两回路架空线路均为LGJ－185型钢芯铝绞线，1号、2号电源间用联络开关连接，有故障时随时可以切换。地面6千伏变电所两回路分别向井下、北一风井、北二风井、主副斜井绞车房及地面工业广场供电。

10）嘉禾矿业有限公司

嘉禾矿业有限公司设有35/6千伏变电所1座，采用双回路专线供电。供电电源一回路来自嘉禾变电所，另一回路来自肖家变电所，正常运行时用肖家变电所供电，嘉禾变电所作备用供电。3个抽风机房、主副井绞车、瓦斯抽放泵房及井下均采用双回路供电。受电变压器两台，型号为 SZ11－8000、35/6.3 千伏，1 台运行、1 台备用。掘进工作面都安装双风机双电源，双风机主、辅局部通风机都能正常自动切换。

地面建有永久（高、低负压）两套瓦斯抽采系统，4 台瓦斯抽采泵，2 台 2BEI－353 型水环式真空泵，2 台 2BEA－405 型水环式真空泵。抽放主管直径 355 毫米。2011 年 12 月建立瓦斯发电厂，有 4 台低浓度瓦斯发电机组，发电机组型号为 500GFI－3RW。机组发出的 400 伏低压电升压到 6 千伏并入矿内电网，同时充分利用发电余热，用于职工食堂、澡堂。2022 年 6 月，新购进 1 台 700 千瓦发电机。

11）兴源矿业有限公司

兴源矿业有限公司设有 35 千伏降压站 1 座，双电源双回路，降压站内安装降压变压器 2 台，降压后通过 6 千伏架线分别为 3 对矿井提供生产用电。

2014 年，兴源矿业有限公司伍家冲煤矿新架设一趟 6 千伏 LJG－240 型架空线。同年年底到次年底公司降压站（XGN2－10）和伍家冲地面（XGN2－12）配电房陆续升级改造，完成了 46 台和 2 台低压主变（S11－M－630）供电开关技改，更换两台降压站主变（SZ11－8000/35）。

2015 年，完成周家坳煤矿地面配电房 16 台（XGN2－6）和 2 台低压主变（S11－M－800）供电开关技改。

2016 年，完成觉光寺煤矿地面配电房 16 台（XGN2－6）和 2 台低压主变（S11－M－630）供电开关技改。同年，完成了伍家冲煤矿地面抽风机改造工程。

2018 年，新建立了一趟 35 千伏沈新线，形成三电源三回路供电，进一步提高了矿井供电可靠性。

12）红卫矿业有限公司

红卫矿业有限公司设有 35 千伏降压站 1 座，两台主变型号均为 S11－6300/35 型，经降压至 6 千伏后分别双回路送至坦家冲、里王庙、龙家山煤矿。

沈家湾设有 35 千伏降压站 1 座，2 台主变型号均为 S11－5000/35 型，经降压至 6 千伏后向地面、井下提供电源。

2008 年，红卫矿业有限公司坦家冲煤矿、里王庙矿、龙家山煤矿、沈家湾煤矿分别对地面配电房进行了改造，将少油开关全部更换为带综合保护器的高压真空开关，老式变压器全部更换为 S9－630/6 型新式节能型变压器。

2009 年，红卫矿业有限公司 35 千伏降压站更换了 1 台 S11－6300/35 型主变，该公司沈家湾煤矿更换了 1 台 S9－5000/35 型 35 千伏主变。

2012 年，红卫矿业有限公司对 35 千伏降压站进行改造，把老式的少油断路器更换为真空断路器，对 35 千伏保护设备进行改造。

2013 年，红卫矿业有限公司沈家湾煤矿对 35 千伏降压站进行改造，把以前的少油断路器更换为真空断路器，对 35 千伏降压站保护进行改造。

13）白山坪矿业有限公司

龙塘煤矿设有 35 千伏降压站 1 座，两台主变型号为 S10－5000 千伏安、35/6 千伏。进线电源一趟来自 35 千伏红卫降压站（红龙线），采用 LGJ－3×70 型架空钢芯铝绞线，线路长度为 14 千米；另一趟来自 35 千伏淝江降压站（淝龙线），一段采用 LGJ－3×70 型架空钢芯铝绞线，长度为 3 千米，另一段型号为 LGJ－3×95 型钢芯铝绞架空线，长度为 4.3 千米。

白山坪煤矿地面设有 6 千伏变电站一座。矿井采用双电源双回路供电，一趟电源来自珠玑滩 35 千伏降压站 6 千伏母线段，采用 LGJ－185 型架空线，供电距离 2 千米；另一趟电源来自龙塘 35 千伏降压站 6 千伏母线段，采用 LGJ－185 型架空线，供电距离 2.3 千米。

磨田煤矿设有 35 千伏降压站 1 座，两台主变型号为 S10－5000 千伏安、35/6 千伏。采用双回路供电，一回路来自柑犁冲 110/35 千伏变电站，供电线路采用 LGJ－150 型钢芯铝绞线，线路长 17.66 千米；另一回路来自龙塘 35 千伏变电站，供电线路采用 LGJ－70 型钢芯铝绞线，线路长 13.62 千米。6 千伏配电室安装有 29 台 XGN2－12 型高压开关柜，分别用于地面及井下 6 千伏供电网络。地面安装了两台 S11－M－1000 型、6/0.4 千伏变压器，供地面生产生活用电。

白山坪矿业有限公司先后对公司及矿地面配电房高、低压配电系统设备及保护装置进行了更新改造，淘汰了旧设备，增大了容量，使保护更完善。

2007 年，白山坪矿业有限公司将龙塘 35 千伏降压站 2 台型号为 S7 - 3200/35、S7 - 2500/35，更换成 2 台 S10 - 5000/35 型的变压器，作为龙塘 35 千伏降压站新的主变压器。

2010 年，将龙塘矿、白山坪矿及磨田矿地面配电房绝缘老化、能耗高、容量小的老式变压器更换为新型变压器。龙塘、白山坪两矿的型号为 S11 - 800/6，磨田矿的型号为 S11 - 1000/6 型。

2014 年，将三矿地面配电房低压配电屏更换成 20 台 GGD2(A)保护齐全的开关。

2021 年、2022 年，分别将龙塘矿、白山坪矿配电房原有的高压开关柜 GL 型反时限继电保护装置改造成许继公司生产的 WHB 型具有过流、失压、漏电等保护功能的微机综合保护装置。

14）南阳矿业有限公司

前进煤矿设有 35/6.3 千伏变电所一座，安装有 2 台容量为 5000 千伏安主变压器，1 台工作、1 台备用。两回路电源进线分别引自沈家湾煤矿 35/6.3 千伏变电站的沈前线，淝江 35/6.3 千伏变电站的淝前线，电源可靠。架空线均为 LGJ - 120 型钢芯铝绞线，线路长分别为 4 千米和 6.4 千米。井下采用 6 千伏供电。

淝江煤矿设有 35/6.3 千伏变电所 1 座，安装有 2 台 5000 千伏安变压器，1 台工作、1 台备用。四回路电源进线路分别引自白沙电力公司珠玑滩的白淝线、盐沙 35/6 千伏变电站的盐淝线、龙塘 35/6 千伏变电站的龙淝线、前进 35/6 千伏变电站前淝线，电源可靠。矿井地面变电所安装了 2 台 S9 - 500/6 型 500 千伏安变压器和 1 台 SJ320/6 型 320 千伏安变压器，供地面生产生活用电。

2006 年，南阳矿业有限公司分别对淝江 35/6 千伏变电站、南阳庙矿、前进煤矿地面 6 千伏配电房进行了升级改造，将少油开关全部更换为带电脑综合保护器的高压真空开关，两台主变更换为 S10 - M - 5000/35/6.3 型新式节能型变压器。

2007 年，在前进煤矿新建了 1 座 35/6 千伏变电站，安装 2 台 S10 - M - 5000/35/6.3 型新式节能型变压器。

15）大岭矿业有限公司

大岭矿业有限公司设有 35 千伏降压站 1 座，采用双回路供电方式，主供电源来自郴电国际永兴樟树变电站和白沙电力盐沙变电站，分别采用 LGJ - 95 型架空线和 LGJ - 120 型架空线，供电距离分别为 8.2 千米和 21.3 千米。降压站配置两台变压器，1 备 1 用，型号分别为 S11 - 10000/35/6 和 SFS7 - 16000/35/6。大岭煤矿供电由 35 千伏降压站经两条架空线路输送至地面配电房，架空线路型号分别为 LGJ - 240 和 LGJ - 120，供电距离为 0.75 千米，供电电压为 6 千伏。地面变电所设 2 台 800 千伏安变压器供地面设备（如主斜井绞车房及地面工业广场等）用电，6 千伏电压直接下井。用两路 LGJ - 50 架空线输送至抽风机房，抽风机房安装了 4 台型号为 S11 - 250/6 的变压器，给西风井和北风井通风机供电。

截至 2022 年，集团公司所属矿区共有 35 千伏变电站 15 座，输电线路 33 条；10 千伏变电站 5 座，供电线路 10 条，所有矿井均为双回路供电。

2. 转供电

2006 年前，集团公司前身的三局三矿均为省属老矿，地处边远矿山和农村乡镇，集团公司成立前的几十年中已形成了对周边农村乡镇和小煤窑转供电的格局。这种局面对煤矿安全用电造成巨大威胁，也严重影响计划用电和节约用电。因此，集团公司决定对煤矿电网开展整治，将农村转供电和小煤窑转供电移交给电力部门。

2010 年，集团公司为做好供电体制改革，响应国家农网改造政策，将牛马司矿业公司矿区周边 21 个行政村转供电全部移交地方电力部门管理，每年减少电费 200 多万元。

2011 年，集团公司加大了转供电和矿区家属用电整改移交力度。年初，各原煤公司制定了本单位转供电和家属区用电整改方案，集团公司进行了“一对一”批复，各原煤公司于 9 月 30 日前将对外转供电及矿区家属区用电移交电力部门。9 月，集团公司对该项工作进行了全面检查和考核，全公司完成对外移交村民 30183 户，移交率为 65%；完成家属区用电移交 8120 户，移交率为 20%。

2012 年，街洞矿业公司将矿区农村及家属区生活用电移交国家电网苏仙分公司供电管理，移交资产价值661.35万元。同年，集团公司为控制电力成本，下属矿井共有90个泵房执行零点班排水制，按时段电价测算，集团公司每年可节约电费1830.9万元，节约了电力成本，达到了节能降耗的目的。

2013年11月20日，马田矿业公司全面完成供电移交工作，移交了一市（耒阳市）一县（永兴县）三镇四个片区19个村和2个居委会的供电，转供电家庭用户16797户，企业用户8个。全公司所有办公用电和家属区生活用电、矿区路灯用电统一由农网供电，单独装表计量，实现了生产、生活用电的完全分离，甩掉了企业背负50多年的包袱。同年12月，周源山矿业公司全面完成转供电移交工作，移交了资兴市香花乡石鼓村和新塘村两个村五个片区的供电，转供电家庭用户6682户。全公司所有家属区生活用电、矿区路灯用电统一由农网供电，单独装表计量，实现了生产、生活用电的完全分离。

2014年，集团公司完成了职工家属区生活用电与生产用电分离改造，实现生产、生活用电分离，生活用电、供电的资产、电费收缴及设备维护等均由地方电力局接管。电力成本累计支出880.65万元，比预算减支547.29万元，比同期1929.32万元减支1048.67万元，每年电力成本将减支1000万元以上。

到2015年，集团公司所有单位都签订了供电移交框架协议，施工改造工作全面启动，并争取了财政预拨70%共计2亿元的补助资金。到2018年，原煤公司及矿井转供电全部完成移交。

（二）井下供电

2022年，经过不断的技术升级改造，集团公司所属矿井已基本实现6千伏高压电源下井。仅有安陵矿井为3千伏高压下井，湘东、南平硐、北平硐为10千伏下井。井下均采用高压双回路供电至中央变电所，再由中央变电所高压双回路供电至采区变电所，再经变压器变压后为井下各类电力设备提供不同电压等级的电源，所有入井电缆均选择矿用阻燃电缆，构成了较完整的井下供电系统。主排水、主提升设备的高压电动机电源则直接与中央变电所6千伏电源连接。井下巷道、硐室照明、提升信号、运输调度、设备控制等均以低压动力设备为电源。高瓦斯、煤与瓦斯突出矿井的掘进工作面实现“三专两闭锁”，采用“双风机、双电源”，并实现运行风机与备用风机自动切换。井下低压设备均实现了接地、漏电、过流等三大保护。

2006—2022年，集团公司实施煤矿改扩建工程、淘汰落后工艺设备、矿井供电专项整治等多种措施，不断健全完善井下供电网络，推进矿井供电安全经济运行。

1. 湘东矿业有限公司

井下高压电源为10千伏，在+188米水平、-40米水平分别设置有中央变电所，双回路供电。

2021年，新安装了22采区变电所和-35米应急变电所两个采区变电所，变电所均采用双回路供电，保证了井下供电的可靠性和安全性。

+188米中央变电所安装KBSG400/10/0.69和KBSG500/10/0.69变压器各1台，分别为动力变压器和“三专”变压器；-40米中央变电所安装KBSJ500/10/0.69变压器两台，作为排水变压器；22采区变电所装KBSG315/10/0.69和KBSG500/10/0.69变压器各1台，分别为动力变压器和“三专”变压器；从-40米中央变电所和+188米中央变电点各引一回路10千伏电源至-35米应急变电所，-35米应急变电所安装KBSG315/10/0.69和KBSG500/10/0.69变压器各1台，作为水泵动力变压器。

2022年5月，矿井安装了安全生产监控系统，实现了水泵无人值守。

2. 牛马司矿业有限公司

水井头煤矿井下设有中央变电所1座，变电所供电回路均采用双回路。从水井头煤矿地面配电房用两回6千伏线路向井下-300米中央水泵房变电所供电，-300米中央水泵房变电所供电向-500米变电所和暗主井绞车房变电所供电，-500米变电所向362变电所供电，暗主井绞车房变电所向312变电所供电，312变电所向332变电所和312架空乘人装置变电所供电。采区变电所经变压器再向采区各区段用电设备和照明供出660伏及127伏低压电源。

铁箕山煤矿井下设有中央变电所1座，变电所供电回路均采用双回路。从铁箕山煤矿地面配电房用两回6千伏线路向井下-50米中央水泵房变电所供电，-50米中央水泵房变电所向

-50米水平222绞车房变电所和-50米水平312绞车房变电所供电，-50米水平222绞车房变电所向-300米水平442变电所供电，-300米水平442变电所向442采区变电所供电，-50米水平312绞车房变电所向312区域-300米泵房变电所供电，312区域-300米泵房变电所向422区域-360米变电所和-570米变电所供电。采区变电所经变压器再向采区各区段用电设备和照明供出660伏及127伏低压电源。

2009年，牛马司两对矿井井下双风机双电源自动切换装置安装调试到位。

3. 金竹山矿业有限公司

1）一平硐煤矿

设有-50米中央变电所1座。地面降压站馈出两趟电源经副井敷设至井下-50米中央变电所，-50米中央变电所分别向矿井东、西两翼25、24、21采区变电所供出6千伏电源，采区变电所经变压器再向采区各区段用电设备和照明供出660伏及127伏低压电源。

2）土朱煤矿

设有-250米中央变电所1座。由地面6千伏双回路电源入井，分别向井下主要水泵、采区变电所等提供6千伏电源，采区变电所经变压器再向采区各区段用电设备和照明供出660伏及127伏低压电源。

3）塘冲煤矿

设有+85米南冀、-90米北翼、-250米水平中央变电所3座。由地面6千伏双电源下井，分别向井下主要水泵、采区变电所等提供6千伏电源，采区变电所经变压器再向采区各区段用电设备和照明供出660伏及127伏低压电源。

2009年，金竹山3对突出矿井井下双风机双电源自动切换装置安装调试到位。

2010年，金竹山矿业公司一平硐、土朱矿分别新建21泵房变电所、22采区绞车房变电所，所内均采用BGP、KBZ、QBZ等系列新型设备。

4. 周源山矿业有限公司

周源山设有井下-370米、-650米、-800米中央变电所三座，由地面6千伏双电源下井，分别向井下主要水泵、采区变电所等提供6千伏电源，采区变电所经变压器再向采区各区段用电设备和照明供出660伏及127伏低压电源。

2009年，周源山煤矿将-370米和-650米中央变电所高压开关屏继电器保护改造成深圳中电的PMC6500微机保护装置，使变电所开关屏的保护更加灵敏、可靠，防止开关越级跳闸，缩小了停电范围，通过微机保护装置和井下环网实现地面远距离操作及所有运行参数和故障情况的显示。同年，对-370米中央变电所低压配电屏进行改造，更换为KYD1型低压开关柜，共13台。淘汰DW系列馈电开关88台，更换为KBZ系列矿用隔爆型智能真空馈电开关；淘汰KSJ型油浸式变压器23台，更换为KBSG型防爆干式变压器；淘汰PB系列高压防爆开关65台，更换为PBG9L-6型矿用隔爆型高压真空配电装置；淘汰油浸式高压电缆25650米，更换为MYJV22-10型矿用交联聚乙烯电缆。周源山煤矿将-650米中央变电所高压开关屏继电器保护改造成深圳中电的PMC6500微机保护装置，使变电所开关屏的保护更加灵敏，防止开关越级跳至配电房，缩小了停电面积，同时微机保护具有故障记忆功能，为日常处理故障提供了可靠依据。宝源矿业公司淘汰DW系列馈电开关125台，更换为KBZ系列矿用隔爆型智能真空馈电开关；淘汰KSJ-315型油浸式变压器34台，更换为KBSG-500型防爆干式变压器34台；淘汰PB系列高压防爆开关82台，更换为PJG9L-6Y矿用隔爆型高压真空配电装置82台；淘汰ZLQ20-3×70型油浸式高压电缆27650米，更换为MYJV22-3×70型矿用交联电缆。

2010年，周源山煤矿对-370米中央水泵房水泵启动柜进行更换。

2012年，周源山煤矿井下中央变电所和采区变电所各安装了一套电力监控系统，此系统在地面有上位机，地面操作人员可根据开关情况实时查询故障，实时远程分合闸控制，特别是在全矿大范围停电的情况下，可比原来人工送电的时间缩短40分钟以上，大大缩短了停电时间。同年，周源山煤矿新建-800米中央变电所，为32新采区供电，将-650米中央变电所高低压开关柜更换成KYGC-10型开关柜。

2022年，周源山矿业公司将-370米中央变电所13台高压开关柜升级改造为GKG1-6型高压开关配电柜。

5. 宝源矿业有限公司

1）北平硐煤矿

煤矿井下设有中央变电所3座，0米中央变电所安装2台KBSGZY800－6/0.66型、1台KBSG500－6/0.66型、1台KBSG315－6/0.66型、1台KBSG100－6/0.66型共5台变压器。

－200米水泵房安装了7台PJG系列高压防爆开关，分别向水泵和采区变电所供电。其中3台供水泵用电，2台供采区用电，1台供－375米水泵房（备用电源）用电，1台供电机车整流室供电。

－375米中央变电所安装2台KBSG315－6/0.66型变压器，供水泵用电。井下建有424、54、62三个采区变电所和244、52绞车房变电所，均为高压双回路供电，各变电所配备动力、“三专”变压器，提供660伏动力、风机电源，提供127伏硐室、车场等照明、信号电源。采区低压电缆均采用MY型阻燃橡套电缆，采区各用电点及控制开关全部是真空接触器控制开关。

2）南平硐煤矿

煤矿井下设有中央变电所两座，＋190米平硐中央变电所由地面变电所10千伏电压变换成6千伏电压等级后，馈出南坑一、二线两路，采用MYJV22－3×70型高压电缆供电。

0米中央变电所由＋190米平硐变电所馈出两路，采用MYJV22－3×70型高压电缆供电。

两矿井下均建有采区变电所，采用高压双回路供电，各变电所配备动力、“三专”变压器，提供660伏动力及风机电源，提供27伏硐室、车场照明、信号电源，采区低压电缆均采用MY阻燃橡套电缆，采区各用电点及控制开关全部是真空接触器控制开关。

6. 街洞矿业有限公司

茶山岭煤矿设有井下－70米和－300米水平中央变电所两座。

井下供电在主井变电所以6千伏向井下－300米中央变电所供电，共2趟电缆，型号为MYJV22－3×95，线路长1380米。副井变电所以6千伏向井下－70米中央变电所供电，一趟电缆型号为MYJV22－3×35，线路长800米；另一趟电缆型号为MYJV22－3×50，线路长800米。井下建有采区变电所均为高压双回路供电，各变电所配备动力、“三专”变压器，提供660伏动力及风机电源，以127伏为硐室、车场照明、信号电源，采区低压电缆均采用MY型阻燃橡套电缆，采区各用电点及控制开关全部是真空接触器控制开关。

7. 马田矿业有限公司

2007年，马田矿业公司在高泉塘矿－125米水平增加了1趟交联电缆（型号为MYJV22－3×120），增大了矿井供电能力。

1）高泉塘煤矿

煤矿井下设有－25米和－125米两个中央变电所。

－25米水平采用3趟高压交联电缆，其中两趟型号为MYJVL22－3×50，别一趟型号为MYJVL22－3×70，线路长800米。

－125米水平敷设3趟高压交联电缆下井，其中1号电缆型号YJLV22－3×120，2号电缆型号为MYJVL22－3×50，3号电缆型号为MJTV22－3×70。

2）新星煤矿

煤矿井下设有－250米和－400米两个中央变电所。

－250米水平地面变电所以4回MYJV42－63×95型电力电缆引至－250米中央变电所为井下负荷供电，线路长度均为800米。当其中任意一回电缆发生故障时，另3回电缆能保证井下所有负荷正常用电。

－400米水平变电所以2回MYJV22－63×95型电力电缆引自－250米中央变电所，线路长度均为700米。当其中任意一回电缆发生故障时，另一回电缆能保证井下－400米水平所有负荷正常用电。

两矿井下均建有采区变电所，采用高压双回路供电，各变电所配备动力、“三专”变压器，提供660伏动力及风机电源，提供27伏硐室、车场照明、信号电源，采区低压电缆均采用MY型阻燃橡套电缆，采区各用电点及控制开关全部是真空接触器控制开关。

8. 湘永矿业有限公司

1）安陵煤矿

煤矿设有－160米中央变所1个，电压等级3千伏。

－160米水平地面变电所以两回MYJV22－63×150型电力电缆引至－160米中央变电所为井

下负荷供电，线路长度均为680米。当其中任意一回电缆发生故障时，另一回电缆能保证井下所有负荷正常用电。

-260米辅助水平从-160米中央水平变电所以两回MYJV22-6 3×70型电力电缆引至-260米变电所为井下负荷供电，线路长度均为910米。当其中任意一回电缆发生故障时，另一回电缆能保证井下所有负荷正常用电。

-340米水平两回MYJV22-6 3×70型电力电缆引自-260米变电所，线路长度均为540米。当其中任意一回电缆发生故障时，另一回电缆能保证井下-340米水平所有负荷正常用电。

2011年，湘永矿业公司铜角湾矿对井下供电系统电源线路进行改造，将3千伏电压等级改造为6千伏电压等级。

2）铜角湾煤矿

煤矿设有-550米中央变电所一座，电压等级6千伏。

地面变电所以双回MYJV22-6 3×150型电力电缆引至-550米中央变电所，当其中任意一回电缆发生故障时，另一回电缆能保证井下所有负荷正常用电。

两矿井下均建有采区变电所，为高压双回路供电，各变电所配备动力、“三专”变压器，提供660伏动力及风机电源，提供27伏硐室、车场照明、信号电源，采区低压电缆均采用MY阻燃橡套电缆，采区各用电点及控制开关全部是真空接触器控制开关。

9. 黄牛岭矿业有限公司

2018年6月，黄牛岭煤矿恢复生产，井下设有两个中央变电所，井下电源从地面6千伏变电所三回路向0米和-150米水平中央变电所供电。采用矿用聚氯乙烯高压铠装交联电缆，其中2路型号为MYJV22-3×95型，1路型号为MYJV22-3×150型，-150米水平中央变电所分别向21、22、24采区变电所供电。由采区变电所提供660伏动力及风机电源，提供27伏硐室、车场照明、信号电源，采区低压电缆均采用MY型阻燃橡套电缆，采区各用电点及控制开关全部是真空接触器控制开关。局部通风机全部采用“三专两闭锁”“双风机、双电源”供电。

10. 嘉禾矿业有限公司

浦溪井设有-50米中央变电所一座，由地面变电所双回路供电，电缆型号为MYJV22-6千伏3×150型，线路长870米。由中央变电所采用双回路分别向-250米水平变电所、21、23、22、24采区变电所供电。采区变电所提供660伏动力及风机电源，提供27伏硐室、车场照明、信号电源，采区低压电缆均采用MY型阻燃橡套电缆，采区各用电点及控制开关全部是真空接触器控制开关。局部通风机全部实现“三专两闭锁”、“双风机、双电源”供电。

11. 兴源矿业有限公司

三矿井下设有中央变电所和各采区变电所，担负井下生产系统供电。井下为双回路电源，均来自各矿地面变电所。

觉光寺煤矿下井电缆双回路为MYJVV223×120/6千伏电力电缆，一主一备，一趟到一水平泵房中央变电所中转，另外一趟直到二水平泵房中央变电所。两个中央变电所用同型号电缆连通。二水平北翼采区设置了一个变电所，采用双回路电源。

周家坳煤矿下井电缆为双回路MYJVV223×120/6千伏电力电缆，一主一备，引至-20米水平泵房中央变电所。此外，还有一趟MYJVV223×50/6千伏高压由地面直接控制井下高压潜水泵电源。-20米水平北翼采区设置了一个变电所，双回路供电。

伍家冲煤矿由地面配电房分别向-180米水泵房中央变电所和-350米水泵房中央变电所供电。其中，-180米双回路，一趟MYJVV423×150/6千伏和一趟MYJL423×120/6千伏的电缆直接向-180米水平高压供电。-180米水平南翼设置一座变电所，一趟MYJVV223×50/6千伏直通。-180米水平北边设置两个变电所，一个22二轨变电所，一趟MYJVV223×50/6千伏的电缆直通，通过MYJVV223×35/6千伏的电缆将两个变电所连通，形成双回路。-350米水平泵房由地面配电房通过两趟MYJVV423×120/6千伏的电缆向-350米水平泵房中央变电所双回路供电。-350米水平北翼设置一个变电所，双回路供电。采区变电所提供660伏动力及风机电源，提供127伏硐室、车场照明、信号电源，采区低压电缆均采用MY阻燃橡套电缆。

12. 红卫矿业有限公司

2007年5月，红卫矿业公司下辖矿井使用的部分低压防爆开关退出使用，并由电光集团派出技术人员到现场对退出的418台同型号开关更换了零部件。

2012年，红卫矿业公司对沈家湾矿、龙家山矿井下高爆开关综合保护进行改造，使用湖南长沙铭泰公司生产的综合保护器，实现地面远程控制。

1）沈家湾煤矿

煤矿地面变电所6千伏向井下供电，井下设有3个中央变电所。

-140米水平中央变电所电源来自地面变电所3趟MYJV29-3×120型高压交联电缆供电，每根电缆长度480米。

-300米水平中央变电所的两趟电源来自-140米水平，一趟电缆型号为MYJV29-3×70型，另一趟型号为MYJV29-3×95型，均为高压交联电缆，长度均为550米。-300米水平的潜水泵供电来自地面变电所的MY-3×70型专用电缆。

-400米水平的供电一趟来自-300米水平MYJV29-3×95型高压交联电缆，长度为460米；另一趟来自-140米水平MYJV22-3×95型高压交联电缆，长度为550米。

2）坦家冲煤矿

煤矿井下设有2个变电所。

井下电源从地面6千伏变电所以6千伏电压等级从1号、2号母线分别向-50米中央变电所、-150米中央变电所双回路供电，-50米水平中央变电所分别向南边的216变电所及北边的226变电所供电，-150米水平中央变电所南边的236变电所供电。

-50米水平：由坦家冲矿配电房提供两回路MYJV22-3×95型电缆，长度700米，一用一热备。

-150米水平：由-50米水平中央变电所不同母线段提供两回路MYJV22-3×70型电缆，长度370米，一用一热备。

3）龙家山煤矿

煤矿井下设有3个中央变电所。

-100米水平中央变电所由龙家山配电房不同母线段提供两回路MYJLV22-6/3×120型电缆，长度780米，一用一热备。

-250米水平中央变电所电源取自-100米中央变电所两回路MYJV22 -3×70型矿用阻燃电缆，长度610米，一用一热备；

-400米水平中央变电所电源取自-250米中央变电所两回路MYJV22 -3×70型矿用阻燃电缆，长度850米，一用一热备。

4）里王庙煤矿

煤矿井下设有两个中央变电所。

井下电源从地面6千伏配电房双回路向-125米和-250米水平中央变电所供电。-125米水平中央变电所分别向南边的316、336变电所及北边的326、266变电所供电。

四对矿井井下均建有采区变电所，采用高压双回路供电，各变电所配备动力、“三专”变压器，提供660伏动力及风机电源，提供27伏硐室、车场照明、信号电源，采区低压电缆均采用MY阻燃橡套电缆，采区各用电点及控制开关全部是真空接触器控制开关。

13. 白山坪矿业有限公司

2008年，白山坪矿业公司白山坪煤矿局部通风机完成“双风机、双电源”供电改造；完成磨田煤矿井下-150米中央变电所改造，选用KYGG-10Z型矿用一般型高压开关柜，作为6千伏中央变电所的输配电设备；对龙塘煤矿井下-100米水平中央变电所PB2-6型老式高压防爆开关更换成BGP9L-6A型矿用隔爆高压真空开关。

2009年，龙塘煤矿井下-100米水平中央变电所PB2-6型老式高压防爆开关更换成BGP9L-6A型矿用隔爆高压真空开关。

2013年，白山坪矿业公司磨田煤矿对地面配电及井下供电主回路进行了增容升级，配电房增加XGN2-12型开关柜6台，敷设MYJV42-3×185/6千伏电缆2100米，从井下三、四回路至-600米中央变电所。

（1）龙塘矿在井下设有-100米、-300米中央变电所两座。电源取自不同母线段，两回路进线电源采用分列运行方式供电，分别向井下主要水泵、采区变电所等提供6千伏电源。采区变电所经变压器再向各区段用电设备和照明供出660伏及127伏低压电源。

（2）白山坪矿在井下设有-200米、-400米、-600米中央变电所3座。电源取自不同母线段，双回路进线电源采用分列运行方式供电，分别向井下主要水泵、采区变电所等提供6千伏电源。采区变电所经变压器再向各区段用电设备和照明供出660伏及127伏低压电源。

(3)磨田矿井在井下设有-1500米、-300米、-600米中央变电所3座。四回路电源取自不同母线段,进线电源采用分列运行方式供电,分别向井下主要水泵、采区变电所等提供6千伏电源。采区变电所经变压器再向各区段用电设备和照明供出660伏及127伏低压电源。

14. 南阳矿业有限公司

1)前进煤矿

井下采用6千伏供电,在-120米水平、-250米水平设置有中央变电所两座。矿井从地面35/6.3千伏变电所6千伏Ⅰ、Ⅱ段母线上,各以一回MYJV32-10/6-3×120型电力电缆经主井引至井下-120米水平中央变电所。由地面变电所引一条MYJV42-10/6-3×150型电力电缆沿主井、暗副井变电所到-250米中央变电所,再从-120米中央变电所引出一条MYJV22-6/6-3×150型电力电缆到-250米中央变电所。由-120米中央变电所引出两条MYJV22-10/6-3×25型电力电缆到暗主井变电所,对暗主井提升设备及暗副井架空乘人装置等用电设备供电。-250米中央变电所对-250米水泵房、24采区变电所和22采区采掘设备及-400米延深工作面设备供电。由-250米中央变电所引出两条MYJV22-10/6-3×25型电力电缆到246采区变电所。采区变电所以660伏和127伏的电压各采掘工作面用电设备及照明供电。

2)浬江煤矿

井下供电采用6千伏高压下井,在-150米水平、-300米水平和-400米水平设置井下中央变电所3座。分别向井下主要水泵、采区变电所等提供6千伏电源,采区变电所经变压器再向各区段用电设备和照明供出660伏及127伏低压电源。

15. 大岭矿业有限公司

大岭井下电源从地面6千伏变电所引出两趟6千伏电源线路向0米中央变电所提供双回路供电电源,线路规格均为MYJV22-3×95型矿用聚氯乙烯高压铠装交联电缆,长度均为650米;由地面6千伏变电所引出两趟6千伏电源线路向-200米中央变电所提供双回路供电电源,线路规格均为MYJV22-3×120型矿用聚氯乙烯高压铠装交联电缆,长度为1200米;-130米供电由0米水平中央变电所馈出两趟线路,供电线路规格均为MYJV22-3×95型矿用聚氯乙烯高压铠装交联电缆,长度均为600米。井下有4座采区变电所,分别为11采区变电所、12采区变电所、21(上)采区变电所、22采区变电所。采区变电所由中央变电所馈出双回路供电电缆向各采区供电,采区安设“三专”和动力变压器,将6千伏电压变为660伏向辖区内生产用电设备提供动力电源以及“三专”供电,局部通风机双电源分别来自局部通风机“三专”供电和生产动力电源。

截至2022年底,集团公司所属省内煤矿井下共有58座中央变电所,其中湘东10千伏中央变电所2座,安陵3千伏中央变电所1座。

(三)照明

2006年,集团公司成立以后,所属煤矿对地面照明、井下照明、矿灯进行升级改造。地面照明均从地面变电所经变压器降压后,采用380伏三相四线制供电,220伏照明用电,照明灯具由白炽灯更换为LED节能灯;井下照明采用电压等级为127伏的照明信号综合保护装置提供电源,淘汰了老式筒状干式变压器;井下照明灯由防爆白炽灯更换为新型防爆节能灯、防爆型LED灯;矿灯全部更换矿用隔爆锂电矿灯,配置智能型锂电矿灯充电架,做到了作业人员专人专灯、无人值守。

三、排水

(一)矿井排水系统概况

2006年公司成立初期,下属矿井排水系统存在诸多问题。如排水点设置不合理、排水级数过多;早期水泵效率低下,管路陈旧老化,急需更新换代;水仓容量不足等。矿井排水能力达不到《煤矿安全规程》要求,系统不可靠、不稳定的现象比较普遍。

2007—2022年,集团公司持续不断地完善、强化各矿井的排水系统。据不完全统计,先后建立金竹山矿业公司塘冲矿北翼-90米、托山矿-130米、一平硐矿-180米水平排水系统;改造完成湘潭矿业公司一矿-700米水平、三矿-650米水平、四矿-575米水平排水系统;对晨溪矿业公司蒋家坪、大坪两矿井排水系统及兴源矿业公司矿井排水系统进行技改增容；对晨溪矿业公司大坪矿0米水泵房、红卫矿业公司沈家湾矿－300米水泵房、南阳矿业公司前进煤矿－250米水平中央泵房进行远程遥控改造，实现无人值守；改造湘永矿业公司铜角湾煤矿主排水系统，安装矿用自动排水装置，实现自动运行。

截至2022年，集团公司所属29对生产矿井排水系统已基本完善。

（二）矿井分述

1. 湘东矿业有限公司

（1）水文地质。矿井涌水量根据矿井观测台账，矿井正常涌水量为120立方米/小时，最大涌水量为420立方米/小时。湘东矿业有限公司矿井水文地质条件复杂程度属中等类型。

（2）排水设备和方式。矿井采用二级排水。

＋188米水泵房已安装了2台DF450－60×2型耐腐蚀多级离心水泵（配套YB3－4007－4、355千瓦、10千伏、1480转/分钟电动机，扬程180米，流量450立方米/小时）和1台DF155－30×5型耐腐蚀多级离心水泵(配套YB2－315S－4、110千瓦、660伏电动机，扬程150米，流量155立方米/小时）。正常涌水期1台DF450－60×2型水泵工作，1台DF450－60×2型和1台DF155－30×5型水泵备用，1台DF155－30×5型水泵检修；最大涌水期2台DF450－60×2型水泵工作，1台DF155－30×5型水泵检修。安装了两趟直径219×10.2毫米无缝钢管，正常涌水期1趟工作，1趟备用；最大涌水期2趟工作，1趟备用，满足要求。＋188米水平水仓总容积为1900立方米。

－40米水泵房安装了4台DF120－50×6型水泵，配套YB3－315L2－2型、2极、0.66千伏、200千瓦隔爆型电动机。扬程300米，流量120立方米/小时。排水管路2趟，由直径200毫米的不锈钢管路排水至＋188米泵房水仓。正常涌水期1台工作，2台备用，1台检修，最大涌水期3台工作，1台检修。排水管路采用2趟PE－KS型直径225×20.5毫米、3.5兆帕的管路，正常涌水期1趟工作，1趟备用；最大涌水期1趟工作，1趟备用。－40米水平水仓总容积为1800立方米。

一处应急排水点：东暗斜井＋76米标高设置了应急排水点，主要排荒塘冲、吉林桥煤矿及小窑来水，安装DF155－30×6型矿用排水泵2台，各配置1台132千瓦、660伏隔爆型电动机，敷设2趟直径160毫米的排水管路至＋188米水仓。

2. 牛马司矿业有限公司

1）水井头煤矿

（1）水文地质：矿井正常涌水量97.7立方米/小时，最大涌水量200立方米/小时。水井头煤矿水文地质条件复杂程度属中等类型。

（2）排水设备和方式。矿井主排水系统采用二级排水，在－300米和－500米水平分别设立排水系统，－500米水平排水至－300米水平，再由－300米水平排到地面。

－300米水泵房水仓有效容量为2600立方米，安装D155－67×9型水泵4台，其中1台工作、2台备用、1台检修。沿主井井筒敷设2趟直径194×8毫米无缝钢管排水管至地面。

－500米水泵房水仓有效容量为1300立方米，安装200 D43×6型水泵2台，MD280－43×6型水泵1台，其中1台工作、1台备用，1台检修。沿暗主井敷设2趟直径219×6毫米无缝钢管排水管至－300米水平。

2）铁箕山煤矿

（1）水文地质。矿井正常涌水量112立方米/小时，最大涌水量230立方米/小时。铁箕山煤矿水文地质条件复杂程度属中等类型。

（2）排水设备和方式。该矿井为开采多年的老矿井，分为东西两翼开采，两翼均采用多级排水。井下－50米水平设有一套排水系统，－300米水平东、西两翼没有贯通，两翼分别设置了一套排水系统；东翼－570米水平和－670米水平分别设有排水系统，西翼－450米水平设置了排水系统，－400米设置了辅助排水系统。具体排水路线如下：

① 东翼排水路线：－670米水平→－570米水平→－300米水平→－50米水平→地面；

② 西翼排水路线：－450米水平（－400米辅助水平）→－300米水平→－50米水平→地面。

－50米水平中央泵房共安装了5台D155－67×6型水泵。水泵参数：流量155立方米/小时，扬程402米，电动机型号为YBK2－3555－

2，功率280千瓦。其中2台水泵工作、2台备用、1台检修，沿副斜井安装2趟直径159毫米的管路，1趟工作、1趟备用，每趟长约为750米。

东翼排水设备：

-300米水泵房安装了3台D85-67×5型水泵。水泵参数：流量85立方米/小时，扬程335米，电动机型号为YB2-315 M-2，功率132千瓦。其中1台水泵工作、1台备用、1台检修，沿312管缆道安装2趟直径133毫米管路，1趟工作、1趟备用，每趟长约350米。

-570米水泵房安装了3台D85-67×5型水泵。水泵参数：流量85立方米/小时，扬程335米，电动机型号为YB2-315 M-2，功率132千瓦。其中1台水泵工作、1台备用、1台检修，沿422采区上山安装2趟直径108毫米的管路，1趟工作、1趟备用，每趟长约350米。

-670米水平中央泵房已安装2台D80-30×5型水泵，计划恢复施工后再加装1台同型号水泵。水泵参数：流量43立方米/小时，扬程335米，电动机型号为YB2-200L-2，功率30千瓦。其中1台水泵工作、1台备用，沿52采区上山安装2趟直径60毫米的管路，1趟工作、1趟备用，每趟长约260米。

西翼排水设备：

-300米水泵房安装了3台D85-67×5型水泵。水泵参数：流量85立方米/小时，扬程335米，电动机型号为YB2-315M-2，功率132千瓦。其中1台水泵工作、1台备用、1台检修，沿322管缆道安装2趟直径133毫米的管路，1趟工作、1趟备用，每趟长约为350米。

-400米辅助水泵房安装了2台水泵：1台D80-30×5型水泵，扬程为150米，额定流量为43立方米/小时，配30千瓦电动机1台；另1台D25-50×3型水泵，扬程为150米，额定流量为25立方米/小时，配37千瓦电动机1台。其中1台水泵工作、1台备用。沿442采区上山安装2趟直径80毫米的管路，1趟工作、1趟备用，每趟长约260米。

-450米水平中央泵房安装了3台D85-67×5型水泵。水泵参数：流量85立方米/小时，扬程335米，电动机型号为YB2-315M-2，功率132千瓦。其中1台水泵工作、1台备用、1台检修，沿442采区上山安装2趟直径108毫米的管路，1趟工作、1趟备用，每趟长约350米。

3. 金竹山矿业有限公司

1）一平硐煤矿

（1）水文地质。矿井涌水量：-50米水平正常涌水量为196.5立方米/小时，最大涌水量为585.0立方米/小时；-180米标高正常涌水量为105.9立方米/小时，最大涌水量190.0立方米/小时；全矿井正常涌水量为302.4立方米/小时，最大涌水量775立方米/小时。一平硐煤矿水文地质条件复杂程度属中等类型。

（2）排水设备和方式。矿井采用两级排水方式。在-50米水平、21采区-180米标高设置了排水泵房，21采区-180米矿井水由-180米排至-50米水平水仓，再由-50米泵房直接排至地面。

矿井-50米和-180米建有水泵房，其中-50米水平安装了DF280-43×8型水泵7台，每台水泵配400千瓦，6千伏电动机，沿主斜井敷设1趟直径350×14毫米的玻璃钢管和直径325×8毫米的无缝钢管（内衬塑），排水高度约288米，由-50米水泵房直排至地面。设有主水仓和副水仓，总容量为2764立方米，其中主水仓容量为1700立方米，副水仓容量为1064立方米。

21采区-180米安装了150DF30×6型水泵7台，每台水泵配132千瓦、660伏电动机，将-180米涌水排至-50米水平，沿21采区轨道下山敷设2趟直径273×14毫米的玻璃钢管，排水高度约136米，设有主水仓和副水仓，总容量为5058立方米，其中主水仓容量为2793立方米，副水仓容量为2265立方米。

2）土朱煤矿

（1）水文地质。矿井正常涌水量为70立方米/小时，最大涌水量为285.3立方米/小时。土朱煤矿水文地质条件复杂程度属中等类型。

（2）排水设备和方式。矿井采用二级排水方式。

在-50米和-250米分别设有水泵房。

-50米水泵房安装了4台DF280-43×9型水泵，电动机功率450千瓦，其中1台工作、2台备用、1台检修。排水管路为2趟直径273×10毫米的无缝钢管，其中1趟工作、1趟备用，排水管沿暗副斜井敷设至主平硐、自流出地面。设有内、外水仓，水仓总容量为1794立方米。正常排水量为280立方米/小时。

-250米水泵房安装了3台DF155-30×8型水泵，电动机功率200千瓦，其中1台工作、1台备用、1台检修。排水管路为2趟直径219×7毫米的无缝钢管，其中1趟工作、1趟备用，沿21采区轨道上山敷设至-50米水平。设置有内、外水仓，水仓总容量为610立方米。正常排水量为155立方米/小时。

3）塘冲煤矿

（1）水文地质。矿井最大涌水量为759.9立方米/小时，正常涌水量为495.4立方米/小时。主平硐下最大涌水量为429.9立方米/小时。塘冲煤矿水文地质条件复杂程度属中等类型。

（2）排水设备和方式。矿井采用混合式排水方式。

北翼采用二级排水，在-90米和-250米设置了排水泵房，北翼涌水从-250米排至-90米，再由-90米排至+220米主平硐，经平硐水沟自流出矿井；南翼21采区在0米与+80米分别设水泵房，采用两级排水，分别从0米排至+80米，再由+80米排至+220米主平硐，经平硐水沟自流出矿井；114采区在+85米设水泵房，采用一级排水，从+85米排至+220米主平硐，经平硐水沟自流出矿井。全矿井共设置5个排水泵房。

北翼-250米水平水泵房安装了4台DF150-30×7型水泵，1台工作、2台备用、1台检修，配套YB3315L1-4、660伏、160千瓦电动机。沿28采区行人下山安装2趟直径219×8毫米的无缝钢管。

北翼-90米水平水泵房安装了5台DF280-43×9型水泵，2台工作、2台备用、1台检修，配套YB24004-4、6千伏、450千瓦电动机。沿暗副斜井安装2趟直径325×10毫米的玻璃钢管排水管。

21采区0米采区水泵房安装了3台DF150-30×4型水泵，1台工作、1台备用、1台检修，配套YB3280M-4、660伏、90千瓦电动机。沿21采区回风下山安装1趟直径165×8毫米的无缝钢管和1趟直径219×8毫米的无缝钢管。

21采区+80米采区水泵房安装了4台DF150-30×7型水泵，配套YB3315L1-4、660伏、160千瓦电动机。沿21采区延深回风下山安装2趟直径219×8毫米的无缝钢管排水管。

114采区+85米水泵房安装了3台DF150-30×7型水泵，配套电动机YB3315L1-4、660伏、160千瓦。沿114采区回风下山安装2趟直径219×8毫米的无缝钢管排水管。

水仓容量：

北翼-250米设主、副水仓，主水仓容量1600立方米，副水仓容量800立方米，水仓总容量为2400立方米。

北翼-90米设主、副水仓，主水仓容量2100立方米，副水仓容量1450立方米，水仓总容量为3550立方米。

21采区+80米井底设主、副水仓，主水仓容量600立方米，副水仓容量300立方米，水仓总容量为900立方米。

21采区±0米井底设主、副水仓，主水仓容量600立方米，副水仓容量300立方米，水仓总容量为900立方米。

114采区+85米井底设主、副水仓，主水仓容量600立方米，副水仓容量300立方米，水仓总容量为900立方米。

4. 周源山矿业有限公司

（1）水文地质

矿井正常涌水量为545.5立方米/小时，最大涌水量为588.8立方米/小时。周源山矿业有限公司矿井水文地质条件复杂程度属中等类型。

（2）排水设备和方式。矿井采用三级排水，即-800米水平排到-650米水平，-650米水平排至-370米水平，-370米水平排至地面。

-370米水平中央泵房安装了7台水泵：6台MD280-65×9型水泵，水泵额定流量280立方米/小时，额定扬程585米，电动机功率800千瓦；1台MD155-67×9型水泵，水泵额定流量155立方米/小时，额定扬程603米，电机功率450千瓦。其中3台水泵工作、3台备用、1台检修。沿老副井井筒安装1趟直径273毫米的排水管路，2趟直径325毫米的排水管路，2趟工作、1趟备用，每趟长约500米。水仓总容积为4580立方米。

-650米水平中央水泵房安装了5台MD280-65×6型水泵，水泵额定流量280立方米/小时，额定扬程390米，电机功率450千瓦。其中2台水泵工作、2台备用、1台检修。沿新副井井筒安装3趟直径273毫米的排水管路，2趟工作、1趟备用，每趟长约300米；水仓总容积为3749立方米。矿井在21采区轨道上山下部车场-650米水平设置了一个辅助排水系统，专门用于拦截邻近煤矿老空水，兼作为-650米水平中央水泵房辅助排水系统。该辅助排水泵房中安装有2台MD280-65×6型水泵，额定流量280立方米/小时，额定扬程390米，电动机功率450千瓦，其中1台水泵工作、1台水泵备用兼检修，沿21采区轨道上山安装1趟直径219毫米排水管路至-370米水平，长度约700米。

-800米水平中央水泵房安装了4台MD280-43×5型水泵，水泵额定流量280立方米/小时，额定扬程215米，电动机功率250千瓦。其中1台水泵工作、2台备用、1台检修。沿32轨道上山安装2趟直径245毫米排水管路，1趟工作、1趟备用，每趟长约500米。水仓总容积为3500立方米。

5. 宝源矿业有限公司

2017—2022年，宝源矿业有限公司分别对南、北两矿主水泵房进行自动化改造，投入资金230万元。

1）南平硐煤矿

（1）水文地质。矿井正常涌水量268.1立方米/小时，最大涌水量518.5立方米/小时。南平硐煤矿矿井水文地质条件复杂程度属中等类型。

（2）排水设备和方式。该矿井为开采多年的老矿井，第一水平+190米水平（平硐水平）以上的井下涌水沿大巷水沟自流出井。+190米往下至0米水平为上山开采，井下涌水沿水沟自流至0米水仓。0米水平往下至-125米水平为下山开采，布置41和43两个采区，两采区配备了独立的排水系统，各自将采区涌水排至0米水平运输大巷水沟自流至0米水仓；由0米水平中央泵房集中排至+190米水平运输大巷排水沟自流出井。

0米水平中央泵房共安装了5台MD280-43×6型水泵。水泵参数：流量280立方米/小时，扬程258米，电动机型号为YB2-4001-4，功率315千瓦。其中2台水泵工作、2台备用、1台检修。沿暗副井安装2趟直径219毫米的排水管路，1趟工作、1趟备用，每趟长约460米。

41采区水泵房安装了3台MD155-30×7型水泵。水泵参数流量155立方米/小时，扬程210米，电动机型号为YBK2-315L1-4，功率160千瓦。其中1台水泵工作、1台备用、1台检修。沿41轨道下山安装2趟直径150毫米的排水管路，1趟工作、1趟备用，每趟长约248米。

41采区辅助水泵房安装了2台D46-45×5型水泵。水泵参数：流量46立方米/小时，扬程225米，电动机型号为YBK2-315L1-4，功率55千瓦。其中1台水泵工作、1台备用。沿41~125米延深下山、41轨道下山安装2趟直径100毫米的排水管路，1趟工作、1趟备用，每趟长约330米。

43采区水泵房安装了3台MD155-30×7型水泵。水泵参数：流量155立方米/小时，扬程210米，电动机型号为YBK2-315L1-4，功率160千瓦。其中1台水泵工作、1台备用、1台检修。沿43轨道下山安装2趟直径150毫米的排水管路，1趟工作、1趟备用，每趟长约248米。

2）北平硐煤矿

（1）水文地质。矿井正常涌水量391.8立方米/小时，最大涌水量451.9立方米/小时。北平硐煤矿矿井水文地质条件复杂程度属中等类型。

（2）排水设备和方式。该矿井为开采多年的老矿井，矿井+193米水平以上的涌水经平硐自流出井，井下0米水平、-200米水平和-375米水平分别设有排水系统。0米水平为一级直接排到+193米水平大巷，由北平硐自流出井；-375米水平的涌水先排到-200米水平，由-200米水平排到地面水沟。矿井还设置了54和62两个下山采区，两采区配备了独立的排水系统；62采区涌水先排至-375米水平，再排到-200米水平；54采区涌水排至-200米水平；由-200米水平中央泵房集中排至+193米水平运输大巷排水沟自流出井。

0米水平中央泵房共安装了5台水泵，其中2台水泵工作、2台备用、1台检修。沿24采区上山安装1趟直径250毫米和2趟直径150毫米的管路，1趟工作、2趟备用，每趟长约650米。

其中3台MD280－43×6型水泵，水泵参数：流量280立方米/小时，扬程258米，电动机型号为YB2－4001－4，功率315千瓦。2台MD155－30×9型水泵，水泵参数：流量155立方米/小时，扬程270米，电动机型号为YBK2－315L1－4，功率180千瓦。

－200米水平中央泵房共安装了6台MD280－65×7型水泵。水泵参数：流量280立方米/小时，扬程455米，电动机型号为YB2－4503－4，功率630千瓦。其中2台水泵工作、3台备用、1台检修。沿暗副井安装1趟直径250毫米和2趟直径200毫米的管路，1趟工作、2趟备用，每趟长约800米。

－375米水平中央泵房共安装了3台MD155－30×7型水泵，水泵参数：流量155立方米/小时，扬程210米，电动机型号为YBK2－315L1－4，功率160千瓦。其中1台水泵工作、1台备用、1台检修。沿暗副井安装2趟直径200毫米的管路，1趟工作、1趟备用，每趟长约580米。

54采区水泵房安装了3台MD155－30×7型水泵，水泵参数：流量155立方米/小时，扬程210米，电动机型号为YBK2－315L1－4，功率160千瓦。其中1台水泵工作、1台备用、1台检修，沿暗副井安装2趟直径150毫米的管路，1趟工作、1趟备用，每趟长约760米。

62采区水泵房安装了3台MD155－30×7型水泵，水泵参数：流量155立方米/小时，扬程210米，电动机型号为YBK2－315L1－4，功率160千瓦。其中1台水泵工作、1台备用、1台检修，沿暗副井安装2趟直径150毫米的管路，1趟工作、1趟备用，每趟长约580米。

6. 街洞矿业有限公司

（1）水文地质。矿井正常涌水量为30立方米/小时，最大涌水量为66立方米/小时。街洞矿业有限公司矿井水文地质条件复杂程度属简单类型。

（2）排水设备和方式。矿井采用二级排水方式，在排水井、－70米水平、－300米水平和－400米水平设置排水泵房，排水井、－70米水平、－300米水平水泵房直接排到地面，－400米水平水泵房排至－300米水平。

排水井水泵房安装了MD155－67×5型水泵3台，流量155立方米/小时，扬程335米。沿排水井敷设直径159×7毫米的无缝钢管2趟排水管，主水仓容量400立方米，副水仓容量220立方米。

－70米水平水泵房安装了3台水泵，其中1号水泵型号为MD85－67×4，流量85立方米/小时，扬程268米；2号水泵型号为MD155－67×4，流量155立方米/小时，扬程268米；3号水泵型号为MD155－67×5，流量155立方米/小时，扬程335米，沿副斜井敷设2趟直径159×7毫米无缝钢管排水管，主水仓容量为960立方米，副水仓容量为660立方米。

－300米水平水泵房安装了MD155－67×9型水3台，流量155立方米/小时，扬程603米。沿主斜井敷设2趟直径159×7毫米无缝钢管排水管，主水仓容量为1000立方米，副水仓容量为860立方米。

－400米水平水泵房安装了MD155－67×4水泵3台，流量155立方米/小时，扬程268米，沿暗副井及－300米主石门敷设2趟直径159×5毫米的无缝钢管排水管，主水仓容量为360立方米，副水仓容量为200立方米。

7. 湘永矿业有限公司

1）铜角湾煤矿

（1）水文地质。矿井正常涌水量85.4立方米/小时，最大259.0立方米/小时。矿井水文地质条件复杂程度属中等类型。

（2）排水设备和方式。矿井采用二级排水，即－550米水平排至－260米水平，－260米水平再排至地面。

－260米中央水泵房安装了200D－65×7型水3台，电动机功率为630千瓦；沿主立井敷设2趟直径273×10毫米的排水管路。

－550米中央水泵房安装了MD280－65×5型水泵3台，电动机功率为450千瓦；沿主立井敷设2趟直径273×10毫米的排水管路。

设计－700米延深水平采用三级排水，－700米水平涌水量经暗副井排至－550米水平，然后由－550米水平水泵经立井排至－260米水平，最后由－260米水平水泵排至地面。延深设计－700米中央水泵房选用MD155－30×6型矿用耐磨多级离心泵3台，每台水泵配型号YB355M1－4、132千瓦、6千伏电动机1台。设计选用2趟直径159×6毫米的无缝钢管作为排水管，沿暗副斜井敷设。

2012年，湘永矿业有限公司铜角湾煤矿井下主排水系统无人值守远程控制项目，在原有设施基础上进行自动化改造，安装了矿用自动排水装置，设备在无人值守的情况下自动运行和自我诊断，通过工业计算机的决策控制，对设备的运行状态、运行过程进行自动检测、自动控制，使设备达到最佳工作状态。

2）安陵煤矿

（1）水文地质。矿井正常涌水量为119.2立方米/小时，最大涌水量为291.6立方米/小时。水文地质条件复杂程度属中等类型。

（2）排水设备和方式。矿井主排水系统采用三级排水，在－160米、－260米、－340米分别设立排水系统。

－160米水泵房水仓有效容量为1280立方米，安置了MD280－65×5型多级耐磨离心泵2台，配套YB2－4004－4、450千瓦、3千伏电动机；MD155－67×5型多级耐磨离心泵2台，配套YB2－3553－2、220千瓦、3千伏电动机。其中1台泵工作、2台备用、1台检修。沿副井井筒敷设2趟直径273×7毫米的无缝钢管排水管，直排至地面。

－260米水泵房水仓有效容量为818立方米，安装了D155－30×4型水泵3台，其中1台工作、1台备用、1台检修。沿暗主井敷设2趟直径159×5毫米的无缝钢管排水管排至－160米水平。

－340米水泵房水仓有效容量为725立方米，安装了D155－30×4型水泵3台，其中1台工作、1台备用、1台检修。沿暗主井敷设2趟直径159×5毫米的无缝钢管排水管排至－260米辅助水平。

8. 马田矿业有限公司

2009年起，马田矿业有限公司对所属矿井的井下排水系统进行技改增容。

2016年来，马田矿业有限公司根据生产实际以及安全生产标准化要求，对新星煤矿、高泉塘煤矿井下排水系统进行优化技改，完善了排水系统，新星煤矿实现了自动排水。

1）新星煤矿

（1）水文地质。矿井正常涌水量为240立方米/小时，最大涌水量为741立方米/小时。矿井水文地质条件复杂程度属中等类型。

（2）排水设备和方式。矿井主排水系统采用三级排水，在－250米、－400米、－480米分别设立排水系统。

－250米水泵房水仓有效容量为3666立方米（主水仓1606立方米，副水仓670立方米，增容水仓为1390立方米），安装了MD450－60×8型水泵4台、MD280－65×8型水泵2台，其中2台工作、2台备用、2台检修。沿副立井井筒敷设1趟直径315×12毫米、1趟直径299×10毫米、2趟直径273×8毫米的无缝钢管排水管，直排至地面。增容水仓安装了1台YQ725－265B10－710/WD－JS型潜水泵，沿12采区回风上山敷设1趟直径219×6毫米的无缝钢管排水管，排至高泉塘煤矿－125米水平。

－400米水泵房水仓有效容量为3225立方米，安装了MD450－60×3型水泵5台，其中2台工作、2台备用、1台检修。沿暗副斜井敷设2趟直径377×8毫米的无缝钢管排水管排至－250米水平。

－480米水泵房水仓有效容量为425立方米，安装了MD46－30×4型水泵3台，其中1台工作、1台备用、1台检修。沿21下轨道下山敷设2趟直径108×4毫米的无缝钢管排水管排至－400米水平。

2）高泉塘煤矿

（1）水文地质。矿井正常涌水量280立方米/小时，最大涌水量990立方米/小时。矿井水文地质条件复杂程度属中等类型。

（2）排水设备和方式。矿井采用二级排水方式，在－25米水平、－125米水平分别设立中央排水系统直接排至地面；在－140米设有采区排水系统，将－140米矿坑水排至－125米中央水泵房，再由－125米水平排水系统排至地面。

－25米排水泵房水仓有效容量为1096立方米，安装了MD280－43×8型水泵4台，其中1台工作、1台备用、2台检修。沿副井井筒敷设1趟直径219×6毫米、敷设2趟直径325×8毫米的无缝钢管排水管直排至地面。

－125米排水系统水仓有效容量为1360立方米，共安装7台水泵，其中MD280－43×9型水泵3台，MD450－60×7型水泵4台，3台工作、2台备用、2台检修。沿主井及副井井筒敷设2趟直径219×8毫米、1趟直径273×8毫米、1趟直径480×8毫米的无缝钢管排水管直排至地面。

－140米排水系统（38采区排水系统）内外水仓有效容量为220立方米，水泵房安装了MD43－30×3型水泵2台、MD100－22×4型水泵1台，其中1台工作、1台备用、1台检修。

9. 黄牛岭矿业有限公司

1）水文地质。矿井正常涌水量为290立方米/小时，最大涌水量为624立方米/小时。矿井水文地质条件复杂程度属中等类型。

2）排水设备和方式。矿井采用一级排水。在0米、－150米水平设有水泵房。井下水分别由0米、－150米水平直排到地面。

0米水平中央泵房安装了D280－43×7型离心式水泵3台，配用电动机功率355千瓦，电压等级6千伏，额定流量280立方米/小时，扬程301米。其中1台工作、1台备用、1台检修。沿副井井筒敷设了2趟直径245×7毫米排水管路和1趟直径325×12毫米的排水管路到地面。水仓总容积1793立方米。

－150米水平中央泵房安装了MD450－60×8离心式水泵3台，配用电机功率900千瓦，电压等级6千伏，额定流量450立方米/小时、扬程480米，其中1台工作、1台备用、1台检修。沿副井井筒敷设3趟排水管，1趟直径325×12毫米的排水管工作、2趟直径245×7毫米的排水管备用，排水管路与0米水平排水管连接排到地面。－150米水仓总容积为1900立方米。

2019年5月，将3台D280－43×4离心泵改造为MD450－60×8、900千瓦、6千伏离心式水泵，同时增加了一路DN325×12、1200米主排水管路。

10. 嘉禾矿业有限公司

2012年，浦溪井周边小煤矿陆续关闭，导致该矿井下涌水量增大，为使矿井排水正常及零点班集中排水，新建了一个外水仓，并更换－50米中央水泵房3台主排水泵，安装－250米中央水泵房4台主排水泵，完善了排水系统。

（1）水文地质。矿井正常涌水量为248.7立方米/小时，最大涌水量为363立方米/小时。矿井水文地质条件复杂程度属中等类型。

（2）排水设备和方式。矿井采用一级排水，在－50米、－250米分别建立了中央水泵房，－50米、－250米水泵房直接排至地面。

－50米水平泵房安装了3台D280－43×7型水泵，额定流量280立方米/小时，额定扬程301米，配YB2－4002－4、6千伏防爆电机，功率355千瓦，1台工作、1台检修、1台备用。沿副井筒敷设2趟直径219×8毫米的无缝钢管到地面，正常排水量时1趟水管运行、1趟备用，最大涌水量时两趟水管同时运行。－50米水平水仓容量为4020立方米，其中内外水仓容量为1995立方米，增容水仓容量为2025立方米。

－250米水平泵房安装了4台D280－65×8型水泵，额定流量280立方米/小时，额定扬程520米，配YB2－450－4、6千伏防爆电机，功率710千瓦。排水管沿行人上山、主斜井敷设2趟直径325×12毫米的无缝钢管到地面，正常涌水量时1趟运行、1趟备用，最大涌水量时2趟运行；－250米水平内外水仓容量为2740立方米。矿井排水系统最大排水能力为864立方米/小时。

11. 兴源矿业有限公司

1）伍家冲煤矿

（1）水文地质。矿井正常涌水量为215立方米/小时，最大涌水量为490立方米/小时。矿井水文地质条件复杂程度属中等类型。

（2）排水设备和方式。矿井主排水系统采用两套一级排水，在－180米、－350米水平分别设立排水系统，直排至地面。

－180米水泵房水仓有效容量为2040立方米，安装MD280－65×5型水泵3台、D155－67×5型水泵1台、200D－65×5型水泵2台，其中2台工作、2台备用、2台检修。沿副井井筒敷设2趟直径219×6毫米、2趟直径325×8毫米的无缝钢管排水管，直排至地面。

－350米水泵房水仓有效容量为3600立方米，安装MD280－65×8型水泵5台，其中2台工作、2台备用、1台检修。沿新全能井敷设2趟直径273×10毫米的无缝钢管排水管直排至地面。

2013年1月，湖南省煤炭管理局批复兴源矿业公司伍家冲煤矿扩建工程初步设计，2017年该矿－350米水平排水系统开始施工，2018年建成投入使用。

2）周家坳煤矿

（1）水文地质。矿井正常涌水量为225立方米/小时，最大涌水量1050立方米/小时。矿井水文地质条件复杂程度属中等类型。

（2）排水设备和方式。矿井采用一级排水系统，在-20米水平井底车场附近设置中央水泵房，-20米水平内外水仓有效容量为3000立方米。中央水泵房装置水泵6台，其中D500-57×4型水泵2台，D450-60×4型水泵2台、200D-43×4型水泵2台，沿副井安装3趟直径325×10毫米的管路直排至地面主水沟，每趟管路长度约400米。

主井底安装了1台ZQ550-230/6型高压潜水泵作为应急，配置有1趟直径325×10毫米的专用管路，由地面变电所敷设1根MYJV-3×35型电缆专线供电，由地面直接控制。

3）觉光寺煤矿

（1）水文地质。矿井正常涌水量为210立方米/小时，最大涌水量为480立方米/小时。觉光寺煤矿矿井水文地质条件复杂程度属中等类型。

（2）排水设备和方式。矿井在+30米和-62米水平建立了排水系统，均采用一级排水，将矿井水直排地面。

+30米水平排水系统的内外水仓有效容量为1419立方米，水泵房安装D280-43×3型水泵2台和200D43×3型水泵1台，其中1台工作、1台备用、1台检修。水泵房沿副井井筒敷设2趟直径219×8毫米的无缝钢管排水管，直排至地面。

-62米水平排水系统的内外水仓有效容量为1253立方米，水泵房安装200D43×7型水泵3台，其中1台工作、1台备用、1台检修。水泵房沿暗副井、+30米运输大巷、副井井筒敷设2趟直径219×8毫米的无缝钢管排水管，直排至地面。

12. 红卫矿业有限公司

1）龙家山煤矿

（1）水文地质。矿井正常涌水量163立方米/小时，最大涌水量383.0立方米/小时。水文地质条件复杂程度属中等。

（2）排水设备和方式。矿井主排水系统采用二级排水，在-100米、-250米和-400米水平分别设立排水系统，-100米、-250米水平直接排水至地面，-400米水平排水至-250米水平，再由-250米水平排到地面。

-100米水泵房水仓有效容量为1200立方米，安装了200D 43×6型水泵3台、D280-43×6型水泵1台，其中1台工作、2台备用、1台检修。沿北风井井筒敷设2趟直径219×6毫米的无缝钢管排水管、1趟直径273×8毫米的无缝钢管排水管直排至地面。另在-100米水平设有生活水仓，有效容量为240立方米，安装了100D45×6型水泵2台，沿主井井筒敷设2趟直径159×5毫米的无缝钢管排水管，直排至地面生活水池。

-250米水泵房水仓有效容量为1500立方米，安装了200D 43×9型水泵1台、D280-43×9型水泵2台，其中1台工作、1台备用、1台检修。采用钻孔立管排水，敷设2趟直径219×6毫米无缝钢管排水管直排至地面。

-400米水泵房水仓有效容量为1322立方米，安装D28043×5型水泵3台，其中1台工作、1台备用、1台检修。沿暗主井敷设2趟直径219×6毫米无缝钢管排水管排至-250米水平。

2）里王庙煤矿

（1）水文地质。矿井正常涌水量75立方米/小时，最大涌水量160立方米/小时，水文地质条件复杂程度属中等类型。

（2）排水设备和方式。矿井采用二级排水方式，-125米及-250米水平分别设有排水系统。

-125米水平水泵房安装了2台200D43×7型水泵，额定流量280立方米/小时，功率355千瓦，1台150D30×10型水泵，额定流量155立方米/小时，功率220千瓦，设有2趟直径219×9毫米的无缝管排至地面，管路长度分别为560米、580米。水仓容积为1276立方米，其中内水仓的容积为450立方米；外水仓的容积为826立方米。

-250米水平水泵房安装了2台D155-67×3型水泵，额定流量155立方米/小时，功率355千瓦，与-125米水平共用1趟直径219×9毫米的无缝管直排地面。1台150D30×7型水泵，额定流量155立方米/小时，功率160千瓦，用1趟直径159×4.5毫米的无缝管排至－125米水平。水仓容积为1290立方米，其中内水仓的容积为450立方米，外水仓的容积为840立方米。

3）坦家冲煤矿

（1）水文地质。矿井正常涌水量90立方米/小时，最大涌水量218.6立方米/小时，水文地质条件复杂程度属中等类型。

（2）排水设备和方式。矿井采用一级排水，在－50米、－150米设立排水系统，直排至地面。

－50米水泵房水仓有效容量为1000立方米，安装了200D43×5型水泵3台，其中1台工作、1台备用、1台检修。沿副井井筒敷设1趟直径219×9毫米、1趟直径159×4.5毫米的无缝钢管排水管，直排至地面。

－150米水泵房水仓有效容量为1200立方米，安装了200D43×8型水泵2台、MD280－43×8型水泵1台，其中1台工作、1台备用、1台检修。沿副斜井敷设1趟直径219×9毫米的无缝钢管排水管直排至地面，1趟直径159×4.5毫米的无缝钢管排水管排至－50米水平。

4）沈家湾煤矿

（1）水文地质。矿井正常涌水量为380立方米/小时，最大涌水量为560立方米/小时，水文地质条件复杂程度属中等类型。

（2）排水设备和方式。矿井采用多级排水，分别在－140米、－300米、－400米水平设有水泵房，－400米水平和－300米水平的水排到－140米水平，再由－140米水平水泵经主井排至地面。

－140米水平中央泵房共安装了6台200D43×7型水泵。水泵参数：流量280立方米/小时，扬程301米，电动机型号为YB450S2－4，功率355千瓦，其中2台工作、3台备用、1台检修。另外在水泵房预留1台水泵位置，配套相应的供电设备。沿主井敷设了直径273毫米的排水管路1趟，直径219毫米的排水管路4趟，每趟长约290米。－140米水平设有内、外和增容3个水仓，总容量为1747.8立方米，其中内水仓的容量为234.2立方米，外水仓的容量为313.6立方米，增容水仓1200立方米。

－300米水平中央泵房共安装了5台200D43×5型水泵。水泵参数：流量280立方米/小时，扬程215米，电动机型号为YB400S1－4，功率250千瓦，其中2台水泵工作、2台备用、1台检修。沿暗主斜井敷设了直径219毫米的排水管路3趟、直径273毫米的排水管路1趟，每趟长约360米。另外，－300米水平增容水仓内安装了1台YQ275574/15－710/W－S型应急抢险潜水泵，可将矿井水直接排至地面。水泵参数：流量275立方米/小时，扬程574米，电动机功率710千瓦，供电电压为6千伏。沿暗主斜井和主井敷设了1趟直径219毫米的排水管路直接排至地面，长约650米。－300米水平设有内、外和增容3个水仓，总容量为1988立方米，其中内水仓的容量为253立方米，外水仓的容量为535立方米，增容水仓1200立方米。

－400米水平中央泵房共安装了3台200D43×7型水泵、1台MD280－43×7型水泵。水泵参数：流量280立方米/小时，扬程301米，电动机型号为YB450S2－4，功率355千瓦，其中1台工作、2台备用、1台检修。沿二暗主斜井和暗副斜井敷设了直径273毫米的排水管路2趟，每趟长约260米。另外－400米水平增容水仓内安装了1台250QJ125－154/90型潜水泵，功率为90千瓦，扬程为154米，流量为125立方米/小时，沿二暗主斜井敷设了1趟直径100毫米的排水管路将水排至－300米水仓，排水管路长约260米。在36采区－400米水平临时水仓安装了1台AT300QJ280－140/180型潜水泵，功率为180千瓦，扬程为140米，流量为280立方米/小时，沿36轨道上山敷设了1趟直径219毫米的排水管路将水排至－300米北大巷排水沟，经－300米北大巷水沟自流至－300米水平水仓，排水管路长约260米。－400米水平设有内、外两个水仓，总容量为1285.8立方米，其中内水仓的容量为408.1立方米，外水仓的容量为877.7立方米。

13. 南阳矿业有限公司

1）前进煤矿

（1）水文地质。矿井正常涌水量280立方米/小时，最大涌水量880立方米/小时，水文地质条件复杂程度属中等类型。

（2）排水设备和方式。矿井在－120米和－250米两水平分别建立了排水系统，采用二级排水，－250 米水平的水先排至－120 米水平，再由－120 米水平统一排至地面。

－120 米水平主、副水仓有效容量为 3619 立方米。水泵房安装了 200D－43×6 型水泵 4 台，功率315 千瓦，D450－60×型水泵2 台，功率500 千瓦，其中 2 台工作、2 台备用、2 台检修。沿立井井筒敷设 2 趟直径 273×8 毫米和 1 趟直径 402×8 毫米的无缝排水钢管。还配备了一台应急抢险泵，型号为 YQ725－265/10－710 的潜水泵，配备 1 趟直径 325×8 毫米的无缝排水钢管，直排至地面。

－250 米水平排水系统的内外水仓有效容量为 2350 立方米，水泵房安装了 D450－60×3 型水泵 4 台，功率 355 千瓦，其中 1 台工作、2 台备用、1 台检修。沿暗副井井筒敷设 2 趟直径 300×8 毫米的无缝钢管排水管，排至－120 米水平。

2）浉江煤矿

（1）水文地质。矿井正常涌水量 160 立方米/小时，最大涌水量 458 立方米/小时，水文地质条件复杂程度属中等类型。

（2）排水设备和方式。矿井采用三级排水，在－150 米、－300 米和－400 米 3 个水平建立了排水系统。排水路线：－400 米水平→－300 米水平→－150 米水平→地表。

－150 米水平主、副水仓有效容量为 2060 立方米。水泵房安装了 200D－43×8 型水泵 5 台，流量 280 立方米/小时，功率 450 千瓦，其中 2 台工作、2 台备用、1 台检修。沿副井井筒敷设 3 趟直径 273×10 毫米的无缝排水钢管，直排至地面。

－300 米水平排水系统的内外水仓有效容量为 3008 立方米，水泵房安装了 D200－43×4 型水泵 4 台，流量 280 立方米/小时，功率 220 千瓦，其中 1 台工作、2 台备用、1 台检修；沿暗副井井筒敷设 2 趟直径 273×10 毫米的无缝钢管排水管，排至－150 米水平。

－400 米水平排水系统的内外水仓有效容量为 1030 立方米，水泵房安装了 D200－43×3 型水泵 3 台，流量 280 立方米/小时，功率 160 千瓦，其中 1 台工作、1 台备用、1 台检修。沿二级暗副井井筒敷设 2 趟直径 219×8 毫米的无缝钢管排水管，排至－300 米水平。

14. 白山坪矿业有限公司

1）白山坪煤矿

（1）水文地质。矿井正常涌水量 236 立方米/小时，最大涌水量 590 立方米/小时，井水文地质条件复杂程度属中等类型。

（2）排水设备和方式。矿井主采用两套排水系统，一套为一级排水系统，从－50 米水平直排至地面；另一套为三级排水系统，从－600 米水平至 400 米水平再至 200 米水平排至地面。

－50 米水泵房水仓有效容量为 662 立方米，安装了 150D－30×6 型水泵 3 台、200D－43×4 型水泵 1 台，其中 1 台工作、2 台备用、1 台检修。沿副井井筒敷设 2 趟直径 219×5 毫米的无缝钢管排水管，直排至地面。

－200 米水泵房水仓有效容量为 2500 立方米，安装了 MD280－43×9 型水泵 2 台、D280－65×6 型水泵 2 台、D155－67×6 型水泵 1 台、200D－43×9 型水泵 1 台，其中 2 台工作、2 台备用、2 台检修。沿副井井筒敷设 1 趟直径 159×5 毫米、敷设 2 趟直径 273×8 毫米的无缝钢管排水管，直排至地面。

－400 米水泵房水仓有效容量为 1800 立方米，安装了 200D－43×6 型水泵 2 台、150D－30×8 型水泵 2 台，其中 1 台工作、2 台备用、1 台检修。沿暗副井（20 采区专用回风上山）敷设 2 趟直径 219×5 毫米的无缝钢管排水管排至－200 米水平。

－600 米水泵房：水仓有效容量为 500 立方米，安装了 MD280－43×6 型水泵 3 台，其中 1 台工作、1 台备用、1 台检修。沿二级暗主井敷设 2 趟直径 219×6 毫米的无缝钢管排水管排至－400 米水平。

2）磨田煤矿

（1）水文地质。矿井正常涌水量 44 立方米/小时，最大涌水量 126 立方米/小时，水文地质条件复杂程度属中等类型。

（2）排水设备和方式。矿井采用三级排水系统。一级的－150 米水平水仓容量 550 立方米，副水仓容量 447 立方米，安装了 4 台离心式水泵，其中 150D30×10 型水泵 3 台，电动机功率 220 千瓦，额定扬程 307 米，额定流量 155 立方米/小时。第四台水泵型号 200D－43×8，电动机功率 400 千瓦，额定扬程 326 米，额定流量

288 立方米/小时。采用 3 趟排水管排至地面，1 号、2 号排水管路使用直径 219 毫米的无缝钢管，3 号管路直径 273 毫米。二级的 -300 米水平主水仓容量 1010 立方米，副水仓容量 832 立方米，安装了 4 台离心式水泵，其中第一、第二台为 D155 -30 ×7 型水泵，电动机功率 160 千瓦，额定扬程 210 米，额定流量 155 立方米/小时，采用 2 趟直径 159 毫米的管路排至 -150 米水平水沟进入水仓内；第三、第四台为 D280 -65 ×8 型水泵，电动机功率 710 千瓦，额定扬程 520 米，额定流量 280 立方米/小时；采用 2 趟直径 273 毫米的管路排至地面。三级的 -600 米水平主水仓容量 930 立方米，副水仓容量 372 立方米，安装了 3 台离心式水泵，型号 MD280 -65 ×6，电动机功率 500 千瓦，额定扬程 390 米，额定流量 280 立方米/小时，采用 2 趟直径 273 毫米的排水管路排至 -300 米水沟进入水仓内。

3）龙塘煤矿

（1）水文地质。矿井正常涌水量 59.3 立方米/小时，最大涌水量 148 立方米/小时，水文地质条件复杂程度属中等类型。

（2）排水设备和方式。矿井采用三级排水，即 -400 米水平排到 -300 米水平，-300 米水平排至 -100 米水平，-100 米水平排至地面。

-100 米水平中央泵房安装了 4 台水泵，3 台 200D43 ×6 型水泵和 1 台 D280 -43 ×6 型水泵，每台水泵流量 280 立方米/小时，扬程 258 米，电动机功率 315 千瓦，1 台工作、2 台备用、1 台检修。沿副井安装 2 趟直径 219 ×8 毫米的排水管路，1 趟工作、1 趟备用，敷设长度 760 米。

-300 米水平中央水泵房安装了 3 台 150D -30 ×8 型水泵，水泵流量 155 立方米/小时，扬程 240 米，电动机功率 200 千瓦，1 台工作、1 台备用、1 台检修，沿暗主井安装 2 趟直径 159 ×6 毫米的排水管路，1 趟工作、1 趟备用，敷设长度 596 米。

206 ~300 米水平临时水泵房安装了 1 台 150D -30 ×8 型水泵和 2 台 D43 -30 ×9 型水泵。150D -30 ×8 型水泵，流量 155 立方米/小时，扬程 240 米，电动机功率 200 千瓦；D43 -30 ×9 型水泵流量 43 立方米/小时，扬程 270 米，电动机功率 55 千瓦，1 台工作、1 台备用、1 台检修。沿轨道上山安装 2 趟直径 159 ×6 毫米的排水管路，1 趟工作、1 趟备用，敷设长度 676 米。

37 ~400 米水平水泵房安装了 3 台 MD85 -45 ×3 型水泵，水泵流量 85 立方米/小时，扬程 135 米，电动机功率 55 千瓦，1 台工作、1 台备用、1 台检修，沿轨道上山安装 2 趟直径 159 ×6 毫米的排水管路，1 趟工作、1 趟备用，敷设长度 370 米。

15. 大岭矿业有限公司

（1）水文地质。矿井正常涌水量 257 立方米/小时，最大涌水量 828 立方米/小时，但不包括周边矿井抽排至本矿井的水量。水文地质条件属以老窑、周边关闭小煤矿突水、裂隙弱含水层直接充水为主的复杂类型。

（2）排水设备和方式。矿井采用二级排水方式，分别在 0 米水平（副井）、-130 米（主井）区段设有中央排水泵房，在 22 采区设有 22 采区排水泵房。

矿井在 0 米主排水泵房内共安装了 4 台 D280 -43 ×5 水泵和 1 台 D450 -60 ×4 水泵，电动机型号分别 YB2 -3554 -4、250 千瓦、6 千伏和 Y4004 -4、500 千瓦、6 千伏。从 0 米水平水泵房至地面，配备排水管路为 2 趟直径 325 ×10 毫米的无缝钢管管道，长度为 458 米，经副井敷设到地面。内外水仓容量为 2001 立方米，其中内水仓的容量为 829 立方米，外水仓的容量为 1172 立方米。

矿井 -130 米排水泵房内安装了 1 台 D280 -65 ×5 型水泵、1 台 D155 -67 ×6 型水泵和 1 台 D155 -30 ×5 型水泵，电动机型号分别为 KBY -325M -2、500 千瓦、6 千伏和 KB2 -3555 -2、280 千瓦，6 千伏以及 YB2 -315S -4、110 千瓦、660 伏。配备排水管路 1 趟为直径 219 ×6 毫米的无缝钢管管道，长度为 710 米，经副井敷设到地面；1 趟为直径 133 ×4 毫米的无缝钢管管道，长度为 350 米，经副井敷设到 0 米水平水仓。内外水仓容积共 746 立方米。

在 22 采区 -130 米泵房安装了 3 台 D100 -30 ×8 型水泵，配备 YB2 -280S -2、75 千瓦、660 伏电动机。配备排水管路为直径 125 ×4 毫米的无缝钢管管道，沿 22 轨道上山敷设到 0 米水平，长度为 50 米。

由于矿井在 -84 米北九石门贯穿永兴县旭

泰矿业有限责任公司大岭煤矿采空区，在21采区－84米泵房安装了2台150D－30×8型水泵抽排积水，配备YB2－280－4、75千瓦电动机。配备1趟排水管路为直径133×4毫米的无缝钢管，长度为280米；1趟排水管路直径为100毫米，长度为280米。另外安装1台300QJ200－100/5型潜水泵,配备1趟排水管路为直径273×6毫米的无缝钢管，长度为280米。

集团公司29对生产矿井，街洞公司茶山岭煤矿水文地质简单，大岭公司大岭煤矿水文地质条件复杂，其他27对矿井水文地质中等。

四、压风

2006年集团公司成立后，国家相继颁发6批井工煤矿设备淘汰目录，淘汰滑片式空气压缩机、井下活塞式移动空气压缩机。螺杆式空压机以其先进的技术性能和节电优势在集团公司各矿推广使用，使用空气压缩装备变频新技术，全部退出井下移动式压风站。每年委托有资质的检测检验机构进行安全性能检测，保障了空气压缩设备的安全运行。

（一）湘东矿业有限公司

2021年，湘东矿业公司改造地面固定式压风机，投入LCJMF－90II－8YZ型螺杆空气压缩机2台，容积流量20立方米/分钟，工作压力0.8兆帕，配套90千瓦、380伏电动机，采用变频控制。利用原有的OGLC－132A型空压机1台作为备用空压机。空压机房安装了远程监控系统，实现了无人值守。主供风管径为ϕ110×5.3PE管从行人井敷设至井下，各支管路采用ϕ90×4.7PE管、ϕ63×4.3PE管接至各采掘工作面、各避灾硐室及各用风地点。

（二）金竹山矿业有限公司

1. 塘冲煤矿

2009年，金竹山矿业公司塘冲煤矿压风机房整体搬迁改造，由原二风井搬迁至工业广场。同年9月湖南省工业第一设计院对该矿改扩建工程进行初步设计。

2010年3月，湖南省煤炭工业局批复《湖南省煤业集团金竹山矿业有限公司塘冲煤矿改扩建工程初步设计》，拟同意该矿利用已有空压机站2台OGLC－200W型单螺杆空气压缩机，在副立井场地内新建矿井空压机站压风系统，并新增SAV250－8W型双螺杆空气压缩机3台。

2022年，将2号机OGLC－200W型单螺杆空气压缩机更换为SEF160－2S型双螺杆空气压缩机。

空气压缩机房实现了无人值守。安装有空气压缩机5台，3台电机功率250千瓦双螺杆式空压机，型号为SAV250－8W；2台电动机功率200千瓦单螺杆式压风机，型号为OGLC－200W。

2. 一平硐煤矿

2015年，更新改造4L－20/8型活塞式空压机1台，型号为0GD－42.8，电动机功率250千瓦。

2022年，更新改造4L－20/8 1台，型号为SEF160－2s，双螺杆空压机，电动机160千瓦，5台4L－20/8型活塞式空压机全部淘汰退出。压风主管路采用DN125钢管，采区压风干管路为DN100钢管，采掘工作面分管为DN25钢管。该系统实现了无人值守。

3. 土朱煤矿

2008年12月，更新改造4L－20/8型活塞式空压机3台，型号为0GLc－200w，单螺杆空压机。

2019年10月，更新改造4L－20/8型活塞式空压机2台，为AA6－132w－D－AM－0.8－cSLc型节能双螺杆空压机。

2022年，矿井地面建有无人值守空气压缩机房一座，安装有空气压缩机5台，主输送管道为一趟直径200×8毫米的无缝钢管，支管为直径108×4毫米无缝钢管。井下安装有压风自救装置。

（三）牛马司矿业有限公司

牛马司矿业有限公司斗米山煤矿已于2014年底正式关闭。2022年，公司有水井头煤矿和铁箕山煤矿两个生产矿井。水井头煤矿压风机房原有2台UD200W－8型螺杆式空气压缩机，2021年新增1台SEF200－315－2S型两级螺杆式压缩机，铁箕山煤矿压风机房原有2台UD200W－8型螺杆式空气压缩机，2021年新增1台SEF200－315－2S型两级螺杆式压缩机。

1. 铁箕山煤矿

矿井地面建有压风机房，安装2台UD－200W－8型螺杆式空压机（容积流量34.3立方米/分钟，功率200千瓦，工作压力0.8兆帕）和1台SEF200－315－2S型双级螺杆变频空压机（容积流量42立方米/分钟，功率200千瓦，工作压力0.8兆帕），正常情况下，1台螺杆机连续不间断运行，其余机组备用。送往井下压风管路为6寸管路，井下各水平、永久避难硐室、临时避灾硐室、采掘工作面等规定地点设置了压风自救装置。该系统实现了无人值守。

2. 水井头煤矿

矿井地面建有无人值守压风机房，安装2台UD－200W－8型螺杆式空压机（容积流量34.3立方米/分钟，功率200千瓦，工作压力0.8兆帕）和1台SEF200－315－2S型双级螺杆变频空压机（容积流量42立方米/分钟，功率200千瓦，工作压力0.8兆帕），正常情况下，1台螺杆机连续不间断运行，其余机组备用；送往井下压风管路为6寸管路，井下各水平、永久避难硐室、临时避灾硐室、采掘工作面等规定地点设置了压风自救装置。

（四）街洞矿业有限公司

2012年，街洞矿业有限公司完善地面固定式压风机技改工程，投入40立方米新型风冷式喷油螺杆式空气压缩机2台。

2019年安装60立方米双螺杆式空气压缩机一台。

2022年安装60立方米双螺杆式空气压缩机一台并安装压风机无人值守系统一套，对空气压缩机全部实现了无人值守、在线监控，为井下提供生产风能，同时担负矿山压风自救功能。

2022年，茶山岭压风系统现状为：

矿井地面无人值守压风机房共安装压风机5台。其中安装OJLC－250A型空压机2台，安装ST175－8A型空压机1台，安装SC315－2S型空压机1台，安装GKD－16/220－YF－1型空压机1台。主压风管路采用DN150无缝钢管，干管采用DN125或DN100无缝钢管，支管采用DN50或DN25无缝钢管。每个采煤工作面均安装了ZJY－M6型压风自救装置。

（五）宝源矿业有限公司

南平硐、北平硐两矿由公司无人值守空压机房供风。空压机房安装两台SAV300－7W型双螺杆式空压机（配套电动机功率为224千瓦，额定风量43.3立方米/秒，额定风压0.7兆帕），安装2台SAV250－7W型双螺杆式空压机（配套电动机功率为186千瓦，额定风量35.9立方米/秒，额定风压0.7兆帕），由地面空压机房经平硐、暗斜井向井下供风，主管道直径159毫米无缝钢管、支管直径108毫米无缝钢管和分管直径50毫米无缝钢管向井下各采掘工作地点和永久避险硐室供风。

（六）周源山矿业有限公司

2008年，周源山煤矿压风系统采用地面集中供风方式，地面压风机房改造安装了5台螺杆式水冷空气压缩机及配套电控设备，保留6号活塞式空压机。其中SL341型3台，流量43.7立方米/分钟；S180型2台，流量23.3立方米/分钟。

2016年，周源山煤矿根据水冷式压风机机头超温现象严重、设备故障率高、维护运行成本高的情况，将6号老式活塞式压风机改造为SAV－300型风冷式压风机。

2017年，周源山矿业有限公司将1号压风机改造成ST160－8A型流量33.1立方米风冷式压风机。

2018年，周源山矿业有限公司将5号SL－341型水冷式压风机更换为SAV－300型风冷式压风机。同年完成压风机无人值守系统的安装，并实现压风机房的无人值守。

2019年，周源山矿业有限公司将2号SL－180型水冷式压风机改造成ST160－8A型流量23.1立方米风冷式压风机。

2021年，周源山矿业有限公司将3号、4号SL－341型水冷式压风机改造成SEF200－2S型流量42.6立方米风冷式压风机。

2022年，周源山矿业有限公司将6号SAV－300型风冷式压风机为SE315－2S型流量62.37立方米风冷式压风机。

2022年，周源山无人值守压风系统地面压风机房共安装有压风机6台，其中SAV－300型2台，ST160－8A 2台，SEF200－2S型1台，SE315－2S型1台，矿井压风自救系统线路由地面压风机房集中管路下井供给压风，经过老副井和新副井到井底－370米水平、－650米水平然后到各采区上、下部车场，再输送到各采区绞车道。所有采掘作业点及主要巷道均装有压风自救装置。

（七）黄牛岭矿业有限公司

2018年8月，黄牛岭煤矿恢复生产，采购了1台型号为KD－150A和2台型号为KD－120A90KW的螺杆式空气压缩机。

2022年，黄牛岭矿井压风系统为无人值守地面集中供风。在地面空压机房安装了1台型号为D－150A、110千瓦、24立方米/分钟双级式螺杆空气压缩机，安装了2台型号为D－120A、90千瓦、20立方米/分钟双级式螺杆空气压缩机。地面至井下－150米水平大巷主干管选用直径159×5毫米无缝钢管，沿副井井筒下井，井下主要巷道支管选用直径108×4毫米、直径90×3.5毫米、直径57×3.5毫米无缝钢管，矿井各采掘工作面均设置压风自救装置。

（八）嘉禾矿业有限公司

浦溪井设有无人值守空气压缩站，装有OGLC－200W型空压机2台，每台压风机的压缩能力34立方米/分钟，额定压力0.8兆帕。通过管道接到井下各个采掘作业点压风自救装置和避险硐室内。－50米大巷内每隔100米设置一个压风口，各个采掘作业点均按规定安装了压风自救装置。

（九）马田矿业有限公司

2011年，湖南省煤炭工业管理局批复马田矿业公司新星煤矿产业升级改造项目初步设计，拟同意该矿矿井地面空压机站选用已有的AAG－150W型水冷螺杆固定空气压缩机各3台，每台空压机配备180千瓦、380伏电动机。马田矿业公司对下属矿井淘汰移动式压风机、更新原有的4L－20/8型复动水冷活塞式空压机，投入新型风冷式喷油螺杆式空气压缩机，为变频电控，达到了设备高效率、低能耗、低故障率技改目的。空压机除了担负为井下生产提供风能的功能外还兼顾矿山压风自救功能。

2022年，为满足矿井生产用风需求，马田矿业有限公司对新星煤矿地面压风机进行更新改造，改造后的风冷永磁变频双级压缩空压机型号为TD－350PM，流量为53立方米/分钟，压力为0.8兆帕，电动机功率为250千瓦，电压为380伏，每月节电7万度，并实现了在线监测，达到了提质、降耗、节能、环保的目的。

1. 新星煤矿

矿井地面压风系统配备3台SAV－250/8A型螺杆式空压机，并根据需要配置了风包、放水阀，安全保护齐全可靠。压风管使用直径219毫米的焊接钢管，用不同型号支管接至采掘工作面、避灾硐室等用风地点。该系统实现了无人值守。

2. 高泉塘煤矿

高泉塘煤矿安装了无人值守的地面压风系统，配置S－180型压风机2台，1台工作、1台备用。压风管路沿副井井筒铺设，一趟ϕ159毫米×800米主压风管经副井到－25米水平，－25米南、北回风大巷铺设有一趟ϕ108毫米×2000米的压风管，从－25米水平到－125米南、北运输大巷铺设有一趟ϕ108毫米×2600米的压风管，再用不同型号支管接至采掘工作面、避灾硐室等用风地点。

（十）湘永矿业有限公司

2007年，湖南省煤炭工业局批复湘永矿业公司铜角湾矿改扩建工程项目初步设计，拟同意该矿地面空压机站利用已有的压风系统。初步设计在已有1台LW－40/10型活塞式空压机基础上，增加1台同型号空压机，配备电动机功率为250千瓦，1台工作、1台备用。同年，该矿完成对压风系统变频及主管路的改造。

1. 安陵煤矿

矿井地面无人值守空气压缩机房配备2台螺杆式空气压缩机，1台型号为SAV300－7A和1台型号为BMF185－7II－CSLC，单台排气量为40立方米/分钟，压力均为0.7兆帕。直径109×4.5毫米的主压风管沿副斜井敷设入井，直径89毫米干管、直径50毫米支管敷设到各用气点；在矿井永久避难硐室、采掘工作面等地点设置压风自救装置。

2. 铜角湾煤矿

矿井安装BMF185－7Ⅱ－CSLC型BLT－350A/8型空压机各1台，交换向井下供风，且在每个工作面都安装了合格、足够数量的ZYJ(A)型矿井压风自救装置。该系统实现了无人值守。

（十一）红卫矿业有限公司

1. 里王庙煤矿

地面无人值守压风机房安装了2台螺杆式空气压缩机，型号为SAV－250－8，电动机功率185千瓦，公称容积流量分别为20立方米/分钟和 30 立方米/分钟，额定排气压力 0.8 兆帕。

井下压风系统由地面压风机房沿副斜井铺设的一路 DN100 ×8 焊管至 −125 米大巷，然后分两路送至南、北大巷，从南北大巷接管送风至井下各作业工作面。

2. 沈家湾煤矿

矿井在地面安装了无人值守的 3 台水冷螺杆式空气压缩机，型号为 SAV250 −8W 和 LGD −23/8。主管采用直径 160 ×4.5 毫米的无缝钢管，支管采用直径 50 毫米和直径 25 毫米的无缝钢管，供井下各采掘工作面及避难硐室压风自救点等各需风地点。

3. 龙家山煤矿

矿井无人值守压风系统为地面集中供风。地面压风机房安装了 3 台喷油螺杆式空气压缩机：1 台 SAV250 −8W 型空气压缩机，电动机功率 185 千瓦，公称容积流量 30 立方米/分钟，额定排气压力 0.8 兆帕；2 台 OGLC −185A 型空气压缩机，电动机功率 185 千瓦，公称容积流量 30 立方米/分钟，额定排气压力 0.8 兆帕，主管路采用 DN159 无缝钢管敷设至 −100 米井底车场，一趟支管从 −100 米井底沿 −250 米南大巷至 27（3）采区，一趟支管沿 −100 米南大巷至 27（3）采区，均敷设直径 108 毫米的无缝钢管，再用不同型号支管送风至井下各作业工作面等用风地点。

4. 坦家冲煤矿

地面无人值守压风机房安装了 2 台喷油螺杆式空气压缩机，型号为 STF175 −8A，电动机功率 132 千瓦，公称容积流量 23 立方米/分钟，额定排气压力 0.8 兆帕。井下压风管系统由地面压风机房沿副斜井口铺设的一路 DN160 无缝管至 −50 米井底口后分两路，一路经暗副井至 −150 米大巷，给井下各作业工作面进行集中送风。另一路经 −50 米南、北大巷至 226 轨道下山，216 轨道下山和 236 轨道下山至各个工作面，矿井井下各主要运输巷道管路全部铺设 DN108 无缝管，井下各轨道上山管路铺设 DN89 无缝管或 DN50 焊管，各采掘巷道支线管路全部铺设 DN25 焊管。

（十二）大岭矿业有限公司

地面无人值守压风机房安装有 BLT −150A −0.8 型和 BLT −350A −1.0 型压风机各 2 台，井下压风管系统由地面压风机房沿副斜井口铺设的一路 DN159 无缝管至实 −130 米水平，各主要运输巷道管路全部铺设 DN108 无缝管，再用不同型号支管送风至井下各作业工作面等用风地点。

（十三）白山坪矿业有限公司

2009—2022 年，白山坪矿业有限公司投入资金 480 万元，对地面活塞式压风机进行了更新改造，安装螺杆式变频压风机。

1. 龙塘煤矿

矿井采用集中供风方式，在地面副井口建有压风机房，安装 4 台空气压缩机，其中 2 台 VD180W −8VFD 型空气压缩机（配备 Y2 −315M1 −4、380 伏、185 千瓦的电动机），2 台 VF220 −8W（配备 VSD449、400 伏、220 千瓦）型空气压缩机。主管选用直径 159 ×4.5 毫米的无缝钢管。进入采区巷道敷设压风分管，分管选用直径 108 ×4 毫米的无缝钢管；进入采掘工作面、主要硐室或避难硐室敷设压风支管，支管选用直径 56 ×3 毫米的无缝钢管。

2. 白山坪煤矿

矿井采用集中供风方式，在地面副井口建有压风机房，安装 4 台空气压缩机，其中 1 台 SAV300 −8W 型（电动机功率 224 千瓦，公称容积流量 40 立方米/分钟，额定排气压力 0.7 兆帕）、2 台 UD180W −8VFD 型（电动机功率 180 千瓦、公称容积流量 30 立方米/分钟、排气压力 0.8 兆帕）、1 台 BLT −200A/8 型（电动机功率 160 千瓦、公称容积流量 28.5 立方米/分钟、排气压力 0.8 兆帕）。主管选用直径 159 ×4.5 毫米的无缝钢管；进入采区巷道敷设压风分管，分管选用直径 133 ×4 毫米或直径 108 ×4 毫米的无缝钢管；进入采掘工作面、主要硐室或避难硐室敷设压风支管，支管选用直径 76 ×3.5 毫米或直径 56 ×3 毫米的无缝钢管。

3. 磨田煤矿

矿井采用集中供风方式，在地面副井口建有压风机房，安装了 5 台螺杆式空气压缩机，2 台 SAV300 −8W 型、1 台 UD180W −8VFD 型、1 台 BLT −200A/8 型、1 台 SEF200 −2ES 型。主管选用直径 159 ×4.5 毫米的无缝钢管；进入采区巷道敷设压风分管，分管选用直径 108 ×4 和直径 89 ×3.5 毫米的无缝钢管；进入采掘工作面、主要硐室或避难硐室敷设压风支管，支管选用直径 56×3 毫米的无缝钢管。

（十四）南阳矿业有限公司

2012 年，南阳公司对淝江、前进空气压缩设备进行变频改造。

1. 前进煤矿

矿井采用地面集中式供风，地面压风机房装设了 4 台螺杆式空气压缩机，2 台 SAV250－8A 型（配备 Y2－315M1－4、380 伏、185 千瓦电动机）螺杆式空气压缩机，2 台 SEF200－2S 型（配备 Y2－315M1－4、380 伏、200 千瓦电动机）螺杆式空气压缩机。主供风管经 DN150×4.5 毫米焊管至－120 米水平三角垛分 3 路：一路经－120 米水平南大巷至南翼各个工作面；一路经－120 米水平北大巷至 2265 采煤工作面；第三路经暗主井至－250 米水平分二路，一路经－250 米水平南大巷向修理地点供风，一路经－250 米水平北大巷向 246 采区工作面和暗副井－400 米水平供风。

2. 淝江煤矿

矿井采用集中供风方式，建立了地面空气压缩机房。地面压风机房安装了 4 台螺杆式空气压缩机，2 台 SAV250－Ⅱ－8A 型螺杆式空气压缩机，1 台 SAV250－8A 型螺杆式空气压缩机，1 台 BL175－8A 型螺杆式空气压缩机。主管路为 DN125 无缝钢管，支管为 DN80 无缝钢管，分管为 DN25 无缝钢管，供井下各采掘工作面及避难硐室压风自救点等各需风地点。

（十五）兴源矿业有限公司

2010 年，兴源矿业有限公司淘汰移动式压风机，完善地面固定式压风机技改工程，更新原有的 4L－20/8 型复动水冷活塞式空压机，投入新型风冷式喷油螺杆式空气压缩机，采用变频式电控。改造后，效率高、能耗低、故障率低。

2013 年，湖南省煤炭管理局批复兴源矿业有限公司伍家冲煤矿扩建工程初步设计，拟同意该矿地面空压机房利用已有的 SA－250W 型空压机 2 台，电动机功率 250 千瓦，新增同型号空气压缩机 1 台。

1. 觉光寺煤矿

地面压风机房安装了 3 台螺杆式空气压缩机，型号 S125 和 SC125A 的各 1 台（电动机功率 90 千瓦，公称容积流量 16 立方米/分钟，额定排气压力 0.8 兆帕），型号 SEF160－2S 的 1 台（电动机功率 160 千瓦，公称容积流量 33 立方米/分钟，额定排气压力 0.8 兆帕）。井下压风管路系统由地面压风机房沿副斜井口铺设的一路 DN100 焊接钢管至＋30 米副井底，经暗副井至－62 米运输大巷四石门入口，给井下各作业工作面进行集中送风。

2. 周家坳煤矿

地面压风机房安装了 2 台螺杆式压风机。其中 1 台为 S132－2S 型变频双级风冷式螺杆一体空压机，排气量为 28 立方米/分钟，另一台为 LGD－22/10 型螺杆式压风机排气量为 22 立方米/分钟，井下压风管系统由地面压风机房沿副斜井口铺设一路 DN108 无缝管至－20 米井底再至－20 米南北大巷，经各支管给井下各作业工作面等用风地点送风。

3. 伍家冲煤矿

矿井采用集中供风方式，建立了地面空气压缩机房，配备 2 台 SAV－250W 型和 1 台 LW－250C 型螺杆式压风机。主管采用 DN150 无缝钢管，支管采用 DN100 和 DN50 无缝钢管，供井下各采掘工作面及避难硐室压风自救点等各需风地点。

截至 2022 年底，集团公司所属 29 对煤矿共有在用螺杆式空气压缩机 95 台，具体见表 2－3－8。

表 2－3－8　集团公司煤矿压风设备状况表（截至 2022 年底）

原煤公司	序号	生产矿井	空气压缩机型号	排气量（立方米/分钟）	配套电动机		台数	压风管路		安全性能检测	备注
					型号	功率（千瓦）		通径（毫米）	长度（千米）		
金竹山	1	一平硐	ODG－42.8	42.8	Y315M2－8	250	1	125	4.80	合格	螺杆式
			SEF160－2S	40	YE2－315L1－4	160	1				螺杆式

表2－3－8（续）

原煤公司	序号	生产矿井	空气压缩机型号	排气量（立方米/分钟）	配套电动机		台数	压风管路		安全性能检测	备注
					型号	功率（千瓦）		通径（毫米）	长度（千米）		
金竹山	2	土朱	OGLC－200W	34	Y2315L2－2	200	3	200	5.30	合格	螺杆式
			AA6－132W－AM	20	Y2VP－315SX－4	132	2			合格	螺杆式
	3	塘冲	OGLC－200W	34	Y2315L2－2	200	2	200	5.00	合格	螺杆式
			SAV250－8W	31	JBR0400M－4	180	3			合格	螺杆式
牛马司	4	水井头	UD200W－8	34.3	Y2－315L2－4	200	2	150	5.6	合格	螺杆式
			SEF200－315－2S	42.09	Y2VF－315L2－4	200	1			合格	双螺杆
	5	铁箕山	UD200W－8	34.3	Y2－315L2－4	200	2	150	6	合格	螺杆式
			SEF200－315－2S	42.09	Y2VF－315L2－4	200	1			合格	双螺杆
湘东	6	湘东	LCJMF－90II－8YZ	20	S2AC－250M－4	90	2	150	3.00	合格	螺杆式
			OGLC－132A	20	Y315M2－8	132	1			合格	螺杆式
宝源	7	南平硐 北平硐	SAV250－7W	35.9	NGD449TSD－402	185	2	150	6.00	合格	螺杆式
			SAV300－7W	43.3	NGD449TSD－4	220	2			合格	螺杆式
周源山	8	周源山	ST160－8A	33.1	YE2－315L1－4	160	2	200/150	5.80	合格	螺杆式
			SEF200－2S	42.6	Y355－4	200	1			合格	螺杆式
			SE315－2S	62.37	Y355－4	315	1			合格	螺杆式
			SAV－300	43.3	NGD449TSD－4	220	2			合格	螺杆式
黄牛岭	9	黄牛岭	KD－120A	19.4	S2AC－250M－4	90	2	150	2.9	合格	螺杆式
			KD－150A	24	Y315M2－8	110	1			合格	螺杆式
嘉禾	10	浦溪	OGLC－200	34	Y2－315M1－4	200	2	150		合格	螺杆式
马田	11	高泉塘	SAV180	20	Y2VP－315SX－4	132	1	150	3.00	合格	螺杆式
			SAV180	20	Y2VP－315SX－4	132	1			合格	螺杆式
	12	新星	SAV250－8A	30.1	NGD449TSD－402	185	3	100	3.00	合格	螺杆式
湘永	13	铜角湾	SAV－300A	40	NGD449TSD－4	220	1	150	8.50	合格	螺杆式
			LW－40/10	40	Y400L－10	250	2			合格	螺杆式
	14	安陵	SAV－300A	40	NGD449TSD－4	220	1	100	6.20	合格	螺杆式
			LW－40/10	40	Y400L－1	250	2			合格	螺杆式
街洞	15	茶山岭	ST175－8A	20.9	NGD445TSD－4	130	1	150	8.63	合格	螺杆式
			OGLC－250A	40	Y315M2－8	250	2			合格	螺杆式
			SCF315－2S	60	YVP355L－4	315	1			合格	螺杆式
			GKD－16/220－YF－1	60	TYE4－315LX－12	280	1			合格	螺杆式
白山坪	16	白山坪	BLT－200A/8	28.5	315M2－8	132	1	150	6.80	合格	螺杆式
			UD180W－8VFD	30	Y2－315M1－4	180	2			合格	螺杆式
			SAV300－8W	40	NGD449TSD－4	220	1			合格	螺杆式
	17	龙塘	UD180W－8VFD	30.2	Y2－315M1－4	185	2	150	7.20	合格	螺杆式
			VF220－8W	43	VSD449	220	2			合格	螺杆式
	18	磨田	BLT－200A/8	28.5	315M2－8	132	1	150	8.50	合格	螺杆式
			UD180W－VFD	30.5	YP315M－4	180	2			合格	螺杆式
			SAV300－8W	40	NGD449TSD－4	225	2			合格	螺杆式

表2-3-8（续）

原煤公司	序号	生产矿井	空气压缩机型号	排气量（立方米/分钟）	配套电动机		台数	压风管路		安全性能检测	备注
					型号	功率（千瓦）		通径（毫米）	长度（千米）		
大岭	19	大岭	BLT-150A	20	YP315M-4	150	2	100/150	1.6/1.5	合格	螺杆式
			BLT-350A	39	NGD449TSD-4	250	2			合格	螺杆式
红卫	20	龙家山	SAV250-8W	30	Y280-45	185	1	100	5.50	合格	螺杆式
			OGLC185A	30	Y280-45	185	2			合格	螺杆式
	21	里王庙	SAV-250-8	30.1	Y280-45	185	2	100	1.80	合格	螺杆式
	22	坦家冲	STF75-8A	23	NCD445TSD-4	130	2	150	1.75	合格	螺杆式
	23	沈家湾	SAV250-8A	30.1	NGD449TSD-402	185	2	150/100	4.50	合格	螺杆式
			LGD-23/8	23	Y315M-4	132	1			合格	螺杆式
南阳	24	溉江	BL175-8A	20	Y315M2-8	132	1	100	4.50	合格	活塞式
			SAV250-Ⅱ-8A	30.1	Y280-45	185	3			合格	螺杆式
	25	前进	SAV250-8A	30	Y2-315M1-4	185	2	100	4.20	合格	活塞式
			SEF200-2S	30.1	Y2-315M1-4	200	2			合格	螺杆式
兴源	26	周家坳	LGD-22/10	22	Y2-315M-4	132	2	100	1.40	合格	螺杆式
	27	觉光寺	S125	16	Y2280M-2	90	3	100	2.50	合格	螺杆式
	28	伍家冲	SAV-250-8W	30	Y280-45	180	3	150	3.00	合格	螺杆式
合计							95				

第五节 生 产 管 理

一、技术管理

（一）机构与制度

2006年集团公司成立后，涟邵、资兴、白沙矿区原煤子公司的安全生产管理，实行集团公司—矿区安全生产管理局—原煤公司—生产矿井（区）的监督、管理体制。长沙、湘潭矿业公司、辰溪煤矿安全生产管理，实行集团公司—原煤公司—生产矿井的监督、管理体制。白沙能源安全生产管理，实行集团公司—矿区安全生产管理局—白沙能源—南阳煤业公司—生产矿井（区）的监督、管理体制。2008年8月，制定了《湖南省煤业集团有限公司矿区管理体制改革方案》，分设涟邵、白沙和资兴3个矿区安全生产管理局，长沙公司、湘潭公司和辰溪煤矿的安全生产监管划归涟邵安全生产管理局管理。

2006年11月16日，集团公司印发《湖南省煤业集团煤矿生产技术管理暂行办法》；2010年8月26日印发《湖南黑金时代股份有限公司生产技术管理制度》，11月8日印发《湖南黑金时代股份有限公司生产技术资料报送制度》，11月12日印发《湖南黑金时代股份有限公司煤矿生产技术管理考核办法》，11月19日印发《湖南省煤业集团有限公司煤矿生产技术管理制度》；2011年5月16日印发《湖南黑金时代有限公司生产技术管理考核办法》；2012年3月12日印发修订后的《湖南黑金时代有限公司生产技术考核办法》。2018年，股份公司修订了《湖南黑金时代股份有限公司生产技术管理制度》《湖南黑金时代股份有限公司原煤生产计划管理制度》《湖南黑金时代股份有限公司总工程师责任制》《湖南黑金时代股份有限公司煤矿安全生产技术审批制度》等4个基本制度及10个子制度，对所辖煤矿的工程设计与技术规程审批、回采管理、开拓掘进管理、机电运输管理、“一通三防”管理、地质测量及防治水管理、煤质管理及监督与考核等做了具体规定，规范了集团公司生产技术管理。各矿区生产安全管理局、各原煤公司根据集团公司的煤矿生产技术管理制度和各单位的具体情况，制定了相应的实施细则，并贯彻执行。

2006—2008 年，集团公司生产技术管理由安全生产部实施。

2008—2022 年，集团公司分设生产技术部，主要职责为负责股份公司及下属原煤公司的生产技术管理及标准化管理体系建设，包括制度建设、生产技术管理、调度管理、科技进步、质量管理等。具体内容包括：制订与完善矿井生产技术管理、安全生产技术审批、安全生产调度等方面的制度、标准与流程；制订与完善矿井科技进步、科技项目管理、节能减排、矿用设备器材使用管理方面的制度、标准与流程；制订与完善矿井“三下”采煤、测绘技术、煤矿地质与“三量”“一通三防”和防治水方面的制度、标准与流程；编制集团公司中长期原煤生产发展规划；采煤、掘进、地质、测量、机电、运输、通风、煤质、化验等各专业的管理和标准化作业；矿井“三量”的管理与考核。组织编制矿井采掘接替五年规划；组织编制集团公司年度生产和瓦斯抽采建议计划，审批下达年度生产和瓦斯抽采计划。生产和瓦斯抽采计划的组织实施、监督和考核；组织除矿井改扩以外的矿井专项工程项目的设计编审、实施，组织检查、验收和决算；统一组织各原煤公司办理煤炭生产许可证；组织生产调度统计信息管理；组织矿井年度瓦斯等级、延伸水平煤尘爆炸指数、自然发火等级等方面的鉴定，矿井灾害等级发生改变的报告审批；组织编制和审查煤矿瓦斯抽采与利用规划、矿井生产能力核定报告；组织重大安全生产技术方案的审核、审查；参与矿井质量标准化规划和年度达标计划的制定、实施、管理；参与安全质量达标检查验收和矿井质量达标竞赛考评活动；组织制定科技进步规划，审查矿井安全生产技术年度科技项目计划；组织开展科技攻关、科技创新、技术交流和合理化建议活动；推广使用新技术、新工艺、新产品；节能减排、环境保护等业务管理；提出并组织研究解决资源合理开发，安全高效生产的技术方案；参与研究提高矿井抗灾能力、解决煤矿重大安全隐患的方法、手段；生产、技术、质量达标、“一通三防”和地测防治水等资料、报表的收集、汇总和上报；指导、检查、督促矿区安全生产管理局的生产技术管理工作等。

矿区安全生产监督管理局生产部负责组织编制、上报、下达监管区域原煤产量、开拓进尺、煤炭质量、矿井达标、技术进步、安全目标等主要指标计划；并对这些主要指标计划的实施进行组织、检查、指导、验收、考核、评价。组织编制并审查上报：矿井改（扩）、重大改造和水平延深方案设计；矿井水平及采区接替计划；科研项目实施方案；国家投资或国债支持的煤矿改造项目可研报告和方案设计；矿区“三下”开采方案设计与施工设计。监控矿井“三量”及煤炭资源管理；负责监管区域有关报表的统计、分析、报送工作。

原煤公司生产技术部负责各矿井采煤、开拓、掘进及矿井运输等方面的生产技术管理工作；组织编制矿井规划和矿井水平、采区设计及有关改造方案，编审采掘工作面规程措施；组织参加安全质量检查和重大灾害事故的抢救、追查、分析和处理工作；负责公司生产建设、设计、施工的全部测绘工作，提供和保管好各种地质测量图纸和资料；负责“三个煤量”的测算、管理和各种技术报表工作。

生产矿井生产技术组负责生产技术管理工作，组织编制五年规划及月度、年度生产经营计划、矿井长远发展规划以及作业规程、技术措施、现场管理、工程质量考核验收等工作。

（二）工程设计与技术审批

1. 工程设计管理

2010 年 8 月 26 日印发《湖南黑金时代股份有限公司煤矿生产技术管理制度》，2013 年 2 月 27 日印发修订后的《湖南黑金时代股份有限公司安全生产技术审批制度》，2018 年再次修订印发《湖南黑金时代股份有限公司煤矿安全生产技术审批制度》，2021 年印发《湖南煤业股份有限公司生产技术管理制度》。集团公司在工程管理设计方面的做法如下：

（1）矿井初步设计及安全专篇与施工图设计、矿井改扩建工程设计与安全专篇、矿井技术改造工程设计与安全专篇、“三下”采煤方案设计与初步设计、矿井开拓延深工程方案设计与初步设计、采区方案设计及初步设计由建设单位委托具有相应设计资质的单位负责设计。

采区施工设计以及其他单项工程设计可由原煤公司总工程师组织完成。

（2）矿井改（扩）建、技术改造、开拓延深、采区、工作面设计必须在原有勘探部门提交的矿井资源储量报告的基础上，根据矿井储量核实报告（或储量检测报告）及矿井实践和补勘的地质资料，按工程的不同要求，编制生产地质报告或说明书。按审批程序审批后，提交设计部门，设计部门必须严格按照提供的资料组织设计。

（3）新井建设、矿井改（扩）建必须先委托有资质的单位编制预可行性研究报告（以下简称预可研报告）与可行性研究报告（以下简称可研报告），可研报告须报股份公司审查，经批准立项后才可进行初步设计与安全专篇设计。

（4）矿井技术改造必须在核定生产能力和矿井发展规划的基础上进行。重大项目（500 万元以上）应报项目建议书和可行性研究报告，经股份公司批准后，才能进行初步设计或施工图设计。

（5）矿井开拓延深工程由矿区安全生产管理局总工程师组织有关单位、部门研究提出延深设计的主要原则，设计单位根据延深设计的主要原则编制设计方案和初步设计。

（6）工程设计、技术规程、安全技术措施的审批按照《湖南煤业股份有限公司煤矿安全生产技术审批制度》的规定执行。

2. 工程施工与竣工验收管理

（1）新井建设、矿井改扩建、重大（500 万元及以上）技术改造项目由股份公司或委托矿区安全生产管理局负责施工监督管理。单位工程完工后，由股份公司或委托矿区安全生产管理局组织有关单位共同验收，工程验收合格后签署交工验收证书和竣工图纸。工程全部竣工后，由股份公司组织有关单位共同验收，验收合格要提交竣工验收报告、签署交工验收证书。并及时申请煤矿安全监察部门对矿井安全设施进行验收。

（2）水平延深工程、500 万元以下的技术改造项目、采区施工由矿区安全生产管理局负责质量监督，工程竣工后由股份公司或委托矿区安全生产管理局组织有关单位共同验收，签署交工验收证书和竣工图纸，提交竣工验收报告。

3. 作业规程、技术设计、措施、方案、报告的编制及管理

《湖南黑金时代股份有限公司煤矿安全生产技术审批制度》规定采煤、掘进工作面作业规程由各原煤公司审批。

作业规程的编制坚持“安全第一，预防为主”的方针，积极推广、采用新技术、新工艺、新设备、新材料和先进的管理方法，采用先进的劳动定额和合理的劳动组织，提高采煤工作面单产和掘进工作面单进水平，提高工效，降低材料成本消耗。

作业规程应遵守《中华人民共和国安全生产法》《中华人民共和国煤炭法》《中华人民共和国安全法》《煤矿安全生产条例》《煤矿安全规程》等国家相关法律、法规、规章、规程、标准和相关技术规范。同时，遵守煤矿技术操作规程、回采操作规程、巷道掘进操作规程及集团公司、原煤公司的相关规定。

作业规程由原煤公司总工程师或生产技术部采矿副总组织，做好编制、审批、贯彻、复查、管理等各环节的工作。

作业规程审批完成后，由原煤公司总工程师和采矿副总签字后实施。

在工作面施工结束后，写出作业规程执行情况总结，送原煤公司生产技术部，连同作业规程和修改补充措施（包括电子版）一并存档。

采、掘工作面开工前编制作业规程并进行贯彻学习。

采、掘队队长是作业规程执行的第一责任者，分管矿（区）长对作业规程执行负监督检查责任。

2013 年，股份公司加强了对采掘作业规程的管理。修改完善了《采、掘、修作业规程及安全技术措施管理办法》。各矿区安全生产管理局、原煤公司编制了采掘作业规程电子模板，从文字排版、插图管理、章节内容等都做了具体规定，编制者根据模板格式输入相关内容即可，提升作业规程的编制质量，提高工作效率。各矿区安全生产管理局开展了作业规程评比竞赛活动，对优胜者进行了嘉奖，促进了采掘作业规程的提高。

2015 年，股份公司对作业规程的编制提出了 3 个原则：凡是作业规程规定的，必须不折不扣地执行；凡是安全工作需要的，作业规程必须做出规定；凡是法律禁止的，作业规程不得采用。4 月 20 日起由股份公司总经理、分管安全的副总经理为组长开展了煤矿作业规程专项检查，进一步促进煤矿作业规程的编制、审批、贯

彻、培训和现场执行的严密性，指导现场科学合理地组织生产，从源头上消除事故隐患。

2018 年，股份公司印发《湖南黑金时代股份有限公司煤矿安全生产技术审批制度》，对作业规程、技术措施、技术方案、设计、报告的编制及管理做了详细的规定。

此后直至 2022 年，公司技术管理执行以上规定。

4. 生产接替管理

1）采掘平衡管理

由于历史的原因，集团公司成立之初采掘接替紧张的矛盾仍然十分突出，集团公司 51 对矿井中有 15 对矿井不同程度地存在采掘接替紧张的现象。

2006 年，全集团公司共有 15 对矿井在进行水平延深；资兴的嘉禾、黄牛岭，白沙的爱和山、新星、安陵、铜角湾、龙家山、沈家湾、磨田，湘潭的一矿、三矿、四矿，长沙的伍亩冲矿、西峰仑矿，辰溪的大坪井，涟邵的水井头、咸沙坝、彭家冲等矿井也在进行采掘调整。针对这一情况，为确保采煤有“战场”，缓解采掘接替紧张的矛盾，各级领导高度重视采掘部署工作，对已开工的 15 对矿井水平延深工程进一步加强管理，及时组织召开采掘接替专题会，调整采掘部署，采取措施，在人、财、物上予以优先保证，重点调度，加大考核力度等措施保证了重点工程的进度，缓解了采掘接替紧张的矛盾。通过认真组织，统筹安排，集团公司开拓进尺全面完成进度计划。在抓好水平延深的同时，抓好采区与工作面的正常接替，保证当年产量的完成。

同年，集团公司为了加强矿井采掘接替工作，保证煤矿生产的发展后劲，抓住采掘接替工作的重点，实现均衡生产和矿井的可持续发展，推行采掘接替重点工程管理办法。指出矿井采掘接替工程是直接关系到煤矿能否正常采掘接替的必要条件，是煤炭生产持续、稳定、健康发展的重要前提。各单位的主要领导要把重点工程作为各项工作的重点来抓。矿井采掘接替重点工程管理工作，原煤公司是实施主体，各矿区安全生产管理局是监督、验收、履行原煤公司和矿井考核奖罚的主体，集团公司对矿井重点工程管理实行计划安排确认和抽查。

集团公司确定矿井采掘工程的原则：矿井采掘接替重点工程是指矿井总工程师在编制年度计划或五年规划过程中认为本矿井可能存在的近期或远期采掘接替问题，为确保矿井正常的采掘接替须对个别井巷工程进行重点投入和监管的工程。

矿井采掘接替重点工程由原煤公司按本企业近期生存与长远发展所明确的采掘工程重点项目编制计划；由矿区安全生产管理局组织会审，报集团公司确认，并下达重点工程计划。具体措施如下：

（1）集团公司成立重点工程管理领导小组，原煤公司成立以总经理为首，分管领导具体负责，生产技术部门人员参加的重点工程管理领导小组。做到“三保”“三落实”即保质、保量、保安全，落实时间、落实项目负责人、落实责任。要求在人、财、物等方面给予优先保证。实行专项管理，责任、奖罚落实到人，确保重点工程按进度完成。

（2）各矿区安全生产管理局、原煤公司对工程质量、进度、安全、项目资金等方面进行有效管理，定期召开采掘平衡和重点工程管理专题会议，及时解决工程施工中存在的困难和问题，协调处理各种矛盾，并将有关情况报集团公司生产技术部。

（3）考核工作由集团公司下属 3 个安全管理局具体负责。按照集团公司年度计划控制，季度计划考核，采取分月考核、季度兑现。

集团公司把抓好矿井采掘接替工作、缓解采掘接替紧张状况作为保障均衡生产的重要措施，列为年度主要工作。各矿总工程师负责组织编制矿井水平、采区开拓计划、准备中长期规划和编制年度采、掘接替计划，报上级审查批准。矿井的水平接替由所属矿区的安全生产管理局局长、局总工程师负责平衡落实，矿长、矿总工程师负责组织实施。采区及回采工作面接替由矿长、矿总工程师负责组织安排落实。矿区安全生产管理局局长、局总工程师和矿长、矿总工程师分别按季和月召开采、掘平衡会议，解决落实有关问题。水平、采区和工作面必须实现正常接替。矿井水平延深工程，保证在上一水平产量递减半年前，使按设计要求的第一个工作面具有竣工投产条件。接替新采区，在老区产量递减 3 个月前，按设计要求的第一个工作面具有竣工投产条件。

接替的工作面，在老工作面结束1个月前，具有竣工投产条件。矿区安全生产管理局、矿总工程师以提高采、掘、运机械化程度和工作面、采区、水平的合理集中生产、建设高产高效矿井为目标，把矿井生产环节改造、改革开拓部署、优化巷道布置作为重要的技术基础工作。

2007年，集团公司的矿井接替情况仍未根本改善。集团公司还有铁箕山、水井头、土朱、托山、蛇形山、咸沙坝、浦溪、黄牛岭、桐子山、芝兰冲、新星、铜角湾、安陵、荆南、沈家湾、龙家山、磨田、南阳庙、前进、茶山岭、茶塘、湘潭三矿、高陂等23对矿井水平接替紧张，剃头下山开采、不正规的采煤方法仍制约着矿井安全生产。7月24日，集团公司2007年经济运行会议要求下半年各单位要根据实际情况，严格制订重点生产接替工程及施工安排计划。要精心组织、统筹安排，确保当年安排的井巷设备及安装工程顺利完成，逐步扭转剃头下山开采局面。集团公司共安排专项工程计划资金2.36亿元，主要对矿井开拓延深、生产系统及安全设施、设备等进行改造，提升矿井安全生产保障能力。各单位根据各自的实际情况，实施了矿井改扩建与技术改造等专项工程，蛇形山、铁箕山、茶山岭、铜角湾等矿井长期采取剃头下山开采，生产系统不完善，生产效率低，经过近两年的投入与整改，取得初步成效，矿井水平接替得到缓解，生产系统基本完善。

2008年，集团公司在湖南省内有矿井51对，可采储量仅2.5亿吨，大部分进入深部开采，生产接替困难。集团公司共安排专项工程计划，投入资金2.9亿元，主要对矿井开拓延伸、生产系统及安全设施、设备等进行改造。各单位根据各自的实际情况，实施矿井改扩建与技术改造等专项工程，提升了矿井安全生产保障能力。蛇形山和咸沙坝矿存在的剃头下山开采问题，经过两年多的整改，取得初步成效：蛇形山矿－300米东翼水平运输大巷已延深至22采区西，并与22采区行人下山贯通；－300米西翼水平运输大巷已贯通19、23采区，基本形成了独立的采区生产系统。咸沙坝矿井的剃头下山开采问题，已掘进暗斜井220米，一季度掘至－280米水平，基本解决了剃头下山的开采问题。黄牛岭公司－150米水平开拓延深问题，延深工程累计共投入资金1300万元，进尺2600米，从系统上解决了接替紧张的问题。

是年，针对采掘接替紧张的矛盾和资源枯竭的问题，各单位开展了采掘接替情况研究，编制了各矿井五年采掘接替规划；召开采掘接替工作会，在人、财、物予以优先保证的基础上，进行重点调度和考核，保证接替工程的进度，缓解采掘接替紧张的矛盾；同时，为确保采煤有“战场”，资源枯竭矿井充分依靠技术人员，积极开展探煤找煤工作，取得了较好效果。如白沙矿区2008年上半年计划重点工程1917米，实际完成了2421米；白沙湘永、街洞公司利用复采、巷探、钻探等多种多样的探煤方式，不同程度地找到了一定储量的可采煤，特别是街洞矿业公司探明储量大、效果好，有效缓解了采掘接替矛盾。

由于长时间接替投入不足，省内51对矿井中有23对矿井水平接替紧张，接替紧张的局面没有大的改观。集团公司2009年度工作会议要求各单位要抓好矿井采掘接替工作，缓解采掘接替紧张状况。印发了《湖南省煤业集团有限公司2009年度采掘接替重点工程管理办法》，各原煤公司把矿井采掘接替和“三量”管理作为主要考核内容，把开拓延深工程和重要的系统改造工程列为集团公司重点工程项目，推行重点工程项目负责制，推行项目合同制管理。矿区生产安全管理局加强嘉禾、黄牛岭、彭家冲、咸沙坝等生产矿井采掘工作面的监管，采掘接替紧张状况明显改善。南阳公司面对南阳庙矿接替紧张的现状，采取延伸216采区、加快布置266采区、探采246采区以小调整促大接替的方式确保矿井正常生产。针对浉江矿地质条件变化大，工作面储量时常落空的窘境，通过延伸268区段，开拓248～300主石门及248～248总回风石门，实施24～26采区配采7煤方案，边掘边探寻可采煤炭资源，按煤层形态布置壁式工作面正规采煤，缓和了矿井采掘接替的紧张局面。

2010年，印发了《黑金时代股份有限公司煤矿重点工程管理考核办法》。

2011年，通过对51对生产矿井内保有煤炭资源储量、矿井实际生产能力及水平接替情况的初步调查，核实矿井服务年限在5年及以下的有12对，5～10年的有11对，10年以上的只有28对，水平接替紧张的矿井有30对。服务年限和矿井内水平接替情况分别见表 2－3－9、表 2－3－10。

表 2－3－9 矿井服务年限统计表

服务年限	矿 井 名 称
5 年及以下	涟邵：斗米山；资兴：宝源南平硐、祥和煤业公司；白沙：南阳庙、茶山岭、茶塘；长沙：西峰仑、竹山塘、跃进 湘潭：二矿；辰溪：蒋家坪、大坪
5～10 年	涟邵：咸沙坝；资兴：宝源北平硐；白沙：荆草坪、里王庙、龙家山、高泉塘、芝兰冲；长沙：五亩冲；湘潭：一矿、三矿、四矿
10 年以上	涟邵：水井头、铁箕山、一平硐、土朱、塘冲、托山、蛇形山、彭家冲；资兴：周源山、嘉禾浦溪井、唐洞八一井、黄牛岭公司；白沙：爱和山、桐子山、新星、铜角湾、安陵、沈家湾、坦家冲、白山坪、龙塘、磨田、大岭、溉江、前进；长沙：湘东矿业、高陂矿业

表 2－3－10 矿井水平接替紧张矿井统计表

服务年限	矿 井 名 称
5 年以下	涟邵：斗米山、咸沙坝、蛇形山；资兴：周源山、南平硐、浦溪井、祥和井、黄牛岭；白沙：爱和山、高泉塘、新星、铜角湾、安陵、荆草坪、沈家湾、坦家冲、龙家山、茶山岭、茶塘；长沙：西峰仑、竹山塘、跃进、湘东矿业、高陂矿业；湘潭：一矿、三矿、四矿、二矿；辰溪：蒋家坪、大坪
5 年及以上	涟邵：彭家冲、水井头、铁箕山、一平硐、土朱、塘冲、托山；资兴：北平硐、八一井；白沙：桐子山、里王庙、芝兰冲、白山坪、龙塘、磨田、大岭、南阳庙、溉江、前进；长沙：五亩冲

2011 年，推行开拓与延深工程项目责任制，严格按股份公司重点工程管理考核办法进行管理，建立日常管理考核机制，对各级领导明确责任、明确要求、明确考核。各级领导把主要精力放在重点工程项目的组织上，全方位开展协调服务，为施工队组创造宽松便利的工作条件。黄牛岭公司由于接替紧张而施行剃头下山开采，一直是矿井的重大安全隐患，也是长期以来制约该公司安全生产发展的一大瓶颈。是年 6 月，该公司制订专项措施，组织施工二水平整改项目。11 月中旬，二水平各大系统全面完工，整个工程共投入资金 1100 多万元，完成了系统改造。当年 12 月初试运行生产，经磨合和完善，各系统运行正常，解决了长期以来剃头下山开采的问题。同年，洪山殿公司咸沙坝矿接替紧张，21 采区、24 采区均以剃头下山形式开采。递头下山开采需掘进井巷 3045 米，4 月起，该矿安排两组作业人员加快二水平开拓。一组进行 26 轨道下山及回风下山、26～280 米车场及石门、－280 米大巷掘进；一组进行暗井配风巷（掘暗井配风巷期间，同时进行暗井上车场、暗井绞车房及绳道掘进）、暗主井、暗井上车场及石门和－280 米大巷掘进，形成以－280 米为生产水平的格局，从而最终解决矿井剃头下山开采的问题。

2012 年，消灭高瓦斯及突出矿井剃头下山开采，以及高瓦斯及突出矿井没有采区专用回风巷的现象。是年，嘉禾、咸沙坝、南阳庙、茶山岭矿井剃头下山开采等一大批整改工程按期完成。

2013 年，由于大部分矿井可开采储量有限；部分矿井由于煤层赋存极不稳定，采掘工程布置后常出现储量落空；部分矿井面临资源枯竭等原因，加之生产技术管理不到位，超前意识不够，单进较低，个别单位存在重生产轻接替的问题，集团公司各单位采掘接替紧张的矛盾依然存在。为缓和采掘接替紧张局面，延长矿井开采寿命，提高矿井产能，采取了以下措施：

（1）加大斗米山、五亩冲、西峰仑、竹山塘、大坪、湘潭一矿、湘潭三矿等资源枯竭矿井“边角余料”的回收力度，做到精采细挖。加大了五亩冲、茶塘、荆草坪、龙家山等煤矿的探煤、找煤力度，最大限度地延长年限，确保企业发展后劲。

（2）实施红卫公司坦家冲煤矿和金竹山公司煤矿的技改扩能工作，确保坦家冲煤矿、土朱煤矿矿井产能在已有基础上增加 5 万吨左右。

2014 年，加强采掘接替管理，确保矿井采、掘、抽平衡。明确各级行政一把手是本单位采掘接替工作的第一责任人，技术负责人对本单位采掘接替工作负技术责任，确保采、掘、抽正常接替。定时召开采掘平衡专题会议，及时解决问题。坚持矿区安全生产管理局每半年、原煤公司每季度、矿井每月召开采掘平衡工作专题会议。股份公司在接替紧张的周源山、白山坪等原煤公司召开了采掘接替平衡现场会，及时落实解决存在的问题，对采掘接替紧张的矿井，要求原煤公司采取果断措施，开展探煤找煤工作，缓解采掘接替紧张的局面，确保全年生产任务的完成；规范矿井“三量”管理，确保矿井采掘接替正常。各矿区安全生产管理局严格按股份公司文件要求，对辖区内生产矿井接替情况和“三量”管理情况进行专项检查，并针对采掘接替紧张等具体问题，采取相应的处理措施。保证煤矿开拓煤量、准备煤量、回采煤量符合煤矿“三量”可采期要求，确保矿井采掘平衡，充分发挥矿井的生产能力。

各单位成立重点工程管理办公室，负责工程施工设计优化、施工队伍的协调配合、工程质量的验收把关、新技术装备的推广应用等日常管理工作，编制统筹安排图表，确保重点工程按照“高起点、高标准、高质量、高效组织”如期落实；推行重点工程项目责任制，制定重点接替工程的考核办法，并报矿区安全生产管理局备案，对重点工程定任务、定时间、定措施，落实考核；加强地质分析和地质预测预报工作，做到超前管理；对突发性接替失调，组织过硬的突击队伍，为施工队组创造宽松便利的工作条件，实施突击工程，减少脱节，实现稳产。

马田公司加强掘进管理，确保采掘平衡，2006年至2015年6月，共完成总进尺79733米，其中岩巷进尺36907米，煤巷进尺42826米。特别是2011年以来，马田矿业公司转变观念，掘进先行，彻底改变过去采掘接替紧张、保反引巷后退式开采的不利开采方法，先后在新星煤矿和芝兰冲煤矿成立了两支快速掘进队，月岩巷单进在70米以上；后又聘请了两支快速掘进队，岩巷总进尺达16031米，创近30年来岩巷进尺历史纪录，且工程质量达到了标准化要求。

2015年，落实马田新星井和兴源公司伍家冲井的技改扩能工作。规划红卫公司坦家冲煤矿和金竹山公司托山煤矿在已有生产条件下增加一个生产采区，确保矿井在已有基础上增加产能5万吨左右。

是年，街洞矿业公司茶山岭煤矿按规定完善32采区设计，对完善系统进行重点攻关，32剃头下山采区停止了所有的采煤作业。为了按时完成32采区剃头下山重大隐患整改，街洞公司组建两支快速掘进队，每支队伍配备了18人，落实整改专项资金108万元，当年完成整改。解决了街洞公司茶山岭矿32采区剃头下山开采的问题；还解决了33采区巷道布置不规范，将整个采区划分为东、西两个小区块（采区），且未形成独立通风系统的问题。

由于在煤炭遭遇“极寒”时期各单位为了保生存都放弃了岩巷的投入，经过多年的积淀后，采掘接替紧张成为严重困扰各原煤公司的一大难题。从2016年下半年以来，股份公司加强了对各单位采掘接替工作的指导，加大了岩巷进尺的投入，但“积重难返”，要想攻克采掘接替紧张的难题，绝非一朝一夕之功。2018年，经统计股份公司有7个矿井水平接替紧张，占有水平接替矿井的43.7%（股份公司26对生产矿井中尚有接替水平的矿井16对），有15个矿井采区接替紧张，占比达57.7%，有11个矿井工作面接替紧张，占比达42.3%，有3个矿井抽采接替紧张，占突出矿井的25%。与2017年比，仅工作面接替和抽采接替两项有所好转，抽掘采接替紧张的形势依然严峻。为缓解接替，2018年股份公司岩巷管理继续按岩巷进尺的完成直接与单位利润指标和原煤公司班子绩效薪酬挂钩，岩巷计划没有完成的，每少1米按4550元/米标准直接冲减完成利润，且每少1米按50元/米标准扣减单位正职绩效薪酬的思路来抓落实。2018年，全公司计划岩巷进尺39007米，实际完成40207米，超计划1200米，完成计划的103%。所有原煤公司都完成了岩巷进尺计划。

2019年，股份公司为进一步解决矿井的接替问题，组织了各原煤公司的抽掘采平衡会，强调必须严抓岩巷进尺的完成。是年，各原煤公司均超计划完成了岩巷进尺。全公司实际完成45161米，超尺510米，完成计划的101.1%，同比增加4954米。

2020年，股份公司组织召开了年度抽掘采平衡会，审定了生产发展三年规划。全公司完成岩巷进尺43544米。

2021年，股份公司督导原煤公司至少每季度组织召开抽掘采平衡会，对各矿井的抽掘采接替关系进行研究，对生产部署进行合理安排。是年，股份公司实际完成原煤生产471.22万吨，全年完成岩巷进尺39606米。

2022年，股份公司在5月、6月分别组织召开了各原煤公司的抽掘采平衡会，对各矿井的采掘接续情况进行了认真的分析研判，对当年以及后三年的接替做出了细致安排，对接替紧张的矿井如何缓解当时局势提出了方案和要求。是年，股份公司实际完成原煤生产503.1万吨，全年完成岩巷进尺48000米。

2016—2022年，股份公司始终按照廖董事长提出的“抓两头、促中间”的生产工作方法，持续加强生产调度和督促，传递工作压力，紧紧盯住生产条件相对困难的矿井进行督导，搞好接替管理，缩小短板差距。

2）资源储量管理

开拓煤量、准备煤量、回采煤量是衡量矿井生产水平、采区、工作面接替（简称“三个接替”）正常与否的重要指标，是确定矿井生产布局的依据。

2006年集团公司成立之后，规范了对矿井“三量”的管理和考核。

2007年2月8日，集团公司要求重点对各矿井的“三量”情况进行监控，指导和督促“三量”严重失衡矿井采取有效措施，限期改善失衡状况。做好年度“三量”建议性计划的制定及考核工作，将考核结果与单位班子的经营业绩挂钩。

2010—2014年，股份公司先后制定和修订《湖南黑金时代股份有限公司煤矿“三量”管理考核办法》。确定原煤公司为采掘接替及“三量”保证工作的责任主体，原煤公司主要行政负责人是第一责任人。矿区安全生产管理局负有指导、督促、检查原煤公司按规定管理“三量”的责任。要求各单位必须重视“三量”管理，切实抓好矿井水平、采区、工作面接替，确保矿井接替正常、“三量”满足要求。各原煤公司定期召开采掘平衡会，认真研究平衡采掘接替问题，确保矿井接替正常、“三量”稳定。每季末进行抽查，半年度、年度末进行考核检查。矿区安全生产管理局、原煤公司每季（年）度按要求上报“三量”报表，由生产技术部门核实认定。

2017—2022年，集团公司将突出矿井的抽采达标煤量纳入考核范围，“三量管理”变成“四量管理”。

（三）地质测量工作

1. 机构设置及职责

各原煤公司生产技术部和各矿井的生产技术组都配有地质测量技术人员。重大地质测量工程，如矿井地质及水文地质补充勘探、矿井防治水、地面控制网测量、航测地形图、大型井巷贯通测量、岩层移动观测、采后地面塌陷治理等，根据生产和安全的需要列入年度计划，并保质保量按时完成。地质测量部门为各项工程设计提供准确的地测数据。在矿井改扩建、开拓延深及技术改造工程设计前三至五年通知地测部门，地测部门根据需要进行补充地质勘探，在设计前半年向设计部门提交经省煤管局批准的相应程度的地质报告。采区设计所需要的地质数据，在两年前通知地测部门，地测部门在设计前半年提交采区地质说明书。采掘工作面设计所需的地测资料，根据设计要求及时提供。地质测量部门要为井巷施工提供掘进地质说明书、地质预报、水害预报和透老空预报书。巷道掘进突然遇到地质构造或突水等情况，地测人员深入现场，根据观测和调查资料及时编制有关图件，提出分析处理意见并向矿总工程师汇报，之后再研究处理。巷道开口时地测人员要提前标定中腰线，掘进中要定期校核，及时延长。当巷道掘进即将透巷或进入危险区时，按规程规定的安全距离向施工、通风和安监单位发出通知单，保证井巷工程安全施工。地质测量部门要提供工作面地质说明书，预测工作面范围内的隐伏断层、陷落柱、冲刷带等构造，厚煤层分层工作面还应按规定探测煤层厚度。地质测量部门还应在设计、开拓、回采阶段对储量管理、资源回收进行全面的管理和监督，发现不符合规程要求或可能丢煤时及时提出问题，并填写“预防丢煤通知书”报送有关领导及部门。

2. 地质工作

1）地质技术管理

随着科技进步，下属有的原煤公司装备了WKT－E型坑道无线电透视仪，YCS40、YC－40、TEMIF型井下瞬变电磁探测仪，增强了地质工作人员的预测预报能力。2012年，湘能公司丰胜煤矿和义忠煤矿购买了YDZ(A)型，直流电法仪在掘进工作面进行物探实验，取得了较好的预测预报效果。2013年，分别在辰溪矿业公司的大坪煤矿、马田矿业公司的新星煤矿、兴源矿业公司的周家坳煤矿进行矿井物探探水试用工作，经过试用，已取得了阶段性成果。实验证明，使用矿用瞬变电磁探测仪超前探测水在集团公司煤矿防治水工作中是可行的，有了新的、便捷的超前探测水手段。此后，这种方法逐步在其他矿井推广使用。

各煤矿对矿井所掘岩巷工作面坚持“有掘必探，先探后掘”的原则，按要求设计、施工地质钻孔，依据探钻资料下达“允掘通知书”，做到了防止误穿煤层；原煤公司和矿区安全生产管理局不定期进行检查。

各矿认真履行日常地质工作职责，加强地质编录、地质“三书”编制、地质预报工作，各煤矿在生产的采掘工作面均按要求及时编制了掘进（回采）地质说明书，并经原煤公司审批。

资源储量管理：为合理开发利用矿区内煤炭资源，加强资源储量管理，组织矿井煤炭储量调查；各公司矿井在储量年报基础上，进行了矿井煤炭储量核实，根据已有资料详细分析、核算，编报矿井资源储量报表及储量计算图，并经各公司审查后报矿区安全生产管理局；矿区安全生产管理局汇总后呈报股份公司，为各级领导合理安排生产计划提供可靠依据。地质技术人员经常深入井下现场管理，严格控制煤炭资源损失率，最大限度地开采利用煤炭资源。

“三量”管理：为加强矿井“三量”管理，原煤公司转发了集团公司“三量”管理考核办法至各煤矿，并就“三量”管理工作做出了有关规定；各煤矿、公司地质部门及时编报季度“三量”报表；各煤矿在工程部署方面紧抓采掘接替，合理安排采掘工程，大多数煤矿开拓、准备、回采煤量可采期达到规定要求。2017 年起，股份公司要求突出矿井增加抽采达标煤量管理。

探煤找煤：各公司、煤矿大力开展探煤、找煤工作，增强生产后劲，采用巷探和钻探相结合的方法，综合分析地质资料，取得了较好成绩；地质技术人员为探煤、找煤增加可采储量，经常深入井下生产现场，查阅大量的资料，对勘查和生产地质资料进行了整理分析，找到供开采的资源，给企业创造了可观的经济效益。

矿井防治水：各公司、煤矿制定了年度防治水工作计划，对各煤矿防治水工作计划进行了安排，矿区安全生产管理局和公司对各煤矿防治水工作进行检查；各级健全了组织机构，完善了防治水工作责任，矿区安全生产管理局召开防治水工作专题会，详细安排各阶段防治水工作；在雨季前公司组织对各煤矿周边地表塌陷进行了巡查；各煤矿对井下水泵进行检修；定期测定涌水量等；在防治水工作中积极引进和推广物探新技术，每月制定工作计划，按计划完成物探工作，及时分析解释物探数据，管理与维护好物探仪器，每月进行一次物探工作总结与对比分析，管理和利用好物探成果资料。

2）生产补充勘探

2007 年，金竹山公司投资 110 万元查明了托山煤矿 41 勘探线以西 -300 米至 -130 米标高范围内青龙坳断层对开采的影响，为矿井改扩提供了重要依据。

集团公司自 2009 年 16 日南阳勘探区 1601 钻孔开始勘探第一钻起，至 2010 年 5 月初在南阳、白山坪、磨田、淝江 3 个勘探区投入了楚湘公司的 28 台钻机，年内完成勘探区进尺 34500 米，勘探孔 43 个，提交勘察报告 3 个。

依托已有矿井，充分利用煤炭资源，为了延长已有矿井的寿命，集团公司实施了 2007 年、2008 年街洞矿业公司探煤找煤项目、2012—2014 年白山坪矿区深部详查勘探项目、2013 年红卫矿业公司龙家山煤矿边深部煤炭详查、湘永矿业公司荆草坪边深部煤炭普查、街洞矿业公司茶山岭煤矿边深部煤炭普查、2014 年南阳矿业公司南阳庙煤矿补充地质勘探项目。

街洞矿业公司所属矿井资源枯竭，为了能维持矿井生产，经过探煤、找煤工作，开发了新的可采煤层，积累了较丰富的探煤、找煤经验。经初步分析，认为在矿区范围内还存在探煤、找煤的空间。为了探清矿区新区煤层情况，确保矿井正常生产和可持续发展，延长矿井服务年限，2008 年利用已有生产巷道系统布置井巷工程进行探煤、找煤。街洞公司为寻找新的资源，争取省国土资源厅采矿权、探矿权地质勘查投资项目，投资 466 万元，在矿区范围内共探钻地质孔 5 个，钻孔深度 4116 米，探明储量 1459 万吨，茶塘矿由此可延长 10 年以上的开采年限。

3）煤田地质勘探

2009 年 3 月 17 日，集团公司在新疆吐鲁番市鄯善县境内的沙尔湖煤田库木塔格矿区第四勘探区钻探出 151.43 米的特厚煤层，该区的普查、详查和勘探工作都已结束，提交了普查、详查和勘探报告，普查报告已经通过评审，获得 333 +

334资源量51.22亿吨。

3. 测量工作

集团公司为了夯实测量工作基础，采用了先进的技术装备。20世纪50年代湖南省属煤矿高程测定多使用低精度水准仪，边长用普通钢尺或皮尺测定；后改用光学经纬仪、S3级水准仪，以及经比长检定的钢尺。80年代后，红外测距仪普及，取代了钢尺量距。随着科技进步、计算器和微型计算机的普遍推广，计算工作大为改观，手摇、电动计算器和对数表、函数表已经淘汰。各原煤公司的测量技术人员普遍装备了全站仪、激光测距仪、陀螺经纬仪、GPS定位仪，使用这些仪器，配合测量软件，测量数据可直接输出成为图纸，大大减轻了劳动强度，提高了工作效率和测量成果的质量。在矿井测量工作中，所有公司均使用全站仪，减轻了外业工作强度，提高了精度。基本矿图使用电脑绘图工艺，全部原煤公司已完成采掘工程平面图图纸更新换代，实现了图纸数字化。

二、生产调度

（一）机构

2022年，生产调度机构由股份公司、矿区安全生产管理局、原煤公司与生产矿井四级调度组成。原煤公司调度室对各矿井进行调度，矿井对井下各作业地点进行调度，原煤公司调度室对各矿井进行调度，矿井对井下各作业地点进行调度。调度室安装有DDK－6M程控电话、KJ90NA监控系统、KJ236矿井人员管理考勤定位软件系统，对井下瓦斯、风速、水位、设备开停及下井人员活动情况等进行实时监控。井下情况汇报至矿井调度室，再由矿井调度室汇报至原煤公司调度室；原煤公司调度室与矿区安全生产管理局调度室是直通的，可上传到股份公司调度室。

股份公司总部设立安全生产经营调度室，负责股份公司所辖子公司（煤矿）等单位的原煤生产、非煤产品的生产经营情况及安全生产调度工作，负责传达上级有关安全生产的指令、通知、通报及集团公司领导的安全、生产调度指示。

股份公司各成员企业设立单独的调度室，负责本企业的原煤生产、非煤产品的生产经营情况及安全生产调度协调指挥工作，负责传达上级有关安全生产的指令、通知、通报及本企业领导的安全、生产调度指示。

股份公司总部调度室是股份公司生产经营、安全生产的总指挥机构。各生产经营单位的调度室和调度工作人员服从调度指挥，及时向股份公司总部调度室汇报规定的内容，并接受股份公司总部调度室的业务指导和工作检查。

股份公司总部调度室每天实行24小时值班制，领导调度值班人员由公司领导、各部室正副部长、生产技术部、安全监管部人员组成，每日安排两人值班。各企业调度室每天安排1名部级以上领导值班，值班人员实行24小时负责制，负责本企业安全、生产经营等协调指挥工作。

各安全生产管理局调度室实行24小时专人值班，局领导、安全生产部门人员轮流调度值班，随时调度、处置安全生产情况，定期向股份公司调度室汇报。

各原煤公司设总调度室，负责公司的生产指挥和协调工作；各原煤公司对调度室进行改造，对井下通信系统进行了升级，将程控交换机升级为数字程控交换机，建成了调度监控大屏，井下安装了光纤环网，建成了具有现代先进水平的调度信息指挥中心。矿井设调度室，负责矿井的生产指挥和协调工作。公司调度室安装了数字程控交换机与各煤矿调度室数字程控交换机相联，通过主干线直接连通主副井绞车房、井底车场、采区变电所、中央水泵房等主要机电设备硐室和采掘工作面以及采区避难硐室等通信地点。矿井各生产水平均安装程控防爆电话机；同时，在矿井主井、各运输大巷安装了有线广播喇叭，为矿避险救灾提供了可靠保障。建设并完善了井下人员定位系统，在矿井调度室装有主机两台，一台运转，一台备用。井下装有读卡器台，煤矿所有入井人员携带识别卡，通过人员定位系统可随时掌握井下人员分布情况，实现了煤矿入井人员跟踪定位。调度室装备监测监控系统用、人员定位系统用、井下无人爆破用、井下应急广播用电脑。对井下瓦斯、风速、水位、设备开停及下井人员活动情况等进行实时监控。加强了生产现场管理，井下情况汇报至矿井调度室，再由矿井调度室汇报至原煤公司调度室；原煤公司调度室与矿区安全生产管理局调度室是直通的，可上传到股份公司调度室。

（二）调度内容

安全生产经营调度的主要内容：

（1）各企业的安全生产状况：原煤生产单位各类工伤事故和重大非伤亡事故。

（2）各企业主要生产指标的计划和任务完成情况：

① 年初上报各煤矿产量、进尺及开拓进尺年计划。

② 每月上报各煤矿产量、进尺及开拓进尺月计划和日平均生产计划。

③ 每周上报调度信息综合材料。调度信息综合材料的内容包括每周的产量、进尺及开拓进尺完成情况；安全情况（包括隐患排查整改情况，领导干部下井统计情况；未完成生产计划的主要原因、存在的主要问题和亟待解决的安全生产问题等）。

④ 每日上报各煤矿产量、进尺及开拓进尺完成情况；每班安全生产动态（包括采、掘、机、运、通等各生产环节情况）；每班领导干部下井带班情况；每日的值班领导，采掘出勤情况；每日煤炭销售情况等。

（3）各单位突发事件和信息报告。

（4）上级的安全生产指令、指示、通知、通报的传达情况。

（5）各类生产数据的统计分析报表。

（三）调度制度

2010年，印发了《湖南黑金时代股份有限公司安全生产调度管理规定》；2010年印发《湖南黑金时代股份有限公司总部领导调度值班岗位责任制》；2013年印发《湖南黑金时代股份有限公司关于落实煤矿安全监控系统与调度室联合值守工作的通知》；2016年修订《湖南黑金时代股份有限公司安全生产调度会议制度》。这些文件规范了调度制度、调度值班领导岗位责任制、调度员岗位责任制等各项管理制度，后期进行了局部修改和完善。

1. 领导值班岗位责任制度

调度室实行24小时值班制，领导调度值班人员由股份公司领导、各部室正副部长、生产技术部、安全监管部人员组成，每日安排两人值班。领导调度值班人员值班期间，行使安全生产调度指挥权，及时听取值班调度员的工作汇报，了解掌握生产和安全情况。及时处理、处置所出现的各种问题。对重大事件或重要情况，及时向股份公司党政主要领导报告。及时掌握矿井安全监控情况，审签瓦斯监控日报表。按程序及时处理来往调度信息文稿，做好上传下达工作。凡上级部门、政府机关传真的各种文件、通知、指令等要及时处理或送交股份公司办公室；对上级领导的电话指令等要认真做好记录，及时予以传达，并按程序报告公司领导；对下属各单位所呈报的各种文件、资料、请示等，要及时处理或交相关部门负责办理。对安全事故按规定程序进行报告，对事故抢救和处理要提出意见和要求。重大事故要按公司《煤矿安全事故应急救援预案》的要求，做出应急响应。值班领导现场交接班，每日上午8:00交接班人员在调度室实行面对面交接班。交班者应按要求填写值班日志和交班记录，并向接班者交清本班的遗留问题及注意事项；接班者应详细阅读交班记录和调度日志，了解掌握上班的安全生产情况。

2. 安全生产调度会议制度

2009年，印发了《湖南黑金时代股份有限公司调度会议制度》；以后又进行了多次修订。修订后的《湖南煤业股份有限公司安全生产调度会议制度》规定股份公司每周一上午9:00召开公司领导和各部、室主要负责人参加的调度会议。会议主要内容：

（1）办公室对近期集团公司、股份公司安排的安全生产等重要工作及上周调度会布置的工作实施情况通报督办意见，对未完成的工作通报原因及如何完成任务的拟定措施。

（2）生产技术部对上周生产计划完成情况进行通报，分析生产技术等重点工作状况，提出本周生产技术等工作的重点、措施及需要协调解决的问题。

（3）安全监管部对上周安全工作进行通报，分析安全状况，提出本周安全工作的重点、措施及需要协调解决的问题。

（4）各部门就本周或近期所要做的工作，需要其他部门协调配合解决的问题进行报告。

（5）公司分管领导传达重要安全生产等信息，对有关工作拟定措施要求，进行安排布置。

（6）公司主要领导明确主要工作任务，提出工作要求。

3. 原煤公司的日常调度制度

(1) 公司调度室每日有1名公司领导和1名部室领导在调度室值班；矿井调度室每日有1名矿级领导和1名机电队领导、1名通风队领导在调度室值班。

(2) 调度室值班领导是当日生产的总指挥，对当天全公司生产、机电、安全的全过程负责，时间为24小时。

(3) 值班人员负责当日井下、井上的生产动态，听取现场生产情况汇报，及时解决生产中的问题，组织安全生产，完成当日生产计划。

(4) 发生事故时，采取一切措施，组织力量抢救，以减少事故的伤亡和损失。

4. 综合报表及调度台账、图纸

(1) 各单位根据自身的情况，建立健全了以下综合报表和台账：日调度综合报表；产量、进尺、开拓进尺日、月作业计划；主要生产技术经济指标综合月报表；伤亡事故登记台账；工伤事故登记台账；重大非伤亡事故登记台账；领导干部下井情况登记台账；调度通报登记台账；领导值班交接班记录；隐患排查、整改落实情况登记台账。

(2) 各单位调度室备有能反映全矿情况的图纸：矿井采掘工程平面图；矿井避灾路线图；矿井通风系统图；矿井供电系统图；矿井通信系统图；矿井井上下对照图；井下运输系统图；井下管路（排水、消尘、压风管路）系统图；安全监测控制设备配备图等。

(四) 调度统计

1. 调度统计制度

(1) 产量进尺统计程序：矿井调度室→原煤公司调度室→安全生产管理局调度室→股份公司调度室。

(2) 班日汇报：各级调度室于每日下午5:00向股份公司调度室报告当天生产计划完成情况，股份公司调度室每天向生产副总汇报当日生产计划完成情况和生产活动分析。

(3) 周、月生产汇报：股份公司调度室每周、每月将生产计划完成情况、生产活动分析向集团公司领导汇报；各矿井对于下一周、下一月的生产安排和措施，只汇报到各个原煤公司和安全生产管理局。

2. 调度记录

股份公司调度记录有上级来电处理记录、上级传真电文处理记录以及生产会议重点问题追踪调度记录、采后防灭火记录、报警记录等。矿领导值班警示汇报记录则由井下作业人员定位管理系统显示，其相关信息通过内部网络发送到有关领导的邮箱。采煤工作面初放、收尾记录，掘进工作面贯通记录，探放水，排放瓦斯记录，综采工作面安装、撤出记录等则由矿井调度室报告到原煤公司调度室和安全生产管理局调度室。

3. 调度台账

股份公司调度台账主要有产量和进尺日统计台账，产量、进尺日调度综合台账，产量、进尺周调度台账，产量、进尺月调度台账，人身事故统计台账、非人身事故统计台账等。股份公司调度室每日、每周和每月进行产量进尺的综合分析，追究和分析未完成生产任务的原因。

三、现场管理

(一) 现场管理制度

截至2022年，集团公司在现场管理方面要求矿井采、掘工作面开工前有批准的作业规程；矿区内或矿井的其他重要、特殊工程，如大硐室开凿、巷道维修、设备安装等都要有施工安全技术组织措施。明确规定了以下内容：

(1) 采、掘工作面投产、开工前有批准的作业规程（含安全措施）。重要工程，如大硐室开凿、巷道维修、大型设备安装、开口、贯通、过断层等都有安全技术组织措施。原煤公司制定采、掘作业规程管理办法。采、掘作业规程经矿总工程师审查批准后执行。矿总工程师对作业规程编制质量负责，组织有关业务部门进行会审。违反采、掘作业规程追究采、掘区（队）长的责任。主管生产的副矿长和总工程师定期检查监督。有煤和瓦斯突出、自然发火、水害威胁、冲击地压的采、掘工作面编制防治灾害的专门安全技术组织措施。每个采、掘工作面都根据本煤层和邻近采区的地质和矿压观测等资料，确定采、掘工作面的顶板管理方法、支护方式，作为编制采、掘工作面作业规程的依据。凡没有矿压观测数据和支护设计的作业规程，不得审批。采、掘工作面实行正规循环作业以提高单产单进。采、掘作业规程的劳动组织和循环作业图表，采用先进的工艺流程和合理的劳动定额。作业图表随条件的变化及时修改，由矿总工程师审查批准后实行。

（2）采、掘作业规程质量低劣或脱离现场实际的，由矿总工程师或主管副总工程师负责改进。局总工程师或主管副总工程师组织有关业务部门定期进行检查。

（3）不按采、掘作业规程施工的，追究采、掘区（队）长的责任。主管生产的副矿长和副总工程师定期检查监督。

（4）有煤和瓦斯突出、自然发火、水害威胁、冲击地压的采、掘工作面，煤矿编制专门防治灾害的技术组织措施。

（5）每个采、掘工作面根据本煤层和邻近采区的地质测量数据和矿压观测数据，包括顶板来压规律、下沉量、下沉速度、压力值等，确定采、掘工作面的顶板管理方法、支护方式，作为编制采、掘工作面作业规程的依据。凡是没有顶板观测数据而制定的作业规程，不得审批。新投产矿井、新开采煤层在生产中逐步积累矿压观测资料。

（6）采、掘工作面实行正规循环作业和多循环作业以提高单产单进。采、掘作业规程的劳动组织和循环作业图表要采用先进的工艺流程，经过科学测定，采用合理的劳动定额进行编制。作业图表应随条件的变化及时修改，由矿总工程师审查批准后实行。

（7）所有工程都严格执行质量检查验收制度。采、掘工作面要每班检查验收。矿对区（队）定期检查，每月不少于1次；原煤公司对矿定期抽查，每季不少于1次。各项工程质量由矿每月评定一次，记录备查。由工程质量监督站负责矿井开拓延深、技术改造和改扩建工程的日常监督管理和移交前的工程认证工作，未经工程质量监督站认证的，不得组织移交验收。井筒、巷道、硐室的断面不得小于设计规定。巷道失修率不得超过有关规定。因巷道、硐室长期失修造成停产或伤亡事故的，追究有关领导的责任。所有采掘工作面、主要硐室和主要车场都设有完善的通信设施，做到调度指挥灵活及时。

（二）现场管理措施

1. 领导下井带班

2006年，集团公司印发了《湖南省煤业集团有限公司领导干部和管理人员下井带班制度（试行）》。2006—2009年，集团公司实行领导下井带班作业制度。原煤公司领导、公司副总工程师、矿领导、安监站长和矿副总工程师坚持下井带班制度，矿井每班至少有1名矿领导下井带班，做到与工人同进同出，所有带班人员下井次数、带班次数、抓“三违”次数要符合股份公司要求。原煤公司、矿建立了井下带班作业值班安排表和交接班台账，矿长也要安排中、晚班。矿领导下井带班作业必须对本班井下的安全生产情况负责，填写带班作业时间、巡回检查路线、上班安全隐患处理结果、本班存在和未整改的安全隐患等情况，填写好交班台账并书写下井带班作业日记，按时交接班，认真履行职责，确保安全生产。严格落实各级安全生产责任制，深入井下现场抓好安全生产工作。

2010年，股份公司印发《湖南黑金时代股份有限公司煤矿领导带班下井的规定》，就煤矿领导下井做出硬性规定。规定明确，带班下井领导是指原煤公司的董事长、执行董事、总经理、书记、副总经理、副书记、纪委书记、工会主席、总工程师、总会计师、总经济师、副总工程师，煤矿的矿长、总支（支部）书记、副矿长、副书记、工会主席、总工程师、副总工程师、安全专员。原煤公司、煤矿是落实领导带班下井制度的责任主体，必须严格执行带班下井的规定。各煤矿每天早、中、晚三班，至少确保每个班次有1名带班领导井下现场带班，与作业人员同时下井，同时升井。规定还强调了带班下井领导的职责、权力、基本要求以及对带班下井的考核要求。

集团公司对领导干部深入采掘第一线做出规定。矿区安全生产管理局局长、书记、总工程师每月下井不少于5～6次，分管生产、开拓、安全的副局长每月不少于10次，矿长、书记、总工程师每月不少于10次，管生产、开拓、安全的副矿长及副总工程师每月不少于12次。集团公司建立干部下井登记制度，制定局、矿、区、队各级干部深入采掘第一线的制度。制度要求，干部下井要掌握情况，发现问题，解决问题，不能走过场。发现工程质量不合格、“三违”现象和安全隐患，必须当场制止，并提出处理意见。凡遇到问题需要干部下井处理而未下井处理以致发生事故的，以及干部下进发现问题未提出处理意见或对重大隐患没制止而发生事故的，根据情况进行追究和处分。

各单位强化现场管理，优化工艺流程。各级领导切实转变作风，深入现场，靠前指挥，到现场办公，及时帮助解决生产中的困难和问题；各级生产管理人员以现场为战场，熟悉和掌握作业现场动态，协调搞好现场环境，疏通生产环节，保证生产系统的畅通，确保正规循环。对长时间完不成生产计划的生产队组，原煤公司派干部三班现场跟班蹲点，帮助协调工作，直至完成生产任务。

2011 年，股份公司印发《湖南黑金时代股份有限公司煤矿管理人员下井、带班、抓“三违”及下井（带班）日记本制度》，修订了《湖南黑金时代股份有限公司煤矿领导带班下井的规定》。

2. 管理措施

2022 年，各原煤公司在现场管理的具体做法体现在 5 个方面。

1）现场交接班

煤矿井下现场交接班要求：每班跟班队长、班组长在井下现场交接班，并填好记录；值班队长对当班现场管理负责，交接班先检查工作面情况，并针对上班遗留下来的问题及当班存在的问题给班组长布置好工作，安排到位；班组长交接班过程中发现的主要问题与班队长安排的工作相结合，处理好各个生产环节，亲自指挥作业。在交接班过程中，发现有重大安全隐患而当班不能解决的，及时向有关部门汇报，听候安排处理。

2）安全确认

现场作业安全准许确认制度操作流程：

（1）每班进班作业前由值班队长对作业工作面及附近的安全情况进行检查，经检查未发现重大安全隐患，符合开工作业条件时，在确认牌的“允许开工格”上签字，并向矿调度室汇报，经值班领导允许，方可指挥开工作业；否则在“不允许开工表格”上签字，并向调度室汇报。被认定为不允许生产的工作面，在安全隐患未排除之前，严禁生产作业。班中检查发现有威胁人身安全的隐患时，立即停止作业，进行整改或及时向调度室汇报。

（2）安监员到工作面后，立即进行安全检查，如未发现问题，工作面可以作业的在确认牌上签字并向调度室汇报。如发现有威胁人身安全的隐患时，立即责令值班队长停止作业，进行整改并告之调度室，对值班队长进行责任追究。

（3）矿井带班领导与其他安全生产管理人员进入此工作面后，应对工作面进行全面的安全检查并签名确认。一旦发现工作面存在安全隐患，立即指示工作面停止作业，进行安全隐患整改，并严肃追究安监员和值班队长责任。

（4）现场安全准许确认由当班值班队长负责，凡是在“现场作业安全准许确认牌”上签名确认的人员，按照“谁签名谁负责”的原则，承担相应的安全生产责任。

（5）“现场作业安全准许确认牌”必须悬挂在作业点后方的安全位置，并不得随意损坏。如特殊情况损坏或使用时间过长出现破损、字迹不清等情况时，必须及时进行更换。

3）顶板管理

顶板管理工作的责任落实：

（1）各单位矿（区、队）长是安全生产第一责任人，对本单位存在的重大顶板管理问题负责。

（2）主管生产的副矿（区、队）长是顶板管理的第一责任人，对本单位的顶板管理工作具体负责，对难以解决的重大顶板管理问题有责任及时向总经理报告。

（3）矿（区）技术负责人对顶板管理负有技术管理责任。

（4）队长是本队顶板管理工作的第一责任人。

（5）当班队长是当班现场顶板管理工作的第一责任人。

（6）原煤公司安监部负责组织每月上旬的安全大检查；原煤公司生产部负责组织每月中旬的顶板管理专项大检查；原煤公司总经理组织每月下旬的工程质量大检查。

（7）各级管理人员要认真履行各自的职责，深入基层，深入现场，及时发现和解决顶板管理工作中存在的问题，确保顶板管理工作层层有责任，处处有人管，时时有人抓，事事不留隐患。

（8）地质资料齐全。有矿井地质勘探和地质资料的分析研究，以及矿压观测工作；掌握煤层赋存情况、地质构造、顶底板岩性、煤（岩）

物理力学参数和矿压显现规律；做好采区地质情况的预测预报工作。

(9) 支护参数合理。根据所采煤层顶底板岩性和矿压显现情况，制定采掘工程支护设计方案，确定相应的支护方式和支护参数；在条件发生变化时，及时调整支护参数。

(10) 规程与措施健全。采掘工作面、巷道维修工程都制定了作业规程和安全技术措施；遇有过老巷、煤柱、地质构造破碎带等特殊情况时，及时补充安全技术措施；规程与措施按规定审批，组织作业人员学习贯彻，建有台账；对作业人员顶板管理知识进行培训；切实做到严格执行“敲帮问顶”制度，严禁空顶作业。

(11) 加强现场管理：

① 严格执行现场作业安全准许确认制。采掘修工作面开工前由班队长会同安监人员对工作面安全情况进行全面检查，发现隐患及时整改，真正做到不安全不生产。

② 强化领导下井带班作业制度。采、掘、修工作面每班由副队长以上管理人员现场带班；采煤工作面初次放顶和收尾时，成立由矿（区、队）领导、技术员、队长以上人员组成的值班领导小组，并现场跟班指挥。

③ 严格执行“敲帮问顶”制度，配齐专项工具“敲帮问顶”，支付“敲帮问顶”专项工资，发现松矸活石要及时处理，禁止任何形式的空帮空顶作业。

(12) 掘进现场管理。掘进工作面随时保持高、宽、平、直、净的标准，全部使用工字钢支护，使用前探梁掩护，防倒器保护支护完好。明确永久和临时支护方式、最大空顶距、循环进度、爆破参数；在松软的煤（岩）层或者流沙层及地质破碎带中掘进巷道时，采取特殊措施；在爆破前加固靠近工作面10米范围内的支护，爆破中破坏的支护及时修复；砌碹、架棚巷道支护与顶帮之间的空隙及时填实，支架间设有牢固的撑木或拉杆；采用锚杆、锚索、锚喷支护的巷道，锚杆、锚索的材质、拉力和预紧力、喷层厚度和强度符合作业规程规定。

(13) 采煤现场管理。回采工作面随时保持“三直一平、两畅通”的标准，使用作业规程规定的支护。明确顶板管理方法、控顶距、初次来压和周期来压的特殊支护方式，以及初采初放和临近停采线时的顶板管理措施；开采近距离煤层时，针对顶板管理制定专门的安全技术措施；及时支护采煤工作面顶板，支柱、支架牢固接顶，初撑力符合要求，破碎、松软顶底板工作面是否采取了针对性措施；严格执行预防架前冒落的措施，周期来压期间是否加强对煤壁的辅助支护，防止煤壁片帮和伞檐冒落；对于急倾斜煤层的回采工作面，采取防止底板滑落的措施并设置防倒柱的联锁装置；按作业规程规定及时对采煤工作面进行放顶；加强工作面上、下安全出口与巷道连接处至少20米范围内的支护。

4) 采煤工作面文明生产

两巷及采面无浮煤、淤泥，积水长度不超过5米，深度不超过0.1米，水沟畅通，采面责任区内无杂物、无积水，卫生整洁，风门前后无杂物，管线无跑冒漏液。

料场物料、设备码放整齐，挂牌管理，管理牌及施工图板吊挂整齐，保持清洁。

所有设备上无杂物、浮煤渣。

5) 掘进工作面文明生产

爆破喷雾器、防尘水幕等设施齐全，安设位置正确，保证能正常使用，坚持湿式打眼，巷道内煤尘堆积不超过规定。

风筒、风水管、电缆、爆破母线按要求吊挂平直、整齐，成一条线。

保持巷道整洁，无杂物、淤泥；巷道内积水、浮煤矸不超过规定。

作业场所悬挂好作业图牌板，内容齐全、清晰，各种数据标注准确。

(三) 班组建设

2006年10月10日，集团公司工作会议对加强班组建设时提出，区队班组是煤矿全部工作的根基，控制“零打碎敲”事故的重点在区队班组、工程质量的好坏在区队班组、处理各类隐患是否到位及时也在区队班组。加强和细化区队班组建设，是“强基固本”工程，务必引起各级领导的高度重视。

2007年7月24日，集团公司经济运行会议上指出，各单位要制订具体的实施细则或方案，建立健全班组建设的组织领导体系、工作会议制度，使班组建设走上规范化、科学化和制度化轨道。重点是要加强班组长队伍的建设，切实加大对班组长的安全培训和教育，使班组长真正明确自己的安全职责和安全工作流程，搞好安全生产；要加强对班组长的管理，切实将班组长的工资与安全效果、安全工作挂钩，形成有效的激励约束机制。

集团公司成立了班组建设领导小组，制定了班组建设指导意见，对班组建设工作提出了明确目标和要求。集团公司一季度、二季度先后组织召开了“资兴现场会”“白沙现场会”，在“资兴现场会”举办了强化质量标准化和班组建设培训班，组织到外单位参观学习和取经等活动，提升认识、提高素质；在“白沙现场会”组织先进单位介绍经验和与会人员现场参观，对先进单位实行表彰奖励，交流经验、鼓励先进，促进了质量标准化和班组建设工作。特别是“白沙现场会”后，许多单位先后组织矿领导、队干到南阳、红卫、白山坪参观取经，学习先进经验，查找自身的差距，提升标准化意识，推动了集团公司质量标准化和班组建设工作。2007年，周源山煤矿抓基层、强基础，全面提升班组建设水平。强化班组建设，落实班组长的责、权、利，充分发挥班组长在标准化作业上的带头作用，扎实开展“争创文明班组、争当文明矿工”活动。同时，认真组织开展好“明星班组长”“十佳安全班组”竞赛评比活动，通过活动的开展，充分发挥基层班组的安全生产基础保障作用，确保安全生产。

2007年、2008年，宝源公司在各生产连队班组开展以“比安全、比质量、比产量、比进尺”等为内容的“红旗班组”和“岗位明星”班组劳动竞赛活动。引导广大员工当好企业主人，深入推进基层班组建设。该公司积极响应集团公司关于全面加强班组建设工作的要求，从严规范了班组长的培养和选聘程序，新聘任的班组长试用期为3个月，工资实行“四三三”“结构工资制”。每月分期、分批、分单位、分专业重点培养训练班组长，对工程质量标准化、现场安全管理以及采、掘、机、运、通等方面的专业技能进行学习教育，提高班组长的基础知识和管理水平。要求班组长分班建立“员工基本情况登记表”，按照“五清楚、六必访、七必谈”制度，有针对性地开展工作，不断增强班组的凝聚力、执行力和战斗力。

2008年，集团公司持续深入开展质量标准化和班组建设工作，夯实安全基础。赋予矿井质量标准化建设新的内涵：标准高，形式新，内容全，环节细；注重抓好3个基础，即抓好培训教育，抓好制度建设，抓好现场管理；在考核方面，既考核矿井的设备设施、环境等硬件，同时也考核员工的标准化意识和按章作业行为过程，真正做到人、机、环境的和谐统一，实现从“注重安全”向“本质安全”的转变；在方法上，实行联责考核，责任到人。以活动为载体，开展“样板矿井”“精品工程”“完美系统（机房）”“标准程式”等形式多样标准化主题活动，突出重点，分类指导，抓薄弱环节，全面推进班组建设进度。集团公司还修订完善了班组建设工作考核办法，加大奖惩力度。同年11月24日，集团公司在长沙召开班组建设座谈会，会上周源山煤矿、湘永矿业公司、南阳矿业公司3个单位相关人员，以及湘永矿业公司安陵煤矿采三队班长、南阳公司前进煤矿掘八队班长在会上做了经验介绍。

2009年7月14日至21日，金竹山矿业公司举办了为期8天的采、掘、修正副班长培训班，500名班长参加培训。培训期间，授课人员由公司领导担任，贯彻了公司新出台的《班组长建设方案》等文件。同年，周源山煤矿成立“班组建设推进领导小组”，出台了《周源山煤矿“五型班组长”竞赛办法》，以学习“白国周班组管理法”为契机，结合本矿特点，从规范员工行为、理顺工作流程、提高工作效率入手，推进班组建设，打造“五型”班组，制定了《创建“五型”班组措施》《安全确认制度》《班前班后学习制度》等20多项措施和制度。从井上到井下、从进班到出班，对员工的行为进行了规范，明确了每一位班组长和员工的职责，强化了基础管理建设。该矿培训中心以安全知识、岗位技能和班组管理为主要内容专门编制了班组长培训计划，每月组织一次培训。组织64名班组长参加了湖南科技大学周源山矿函授站采矿大专班学习，选送了7名采掘第一线的优秀班组长参加省总工会组织的班组长技能培训。把安全、质量成本、责任等意识融入班组文化建设的全过程，班组综合素质得到明显提升。新成立的综掘队员工上岗佩戴胸卡、衣冠整齐，文明用语蔚然成风。该矿综掘队12月创造了日进23米的新高纪录，工程质量到达了领先水平，成为资兴矿区班组建设的“标杆队”。

2010年，股份公司制定了《湖南黑金时代有限公司班组建设管理工作考核办法》，对班组建设工作提出了更严、更高的要求，并纳入安全生产责任状的考核内容。各单位按照集团公司的规划和要求，制定了相应的实施办法和考核细则，成立了专门领导小组，通过综合班评或动态检查考评、班组建设联责制，积极开展“明星班组”“明星班组长”“十佳班组”等达标竞赛活动，推行结构工资制度，加强日常检查、专项检查、季度达标验收抽查和考核等措施，逐步形成了原煤公司、矿井班组建设工作责任机制。是年，南阳矿业公司自编员工培训教材和采煤、掘进、“一通三防”、探钻、机电运输等57个工种的操作规程汇编，对全公司员工进行全面培训，促使每名员工熟练掌握自己岗位的职责、操作方法和基本技能，让作业规程权力最大的理念深入人心，从而使人、机、环境和谐统一。

2011年，修订《湖南黑金时代有限公司班组建设考核办法》，集团公司班组建设采取了以下措施：

（1）各矿区安全生产管理局及原煤公司全面启动班组建设工作，根据股份公司《关于班组建设工作指导意见》及《班组建设考核办法》，各局、各原煤公司根据各自具体情况，制定下发了班组建设的文件，成立了班组建设领导小组，明确了责任部门和责任人员。

（2）各原煤公司制定班组建设实施方案及“红旗连队”“明星班组”“优秀队长”“模范班组长”标准。开展形式多样、内容丰富的各种竞赛活动，以此为载体大力推动班组建设的进程，并进行考核兑现。

（3）各原煤公司分连队正常开展每旬(周)一次的安全、技术、业务学习，有学习考勤和记录。

（4）周源山矿、宝源、湘永、南阳、白山坪、红卫矿业公司、牛马司公司、金竹山公司在班组长培养、考察、选拔机制等制定了严格的考核办法，重视班组长的素质培养，选送优秀班组长到湘煤大学培训。

（5）各原煤公司普遍开展4个“天天见”活动，各类台账、牌板、管理制度、计工工资分配表齐全，连队和班组都做到了队务公开、工资分配公开且基本合理。

（6）安全隐患管理信心中心机构健全，基本做到了闭环管理。

（7）各原煤公司都做到了班组建设工作成效的奖罚兑现，起到了激励约束作用。

同年，南阳矿业公司组织人员编制了“岗位描述”和“手指口述”安全确认操作法的示范操作光碟、示范操作流程及实施办法，印发到三矿进行宣传学习，推行“岗位描述”和“手指口述”安全确认操作。黄牛岭公司共建立健全各项管理制度43份，对全公司所有岗位都制定了岗位责任制；制定了采煤工、掘进工、瓦检员、电钳工、绞车司机、爆破工、运输工等工种操作规程。

2012年2月22日，出台《关于进一步加强煤矿班组建设的指导意见》《关于加强和改进区队班组建设的指导意见》，开展“六好区队”“三无班组”竞赛。实施“5零”工作规范（设备零缺陷、管理零失误、质量零劣质、行零为违章、安全零事故），细化每个头、面的安全、技术、质量、成本管理措施与安全责任，推动区队班组管理的精细化、规范化和科学化。以“区队自主、班组自治、个人自律”为目标，明确正班（队）长抓安全、副班（队）长抓生产制度。各原煤子公司组织召开安全表彰大会、班组建设工作会议，不断促进班组建设和安全基础工作。

2015年，股份公司制定了班组建设管理办法，做好班组长建设工作，坚决做到班组长未经培训考核合格不上岗。

2016年，股份公司加强班队长建设，推进班队长专业化，加强对优秀班组长、优秀工人的培养和使用，并鼓励专业技术人员进入班组队伍，充分调动了区队班组抓安全工作的积极性和创造性，涌现了一批“模范班组”和“明星班组长”。煤矿专门设立了班组建设推进办公室，指派专人主抓班组建设工作，完善班组制度建设，规范班组长培训、选拔、任用和解聘程序，加强对班组长的管理，开展“安全伙伴”“班组长现场履职督察”“班前安全督察”和“班组安全竞赛”等活动，创新班组活动载体，提高班组战斗力。同年公司所属矿井共培训考核合格班组长461人。

2017年，公司下属矿井组织班组长培训学习《煤矿安全生产标准化考核定级办法（试行）》及《煤矿安全生产标准化基本要求及评分办法（试行）》，让一线班组长掌握新标准，带领职工干标准活。当年培训324人。

2018年，集团公司主要负责人安全资格、安全生产管理人员安全资格、特种作业人员、区队班组长培训费用支出524.9万元，安全宣贯费用支出458.05万元，提高了干部职工素质，营造了良好的安全生产氛围。

2019年，股份公司对进一步加强煤矿班组建设进行了全面部署。确定了五大工作目标：①通过持续有效地加强班组建设，建设一批高质量的“红旗连队”“明星班组”，培养一批高水平的“优秀队长”“模范班组长”，实现持续安全、质量达标、任务超额、人才辈出的班组建设机制；②全面提升班组长素质，确保班组长做到“五有五做”；③组织动员广大员工，通过治理整顿班组管理，打基础，见成效，迈大步，上台阶，全面实现股份公司安全生产目标，圆满完成各项经济技术指标；④全面推行安全、质量、生产任务“三三四”结构工资制，牢固树立安全第一、质量为本的理念，实现安全工作长治久安；⑤鼓励知识型、技能型有志员工深入基层建功立业，构建班组长—连队长—副矿长—矿长的职位晋升机制，形成在业绩突出的连队长中选拔副矿长的煤矿基层干部培养选聘制度，当年创建安全示范班组199个。

2020年，集团公司安全班组创建活动进一步开展。开展了以无“三违”、无轻伤、无重伤为主要内容的安全班组竞赛活动，不断深入推进班组建设。当年安全创建示范班组238个。

2021年，所属各单位按照集团公司安全班组示范创建的安排，开展“零违章、零隐患、零事故”的安全班组示范创建，推动“一会三卡”制度的落实，开展“查身边隐患、提合理化建议”活动。全年创建安全示范班组281个，查身边隐患27287条，提合理化建议3652条。

2022年，集团公司全面推行了班前会制度，实现了哪里有作业人员，班组建设就到哪里，班前会就开到哪里。集团公司所属风险较大的岗位都制作了安全检查卡、安全作业卡、应急处置卡。各单位建立适合班组建设和运行的规章制度，全面、系统、扎实地推进班组建设，建立完善班组安全生产管理制度以及班组工程质量管理制度，建立班前班后会制度以及班组学习制度，建立班组民主管理制度。制定班组长培训计划，组织开展各种形式的培训，加强员工尤其是班组长的政治学习、岗位训练，结合技能鉴定、岗位练兵、业务比武等活动，促进班组长逐步由经验管理型向科学管理型、由单一业务型向全面管理型转变。当年创建安全示范班组519个。

四、生产组织

各原煤公司在年末上报下一年度的生产计划，股份公司对各单位所报年度生产计划进行审查，根据各单位上一年度实际情况，同时结合企业发展的实际需要制定股份公司下一年度各原煤公司的生产计划，并将各原煤公司下一年度生产计划下达给各矿区安全生产管理局和原煤公司，计划包括原煤产量计划、开拓进尺计划、延深工程进尺计划、岩巷进尺计划。

煤业股份有限公司每年向各安全生产管理局和原煤公司下达原煤产量和开拓进尺计划并进行考核。层层分解落实指标，传递责任。各单位根据集团公司下达的年度生产任务指标，结合本单位的实际情况进行专题研究，制定具体措施和对策，明确责任，抓好落实，将生产任务计划按单位、时间层层分解，分级进行考核，定期考核兑现。生产计划由各矿区安全生产管理局监督实施。集团公司每季度通报生产计划完成情况，每月根据实际情况对各原煤公司的原煤产量和进尺计划进行调整。

2006—2008年集团公司安全生产部实施对各原煤公司、各生产矿井生产活动的监督、管理、指导与协调。2008年以后，集团公司分设生产技术部，生产技术部负责实施对各原煤公司、各生产矿井生产活动的监督、管理、指导与协调。2008年8月，制定了《湖南省煤业集团有限公司矿区管理体制改革方案》，分设涟邵、白沙和资兴3个矿区安全生产管理局。

2009年，集团公司实行股份制改革。是年6月19日，股份公司成立，由股份公司履行煤矿生产的监督管理职责，生产组织由各原煤公司与生产矿井二级机构实施，股份公司、矿区安全生产管理局对原煤公司及矿井安全生产进行监督、管理、指导与协调。原煤公司和煤矿分别成立了安全生产技术管理、机电管理部室以及煤炭销售、煤质管理中心等机构，明确了各机构的工作职责，并建立了完善的生产管理系统。

2016—2022 年，股份公司进一步强化了生产组织管理。原煤公司设有生产技术部，负责生产技术管理工作，组织编制五年规划、三年规划、年度生产经营计划、月度生产经营计划、矿井长远发展规划以及作业规程、安全技术措施、现场管理、工程质量考核验收等工作。各原煤公司生产技术部门组织编制矿井规划和矿井水平、采区设计及有关改革方案，编审采、掘工作面规程措施；组织参加安全质量检查和重大灾害事故的抢救、追查、分析和处理工作；负责公司生产建设、设计、施工的全部测绘工作，各种地质、测量图纸、资料及“三个煤量”的测算以及管理各种技术报表等工作。2020 年，股份公司组织编制了“2020—2022 年煤矿生产发展三年规划”（以下简称“三年规划”）。通过“三年规划”的编制，促使煤矿、原煤公司、管理局、股份公司各层级对本单位的现状和未来的发展进行了一次全面的研究。

各生产矿井的生产技术组负责组织、编制、审批采煤、掘进、扩修等各项作业规程及安全技术措施，并对作业规程、安全技术措施的执行情况进行现场落实、考核。负责推广采、掘工作方面的先进生产技术、新的生产工艺及新的管理办法，不断提高生产效益。负责采、掘、修工作地点的顶板管理评价及工作现场的工程质量考核验收工作。负责井下各项工程的定额考核、工程验收及工程结算工作。负责组织井下现场办公，及时协调处理生产过程中的实际问题。负责各项工程设计及各种资料的上报工作。负责矿井领导生产技术管理方面的考核、监督、处罚。各生产矿井员工的考核、监督、处罚由矿领导负责。连队班组的生产指挥和协调工作由队长、班组长负责。

原煤公司生产组织由公司与矿井二级机构组成。由公司与矿井二级调度组成生产调度机构，各原煤公司总调度室对各矿井进行调度，负责公司的生产指挥和协调工作。矿井调度室对井下各作业地点进行调度，负责矿井的生产指挥和协调工作。调度室内安装程控电话、监控系统、矿井人员管理考勤定位软件系统，对井下瓦斯、风速、水位、设备开停及下井人员活动、领导带班情况等进行实时监控并同步上传。调度室制定工作基本任务和具体职责范围，重点工程进度图，员工下井情况、作业计划、原煤产量和销售、带班领导交接班等台账，建有《调度业务保安制度》《调度员安全生产岗位责任制》《事故、突发事件信息处理、报告及分析处理制度》《矿井重大安全隐患停产撤人制度》《调度交接班制度》《领导干部值班管理制度》《调度业务培训制度》《调度业务汇报制度》《调度文档管理制度》《生产例会制度》等制度。

由矿总工程师根据各施工连队的生产运行情况，预计生产计划指标完成情况和采掘现场条件、能力增减变化，提出下年、季、月生产计划指标安排意见、生产性增支因素及矿井安技措技改工程的建议要求。然后上报到原煤公司生产技术部，由原煤公司生产技术部进行整理，将开拓开采部署、设备需求、生产性增（减）支因素、采掘重点工程、矿井技术改造工程及需要矿、公司解决的主要问题分类汇总，由生产副总经理主持召开生产计划会议，将生产计划下达，并安排相关职能部门落实解决问题。各矿井则将计划任务分解落实到连队、班组及个人，确保责任落实和生产任务的完成。

各原煤公司强化现场管理，有序推进生产。按照“查有指标、盯有目标、守重实效、教讲提高”的要求，贯彻执行领导和管理人员下井带班作业制度，对工作面初采初放、收尾、过断层等重点跟班把关，加强技术管理、顶板管理，狠抓采掘接替，生产计划层层分解，严格考核。

第四章　煤炭销售与利用

第一节　煤炭销售与贸易

一、自产煤炭销售

（一）机构与职能

2006年6月，集团公司成立煤炭销售分公司。9月，集团所属原煤公司相应成立煤炭销售公司，隶属所在企业，接受煤炭销售分公司和所在矿区煤炭运销公司业务管理。涟邵矿区煤炭运销公司管理牛马司、金竹山、洪山殿、长沙、辰溪等原煤公司煤炭销售业务。资兴矿区煤炭运销公司管理周源山、宝源、嘉禾、湘永、马田、街洞等原煤公司煤炭销售业务。白沙矿区煤炭运销公司管理南阳、红卫、白山坪、兴源、湘潭、湘煤洁净煤等原煤公司、企业煤炭销售业务。

2009年6月，股份公司煤炭销售分公司成立，与集团煤炭销售分公司一套人马，两块牌子。

2006—2009年，集团公司煤炭运销实行三级管理和“五统一”管控模式。三级管理即集团公司煤炭销售分公司、矿区煤炭运销公司和原煤公司煤炭销售公司三级。“五统一”管控模式，即统一合同谈判、统一价格决定、统一计划调运、统一结算管理、统一货款回笼。

2010年，集团公司撤销涟邵、资兴、白沙3个矿区煤炭运销公司后，煤炭运销实行二级管理，“五统一”管控模式不变。

2014年，集团公司对煤炭运销“五统一”管控模式进行优化，放开原煤公司除电煤以外的市场煤炭自主经营权。

2018年，集团公司原经贸公司更名为湖南煤业精煤有限公司，为股份公司全资子公司，主要从事精煤销售与贸易。

2019年、2020年，集团公司推进智慧煤仓建设，强化储装运管理，实现对各原煤公司煤仓、装车现场、磅房等重要场所的现场管理及煤炭中转运输的全程管控；成立湖南省煤炭大数据有限公司，为煤炭交易提供数据支撑和智力保障。

2021年，集团公司制定《煤炭贸易企业整合重组构建煤炭运销大平台改革方案》，允许原湖南煤业股份销售分公司、精煤公司等10户企业从事煤炭销售或贸易业务。

2022年，集团公司成立湖南省煤业集团有限公司市场营销部，为集团公司业务板块提供综合市场营销服务。

（二）销售情况

2006年，集团公司完成煤炭销售547.23万吨，销售收入18.24亿元；2007年，销售煤炭535.11万吨，销售收入20.14亿元；2008年，销售煤炭535.03万吨，销售收入27.65亿元；2009年，销售煤炭588.59万吨，销售收入26.28亿元；2010年，销售煤炭632.77万吨，销售收入35.25亿元；2011年，销售煤炭676.88万吨，销售收入44.67亿元；2012年，销售煤炭651.58万吨，销售收入39.85亿元；2013年，销售煤炭649.45万吨，销售收入35.45亿元；2014年，销售煤炭582.60万吨，销售收入27.48亿元；2015年，销售煤炭545.91万吨，销售收入21.68亿元；2016年，销售煤炭411.16万吨，销售收入17.29亿元；2017年，销售煤炭377.12万吨，销售收入24.12亿元；2018年，销售煤炭447.55万吨，销售收入28.71亿元；2019年，销售煤炭458.08万吨，销售收入26.21亿元；2020年，销售煤炭470.45万吨，销售收入24.51亿元；2021年，销售煤炭483.15万吨，销售收入37.11亿元；2022年，销售煤炭507.07万吨，销售收入42.36亿元。

二、煤炭贸易

集团公司所属经贸公司2009年开始涉足煤炭贸易业务，之后中南煤炭运销有限公司等单位陆续加入。截至2022年，集团公司主要有7家单位从事或参与煤炭贸易。

（一）湖南煤业精煤有限公司

湖南煤业精煤有限公司（原经贸公司，成立于2008年11月），2018年8月变更为湖南煤业精煤有限公司（简称精煤公司）。2009年，销售煤炭51.96万吨，实现营收3.45亿元；2010年，销售煤炭77.85万吨，实现营收6.40亿元；2011年，销售煤炭73.1万吨，实现营收6.82亿元；2012年，销售煤炭79.98万吨，实现营收6.08亿元；2013年，销售煤炭90.03万吨，实现营收6.28亿元；2014年，销售煤炭96.47万吨，实现营收5.98亿元；2015年，销售煤炭105.83万吨，实现营收5.26亿元；2016年，销售煤炭40.4万吨，实现营收2.79亿元；2017年，销售煤炭45.54万吨，实现营收4.08亿元；2018年，销售煤炭133.38万吨，实现营收10.93亿元；2019年，销售煤炭119.18万吨，实现营收10.9亿元；2020年，销售煤炭141.12万吨，实现营收12.58亿元；2021年，销售煤炭148.16万吨，实现营收21.62亿元；2022年，销售煤炭129.31万吨，实现营收25.17亿元。

（二）株洲洁净煤股份有限公司

株洲洁净煤股份有限公司和中南煤炭运销有限公司（负责洁净煤公司的煤炭采购和产品销售）于2014年3月21日重组成立。

公司在2014年3月重组前由集团公司控股经营，从2009年9月到2014年3月20日，入洗原煤264.72万吨，销售主焦煤154.81万吨，实现工业总产值23.17亿元，累计实现利税4698.6万元。2016年、2017年煤炭销售量、盈利水平逐年提升，陕煤集团打开了湖南地区的煤炭销售市场。特别是2018年，在陕煤运销集团的支持下，公司上下齐心协力，整体实现了扭亏为盈。2019年，公司持续盈利。2022年公司全年盈利523万元。

2014—2022年，累计销售煤炭产品501.91万吨，累计实现营业收入32.0257亿元。

（三）湖南煤业股份有限公司煤炭销售公司

煤炭销售公司于2014年5月4日成立。2017年，销售煤炭135.42万吨，营业收入25.63亿元；2018年，销售煤炭509.27万吨，营业收入35.1亿元；2019年，销售煤炭462.82万吨，营业收入34.89亿元；2020年，销售煤炭662.07万吨，营业收入36.71亿元；2021年，销售煤炭597.81万吨，营业收入50.36亿元；2022年，销售煤炭132.32万吨，营业收入25.17亿元。

（四）湖南省煤炭进出口有限责任公司

湖南省煤炭进出口有限责任公司前身为中国煤炭进出口总公司湖南省分公司。

2021年3月，进出口公司划转至集团公司后，积极开拓进口煤炭板块。2021年，购销煤炭30万吨，销售收入3亿元，利润盈亏持平；2022年，购销煤炭54万吨，销售收入9亿元，实现净利润100万元。

（五）湖南省煤炭科学研究院有限公司

湖南省煤炭科学研究院有限公司成立于1973年，2021年并入集团公司后开始开展煤炭贸易业务。2022年，销售煤炭36.43万吨，完成营收4.15亿元。

（六）湖南岳阳铁水集运煤炭储备有限公司

湖南岳阳铁水集运煤炭储备有限公司于2019年12月3日成立，由股份公司煤炭销售有限公司衍生而来。

2021年11月19日，岳阳铁水集运煤炭储备公司与陕西延长中陕签订首单业务，采购1000万元煤炭销售到华菱电商公司。

2022年，公司完成营收32.24亿元，实现利润998.85万元。

（七）煤炭大数据中心

湖南省煤炭大数据中心项目作为全省唯一煤炭交易平台，是构建全省煤炭供应保障体系的重要环节。公司于2020年12月29日成立，位于长沙市天心区万家丽南路二段1099号湘煤大厦，集团公司100%持股，注册资本2000万元，有员工6人，设立技术研发部和商务运营部。公司主要依托“互联网+煤炭”建设模式，为产运需三方共同搭建统一、开放、公平的煤炭交易平台，实现内容全方位、服务全渠道、用户全参与、资源全共享、跨区全支持、过程全监控。该平台2022年1月26日正式上线运营，全年发展注册会员411家，交易量突破700万吨。

第二节　洗　选

2006年，集团公司所属煤矿集中煤仓全部建有筛选系统，大多使用振动分级筛。增加块煤提取量，分选矸石，降低商品煤灰分和含矸率，以提高煤质及经济效益。

原煤单位大都以原煤销售为主，为了提升原煤产品效益，满足各种工业用煤的需求，增加了原煤洗选加工业务。

一、株洲洁净煤公司

1. 沿革

株洲洁净煤公司的前身是原株洲洗煤厂，始建于1954年，是国家“一五”期间156个重点项目之一，由波兰援建并提供成套设备，设计年入洗能力180万吨，主要是冶炼精煤。特级和十级冶炼精煤分别获1980年、1985年国家金质、银质奖。

2008年，由集团公司重组，成立湘煤洁净煤股份有限公司。2014年3月更名为株洲洁净煤股份有限公司。

株洲洁净煤公司采用国内先进洗煤生产工艺，生产优质洁净炼焦精煤和优质环保动力煤。

2. 技术改造

2010年2月3日，该项目委托湖南省第一工业设计研究院编制可行性研究报告，并于4月21日通过了集团公司组织的可研评审；6月4日，集团公司批准立项；8月13日，国家能源局下达产业升级项目的通知文件，将该项目列入国家能源局煤炭产业升级改造项目；9月12日省发改委和省煤炭局组织专家对《湘煤洁净煤股份有限公司洗煤厂及储煤基地产业升级项目资金申请报告》进行评审，并且上报国家发改委；9月30日，国家发改委以发改投资文件下发省发改委，正式将该项目列入2010年中央预算内投资项目，并下达了项目资金贴息资金计划。

该项目由洗选煤系统后续工程、浮选系统改造工程、0号、1号自动配煤系统改造工程、尾煤处理系统改造工程、新建动力（精煤）配煤系统等5个子项目组成。除0号、1号自动配煤系统改造工程由湖南省第一工业设计研究进行施工设计外，其余4个子项目均由石家庄设计研究院国华分院进行施工设计。项目总投资4864.47万元。

1）洗选煤系统后续工程

通过先进的工艺和高效节能的设备解决了原工艺落后及设备脱水效率低、浮精水分高、能耗高的问题，即采用设备处理量大、脱水效果好的卧式沉降离心脱水机和程控隔膜式压滤机替代原有的圆盘过滤机及折带过滤机，对浮选精煤进行脱水，特别是在处理细而黏的物料时，减少了细泥在系统中的循环，效果显著。该工程2010年2月24日开工，5月15日完工，2010年12月30日通过竣工验收。

2）浮选系统改造工程

该工程主要是改浓缩浮选为直接浮选，采用3套16立方米的大型自吸式机械搅拌式浮选机和矿浆预处理器替换原有的3台8立方米的老式浮选机，浮选系统的处理能力大大提高，满足了主洗系统直接浮选的要求，工艺更加完善，能适用各种不同煤种的需要，浮选系统与主洗系统开车比大幅降低，实现了主选系统与煤泥水处理系统同步。该工程2010年8月26日开工，10月7日完工，2011年3月30日通过竣工验收。

3）0号、1号自动配煤系统改造工程

通过对0号、1号厂房的每台给煤机进行变频控制，使每台给煤机给煤量大小在给煤岗位和调度室均有显示并可控，解决了过去凭借人工目测的方式进行配煤，给煤控制难度大、给煤不均匀、原煤配比停留在理论上、产品质量无法保证的问题，从而实现自动配煤。通过改造，原煤入洗的配比误差控制在5%以内。该工程2010年8月26日开工，10月7日完工，2011年6月29日通过竣工验收。

4）尾煤处理系统改造工程

采用两段浓缩两段脱水工艺对原有系统进行改造。利用卧式沉降离心脱水机对一段浓缩机底流的尾煤泥水进行脱水，产品掺入中煤，提高了尾煤泥的销售价格；利用快开式压滤机对二段浓缩底流的尾煤泥水进行脱水后，直接外销或与外购优质煤掺配销售。彻底改变了原来利用4个尾煤泥沉淀池进行自然沉淀，占地面积大、处理效率低、煤泥水分高、浪费土地资源、易造成环境污染等弊端。同时，511溢流浓度基本上为零，实现了清水洗煤。该工程2010年10月4日开工，2011年4月22日完工，2011年12月23日通过竣工验收。

5）新建动力（精煤）配煤系统

根据用户需要，将储存于4个圆筒仓内的产

品通过在线计量与在线检测设备，实现自动、精确配煤，配比误差基本控制在2%～3%，保证了产品质量。新建动力（精煤）配煤系统土建工程于2011年1月6日开工，2011年6月5日完工，2011年11月25日通过竣工验收。

2011年5月6日，新建动力（精煤）配煤系统安装工程开工，2011年6月30日完工，2012年1月12日通过竣工验收。

6）煤炭储备基地项目

该项目采用半地下式与封闭煤棚结构，拥有配套的卸车进料及出料装车系统，总建筑面积17533平方米，受煤槽内有44个煤斗，能够实现动态储煤300万吨。项目由湖南省第一工业设计研究院进行施工设计，设计储备能力30万吨，总投资10167.77万元。2011年5月30日，由湖南省经济和信息化委员会授牌成为湖南省第一家电煤储备基地，2012年7月31日完工并投入使用。储煤基地坐落在公司工业广场的东南部，占地约2万平方米。基地依托紧临京广、浙赣、湘黔3条铁路干线的交汇处，与江南最大的铁路货运编组站——株洲北站相距不到3公里，紧靠京珠高速、沪昆高速、107国道，距湘江千吨级码头不到1公里，交通、区位、市场优势明显，煤炭进出的运输条件十分优越。基地投入使用后，为公司实现洗煤、配煤及转运等生产工艺提供了充足的储煤场地。

3. 产品种类

原煤经入洗后产出精煤、中煤、矸石、尾煤4种产品，其中精煤为主产品，能满足入洗不同煤种的要求，确保洗煤产品的质量，达到节能降耗的目的。

2016年，因市场原因株洲洁净煤公司停止洗煤。

二、资兴焦电洗煤厂

2005年，资兴焦电公司决定对洗煤厂洗煤工艺进行改造升级，投资500多万元，建起了新的重介质洗煤厂房，引进先进的重介质洗煤设备和工艺代替落后的跳汰洗煤，当年改造建设完工。建成投产后，满足了各类煤种的洗选要求，减少了用工，提高了洗煤效率。新的设备和工艺设计年洗煤能力为45万吨。

2006年开始，公司对洗煤分厂采取错峰用电，将洗煤时间调整在夜间11点至早晨7点，使谷期用电率从过去的56%提高到63%；经过对工艺管道和介质泵的改造，介质消耗由6千克降为2.5千克；通过对卸煤设备等多项技术革新，节约了人力、工资、设备和电力，节约30多万元。2006年与2005年相比，精煤回收率提高了10.62%，洗煤成本降低了110元/吨。

2008年初，由于一场50年一遇的冰灾，洗煤分厂在配电房倒塌电杆8根、铁塔座1000多米电线被拉断、生产供电中断的情况下，组织人员连夜排查抢修，仅用3天时间把倒塌的铁塔全部拆除，重新制作新架并安装好。

2010年，公司对洗煤分厂投资176万元进行浮选工艺改造，回收率提高3%～5%，为公司精煤销售、降低精煤成本、开拓精煤市场打下坚定基础。

“十一五”期间，共洗煤130.26万吨，年均产量为26万吨。

2011年，洗煤分厂通过加强煤坪验收管理，加强精煤质量管理，通过对不同大矿煤采取混合入洗，提高精煤回收率2%以上；通过加强矸石跑煤管理，对设备工艺进行改造，使矸石跑煤由4%下降到3%。

2012年，洗煤分厂通过开展多次余煤回收及挖掘煤坪底子煤活动，共清理出余煤4300余吨，创造效益300多万元。通过大力开展修旧利废工作，回收复用旧托辊、皮带架、填料箱等生产废旧物资器材，节省辅材费用共计20余万元。

2013年，洗煤分厂通过加强生产关键工艺管理、规范现场操作，洗精煤回收率全年实际为61%，比计划提高了3个百分点，比上年同期的58.81%提高了2.19%。

2014年，洗煤分厂为提高洗煤回收率，重点抓入洗配比关键环节，完善配煤入洗方案，根据煤种质量调整入洗指令，较好地控制了中煤、矸石、尾矿跑煤，使精煤回收率提高到65%，精煤回收率比上年度又提高了4个百分点。

2015年，洗煤分厂加大了煤炭采购力度和洗精煤的销售力度，洗煤量达到24万吨。

2016年，洗煤部当年洗煤完成31.91万吨。在确保中煤跑煤率控制在1.5%以下、矸石跑煤率控制在0.6%以下、尾煤泥跑煤率控制在3.0%以下的原则上，通过将旋流器矸石出口加大，中煤弧形筛加大筛缝等技术改造，不断提高小时入洗量，大大提高了单位小时的生产能力。

2017年、2018年，洗煤分厂进行原煤脱泥入洗TBS工艺改造，通过改变浮选入料流程，把原来由精煤弧形筛流水直接进浮选的工艺，改成从分级旋流器的溢流水去浮选，改善了入料粒度，防止了跑粗，提高了浮选回收效果，浮选入料灰分由原来的29%左右，降低到26%左右。

2019年，洗煤分厂入洗原煤突破53.08万吨，洗外销精煤8万吨，创造了重介洗煤工艺投产来的历史新高。

2020年，公司投入23多万元购买新设备对洗煤部实施精煤泥系统改造项目。9月初，洗煤停产3天，对精煤泥回收工艺流程进行重点技术改造，将原精煤泥弧形筛和高频筛改为高频电磁振动筛网，精煤回收率提高0.5个百分点，同时达到降灰的要求。尾矿灰分提高4到5个百分点，洗选密度提高10个百分点。按当年洗煤量计算，月创收入15万余元。同时，洗煤实施浮选入料矿浆预处理项目，年增加收入50余万元。

同年，公司进行精煤泥系统工艺改造，各项洗煤指标不断优化，洗煤成本大幅下降。洗煤生产现采用重介旋流器+TBS粗煤泥回收+浮选压滤联合工艺流程，采用最新工艺和新设备进行升级，顺应了公司发展前景，助力扩大洗煤产能，提高了洗煤生产工效，原煤入洗能力扩大到60万吨/年。

2021年，洗煤分厂优化配煤入洗。抓住年初的有利时机，加大洗煤生产，3月洗煤量突破4.7万吨、精煤和中煤外销分别达1万吨以上，创造了全年单月最好成绩。从二季度开始，由于煤炭市场的起伏波动，供煤品种和质量发生了较大变化，加大了洗煤和配煤的难度。到四季度，这种情况更为严重。原来高低灰分煤混合入洗，但由于有的煤质太差，混洗造成跑煤增多，回收率降低。洗煤紧紧盯住煤质和回收指标，根据不同煤种、不同批次的原料，先后多次调整配煤方案，进行多次试验，寻找最佳配比。采用高灰煤与低灰煤分开入洗的方式，分选密度得到提升，精煤回收率提高了1%以上。

2022年，洗煤一直坚持技改提质提效，对精煤复振筛、尾煤泥弧形筛、精煤旋流器等关键设备进行了改进，优化了技术参数，达到了最佳效果。其中，针对洗煤回收系统反复改进，提高了截粗效率，中煤的产率增加了1%左右，尾煤泥回收提高了1.2%左右。洗煤综合回收率达到66.99%，使洗煤产能和洗煤回收率达到历史最好水平。

洗煤分厂有重介质洗煤楼一栋，45万吨浮选设备及18米浓缩泥煤水池等主要生产厂房与设备。洗煤的自洗精煤一部分供炼焦生产，完全能够满足21万吨焦炉的原料需求。一部分外销钢厂、冶炼厂，自洗精煤成为资兴焦电公司第二大主打产品。2022年采取优化配洗方案，提高了回收率，降低了配洗成本。降低外销精煤成本约50元/吨，实现了稳质增效。煤泥水实现闭路循环，真正做到了清洁生产，达到了环保要求。

第三节 炼　焦

一、历史沿革

1958年，资兴矿务局在宝源煤矿附近选址，依托本地丰富的煤炭资源，建起了洗煤厂。从洗煤厂建立开始，洗煤就采用跳汰洗煤工艺，中国第一台0001号跳汰洗煤机在此落户，设备洗选能力为60万吨/年，为60年代后建起的“红旗”炉、“70型”焦炉、新老“84型”焦炉炼焦供应精煤，满足了焦炭生产的精煤需求。洗煤所需煤炭在20世纪90年代前，主要通过宝源煤矿到洗煤厂翻笼房的电车轨道专用线运送。随着宝源煤炭资源的枯竭，加上对外销量的增加，能供应给洗煤厂的煤越来越少。

到20世纪90年代后期，加大了外来煤的采购力度。为适应外来煤的卸车和储备，在原有煤坪的基础上，扩大了煤坪面积，在煤坪专用线铁路上安装了铁路卸煤机。

1996年，为了提高焦油附加值，提炼焦油化工产品，成立了炼油工段，建立了炼油厂房，安装了炼油设备，组织技术培训，开始进行焦油加工提炼。炼油划归洗煤管辖，改洗煤车间为洗煤炼油分厂。生产出了工业萘、洗油、蒽油、中温沥青等化工产品。同时开辟了工业萘和沥青市场，为企业增加了新的经济增长点。

2000年3月，煤电焦化总厂与资兴矿务局宇字煤矿同时破产改制重组。2001年9月，在湖南省工商局注册登记，成立湖南省资兴焦电股份有限公司，成为湖南省煤炭系统第一家股份制企业。公司注册资本为3000万元。

2003年5月，焦电公司总股本从3000万元增至3375万元。到2004年4月，公司决定继续增资扩股，将总股本从3375万元增至5062.5万元。

2004年，焦电公司新建21万吨焦炉，生产国家一级冶金焦，产品主要销往广东钢铁行业及省内冶炼企业。

同年，焦电公司与江西省萍乡市新科盛公司联营，开发粗苯加工项目，从焦炉煤气中提炼粗苯。合作方式是对方提供设备和技术，焦电公司提供煤气和厂房，利益按比例提取。这样既减少了废气排放，又增加了产品的附加值。

2005年，焦电公司引进先进的重介质洗煤设备和工艺代替落后的跳汰洗煤，当年改造建设当年完工。建成投产后，满足了各种煤种的洗选要求，减少了用工量，提高了洗煤效率。新的设备和工艺设计年洗煤能力为45万吨。洗精煤送往焦炉炼焦，同时根据洗煤量和市场情况外销一部分产品。

二、产业升级

2006年，焦电公司邀请湖南省3家电力系统的公司共同出资，对煤矸石发电厂进行60兆瓦机组技改，并注册登记成立了资兴煤矸石发电有限责任公司，该公司为独立法人，自主经营，自负盈亏。焦电公司以大股东身份参与发电公司的管理。

2007年，焦电公司煤气发电二期燃气发电机组达到14台，焦炉煤气得到充分利用，变废为宝，净化了环境，成为新的经济增长点。

2008年，南方遇到50年一遇的冰灾，焦电公司焦化作业面临停炉停产，公司组织打了一场"焦炉保卫战"，保住了焦炉，恢复了生产。是年，由于原炼油规模太小，管理难度大，炼油效益差，公司决定停止炼油。

2009年，焦电公司焦化行业受到金融危机冲击，公司开展"拧毛巾，降成本"主题活动，外拓市场，内强管理，开源节流。"十一五"期间，焦炭和洗煤实际年产量比公司成立时平均增加10万吨左右，年均产值在4.2亿元以上。是年，根据国家淘汰落后产能的政策，关停2台6000千瓦机组。

2010年、2011年，焦炭市场持续低迷，焦电公司为寻找出路、谋求发展，开展100万吨焦炉、四氧化三锰、生物质电厂、型焦等项目的调研。同时全力支持煤矸石发电公司60兆瓦机组技改工程，先后借资7000万元给发电公司并为其在银行贷款提供全额担保，帮助发电公司走出困境。

2012年，焦电公司根据国家新行业政策，加大环保治理力度，淘汰落后产能，两组84型焦炉分别于元月和12月停炉。

2013年，焦电公司收回发电公司的经营权，加强对该公司的管理，使发电公司扭亏为盈。在球团公司运作期间，焦电公司通过加大焦炭生产和压缩煤气发电等办法，保证了球团生产用气。

2014年，焦电公司通过实施"两汽互换"工程改造，将焦炉煤气送煤矸石发电公司发电炉燃烧，发电公司的蒸汽直接送至焦电公司粗苯加热装置，每小时节约煤气400多立方米。年底用几十天的时间，将三组老焦炉全部拆除，并对生产现场进行全面的优化处置，形成21万吨焦炉及其配套设施、配煤仓、汽车焦仓、火车焦仓、水处理等环保设施、粗苯工段等生产布局。

同年，焦电公司对21万吨焦炉捣固焦进行攻关，使焦炭强度提高了6~8个点，满足了客户要求。在焦炭市场低迷的情况下，加大煤炭采购力度和洗精煤的销售力度。

同年，焦电公司已完全掌握粗苯加工生产技术，终止与合作方的承包模式，收回经营权，由焦电公司单独经营。

2015年，焦电公司仅存一座21万吨焦炉并在淘汰之列，同时钢铁行业高炉的大型化，对焦炭的要求也越来越高。节能环保、综合利用的要求促使企业继续转型升级。

2017年，焦电公司进行三项制度改革，将生产单位改为部门制，焦化分厂改成炼焦部，减少管理环节，提高管理效益。煤矸石发电从资兴焦电公司分离出去，直属资兴实业公司管理；焦电公司保持煤气、蒸汽、中煤、煤泥矸石供应链。

2018年，焦电公司投资25万元对煤气管道和蒸汽管道进行改造，投资20万元更换粗苯再生器及贫富油换热器并完善了工艺。

2019年，焦电公司加强焦炉维护，根据焦炉情况，停止了简易捣固装煤，提高了出焦率。

2020—2022年，焦电公司加大了环保投入，两年投入1120万元用于环保改造，完成了工业厂区雨污分离整改和焦化废水深度处理项目。制定《湖南省资兴焦电股份有限公司环境保护管理制度》及配套的实施细则，加强环境专项治理，防范环保风险的发生，实现综合利用和绿色发展，形成煤炭深加工上下游完整的产业链。

截至2022年底，焦电公司占地面积80602.3平方米，注册资本5062.5万元，总资产3.7亿元，主要产品有洗精煤、准一级冶金焦炭、二级冶金焦炭，副产品有焦炉煤气、煤焦油、粗苯、煤泥、矸石煤等产品。年生产规模：重介洗煤45万吨，炼焦21万吨。年总产值4.5亿余元。主要设有洗煤、炼焦两个生产部门，共有员工247名。

2006—2022年，焦电公司先后获得"国家循环经济示范企业""国家经贸委综合利用先进单位""全国煤炭系统综合利用先进企业""环境保护优秀企业""省级园林式单位""高新技术企业"等荣誉称号。公司领导班子多次被湖南省煤业集团及资兴实业公司授予"优秀领导班子"荣誉称号。

为加快企业产业升级，焦电公司在"十四五"规划中提出了"双百万项目工程"规划，即120万吨选煤技改项目和100万吨焦炉改造项目。其中，120万吨选煤技改项目通过专家评审，被列入集团公司投资计划。将形成以焦电公司为中心，一公里范围工业园扩区目标，整合资源，延长产业链，产生集聚效应。

三、焦炭生产

2006年，焦电公司生产焦炭32.56万吨，完成营业收入34662万元，实现利润652万元。

2007年，焦电公司将一组70型焦炉停产，生产焦炭36.35万吨，比上年增产3.79万吨。完成经营总额43703.94万元，实现利润1581.8万元。

2008年，焦电公司生产焦炭26.84万吨，完成营业收入61510.3万元，实现利润1585.29万元。

2009年，焦电公司生产焦炭30.22万吨，实现产值4.4766亿元，实现利润1331万元。在"十一五"期间，共生产焦炭146.51万吨，洗煤148.31万吨，实现利润4737.55万元。

2010年，焦电公司进行浮选工艺改造，提升了洗煤质量，满足了用户对高质量焦炭产品的需求。是年，生产焦炭20.47万吨，完成营业收入37466.09万元，实现利润1167万元。

2011年，焦电公司生产焦炭13.92万吨，完成营业总额36788.46万元，实现利润1162万元。

2012年，焦电公司实施焦炉捣固焦工艺改造项目，替代顶装煤工艺，进一步提高了焦炭质量。是年，生产焦炭10.71万吨，完成经营总额34176万元，实现利润16.7万元。

2013年，焦电公司生产焦炭14.53万吨。

2014年，焦电公司组织21万吨大焦炉捣固焦攻关，研制出简便易操作的"土法捣固"装置，焦炭强度提高6~8个点，满足了用户要求。

2015年，焦电公司洗煤量达到30.69万吨，产焦11.38万吨，亏损40.57万元。

2016年，焦电公司生产焦炭15.51万吨，完成经营总额22603万元，实现利润513万元。

2017年，焦电公司生产焦炭15.16万吨，完成经营总额32062万元，实现利润2774.17万元。是年，焦电公司开发广东阳春新钢铁这家骨干中坚客户，焦化按其指标要求，一年专为其生产焦炭8万吨。

2018年，焦电公司生产焦炭13.95万吨，完成经营总额39669万元，实现利润2729万元。人均创收134.72万元，人均创利10.66万元。

2019年，焦电公司生产焦炭14.45万吨，完成经营总额45860万元，实现利润1688万元。

2020—2022年，焦炭市场大起大落，与煤炭市场价格倒挂，生产经营困难。焦电公司调整营销策略，内部发力积极应对，稳定了生产，实现赢利。2020年、2021年、2022年分别产焦14.63万吨、17.42万吨、14.19万吨，这三年的营业收入分别为45949.37万元、65828.39万元、60670.42万元，利润分别为852.06万元、3508.14万元、1024.33万元。

第四节　发　　电

一、坑口发电

（一）资兴矿务局煤矸石发电厂

该厂于1987年9月开工建设，总投资3200万元，是湖南省内第一座燃用煤矸石的发电厂，也是能源部批准的“三废”治理综合利用项目。该电厂装机容量1.2万千瓦，设计年处理煤矸石35万吨。

1992年5月25日，电厂一号机组运行发电。

2005年4月，资兴局煤矸石发电厂改制为资兴实业公司煤矸石发电厂，注册资本6954万元。同年，该厂列入国家“十五”技术改造项目，动工兴建1台60兆瓦发电机组，2006年12月建成投产。该机组年发电量3.6亿千瓦时，消耗煤矸石60万吨，折合燃煤约2.6万吨。

2009年，发电厂根据国家淘汰落后产能的政策，关停原一号机组2台6000千瓦机组（2019年8月拆除）。

“十一五”期间，资兴实业对煤矸石发电公司投入3000多万元用于技术改造。其中，对煤矸石发电公司投入800多万元将锅炉等关键设备及生产系统进行了大修，降低了煤耗，提高了效率。

2007—2014年，资兴实业发电厂共投入3019.78万元进行安全环保技改，年发电量由2007年的37280.51万千瓦时增至2014年的42918.2万千瓦时。

2015—2017年，资兴实业公司对发电厂投入约870万元，完成了炉内脱硫、布袋除尘、SNCR脱硝系统等环保改造。

2018年6月，资兴实业公司投入17.8万元，改造资竹线110千伏铁塔，排查了倒杆、断线等风险，确保了110千伏线路的安全。同年，又投入80万元完成了锅炉冷渣水余热加热泥煤技术改造，泥煤配比量从原来的5%提高到10%以上，每年可降低燃料煤成本300万元。

2019年5月，资兴实业公司对发电厂投入11.68万元，改造10千伏变频器风水冷装置，改造后降低了变频室内的环境温度，确保了电气设备的安全运行；投入87万元，增设电气二次安防装置，改造后避免了厂用设备故障时冲击电网的风险，确保了电网安全运行。6月，投入40万元，改造主控室电气ECS系统，改造后电气控制主电脑实现了远控操作，同时降低了电气设备的故障率。

2020年1月，资兴实业公司投入2.1万元，对山顶水池护坡塌陷处进行加固修复，确保了公司工业水池的安全使用。11月，投入27万元，改造制水车间及汽水取样站DCS系统，改造后能精准取样和加药，保证锅炉水质达标，确保锅炉安全稳定运行。12月，投入约2680万元，完成了锅炉烟气超低排放技术改造。

2021年3月，资兴实业公司投入22万元，改造电除尘高压整流柜及变压器。改造后电场高压整流柜和变压器的故障率明显下降，确保了电除尘设备的安全稳定运行。投入26.15万元，改造直流电源屏和蓄电池系统，改造后保障了电气设备在停电等特殊时刻的安全，解决了蓄电池容量无法满足应急需要的问题。5月，投入19万元，改造发电机励磁调节系统，改造后实现了对整流柜及功率单元的过流、超温保护，提高了系统的抗干扰能力。10月，投入35.4万元，改造工业场所监控系统，改造后对重要岗位与设备实施了24小时监控，发现问题及时解决，确保了机组安全运行。

2022年5月，资兴实业公司投入19.29万元，改造中仓输煤系统电气线路，改造后解决了因线路老化经常出现故障的问题，同时满足了远程集控的要求。投入21.73万元，改造水化室盐酸罐，改造后排除了盐酸罐腐蚀泄漏的风险。6月，投入23.04万元，新增自动加氨水系统，增设后实现了自动加注氨水的目的，避免了人工加注氨水时人员中毒的风险。

截至2022年底，发电厂拥有一台60兆瓦发电机组，发电能力3.6亿度/年。资产总额26845.759万元，净资产16492.6887万元。厂区占地面积1.57×10^5平方米。下设发电运行部、燃料车间、设备部、生产安全技术部、经营管理部、财务部、办公室、党群工作部8个部室，员工人数160名。

（二）长沙矿业有限公司坑口电厂

1993年10月，长沙矿业有限公司坑口电厂项目正式动工。该电厂设计规模1.0万千瓦/年，设计概算总投资6234万元，实际完成投资7070万元。

1995年、1996年，由湖南省第一工业设计研究院进行改扩建初步设计，经省煤炭工业局组织审查批复后，该电厂增设2台装机容量1.2万千瓦的燃煤发电机组。

2002年，完成发电量1.84亿度，比上年增加164万度。其中上网电量774万度，较上年减少118万度。

2011年8月，因国家对火电实施“节能减排、上大压小”的宏观调控政策，加上煤炭价格上涨致使电厂运行成本增加等因素，该电厂停运关闭。

（三）湘永电厂

1993年，湘永电厂作为地方骨干自备电厂项目建设完成。

1994年6月，由4000千瓦机组改扩为1.2万千瓦机组的改扩建工程正式启动。本次改扩设计的概算总投资5800万元，建设工期为28个月。

1996年10月，改扩建工程完工，电厂投运发电，实际完成投资7000万元。

2010年11月，该电厂并入湖南省白沙电力有限公司（后于2011年关闭，2019年6月拆除）。

（四）湖南省白沙电力有限公司

1969年，白沙矿务局为解决当时煤矿的供电问题，成立了白沙矿务局发电厂。1993年，该电厂投资建设煤矸石锅炉凝汽式发电机组，装机容量12兆瓦，利用矿区内煤矿企业的劣质煤发电，年发电能力8600万千瓦时。1994年10月8日，白沙矿务局为适应市场经济发展的需要，撤销白沙矿务局发电厂和白沙机械厂建制，组建白沙矿务局机电厂。

2001年7月，白沙矿务局机电厂整体改制成湖南省白沙煤电集团有限公司白沙电力公司。同年12月26日，白沙煤电集团公司将电力公司、南阳煤业公司、永耒铁路公司、湘永电厂等优良资产进行组合，成立湖南省白沙能源股份有限公司电力分公司。白沙盐沙110千伏变电所系衡阳电网的中心变电所，35千伏配电采用双母线方式向各35千伏变电所供电；电网主要向4个矿业公司、1个水泥厂、1个铁路运输公司供电，电网辐射面积120平方千米，35千伏供电线路总长约217千米，网站内共有13个35千伏变电所。白沙盐沙110千伏变电所和资兴宝源、周源山、唐洞等矿区供电网内各35千伏变电所采用环形供电方式。

2008年1月下旬，湖南遭受50年一遇的冰雪灾害，湖南省白沙能源股份有限公司电力分公司35千伏供电网络遭受重创。21个矿井供电中断，整个白沙矿区各矿井的安全受到极大威胁。供电线路的电杆、铁塔、电线及周边竹木覆冰现象十分严重，导线与杆塔平均覆冰厚度在35毫米以上，最大覆冰厚度达75毫米，线路损毁程度历史罕见。在此次冰灾中，17条35千伏供电线路和6条6千伏供电线路严重损毁。为了保住矿井和发供电生产安全，分公司抢修供电线路总里程达1300多千米，15天内投入4900多人次参加抢险救灾，最终保住了矿井安全。

2010年11月，白沙能源股份有限公司电力分公司更名为湖南省白沙电力有限公司。该公司下属电厂处于衡阳电厂的末端，在湘南电网局部供电能力不足时，可发挥重要的电源支撑作用。特别是在因自然灾害引起大电网中断供电的情况下，可确保白沙矿区供电安全。电厂在2006年“碧利斯”、2007年“圣帕”和2008年冰灾期间经受住了考验。

2011年，为落实国家“节能减排，上大压小”的政策，白沙电力公司关停了湘永电厂、白沙电厂3台普通燃煤发电机组（2020年7月拆除），保留1台煤矸石发电机组，采用煤矸石循环流化床锅炉凝汽式发电。公司保有装机容量12兆瓦，年发电能力8600万千瓦时。

2013年，白沙电力公司扩大供电范围，将磨田、大岭煤矿纳入盐沙电网直供，开拓白沙小区东区和联平新城供电业务。同时，拓展电力安装与维护市场，年拓展业务2000万元以上。

至2015年底，白沙电力公司资产总额7478万元，净资产2418万元，固定资产2439万元。实现工业总产值6036万元，销售收入1.08亿元，上缴税费620万元。同年，企业净化社会职能，完成农村转供电移交。

2018年，白沙电力火力发电业务全部退出。

二、瓦斯发电

2007 年 10 月，洪山殿矿业公司蛇形山煤矿建成湖南省第一座瓦斯发电站并投入运行发电，装机功率500 千瓦 ×2。2014 年1 月24 日，经湖南省政府批准，洪山殿矿业公司整体移交给双峰县人民政府。

2009 年 12 月、2011 年 10 月、2012 年 11 月，红卫矿业公司坦家冲煤矿、嘉禾矿业公司浦溪井和黄牛岭煤矿先后建立了瓦斯发电站，装机功率均为500 千瓦 ×2。

2013 年 11 月，嘉禾矿业公司浦溪井新建 2 台瓦斯发电机组，装机功率 500 千瓦 ×2。

2022 年，嘉禾浦溪井更换了 1 台 500 千瓦发电机组为700 千瓦的发电机组，黄牛岭煤矿新安装了1 台600 千瓦的发电机组。

截至2022 年底，集团公司尚有坦家冲煤矿、嘉禾浦溪井、黄牛岭煤矿 3 处瓦斯发电站，共安装瓦斯发电机组9 台，总装机功率为4800 千瓦。

2008—2022 年，集团公司省内煤矿瓦斯发电共利用瓦斯 7800 万立方米，共发电 13980 万度，获得9000 余万元的经济效益。

第三篇
非煤产业

2006年6月，集团公司成立以来，实施“以煤为主、有限多元、综合发展”的战略，在大力发展煤炭主业的同时，整合已有非煤产业资源，优化产业结构，陆续组建了华磊光电、立达煤机、洁净煤三大高新技术骨干企业。2016年9月，集团明确了打造以能源产业为依托，有限多元发展，产业经营和资本运营融合发展的大型能源投资控股集团的战略定位和战略目标，确立了“六大板块”整合重组构想。成立售电公司、整合重组建工资产推进建工板块做强做优做大、重组机械装备资产、接收煤科院和工业设计院等，非煤产业取得了长足的发展。

截至2022年，集团公司非煤产业有建设开发与服务、发光（LED）芯片制造、装备与仪表智能制造、售电及新能源开发、铁路运输、医疗、检测检验等业务，资产总额64.52亿元，年生产总值61.88亿元，占集团全年总产值的32.12%。

第一章　建设开发与服务

第一节　矿山建设

一、机构

矿山建设是湖南楚湘建设工程集团有限公司（以下简称“楚湘建工”）传统骨干业务。楚湘建工前身是湖南楚湘工程有限公司，由湖南省煤炭工业厅于1993年9月组建成立。2001年，湖南省白沙煤电集团（原白沙矿务局）成为楚湘工程公司的出资人，2005年，白沙煤电集团将所属南方公司（原六处）、楚湘公司、白沙基础公司整合重组成立湖南楚湘建设工程有限公司（以下简称“楚湘公司”）。2018年1月，楚湘公司分离升格注册成立湖南楚湘建设工程集团有限公司，为集团直属子公司。2月，楚湘建工组建湖南楚湘矿山工程有限公司（以下简称“矿山公司”），矿山公司为楚湘建工从事矿山建设的专业子公司。2021年11月，矿山公司通过了国家职业健康安全管理体系认证、质量管理体系认证、环境管理体系认证。

楚湘建工拥有矿山工程施工总承包、地基与基础工程专业承包、装饰工程专业承包和机电设备安装工程专业承包一级资质；拥有隧道工程施工专业承包、市政工程施工总承包、环保工程专业承包二级资质；拥有地质灾害防治施工乙级、测绘乙级、地质灾害防治设计丙级和绿色矿山第三方评估等资质。业务范围涵盖斜井、立井、井下采掘、尾矿库、公路隧道、安装等工程门类，涉及煤、磷、金、铜、铁、锑、钨、铝土等矿种。工程项目分布在国内20多个省、市、自治区以及越南、孟加拉国等东南亚国家。

矿山公司具有矿山工程施工总承包二级资质、环保工程专业承包三级资质，拥有建筑施工安全生产许可证、金属非金属矿山采掘施工作业安全生产许可证。

2019—2022年，楚湘建工连续4年被评为“湖南省守合同重信用企业”。

2020年12月，楚湘建工经科技部认定为“国家高新技术企业”。

二、主要项目

（一）新星煤矿立井井筒修复工程

2006年12月26日，由于附近小煤窑非法超深越界开采，马田公司新星煤矿立井井筒坍塌。坍塌下来的煤和矸石堆积高度达90多米、3000余立方米，93名矿工被困井下，湖南省领导严重关切并对救援工作作出重要批示。新星煤矿立井井筒为单一井筒，井深420米，承担整个矿井的运输、通信、通风、排水、供电和人员升降等功能。楚湘公司承接了矿井救援和井筒抢修任务，当天成功救出93名矿工，无一受伤。井筒抢修前期共投入作业人员100余人次，突击安装159厘米管道1100余米、D155毫米排水泵1台、变压器2台、铺设供电电缆2100余米；整个井筒修复工程历时270余天，于2007年9月25日完工。楚湘公司因此受到集团的隆重表彰。

（二）铜角湾煤矿立井扩建安装工程

2010年，湘永矿业公司对铜角湾煤矿立井进行改扩建。工程包括井筒装备安装工程、多绳摩擦式提升机安装工程及立井金属井架安装工程。其中立井金属井架安装工程井架设计为L-A型多绳提升罐笼橹式钢结构井架。上天轮中心标高24米，井架顶标高29米，下天轮中心标高19米，总重117吨。井架分为立架和斜架两部分：立架为桁架式钢结构，重40吨；斜架为斜双柱箱形结构，重70吨。施工工艺复杂，施工难度大，质量要求高。工程于2010年3月10日开工，9月30日完工，工期6个多月。安装工程采用多项新工艺、新材料，使用特制大型设备数台，确保了主架一次吊装就位。工程施工没有发生安全事故、质量隐患和质量缺陷，顺利通过竣工验收并获得单位工程优良等级认证。2011年12月，湘永公司铜角湾立井井筒工程获得具有全国煤矿建设"奥斯卡"美称的太阳杯奖。2012年12月，湘永公司铜角湾立井安装工程和街洞矿业公司茶山岭煤矿主斜井井筒工程同获"太阳杯"工程奖。

（三）湖南黄金集团辰州矿业沃溪坑口改造项目

2013年9月，楚湘公司承建湖南黄金集团辰州矿业沃溪坑口改造项目——2号明立井项目。2号明立井井深1058米，号称"江南第一深井"。当时，公司只有800米以内的立井施工设备，不能满足工程施工需要，为此，公司一次性投资2247万元，购买了两套1000米立井大型施工设备。设备更新后，楚湘公司单月立井施工成井达到142.2米，刷新湖南省矿山建设及江南八省立井施工纪录。楚湘建工因此进入全国立井施工先进行列，现已具有10~12对立井同时施工的能力，并拥有一批有自主知识产权的科技成果。

（四）海南石碌铁矿深部矿石选矿技术改造工程

海南矿业股份有限公司石碌铁矿深部矿石选矿技术改造工程包括石碌铁矿深部矿石选矿技术改造工程的总图工程、综合管线、跳汰车间、富粉溢流车间改造、转运站、带式输送机通廊、110万吨/年选矿厂3号带式输送机改造、跳汰循环水泵房、跳汰浓缩池、跳汰电气楼、变电所、200万吨破碎站变电所改造、富粉仓库、中碎和富粉车间办公室等。工程造价6000万元，总工期276天。楚湘公司于2014年10月开工建设，工程进展顺利并如期完工，安装质量优良。

（五）新疆喀双立井安装工程

2016年，楚湘公司针对新疆喀双立井安装工程时间紧、任务重的情况，制定了《奋战一百天》活动方案，细分分项工程节点，成功在91天内实现提升系统与运输系统联调联试。

（六）辰州矿业沃溪坑口立井工程

该工程包括2号明立井和回风立井井筒掘砌、安装及配套工程，合同金额9282万元，项目工期462天。2017年，楚湘公司承建的辰州矿业沃溪坑口立井井筒工程、立井安装工程获煤炭行业"太阳杯"工程奖和行业优质工程奖。

（七）西湾露天煤矿生产期土方剥离工程

项目合同总价16650万元。2017年4月15日开工，2020年6月24日完工，累计完成产值16546万元。陕西神延煤炭有限责任公司西湾露天煤矿生产期土方剥离工程是楚湘公司承接的首单矿山剥采工程施工业务，对楚湘建工拓展煤炭矿山业务具有重要的战略意义。

（八）海南矿业北一东区采准工程项目

海南矿业北一东区采准工程项目位于海南省昌江县石碌镇，项目合同金额12500万元。项目内容包括北一东区0~-120米和保秀矿区0~-120米铁矿石地下开采相关的采准巷道与（天）溜井掘进、-120米探矿工程、安装工程等，项目工期3年。2018年，该项目获煤炭行业"太阳杯"工程奖和行业优质工程奖。

（九）越南煤炭产业集团冒溪煤矿项目

2019年，楚湘建工响应国家"一带一路"倡议，实施"走出去"战略，12月，实地考察论证越南煤炭产业集团冒溪煤业公司矿建项目。项目内容有冒溪煤田地下150米以下矿井开采、地下230米、地下315米和400米车场系统工程建设施工项目。2020年1月，楚湘建工成功中标越南煤炭产业集团冒溪煤矿项目，项目合同金额1.53亿元，该项目为湖南矿建史上首次参与国际投标的海外项目。3月，楚湘建工成立越南冒溪项目部，6月，组织施工人员、施工机械设备50余台套进驻越南冒溪项目工地。

（十）内蒙古苏尼特左旗芒来项目

2020年，楚湘建工承建内蒙古苏尼特左旗芒来项目。项目于2020年4月15日启动，项目主要包括表土剥离、采装、运输、排弃、作业区域道路修筑与维护、工作面清理、施工范围内疏排水实施与边坡安全管理等施工内容。项目部本着“超前计划、安排细致、措施到位、落实全面”的原则，单日剥离量持续保持在12万立方米以上。

（十一）湘东矿业公司井筒等设备安装工程

2021年，楚湘建工承接湖南省湘东矿业有限公司升级改造项目井筒等设备安装工程。工程包括立井提升系统、工业广场生产运输系统等。工程造价4500万元，总工期365天。项目获安装质量优良工程。

（十二）湖北祥云高烽磷矿主、副立井掘进施工工程

该项目主井井深750米、净径5.5米，副井井深671米，净径6.5米，为白云岩地层，合同金额约1.4亿元。2021年5月，楚湘建工签订施工合同。2022年，在白云岩地层立井深孔帷幕注浆没有先例可循，楚湘建工以矿建研究中心为主体，联合湖南科技大学、湘潭大学等高校进行技术攻关，同时聘请中煤科工、湖南省地质院专家教授，改进单液注浆为膨润土水泥浆施注，成功对井圈地下水进行封堵，在既定工期内完成施工任务。项目施工工艺已经成功申报中国煤炭建设协会部级工法。

（十三）广西信发铝电1号赤泥堆场加高扩容项目

该项目包括清坡、场地平整、坝基、主坝、防渗系统、监测设施、岩溶处理、排洪系统等图纸全部施工内容。项目合同金额2528.9万元，工期210天。2022年，该项目获煤炭行业“太阳杯”工程奖和行业优质工程奖。

（十四）湖南辰州矿业2号明立井井塔楼及地面辅助工程

该项目包括沃溪坑口技术改造工程中的2号明立井和回风立井井筒掘砌、安装及配套工程。合同金额5082.78万元，项目工期为564天。2022年，该项目获煤炭行业“太阳杯”工程奖和行业优质工程奖。

（十五）街洞储配煤基地二期改造工程

工程于2022年10月开工，该项目主要包括储煤棚、沉淀池、泵房、铁路专线封闭钢棚、道路封闭钢棚、洗车池、硬化场地、道路、排水沟、挡土墙、土石方工程、挂网喷浆护坡等工程建设内容。工程造价约1500万元，总工期150天。项目以单层钢结构厂房为主，其构件数量多，单根构件重量大，构件安装高度大，特别是钢屋架构件跨度大，增加了结构吊装的施工难度。公司技术骨干人员到现场进行技术把关、施工指导和安全质量监督。截至2022年底，工程施工进展顺利。

（十六）江西德兴铜矿4号尾矿库“头顶库”综合治理工程（一标段）项目

工程于2022年4月开工，该项目包括4号尾矿库180～210米平台外坡定型工程及维护设施，坝坡及马道的定型、平整，外坝坡的植被恢复，外坝坡排水系统设置。工程造价1400万元，总工期382天。截至2022年底，工程施工进展顺利。

（十七）其他项目

神华新疆能源乌冬煤矿西采区主斜井井筒掘砌工程、副斜井井筒掘砌工程，江西崇义章源钨业新安子钨锡矿盲立井井筒掘砌工程、井筒装备及设备安装工程，2018年同获煤炭行业“太阳杯”工程奖和行业优质工程奖。

三、编写工法

2011年4月，王作成、金鑫、姜立忠、叶国华共同编写的《立井井筒垮塌修复综合治理施工工法》获湖南省住房和城乡建设厅批准为湖南省工程建设工法。

2012年6月，楚湘公司集体编写的《斜井运用挖掘装载机及配套设施快速施工工法》获湖南省工程建设工法；是年12月，王作成、金鑫、张跃龙、候辉华共同编写的《采用帷幕注浆截流治理矿井水害施工工法》，王作成、金鑫、张跃龙共同编写的《冲击凿孔护筒振动跟进法施工桩基工法》，王作成、金鑫、李惠云共同编写的《煤层注水抽放瓦斯石门揭煤施工工

法》获煤炭行业（部级）工法。

2013—2015 年，总工程师金鑫和技术中心主任候辉华以主编身份参加中国煤炭工业协会授权楚湘公司编写的《机械台班作业定额》和《费用定额》，公司还参与编写了《井巷工程消耗量定额》。

2021 年，楚湘建工与湘潭大学、湖南科技大学等高校建立产学研联盟，全年共开展 21 个科研项目及课题联合攻关，评审认定了 9 部企业工法，完成两个省级工法立项。

2022 年 8 月，马东峰、谢先斌、冯责制、李虎霖、友凤共同编写的《立井垮塌修复加固施工工法》，刘钊、易金祥、谢先斌、李虎霖、成云翔、赵延林共同编写的《立井工作面水泥－水玻璃双液与化学浆液双圈帷幕联合注浆施工工法》获煤炭行业（部级）工法。

四、营业收入

2011—2022 年，楚湘建工共承建矿建工程项目 453 个，合同总额 161.44 亿元，实现营业收入总额 100.61 亿元。2018 年矿山公司成立后，共完成工程项目 22 个，合同总额 12.67 亿元；实现营业收入总额 7.56 亿元，利润 1219.58 万元。

2018—2022 年楚湘建工矿建业务营业收入详见表 3－1－1。

表 3－1－1　2018—2022 年楚湘建工矿建业务营业收入汇总表　　亿元

年份	2018	2019	2020	2021	2022
楚湘建工	14.29	20.85	24.08	20.54	15.89
其中矿山公司	0.14	1.5	1.76	2.03	2.13

第二节　矿 山 托 管

一、机构

2020 年 3 月，楚湘建工组建矿山托管专项工作组，4 月 30 日取得“煤矿企业安全生产许可证”。2021 年 6 月，楚湘建工集团成立矿山托管事业部（以下简称“托管事业部”），实行“有限授权、独立经营、独立核算”的总经理负责制。托管事业部设有榆林、铜川、韩城、曲靖、海北州 5 个分公司，柳巷煤矿托管处、西川煤矿托管处、桑北煤矿托管处、雨汪煤矿托管处、墨勒三矿托管处、万安技改项目部共 6 个托管处（项目部）。在岗员工 101 人，各类专业技术人员 97 人。托管事业部依据国家《煤矿整体托管安全管理办法（试行）》（煤安监行管〔2019〕47 号），依托楚湘建工集团“煤炭企业安全生产许可证”，在全国范围内开展煤矿托管业务。

二、主要项目

（一）阿戛捡材沟煤矿整体托管项目

2019 年 11 月，楚湘建工与贵州长顺巨能矿业公司签订托管合同。楚湘建工是进驻贵州省煤矿托管市场的首个正规法人单位。

（二）山西陆合煤化集团万安煤业托管项目

2021 年 3 月，签订先技改后托管合同，合同工期 7 年，合同金额 13 亿元。

（三）陕西桑北煤矿整体托管项目

2021 年 5 月，楚湘建工与韩城市枣庄实业公司签订项目合同，合同工期 5 年，合同金额 11 亿元。

（四）陕西柳巷煤矿整体托管项目

2021 年 6 月，楚湘建工与陕西竹园嘉原矿业有限公司签订托管合同，合同工期 5 年，合同金额约 5 亿元。

（五）云南雨汪煤矿一井整体托管项目

2022 年 7 月，楚湘建工与云南滇东雨汪能源有限公司签订托管合同，合同工期 5 年，合同金额 20 亿元。

（六）陕西西川煤矿整体托管

2021 年 10 月，楚湘建工与华能铜川照金煤电有限公司签订托管合同，合同工期 5 年，合同金额 7.11 亿元。

截至 2022 年底，楚湘建工先后承接了 12 个煤矿托管项目，合同总额 86.38 亿元；托管事业部拥有 5 个托管项目，核定产能 990 万吨，合同总额 56.11 亿元。

三、营业收入

矿山托管事业部成立两年以来，共实现营业

收入13.61亿元，利润6576.82万元。其中2021年实现营收2.22亿元，利润453万元；2022年实现营收11.38亿元，利润6124万元。

第三节　房地产开发

一、湖南华泰广厦房地产公司

（一）机构

湖南华泰广厦房地产公司于2009年8月26日注册成立，注册资本5000万元，是集团所属涟邵实业有限公司的全资子公司。公司前身是2004年4月在长沙成立的湖南继善机电设备有限公司，主要负责枫华府第项目中涟邵部分土地的开发和物资贸易业务，两家公司先是由一套人马运作，2017年下半年分开运行，继善机电设备公司专做物资贸易，华泰广厦房地产公司专门从事房地产开发。

（二）项目

1. 枫华府第小区项目

项目小区占地400亩，其中的100亩由原涟邵矿业集团委托继善投资公司枫华府第项目部于2006年10月开发，继善机电设备公司全程监管并单独核算。小区规划设计有19栋多层、4栋小高层住宅楼和3栋商业楼，建筑面积10万平方米。2010年，项目完成基本建设，2015年完成工程结算、土地增值税清算和企业所得税内部清算。该项目总收入3.18亿元，总成本2.51亿元，利润总额6739.55万元，净利润5054.66万元。

2. 洪山殿棚户区改造项目

该项目包括治理改造蛇形山、彭家冲、咸沙坝、鲤鱼塘4个矿区棚户区，总建筑面积30.16万平方米，配套公建面积3.16万平方米，核定工程概算总投资3.85亿万元。2010年3月开始建设，2014年，蛇形山小区一、二期工程完工。

3. 华泰尚都项目

项目占地14.5亩，净用地11.25亩，建成2栋连体楼，33层（地上30层、地下3层），容积率7.0。总建筑面积6.85万平方米、计容建筑面积5.3万平方米。2013年5月项目开工建设，2015年3月主体封顶，2016年9月通过竣工验收并交房，12月通过联合验收。现酒店、写字楼等公寓房已全部售罄，一层半的商业裙楼4691平方米作投资性房地产自持。该项目已完成土地增值税和企业所得税“两税”清算，完成了企业所得税退税工作。项目投资1.40亿元，总收入5亿元，总成本4.15亿元，利润总额8437.25万元，净利润6327.94万元。

4. 华泰广厦商住小区（涟邵北苑）项目

项目规划净用地面积7.09亩，总建筑面积2.8万平方米，其中地上计容建筑面积2.4万平方米，架空层建筑面积115.52平方米，地下建筑面积3940.85平方米。2019年5月，项目开工建设，2022年3月完工，8月完成竣工验收并开始集中交房，9月完成竣工验收备案，取得备案证书。项目估算总开发成本1.1亿元（不含期间费用和销售税费），估算销售收入（含税）1.5亿元，税前利润总额约1600万元。

5. 华泰和府项目

项目占地24.41亩，规划总建筑面积4.11万平方米，其中计容建筑面积2.92万平方米，架空层建筑面积430.06平方米，地下建筑面积1.06万平方米，容积率1.80。规划住宅6栋，建筑面积2.82万平方米（2栋高层、4栋叠墅）；商业1栋，建筑面积9.72万平方米；总户数182户，车位240个。2021年10月，项目开工建设，预计2023年4月底项目主体工程将全部完工，项目销售收入（含税）2.11亿元，税前利润2968万元。

6. 省煤科院项目

该项目位于长沙市雨花区，用地合计约56.53亩。其中：办公楼地块约25.22亩，现有建筑面积1.68万平方米。拟规划建设科研、检测实验楼1栋（17层），建筑面积2.21万平方米；住宅8栋，建筑面积14.31万平方米，合计拟规划建筑总面积16.52万平方米，规划户数788户。2022年11月，签订合作开发合同。预计总投资12.71亿元，建设工期2年，销售运营期2年，预估利润总额2.50亿元，净利润1.88亿元。

二、白沙房地产公司

（一）机构

白沙房地产公司前身为耒阳市楚湘房地产开发有限公司，2007年5月8日注册成立，2010

年3月19日，更名为湖南省煤业集团白沙房地产开发有限公司，注册资金800万元，为集团所属白沙实业有限公司全资子公司。白沙房地产公司是一家集房地产开发、经营、物业管理为一体的综合性房地产开发企业，具备三级资质。

（二）项目

1. 白沙御城白沙东区项目

该项目于2012年5月开工建设，总投资约2.71亿元，总规划用地面积2.57万平方米，总建筑面积9.90万平方米，共7栋636套，项目分三期进行开发，2019年全部完工。截至2022年12月，住宅、商铺已全部售罄，车位已售41个，剩余采取租售结合；项目累计已销收入2.61亿元，预计总收入2.71亿元，总成本2.27亿元，税费合计1332万元，销售毛利3007万元，税后利润206万元。

2. 联平新城代建项目

该项目于2011年立项，为中央下放煤矿棚户区改造工程项目。项目位于耒阳市枫林东路111号，由集团所属红卫矿业有限公司、白山坪矿业有限公司（楚湘）、白沙能源南阳煤业公司（白沙电力、永耒铁路）6个项目（业主）单位在城区集中新建。项目规划用地面积57.37公顷，实际用地47.8公顷，总建筑面积70.11万平方米，其中，多层住宅188栋计5791套，建筑面积55.6万平方米，配套建设学校、幼儿园、医院、社区服务中心等公共服务设施。建筑密度28.4%，容积率1.71，绿地率37.1%，工程概算总投资约12.31亿元，是湖南省、衡阳市和耒阳市重点建设项目。项目委托集团所属白沙实业有限公司统一建设和管理，白沙房产公司具体实施。2012年7月31日项目开工建设，2017年7月1日项目建成并交付使用。

3. 白沙小区西大门商住楼项目

项目位于耒阳市灶市街道办事处和平路东侧，与白沙小区东区项目相连，规划用地面积536.9平方米，建筑面积3096.91平方米。2017年12月开工建设，总投资1100万元，2019年8月竣工验收。2022年12月止，项目住宅已全部售罄，商铺已售6间，已销收入985万元，预计待销收入128万元，收入合计1113万元，可实现销售毛利286万元。

4. 白沙御城西湖苑项目

项目于2020年11月开工建设，总投资8300万元，用地面积4466平方米（折合6.7亩），容积率4.5，总建筑面积2.34万平方米，计容建筑面积1.97万平方米，2022年12月完成竣工验收。项目共建有住宅158套计1.91万平方米、商业门面13间计517.05平方米、配套用房面积140平方米，地下车位58个。2021年7月预售，至2022年底住宅已售97套，门面已售5间，车位已售8个，预计项目总收入8563万元，成本7488万元，税费735万元，销售毛利约340万元（其中不含土地溢价652万元）。

截至2022年底，白沙房产公司房地产商业开发总投资3.65亿元，开发住宅总建筑面积12.4万平方米，住宅9.59万平方米，商铺面积2310平方米，实现利税8310万元；代建项目总投资12.31亿元，开发总建筑面积82.65万平方米，住宅56.59万平方米，商铺面积11.63万平方米。

三、资兴宏景房地产开发公司

（一）机构

2003年6月，资兴宏景房地产开发公司注册成立，注册资本800万元，注册地址湖南省资兴市三都镇，是湖南省煤业集团资兴实业公司的全资子公司。公司具有房地产开发经营业务二级资质，经营范围为房地产及配套设施综合开发。

（二）项目

1. 郴州同心桥小区项目

项目于2003年开发建设，小区共有6栋住宅楼，其中1号、2号、3号楼为底商住宅楼（临街），小区共建设商品住宅150套，总建筑面积1.75万平方米。

2. 资兴市文峰路商住楼

项目于2008年开发建设，占地面积8500平方米，总建筑面积约1.63万平方米。

3. 资兴市新区大全路宏景小区

2009年6月，项目开工建设，开发土地面积1.29万平方米，2016年10月，项目竣工验收。总建筑面积2.13万平方米，实现销售收入4236万元。

4. 资兴市新区宏景丽园小区

该项目占用土地面积6.39万平方米，共建设23栋商品住宅房，其中电梯房2栋，步梯房21栋。2010年4月，项目开工建设，2017年11月，项目完成竣工验收。项目总建筑面积12.80万平方米，共建有922套商品住房，实现销售收入2.2亿元。

5. 资兴矿区棚户区代建项目

该项目总投资15亿元，建筑面积100万平方米，约1.31万户。2011年10月，位于资兴市新区晋兴路以北、许三铁路以西的一期工程梦圆新城项目开工建设，项目小区建设用地333.55亩（22.24万平方米），新建住宅111栋3212户，总建筑面积33.08万平方米；2015年7月竣工，同年9月交付2996户，2018年6月交付216套，现入住率已达到95%。2018年8月，位于资兴市东江街道民生路的二期工程梦圆福城小区开工建设，项目小区建设用地137.77亩（9.18万平方米），新建住宅45栋1674户，总建筑面积18.15万平方米；2019年10月全部竣工，12月交付使用。

宏景公司自成立以来，在资兴市区成功开发多处楼盘，总开发面积25.99万余平方米，销售商品房总建筑面积19.98万平方米。2022年末，宏景房地产公司资产总额1096.74万元，负债412.09万元。

四、能投房地产开发公司

（一）机构

能投房地产开发公司前身为“湖南黑金时代房地产开发有限公司”，2008年10月注册成立，注册资本3839万元，2022年8月11日更名为“湖南省煤业集团能投房地产开发有限公司”。公司位于长沙市天心区暮云街道万家丽南路二段1099号，经营范围为房地产开发经营、物业管理、房地产信息咨询、房屋租赁等。

（二）项目

1. 湘煤大厦项目

项目于2011年5月开工建设，2013年6月竣工验收并交付使用。

2. 黑金时代广场小区项目

该项目位于长沙市第一主干道芙蓉路与万家丽路的交会处，紧邻地铁一号线始发站尚双塘站。项目占地4.38万平方米，总投资额4.5亿元，总建筑面积为12.86万平方米，其中地上建筑面积10.23万平方米，地下建筑面积2.63万平方米。住宅区共建7栋高层住宅楼，同时配套建设地下停车库、防空地下室、商业门面、物业管理用房、垃圾站等小区配套设施。2011年12月，项目开工建设，2013年11月竣工。住宅区纯住宅768套，至2022年，已全部出售。

五、湘潭和宇置业公司

（一）机构

湘潭和宇置业公司于2009年12月注册成立，注册资本3000万元，为股份公司下属子公司湘潭矿业集团有限公司全资子公司。2010年7月经湖南省城乡建设厅备案，和宇置业公司为房地产开发资质暂定级。2012年8月，集团所属长沙实业公司收购湖南省湘潭矿业有限公司股权，和宇置业公司成为长沙实业公司子公司，同时新增注册资本金2000万元。2013年元月公司晋升为三级房地产开发企业。

（二）项目

2006—2008年，湘潭矿业集团有限公司在湘潭市九华经济开发区分批购置土地359.21亩，2011年3月过户到湘潭和宇置业公司名下进行房地产开发。

1. 和宇·麓华新城项目

该项目于2011年3月开工建设，2012年底完成第一期28.85亩土地开发。2012年10月，湘潭市建设局、房产局、房协等授予“和宇·麓华新城”项目为湘潭市2010—2012年度的湘潭名盘、湘潭市最佳户型奖。

2. 湘潭九华山项目

该项目建设用地330.36亩，总建筑面积78万平方米，总投资约19亿元。2011年项目开工建设，2013年底完成56000平方米商业住宅开发，完成投资1.5亿元。2014年底，销售面积2.2万平方米，收回投资7380万元，上缴税金894万元，其中上缴营业税及附加406万元，上缴土地使用税302万元，土地增值税111万元，企业所得税75万元。2015年5月出售完毕，实现利润197万元。

（三）股权出让

2017年11月，长沙实业公司通过湖南省联合产权交易所将和宇置业公司转让给新城万博置业有限公司。

六、楚湘建筑公司

（一）机构

2018 年 2 月，楚湘建工集团注册成立湖南楚湘建筑工程有限公司（以下简称“建筑公司”）承接原楚湘公司房屋建筑业务，注册资金 4000 万元。建筑公司为湖南楚湘建设工程集团有限公司从事房屋建设的专业子公司，具有建筑工程施工总承包三级资质，湖南省住房和城乡建设厅核发的建筑施工安全生产许可证，拥有一级建造师 20 人，一级造价师 5 人，二级建造师 16 人，高级工程师 5 人，中级建造师 35 人。2021 年 11 月公司通过了国家职业健康安全管理体系认证、质量管理体系认证、环境管理体系认证。楚湘建工集团房建工程项目业务范围涵盖房屋建筑工程、土壤及生态修复项目的施工、市政公用工程施工总承包、工矿工程建筑、架线和管道工程建筑、建筑工程施工总承包、建筑幕墙工程专业承包、建筑装饰、建筑劳务分包等门类。

（二）项目

1. 白沙御城白沙东区项目

项目于 2012 年 5 月开工建设，总投资 2.71 亿元，2019 年完工。

2. 联平新城代建项目部分楼盘项目

项目于 2012 年 7 月 31 日开工建设，2017 年 7 月 1 日建成并交付使用。

3. “特变·幸福雁城”一期项目

项目位于衡阳市衡南县，工程造价 7590 万元，总建筑面积为 4.73 万平方米，地上建筑面积 3.79 万平方米，地下建筑面积 9400 平方米，2021 年开工建设。该项目荣获湖南省 2021 年度建筑施工质量管理标准化“年度项目考评优良工地”和湖南省 2021 年度建筑施工安全生产标准化“年度项目考评优良工地”“衡阳市优质工程”等奖项。

4. “特变·幸福雁城”二期项目

项目工程造价 8000 万元，总建筑面积为 4.68 万平方米，地上建筑面积 3.95 万平方米，地下建筑面积 7289 平方米，2022 年开工建设。该项目荣获湖南省 2022 年度建筑施工质量管理标准化“年度项目考评优良工地”和湖南省 2022 年度建筑施工安全生产标准化“年度项目考评优良工地”。

5. “特变·幸福青山”项目

项目位于包头市土默特右旗，工程造价 1.6 亿元，总建筑面积为 4.03 万平方米，其中地上建筑面积 3.80 万平方米，地下建筑面积 2299 平方米，2022 年开工建设。该项目荣获“包头市建筑施工安全标准化示范工地”等奖项。

2015—2022 年，楚湘（建筑）公司承接各类房建工程项目共 123 个，合同总额 79.98 亿元。实现营收 40.44 亿元。建筑公司成立五年来，共完成工程项目 71 个，合同总价 71.58 亿元；实现营业收入 3.72 亿万元。

第四节 工程勘察、设计、技术服务

一、湖南第一工业设计研究院有限公司

（一）机构

湖南第一工业设计研究院有限公司（以下简称“第一工业设计院”）前身为湖南省煤矿设计院。1959 年 5 月，湖南省委批准设立湖南省煤矿设计院。1991 年上划国家煤炭工业部管理，更名为“煤炭工业部长沙设计研究院”。2000 年 10 月，公司由事业单位转制为科技型企业，隶属湖南省煤炭管理局，更名为“湖南第一工业设计研究院”。2015 年 11 月，第一工业设计院移交湖南省国资委监管。2017 年完成公司制改造，由兴湘集团委托监管，2022 年 5 月 31 日整合至集团公司，成为集团全资子公司。

第一工业设计院是一家集工程咨询、工程设计、工程勘察、项目代建、工程监理于一体的综合型勘察咨询设计研究企业，现已形成综合咨询、矿山与能源、建筑与市政、工程项目管理四大业务板块，可提供咨询、勘察设计、管理、运营全过程“一站式”咨询设计管理服务。

2009 年 10 月，第一工业设计院由湖南省科学技术厅、湖南省财政厅、国家税务总局湖南省税务局认定为高新技术企业。

2020 年，增加生态建设和环境工程咨询甲级资质、农林行业农业综合开发生态工程设计乙级、环境工程专项（污染修复工程）乙级、公路行业公路专业丙级设计资质。

2022 年 5 月，认定为湖南省守合同重信用企业。

（二）主要业务

2018 年，第一工业设计院开展的业务涵盖煤矿、非煤矿山、分布式能源、热电综合利用等。承接了株洲攸县、衡阳耒阳、贵州箐口、娄底大跃、湘煤新星磨田等一批矿井产业升级、安全技术改造、整合扩能设计项目。承接了株洲市煤矿防治水综合评估、常德怀化益阳长沙市地下矿山安全体检、花垣县铅锌冶炼前期咨询、湘西永州娄底宁乡浏阳金属建材矿山、湘江欢乐城分布式能源、黄花国际机场充电桩规划设计、深圳市盐田区大梅沙海滨总站充电站改造工程等系列项目业务。承接了长沙开福区军民融合科技城、湘潭佳海、武汉卓尔、湖南工业职院、祁阳经开区科创园、浏阳万象城、冷水江市禾青镇污水管网设计、城步县道路设计、临武县八完小及十完小等一批项目。与中南市政院战略合作，开展江苏康博工业固体废弃物处置等项目。完成了湖南省 2018 年“四区”中央预算内项目申报，承接洞庭湖流域多规合一规划、洞庭湖生态经济区绿色发展、芦苇产业发展课题研究、湘潭高新区及衡龙新城 PPP、邵东生态产业园调区扩区、永州市和娄底市“十三五”规划中期评估、娄底冷江常德乡村振兴规划等一批新型业务。全年共签订合同 357 项，完成经营收入 4787.33 万元，利润 460.53 万元。

2019 年，第一工业设计院承接安陵矿、观山坳矿、老虎冲矿、贵州兴顺矿等近 20 处省内外煤矿的改扩建设计及安全设施设计，完成一批非煤矿山、尾矿库回采、建筑石料采场改扩建和安全评估。为新化韩家山煤矿、稠木煤矿延伸设计和浏阳非煤矿山等提供技术指导服务，完成 2020 年湖南省煤矿安全改造和煤炭储备基地建设方案、湖南省非煤矿山安全体检、株洲市煤矿水害普查与专项治理、张家界专项执法、怀化和株洲攸县采煤沉陷区基本情况调查等系列项目。承接和完成安乡中民乡邻、郴州中梁首府、长沙示范性综合实践基地、长沙佳海创业中心、梅溪湖保障性住房、龙华安置区雨污分流改造、深圳万泽精密铸造建设、广州梅县村庄空间规划等一批住宅建筑、市政建筑、园区工业建筑等业务项目。全年签订合同 318 项，完成经营收入 5152.79 万元，利润 425.93 万元。

2020 年，第一工业设计院完成望城、郴州、湘潭、攸县、隆回、新宁、桂东等一大批省市县重大专项规划、课题研究、社会经济总体规划项目。完成湖南省能源局铁水联运论证、湖南省煤矿安全风险智能控制系统建设等煤矿扩建工程设计项目，承接省内冶金建材 6 处地下和 30 处露采矿山设计业务，完成 2020 年全省煤矿安全改造项目建设等 11 个方案设计。承接杂交水稻试验基地、冷水滩、泸溪、芷江农村污水规划、永州城市节水规划、安乡中民乡邻、临武县舜发园小区、长沙县恒辉工业厂房等一批重要项目，完成永州监狱扩建二期工程、长沙佳兆业云顶都汇、湘潭大学毛泽东思想研究大楼、邵东铅锌矿棚户区改造、配方颗粒提取制剂生产线与在线控制系统建设等一批监理代建项目。全年签订合同 315 项，完成经营收入 5283.13 万元，利润 439.12 万元。

2021 年，第一工业设计院业务遍布 30 个重点市、县、园区区域市场。完成湖南省园区和园区产业“十四五”发展规划。中标湖南省长江经济带等重要区域“十四五”专项发展规划和郴州经开区、常德经开区等园区调扩区业务，为岳塘、雨湖、常德高新等多个园区提供“五好园区”创建方案。承接和实施了娄底国资委及所属国企战略规划、河北沧县工业企业“一企一策”综合提升工程等管理咨询业务。承接污水处理厂等一批政府专项债市场业务。入选湖南红太阳新能源年度合作单位,实施贵能 300 万吨/年重介选煤厂项目。承揽耐普泵业、湖大三佳智造基地、冰宇融达机电、宜章定制厂房、雨湖家具、湖南电器 EMC 实验室等工业项目。全年签订合同 463 项，完成经营收入 6245.95 万元、利润 506.15 万元。

2022 年，第一工业设计院承担云南祥安、娄底大跃、华中钰锡、街洞矿业等煤矿及储煤基地设计；开展耒阳、永兴等一批地方煤矿隐蔽致灾普查与治理；拓展了贵州凯里半山方解石、茶陵湘东钨矿、浏阳金桥村磷矿等非煤矿山业务；开发了广西防城港 600 兆瓦农光互补，广东云浮 300 兆瓦、山西乡宁 100 兆瓦山地光伏，浙江舟山 100 兆瓦滩涂光伏，开福区分布式光伏和江苏大屯采煤沉陷区光伏、武冈全域充电桩设计等新能源项目设计。完成了湖南省工业领域、有色、建材行业碳达峰实施方案和湖南省工业绿色、新能源与节能、环境治理技术及应用、新型墙体材料和水泥行业“十四五”规划。承接了湖南省新型能源及电力装备产业集群、湘江东岸制造业走廊、强省会战略引领带动全省区域协同发展、氢能产业招商图谱等一批省重大专项实施方案和专题研究。承揽了长沙经开区、岳阳经开区、岳阳绿色化工园区、怀化高新区、常德经开区等一批国家级、省级园区扩区总包、循环化改造和产业链规划。全年签订合同398项，实现营业收入7093万元，利润总额671万元。

二、湖南楚湘设计有限公司

（一）机构

2019年1月，湖南省煤业集团白沙工程设计有限公司和楚湘建工地勘分公司合并组建湖南楚湘设计有限公司（以下简称“设计公司”），注册资本金为人民币500万元。楚湘建工地勘分公司前身为1977年成立的白沙矿务局勘探队，2001年更名为白沙基础工程有限公司，2005年由楚湘公司整合成立地质勘探研究院，2007改为楚湘公司地勘分公司。设计公司具有工程设计煤炭行业（矿井）专业乙级、建筑行业（建筑工程）丙级、测绘乙级、煤矿生产能力核定、矿用安全仪表计量检定（白沙矿区）、煤矿瓦斯防治能力评估、绿色矿山评估、矿井瓦斯涌出量测定等资质。

（二）主要业务

1. 红卫公司沈家湾矿西南翼帷幕注浆堵水工程

2008年9月，地勘分公司进场施工，2010年4月完成。项目共完成注浆钻孔25个，观察孔4个，合计钻孔工程量4317.90米，注浆量29814.68立方米，施工帷幕墙长度520米。帷幕墙有效避免了灾害性涌水事故的发生，效果良好。

2. 白山坪公司磨田煤矿边深部煤炭详查项目

2009年12月，地勘分公司进场施工，2010年10月完成野外作业，11月，衡阳市国土资源局完成项目的验收，项目评级良好，地质报告评级优质。该项目共开动钻机12台，完成钻探工程量13559.81米/15孔，获得资源量（332+333）为1322.2万吨。

3. 白山坪煤矿边深部勘查区煤炭勘查项目

2010年3月18日，地勘分公司进场施工，12月完成野外作业，2011年5月，衡阳市国土资源局完成项目验收，项目评级良好，地质报告评级优质。该项目共完成钻孔16个，完成钻探工程量11985.99米，获得资源/储量（332+333）总计498.8万吨。

4. 白山坪公司龙塘煤矿边深部煤炭详查项目

2010年11月，地勘分公司进场施工，项目于2013年6月完成野外作业。2014年1月，湖南省国土资源厅、衡阳市国土资源局完成项目的验收，项目评级优秀，地质报告评级优质。该项目共完成钻探工程量2.90万米/39孔，获得资源储量（332+333）为1575.1万吨。

5. 白沙矿区南阳煤矿边深部煤炭详查项目

2011年12月，地勘分公司进场施工，2012年3月完成野外作业。2012年12月，湖南省国土资源厅、衡阳市国土资源局完成项目的验收，项目评级良好，地质报告评级优质。该项目一阶段完成钻孔10个，完成钻探工程量7747.44米；二阶段完成钻孔5个，完成钻探工程量4261.99米，两个阶段共获得资源/储量（332+333）总计551.4万吨。

6. 湘永矿业公司安陵煤矿边深部勘查区煤炭勘查项目

2012年7月，地勘分公司进场施工，2013年9月30日完成野外作业。2014年3月，湖南省国土资源厅地质勘查项目管理办公室组织专家完成项目验收，项目评级良好，地质报告评级优质。该项目完成勘探工程量2.30万米/28孔，获得6、7煤层控制的和推断的（332+333）煤炭资源/储量602.4万吨。

7. 街洞储配煤基地工程设计项目

2020年5月，设计公司开始项目设计，10月1日工程项目如期完工。该项目设计采用带混式配煤方法，即受料斗+计量给料机+带式输送机+混料机的配煤方式，为集团公司首次采用，时间紧，内容多，设计较为复杂。储煤棚首次采用高大空间网架结构，防尘系统采用雾森降尘设备。设计方案达到了利用现有设备设施，实现了高效、环保和节约的目标要求。

8. 湘东矿业有限公司升级改造项目施工图设计

该项目包含升级改造矿、土、安工程施工图

设计。湘东煤矿因长期停产，技术资料和参数不全，井下巷道被水淹没，无法了解现场实际情况。2021 年 4 月，设计公司成立项目攻坚组，在已知资料的基础上进行反复推演，逐步完善，顺利完成了设计工作。

2019—2022 年，设计公司共完成勘查项目（包括地灾治理施工项目）80 个，合同金额 2440 万元，设计项目 288 个，合同金额 2168 万元；技术服务 99 个，合同金额 908 万元。共实现营业收入 5262 万元，利润 369. 31 万元。

三、瓦斯中心矿山设计与水害防治部

（一）机构

湖南省瓦斯治理和利用工程研究中心有限公司（以下简称“瓦斯中心”）矿山设计与水害防治部前身为湖南同德矿山科研勘察设计有限公司（以下简称“同德公司”）。同德公司于 2005 年 3 月 10 日成立，注册资金 200 万元，为湖南省煤炭科学研究院二级独立法人单位。2008 年 6 月，同德公司取得工程设计煤炭行业（矿井）丙级资质，2009 年 7 月，取得煤炭行业（矿井）专业乙级和冶金行业（冶金矿山工程）专业乙级资质；2019 年 4 月，设计资质转入湖南省煤炭科学研究院有限公司。同德公司具有煤矿和冶金矿山设计、矿山废水治理设计、煤矿发展规划、煤矿生产能力核定，矿井开采强度评估、煤矿瓦斯防治能力评估、煤矿瓦斯等级鉴定、煤矿水害普查、煤矿水害治理、煤矿开采技术服务等业务资质。2021 年 9 月，瓦斯中心成立，同德公司整体划入瓦斯中心。瓦斯中心设矿山设计与水害防治部承接同德公司业务。

（二）主要业务

2016 年，同德公司完成马田矿业公司煤矿开采损害鉴定、攸县利木冲煤矿初步设计、浏阳市非煤矿山通风专项检查等 33 个项目，合同总额 320 万元，实际完成回款 275. 26 万元，实现利润约 55 万元。

2017 年，同德公司完成《衡阳煤矿安全体检》《株洲市煤矿安全体检》等 30 个项目，合同总额 300 万元，实际完成回款 279. 03 万元，实现利润约 56 万元。

2018 年，同德公司完成煤矿安全评估、“安全体检”、煤矿复工复产验收、煤矿设计等 26 个项目，合同额约 400 万元，实际回款 365 万元，实现利润约 72 万元。

2019 年，同德公司完成煤矿设计、安全评价、煤矿水害普查、废弃井筒封闭等 27 个项目，合同额约 600 万元，实际回款 556 万元，实现利润约 110 万元。

2020 年，同德公司完成《富源县龙蟒矿产品有限责任公司纳佐煤矿扩建项目初步设计及安全设施设计项目》等 15 个项目，合同金额 430 万元，实际全年回款 416. 28 万元，实现利润 80 万元。

2021 年，瓦斯中心矿山设计与水害防治部完成新化县 11 对矿井、集团 21 对矿井、攸县 7 对矿井 2 个片区的水害隐蔽致灾因素普查等 44 个项目，合同额 700 万元，实际回款 678 万元，实现利润 125 万元。

2022 年，瓦斯中心矿山设计与水害防治部承接郴州市金泽、永盛、桥兴、赵家垄、富雄矿山隐蔽致灾因素普查等 47 个项目，合同额约 1450 万元，实际回款 1417. 17 万元，实现利润约 160 万元。

第五节　物 业 管 理

一、湖南楚湘正诚物业服务有限公司

（一）机构

湖南楚湘正诚物业服务有限公司（以下简称“正诚物业”）前身为湖南省湘潭矿业有限公司正诚物业管理分公司，2005 年成立，2012 年重组并入集团所属长沙实业有限公司，更名为湘潭正诚物业服务有限公司，2018 年 12 月，再次改制重组并入湖南楚湘建设工程集团有限公司，2019 年 1 月，更名为湖南楚湘正诚物业服务有限公司。正诚物业注册资金 500 万元，2022 年，增加注册资本至 2000 万元。

正诚物业主要从事物业管理、互联网经营活动、农产品配送，民宿服务、餐饮管理、乡村观光旅游等业务，是湖南省物业管理协会会员单位，湖南省政府物业服务采购供应商成员，湖南省 AAA 级信用企业，湖南省守合同重信用企业，拥有外墙高空清洗和石材清洗服务国家一级资质、保安从业单位备案证，食品经营许可证。业

务范围辐射长沙、株洲、湘潭、郴州、娄底、邵阳、张家界、陕西榆林等地，涉及住宅、工业园区、商务办公楼、煤矿、银行等物业管理项目。

（二）物业项目

1. 湖南理工职业技术学院物管项目

该项目服务期限为 2017 年 7 月至 2020 年 6 月，合同总额 624.15 万元。2019 年，该项目被湖南省物业管理行业协会评为“五星级”物业服务项目。

2. “三供一业”项目

2019 年，正诚物业先后接管了集团公司所属金竹山、牛马司、湘永、马田、街洞、嘉禾六个矿业公司及辰溪实业公司职工家属区的物业管理项目，服务面积约 300 万平方米，服务业主 4.05 万户，获得中央财政补助资金 3.03 亿元。

3. 乡村振兴项目

2020 年 8 月，正诚物业组建 13 人的专业运营团队进驻三王村，承接民宿及相关产业运营，助推三王村乡村集体经济振兴工作。2022 年，三王村获评“张家界最美民宿”称号，入选省级优秀涉外参观点名单，有民宿床位 128 个、餐位 146 个，具备 120 人及以下的会务接待功能。截至 2022 年底，累计接待各类检查参观考察 450 批次、游客 6 万人次，带动村集体增收 300 余万元，村人均年收入 1.5 万元。

4. 陕西竹园嘉原矿业公司柳巷煤矿物业项目

该项目服务期限为 2022 年 3 月至 2024 年 2 月，合同总额 736.8 万元。正诚物业主要负责矿区生活饮用水和热水的供给、冬季供暖、生活污水及工业污水的处理、矿区绿化、保洁等服务项目。

2015—2022 年，正诚物业承接物业管理项目 43 个，合同总额 3.45 亿元；签订商贸合同 33 个，合同总额 1.52 亿元；乡村振兴项目 56 个，合同总额 1037.2 万元；共实现营业收入 2.43 亿元，利润 2108.28 万元。

二、资兴丽景物业服务有限责任公司

（一）机构

资兴丽景物业服务有限责任公司（以下简称“丽景物业”）于 2008 年 3 月 24 日注册成立，资兴矿业集团以实物出资，注册资金 50 万元。是年 11 月，出资人变更为湖南省煤业集团资兴实业有限公司，2021 年 6 月 10 日，增加注册资本至 300 万元。

丽景物业位于湖南省资兴市三都镇，现有从业人员 207 人。具有国家物业服务二级资质，主营业务为物业管理、园林绿化工程施工、绿化养护、环卫清扫、排污工程、水电安装及维修（依法须经批准的项目，经相关部门批准后方可开展经营活动）。丽景物业承接和管理的物业项目主要有住宅、写字楼、城乡清扫和医院四类 10 余家物业项目。

（二）物业项目

1. 资兴实业公司机关大院物业服务项目

该项目服务期限自 2008 年 9 月起，年收入 79 万元。

2. 资兴市宏景丽园小区物业服务项目

该项目服务期限自 2014 年 2 月起，年收入 65 万元。

3. 国网湖南省电力公司资兴市供电分公司新旧综合楼的物业服务项目

该项目服务期限自 2016 年 6 月起，年收入 73.4 万元。

4. 郴州郴能电力有限公司资兴安装分公司物业服务项目

该项目服务期限自 2016 年 6 月起，年收入 24.3 万元。

5. 梦圆福城小区物业服务项目

该项目服务期限自 2019 年 6 月起，年收入 72 万元。

6. 宝源矿住宅小区、周源山矿住宅小区、晋宁住宅小区、三都总厂住宅小区 4 个物业服务项目

该项目服务期限自 2019 年 12 月起，年收入 481.5 万元。

7. 资兴市人民武装部物业服务项目

该项目服务期限自 2021 年 6 月起，年收入 6 万元。

8. 城乡清扫项目

该项目服务期限为 2021 年 8 月至 2023 年 7 月，年收入 46.1 万元。

9. 资兴实业公司总医院物业服务项目

该项目服务期限为 2021 年 10 月至 2023 年 9 月，年收入 18.6 万元。

2020—2022 年，丽景物业共完成营业收入

3319.33 万元；2022 年末，公司资产 12348.07 万元，负债 11612.34 万元。

三、耒阳白沙物业服务有限责任公司

（一）机构

耒阳白沙物业服务有限责任公司（以下简称“白沙物业”）于 2011 年 1 月 17 日注册成立，注册资金 50 万元。2022 年 5 月，增加注册资金到 300 万元。白沙物业为集团所属白沙实业有限公司全资子公司。经营范围为物业管理及咨询、房屋场地租赁、餐饮住宿、家政服务、五金交电及日用百货销售、室内装潢及设计、管道安装及维修、园林绿化工程及养护、职业培训等。白沙物业具有国家二级物业管理资质，2016 年 8 月，通过了 ISO9001：2015 质量管理体系认证。

（二）物业项目

1. 物业租赁

2011—2017 年，白沙物业对白沙招待所物业实行内部承包经营；2018—2022 年，实行对外承包租赁经营；2018—2022 年，白沙物业对原白沙矿务局驻衡阳办事处办公楼物业整体对外出租。年租赁业务收入 75 万元。

2. 白沙御城物业管理项目

该项目服务期限自 2014 年 10 月起，年收入 110 万元。

3. “三供一业”项目

该项目服务期限自 2019 年 3 月起，年收入约 115 万元。项目包括集团公司所属红卫、南阳、白山坪、兴源 4 家矿业公司和白沙电力、永耒铁路运输 2 家公司的家属区。物管面积 74.82 万平方米，住户 15981 户。

4. 白沙佳苑小区物业管理服务项目

该项目服务期限自 2019 年 4 月起，项目年收入 200 万元。项目小区是集团所属红卫矿业、白山坪矿业、南阳煤业、楚湘、白沙电力和永耒铁路 6 个项目（业主）单位在城区集中新建的棚改小区，

5. 耒阳市商粮局机关办公大楼物业项目

该项目服务期限自 2022 年 3 月起，年收入 10 万元。

6. 白沙新村、永耒小区、红卫小区、电力新村小区物管项目

该项目服务期限：2022 年 4 月起，年收入 60 万元。

截至 2022 年底，白沙物业承接的物业服务项目有白沙小区、白沙佳苑、白沙东区、衡阳老干所 4 个封闭式职工家属区和集团白沙片区 18 个独立工矿区开放式职工家属区，总服务面积 179.88 万平方米，业主 22408 户，约 7 万人，地下停车位 238 个。2020—2022 年，共实现营业收入 4562 万元，利润 1339 万元。

四、涟邵实业有限公司兴宁物业分公司

（一）机构

2012 年 6 月，涟邵实业公司成立涟邵机关社区物业管理有限公司，为公司内部物业管理单位。2017 年 7 月，成立湖南兴宁物业管理有限公司，注册资本为 500 万元。2022 年 12 月，湖南兴宁物业管理有限公司变更注册为涟邵实业有限公司兴宁物业分公司（以下简称为“兴宁物业”）。兴宁物业主营业务有物业管理服务、家政服务、房屋租赁、餐饮服务。2015 年，兴宁物业通过质量管理体系 ISO14001 认证、ISO45001 环境管理体系认证；2018 年，兴宁物业通过职业健康安全管理体系认证、AAA 级信用企业认证。2022 年，兴宁物业评为娄底市物业协会优秀企业。

（二）物业项目

1. 市场化物管项目

2017 年，兴宁物业对办公大楼、档案楼、综合楼、19 栋临街门面、洞新小商品城 21 个商业门面实行市场化物业管理。截至 2022 年末，累计物业管理费 745.96 万元。

2. 涟邵机关小区、涟邵机厂家属区物业管理项目

该项目为“三供一业”移交项目。服务期限自 2018 年 9 月起，全年可收物业费 28.4 万元。

3. 洪山小区一期前期物业管理项目

该项目服务期限自 2019 年 12 月起。

4. 涟邵北苑小区的前期物业管理项目

该项目服务期限自 2020 年 5 月起。

5. 实业公司职工食堂

该食堂服务期限自 2021 年 5 月起，兴宁物业承担管理日常的运行管理服务，提供餐饮服务。

6. 湘潭华泰和府小区前期物业管理项目

该项目服务期限自2022年7月起。

截至2022年底，兴宁物业主要物业管理项目有涟邵机关小区、涟邵机厂小区、洪山棚改小区、涟邵北苑、湘江新区华泰和府小区，管理总面积25.99万平方米。2020—2022年累计实现营业收入1371.91万元，利润379.26万元。

第二章 发光（LED）芯片制造

第一节 产业发展

2006年前后，原资兴矿业集团所属资兴焦电股份有限公司处于良好的发展势头，该公司抓住煤炭企业转型升级的有利时机，从研究与煤炭有关的“镓”元素，延伸到半导体照明技术，并与台湾企业同行和专家交流合作，提出建设半导体照明（LED）项目。2008年6月，成立湖南省华磊光电有限责任公司（以下简称“华磊光电”）。同年8月，LED项目开工建设；2009年8月建成投产，成为湖南省唯一一家生产LED外延、芯片企业（图3-2-1），填补了省内空白。

图3-2-1 华磊光电正门景观

华磊光电主要经营发光二极管（LED）外延材料产品、芯片器件、LED封装及相关应用产品的生产销售，承接LED照明工程及提供相关的技术咨询、节能服务。

2009年11月，集团公司将华磊光电从资兴实业公司剥离，升格为集团子公司。2009—2011年，先后3次对华磊光电增资扩股，累计投入资金达2亿元。同时，华磊光电的优势产业和资源，受到投资者的青睐，先后有30多家投资公司表示投资合作意向。2011年9月，17家投资公司参与400多个回合的竞争，通过考察选择，引进北京新华联产业投资有限公司、北京瑞华景丰投资中心（有限合伙）、上海新理益集团投资公司、湘江产业投资有限责任公司、厦门来尔富股权投资有限公司等5家实力投资公司，经湖南省产权交易所挂牌，以每股3.7102元的价格，成功融资7.98亿元，实施第二期扩建工程，新增22台MOCVD高端设备，产能增加三分之二。

2012年7月，华磊光电投资4000万元，郴州市城投公司投资1000万元，合资5000万元创立湖南省日晶照明股份有限公司，集LED照明、亮化设计、制造、城乡亮化工程、节能服务于一体。2013年投资1亿元，建设具有高水平封装应用线，生产应用于室内外照明、显示应用、景观亮化工程、背光源、汽车灯等领域的各种产品。2013年9月，有7款应用产品进入“湖南省两型产品政府采购目录（第一批）”。

到2014年，华磊光电资产总额达17亿元，净资产总额超13亿元，拥有34台MOCVD外延芯片生产设备，以及应用产品制造设备，形成年产GaN基蓝绿光外延/芯片130万片，灯具220万盏的生产能力。在册员工800多人，其中博士5人，硕士47人，本科152人，大专185人。经过多年发展，华磊光电的技术与装备实力，位居全国同行业第二，成为国内规模最大的蓝光芯片生产企业。被列入湖南省重点上市后备企业、湖南省战略性新兴产业百强企业、湖南省“双百”工程企业、湖南省高新技术企业、湖南省新型工业化重点企业。当年实现产值6.62亿元，占集团非煤产业总值的10.7%，比2013年增加2亿元，增长43%。

2016年，华磊光电快速推进2转4技改项目设备量产。通过引进技术专家，成功突破制约华磊光电发展的2寸转4寸技术瓶颈，于2016年底，快速推进了2寸转4寸设备改造和工艺推广复制，逐步完成Veeco机台、CruisII机台和中晟机台外延片的2寸转4寸项目。同时，华磊光电进行芯片段的2寸转4寸工作，历时四个月完成同行大厂需要一年时间的改造。

2017年，华磊光电组织实施芯片产能扩充项目，芯片产能从15万片/月扩充到50万片/月。

2018年，华磊光电自主完成黄光设备的2寸转4寸硬件改造和工艺调试，PSS产能由年初的17万片/月提升到32万片/月。同时，适时淘汰外延落后产能，购置4台套大腔MOCVD设备，一台套中微MOCVD设备。

2019年，华磊光电以业内最快的速度完成了4台套大腔MOCVD设备的安装调试量产工作，产品品质已达预期，制造成本大幅下降，相对于三安光电、华灿光电、聚灿光电等龙头企业的大幅扩产，华磊光电采取防御性投资，使公司达到基本生产规模，在严酷的市场竞争环境中站稳脚跟。

2020年，华磊光电狠抓产品转型升级，并逐步形成“一主两翼”产品转型战略，取得阶段性成果。8月，华磊光电实现外延产能的全部转型，转型产品收入达到自制芯片总收入的83%，实现月度主营扭亏为盈。

2021年，华磊光电聚焦技术提升，成功引进和导入中微背光新结构，突破中微手机背光和TV背光外延技术瓶颈，大大缩小与一线大厂的亮度差距。

2022年，华磊光电专注背光芯片产品，提技术、提性能、提良率，开发新产品，推动细分市场领域差异化。全年TV背光芯片亮度提升6.67%，手机背光芯片亮度提升4.54%。同时，积极拓展应用产品海外销售市场、延伸照明产品产业链，在销售区域和产业链上实现差异化。4月开始实现灯珠产品批量销售，8月开始连续突破月销售收入500万元，11、12月突破1000万元，全年实现光源销售收入3957万元。

2022年，华磊光电经多次增资扩股和股权转让，股东占股比重不断调整，华磊光电注册资本增加至43700.129万元。其中：集团公司股本金额25959.9306万元，持股比例59.4%；北京新华联产业投资有限公司股本金额5232.9699万元，持股比例11.97%；北京瑞华景丰投资中心（有限合伙）股本金额4000万元，持股比例9.15%；新理益集团有限公司股本金额3000万元，持股比例6.86%；湘江产业投资有限责任公司股仅金额2802万元，持股比例6.41%；深圳七匹狼晟联股权投资基金有限公司股本金额813.4744万元，持股比例1.86%；厦门富益升股权投资有限公司813.4744万元，持股比例1.86%；郴州华创投资有限公司股本金额625.37元，持股比例1.43%；郴州濬辰科技有限公司股本金额452.9097元，持股比例1.04%。

2022年底，华磊光电拥有28台MOCVD外延芯片制造规模，年产GaN基外延片440万片，芯片600万片的能力。公司主导产品为高光效白光LED照明芯片、电视/手机背光芯片、mini-LED芯片、紫外芯片以及车灯芯片等。公司总资产13.5315亿元，净资产8.892亿元。公司在册员工640人。

第二节　产品开发

一、队伍建设

2008年，早在华磊光电建设期间和投产之前，华磊光电就为技术人才作准备。聚集多学科的高新技术领域，面向全国和世界行业高端技术引进人才。在建设初期就引进了台湾地区LED行业的专家和熟练的技术操作人员，到清华北大及省内外多所大学招聘，并到湖南省外专局和湖南省教育厅延揽人才。

2010年，华磊光电成立研发中心，作为人才引进培养平台。制定《关键人才推荐奖励办法》《新产品开发奖励办法》《大尺寸背光攻关项目奖励办法》《大尺寸亮度提升攻关项目奖励办法》等办法，为技术人才提供用武之地。

至2014年，华磊光电研发部有科研人员50

人，其中引进境外高级技术人员4名，从北大、中国科学院招聘博士3人，硕士10多人。具有高级职称的6人，中级职称的20多人，都是国内LED行业内的电子科学、物理学等专业人才，长期从事InGaNMQWLED外延芯片生产和新技术开发应用。组成一支由留德、留美、留日博士以及北大博士为领头的具有比较丰富的外延生长、器件制备和研发能力的技术团队。其中，公司技术研发中心主任苗振林博士2013年获第五届郴州市青年科技奖；2018年1月，当选第十三届全国人民代表大会代表；2020年获得湖南省劳动模范称号。

公司每年选派技术人员参加中国科学院半导体所和国家半导体照明工程研发及产业联盟共同举办的《半导体照明高级研修班》课程学习，参加国际半导体照明论坛等，开阔眼界，增长知识。邀请LED领域的知名专家教授来公司授课和现场指导。生产期间，一直与世界上一些知名LED行业专家保持联系，与德国、英国、日本和印度的专家多次交流。2014年8月，邀请美国伦斯勒理工学院国际知名的LED专家Schubert以及半导体所、北大清华等院校的专家教授为公司技术人员授课、解惑。

随着技术更新和市场需求，华磊光电先后引进和培养技术人才67人次，包括应用化学、物理学和光声成像等硕士技术研究人才，成为研发的产线技术骨干和带头人，为华磊光电实现高质量发展提供人才支撑。截至2022年底，华磊光电共有各类技术人才200多人，其中博士1人，硕士14人，本科90人，大专105人，高级工程师4人，工程师16人，助理工程师11人，高级会计师1人，会计师2人，初级会计师2人，高级经济师1人，经济师2人，一级注册消防工程师1人，二级建造师4人。

二、产品研发

（一）研发管理

2009年，华磊光电一投产就成立品质保障部，2011—2013年，相继成立研发部、技术委员会和项目管理办公室，各负其责。技术委员会主管技术、生产和对外技术合作，主要制定公司外延和芯片的技术路线和发展战略，技术中心研发方向和年度目标的管控。研发部由科技研发中心的外延、芯片课题组具体实施公司的自主研发项目和对外合作研发项目。品质保障部主要监控研发各个阶段的品质。项目管理办公室负责技术中心的项目申报、专利管理等研发管理工作。同时，建立一套完整的管理制度来规范科技研发工作。

至2022年，华磊光电先后制定《科研与专利奖励管理办法》《研发管理流程》《工程变更管理办法》《设计开发管理办法》《技术资料管理办法》《课题验收申请管理办法》《新产品设计立项计划管理》等文件，从项目的立项、评估、实施、验收到产线生产，都有明确的组织体系和相应的制度，形成研发应用全过程的管理机制。

同期，华磊光电科技管理和技术研发工作始终围绕显示、背光和通用照明，以外延和芯片技术研发为主，适时在封装和应用中、下游环节进行研发布局。强调创新性，突破部分核心专利，实现研发重点跨越。围绕重大战略产品，强化技术集成，产学研、上下游联合攻关，解决制约产业发展的共性关键技术。实施产业技术联盟与人才培养，形成较完善的自主创新和合作创新相结合的领先技术研发体系。

（二）技术合作

2009年，华磊光电刚投产，就开始寻求高端技术合作，提升技术水平。中国科学院半导体研究所在LED前沿技术上实力雄厚，拥有人才资源和高精尖分析测试等研究设备。华磊光电在LED规模化生产上具有经验和实力。双方发挥各自的优势，在技术培训、生产技术指导、项目联合攻关、关键技术开发、成果转让等方面开展合作。是年3月12日，华磊光电在北京与中国科学院半导体所签订了战略合作协议。

2010年，华磊光电与中国科学院半导体所开展项目联合攻关，申请院地合作项目“高亮度大功率GaN基LED外延/芯片产业化”。同年，半导体所、华磊光电和其他单位联合申报863项目“150 lm/W的GaN基LED量子效率提升技术研究”。双方在联合实验室开展芯片亮度提升工艺，倒装芯片等新产品开发项目，提升芯片性能。

2011年，华磊光电与中国科学院半导体所共建联合实验室，合作更加紧密。与中国科学院半导体所每年开展1～2次技术培训和交流，开拓公司技术人员视野，及时了解最新技术动态，提升公司的研发水平。半导体所组织经验丰富的研究人员来到公司现场，与华磊光电的生产技术人员共同讨论生产中遇到的技术问题，为解决技术难题献计献策，改良 Vf4 和 ESD 良率、增加电极黏附力、ODR 优化以及其他一系列技术。

2013 年，华磊光电与中山大学合作开展 ZnO 透明导电膜等新技术的开发，积极推进前沿技术的开发和应用。

2014 年，华磊光电与中国科学院苏州纳米所合作开发晶圆级超大功率芯片技术，通过特殊的芯片工艺，实现单胞的串并联集成，实现把一个外延片加工成一个超大芯片，制作出原型样品。进行工艺优化，提升良率和光电性能。

同年，华磊光电与南京大学合作开展智能芯片技术开发，在线监测芯片结温、光衰等性能，通过设计芯片，进行主要参数测试、分析。

2017 年 7 月，华磊光电获国家“十三五”科技项目立项资助。华磊与中国科学院半导体研究所、北京大学等单位联合申报的国家重点研发计划“战略性先进电子材料”专项“超高能效半导体光源核心材料及器件技术研究”项目“新型低热阻超高能效 LED 封装技术研究”课题正式获得国家立项资助。该项目主要研究基于多种新型材料的高质量氮化物外延技术、高内量子效率外延设计与量子限制技术以及研究新型 p 型氮化物掺杂技术。华磊光电承担的研究内容主要包括：高功率密度、高光通输出、热稳定性能优良的 CSp（ChiPScackagc）芯片技术研究以及高效能低热阻集成封装技术研究。

2018 年 7 月，华磊光电与清华大学深圳研究生院合作开展的项目“高密度小间距 LED 显示关键技术开发”成为湖南省重点研发计划项目。该项目利用华磊 LED 产业化优势及清华大学技术人才优势，通过“产学研”合作方式，开展相关研发。华磊光电与中国科学院半导体研究所共同合作、自主研发的 CSPLED 芯片，经中国计量科学研究院的第三方测试，在驱动电流 77. 45 毫安条件下芯片电压 3. 082 伏，光通量 30. 1 流明发光效能 126 流明/瓦，测试结果超过国家“十三五”重点研发计划“超高能效半导体光源核心材料及器件研究”项目的中期目标 120 流明/瓦。

2021 年，华磊光电与湖南顶立科技有限公司、湖南三安半导体有限责任公司三家单位共同承担了 2021 年度湖南省科技重大专项《第三代 SiC/GaN 半导体用关键材料与装备核心技术研究及产业化》项目。公司通过引进外延技术专家突破中微手机背光和电视背光外延技术瓶颈，芯片亮度快速达到行业大厂水平，手机背光和电视背光亮度同比提升 6. 32% 和 4. 75% 。

2022 年 10 月，湖南省半导体行业协会第一次会员大会暨成立大会在长沙召开。该会由华磊光电等 16 家单位共同发起成立，公司党委书记、董事长黄奂果当选监事长。

（三）科技投入

2009 年 3 月，华磊光电投产前就筹资 1000 万元，与中国科学院半导体所签订为期 5 年的战略合作协议，作为最早的培训基地和研发平台。2012 年公司投入研发费用 2621 万元，占公司销售额的 11% 。2013 年投入研发费用 4153 万元，占公司销售额的 10. 88% 。2014 年投入研发费用 4156 万元，占公司销售额的 8. 96% 。

2015—2022 年，华磊光电共投入研发资金 31474 万元，保证华磊光电在技术研发和新产品开发优势。依托高新技术企业平台，历年争取政策支持资金 21156 万元。累计投入 660. 55 万元，优化环保设施和设备，进行废气、废水及危化品处理。

三、科技成果

2009 年起，华磊光电经过技术团队的长期研发，开发出具有自己知识产权的 LED 芯片。

2010 年，华磊光电专利“一种氮化镓基Ⅲ－Ⅴ族化合物半导体 LED 外延片及其生长方法”发明 LED 外延片生长方法，通过改变有源层的生长方法，减少在高低温变化过程中引起的有源层中各晶粒间的内应力，进而提高外延片内量子效率和亮度。用此程序生长完毕的外延片进行后续的芯片制程加工，涉及芯片专利“LED 芯片的制作方法”，小尺寸芯片亮度有显著的提高。芯片工艺加工完成的芯粒进入点测分选车间，经过工程师的研究，发现一种有效 LED 分选方法和晶粒生产设备的校正方法，并成功开发出高效复合量子阱结构、图形衬底制备、ODR 反射膜、隐形切割、倒装芯片、高压芯片、背光芯片等多项自主外延芯片技术。

2011 年，湖南省科技厅依托华磊光电建立湖南省半导体照明工程技术研发中心。

2012 年，华磊光电“阵列式集成 LED 芯片技术及其产业化研究”项目通过省级成果鉴定为国内领先水平，荣获郴州市科技进步奖一等奖。

2013 年，华磊光电被湖南省发展改革委认定为企业技术中心。发明专利“LED 芯片的 P 型 GaN 层的制备方法”获得湖南省专利三等奖。

2014 年，华磊光电与中国科学院半导体研究所合作的低热阻高光效蓝宝石基 GaNLED 材料外延及芯片技术获得国家技术发明二等奖。发明专利“一种氮化镓基Ⅲ－Ⅴ族化合物半导体 LED 外延片及其生长方法”获得湖南省专利奖三等奖。“一种 LED 芯片的电极结构及包含其的 LED 芯片结构”获得郴州市专利金奖。

同年，华磊光电发明专利“阵列式大功率发光二极管芯片及其制备方法”入选湖南省经信委年度“百项专利转化推进计划”，以本发明为依托的“高压 LED 芯片技术产业化研究”取得 2014 年湖南省专利技术产业化促进项目，华磊光电被列为郴州市第一批知识产权管理规范试点企业和知识产权试点企业。

至 2015 年上半年，华磊光电累计申请专利 154 项，其中发明专利 121 项，实用新型 29 项，外观设计 4 项，发明专利的数量接近总数的 80%。授权专利总共 35 项，其中发明专利 15 项，实用新型 16 项，外观设计 4 项。“大功率 LED 芯片技术及产业化”项目被评为 2015 年湖南省科技一等奖。截至 2015 年底，华磊光电累计承担和完成多项科技部，工信部，省、市级科技项目，其中 2011 年，承担和完成了湖南省科技厅战略性新兴产业重大科技成果转化项目“图形衬底制备及其外延生长技术应用”、科技部 863 计划新材料技术领域高效半导体照明关键材料技术研发“150 流明/瓦的 GaN 基 LED 量子效率提升技术研究”；2012 年，承担和完成了郴州市“功率型 45 密耳氮化镓基外延片研究”；2013 年，承担和完成了湖南省科技厅重点项目国际合作专项“阵列式集成 LED 芯片技术的研究”、工信部电子信息产业基金“新型图形衬底材料的研发及其产业化应用研究”；2014 年，承担和完成了湖南省科技厅高新技术产业发展专项“高亮度 LED 外延 MOCVD 生长技术及产业化研究”。

2016 年 11 月 22 日，华磊光电举行博士后科研工作站授牌仪式，成为郴州市第一个国家级博士后科研工作站。12 月中旬，华磊光电被评为“2016 年国家知识产权优势企业”。至此，公司共授权专利 108 项，其中发明专利 56 项。

2017 年 1 月，华磊光电完成的“高光效倒装 LED 芯片技术”项目获得 2016 年度郴州市科技进步奖一等奖。

2018 年，华磊光电发明专利“氮化镓 111－V 族化合物半导体 LED 外延片及其生长方法以及包括其的 LED 显示装置”获得 2017 年度湖南省专利三等奖。公司运用本专利技术进行功率型照明 LED 芯片生产，芯片发光效率提升 5% 以上。全年共申请 LED 外延生长、芯片工艺关键技术专利 354 项。

2019 年 9 月，华磊光电单独申报 2019 年度湖南省重点领域研发计划“高可靠性车用 CaN 基大功率倒装 LED 芯片技术研究”项目，正式获得湖南省科技厅的立项批复。项目重点研究新型的车用倒装 LED 芯片工艺以及外延生长技术提升倒装 LED 芯片各项性能，使得芯片出光效率更高，耐大电流冲击性能更优异，可靠性更高。

2019 年，华磊光电累计申请专利 446 项，其中发明专利 326 项，实用新型专利 115 项，外观专利 5 项；累计授权专利 287 项，其中发明专利 207 项，实用新型专利 80 项。

2020 年，华磊光电加快背光、高光效芯片和紫外、Mini 芯片开发高端芯片产量，占比达 36.88%、收入占比达 41.18%。是年，华磊光电的发明专利“一种增加 GaN 基反向电压的外延结构及其生长方法”获得年度湖南省专利三等奖。

2021 年，华磊光电的“945 长条形背光脆断力改善”项目，荣获湖南省第二届质量技术与创新成品大赛六西格玛类一等奖。

2022 年 5 月，湖南省工信厅发布 2022 年度全省制造业重点产业链群重点企业名单，华磊光电作为新型显示器件产业链中的企业入榜。湖南省工信厅公布 2022 年湖南省“数字新基建”

100个标志性项目名单，华磊光电“半导体芯片智能化与数字化工厂项目”位列其中。

2022年7月，湖南省市场监督管理局发布2022年湖南省知识产权战略推进专项项目立项名单，华磊光电“郴州LED芯片知识产权强链护链项目”位列其中。

同年，华磊光电LED芯片聚焦背光芯片技术提升，手机背光产品的应用面拓宽；不断延伸产业链，灯珠销售收入持续攀高，海外市场开拓实现“破冰”，首批十个货柜的应用灯具销售到非洲加纳。

第三节　产品生产

一、生产设备

2008—2022年，华磊光电生产设备随着投资扩大和产能需要，逐渐增加。其生产设备属于高精尖设备，投资大，台数多，型号复杂。主体设备来源于美国、德国、英国、日本、韩国、中国等多个国家，共有600多台套，投资达12.62亿元。总装备达到国外同行业先进水平。华磊光电的高端设备分布在PSS车间、外延车间、芯片车间和点分车间4个车间。

（1）PSS车间，从事生产图形化蓝宝石衬底，分黄光、刻蚀、清洗、检验等操作工序，设备总资产0.9亿元，拥有10种型号主要生产设备共29台，形成年产图形衬底360万片的产能。

（2）外延车间，设备资产总额达5.39亿元，拥有国际先进水平的MOCVD设备28台，以及配套的纯化器、量测、清洗、烤炉和活化等设备，集中了公司45%以上的固定资产，是LED行业公认资本最密集、技术最密集、人才最密集的地方。其中MOCVD是关键设备，MOCVD是“金属有机化学气相沉积”的英文（Metal - organicChemicalVaporDePosition），其系统是利用金属有机化合物作为源物质的一种化学气相淀积工艺，MOCVD在LED在产业链中属于最前端和最高端的设备。2009年投资时不足10台，2012年新增22台，至2022年达到28台。

（3）芯片车间，从事LED芯片前段制备、芯片研磨切割制备、人工光电性能和外观检验等操作工序，设备资产总额3.08亿元，拥有227台套主要芯片生产设备，形成年产各类尺寸芯片600万片的产能，在多个领域处在国内同行业先进水平。

（4）点分车间，从事LED芯片光电性能测试、AOI表面光学外观检验、COT方片晶粒分类及人工外观检验等，设备资产总额1.64亿元，拥有588台套芯片点分主要设备。

2009—2022年，华磊光电严格实行生产标准化管理，从加强设备购置管理开始，努力化解设备投资风险。实施设备投资效益跟踪评价制度和精细化管理，强化设备操作及保养的培训，开展人才交流，提升设备管理队伍素质。同时，与设备厂家沟通联系，综合考量设备改造升级与采购新设备的性价比。多渠道开发国产设备及备品备件的替代管理，加强设备投保及索赔事务。高端设备正常运行，产量逐年增加，产品质量提升，成本不断下降。

二、生产情况

2009年8月28日，华磊光电举行隆重的试投产仪式。至12月底，生产外延片9144片；实现营业收入90万元。

2010年，华磊光电生产外延片22.28万片，生产芯片22.11万片，实现营业收入16160万元。

2011年，华磊光电生产外延片39.43万片，生产芯片31.36万片，实现营业收入17001万元。

2012年，华磊光电生产外延片74.5万片，生产芯片64.03万片，实现营业收入24258万元。

2013年，华磊光电生产外延片108.39万片，生产芯片103.44万片，实现营业收入40394万元。

2014年，华磊光电生产外延片123.56万片，生产芯片138.24万片，实现营业收入48089万元。

2015年，华磊光电生产外延片120.26万片，生产芯片123.73万片，实现营业收入41447万元。

2016年，华磊光电生产外延片127.72万片，生产芯片164.69万片，实现营业收入38915万元。

2017 年，华磊光电生产外延片 181.27 万片，生产芯片 331.4 万片，实现营业收入 51869 万元。

2018 年，华磊光电生产外延片 277.43 万片，生产芯片 525.89 万片，实现营业收入 50122 万元。

2019 年，华磊光电生产外延片 285.98 万片，生产芯片 578.43 万片，实现营业收入 42791 万元。

2020 年，华磊光电生产外延片 346.06 万片，生产芯片 416.84 万片，实现营业收入 40752 万元。

2021 年，华磊光电生产外延片 351 万片，生产芯片 367.06 万片，实现营业收入 40938 万元。

2022 年，华磊光电生产外延片 339.46 万片，生产芯片 324.3 万片，实现营业收入 35337 万元。

第三章 仪器装备制造

第一节 管理机构

一、湘煤立达股份有限公司

立达公司前身为 1968 年 8 月由湘赣煤田地质会战指挥部在株洲筹建的汽车修理厂。1984 年 7 月，汽车修理厂移交湖南省煤炭厅管辖。1997 年 11 月，株洲洗煤厂兼并汽车修理厂后更名为株洲煤矿机械厂。2000 年内部改制成立“株洲力达液压机械有限责任公司”。2008 年 12 月 31 日，株洲煤矿机械厂宣告政策性破产。2009 年 12 月，集团公司收购重组破产后的株洲煤矿机械厂资产，成立湘煤立达矿山装备股份有限公司。2022 年 4 月 12 日，立达公司无偿划转至湖南能投智能装备集团有限公司。

2012 年，立达公司自主研制的 250 千瓦、500 千瓦、630 千瓦四象限变频调速装置，取得专利 18 项。

2016 年 2 月 29 日，立达公司获得全国股转系统的挂牌批文，4 月 19 日正式挂牌上市。证券简称为“立达股份”，证券代码为“836605”。

2020 年，立达公司荣获湖南省专精特新中小企业称号。

同年立达公司全面启动三标管理体系（QES）建设，结合 ERP 管理系统的导入，推动质量管理全面受控、实时反馈、动态协调。2021 年 5 月，立达公司顺利通过 ISO9001、ISO14001、ISO45001 三标管理体系认证，同时重塑了“不接受、不制造、不输出不合格产品”的质量理念，进一步提升质量管理科学化、系统化水平。

2022 年末，立达公司资产总额 44390 万元，负债 18050 万元，所有者权益 26340 万元，装备集团占股 67%。

二、湖南煤矿安全装备有限公司

煤安公司前身为 1972 年 12 月经国家燃料化学工业部批准设立的湖南煤矿安全仪器厂，1998 年 7 月下放湖南省，隶属湖南煤炭工业局管理。2005 年 12 月 9 日，改制为湖南煤矿安全装备有限公司，注册资本为 1320 万元，其中，湖南省国资委出资 1188 万元占总股本的 90% 委托湖南省煤炭工业局代持，员工出资 132 万元占总股本的 10% 由公司工会代持。2017 年 4 月 27 日，煤安公司 90% 的股权变更至湖南省国有资产管理集团有限公司名下。2021 年 3 月，煤安公司 90% 的股权划转至集团公司。2022 年 4 月 26 日，煤安公司 90% 的股权无偿划转至湖南能投智能装备集团有限公司。

2002 年 2 月，煤安公司取得 2000 版 ISO9001 质量管理体系认证。2017 年 11 月 7 日，煤安公司取得 2015 版质量管理体系认证。2019 年 12 月 26 日，煤安公司取得 GB/T 45001—2020/ISO 45001：2018 版职业健康和安全管理体系认证。2022 年 11 月 24 日，煤安公司取得

GB/T 24001—2016/ISO 14001：2015 版环境管理体系认证。

2022 年末，煤安公司资产总额 10188 万元，负债 7791 万元，所有者权益 2397 万元，装备集团占股 90%。

三、湖南煤矿机械有限公司

湖南煤矿机械有限公司前身为 1966 年由国家煤炭工业部成立的湖南省煤矿机械厂（以下简称煤机公司）。1998 年，湖南省煤矿机械厂下放湖南省，移交湖南省煤炭工业局管辖。2008 年 9 月，湖南省煤矿机械厂实施国家政策性破产。2009 年 3 月，同意由湖南第一工业设计研究院和湖南省煤矿机械厂关闭破产一次性安置人员共同发起设立湖南煤矿机械有限公司。工业设计研究院占股 51.3%，为省属国有控股企业。2021 年 9 月 8 日，根据《湖南省国资委关于湖南煤矿机械有限公司 51.3% 股权无偿划转有关事项的通知》(湘国资产权函〔2021〕150 号)，煤机公司 51.3% 的股权无偿划转至集团公司。2022 年 9 月 30 日，根据《湖南省煤业集团有限公司关于将湖南第一工业设计研究院所持煤机公司 51.3% 股权及债权债务无偿划转至能投装备集团的通知》(湘煤集企〔2022〕389 号)，煤机公司 51.3% 股权及湖南第一工业设计院对煤机公司的债权债务一并无偿划转给装备集团，2022 年 12 月 26 日办理工商变更登记手续。

2010 年、2017 年煤机公司分别通过 ISO 9001：2008、ISO 9001：2015 质量管理体系认证，并于 2021 年通过 ISO 14000 环境管理体系、ISO 45001 职业健康安全管理体系认证。

2022 年末，煤机公司资产总额 23594 万元，负债 15195 万元，所有者权益 8399 万元，装备集团占股 51.3%。

四、湖南能投智能集团有限公司资兴分公司

装备集团资兴分公司前身为资兴煤矿机修厂和资兴矿务局发电厂。资兴煤矿机修厂于 1952 年组建成立，1973 年 3 月更名为资兴矿务局机修厂，2008 年 11 月 27 日，更名为湖南省煤业集团资兴实业有限公司机电总厂。资兴矿务局发电厂于 1960 年组建，1993 年 9 月，更名为资兴矿务局机电公司，2005 年 4 月 26 日，更名为资兴矿业集团有限公司机电分公司，2008 年 11 月 27 日，更名为湖南省煤业集团资兴实业有限公司机电分公司。2020 年 11 月 26 日，资兴实业有限公司将机电总厂并入机电分公司，更名注册为湖南省煤业集团资兴实业机电装备分公司。2022 年 11 月 30 日，湖南省煤业集团决定将湖南省煤业集团资兴实业有限公司机电装备分公司无偿划转至装备集团，更名注册为湖南能投智能装备集团有限公司资兴分公司。

2004 年 8 月，装备集团资兴分公司（原机电总厂）通过 ISO9001 国际标准质量管理体系认证。

2022 年末，装备集团资兴分公司资产总额 3219 万元，负债 1902 万元，所有者权益 1317 万元。

第二节　机 械 制 造

一、主要产品

（一）矿井提升机（绞车）

2006 年以来，装备集团资兴分公司生产的主要绞车类产品有 JD 系列调度绞车和 JH 系列回柱绞车。2006 年 5 月，立达公司独立启动液压防爆提升机研制，2007 年 3 月，第一台 JKYB－3×2.5 J 液压防爆提升机样机制造成功，5 月 12 日，第一台 JKYB－3.0×2.5 J 液压防爆提升机，通过出厂试验正式发往河南省义马矿务局千秋矿投入使用，8 月该系列产品获得“矿用产品煤矿安全标志证书”，随后陆续研发推出了 JK/JKB 系列单绳缠绕式矿井提升机、JTP 系列提升绞车、JKYB/JTYB 系列液压防爆提升机和绞车等。2012 年，煤机公司创造性地研制出水电绞车，并首次应用于中国水利水电第十四工程局有限公司清远抽蓄项目。2014 年，立达公司成功研发试制了首台 JKMD－2.8×4 型多绳摩擦式提升机，实现“单绳缠绕式提升机”向“多绳摩擦式提升机”产品领域的重大突破。2020 年，立达公司研制永磁直驱型矿井提升机，采用三相永磁同步变频电机，传动效率更高，工作噪声更低，节能效果提高 20% 左右。

（二）辅助运输设备

包括齿轮变速系列、变频调速系列、液压调

速系列、机械行星调速系列的无极绳连续牵引车，适用长距离、大倾角、多变坡、大吨位等工况条件，能够替代传统小绞车和对拉运输方式。立达公司拥有10种型号规格的煤矿用架空乘人装置（猴车），最新一代产品就使用、维护、安装、安全等方面进行全面升级，具有结构先进、安全性高、维护工作少等特点。

（三）带式输送机

2009年起，煤机公司研制出各类型号的带式输送机，包括DTC型、DTL型、DSJ型、DTS系列，带宽650～1600毫米，主要用于煤矿井下作为炮采、机采工作面的顺槽水平运煤，也可用于有瓦斯和煤尘的矿井。近年来，煤机公司研发和生产的带式输送机逐步由传统矿山井下提升向地面隧道施工出渣运输、山地桁架结构越野皮带、砂石骨料生产线、混凝土输送等市场方向延伸。

2019年，立达公司子公司环保科技公司研制出带式输送机及圆管式输送机系列产品。2022年，研制的带式输送机单条最大带宽 $B=2400$ 毫米，项目单机最长达到了2.6米，最大输送量 $Q=4500$ 吨/小时，最大带速 $V=4.5$ 米/秒。2022年研发了圆管式输送机最大管径为600毫米，最长单机长度达到了 $L=1.6$ 千米。产品广泛应用于电力、矿山、建材、冶金、码头、化工和交通运输等工业部门。

（四）刮板输送机

SBC系统刮板输送机为装备集团资兴分公司开发生产的传统产品。2009年起，煤机公司陆续研制出适用于中间巷道以及炮采工作面煤炭输送的SGB/SGD系列刮板输送机，适用于薄煤层、中厚煤层综采工作面，与采煤机、液压支架配套使用的SGZ764、SGB630、SGD280系列刮板输送机。各类刮板输送机产品具有运输能力不受煤炭块度和湿度影响，机身高度小便于装载，机身长度调节方便等特点。

（五）塔式起重机

2009年起，煤机公司研制的QTZ125型及以下系列塔式起重机，获准型式试验合格证、特种制造许可证，主要用于房屋建筑施工中物料的垂直和水平输送及建筑构件的安装等。

（六）智能立体车库

2010年，煤机公司成功研制出PSH21T/4K升降横移类机械式停车设备，并陆续研制了PCX垂直循环类、PPY平面移动类、PCS垂直升降类、PSH升降横移类、PJS简易升降类等系列产品，获准型式试验合格证、特种制造许可证，主要用于大型酒店、医院、小区等在较小占地面积内高密度存储汽车。

（七）顺槽刮板转载机

2012年起，煤机公司研制出SZZ764、SZZ630、SZB630系列型号的顺槽刮板转载机，主要应用于煤矿井下采煤工作面顺槽中，煤炭由工作面刮板输送机经转载机转载到顺槽带式输送机上。

（八）单/双滚筒采煤机

2013年,煤机公司成功研制出第一台MG2×55/132－TPD极薄煤层采煤机。2014年，该极薄煤层采煤机通过矿用产品安全标志中心认证，并陆续研制开发出系列双滚筒采煤机。2020年，煤机公司成功研制出第一台MG100/122－TWD单滚筒采煤机，主要用于煤层倾角小于或等于40°的中厚煤层及倾角大于55°、煤层厚度为1～3米等赋存情况的煤层，实现机械化采煤、装煤。

（九）湿式喷浆机

2018年，煤机公司开始研制手持式车载湿喷机HCP25，包括手持式HCP16型，臂架式SP25、SP30湿喷机，主要用于隧道、涵洞、边坡、水电、地铁、非煤矿山、建筑基坑支护、河道护坡等混凝土快凝前期支护的场所。

（十）急倾斜煤层采煤机

2019年，煤机公司成功研制出第一台急倾斜煤层开采装备BQ22/25刨煤机（第一代机型）。2020年，该刨煤机通过矿用产品安全标志中心认证，并应用于贵州省六盘水市六枝特区中渝煤矿，效果良好。2020年起，陆续研制了急倾斜煤层MG25/50－TPD、MG50/85－TPD、MG100/140－TPD型采煤机（第二代机型），并通过矿用产品安全标志中心认证。急倾斜煤层采煤机获得2020年湖南省首台（套）重大技术装备认定及奖励，入选2021年度湖南省工业和信息化重点新产品推荐目录，获得国家发明专利3项、国家实用新型专利1项。

（十一）智能扩挖平台

2021年，煤机公司根据客户需求成功研制了智能扩挖平台（1.0版），专为水电斜井施工配套设计，系国内首创。2021 年研制了智能扩挖平台（2.0 版），在提升安全性、施工便利性、系统集成化等方面取得较大进步，实现水电斜井施工的机械化减人、生产工效提高，并获得中电建单一来源采购资质，极大增加了水电行业的品牌影响力。

二、产品销售

公司立足矿山机械，拓展产品市场新领域及客户群体，逐步由单一生产制造企业向服务型制造企业转变，由单一“卖产品”向“卖服务”转变，传统标准化产品销售逐步向隧道、地铁工程施工的非标装备定制及服务延伸。截至 2022 年底，立达公司成为云南煤化、晋煤、开滦、江煤、川煤等国内大煤业集团的重点供应商，产品销售覆盖了全国 27 个省市区、32 个矿业集团和 500 多个地方矿用户，并出口越南、乌兹别克斯坦等国，深受国内外用户欢迎；煤机公司客户群体由煤矿客户拓展至中电建旗下各工程局、中铁建旗下各工程局、铁建重工、中铁装备、湖南黄金、湖南钢铁等大型客户，产品在川藏铁路、滇中引水工程、各抽水蓄能电站等诸多重点工程项目均有应用。2015—2022 年，主要机械产品销量详见表 3 - 3 - 1。

表 3 - 3 - 1 2015—2022 年主要机械产品销量表 台（套）

年份	2015	2016	2017	2018	2019	2020	2021	2022
矿井提升机（绞车）	95	45	114	58	78	66	58	62
辅助运输设备	9	7	13	32	26	30	19	36
急倾斜煤层采煤机	—	—	—	—	—	4	3	6
单（双）滚筒采煤机	3	—	5	—	1	2	1	3
带式输送机	57	55	33	71.8	64.2	34	51	84
刮板输送机	56	46	42	76	33	45	61	62
智能立体车库	408	666	779	81	241	410	51	18
塔式起重机	14	1	12	27	17	58	16	20
智能扩挖平台	—	—	—	—	—	—	—	1
湿喷机	—	—	—	1	3	2	—	—
矿车	360	335	390	330	445	320	510	331
装岩机	18	18	14	20	23	19	27	9

第三节 安全仪器

一、主要产品

（一）井下测控类

井下测控类包括甲烷断电仪、甲烷检测报警仪、甲烷测定器、矿用隔爆型红外摄像仪、智能矿灯充电架等产品。2005 年，煤安公司研制出 DJC4/150、DJC4/250 车载式甲烷断电仪。2008 年，研制出 DJ4/127J 矿用隔爆兼本安型机载式甲烷断电仪，能够安装在矿用采煤机上连续自动检测所在位置的甲烷浓度。2019 年，研制出 CCH1000 直读式粉尘浓度测量仪，在具有爆炸性粉尘危害或含有爆炸危险性气体的环境中测量粉尘浓度。2022 年，研制出 CJJ10 激光甲烷测定器，采用国际领先的 TDLAS 激光探测技术，用于测量甲烷气体浓度。

（二）矿山救护类

矿山救护类包括隔绝式化学氧自救器、隔绝式压缩氧气自救器等产品。2008 年，煤安公司研制出 MZS - 30 煤矿用自动苏生器，适用灾难现场、井下救护、抢险救护等场景。2015 年，研制出 ZGS 矿井供水施救装置，可以为受灾人员提供饮用水安全。2018 年，研制出 ZH 系列隔绝式化学氧自救器和 ZYX 系列隔绝式压缩氧气自救器，2019 年、2022 年分别研制出 ZH30（X）、ZH45（X）隔绝式化学氧自救器，配备无源信息模块，具备信息管理功能，与 CLF100Wb 矿灯充电架、自救器信息采集终端配套使用时可进行智能管理。

（三）照明灯具类

照明灯具类包括本安型信息矿灯、矿用隔爆型 LED 巷道灯等产品。2015 年，煤安公司研制出 DGS 系列矿用隔爆型 LED 巷道灯，具有体积小、质量轻、功耗低等特点，能够耐冲击、抗震动、耐湿热，在石油、化工、煤矿存在易燃易爆气体的环境中用作安全照明。2022 年，研制出 KLX5LM（A）、KLX5LM（B）本安型信息矿灯，为采用高发光强度 LED 光源的携带式照明灯具，质量轻、免维护、发光强度高，KLX8LM（A）还具备视音频记录、人员定位和信息化功能。

（四）控制系统类

控制系统类包括矿用隔爆兼本安型 PLC 控制器、矿用本安型操作台、煤矿用主通风机监测系统、煤矿图像监视系统等产品。2022 年，煤安公司研制出 KJ1920 煤矿用主通风机监测系统，应用于煤矿地面实现对风速、风压、温度、振动、电压、电流等参数监测。近年来研制的 KJ1886J 煤矿井下人员精确定位系统，能够实时监测流动人员、流动车辆的各类信息，为生产管理、考勤统计、安全保障提供可靠的依据。

二、产品销售

2015—2022 年，累计销售救护类产品 137 万台（套）、测控类产品 12.27 万台（套）、消防类产品 10.68 万台（套），实现销售收入 6.39 亿元，实现利税 1.08 亿元。2015—2022 年主要产品销量情况见表 3－3－2。

表 3－3－2 2015—2022 年主要安全仪器产品销量统计表

年份	2015	2016	2017	2018	2019	2020	2021	2022
一、营业收入（万元）	4788	3504	13447	12989	11458	5563	5904	6266
二、销量（万台）	18.13	13.28	21.46	20.69	18.41	22.19	26.95	18.84
其中：救护类（万台）	16.60	12.17	19.87	19.37	16.83	18.65	17.05	16.46
测控类（万台）	1.53	1.11	1.59	1.32	1.45	1.48	1.69	2.10
消防类（万台）	—	—	—	—	0.13	2.06	8.21	0.28

第四节 智 能 产 品

一、主要产品

（一）电气传动

2012 年，立达公司研制了变频绞车电控、防爆变频器、防爆变频绞车电控，防爆液压电控，其中防爆变频器功率从 90 千瓦提升到 630 千瓦。2014 年，立达公司成功研发湖南首台套 1000 千瓦防爆变频器。

（二）控制系统

2016 年，立达公司研制出架空乘人装置电控、无极绳绞车电控和带式输送机电控。2021 年，煤安公司研制出矿用隔爆兼本安型 PLC 控制器、矿用本安型操作台为井下各类无人值守系统主控产品；2022 年，煤安公司研制出 KJ1920 煤矿用主通风机监测系统，应用于煤矿地面实现对风速、风压、温度、振动、电压、电流等参数监测。研制的 KJ1886J 煤矿井下人员精确定位系统，能够实时监测流动人员、流动车辆的各类信息，为生产管理、考勤统计、安全保障提供可靠的依据；国内首款自救器、矿灯管理系统应用于全国各大局各大矿，实现了自救器和矿灯充电智能管理。

（三）无人值守系统

2018 年，立达公司研制出泵房无人值守系统，系统采用自动化接入的方式进行建设，解决就地控制存在的事故隐患，减少各设备间相互脱节等缺点。2021 年，立达公司陆续研制出矿井提升机无人值守系统、压风机房无人值守控制系统、通风机无人值守控制系统。矿井提升机无人值守系统，利用现代通信技术、监测监控技术及自动化控制技术，实现了提升机的自动化运行。

二、产品销售

2015—2022 年，累计销售变频电控产品 164 台（套）、信号及调速装置 8 台（套）、无人值守系统 33 台（套），实现销售收入 5712 万元，利税 210 万元。2015—2022 年主要产品销量详见表 3－3－3。

表 3－3－3　2015—2022 年主要智能产品销售情况表　台（套）

年份	2015	2016	2017	2018	2019	2020	2021	2022
变频电控	6	1	18	19	19	31	38	32
信号及调速装置	2	1	2	1	—	2	—	—
无人值守	—	—	—	—	—	—	5	27

第四章　售电及新能源开发

第一节　管 理 机 构

一、湖南能投售电有限公司

湖南能投售电有限公司（以下简称“售电公司”）于 2016 年 12 月 20 日注册成立。售电公司初始注册资本金 5000.00 万元，2017 年 5 月 26 日，注册资本金变更为 10000.00 万元，2018 年 11 月 12 日，注册资本金再次变更为 20000.00 万元。售电公司是集团为适应电力体制改革，打造全方位、综合性能源投资服务平台而设立的全资子公司。

售电公司不设董事会，设执行董事 1 人，为公司法定代表人，由出资人委派。售电公司设有党支部委员会和经理层。

售电公司设总经理 1 人，副总经理 2～3 名，设有综合部（党群工作部）、营销部、财务部、市场部等 4 个职能部门。

售电公司注册成立时的经营范围有售电服务、电力生产和供应、以自有资产进行配电网投资与建设、电力工程施工、合同能源管理、综合节能、用电信息咨询服务。2020 年 9 月 14 日，增加新能源汽车充电桩的建设及运营、新能源汽车充电站的建设及运营、新能源汽车充电信息化平台开发运营、新能源汽车充电服务、充电桩的维护、停车场运营管理（依法需经批准的项目，经相关部门批准后方可开展经营活动）等，12 月 2 日，售电公司获得了上述新能源充电桩相关运营资质。

2022 年末，售电公司总资产 21462 万元，负债 462 万元，所有者权益 21000 万元。

二、湖南省白沙光伏发电有限公司

湖南省白沙光伏发电有限公司（以下简称“白沙光伏公司”）于 2018 年 10 月 26 日注册成立，初始注册资本 3300 万元，湖南省白沙电力有限公司以现金出资 2640 万元，占比 80%，售电公司以现金出资 660 万元，占比 20%。2022 年 3 月，白沙电力公司追加注册资本 1120 万元，售电公司追加注册资本 280 万元，注册资本变更为 4700 万元。白沙光伏公司具有独立法人资格，位于湖南省耒阳市灶市街街道办事处珠矶滩，是集团公司目前唯一的光伏发电企业。

白沙光伏公司设有股东会、董事会、经理层。董事会由 3 人组成，设董事长 1 人，经理层设总经理 1 人、副总经理 1 人，设监事 1 人，由控股股东白沙电力公司领导班子成员兼任。公司下设综合管理部和开发运维部两个职能部门，共有员工 6 人，实行独立经营、单独核算。

白沙光伏公司经营范围有光伏电力生产、开

发、销售及运营，其他新能源产业开发与建设等。

2022 年末，白沙光伏总资产 6115 万元，负债 385 万元，所有者权益 5730 万元。

第二节 售电业务

一、电力交易

2017 年 4 月，售电公司与湖南华电长沙发电有限公司、长安电力华中发电有限公司签订购售电战略合作协议。10 月，与资兴煤矸石发电有限责任公司达成 7000 万千瓦时的长协电量购买协议。

2018 年，售电公司与长安电力华中发电有限公司签订全年电能采购合同，取得原湖南省发展集团、原湖南省水运投集团、原湖南省水利投集团和五凌电力有限公司的购电支持。全年完成购售电交易量 51.02 亿千瓦时。

2019 年，售电公司与湘电新能源有限公司、湖南省水运建设投资集团有限公司、五凌电力有限公司签订购售电合作协议，同 8 家发电企业建立了长期稳固关系，涵盖火电、水电、风电行业，基本实现省内多种类大型发电企业全覆盖。全年完成购售电交易电量 60.1 亿千瓦时，其中火电成交量 44.35 亿千瓦时、清洁能源电量 15.75 亿千瓦时。

2020 年，售电公司持续与省属国有企业发展集团、湘水集团、高创新能源等清洁能源发电企业深化购售电合作关系。全年优先采购省属国有发电企业的清洁能源电量 10 亿余千瓦时，进一步深化与长安电力华中发电有限公司在购售电领域的战略合作。全年完成购售电量 73.43 亿千瓦时，其中火电总成交电量 60.33 亿千瓦时、清洁能源电量 13.10 亿千瓦时。

2021 年，售电公司全年完成购售电交易电量 80.23 亿千瓦时，其中火电成交电量 70.65 亿千瓦时、清洁能源电量 9.58 亿千瓦时。

2022 年，售电公司与中国电建集团中南勘测设计研究院有限公司、中广核、中能建等三家风电达成合作伙伴，增加新能源电量采购。全年完成购售电交易电量 80.3 亿千瓦时，其中火电成交电量 67.21 亿千瓦时、清洁能源电量 13.09 亿千瓦时。

截至 2022 年 12 月，湖南电力市场化交易主要组织开展的交易类型有省外入湘电量挂牌交易、年度交易、月度交易。年度交易品种包含双边协商交易和集中竞价交易，月度交易品种包含双边协商交易、集中竞价交易、扩需增发交易、优先电量挂牌交易、月内连续交易、月末增补交易、合同电量转让、绿电交易和绿证交易等。

二、合作客户

2017—2022 年，售电公司售电业务稳步发展。客户数量从 2017 年的 75 家扩充到 2022 年的 558 家，客户范围涵盖了钢铁、煤炭、有色、水泥、装备制造、军工、通信、汽车、铁路、化工、轻工业、新能源、新材料、酒店、医药、印刷、纸业、食品、电动汽车充电站等行业，合作企业有省属国企、在湘央企和知名民企等。

省属国有代表企业有湖南省煤业集团有限公司、湖南钢铁集团有限公司、湖南建设投资集团有限责任公司、湖南农业发展投资集团有限责任公司、湖南湘科控股集团有限公司、湖南有色产业投资集团有限责任公司、湖南省高速公路集团有限公司、湖南医药发展投资集团有限公司、湖南兴湘投资控股集团有限公司、湖南阳光华天旅游发展集团有限责任公司、湖南省轻工集团有限责任公司、湘电集团有限公司、湖南海利高新技术产业集团有限公司、湖南出版投资控股集团有限公司等。

在湘央企代表企业有中国移动通信集团湖南有限公司、中国石化销售股份有限公司湖南长沙石油分公司、北汽福田汽车股份有限公司长沙汽车厂、南方石墨有限公司、湖南耒阳南方水泥有限公司、株洲冶炼集团股份有限公司、衡茶吉铁路有限责任公司等。

知名民营代表企业有湖南和顺石油股份有限公司、湖南吉利汽车部件有限公司、可孚医疗科技股份有限公司、青岛啤酒（郴州）有限公司、迅达科技集团股份有限公司、益阳爱尔眼科医院有限公司、远大空调有限公司等。

2017—2022 年，售电公司售电业务见表 3－4－1。

表3-4-1 2017—2022年售电公司售电业务统计表

年份	签约客户（户）	其中：新增（户）	交易客户（户）	售电量（亿千瓦时）	备 注
2017	75	75	61	9.66	仅10月、11月、12月
2018	247	184	145	51.35	
2019	334	114	232	60.18	
2020	422	137	364	74.53	
2021	441	80	396	80.09	
2022	558	76	450	79.77	

三、营业收入

2018—2022年，售电公司共完成营业收入（含光伏发电和充电桩业务收入）7781.10万元，利润总额5011.28万元。各年度收入利润情况见表3-4-2。

表3-4-2 2018—2022年售电公司收入利润统计表

万元

年份	2018	2019	2020	2021	2022
收入	356.18	865.92	2512.00	1839.00	2208.00
利润	171.88	422.00	2006.40	1110.00	1301.00

第三节 光伏发电

一、项目与投资

白沙光伏公司成立以来，开发建设了两个分布式光伏发电项目，第三个项目正在筹备之中。已建成的两个光伏电站总装机容量11.55兆瓦，总投资5008万元。项目采用“自发自用，余电上网”运营模式，光伏所发电量由白沙矿区各煤矿就地消纳。

（一）光伏一期

光伏发电试点（一期）项目用地约140亩，利用白沙电力公司自有闲置土地和部分建筑屋顶建设，项目总装机容量5.74145兆瓦，安装275瓦多晶硅组件20878块，电站分机械厂、供销、车队、中心区东南四个区块，设六个光伏发电单元，各光伏单元经逆变汇流后通过箱式变压器升压至35千伏，经珠矶滩变电站并入电网。

项目于2017年3月备案，2018年5月批准立项，8月开工建设，11月并网投运，2019年3月竣工验收合格。项目实际投资2812万元。

（二）光伏二期

光伏二期项目是在光伏试点项目成功建设和运营的基础上，为扩大光伏发电规模，利用原火电白沙电厂关停退出后空置的厂区及周边的自有土地和原有的输变电设施开发建设。项目用地约73亩，总装机容量5.81256兆瓦，安装540瓦单晶硅光伏组件10764块，电站分白沙电厂、食品站、车队家属区三个地块，设两个光伏子单元，各发电单元汇流至白沙变电站35千伏母线，通过35千伏滙珠线并入35千伏盐沙内网消纳，剩余电量通过110千伏盐沙变电站主变上网。

项目于2021年8月备案，2022年2月批准立项，5月开工建设，11月竣工验收合格并网投运。项目实际投资2196万元。

（三）光伏三期

截至2022年末，三期项目开展了项目调研和前期准备相关工作，对六块项目拟用地进行了落实和测量，与政府相关主管部门对接项目备案、接入系统等沟通协调工作。

二、营业收入

至2022年底，光伏电站已累计发电2573万千瓦时，实现收入1698万元，利润1136万元。其中光伏一期累计发电2273万千瓦时，收入1477万元，净利润918万元；光伏二期累计发电300万千瓦时，收入221万元，净利润218万元。

第四节 充电桩业务

一、充电桩建设

（一）一期项目

2020 年 3 月，提出新能源汽车充电桩项目建议，4 月开展项目可研工作，一期项目包括现代雅境园（豹塘路）充电站和长岭充电站 2 个试点项目。

2020 年 7 月，一期项目完成企业项目投资备案。8 月，集团批准该项目立项。

2020 年 12 月，现代雅境园充电站项目开始施工，共建设 12 个枪，总功率 720 千瓦，投资总额 134. 36 万元。2021 年 2 月经设备调试后投入运营。

2021 年 4 月，长岭充电站项目开工建设，共建 16 个枪，总功率 960 千瓦，投资总额 204. 3 万元。2022 年 2 月投入运营。

（二）二期项目

2021 年 6 月，售电公司完成新能源汽车充电桩二期项目可行性研究报告，8 月批准立项。二期项目包括人民路杨家山充电站和新兰路充电站 2 个快充新能源汽车充电桩项目。

2022 年 4 月，杨家山充电站开始施工，共建设 16 个枪，总功率 960 千瓦，项目投资 172. 8 万元。5 月建设完毕并投入运营。

2020 年 7 月，新兰路充电站开始施工建设，共建 18 个枪，总功率 1080 千瓦，项目总投资 199. 16 万元。8 月建设完毕并投入运营。

（三）湘煤慢充充电站项目

2022 年 2 月，湘煤慢充充电站项目开始建设施工，3 月建设完毕并投入运营。售电公司在湘煤大夏前坪共建有 6 个交流充电桩，单桩功率 7 千瓦。

截至 2022 年底，售电公司已建设 4 个新能源汽车快充站及 1 个慢充电站，充电站总功率达到 3762 千瓦。

二、运营状况

秉持“项目可行、风险可控、收益可期”的投资原则，售电公司稳步推进新能源汽车充电站的投资建设。现代雅境园充电站投运当年，站点单枪日均充电量 277 度/枪，单枪利用率超 11 台/天，是天心区热点充电站。长岭充电站为雨花区二环内长岭老城区区域唯一直流快充站，当年累计充电量 112. 8 万千瓦时，单枪日均充电量 220 千瓦时，单枪日均充电 8. 37 台次。杨家山充电站位于雨花区东二环与人民路交界的黄金位置，周边车流量极大，为公司充电站战略布局下了一步“先手棋”。新兰路充电站场地规划开放大气，搭载了国标拉膜立展式雨棚，被称为长沙南区“最美充电站”。

2022 年 10 月 17 日，新能源汽车充电数字化智慧运营平台小程序上线试运行，当年发展新用户 422 户，累计小程序订单 4100 多笔，充值近 20 万元。公司坚持以“线上为主、线下为辅”的营销模式，通过灵活调整定价策略和定期开展特色营销活动等手段提升客户引流能力，积累了一批“湘煤能投”充电站的忠实客户。

第五章 铁 路 运 输

第一节 管 理 机 构

一、湖南省永耒铁路运输服务有限公司

湖南省永耒铁路运输服务有限公司（以下简称“永耒公司”）前身是 1958 年 8 月筹建成立的湖南湘新铁路办事处。1975 年 4 月 21 日，湖南省煤炭厅成立湖南省永耒铁路管理处。1984 年 12 月 28 日，因隶属关系改变更名为白沙矿务局永耒铁路管理处。2000 年 12 月 6 日，企业改制更名为湖南省白沙煤电集团永耒铁路运输公司。2001 年 12 月 26 日，通过实施债转股等更名为湖南省白沙能源股份有限公司永耒铁路公

司。2006年6月19日，白沙能源股份有限公司成为集团直属控股子公司，更名为湖南省煤业集团白沙能源股份有限公司永耒铁路公司。2010年11月，集团对白沙能源股份有限公司进行改制分立，12月企业划归集团所属白沙实业公司管辖，更名为湖南省煤业集团白沙实业有限责任公司永耒铁路分公司。2015年12月18日，企业重组更名为湖南省永耒运输服务有限公司，为白沙实业公司全资子公司。

2006—2012年，永耒公司按照国铁模式运行。设置市场营销部、党群工作部、总经理办公室、工会、生产技术部、安全监察部、企管发展部、人力资源部、财务资产部、物资供应部和物业保卫部11个部室，车务段、机务段、工电段、机修厂4个基层单位。2013年起，永耒公司不断优化组织结构，至2022年末，设有综合管理部、企业管理部、财务资产部、安全生产技术部、市场营销部5个职能部门，运输部、综合维修部2个生产单位，后勤保障公司1个经济实体；在册员工266人。

2010年5月，永耒公司荣获中国地方铁路协会"全国地方铁路先进单位"。2016—2019年，永耒公司被选为中国轨道交通安全理事会理事单位。

2016年，永耒公司取得国家铁路局颁发的《铁路运输许可证》。

2020年12月，永耒公司取得住房和城乡建设部颁发的"铁路工程施工总承包三级"资质，获得了"安全生产许可证"，可承接新建、改建15千米以下Ⅲ、Ⅳ级铁路综合工程的铁路施工服务。

2021年，永耒公司通过了质量、环境、职业健康三个ISO国际标准化组织管理体系认证。

2022年，永耒公司通过交通运输企业安全生产标准化建设二级认证。

2022年末，永耒铁路资产总额8923万元，净资产6315万元，固定资产净值5278万元。

二、株洲洁净煤股份有限公司铁路运输分公司

株洲洁净煤股份有限公司前身是20世纪50年代成立的株洲洗煤厂，2009年株洲洗煤厂实施政策性破产，2014年集团与陕煤集团实施战略合作，成立株洲洁净煤股份有限公司，集团持股49%。洁净煤公司下设综合办公室、党委工作部、企管安全部、财劳部、监审部、经贸部、多种经营分公司、保卫服务部（保卫部）、铁路运输分公司、荆州项目部10个二级机构。

株洲洁净煤股份有限公司铁路运输分公司（以下简称"洁净煤公司运输分公司"）承担煤厂铁路线的安全运输和日常维护工作。按照国铁的作业要求，洁净煤公司运输分公司下设技术组、甲乙丙三个运行工段、检修工段、项目开发办公室，配备了车、机、工、电、信号、站调等工种的技术人员和操作工人。

第二节 运 输 业 务

一、铁路线

（一）永耒铁路线

永耒铁路线于1958年8月筹建，1967年4月，耒新铁路通车试运行。该铁路线北接京广铁路，在耒阳站接轨，南连白沙煤田红卫、兴源、白山坪、南阳四大煤业公司，东邻大唐耒阳发电厂，线路全长77千米。管内有耒新线、白南线、珠龙线3条铁路线路，沿线设有9个站所，铁路运输年设计运能400万吨，是白沙煤田煤炭、各类矿产品及大唐华银耒阳发电厂货物运输的主要通道。

2003年，永耒铁路线实行蒸汽机车向内燃机车动力转型。至2022年末，永耒公司有GK1C型和GK1C－B型工矿内燃机车5台、重型轨道车2台、C64A及C62货运车辆55辆。配套有电动架车机、柴油机翻转台、机车电器综合试验台、制动机实验台等大中型机车专业维修和试验等。检修车间配备重型行吊，可同时容纳4～5台内燃机车进场检修。

2018—2022年，永耒公司投资213万元完成12个道口的标准化升级改造，投资900万元完成部分铁路线路的机械化、信息化和自动化改造。

（二）洗煤厂铁路线

洗煤厂铁路线的运营管理机构为洁净煤公司运输分公司。该铁路线于1959年建成，与株洲货运北站接轨，站场距株洲货运北站4.5千米，

距株洲电厂1.5千米，距桥梁厂2.5千米，线路长6.5千米。专用线占地约18万平方米，站场内共有19股道，其中到发线8股道，装卸线11股道，总计长19.6千米。铁路专用线设计运输能力800万吨/年，相当于国家铁路二级编组站，与京广、浙赣、湘黔三大主干线以及株北枢纽站相通。株洲货运北站在洁净煤公司运输分公司专门设有货运业务室，可接发、编组整列重载列车。

1959年，洗煤厂铁路线采用2台上游蒸汽机车运输。2003年铁路站场电气化改造，新购置两台GDK1型内燃机车。2022年末，洁净煤公司运输分公司有内燃机车2台、C62货运车辆14辆、平板车2辆、维修轨道车2辆、机车检修库1座。

二、业务运营

永耒铁路线主要承担集团所属红卫、南阳、白山坪、兴源矿业公司及铁路沿线地方煤矿的煤炭运输业务，承担大唐耒阳火电厂煤炭运输业务。2010年，永耒铁路运量为305.92万吨，2015年运量下降到214.82万吨，由于管内地方煤矿逐步关停、大唐耒阳电厂火力发电业务量发生变化，管内运量逐年下滑，2022年运量仅为128.37万吨。

洗煤厂铁路线承担的主要业务是洁净煤公司自身生产用煤的运输，辅助引进砂石和石灰石的取送运输。2010年，洗煤厂铁路线的运量为103.11万吨，2015年运量为105.8万吨，2022年运量为125.06万吨，各年度运量维持基本稳定。

2010—2022年永耒铁路线、煤厂铁路线运量和收入利润情况见表3-5-1。

表3-5-1 2010—2022年铁路运输运量收入利润统计表

年份	永耒公司		洁净煤公司	
	运量（万吨）	收入（万元）	运量（万吨）	收入（万元）
2010	305.92	3705.41	103.11	257.77
2011	297.64	4101.44	98.59	246.48
2012	270.37	414.27	56.97	170.92
2013	223.52	3291.98	44.22	132.67
2014	225.52	3389.17	89.14	534.81
2015	214.82	3414.75	105.80	499.89
2016	147.03	2523.18	72.70	717.19
2017	186.79	3025.25	155.07	1193.00
2018	188.26	2897.36	138.10	1087.87
2019	125.62	1806.68	131.27	1026.42
2020	138.34	2016.09	145.96	1034.31
2021	160.24	2143.21	138.85	963.29
2022	128.37	1731.30	125.06	871.07

第六章 医 疗 服 务

第一节 资兴实业有限公司医院

资兴实业有限公司医院（以下简称“资兴实业医院”）始建于1958年，1960年更名为资兴矿务局职工医院，1993年更名为资兴矿务局总医院，2002年更名为资兴矿业集团有限公司总医院。2005年首批被省卫生监督所核准具有职业健康体检和职业病诊断双重资质的职业卫生服务机构。2006年归属湖南省煤业集团，由资兴矿业集团管理。2008年改由资兴实业公司管理，2020年更名为湖南省煤业集团资兴实业有限公司医院。服务对象主要为企业职工家属及矿山安全生产。2022年，医院在职职工120人，其中副高级职称7人、中级职称43人、初级职称54人。

资兴实业医院位于湖南省资兴市三都镇，占地面积205亩，建筑面积10500平方米，医院拥有二层综合楼1栋、三层门诊大楼1栋、二层住院楼2栋，诊疗面积约6500平方米，编制床位200张。医院开设内一科、内二科、急诊科、普外科、骨科、手术室、五官科、门诊部、中医康复科等9个临床科室；设有药剂科、体检中心、职业病防治中心、医学检验、医学影像等5个医技科室。是一所集医疗、康复、疗养、预防、保健于一体的现代化二级综合性医院，是湖南省工伤保险医疗机构，郴州、资兴市城镇职工和居民医疗定点医院，资兴市交通事故处理定点医院。

2008年9月，资兴实业医院被批准为国家安全生产管理总局矿山医疗救护中心资兴分中心，作为全国矿山医疗救护载体之一，负责湖南省衡阳、郴州、永州及广东省北部地区的矿山医疗救护工作。

是年，资兴实业医院增加护士工作站及医生工作站，实现医院内部信息资源共享，数据自动处理。医院财务电算化处理、电子病历等相继建立。添置的所有设备全部实行电脑化，并通过100兆全光纤宽带，实现与城职医保、城居医保、新农村合作医疗及省工伤医保服务中心的实时传输与电子结算。

2010，资兴实业医院门诊15533人次，住院3401人次。2022年，门诊23892人次，住院3824人次，平均床位使用率93%，全年抢救434人。

2013年3月，资兴实业医院与上海梵康医院管理公司签订托管协议，保持隶属关系不变、职工身份不变、医院非营利性质不变等合作办院宗旨，合作后由上海梵康医院管理公司投入资金，引入专家人才，大幅提升医院的医疗技术服务水平，将医院打造成现代化、数字化的绿色知名医院。

2013—2022年，医院投资567万余元购置、更新医疗设备，2022年末，医院主要医疗设备有安科螺旋CT、彩色B超、全数字X光机(DR)、奥林巴斯全自动生化分析仪、腹腔镜、多功能呼吸机、多功能麻醉机、动态心电图、多功能监护仪、除颤器、冲击波治疗仪、康复治疗仪器等医疗设备。

2015年，资兴实业医院拥有医院信息系统、医保管理系统、医疗信息平台及财务管理系统服务器4台；护士站、医生站及办公自动电脑78台。同时连接专用光纤3条，基本满足信息化服务的需要。

2013—2022年，资兴实业医院共完成营业收入25236万元，实现利润449万元。2022年末，医院资产2248万元、负债763万元，所有者权益1485万元。

第二节 白沙职工医院

白沙职工医院前身为白沙矿务局医院，成立于20世纪60年代末，1994年更名为白沙电力公司职工医院。2008年，白沙能源股份公司在白沙电力医院白沙新村综合门诊部设立管理机构，管理下属白沙电力公司职工医院、永耒铁路管理处职工医院、南阳煤业公司职工医院的资产、资质和人员。2020年9月，经耒阳市卫健局批准，白沙综合部门升级变更为白沙职工医院。2022年，白沙职工医院在职职工97人，其中中级职称21人，初级职称36人。

白沙职工医院坐落在耒阳市白沙路与五一路交会处，交通便捷，环境幽雅，占地面积10亩，建筑面积5100平方米。医院开设有预防保健科、内科、外科、妇产科、康复医学、儿科、中医科七个临床科室，药剂科、医学检验科、医学影像科三个医技科室，下设白沙电力公司职工医院、永耒铁路职工医院、南阳煤业公司职工医院三所分院，共设置病床230张，已成为集医疗、急救、预防保健、职业病防治、工伤康复治疗为一体的国企办非营利性综合性医院。医院长期服务白沙矿区职工家属及周边居民。白沙职工医院及其下属3所分院均为耒阳市城镇职工医保、城乡居民医保、湖南省工伤保险、衡阳市工伤保险、耒阳市特困供养人员医疗救助定点医院。业务特长为心血管内科、中医科、职业病（尘肺病）防治及工伤康复治疗。

2013—2022年，医院投资181万余元购置、更新医疗设备，2022年末，医院主要医疗设备有彩色超声诊断仪、心电图机、心电监护仪、数字化医用诊断X射线机、血球仪、全自动生化分析仪、电解质分析仪、化学荧光分析仪等。

2013—2022年白沙职工医院共实现经营收入13123万元，利润718.73万元。2022年末，医院资产1438万元、负债908万元，所有者权益530万元。

第三节 辰溪实业有限公司医院

湖南省煤业集团辰溪实业有限公司医院（以下简称“辰溪实业公司医院”）前身为辰溪煤矿医院，始建于1950年，1961年更名为辰溪煤矿职工医院。2017年再次更名为湖南省煤业集团辰溪实业有限公司医院。服务对象主要为企业职工家属及安全生产。2022年末，医院在职职工73人，其中副高级4人、中级20人、初级36人。

辰溪实业公司医院位于湖南省辰溪县辰阳镇辰州北路515号，占地面积7.25亩，建筑面积3842平方米，诊疗面积3000平方米，编制床位120张。医院开设预防保健科、内科、外科（烧烫伤科）、眼科、鼻咽喉科、传染科、急诊医学科、麻醉科、医学检验科、医学影像科、中医科、血液净化中心、医技科、药剂科、后勤服务科、医务科、护理部。

辰溪实业公司医院外科（烧烫伤科）能开展外科各类手术，尤其擅长骨科、烧烫伤的诊断治疗。烧烫伤科于1975年设立，为怀化市重点临床科室，治疗各类烧烫伤至今已近50年，医院秘制的烧烫伤油具有“见效快、痛苦少、恢复快、疤痕少”的特点，能治疗各类烧烫伤病人，周边县市及省内其他地市病人经常慕名而至，烧烫伤科门诊、住院病人每年达3000余人次。内科擅长各类老年病的诊断治疗。血液净化中心擅长各类慢性肾病诊断治疗。中医科采用中西结合的方法治疗颈椎病、颈肩综合征、腰椎间盘突出、脑梗死、卒中后遗症、面瘫，疗效显著。

辰溪实业公司医院是辰溪县域内唯一一家由省属国有企业开办的集医疗、教学、科研、预防、保健、康复、健康养老等功能为一体的国家二级非营利性综合医院。经过70多年的建设和发展，已发展成为湘西周边县市治疗“烧烫伤、老年慢性病、创伤骨科、血液净化”等病人的特色专科医院。

辰溪实业公司医院中医科拥有微电脑颈腰椎三维牵引治疗仪、微波治疗仪、各式理疗机，采用针灸、火罐、推拿按摩、中药熏洗、中药外敷、小针刀及耳压、穴位注射等治疗方法。结合现代医学，中西医结合治疗颈椎病、颈肩综合征、腰椎间盘突出、脑梗死、卒中后遗症、面瘫，疗效显著。

2018—2022年，医院投资250万元购置、更新医疗设备，2022年末，医院主要医疗设备有美国GE螺旋式CT、北京万东500毫安X光机、日本佳能DR数字成像系统、南京普爱高频移动式手术X射线机、迈瑞新型多参数心电监护仪、迈瑞全自动生化分析仪、德国西门子狼牌腹腔镜、日本东丽TQS－88原装血透机、日本东丽TQS－88原装血滤机、经颅彩色多普勒脑血流仪、迈瑞彩色多普勒超声系统、微电脑颈腰椎三维牵引治疗仪、微波治疗仪、各式理疗机等医疗设备。

辰溪实业公司医院2013—2022年共实现经营收入8015万元，利润1318万元。2022年末，医院总资产1845万元、负债1373万元，所有者权益472万元。

第四节 牛马司矿业有限公司职工医院

牛马司矿业有限公司职工医院（以下简称“牛马司职工医院”）前身是牛马司煤矿卫生所，始建于1953年。2007年6月，牛马司煤矿卫生所更名为牛马司矿业有限公司职工医院。服务对象主要针对企业职工家属健康及安全生产。2022年末，医院在职职工89人，其中副高级职称2人，中级职称17人，初级职称41人。

牛马司职工医院是一所集医疗、预防、康复、保健于一体的非营利性一级乙等综合性医院。坐落于湖南省邵东市牛马司镇320国道旁，占地面积15000平方米，建筑面积约8000平方米，2013年新建综合楼一栋，现有医疗面积约6028平方米，编制床位99张。

医院开设预防保健科、全科医疗科、内科、外科、妇产科、儿科、耳鼻咽喉科、口腔科、传染科、结核病科、职业病科（医尘肺专业）、麻醉科、医学检验科、医学影像科、中医科，形成了各具特色的专业门类和特色专科。普外科方面能独立完成阑尾手术、疝手术、胆囊切除、胆总管探查术、胃次全、脾切除、肝破裂修补、重症胰腺炎手术治疗、肠穿孔修补、肠段切除吻合术、结肠Ca、直肠Ca手术，其中部分癌症手术与上能医院合作开展。骨科方面能熟练完成各种类型骨折、关节脱位手法整复，外固定术及四肢骨折切开复位内固定术，脊柱骨折的非手术治疗。内科对常见病、多发病有一套完整的治疗体系，特别在心脑血管疾病、消化性疾病、煤工尘肺的临床诊治等方面成绩显著。泌尿外科方面能独立完成各种类型结石手术及肾切除、肾部分切除、前列腺手术。妇产科方面能独立处理各种妇科常见病及开展子宫全切、卵巢囊肿手术等。内儿科系统开展的治疗项目涵盖六大系统及结缔组织、神经内科等方面。对呼吸系统的慢支、肺气肿、肺心病、呼衰、肺部感染，尤其是硅肺的诊治有突出疗效。

中医科有电疗、磁疗等康复理疗项目，开展腰、颈椎间盘突出皮牵引及三维正椎腰椎间盘突出牵引术和利用膝、踝、肘、腕关节的关节功能锻炼器，帮助关节功能恢复。2020 年 10 月，开设以康复理疗为主的中医住院部，床位设置 26 张，在传承和发展的基础上新增推拿、定向药透、隔物灸、普温电疗、穴位贴敷、艾灸、拔罐等项目。日就诊人次近 50 人，年度新增医疗收入 100 余万元。

2010 年，牛马司矿业公司改制以来，牛马司职工医院进入快速发展阶段。医院以转变观念、深化改革为动力，以加强思想文化建设为依托，大力实施管理强院、人才强院、科技强院三大战略，坚持“人无我有、人有我优、人优我新、人新我精”目标，致力于提升医院医疗质量、管理水平和服务水平。至 2022 年末，医院综合水平处于邵东市区域内前四的领先地位。

2013—2022 年，医院投资 204 余万元购置、更新医疗设备，2022 年末，医院主要医疗设备有 CT、彩超、日产日立 405 型 B 超机、X 光机、国产膀胱镜、腰椎牵引床、心电监护仪、全自动生化仪、脑血流图、自动尿分析仪、重型离心机、721 分光仪及牙科蜗轮机、检眼镜、裂隙灯显微镜等一大批现代化仪器，能开展 B 超、胃镜、照片、心电监护、脑电图、脑血流图以及乙肝、丙肝、电解质、肾功能、细菌培养等 50 余项常规生化检查和血球分析。

2013—2022 年，牛马司职工医院共实现营业收入 16261.53 万元，利润 1437.89 万元。2022 年末，医院资产 2276 万元、负债 2214 万元、所有者权益 62 万元。

第五节 金竹山矿业有限公司总医院

金竹山矿业有限公司总医院（以下简称“金竹山总医院”）前身为金竹山煤矿职工医院，1956 年初成立，2002 年，金竹山煤矿职工医院和冷水江煤矿职工医院合并更名金竹山实业有限公司总医院，2006 年集团成立后更名为金竹山矿业有限公司总医院。2022 年，金竹山总医院在职职工 67 人，其中高级职称 2 人、中级职称 35 人、初级职称 9 人。

金竹山总医院开设有内科、外科、影像科、检验科、理疗科、心电图室、高压氧科、手术室、体检科 9 个科室，下设金竹山分院、土朱医务所、塘冲医务所 3 个分支机构，住院床位 150 张。内科对常见病、多发病有一套完整的治疗体系，开展各种常见病、多发病诊治、特别在心脑血管疾病、消化性疾病、煤工尘肺的临床诊治等方面成绩显著。外科是以骨外和创伤救治为重点的综合性临床科室，可开展普外、血管外科、肝胆、泌尿、骨科、妇产科、五官科等各种大、中型手术。2008 年 2—3 月，外科先后成功完成了右拇指断指再植和左手腕关节离断伤再植，2 例手术的成功标志着总医院医疗技术水平迈上了一个新的台阶。在开展骨外、胸外、腹外及普外创伤急救和工伤抢救的同时，注重解决专业性、复杂性、疑难性疾病的诊治与手术，担负着矿山工伤事故的急救任务以及社区医疗服务工作。2020—2022 年，完成新冠感染防疫工作和矿山工伤突发事件的救治工作。同时，医院拥有完善的护理制度、抢救工作制度、患者健康教育制度、护理会诊制度、给药制度、护理查房制度等。护理技术与医疗技术齐驱发展，护理技术水平逐年提高，基本操作技术掌握率百分之百，并开展了多项难度较大的新项目、新技术。

2015—2022 年，医院投资 157 万余元购置、更新医疗设备，2022 年末，医院主要医疗设备有 500 毫安 DR 迈瑞 X 光机、迈瑞彩色 B 超、进口彩色 B 超、彩色多普勒、高压氧、日本光电十二导心电图机、全自动生化分析仪、全自动尿液分析仪、全自动血液分析仪、多参数心电监护仪、高频电刀、微波治疗仪等一批常规设备。

2013—2022 年，金竹山总医院共实现营业收入 11134 万元，利润 272 万元。2022 年，医院资产 595 万元、负债 210 万元、所有者权益 385 万元。

第七章 检验检测与其他业务

第一节 检 验 检 测

煤科院所属子公司湖南国标检测科技有限公司（简称“国标公司”）、岳阳英派科特种设备检验检测有限公司（简称“英派科公司”）是具有独立法人地位的第三方检验检测机构。

一、国标公司

国标公司前身是国家能源部成立的湖南省煤炭质量监督检验中心，始建于 1992 年，2007 年原湖南省煤炭科学研究院下属湖南省煤炭质量监督检验站及湖南省钢丝绳质量监督检验站合并成立湖南省煤安检测检验中心有限公司，2018 年 8 月，湖南省纺织产品质量监督检验授权站和湖南省皮革产品质量监督检验授权站合并成立国标检测公司。

国标公司先后取得检验检测机构 CMA 资质认证、安全生产检测检验机构资质认证和 CNAS 认证。

国标公司在编人员 80 余名（博士 1 人，硕士 10 余人，本科 40 余人），其中高级职称 10 人，中级职称 18 人，助理工程师 36 人。公司下设市场营销部、综合管理部、财务部、质量控制部、检测检验一部（煤质、瓦斯、环保、技术咨询等）、检测检验二部（矿用设备安全性能、钢丝绳性能等）、检测检验三部（纤维、纱线、纺织产品及其制品、皮革/毛皮产品及其制品、鞋帽、箱包等）、技术研发部（矿山废水治理设计及研究、土壤污染调查、矿山修复及土壤修复等）、电梯事业部（电梯销售、安装、改造、维修、保养）。

国标公司主要承担煤炭、生活垃圾、固体废物、生物质燃料、煤尘爆炸性、煤的自燃倾向性鉴定及煤矿瓦斯参数、煤矿及非煤矿山矿用设备安全性能、环境保护（水、土、气、垃圾、固废等）、皮革产品、纺织产品等相关方面的检测工作。是湖南省煤炭质量检测的权威机构，也是最早从事生活垃圾采样及理化分析的检验检测机构，为湖南省湘潭市、娄底市、邵阳市、张家界市、益阳、茶陵、永顺、麻阳、石门、醴陵等县市的垃圾焚烧电厂项目提供大量的数据支撑，是湘江流域存量垃圾综合治理亚行贷款项目存量垃圾的检验检测机构。在生活垃圾理化性能分析领域拥有较强的检验检测实力和丰富的检验检测经验。

2008 年起对全省所有煤矿新开采煤层进行了煤尘爆炸性和煤自燃倾向性鉴定，完成大多数高瓦斯矿井煤层瓦斯参数及瓦斯含量的测定。

2013 年起，参与湖南省各个地、市、县、州垃圾焚烧电厂可研项目中生活垃圾成分采样分析检测。为省内各县市的垃圾焚烧电厂项目提供大量的数据支撑。2016 年协助完成湘江流域存量垃圾场亚行贷款项目。

2016—2022 年，国标公司先后购置了原子荧光光谱仪、原子吸收光谱仪、气相色谱仪、检测设备气相色谱－质谱联用仪、电感耦合等离子体质谱仪、电感耦合等离子体发射光谱仪、红外碳氢氮元素分析仪等。截至 2022 年末，公司共拥有检测仪器设备约 500 台（套），仪器设备设施原值达 2320 万元，满足了业务发展的需要。

2017 年 9 月，国标公司与中纺标检验认证集团合作成立中纺标湖南工作站，开展纺织皮革检测业务。2018 年起与湖南忘不了服饰有限公司、湖南华升集团有限公司、湖南国盛服饰有限公司、才子服饰股份有限公司等知名公司签订了长期委托检测合作协议。

2018 年起，环保检测业务陆续增加。2019 年 10 月承担了娄底市新化县农村千吨万人水源地水质监测项目；2020 年 3 月承担了浏阳市万亩以上农田港水及万人千吨饮用水源地监测项目；2020年环保技术咨询与技术服务工作全面铺开，2021年1月承担了岳阳市湘阴县饮用水水源地水质监测服务项目。

2019—2022年，国标公司一直承担湖南省市场监督管理局、长沙市市场监督管理局、长沙海关等政府部门下达的质量监督抽查、质量安全分析报告、进出口商品风险监测等任务，是长沙海关的风险监测点。

2021年起，国标公司成为湖南省校服委员会指定检测实验室。

近十年国标公司资产、负债和经营情况见表3－7－1。

表3－7－1　2013—2022年国标公司资产负债及经营情况统计表　　万元

年份	资产	负债	净资产	收入	利润
2013	351.29	145.38	205.91	356.38	1.46
2014	331.10	184.42	150.68	191.33	－55.23
2015	221.05	180.78	40.27	133.33	－41.35
2016	194.08	167.03	27.05	213.41	7.72
2017	244.62	208.01	36.61	306.23	9.56
2018	253.26	246.10	7.16	400.52	－29.45
2019	274.01	458.17	－184.16	625.55	－191.32
2020	484.92	660.39	－175.47	786.76	8.68
2021	472.21	499.88	－26.67	1202.10	151.59
2022	762.36	569.04	193.32	1292.38	219.98

二、英派科公司

英派科公司前身为1993年4月成立的巴陵石化金帆检测公司，1996年7月变更为洞庭氮肥厂压力容器检测中心，2004年3月变更为巴陵石化设备检测中心，2005年6月从中国石化巴陵分公司分离改制，变更注册为英派科公司，9月被原岳阳市特种设备检验检测所（现湖南省特种设备检验检测研究院岳阳分院）全资收购，2010年6月变更为法人独资有限责任公司。2012年3月，整合为湖南省特种设备检验检测研究院下属单位，2020年10月划转至省煤科院公司管理。2022年末，英派科公司在岗在职员工28人，下设工程管理部、质量技术部、综合管理部、市场拓展部四个部门。

2010年10月，英派科公司取得辐射安全许可证；2011年11月，取得特种设备检验检测机构核准证；2012年7月，取得CMA实验室计量认证；2012年11月，取得第三方机构发证的三体系认证。各项资质全部通过定期的复审换证。

英派科公司主要经营范围：凭资质从事特种设备无损检测（CG常规四项和TOFD衍射时差法超声检测）、建设工程无损探伤、金属材料理化检验、常压容器检验、静设备在线检查、动设备状态监测、金属焊缝热处理、特种设备技术咨询。

英派科公司主要服务检验检测包含射线检测（RT）、超声检测（UT）、磁粉检测（MT）、渗透检测（PT）、超声波衍射时差法（TOFD）、涡流检测（ECT）六类无损检测，全定量光谱检测、半定量光谱检测、硬度检测、金相分析、内窥镜检测、附着力检测、涂层测厚检测七类理化检验和离线监测与在线监测。

英派科公司主要检验检测设备有X射线管道爬行器，X射线机、充电式交流磁轭探伤仪、充电式旋转磁场探伤仪、高清工业内窥镜、超声测厚仪、里氏硬度计、TOFD系列超声波检测仪、C扫描腐蚀成像仪等系列设备器材。截至2022年底，公司共有各类关键仪器设备100多台套，总投资300万元，能满足开展各类检测项目的需求。

与英派科公司长期战略合作的客户有：中石化湖南石油化工有限公司、中国石化长岭分公司、长沙新奥燃气有限公司、临澧三峡天然气有限公司、岳阳建华工程有限公司、巴陵石化大成检修安装有限责任公司、中海石油建滔化工公司、湖南省特种设备检验检测研究院以及各分院、岳阳恒阳化工储运有限公司、岳阳高澜节能装备制造有限公司、广州高澜节能装备制造有限公司、湖南高涵热管理技术有限公司、衡阳镭目科技有限责任公司、国家石油天然气管网集团有限公司、浙江久立特材科技股份有限公司、苏州海陆重工股份有限公司等。公司客户遍布全国各地，主要有石化企业、制造企业、天然气、电网、路桥等。

2016年2—11月，英派科公司实施岳阳市云溪区巴陵石化热电部新建锅炉和汽机等压力管道安装焊口无损检测以及入场材料检测项目。该项目被评为中石化优质工程奖工程。

2017 年 5—6 月，英派科公司实施位于海南省中海石油建滔化工有限公司甲醇一期装置 2017 年大修无损检测项目。

2018 年 5—12 月，英派科公司实施巴陵石化合成橡胶事业部合成橡胶后处理 VOCs 治理工程第三方检测项目。

2019 年 6—11 月，英派科公司实施巴陵石化树脂部环氧树脂装置工艺尾气及中间罐区 VOCs 治理无损检测项目。

2020 年 8—12 月，英派科公司实施巴陵石化己内酰胺搬迁项目部的己内酰胺产业链搬迁与升级转型发展管线迁改工程第三方检测项目。

2021 年 1—3 月，英派科公司实施巴陵石化炼油部的大检修设备管道零星检测项目。

2022 年 6—7 月，英派科公司实施巴陵石化城区煤化工部的合成装置变换气管道裂纹修复检测项目。

近 7 年来，英派科公司共完成检测检验项目 244 个，总产值 4497 万元。2016—2022 年，英派科公司资产、负债和经营情况见表 3－7－2。

表 3－7－2　2016—2022 年英派科公司资产负债及经营情况统计表　万元

年份	资产	负债	净资产	收入	利润
2016	532.07	401.13	130.94	604.52	19.9
2017	533.01	475.48	57.54	585.7	－53.29
2018	491.09	322.19	168.90	580.84	135.12
2019	650.40	398.11	252.29	600.93	83.39
2020	568.05	359.10	208.95	455.42	4.21
2021	658.11	385.20	272.91	726.91	72.12
2022	973.01	597.82	375.19	956.46	103.98

第二节　其他业务

一、技术服务

国标公司 2018 年 12 月设立技术研发部，内设湖南省内矿涌水治理工程技术服务组、湖南省内环评及土壤调查等环保技术服务组，提供土壤污染调查及评估、关闭矿山涌水治理设计与研究、矿山修复设计与研究、环保技术咨询、碳中和业务等专业对口的技术服务。技术研发部共有员工 6 人，其中环保专业 5 人、地质专业 1 人，其中硕士研究生及以上学历人员 4 人。

2018—2019 年，承接娄底市全市关闭矿山的涌水调查和评估工作。项目成果为娄底市关闭矿山矿涌水后续治理工作提供数据支撑，为政府决策和后期治理工程的开展提供全面、准确的基础资料和数据。

2019—2020 年，承接桑植团结矿主平硐涌水封堵工程。在该矿主平硐通过构筑防水闸墙对矿涌水进行封堵，污染水质得到有效治理，水质指标回归正常。

2020—2021 年，承接湖南省生态环境厅委托的全省矿涌水调查项目。对可能存在污染的关闭煤矿和非煤矿山涌水状况进行现场调查和评估，为湖南省关闭矿山矿涌水后续治理工作累积了重要的支撑数据。

2022 年，承接和完成湖南省桑植县 3 对关闭矿山涌水治理的咨询、设计及施工工程。

是年，承接和实施了张家界市新街煤矿南岔井涌水封堵工程、张家界市分水岭煤矿小溪井涌水封堵工程、桑植县芦塘湾煤矿涌水封堵工程。均实现了污水治理目标。

二、电梯业务

国标公司电梯事业部主要业务范围为电梯销售、安装、改造、修理、维护保养，2019 年 8 月取得特种设备生产许可证 B 级资质，公司有 40 人取得电梯安装维修操作证书，能够为客户提供高效、高质服务。

2020 年，维保 112 台，销售 2 台，加装电梯 3 台；2021 年，维保 160 台，销售 4 台，加装电梯 5 台；2022 年，维保 116 台，销售 4 台，加装电梯 4 台。

三、环保工程

2010 年 4 月，顶鑫环保科技有限公司（以下简称“顶鑫环保”）成立，2021 年 8 月，煤科院收购其 51% 股份，顶鑫环保成为煤科院下属控股企业，公司现有员工 42 人，下设综合部、财务部、招投标部、营销中心、技术中心和工程部6个部门。

顶鑫环保主营业务为土壤地下水修复、污水治理、农业面源治理、生态流域治理、重金属污染治理、环境咨询等。

顶鑫环保于2016年9月获得建筑工程总承包资质，2017年12月，获得国家级环保工程专业承包一级资质，2020年12月，获得市政工程总承包二级资质，2021年11月，获得环保工程专项设计甲级资质。

2019年3月，顶鑫环保加入湖南省环境治理协会，成为协会常务副会长单位。2019年12月，顶鑫环保评为湖南省省级高新技术企业。

2020年，顶鑫环保承接土耳其安卡拉年产500兆瓦光伏产业链外围工程污水处理项目，该项目是“一带一路”中土合作的代表项目，31项指标全部达标并已交付使用。

2021年，顶鑫环保承接石门原雄黄矿区地下水砷污染治理项目（一期二标段），2021年9月开工建设，2022年5月完成并通过建设竣工验收。

2022年，顶鑫环保承接湘东矿业有限公司污水处理系统升级改造项目，项目于5月进场施工，9月完成并通过现场预验收。

2016—2022年，顶鑫环保共承接工程和设计项目158余个，累计实现营业收入19781万元。2022年末，公司总资产533.77万元，总负债2537.36万元，所有者权益2796.41万元。

第四篇
安全生产

集团公司认真学习贯彻习近平总书记安全生产重要指示批示精神，统筹发展和安全，始终把安全生产工作摆在“高于一切、重于一切、先于一切、压倒一切”的位置，把安全生产作为建设和谐、廉洁、高效湘煤的基石。集团公司各单位认真执行《中华人民共和国安全生产法》，坚持“人民至上、生命至上”思想，坚持“安全第一、预防为主、综合治理”的方针和“三个最大”“三个首要”的安全理念，创新安全管理机制，加大安全投入，实现了安全生产从“被动防范”向综合治理和事前预防为主的转变。

集团公司实行安全生产分级管理模式。即：集团公司(股份公司)—矿区安全生产管理局—原煤公司—生产矿井（区）的四级监督管理机制。集团公司及各单位明确了各级安全生产第一责任者、管理者的责任和各级安全生产领导及监督管理机构的职责，建立健全安全生产管理、监督、检查、考核制度，全面加强对安全工作的监督检查，对因责任不落实造成安全事故者依法、依规严肃处理，确保安全生产责任制层层落实，推进安全生产管理朝着规范化、科学化的目标迈进。

集团公司成立以来，安全生产局面不断好转。2006 年，集团公司所属煤矿共发生死亡事故 38 起，死亡 53 人。以后死亡事故起数和死亡人数不断下降，2017—2022 年，公司仅发生一起一般事故。2017、2018、2019、2021、2022 年均实现安全生产。期间还创造了连续安全生产 1437 天的湖南国有煤矿历史最长安全周期。

第一章　安　全　管　理

第一节　管 理 机 构

一、管理机制

2006—2008 年，集团公司安全生产按矿井原隶属关系分别实行四级、三级监督管理机制。即对原涟邵、资兴、白沙三个矿业集团所属矿井实行四级监督管理机制；对原长沙、湘潭矿业公司和辰溪煤矿（简称三矿）实行三级监督管理机制。分别为集团公司—矿业集团—原煤公司—生产矿井的四级管理；集团公司—“三矿”—生产矿井的三级监督管理机制。

2009 年 6 月，黑金时代股份有限公司成立。集团公司对其职能定位为：直接管理集团公司总部的安全、生产、技术等职能部门和所属各原煤公司、煤矿。黑金时代股份有限公司作为集团公司的核心企业，负责集团公司煤炭主业的安全生产、资源管控等。集团公司和股份公司安全生产管理为“两块牌子、一套人马”，负责原煤和非煤企业的安全生产管理。

二、机构职责

（一）集团公司及内设机构

2006 年，集团公司设“安全生产委员会”，是集团公司的最高安全生产管理机构。集团公司董事长任安全生产委员会主任。明确董事长为集团公司安全生产第一责任人。总部下设“安全生产部”，负责集团公司安全管理日常工作。集团公司安全生产委员会主要职责：贯彻落实党和国家的安全生产方针、政策，建立完善安全生产监管体系，检查落实安全生产责任制。

2008 年 8 月，集团公司对有关职能部室作出调整。安全生产部分设为安全监管部和生产技术部。其中安全监管部负责集团公司安全管理日常工作。

2011 年 4 月，设立总工程师室（瓦斯研究室），负责原煤公司的瓦斯管理工作。

2017 年 9 月，集团公司印发《湖南省煤业集团有限公司总部机构改革方案》，集团公司保留安全监管部负责集团公司安全管理日常工作。

2022年11月，集团公司印发《湖南省煤业集团有限公司关于集团总部部室设立与调整的通知》，新设生产技术部，主要负责集团公司原煤主业生产管理、技术管理、资源管理。新设工程管理部，主要负责集团公司重大项目工程建设、煤矿改扩建工程项目建设全过程管理，集团公司棚户区工程建设管理。安全监管部变更名称为安全环保部，承接原安全监管部职能职责，并增加环保管理、平安建设职能职责。

（二）股份公司及内设机构

2009年成立的股份公司主要负责原煤生产单位安全生产管理。

2017年8月，集团公司与股份公司的职能部门是两块牌子、一套人马、合署办公。负责安全生产管理的安全监管部、生产技术部、总工程师室（瓦斯研究室）同时是集团公司和股份公司总部职能部门。9月，集团公司印发《湖南省煤业集团有限公司总部机构改革方案》，股份公司总部设安全通风部（瓦斯研究室）、生产技术部（总工程师室）、工程管理部三个安全生产管理部门，主要负责煤矿安全生产及相关工程安全管理。

2022年11月，集团公司印发《湖南省煤业集团有限公司关于集团总部部室设立与调整的通知》，股份公司设立生产技术部、企业管理部、工程管理部、安全通风部四个具有安全生产管理职能的部室，其中，生产技术部、企业管理部、工程管理部等三个职能部门为集团公司、股份公司合署办公。

2022年，集团公司对安全生产职责进一步进行了调整。明确规定集团公司总部依法履行对所属企业安全生产进行监督、检查、指导、服务、考核、奖惩等职责，各子、分公司（原煤公司、非煤公司）依法履行企业主体职责，矿区安全生产管理局依法履行片区内企业监管主体职责，生产单位依法履行现场安全管理职责；严格落实部门“管行业必须管安全、管业务必须管安全、管生产经营必须管安全”的职责；严格落实主要负责人第一责任人的职责，班子成员“一岗双责”的职责；严格落实安全生产管理人员的职责，严格落实各岗位人员的职责；健全落实安全工作的责任体系，织密安全工作防护网。集团公司及所属各单位要认真贯彻执行党和国家安全生产方针政策，严格执行有关法律、法规、规章和本规定，认真履行企业安全生产的责任和义务，制定好本单位安全工作职责清单，严格落实安全工作责任，实现企业安全发展。

集团公司、股份公司依法对所属企业安全生产进行监督、检查、指导、服务、考核、奖惩，统筹贯彻落实习近平总书记关于安全生产的重要论述和重要指示批示精神，国家安全生产方针和安全生产法律法规，党中央、国务院、省委省政府以及集团公司关于安全工作的决策部署，推动“生命至上、安全第一”思想和“三个最大、三个首要”理念落实，统筹安全与发展；统筹推进安全责任体系和安全制度体系建设；统筹推进依法依规生产经营、安全投入等方面的资金投入；统筹推进双重预防机制建设；统筹推进安全事故责任追究制度的落实。

（三）矿区安全生产管理局

2006年，集团公司组建后即设立涟邵矿区安全生产管理局、资兴矿区安全生产管理局和白沙矿区安全生产管理局，与三个矿业集团公司合署办公。同年10月，集团制定《矿区安全生产（矿业集团）机关“三定”方案编制原则指导意见》，对矿区管理局（矿业集团）职能定位、组织机构设置、部门职责作出明确规定。

2007年，集团公司印发《湖南省煤业集团有限公司安全生产分级管理职责划分（试行）的通知》，对集团公司总部、矿区安全生产管理局、原煤公司的安全生产管理职责进行了划分。

2008年8月，集团公司下发《湖南省煤业集团有限公司矿区管理体制改革方案》，将原涟邵、资兴矿业集团和白沙煤电集团分别成立涟邵、资兴和白沙三个实业公司，负责管理所辖范围内的非煤企业。设立涟邵、资兴、白沙矿区安全生产管理局，作为集团公司派出安全生产监管机构。管理局的职能调整为安全管理职能，确定矿区管理局领导班子定员2~3人；部门设综合管理部、安全监管部、生产技术部。资兴、白沙矿区矿山救护大队分别由资兴、白沙矿区管理局管理，涟邵矿区矿山救护大队仍由洪山殿矿业公司管理。同年9月，将长沙、辰溪矿业公司的安全生产纳入涟邵矿区管理局监管。湘潭矿业公司纳入白沙矿区管理局监管。

2013 年 1 月，股份公司印发《关于矿区安全生产管理局机构设置、定员定编及薪酬管理有关事项的通知》，对矿区管理局机构设置、定员定编，驻矿安全监察专员的任职条件及薪酬待遇作出具体规定。矿区管理局人员主要包括局机关管理人员和驻矿安全监察专员。各矿区管理局机关机构统一设置为 4 个部门，机关管理人员编制统一为 10 人（不含局领导）；矿区管理局按 1 个矿井派驻 1 名驻矿安全监察专员的原则配置安全监察专员。人数配备：涟邵矿区管理局 15 人，白沙矿区管理局 17 人，资兴矿区管理局 15 人。

2022 年，集团公司对安全生产职责进一步明确。规定矿区安全生产管理局依法担负片区企业安全监管主体责任，监督片区内企业贯彻落实习近平总书记关于安全生产的重要论述和重要指示精神，国家安全生产方针和安全生产法律法规，党中央、国务院、省委省政府和上级关于安全工作的决策部署，树牢“生命至上、安全第一”的思想，践行“三个最大、三个首要”的理念；监督片区内企业依法依规生产经营，建立健全安全生产责任制度；监督片区内企业双重预防机制建设，安全生产标准化达标升级，煤矿隐蔽性致灾因素的排查治理，潜在安全风险隐患的排查治理；按规定对片区内原煤、非煤生产经营单位安全生产、技术等方面相关计划、方案、措施、设计等的审核审批和验收；严格落实安全事故责任追究制度。

至 2022 年，涟邵矿区管理局监管 3 个原煤公司 6 对生产矿井，资兴矿区管理局监管 5 个原煤公司 10 对生产矿井，白沙矿区管理局监管 5 个原煤公司 13 对矿井（表 4－1－1）。

表 4－1－1　2022 年底集团公司所属湖南省内生产矿井基本情况一览表

序号	单位名称	设计能力	核定能力	瓦斯等级	所属地、市、县	备注
	湖南煤业股份	792	614			
一	涟邵矿区管理局	181	134			
（一）	牛马司矿业公司	36	26			
1	水井头煤矿	21	13	突出	邵阳市邵东县	湘煤规〔2007〕67 号
2	铁箕山煤矿	15	13	突出	邵阳市邵东县	湘煤规〔2007〕67 号
（二）	金竹山矿业公司	145	78			
3	一平硐煤矿	30	21	突出	娄底市冷水江市	湘煤规〔2007〕67 号
4	土朱煤矿	40	27	突出	娄底市冷水江市	湘煤规〔2007〕67 号
5	塘冲煤矿	45	30	突出	娄底市冷水江市	湘煤规〔2007〕67 号
6	湘东公司	30	30	低瓦斯	株洲市攸县	湘应急函〔2020〕54 号
二	资兴矿区管理局	306	257			
7	周源山煤矿	75	75	低瓦斯	郴州市资兴市	湘煤安监〔2011〕118 号
（三）	宝源矿业公司	60	50			
8	南平硐煤矿	30	22	低瓦斯	郴州市资兴市	湘煤安监函〔2011〕53 号
9	北平硐煤矿	30	28	低瓦斯	郴州市资兴市	湘煤安监〔2010〕126 号
10	嘉禾公司	30	15	突出	郴州市嘉禾县	湘煤安监函〔2011〕53 号
11	黄牛岭公司	30	21	突出	郴州市嘉禾县	湘煤行函〔2012〕86 号
（四）	马田矿业公司	51	42			
12	高泉塘煤矿	21	12	低瓦斯	郴州市永兴县	湘煤安监〔2011〕111 号
13	新星煤矿	30	30	低瓦斯	郴州市永兴县	湘应急业务审函〔2020〕6 号
（五）	湘永矿业公司	42	36			
14	铜角湾煤矿	21	21	低瓦斯	郴州市永兴县	湘煤规〔2008〕211 号批复技改能力 21 万吨，2011 年 12 月 23 日技改验收通过

表4-1-1（续）

序号	单 位 名 称	设计能力	核定能力	瓦斯等级	所属地、市、县	备 注
15	安陵煤矿	21	15	低瓦斯	郴州市永兴县	湘煤安监〔2008〕269号
（六）	街洞矿业公司	18	18			
16	茶山岭煤矿	18	18	突出	郴州市苏仙岭区	湘煤安监〔2011〕125号
三	白沙矿区管理局	305	223			
（七）	红卫矿业公司	81	47			
17	沈家湾煤矿	15	10	高瓦斯	衡阳市耒阳市	湘煤规〔2007〕67号
18	坦家冲煤矿	30	11	突出	衡阳市耒阳市	湘煤规〔2008〕40号
19	里王庙煤矿	15	11	突出	衡阳市耒阳市	湘煤规〔2007〕67号
20	龙家山煤矿	21	15	突出	衡阳市耒阳市	湘煤规〔2008〕40号
（八）	白山坪矿业公司	72	57			
21	龙塘煤矿	21	15	高瓦斯	衡阳市耒阳市	湘煤规〔2008〕40号
22	白山坪煤矿	21	12	突出	衡阳市耒阳市	湘煤规〔2008〕40号
23	磨田煤矿	30	30	低瓦斯	衡阳市耒阳市	湘应急业务审函〔2020〕7号
（九）	南阳矿业公司	41	41			
24	淝江煤矿	15	15	低瓦斯	衡阳市耒阳市	湘煤规〔2007〕67号
25	前进煤矿	26	26	低瓦斯	衡阳市耒阳市	湘煤规〔2008〕40号
（十）	兴源矿业公司	81	57			设计能力来源证券投资部
26	觉光寺煤矿	21	13	突出	衡阳市耒阳市	湘煤安监〔2008〕233号
27	周家坳煤矿	30	14	低瓦斯	衡阳市耒阳市	湘煤规〔2007〕67号
28	伍家冲煤矿	30	30	突出	衡阳市耒阳市	湘应急业务审函〔2020〕7号
29	大岭矿业公司	30	21	低瓦斯	衡阳市耒阳市	湘煤规〔2009〕16号

（四）原煤公司

2007—2022年，原煤公司设董事长、党委书记（或兼董事长）、总经理、总工程师、安全副总、生产副总等各1人。生产技术部、安全监管部和通风部为原煤公司安全生产管理机构，负责原煤公司的安全生产日常管理工作。

原煤公司是安全生产的责任主体，原煤公司董事长（总经理）为安全生产第一责任人。原煤公司全面履行对所属矿井的安全生产各项管理职责，接受和服从矿区管理局的安全监管。

原煤公司要认真贯彻落实习近平总书记关于安全生产的重要论述和重要指示精神，国家安全生产方针和安全生产法律法规，党中央、国务院、省委省政府和上级关于安全工作的决策部署，树牢“生命至上、安全第一”的思想，践行“三个最大、三个首要”的理念，始终把安全第一的思想贯穿生产经营的全过程，坚守安全底线；做到证照齐全有效；按照安全生产法律法规设置安全生产管理机构，配齐安全生产管理人员；健全完善安全生产责任体系和全员安全生产责任制度；保障安全生产条件所必需的资金投入；加强从业人员（含被派遣人员、实习生）安全生产教育培训；建立专兼职应急救援队伍和专兼职消防队伍；推进双重预防机制建设。

（五）矿井

矿井设置矿长1人、党委（或总支）书记1人、副矿长4~5人、总工程师1人。矿长是煤矿安全生产的第一责任人，党委（总支）书记负责监督落实党和政府的安全生产方针政策和煤矿安全教育，总工程师分管技术和“一通三防”工作，副矿长分管安全、生产、防突、机电、经营等。安全生产副矿长是煤矿安全生产的主要负责人，对采煤、掘进、机电、运输、防治水等安全工作负全面责任。其他副职是分管业务范围内生产工作过程中安全的主要负责人。

各矿井设立的安全管理机构主要有：生产技

术科、安全科、通风科、调度室，主要负责矿井的日常安全生产管理工作。

矿井要认真贯彻落实习近平总书记关于安全生产的重要论述和重要指示精神，国家安全生产方针和安全生产法律法规，党中央、国务院、省委省政府和上级关于安全工作的决策部署，公司关于安全工作的决定安排，树牢“生命至上、安全第一”的思想，践行“三个最大、三个首要”的理念，始终把安全第一的思想落到实处；具备安全生产法和有关法律、行政法规和国家标准或者行业标准规定的安全生产条件，证照齐全有效；健全落实安全生产责任体系；按计划实施安全投入和专项工程项目计划；保证主要负责人和安全生产管理人员取得相应安全资质，从业人员具备必要的安全生产知识；制定落实事故应急救援预案；落实安全风险分级管控制度，消除事故隐患。

三、非煤企业安全管理机制与机构

2006—2008 年，集团公司对非煤企业的安全管理是按企业原隶属关系分别实行四级、三级监督管理机制。即对原涟邵、资兴、白沙三个矿业集团所属非煤企业实行四级监督管理机制；对原长沙、湘潭矿业公司和辰溪煤矿（简称三矿）所属企业实行三级监督管理机制。分别为集团公司—矿业集团—原煤公司—非煤企业的四级管理；集团公司—“三矿”—非煤企业的三级监督管理机制。

各非煤企业内部根据自身安全生产特点设立相应的安全管理机构，建立健全安全管理制度，配备安全管理人员。

2008 年 8 月，集团公司下发《湖南省煤业集团有限公司矿区管理体制改革方案》，将原涟邵、资兴矿业集团和白沙煤电集团分别成立涟邵、资兴和白沙三个实业公司，负责管理所辖范围内的非煤企业。设立涟邵、资兴、白沙矿区安全生产管理局，作为集团公司派出安全生产监管机构。管理局的职能调整为安全管理职能。

2009 年 6 月，集团公司成立非煤管理部负责集团层面对非煤企业的日常安全管理。

2010—2022 年，非煤企业接受所在区域安全生产管理局、集团公司安全监管部及非煤管理部的安全监管。涟邵实业公司由涟邵矿区安全生产管理局监管；资兴实业公司、华磊光电公司由资兴矿区安全生产管理局监管；白沙实业公司由白沙矿区安全生产管理局监管；洁净煤公司、立达矿装公司等由集团公司安全监管部及非煤管理部（2017 年并入企管业考部，2022 年该部变更名称为企业管理部）监管。

第二节 规 章 制 度

一、集团公司安全管理规章制度

（一）基本制度

2006 年 6 月，集团公司下发《湖南省煤业集团有限公司周安全办公会议制度》。规定每周召开一次安全办公会，由分管安全生产的副总经理负责主持，集团公司全体领导、部室主要负责人参加；会议主要内容为通报上周安全生产情况，提出需要会议协调解决的问题。10 月，集团公司印发《湖南省煤业集团有限公司安全办公会议制度（试行）》。制度内容包括集团公司每年召开一次年度安全工作会，每季召开一次季度安全办公会，要求各矿区安全生产管理局每季、原煤（子）公司每月、矿井每旬召开一次安全办公会等，重点解决安全生产中存在的问题。

2008 年 4 月，集团公司印发《湖南省煤业集团有限公司安全隐患排查治理和报告制度》《湖南省煤业集团有限公司领导干部和管理人员下井带班制度》《湖南省煤业集团有限公司煤矿安全生产技术审批制度》。

2009 年 1 月，集团公司下发《湖南省煤业集团有限公司安全事故与重大隐患举报制度》《湖南省煤业集团有限公司煤矿安全监督检查制度》。

2010 年，集团公司下发《湖南省煤业集团有限公司安全生产管理制度》《湖南煤业集团有限公司煤矿生产技术管理制度》《湖南省煤业集团有限公司重大突发事件应急管理制度》。

2011 年，集团公司下发《湖南省煤业集团有限公司绩效考核管理制度》。

2013 年，集团公司下发《湖南省煤业集团有限公司总部机关消防安全管理制度》《湖南省煤业集团有限公司总部办公楼安保制度》。

2017 年，集团公司下发《湖南省煤业集团有限公司、黑金股份有限公司领导及总部部门安全生产责任制》。

2018 年，集团公司修订《湖南省煤业集团有限公司安全事故与重大隐患举报制度》，印发《湖南省煤业集团有限公司安全生产委员会会议（暨安全办公会）制度》《湖南省煤业集团有限公司安全生产事故报告制度》。

2019 年，集团公司印发《湖南省煤业集团有限公司安全生产责任制》《湖南省煤业集团有限公司煤矿安全风险分级管控制度》。

2021 年，《湖南省煤业集团有限公司关于梳理完善岗位安全责任制、安全生产管理制度的工作方案》。

（二）其他安全文件

2006 年，集团公司先后制定印发《湖南省煤业集团有限公司专项资金管理暂行办法》《湖南省煤业集团有限公司派驻安全检查机构管理暂行办法》《湖南省煤业集团有限公司派驻安全监察员薪酬及绩效考核暂行办法》《湖南省煤业集团有限公司关于加强煤矿区队班组建设的指导意见》《湖南省煤业集团有限公司高管层安全风险考核办法》。

2006 年，集团公司下发《湖南省煤业集团有限公司安全事故行政追究暂行规定》。

2007 年，集团公司印发《湖南省煤业集团有限公司关于 2007 年安全目标管理考核办法》《关于加强顶板管理的硬性规定》。

同年 10 月，集团公司下发《湖南省煤业集团有限公司员工培训管理暂行办法》。

2008 年，集团公司印发《湖南省煤业集团有限公司安全生产处罚办法（试行）》《安全事故责任追究规定》。

2009 年，集团公司印发《安全生产事故隐患排查治理暂行规定》《湖南省煤业集团有限公司所属企业安全生产工作考核细则》《领导干部带队检查安全生产工作规定》。

2011 年，集团公司印发《湖南省煤业集团有限公司领导班子及其成员考核办法》。

2012 年，集团公司下发《湖南省煤业集团有限公司员工教育培训管理办法》。

2013 年，集团公司下发《关于切实做好煤矿企业安全生产责任保险推广工作的通知》《关于开展安全生产大检查的通知》《转发盛茂林副省长在全省安全生产电视电话会议上讲话的通知》。

2014 年，集团公司下发《湖南省煤业集团有限公司直属企业安全生产工作考核办法》《关于落实黄兰香副省长对集团公司安全生产工作指示的通知》。

2015 年，集团公司下发《领导干部带队检查安全生产工作规定》。

2016 年，集团公司印发《转发湖南省安全生产委员会办公室关于认真贯彻落实习近平总书记和李克强总理安全生产重要指示批示的通知》《关于印发 2016 年全省安全生产工作要点的通知》《湖南省安全生产“监管执法年”活动方案》。

2017 年，集团公司先后下发《集团公司“落实安全生产主体责任年”实施方案》《湖南省煤业集团安全生产大检查实施方案》《贯彻落实重大事故隐患治理“一单四制”制度工作实施方案》。

2018 年，集团公司先后下发《湖南省煤业集团有限公司落实全省安全生产“打非治违百日行动”实施方案》《集团公司“落实安全生产主体责任年”2018 实施方案》《开展 2018 年“安全生产月”活动的通知》《湖南省煤业集团有限公司安全生产信息化工作实施方案》《集团公司“落实安全生产主体责任年”2018 年实施方案》。

2019 年，集团公司先后下发《湖南省煤业集团有限公司关于认真组织开展安全隐患大排查大整治的通知》《湖南省煤业集团有限公司安全生产风险隐患“大排查大管控大整治”百日行动工作方案》《湖南省煤业集团有限公司关于做好 70 周年大庆特护期安全环保维稳工作的通知》《湖南省煤业集团有限公司关于认真落实省委省国资委领导指示　切实抓好当前安全工作的通知》《转发湖南省国资委关于落实姚来英书记批示做好安全生产各项工作的通知》《湖南省煤业集团有限公司安全生产集中整治工作实施方案》《湖南省煤业集团有限公司落实“企业安全生产主体责任年”实施方案》《关于加快矿井安全监控系统升级改造的通知》。

2020 年，集团公司印发《“学法规、抓落实、强管理”活动实施方案》《湖南省煤业集团有限公司安全生产专项整治三年行动实施方案》。

2021年，集团公司先后下发了《湖南省煤业集团有限公司关于认真做好安全生产信息、安全风险管控和重点隐患治理资料整理上报工作的通知》《湖南省煤业集团有限公司直属公司领导班子成员2021年安全目标过程管理考核办法》《湖南煤业股份有限公司高管副职安全目标过程管理考核奖励办法》《湖南省煤业集团有限公司关于细化实施〈湖南省安全生产领域“打非治违”三年行动实施方案〉的方案》《湖南省煤业集团有限公司2021年“安全生产月”活动实施方案》《湖南省煤业集团有限公司关于梳理完善岗位安全责任制、安全生产管理制度的工作方案》《湖南省煤业集团有限公司关于切实做好建党100周年期间安全生产工作的通知》《湖南省煤业集团有限公司推进安全生产专项整治三年行动集中攻坚实施方案》《湖南省煤业集团有限公司安全生产重点整治工作实施方案》《湖南省煤业集团有限公司关于全面推进双重预防机制建设的通知》。

2022年，集团公司陆续印发《湖南煤业股份有限公司高管安全目标过程管理考核奖励办法》《湖南省煤业集团有限公司关于开展安全生产和环保工作大检查的通知》《湖南省煤业集团有限公司安全生产专项整治三年行动巩固提升实施方案》《湖南省煤业集团有限公司关于做好迎接全省安全生产大检查工作的通知》《湖南省煤业集团有限公司关于开展安全生产“百日攻坚”行动的通知》《湖南省煤业集团有限公司2022年“安全生产月”活动实施方案》《湖南省煤业集团有限公司关于进一步组织观看〈生命重于泰山——学习习近平总书记关于安全生产重要论述〉电视专题片和关于参加全国“安全生产月”系列宣教活动的通知》《关于组织学习观看党委书记、董事长廖建湘〈当好第一责任人　建好平安湘煤〉安全生产公开课的通知》《湖南省煤业集团有限公司关于推进安全文化示范创建的工作方案》《贯彻〈进一步强化安全生产责任落实　坚决防范遏制重特大事故的若干措施〉任务清单》《湖南省煤业集团有限公司关于认真落实中央和省安全工作的部署　切实做好安全生产工作的通知》《湖南省煤业集团有限公司关于做好新修订的〈湖南省安全生产条例〉学习宣传贯彻工作的通知》《湖南省煤业集团有限公司关于认真落实省委省政府主要领导批示精神和全省安全生产紧急电视电话会议精神　切实抓好当前安全防范工作的通知》《湖南省煤业集团有限公司关于深入排查潜在安全风险隐患　确保安全生产行动方案》《湖南省煤业集团有限公司关于认真贯彻落实全省安全防范工作暨冬春消防安全专项整治电视电话会议精神　持续推进潜在风险隐患排查行动　确保安全生产的通知》。

二、股份公司安全管理规章制度

（一）基本制度

2010年，股份公司下发《湖南黑金时代股份有限公司煤矿安全生产管理制度》《湖南黑金时代股份有限公司安全质量标准化管理制度》《湖南黑金时代股份有限公司重大突发事件应急管理制度》《湖南黑金时代股份有限公司现场安全确认准许作业制度》《湖南黑金时代股份有限公司隐患排查整改闭环管理制度》《湖南黑金时代股份有限公司安全生产调度会议制度》《湖南黑金时代股份公司安全重大非伤亡事故及未遂事故报告制度》《湖南黑金时代股份有限公司防范小煤矿危害责任追究制度》《湖南黑金时代股份有限公司矿井提升运输管理制度》《湖南黑金时代股份有限公司煤矿生产技术管理制度》《湖南黑金时代股份有限公司员工“三违”计分考核制度（试行）》《湖南黑金时代股份有限公司生产技术资料报送制度》。

2011年，股份公司下发《湖南黑金时代股份有限公司绩效考核管理制度》《湖南黑金时代股份有限公司工伤事故统计报告制度》《湖南黑金时代股份有限公司安全事故责任追究制度》《湖南黑金时代股份有限公司煤矿安全生产事故报告制度》关于修订《湖南黑金时代股份有限公司煤矿瓦斯超限预警管理与瓦斯超限分析处罚制度》关于修订《湖南黑金时代股份有限公司远程安全监控系统使用管理考核制度》

2012年，股份公司下发《湖南黑金时代股份有限公司煤矿瓦斯超限预警管理与瓦斯超限分析处罚制度》，修订印发《湖南省黑金时代股份有限公司管理人员下井、带班、抓“三违”及下井（带班）日记本制度》。

2013 年，股份公司下发《湖南黑金时代股份有限公司煤矿瓦斯超限短信报警系统使用管理制度》《湖南黑金时代股份有限公司煤矿安全生产技术审批制度》。

2014—2015 年，股份公司下发《湖南黑金时代股份有限公司安全生产调度会议制度》《湖南黑金时代股份有限公司原煤公司总经理安全工作述职制度（试行）》《湖南黑金时代股份有限公司煤矿瓦斯超限处置处罚制度》《湖南黑金时代股份有限公司煤矿瓦斯浓度预警管理制度》《湖南黑金时代股份有限公司矿区安全生产管理局领导班子成员安全工作述职制度（试行）》《湖南黑金时代股份有限公司重大危险源管理制度（试行）》《湖南黑金时代股份有限公司矿井通风机运行监控管理制度》。

2016 年，股份公司下发《湖南黑金时代股份有限公司提升运输管理制度》《湖南黑金时代股份有限公司防治煤层自然发火制度》《湖南黑金时代股份有限公司安全生产巡查工作制度》《湖南黑金时代股份有限公司煤矿安全事故责任追究制度》，修订《湖南黑金时代股份有限公司安全生产调度会议制度》《湖南黑金时代股份公司煤矿瓦斯监控“全覆盖全上传”管理制度》。

2017 年，股份公司制定了《煤矿安全事故责任追究制度》《矿区管理局、原煤公司、煤矿领导下井及下井带班制度》《湖南黑金时代股份有限公司煤矿安全事故责任追究制度》《湖南黑金时代股份有限公司防突专题办公会议制度》《湖南黑金时代股份有限公司防突专项检查制度》。

2018 年，股份公司下发《湖南黑金时代股份有限公司职业卫生档案和健康监护档案管理制度》《湖南黑金时代股份有限公司职业危害告知制度》《湖南黑金时代股份有限公司职业危害防治计划和实施方案》《湖南黑金时代股份有限公司从业人员防护用品配备发放和使用管理制度》。

2021 年，股份公司印发《湖南煤业股份有限公司矿井提升运输管理制度》《湖南煤业股份有限公司煤矿安全生产技术审批制度》《湖南煤业股份有限公司生产技术管理制度》《湖南煤业股份有限公司煤矿安全风险管控包保责任制度》。

2022 年，股份公司制定《煤矿安全风险分级管控和隐患排查治理双重预防机制工作制度（试行）》；先后修订了《湖南煤业股份有限公司安全办公（工作）会议制度》《湖南煤业股份有限公司矿区管理局、原煤公司、煤矿领导下井及下井带班制度》《湖南煤业股份有限公司安全事故责任追究制度》《湖南煤业股份有限公司生产安全事故报告制度》《湖南煤业股份有限公司安全生产责任制》。

集团公司在每年颁发的第 1 号文件作为安全生产文件，彰显安全生产在企业管理中的重要性。

（二）其他安全文件

2010 年 6 月，股份公司印发《湖南黑金时代股份有限公司现场安全确认准许作业制、隐患排查整改闭环管理制度考核办法》。

同年 11 月，股份公司下发《湖南黑金时代股份有限公司煤矿井下爆破作业瓦斯管理规定》。

2011 年 1 月，股份公司下发《湖南黑金时代股份有限公司矿区原煤公司安全目标考核管理办法》。

2012 年 2 月，股份公司下发《湖南黑金时代股份有限公司管理局负责人安全管理过程评价指标考核办法》。

同年 8 月，股份公司印发《湖南黑金时代股份有限公司煤矿安全监督检查规定》。

2013 年，股份公司印发《矿区安全生产管理局驻矿安全监察专员管理指导意见》《湖南黑金时代股份有限公司煤矿瓦斯抽采达标评判细则（试行）》，修订《矿区安全生产管理局安全目标管理考核办法》。

2014 年，股份公司印发《关于下达股份公司 2014 年瓦斯治理工作考核指标的通知》《湖南黑金时代股份有限公司煤矿安全监控系统使用管理规定》。

2015 年，股份公司印发《关于下达股份公司 2016 年瓦斯抽采与保护层开采计划的通知》《关于做好 2015 年度安全生产考核工作的通知》。

2016 年，股份公司下发《2017 年瓦斯抽采与保护层开采计划的通知》《湖南黑金时代股份有限公司岩巷掘进防止误穿突出煤层规定》《安全工作精准支帮促　建设安全管理示范单位的实施方案》。

2017 年，股份公司下发《矿区安全生产管理局班子成员安全目标考核奖励办法》《原煤公司班子成员安全目标考核奖励办法》《煤矿领导班子成员安全目标考核奖励办法》《煤矿领导班子成员安全目标奖励办法》《关于切实做好“国庆”“中秋”及党的十九大召开期间安全生产工作的通知》《关于组织学习贯彻廖建湘董事长在股份公司 2017 年安全生产工作会上的讲话的通知》。

2018 年，股份公司下发《煤矿安全监督检查规定》《湖南黑金时代股份有限公司总工程师责任制》《湖南黑金时代股份有限公司生产技术管理制度》《湖南黑金时代股份有限公司防治水管理办法》《湖南黑金时代股份有限公司矿用设备器材使用管理办法》《湖南黑金时代股份有限公司供用电管理办法》《湖南黑金时代股份有限公司煤矿安全生产技术审批制度》的《湖南黑金时代股份有限公司煤矿“三量”管理办法》《关于开展矿井防治水检查的通知》《湖南黑金时代股份有限公司 2018 年安全生产标准化创建工作方案》《湖南黑金时代股份有限公司关于开展机电设备管理以及安全供用电专项检查和整改的通知》。

2019 年，股份公司下发《“落实企业安全生产主体责任年”2019 年实施方案》《关于组织参加全国安全生产月全民安全应急知识竞赛的通知》《湖南省煤业集团有限公司安全生产集中整治工作实施方案》《关于做好 70 周年大庆特护期安全环保维稳工作的通知》《关于认真落实省委省国资委领导指示　切实抓好当前安全工作的通知》，转发《湖南省安全生产委员会关于全省安全生产集中整治工作实施方案的通知》《关于落实姚来英书记批示做好安全生产各项工作的通知》。

2020 年，股份公司转发《集中整治煤矿安全生产顽瘴痼疾　防范化解重大安全风险三项断然措施》《关于开展“学法规、抓落实、强管理”活动专项督查专项活动的通知》《关于开展救护队标准化检查工作的通知》，下发《湖南黑金时代股份有限公司关于举办煤矿安全培训师资格及素质提升培训班的通知》《湖南黑金时代股份有限公司关于切实做好全国两会期间安全生产工作的通知》《瓦斯防治示范矿井建设和重点技术攻关管理考核办法》《关于开展 2020 年“安全生产月”活动的通知》《关于落实国家煤监局安全监察所查隐患整改工作的通知》《关于抓好汛期及三季度安全生产重点工作的通知》《关于印发廖建湘董事长在股份公司 2020 年三季度安全暨半年度防突办公会上的讲话的通知》《学习贯彻习近平总书记关于安全生产重要论述专题实施方案》《落实安全生产主体责任三年行动专题实施方案》《湖南煤业股份有限公司安全生产专项整治三年行动实施方案》《关于开展煤矿“四化”工作调研的通知》《湖南煤业股份有限公司关于切实做好中秋和国庆节期间安全生产工作的通知》《关于印发廖建湘董事长在股份公司 2020 年度安全生产标准化现场会上的讲话的通知》《关于认真落实姚来英常委批示精神　切实抓好安全生产工作的通知》《湖南煤业股份有限公司关于开展煤矿安全生产标准化管理体系检查的通知》《关于印发廖建湘董事长在股份公司 2020 年四季度安全办公会上的讲话的通知》。

2021 年，股份公司下发《关于开展 2021 年“安全生产月”活动的通知》《湖南煤业股份有限公司煤矿防治水管理办法》《关于“保安全、迎大庆”组织实施 2021 年年中煤矿停产检修的通知》《湖南煤业股份有限公司关于举办煤矿安全生产标准化管理体系建设暨矿长轮训班的通知》《关于印发廖建湘董事长在股份公司 2021 年半年度安全生产工作会上的讲话的通知》《关于加强迎峰度夏期间生产安全管理工作的通知》《湖南煤业股份有限公司总工程师责任制》《湖南煤业股份有限公司煤矿安全生产技术审批制度》《关于全面实行煤矿安全风险管控包保责任制度的通知》。

2022 年，股份公司修订《驻矿安全监察专员管理与安全目标考核奖罚办法》《湖南煤业股份有限公司矿区安全生产管理局安全基金管理和使用规定》《湖南煤业股份有限公司安全分级管理职责规定》。

股份公司将安全生产文件作为每年颁发的第 1 号文件，彰显安全生产在企业管理中的重要性。

三、非煤安全文件

2010 年，集团公司、股份公司印发《湖南省煤业集团有限公司非煤技术开发管理制度》《湖南省煤业机械有限公司非煤单位专项工程管理办法》《湖南省煤业集团公司非煤企业管理办法》《关于进一步加强企业生产经营基础管理的通知》《关于立即召开防火安全检查的通知》。

2011 年，集团公司印发《湖南省煤业集团公司非煤年度安全目标管理考核办法》《关于举办非煤企业安全生产管理培训班的通知》《关于开展非煤企业安全工作检查的通知》《关于开展非煤企业上半年安全工作检查的通知》。

2012 年，集团公司印发《关于非煤企业安全生产检查情况的通报》《关于开展非煤企业安全生产工作检查的通知》《关于举办非煤企业生产运营管理（第二期）培训班的通知》。

2013 年，集团公司印发《关于开展非煤企业安全生产工作检查的通知》《关于开展非煤企业安全生产工作检查的通知》《关于深化工程建设领域预防施工起重机械脚手架支模架等坍塌事故专项整治工作的通知》《关于开展非煤企业电气安全专项检查的通知》《关于开展非煤企业运输设备和危险化学品专项安全生产工作检查的通知》《湖南省煤业集团有限公司非煤单位专项工程管理办法》《实现集团公司 2013 年下半年经营目标风险抵押金管理办法》。

同年，集团公司印发关于转发《湖南省人民政府办公厅关于加强特种设备安全工作的意见》的通知。

2014 年，集团公司印发《湖南省煤业集团有限公司非煤企业年度安全目标考核办法》。

2016 年，集团公司印发《关于认真做好两会期间安全生产工作的通知》。

2018 年，集团公司印发《湖南省煤业集团有限公司非煤单位专项工程管理办法》《湖南省煤业集团有限公司非煤企业领导班子成员安全目标奖励考核办法》。

2019 年，集团公司印发《湖南省煤业集团有限公司直属非煤公司领导班子成员 2019 年度安全目标奖励考核办法》。

2021 年，集团公司印发《关于矿区安全生产管理局对辖区内非煤公司安全监管工作的意见》。

集团公司、股份公司按照构建的四级安全管理机制和历年来不断完善的制度、规定及考核办法全面开展安全监督管理工作，培植“确保安全是煤矿企业的首要任务、是煤矿领导班子的首要职责、是体现煤矿领导能力的首要指标”的安全理念，安全效果显著。2017 年集团公司荣获年度全省安全生产工作优秀单位；2018 年度全省安全生产工作优秀单位；2021 年，集团获评全省平安建设先进单位。2016—2022 年创造了连续安全生产 1437 天的湖南国有煤矿历史最长安全周期。

第三节 安全投入与装备

一、安全投入

（一）煤矿安全投入

2006—2011 年，集团公司按财政部和国家煤矿安全监察局联合下发《煤炭生产安全费用提取和使用管理办法》（财建〔2004〕119 号）的规定提取安全生产资金共 69050.78 万元；2012—2022 年集团公司执行财政部和安全监管总局联合下发《关于印发〈企业安全生产费用提取和使用管理办法〉的通知》规定的标准提取安全费用共 171079.72 万元；财政部和应急管理部《企业安全生产费用提取和使用管理办法》（财资〔2022〕136 号）发布后，集团公司根据国家部委有关文件规定，按煤与瓦斯突出矿井 50 元/吨，高瓦斯、水文地质复杂矿井 30 元/吨，其他矿井 15 元/吨计提安全资金。

2006—2022 年，集团公司提取煤矿安全生产资金 240130.5 万元，实际使用 357824.04 万元。超过提取数额的资金从井巷资金、维简费和折旧费中列支（表 4－1－2）。

（二）非煤企业安全投入

2006—2022 年，集团公司提取非煤企业安全生产资金 710.96 万元，实际使用 5606.76 万元。超过提取数额的资金从折旧费中列支（表 4－1－3）。

表4-1-2　2006—2022年煤矿安全生产资金提取使用表　万元

年份	提取资金	使用资金	实 施 项 目
2006	5940.4	9782	煤矿安全监控系统，设备更新，通风系统维修
2007	10110.77	15934.79	煤矿安全监控系统，设备更新
2008	9284.30	30540.53	突出矿井新建地面瓦斯抽采系统，突出矿井实施双风机双电源改造，通风系统维修，煤矿安全监控系统，设备更新
2009	7087.25	14304.00	瓦斯抽采，煤矿安全监控系统，设备更新
2010	12892.43	24853.04	瓦斯抽采，通风系统维修，煤矿安全监控系统，设备更新
2011	23735.63	26571.61	瓦斯抽采，煤矿六大系统（安全监控、人员定位、通信广播、压风自救、紧急避险、供水施救），设备更新
2012	34091.89	38783.50	瓦斯抽采，煤矿紧急避险系统（硐室），六大系统维护，通风系统维修，设备更新
2013	23951.61	28855.57	瓦斯抽采，煤矿紧急避险系统（硐室），六大系统维护，通风系统维修，设备更新，煤矿环境治理工程
2014	8375.99	15349.12	瓦斯抽采，六大系统维护，设备更新
2015	10409.89	13974.76	瓦斯抽采，六大系统维护，设备更新
2016	8385.07	15595.46	瓦斯抽采，六大系统维护，设备更新，通风系统维修，设备检测
2017	9712.23	17339.18	瓦斯抽采，六大系统维护，设备更新，安全评价与设备检测，水泵房无人值守
2018	9783.20	14376.03	瓦斯抽采，开采保护层，六大系统维护，设备更新，通风系统维修，设备检测，抢险救灾设备投入
2019	10600.36	22803.33	瓦斯抽采，开采保护层，六大系统维护，设备更新，煤矿污水处理系统，通风系统维修，双回路供电改造
2020	10042.35	19832.16	瓦斯抽采，开采保护层，六大系统维护，设备更新，通风系统维修，煤矿污水处理系统，井下疏、排水工程
2021	10549.96	22073.38	瓦斯抽采，开采保护层，煤矿隐蔽致灾因素普查，六大系统维护，设备更新，水文监测系统
2022	14944.05	26855.58	瓦斯抽采，开采保护层，煤矿隐蔽致灾因素普查，六大系统维护，设备更新，水文监测系统
合计	240130.5	357824.04	

表4-1-3　2006—2022年非煤企业安全生产资金提取使用表　万元

年份	提取资金	使用资金	实 施 项 目
2006			
2007	140	729.80	白沙电力供电线路改造550.30万元；永耒铁路生产用设备更新，铁路线路改造179.50万元
2008	276	1889	白沙电力冰灾损毁线路修复、设备设施改造1484万元；永耒铁路冰灾损毁线路修复、设备设施改造405万元
2009			
2010			白沙实业衡阳老干所、公司办公楼改造279.33万元；资兴实业幸福院改造287.81万元
2011		276.32	三个矿区排水抢险设备大修与添置276.32万元

表4-1-3（续）

万元

年份	提取资金	使用资金	实施项目
2012			
2013			
2014		25.64	白沙实业衡阳老干所维修25.64万元
2015		426	白沙实业楚湘新建设备库，新购施工设备，供电线路维护，内燃机车大修，铁路线维护426万元
2016			
2017			
2018	75	480	白沙实业供电线路改造，电厂锅炉改造，铁路线改造，机车改造，新生站房信号电缆，招待所改造，通信公司设备，医疗器材480万元
2019	67	800	白沙实业盐沙变电所改造，盐淝线、红珠线改造，路线改造，机车大修，医疗器械300万元；资兴实业焦电公司设备更新，厂区道路改造，环保工程，电厂生产系统改造，医院，招待所改造500万元
2020	73.96	380	白沙实业电厂变压器改造，盐大线、盐沙变电所改造，35避雷线，铁路线、自备车改造，内燃机车大修，医疗器械380万元
2021	79	600	白沙实业35盐大线改造，铁路线改造，自备车、内燃机车、轨道车大修，医院添置设备200万元；资兴实业炼焦工艺改造，环保工程、电厂环保工程、监控系统、发电系统改造，白蚁防治，办公楼改造400万元
2022			
合计	710.96	5606.76	

二、装备

（一）通风装备

2006年集团公司逐步对所属矿井的主要通风机全部进行改造升级，矿井主要通风机由原离心式改成轴流式风机。通风能力大大增加，矿井产能得到大幅提高。

2009年11月，股份公司突出矿井所有局部通风工作面建立“双风机、双电源”。白山坪矿业公司磨田煤矿主通风机，改造后增加矿井总进风量1003立方米/分。

2010—2011年，股份公司在高瓦斯矿井局部通风工作面推行“双风机、双电源”，减少局部通风工作面无计划停风次数。

2012年，股份公司在茶山岭煤矿西风井安装高效节能环保智能主要通风机，该设备综合了智能控制技术、变频技术、新型扩散塔技术、除尘降噪技术。

2006—2022年，集团公司（股份公司）所属各矿业公司、生产矿井投入大量人力、财力、物力对矿井主要通风机进行改造，对主要进、回风巷道进行修理。先后对24对矿井33个风井的主要通风机进行更新改造，累计新掘完善采区通风巷道7250米，累计修理主要进、回风巷道17420米，所有风门安装联锁装置。通过对通风系统的全面改造完善，保障生产矿井通风系统稳定可靠。

（二）瓦斯防治装备

2006年，集团公司成立之初，在蛇形山、坦家冲、里王庙3对突出矿井建立地面瓦斯抽采系统。各突出矿井均配备WTC或MD-2、MD-3预测预报仪进行工作面突出危险性预测预报。工作面预测预报方法主要是采用钻屑瓦斯解吸指标法，测定钻屑瓦斯解吸指标 K_1 或 Δh_2 值和钻屑量 S。突出矿井区域预测主要采用实测煤层瓦斯含量和瓦斯压力的方法。

2008—2009年，集团公司在贵州湘能公司8对突出矿井先后建立地面瓦斯抽采系统。集团公司省内所有突出矿井均配置大功率防突液压钻机。

2010—2011年，集团公司在贵州湘能、白沙、涟邵和资兴矿区先后购置煤层瓦斯含量快速测定仪，建立煤层瓦斯含量快速测定系统。

2012—2013 年，股份公司在兴源矿业有限公司觉光寺、伍家冲，金竹山矿业有限公司塘冲 3 对突出矿井先后建立地面瓦斯抽采系统。

2014 年，集团公司对嘉禾浦溪井地面瓦斯抽采系统进行改造，新增 2 台瓦斯抽采泵。

2016—2017 年，集团公司分别在涟邵、资兴、白沙三个矿区管理局设立瓦斯实验室。

2018 年，集团公司对街洞公司茶山岭煤矿地面瓦斯抽采系统进行了更新改造。

2019 年，集团公司在新版《防治煤与瓦斯突出细则》颁布实施后，加大区域瓦斯抽采实施力度，配备大功率、大扭矩液压钻机，每一突出矿井配备不少于 2 台 ZY－1250 型或 ZDY－1200 型或以上功率液压钻机，同时配备钻孔轨迹测定仪、多功能抽采参数自动检测装置、钻孔施工视频监控装置，提高区域抽采钻工施工效率和瓦斯抽采效果。

2020 年，集团公司在嘉禾公司浦溪井建立地面低负压瓦斯抽采系统。

2022 年，红卫公司坦家冲煤矿建立地面低负压瓦斯抽采系统。

2006—2022 年，集团公司各突出矿井共施工瓦斯抽采巷道 12.32 万米，施工瓦斯抽采钻孔 1042.4 万米，抽采瓦斯量 35303 万立方米。其中湖南省内煤矿施工瓦斯抽采巷道 11.55 万米，施工瓦斯抽采钻孔 890.8 万米，抽采瓦斯量 28205 万立方米。

至 2022 年末，集团公司所属省内 14 对突出矿井全部建立地面瓦斯抽采系统，共安装瓦斯抽采泵 33 台，合计装机功率达 3080 千瓦，最大装机抽采流量达 1992 立方米/分。各突出矿井共配备防突液压钻机 76 台、工作面预测预报仪 45 台。

（三）安全监控设备

1985—2004 年，集团公司建立前的原涟邵、资兴、白沙三个矿务局和省属谭家山煤矿相继投入使用井下瓦斯监测系统、瓦斯遥测系统（ABD－21TKS）、瓦斯监控系统（A－1）。到 2004 年，所有矿井安全监控系统全部技改升级为 KJF－2000 系统。

2006 年 10 月，全集团公司省内 51 对生产矿井全部实现远程监控。是年，集团公司在所属子（分）公司的低瓦斯矿井中新建安全监控系统。对各矿井原已建立的安全监控系统进行改造和完善。

2011—2012 年，股份公司下发《煤矿瓦斯超限短信系统使用管理制度》，开发“煤矿瓦斯超限手机短信报警系统”，煤矿井下瓦斯超限的信息以手机短信的形式分级别实时发送到有关安全监管人员和企业领导的手机上，强化各级领导和管理人员落实处置瓦斯超限的安全责任。

2014 年，股份公司印发《从严打击安全监控系统弄虚作假行为的硬性规定》，规范安全监控系统的管理。文件要求井下采、掘、修工作面瓦斯传感器必须实现全覆盖、全上传，为此新增加探头 12 个，维修校正探头 21 个。

2018—2019 年，股份公司按照国家煤监局《煤矿安全监控系统升级改造技术方案》（煤安监函〔2016〕5 号）及湖南煤监局、湖南省煤炭管理局《湖南煤矿安全监控系统升级改造实施方案》（湘煤监监察函〔2018〕86 号）的有关要求，组织完成 27 对生产矿井完成安全监控系统升级改造，升级了相关软件，更换了一批设备。

2020—2021 年，股份公司按照国家煤矿安监局《煤矿安全监控系统升级改造验收规范》（煤安监技装〔2019〕48 号）要求，进一步完善安全监控系统。采用光纤以太网、数字化传输，购置激光甲烷传感器，增加了自诊断、自评估功能，完善报警、断电等控制功能，提升传感器的防护等级，增强抗电磁干扰能力，支持多网、多系统融合、应急联动，大大提升系统性能指标和安全可靠性。

2022 年，集团公司对已完成改扩建的大岭煤矿、湘东煤矿进行安全监控系统升级改造。

至 2022 年末，集团公司省内 29 对生产矿井全部安装升级安全监控系统，其型号主要有：KJ95X、KJ379X、KJ83X（A）、KJ90X、KJ101X（A）、KJ70X 等。共安装分站 472 台，安装甲烷、一氧化碳、风速、温度、风向、烟雾、风门开关、设备开停、风筒末端、风压、馈电等各类传感器 3527 个（表 4－1－4），对各煤矿井上下安全生产环境进行全方位监测监控。

表4-1-4 2022年煤矿安全监控系统装备基本情况表

种类	分站（台）		甲烷传感器（个）		一氧化碳传感器（个）		双向风速传感器（个）		风向传感器（个）		温度传感器（个）		烟雾传感器（个）	
	运行	备用	运行	备用	运行	备用	运行	备用	运行	备用	运行	备用	运行	备用
合计	472	157	1077	373	172	109	257	127	91	61	269	108	32	29

种类	风门开关传感器（个）		设备开停传感器（个）		风筒末端传感器（个）		馈电传感器（个）		风压传感器（个）		传感器总数（个）	
	运行	备用	运行	备用	运行	备用	运行	备用	运行	备用	运行	备用
合计	371	210	773	259	139	104	268	136	78	53	3527	1569

第四节 安全生产标准化

一、管理机构及职责

2006—2008年，煤矿安全生产（时称安全质量）标准化工作由集团公司统筹管理。2009年股份公司成立安全生产标准化领导小组。

（一）安全生产标准化领导小组

组　长：由股份公司总经理担任；

副组长：由股份公司分管安全、生产和技术的副总经理担任；

成　员：生产、安全部门负责人，物资供应分公司主要负责人，生产、安全部门全体人员；

安全生产标准化办公室设在生产技术部，办公室主任由部长兼任。

（二）安全生产标准化办公室的职责

（1）组织制订股份公司安全生产标准化规划及管理办法，将安全生产标准化工作纳入安全生产重要的议事日程。

（2）组织开展安全生产标准化达标考核验收。

（3）督促矿区安全生产管理局、原煤公司制订安全生产达标规划和年度达标计划。

（4）负责安全生产标准化工作的督导检查。

（5）协调解决安全生产达标工作中存在的问题。

（6）负责组织安全生产标准化年度检查和资料上报工作。

各矿区安全生产管理局、原煤公司相应成立安全生产标准化管理机构，明确职责，切实加强安全生产标准化工作的领导与管理。

二、规划

集团（股份）公司按照各煤矿（矿井）实际情况分年度发文下达安全质量标准化规划。

2007年5月，集团公司以湘煤集安生〔2007〕383号文印发《二〇〇七年度矿井安全质量标准化达标规划》。力争建设4～5个标准化样板矿井；要求12对矿井达到国家二级安全质量标准化，其中：周源山煤矿、唐煤公司力争达到国家一级安全质量标准化矿井；要求17对矿井达到湖南省二级安全质量标准化；其他矿井要力争达到湖南省三级安全质量标准化。

2008年，集团公司规划省内考核评定的49对矿井中42对矿井达省三级以上标准（达标率为85.7%），11对达省一级矿井，并创建周源山、土朱、前进、淝江、磨田等一批标准化样板矿井。

2009年，股份公司所属矿井达标率90%以上，安全质量标准化总体水平明显提升。达省一级、二级以上的标准化矿井占矿井总数的40%以上。打造一批标准化样板矿井。

2010年1月，股份公司以湘煤股安〔2010〕13号文印发《湖南黑金时代股份有限公司2010年矿井安全质量标准化达标规划及管理办法》。达标规划及目标：所属矿井达标率达90%以上，其中10%以上的矿井达到省一级以上等级，40%以上矿井达省二级以上等级。建设6对以上标准化样板矿井。

2012年1月，股份公司以湘煤股安〔2012〕6号文印发《湖南黑金时代股份有限公司2012年矿井安全质量标准化达标规划》。规划目标：周源山达国家级矿井；北平硐等22对矿井达省一级矿井；斗米山等10对矿井达省三级矿井。

2013年1月，股份公司以湘煤股安〔2013〕14号文印发《湖南黑金时代股份有限公司2013年矿井安全质量标准化达标规划》。规划目标：周源山达国家级；北平硐等16对矿井达省一级；南平硐等22对矿井达省二级；斗米山等9对矿井达省三级。

2013年，湖南省煤炭管理局下达给集团公司安全质量标准化建设任务：锚喷支护掘进工作面180个；正规采煤工作面150个，其中单体液压支柱支护的工作面120个；采掘机械化工作面20个，其中综采4个，机运工作面160个，机掘工作面30个，机装工作面250个；安全质量标准化达标煤矿（矿井）45个，其中一级12个，二级26个，三级7个。

2014年1月，股份公司以湘煤股安〔2014〕13号文印发《湖南黑金时代股份有限公司2014年矿井安全质量标准化达标计划》，执行国家煤矿安全监察局颁发的《煤矿安全质量标准化考核评级办法（试行）》和《煤矿安全质量标准化基本要求及评分办法（试行）》（煤安监行管〔2013〕1号）。达标计划目标：周源山煤矿达国家一级；北平硐等19对矿井达国家二级；南平硐等34对矿井达国家三级。

2015年1月，股份公司以湘煤股安〔2015〕1号印发《关于做好2015年安全生产工作的决定》，下达2015年安全质量标准化达标规划：周源山煤矿达国家一级；北平硐等19对矿井达国家二级；其他矿井达国家三级。

2016年1月，股份公司以湘煤股安〔2016〕1号印发《关于做好2016年安全生产工作的决定》，下达2016年安全质量标准化达标规划：周源山煤矿达国家一级；北平硐等15对矿井达国家二级；其他矿井达国家三级。

2017年1月，股份公司以湘煤股安〔2017〕1号印发《关于做好2017年安全生产工作的决定》，下达2017年安全质量标准化达标规划：周源山煤矿、坦家冲煤矿达国家一级；北平硐等14对矿井达国家二级；其他矿井达国家三级。

2018年1月，股份公司以湘煤股安〔2018〕1号印发《关于做好2018年安全生产工作的决定》，下达2018年安全质量标准化达标规划：周源山煤矿达国家一级；沈家湾等17对矿井达国家二级；其他矿井达国家三级。

2019年1月，股份公司以湘煤股安〔2019〕1号印发《关于做好2019年安全生产工作的决定》，下达2019年安全质量标准化达标规划：周源山煤矿等4对矿井达国家一级；里王庙等23对矿井达国家二级。

2020年2月，股份公司以湘煤股制〔2020〕58号文印发《湖南黑金时代股份有限公司2020年煤矿安全生产标准化达标计划及考核办法》。安全生产标准化总体目标是：所有煤矿要达二级及以上标准并不断巩固提高，其中周源山煤矿、新星煤矿、伍家冲煤矿、龙家山煤矿达一级。

2021年1月，股份公司以（湘煤股制〔2021〕130号）文印发《湖南煤业股份有限公司2021年煤矿安全生产标准化管理体系等级创建管理办法》。2021年安全生产标准化管理体系建设总体目标是：所属29对矿井安全生产标准化管理体系建设全面达二级及以上标准，其中周源山煤矿、新星煤矿达一级。

2022年1月，股份公司以（湘煤股制〔2022〕41号）印发《湖南煤业股份有限公司2022年安全生产标准化建设管理办法》。建设目标：周源山煤矿、新星煤矿达一级，湘东公司、大岭煤矿达二级，其他已经取得二级标准化等级矿井持续巩固提升。

三、质量标准

股份公司执行国家煤矿安全监察局《煤矿安全质量标准化考核评级办法（试行）》和《煤矿安全质量标准化基本要求及评分方法（试行）》（煤安监行管〔2013〕1号）。执行湖南省煤炭管理局《关于印发湖南省煤炭安全质量标准化考核评级实施细则（试行）的通知》（湘煤基管〔2015〕32号）和《湖南黑金时代股份有限公司矿井安全质量标准化管理规定》（湘煤股安〔2015〕138号）等文件。

2017年，国家煤矿安全监察局以煤安监行管〔2017〕5号文颁布了新的《煤矿安全生产标准化考核定级办法（试行）》和《煤矿安全生产标准化基本要求及评分方法（试行）》，股份公司按照新标准下发了《关于大力推进煤矿安全生产标准化工作的通知》（湘煤股安函〔2017〕147号）。

2020年7月，国家矿山安全监察局制定的《煤矿安全生产标准化管理体系及评分办法（试行）》（以下简称“管理体系”）正式发布实施后，煤矿安全生产标准化管理体系等级分为一级、二级、三级3个等级，对应达到的要求为：

一级：煤矿安全生产标准化管理体系考核加权得分及各部分得分均不低于90分，且不存在以下问题：井下单班作业人数超过有关限员规定；发生生产安全死亡事故，自事故发生之日起，一般事故未满1年，较大及重大事故未满2年，特别重大事故未满3年；一级检查考核未通过，自考核定级部门检查之日起未满1年；因管理滑坡或存在重大事故隐患且组织生产被降级或撤销等级未满1年；被列入安全生产“黑名单”或在安全生产联合惩戒期内；井下违规使用劳务派遣工。

二级：煤矿安全生产标准化管理体系考核加权得分及各部分得分均不低于80分，且不存在以下问题：井下单班作业人数超过有关限员规定；发生生产安全死亡事故，自事故发生之日起，一般事故未满半年，较大及重大事故未满1年，特别重大事故未满3年；存在重大事故隐患且组织生产被撤销等级未满半年；被列入安全生产“黑名单”或在安全生产联合惩戒期内。

三级：煤矿安全生产标准化管理体系考核加权得分及各部分得分均不低于70分。

四、考核

股份公司对安全生产标准化管理体系建设工作严格考核。

（一）规定内容的考核

（1）原煤公司没有按规定每月开展自检的，罚款10000元/次。

（2）管理局没有按规定开展季度检查的，罚款5000元/次。

（3）原煤公司未按时向管理局报送月度自检总结材料，管理局未按时向股份公司生产技术部报送季度检查总结材料，罚款3000元/次。

（二）达标等级考核

（1）因政府部门检查发现重大安全隐患或不具备原有标准化水平，导致降级或撤销等级，降级或撤销等级期间取消原煤公司领导月度安全奖励，发现重大安全隐患，取消矿区安全生产管理局月度安全奖励，由生产技术部提供考核意见，安全通风部负责考核。

（2）二级标准化有效期到期，矿井没有通过省应急厅延期现场考核，罚原煤公司领导班子20万元/矿。

（3）新创安全生产标准化一级矿井，奖励原煤公司20万元。

（4）股份公司半年度动态达标抽查中发现煤矿不具备原有标准化等级，取消原煤公司领导当月安全奖励，由生产技术部提供考核意见，安全通风部负责考核。

（5）矿区安全生产管理局根据日常检查及季度标准化检查情况，每季度对辖区煤矿安全生产标准化进行考核评比排名，排出前三名及后三名。股份公司汇总矿区安全生产管理局季度评比结果，运用逢检必查及半年度动态达标抽查成果，每年进行一次综合考核评定，评选三个标准化先进煤矿进行奖励，分别奖励10万元、8万元、6万元。股份公司相关部门、管理局根据标准化建设成果进行适当奖励。对倒数第一名、第二名、第三名的煤矿进行处罚，分别处罚原煤公司领导班子5万元、4万元、3万元，并在年度考核中兑现。

五、质量标准化活动及成果

（一）质量标准化活动

2008年，集团公司先后组织召开了“资兴现场会”“白沙现场会”。在召开资兴现场会的同时，举办了强化质量标准化和班组建设培训班，组织开展到外单位参观学习、取经等活动；“白沙现场会”上先进单位介绍经验，与会人员参观达标现场，对先进单位实行表彰奖励。

2009年，岩巷光爆锚喷支护在全集团得到逐步推广。原白沙矿区岩巷掘进质量整体较好；资兴矿区、长沙公司、辰溪公司等实现了零的突破，岩巷掘进质量明显提高。新星、前进、坦家冲、磨田、土朱等矿井光爆锚喷巷道工程质量全部达到优良品。湘永公司铜角湾煤矿、长沙公司、周源山煤矿、嘉禾公司、辰溪公司蒋家坪煤矿等岩巷质量有较大提升。

2010年11月，股份公司印发湘煤股安函〔2010〕317号决定，评选表彰一批在矿井质量标准化工作中取得优良成绩的单位和个人。

2011 年，股份公司推进“八化”矿井创建活动（即工程质量精品化、作业牌板统一化、运输大巷示范化、管线吊挂规范化、安全管理制度化、安全监控信息化、现场环境整洁化和安全文化人本化），加快质量标准化矿井建设。同年，股份公司开展煤矿（矿井）安全质量标准化达标大会战，按照“矿井标准化、管理精细化、采掘机械化、公司集团化、矿区园林化”的要求，确保所属煤矿（矿井）全部达到三级以上，并建设一批一级安全质量标准化煤矿（矿井）。

2012 年，股份公司逐步深化矿井安全质量标准化建设。把安全质量标准化作为实现管理强矿的一项重要基础工作来抓，坚决淘汰国家明令禁止使用的设备、材料、工艺和落后的支护方式，推行壁式开采、机械化开采和井巷锚喷支护等先进适用技术，建设了一大批安全质量标准化文明硐室、标准大巷、精品机房、放心工程。

2013 年，股份公司所属矿井有 17 对达一级安全质量标准化，创集团公司成立以来最高水平。

2014 年，股份公司按国家煤矿安全监察局颁发的《煤矿安全质量标准化考核评级办法（试行）》和《煤矿安全质量标准化基本要求》，修订《湖南黑金时代股份有限公司矿井安全质量标准化管理规定》，层层落实安全质量标准化各项任务。推行主提升、主通风、主排水系统自动化，安全管理信息化。全年共采购采掘机械化设备 2 亿多元，建成综采工作面 8 个（省内 5 个），高档普采工作面 11 个，综掘作业线 10 条（其中岩巷 2 条），钻装作业线 8 条。全公司（含贵州湘能公司）采煤机械化率 29.8%，掘进机械化率 3.7%，掘进机装率 95%。与集团公司成立时相比，采煤机械化率提高了 50% 以上，掘进机装率提高了 25%。通过努力探索，在薄煤层高档普采和综采有了突破，相继在兴源伍家冲煤矿、红卫的沈家湾煤矿和坦家冲煤矿推广了极薄煤层采煤机械化项目，是年，在周源山煤矿成功推广了薄煤层综采项目。

2015 年，股份公司推进“四大三基”工作。开展安全大宣传、大培训、大检查、大整治活动。抓基层、基础和基本功建设。把安全管理的重心放在区队、班组和现场，从根本上消除人为安全隐患，把安全管理的核心放在基础建设上，提高机械化水平，持续推进安全质量标准化、煤矿自动化和信息化建设，打牢安全生产根基。

2017 年 7 月 1 日起国家试行新的《煤矿安全生产标准化考核定级办法》，股份公司下发《关于大力推进煤矿安全生产标准化工作的通知》（湘煤股安函〔2017〕147 号），组织新标准宣贯培训，培训 48 场次，参培人员 4292 人。是年，在周源山、坦家冲和一平硐召开安全生产标准化现场推进会。此后，股份公司煤矿标准化考核按国家标准执行。

2018 年 9 月 24 日，周源山矿业公司通过湖南省煤炭工业管理局国家一级标准化矿井达标验收，由湖南省煤炭工业管理局授牌。10 月 12 日，股份公司在马田矿业公司新星煤矿召开了安全生产标准化推进会。

2019 年 9 月 26 日，股份公司在红卫龙家山煤矿召开安全生产标准化推进工作会，动员各单位扎实推进煤矿安全生产标准化建设，采取务实措施，不断夯实安全基础，全面完成年初定下的安全生产标准化创建目标，为股份公司实现长治久安、长足发展提供坚实的安全保障。

2020 年 9 月 25 日，股份公司在金竹山矿业公司一平硐煤矿召开安全生产标准化现场会。

2021 年 11 月 16 日，股份公司在黄牛岭矿业公司召开安全生产标准化现场会。会议表彰了安全生产标准化先进单位 3 个，安全生产标准化先进个人 82 名。

2022 年 9 月 28 日，股份公司在南阳公司前进煤矿召开安全生产标准化现场会，会议表彰了安全生产标准化先进单位 3 个，安全生产标准化先进个人 84 名。

同年，股份公司立足安全生产标准化建设全面进入动态达标新阶段，从 10 月下旬开始，对安全生产标准化开展动态抽查。

（二）活动成果

2007 年，6 对煤矿（矿井）达省一级安全质量标准化等级。集团公司决定授予资兴矿区安全生产管理局等 8 个单位为 2007 年度安全生产先进单位；授予斗米山煤矿等 26 个集体为安全生产先进集体。

2008 年，10 对煤矿（矿井）达省一级安全质量标准化等级。集团公司决定授予白沙能源股份公司等6个单位为安全生产先进单位；授予白沙矿区安全生产管理局等35个集体为安全生产先进集体。

2009年，15对煤矿（矿井）达省一级安全质量标准化等级。股份公司决定授予牛马司矿业公司等4个单位为安全生产红旗单位；授予白沙矿区安全生产管理局等10个矿井为安全生产先进集体。

2010年，12对煤矿（矿井）达省一级安全质量标准化等级。股份公司表彰了周源山煤矿综掘队等19个红旗连队、周源山煤矿采二队采煤二班等30个明星班组以及马雪根等19名“优秀队长”、邹云清等30名模范“班组长”。

2011年，15对煤矿（矿井）达省一级安全质量标准化等级。股份公司决定授予周源山煤矿等9个单位为安全生产先进单位；沈家湾煤矿等25个集体为安全生产先进集体。

2012年，17对煤矿（矿井）达省一级安全质量标准化等级。股份公司决定授予宝源等6个单位为安全生产红旗单位；涟邵管理局等7个单位为安全生产先进单位；沈家湾等28个煤矿为安全生产先进集体。

2013年，17对煤矿（矿井）达省一级安全质量标准化等级。股份公司决定授予南阳矿业公司等5个单位为安全生产红旗单位；周源山煤矿等5个单位为安全生产先进单位；坦家冲煤矿等32个矿井为安全生产先进集体。

2014年，周源山煤矿达省一级安全质量标准化等级。股份公司决定授予贵州湘能公司、兴源矿业公司、湘永矿业公司等3个单位为安全生产红旗单位；白沙矿区安全生产管理局等30个矿井（区）为安全生产先进集体。

2015年，周源山煤矿达省一级安全质量标准化矿井。股份公司决定授予红卫矿业公司、马田矿业公司、牛马司矿业公司等3个单位为安全生产红旗单位；资兴管理局等21个矿井（区）为安全生产先进集体。

2016年，股份公司评选出安全生产红旗单位湘永矿业公司；安全生产先进集团15个，分别是周家坳煤矿、新星煤矿、坦家冲煤矿、里王庙煤矿、龙家山煤矿、龙塘煤矿、白山坪煤矿、磨田煤矿、前进煤矿、伍家冲煤矿、铜角湾煤矿、安陵煤矿、塘冲煤矿、一平硐煤矿、土朱煤矿。

2017年，股份公司评选出安全生产红旗单位7个，分别是湘永矿业公司、街洞矿业公司、金竹山矿业公司、红卫矿业公司、南阳矿业公司、白山坪矿业公司、祥和矿业公司；安全生产先进单位8个，分别是白沙矿区安全生产管理局、资兴矿区安全生产管理局、兴源矿业公司、嘉禾矿业公司、马田矿业公司、宝源矿业公司、周源山矿业公司、牛马司矿业公司；安全生产红旗煤矿21个，分别是周源山矿业分公司回采工区、南平硐煤矿、沈家湾煤矿、坦家冲煤矿、里王庙煤矿、龙家山煤矿、龙塘煤矿、白山坪煤矿、磨田煤矿、前进煤矿、觉光寺煤矿、伍家冲煤矿、新星煤矿、铜角湾煤矿、淝江煤矿、茶山岭煤矿、安陵煤矿、塘冲煤矿、一平硐煤矿、土朱煤矿、水井头煤矿。

2018年，一级矿井1对，二级矿井18对，其余矿井达三级。股份公司评选出安全生产红旗单位5个，分别是兴源矿业公司、宝源矿业公司、湘永矿业公司、街洞矿业公司、金竹山矿业公司；安全生产先进单位11个，分别是涟邵矿区安全生产管理局、白沙矿区安全生产管理局、资兴矿区安全生产管理局、周源山矿业公司、红卫矿业公司、南阳矿业公司、白山坪矿业公司、嘉禾矿业公司、马田矿业公司、牛马司矿业公司、黄牛岭矿业公司；安全生产红旗煤矿15个，分别是淝江煤矿、南平硐煤矿、北平硐煤矿、茶山岭煤矿、里王庙煤矿、安陵煤矿、觉光寺煤矿、周家坳煤矿、伍家冲煤矿、新星煤矿、铜角湾煤矿、塘冲煤矿、一平硐煤矿、土朱煤矿、铁箕山煤矿。

2019年，全部矿井达二级。股份公司评选出安全生产红旗单位7个，分别是周源山矿业分公司、马田矿业公司、嘉禾矿业公司、黄牛岭矿业公司、红卫矿业公司、兴源矿业公司、金竹山矿业公司；安全生产先进单位8个，分别是涟邵矿区安全生产管理局、白沙矿区安全生产管理局、资兴矿区安全生产管理局、南阳矿业公司、牛马司矿业公司、宝源矿业公司、街洞矿业公司、湘永矿业公司；安全生产红旗煤矿20个，分别是周源山矿业分公司生产工区、南平硐煤矿、沈家湾煤矿、坦家冲煤矿、里王庙煤矿、龙家山煤矿、龙塘煤矿、磨田煤矿、觉光寺煤矿、周家坳煤矿、伍家冲煤矿、高泉塘煤矿、新星煤矿、铜角湾煤矿、塘冲煤矿、嘉禾公司浦西井、黄牛岭煤矿、一平硐煤矿、土朱煤矿、铁箕山煤矿。

2020年，集团公司所属27对矿井达到三级及以上安全生产标准化矿井，其中周源山煤矿达一级安全生产标准化矿井，龙家山等24对矿井达二级安全生产标准化矿井。股份公司评选出安全生产红旗单位6个，分别是兴源矿业公司、红卫矿业公司、马田矿业公司、嘉禾矿业公司、黄牛岭矿业公司、湘永矿业公司；安全生产先进单位8个，分别是白沙矿区安全生产管理局、资兴矿区安全生产管理局、周源山矿业分公司、宝源矿业公司、街洞矿业公司、南阳矿业公司、白山坪矿业公司、金竹山矿业公司；安全生产红旗煤矿17个，分别是沈家湾煤矿、坦家冲煤矿、里王庙煤矿、龙家山煤矿、龙塘煤矿、白山坪煤矿、觉光寺煤矿、周家坳煤矿、伍家冲煤矿、高泉塘煤矿、新星煤矿、铜角湾煤矿、安陵煤矿、嘉禾公司浦西井、黄牛岭煤矿、一平硐煤矿、土朱煤矿。

2021年，股份公司所属29对矿井，其中27对正常生产矿井确定为二级标准化煤矿的25对。股份公司评选出安全生产红旗单位9个，分别是涟邵矿区安全生产管理局、金竹山矿业公司、牛马司矿业公司、周源山矿业分公司、嘉禾矿业公司、黄牛岭矿业公司、湘永矿业公司、街洞矿业公司、湘东矿业公司；安全生产先进单位8个，分别是资兴矿区安全生产管理局、白沙矿区安全生产管理局、宝源矿业公司、马田矿业公司、白山坪矿业公司、红卫矿业公司、兴源矿业公司、南阳矿业公司；安全生产红旗煤矿21个，分别是周源山矿业分公司回采工区、铜角湾煤矿、茶山岭煤矿、塘冲煤矿、一平硐煤矿、土朱煤矿、水井头煤矿、铁箕山煤矿、湘东煤矿、北平硐煤矿、高泉塘煤矿、安陵煤矿、嘉禾浦西井、黄牛岭煤矿、沈家湾煤矿、坦家冲煤矿、龙家山煤矿、龙塘煤矿、磨田煤矿、觉光寺煤矿、伍家冲煤矿。

2022年，27对生产矿井达到二级标准，周源山获评一级安全生产标准化矿井，新投产的湘东、大岭两矿达三级。股份公司评选出安全生产红旗单位7个，分别是牛马司矿业公司、湘东矿业公司、嘉禾矿业公司、黄牛岭矿业公司、宝源矿业公司、马田矿业公司、南阳矿业公司；安全生产先进单位11个，分别是涟邵矿区安全生产管理局、资兴矿区安全生产管理局、白沙矿区安全生产管理局、金竹山矿业公司、周源山矿业分公司、湘永矿业公司、街洞矿业公司、白山坪矿业公司、红卫矿业公司、兴源矿业公司、大岭矿业公司；安全生产红旗煤矿20个，分别是塘冲煤矿、一平硐煤矿、水井头煤矿、铁箕山煤矿、湘东煤矿、北平硐煤矿、南平硐煤矿、高泉塘煤矿、新星煤矿、安陵煤矿、嘉禾公司浦西井、黄牛岭煤矿、里王庙煤矿、龙家山煤矿、龙塘煤矿、白山坪煤矿、前进煤矿、淝江煤矿、觉光寺煤矿、伍家冲煤矿。

第五节 安全教育培训

一、宣传教育

2006年起，集团公司制定安全教育和培训制度，内容包括《关于开展“安全生产月”活动的通知》《湖南省煤业集团有限公司安全警示日及安全警示教育日活动制度》《湖南黑金时代有限公司安全警示日及安全警示教育活动实施办法》《关于开展安全生产宣传教育“三个一”活动的通知》《生命重于泰山——学习习近平总书记关于安全生产重要论述》等，建立安全宣传教育长效机制，增强安全教育的针对性和实效性，员工安全宣传教育形成制度化、规范化、常态化。

2006年初，集团公司安全形势严峻。4月29日，廖建湘在安全生产工作会上作《认清形势，树立信心，落实责任 切实做好安全生产工作实现全年安全目标》讲话，提出严格务实抓安全。集团公司先后开展以“为企业创造良好安全生产环境，提高职工安全生产意识”“遵章守纪，杜绝三违”“勿忘安全，珍惜生命”“不伤害自己，不伤害他人，不被他人伤害”“落实安全规章制度，强化安全防范意识”为主题的安全生产周活动，开展安全宣传教育，普及安全知识，营造安全氛围，增强职工的安全意识。

2007年，根据中共中央宣传部、国家安全生产监督管理总局、公安部、国家广播电影电视总局、中华全国总工会、共青团中央《关于开展2007年全国安全生产月活动的通知》及省国资委《关于开展2007年安全生产月活动的通知》，集团公司下发《关于认真组织开展2007年安全生产月活动的通知》，制定了《安全生产月活动计划》。原煤公司及各矿井以“综合治理、保障平安”为主题，充分运用电视、黑板报、宣传栏、文化橱窗、广播站等阵地，采取专题节目、文艺演出、演讲、安全知识和技能竞赛等多种形式，以宣传安全生产法律、法规、条例和煤矿安全生产知识为重点，开展安全生产宣传教育活动，强化员工的安全意识，提高员工自主保安能力。《湘煤集团报》开辟“安全生产月”活动专栏；各矿区电视台开设了安全生产月专题节目；认真组织参加安全生产宣传咨询日活动。同年6月10日，按照全国安全生产月活动组委会的统一部署，全省开展咨询日活动。集团公司所属各单位在参加当地政府、安监部门举行的咨询日活动的同时，还在各矿区面向广大员工家属开展安全生产宣传咨询活动，让安全生产知识走进千家万户，让“安全发展”科学理念深入人心。在安全生产月活动期间，各单位组织全面安全生产大检查，加大安全隐患的整改落实力度；深入开展安全文化下矿区活动，积极推进矿区安全文化建设；从实际出发，认真总结推广煤矿企业安全文化建设的好经验、好做法，注重引导和规范基层安全文化活动，推动矿区安全文化建设，努力创建平安湘煤，构建和谐矿区；组织优秀安全文化作品，到井口和家属区进行展播和展示，将煤矿安全知识和先进安全文化理念等送到职工群众手中，深入矿区人心。同年，集团公司组织11人参加“煤矿企业水灾害预防及应急系统构建”专题宣讲培训；承办了由湖南省总工会和省安全生产监督管理局联合举办的省重点企业“安康杯”竞赛仪式。

2008年4月1日，湖南省重点企业“安康杯”竞赛总结表彰大会在长沙召开，集团公司荣获“优秀组织单位”称号，周源山煤矿、白山坪、湘永矿业公司获“优胜企业”称号。同年，公司开展了以“治理隐患，防范事故”为主题的“安全生产月”活动。

2009年3月31日金竹山矿业公司土朱矿发生较大瓦斯爆炸事故。为吸取事故教训，做到警钟长鸣，提高全员安全意识，集团公司特将以后每年的3月31日定为公司安全警示日，每月的18日定为各矿业公司安全警示教育日，并下发《关于印发〈湖南省煤业集团有限公司安全警示日及安全警示教育日活动制度〉的通知》，正式以文件形式加以规定。同年5月15日，集团公司下发了《关于开展“安全警示教育日”活动的通知》。6月，集团公司参与省“安全生产月三湘行”活动出发仪式，以“关爱生命，安全发展”为主题开展“安全生产月”活动。6月14日为安全咨询活动日，集团公司参与长沙市组织的宣讲活动，设立展台、咨询台和宣传标语，发放宣传品等。各级各单位配合全省统一活动，结合本单位“安全生产月”活动和“安全警示教育日”活动，开展安全咨询、安全学习和安全警示等活动；将“安全生产月”活动与“安全隐患集中整治行动”紧密结合起来，大力开展隐患排查治理工作；各级各单位组织开展安全检查、专项督查、危险源评估等活动，对查出的隐患按照“五落实”的要求，积极进行整改；开展以“安全稳定”为主题向集团公司“成立三周年庆典”献礼活动；开辟宣传媒体“安全生产月”活动专题、专栏，大张声势营造浓厚氛围，《湘煤集团报》《湘煤集团网》、各单位的内部有线电视网络和内部刊物、广播站、黑板报、局域网等媒体开辟了安全生产专栏和专题节目，集中报道“安全生产月”期间的相关活动。同年，湖南省安全生产监督管理局、湖南煤矿安全监察局、湖南省煤炭工业局联合下发《关于继续组织煤矿观看〈煤矿瓦斯爆炸事故的防治〉和〈煤矿透水事故的防治〉两部电影科教片的通知》。集团公司按照要求统一部署，安排各原煤公司于6月22日—8月22日组织全体原煤生产人员（含工程技术和管理人员）进行观看，全集团公司共播映58场，观看人数29285人次。

2010年，湖南省安全生产监督管理局、湖南煤矿安全监察局、湖南省煤炭工业局联合下发《关于在全省煤矿组织观看〈煤矿火灾事故的预防〉六部电影科教片的通知》（湘安监综函〔2009〕106号），集团公司按要求组织原煤公司播映72场，观看人数35932人次。3月6日，以国家安监总局副司长孙广宇为组长的国务院安委办督导调研组到周源山煤矿检查指导工作，督导落实国务院安全电话会议精神和国务院安全办公会议精神，继续深入开展“安全生产年”活动和确保两会期间安全稳定，对煤矿安全工作存在的问题进行调研并提出解决办法。集团公司将“安全生产年”活动与“安全生产月”活动紧密结合，围绕不同主题，面向职工、面向基层，采取群众喜闻乐见、易于参与的安全宣传教育活动。3月11日，股份公司印发《关于认真组织开展“安全警示教育日”系列活动的通知》，此次活动时间为2010年3月18—31日，其中31日为主题活动日。辰溪矿业公司为牢记安全警示，做到警钟长鸣，3月18日举行了警钟撞击仪式并组织集体安全宣誓；周源山煤矿在309米长的－370米东配巷打造了一条“安全文化巷”。

2011年股份公司以“安全责任、重在落实”为主题，积极参与宣传月启动仪式，开展安全生产咨询日和“三个一”活动，即看一部安全知识电影，听一次安全知识专家讲座，发一本安全知识手册。开展“应急预案演练周”“严重三违互动式警示教育”“手机安全短信平台”“安全宣传警示教育日”等活动。

2012年，集团公司以“科学发展、安全发展”为主题，广泛宣传开展“安全生产月”活动的意义、目的和措施。在各矿区面向广大员工家属开展安全生产宣传咨询活动，让安全生产知识走进千家万户，让“安全发展”科学理念深入人心。安全生产月活动期间，各单位组织全面安全生产大检查，加大安全隐患的整改落实力度；深入开展安全文化下矿区活动，积极推进矿区安全文化建设；从实际出发，认真总结推广一些煤矿企业安全文化建设的好经验、好做法，注重引导和规范基层安全文化活动，推动矿区安全文化建设，努力创建平安湘煤，构建和谐矿区；组织优秀安全文化产品，到井口和家属区进行展播和展示，将煤矿安全知识和先进安全文化理念等送到职工群众手中，深入矿区人心。期间，集团公司还组织开展安全文化周活动，开展听一堂安全生产课、看一场安全生产宣教片、组织一次安全生产座谈、读一本安全生产知识手册、办一期安全生产宣传专栏、组织一次安全隐患排查的“六个一”活动。

2013年，股份公司以深化安全生产年活动、推动实施安全发展战略为主线，以强化安全基础，推动安全发展为主题，坚持“三贴近”（贴近实际、贴近生活、贴近群众），“三面向”（面向基层、面向企业、面向职工），通过集中开展一系列安全生产宣传教育活动，宣传党和国家关于加强安全生产的重大决策部署。各原煤公司利用手机短信平台选取一批短小精悍、通俗易懂、知识性强的安全生产短信进行集中播发，营造人人关注安全、关爱生命的氛围。

2014年，集团公司以宣传贯彻习近平总书记关于安全生产工作的系列重要讲话精神、大力实施安全发展战略为主线，以“强化红线意识、促进安全发展”为主题，创新形式、注重实效。通过开展专题宣讲、知识竞赛、演讲比赛、应急演练、专题活动、安全培训等多种形式的活动，使“安全生产月”活动开展得有声有色，不走过场。各原煤公司结合实际制订活动方案，组织开展各项活动。矿区管理局对原煤公司开展情况现场指导，并有检查和考核。确保了活动有影响、有亮点、有特色、有实效。是年3月20日，国家安监总局副局长、国家煤监局局长付建华在白沙安全生产管理局主持“千名干部与万名矿长谈心对话”活动。集团公司领导及白沙矿区安全生产管理局、红卫、南阳、兴源、白山坪矿业公司主要负责人、各煤矿矿长参加了“谈心对话”会。

同年，股份公司开展学习贯彻《煤矿矿长保护矿工生命安全七条规定》《煤矿安全生产“七大攻坚举措”》《国务院办公厅关于进一步加强煤矿安全生产工作的意见》。公司还决定建立与煤矿矿长对话的机制，计划从2014年3月起，用半年的时间，公司领导与下属所有煤矿矿长进行面对面谈心对话，听取矿长对安全管理的意见、建议。同时采取有效措施，对矿长进行安全生产法律法规、管理技能学习培训，提高政策水平，提升管理能力。

同年11月8日，国家安全生产监督管理总局重点地区煤矿安全督导第一巡视组莅临辰溪矿业公司督导巡视安全工作。巡视组对全国50个煤矿安全重点县落实《煤矿矿长保护矿工生命安全七条规定》和国务院《关于强化煤矿安全生产工作的意见》中所规定的“七大攻坚举措”（“5077”攻坚战）开展情况进行督导巡视。对辰溪矿业公司“5077”攻坚战落实情况给予充分肯定，同时分别就抓好顶板管理和水害治理、职工培训教育、关闭退出矿井设备回收的安全等问题提出希望和要求。

2015年2月6日，集团公司召开了2015年安全生产工作会议。2月7日，湖南省副省长率领省煤炭管理局、省安监局和省政府办公厅等部门到集团公司检查指导安全生产工作。2月8日，由湖南煤监局、集团公司主办，周源山煤矿承办的中国煤矿文工团“祝你平安”安全宣传晚会上演。湖南煤矿安全监察局局长、副局长，集团公司主要领导以及郴州煤监局、资兴市委、市政府等有关领导和来自矿区的千余名矿工及家属观看了演出。4月15日，原国家安全生产监督管理局局长张宝明率领“千名干部与万名矿长谈心对话活动”调研组来到了被称为“江南一枝花”的周源山煤矿，开展谈心、对话、指导工作。

2015年6—7月集团公司以“坚守红线、从严执法”为主题，强化安全文化理念宣传，深化事故案例警示教育，促进安全生产各项规章制度措施落实，为股份公司安全发展提供思想保证、精神动力和舆论支持。各原煤公司采取发放学习资料、举办专题讲座、集中学习、讨论交流、集中解读等形式活动，深入学习贯彻习近平总书记关于安全生产重要讲话精神，提高各级管理人员和广大员工的安全意识和安全觉悟。矿区安全生产管理局和原煤公司领导分片联责到矿井设宣传咨询点，面向员工家属集中宣传“坚守红线意识”的深刻内涵，引导干部员工认清越过“红线”对父母妻儿是伤害，对自己是不负责任，对企业是损失。

2016年，集团公司展开了“大排查、大管控、大整治”专项行动，为构建“和谐、廉洁、高效”湘煤打好坚实基础。同时公司以“强化安全发展理念，提升全民安全素质”为主题开展了“安全生产活动月”活动，活动重点突出了提升各级干部的安全理念，提高员工安全素质。9月10日，集团获评“安全生产月”活动先进单位。

2017年，集团公司认真开展了以“全面落实企业安全生产责任制”为主题的“安全生产月活动”。期间开展了“安全生产标准化宣贯”“安全体检隐患整改竞赛”“企业主要领导人安全生产述职”等系列活动。活动期间，发放宣传资料7909份，接受职工群众咨询3428人次，签订零伤害承诺书13656份，3661人参加了应急演练。同年，公司针对新版《煤矿安全生产标准化考核定级办法（实行）》和《煤矿安全生产标准化基本要求及评分方法（试行）》将于7月1日起施行，积极开展新标准的宣贯培训。集团公司共举办三期培训班，管理局、原煤公司举办48场次培训，参培人员4292人次。

2018年，集团公司为丰富以“生命至上、安全发展”为主题的第十七个“安全生产月”活动的内容，还开展了以安全发展为主题的“六个一”宣讲活动、“6·18”安全宣传咨询日活动、应急救援演练活动、事故及灾害警示教育活动、煤炭企业“十项攻坚”活动的一系列子活动，集团公司上下营造了浓厚的安全生产氛围。集团公司党委书记、董事长廖建湘6月14日到红卫公司坦家冲煤矿进行活动督导。

2019年，以宣传“防风险、除隐患、遏事故”为主题，集团及下属单位张贴安全类标语17865幅，出安全专栏、专刊、墙报2305个，领导集中宣讲67场次，电子显示屏和有线广播宣传472次，出动宣传车宣传队88场次。

2020年，集团公司制定并下发了《湖南省煤业集团有限公司2020年“安全生产月”活动方案》（湘煤集安〔2020〕221号）文件，以增强全员安全意识，提高全员安全素质为重点，以“消除事故隐患，筑牢安全防线”为主题，组织开展了第19个“安全生产月”活动及“关注消防、生命至上”为主题的“119消防宣传月”活动；同时组织参与了“落实全员安全责任、促进集团公司安全发展”为主题的“安康杯”竞赛活动。11173人参加全国“安全生产月”知识竞赛，设置现场咨询台80个，发放宣传资料10586份；组织安全生产应急救援演练活动69场，参加演练3574人，组织开展“安康杯”竞赛活动35场，参加人数达2539人，组织观看安全警示教育片102场次，参加人数12159人。提高了全员安全意识，营造了浓厚的安全生产氛围。10月27日，中华人民共和国应急管理部、司法部、全国普法办联合举办的“推进应急普法，增强法治意识”为主题的第二届全国应急管理普法知识竞赛中，集团因为组织有力、参赛成绩优异，受到省应急管理厅和省司法厅的通报表扬。集团公司被评为“优秀组织单位”，牛马司公司水井头煤矿通风科防突技术员曾辉被评为“优秀个人”。

2021年“安全生产月”活动的主题是“落实安全责任，推动安全发展”，公司要求全体员工重温安全生产责任制，明确岗位安全责任；尤其是各级领导一定要把三个首要落实到行动上、思想上。党委书记、董事长廖建湘主持党委理论学习中心组专题学习习近平总书记关于安全生产重要论述2次。所属各单位各党委中心组组织学习76次，“学法规、抓落实、强管理”等安全生产培训班学习86场次，学习人数6470人次。

2022年，集团公司在开展“安全生产月”活动中，严格要求各级领导必须“遵守安全生产法，当好第一责任人”，落实“第一责任人”的责任。活动期间，集团公司党委书记、董事长廖建湘以“当好第一责任人、建好平安湘煤”为题，给全体干部员工上了一堂思想深刻的安全生产公开课。是年，集团公司主要领导带头，总部及所属各单位共组织154场共14025人次参加观看了《生命重于泰山——学习习近平总书记关于安全生产的重要论述》《湖南省安全生产警示教育片》《消防安全知识教育片》。集团公司各单位宣传学习新修订的《湖南省安全生产条例》，12371人次参与学习。

二、安全培训

2006年，集团公司建立健全内部四级员工培训体系，由集团公司人力资源部（培训处）负责组织管理，湘煤大学、矿区培训中心、原煤公司和矿井四级培训机构，负责实施安全培训。各矿区安全培训中心由矿区集团管理，职工安全培训由人力资源部（教育培训中心）负责安排培训计划，由各矿区安全培训中心定期代培，并制定培训制度，开展全员安全培训。集团公司印发《湖南省煤业集团有限公司员工教育培训管理制度》，明确了各级培训机构及工作职责。股份公司出台《安全生产培训管理办法》《湖南省煤业集团有限公司员工培训教考分离管理办法》。集团公司相继修订出台《湖南省煤业集团有限公司员工教育培训管理办法》《湖南省煤业集团有限公司职业技能鉴定管理办法》《湖南省煤业集团有限公司联合培养生管理办法》《矿区培训中心管理体制改革方案》《湖南省煤业集团有限公司培训考核管理办法》《湖南省煤业集团有限公司内部培训费结算核拨流程规定》《湖南省煤业集团有限公司安全培训工作实施意见》《湖南省煤业集团有限公司优秀毕业生员工考核管理办法》《湖南省煤业集团员工培训管理暂行办法》《湖南省煤业集团员工教育培训经费管理暂行办法》《湖南省煤业集团关于提高教育培训经费计提比例的通知》《湖南省煤业集团有限公司员工教育培训管理办法》等安全培训管理制度，不断规范职工教育培训工作。各直属培训机构也相应出台培训管理实施细则，每年投入大量人力、物力和财力开展职工安全培训工作。办法规定培训工作实行“统一规划、归口管理、分级实施、分类指导、教考分离”的原则，还对培训工作所需要的条件、经费等作出要求。到2008年，各矿区安全培训中心由各实业公司负责管理。

2006—2007年，集团公司建立健全不同层次的人才培养教育体系，建立企业专业技术和管理队伍培养基地、推广应用基地、继续教育和学术交流基地。共培训煤矿企业主要负责人123人次、煤矿企业安全生产管理人员2303人次、煤矿特种作业人员708人次、煤矿从业人员77997人次。

2008年8月，各单位职工教育培训经费一律按企业（单位）工资总额的1.5%～2%，按月计提，并严格按集团公司《职工教育培训经费管理暂行办法》管理，确保职工教育培训经费支出（表4－1－4）。是年，集团公司共培训煤矿企业主要负责人73人次、煤矿企业安全生产管理人员1295人次、煤矿特种作业人员438人次、煤矿从业人员44089人次。同年8月，提高教育培训经费计提比例由1.5%提高到2%。

2009年，集团公司共培训煤矿企业主要负责人75人次、煤矿企业安全生产管理人员1859人次、煤矿特种作业人员710人次、煤矿从业人员70990人次。同年，共外培和调训瓦斯防治、防治水等各类专业人员239人次。省内50个煤矿有45个煤矿实现安全生产，占矿井总数的90%，创造历史最高水平。

2010年4月1日，湘煤大学成立，当年举办培训班29期，培训各类人员2191人次。同年9月，集团公司进行安全培训体制改革，将涟邵、资兴、白沙三个矿区安全培训中心分别划归三个矿区安全生产管理局管理，其名称不变。集团公司人力资源部负责培训工作的指导和督导。同时，各原煤公司成立本级煤矿安全技术培训中心。自此，集团公司三级煤矿安全技术培训机构形成，做到安全培训经费、精力、师资、阵地“四个保证”。

2010 年 11 月，集团公司共培训煤矿企业主要负责人 76 人次、煤矿企业安全生产管理人员 1935 人次、煤矿特种作业人员 860 人次、煤矿从业人员 85313 人次。同年，举办了领导干部安全生产知识和法规专题培训班。集团公司领导、股份公司领导、总部各部室（公司）负责人，矿区管理局党政主要领导及安全、生产、通风部室主要负责人，原煤公司（含托管）党政主要领导，非煤公司党政主要领导共计 116 人次参加了培训。是年，对集团公司所属各矿区管理局和原煤公司的质量标准化管理人员、集团公司总部安全监管部和生产技术部相关人员进行培训，共计 75 人次参加。

2011 年，集团公司共培训煤矿企业主要负责人 77 人次、煤矿企业安全生产管理人员 2026 人次、煤矿特种作业人员 976 人次、煤矿从业人员 96819 人次。同年，根据湖南省安全生产委员会《转发关于认真贯彻落实国务院〈通知〉精神 切实加强班组长安全培训工作的意见》，组织原煤公司班组长安全培训 5250 人次。是年，集团公司在原有培训设备、设施基础上，追加投入近 100 万元，打造、建设特种作业人员网络考试平台。

2012 年，集团公司共培训煤矿企业主要负责人 79 人次、煤矿企业安全生产管理人员 2019 人次、煤矿特种作业人员 1061 人次、煤矿从业人员 105023 人次。同年 2 月 22 日，在集团公司二楼会议室举行由国家煤矿安全监察局副局长彭建勋主讲的“用哲学观点指导煤矿安全生产”为主题的安全形势报告会。彭建勋强调，各级各部门在抓安全生产过程中，要学会用“辩证唯物主义对立统一观点”指导安全生产，正确处理安全与生产的关系，任何时候、任何情况下，始终把安全摆在第一位置；用“内因是变化依据，外因是变化条件，外因通过内因起作用”的观点，指导企业落实安全生产主体责任；用与时俱进的观点看系统、装备、管理、培训“四并重”；用抓主要矛盾的观点，认真解决煤矿安全生产突出问题；用实践的观点总结好先进典型经验，示范和指导煤矿安全生产工作；用“相对稳定”的观点，指导煤矿应急救援工作。

2013 年，集团公司共培训煤矿企业主要负责人 79 人次、煤矿企业安全生产管理人员 2026 人次、煤矿特种作业人员 11354 人次、煤矿从业人员 112076 人次。同年，集团公司按照湖南省煤矿安全监察局《关于举办中日煤矿安全技术培训班的通知》统一安排，组织矿区管理局总工程师、原煤公司总工程师或安全、生产副总，股份公司安全监管部、生产技术部、总工程师室相关人员 108 人次参加培训。

2014 年，集团公司共培训煤矿企业主要负责人 79 人次、煤矿企业安全生产管理人员 2026 人次、煤矿特种作业人员 11158 人次、煤矿从业人员 113336 人次。同年，集团公司根据国家煤矿安全监察总局办公室《关于举办 50 个煤矿安全重点县煤矿主要负责人培训班的通知》统一安排，组织 5 批共 24 人次参加培训。

2015 年，集团公司共培训煤矿企业主要负责人 65 人次、煤矿企业安全生产管理人员 1205 人次、煤矿特种作业人员 10015 人次、煤矿从业人员 108752 人次。同年，集团公司根据省煤管局《湖南省煤矿安全监测监控系统使用相关人员专题培训工作方案》统一安排，自主组织矿区管理局、原煤公司、矿（井）调度室负责人、调度员和矿（井）安全监控系统值班员、维护人员培训，共计 115 人参加培训。

2016 年湘煤大学举办了 5 期安全生产管理与技术培训，培训 206 人。资兴矿区培训中心培训煤矿主要负责人及安全管理人员 42 人次、矿山救护队员 60 余名；涟邵安全管理局举办电气防爆专题培训，培训 32 人次；白沙培训中心举办 4 期煤矿安全生产管理人员复训班，培训 333 人次，其中 327 人合格。

2017 年公司制订统一培训计划，各级分步实施，对安全管理人员、新工人、特种作业人员、班组长及员工等开展安全培训，做到岗位人员执证上岗率达 100% 。

2018 年，集团公司认真开展所属企业主要负责人安全资格、安全生产管理人员安全资格、特种作业人员、区队班组长培训，共培训 5249

人次，费用支出524.9万元，提高了干部职工素质，营造了良好的安全生产氛围。按照《湖南省打击假冒特种作业操作证专项治理行动实施方案》(湘安办发〔2018〕7号）组织集团公司所属企业进行了特种作业证自查自纠，对自查自纠进行了通报，培训特种作业人员2489人次，全集团公司特种作业人员都持合格证件上岗。

2019年2月13日，集团党委书记、董事长，股份公司董事长廖建湘到湘煤大学调研教育培训工作，强调：守正创新，加强学习型组织建设。本年度集团公司开展安全生产教育培训1699次，92904人次，开展安全消防培训1164次，12291人次。其中主要负责人101人次，安全生产管理人员培训1435人次，特种作业人员安全培训1235人次，区队班组长培训1563人次，职业健康培训14770人次。

2020年，集团公司开展安全教育培训1438场次，培训人员达113082人次；重点以“学法规、抓落实、强管理”活动为抓手，认真组织开展“一规程一规定两细则一体系”的培训，开展《煤矿安全规程》培训120期次，培训19551人次；《湖南省生产经营单位安全生产主体责任规定》培训72期次，培训7028人次；《防治煤与瓦斯突出细则》培训96期次，培训7755人次；《煤矿防治水细则》培训95期次，培训15002人次；《煤矿安全生产标准化体系》培训115期次，培训11452人次，提高了全员安全素质和技能。

2021年，集团公司开展安全教育培训达59067人次。重点抓好了主要负责人、安全生产管理人员、特种作业人员安全资质培训，重点抓好了班队长、基层一线员工的技能培训。同年，集团公司还选送120名学员去湘潭大学进行一年的全脱产学习。

2022年，认真开展安全培训“走过场”专项整治。湘煤培训中心和矿区培训中心都建立了培训人员的培训档案，如实记录了安全生产教育和培训的时间、内容、人员、考试结果；原煤公司、非煤公司建立了员工安全生产教育和培训的档案，如实记录了员工进入单位以来参加培训的时间、地点、内容、考试成绩等。是年，还组织开展了应急救援培训和演练152场次，参加人数达8048人次。

2006—2022年培训经费见表4-1-5。

表4-1-5　2006—2022年度培训经费表

万元

年份	使用费用	年份	使用费用
2006	660	2015	1049.57
2007	854	2016	1022.37
2008	1327	2017	1186.41
2009	1774.52	2018	1143.45
2010	2302	2019	1501.95
2011	2795.22	2020	1392.3
2012	2398.64	2021	1562.77
2013	2246.47	2022	1573.53
2014	1379.33		

第二章　煤矿灾害防治

第一节　瓦斯灾害防治

一、机构与制度

（一）机构队伍

2006年6月，集团公司成立之初，总部设置安全生产技术部，配备了通风瓦斯专业管理人员1人；2009年设置生产技术部，配备通风瓦斯专业管理人员1人；2009年11月，生产技术部通风瓦斯管理人员增加到2人；2011年4月，集团公司设置了总工程师室（瓦斯研究室），专门负责通风瓦斯管理，设置6个岗位，实配通风瓦斯管理人员2人；2013年4月，总工程师室（瓦斯研究室）人员增加到4人，其中2人负责通风瓦斯管理，另外2人负责资源储量管理和采矿许可证管理工作。2017 年，集团公司总部机构改革，在股份公司设立安全通风部（瓦斯研究室），共配置人员 5 人，实配通风瓦斯管理人员 2 人。2021 年 9 月，集团公司依托原湖南煤科院由湖南省政府授牌的湖南瓦斯治理研究中心组建了湖南省瓦斯治理和利用工程研究中心有限公司，着重于实施“中国湖南煤与瓦斯突出防治”科技攻关，并全力打造成为集团公司“科技兴煤先锋　安全生产后盾”的技术工程服务中心，为集团公司瓦斯防治提供强力技术支撑平台。

到 2022 年，股份公司安全通风部（瓦斯研究室）共配人员 7 人，实配通风瓦斯管理人员 3 人。

2010—2022 年，各矿区安全生产管理局设置了专门的通风部，负责各矿区通风瓦斯管理。3 个管理局通风部配备通风瓦斯管理人员共有 6 人，涟邵、资兴、白沙管理局各 2 人。

下属各矿业公司设立了通风瓦斯部或通防部或安全通风部等部门，并配备通风瓦斯管理人员，作为通风瓦斯管理机构。到 2022 年，15 个矿业公司中 11 个矿业公司设置了通风瓦斯部或通风部，专门负责通风瓦斯管理工作，4 个矿业公司设置了安全通风部或生产技术部，配备通风瓦斯管理人员负责通风瓦斯管理工作，各矿业公司通风瓦斯管理机构共配备通风瓦斯管理人员 60 人。

各煤矿设置了通风科，或通风瓦斯科，或通防科，或通风防突科作为矿井通风瓦斯管理机构，配备相关技术人员，煤与瓦斯突出矿井按需配备了防突抽采技术人员，建立了通风队或通风工区，突出矿井还建立防突施工队，配备了通风工、瓦斯检查员、安全监控维修工等工种人员，突出矿井配备了防突施工人员。

截至 2022 年，29 对生产矿井共配备通风瓦斯管理技术人员 107 人，配备通风瓦斯各工种人员共计 1039 人负责矿井通风瓦斯管理工作。

（二）管理制度

2006—2022 年，集团公司先后制定“一通三防”管理制度和有关规定，不断进行修改完善，使“一通三防”管理做到有章可循、有规可依，实现了“一通三防”管理规范化、系统化。2022 年在用的“一通三防”管理制度和有关规定主要有：《煤矿远程安全监控系统使用管理规定》《煤矿瓦斯超限短信报警系统使用管理制度》《煤矿岩巷掘进防误穿突出煤层规定》《煤矿瓦斯抽采达标评判细则》《突出煤层区域消突安全作业红线图管理规定》《煤矿安全监控系统使用管理规定》《煤矿瓦斯浓度预警管理制度》《煤矿瓦斯超限处置处罚制度》《煤矿瓦斯检查工作规定》《突出矿井掘进工作面防突反向风门安装使用与管理规定》《矿井通风机运行监控管理制度》《加强矿井爆破作业瓦斯管理的规定》《煤矿井下盲巷管理制度》《防治煤层自然发火制度》《煤矿通风安全仪器仪表计量检验制度》《防突专题办公会议制度》《防突工作专项检查制度》《加强煤矿瓦斯防治工作规定》等。各矿业公司和煤矿也建立健全了有关通风管理、瓦斯管理、防突管理、防灭火管理、防尘管理、安全监控管理、井下爆破管理等方面的管理制度，突出矿井还建立了防突工作责任制。

二、瓦斯灾害情况

（一）矿井瓦斯等级

2006 年，集团公司成立时在湖南省内有 51 对生产矿井，其中煤与瓦斯突出矿井 18 对，高瓦斯矿井 9 对，低瓦斯矿井 24 对。

2015 年底，集团公司在湖南、贵州、新疆三省共有煤矿 44 对，其中煤与瓦斯突出矿井 21 对，高瓦斯矿井 4 对，低瓦斯矿井 19 对。湖南省内 14 对突出矿井（白沙矿区 6 对、涟邵矿区 5 对、资兴矿区 3 对）。贵州省内 7 对矿井全部为突出矿井，新疆 2 对矿井均为低瓦斯矿井，贵州省内 7 对矿井、新疆 2 对矿井基本停产。

2022 年底，集团公司在湖南省内有煤矿 29 对，其中突出矿井 14 对，高瓦斯矿井 2 对，低瓦斯矿井 13 对。具体详见表 4－2－1。

（二）矿井瓦斯突出

截至 2022 年，根据历史记载，14 对突出矿井共发生突出 1022 次，分别是坦家冲煤矿 498 次、里王庙煤矿 228 次、嘉禾煤矿 102 次、一平硐煤矿 54 次、白山坪煤矿 47 次、龙家山 30 次、土朱 23 次、水井头 20 次、黄牛岭 16 次、觉光寺 4 次，而塘冲、铁箕山、茶山岭、伍家冲 4 对矿井建井以来没有发生过突出。1000 吨及以上的特大型突出共发生 24 次，其中坦家冲煤矿 16 次，里王庙煤矿 6 次，龙家山煤矿 1 次，土朱煤

表4－2－1　2022年度集团公司煤矿瓦斯等级鉴定结果情况表

序号	矿井名称	矿井最低开采标高（米）	矿井瓦斯绝对涌出量（立方米/分）	矿井瓦斯相对涌出量（立方米/吨）	工作面最大瓦斯涌出量		矿井瓦斯等级	上年度矿井瓦斯涌出量		煤尘爆炸性	煤层自燃倾向性
					回采（立方米/分）	掘进（立方米/分）		绝对量（立方米/分）	相对量（立方米/吨）		
1	一平硐煤矿	－180	5.19	14	1.55	0.19	突出	5.46	18.65	无	不易
2	土朱煤矿	－250	8.73	22.72	2.27	0.6	突出	7.93	20.61	无	不易
3	塘冲煤矿	－250	5.55	13.43	1.06	0.28	突出	4.18	10.23	无	不易
4	水井头煤矿	－530	5.17	26.31	2.32	0.91	突出	5.42	32.47	有	自燃
5	铁箕山煤矿	－570	5.43	36.04	1.49	0.51	突出	3.14	25.21	有	自燃
6	湘东公司	－400	1.90	4.52	0.30	0.15	低瓦斯	0.85	3.22	无	不易
7	周源山煤矿	－800	4.65	3.28	0.28	0.03	低瓦斯	5.97	5.05	有	不易
8	南平硐煤矿	－88	1.17	3.05	0.11	0.08	低瓦斯	3.69	6.61	有	不易
9	北平硐煤矿	－550	2.29	3.70	0.29	0.09	低瓦斯	1.64	4.38	有	不易
10	铜角湾煤矿	－700	0.674	2.51	0.581	0.182	低瓦斯	0.85	2.47	无	不易
11	安陵矿煤矿	－340	0.568	5.16	0.279	0.147	低瓦斯	0.63	4.17	无	不易
12	高泉塘煤矿	－150	1.15	3.95	0.26	0.05	低瓦斯	1.03	3.76	无	不易
13	新星煤矿	－480	1.50	2.13	0.25	0.05	低瓦斯	1.54	2.60	无	不易
14	茶山岭煤矿	－400	4.33	11.63	0.44	0.2	突出	4.82	12.62	无	不易
15	浦溪井	－250	15.91	53.66	1.59	0.8	突出	16.01	58.23	无	不易
16	黄牛岭煤矿	－150	9.83	51.78	0.30	0.14	突出	10.20	41.79	无	不易
17	沈家湾煤矿	－400	1.46	7.41	0.54	0.00	高瓦斯	1.43	7.42	无	不易
18	坦家冲煤矿	－150	10.96	47.92	1.75	0.48	突出	9.78	44.97	无	不易
19	里王庙煤矿	－250	5.74	47.38	1.30	0.61	突出	7.66	37.20	无	不易
20	龙家山煤矿	－400	8.33	30.11	1.64	0.14	突出	7.83	29.82	无	不易
21	龙塘煤矿	－400	2.66	15.89	0.60	0.19	高瓦斯	2.57	16.09	无	不易
22	白山坪煤矿	－600	2.63	39.19	0.29	0.09	突出	4.49	47.43	无	不易
23	磨田煤矿	－600	2.26	9.45	0.42	0.14	低瓦斯	2.07	6.88	无	不易
24	觉光寺煤矿	－197	2.65	10.28	0.8	0.41	突出	1.69	9.21	无	不易
25	伍家冲煤矿	－472	2.93	9.34	0.7	0.23	突出	2.96	12.42	无	不易
26	周家坳煤矿	－152	1.40	6.01	0.58	0.17	低瓦斯	1.26	6.25	无	不易
27	淝江煤矿	－400	0.81	6.29	0.13	0.07	低瓦斯	0.68	3.66	无	不易
28	前进煤矿	－300	0.75	3.20	0.1	0.06	低瓦斯	0.63	3.18	无	不易
29	大岭煤矿	－200	0.53	5.81	0.15	0.06	低瓦斯	2.11	6.45	无	不易

矿1次。最大强度突出发生于1972年2月20日，坦家冲煤矿126采区－50米二石门揭煤发生突出，突出强度为4500吨，涌出瓦斯138.2万立方米。

2006—2022年，集团公司各突出矿井共发生突出75次，分别是2006年36次、2007年15次、2008年8次、2009年6次、2010年3次、2011年3次、2012年2次、2014年1次、2018年1次，其他年份2013年、2015—2017年、2019—2022年没有发生突出（表4－2－2）。

表4-2-2 2006—2022年集团公司突出矿井突出情况统计表

矿井名称	突出时间	突出地点	突出类型	突出强度（吨）	突出瓦斯量（立方米）	伤亡人数（人）		
						合计	负伤	死亡
一平硐	2006年10月28日	21~50米西一石门	突出	540	21600	0	0	0
	2007年4月6日	25~50米回风石门	突出	650	14300	7	3	4
	2008年9月2日	21~50米东石门	突出	40	1160	0	0	0
	2008年10月22日	21~50米西一石门	突出	65	1670	0	0	0
	2008年11月8日	21~50米西一石门	压出	47	1240	0	0	0
	2010年8月5日	2158机巷	突出	430	11900	0	0	0
	2011年5月17日	2137工作面	突出	115	4500	17	9	8
土朱	2008年8月6日	21~155米东运巷	突出	81	2430	0	0	0
	2014年3月17日	21~220米中石门	突出	80		10	6	4
浦溪井	2007年6月2日	1259内运道	压出	3	1200	0	0	0
	2007年8月6日	1151探煤巷	倾出	20	1200	0	0	0
	2007年10月21日	2161运道	压出	97	19720	0	0	0
	2007年11月11日	1259内运道	突出	60	13920	0	0	0
	2007年12月6日	12510-1号风巷	压出	30	1300	0	0	0
	2007年12月8日	2161中运道	突出	47	9720	0	0	0
	2008年5月2日	1355内运道	压出	15	10496	0	0	0
	2009年3月29日	1259外段1号	突出	51	9412	0	0	0
	2009年10月16日	1259外段2号	突出	220	28000	8	0	8
	2010年8月25日	11511风巷	突出	53	19000	0	0	0
	2012年7月17日	2254内开切眼	突出	189	35980	3	0	3
黄牛岭	2006年10月8日	2255二石门	突出	186		0	0	0
	2012年10月30日	2157进风石门	突出	63	3699	3	0	3
坦家冲	2006年1月18日	226-80米南二石门揭煤过门坎	突出	160	34000	0	0	0
	2006年4月23日	2262-1回采面进口往上20米处	突出	30		0	0	0
	2006年6月17日	2262-1采面出口往下30米处	突出	38		0	0	0
	2006年6月27日	2161-1开切眼下山变坡点往下75米	压出	28		0	0	0
	2006年7月4日	2262-1采面进口往上15米处	压出	20		0	0	0
	2006年8月7日	2262-1采面进口往上35米处	压出	20		0	0	0
	2006年9月8日	2261-1南刮板输送机道80米处	突出	260	90000	0	0	0
	2007年2月1日	2262-1s1-s2采面出口处下15米处	突出	716	75000	0	0	0
	2007年6月19日	2264-1刮板输送机道开门处17米	压出	18		0	0	0
	2007年7月5日	216-113米北石门开门处往里27米（揭主煤）	突出	763		0	0	0
	2007年9月1日	216-113米北石门开门处往里51米（揭主煤，距顶板平距3米）	突出	898	100000	0	0	0

表4-2-2（续）

矿井名称	突出时间	突出地点	突出类型	突出强度（吨）	突出瓦斯量（立方米）	伤亡人数(人)		
						合计	负伤	死亡
坦家冲	2008年5月30日	2164N-S刮板输送机道从斗口往里50米	突出	540	90000	0	0	0
	2008年6月29日	1065-1开切眼下山变坡点往下39.3米	突出	526		0	0	0
	2009年4月11日	2164-1采面下出口往上32~36米处	压出	80	200000	0	0	0
	2009年8月18日	226-113南一石门开口处往里49米处	突出	180	50000	0	0	0
	2009年10月6日	1065-1采面下出口往上50~62米处	突出	253	85000	0	0	0
	2018年3月29日	2461-1刮板输送机开门3.5米处	突出	345	38800	0	0	0
里王庙	2006年3月1日	2365-1(2)刮板输送机109.8米处	压出	15	2000	0	0	0
	2006年3月21日	2365-1(2)开切眼上山5.5米处	突出	150	25000	0	0	0
	2006年6月23日	326(2)-155米石门煤门处	突出	48	7800	0	0	0
	2007年2月25日	3263-1(2)刮板输送机	突出	50	8000	0	0	0
	2007年4月11日	3263-1(2)开切眼下山	突出	40	5500	0	0	0
	2007年4月17日	2367-1(2)补充风巷	突出	10	1600	0	0	0
龙家山	2006年12月5日	276三轨-170米石门	压出	50	6000	0	0	0
白山坪	2008年10月29日	20611运道	压出	47	545	0	0	0
	2009年10月4日	20611回采工作面	压出	12		0	0	0

三、瓦斯综合防治

（一）理念

2006—2022年，集团公司在瓦斯治理方面，先后提出“瓦斯不治、矿无宁日”“瓦斯是可防可治的，事故是可以预防和避免的”“先抽后掘、先抽后采、应抽尽抽、抽采达标”“没有抽不出的瓦斯，只有打不到位的钻孔”“多抽一方瓦斯，减少一分风险”“不掘突出头，不采突出煤，不与突出煤层直接打交道”“瓦斯超限就是事故，防超限就是防事故”“治理好瓦斯就是解放生产力”“瓦斯零超限、煤层零突出、煤矿零事故”等先进理念，增强了各级管理人员和职工的瓦斯治理意识，促进瓦斯治理工作不断发展。

（二）装备

1. 地面瓦斯抽采系统

2006年，集团公司成立之初，省内只有蛇形山、坦家冲、里王庙3对突出矿井建立了地面瓦斯抽采系统。

2008年，省内在15对突出矿井（斗米山、水井头、铁箕山、一平硐、土朱、彭家冲、咸沙坝、龙家山、白山坪、南阳庙、嘉禾、黄牛岭、桐子山、爱和山、茶山岭煤矿）和1对高瓦斯矿井（芝兰冲煤矿）建立地面瓦斯抽采系统。

2008—2010年，集团公司所属贵州湘能公司8对突出矿井（神仙坡、晋家冲、义忠、丰胜、保华、黔源、长田、下河坝煤矿）建立了地面瓦斯抽采系统。

2010—2013 年，先后在觉光寺、塘冲、伍家冲 3 对突出矿井建立地面瓦斯抽采系统。

2020 年，嘉禾公司浦溪井建立了地面低负压瓦斯抽采系统。

2022 年，红卫公司坦家冲煤矿建立了地面低负压瓦斯抽采系统。

截至 2022 年，集团公司所属省内 14 对突出矿井全部建立了地面瓦斯抽采系统，共安装瓦斯抽采泵 33 台，合计装机功率达 3080 千瓦，最大装机抽采流量达 1992 立方米/分。具体详见表 4-2-3。

表 4-2-3 集团公司 2022 年突出矿井地面瓦斯抽采系统情况表

序号	矿井名称	抽采泵型号	台数（台）	电机功率（千瓦）	总装机功率（千瓦）	额定容量（立方米/分）	抽采主管型号	抽采主管长度（米）
1	浦溪井	2BE1-353	2	110	590	60	ϕ325/225PE 管	6350
		2BEA-405-0	2	185		118		
2	茶山岭煤矿	2BE1253	2	75	150	43	ϕ159 毫米无缝钢管	3188
3	黄牛岭煤矿	ZBE-353	2	110	220	60	UCPV-ϕ355	3000
4	水井头煤矿	2BEA-303-0	2	75	150	52	ϕ225×11.9/ϕ160×11.9	5200
5	铁箕山煤矿	2BEA-253	2	75	150	52	ϕ225×11.9/ϕ160×11.9	5800
6	塘冲煤矿	2BE1-253	2	75	150	43	ϕ150	6500
7	土朱煤矿	2BEA-303-0	2	75	150	52	ϕ219	4795
8	一平硐煤矿	2BE1303-0	2	75	150	60	ϕ200	4000
9	坦家冲煤矿	2BEA-530	4	110	440	70	12 寸 PE 管	6940
10	里王庙煤矿	2BEA-303-0	2	75	260	50	8 寸 PE 管	2320
		2BEA-353-0	1	110		75		
11	龙家山煤矿	2BEA-353-0	2	110	220	70	12 寸 PE 管	3185
12	白山坪煤矿	2BEA-253	1	75	150	52	D225×4 毫米 PE/D219×6 毫米无缝钢	1085
		2BE1303	1	75		53		
13	觉光寺煤矿	2BE1-303-1	2	75	150	53	159 毫米×9PE	1120
14	伍家冲煤矿	2BE1-303	2	75	150	54	225 毫米×10PE	2415

2. 防突钻机和检测设备

2006 年，集团公司各突出矿井购置配备的防突钻机有 MYZ-150、MYZ-50、GYZ-150、ZY-650、ZY-750、ZDY-650、ZDY-750 等型号的液压钻机，KHYD75、KHYD50 等型号的岩石电钻，主要用于施工排放钻孔和抽采钻孔；配备 FW-2 负压采样器、CJZ70 抽放管道气体参数测定仪等测定瓦斯抽采浓度、流量等参数。配备 WTC 或 MD-2、MD-3 等预测预报仪在采掘工作面进行突出危险性预测预报。

2010 年起，为落实《防治煤与瓦斯突出规定》坚持区域防突为主的原则要求，大力开展区域瓦斯抽采，每一突出矿井配备了不少于 3 台的液压钻机，用于实施底板穿层抽采钻孔和煤层抽采钻孔的施工。

2010—2012 年，先后在贵州湘能公司、白沙矿区、涟邵矿区和资兴矿区分别购置配备了煤层瓦斯含量快速测定仪。

2016—2017 年，集团公司利用国债资金，分别在涟邵、资兴、白沙三个矿区管理局设立了瓦斯实验室，瓦斯实验室配备了瓦斯含量测定装置、煤层瓦斯压力测定仪、深孔快速取样装置、蒸馏水发生器、DGC 煤样筒、高压容量瓦斯吸附装置、自动工业分析仪、全自动密度仪、煤样制样装置、恒温干燥箱、瓦斯放散初速度测定装置、钻孔瓦斯涌出初速测定装置等检测设备，主要开展煤层瓦斯含量、瓦斯压力、突出危险性指标等煤层基本参数的测定工作。

2017 年起，特别是 2019 年新版《防治煤与瓦斯突出细则》颁布实施以来，集团公司加大区域瓦斯抽采实施力度，配备大功率、大扭矩液压钻机，每一突出矿井配备 ZY－1250 型或 ZDY－1200 型及以上液压钻机不少于 2 台，同时配备了钻孔轨迹测定仪、多功能抽采参数自动检测装置、钻孔施工监控视频，提高了区域抽采钻工施工效率和瓦斯抽采效果。

2021 年 6 月 16 日，股份公司瓦斯防治示范矿井建设现场会暨防突办公会在嘉禾矿业公司召开。会议肯定了嘉禾矿业公司的防突经验并予以推广。

截至 2022 年，各突出矿井共配备液压钻机 76 台，其中 ZY－1250、ZDY－1200、ZDY－1900、ZDY－3200S、ZDY－4200S 型等大功率、大扭矩液压钻机 39 台。配备 ZKG1000、YHQ－X 等型号的钻孔轨迹测定仪 14 台，配备 GD3、GJT100G 等型号的多功能抽采参数自动检测装置 52 台，安装 KBA127、ZKC30 等型号的钻孔施工监控视频 31 个。配备 WTC、MD－2 等型号的预测预报仪 45 台。

（三）通风与瓦斯管理

2006 年以来，集团公司各矿井不断完善矿井通风系统，所有矿井基本形成了独立完整的通风系统。各矿井每一个采区实现采区分区通风，采区进回风巷贯穿了整个采区，高瓦斯和煤与瓦斯突出矿井的每个采区和开采容易自燃煤层的采区都按规定设置 1 条专用回风巷。采区采完后及时进行封闭，减少采空区瓦斯涌出。

2006—2008 年，集团公司对矿井通风瓦斯管理做出明确的要求。各矿井必须加强通风日常管理，完善通风系统，合理调整通风系统、加强局部通风管理，合理调配风量，保障井下各用风地点的风量、风速符合规程要求，以及设置专职瓦斯检查员、专职爆破员，实行“一炮三检”“三人联锁爆破”；瓦斯检查必须按各矿井制订的巡回检查及循环图表计划执行。

2007—2008 年，集团组织对所有突出矿井开展突出煤层瓦斯基本参数测定工作，建立起数据库，为瓦斯治理奠定基础。

2009 年，组织对所有高瓦斯矿井开展煤层瓦斯基本参数测定工作。11 月，全集团公司在突出矿井局部通风工作面建立“双风机、双电源”局部通风系统。

2009—2010 年，集团公司省内煤矿开展瓦斯专项整治活动。通过开展优化生产布局，建立合理、可靠的通风系统，完善矿井瓦斯突出防治体系，完善矿井安全监控系统，健全瓦斯治理责任制等工作，逐步建立“通风可靠、抽采达标、监控有效、管理到位”的瓦斯综合治理工作体系。

2011 年，低瓦斯矿井局部通风机逐步实现“三专供电”。从此，高瓦斯及煤与瓦斯突出矿井所有掘进工作面均使用“双风机、双电源”，并能自动切换，确保掘进工作面正常通风。所有正常工作的局部通风机均采用“三专供电”，实行“风电、瓦斯电闭锁”，并有专人负责管理。防止了掘进工作面因局部通风机无计划停风，引起瓦斯超限积聚现象。同时集团公司从规范作业工艺和过程、控制瓦斯超限源头入手，建立瓦斯浓度预警机制。根据不同瓦斯等级的矿井、不同作业地点的特点，设置瓦斯浓度预警值，当瓦斯浓度达到预警值时，采取停产抽采、限产、控制施工作业强度、停止作业、增加供风量等措施，有效控制瓦斯浓度继续上升，防止发生瓦斯超限。4 月，国家能源局开展全国性瓦斯治理专家会诊活动。集团公司聘请企业外部专家组成专家组，历时两个多月，对所有突出矿井进行瓦斯治理会诊。专家们深入矿井，掌握情况，排查瓦斯隐患，编制出 80 余万字的《瓦斯治理专家会诊报告》。集团公司依据会诊报告提出的问题，组织各矿井制定了“一矿一策”的整改方案，落实措施和责任，全面进行整改。

同年 7 月，开展瓦斯治理能力建设活动。集团公司参照国家能源局防治瓦斯专家会诊标准，结合自身的实际，制定《加强煤矿瓦斯治理能力建设考核办法》和《煤矿瓦斯治理能力评估标准及评分办法》，提出“理念先进、投入保证、技术可靠、管理到位、机构健全、队伍合格、治理达标、利用有效”的工作目标和“杜绝瓦斯人身伤亡事故，消灭煤与瓦斯突出，消灭瓦斯爆炸，消灭瓦斯燃烧事故；严控瓦斯超限事故，力争实现零超限”的安全目标。

2012 年，集团公司与湖南省煤研所合作，深入各矿现场勘察检测，编制了公司所有突出矿井《矿井瓦斯地质图》，对瓦斯治理和防突工作具有重要指导意义。

2014 年，集团公司组织下属各个原煤公司积极申报煤矿瓦斯等级鉴定资质，并按要求编制了瓦斯等级鉴定资质申报材料，报经湖南省煤炭管理局审查，均取得了煤矿瓦斯等级鉴定资质。

2016 年，组织开展了两项调研活动：一是对 14 对突出矿井所有揭露煤层突出危险性及其防治措施开展了调研活动，基本摸清了突出矿井所有揭露煤层突出危险性及其目前防治措施状况，为进一步强化瓦斯治理提供依据；二是组织对所属所有生产矿井开展了瓦斯防治现状调研，摸清了各矿井瓦斯防治基本现状，为下一步制订瓦斯防治计划提供了一手资料。

2017 年 5 月，集团公司廖建湘董事长带队各单位主要负责人、总工程师赴淮南矿业集团考察学习，学习他们破除“瓦斯难以控制”特殊论的新思想，学习他们探索高瓦斯矿区瓦斯防治的新路子。此后，集团公司要求所属各单位对标找差，促进瓦斯防治工作水平。

2017—2018 年，集团公司对龙塘煤矿北风井、土朱煤矿西北风井的主要通风机进行了更新改造。

2019—2020 年，集团公司对坦家冲煤矿北二风井、黄牛岭煤矿 12 风井与 14 风井、安陵煤矿西风井、新星煤矿风井、浉江煤矿南风井、白山坪煤矿北风井的主要通风机进行了更新改造。

2018—2022 年，组织对所有突出矿井和高瓦斯矿井开展瓦斯基本参数的测定工作，对大部分低瓦斯矿井开展煤层瓦斯基本参数测定工作。

2021—2022 年，集团公司对铜角湾煤矿北风井、周源山煤矿北风井、塘冲煤矿 14 风井、前进煤矿南风井、里王庙煤矿北风井、觉光寺煤矿北风井、大岭煤矿北风井的主要通风机进行了更新改造。

2006—2022 年，集团公司所属各矿业公司、生产矿井组织专门队伍，投入大量人力、财力、物力，加大对矿井主要通风机进行改造，对主要进、回风巷道修理，先后对 24 对矿井 33 个风井的主要通风机进行了更新改造，累计新掘完善采区通风巷道 7250 米，累计修理主要进、回风巷道 17420 米，所有风门安装联锁装置。通过对通风系统的全面改造完善，保障了生产矿井通风系统稳定可靠。

各矿井严格执行“以风定产”的原则，按照核定的通风能力有计划地组织生产。各矿井按规定开展通风阻力测定和风机性能测定，坚持测风制度和按需风量分配制度，井下作业地点风量充足，风速符合规定，各矿井消灭了不合理串联风、循环风，杜绝了无风、微风作业现象，井下气候条件适宜，满足安全生产需要。

截至 2022 年，集团公司所属 29 对矿井，共有 62 个进风井、59 个回风井，共安装主、备风机 118 台，运行风机总功率达 8619 千瓦，总风量达 98000 立方米/分（表 4-2-4）。

表 4-2-4 2022 年末集团公司各煤矿通风系统现状情况表

序号	矿井名称	通风方式	进风井个数	回风井个数	运行主通风机总功率（千瓦）	矿井总进风量（立方米/分）	矿井总回风量（立方米/分）	矿井通风巷道总长度（米）	矿井最长通风线路（米）
1	浦溪井	分区式	3	3	410	6105	6235	30871	4215
2	茶山岭煤矿	对角式	4	2	370	3144	3292	28258	4636
3	黄牛岭煤矿	分区式通风	2	2	440	5248	5495	9005	3326
4	周源山煤矿	两翼对角式	3	2	1190	8972	9295	68375	5568
5	铜角湾矿	混合式	1	2	400	3251	3467	8016	5403
6	安陵煤矿	对角式	2	2	148	1986	2092	7865	5256
7	新星煤矿	中央并列式	2	1	264	2858	2973	16600	3800
8	高泉塘煤矿	中央并列式	2	1	90	2025	2090	13840	7600
9	北平硐煤矿	对角式	3	2	264	3499	3701	27946	6100
10	南平硐煤矿	对角式	1	2	165	2385	2510	11800	7800
11	水井头煤矿	两翼对角式	2	2	330	2770	2820	22680	4120

表4-2-4（续）

序号	矿井名称	通风方式	进风井个数	回风井个数	运行主通风机总功率（千瓦）	矿井总进风量（立方米/分）	矿井总回风量（立方米/分）	矿井通风巷道总长度（米）	矿井最长通风线路（米）
12	铁箕山煤矿	中央边界式	2	1	220	2587	2635	23654	3125
13	塘冲煤矿	分区式	3	3	480	4380	4700	17000	5100
14	土朱煤矿	分区式	2	3	550	4170	4490	13540	5280
15	一平硐煤矿	分区式	2	2	260	2880	3100	6700	3900
16	湘东矿井	中央边界式	3	1	90	2109	2203	2800	1680
17	涟江煤矿	对角式	2	3	141	2260	2408	21112	4815
18	前进煤矿	对角式	1	2	164	1861	1952	5100	3500
19	沈家湾煤矿	单翼对角式	2	1	150	1968	2152	14235	3500
20	坦家冲煤矿	分区对角式	2	4	328	3583	3987	6976	3530
21	里王庙煤矿	对角式	2	3	300	3694	3933	4870	2750
22	龙家山煤矿	两翼对角式	1	2	240	3340	3377	15730	6150
23	龙塘煤矿	混合式	1	2	200	2066	2099	19650	5605
24	白山坪煤矿	两翼对角式	2	2	220	2249	2291	15767	4279
25	磨田煤矿	中央边界式	2	1	220	2496	2615	22348	10362
26	觉光寺煤矿	两翼对角式	2	2	240	2820	2900	8500	4800
27	周家坳煤矿	两翼对角式	3	2	155	2210	2313	7800	3800
28	伍家冲煤矿	两翼对角式	3	2	330	3265	3315	14538	5860
29	大岭煤矿	两翼对角式	2	2	260	3187	3341	14100	4200

（四）防突

1. 保护层开采

2006—2019年，集团公司所属矿井实施保护层开采区域防突措施的矿井主要有一平硐煤矿、土朱煤矿，主要开采2煤、3煤来保护5煤突出煤层，效果较好。

2013—2015年，坦家冲煤矿试验开采3煤保护层作为区域防突措施，但因3煤距突出煤层6煤间距较远，起不到保护效果，没有继续实施保护层开采。

从2020年起，集团公司加大保护层开采力度，一平硐煤矿、土朱煤矿继续坚持实施保护层开采作为主要区域防突措施，又先后在坦家冲煤矿、里王庙煤矿、龙家山煤矿、嘉禾浦溪井、伍家冲煤矿、塘冲煤矿实施保护层开采作为区域防突措施，特别是坦家冲煤矿开采距突出煤层间距约30米的非突出薄煤层2煤作为保护层，同时开展底板穿层钻孔进行卸压瓦斯抽采，区域防突效果很好。

截至2022年底，集团公司有关矿井累计开采保护层面积达155.7万平方米。

2. 区域瓦斯抽采

2006年，集团公司成立之初，各突出矿井主要是对煤巷掘进工作面前方、回采工作面回采区域实施顺层钻孔抽采瓦斯，以局部防突措施为主。少数矿井如坦家冲、蛇形山煤矿实施了底板穿层钻孔预抽煤层瓦斯措施。

2008年，集团公司与中煤科工集团重庆研究院进行合作，编制了《湘煤集团煤矿瓦斯抽采与利用规划（2008—2012年）》。

2009年，《防治煤与瓦斯突出规定》颁布实施。集团公司坚持“区域防突措施先行”的原则，严格落实两个“四位一体”防突措施，即区域综合防突措施（区域突出危险性预测、区域防突措施、区域防突措施效果检验、区域验证）和局部综合防突措施（工作面突出危险性预测、工作面防突措施、工作面防突措施效果检验、安全防护措施）。同年集团公司下达了2009

年瓦斯抽采底板巷道施工补欠计划，加强各突出矿井瓦斯抽采顶（底）板巷施工力度，强化了区域瓦斯抽采工作。

2010年起，集团公司每年均下达瓦斯抽采量、瓦斯抽采巷道、瓦斯抽采钻孔的瓦斯抽采“三量”工程计划。

2011年开始，集团公司鼓励实施底板穿层瓦斯抽采，凡是实施瓦斯抽采的底板岩石巷道，纳入集团公司统筹专项工程进行管理，直接按施工预算全额拨付工程费用；对抽采瓦斯量按每立方米1元在统筹资金中结算，有效促进了瓦斯抽采工作。同时，推行瓦斯抽采“三量三制”精细化管理制度，即在验收和计量手段上实行“抽采巷道验收标注制、抽采钻孔施（工）验（收）封（孔）实名制、抽采瓦斯计量双轨制”，促进瓦斯抽采工作的规范化管理。

2013年，下达瓦斯抽采工程计划时还同时下达保护层开采面积计划。各突出矿井严格按照计划实施区域瓦斯治理工程，加强瓦斯抽采工作，各突出矿井按照“一矿一策、一面一策”要求，主要实行了底板穿层钻孔预抽全区段煤层瓦斯、底板穿层钻孔预抽煤巷条带煤层瓦斯、顺层钻孔预抽回采区域煤层瓦斯、穿层钻孔预抽石门揭煤区域煤层瓦斯等区域瓦斯抽采措施，部分矿井还采取了顶板高位钻孔瓦斯抽采、采空区卸压瓦斯抽采、保护层开采卸压瓦斯抽采等瓦斯抽采措施，确保做到“先抽后掘、先抽后采、应抽尽抽、抽采达标”。8月，根据国家《煤矿瓦斯抽采达标暂行规定》的要求，集团公司派出专业技术人员赴淮南矿业集团、重煤能投集团考察学习，借鉴其瓦斯抽采经验，结合集团公司各突出矿井实际，制定了具有国内先进水平的《煤矿瓦斯抽采达标评判细则》，规范瓦斯抽采达标评判工作。

同年，集团公司与中煤科工集团重庆研究院进行合作，编制了《湖南黑金时代煤矿瓦斯抽采与利用规划（2013—2017年）》五年规划。

2014年初，集团公司组织对各突出矿井培训学习《煤矿瓦斯抽采达标评判细则》情况进行考核考试活动，活动由股份公司统一组织，统一秘密命题，统一印制试卷，统一考试时间，统一阅卷，对煤矿领导、安全技术管理人员、原煤公司通风防突技术人员进行了闭卷考试，对考试不及格人员进行补考，从而督促各单位加快了对《煤矿瓦斯抽采达标评判细则》的熟练掌握。

2015年，集团公司制定《深化煤矿瓦斯治理能力建设活动方案》，在突出矿井和高瓦斯矿井继续深入开展煤矿瓦斯治理能力建设活动，进一步提高瓦斯治理能力。组织编制《突出煤层石门揭煤专项防突设计》模板，并组织管理局、原煤公司总工程师讨论提出修改建议，经多次修改，形成了比较完善详细的模板提纲，规范了《突出煤层石门揭煤专项防突设计》的编制，强化了突出煤层安全揭煤的管理。

2017年，通过认真分析各突出矿井煤层赋存状况、瓦斯突出规律、地质条件等因素，认真分析历史上事故发生的原因及特点，事故教训，理清了各矿井防突工作思路，按“一矿一策”要求，准确提出了各突出矿井合适的区域防突措施技术路线。根据防突工作的特点，提出必须严格把住岩巷掘进防误穿突出煤层、防突措施设计审批施工验收、瓦斯抽采达标评判、区域消突安全作业红线管理、工作面现场限掘限采管理、突出矿井“出班炮”管理、突出煤层石门揭煤管理等防突管理七个重点关口，保障防突措施到位，并提出实现“瓦斯零超限、煤层零突出、煤矿零事故”目标。通过加强对防突重点矿井的管理，加强对防突工作重点环节的管理，当年消灭瓦斯事故，实现了安全生产。

2017年，组织有突出矿井的矿业公司编制了煤矿企业和突出矿井《2018—2022年区域防突措施五年规划》。

2018年，集团公司利用国债资金，分别在涟邵、资兴、白沙三个矿区建立了公司瓦斯实验室，购置了测定煤层瓦斯含量、瓦斯吸附常数、瓦斯突出参数、瓦斯压力等配套实验室设备，并聘请重庆煤科院瓦斯实验室专家对三个矿区瓦斯实验室技术人员进行了一次业务培训，为各煤矿瓦斯综合防治提供有力的技术支撑。

2019年，集团公司组织举办了《防治煤与瓦斯突出细则》宣贯培训班，分突出煤矿的原煤公司和突出矿井主要领导、分管安全的副职，管理局、原煤公司、突出矿井总工程师，防突、抽采、通风、采掘、技术员和防突施工队队干三个层级举办了三期防突专项培训班。全面推动新的《防治煤与瓦斯突出细则》的贯彻落实。

2020—2021年，在嘉禾公司积极开展了瓦斯防治示范矿井建设，制定实施方案，明确了实施内容和建设目标，新建低负压抽采系统，实现了分源抽采；打造井下瓦斯抽采样板工程，推进了现场瓦斯抽采规范化管理；安装井下视频监控系统，实现了瓦斯抽采工程验收管理可视化；建立瓦斯抽采自动计量专用监控系统，实现了抽采计量自动化管理；增开一台瓦斯发电机组，实现了瓦斯利用最大化；开展地面瓦斯抽采利用机房达标创建，推进机房标准化管理；健全完善瓦斯防治规章制度与技术文件，推进瓦斯防治精细化管理。通过完善大系统，解决大问题，严格规范管理，嘉禾公司瓦斯综合治理能力显著提高，并于2021年6月在嘉禾公司召开了瓦斯防治示范矿井建设现场会。期间，在红卫公司坦家冲煤矿首次实施开采极薄煤层保护层作为区域防突措施，并进行了保护效果试验考察，具有较好的保护效果，红卫公司区域防突技术取得新的突破，增加了红卫公司区域治理瓦斯的手段，并在红卫公司推广实施低透气煤层水力冲孔增透技术措施，抽采效果和煤巷单进明显提升。

2022年3月，受湖南省国资委委托，外聘重庆有关煤矿专家组成专家组，完成了对集团公司30万吨/年以下的黄牛岭、嘉禾浦溪井、茶山岭、坦家冲、里王庙、龙家山、白山坪、一平硐、土朱、水井头、铁箕山等共12对突出矿井开展了安全生产核查核实工作，专家组对突出矿井的安全基础条件、防灾抗灾能力、瓦斯治理能力、安全生产标准化水平等给予认可和肯定，12对矿井均属符合安全生产条件矿井，顺利通过安全核查。

同年，按照国家矿山安全监察局有关文件和总体部署要求，集团公司统一委托湖南省瓦斯治理和利用工程研究中心有限公司完成了所属29对煤矿隐蔽致灾因素普查工作，通过物探、钻探等补充验证，重点对瓦斯、水害等隐蔽致灾因素进行了普查，并提交了普查报告，并组织有河南理工大学等有关科研院所的专家参加评审的评审会，对普查报告给予充分肯定，并按照普查报告提出的重大灾害因素及其治理建议，编制了29对矿井《煤矿2023—2027年瓦斯治理规划》及其煤矿企业瓦斯治理规划，为下一步矿井瓦斯重大灾害治理提供科学方案。

2006—2022年，集团公司各突出矿井共施工瓦斯抽采巷道12.32万米，施工瓦斯抽采钻孔1042.4万米，抽采瓦斯量35303万立方米。其中湖南省内煤矿施工瓦斯抽采巷道11.55万米，施工瓦斯抽采钻孔890.8万米，抽采瓦斯量28205万立方米（表4-2-5）。

表4-2-5 2006—2022年省内煤矿瓦斯抽采“三量”有关数据统计表

年份	瓦斯抽采量（万立方米）	瓦斯抽采底（顶）板巷（米）	瓦斯抽采钻孔（米）	年份	瓦斯抽采量（万立方米）	瓦斯抽采底（顶）板巷（米）	瓦斯抽采钻孔（米）
2006	556			2015	1563	5764	585634
2007	628			2016	1499	2169	570427
2008	825			2017	1595	3264	549378
2009	1258	9767	372632	2018	1825	4272	583503
2010	1476	14558	444513	2019	1832	7544	709341
2011	2493	13278	595377	2020	2055	6389	744213
2012	2372	15366	740760	2021	2188	6091	771070
2013	1931	11730	747462	2022	2310	7192	791756
2014	1799	9121	702050				

3. 区域瓦斯抽采达标评判

2013年，集团公司根据国家局《煤矿瓦斯抽采达标暂行规定》的要求，借鉴淮南矿业集团、重煤能投集团相关经验，结合集团公司实际，制定操作性强、具有国内先进水平的《煤矿瓦斯抽采达标评判细则》，并分别于2018年、

2022 年进行修订完善，从评判方法、评判流程、评判标准、区域效果检验、评判报告内容、审批程序等方面规范了瓦斯抽采达标评判工作，确保了区域瓦斯抽采真实达标。

4. 区域消突安全作业红线管理

2013 年 11 月，集团公司创新性地建立了《区域消突安全作业红线管理制度》，制定了《突出煤层区域消突安全作业红线管理规定》，用以规范和指导突出矿井采掘修作业，从技术上和现场管理上杜绝采、掘、修作业超过消突红线范围，严格禁止进入非消突区域作业，从源头上防止瓦斯突出。

（五）监控系统

集团公司成立前，省内所有高瓦斯、突出矿井和少数低瓦斯矿井安装了煤矿安全监控系统。

2006 年，集团公司成立后，新建、改造、升级了所有矿井的安全监控系统。省内 51 对生产矿井全部建立了完善的安全监控系统，并构建了集团公司远程安全监控网络，使全集团公司省内 51 对生产矿井全部实现了远程监控。贵州湘能公司对辖区矿井实现了监控联网，并将监控信息上传集团公司。煤矿安全监控系统全面建立和实现远程监控，为矿井瓦斯管理和指导安全生产提供了可靠的保障。

2011 年 7 月，为了进一步提高瓦斯超限信息的传播和处置响应速度，及时、有效地处置瓦斯超限问题，集团公司组织开发了“煤矿瓦斯超限手机短信报警系统”，分层级对 400 多名相关领导和管理人员实施瓦斯超限时手机短信报警。

2018—2019 年，按照国家煤监局《煤矿安全监控系统升级改造技术方案》（煤安监函〔2016〕5 号）及湖南煤监局、湖南省煤炭管理局《湖南煤矿安全监控系统升级改造实施方案》（湘煤监监察函〔2018〕86 号）的有关要求，集团公司组织对 27 对生产矿井完成了安全监控系统升级改造，并于 2019 年底委托长沙安全技术检测中心对升级改造后的安全监控系统进行安全性能检测。

2020 年上半年，集团公司按照国家煤矿安监局《煤矿安全监控系统升级改造验收规范》（煤安监技装〔2019〕48 号）要求，组织对升级改造后的安全监控系统进行验收。升级改造后的安全监控系统，采用光纤以太网、数字化传输，推广使用了激光甲烷传感器，增加自诊断、自评估功能，完善报警、断电等控制功能，提升传感器的防护等级，增强抗电磁干扰能力，支持多网、多系统融合、应急联动，大大提升系统性能指标和安全可靠性。

2020—2021 年，对各矿井上传集团公司远程安全监控系统的上传软件系统进行了升级改造，实现了从间接发送传输模式改为数据直读直传模式。同时国家矿山安全监察局湖南局在各煤矿安装了煤矿安全生产综合信息平台，将安全监控等安全信息数据直读直传到了国家安全生产信息平台。

2022 年，对已完成改扩建的大岭煤矿、湘东煤矿进行了安全监控系统升级改造。

截至 2022 年，集团公司省内 29 对生产矿井全部安装了升级安全监控系统，其型号主要有：KJ95X、KJ379X、KJ83X（A）、KJ90X、KJ101X（A）、KJ70X 等。共安装分站 472 台，安装甲烷、一氧化碳、风速、温度、风向、烟雾、风门开关、设备开停、风筒末端、风压、馈电等各类传感器 3527 个，对各煤矿井上下安全生产环境进行全方位监测监控。

（六）技术进步与创新

2008—2010 年，集团公司在金竹山矿业公司一平硐煤矿、土朱煤矿进行的“突出煤层上保护层开采效果研究”，基本确定两对矿井上保护层开采防突效果及有效范围的有关参数，为矿井现场实施区域防突方法提供了科学依据，扩展了两对突出矿井有效实施区域防突措施的方法。

2010 年，红卫矿业公司在坦家冲煤矿实施“回采面上下顺槽长钻孔预抽瓦斯研究”，顺层抽采钻孔深度达 80 米以上，瓦斯抽采浓度提高 40%，回采工作面瓦斯超限次数下降了 80%。

2010—2011 年，集团公司与湖南科技大学合作，在蛇形山煤矿进行“回采工作面顶板高位钻孔与高位巷抽采瓦斯技术”研究项目，对多煤层开采瓦斯涌出量大的回采工作面消除瓦斯超限有很好的效果，找到了回采工作面顶板高位钻孔与高位巷最佳布置层位。填补了湖南省瓦斯治理技术的一项空白。

2011 年，集团公司与湖南省煤研所合作在嘉禾公司浦溪井进行“极松软低透煤层穿层钻孔卸压增透关键技术”研究，对在极松软煤层增加钻孔深度及增加煤层透气性取得较大进展。同年，在红卫矿业公司坦家冲煤矿实施的“回采面上下顺槽长钻孔预抽瓦斯研究”，取得了很好的效果，顺层抽采钻孔深度达 80 米以上，瓦斯抽采浓度提高 40%，回采工作面瓦斯超限次数下降了 80%。

2012 年，集团公司与平安电气股份有限公司合作开发的高效节能环保智能主要通风机系统在茶山岭煤矿西风井安装运行，综合了智能控制技术、变频技术、新型扩散塔技术、除尘降噪技术。同年，在湖南省煤研所的指导下，集团公司组织突出矿井编制了矿井瓦斯地质图，对瓦斯治理和防突工作具有重要的指导意义。

2013—2014 年，集团公司与湖南科技大学、中南大学共同建立“资源安全绿色开发协同创新中心”，打造了湖南煤炭资源安全开发、绿色开发新平台。与中国矿业大学（北京）合作开展“极复杂条件下煤与瓦斯共采技术”项目研究，对极复杂煤层条件下煤与瓦斯赋存条件致灾特征及规律进行研究，提出煤与瓦斯共采最佳技术措施与工艺，为极复杂条件煤层实现安全开采提供技术理论支撑。

2016—2017 年，集团公司利用国债资金，结合矿井实际进行设计和实施，分别在涟邵、资兴、白沙三个矿区建立了公司瓦斯实验室，购置了测定煤层瓦斯含量、瓦斯吸附常数、瓦斯突出参数、瓦斯压力等配套先进设备，为各煤矿瓦斯防治提供先进检测技术支撑。

2017—2019 年，各突出矿井在瓦斯钻孔施工方面逐步推广升级使用大功率液压钻机施工大孔径钻孔技术工艺，提高了施工效率和抽采效果。在瓦斯抽采钻孔封孔逐步推广使用“全程套管”“囊袋式两堵一注”“带压封孔”先进封孔工艺，提高了封孔严密性。逐步使用抽采钻孔轨迹测定仪，安装了抽采钻孔施工视频监控仪和抽采管路多参数监测仪等先进仪器设备。

2018—2019 年，嘉禾公司与长沙安全技术检测中心合作，开展“优化抽采钻孔孔径、提高瓦斯抽采效果”试验研究，获取了最优抽采孔径参数，并由湖南煤监局组织在嘉禾公司成功召开了“优化抽采钻孔孔径，提高瓦斯抽采效果”试验研究成果总结研讨会，对嘉禾公司的研究成果给予充分肯定。2019 年，红卫公司在坦家冲煤矿 2461 工作面回风巷开展了“顺层下向长钻孔预抽区段瓦斯递进式区域防突”试验研究，为防突措施施工提供了新的方法。

2019—2020 年，集团公司与湖南科技大学、中南大学合作参与开展的《基于多源信息的煤矿瓦斯及伴生灾害预警系统与防治技术》研究，荣获湖南省科技进步二等奖。

2020—2021 年，嘉禾公司与湖南煤科院合作开展“穿层钻孔施工防喷孔技术研究”取得初步成果，其中湖南煤科院研发的一种煤矿井下施钻的风水联动装置获得有关实用新型专利，同时对瓦斯抽采集气管道系统、井下瓦斯抽采钻孔连接装置进行了研发。

2020—2022 年，湖南省瓦斯治理和利用工程研究中心有限公司研究的中硬煤层顺层钻孔瓦斯治理方法获得发明专利。研发的一种具有排气返水功能的囊袋封孔组合、一种煤矿短距离测量用伸缩尺、一种煤矿下向测压钻孔高效延时封孔排水装置等先后获得实用新型专利。

2020—2022 年，红卫公司在坦家冲煤矿开展“极薄煤层保护层开采技术及效果考察研究”，取得阶段性成果，抽采效果大幅提升，并推广实施低透气煤层水力冲孔增透技术措施，抽采效果和煤巷单进明显提升，同时研发的一种新型钻杆拆卸装置、一种抽采巷道内瓦斯捕捉再利用系统装置、一种基于风力排渣瓦斯抽采钻孔用除尘装置、一种巷道降尘用喷雾防尘装置先后获得了实用新型专利。

期间，南阳公司研发的一种应用于煤矿刮板输送机的自动防尘喷雾装置、一种煤矿井下捕尘网装置获得了实用新型专利。牛马司公司开展了 2 煤层采空区自燃“三带”划分研究、采空区阻化剂防灭火技术研究，为确定 2 煤层最佳开采速度、采空区合适阻化剂防灭火提供了科学依据。

四、瓦斯利用

2008 年，集团公司下属单位洪山殿矿业公司蛇形山煤矿建立湖南省第一座瓦斯发电站，安装了 2 台瓦斯发电机组，装机功率 500 千瓦 ×2。填补了湖南省内一项空白。

2008 年 4 月 18 日，全省煤矿瓦斯抽放利用和调煤保电工作会议在娄底召开，充分肯定集团公司各煤矿全面开展瓦斯抽采利用。红卫、洪山殿矿业公司分别做瓦斯抽采利用典型经验介绍。

2009 年坦家冲煤矿建立瓦斯发电站，安装 2 台发电机组，装机功率均为 500 千瓦 ×2。

2009—2010 年，集团公司所属贵州湘能公司神仙坡煤矿、晋家冲煤矿先后建立了瓦斯发电站，各安装 2 台瓦斯发电机组，各站装机功率均为 500 千瓦 ×2。

2011 年嘉禾浦溪井建立瓦斯发电站，安装 2 台发电机组，装机功率均为 500 千瓦 ×2。

2012 年，黄牛岭煤矿建立瓦斯发电站，安装 2 台发电机组，装机功率均为 500 千瓦 ×2。

2013 年 11 月，嘉禾浦溪井新增 2 台瓦斯发电机组，新装机功率为 500 千瓦 ×2。

2014 年，随着洪山殿矿业公司煤矿转让给双峰县政府，蛇形山煤矿瓦斯发电站一同被转让。

2015—2016 年，随着贵州湘能公司全面停产，其瓦斯发电站停止运行发电，直至贵州湘能公司 2019 年关闭破产一同关闭。

2022 年，嘉禾浦溪井将一台 500 千瓦的发电机组更换为 700 千瓦的发电机组，黄牛岭煤矿新安装了一台 600 千瓦的发电机组。

截至 2022 年底，集团公司尚有坦家冲煤矿、嘉禾浦溪井、黄牛岭煤矿三处瓦斯发电站，共安装瓦斯发电机组 9 台，总装机功率为 4800 千瓦。

2008—2022 年，集团公司省内煤矿瓦斯发电共利用瓦斯 7800 万立方米（表 4-2-6），共发电 13980 万千瓦时，取得 9000 余万元的经济效益。

表 4-2-6 2006—2022 年省内煤矿瓦斯利用量统计表

年份	2006	2007	2008	2009	2010	2011	2012	2013	2014
瓦斯利用量（万立方米）				470	490	568	701.38	535.06	482.7

年份	2015	2016	2017	2018	2019	2020	2021	2022
瓦斯利用量（万立方米）	363	346	359	374	513	798	1008	793

五、主要成效

2017—2022 年连续六年消灭瓦斯伤亡事故。

基本消灭瓦斯突出。“十三五”期间，只在 2018 年发生 1 次瓦斯突出，比“十二五”期间的突出次数下降了 75%，且 2019—2022 年连续 4 年均消灭了瓦斯突出。

瓦斯超限大幅下降。“十一五”期间每年瓦斯超限达几千上万次（有记载的 2008 年瓦斯超限平均每月达 850 次），降到了“十二五”期间每年瓦斯超限几百次、“十三五”期间的每年几十次，2018—2022 年，每年实际瓦斯超限降到了低于 20 次。

瓦斯抽采利用不断进步。省内煤矿年抽采瓦斯量从 2006 年的 556 万立方米，增加到了 2022 年的 2310 万立方米，利用瓦斯量从 2009 年 470 万立方米，增加到 2021 年、2022 年平均每年约 900 万立方米，抽采瓦斯量、利用瓦斯量均大幅增加，“应抽尽抽、以用促抽”综合措施不断落实，煤与瓦斯共采实现良性循环。

第二节 水害防治

一、机构与制度

2006 年 7 月 15 日，集团公司制定《湖南省煤业集团有限公司水灾应急救援措施》，各矿也相应地制定《水灾应急救援措施》。同年 7 月 19 日，集团公司印发《关于加强防治水工作的通知》。明确要求所属各原煤公司成立以董事长、总经理为组长，生产副总经理、总工程师、安全副总经理为副组长，其他安全生产管理人员为成员的防治水工作领导小组，日常工作由生产技术部部长负责。所属各矿井结合煤矿实际生产情况，分别成立以矿长为组长，其他副职、技术员、安监员及各采掘队队干为成员的顶板管理工作领导小组，机电副矿长具体负责防治水工作。各原煤公司和各矿井均建立和完善了《防治水规划》和《防治水应急预案》。

2007 年 6 月 7 日，集团公司印发《关于切实做好防洪度汛工作的紧急通知》，规定受地表水害威胁的矿井，其井口、工业广场必须落实修筑堤坝、开挖沟渠等疏、截措施；对有水倒灌的地表塌陷区、废弃小煤窑进行封堵；对井口低于历史洪水位的小煤窑，要向当地政府安监部门报告，监督采取有效措施，防止地表水倒灌矿井，同时做好井下沟通区域的防、堵、截、排工作。

2010 年 11 月 24 日，集团公司制定《湖南黑金时代股份有限公司煤矿防治水管理办法（试行）》。明确各单位的防治水工作都应当按照《煤矿安全规程》和此管理办法，落实“预测预报、有疑必探、先探后掘、先治后采”和对矿井水“防、堵、疏、排、截”等综合治理措施。

2011 年 3 月 22 日，股份公司转发《湖南省深化煤矿防治水集中整治方案》，并要求所属煤矿制定《矿井防治水集中整治方案实施细则》。

2011—2015 年，从集团公司、股份公司至各矿区安全管理局、原煤公司和所有煤矿全面贯彻落实《湖南省深化煤矿防治水集中整治方案》。建立健全了防治水机构、救援队伍、配备地质副总工程师负责防治水技术管理；制定了《防治水中长期规划》、年度《防治水工作计划》和《矿井防水害应急预案》；组织原煤公司和煤矿应急预案的培训和演练。

2016 年股份公司重新修编下发关于《煤矿防治水工作规定》。

2017 年股份公司组织编制《2018—2022 年矿井防治水中长期规划》。

2018 年 9 月股份公司下发《煤矿防治水管理办法》。

2019 年 7 月组织修编《矿井地质报告》。

2021 年 1 月股份公司印发《煤矿防治水管理办法》，7 月组织修编《矿井水文地质报告》。

2022 年股份公司组织 29 对矿井编制了《煤矿隐蔽致灾因素普查治理和编制重大灾害治理规划》。6 月 16—17 日，股份公司召开煤矿隐蔽致灾因素普查报告评审会。

二、矿井水情

2006 年，集团公司 18 个原煤公司，49 对生产矿井中，矿井水文地质条件属极复杂类型的有 3 对，分别是长沙矿业公司西峰仑、竹山塘、五亩冲煤矿；水文地质条件属复杂类型的有 2 对，分别是辰溪矿业公司大坪煤矿、蒋家坪煤矿；其他煤矿为水文地质条件中等和简单类型，并以中等类型居多。水文地质条件属极复杂型和复杂型煤矿也是涌水量大的矿井。同时，随着矿井开采深度和范围的扩大，矿井涌水量也不断增多。

长沙矿业公司煤炭坝矿区 1990 年涌水量为 8582 立方米/时、2000 年为 9260 立方米/时、2013 年为 11340 立方米/时、2014 年为 13110 立方米/时。该矿区煤层顶、底部分布有岩溶水含水层，含水层厚度大，分布面积广，岩溶发育强烈，含丰富的岩溶水；矿区附近分布有较大的河流地表水，地表水与含水层之间的水力联系密切。煤层底板的茅口组一栖霞组含水层，以及顶板的长兴组含水层中岩溶水对矿井都形成煤层直接充水，矿区水文地质条件属极复杂类型。

2014 年，辰溪矿业公司大坪煤矿最大涌水量为 2866 立方米/时，正常为 985 立方米/时；蒋家坪煤矿最大涌水量为 1177 立方米/时，正常为 235 立方米/时。该矿区二叠系上统吴家坪组灰岩岩溶裂隙水（P2w）和二叠系下统茅口组灰岩岩溶裂隙水（P1m）是矿井涌水的主要来源。水文地质条件属复杂类型。

2015 年，湘潭矿业公司全年矿井总涌水量 2160 立方米/时，其中一矿 720 立方米/时，二矿 535 立方米/时，三矿 190 立方米/时，四矿 715 立方米/时。矿区水文地质条件属中等类型。

20 世纪 80 年代改革开放以来，集团公司所属煤矿周边的小煤矿遍布，超深越界开采严重，采空区积水构成对大矿的水患威胁。各煤矿老窿、岩溶、断层、陷落区等积水区发达，地表水系较发育。大气降水通过地表溶洞、漏斗、裂隙等通道流入含水层，进入矿井巷道。地表水、岩溶裂隙水、断层水和老窿水构成矿井充水的主要来源。

历史上发生矿井突水事故、透水事故频繁，造成的人员伤亡和灾害破坏损失巨大。1971 年投产以来的辰溪矿业公司大坪矿井，便发生突水事故 78 次，其中导致全井停产事故 2 次，淹水平事故 3 次。长沙矿业公司五亩冲等矿井 1990 年前发生的底板突水事故较多，常为由正常情况到滴水再到出稀泥、涌小水，涌水量慢慢变大，有时突然增大。在灰岩中掘进巷道时，因爆破而出大水高达数千吨/时，并伴带大量的溶洞流沙充填物流出。

集团公司成立以后加大水患整治力度，下属矿井防治水工作不断加强，水患事故大幅度减少，但仍有突水事故发生。

2006 年 7 月 15 日，红卫公司沈家湾煤矿因碧利斯台风强降雨引起耒水河水位急剧上涨，河水倒灌周边小煤矿溃入井下，最大突水量达 8000 立方米/时，造成全井被淹。

2006 年 7 月 16 日，嘉禾矿业浦溪井 11 采区因碧利斯台风强降雨引起泮头河水位急剧上涨，地表塌陷，河水倒灌，以及小窑水溃入井下，最大突水量达 99200 立方米/时，造成全井被淹。

2007 年 6 月 24 日，荆草坪煤矿 15 采区误透小煤窑老空积水，最大突水量达 30000 立方米/时。

2008 年 11 月 6 日，辰溪矿业大坪煤矿因遭遇深秋暴雨，地表水通过复塌的溶洞导入矿井，同时非法开采的小窑，使塌陷区发生复塌。矿井瞬间突水量为 3000 立方米/时，突水量约 30 万立方米，超过矿井排水能力，淹没了 33 采区 -350 米泵房，致使矿井 -300 米水平被淹。

2010 年 7 月 2 日，周家坳矿 6 煤误透老空水，突水量 600 立方米/时。

2014 年 5 月 10 日，周家坳煤矿 3062 工作面 -18 米水平巷道掘穿黄市镇小煤窑老巷积水，近 2 万立方米积水涌入 -20 米水平，差点将中央水泵房淹没；11 月 20 日长沙矿业公司煤炭坝矿区被电力公司拉闸淹井，被迫关闭。

2015 年元月 9 日，伍家冲煤矿附近浅部关闭的鸿泰煤矿井下采空区 1 万多立方米积水瞬间溃入伍家冲煤矿 156 采区 -100 米甩道石门，由于防治水措施得当、抢救组织有力才避免了 -180 米中央水泵房被淹。

2017 年 12 月 13 日，湖南省煤业集团公司周源山矿业公司井下 23 采区 2347 原内段带式输送机道密闭处发生透水，造成 -650 米至 -800 米水平被淹。初步分析透水原因为：湖南华润煤业唐洞煤矿有限公司（以下简称唐煤公司）闭坑后采空区积水水位不断上升且水压增高，然后通过与周源山矿业公司（以下简称周源山矿）西南边界相邻的抬桥垅断层裂隙导通引起透水。

2018 年 6 月 29 日，大岭煤矿开采东翼 -84 米区段北九石门开采 6_1 煤时发生溃水事故。同年 11 月 14 日该处再次发生透水事故，导致 -130 米以下水平全部被淹，积水量达 57000 立方米，测算当时透水量约 380 立方米/时。

2014—2018 年，根据去除落后产能的政策，结合煤矿资源情况，省政府关退办 2014 年 12 月以“湘煤关退办函〔2014〕52 号文件”要求关闭退出了马田公司的桐子山煤矿、爱和山煤矿、湘潭矿业的谭二井、牛马司公司的斗米山煤矿、辰溪公司的大坪煤矿，2015 年 10 月以“湘煤关退办函〔2015〕37 号文件”要求关闭退出了马田公司的芝兰冲煤矿、湘潭矿业的谭三井、四井、辰溪公司的蒋家坪煤矿、南阳公司南阳庙煤矿，2017 年 1 月以“湘煤关退办函〔2017〕2 号文件”要求关闭退出了马田公司的芝兰冲煤矿、湘潭矿业的谭三井、四井、辰溪公司的蒋家坪煤矿、南阳公司南阳庙煤矿，2018 年关闭退出冷水江矿业金兴煤矿。

到 2022 年底，集团公司拥有 15 个原煤公司，29 对生产矿井，其中矿井水文地质条件复杂类型 1 对，水文地质条件中等类型 25 对和简单类型 3 对，并以中等类型居多。同时，随着矿井开采深度和范围的扩大，周边小煤矿关闭退出，矿井涌水量也不断增多。

三、地面防治水

2006 年后，集团公司重视水害治理和雨季防雨、防洪、防雷电“三防”工作，成立了以单位安全第一责任者为首的股份公司、矿区安全管理局、原煤公司、煤矿四级“雨季三防领导小组”，实行 24 小时值班制度；各级三防领导小组编制、审查与落实年度雨季“三防计划”；对防治水重点工程项目、抢险救灾物资器材列出计划，落实资金，进行储备；坚持每年雨季（4—7 月）逐月组织一次由各级分管安全生产的领导参加的水情分析例会，认真听取各矿的水情分析、隐患排查报告，制定、落实防治水措施；全面开展了对矿井周边小煤窑情况调查，加强对矿井涌水量的观测，每天对井下各水平、采区及矿井涌水量较大的地点进行观测，在暴雨及强对流等恶劣天气情况，生产作业班加密观测。每年雨季各矿井防治水技术员及时将当天的矿井涌水量情况向矿调度室汇报。各矿井都切实开展水文地质条件的调查，查明岩溶发育情况、地表塌陷情况、废弃及现生产小窑情况以及与大矿相互之间的水力联系情况等，制定了相应的安全整治措施；重点加强了汛期地表巡查，开展地面塌陷治理。长沙矿业、湘潭矿业和辰溪矿业等大水矿井、水文地质条件极复杂与复杂矿井，都有效地防止了地表水倒灌井下；各矿井建立健全防汛应急机制，完善了四级“应急救援预案”。雨季来临前，各矿井都组织了1～2次防洪演习，检验队伍对应急预案的处置能力。

2018年兴源公司三个矿对地表老窑口、塌陷区进行了治理，其中地面累计封堵老窑口达60多处，完成了填塌陷区约20万土方、水沟疏通1万多米，投入资金160多万元；南阳公司对神仙洞、麻子坪进行了土方填塌、管路吊装及水沟浇底板混凝土300米。

地面防治水实际工作中各项措施的落实，有效地保证了矿井雨季的正常生产和人员生命财产安全，对井下的防治水提供了可靠的保障。2006—2022年，在矿井涌水量普遍增加的情况下，安全地度过了雨季。

四、井下防治水

（一）采空区积水防治

各矿区古井小煤窑多，威胁着大矿的安全。凡有老空水体威胁的矿井，一般采用YCS40型瞬变电磁仪超前物探手段，分析查明老空水体的空间位置、积水量和水压。根据物探提供的老窑和积水区的位置、范围，在井上下对照图上标出积水线、探水线及警戒线和积水量（简称“三线一量”），防止采掘工作面接近积水区。

2005—2007年，金竹山矿业采用长探钻机进行探水，及时发出标定“三线一量”的预测预报通知单，防止采掘头面误穿采空区积水。

2008年，周源山煤矿在组织本矿专业技术人员进行矿井水和综合治理项目研究的基础上，确定了矿井“三下”采煤的合理区段、范围。周源山煤矿属三都矿区深部井田，东起宝源煤矿南平硐及唐洞煤矿八一井人为划界，西抵三都平野大断层，南止唐一井断层与唐洞煤矿八一井，北至宝梨断层与宝源煤矿相邻。井田区域内共有7个含水层，主要为裂隙水和砂岩层裂隙水，并与地表水关系明显，矿区内地表水体发育，自东而西地表径流水体有宝源河、甘垅河、水木垅河，还有张家垅、石鼓二座水库。由于受采空区地面沉降裂隙和区内断裂构造的影响，相邻矿井水渗入以及地表水漏失现象极为严重，直接导致矿井涌水量增大，排水电费增多以及水木垅河下游农田无水耕种，矿井水害因素增多。三都矿区各生产井田较集中，周源山井田处于中央深部范围，且地表水体发育，断裂构造发育，与相邻矿井及地表水体有明显的水力联系，这项研究成果工作对矿井“三下”开采和治理水患具有重大作用。

2009年，马田矿业坚持“物探先行，探钻验证”，加强采掘前矿井水文物探工作管理，把经探测标定的“三线一量”绘制在采掘工程平面图上，编制好探放水设计及安全技术措施。所有煤矿的探放水设计及防治水安全技术措施，都经矿区安全管理局批准后实施，取得了良好效果。

2009年以来，各煤矿老空积水区高于探放水点位置时，都实施了钻孔探放水；探放水时，撤出探放水点以下部位受水害威胁区域内的所有人员。将探放水孔打中老空水体，并监视放水全过程，核对放水量，直到老空水放完为止。所有煤矿在采空区、采区封闭前，都将采空区、采区有无突水点、突水的位置和水量、巷道有无积水等情况建立了专门的台账，填绘到采掘工程平面图上，按旬对井下可观测的突水点进行定期观测。各矿都实施了股份公司的统一规定，在积水采空区下方进行采掘活动时，对上部采空区的疏干措施。做到“有疑必探，先探后掘（采）”。

2018年，兴源公司对伍家冲煤矿更换2台MD200－65×5水泵，增加一趟$\phi325\times10$排水管路；马田公司在新星煤矿－400米水平修建了井下防水闸门。

2019年，金竹山矿业公司土朱煤矿受周边小煤矿违法越界开采的影响，造成矿井之间相互水力联系极为复杂，可能出现溃水或透水重大安全隐患，金竹山公司在土朱煤矿－50米水平东翼大巷及回风巷修建了两道防水闸墙进行堵水；黄牛岭公司对黄牛岭煤矿－150米水仓进行升级改造，更换了MD(P)450－60×8型水泵三台、PJG9L－6/400型矿用隔爆型真空配电装置一台、矿用隔爆型高压起动器 DKBG－1000/10－250 三台、矿用隔爆型高压真空电磁启动器 3 台、D299×12 无缝钢管 450 米，D299×8 无缝钢管 750 米；兴源公司在伍家冲煤矿－180 米东大巷修建了防水闸门；白山坪公司白山坪煤矿修建了三水平（－600 米）防治水系统工程。

2020 年，白山坪公司磨田煤矿相邻凤形煤矿于 2019 年 12 月底关闭，由于两矿井相互之间多处巷道相通，存在水力联系，组织编制并实施了留设防隔水煤（岩）柱及对－300 米水平排水能力提升改造，在矿井－600 米水平修建防水闸门；南阳公司淝江煤矿相邻恒发煤矿及前进煤矿相邻的红泉煤矿相继于 2019 年 12 月底关闭，两矿井分别施工两条疏水上山对原恒发煤矿、红泉煤矿的积水进行疏排。

2021 年，湘东公司对＋188 米水仓进行了扩容改造，新建水仓总长度为 159 米，增加水仓容积为 940 立方米，新增 2 台 DF450－60X3 的水泵，加装一趟 ϕ200 的无缝钢管。

2022 年，集团公司 28 对矿井全部安装了水文动态系统的监测系统，实现了矿井水文 24 小时在线监控。宝源公司南平硐煤矿在 190 米水平 31 采区南翼施工一条 700 米截水巷，拦截南平硐煤矿 31 采区南翼 190 米水平及以上的涌水，通过平硐自流排至地面，减轻南平硐下水平及周源山的排水压力，减少排水费用。

（二）煤层顶板水防治

2006—2022 年，公司针对煤层顶板含水层矿井，要求布置回采工作面机、风巷时，破坏煤层顶板掘进，人为地破坏煤层顶板，让顶板产生裂隙，将顶板内的水通过顶板裂隙导入工作面机、风巷，在机、风巷内设计断面为 300 毫米×400 毫米的水沟，并时刻保持水沟畅通。工作面机、风巷一般在工作面正式推进前 1～2 个月先布置出来，当工作面正式推进时，煤层顶板内的水已基本疏干，顶板水对工作面的开采影响大大减小。近十年来从未发生突水事故。

（三）底板承压水防治

2006—2022 年，集团公司所属煤矿水文地质条件极复杂和中等类型的矿井针对底板承压水、顶板含水层及采空区积水等水患威胁都制定了针对性的防治措施，达到了较好的治理效果。在采掘过程中不受水患威胁或受到的水患威胁较小的矿井，也严格执行股份公司和各矿区安全管理局与原煤公司制定的矿井防治水措施，有效防范了矿井水患事故。

2006—2022 年，集团公司下属各煤矿防治水工作虽然取得了显著成效，但个别矿井疏于管理或遇无法抗拒的灾害也造成了突水淹水平、淹矿井等事故。

2008 年 11 月 6 日，辰溪矿业大坪煤矿遭遇 50 年来最大的深秋暴雨。地表水通过复塌溶洞导入矿井，同时浅部非法开采的小窑，通过复塌区灌水入井，矿井瞬间突水量达 3000 立方米/时，突水量约 30 万立方米，超过矿井排水能力，淹没 33 采区－350 米泵房，导致矿井－300 米水平被淹。事故发生后，新调任该矿业公司的董事长赵正稳委托湖南省煤炭学会对大坪矿井水害及其防治措施开展矿井安全评估和技术咨询。学会随即组成以高级工程师蒋炎昌为组长的专家组于 4 月 24 日至 4 月 30 日赴大坪矿井进行现场井上、下踏勘和收集、核对有关资料开展项目技术评估，提交了《湖南省辰溪矿业有限公司大坪矿井水害及其防治措施项目评估技术咨询报告》。该咨询报告制定了大坪煤矿防治水 12 项安全技术措施和煤矿安全开采的 6 项结论性意见，包括该矿南翼煤层各区段必须遵循的开采原则。辰溪矿业公司认真执行该项目技术咨询意见，7 年来杜绝了水患事故。

2014 年 11 月，长沙矿业公司矿区涌水量达 12000 立方米/时。当月 20 日 10 时 54 分，宁乡县电力分公司对长沙矿业公司五亩冲煤矿实行拉闸停电催费，停电时间达 62 分钟，造成－430 米水位上升将泵房电机淹没，致使 61 采区、52 采区和全矿井淹没。矿井被淹给国家和矿区员工造成惨痛的损失，所幸的是未发生伤亡事故。这次淹井的直接原因是宁乡县电力分公司当月三次实行拉闸停电催费。在 20 日停电之前的 11 月 14 日 10 时 47 分已对五亩冲煤矿停电 22 分钟，导致－480 米临时排水系统被淹，造成－430 米以下开拓采区 441 米巷道工程全部被淹，淹没巷道空间 3582.54 立方米；相当于减少采区应急蓄水空间 3582.54 立方米，减少缓冲时间 1.75 小时，大大降低了 61 采区－430 米排水系统抗灾能力。

2017 年 12 月 13 日，湖南省煤业集团公司周源山矿业公司井下23采区2347原内段带式输送机道密闭处发生透水。原因是唐洞煤矿八一井严重越界开采，经调查本身一侧的煤柱线已开采还越过矿井边界中间线，关停后集聚的矿坑水压破西南以抬轿垅逆断层煤柱线，瞬时最大透水量达19116立方米/时，造成－650米水平大巷及以下－800米水平短时间被全部淹没，积水量达153.23万立方米。

第三节　火 灾 防 治

一、机构与制度

2006年，集团公司成立。下属各矿业公司建全通防部门，煤矿建有通风科室、通风队，负责防灭火相关业务工作。矿业公司和各矿井均成立了防灭火工作领导小组，明确各级企业主要负责人、煤矿矿长是防灭火工作的第一责任者，各级总工程师主管防灭火工作，各职能部室对分管职责范围内的防灭火工作负责。容易自燃煤层的矿井配备了防灭火注浆专业队伍。

2006—2022年，各矿业公司和煤矿先后建立健全了《防止煤层自然发火管理制度》《火区管理制度》。容易自燃煤层和自燃煤层的矿井及其原煤公司建立了《灌浆系统安装、使用和维护管理制度》。股份公司制定了《煤矿生产技术管理制度》，制度中对矿井防灭火工作进行了严格规定，股份公司还制定了《煤矿防止煤层自然发火管理制度》，对防止煤层自然发火作出了具体规定。

二、内因火灾防治

（一）煤层自燃倾向性情况

2006年，集团公司省内各煤矿均按国家有关规定对所开采煤层由湖南省煤炭科学研究院进行煤层自燃倾向性鉴定工作。51对矿井中，具有容易自燃煤层的矿井有蛇形山、彭家冲、咸沙坝、五亩冲、竹山塘、西峰仑6对矿井，具有自燃煤层的矿井有水井头、箕山煤、斗米山、桐子山、芝兰冲、湘潭二矿6对矿井。2011—2014年，各煤矿按国家有关规定又对所有开采煤层由湖南省煤炭科学研究院进行了煤层自燃倾向性鉴定，增加了湘潭一矿、湘潭三矿、湘潭四矿为自燃煤层矿井。

2017—2022年，集团公司组织由湖南省煤炭科学研究院和长沙安全技术检测中心，先后对现有29对矿井63个开采煤层进行了煤层自燃倾向性鉴定工作，其中只有水井头2煤、铁箕山2煤鉴定为自燃煤层，其他矿井开采煤层鉴定为不易自燃煤层。

（二）防治措施

2006年，集团公司下属各矿井对易引发自然发火的场所和自燃隐患地点制定规范进行整治，确定整治的重点为：丢失大量煤炭的采空区、压缩的回采煤柱、回采工作面开切眼及终采线、巷道高冒区、断层附近、非正规采煤的残采等。整治的自燃隐患地点确定为：生产工作面、停采工作面、回撤工作面、大面积采空区。对有煤层自然发火倾向的煤矿，均建立了地面或井下移动注浆系统，实施预防性灌浆措施，对各采煤工作面和采空区均敷设注浆管路，利用粉尘灰加入氯化镁阻化剂，形成粉煤灰泥浆，进行随采随注。在遇到特殊地段时，实施注粉煤灰复合胶体技术和打钻注氮、注复合胶体、注惰泡等方法，有效防止了采空区自然发火。采煤工作面回采结束后，及时进行永久性封闭。

2007—2010年，集团公司本着“预防为主，综合治理”原则，实行预防和治理两手抓好防治煤层自然发火工作。洪山殿矿业公司对自然发火严重的蛇形山、彭家冲两矿可能发火的地点加强预防性检查，坚持了逐月检查。各自然发火矿井，重点实施了合理布置巷道，集中运输大巷和总回风均布置在岩层内，各采区均布置专用回风巷，正规开采，采煤工作面均采用后退式开采；有煤层自燃的矿井，在采掘工作面、采区回风巷、总回风巷安设一氧化碳传感器、温度传感器对煤层自然发火敏感指标进行监测监控。

2012—2013年，煤层自然发火的煤矿均建立地面或井下移动注浆系统，对采空区、突出或冒落空洞实施了预防性灌浆措施。采煤工作面回采结束后，及时进行永久性封闭；采区结束后，对整个采区及时进行永久性封闭。湘潭矿业公司在一、三矿成功应用凝胶注浆灭火技术，解放资源25万吨，缓解矿井水平和采区接替。

2013—2015年，集团公司所有煤层自然发火的矿井，集中运输大巷和总回风均布置在岩层内，各采区均布置专用回风巷；采煤工作面均采用后退式开采；建立了地面或井下移动注浆系统，对采空区、突出或冒落空洞实施预防性灌浆措施；在采掘工作面、采区回风巷、总回风巷安设一氧化碳传感器、温度传感器对煤层自然发火敏感指标进行监测监控；采煤工作面回采结束后，及时进行永久性封闭，采区结束后，对整个采区及时进行永久性封闭。

2017 年，股份公司会同涟邵管理局组织对水井头煤矿、铁箕山煤矿开展了防治煤层自然发火专项检查，督促矿井改造完善了井下防灭火移动注浆系统和管路系统，提高了矿井防治煤层自然发火装备水平。督促水井头煤矿、铁箕山煤矿按规定修订《矿井防灭火专项计》，完善了预防煤层自然发火措施。

2021 年，牛马司公司水井头煤矿、铁箕山煤矿分别建立煤层自然发火束管监测系统，完善了对煤层自然发火的监测监控，提高了矿井防治煤层自然发火管理水平。

2021—2022 年，牛马司公司对水井头煤矿、铁箕山煤矿开展了 2 煤层采空区自燃“三带”划分、采空区阻化剂技术研究，为确定 2 煤层最佳开采速度、采空区合适阻化剂防灭火提供了科学依据。

三、外因火灾防治

2006—2009 年，集团公司和各级安全监管机构整治矿井外因火灾的各类隐患，规定各矿井对井下易引起火灾的各类油脂、橡胶制品、棉纱、纸制品、木材等易燃物严格管理，对各类带式输送机、各类油脂存放地点及机电硐室等地点设专人看护，坚决杜绝易引起外因火灾的违规电气焊、不合格的爆破作业、机械摩擦、电气火花及瓦斯、煤尘超限。各矿井均设置了地面消防水池和井下消防管路系统，按规定设置支管和阀门，消防水管延接到每一个采掘工作面；井口房和通风机房附近 20 米内，禁止烟火或用火炉取暖。在井下和井口，禁止采用可燃性材料搭设临时操作间、休息室和使用灯泡取暖及使用电炉；井筒、平硐与各水平的连接处及井底车场，主要绞车道与主要运输巷、回风巷的连接处，井下机电设备硐室，主要巷道内带式输送机机头前后两端 20 米范围内，都采用不燃性材料支护；下井的所有机电设备都有煤安标志的防爆合格证书，机电设备安装、维修严格按操作规程执行，严禁带电作业，定期进行机电设备防失爆检查，及时消除失爆；

2009 年，集团公司进一步加强井下火灾防治，加强作业人员培训。所有机房、硐室工作人员均熟悉灭火器材的使用方法，各矿井都严格执行入井人员检身排查，杜绝了穿化纤衣服及携带烟、火和易燃、易爆物品入井；井下使用的汽油、煤油和变压器油装入盖严的铁桶内，由专人押运送至使用地点，剩余的汽油、煤油和变压器油运回地面，严禁在井下存放；井下使用的润滑油、棉纱、布头和纸等，都存放在盖严的铁桶内；用过的棉纱、布头和纸，也都放在盖严的铁桶内，并由专人定期送到地面处理，不乱放乱扔。

2010—2022 年，各矿井每年定期开展防灭火专项检查，加强对防灭火方面存在的问题隐患的整改。各矿井每年都进行矿井救灾演习，让作业人员掌握自救互救方法，熟悉避灾路线，熟悉矿井通风系统；各矿井均按规定在井上、下设置了消防材料库，并按规定配备了满足需要的消防材料及工具。井下各硐室井底车场、带式输送机巷道都按规定备有灭火器材；井下所有机电设备硐室及配电点、主要巷道内带式输送机机头前后两端各 20 米范围内，都用不燃性材料支护。所有矿井上下和井口房内，都杜绝采用可燃性材料搭设临时操作间、休息间和使用灯泡取暖及使用电炉；井下使用的橡胶制品，下井前都进行阻燃性实验，不合格的禁止使用；井上、井下都设置了消防材料库，消防材料库储存的材料、工具的品种和种类符合有关规定，并定期检查和更换；禁止井下带电检修和挪移电气设备；电气设备检修及复电都按规定进行了瓦斯检查；局部通风机都安设了风电、瓦斯电闭锁装置，使用正常。

2021 年，各原煤公司和煤矿完善了动火安全管理制度。原则上井下和井口房内禁止从事电焊、气焊、喷灯焊接等到工作；如果必须在井下主要硐室、主要进风巷和井口房内进行电焊、气焊、喷灯焊接等工作，每次都必须制定可靠的安全技术措施，并经原煤公司审批后执行。

2022年，集团公司组织对各煤矿开展输送带阻燃和抗静电专项检查，督促各煤矿按要求安全使用阻燃和抗静电输送带，按规定安装齐全各安全保护装置，按要求在带式输送机运输巷安装齐全一氧化碳、烟雾、温度等传感器，并确保安全闭锁装置可靠，达到防灭火规范要求。

同年，集团公司组织开展了《煤矿防灭火细则》宣贯培训活动，组织管理局、原煤公司、煤矿的通风副总工程师、防灭火技术管理人员举办《煤矿防灭火细则》学习培训班，学习国家和行业对煤矿安全生产的最新要求；掌握上级和股份公司对防灭火技术管理的新要求，提升通防专业技术人员的综合素质，提高煤矿防灭火管理水平。

第四节　粉尘防治

一、机构与制度

2006年，集团公司成立。下属各矿业公司和煤矿均建立粉尘防治机构，矿业公司建有通风部等部门，煤矿建有通风队，均配备了防尘专业人员，负责粉尘防治工作，且矿业公司和各矿井均成立了防尘工作领导小组，明确各级企业主要负责人、煤矿矿长是防治粉尘危害的第一责任者，各级总工程师主管粉尘防治工作，各职能部室对分管职责范围内的防尘工作负责，各煤矿配齐防尘测尘工作人员，至2022年末，集团公司省内29对煤矿共配有防尘测尘人员72人。

2006—2022年，各矿业公司和煤矿先后建立健全了《矿井综合防尘管理制度》《防尘设施安装、使用和维护制度》和《测尘制度》等管理制度。股份公司制定了《煤矿生产技术管理制度》，并于2010年、2018年、2021年分别进行了修改完善，制度中对煤矿建立完善的防尘系统、安装防尘设施、采取综合防尘措施、定期测尘、冲刷积尘、清扫巷道、工作面投产前防尘设施验收等防尘工作进行了严格规定，规范了防尘工作管理。

二、煤尘爆炸性情况

2006年，集团公司省内各煤矿均按国家有关规定对所开采煤层由具有资质的科研单位进行煤尘爆炸性鉴定。51对矿井中，具有煤尘爆炸性的矿井共有10对，分别是水井头煤矿、铁箕山煤矿、蒋家坪煤矿、湘潭一矿、湘潭三矿、湘潭四矿、周源山煤矿、北平硐煤矿、南平硐煤矿、祥和煤矿。2011—2014年，各煤矿按国家有关规定又对所有开采煤层由湖南省煤炭科学研究院进行了煤尘爆炸性鉴定。

2017—2022年，集团公司组织湖南省煤炭科学研究院和长沙安全技术检测中心，先后对现有29对矿井63个开采煤层进行了煤尘爆炸性鉴定工作，其中有5个煤矿11个开采煤层具有煤尘爆炸性危险，分别是水井头2煤，铁箕山2煤，周源山1煤、2煤、3煤、4煤，北平硐3煤、4煤，南平硐煤1煤、3煤、4煤。其他矿井开采煤层无煤尘爆炸性危险。

三、粉尘防治

2006年，集团公司下属各矿井不断建立完善的防尘供水系统，防尘供水管路延接到每一个采掘工作面，安设支管和阀门。采取煤层注水、风流净化、喷雾降尘、湿式钻孔、水炮泥、个人防护、定期清扫或冲洗积尘等综合防尘措施；对有煤尘爆炸性的矿井还统一采取隔爆水棚等预防和隔绝煤尘爆炸的措施。2006年各矿井新装防尘管路5350米，新增、更换防尘设施365套，完善了各采掘工作面防尘设施等。通过矿井防尘系统改造，有效改善了矿井的作业环境。

2007年，集团公司将粉尘防治作为采掘工作面质量标准化的重要组成部分。各矿井或原煤公司配备了粉尘测定仪，定期开展对粉尘的测定工作，完善了矿井的防尘系统。各矿井采掘工作面的防尘设施基本齐全，运输转载点都安装了喷雾装置，矿井的回风巷安装了净化水幕；并配备有专人定期冲刷巷道积尘。少数矿井的主要进风巷进行了刷白。坚持巷道掘进湿式凿岩作业工艺，爆破使用水炮泥和喷洒水，装岩（煤）前洒水。矿井防尘面貌逐步改善。

2008年，集团公司各生产矿井都建立健全了矿井防尘系统，共建有专用防尘水池51处，安装防尘管路298000米，防尘系统得到完善，各采掘用水地点水量充足、水压符合《煤矿安全规程》规定。

2009—2010年，集团公司大力推广使用红外线自动化喷雾、掘进迎头爆破自动喷雾、爆破远程喷雾、耙装机自动喷雾、转载点自动喷雾，锚喷巷道使用除尘风机，并根据国家煤矿安全监察局《关于开展煤矿作业场所粉尘危害治理专项行动的通知》的要求，组织对各煤矿开展全面防治粉尘专项大检查，组织各单位编制《煤矿作业场所粉尘危害治理专项行动实施方案》，扎实开展粉尘危害治理专项行动，对检查存在的问题进行整改。通过推广先进技术和专项治理行动，各煤矿粉尘防治措施得到落实，各作业场所粉尘危害大大降低。

2012 年以来，不断加强煤尘爆炸火源的控制和隔爆设施的完善。加强井下采掘作业现场管理，按作业规程要求进行装药和爆破作业，爆破前坚持冲洗煤壁，严禁违规明火爆破；严把电气设备入井关，严格选用已经取得“MA”标志的电气设备，使用过程中定期检测，严禁电气设备失爆；对井下不符合阻燃防爆要求和管理规定的输送带、电缆等材料和机电设备均要求立即更换。各煤矿严格按照规定制定并实施预防和隔绝煤尘爆炸的措施，设置水棚，且每周检查隔爆设施的安装地点、数量、水量及安装质量是否符合要求，及时进行维护完善。

2016—2022 年，集团公司大力推广使用自动控制和高效防尘降尘技术。各煤矿所有采煤机实现水电闭锁功能，各矿井井下形成以自动化、光电控制、风水合成、闭锁联动为特点的高效防尘降尘系统技术；主要进风大巷采用红外线自动喷雾装置和微机遥控自动喷雾装置；采煤工作面光电式随机自动架间喷雾和带式输送机运输巷联动水幕；炮掘工作面采用高压远程喷雾和声控爆破喷雾，扒装机使用卸载自动喷雾装置，锚喷和综掘工作面采用水射流除尘风机；采煤机、综掘机安装使用负压除尘装置和水电闭锁装置；采煤工作面输送带转载点安装自动喷雾装置；主要大巷隔爆设施安装自动灌水装置。此间，加强了粉尘浓度测定工作，29 对矿井均配备了测尘仪，使用的型号有 CCZ1000、CCGZ1000/2、AQF－20A、ACQ－90、AHFQ－3 等，各矿井均按规定开展全尘及呼吸性粉尘浓度测定工作，部分矿井使用安全监控系统，在井下安装了粉尘传感器，实现对粉尘浓度的自动监测。

至 2022 年末，集团公司所属 29 对矿井地面全部建有专用防尘水池，井下共安装防尘管路 208000 米，安装防尘喷雾装置 1390 套；设有符合防尘规范标准隔爆水棚 88 组；各煤矿 232 个粉尘测点，经测定粉尘浓度合格点 216 个，合格率为 93.1%。

2006—2022 年，集团公司各矿井消灭了煤尘爆炸事故。

第五节 顶板灾害防治

一、机构与制度

2006 年，集团公司所属各原煤公司成立了以董事长、总经理为组长，生产副总经理、总工程师、安全副总经理为副组长，其他安全生产管理人员为成员的顶板管理工作领导小组，日常工作由生产技术部部长负责。所属各矿井结合煤矿实际生产情况，分别成立以矿长为组长，其他副职、技术员、安监员及各采掘队队干为成员的顶板管理工作领导小组，生产副矿长具体负责顶板管理工作。

2007 年 4 月 26 日，集团公司下发《关于加强顶板管理的硬性规定》，进一步明确集团公司、安全生产管理局、原煤公司和煤矿各级顶板管理责任制与管理制度，明确了各级管理人员的工作职责。

2008—2022 年，集团公司、股份公司先后下文明确规定：各矿区管理局、原煤公司、生产矿井都要明确分管顶板管理负责人和分管业务部门，配备足够的专业技术人员；各原煤公司成立以生产副总经理为组长，安全副总经理、总工程师为副组长，原煤公司安全生产管理人员、矿井矿长及生产、安全、技术副矿长为成员的领导小组；分管生产的副总（副矿长）是顶板管理的第一责任者。

二、顶板观测

1979 年，原资兴矿务局科技处测压组对周源山矿 1219 工作面进行矿压观测，从大量矿压数据中，系统地了解初次来压特征、步距和周期来压特征、步距。科技处顶板压力观测组，连年对三都矿区有代表性煤层顶板进行系统的测定，全面掌握各煤层初次来压特征和步距、周期来压特征和步距、各回采工作面控顶距离和压力变化规律以及上、下顺槽围岩移动量和压力变化情况与超前压力的影响范围。提出《三都煤田回采工作面矿山压力规律的探讨》技术报告，为各矿井在编制回采作业规程时，合理选择控顶距离、支护形式及密度，提供科学依据。该项顶板观察成果在20世纪70年代对于湖南煤矿矿压观察具有开创性意义。

1986年10月，原涟邵矿务局在牛马司煤矿水井头井试行采场支护质量与顶板动态监测预报。沿走向推采99米，90个循环，共预报顶板来压信号8次，局部危险信号141次，支柱失效信号21次，支柱钻底信号231次。通过观测煤层初次来压和周期来压，掌握变化规律为制定顶板管理预防性措施提供依据。该项顶板观测成果在20世纪80年代具有推进煤矿矿压观察工作的重要作用。

1990年，牛马司煤矿制定“顶板观测管理办法”。该矿明确：顶板观测由生产技术部负责，每月定期进行观测，做好相关记录。顶板观测方法包括顶板移近量观测，选择在初期开采工作面支护稳固后于工作面布置3个点。间距为20～30米，定期观测顶板下沉量数据及测定单体支柱工作阻力，并建立观测台账。观测工具采用SY－40B型单体支柱测压仪。该矿顶板观测处于当时省属煤矿领先水平。

2006年，集团公司成立后总结所属煤矿长期顶板压力观测和顶板周期压力监测统计数据，组织职能部门和煤矿现场专家对各矿井主采煤层工作面顶底板进行分类管理；制定了采煤工作面淘汰木支柱、摩擦金属支柱，全面推行单体液压支柱配铰接顶梁支护工作规划，以及掘进巷道采用光爆锚喷等支护新技术规划。集团公司顶板管理工作进入全新的顶压观测和管理阶段。

2008年，周源山煤矿对回采工作面进行支柱受力状况观测，建立台账。通过对普采、炮采工作面和综采工作面分别使用DZ－CL－2型单体支柱测力计和YHY60矿用本安型数字液压支架测力计的检测，掌握顶板来压情况和工作面支柱、支架初撑力的情况。在工作面初采初放期间，观测初次来压和周期来压的步距，掌握不同煤层初次来压和周期来压规律。该矿与湖南科技大学联合，在第一个综采22110工作面，进行现场矿压观测和实验室试验研究，总结得出工作面周期来压强度、步距，矿压显现规律等；根据工作面液压支架的实际性能和支护效果，论证工作面液压支架的适用性。该矿同时对掘进工作面进行锚杆拉力监测，监督锚杆支护质量，建立日常监测台账。同时在巷道变形严重的地段进行观测，分析和掌握变形规律，为支护和断面设计提供指导。该成果对全省煤矿采掘工作面顶板观测科学管理具有全局性的带动意义。

2009年，随着矿井开采深度增加，显现的巷道压力越来越大，传统锚杆支护形式已不能满足巷道支护的要求，股份公司对所属煤矿大力推广应用螺纹钢树脂锚杆、锚网喷、锚网索支护、锚注法支护等新技术、新工艺、新材料，促进了股份公司各矿井支护装备技术进步。

2010年，嘉禾矿业公司使用SY－40B单体工作阻力测定仪、KY－80顶板动态观测仪，对回采工作面单体液压支柱受力状况以及工作面顶板来压情况进行观测。观测仪安装在上下安全出口和工作面采空区切顶线靠煤壁侧。通过大量的数据观测发现，嘉禾公司浦溪矿井周期来压及顶板压力不明显，且随放随垮，据此制定了具体的切合实际的顶板管理措施。

同年，金竹山公司根据近30年顶板观测的统计数据和实际经验，对采煤工作面支护强度、支护密度进行计算，确定了长壁式采煤工作面采用单体液压支柱支护时，最佳支护密度为排距0.8米，柱距0.6米，控顶方式为“见四回一”。这种能满足安全生产支护形式的科学性和可靠性进行数理分析，在采煤作业规程中予以明确。

2011—2015年，股份公司所属煤矿全面推行周源山煤矿、金竹山矿业、嘉禾等煤矿矿压观测，掌握显现规律，制定采掘工作面顶板管理相应措施的经验。全面加强顶板管理，促进了矿井安全。

2016—2022年，股份公司所属煤矿进一步重视顶板安全管理，严格按照《煤矿安全规程》要求、《煤矿安全生产标准化管理体系基本要求及评分办法（试行）》中第八部分的质量控制要求，对采煤工作面实行顶板动态和支护质量监测，对进、回风巷实行顶板离层观测，准确掌握采煤工作面的顶板压力变化规律，及时采取有效举措防范顶板事故发生；观测内容包括日常支架

（支柱）支护质量动态观测、巷道变形离层观测、顶板活动规律分析等；采煤工作面观测方法通过安设矿压观测仪器、仪表，或利用在线监测仪器，或收集顶板动态观测仪的存储数据来完成。对煤巷、半煤巷、岩巷的锚杆、锚索支护巷道进行顶板离层观测，每隔20～30米设定一个观测点，并进行编号和挂专用牌板进行管理；定期使用经纬仪、全站仪等仪器进行精确测量观测；安排专人及时填写观测牌板和记录，进行掘进巷道围岩观测分析、预报，积极防范顶板事故的发生。

三、顶板管理

2006年，集团公司组建时各原煤公司和矿井根据生产实际在矿压观测工作不断推进的情况下结合井下采掘生产实际均制定了《顶板管理制度》，对减少顶板事故起到了重大作用。这些顶板管理制度包括：明确管理机构职能、健全地质资料、开展矿压观测、选择合理的支护参数、制定采掘工程支护设计方案，确定和调整相应的支护方式、健全顶板管理的设施、落实顶板管理技术措施和现场管理措施等。

2007年4月26日，集团公司下发《关于加强顶板管理的硬性规定》，明确回采工作面投产前必须由原煤公司生产副总经理组织有关人员进行验收，合格后颁发准采证才能投产；采掘工作面开工前必须编制切实可行的作业规程和安全技术措施，按照有关规定程序报批，并向施工队进行贯彻；回采工作面初次放顶和收尾必须有安全技术措施，初次放顶和工作面收尾时，必须有矿井领导、工程技术人员和队长、班组长亲自带班作业；回采工作面必须按作业规程要求及时放顶，严禁超排采煤；采掘工作面过老巷、断层、裂隙带、褶曲构造带，回采工作面过煤柱或冒顶区以及托伪顶开采，掘进工作面过采空区时，都必须制定防止冒顶的安全措施并有采掘队长带班作业等22项内容。是年，水井头、铁箕山、龙塘、白山坪、周源山、宝源、南平硐、北平硐等矿井的深部高地应力软岩支护，成功地将锚注支护技术应用于支护十分困难的深部高应力极软岩巷道；牛马司矿业公司与湖南科技大学签订协议，对“软岩”支护难题进行联合攻关，巷道的返修时间，已由过去的一个月延长到了2～3个月。

同年，周源山矿针对深部开采支护问题，专门成立支护改革领导小组，采购60多万元的树脂锚杆专用机具，淘汰落后的倒楔式锚杆和管缝式锚杆，全面推广使用树脂锚杆、锚索支护，支护方式由原来的单独锚杆支护向“锚网梁索”联合支护发展，支护状况得到明显改善。

同年，白山坪矿井巷道布置在底板泥岩中、巷道压力大、维护工程量大，通过优化布置巷道，采用全封闭式U型棚和锚网相结合的支护方式措施，使巷道变形减小，维修量大幅降低，保证了通风有效断面。

2008年，集团公司印发《关于加强煤矿顶板管理工作的通知》，规定巷道开门，施工队必须有矿总工程师签发的巷道开门通知单。矿井技术主管，矿井测量、采矿技术员和队长根据“开门通知单”到现场标定具体的开门位置。采掘工作面支护质量坚持班班有专人检查验收，并有专门的记录和验收台账。煤矿每旬组织一次、原煤公司每月组织一次质量验收，凡出现不合格品坚决返工，并按顶板管理硬性规定进行处罚。

2011年9月，股份公司印发《关于开展单体液压支柱和乳化泵站专项检查的通知》，组织开展单体液压支柱和乳化泵站使用情况专项检查，消除因单体液压支柱失效或支柱初撑力不够造成事故隐患。股份公司对在籍的122958根单体液压支柱全部进行了检查，其中完好118558根，完好率为96%；使用103046根，使用率为83%。查出支柱和乳化泵存在问题共61条，均于10月底整改到位。

2012年，股份公司印发《关于开展2012年度一季度顶板会战活动的通知》，顶板会战活动主题是：加强支护改革、强化生产技术管理和现场管理、杜绝顶板事故发生。各矿区安全生产管理局、原煤公司按照股份公司要求，制定顶板会战的活动方案，成立相应领导机构，建立活动档案，通过召开会议、开办橱窗、张贴标语、吊挂横幅、广播、电视等多种形式对顶板会战活动进行广泛宣传。各生产矿井在矿长组织下进行自查，原煤公司在矿区安全生产管理局领导下进行复查。

2013年，各原煤公司继续开展顶板会战活动，在活动期间，全公司当年消灭重伤以上顶板事故，非伤亡顶板事故比上年下降 90%；单引巷、巷道式非正规采煤方法下降 80%；采掘工作面木支护下降 60%；采掘工程质量不合格品下降 60%，优良品上升 20% 以上。所有采掘工程消灭“三无”施工；股份公司全年消灭了顶板伤亡事故。

2014—2015 年，各原煤公司、生产矿井明确分管顶板管理负责人和分管业务部门，配备足够的专业技术人员。各原煤公司成立以生产副总经理为组长，安全副总经理、总工程师为副组长、安全生产管理人员、正副矿长为成员的顶板管理领导小组；明确分管生产的副总（副矿长）是所属单位顶板管理的第一责任者。股份公司每年开展顶板管理专项检查，主要检查如下内容：是否有矿井地质勘探和地质资料的分析研究；是否掌握煤层赋存情况、地质构造、顶底板岩性、煤岩物理力学参数和矿压显现规律；是否做好了采区地质情况的预测预报工作；支护参数是否合理；是否根据所采煤层顶底板岩性和矿压显现情况，制定采掘工程支护设计方案，确定相应的支护方式和支护参数；是否在条件发生变化时，及时调整支护参数；采掘工作面、巷道维修工程是否都制定了作业规程和安全技术措施；遇有过老巷、煤柱、地质构造破碎带等特殊情况时，是否及时补充安全技术措施；规程与措施是否按规定审批、是否组织作业人员学习贯彻，是否建有台账；是否对作业人员顶板管理知识进行了培训；是否切实做到严格执行“敲帮问顶”制度，严禁空顶作业。

2016 年，集团公司号召围绕产业链部署创新链，整合内部创新资源，深化与大专院校、科研院所合作。各单位坚持问题导向，根据煤矿当前安全生产遇到的难点问题、共性问题，加大科技投入和科技攻关力度，在开采技术、掘进支护改革、推进“四化”建设、研发适合南方煤矿特色的采掘、机运设备等方面，与湖南科技大学、煤科院瓦斯研究中心、湖南能投智能装备公司等单位合作，取得了较好成效，促进了顶板安全管理。同年，集团公司相继在周源山分公司、宝源公司南平硐煤矿实施综采，掩护支架护顶。

2017—2018 年，集团公司先后在白山坪公司、红卫公司、马田公司等单位推广实施了煤巷锚网索支护。该支护方式随掘随支，用锚杆作为临时支护，利用锚索加固围岩，用锚网背严顶帮，提高了煤巷支护安全可靠性。

2019—2020 年，金竹山、黄牛岭、红卫公司技术人员根据本单位生产现场特点，自行研发了金属支架连接装置。该装置加工简单、安装拆卸方便，使相邻的金属支架连接成为整体，有力地提高了支架的稳定性，防止了爆破倒棚、空棚现象，提高了掘进支护安全可靠性。

2020 年，集团公司先后在新星、周家坳、土朱等多个煤矿推广使用整体组合顶梁液压支架取代传统的单体液压支柱配金属梁支护，减少了操作工序，提高了自动化水平。同时可实现快速移架，职工劳动强度大幅降低，安全保障程度极大提高。

2021 年，红卫公司龙家山煤矿、白山坪公司磨田煤矿相继引进实施了综合机械化掘进。该工艺采用钻机转磨破矸，巷道成形效果好，围岩受破坏程度降低，工作面顶板稳定，安全系数提高。

2022 年，集团公司及周源山矿业有限公司历时 8 个月，克服了诸多困难，采取边学边干，边干边学的办法，将周源山煤矿建设成为湖南省第一座智慧矿山。“智慧”使周源山煤矿“双效”凸显，实现了“一降”“一减”“一改善”“一提高”，提升了矿井防灾减灾救灾能力，矿井安全保障和生产效率实现了“质”的跨越。1 月 22 日，湖南省副省长陈飞出席启动仪式并按下“智慧矿山”运行启动键。周源山智慧矿山各智能化子系统建设完成后，矿井大部分固定岗位实现了有人巡视、无人值守，达到了减人提效的目的。特别是智能化综采工作面改善了员工作业环境，刮板输送机及带式输送机集控系统大幅度减少了操作人员，减轻了员工劳动强度，工作面的安全生产环境得到了进一步改善。

同年，马田公司新星煤矿在 2165 运道试验架棚、注浆联合支护取得成功，解决了在极为松软煤层和极为破碎岩体中掘进的支护难题，提高了单进，减少了维修。矿压较大工作面的上、下两巷维护长度由原来的 200 余米提高至 400 米以上。

2016—2022 年，全公司消灭了较大以上顶板事故，非伤亡顶板事故逐年下降，岩巷工作面连续7年消灭了重伤以上顶板事故。

第六节 机电运输事故防治

一、机构与制度

2006年6月，集团公司组建后，集团公司安全生产部门负责所有原煤公司的安全生产技术监督管理，包括较大和重大机电运输事故的追查分析与处理。是年，集团公司下发《湖南省煤业集团有限公司矿用设备器材使用管理制度》，对设备运行、维修、保养、检修及管理工作人员工作制度做了规定。

2008年8月起，湖南省内煤矿实行集团公司—安全生产管理局—原煤公司—生产矿井的四级管理机制；省外实行集团公司—原煤公司—矿井的三级监督、管理机制。

2009年，机电运输业务归口公司生产技术部。机电设备监督管理按照《湖南黑金时代股份有限公司煤矿生产技术管理制度》等规定实施。股份公司、安全生产管理局、原煤公司和生产矿井都有主管机电运输的机构和人员。各原煤公司设置机运部（或生产技术部），生产矿井设置了机运科（或生产技术科），负责机电运输管理。是年，公司先后印发《关于加强机电运输管理工作的通知》《关于做好雨季“三防”工作的通知》《关于加强提升运输管理的硬性规定》（湘煤股生〔2009〕55号），对强化各级机电管理部门的工作职责，规范管理矿用设备、器材的购置、改造、调拨、使用维修及报废，落实防雷电、防排水、防洪措施，建立健全矿井提升运输安全设施及规范操作进行了规定。

同年，股份公司强化矿井供电、提升、运输、排水、压风各生产辅助系统管理，制定、完善了电气试验、岗位责任、事故分析追查、设备包机、防爆设备入井安装（验收）、电缆管理、小型电器管理、油脂管理、配件管理、阻燃胶带管理、杂散电流管理等制度。

2006—2009年，集团公司按照《煤矿安全规程》和上级管理部门的规定，建立健全四级管理机构的机电设备工作体系，完善《设备管理责任制》《安全操作规程》《机电运输各工种岗位责任制》《机电运输各工种安全操作规程》《矿井完好设备管理制度》，明确了各级设备管理部门和专职工作人员的工作职责。

2010年8月24日，股份公司印发《黑金时代股份有限公司矿井提升运输管理制度》，分别对运输管理、平巷轨道运输、带式输送机运输、架空人车运输等方面作出明确规定，要求各单位完善、落实有关规章制度，组织学习、落实《机电运输各种操作规程》，提高机电运输岗位人员的操作能力和业务素质。同年10月，公司修订《湖南黑金时代股份有限公司矿用设备器材使用管理制度》。

2011年6月10日，股份公司下发《关于矿井主要机电设备性能检测和安全检查的通知》，要求建立提升、通风、压风等机电重要系统性能检测、定期安全检查制度，并逐年开展规范检查。

2012年2月18日，股份公司制订《关于加强煤矿机电设备定期检修制度的通知》，要求矿井每月进行一次停电停产检修（月检），每年进行一次全井停电停产检修（年检），全年不少于12天的机电设备检修。

2016年10月和2018年9月股份公司两次修订《湖南黑金时代股份有限公司提升运输管理制度》，增加了对刮板输送机以及带式输送机运输管理的一些规定。

2018年9月，股份公司下发《湖南黑金时代股份有限公司设备器材使用管理办法》；同月下发了《湖南黑金时代股份有限公司供用电管理办法》，该办法对计划用电、节约用电、安全用电等内容作出了相关规定并提出工作要求。

2020年8月股份公司修订《湖南黑金时代股份有限公司设备器材使用管理办法》，修改了设备的合同能源管理内容。

2021年5月股份公司对《湖南黑金时代股份有限公司供用电管理办法》进行修订，下发了《湖南煤业股份有限公司供用电管理办法》。

二、设备设施管理

公司坚持对配电设备、空压机、提升机、抽风机、斜井人车、排水系统等进行技术改造，淘汰落后设备，设备新度系数得到了提高，设备安全性能得到了提高。

2006年国家下发第一批淘汰设备，2007—2008年各煤矿对PB2型高爆开换、QC83电磁超动器、隔爆型插销开关等淘汰设备更换近2000台套。

2008年3月国家下发第二批淘汰设备，2008—2010年各煤矿对一些提升绞车进行了改造。对QC8、QC10、QC12系列电磁起动器、KSJ、KSJL系列变压器，以及采用油断路器的高压开关进行了更换，共更换1000多台套。集团公司所属湘潭矿业更换井下铝芯高压电缆为铠装铜芯电缆32000米、非防爆型控制开关柜520台；更换JR、JY系列非防爆、高能耗高压电动机共计46台。更换一、三、四矿在用12台老式活塞式空压机，将其全部更新为水冷式螺杆式空压机。

2011年1月国家下发第三批淘汰设备，各煤矿对YB系列隔爆型三相异步电动机、BKD9系列矿用隔爆型真空馈电开关、采用DW80空气断路器的馈电开关、干式混凝土喷射机等设备进行了更换，将7吨以上（含7吨）电阻调速架线式工矿电机车改造成斩波调速的电机车。这一年股份公司加大对设备和系统完善改造力度。所属煤矿及非煤企业用于设备更新、添置采掘机械化等设备的资金达2.72亿元，是公司成立以来投入资金总量最多的一年。仅长沙、湘潭、辰溪、湘永等矿业公司就投入资金3680万元，对列入国家第二批淘汰产品目录的设备进行了更新，共更新设备1320台套，更换淘汰型电缆26400米。全集团公司所有矿井完成了国家第一、二批淘汰设备的更新改造工作，部分原煤公司对国家公布的第三批淘汰设备进行了更新。

同年，投入资金1.12亿元用于购置采掘机械设备，新装备3个综采工作面、6个普采工作面、7个综掘作业线、3个钻装作业线、123个岩巷机装掘进头；周源山、磨田、神仙坡等矿井新建成了综采工作面；土朱、晋家冲、义忠、沈家湾等矿井新建成了高档普采面；茶山岭、茶塘、南平硐、下河坝、伍家冲、五亩冲、土朱等矿井新建成了综掘作业线，提高了全集团公司采掘机械化水平。

2012年，牛马司矿业公司更换了所有国家明令禁止的淘汰设备。长沙矿业公司对矿井淘汰设备进行了全面更换、更新，先后淘汰和更新了主、付井绞车房PLC自动操作系统，配电室高压油断路器，井上井下的所有变压器，高、低压开关等各种电气设备、设施345台，更换高压电缆5800米，防爆灯近1000盏，完善了地面集中供液系统，投入工字钢金属支架400余架。

2013年9月国家下发第四批淘汰设备，2014—2015年各煤矿对XKT绞车电控进行了改造，将带式制动矿用提升绞车更换为JTP型盘形闸矿用提升机。

2015年7月国家下发第五批淘汰设备，2017—2018年各煤矿对S7动力变压器、井下油浸变压器和油开关等油浸电气设备进行了更换。对矿井提升机制动系统采用十字弹簧控制压力的液压站进行了改造。

2016年12月国家下发第六批淘汰设备，2017—2021年，各煤矿将串电阻调速提升机电控装置改造成变频调速的电控。将普通轨斜井人车的绞车道进行改造成异型轨卡人车或架空乘人装置。其中牛马司公司铁箕山煤矿和湘永公司安陵煤矿将原斜井人车更换成异型轨卡轨人车4台套。其他煤矿将斜井人车改造成架空乘人装置19台套。

2019—2020年，集团公司投入资金1800多万元对黄牛岭矿业公司主井提升绞车电控、空压机、架空乘人装置、地面变电所供电设备、主通风机等设备进行改造。对－150米水泵房原来三台D280水泵更换成了MD450水泵，并增加了一趟ϕ325排水管路，大幅提高了排水能力，有效保障了矿井安全。

2021年，集团公司投入资金3200多万元在周源山矿业公司建设了全省第一个智能化煤矿，现已建成了涵盖采、掘、机、运、通、安全等多个自动化、信息化、智能化子系统，同时对现有各子系统进行了统一的完善和优化。先后完成了轨道运输机车监控系统、井下及地面带式输送机运输远程监控系统、煤矿电力监控系统，水文动态观测系统、主要固定设备（提升机、主排水泵、主通风机、空压机等）远程监控系统、智能化综采工作面、井下万兆环网及5G网络通信等系统以及智能化矿井管控平台的建设，对安全监控、人员定位、广播系统、调度通信、工业视频等系统进行了完善。共计建成26个子系统，其中15个远程监控系统、8个远程监测系统和3

个安全生产管理系统。

同年集团公司投入资金1500多万元对湘东矿业公司主井提升绞车电控、空压机、架空乘人装置、主排水设备、采区变电所等设备进行改造和扩容。对+188米水泵房原DF155水泵更换成DF450水泵，新增一趟ϕ315排水管路。

2018—2021年，各煤矿新安装和改造自动防跑车装置25套，将0.8米和1米小绞车更换成变频电控的盘形闸制动绞车共58台套，小绞车道的运行安全得到了极大提高。

2022年大岭矿业公司投入资金2000多万元，对地面变电所供电设备、架空乘人装置、主排水设备等设备及主供电线路进行改造和扩容。对-130米水泵房排水能力进行增容，新安装MD280水泵三台，新增一趟ϕ315排水管路，-200米水平新安装D280水泵三台。在暗副井新安装型号为RJY55-28/1600（A）的架空人车一台。

2018—2022年，股份公司每年下达《煤矿"四化"建设项目计划》，期间实施机械化、自动化、信息化、智能化项目200多个，机械化程度和自动化程度得到了较大提高。

三、提升从业人员素质

集团公司成立后，要求各煤矿机运线上岗位人员持证上岗，一般工种以及一些特殊工种由各矿区安全生产管理局培训中心培训后办理操作证，如水泵司机、抽风机司机、电机车司机、信号把钩工、压风机司机、提升机司机、采煤机司机等。特殊工种电工则向地区经委申办电工作业证。组织各岗位人员进行岗位练兵和技术比武，2008—2022年各原煤公司开展机电岗位技术比武活动50多次。

2016年8月，股份公司开展了全公司技术人员技术比武，机电专业应会考试为每一个采煤工作面进行供电设计。

2019年11月，白山坪矿业公司开展了电钳工技术比武。

2020年7月，街洞矿业公司开展了电钳工技术比武。

2022年12月，红卫矿业公司开展了电钳工技术比武。

每年人力资源部与湘煤大学（湘煤培训中心）以及生产技术部共同举办机电管理人员以及技术人员培训班，对机电设备管理及维护、机电运输事故分析及预防、变频技术、PLC控制技术、煤矿智能化技术等内容进行了多轮次培训，培训人数达到600多人。

四、隐患排查治理

各煤矿每年都制订了定期检修计划，落实和完善设备定期检修制度，设备巡回检查制度，设备包机制度，电气设备试验制度。

股份公司组织机电运输会战或机电运输专项检查。专项检查采用三个片区管理局抽调专业机电技术人员成立检查小组进行交叉检查的形式。

各煤矿每月利用安全教育日进行一次停产检修（月检）；每年进行一次全矿井停电停产检修（年检）；基本上做到了每年不少于12天的停产检修，确保了矿井安全生产。

2012年3月开展了主供电系统专项检查，查出问题和隐患116条，并落实了整改。同年集团公司组织开展机电运输会战工作。年初印发了《关于开展机电运输会战的通知》，各管理局以及各原煤公司制订了相应的实施办法及细则。开展机电设备专项整治和技术改造，金竹山矿业公司共整改轨道5140米，辰溪矿业公司蒋家坪整改轨道2200米。周源山煤矿、宝源、牛马司矿业公司等组织对淘汰的绞车电控进行了改造，金竹山、辰溪、长沙矿业公司对部分排水设备进行技术改造和安装，完善了全矿井的排水系统。各原煤公司还加强了对小绞车道和大巷机车运输的管理，完善了绞车道安全防护设施。

2013年，股份公司下达《关于开展矿井供电安全会战的通知》，各矿井按通知要求和会战内容，深入开展会战工作。

2017年，资兴矿区安全生产管理局组织对资兴片区各煤矿进行防爆电气设备专项检查，并进行专项整治。

2018年、2019年连续两年开展了机电运输会战，下发了《关于开展机电运输会战的通知》，要求各级机电管理部门完善基础资料和相关图纸，加强煤矿现场机电技术、设备管理。

2020—2022年股份公司开展了机电运输专项检查，以三个矿区安全生产管理局交叉检查的形式对所属各煤矿机电运输系统及设备进行全面检查，每次检查后都下发了检查通报。对每次检查出的问题和隐患都及时进行了整改。

原煤公司每年委托国家矿山安全监察局湖南局技术中心或湖南煤科所设备检测检验中心对下属矿四大件设备、斜井人车、架空乘人装置等进行了检测检验。资兴机电公司、白沙电力公司每年对各矿高压电气设备电气性能及保护装置、高压电缆绝缘情况、防雷接地装置等进行预防性试验。对检测和试验中发现的问题，各单位均立即进行整改，保证了设备的安全运行。

五、防治成果

集团公司自成立以来至2022年，通过完善制度、提升岗位工作人员素质、设备设施技术改造、隐患排查治理等手段不断强化管理，安全形势稳定。

第三章 应 急 救 援

第一节 救 援 机 构

2006年，集团公司成立，总部没有单独设立矿山救护大队，分别在白沙矿区管理局、资兴矿区管理局及长沙矿业有限公司设置矿山救护大队，各原煤公司均设有矿山救护中队。全集团公司共有3个救护大队，14个救护中队。

2015—2016年，长沙矿业公司所属煤矿关闭，长沙矿业公司矿山救护大队与集团公司脱离。随着集团公司企业的发展与变革，除涟邵矿区牛马司公司、金竹山公司保留矿山救护中队外，资兴矿区、白沙矿区各原煤公司不再设立矿山救护中队，而由矿山救护大队派驻矿山救护小队。

至2022年底，集团公司下辖有资兴矿区、白沙矿区2个矿山救护大队和牛马司、金竹山公司2个矿山救护独立中队，主要担负集团公司省内所属煤矿的安全生产应急救援工作。

一、资兴矿区救护大队

资兴矿区救护大队隶属股份公司，由股份公司委托资兴矿区安全生产管理局管理，前身为资兴煤矿救护中队。始建于1956年7月，1990年成立大队，实行军事化管理，24小时战备值班，实行大队、中队、小队三级管理，大队设大队长、副大队长、总工程师、副总工程师。下设综合办公室（包含党群、办公、财务、后勤）、技装部（包含战训、技术、装备、培训）、调度指挥中心等职能部室。

2005年被湖南省安全生产监督管理局批准为湖南省资兴矿山救援基地。2010年，被国家安全生产监督管理总局批准为国家级矿山应急救援队，依托湖南省煤业集团有限公司组建国家区域矿山应急救援郴州队。2018年1月更名为国家矿山应急救援郴州队，主要服务集团公司资兴矿区所属各煤矿企业，同时承担湖南、湖北、广东三省及周边区域重特大、复杂矿山事故的应急救援；接受应急管理部和国家安全生产应急救援指挥中心调度，参与跨区域矿山重特大、复杂事故的应急救援；参与地震、隧道事故、山体滑坡、泥石流等重大自然灾害的应急救援工作。

2022年，资兴矿区救护大队有73名矿山救护指战员，下设2支救护中队，9支战斗小队，实行军事化管理。同时，聘用服务区域内的矿山安全、医疗救护、机电设备等相关专业人员建立了救援专家库。

资兴矿区救护大队设有单独的办公场所，其场地面积为4000平方米。设有办公室、会议室、集体宿舍、指战员宿舍、材料库房、出动仓库、出动车库、培训教室、充氧室、维修室、澡堂、厨房餐厅、篮球场、地面梯形训练巷道、地下高温浓烟演习训练巷道、体能训练设施与训练场地等。能满足救护办公、训练等场地的各种要求。

二、白沙矿区救护大队

白沙矿区救护大队隶属股份公司，由股份公司委托白沙矿区安全生产管理局管理。白沙矿区救护大队，始建于1953年，前身为白沙矿务局救护大队，改制后为白沙煤电集团救护大队。白沙救护大队主要负责白沙矿区内原煤公司矿井各种安全灾害事故的应急救援工作，服从于湖南省应急管理厅、国家矿山安全监察局湖南局的调度，参与湖南省内矿山应急救援工作。

1995年，湖南省煤炭工业局依托原白沙矿务局救护大队建立区域矿山救护大队，成为湖南省四大区域救护大队之一。

2005年，通过国家应急救援指挥中心和省局验收合格，成为湖南省四大矿山救援基地之一。

2006年，通过国家局矿山救护资质认证，取得国家二级资质。

2022年11月，湖南省应急管理厅授予白沙矿区救护大队为“湖南省矿山应急救援白沙队”，成为湖南23支省级专业救援队伍之一，同时也是3支省级专业矿山应急救援队伍之一。

至2022年，白沙矿区救护大队为大队建制，有红卫、白山坪、南阳、兴源4支原煤公司救护队和一支直属队，共5个救护小队。在此基础上构建了以矿区救护大队为中心、以原煤公司救护队为中坚力量、以生产矿井兼职救护队为辅助的救援队伍体系，拥有专职救护队员46名和兼职救援队员117名。

三、牛马司矿山救护独立中队

牛马司救护中队隶属牛马司矿业公司，于1959年建队，主要服务于水井头煤矿、铁箕山煤矿两个煤矿，同时担负牛马司镇范围地方救援。救护队位于水井头煤矿、铁箕山煤矿中心地点，距水井头煤矿1.5千米、距铁箕山煤矿2千米。2022年该中队设置有2个救护小队，在岗指战员18名。该中队设有单独的办公场所，其场地面积为1200平方米。设有办公室、会议室、集体宿舍、指战员宿舍、材料库房、出动仓库、出动车库、培训教室、充氧室、维修室、澡堂、厨房餐厅、篮球场、地面梯形训练巷道、地下高温浓烟演习训练巷道、体能训练设施与训练场地等。

四、金竹山矿山救护独立中队

金竹山矿业有限公司救护中队隶属金竹山矿业有限公司，于1971年建队。负责一平硐、土朱、塘冲煤矿的救护工作。该中队下设三支救护小队，即直属小队、驻塘冲矿小队、驻土朱矿小队。2022年该队共有指战员29人。该队设有单独的办公场所，其场地面积1200平方米。设有办公室、会议室、集体宿舍、指战员宿舍、材料库房、出动仓库、出动车库、培训教室、充氧室、维修室、澡堂、厨房餐厅、篮球场、地面梯形训练巷道、地下高温浓烟演习训练巷道、体能训练设施与训练场地等。能满足救护办公、训练等场地的各种要求。

第二节 管理与训练

一、管理制度

按照《矿山救护规程》《国家安全生产应急救援队内务管理规范》等要求，资兴、白沙矿区救护大队及牛马司、金竹山矿山救护独立中队均实行军事化管理，制定《学习与培训制度》《值班制度》《救护待机制度》等管理制度，并在运行过程中日臻完善。管理制度主要包括大队指挥员24小时值班、会议、学习与培训、值班、待机、装备及设施更新维护与管理、战备器材库管理、车辆使用及库房管理、氧气充填室管理、事故救援总结讲评、内务管理、财务管理、档案管理、考勤和奖惩等规章制度，并建立队伍组织机构牌板、服务矿井交通示意图、主要技术装备管理牌板等，建立和完善救护工作日记、大中型装备维护保养记录、理论学习记录等21种记录。

二、日常训练

2006—2022年，资兴矿区救护大队共组织业务学习2542次；理论考核1467次；体能训练5092次；队列训练3192次；三墙训练1608次；高温浓烟496次；装备检查1326次；综合演练248次；安全技术工作2409次。白沙矿区救护大队共组织业务学习1455次；理论考核1111次；体能训练3886次；队列训练2535次；三墙训练1004次；高温浓烟333次；装备检查990次；综合演练217次；安全技术工作1469次。牛马司公司矿山救护中队共组织业务学习985

次；理论考核860次；体能训练2873次；队列训练3270次；三墙训练1315次；高温浓烟373次；装备检查750次；综合演练480次；安全技术工作827次。金竹山公司矿山救护中队共组织业务学习953次；理论考核672次；体能训练2684次；队列训练1546次；三墙训练786次；高温浓烟227次；装备检查548次；综合演练111次；安全技术工作794次。

三、矿山救护培训

2006—2022年，资兴矿区救护大队举办新队员培训班16期，培训新队员358名；举办副中队长、小队长级别指挥员培训班6期，培训指挥员180名。举办队员复训班12期，复训队员576人次，参培人员遍及湖南省内各地州市及广东清远市。按照《矿山救护规程》要求，资兴矿区救护大队每年参加国家矿山安全监察局组织的指挥员复、培训和湖南局、湖南省应急管理厅组织的救护队员复、培训。坚持资源共享原则，积极承办湖南省矿山救护队员复、培训班；组织队员到邵阳市矿山救护基地和白沙矿区救护基地进行交流学习。白沙矿区救护大队共举办13期新队员培训班，培训新队员248名；举办副中队长、小队长级别指挥员培训班4期，培训指挥员60名；举办队员复训班8期，复训队员406人次；参培人员遍及全省各地州市及广东、福建，为湖南、广东、福建培养了一大批合格的矿山救护指战员。牛马司救护中队每年组织两期对服务矿井辅助救护队员的培训，每次培训时间3～5天。共计培训辅助救护队员1128人次。所有队员每年派往各个培训机构培训及考核认证。金竹山救护中队每年组织一次对辅助救护队员及一线班组长的救护培训，培训时间6天。共计为服务矿井培训辅助救护队员、班组长783人次。

四、救援技术比武

1987年9月，白沙矿区救护大队代表湖南省参加由煤炭工业部组织的全国煤矿首届矿山救护大比武。

1990年9月，资兴矿区救护大队代表湖南省参加由煤炭工业部组织的全国煤矿矿山救护大比武荣获全国第九名的好成绩。

2000年，资兴矿区救护大队承办了湖南省矿山救援技术大比武活动。

2006年、2008年、2010年资兴矿区救护大队、白沙矿区救护大队均选派指战员参加由湖南省安全生产监督管理局应急救援指挥中心组建的全国竞赛集训队，作为主力指战员代表湖南参加第六、七、八届全国矿山救援技术竞赛。2008年白沙救护大队还承办2008年湖南省矿山救援技术大比武活动。

2012年资兴矿区救护大队、白沙矿区救护大队均选派指战员参加由湖南省安全生产监督管理局应急救援指挥中心组建的全国竞赛集训队，作为主力指战员代表湖南参加第九届全国矿山救援技术竞赛，取得团体总分第八名的湖南历史最好成绩。

2014年，资兴矿区救护大队、白沙矿区救护大队均选派指战员参加由湖南省安全生产监督管理局应急救援指挥中心组建的全国竞赛集训队，作为主力指战员代表湖南参加第十届全国矿山救援技术竞赛。

2017年，资兴矿区救护大队被湖南省安全生产监督管理局、共青团湖南省委员会授予“湖南省青年安全生产示范岗”称号。

2019年7月28日国家矿山应急救援郴州队（资兴矿区救护大队）通过全国矿山救护队质量标准化互查互检。2019年、2020年、2021年资兴矿区救护大队连续3届荣获湖南省应急救援技术竞赛团体第二名，被湖南省应急管理厅记集体三等功、团省委授予“全省青年岗位能手”称号、省工委授予“湖南省工人先锋号”荣誉称号。

牛马司救护独立中队重视救援技术，在业务学习中注重救援新技术、新装备的使用。珍惜每一次参加救援技术比武、竞赛的机会，曾6次派员参加资兴、白沙矿区的技术比武，4次参加全省技术竞赛。

金竹山救护独立中队重视救援新技术、新装备的使用学习，积极参加救援技术比武、竞赛，曾5次派员参加资兴、白沙矿区的技术比武，4次参加全省技术竞赛。

第三节 救援设施与装备

2022年，集团公司下属救援单位配备救援设施与装备如下。

一、应急救援车辆

资兴矿区救护大队：配备有多功能集成式救援装备保障车1辆；多功能集成式充气、发电、照明车1辆；移动式排水供电车1辆；救援宿营车1辆；野外生活保障车1辆；大型载重汽车2辆；越野吊装车1辆。白沙矿区救护大队：配备有救援指挥车1辆，矿山救护运兵车6辆。牛马司矿山救护独立中队：配备有救护车辆两台。金竹山矿山救护独立中队：配备有矿山救护车一台。

二、通信设施

资兴矿区救护大队：通信设备主要包括井下无线宽带救灾通信系统2套；救援指挥信息平台终端1套；卫星通信指挥车1辆。白沙矿区救护大队：通信设备主要包括驻地程控值守电话6台，井下灾区侦察用灾区电话6门，以及地面用无线对讲机4台。牛马司矿山救护独立中队：通信设备主要包括值班电话、录音电话、移动电话、灾区电话。金竹山矿山救护独立中队：通信设备主要包括值班电话、录音电话、移动电话、灾区电话。

三、救援设备器材

资兴矿区救护大队：主要设备器材有便携式气相色谱仪1台、蛇眼探测仪2套、远距离灾区环境侦测系统1套、远距离炸药探测仪1台、大型气体灭火装置1套、有毒有害气体智能排放系统2套、离心式斜井排水救灾装备（360立方米/时，扬程30米）2套、离心式斜井排水救灾装备（450立方米/时，扬程420米）2套、矿井救灾排沙装备（400立方米/时，扬程100米）2套、200米矿井救灾排水装备（200立方米/时，扬程200米）2套、450米矿井救灾排水装备（700立方米/时，扬程450米）2套、吊挂设备1套、井下轻型救灾钻机2套、50 T车载钻机和电磁波无线随钻测斜仪1套、井下快速成套支护装备2套、大扭矩履带式全液压钻机1台、多功能灾区仿真模拟与演练评价系统1套。白沙矿区救护大队：主要设备器材有BG4正压氧气呼吸器35台、BG4正压呼吸器校验仪3台、HY－4型正压氧气呼吸器12台、HY－4型呼吸器校验仪2台、G750多参数气体检测仪1台、各种电子气体检测仪器15台、成套破拆装备1套、成套井下轻便支护装备1套、生命探测仪1台、SKP－I型手动快速密闭喷涂机1台、自动苏生器6台、心肺复苏模拟人2具、氧气充填泵6台等。牛马司矿山救护独立中队：主要设备器材有四小时正压呼吸器16台，呼吸器检测仪2台，氧气罐若干，2小时备用呼吸机2台，瓦斯检测器6台，一氧化碳检测器4台，各种检测管不低于200根，多功能检测器4台，苏生器1台，医药箱一个，液压剪刀一把，斧子刀具锯子若干，担架6副，楼梯2张，消防水管及接头若干，灭火器20罐，铁锹铲子若干。金竹山矿山救护独立中队：主要设备器材有4小时正压呼吸器、自动苏生器、高压脉冲灭火装置、红外线测温仪、红外线测距仪、多种气体检测仪、瓦斯检定器、液压起动器、液压剪、灾区指路器等装备。

第四节 事 故 救 援

一、抢险救灾应急救援情况

2006—2015年，长沙矿业矿山救护大队在集团公司期间，参加抢险救援100多起，抢救遇险遇难人员206人，挽回经济损失上亿元。

2006—2022年，资兴矿区救护大队共参加处理各类灾害事故2260起，抢救遇险人员1056人，搜救遇难人员2678人，为国有企业、地方企业挽回经济损失3.6亿元。白沙矿区救护大队参加各类事故抢险救援170多次，抢救出遇险人员51名、搜救遇难人员174名，挽回经济损失上亿元。牛马司矿业公司矿山救护中队独立承担或参与11起煤矿事故、1起其他事故的救援；金竹山矿业有限公司独立承担或参与12起煤矿事故的救援。

二、事故救援案例

2006年12月26日14时45分，马田矿业公司新星煤矿因小煤窑超深越界开采导致立井井筒坍塌，当班包括矿领导带班在内共有93名矿工尚在井下。事故发生后，集团公司领导当天下午就从长沙赶到事故地点，并指示白沙、资兴救护大队救护人员立即赶赴事故矿井，迅速成立抢险救灾指挥部，现场指挥抢险救灾。指挥部决定从贯穿新星煤矿井巷的小煤窑撤人，立即指挥在井下的刘甲湘副矿长，准备工具将小煤窑与矿井贯通的密闭巷道打通。在地面，由副矿长康多建、刘仁元、王焕春带领救护队员从小煤矿下到井下疏通巷道，前往接应。由于指挥得当、措施得力、救援迅速，所有井下遇险人员没有慌乱。26日17时许，首批被困人员借道小煤窑平安出井；到17时46分整，被困井下93名矿工全部安全撤离至地面，无一人受伤。

2007年4月20日2时30分，湖南省耒阳市龙塘镇张为爱煤矿井下发生火灾事故，当班井下作业人员5人遇险。4月20日8时10分，湖南省矿山救援白沙基地（白沙救护大队）接到耒阳市安监局事故救援召请电话，立即出动一个小队共10名指战员，9点10分赶到事故矿井，经过10个小时的抢救，将2名遇险矿工和3名遇难矿工成功救出。

2008年4月27日10时30分，湖南省耒阳市三都镇碳山煤业泉江煤矿井下－136米上山回采工作面在回采过程中，发生穿老巷透水。透出水量约2000吨、煤量约400吨，造成2人被困。28日21时5分，救护大队接到救援指令电话，立即出动两个小队14名指战员，22时50分赶到事故矿井，经过34小时的抢救，成功将被困的2人安全救出。

2009年12月16日中午12时，郴州市玛瑙山矿550米巷道，因泥石流导致矿硐巷道堵塞20米左右，5名矿工被困，生死不明。资兴矿区救护大队接到郴州市政府召请后，立即出动11名指战员奔赴事故矿井，经过9天的艰苦奋斗，于24日下午2时30分成功抢救出3名遇险人员，2名遇难人员。

2010年1月5日13时40分，湖南省湘潭县谭家山镇立胜煤矿井下－155米水平至－240米水平的暗立井中发生一起火灾事故。事故发生后，湖南省安全生产监督管理局应急救援指挥中心在短时间内迅速调派湘潭矿业公司救援队、湘潭市矿山救援队、矿山救援长沙基地、娄底市矿山救援队、矿山救援白沙基地等5支湖南矿山专业救援队伍参与抢救，全力以赴抢救出井下遇难矿工25名。

2011年2月16日11时40分，耒阳市小水镇洲里村一矿井下发生一起局部瓦斯爆炸事故。2月16日13时55分，湖南省矿山救援白沙基地（白沙救护大队）接到耒阳市煤炭局打来事故救援召请电话，立即出动一个小队9名指战员，14时25分赶到事故矿井。在途中调派的集团公司红卫矿业公司救护中队一个小队7名指战员也于14时30分赶到事故矿井。这次抢险救灾，共出动3个救护小队、25名指战员。到19时50分，奋力抢救5个小时，救出受伤人员2名，遇难矿工3名。

2012年7月4日17时35分，湖南省耒阳市三都镇茄莉冲新井煤矿井下发生一起透水事故，造成井下20名矿工涉险，其中4人自行逃生，16人被困井下。事故发生后，国务委员、国务院秘书长马凯，省委书记、省人大常委会主任周强，省委副书记、省长徐守盛，国家安监总局局长分别作出重要指示和批示，要求尽一切努力搜救被困人员，全力救治伤员，妥善做好被困人员家属安抚和善后工作，查明事故原因，严格依法依规追究责任。省政府副省长盛茂林，国家煤监局副局长黄玉治，省政府副秘书长、省安监局局长刘尧臣率有关部门负责人赶赴现场，组织指导应急救援工作。

根据救援指挥部的召请，湖南省矿山救援白沙基地三个中队参与救援。8日零时45分，第一批救出3名被困矿工。1时50分，3名遇险人员在被困80个小时后营救出井。8日18时25分，救出第二批4名遇险人员在被困96个小时后被营救出井。这次抢险救灾历时25天600个小时，共救出遇险矿工8名，遇难矿工8名。

2013年10月14日中午12时30分，郴州市白露塘镇赵家垄有色矿，因连日降雨地面塌陷，5名矿工被困，生死不明。资兴矿区救护大队接到郴州市政府召请后，立即出动1个小队、9名指战员奔赴事故矿井，经过8天112个小时的奋力抢救，于22日中午12时30分抢救出5名遇难人员。

2014年7月23日9时27分，湖南省煤业集团公司嘉禾矿业公司浦溪井北一采区2251南风巷发生瓦斯爆炸。资兴矿区管理局救护大队接到指挥部通知后，出动救护指战员9名会同嘉禾救护中队参与事故抢救。9时39分，资兴救护大队组织侦察小队7人，携带好救援装备赶赴瓦斯爆炸事故现场。这次抢险救灾共出动2个救护小队、17名救援指战员，历时36个小时的奋力抢救，将5名遇难矿工全部救出。

2020年3月30日11时40分许，受连日降雨影响，京广线郴州市永兴境内马田墟至栖凤渡站下行区间发生线路塌方（图4－3－1）。济南至广州的T179次列车运行至该区段时，列车司机发现后立即采取紧急制动措施，列车撞上塌方体，导致机后第一节发电车起火，第二至六节车厢脱线倾覆。车上共有654名旅客和37名铁路工作人员，造成4名旅客重伤、118名旅客轻伤；有1名铁路乘警经现场抢救后不幸殉职，5名铁路工作人员轻伤，导致行车中断。

图4－3－1 T179次列车脱轨侧翻照片

12时31分，集团公司先后接到了中华人民共和国应急管理部应急救援指挥中心和省应急管理厅的救援指令。集团公司董事长、党委书记廖建湘立即指示资兴救护大队、白沙救护大队火速组织力量进行救援。12时33分，资兴救护大队调集周源山、马田矿业公司救护队组成3个小队共35人，出动卫星通信指挥车一辆、装备保障车一辆、运兵车三辆，配备井下成套快速支护两套、苏生器三台、担架三副、电动破拆工具两套、口罩200个，从资兴驻地出发赶赴现场，13时30分到达现场。队长何新春立即到现场指挥部领取任务后，带领指战员戴上口罩，配合前期到达的地方消防队一起进入列车内开展地毯式的搜救。白沙矿区救护大队调集了红卫矿业公司救护队组成2个小队21人，出动运兵车两辆，携带破拆工具两套、苏生器两台、担架两副，于14时25分赶到事故现场。白沙救护大队到达现场后，指挥部决定由消防队继续负责抢救被困人员，资兴救护大队与白沙救护大队负责清理铁轨上的路障，打通救援和铁路工程抢险车通道。16时40分，两队顺利完成救援任务，按照现场指挥部安排撤离返回。

2020年4月29日12时24分，长沙市望城区金山桥街道一居民自建房倒塌。

5月1日20时许，集团公司党委书记、董事长廖建湘接到副省长陈飞的抢险增援指令，立即调动集团公司下属的资兴、白沙局矿区救护大队参与救援。5月1日20时15分，湘煤救援队由资兴矿区安全管理局局长谭景茂带队，组织3个备勤小队27名指战员，出动卫星通信指挥车一辆、多功能集成式装备保障车一辆、运兵车两辆，携带井下成套快速支护设备两套、电动破拆工具一套、苏生器两台、担架等救援装备器材，一路急驰赶赴事故救援现场与现场等候的股份公司总经理彭双良会合，并向现场指挥部请求了救援任务。

5月2日8时30分，根据现场指挥部指令，湘煤救援队负责对倒塌房屋两侧的房屋进行加固。由于楼房倒塌，对东西两侧房屋形成挤压，造成两侧房屋严重受损，西侧房屋一楼墙体被侵入，东侧房屋除低楼层受到侵入外，高楼层也受到影响，造成其后部部分坍塌，未完全掉落的混土块因为钢筋勾连，悬在半空中，随时有掉落的危险。根据现场实际情况，湘煤救援队凭借娴熟的矿山救援技能和经验，采用钢构件对东西两侧房屋加固，并用液压支架、矿用顶和木垛同步加固，确保了东西两侧房屋安全，为现场施救工作提供了安全保障。

5月4日上午，根据现场指挥部指令，湘煤救援队参与了对倒塌建筑的构建物逐层剥离，救援队员分为两班轮流作业，配合大型机械进行场地清理，凡是机械设备不能作业的地方，立即人工清理。同时，按照“剥离一层、探测一遍”的要求，积极配合进行全场静默生命体征探测。5月4日20时40分许，在静默探测中，发现了令人激动的生命迹象信号，经过3个多小时的紧急救援，第10名被困人员成功获救。

5月6日3时6分，按照现场指挥部指令，湘煤救援队完成抢险救援任务返回驻地。

2017年5月7日上午11时左右，湖南省株洲市攸县黄丰桥镇吉林桥煤矿因相邻废弃矿井有毒有害气体侵入该矿井下造成作业人员中毒，白沙救护大队奉命参与救援。此次救援，白沙基地共发现并抢救出遇险人员3名，发现并搬运遇难人员7名。

2020年11月29日11时30分，湖南省耒阳市导子煤业有限公司源江山煤矿－500米水平61煤一上山发生重大透水事故，13人被困井下。11月29日13时15分，白沙大队长徐志军接到耒阳市应急管理局事故召请电话后，就近调派白山坪中队立即出动赶赴源江山煤矿事故现场；13时18分，调派大队直属队赶赴现场。11月30日0时30分，集团公司董事长廖建湘接到省政府指令后，第一时间带领公司副总经理彭双良等于凌晨3时50分赶到事故现场，并通知白沙矿区管理局等6个驻耒单位相关工作人员立即赶赴源江山煤矿参加抢险救援工作。后续又委派股份公司总经理胡瑞连、副总经理汤世杰等赶到现场，安排周源山、宝源、嘉禾3个下属单位参与事故抢救援工作。此次救援，集团公司先后投入人员662名，累计工作日3018个；出动参与运送救援物资和人员的车辆共40余辆；投入各类水泵13台及配套设备；液压钻机6台及配套设备；各类高低压电缆6370米；通信光缆3900米；排水管路2570米；各类防爆开关17台；局部通风机1台及风筒3400米；其他管路配件及钻机配件和工具3800余件；各种劳动用品10000余件等。至12月18日，指挥部宣布结束救援，共搜救到5名遇难矿工，8名矿工失踪。

第五节 事故统计与处理

一、事故统计

集团公司成立之前，是为“三局三矿”（三局为涟邵集团、资兴集团、白沙集团，三矿为长沙矿业、湘潭矿业、辰溪矿业），死亡事故较多。1997—2005年9年间，“三局三矿”煤矿事故共死亡545人，其中涟邵集团死亡157人、资兴集团死亡92人、白沙集团死亡173人、长沙矿业死亡34人、湘潭矿业死亡75人、辰溪矿业死亡14人。

2006年，集团公司所属各煤矿共发生死亡事故38起，死亡53人。以后，死亡事故起数和死亡人数不断下降，到2017—2022年，只2020年发生死亡事故1起，死亡1人；2017年、2018年、2019年、2021年、2022年均消灭了死亡事故。

2006—2022年，集团公司共发生死亡事故104起，死亡175人，其中一般伤亡事故87起，死亡102人，较大伤亡事故17起，死亡73人（表4－3－1、表4－3－2），未发生过一次死亡10人及以上重大安全事故。百万吨死亡率为1.89。

表4-3-1 2006—2022年集团公司煤矿死亡事故统计表

年份	事故起数（起）	死亡人数（人）	产量（万吨）	百万吨死亡率	年度	事故起数（起）	死亡人数（人）	产量（万吨）	百万吨死亡率
2006	38	53	594.04	8.92	2015	1	2	571.37	0.35
2007	19	28	485.21	5.77	2016	2	7	457.28	1.53
2008	16	19	551.41	3.44	2017	0	0	438.2	0
2009	5	19	606.84	3.14	2018	0	0	440.08	0
2010	5	5	616.37	0.81	2019	0	0	449.3	0
2011	3	11	641.1	1.72	2020	1	1	455.67	0.22
2012	6	13	670.85	1.94	2021	0	0	471.22	0
2013	4	6	674.97	0.89	2022	0	0	503.1	0
2014	4	11	618.73	1.78					

表4-3-2 2006—2022年集团公司煤矿死亡事故起数、死亡人数分类统计表 人/起

年份	一般伤亡事故	较大伤亡事故	重大伤亡事故	特别重大伤亡事故	合计
2006	38/34	15/4	0/0	0/0	53/38
2007	21/7	7/2	0/0	0/0	28/19
2008	19/16	0/0	0/0	0/0	19/16
2009	2/2	17/3	0/0	0/0	19/5
2010	5/5	0/0	0/0	0/0	5/5
2011	3/2	8/1	0/0	0/0	11/3
2012	3/3	10/3	0/0	0/0	13/6
2013	6/4	0/0	0/0	0/0	6/4
2014	2/2	9/2	0/0	0/0	11/4
2015	2/1	0/0	0/0	0/0	2/1
2016	0/0	7/2	0/0	0/0	7/2
2017	0/0	0/0	0/0	0/0	0/0
2018	0/0	0/0	0/0	0/0	0/0
2019	0/0	0/0	0/0	0/0	0/0
2020	1/1	0/0	0/0	0/0	1/1
2021	0/0	0/0	0/0	0/0	0/0
2022	0/0	0/0	0/0	0/0	0/0

二、事故处理

2006—2022年，集团公司成立后，制定了《安全事故责任追究制度》，并不断修订完善，制度规定对于一般伤亡事故由股份公司负责组织矿区安全生产管理局对事故进行调查和追查分析，并提出处理意见，处理意见经股份公司总经理办公会议研究，报集团公司决定。较大及以上伤亡事故由股份公司负责组织调查和追查分析，提出处理意见，处理意见经股份公司总经理办公会议研究，报集团公司决定。制度规定：

凡发生一起一般伤亡事故的，给予矿长降职或免职处分，给予矿党总支书记降职处分，给予主责副职免职处分，并给予经济处罚；给予原煤公司董事长、总经理记过及以上处分，给予原煤公司主责副职记大过及以上处分并给予经济处罚；给予管理局主责副职记过及以上处分，给予驻矿安全专员免职处分，并给予经

济处罚。

凡发生一起较大伤亡事故的，给予矿长撤职处分，给予煤矿党总支书记免职处分，给予煤矿主责副职撤职处分，并给予经济处罚；给予原煤公司董事长、总经理免职或降职处分；给予原煤公司党委书记降职处分，给予原煤公司主责副职免职或降职处分，并给予经济处罚；给予所属矿区管理局局长免职或降职处分，给予管理局主责副职免职或降职处分，给予驻矿安全专员撤职处分，并给予经济处罚。

2011 年 1 月 21 日，洪山殿公司彭家冲煤矿发生一起一氧化碳中毒事故，死亡 1 人。根据调查结果，按照相关责任分析，对当时洪山殿公司董事长和党委书记给予降半职 6 个月处分，洪山殿公司安全副总理、总工程师、通风部长、救护中队队长、彭家冲煤矿矿长和总工程师给予行政记大过处分，涟邵管理局总工程师、洪山殿公司安监部部长给予行政记过处分，涟邵管理局局长、通风部部长、安监部部长给予警告处分，并按规定给予相关人员经济处罚。

2012 年 7 月 17 日，嘉禾公司发生一起死亡 3 人的煤与瓦斯突出事故；2014 年 7 月 23 日发生的死亡 8 人的煤与瓦斯突出事故。均对当时时任嘉禾公司的董事长、总工程师给予了撤职处分；其他相关责任人按责任情况分别给予了相应处分，并按规定给予相关人员经济处罚。

2016 年 8 月 5 日，周源山煤矿发生一起较大运输事故，造成 3 人死亡。根据调查结果，按照相关责任分析，对当时周源山煤矿矿长给予免职处分；周源山煤矿党委书记、分管机运副矿长、分管安全副矿长、机电副区长、采矿副总工程师给予党内严重警告处分；周源山煤矿总工师、资兴管理局局长给予行政记大过处分；给予工程队值班队长、分管机运副队长、分管采煤副队长给予解除劳动合同处理，并按规定给予相关人员经济处罚。

2016 年 11 月 20 日，牛马司公司铁箕山煤矿发生瓦斯爆炸事故，造成 4 人死亡。根据调查结果，按照相关责任分析，对当时牛马司公司总经理给予行政记大过处分；给予牛马司公司安全副总经理兼总工师、生产副总经理、采矿副总工程师、通风副总工程师党内严重警告处分；给予涟邵管理局局长、总工程师、通风部部长、生产技术部部长、安监部部长行政记过处分；铁箕山煤矿矿长撤职，铁箕山煤矿总支书记、机电副矿长被行政记过；铁箕山煤矿总工程师、通风副总工程师、当班电工、当班队长被解除劳动合同；当班瓦斯检查员被追究刑事责任。其他责任人员受到经济处罚。

2020 年 10 月 28 日，牛马司公司水井头煤矿发生一起爆破事故，造成 1 人死亡。根据调查结果，按照相关责任分析，给予牛马司公司董事长、总经理、生产副总经理行政记过处分，给予驻水井头煤矿安监专员免职处分，给予安全副总经理行政记大过处分，给予水井头煤矿长和总支书记降职处分、生产副矿长免职处分。其他相关责任人按责任情况分别给予了相应处分，并按规定给予相关人员经济处罚。

第五篇
环境保护

集团公司高度重视环境保护工作，认真贯彻执行创新、协调、绿色、开放、共享的新发展理念，大力组织开展绿色矿山建设。所属各单位严格执行《中华人民共和国环境保护法》，建立环保机构，完善环保制度，加大资金投入和治理力度，坚持经济发展与环境保护同步发展，环境面貌持续优化。

2007 年，《湖南省煤业集团“十一五”发展纲要》提出煤矿环境保护与综合治理对策，坚持以科学发展观为指导，制定环境综合治理的总体专项规划，逐步实施，实现资源再利用的循环经济。建立有效的环境管理和监督机制，新建煤矿充分考虑水土保护、土地复垦、地质灾害防治和地质环境影响，采取生态环境保护措施，避免或减少对大气、水、耕地、森林等不利影响和破坏。建立煤矿环境保护投入机制，实施煤炭清洁生产与利用。2010 年，编制《湖南省煤业集团发展战略暨“十二五”规划》；2016 年，编制《湖南省煤业集团发展战略暨“十三五”规划》，都对环保提出了新的更高的要求。2016 年，集团公司新班子组建，全面贯彻落实习近平生态文明思想，加大节能减排和环境治理力度，加快绿色矿山建设。到 2022 年，集团及所属企业环境面貌焕然一新。

第一章 环 保 管 理

第一节 管 理 机 构

2006 年 6 月，集团公司成立时，环保管理职责归口战略发展部，总工程师室和生产安全部门协助管理，配备环保工作人员。

2010 年，集团公司生产技术部是集团环保管理归口管理部门。各单位的负责人对本单位环境保护工作负责。

2013 年 7 月，集团公司成立科技环保部，负责环保管理职责。所属单位根据要求对环保工作作出相应调整，明确职责部门，配备专职或兼职环保专干。

2014 年 6 月，集团公司将原科技环保部变更为环保科技部。

同年 7 月，集团公司成立重大环保事件应急处理领导小组，明确一名副总经理任组长。所属各单位设立以总经理为组长的突发性环境污染事故应急救援指挥小组，建立管理机制，确定突发性环境污染事故应急救援指挥小组人员。集团公司所属单位相继成立和健全专职环保机构。到 2015 年，全集团共有专（兼）职环保人员 31 人，形成系统、全面、规范的环保工作体系。

2017 年 9 月，集团公司进行总部机构改革，撤销环保科技部；集团环保管理工作归并到生产技术部。

2018 年，集团公司将非煤单位环保管理工作明确划归战略投资部；原煤单位环保管理工作仍由生产技术部负责。7 月，集团公司成立环保工作领导小组，开展环保督察，各单位开展环保自查。

2021 年，集团公司批准煤科院并购顶鑫环保公司，奠定集团公司完善矿山环保综合治理全产业链基础。

2022 年，集团公司安全监管部更名为安全环保部，负责全集团环保管理工作。

第二节 管 理 制 度

2007 年，集团公司印发《矿井可持续发展规划》《矿井生活环境卫生达标规划》《矿井生活及工业污水处理方案》《煤矸石绿色充填高效开采实施方案》等环保管理制度。

2010 年，集团、股份公司按照国家和湖南省政府有关环境保护政策法律规定，分别下发《湖南省煤业集团有限公司环境保护管理制度》

《湖南省煤业集团黑金时代股份有限责任公司环境保护管理制度》，明确环保职能机构与职责，污染源的识别、防治，环保建设项目管理，环境检测管理，环保设施管理，污染事故管理，奖励与惩罚6个方面的主要内容。印发《湖南省煤业集团有限公司重大突发事件应急管理制度》，将“环境污染和生态破坏事件”纳入应急管理范围。

2011年起，集团公司各单位根据行业特点，制定相应的环保管理制度。5月，白沙实业公司制定《白沙实业公司环境保护管理制度》。金竹山矿业有限公司制定完善环保工作管理考核办法、环境风险防范应急预案等规章制度，责任到人。

2013年9月，国务院正式下发《大气污染防治行动计划》。随后，各省份相继发布《大气污染防治行动计划》的实施细则，其中大量涉及将煤炭用其他清洁能源代替、减少煤炭消费以及煤炭下游行业加速淘汰落后产能的规定，环保、节能减排对煤炭行业的约束越来越严格，企业面临更多挑战和发展压力。所属各单位依据集团对环保工作要求，陆续出台和修订环保管理制度，并严格按环保制度实施管理。

2014年，集团公司各单位先后制定《突发环境事故应急预案》《年度突发性环境污染事故应急处置预案》，加强预防和减少危险事故危害。华磊公司建立健全《环境保护管理制度》《环境管理及事故应急预案》《危化品安全管理制度》等环境保护管理制度，追求“零事故、零伤害、零污染”目标。

2015年3月，集团公司下发《环境保护工作管理办法》和《节能减排工作管理办法》，明确环保管理部门的职能和职责，包括执行国家环保法令、制订环保规划、推行先进环保技术手段、加大环保投入、进行环保督查、实施环保治理和兑现环保奖罚等，为依法依规开展相关工作提供制度保障。

2018年，集团公司印发《湖南省煤业集团有限公司环境保护工作管理办法（试行)》，对集团公司环保管理职责进一步明确；明确所属各单位是本单位环保工作的责任主体；对建设项目的环保管理、环保项目的实施流程、生产过程、环境管理作出明确要求，并建立奖罚制度。

2019年，集团公司所属原煤公司相继出台《环保隐患排查报告制度》《环境危险源应急预案》《环境保护管理制度》《矸石堆场风险应急救援预案》《污水管理处理制度》《噪音治理制度》《生活垃圾及固体物处理办法》等制度。股份公司印发《湖南黑金时代股份有限公司矿山环境治理恢复基金管理办法》。

2021年，集团公司印发《湖南省煤业集团有限公司环境保护工作管理办法（试行)》，进一步强化环保工作职责和职能，加强生产过程环保监管和处罚力度。

2022年，集团公司全面贯彻新发展理念，对环保工作进行更严格的规定和要求。各单位按照集团公司要求，加大环境保护力度。周源山矿业公司制定实施《矿井可持续发展规划》。资兴实业焦电公司制定《湖南省资兴焦电股份有限公司环境保护管理制度》和《湖南省资兴焦电股份有限公司环保管理考核细则》。对重点环境保护设施或工序，公司组织生产部室制定相关岗位技术操作规程，作为环保管理制度的细化补充。

第三节 环 保 投 入

从2006年起，集团公司每年都要投入大量资金，改造、更新环保设备，增添环保设施，减少和淘汰落后的高能耗、重污染的产能。并规定：公司新建、改建、扩建工程及技改项目，防治环境污染和生态破坏的设施，应严格执行与主体工程同时设计、同时施工、同时投产使用“三同时”制度，从源头预防与过程治理相结合，不断提高环保质量。

2008年，牛马司公司为做到废水、废气及固体排弃物排放达标。是年投资85万元，兴建洗煤厂污水循环使用处理系统。

2011年3月，株洲洁净煤公司投入28.5万元，专门对质检电视监控子系统进行改造，新建安防和生产电视监控子系统。

2012年，集团公司各单位不断加大环保资金投入，增添环保设施和设备。辰溪矿业公司投入费用100余万元，先后对两矿职工澡堂进行改造、升级换代。为蒋家坪矿区引进净水设备，在大坪矿淘汰老式锅炉，新安装6台KLB100型热泵。集团新疆能源公司按环保工作“三同时”的要求，投资252.4万元，建设16个环保项目，对“三废”进行专项治理。立达公司在新建项目施工过程中，公司严格按照环评要求规范施工，新址项目建成后，车间全部采用节能环保的设备，并完善废水、废渣、废气的排放措施和设施，做到节能、节材、节水管理和清洁生产。

2013年，集团股份公司根据环保核查工作要求，共安排资金2900万元，集中用于生产矿井废水、废气治理等项目。白山坪矿业公司投入270万元，对锅炉、废水实施环保改造工程。安装三套TS－A/O一体化废水处理设备，废水达标排放。在马田投资343.72万元，对排污进行综合治理和设备改造升级。安装生活污水处理装置，达到国家排放要求。牛马司矿业公司投资45万元对水井头矿、铁箕山矿生活锅炉烟气排放系统进行改造。

2009—2013年，全集团18个子公司累计投入资金74621.5万元，先后建设186个环保项目，主要包括新建矿井废水和生活污水处理系统，改造锅炉烟气处理系统、各煤矿的煤矸石堆物规范化整治等项目。

长沙矿业公司用于环境治理保护的投资达6200万元。2009—2010年，投资4000万元，对矿区的整体面貌进行整治，包括道路建设、居民区建设、生活垃圾、生活污水的处理，彻底消灭脏乱差现象。2011年，投入改造费用600万元，对三矿的锅炉及烟囱进行设备、材料的更新和维修，减少烟尘废气排放。

资兴实业公司先后投入800多万元，对矸石发电锅炉等关键设备及生产系统进行技术改造，降低煤耗，提高效率；投入450万元，对焦化系统、洗煤浮选系统及煤泥系统进行技术改造，提高结焦率、精煤回收率和煤泥回收率，降低环境污染；投入500多万元，对球团公司竖炉和冷却系统进行改造，节约煤气。

2014年，株洲洁净煤股份有限公司投资1.6亿元，完成0号、1号自动配煤系统改造、洗选煤系统后续工程、浮选系统改造、尾矿处理系统改造，采用重介－浮选流程，煤泥水处理采用煤泥分级、浮选、浓缩、压滤工艺，使用絮凝剂，形成比较完善的洁净煤洗选系统。

同年，辰溪矿业公司投入8万多元维修排污设施，对所属大坪煤矿、蒋家坪煤矿的矿井水、生活污水、锅炉废气进行综合治理和改造升级。周源山煤矿投入1174.7万元，新建矿井废水处理站及配套设施。至2014年，共投入资金2354万元，先后对矸石山围墙和污水处理池建设，购置煤矸石破碎机、除尘脱硫设施。

2015年，集团公司坚持“科学、清洁、和谐”发展的理念，积极开展环境整治。周源山公司投入资金2354万元，先后对矸石山、甘龙河进行治理，实施矿区绿化净化、煤矸石绿色充填、井下水综合利用。白山坪公司用于环保投入达1181.28万元，改造锅炉、废水环保工程；安装三套TS－AO一体化废水处理设备，废水达标排放。经耒阳市环保局监测大队监测，达到环保要求。磨田煤矿投入资金148万元，将燃煤锅炉改造成空气能供热系统，硫、尘、渣排放量为零。牛马司公司投资453万元，对铁箕山矿、水井头矿矿井涌水排放渠进行改建和扩修，全长2200余米；对水井头矿、铁箕山矿生活锅炉烟气排放系统进行改造，分别建造锅炉烟气水幕除尘吸收系统一套。资兴实业公司投入200多万元，对存在的环保问题进行根本治理，加大生产系统改造，使生产、生活环境都得到改善。

2016年底，株洲洁净煤股份有限公司投入环保资金580万元，对废水处理站及储煤基地环保设备进行改造。马田矿业公司加大投入进行环保治理，累计投入环保资金600多万元。对排污进行综合治理和设备改造升级；安装生活污水处理装置；在三矿安装锅炉废气和粉尘处理装置。红卫矿业公司环境保护累计投入8000万元，先后在四对生产矿井建成封闭式储煤场，生产、生活污水处理站，锅炉烟尘脱硫设施，加大水污染、固体排弃物污染、烟尘废气污染治理，做到达标排放。兴源公司先后投入6005.8万元，对各项污染物排放进行有效监控。其中对觉光寺、周家坳和伍家冲三矿的矿井水、生活污水、锅炉废气和固体排弃物进行综合治理和改造升级。经耒阳市环保部门对矿区废气、废水、噪声进行全因子监测，达到环保要求。湘潭矿业公司投资708万元，对一矿、三矿、四矿井下水、生活及工业污水，锅炉除尘脱硫、矸石处理进行全面治理，经当地环保部门验收合格投入使用。

2019年，资兴煤矸石发电有限公司烟气超低排放改造项目投资2435万元，被省生态环境厅纳入湖南省年度“蓝天保卫战”重点减排项目。

2021年3月5日，湘东矿业公司挂牌成立，公司加大环保投入和治理，投入资金600多万元，建成一座处理能力日达6000～12000立方米的污水处理站，有效解决矿井污水排放的问题。至2022年，投入资金1000多万元，共建设项目27个大项、61个小项。对压风机房、食堂、矸子山、工业广场、生活水排放、煤仓防尘等进行全面改造和绿化，有效控制废气、废物、噪声。

2018—2022年，兴源矿业公司先后投入3000余万元，对下辖三矿进行全方位的生态环境问题整体整改整治。截至2022年，公司下辖三矿全面实现污染物达标排放。

2022年，集团公司牢固树立创新、协调、绿色、开放、共享“五大”发展理念，大力实施“黑色煤炭，绿色开采”战略，南阳公司共投入环保资金2000万余元。分别对浉江、前进两矿的工业广场及运输通道进行硬化，按规定设置导流沟、导流槽及沉煤池；对两矿煤仓实行全封闭，在所有扬尘点、扬尘面安装降尘、抑尘设施。先后在浉江、前进两矿煤仓修建沉淀池及截排水沟；在两矿煤仓出口安装洗车平台，购买洒水车，定期对地面进行洒水降尘。白山坪公司经集团批复投入专项环保整改资金2856.26万元用于新建龙塘、白山坪、磨田三矿沉淀池扩容改造，污水处理系统设备，全自动洗车平台，标准化排放口（含在线监测系统）等设施设备。兴源公司先后投入6000余万元，完善各项污染物排放并进行在线监控。资兴实业焦电公司投入1000多万元，全面优化环保设施和设备。其中，新建一套脱硫废液除盐系统，解决脱硫塔脱硫废液处理难题。一套焦炉排散废气处理系统和槽罐废气处理系统，回收达标排放。华磊公司累计投入660.55万元，优化环保设施和设备，进行废气、废水及危化品处理。白山坪公司安排5298万元专项工程，对磨田煤仓实施封闭环保改造，净化环境。精煤公司实施洗煤厂设施改造、设备更新、配煤基地洒水及生产、生活设施改造工程。

2016—2022年，集团公司认真贯彻落实党中央国务院、省委省政府关于生态环保工作的重大决策部署，牢固树立生态优先、绿色发展的理念，持续深入打好污染防治攻坚战，狠抓全省防范化解生态环境风险隐患“利剑”行动问题、省纪委督办的“洞庭清波”生态环境问题以及省长江办督察生态环保问题的整改，累计投入资金逾3亿元进行环境综合治理和绿色矿山建设，解决了大量的环保历史遗留问题。2022年12月，集团公司所属29对矿井全部通过了省自然资源厅“绿色矿山”的认定。

第四节 环 境 监 测

2006年起，集团公司环境保护管理制度明确规定，集团公司生产技术部、安全监管部负责环境监测工作，为环境保护和治理提供可靠的数据，并要求按月对原煤生产单位粉尘点进行一次监测，生产过程产生废水的单位按月对废水进行定期分析。集团各子公司每年邀请当地环保部门定点监测，对空气环境、水环境、声环境、生态环境和地质环境进行检测，对子公司的井下排水、矸石堆存、烟气排放及噪声环境等烟尘废气污染进行治理。

2009年起，集团公司实施清洁生产，各子分公司均开展清洁生产审核工作。新建的项目实行“三同时”，通过湖南省环保厅、贵州省环保厅、新疆维吾尔自治区环保厅的清洁生产评估。对环保部门提出的整改要求及时进行整改，不定期进行环保信息公布。经检测，各级子分公司污染物排放量均在总量控制指标之内。

2009年12月1日—2012年11月30日，国家环境保护部委托当地环保部门对集团公司所属各原煤单位进行一次环保监测和核查，包括饮用水源保护区等环境敏感区保护、环境影响评价和“三同时”制度执行、环保设施齐备性及稳定运行、污染物达标排放、危险废物及一般工业固体废物排放、污染物总量控制、清洁生产实施、环保处罚及突发环境事件、环境信息披露等九大项目，经现场检查及整改，各核查企业能遵守国家和地方的环境保护法律、法规、政策，符合原国家环保总局环发〔2003〕101号、环办〔2007〕105号，环发〔2008〕24号、国家环保部环发〔2010〕78号、环发〔2012〕118号等文件规定，达到拟上市企业环境保护核查要求。

2012 年，冷水江市环保监测站每月到长沙矿业公司所有排污口实时监测，娄底市环保局监测站每半年对公司排污口进行监测，所有监测均为达标排放。

2013 年，株洲洁净煤公司改造洗水处理系统，经过改造，废水排放指标达到株洲市环境监测中心站环保建设要求。马田矿业公司污水治理经当地环境监测站验收监测表明，矿井的生活污水处理能力分别为 10 立方米/时、5 立方米/时、5 立方米/时，处理后废水中 pH、悬浮物、COD-cr、BOD5、氨氮、总磷、粪大肠菌群数等均符合《污水综合排放标准》一级标准。白沙实业公司委托衡阳市环保局和耒阳市环保局对白沙电厂进行监测，大气污染物的排放达到国家要求的排放标准《火电厂大气污染物排放标准》(GB 13223—2011)。金竹山矿业公司由冷水江市环保监测站每年到公司所有排污口实时监测，娄底市环保局监测站每半年对公司排污口进行监测，所有监测均为达标排放。耒阳市环境监测站每季度派专人到南阳公司及三矿对污水排放、烟尘排放及煤尘飞扬情况进行监测。兴源矿业公司定期对各水平水仓、沉淀池、防尘洒水系统及锅炉脱硫除尘系统进行清理、维护、更新与保养。与耒阳市环保部门联系，对矿区废气、废水、噪声进行全因子监测。按环保要求，制订常规监测计划并定期委托有资质的单位进行监测。生活锅炉产生的废气，使用旋风除尘器除尘后，经耒阳市监测站验收监测，达到《锅炉大气污染物排放标准》(GB 13271—2001) 二类区Ⅱ时段标准。华磊公司每季由郴州市环保部门对废水、废气、噪声环境和空气监测。经郴州市环境监测站监测结果，工程排放生产废水中 pH、悬浮物、化学需氧量、氨氮均符合《污水综合排放标准》(GB 8978—1996) 一级标准。外延车间的 1 号喷淋塔、2 号喷淋塔排放废气中氨的最大排放速率分别为 0.004 千克/时和 0.013 千克/时，芯片车间排放酸碱废气中氨的最大排放速率为 0.0020 千克/时，均符合《恶臭污染物排放标准》(GB 14554—1993) 中二级标准。芯片车间排放酸碱废气中氟化物的排放浓度、排放速率最大值分别为 1.49 毫克每标准立方米、0.020 千克/时，氯化氢的排放浓度、排放速率最大值分别为 0.9 升、0.014 千克/时，符合《大气污染物综合排放标准》(GB 16297—1996) 二级标准。

2009—2014 年，资兴实业公司因部分生产设施达不到环境要求，于 2009 年关停两台发电 6 千瓦机组。2011 年，相继关停 70 型及新老 84 型焦炉 3 组 6 座共 132 孔的焦炭产能。球团公司也因生产达不到环保要求，于 2014 年 7 月正式关停。

2016 年，集团公司组织高质高效能耗专项检查工作。按照省发展改革委、省节能监察中心的安排，上半年对集团公司进行煤炭行业能耗情况专项检查。环保科技部积极向省发展改革委、省节能监察中心汇报，同时指导相关子公司准备迎检材料，并派人陪同省发展改革委领导下到子公司进行现场检查，顺利通过省发展和改革委和省节能监察中心检查。

2018 年，牛马司矿业公司实施环保工程，采用轻钢结构，封闭销售公司煤仓，抑制煤尘外扬。湘永矿业公司铜角湾煤仓环保工程采用干雾抑尘系统，防治煤尘外扬。资兴实业改造炼焦烟气脱硫系统，改进除尘系统；实施煤坪加围堰和焦炉散排治理专项工程。

同年，集团公司组织做好涉及环境有关工作，解决“蔡伦竹海问题”，维护企业合法权益。集团公司所属觉光寺煤矿、周家坳煤矿、伍家冲煤矿、坦家冲煤矿、沈家湾煤矿、红泉煤矿采矿权与蔡伦竹海省级森林公园保护区重叠。集团公司与国家长江办、省政府相关部门和地方政府沟通、协调。共计接待 41 次厅级以上领导到公司督察，实事求是反映情况，引起地方政府和省有关部门的重视。经耒阳市国土、林业等相关部门实地调查，公园保护区范围内无重要景点，不影响森林公园整体景观。林业部门认为蔡伦竹海省级森林公园当初规划红线是以自然村落为界，没有参考国土资源部门的矿山规划，致使将已划入国土资源矿山规划的矿权设置在先并在生产的矿山纳入森林公园规划区，而且公园规划范围偏大，造成矿业权与森林公园规划区重叠的情况。2018 年 3 月 6 日，耒阳市召开第 17 次政府常委会会议，决定调整缩小蔡伦竹海森林公园规划区，同意将包括公司所属六个煤矿在内的 13 个煤矿调出蔡伦竹海森林公园规划区，煤矿恢复正常经营。

2019 年，资兴实业公司实施多项环保工程。

在焦电公司原煤坪和精煤坪搭建钢架棚；在焦炭产品堆放地建立钢架棚，防止产品流失，净化环境。兴源矿业公司集中仓环保改造，封闭煤仓，增添洒水防尘设施。

2020年，金竹山矿业公司土朱矿在南口销售队新建下煤坪钢结构防尘棚。街洞矿业公司在茶山岭煤矿街洞转运站建设雨棚工程5693平方米。南阳矿业公司改造前进煤仓煤棚5000平方米，使用钢架结构、彩钢瓦、全封闭。资兴实业改造电厂汽水取样站在线监测系统；建设干煤泥棚600平方米，沉淀池576立方米；煤坪抑尘网3000平方米；燃料运送皮带封闭管理，隔音减噪。

2021年，资兴实业安排环保专项资金，实施炼焦工艺改造、发电系统改造、监控系统升级及多项环保工程，改善生态环境。其中：焦化脱硫废液除盐系统改造、煤坪防尘系统改造，建立原煤坪抑尘网600平方米，钢架棚抑尘网1443平方米。建立电煤集中堆放棚630平方米；燃料煤坪硬化3000平方米，新增汽车洗车装置。金竹山矿业公司实施多项环保工程，塘冲和土朱矿污水处理在线监测；改建塘冲皮带走廊和煤仓等。街洞矿业公司实施茶山岭煤仓环保改造，建立钢架彩钢瓦2000平方米，进行全封闭，仓内安装喷淋系统和雾炮机用于降尘，解决了煤炭露天堆放产生扬尘问题。

2021年9月，兴源矿业公司根据省生态环境厅生态环境突出问题整改“回头看”行动反馈觉光寺煤矿8个生态环境问题，专门组织召开觉光寺煤矿环保整治工作专题会议，成立环保工作领导小组，明确相关负责人的环保整改职责，立即布置整改整治工作。加强对矿井废水沉淀池投药人员、运输管理人员、专职环保人员的管理，严格按岗位责任制对各岗位人员进行考核。针对铁轨运输车辆未加盖篷布，附近物料散落较严重，雨水及山泉水冲刷导致含料废水经雨水沟直排外等问题，对污泥池进行全面修复，彻底解决池壁开裂及渗漏的情况。新建2000立方米矿井水沉淀池，彻底解决废水处理效果不佳和出水悬浮物较高的问题。购置覆盖材料、喷雾装置，在矸石堆场翻矸笼处安装喷雾装置，对作业面外的裸露矸石进行覆盖。周家坳煤矿严格按环评报告要求整改，由公司投入50余万元在工业广场新建100立方米初期雨水收集池，并在工业广场范围内修建了雨水收集沟和分流沟，对伍家冲矿矸石堆场地面进行全部硬化处理，对原路面较破碎的公路重新进行了硬化。新建1000立方米水煤池，环境得到全面改善和优化。

2022年，资兴实业在焦电公司原煤坪进出口区域，建设一套KIT900型全自动冲洗车轮装置，在生产单位储煤点建造抑尘网。

第二章 绿色矿山建设

第一节 废水治理

集团公司的废水主要来自各矿井的井下排水、洗煤厂的洗煤水和各单位的生活污水等外排水。各单位按照集团公司有关制度要求，并根据实际情况，采取有效手段进行治理，环境逐年改善和提升，废水全部无害化处理。

一、洗煤污水治理

2006年集团公司成立前，一些洗煤厂的洗煤污水主要采取沉淀处理。2002年，周源山煤矿洗煤厂建成投产，采用滚筒式洗煤。2004年增置一套厢式压滤机用于污水处理，洗煤水通过压滤机、储水池、潜水泵等程序实行闭路循环。2005年，资兴焦电公司新上年生产能力45万吨的重介质洗煤，并通过技术改造升级原浮选系统，使洗煤水实现一级闭路循环，全部循环利用。

2007年，周源山矿业公司在洗煤厂增置厢式压滤机处理污水，将洗煤水通过压滤机、储水池、潜水泵等程序实行“闭路循环”。

2009年，宝源矿业公司设计能力为年洗煤60万吨的洗煤厂，通过脱水筛脱水的煤泥水引入浓缩沉淀池进行沉淀，经循环水泵循环后用作生产用水，实现闭路循环。

2010 年，牛马司矿业公司洗煤厂投产。洗煤厂用水由水井头煤矿经处理后的井下涌水提供，洗水经厂内煤泥处理站处理后回用于洗煤生产。地面冲洗水以及厂区初期雨水收集至厂区初期雨水沉淀池，作为日常洗煤补充水，精煤弧形筛筛下水自流至浮选系统进行煤泥分选，分选出精煤和尾煤。浮选精煤采用精煤压滤机脱水回收，滤液自流到循环水池，浮选尾煤和尾煤由磁选机尾矿用池子收集后通过泵打到斜管浓缩机。斜管浓缩机底流采用尾煤泥回收筛配合尾煤压滤机脱水回收，斜管浓缩机溢流和压滤机滤液作为循环水循环使用。

2011 年，白沙电厂锅炉烟气经水膜除尘后的废水和炉底冲渣废水，经灰浆泵输送到灰坝内，经自然澄清后，再对外排放。

2012 年，立达公司对老厂区的工业废水排放及处理系统进行彻底清理，污水处理达到环保要求。

2014 年，株洲洁净煤股份有限公司通过洁净煤洗选系统改造，废水排放达到环保要求。

2017 年，资兴实业焦电公司在浮选工艺改造的基础上，组织原煤脱泥入洗 TBS 工艺改造。煤泥水实现闭路循环，清洁生产。

2019 年，牛马司改造洗煤厂污水处理系统，回收复用，达标排放。

2020 年，周源山矿业公司改造洗煤水系统，提升洗煤水复用率。资兴实业投入 69 万元，改造洗煤厂，对终端排水深化回收复用，实现洗水闭环管理。

到 2022 年，集团所有洗煤厂的洗煤水通过回收，循环利用，达标排放。

二、井下污水治理

2006 年起，集团公司 46 对生产矿井合计最大涌水量为 7996.46 立方米/时，一般涌水量为 7615.24 立方米/时。各矿井均按最大涌水量建立污水沉淀池，井下污水经过沉淀处理后作灌溉用水。多矿井原煤公司都分别建有井下水处理系统。2009 年，宝源矿业公司修建污水处理立方池，具备对南北两个矿井下排水处理能力。

到 2013 年，集团公司各矿井不断建立、增添和完善井下水处理设施，提升处理能力和效果。兴源矿业公司对觉光寺、周家坳和伍家冲煤矿的矿井水进行综合治理和改造升级，定期对各水平水仓、沉淀池进行清理。

白山坪矿业公司各煤矿均建有井下水仓、地面沉淀池和排污渠。白山坪煤矿建有 150 立方米井下涌水沉淀池和 4962 立方米井下水仓；龙塘煤矿建有 80 立方米井下涌水沉淀池和 2042 立方米井下水仓；磨田煤矿建有 200 立方米井下涌水沉淀池和 2228 立方米井下水仓。

南阳矿业公司南阳庙煤矿建有 40 立方米井下涌水沉淀池和 1000 立方米井下水仓；淝江煤矿建有 100 立方米井下涌水沉淀池和 1500 立方米井下水仓；前进煤矿建有 140 立方米井下涌水沉淀池和 2010 立方米井下水仓。

金竹山矿业公司 4 个矿井下涌水经井下水仓沉淀处理后由水泵房外排至井上蓄水池，除井下除尘用水、井下开采用水等外，剩余的矿坑涌水外引入排污渠道再处理。

马田矿业公司对所属芝兰冲煤矿、高泉塘煤矿和新星煤矿的矿井水进行综合治理和改造升级，投入运行。定期对各水平水仓、沉淀池系统进行清理、维护、更新、保养。

湘潭矿业公司对一矿、三矿、四矿井下水进行全面治理，经当地环保部门验收合格投入使用；井下涌水都是经井下水仓和地面沉淀池处理后达标外排。

周源山煤矿新建矿井废水处理站及配套设施，解决煤水循环利用。

2015 年，牛马司矿累计投资 453 万元对两矿矿井涌水排放渠进行改建和扩修，全长 2200 余米。红卫矿业公司在四对生产矿井建成生产污水处理站。

2016 年，集团公司加大环保治理力度，安排专项资金对各单位进行井下防治水工程。先后实施金竹山矿业公司排水系统改造、白山坪矿业公司排水系统改造、南阳矿业公司等单位防治水工程。

2017 年，集团公司陆续实施金竹山矿业公司机运排水系统改造；马田矿业公司排水系统改造；兴源矿业公司井下防治水工程、机电运输排水系统改造等多个防治水环保工程。

2018年，牛马司、宝源、金竹山、湘永、红卫、南阳、兴源等单位持续实施治水等多项环保工程。

2019年，集团公司统筹组织实施宝源矿业公司井下排水工程；黄牛岭矿业公司井下防治水工程；红卫矿业公司防治水工程；兴源矿业公司机运排水系统改造、金竹山矿业公司土朱矿井水处理系统、嘉禾矿业公司防水闸门建设、街洞矿业公司防水工程、南阳矿业公司前进矿防治水环保工程等多个防治水项目。

2020年，集团公司实施金竹山矿业公司唐冲酸性水处理扩容，从7200立方米扩容至14400立方米。组织实施街洞矿业公司环保改造工程、红卫矿业公司环保改造工程、南阳矿业公司防治水工程、兴源矿业公司排水系统改造工程、白山坪矿业公司磨田、浉江、前进矿井井下疏排水工程等项目。

2021年，集团公司先后实施金竹山、嘉禾、红卫、白山坪磨田等单位排水系统进行改造。

2022年，宝源矿业公司、红卫矿业公司和南阳矿业公司等6个单位，投入700多万元，对井下排水系统实施改造。至此，集团所有矿井排水都得到有效的综合治理。

三、生活污水治理

2006年，集团成立后，所属企业生活污水主要由家属住宅区、员工食堂和洗浴池等场所产生。逐步改造和增添生活污水处理设施，经过集中、沉淀或生化处理后达标排放。

2011年，宝源矿业公司修建生活污水处理站，日处理量为750吨，年处理量为27.375万吨。周源山煤矿在居民区建设生活污水处理设施，日处理污水1000吨。2013年9月，增加了日处理300吨的污水处理池，生活用水全部经过沉淀处理外排。

2012年，长沙矿业公司对五亩冲、西峰仑、竹山塘三矿的矸石山排污水道进行全面改造。2013年，对五亩冲矿的公共澡堂污水建立净化池。金竹山矿业有限公司建成生活废水处理系统，加强污水水质监测，生活废水及医疗废水100%达标排放。

2013年，马田矿业公司对所属芝兰冲煤矿、高泉塘煤矿和新星煤矿的生活污水、锅炉废气和固体排弃物进行综合治理和改造升级。

2014年，辰溪矿业公司维修排污设施，对所属大坪煤矿、蒋家坪煤矿的生活污水进行综合治理和改造升级。

同年，集团公司对生活用水高度集中的企业陆续进行专项治理。白沙实业公司利用小区项目建设实现节水与水资源利用，实行雨、污分流。设置雨水收集利用系统，收集屋面和周边场地的雨水，经处理后用于区域内的绿化灌溉和道路冲洗及地下车库冲洗。

2015年，集团公司生活污水全部经过沉淀和生化处理，经当地环保部门检测达标排放。牛马司公司顺利通过棚户区改造配套工程资金，分别对各生活区下水道、化粪池进行改造，雨污分流。嘉禾矿业公司的生活废水经各种管道收集起来，通过化粪池沉淀处理，再集中至生活废水处理设施，利用生物处理措施，达到《污水综合排放标准》（GB 8978—1996）一级标准后再外排。

2017年，集团公司先后实施兴源矿业公司地面防治水工程、街洞矿业公司环境治理工程、白沙实业公司小区排污管道维修工程，水资源得到合理利用。

2018年，南阳矿业公司实施澡堂改造等地面污水治理工程。楚湘公司实施厕所和路面硬化等环保工程改造，污水集中无害化处理。金竹山矿业公司土朱矿和塘冲矿实施污水处理系统扩容，矸石山雨水收集经处理后排放。

2021年，集团公司实施包括湘煤大厦食堂和污水处理系统在内的多项环保改造工程，实现雨污分流。

2022年，集团公司小区及办公区域实施防洪和雨污分流改造工程。金竹山矿业公司对塘冲食堂进行改造，外排水集中无害化处理。湘东矿业公司实施污水处理系统改造工程。宝源矿业公司建设生活污水系统并对加药系统进行改造，对污水池进行加高。对生活污水池进行升级改造，增加了氧曝池。使生活污水和工业污水各项污染指数进一步降低，实现达标排放。

2022年，全集团所有新建项目，全部按环保要求做到“三同时”，对生活污水集中治理，实现生活污水达标排放。

第二节　废渣废气治理

一、煤矸石治理

2006年起，集团公司环保工作明确固体废物处理项目，矿井掘进和采煤所产生的煤矸石是重点治理项目。2012年，集团46对矿井每年产生煤矸石80多万吨，除部分综合利用外，都实现安全堆存。各原煤单位不定期对煤矸石实行专项治理，矸石山逐年减少，部分矸石山已经清除堆积，恢复植被。

2013年，集团公司实施综合治理矿井矸石。马田3个煤矿均建有矸石排放山，统一集中堆放，煤矸石80%外售矸石砖厂，10%用于乡村道路铺填，10%按要求进行处置存放于各矿矸石山，矸石山周围均修建挡矸墙和撇洪沟。街洞矿业有限公司两矿均建有矸石山，固体排弃物统一集中堆放，煤矸石全部由2个矸石砖厂使用，达到无固废堆积物。

2014年，宝源矿煤矸石山附近建有资兴焦电公司煤矸石发电厂、矸石砖厂，利用南、北平硐煤矸石发电、制砖。产生的废皮带、棉纱、油桶等固体废弃物，分门别类回收到供应站废品回收场处，按规定处置，不能回收升井的采取措施、集中排放到指定的采空区及时严密封堵，不留后患，以防造成环境污染。公司机电部对固体废弃物的处理和处置情况进行监督、检查。产生的生活垃圾由生活公司按照统一规划排到指定场所处理。

红卫矿业公司在四对生产矿井煤矸石堆场砌筑围挡墙2000余米，砌筑防洪沟12000米。兴源矿业公司三个煤矿均建有矸石处理系统，统一集中堆放。煤矸石80%外售矸石砖厂，10%用于乡村道路铺填，10%按要求存放各矿矸石山。三矿均修建挡矸墙，各矸石堆场四周修建了撇洪沟。

金竹山矿业公司四矿井均设有矸石堆场，洪沟、挡土墙等设施齐全，堆存安全，长时间堆存已稳定堆场并重新绿化。煤矸石循环利用，与水泥厂、煤矸石砖厂签订供应合同，煤矸石堆存逐年减少。白山坪矿业公司各煤矿均设立煤矸石堆场，各堆场面积分别为：白山坪煤矿15000平方米；龙塘煤矿7500平方米；磨田煤矿8600平方米。

南阳矿业公司三个煤矿从2009—2012年产生的煤矸石共计189400吨，自行处置44353吨，其余均外售作为制砖原料。湘潭矿业公司各煤矿均设立煤矸石堆场，各堆场面积分别为：一井8200平方米；三井3257平方米；四井26985.6平方米。辰溪矿业公司对固体物煤矸石集中堆放治理。

2016—2022年，宝源矿业公司与伟源建材公司签订5年期矸石处置协议，对矸石回收率进行100%消化处理，确保矸石山环保治理达标。对原堆放场实施绿化工程。对矸子坪翻矸台安装钢架棚。对矸子坪临时贮存场废水进行治理，建设泥煤收集池；对矸子坪临时贮存场建设截流沟工程和挡矸墙以及矸子坪A区沉淀池工程。淝江矿矸子山绿网篷布覆盖面积2万平方米；沿矸子山下部铺黄土种绿植分两段各100米；矸子山砌有挡墙、雨水沟及沉淀池。前进矿矸子山绿网篷布覆盖面积6000平方米；沿矸子山下部铺黄土种绿植50米，矸子山砌有挡墙、雨水沟及沉淀池。

至2022年，集团公司对所有矿井的矸石实行综合治理，达到无害化处置。多数矿井矸石逐年减少，覆盖绿植；部分矿井矸石废物利用，清理干净，恢复植被。

二、废气及噪声治理

2006年起，集团公司各单位主要是对锅炉、煤矸石发电及其他生产设施和设备所产生的废气进行治理，通过淘汰改进、更新和技术创新，降低废气排放。

2011年，白沙电厂烟尘废气经水膜除尘器除尘后，烟尘废气排放达到国家要求的排放标准。2012年，湘永矿业公司拆除燃煤锅炉，使用太阳能供热系统。

2013年5月，马田矿业公司在三矿安装锅炉废气和粉尘处理装置，经当地监测站验收监测，达到《锅炉大气污染物排放标准》二类区Ⅱ时段标准。同年9月，白山坪矿业公司将磨田煤矿燃煤锅炉改造成空气能供热系统，改造后硫、尘、渣排放量为零。

同年，牛马司矿业公司对水井头矿、铁箕山

矿生活锅炉烟气排放系统进行改造。周源山增建两套除尘、脱硫设施，矿生活锅炉外排废气达到《锅炉大气污染物排放标准》，从源头上消灭污染。宝源矿业公司修建高排气筒烟窗，增设除硫系统。对矿区周边环境进行绿化，废气处理达标排放。

2014 年，集团公司在治理原煤单位污染的同时，加强对非煤企业的环保管理。华磊公司使用氨、氮、氢、硅烷等多种特殊气体，采取特殊方法治理。在采购设备时，将环保配套设备纳入采购清单。所有环保设备随同主设备一起进厂，并同时投入使用。金属有机化学气相沉积系统（MOCVD）的含氨废气经设备自带的活性炭纤维吸附后，再进入废气洗淋塔进行喷淋处理。酸碱废气主要来源于外延、芯片处理工序的酸碱废气，废气中主要污染物为盐酸（HCl）、氢氟酸（HF）和氨气（NH_3），产生的酸碱废气采用净化塔水喷淋处理。废气经该填料塔处理后由 20 米高的排气筒外排。经过检测，各项污染物均符合《大气污染物综合排放标准》（GB 16297—1996）和《恶臭污染物排放标准》（GB 14554—1993）中的二级标准。

2015 年，白沙实业公司对白沙电厂锅炉烟气进行除尘、脱硫、脱硝改造，达到国家要求的排放标准。资兴实业煤矸石发电公司与焦电公司实施“两气”互送项目（即将焦炉剩余煤气引入锅炉掺烧发电，把发电公司蒸汽输送到焦电公司进行粗苯升温），有效减少煤气对空排放量。同年 11 月，华磊公司通过 BT 合作模式引进废氨微分吸收新工艺，资源化回收废气中 92% 以上的氨气，使其产生一定浓度的氨水，用于电厂、水泥厂等环保脱硫脱硝，变废为宝，循环利用。该项目获得湖南省环保项目政策资金支持。

2017 年，资兴实业公司对烟尘、废气问题进行根治，并以此为契机，加大生产系统改造，使生产生活环境都得到改善。

2018 年，马田公司对两矿的生活锅炉进行拆除，使用节能降排环保设备，解决矿山烟尘废气排放标准的问题。

2021 年，资兴实业煤矸石发电厂使用电除尘系统、布袋除尘器、炉内脱硫脱硝系统，实施在线自行检测手段，实现烟气有组织物和粉尘达标排放。集团所属企业使用先进生产设备和设施，并按环保要求对生产设备和设施进行技术改造和提升，实现废气达标排放。

2006—2022 年，集团各单位的噪声主要来自矿车运输、风机运行、矸石抛弃等。主要采取隔震、基础减震等措施治理。华磊公司选用噪声值较低的设备，采用隔、吸噪声材料，采用消声、减振措施，对大功率电机、风机加隔声罩或消声器进行噪声处理。宝源矿业公司在有噪声源的地方安装消音设备，设隔音值班室。对场区高强噪声的厂房车间周围种植乔灌树木，形成隔音林带。资兴实业焦电公司常年有三台大气环境监测设备全天候运行，并建设集中监控室，随时掌握监测情况，收集数据。按规定上报资兴市环保部门，接受专业监督检查，达标排放。当地环保监测站对集团所属各公司 500 米以内的声环境进行监测，厂界噪声均实现稳定达标。

第三节 沉陷区治理

2006 年起，集团公司在国家和湖南省政府的支持下，争取政策资金，对沉陷区进行治理、对棚户区进行改造。

2008 年，金竹山矿业公司利用国家对采煤沉陷区治理等优惠政策，建成冷水江市桃园北组团小区，建有 24 栋多层房，解决托山、土朱两矿沉陷区职工住房 623 户。2010 年，公司在冷水江市桃园南区争取住宅 580 户。

2010 年 10 月，牛马司矿业在邵东县城“明珠小区”配合邵东县政府建设采煤沉陷区安置房；2013 年 6 月对 514 户危房住户进行搬迁安置。

2013 年，湘永矿业公司积极争取采煤沉陷区治理安置政策，1086 户沉陷区居民分配安置新房。同年，兴源公司争取国家沉陷治理和棚户区改造等政策，先后筹集资金 1.4 亿元，在耒阳市建设“兴之源”安置小区，第一期安置职工 544 户，2015 年底一期工程全部完成。湘潭矿业公司投资 450 万元在谭家山镇采煤沉陷区分路口安置 416 户，安置散户 467 户。到 2013 年底，马田矿业公司向湖南省国土资源厅缴纳矿山地质环境治理备用金 789.9 万元。对矿区周边地区的深陷地进行充填，共充填土方 1.6 万立方米，砌防水沟渠 10000 米。街洞公司采煤沉陷区综合治理项目职工共分配住房732套，投入专项资金对小区进行绿化，修建篮球场和健身场，改善沉陷区居民居住条件。

2014年，辰溪矿业有限公司落实各项环境保护法律法规有关规定，每年投入上百万元，对大坪矿区大坪村湖坪、毛斗坪、南翼风井等地段的塌陷区进行充填。共利用煤矸石充填塌陷区及20多个溶洞，总面积500多平方米。马田按照国有煤矿采煤沉陷区治理的有利政策，在永兴县沙子江安置1236户沉陷危房户。

2016—2022年，集团矿井实行采空区回填，避免地面塌陷。同时，大量的棚户区居民搬迁，从源头和根本上解决塌陷区治理问题。

第四节　环境绿化美化

2006年起，集团坚持绿化美化环境，老企业进行改造，增加绿化面积，改变“脏乱差”的面貌。新建的企业，将环境当成品牌建设，统一规划，确保绿化投入，提高绿化档次，并以此来提升员工的归属感，树立企业形象。至2012年，集团在保证企业安全、生产、经营方面必要投入的基础上，为员工提供良好的工作、生活环境，对部分矿区进行美化、绿化改造，累计投入资金2560万元。

2013年1月11日，在由国家能源局和中国能源报社联合举办的“寻找中国最美矿山”活动中，周源山和南阳矿业公司同获“中国最美矿山”荣誉。是年，集团公司搬迁到新办公大楼办公；同时股份公司新建小区初具规模，绿化先行，规范管理，作出示范，形成“湘煤绿化模式”。

同年，集团公司强调新建小区同时做好绿化美化，所属各单位根据本区特点，创新办法，提升环境质量。涟邵实业公司所属华泰广厦房地产有限公司实施绿色建筑标准建设，通过科学的整体设计，低能耗围护结构、雨水回用、采光井、太阳能热水等适宜技术，可减小建筑对能源和资源的消耗。通过优化项目的围护结构，从外墙保温、架空层隔热、种植屋面、安装低辐热中空真空窗等多种措施，使项目的建筑节能率达到50.22%。采用太阳能热水技术，在屋顶布设70平方米的太阳能集热板制取热水，为部分住户提供生活热水，减少燃煤燃气和使用器具所带来的环境影响。场地内绿化采用乔、灌、草结合的复层绿化，绿化植物选用少维护、耐候性强、病虫害少、对人体无害的植物。全部植物种类数为31种，乡土植物种类数为27种，乡土植物种类所占比例为87.1%；每100平方米绿地上乔木数为5.7株，灌木数为16.5株。科学绿化美化，营造宜居环境。

2014年，集团公司开展环境专项治理，重点为各单位清理固体堆积物，恢复植被。所属矿业公司矿井矸石山规范管理，缩小范围，废物利用。部分单位做到全部清理，平整土地，种植树木草地。红卫矿业公司恢复矸石堆场植被60000平方米，植树1000余棵，强化环境治理，实现清洁文明生产。

2016年，集团公司要求各单位融入当地政府组织的绿化美化活动中去，借势发展。郴州市实施城市大绿化规划，要求所在企业同步跟进。位于郴州市高新技术园区的华磊公司先后投入400多万元，请专业人员指导，进行厂区绿化、美化、亮化。绿化面积占整个厂区面积的25%以上，并利用公司的LED产品，进行亮化、优化环境，华磊光电已成为郴州市和集团的一张名片。周源山矿业公司根据《资兴市绿色矿山建设三年行动工作方案（2020—2022年）》的通知要求，累计投入资金2354万元，先后对矸石山、甘龙河进行治理、实施矿区城乡绿化、煤矸石绿色充填高效开采、井下水综合利用等系列工程。资兴市自然资源局委托湖南省煤勘院对周源山公司绿色矿山建设情况进行第三方评估，第三方评估分为91.5分。

2019年，资兴实业实施焦电公司厂区道路改造、环保工程，电厂生产系统改造、医院和招待所改造，全面优化环境管理。楚湘公司实施8处厕所改造，对办公楼及食堂进行环保升级管理。

2020年，集团公司承担的13个中央下放煤矿棚改区项目全部完成，建新小区同时绿化、亮化和美化，成为宜居美丽新城。

到2021年，集团公司严格对照《湖南省绿色矿山标准》，扎实推进绿色矿山建设，每个单位建立大小不等的1~3个花园，并有专职或兼职管理人员，负责绿化美化工作。集团公司29

对生产矿井全部通过省自然资源厅组织的现场评估和验收，全部被认定为“绿色矿山”。

至2022年，集团公司落实湖南省自然资源厅《湖南省绿色矿山管理办法》《湖南省绿色矿山建设三年行动方案》要求，全面贯彻新发展理念，绿水青山就是金山银山，建设绿色矿山。所属各单位制定绿色工程实施方案，组织力量绿化美化。全集团新建小区，环境保护同时进行，全部实现美化绿化。街洞矿业安排专人对绿植进行管理，增加环境绿化面积约5000平方米、植乔木600多棵，增添灌木和花草10000多株。新增加绿色生态发展宣传标语及宣传栏100多块，新建1500平方米生态停车场1个。牛马司公司秉承“绿色办矿”理念，投入大量资金对两矿可绿化地进行绿化，逐步完善可绿化地的绿化范围和绿化效果，绿化地绿化率达100%，植被成活率在90%以上；绿化方式以园林式绿化为主，主要种植树种有松柏、绿篱、红叶石兰等。绿化指标和质量基本达到《湖南省煤炭行业绿色矿山标准（试行）》要求。湘永矿业加大绿化投入，在煤仓与花果山小区间种树，绿化美化环境。兴源矿业公司矿山的管理及生活区位于耒水西岸，环境幽雅，绿树成荫，可绿化面积实现100%的绿化率。白山坪公司对可绿化区进行植被绿化，并建立绿化管理制度，设立专人对矿区绿化进行维护、修剪、洒水等管理。资兴实业在公司所在地拆除陈旧建筑，全部绿化。所属焦电公司聘请专业花工管理企业绿化工作，公司建有主题花园，又在工厂周围及生产车间，利用空地培植小微型花圃，一直保持省级园林企业荣誉。

周源山矿业公司致力打造绿色环保矿井，制定《周源山矿业公司绿色矿山建设方案》。全公司可绿化区域绿化覆盖率、矿山固体废弃物达标处置率和矿山废弃地复垦率均达到100%。2022年1月27日，湖南省自然资源厅根据《湖南省绿色矿山管理办法》《湖南省绿色矿山建设三年行动方案》要求，严格对照《湖南省绿色矿山标准》，经第三方评估、县级验收，市级审查，公示2022年度新增的47家省级绿色矿山名单，周源山矿业公司荣膺省级绿色矿山。

第六篇
改革改制

2006年组建湘煤集团以后，针对原“三局三矿”大部分煤矿资源逐渐枯竭、产量低、人员多、生产效率低、历史包袱重、安全欠账多、亏损严重的状况，集团公司依据中央和湖南省对省属国有企业改革政策，坚持“以煤为主，有限多元，综合发展”的思路，稳健推进关闭破产、主辅分离、企业改制、社会职能移交等改革举措，着力构建“产权清晰、权责明确、运转有效、管理科学”的现代企业制度，特别是2016年新班子主政以来，集团公司按照产业归位、主业归核、资产归集的要求，对所属企业和业务进行深度重组，形成了煤炭、新能源、LED芯片、机械装备、施工建设、资产管理六大业务板块协同发展的产业格局。

第一章 破产与重组

在省国资委和省有关部门的大力支持下，湘煤集团先后实施了11个关闭破产项目，其中国家关闭破产项目4个、湖南省关闭破产项目7个，利用破产有效资产重组5个。按照关闭破产政策，共分流安置或移交职工总人数59148人，其中在册职工35047人、离退休人员24101人。11个关闭破产项目共争取中央和省财政补助资金33.8亿元，依法核销债务18.4亿元。

第一节 红卫煤业公司破产与重组

湖南省白沙煤电集团红卫煤业有限公司，其前身为里王庙煤矿，始建于1958年，1966年更名为红卫煤矿，2001年改制为红卫煤业公司，系国有独资公司。截至2005年12月，账面总资产8184.28万元，总负债8723.86万元，资产负债率106.63%。在册职工2795人，离退休职工2078人。2004年12月，全国企业兼并破产和职工再就业工作领导小组以《关于下达江淮航空仪表厂等81户企业破产项目的通知》(〔2004〕18号）将其列入破产计划；2006年7月，全国企业兼并破产和职工再就业工作领导小组办公室以《关于同意扎赉诺尔煤业公司灵泉露天矿等6户企业进入破产程序的通知》(〔2006〕9号）批准其进入破产实施程序。2006年8月18日衡阳市中级人民法院宣告其破产；2007年1月16日，省国企改革办推荐，衡阳市中级人民法院决定涂湘明、李小良、张雪、尹华、赵斌等同志组成破产清算组，涂湘明为组长；2007年1月31日，破产清算组接管破产企业。2007年5月17日召开第一次债权人会议，通过了《财产分配方案》并经湖南省衡阳市中级人民法院裁定，符合法律规定，予以确认并实施。2007年6月29日，衡阳市中级人民法院裁定依法终结破产程序。

2007年7月，重组方案经湖南省国资委批复，由湘煤集团将原红卫煤业公司破产的有效资产重组为湖南省煤业集团红卫矿业有限公司，总投资人民币2600万元，其中集团公司以货币和实物资产出资2080万元，占公司总股本的80%；原破产企业一次性安置职工和新公司的中、高级管理人员以货币出资520万元，占公司总股本的20%。2011年，红卫公司员工出资的520万元股份由湘煤集团全部收购，并增资变更为国有独资，注册资本1.10亿元。

第二节 洪山殿实业公司破产与重组

湖南省涟邵矿业集团洪山殿实业有限公司，前身为洪山殿煤矿，始建于1958年；2002年改制为洪山殿实业公司，系国有独资公司。截至2007年12月，账面总资产6389万元，总负债10838万元，资产负债率为169.64%。在册职工3132人，离退休职工3678人。因资源枯竭、煤质差、灾害重，造成严重亏损，2007年3月8日，全国企业兼并破产和职工再就业工作领导小组以《关于下达山西潞安集团五阳煤矿有限公司等10户企业破产项目的通知》(〔2007〕3号),将其列入破产项目;2007年5月22日,省政府印发《关于批准湖南省涟邵矿业集团洪山殿实业有限公司进入破产程序的函》(湘政函〔2007〕97号),同年12月12日,全国企业兼并破产和职工再就业工作领导小组办公室以《关于同意萍乡矿业集团有限责任公司白源煤矿等9户企业进入破产程序的通知》(〔2007〕17号)批准其进入破产实施程序。2008年4月7日,湖南省人民政府召开协调会议,专题研究了成立破产工作协调机构,组建管理人等事项,下发了《会议纪要》(〔2008〕24号),同日,财政部《关于拨付湖南省涟邵矿业集团洪山殿实业有限公司关闭破产补助资金的通知》(财企〔2008〕60号),除转移支付外,中央财政一次性补助29485万元。2008年5月4日,湖南省兼并破产工作领导小组办公室《关于同意洪山殿公司进入破产法律程序的通知》(〔2008〕14号)同意其进入法律程序。经省国企改革办推荐,娄底市中级人民法院指定涂湘明为管理代表人,2008年5月9日,娄底市人民政府召开洪山殿实业公司破产协议会议,印发《会议纪要》(〔2008〕49号),2008年5月15日,娄底市中级人民法院主持召开洪山殿实业公司管理人第一次会议,2008年5月20日,娄底市中级人民法院宣告洪山殿实业公司破产。2008年8月26日,在法院指导下,管理人召开第一次债权人会议,通过了《破产财产分配方案》等。2008年11月,娄底市中级人民法院裁定依法终结破产程序。

2008年9月,重组方案经湖南省国资委批复,由湘煤集团将原洪山殿实业公司的破产有效资产重组为湖南省煤业集团洪山殿矿业有限公司,总投资人民币1500万元,其中集团出资人民币1350万元,占总股本的90%;原破产企业一次性安置职工和公司的中、高级管理人员以货币出资人民币150万元,占总股本的10%。2011年3月,洪山殿矿业公司彭家冲煤矿关闭。2013年12月,蛇形山、咸沙坝煤矿停产。2013年12月24日,湘煤集团与双峰县政府签订《洪山殿矿业有限公司整体划转双峰县政府的框架协议》。2014年1月3日,双峰县人民政府向省政府呈报《关于同意我县有条件整体接收洪山殿矿业公司并协调解决相关问题的请示》(双政〔2014〕4号),2014年1月16日,省政府召开协调会议,专题研究洪山殿矿业公司整体划转的有关事项,印发了《会议纪要》,2014年1月22日,湘煤集团与双峰县政府签订《洪山殿矿业有限公司整体划转双峰县政府的协议》。2014年1月24日,经湖南省政府批准,湖南省煤业集团洪山殿矿业有限公司整体移交给双峰县人民政府。

第三节 天泰能源公司破产与重组

湖南天泰能源有限公司原为株洲洗煤集团,前身为株洲洗煤厂,始建于1954年;1998年株洲洗煤厂兼并株洲煤矿机械厂;2002年整体改制为投资主体多元化的天泰能源公司。截至2006年12月,账面总资产1371.77万元,总负债2672.83万元,资产负债率194.85%。在册职工1773人,离退休职工1328人。

因设备老化,市场萎缩,连续10年亏损,2007年9月,全国企业兼并破产和职工再就业工作领导小组以《关于下达大雁第一煤矿等9户企业破产项目的通知》(〔2007〕22号)批准其列入破产计划;2008年3月,全国企业兼并破产和职工再就业工作领导小组办公室以《关于同意山东泰安机械厂等3户企业进入破产程序的通知》(〔2008〕4号)批准其进入破产实施程序;2008年8月22日,财政部《关于拨付湖南天泰能源有限公司破产补助资金的通知》(财企〔2008〕168号),除转移支付外,中央财政补助18285万元。2008年12月31日株洲市中级人民法院依法做出(2008)株中法民破字第10-1号民事裁定书,裁定受理天泰能源公司的破产申请;依法做出(2008)株中法民破字第10-2号民事决定书,指定湖南省国有企业改革领导小组办公室推荐的以张雪为组长的天泰能源公司破产清算组为天泰能源公司破产管理人;依法作出(2008)株中法民破字第10-3号民事裁定书,裁定该公司破产,并于2009年1月23日在《法制日报》予以公告。2009年7月30日召开债权人会议,表决通过《破产财产分配方案》,管理人在株洲市中级人民法院的监督和指导下,经过9个多月的艰苦工作,基本完成了天泰能源公司的破产清算工作。2009 年 8 月 13 日，株洲市人民政府肖文伟副市长主持召开会议，专题研究天泰公司有关破产清算、重组有关问题，印发《关于湖南天泰能源有限公司改制工作有关问题的会议纪要》(株政专纪〔2009〕73 号)，支持协调其社会职能移交。

2011 年 9 月 19 日株洲市中级人民法院依法作出（2008）株中法民破字第 10 - 16 号民事裁定书，裁定破产程序终结。

2009 年 8 月 8 日，集团公司成立以涂湘明为组长、李茂红为副组长的重组工作组（湘煤集企〔2008〕326 号)。2009 年 8 月 4 日省国资委组织审查《湖南天泰能源有限公司（含株洲煤矿机构厂）重组方案》，2009 年 10 月 9 日，省国资委《关于湖南天泰能源有限公司（含株洲煤矿机构厂）破产重组有关问题的批复》(湘国资改组函〔2009〕198 号)，由集团公司对原天泰能源公司和株洗洁净煤公司的破产有效资产，重组为湘煤洁净煤股份有限公司，注册资本 9000 万元。总投资人民币 13800 万元，其中，湘煤集团以货币出资人民币 9660 万元，占公司总股本的 70%；湘潭矿业集团公司以货币出资人民币 4140 万元，占公司总股本的 30%。2009 年 9 月 26 日，湘煤洁净煤股份有限公司创立大会暨第一次股东大会在株洲天台山庄召开。2009 年 10 月 19 日正式恢复生产，11 月 28 日举行挂牌仪式，生产经营工作正式起步。

2009 年 10 月，根据省国资委的批复，集团公司联合株洲市国有投资控股集团、株洲瑞力投资咨询有限公司、株洲瑞升投资服务有限公司以现金出资，收购、重组了原株洲煤矿机械厂和株洲力达液压机械有限责任公司，成立了湘煤立达矿山装备股份有限公司，总出资额为 17000 万元，注册资本 11050 万元，其中湘煤集团出资 11390 万元，占总股份的 67%；瑞升投资出资 2550 万元，占总股份的 15%；株洲国投出资 2210 万元，占总股份的 13%；瑞力投资出资 850 万元，占总股份的 5%。2009 年 12 月 5 日，在长沙召开了湘煤立达矿山装备股份有限公司发起人会议，12 月 16 日在株洲召开了湘煤立达矿山装备股份有限公司创立大会，创造了“湘煤速度”。

天泰能源公司（含株洲煤机厂、株洲洁净煤有限公司）共有 17 宗土地，总面积 493448.97 平方米，其中工业用地 13 宗，面积 407632.53 平方米，全部为国有行政划拨土地，评估价 12178 万元。2010 年 3 月 15 日，报经省国资委、省财政厅、省国土资源厅同意，报省人民政府批准，原天泰公司划拨土地使用权，作价入股到重组企业，其全部股权由湘煤集团持有。即原有行政划拨土地以出资作价入股方式变为出让地，由湘煤集团持有和使用，开创了湖南省国有企业土地作价入股的先河。

2014 年 3 月集团公司引进战略合作者，与陕西省煤炭运销（集团）有限责任公司合作，对湘煤洁净煤股份有限公司进行重组，成立了株洲洁净煤股份有限公司（陕煤运销占 51% 股权、黑金时代占 49% 股权)，并成立了中南煤炭运销有限公司（黑金时代占 51% 股权、陕煤运销占 49% 股权)。

第四节 牛马司矿业公司破产与重组

湖南省煤业集团牛马司矿业有限公司，前身为牛马司煤矿，始建于 1958 年，2002 年改制为牛马司矿业公司，系国有独资公司。截至 2010 年 3 月 31 日，累计亏损 8486 万元，账面总资产 14651 万元，总负债 17775 万元，资产负债率为 121%；在职职工 4805 人，离退休职工 2745 人。

2006 年 11 月 16 日，牛马司公司董事长刘黎明向集团公司和国资委汇报《艰难困境情况报告》，请求将牛马司斗米山纳入全国资源枯竭煤矿破产。12 月 28 日，湖南省企业兼并破产办以〔2006〕17 号向全国企业兼并破产办请求将牛马司公司列入全国破产计划。2007 年 7 月 30 日，省政府向国务院呈报《关于牛马司矿业公司列入国家关闭破产项目计划的请示》(湘政〔2007〕13 号)，2007 年 11 月 30 日，徐宪平副省长向国务院国资委副主任李伟汇报请求将牛马司列入政策性破产项目，2007 年 12 月 14 日，省人民政府省长周强向国务院副总理曾培炎写信，请求将牛马司公司列入国家政策性破产计划。2009 年 3 月，全国企业兼并破产和职工再就业工作领导小组以《关于下达贵州水城煤电有限责任公司大河边煤矿等 16 户企业破产项目的通知》(〔2009〕2 号) 批准其列入破产计划；2009 年 12 月，全国企业兼并破产和职工再就业工作领导小组办公室以《关于同意淮北矿业（集团）煤业有限责任公司岱河煤矿等4户企业进入破产程序的通知》(〔2009〕21号）批准其进入破产程序；2010年2月2日邵阳市中级人民法院宣告其破产。2010年4月27日，湖南省政府召开会议，专题研究牛马司公司关闭破产工作有关问题，会议决定牛马司公司破产项目稳定协调、职工安置等重大事项。经省国企改革办推荐，邵阳市中级人民法院指定涂湘明为管理人组长。管理人于2010年5月11日召开债权人会议，2013年12月2日，法院裁定《破产财产分配方案》，破产清算工作结束，终结破产程序。2010年4月在省国资委的指导下，牛马司公司管理人编制了《牛马司公司破产重组方案》，经省国资审查同意，确定由湘煤集团对牛马司公司破产项目的有效资产实施重组，组建湖南黑金时代牛马司矿业有限公司。2010年4月湖南天职国际会计师事务所有限公司、长沙智博资产评估有限公司对破产资产出具审计、评估报告；2010年8月经省国资委确认破产资产评估值为1845.08万元。2010年8月，破产管理人依据5月11日债务人第一次会议形成的决议，与湖南黑金时代有限公司签订协议，按评估资产值1845.08万元整体转让破产资产。2010年8月，注册登记湖南黑金时代牛马司矿业有限公司，注册资本9500万元。

第五节 白沙能源公司关闭破产

湖南省白沙能源有限责任公司，其前身是湖南省白沙能源股份有限公司。2001年11月29日，经湖南省人民政府批准设立湖南省白沙能源股份有限公司，同年12月24日在湖南省工商局登记，注册资本30535万元，其中白沙煤电集团以经营性净资产出资14566万元，占总股本的47.7%；华融资产管理公司以其债权8150万元转为股权，占总股本的26.69%；信达资产管理公司以其债权7019万元转为股权，占总股本的22.99%；涟邵矿业集团司以货币形式出资500万元，占总股本的1.64%；湘潭钢铁集团以货币形式出资300万元，占总股本的0.98%。2006年，原白沙煤电集团、涟邵矿业集团所持股份统一划归湖南省煤业集团持有。截至2013年12月，资产总额21257万元，负债总额26231万元，负债率达123.4%。在册职工2364人，离退休职工2844人，因工和职业病死亡职工遗属享受抚恤金的92人。因技术薄弱，设备落后，亏损严重，经营难以为继。

2014年6月4日，省国企改革办副主任张美诚主持召开专题会议，研究湖南省白沙能源有限公司改革有关问题，印发了省国企改革办主任办公会议纪要（〔2014〕第6次），拟将其作为省属国企改革遗留问题处理，报省国企改革联席会议审定。

2014年9月12日，省委常委、常务副省长、省深化国有企业改革联席会议（简称省国企改革联席会议）总召集人陈肇雄主持召开、副省长黄兰香出席省国企改革联席会议第一次会议，原则同意将白沙能源公司纳入省属国企改革遗留问题处理范围，比照省属国有非资源枯竭企业实施关闭破产，享受上轮省属国企改革相关政策。

2014年10月21日，湖南省国企改革联席办以《关于湖南省白沙能源有限公司依法破产有关问题的批复》(湘企改联办函〔2014〕6号）下达了破产计划。同年10月30日，省国企改革联席办以《关于同意湖南省白沙能源有限公司进入破产程序的通知》(湘企改联办〔2014〕6号）同意进其入破产程序，并以《关于湖南省白沙能源有限公司破产清算组成员建议名单的函》(湘企改联办函〔2014〕10号）致耒阳市人民法院。同年12月1日，白沙能源公司向耒阳市法院申请破产，12月3日，耒阳市人民法院作出（2014）耒民二破字第1－1号《民事裁定书》，决定受理破产申请。

2015年3月23日耒阳市法院裁定并宣告白沙能源公司破产，指定以涂湘明为组长的清算组接管破产企业；2015年6月28日召开了债权人会议，通过了破产财产分配等方案；2017年8月11日耒阳市人民法院裁定终结破产程序。

第六节 长沙矿业集团公司关闭破产

湖南省长沙矿业集团有限公司前身为湖南省煤炭坝煤矿，1951年建矿。1996年12月改制为湖南省煤炭坝能源有限责任公司。2005年3月更名为湖南省长沙矿业集团有限责任公司（以下简称长沙矿业）下辖五亩冲煤矿、西峰仑煤矿、竹山塘煤矿、高陂矿业公司、跃进矿业公司等单位。2006 年 6 月，并入湖南省煤业集团，成为湖南省煤业集团有限公司的子公司。

一、跃进矿业公司关闭破产

湖南省煤炭坝跃进矿业公司是由原煤炭坝能源公司的跃进煤矿组建的独立法人，系长沙矿业的子公司。截至 2005 年 1 月，总资产 1382 万元，总负债 5839 万元，资产负债率达 422.49%；在册职工 1605 人、离退休职工 296 人。

由于资源枯竭、灾害重等原因严重亏损，2005 年 10 月，湖南省省属国有企业改革领导小组办公室以湘国企改革办〔2005〕119 号文件批准其列入关闭破产项目；2006 年 10 月 25 日，省国企改革办以〔2006〕164 号《关于同意湖南省纺织机械厂等 14 户企业进入破产程序的通知》批准跃进矿业公司进入破产实施程序。2007 年 3 月 22 日，省委常委、常务副省长肖捷主持召开省属国企改革领导小组会议，研究湘煤集团所属三矿四井破产资金补助问题，由省财政补助资金缺口 50%。2007 年 6 月 4 日，省财政厅《关于下达煤炭坝跃进矿业有限公司关闭破产补助资金的通知》(湘财企函〔2007〕60 号)，审定破产总费用 41910.72 万元。除转移支付外，财政补助破产费用 7820.33 万元。

2007 年 7 月 24 日，湖南省人民政府办公厅印发《关于省煤业集团有限公司所属三矿四井启动实施关闭破产有关问题的通知》(湘政办函〔2007〕133 号)，要求长沙、湘潭、怀化市人民政府成立以副市长任组长的协调机构，积极配合做好职工安置工作，离退休人员属地管理，确保三矿四井破产工作平稳顺利推进。2008 年 9 月 23 日，湖南省属国有企业改革领导小组办公室以湘国企改革办〔2008〕163 号文件批准进入破产程序；2008 年 10 月 10 日，长沙市中级人民法院下达（2006）长中民破字第 0458 -1 号民事裁定书裁定破产，并指定以罗瑞锋为组长的清算组接管破产企业；2009 年 1 月 29 日长沙市中级人民法院下达长中民破字第 0458 -8 号民事裁定书，依法终结了破产程序。并于当年关闭。

二、长沙矿业集团公司关闭破产

截至 2007 年 12 月，长沙矿业账面总资产 30177.37 万元，总负债 47372.88 万元，资产负债率 156.99%；在册职工 8078 人、离退休职工 3351 人。

因周边小煤矿滥采滥挖、超深越界，破坏资源严重；加上公司矿井开采历史年久，造成资源严重枯竭，开采成本高，企业长期亏损，2008 年 1 月 18 日，省委常委、省政府副省长徐宪平主持召开省属国企改革领导小组会议，原则同意将长沙矿业集团有限公司的破产问题纳入议事日程，由省国企改革办牵头组织有关部门专题研究提出解决办法，2008 年 9 月 5 日，省政府第 12 次常务会议决定同意长沙矿业公司实施破产。2009 年 10 月 28 日，省政府副省长、省国企改革领导小组组长陈肇雄主持召开省国企业改革领导小组会议，长沙矿业破产成本约 6.49 亿元，除转移支付外，省财政补助破产费用 2.67 亿元(不含跃进矿)。2008 年 11 月 19 日，湖南省省属国有企业改革领导小组办公室《关于下达湖南省长沙矿业集团有限公司破产项目的通知》(湘国企改革办〔2008〕213 号）批准列入破产项目；同年 2 月 11 日湖南省省属国有企业改革领导小组办公室《关于同意湖南省长沙矿业集团有限公司进入破产程序的通知》(湘国企改革办〔2008〕230 号）批准进入破产实施程序；2009 年 1 月，长沙市中级人民法院下达（2009）长中民破字第 0015 -1 号民事裁定书裁定破产并指定以文仕秋为组长的清算组接管破产企业；2009 年 8 月 28 日召开了债权人会议，按照法定程序通过了《破产财产分配方案》；2009 年 11 月 20 日，湖南省财政厅《关于下达湖南省长沙矿业集团有限公司关闭破产费用补助资金的通知》(湘财企函〔2009〕86 号)，给予补助 2.67 亿元。2009 年 12 月 29 日长沙市中级人民法院以长中民破字第 0015 -8 号民事裁定书裁定长沙矿业破产清算程序终结。

2009 年 11 月，原长沙矿业破产管理人编制了《长沙矿业集团破产资产重组方案》，省国资委《关于湖南省长沙矿业公司破产重组有关问题的批复》(湘国资改组函〔2009〕150 号）批准，由湖南黑金时代股份有限公司发起，在绝对控股的原则下，联合广东中铁物资有限公司发起设立新的湖南黑金时代长沙矿业有限公司。由新的长沙矿业公司收购原企业破产资产。

2009年11月7日，召开发起人会议，成立新的长沙矿业公司。其中湖南黑金时代股份公司出资5500万元，占股55%，广东中铁物资有限公司出资4500万元占股45%。

2014年3月，长沙矿业下属竹山塘煤矿关闭，同年7月西峰仑煤矿关闭。长沙矿业所属煤矿是全国著名的大水矿井，涌水量高达13000立方毫米每小时，排水费用高达360元/吨，年排水费用需1.8亿元。因历年陈欠电费，2014年11月20日10时54分，宁乡电力局强行拉闸停电，导致五亩冲煤矿被淹，无法恢复生产，造成煤炭坝矿区三个煤矿淹井报废，直接经济损失1.28亿元。

第七节 湘潭矿业集团公司关闭破产

湖南省湘潭矿业公司前身为谭家山煤矿，始建于1958年。1980年隶属湖南省煤炭工业局，2003年9月谭家山煤矿改制为湖南省湘潭矿业有限公司，廖建湘为首任董事长。随着企业经济效益持续增长，生产规模不断扩大，2005年9月经省煤炭工业局批准，成立湖南省湘潭矿业集团有限公司（以下简称湘潭矿业），下辖一矿、三矿、四矿和谭二井等单位。2006年6月并入湖南省煤业集团，成为湖南省煤业集团有限公司的子公司。

一、湘潭谭二井煤业公司关闭破产

湘潭谭二井煤业公司前身为谭家山煤矿二井，始建于1973年，2005年改制为独立法人，系湘潭矿业的子公司。截至2007年5月，谭二井煤业共有在职职工2099人，离退休758人。账面总资产4728万元，总负债11770万元，资产负债率为249%。由于资源枯竭、历史包袱重等原因，严重亏损，资不抵债，2005年8月，湘潭矿业向省国企改革办申请谭二井煤业公司关闭破产。

2005年10月12日，省国企改革办以〔2005〕119号《关于下达湖南省锻造厂等6户企业关闭破产项目的通知》批准谭二井煤业公司列入省属关闭破产项目。

2006年10月25日，省国企改革办以〔2006〕164号《关于同意湖南省纺织机械厂等14户企业进入破产程序的通知》批准谭二井煤业公司进入破产实施程序。

2006年12月14日，湘潭市中级人民法院以（2006）潭中民破字第23－1号民事裁定书受理谭二井煤业公司破产还债，并以（2006）潭中民破字第23－2号民事决定书指定成立了清算组；

2007年6月13日，省财政厅《关于下达谭二井和辰溪煤业有限公司关闭破产补助资金的通知》（湘财企函〔2007〕64号），审定破产总费用27686.28万元，除转移支付外，省财政补助破产费用8045.17万元。

2007年7月27日，湘潭市中级人民法院以（2006）潭中民破字第23－5号公告宣告谭二井煤业公司破产。

2007年7月24日，湖南省人民政府办公厅印发湘政办函〔2007〕133号通知，要求湘潭市人民政府成立以副市长任组长的协调机构，积极配合做好职工安置工作，确保三矿四井破产工作平稳顺利推进。

2008年1月7日，谭二井破产清算组在湘潭市中级人民法院召开了债权人会议，会议通过了《湖南湘潭谭二井煤业有限公司破产财产分配方案》，湘潭市中级人民法院以（2006）潭中民破字第23－8号民事裁定书予以确认。

2008年5月13日，湘潭市中级人民法院以（2006）潭中民破字第23－9号民事裁定书裁定终结谭二井煤业公司破产法律程序，核销破产债务9872.13万元。

二、湘潭矿业集团公司关闭破产

截至2014年12月，湘潭矿业共有职工7034人，其中在职职工4559人、离退休职工2475人。账面资产总额29722万元，负债总额62909万元，账面资产负债率为211.66%。因资源枯竭，亏损严重，资不抵债，2014年5月，湘潭矿业先后向湘煤集团、省国资委申请破产。2014年12月6日，由省国资委牵头，省人力资源和社会保障厅、省财政厅、省审计厅等十多家相关厅局单位的领导、专家在湖南省母山防汛物资储备中心召开了专题会议，对湘潭矿业公司、辰溪矿业公司改革方案进行了评审、论证。2015年8月25日湖南省人民政府办公厅《关于湘潭矿业公司和辰溪矿业公司关闭破产改革有关问题的会议纪要》（湘府办阅20号）原则同意将作为省属国有企业改革遗留问题处理，比照省属资源枯竭矿山关闭破产政策实施关闭破产。

2015年10月8日，省国企改革办以《关于湖南省湘潭矿业集团有限公司依法关闭破产有关问题的批复》（湘企改联办〔2015〕18号）批准湘潭矿业破产立项；2015年12月3日经省国企改革办以《关于同意湖南省湘潭矿业集团有限公司进入破产程序的通知》（湘企改联办〔2015〕22号）批准同意湘潭矿业启动破产程序；2015年12月18日，湘潭市中级人民法院以〔2015〕3－1号民事裁定书受理了湘潭矿业的破产还债申请，以〔2015〕3－2号民事决定书指定成立以涂湘明为组长的湘潭矿业破产清算组（管理人），全面接管湘潭矿业破产清算工作。2015年11月，管理人制定《湘潭矿业关闭破产宣传指导手册》，12月24日，湘潭市中级人民法院以〔2015〕3－10号民事裁定书宣告湘潭矿业集团公司进入破产法律程序，其生产矿井全部关停。2016年5月31日，湘潭矿业破产管理人在湘潭市中级人民法院组织召开了第一次债权人会议，会议表决通过了《湖南省湘潭矿业集团有限公司破产财产分配方案》，湘潭市中级人民法院以（2015）潭中民破字第3－11号民事裁定书予以确认。因湘潭市委、市政府决定全市退出煤炭产业，未实施重组。2016年12月20日，湘潭市中级人民法院以〔2015〕3－12号民事裁定书宣告终结湘潭矿业集团公司破产清算程序。

2017年9月18日，省长许达哲主持召开省政府第116次常务会议，印发《省政府常务会议纪要》，议定湘潭矿业关闭破产有关问题。除转移支付外，同意由省属国企改革专项资金补助50%，即57699.64万元。其余资金缺口由湖南煤业集团负责筹集解决。

2017年12月19日，报经省国企业改革办批复，管理人组建湘潭矿业关闭破产留守处，负责关闭破产后续问题的处理。2020年5月13日，省国资委与湘潭市委、市政府召开工作座谈会，会上对湘潭矿业公司破产后续工作进行了研究，明确了相关工作意见，形成了《专题会议备忘录》。

第八节　辰溪矿业公司破产与重组

湖南省辰溪矿业公司前身为辰溪煤矿，成立于1951年，1980年隶属湖南省煤炭工业局，2005年改制为湖南省辰溪矿业有限公司，下辖狮子山矿井、杉木溪矿井、大坪矿井、蒋家坪矿井等单位。2006年更名为湖南省煤业集团辰溪矿业有限公司（以下简称辰溪矿业）。

一、辰溪煤业公司关闭破产

辰溪煤业公司是由湖南省辰溪煤矿杉木溪矿井、狮子山矿井和水泥厂（以下简称二井一厂）整合组建的独立法人，系辰溪矿业的子公司。截至2007年12月，账面总资产1388.8万元，总负债3165.8万元，资产负债率为227.96%；在册职工841人、离退休职工664人。因资源枯竭、水害严重、煤质差，用人多，扭亏无望，2006年5月23日，湖南省省属国有企业改革领导小组办公室以湘国企改革办〔2006〕61号文印发了《关于下达辰溪煤业有限责任公司等6户企业破产项目的通知》；2006年10月25日，湖南省省属国有企业改革领导小组办公室以湘国企改革办〔2006〕164号《关于同意湖南省纺织机械厂等14户企业进入破产程序的通知》批准其进入破产实施程序，执行湘政办发〔2004〕25号、湘政办发〔2005〕12号文件资源枯竭型企业破产政策；2006年11月10日，省劳动和社会保障厅以湘劳社函〔2006〕305号文，原则同意《辰溪煤业有限责任公司关闭破产职工分流安置工作方案》；2006年12月8日，辰溪煤业公司向怀化市中级人民法院递交破产还债申请书；12月10日，怀化市中级人民法院受理并宣告辰溪煤业公司破产（〔2006〕怀中破字3号）；2007年6月13日，省财政厅下达湘财企函〔2007〕64号通知，审定破产总费用15264.55万元，除转移支付外，省财政补助破产费用3488.65万元。

2007年3月22日，省委常委、常务副省长肖捷主持召开省属国企改革领导小组会议，决定由省财政补助资金 1284.3 万元。2007 年 8 月以张小雁为组长的破产清算组正式接管破产企业；2007 年 11 月 22 日，怀化市人民法院依法召开辰溪煤业破产债权人会议，通过破产财产分配等方案，2008 年 5 月 10 日，怀化市中级人民法院裁定，终结辰溪煤业公司破产程序。

二、辰溪矿业公司关闭破产

辰溪矿业经过六十多年的开采，所属大坪煤矿和蒋家坪煤矿资源已经枯竭，无煤可采，依据省政府要求分别于 2015 年 3 月和 10 月相继关闭。截至 2015 年 3 月，公司资产总额 1.11 亿元，负债总额 1.39 亿元，资产负债率为 125.1%，累计亏损 9700 万元，欠发 8 个月职工工资 2815 万元，欠“五险一金”2133 万元。有在职职工 1657 人、离退休职工 1750 人。

2015 年 8 月 25 日，受副省长黄兰香委托，省人民政府副秘书长陈仲伯主持召开会议，专题研究省煤业集团所属湘潭矿业公司、辰溪矿业公司关闭破产改革有关问题，并形成了《关于湘潭矿业和辰溪矿业关闭破产改革有关问题的会议纪要》，同意将湘潭和辰溪两家矿业公司关闭破产问题作为省属国有企业改革遗留问题处理，比照省属国有资源枯竭矿山关闭破产政策实施关闭破产，两家企业关闭破产总费用剔除社会保险挂账费用后的资金缺口，比照原长沙矿业公司破产政策由省属国有企业改革专项资金补助 50%。

2015 年 10 月 8 日，省国企改革联席办《关于湖南省煤业集团辰溪矿业有限公司依法关闭破产有关问题的批复》（湘企改联办〔2015〕17 号）文件，原则同意辰溪公司实施依法关闭破产，下达了破产计划；2015 年 11 月 10 日辰溪矿业公司召开了职工代表大会，通过了辰溪公司破产预案，破产职工安置方案、破产职工安置费及经济补偿金计算办法；2015 年 12 月 16 日，怀化市中级人民法院依法裁定辰溪矿业公司进入破产程序，并指定以文仕秋为组长的清算组接管破产企业；2016 年 5 月 25 日，怀化市人社局完成了省人社厅要求的对《湖南省煤业集团辰溪矿业有限公司关闭破产职工安置方案》的审核，上报了《关于〈湖南省煤业集团辰溪矿业有限公司关闭破产职工安置方案〉的审核意见》（怀人社函〔2016〕69 号）；2016 年 8 月 8 日，省人社厅组织相关处室对《职工安置方案》进行专题审核并出具了《关于对湖南省煤业集团辰溪矿业有限公司关闭破产职工安置相关费用的审核意见》（湘人社函〔2016〕224 号）；2016 年 5 月 20 日在辰溪县辰阳镇召开债权人会议，通过了管理人提交的《湖南省煤业集团辰溪矿业有限公司破产财产分配方案》《湖南省煤业集团辰溪矿业有限公司破产资产变价方案》；2016 年 11 月 30 日，怀化市中级人民法院裁定辰溪矿业公司破产终结。

三、重组辰溪实业公司

为充分利用破产的有效资产，确保辰溪公司的薪火相传，从根本上解决再就业问题，2016 年 10 月 18 日，辰溪矿业公司破产办公室聘请湖南博大博雅企业咨询服务有限公司就辰溪矿业公司破产改制后资产盘活组建湘煤辰溪实业有限公司进行了调研。

2016 年 11 月 16 日，湖南博大博雅企业咨询服务有限公司向辰溪矿业公司破产办公室提交了《湖南省煤业集团有限公司关于组建湘煤辰溪实业有限公司的可行性报告》。

2016 年 12 月 19 日，集团公司董事会通过了《关于组建湘煤辰溪实业有限公司的议案》。

2017 年 1 月 11 日，集团公司向省国资委上报了《关于组建湖南省煤业集团辰溪实业有限公司的请示》（湘煤集企〔2017〕6 号）。

2017 年 2 月 14 日，省国资委出具了《湖南省国资委监管企业投资项目备案表》（编号：湘国资投备〔2017〕012 号）。

2017 年 11 月 22 日，在辰溪县工商局办理了湖南省煤业集团辰溪实业有限公司的营业执照，注册资本 5000 万元，国有独资。

2017 年 12 月 3 日，隆重举行辰溪实业有限公司成立庆典，集团公司党委书记、董事长廖建湘亲临现场揭牌。

第二章　主辅分离与辅业改制

湘煤集团组建后，按照省委、省政府和省国资委的要求，依照《关于国有大中型企业主辅分离辅业改制分流安置富余人员的实施办法》等文件精神，从2006年开始，先后对5家非煤企业实施了主辅分离、辅业改制，国有资本逐步退出，安置职工的费用全部由改制企业的净资产或资产变现资金支付，不足部分已由主体企业补足。到2013年1月，这5家企业的国有资本完全退出，成为民营企业。

第一节　涟邵总医院分离改制

涟邵矿业集团总医院成立于1969年，属国有独资职工医院。2004年末，营业收入1080万元，利润-90万元。职工299人，其中在职221人，离退休78人。

经湖南省国企改革办〔2005〕46号文件批准，列入主辅分离辅业改制项目。至评估基准日2005年5月31日，经湖南省国资委备案的审计评估的总资产为1095.77万元（其中含经省国土资源厅备案的土地资产评估值314.73万元），负债为338.84万元，净资产为756.93万元（其中含移交社区管理机构办公设备等资产评估值6.88万元）。职工安置方案经职工代表大会审议通过，并报省劳动社厅审查批复。2006年11月13日，娄底湘中煤炭医院公司以744.5万元受让了涟邵总医院改制资产，改制后的涟邵矿业总医院的国有资本已全部退出。

第二节　涟邵机械公司分离改制

涟邵矿业集团机械制造有限公司的前身为涟邵矿务局机电修配厂，成立于1964年，由当时的涟邵矿务局牛马司煤矿机厂与矿务局机电车间合并而成。截至2004年12月，资产总额1376.54万元，负债3056.68万元。净资产-1680.14万元。职工934人，其中在职174人、离退休760人。

经湖南省国企改革办〔2005〕46号文件批准列入主辅分离辅业改制项目。根据娄底市政府的规划和要求，机械制造公司在改制时实行整体搬迁，在改制期间新购了土地、建了厂房和新购设备，因为是新购建的资产，所以按中介机构审核的实际结算价格列入改制资产。至评估基准日2004年12月31日，经湖南省国资委备案的审计评估的总资产为1376.54万元，负债为3056.68万元，净资产为-1680.14万元。新购建资产2274.23万元，经中介机构审核确认，并调增相同数额的净资产。2005年1月1日—2006年4月30日，改制期间经营利润为1120.59万元，经审计确认，调增相同数额的净资产。经过上述调整后的国有净资产为1714.68万元。职工安置方案经职工代表大会审议通过，并报省劳社厅审查批复。2007年，涟邵机械公司总股本为2620万元，其中涟邵实业公司持有国有法人股1947万元，占总股本的74.31%。经省国资委湘国资产权函〔2011〕163号文批准，转让涟邵机械制造公司74.31%的国有法人股，湖南联合产权交易所挂牌公开转让，2012年8月，湖南涟邵建设工程（集团）有限责任公司以1849万元受让了涟邵机械制造的国有法人股。

第三节　华建工程公司分离改制

涟邵矿业集团华建工程公司，其前身为湖南省煤炭基建一处，成立于1954年。2000—2008年，华建公司一直处于停产状态，没有进行生产经营，没有收入来源。截至2008年5月，资产总额1939.75万元，净资产1018.57万元，负债921.18万元。公司有职工1737人，其中在册职工442人，离退休职工1295人。华建工程公司经湖南省国企改革办〔2005〕46号文件批准，列入主辅分离辅业改制项目。至评估基准日

2008 年 5 月 31 日，经湖南省国资委备案的审计评估的总资产为 1939.75 万元（其中含经省国土资源厅备案的土地资产评估值 925.36 万元），负债为 921.18 万元，净资产为 1018.57 万元。2009 年 3 月，娄底众力有限公司以 986 万元受让了华建工程公司的改制资产，国有资本退出。

第四节 第二工程公司分离改制

涟邵建设工程第二工程有限公司，其前身为湖南省煤炭基建二处，成立于 1956 年。改制前销售收入 839 万元，利润 -79 万元，税收总额 23 万元。公司有职工 720 人，其中在册职工 362 人、离退休职工 458 人。

经湖南省国企改革办〔2005〕46 号文件批准列入主辅分离辅业改制项目，至评估基准日 2008 年 5 月 31 日，经湖南省国资委备案的经审计评估的总资产为 1996.65 万元（其中含经省国土资源厅备案的土地资产评估值 198.64 万元），负债为 1310.79 万元，净资产为 685.86 万元，作价 650 万元整体协议转让，资产处置方案上报省国企改革办审查。2009 年 1 月 20 日，湖南湘煤基本建设工程有限公司以 650 万元受让了第二工程公司改制资产。

第五节 涟邵建工(集团)公司分离改制

湖南涟邵建设工程（集团）有限责任公司，隶属于原涟邵矿业集团。注册资本金 5000 万元，国家一级施工企业。2005 年，企业总资产 5811.16 万元，其中土地资产 236.37 万元；总负债 2670.21 万元；净资产 3140.95 万元；营业收入总额 5202 万元，利润总额 34 万元，税收总额 176 万元；在册职工 133 人，无离退休人员。

经湖南省国企改革办〔2005〕46 号文件批准列入主辅分离辅业改制项目。至评估基准日 2005 年 9 月 30 日，经湖南省国资委备案的审计评估的总资产为 5570.35 万元（其中含经湖南省国土资源厅备案的土地资产评估值 236.37 万元），负债为 2013.64 万元，净资产为 3556.71 万元。缴纳土地出让金 32.74 万元。涟邵建工生产用地协议转让给改制后新企业的价款中，需向财政缴纳土地出让金 32.74 万元，调减净资产 32.74 万元。因土地出让金已从净资产中核减，所以土地出让金 32.74 万元由改制后的新企业支付。2005 年 10 月 1 日—2006 年 4 月 30 日，改制期间经营利润 80.53 万元，经审计确认后调增相同数额的净资产。从净资产中实际应支付经济补偿金 638.92 万元，故调减相同数额的净资产。审计确认经济补偿金为 651.64 万元，多列经济补偿金 12.72 万元。经过上述处置和调整后的净资产为 2965.58 万元。

至 2011 年 12 月，涟邵建工（集团）公司总股本 5000 万元，其中涟邵实业公司持有国有法人股 1089.29 万元，占总股本 21.79%；员工股 3910.71 万元，占总股本的 78.215%。2012 年 10 月 29 日，省国资委以湘国资产权函〔2011〕222 号文批准转让涟邵实业公司所持 21.79% 的国有法人股。湖南联合产权交易所挂牌公开转让，2013 年 1 月 30 日，广东宏大爆破股份公司以 1900.90 万元受让了涟邵建工（集团）公司国有法人股。

第三章 社会职能移交

第一节 职工子弟学校移交

湘煤集团组建前，原“三局三矿”所属煤矿都设立有职工子弟学校，负责职工子弟的教育工作。至 2005 年，14 个关闭破产项目依照相关政策，向当地人民政府移交学校 22 所、教师 1136 人。2005 年 5 月，依照湘政办发〔2004〕25 号（简称 1+11 文件）和湘政办发〔2005〕12 号文件的有关规定，洪山殿煤矿子弟学校移交双峰县属地管理，移交教师 45 人；辰溪煤矿子弟学校移交辰溪县属地管理，移交教师 68 人。

湘煤集团成立后，又实施了 11 个关闭破产项目，依照相关政策，向当地人民政府移交学校 7 所、教师 775 人。

2006 年 4 月，株洲洗煤厂子弟学校成建制移交给株洲市芦淞区人民政府管理，其中移交教师 88 人（其中在职 34 人、退休 54 人）。

2006 年 12 月，原白沙能源公司所属南阳子校、白沙子校，共有教师 180 人成建制移交耒阳市人民政府管理。

2007 年 5 月，牛马司矿业公司子弟学校教师 103 人成建制移交邵东县人民政府管理。

2007 年 8 月，红卫煤业公司子弟学校教师 104 人成建制移交耒阳市人民政府管理。

2007 年 12 月，长沙矿业子弟学校移交宁乡县人民政府政府管理，移交教师 204 人（其中在职教师 151 人，退休教师 53 人）。

2008 年 6 月，湘潭矿业子弟学校教师 96 人成建制移交湘潭县人民政府管理。

未列入破产项目的企业所办学校，依照政策也移交了当地政府管理。

2005 年 7 月金竹山实业公司矿子弟学校（含涟邵二中等 6 所学校），共计教师 215 人，移交冷水江市人民政府管理。

2007 年 1 月，周源山煤矿子弟学校教师 76 人建制移交资兴市教育局管理。

第二节　职工医院移交

湘煤集团组建前，原“三局三矿”都设立了医疗机构，负责矿区职工、家属的医疗保健工作。至 2005 年，14 个破产项目向当地政府移交医疗机构 17 所、医护人员 545 人。

湘煤集团成立后，又实施了 11 个关闭破产项目，依照相关政策，向当地政府移交医疗机构 4 所、医护人员 121 人。

2007 年 8 月 6 日，红卫煤业公司职工医院医护人员 28 人成建制移交耒阳市人民政府管理。

2008 年，洪山殿煤矿职工医院随主管企业关闭破产而关闭，医护人员依照关闭破产政策安置，医院的资产由留守处管理（留守处于 2013 年 1 月移交双峰县属地管理）。

2012 年 11 月 22 日，湖南省省属国有企业发展改革领导小组办公室、湖南天泰能源有限公司破产管理人与株洲市芦淞区政府签订了《湖南天泰能源有限公司留守机构移交协议》，其中第 5 条明确将职工医院整体移交给株洲市芦淞区人民政府管理，移交医护人员 28 人。

2014 年 10 月，根据湖南省深化国有企业改革联席会议办公室《关于对原长沙矿业集团有限责任公司职工医院移交有关问题的复函》（湘企改联办函〔2014〕4 号），长沙矿业职工医院整体移交至宁乡市煤城社区管理中心，移交医护人员 65 人。

因当地政府的原因，破产项目中的白沙能源医院、牛马司矿业医院、湘潭矿业医院、辰溪矿业医院，至 2022 年 12 月尚未移交地方政府，仍由主管企业或留守处管理。

第三节　社区管理机构移交

湘煤集团组建前，原“三局三矿”在实施关闭破产项目后，依照政策在破产企业设立了留守处，负责对离退休人员的管理和对破产企业遗留问题的处理。至 2005 年，14 个破产项目向当地政府移交留守处（社区）15 个，移交工作人员 568 人。

2006 年 12 月 19 日，省委常委、常务副省长肖捷主持召开省属国有企业改革领导小组（简称领导小组）会议。省政府副秘书长李妙和、省国资委党委书记周政坤及领导小组相关成员出席会议。省政府办公厅、省国企改革办有关同志列席会议。会议听取了省国企改革办主任莫德旺关于省属国企改革的情况汇报，审议了连邵矿业集团留守机构移交等问题。

湘煤集团成立后，又实施了 11 个关闭破产项目，依照相关政策，向当地政府移交破产企业留守处（社区）6 个、移交工作人员 121 人。

2007 年 8 月，红卫煤业留守处（社区）19 人成建制移交耒阳市人民政府管理。

2007 年 9 月，省国企改革办召开主任办公会议，研究涟邵矿业集团芦茅江矿区有关抚恤人员、尘肺病人职工、矿区生活供水、档案移交问题。

2011年1月，长沙矿业留守处及工作人员36人移交宁乡县人民政府，组建宁乡煤城社区管理中心。

2012年11月天泰能源留守处（社区）及工作人员2人成建制移交给株洲市芦淞区人民政府管理。

2013年1月，洪山殿实业留守处（社区）22人成建制移交双峰县人民政府管理。

2017年7月，辰溪矿业管理人与辰溪县人民政府签订了《湖南省煤业集团辰溪矿业有限公司留守机构移交协议书》，辰溪县人民政府同意接收辰溪矿业公司破产留守机构，接收工作人员23人。

2018年3月，牛马司矿业留守处及移交工作人员19人，移交给邵东市人民政府办公室管理，更名为牛马司矿区服务中心。

因当地政府的原因，破产项目中的白沙能源留守处、湘潭矿业留守处，至2022年12月尚未移交。

第四节 退休人员社会化管理

为推进离退休人员社会化管理，落实《湖南省国有企业退休人员社会化管理工作方案》和省政府召开的全省国有企业退休人员社会化管理工作动员部署会议精神，廖建湘董事长代表集团公司在全省大会上作表态发言。集团公司制定《湖南省煤业集团有限公司退休人员社会化管理工作方案》，召开了退休人员移交专题会议，要求主动担当作为，强力推进，坚决按时完成退休人员社会化管理工作。截至2020年12月，全集团21户企业退休人员社会化管理工作按进度要求全面完成，退休人员移交、档案移交、党员移交、设备设施及活动场所移交全100%，共移交退休人员35547人，党员7767人，人事档案35545份。

第五节 “三供一业”移交

根据《国务院关于印发加快剥离国有企业办社会职能和解决历史遗留问题工作方案的通知》（国发〔2016〕19号）、《国务院办公厅转发国务院国资委、财政部关于国有企业职工家属区“三供一业”分离移交工作指导意见的通知》（国办发〔2016〕45号）和《湖南省人民政府关于推进省属国有企业办社会职能分离工作的实施意见》（湘政办发〔2014〕110号）、《关于2016年中央下放企业职工家属区“三供一业”分离移交中央财政补助资金申报有关事项的通知》（湘财企〔2016〕61号），集团公司于2017年3月14日制定《中央下放破产企业职工家属区“三供一业”分离移交工作实施方案》。2017年4月26日又建立了集团、股份领导“三供一业”分离移交工作联责联点制度，全面推进“三供一业”分离移交工作。2018年11月22日，集团公司制定《职工家属区物业分离移交工作方案》（湘煤集企〔2018〕559号），11月28日在兴源矿业召开集团公司物业管理移交推进会，董事长廖建湘要求对“三供一业”特别是物业管理移交工作在思想上再重视、认识上再提高、责任上再落实、考核上更严格、推进上再加速，坚决打赢剥离企业办社会职能攻坚战，确保“三供一业”及社会职能分离移交工作圆满收官，为集团公司轻装减负、实现高质量发展奠定坚实基础。至2018年12月31日，集团所属企业“三供一业”资产已移交到位，从2019年1月1日起企业没有发生“三供一业”相关费用。

一、职工家属区“三供一业”基本情况

职工家属区“三供一业”分离移交分两种情形：一是集团所属19家企业（其中中央下放企业16家、省属企业3家），位于郴州市的有资兴实业、周源山矿业、宝源矿业、湘永矿业、马田矿业、街洞矿业、嘉禾矿业；位于衡阳市的有白沙实业、红卫矿业、南阳矿业、白山坪矿业、兴源矿业；位于娄底市的有涟邵实业、金竹山矿业；位于邵阳市的有牛马司矿业；位于株洲市的有天泰资产、立达矿装；位于湘潭市的有湘潭矿业；位于怀化市的有辰溪矿业。二是原煤矿企业已实施政策性破产，其留守机构已移交地方政府，在省国企改革办帮助和指导下，集团所属的涟邵实业公司、资兴实业公司分别与娄底市、郴州市相关县市区签订移交协议，将资金拨地方政府，由所在地政府为责任主体实施“三供一业”分离移交，涉及娄底市的娄星区（恩口煤矿、

三厂办、华建公司）、娄底经济开发区（涟邵水泥厂）、涟源市（斗笠山煤矿、桥头河煤矿、利民煤矿涟源区域）、冷水江市（利民煤矿冷水江区域）、新化县（芦茅江煤矿、煤炭二处）、双峰县（朝阳煤矿、洪山殿煤矿）；湘乡市棋梓桥镇（涟邵矿务局棋梓桥水泥厂）；郴州市的资兴市（唐洞煤矿、宇字煤矿）、宜章县（杨梅山煤矿）、嘉禾县（黄牛岭煤矿）。

由于煤炭行业特殊性，集团所属企业绝大部分远离城市，职工家属区是典型的独立工矿区，“三供一业”分离移交涉及373398户，其中集团为责任主体的有218131户（供水44170户、供电49161户、供气34306户、物业90494户）；地方政府为责任主体的有155267户（供水42282户、供电39726户、供气20541户、物业52718户）。

二、职工家属区“三供一业”分离移交

到2018年12月31日止，集团所属企业“三供一业”资产已移交到位。

（1）供水移交：白山坪矿业、红卫矿业、天泰资产、宝源矿业、嘉禾矿业、街洞矿业、马田矿业、牛马司矿业、湘永矿业、资兴实业、白沙实业、金竹山矿业、周源山矿业、南阳矿业等14户有供水移交任务的单位，完成了供水移交改造，实现管理职能的移交。立达矿装、涟邵实业等2户企业供水先期已完成了移交。

（2）供电移交：白山坪矿业、红卫矿业、宝源矿业、嘉禾矿业、马田矿业、牛马司矿业、湘永矿业、资兴实业、白沙实业、金竹山矿业、周源山、南阳矿业等12户有供电移交任务的单位，完成移交改造工作，实现管理职能的移交。天泰资产、街洞矿业、立达矿装、涟邵实业等4户企业供电先期完成了移交。

（3）供气移交：资兴实业、周源山矿业、宝源矿业、湘永矿业、金竹山矿业等5户有供气任务的单位，由于职工家属区为独立工矿区，不具备供气移交的基本条件，在属地政府的支持下，5户企业多次与接收单位沟通，签订了供气移交协议，接收单位编制设计和预算，地方政府已将5户企业供气纳入了规划范围，启动了规划及建设工作，5户企业后续按移交协议组织实施。白山坪矿业、红卫矿业、天泰资产、嘉禾矿业、街洞矿业、马田矿业、牛马司矿业、立达矿装、涟邵实业、白沙实业、南阳矿业等11户企业先期已完成供气移交。

（4）物业移交。天泰能源（株洗）、辰溪矿业随破产留守机构一并移交地方政府管理。

涟邵实业其下属企业移交给涟邵兴宁物业公司。金竹山、牛马司、湘永、马田、街洞、嘉禾矿业以及湘煤立达（株煤机）移交给湘潭正诚物业。白沙实业、南阳、白山坪、红卫、兴源移交给白沙物业公司。

上述16户企业签订了移交协议，实现管理职能的移交，因职工家属区属独立工矿区，纳入了地方棚户区改造和地方基础设施规划。

三、“三供一业”分离移交财政补助资金

集团公司实际争取中央和省财政分离移交费用为195626.832万元。其中：供水移交44273.12万元、供电移交28744.87万元、供气移交12227.24万元、物业移交110381.602万元。从资金来源分：中央财政补助资金175155.622万元、省财政补助资金20471.21万元。

（一）以集团为责任主体，实施移交改造

实际发生分离移交费用133210.512万元。其中：供水移交1445.47万元、供电移交23574.41万元、供气移交10899.35万元、物业移交77291.282万元。资金来源：中央财政补助资金112739.26万元、省财政补助资金20471.21万元。

（二）以地方政府为责任主体实施移交改造

实际发生分离移交费用为62416.32万元。其中：供水移交22827.65万元、供电移交5170.46万元、供气移交1327.89万元、物业移交33090.32万元。资金来源：中央财政补助资金62416.32万元。

第四章 资 产 重 组

2016年9月27—28日集团公司在韶山召开了深化改革座谈会，董事长廖建湘在会上首次提出了打造六大业务板块的构思，从此拉开了以资产及业务深度重组为重点的深化改革的序幕，按照产业归位、主业归核、资产归集的要求，2018年组建楚湘建工集团、资产管理事业部，2022年组建装备制造集团，从而基本形成了煤炭、施工建设、机械装备新能源、LED芯片、资产管理六大业务板块协同发展的产业格局。

第一节 组建楚湘建工集团

一、组建背景

（一）深化国有企业改革的需要

为深化国有企业改革，中央和省委、省政府、省国资委出台了一系列深化国有企业改革的政策，要求按照市场化分类推进国有企业改革，使企业依法独立自主开展生产经营活动，增强国有企业活力、国有资本活力、放大国有资本功能的目的，实现国有资产保值增值。按照实现国有企业主业归核、资产归集、产业归位的改革要求，分类整合湘煤集团内部存量资源，优化产业布局，提高资源配置效率和资本运行质量，促进企业提质增效，做优做强，是全面落实深化国有企业改革的重要举措。

（二）湘煤集团战略布局的需要

集团2017年有建筑施工单位2家、设计单位3家、物业管理单位4家，房地产公司5家，这些单位大部分规模小，资质低，技术力量弱，经营效果差。按照主业归核、产业归类、资产归集的要求，整合内部矿建、建安、基础、地勘、环保等资质资源，充分利用国内国际两个市场、两种资源，做强做大能源建设业务，打造湖南能源建工集团重要的经济增长极，是集团公司重要战略布局，对实现集团公司战略发展目标具有十分重要的意义。

（三）楚湘公司生存发展的需要

楚湘公司从20世纪50年代煤炭部成建制煤矿建筑施工企业，到2022年已有60多年的历程，具备了一定的实力和知名度，已成为全国煤炭行业骨干施工企业。但在当前市场环境下，楚湘公司在运行体制机制、项目管理、市场开发、企业战略发展、改革创新、企业经营管理理念、方法等方面显现了明显的不适应，企业生存遭遇严重困难，企业发展停滞不前。以楚湘公司为基础，组建建工集团，将管理层级上移至集团直属企业，平台更高了，能够更充分依托集团公司资源，提升企业品牌形象，提升企业的竞争实力，加强班子建设，提升管理水平，有效防范和化解风险，有利于企业的生存和发展。

二、组建方案与实施

2017年9月，集团公司成立筹备工作组，对楚湘公司开展了为期一个月的尽职调查。截至2017年9月末，楚湘公司账面资产总额25308万元，负债总额5817万元，账面净资产19491万元，资产负债率23%。楚湘公司在册员工324人，从业人员6000余人，其中：注册一级建造师32人，注册二级建造师38人，各类职称人员125人，九大员246人。公司现有专业技术人员117人，专业人员占实有员工比例为36.11%，近三年主要经济指标完成情况，见表6-4-1楚湘公司2015—2017年主要经济指标完成情况表。

表6-4-1 楚湘公司2015—2017年主要经济指标完成情况表

指标名称	2015年	2016年	2017年（1—9月）
营业收入（万元）	80032	102056	51496
利润总额（万元）	1485.87	1034.49	599.36
新承接合同额（万元）	135079	110112	113563
资产总额（万元）	26068.73	28210.01	25308.36
净资产（万元）	20861.02	21348.52	19491.12
资产负债率（%）	20.98	25.61	22.98

2017年11月，筹备工作组编制了《湖南楚湘建设工程集团有限公司重组方案》（送审稿）及《湖南楚湘建设工程集团有限公司章程》。重组方案的主要内容如下 。

（一）重组的基本思路

（1）成立“湖南楚湘建工集团有限公司”，继续保留“楚湘”的品牌，对现有楚湘公司实施股权上移和管理层级上移，成为湘煤集团直属子公司，初步形成集团内部六大业务板块。

（2）鉴于现有楚湘公司存在大量诉讼和潜在风险，有大量实际问题需要处理，为有序重组，平稳过渡，楚湘公司更名和股权上移后，设立一个过渡期，暂由白沙实业代集团公司代管楚湘建工。用半年至一年左右的时间清查处理债权债务和风险，清理现有项目部债权债务、业务往来，清理现有项目部劳动用工，处理劳资纠纷。

（3）依原有问题处理进度，集团公司派出工作组，根据新公司的组建要求和业务需要，接管楚湘公司，重新设置组织架构，建立制度流程，明确权责边界，同时保持正常的生产经营活动。

（4）在现有风险和潜在亏损基本处理到位的情况下，逐步将涟邵华泰房地产公司、正诚物业公司等资产、业务注入楚湘建工集团。

（5）制定战略规划，在债权债务及风险处理和化解后，给新公司注入资产，实施新的公司战略。

（二）注册资本

新公司属湘煤集团全资子公司，公司类别为有限责任企业（国有独资），注册资本为17600万元（暂维持现有注册资金额度，以后视时机追加）。

（三）经营范围

凭本企业资质证书承担工程施工总承包业务；国家法律、法规允许的建筑机械、煤矿机械、汽车配件的销售和汽车美容服务（不含汽车维修）；服装加工、销售。

（四）法人治理结构

（1）按照《中华人民共和国公司法》制订《湖南楚湘建设工程集团有限公司章程》，建立符合有限责任公司要求的组织机构。坚持党的领导，明确党组织是在公司治理结构中的法定地位。工会等其他群众组织按照国家有关法律、法规及章程规定设立。

（2）公司不设股东会，湘煤集团公司作为楚湘建工集团的唯一出资人，行使股东权利。

（3）公司设董事会，设董事长一人，董事长为公司法定代表人，董事长由湘煤集团任免。

（4）公司不设监事会，监事会由湘煤集团派驻。

（5）公司设总经理，由董事长兼任。副总经理及其他高级管理人员3～5人。经营班子成员的任命按湘煤集团相关规定管理。

（6）公司按照精简、高效和规范运作的要求，机关设置六部一室：办公室（党委办）、工程管理部（安全监管部）、市场开发部、资产财务部、人力资源部、纪检监察部（法务风控审计部）。

（7）公司建立完善内部管理制度和流程，加强经营管理和风险控制。

（8）根据业务发展的需要，设立子（分）公司。

2018年1月10日，湘煤集团召开第三届董事会第六十一次会议，审议通过了《关于组建湖南楚湘建设工程集团有限公司的议案》，决定组建湖南楚湘建设工程集团有限公司，其主体依托现有的湖南楚湘建设工程有限公司，并将出资人湖南省煤业集团白沙实业有限公司变更为湖南省煤业集团有限公司。

2018年1月16日，集团公司印发《湖南省煤业集团有限公司关于改革湖南楚湘建设工程有限公司管理体制的通知》（湘煤集企〔2018〕13号），决定将白沙实业公司所持的湖南楚湘建设工程有限公司全部股权（以2017年11月30日账面值为准）划转上移至集团公司。改革重组后，湖南楚湘建设工程有限公司为集团公司直属全资子公司。

2018年1月17日，集团公司党委决定，成立中共湖南楚湘建设工程集团有限公司委员会（湘煤集党〔2018〕3号）。

1月31日，集团公司决定新组建的楚湘建工集团领导班子（湘煤集人〔2018〕47号），彭双良任董事、董事长，聂秋洪任董事、副总经理（主持经理层工作），陈洪鹄任董事、副总经理。

2018 年 2 月，楚湘建工集团成立湖南楚湘矿山工程有限公司（注册资本金 10000 万元）、湖南楚湘建筑工程有限公司（注册资本金 4000 万元）。

2018 年 2 月 26 日，在省工商行政管理局注册湖南楚湘建设工程集团有限公司，注册资本金 17600 万元。为湘煤集团全资子公司。

3 月 1 日，楚湘建工集团在长沙举行隆重的挂牌成立庆典（图 6－4－1）。集团公司党委书记、董事长廖建湘为楚湘建工集团揭牌，并发表重要讲话，要求力争通过 3～5 年的努力，使楚湘步入百亿企业行列，成为集团重要主业板块和在全省乃至全国具有品牌影响力的大型能源建工集团。

图 6－4－1 2018 年 3 月 1 日，湖南楚湘建设集团工程有限公司揭牌

2019 年 1 月，根据《湖南省煤业集团有限公司关于同意组建湖南楚湘设计咨询有限公司和湖南楚湘正诚物业服务有限公司的批复》（湘煤集企〔2018〕582 号），由原湖南省煤业集团白沙工程设计有限公司和楚湘建工集团地勘分公司合并组建湖南楚湘设计有限公司，（注册资本 500 万元）。

2019 年 1 月，根据《湖南省煤业集团有限公司关于同意组建湖南楚湘设计咨询有限公司和湖南楚湘正诚物业服务有限公司的批复》（湘煤集企〔2018〕582 号），将原隶属湘煤集团长沙实业有限公司的湘潭正诚物业服务有限公司划入楚湘建工集团，更名为湖南楚湘正诚物业服务有限公司，注册资金 500 万元。

2019 年 6 月，楚湘建工集团注册资本金增至 31000 万元。

2020 年 3 月，楚湘建工集团组建了矿山托管专项工作组，在全国范围内开展煤矿托管业务。

2021 年 5 月，楚湘建工集团成立市政环保专项工作组，进军土壤及生态修复项目的施工、道路、桥梁、给排水、污水处理、城市污水、环境卫生、园林景观、道路绿化等城市公用工程施工、工矿工程建筑、建筑装饰等市场。

2021 年 6 月，楚湘建工集团成立矿山托管事业部。

三、经营成果

见表 6－4－2 楚湘建工集团 2018—2022 年主要经济指标完成情况表。

表 6－4－2 楚湘建工集团 2018—2022 年主要经济指标完成情况表　　万元

年度	营业收入	利润	新签合同额
2018	180001.12	2367.95	178379.88
2019	250011.68	3807.49	390537.76
2020	293936.98	3856.44	405546.26
2021	332745.00	7880.24	808049.02
2022	410128.27	9394.71	1033677.06

第二节 组建资产管理事业部

一、组建背景

（一）全面落实国有企业改革和发展的需要

为深化国有企业改革，中央和湖南省委、省政府出台了深化国有企业改革的一系列指导意见，省国资委出台了相关的政策和办法，明确要求按照市场化分类推进国有企业改革，使企业依法独立自主开展生产经营活动，实现优胜劣汰，有序进退，达到增强国有企业活力、国有资本活力、放大国有资本功能的目的，实现国有资产保值增值。贯彻落实新发展理念，也要求我们以供给侧结构性改革为主线，加快国有企业布局优化、结构调整和战略整合，引导企业把更多精力用在做强主业上，切实从过去单纯追求企业数量转变到提高质量效益、增强企业核心竞争力上来，更好发挥国有企业在经济社会中的支撑、引领和带动作用。因此，以资产为纽带，分类整合湘煤集团内部非主业的资产，提高资产的配置效率，提升资本的运行质量，促进企业提质增效稳增长，推进企业重组整合，实现国有企业主业归核、资产归集、产业归位的改革目标，是全面落实中央、湖南省委和省政府要求的重要举措。

（二）推进集团公司战略发展的需要

深化国企改革，党的建设是保障，突出主业是重点。按照《湖南省集团有限公司深化改革方案》，集团公司将加快产业结构调整，推进转型升级，以煤炭为支撑和起点，打造一个以能源产业为依托，有限多元发展，产业经营和资本运营融合发展的大型能源投资控股集团。按照能源投资控股集团战略定位，随着集团公司对所属企业实施深度业务重组，对集团内部的管理模式和流程进行优化调整，构建与能源投资集团相适应的新的管理体制和组织架构。在集团本轮深化改革中，企业重组、“僵尸企业”破产重整等，大量不良资产将成为集团改革的拖累点，因此需要搭建集团公司层面的资产运作平台进行专业化管理，提升资产价值，有效隔离风险。通过资产管理公司的平台，以产业为纽带，对集团所属企业的辅业资产、对外投资股权、不良资产进行整合，以求辅业与主业的同步发展，是集团公司深化改革和战略发展的需要。

（三）深化非主业产业运行机制改革的需要

各实业公司所属非煤产业分布在长沙、郴州、衡阳、娄底、怀化和广州等地，产业经营涉及洗煤焦化、矿建、工民建、发供电、供热、自备铁路运输、煤机产品制造、矿山机电设备制造、测绘、工程勘探设计、矿井设计、建筑设计、软件开发、机电设备安装维修、塑管和衬塑铝合金、电子产品批发零售、球团生产、有色冶炼、焊接材料、各类贸易、程控通信、电视转播与接收、房地产开发、物业管理、酒店经营、场地租赁、医疗等近100种，还承担了“三供一业”、矿区棚户区改造等任务，且许多产业相近或完全相同。部分所属企业还是传统老国企，职工全民身份没有改变，历史包袱沉重，经营机制不活，资源、资产分散，没有建立起与现代企业制度相适应的经营机制，机构臃肿，用人多，管理粗放，基础薄弱，运营风险高，没有发挥集团的管理优势，没有形成合力，发展不可持续问题已十分严重，面临着生存大考。因此，组建资产管理公司来管理和运营这部分资产，是加强集团公司资产管理，优化资源配置，提高资产运营价值的需要。

（四）非主业资产盘活和价值提升的需要

通过前期调研和各实业公司自查与清产核资，截至2017年7月底止，白沙、资兴、涟邵和长沙实业、黑金房产公司存量资产总额账面值为274066万元，预估资产总额为232458万元，净减41607万元；账面负债总额为169509万元，预估负债总额为170858万元，净增1348万元；账面净资产104556万元，预估净资产61600万元，净减42955万元；资产负债率以账面价值计算平均为62%，按预估价值平均已达到74%，所属三级企业中有26家企业资产负债率已达70%以上（其中18家企业已资不抵债），资产负债率高、经营无效益、总资产收益率、净资产收益率为负值，总资产报酬率极低，在实业公司中较为普遍。同时，存在大量的低级无效和闲置的资产，对实业公司的产业分类整合和升级、充分挖掘这些不良资产的各种潜在机会并盘活，已成为集团公司非主业资产和运营亟待解决的重要问题。通过组建资产管理公司，将资产放进财务的“盘子”、制度的“笼子”，以资产管理公司作平台，运用专业化的优势，摒弃局部利益来管理和处置这些资产，通过股权融资、资产重组、兼并收购、资本市场运作等手段，促进非煤产业结构调整，提升资产配置的系统性、科学性和有效性。

二、组建方案与实施

2017年9月30日，集团公司决定成立“湖南能投资产管理有限公司筹备工作组”（湘煤集企〔2017〕341号），其主要职责是：在集团公司深化改革领导小组领导下，根据国家、省有关产业政策及法律法规，按照集团公司改革总体方案和战略发展要求，深入调研，科学论证的基础上，制订《湖南省能投资产管理有限公司组建方案》，按规定程序批准后，完成湖南省能投资产管理有限公司的组建工作。筹备工作组由周秋生、谢海燕、李萍、许隽组成，周秋生为组长。

10月28日，筹备组完成了对资兴、涟邵、白沙和长沙4个实业公司和黑金时代房地产公司、辰溪矿业公司破产拟收购的重组资产及所属的55个子（分）公司和直属单位的全方位尽职调查，形成了《关于组建资产管理公司调研工作的情况报告》。

11月3日，集团公司改革办拟定了《组建资产管理有限公司方案的编制大纲》。

11月28日，筹备组向集团公司主要领导和分管改制的领导呈报了《湖南省能投资产管理有限公司组建方案》(送审稿)。

2018年4月19日，集团公司深改办审议《湖南省能投资产管理有限公司组建方案》，原则同意筹备组提交的《组建方案》，并同意筹备的建议，按照“总体设计、分步实施、平稳推进”的原则进行，先以组建事业部制的方式运行，待拟重组企业的“三供一业”移交、棚户区改造完成以及社会职能移交等工作完成后，再按《湖南省能投资产管理有限公司组建方案》完成公司组建并运行。

5月2日，筹备组向集团公司董事会提交了《湖南省能投资产管理有限公司组建方案》和《湘煤集团能源资产管理事业部组建方案》及《湘煤集团能源资产管理事业部组织架构设置方案》议案。

5月10日，集团公司董事长廖建湘主持召开第三届董事会第七十八次会议，审议《湘煤集团能源资产管理事业部组建方案》，形成以下决议：审议通过《湘煤集团能源资产管理事业部组建方案》和《湘煤集团能源资产管理事业部组织架构设置方案》；能源资产管理事业部筹备组要加快工作进度，确保在2018年5月底前完成组建工作，6月份正式挂牌运行；湘煤集团能源资产管理事业部定编10人（含高管），筹备组要坚持精干高效的原则，择优选聘工作人员，特殊人才对外招聘，选聘工作按照集团公司总部员工管理办法执行。湘煤集团能源资产管理事业部的选聘按照《集团公司总部员工管理办法》执行。

5月30日，集团公司决定，组建湖南省煤业集团有限公司能源资产管理事业部（湘煤集企〔2018〕276号），并明确其主要内容。

（一）资产管理事业部定位及功能

资产管理事业部是集团公司六大业务板块的重要组成部分，是集团公司的经营机构、利润中心和集团公司授权范围内的资产管理平台，定位于管理型事业部，在集团公司统一领导下开展业务工作。在集团授权范围内，主要发挥资产运营的管理平台、不良资产处置的推进平台和存量项目的孵化培育平台作用，是集团公司深化改革、优化资本布局的服务平台和权益资本的增值平台。

（二）资产管理事业部经营范围

纳入资产管理事业部监管和报表合并范围的企业为：资兴实业有限公司、涟邵实业有限公司、白沙实业有限责任公司、长沙实业有限公司、辰溪实业有限公司、集团公司在湖南文化旅游投资基金投资的权益资本。截至2022年12月，纳入资产管理事业部报表合并范围的企业为：涟邵实业公司、资兴实业公司、白沙实业公司、辰溪实业公司、能投房产公司、第一工业设计院和集团公司在湖南文化旅游投资基金的权益资本。

（三）资产管理事业部管控模式

（1）资产管理事业部纳入集团公司分公司管理序列。集团公司对其行使重大决策权、合理监控权、人事使用和任免权，对资产管理事业部实行目标管理和重点工作任务考核。

（2）纳入资产管理事业部范围的各实业公司为集团公司全资子公司。集团公司为各实业公司出资人，以投入到各实业公司的财产承担有限责任，行使所有者权益，对实业公司资产行使占有、使用、处理和收益分配权。各实业公司其法人资格和管理层级不变，领导班子成员职级不变。总部各部（室）通过资产管理事业部对能源资产业务板块运营、不良资产处置、存量项目孵化培育进行管理和监管，其他的管理职能不变。截至2022年12月，纳入资产管理事业部报表合并范围的企业为：涟邵实业公司、资兴实业公司、白沙实业公司、辰溪实业公司、能投房产公司、第一工业设计院和集团公司在湖南文化旅游投资基金的权益资本。

（3）资产管理事业部负责人由集团公司任（聘）免，按照《湖南省煤业集团有限公司所属单位领导人员管理办法》（湘煤集制〔2018〕148号）管理。

（4）资产管理事业部秉着精干高效的原则设置综合管理部、财务管理部、资产处置部等3个职能部门。

（5）资产管理事业部定编10人（含事业部负责人），管理人员按照《湖南省煤业集团有限公司总部员工管理办法》（湘煤集制〔2018〕142号）进行管理。

（四）资产管理事业部主要职能职责

（1）根据集团公司的规划部署，指导所属企业编制发展规划和战略规划，并在此基础上负责具体编制集团公司能源资产管理业务板块的总体发展规划。

（2）对所属企业行使运营管理职责，督促、指导、组织所属企业全面落实集团公司下达的年度经营预算目标。

（3）参与、配合对所属企业负责人年度薪酬考核指标的制订，向集团公司提出重点工作完成情况、业绩考核、兑现建议的意见。

（4）制订所属企业资产处置的工作目标、考核办法和奖惩建议方案，推进所属企业不良资产、闲置资产、低效资产处置。

（5）向集团公司提出所属企业优化资本结构方案和建议，推进所属企业的产业结构、投资结构的优化和调整。

（6）做好对所属企业的财务报表合并工作，定期生成资产管理事业部统计核算报表，对能源资产业务板块经济运行进行分析，提出对策、措施、办法和方案，并组织实施到位，真正提高运行质效。

（7）负责对集团公司投资参股的湖南文化旅游投资基金企业（有限合伙）的权益管理，推进权益资本的增值。

（8）负责资产管理事业部内部管理制度及流程建设。

（9）完成集团公司交办的其他工作。

7月27日，集团公司任命周秋生为湖南省煤业集团有限公司能源资产管理事业部总经理（湘煤集人〔2018〕378号）。

2018年8月28日，资产管理事业部成立大会暨揭牌仪式在集团公司总部机关10楼举行（图6－4－2）。参加成立大会有集团公司党委书记、董事长廖建湘，集团公司党委副书记、总经理何烽，集团公司分管领导及战略投资部、财务管理部、人力资源部、企管业考部和所属实业公司党政主要负责人、财务部部长以及能源资产管理事业部全体员工参加会议。集团公司党委书记、董事长廖建湘为资产管理事业部揭牌并作重要讲话指出，组建资产管理事业部，就是要对集团公司的目标资产归类整合、集中管理，集中处置、有序退出，盘活变现闲置资产；就是要通过搭建资产运营管理平台、不良资产处置平台和存量项目孵化培育平台，使集团公司的不良资产得到完全处置、闲置资产得到有效利用、运营资产得到价值提升，从而真正实现主业归核、资产归集、产业归位。集团公司党委副书记、董事、总

图6－4－2 2018年8月28日，湘煤集团能源资产管理事业部揭牌

经理何烽宣读了《关于组建湖南省煤业集团有限公司能源资产管理事业部的通知》，对资产管理事业部的定位、功能、经营范围、管控模式和主要职能职责等进行了部署。

三、经营成果

2018—2022 年资产管理板块累计完成营业收入共计 60.98 亿元，比预算增加 11.6 亿元，实现利润 34648 万元，比预算增加 10088 万元。其中：2018 年完成营业收入 9.79 亿元、比预算增加 1.38 亿元，实现利润 826 万元、比预算增加 193 万元；2019 年完成营业收入 11.39 亿元、比预算增加 2.77 亿元，实现利润 8854 万元、比预算增加 3447 万元；2020 年完成营业收入 11.01 亿元、比预算增加 1.55 亿元，实现利润 4884 万元、比预算减少 731 万元；2021 年完成营业收入 13.64 亿元、比预算增加 3.51 亿元，实现利润 9428 万元、比预算增加 2828 万元；2022 年完成营业收入 15.15 亿元、比预算增加 2.4 亿元，实现利润 10656 万元、比预算增加 4351 万元。累计完成不良资产和闲置资产处置收入 5.9238 亿元，实现资产处置收益 2.9595 亿元，实现资产处置超评估价溢价收益 1.0686 亿元。管理和处置湘潭矿业破产剩余有效财产 5395.63 万元，实现有效处置 4458.68 万元，处置和变现率达到 82.64%，并实现溢价处置收益 601.46 万元。累计完成集团内棚户区项目存量房产销售面积 49576 平方米，实现存量房产销售收入 1.2247 亿元。

第三节 组建湖南岳阳铁水储备公司

一、组建背景

（一）加快推进构建湖南煤炭供应保障体系的需要

煤炭是湖南主体能源和重要工业原料，在一次性能源消费中占比 56% 以上，是湖南经济社会发展的战略资源和重要支撑。湖南煤炭可采资源不足，安全灾害严重，开采难度大；随着进一步淘汰不安全落后小煤矿，煤炭产量逐年减少，煤炭消费缺口近亿吨。一直以来，湖南煤炭供应保障链条较为脆弱，跨区域调运和地区供需平衡面临巨大挑战。为了切实担负起省委省政府赋予的初心使命，打造湖南能源保障主平台，湘煤集团制订了湖南煤炭供应保障体系发展规划，稳步推进“转型升级”“双轮驱动”策略。通过建设“一平台”“一枢纽”“五基地”“一资源集运站”等项目，着力构建“通道＋枢纽＋基地＋配送”的湖南煤炭供应保障体系，推进物流配送、应急储备、煤炭交易、集采统销、分选配煤、质检服务、供应链金融等“七位一体”整合协同，构筑全省煤炭市场新格局、全省煤炭现代物流新格局、全省煤炭供应综合服务新格局，打造全省最大煤炭供应综合服务商。岳阳项目是“湖南煤炭供应保障体系”的核心项目，项目建设工程量巨大，也是湖南省能源行业中投资最大的项目，项目建设过程中，还需要通过开展煤炭贸易逐步实现项目功能和定位。因此，需要组建成立岳阳铁水公司作为项目建设主体。

（二）完善煤炭供应保障及应急储备机制、不断优化创新煤炭贸易的需求

集团公司是省委、省政府确立的全省能源保障主平台，要求突出煤炭主业，继续做强做大煤炭贸易。同时，随着国家加快推进煤炭企业兼并重组步伐，国内煤炭资源逐渐向国有大型煤炭企业集中，煤炭贸易从资源端直接面向需求端点对点销售，市场竞争变成综合实力的竞争。销售公司、省煤炭公司、中南煤炭运销公司这类纯贸易型企业，经营难度越来越大，生存空间越来越小。为此，必须寻找新的发展机遇，培育自己的核心优势，才能继续做强做大煤炭贸易业务，为集团公司稳居百亿企业、打造湖南能源保障主平台贡献力量。随着浩吉铁路正式开通运营，北煤南运的便利性大幅提高，湖南煤炭运输瓶颈得到了较大程度缓解。根据现行铁路运营价格，浩吉铁路来煤相较传统的国铁、海进江等运输方式，具有明显的时间优势和成本优势，即将成为煤炭入湘主通道。但浩吉铁路疏运系统基础设施的同步建设、同步投运启动滞后，严重制约北煤入湘疏运。为加强湖南煤炭应急保障，提高浩吉铁路接转集疏能力，湘煤集团积极履行省委省政府赋予的责任使命，紧紧抓住浩吉铁路通车的历史机遇，加快岳阳项目的建设，构建“资源＋通道＋枢纽＋基地＋配送”的供应链体系，努力实现由煤炭生产商、贸易商向全省煤炭供应综合服务商的转型发展，为全省经济社会发展和能源

供应安全提供保障。因此，要组建成立岳阳铁水公司作为集团公司开展煤炭供应综合服务、持续做强做大煤炭贸易的运营主体。

二、组建方案与实施

2019 年 9 月 28 日，浩吉铁路（原名蒙华铁路）已开通运营，我省煤炭供、需、运格局将发生较大改变。为适应国家能源战略调整，积极应对浩吉铁路通车影响，集团公司审时度势提出了构建全省煤炭保障体系的构想，成立项目筹备处启动了核心项目岳阳煤炭铁水联运储配基地及铁路专用线项目（以下简称岳阳铁水基地项目）的前期工作。

2019 年 3 月省发展改革委正式下达批复（湘发改重点〔2019〕167 号），将岳阳铁水基地项目投资主体由国投交通变更为湘煤集团。

2019 年 10 月，集团公司战略投资部牵头编制了《组建湖南岳阳铁水联运储配基地有限公司方案》，建议集团公司批准成立湖南岳阳铁水联运储配基地有限公司。

（1）公司名称：湖南岳阳铁水联运储配基地有限公司。

（2）注册资本：暂定注册资金 6 亿元，实缴 3000 万元。

（3）注册地址：岳阳市云溪区。

（4）出资人：湖南省煤业集团有限公司。

（5）主要职能：负责项目开工前的各项工作，包括前期的全部工作（如项目进一步调研论证、可行性研究、环境影响评价、建设用地申报、项目核准等项目前期工作组织、配合及协调）；负责初步设计、施工图设计的组织协调；负责各类审批事项申报资料组织准备；负责项目各项政府补助资金申报；负责项目引进战略投资方的联络工作；负责集团公司安排的其他工作。待完成前期工作后，引进战略投资者增资扩股，再开展后续建设、生产经营工作。

2019 年 11 月 8 日，集团公司董事长廖建湘主持召开了集团公司第三届董事会第一百二十八次会议，研究审议了《关于组建湖南岳阳煤炭铁水联运储配基地有限公司的议案》，形成如下决议。

（1）同意组建湖南岳阳煤炭铁水联运储配基地有限公司，并立即启动前期工作，确保 2019 年底前具备开工条件并建设。其中，公司名称为湖南岳阳煤炭铁水联运储配基地有限公司；暂定注册资金 6 亿元，实缴 3000 万元；注册地址为岳阳市云溪区；出资人为湖南省煤业集团有限公司；法定代表人为肖振林。由肖振林负责公司组建相关工作。

（2）本决议事项须报省国资委审批。

2019 年 11 月 27 日，集团公司向省国资委呈报《湖南省煤业集团有限公司关于组建湖南岳阳铁水集运煤炭储备有限公司的请示》（湘煤集企〔2019〕433 号）。

2020 年 1 月 3 日，湖南岳阳铁水集运煤炭储备有限公司组织召开了岳阳铁水储备项目技术经济论证报告专家咨询会，参加会议的有湖南省能源局、岳阳市发展改革委、岳阳市能源局、岳阳市生态环境局岳阳市地方海事局、岳阳市交通局铁路管理处、活吉铁路公司集疏运项目建设办公室、浩吉铁路湘赣分公司等有关单位和部门的代表及特邀专家 3 位，会议听取了编制单位中交第一航务工程斯察设计院有限公司关于《岳阳铁水储备项目技术经济论证报告》（以下简称报告）的介绍，经认真讨论，形成咨询意见如下。

（1）报告通过分析论证，认为岳阳铁水联运储配基地项目具有充足的市场空间，具备良好的自然条件、外协条件、集疏运条件和施工条件，项目符合国家煤炭储备体系的建设要求，项目的建设是必要的、可行的。

（2）报告对岳阳铁水储备基地项目定位为：煤炭物流中转配送中心；煤炭应急储备中心；煤炭交易中心；打造成绿色化、信息化、综合、高端、现代煤炭物流示范区，符合高质量发展的要求。

（3）岳阳铁水储备基地项目具有较好的区位优势，将浩吉铁路，京广铁路、长江航道、内河航道、终端配送等互联互通，可实现铁转水、铁转铁、水转水、水转铁等多式联运，是区域立体交通重要节点。

（4）岳阳铁水储备项目铁路和港口工程统一规划、统一建设，统一运营，发挥湘煤集团“五位一体”整合协同优势，能实现投资效益最大化，带动地方经济的发展的作用。

（5）岳阳铁水储备基地项目港口工程位于

南洋洲货运港点，规划用途为干散货运输，符合岳阳港总体规划（报批稿）

（6）岳阳铁水储备基地项目用地为仓储物流用地，符合城市规划，具备可征条件，无制约因素。

（7）岳阳铁水储备项目通过前期研究、设计，加强工程建设管理和生态恢复，可满足生态、环保规范要求。

2020 年 1 月 7 日，按照构建湖南省煤炭保障体系的战略部署，为加快推进岳阳铁水联运储配基地项目的实施，集团公司决定成立“湖南岳阳铁水集运煤炭储备有限公司”（湘煤集企〔2019〕11 号）。

2020 年 8 月 6 日，副省长陈飞主持召开会议，专题研究加快推进岳阳煤炭铁水联运储配基地（以下简称岳阳联运项目）建设，省发展改革委、省工业和信息化厅、省交通运输厅、省国资委岳阳市人民政府、湘煤集团、湘水集团等单位负责人参加会议。会议听取了省发展改革委、岳阳市人民政府、湘煤集团、湘水集团关于岳阳联运项目建设情况的汇报。会议明确，岳阳联运项目是浩吉铁路配套集疏运重要项目，对我省煤炭能源供应保障具有重要作用。省发展改革委、省交通运输厅、省国资委、岳阳市、湘煤集团、湘水集团要强化责任担当，密切协作，务实推进岳阳联运项目建设，确保按时高质量完成建设任务。

2022 年 11 月 26 日，岳阳湖南岳阳铁水集运煤炭储备项目推进暨储备基地工程（一期）开工活动在岳阳举行。项目建设主要包括码头、储备基地及铁路专用线三部分，总投资估算 54.72 亿元。集团公司党委书记、董事长廖建湘在致辞中目强调，保障煤炭能源安全，关乎经济社会发展与稳定，关乎国家安全。湘煤不忘初心，勇担使命，认真落实省委、省政府赋予的打造湖南省能源保障主平台重任，一方面加快建设高产高效现代化煤矿，提升自产煤应急保障能力，另一方面大力建设以岳阳铁水集运项目为核心的全省煤炭供应保障体系，提升外省煤入湘保障能力。岳阳铁水储备公司董事长肖振林代表建设单位、湖南建投集团党委书记、董事长蔡典维代表施工单位作了表态发言。岳阳市委副书记、市长李挚致辞，岳阳市委书记曹普华宣布项目正式启动。仪式由岳阳市委常委、常务副市长李建华主持。集团公司党委副书记、副董事长、总经理胡瑞连，党委委员、副总经理曹建书，顾问欧阳维、岳阳市委常委、统战部部长邱虹，市委常委、秘书长谢胜，市委常委、副市长李美云，市政府秘书长孙志诚等参加活动。

三、经营成果

（一）主要经济指标

根据集团公司决定煤炭贸易业务整合要求，岳阳铁水储备公司开展煤炭贸易业务及销售公司终止经营方案，重构煤炭物流、仓储、贸易于一体，相互协同一体推进。面对骤起骤落、风云变幻的煤炭市场行情，岳阳公司大力推行“一主两翼、转型升级”营销战略，保持冷静、沉着应对，坚持以目标、结果、问题为导向，紧跟市场觅新机、求突破，不断提升企业综合实力，煤炭贸易取得新成效。2021 年、2022 年完成营收分别为 36.7 亿元、48.15 亿元（岳阳公司营收 32.24 亿元），完成集团奋斗目标，为集团公司稳居百亿企业做出了积极贡献。

（二）重点项目建设

1. 岳阳项目建设

成功纳入省级和国家级重点工程。岳阳项目是构建全省煤炭保障体系的核心项目，也是集团公司实施转型升级、高质量发展的示范标杆项目。项目成功纳入了湖南省重点建设项目、重点能源项目和国家煤炭战略储备项目、铁路专用线重点建设项目，并获得了 1.558 亿元国家政策性金融性基金支持，为项目高起点推进、高标准建设、高效率协同，提供了坚强的政策资金保障和优良的营商服务环境。形成了企地携手齐抓共管的有利局面。集团公司与岳阳市政府签订战略合作协议，岳阳市政府作出庄严承诺，将参照国家和省重点项目，在建设用地、土地征拆、报批报建、工程施工、配套服务等方面给予最优惠待遇，做好岳阳项目全方位服务，推动项目尽快建成并投入运营，形成了企地携手并进、齐抓共管的有利局面。煤炭码头一期工程全面交付运营。码头一期工程是省政府督办工程，2021 年 4 月开工，参建单位抢晴天、战雨天，撸起袖子加油干，按期完成了省政府下达的工作目标，于 2023 年 5 月 10 日正式开港，保证了巴陵石化已内酰胺项目的战略合作项目如期点火。湖南岳阳铁水集运煤炭码头开港暨己内酰胺项目供煤通道正式贯通，标志岳阳项目按下了建设“快进键”。煤炭储备基地一期工程加速建设。储备基地一期工程（堆场容量 80 万吨）2022 年 11 月 26 日开工建设，累计完成投资 3.8 亿元，参建单位正在日夜奋战，争取在 2023 年 12 月形成储备能力。中央政府煤炭储备基地（堆场容量 120 万吨）已完成初步设计，正积极申报中央政府煤炭储备项目，拟争取国家支持列入中央政府储备基地项目。铁路专用线工程正在稳步推进。铁路专用线工程纳入了国家发展改革委、自然资源部、交通运输部、国家铁路局、国铁集团 2022—2023 年铁路专用线重点项目，取得了省发展改革委的立项核准、国家自然资源部的用地预审与选址意见书批复，完成了铁路专用线用地蓝线图测量放样和房屋入户调查，正在加快开展地质勘察和初步设计，积极推进土地报批相关前期工作。

2. 大数据中心

湖南省煤炭大数据中心是构建全省煤炭保障体系的关键项目，煤炭大数据中心（一期）于 2022 年 1 月正式上线试运营，已完成平台的四个子平台（含移动客户端 APP）和交易服务场所的建设，具备了较为完善的线上交易、电子合同签订、货款结算、货物交收等全程数字化、可视化、多方位服务功能，可为交易商提供纯市场化的交易模式，以及线下传统订货会、洽谈交易相结合的各种交易模式与场所。标志着湖南煤炭市场交易告别传统方式，迈入数据化、信息化、可视化时代。目前平台已注册会员用户 505 家。煤炭交易管理平台和智能运销结算平台已逐步开展真实业务，平台上已形成 10.18 万吨交易量和 811.66 万吨结算量的业务数据。2022 年企业营业收入 125.1 万元，净利润 6.9 万元。已规划和申请了 16 项应用系统的软件著作权，正在筹备高新技术企业的申报工作。

第四节　组建瓦斯研究中心

一、组建背景

（一）湘煤集团安全发展的紧迫需要

湘煤集团 14 对突出矿井可安全开采的煤量仅 329.42 万吨。由于瓦斯灾害影响，尚未得以“解放”的煤炭可采储量高达 6350.08 万吨，且多数矿井井型规模较小，突出矿井瓦斯灾害严重、地质构造复杂，瓦斯综合治理和利用难度比较大，且部分矿井水害地质类型相对复杂。严重影响现有煤矿产能的释放，严重影响全集团规模效益的提升，严重影响着省委省政府要求自产煤达到 1000 万吨的战略目标的实现。瓦斯不治，矿无宁日。瓦斯防治已经影响到了湘煤的生存和发展。湘煤要想生存，要想安全发展，就必须将瓦斯治理到位。因此，急需组建一支在重大瓦斯防治方面实力雄厚的科工一体化的技术服务机构，为湘煤集团的本质安全生产保驾护航。

（二）推动湘煤集团高质量发展的长远需要

我国北方大中型煤矿瓦斯防治技术发展及先进装备应用较为迅速。相对于北方煤矿企业而言，南方矿井煤层地质结构复杂，煤层赋存不稳定，煤矿规模较小。由于受生产规模、资金投入、开采条件等条件的限制，一些应用效果很好的高新技术及装备在南方煤矿应用难度很大。因此，很有必要建立专门的重大灾害防治机构，针对南方煤矿瓦斯、水害防治过程中遇到的实际问题开展科学研究、科技攻关，开发出适合南方煤矿瓦斯等灾害治理的新技术、新方法、新工艺、新材料和新装备，充分释放产能，从而推动集团公司高质量发展。

（三）实现集团公司重大灾害治理集中指导、统一规划、分类实施的战略需要

煤矿重大灾害事故（尤其是瓦斯事故）将导致恶劣的政治影响、社会影响和严重的经济损失，重大灾害防治是湖南煤炭产业安全生产工作的重中之重。集团公司所属煤矿及周边地区煤矿以井型小、数量多、地质构造复杂、煤层瓦斯含量（瓦斯压力）高、煤层透气性差、灾害事故频发为特点，尤其瓦斯灾害防治难度相当大。加之湖南及周边地区煤矿行业技术人才匮乏、瓦斯防治技术滞后，要达到瓦斯防治技术的先进性、科学性、针对性及可操作性，就必须针对湖南及周边地区煤矿的特点开展重大灾害治理研究。通过集团公司集中指导、统一规划、分类实施，形成可复制的可推广实用的成熟技术方案，将更加有效地实现对所属煤矿重大灾害的治理，确保安

全生产的良好环境和效果。

二、组建方案与实施

2021年3月20日，湖南省国资委印发《关于湖南省煤炭科学研究院有限公司等企业国有股权无偿划转有关事项的通知》(湘国资产权函〔2021〕45号)，将湖南省煤炭科学研究院有限公司（以下简称省煤科院）划转至省煤业集团有限公司。

2021年3月25日，集团公司党委书记、董事长廖建湘率队在湖南省煤炭科学研究院有限公司开展划转接收和调研。

2021年7月，省煤科院、瓦斯研究中心、集团公司企管部、股份公司安全通风部共同编制了《湖南省瓦斯治理和利用工程研究中心重组运营方案》(送审稿)。方案主要内容：

（一）功能定位

通过重组，实行专业化、市场化运作，将瓦斯中心打造成湘煤科技创新主平台，在国内具备较强实力和影响力的科学研究、技术应用、项目施工等科工一体化的煤矿安全工程、瓦斯抽采利用综合服务商。主要承担以下功能。

（1）针对集团公司所属煤矿的重大灾害防治进行科研攻关，提高科技成果转化和推广应用能力，开展技术咨询、技术交流，解决煤矿现场遇到的重大灾害防治实际技术难题。

（2）以提升煤矿瓦斯综合治理和利用能力，从源头上有效防范瓦斯事故为目标，为集团公司所属煤矿提供“通风可靠、抽采达标、监控有效、管理到位”的瓦斯综合治理工程解决方案，并结合项目实际，承接工程，组织实施。

（3）承接国内外相关科研课题，建立煤矿重大灾害防治数据库及信息交流平台，重点为省内及周边地区重大灾害防治提供技术支撑。

（二）重组模式和组织形态

1. 机构名称及性质

充分整合省煤科院、原瓦斯中心、湘煤股份瓦斯研究室现有的人力资源、办公设施、实验设施、职能职责，实施机构重组、业务重组，组建全新的具有独立法人资格的“湖南省瓦斯治理和利用工程研究中心有限公司”（挂“湖南省瓦斯治理和利用工程研究中心”牌子），为集团公司管控的二级子公司，按照“五自原则”，作为市场主体，独立核算、独立运营、独立交税。

2. 注册资本、出资方式

根据目前业务开展需要，注册资本2000万元。瓦斯中心为湘煤集团全资子公司，集团公司以现金出资1000万元，省煤科院将相关资产划入瓦斯中心。

3. 法人治理结构

瓦斯中心党委会、董事会、监事会均与省煤科院“一套人马、两块牌子”。瓦斯中心单独设立经理层，具体法人治理主体机构设置如下：

（1）党组织：按“双向进入、交叉任职”原则，瓦斯中心经理层成员依党章法规规定，按程序进入省煤科院党委。在省煤科院（瓦斯中心）党委领导下，瓦斯中心所属部门根据党员人数，按党章规定设立党支部。

（2）董事会：瓦斯中心董事会与省煤科院董事会合二为一，董事长由同一人担任。经理层成员依法进入董事会。

（3）经理层：瓦斯中心设总经理1人，副总经理兼总工程师1人。经理层成员专司中心工作，不兼任省煤科院经理层成员。瓦斯中心经理层成员按集团公司中层管理人员管理。董事会依法依规聘任经理层成员。

（4）监事会：湘煤集团依法向瓦斯中心派驻监事会（与湘煤集团派驻省煤科院监事会一套人马，两块牌子）。

2021年7月15日，集团公司董事长廖建湘主持召开集团公司第四届董事会第四十六次会议，审议了《关于〈湖南省瓦斯治理和利用工程研究中心重组运营方案〉的议案》，形成以下决议。

（1）一致通过《湖南省瓦斯治理和利用工程研究中心重组运营方案》。

（2）重组设立“湖南省瓦斯治理和利用工程研究中心有限公司”，该公司为湖南省煤业集团有限公司全资子公司，具有独立法人地位，独立承担民事法律责任，按“五自”原则运作。

（3）注册资本为2000万元，全部由湖南省煤业集团有限公司出资，其中现金出资1000万元，实物出资1000万元（湖南省瓦斯治理和利用工程研究中心现有实验设施设备等）。

（4）鉴于“湖南省瓦斯治理和利用工程研

究中心有限公司”主要是为原煤生产企业提供服务，由湖南省煤业集团有限公司委托湖南煤业股份有限公司管理。

2021年8月2日，集团公司印发《湖南省煤业集团有限公司关于成立湖南省瓦斯治理和利用工程研究中心有限公司的通知》（湘煤集企〔2021〕282号），决定成立“湖南省瓦斯治理和利用工程研究中心有限公司”。

2021年9月3日，集团公司党委书记、董事长廖建湘为湖南省瓦斯治理和利用工程研究中心有限公司揭牌并讲话，要求新成立的瓦斯中心要有新思路、新气象、新作为，对集团所属原煤企业与矿井开展逐一调研，深入了解矿井在瓦斯、水害等方面的防治现状，按照“一矿一策”的原则，同矿井开展专题研讨并最终形成调研汇总报告，提出矿井灾害的具体治理思路与规划。要坚持战略导航、坚定战略守恒，围绕“为全国乃至全世界煤矿瓦斯治理提供湘煤方案”这一目标不动摇，狠抓科技攻关，加大委托科研项目和技术服务项目的承揽力度，在实战中练精兵提资质，并形成一批可复制推广的科研成果。把研究中心打造为“在国内具备较强实力和影响力的科学研究、技术应用、项目实施等科工一体化的煤矿安全工程、瓦斯抽采利用综合服务商”！集团公司分管领导以及河南理工大学、河北煤炭科学研究院和省内有关专家，集团公司有关单位、总部有关部室负责人参加揭牌。

三、效果与业绩

（1）完成了湖南省煤业集团公司所属29对矿井隐蔽致灾因素普查治理项目。经历现场调查、资料收集、报告编制、内外审查、股份公司组织专家评审和修改定稿等多重环节，历时八个月，按质按量完成了集团公司29对矿井隐蔽致灾因素普查治理工作；在煤矿隐蔽致灾因素调查工作的基础上，结合矿井采掘部署实际及生产计划编制矿井、原煤企业、股份公司2023—2027年瓦斯治理规划和水害治理规划，对今后五年的安全生产，提供指导性意见。2022年6月16—17日，股份公司召开为期两天的煤矿隐蔽致灾因素普查报告评审会，国家矿山安监局湖南局、湖南省应急管理厅领导出席会议。在为期两天的评审工作中，专家组认真听取了瓦斯中心公司对29处煤矿隐蔽致灾因素普查的汇报，并对报告内容进行了质询，经过充分讨论和研究，形成了专家组意见：报告内容较全面，矿井基本情况描述准确，识别的隐蔽致灾因素与矿井基本情况直接存在较紧密的逻辑关系，提出的隐蔽致灾因素防范措施可行，报告进行补充、完善和修改后，可作为指导煤矿隐蔽致灾因素综合治理的基本依据。报告修改完善后整个项目按期顺利通过省应急厅及国家矿山安全监察局湖南局的评审验收。

（2）协助股份公司圆满完成《矿山安全法（2022修订稿）》修订会审工作。

（3）编制、汇报了股份公司2023年度科技计划项目（主要是瓦斯防治和防治水项目）实施方案。根据股份公司《关于煤矿重大灾害治理和研究项目计划通知》，编制了2023年度启动的8个瓦斯、防灭火和水害防治重点研究项目技术方案，上半年已完成湘永、黄牛岭、嘉禾、牛马司和红卫5个原煤公司项目启动及实施方案编制，已送审各相关矿区管理局。

（4）2021年与永丽矿业股份有限公司查卡利亚铜矿（玻利维亚）签订并完成瓦斯综合治理技术研究，此项目是我们将瓦斯治理技术带出国门的重要一步。

（5）2022年初与云南曲靖师宗县5对矿井签订了瓦斯综合治理三年期项目合同，以公司总经理为总负责人带领专家团队为师宗县开展瓦斯综合治理技术服务工作，成立了师宗服务站、筹建了瓦斯参数测定实验室、组建了瓦斯治理专家团队，大力提升了县辖煤矿的瓦斯治理水平，进一步夯实了安全办矿基础，得到师宗县、曲靖市及国家矿山安全监察局云南局的高度认可。

（6）完成了涟源市石坝井、杨梅山煤矿、头石煤矿、金鸡煤矿和新化县焕发煤矿、祥星煤矿、玖威煤矿、胜利煤矿、大跃煤矿隐蔽致灾因素普查现场调查、资料收集和报告编制工作；完成耒阳东冲煤矿瓦斯参数测定现场工作；完成了娄底玖威煤矿通风阻力测定工作；完成永兴香梅八矿通风阻力测定以及瓦斯参数测定部分现场工作；梓木煤矿瓦斯参数测定部分现场工作；完成耒阳市双红煤矿煤层最短自然发火期现场取样、测定并提交了测定报告；完成了新化县兴华煤矿开拓延深设计工作；完成了湘西古丈县八铁帽矿区方解石隐蔽致灾因素普查资料收集和报告编制以及双重预防机制建设工作。完成冷水江市4对矿井安全检查工作，并成功中标了2023年度冷水江辖区煤矿安全监管技术服务项目。

第五节 组建能投装备集团

一、组建背景

（一）构建机械装备板块集中管理平台的需要

煤安公司和煤机公司划入集团公司后，与立达股份同属于集团公司的直属企业。三户企业在市场、产品、技术等方面存在不同程度同质化，且在产品研发、设计、制造、销售和服务方面难以有效协同，并在同一行业市场形成资源重复性浪费。因此，急需将机械装备板块集中到一个专业平台下统一管理，规范各企业的“赛道”，一致对外谋闯市场，使集团母合优势进一步显现。

（二）实现“十四五”战略发展规划目标的需要

集团公司在“十四五”要实现新的倍增目标，机械装备板块也不能拖后腿。机械装备板块2021年实现营业收入2.43亿元，完成利润总额615万元，营业收入倍增目标约5亿元，利润总额倍增目标为1230万元。凭借三户企业现有的传统管理模式和资源条件，难以实现这些倍增目标。因此，必须创新管理模式和业务模式，引入增量资源，才有可能实现上述倍增目标。

（三）推进机械装备板块创新发展的需要

近年来，国家各部委、各地区相继出台政策文件，引导各行各业智能化发展，矿山装备的智能化发展是大趋势，且势在必行。2021年6月，省国资委印发了《关于进一步推进省属监管企业创新发展的实施意见》（湘国资〔2021〕138号），要求省属监管企业落实“三高四新”战略，按照“稳进高新”的工作方针，推进创新发展。集团公司2022年工作会要求机械装备板块全力推进数字赋能、工艺升级、产品创新，尽快推出有竞争力的新产品，打造在全国具有较大影响力的智能装备制造及运维服务商。因此，有必要组建能投装备集团引领机械装备板块的创新发展。

二、组建方案与实施

2022年2月28日，集团公司战略投资部牵头将组建能投装备集团投资项目列入集团公司2022年度投资计划并上报省国资委备案。

2022年3月16日，企管业考部牵头编制了《湖南能投智能装备集团有限公司组建方案》（送审稿）。方案主要内容如下。

（一）企业名称

“湖南能投智能装备制造集团有限公司”，简称“能投装备集团”。

（二）企业类型

有限责任公司（非自然人投资或控股的法人独资）。

（三）功能定位

（1）作为运营管控平台，对划入其旗下公司的战略规划、改革发展、经营管理、业绩考核等进行全方位管理管控。

（2）作为技术创新平台，以智能矿山装备工程研究中心（以下简称智装研究中心）为载体，组织所属企业开展新技术、新产品的研究开发和成果转化，推进新项目的培育和孵化。

（3）作为资源整合平台，积极推进人才队伍建设、业务重组、市场与管理共享，充分发挥能投装备集团的母合优势。

（四）整合范围

1. 湘煤立达矿山装备股份有限公司

立达股份总股本1.32亿股，其中湘煤集团持股67%，职工人数208人。截至2021年6月30日，立达股份资产总额38466万元，负债总额19371万元，所有者权益19096万元，资产负债率50.36%。立达股份的主要产品：矿山提升机系列（绞车）、产品零配件、辅助运输设备、电气控制产品、洗选设备等。

2. 湖南煤矿安全装备有限公司

煤安公司注册资本1320万元，其中湘煤集团持股90%，职工人数为249人（其中在岗180人、不在岗69人）。截至2021年3月31日，煤安公司资产总额为10555万元，负债总额7864万元，所有者权益2691万元，资产负债率74.51%。煤安公司的主要产品：救护装备（自救器、氧气呼吸器、自动苏生器、压风自救装置、压风供水装置、避难硐室设备等）、测控装备（光干涉甲烷测定器、便携式甲烷检测报警仪、车载式瓦斯报警断电仪、甲烷氧气两参数报警仪、粉尘测定仪、自救器气密性检验仪、以太网及广播系统、自动降尘装置、矿灯充电架等）。

3. 湖南煤矿机械有限公司

煤机公司注册资本5200万元，其中湘煤集团持股51.3%，职工人数为216人。截至2020年末，煤机公司资产总额为23501万元，负债总额15222.5万元，所有者权益8278.5万元，资产负债率64.7%。煤机公司的主要产品：单绳缠绕式提升机、提升绞车、刮板输送机、带式输送机、采煤机、塔式起重机、立体车库、混凝土湿式喷浆机等。

4. 湖南省煤业集团资兴实业有限公司机电装备分公司

机电装备分公司职工人数为141人（其中在岗99人、不在岗42人），下辖资兴矿务局供电公司、湖南长兴售电有限公司、湖南省宏能节能检测有限公司三户企业。截至2022年2月末，机电装备分公司资产总额3629.18万元，负债总额2437.7万元，所有者权益1191.48万元。机电装备分公司的经营业务包括转供电、机械制造（矿车、刮板输送机、绞车、耙斗装岩机等）、工程测试、租赁等。

（五）注册资本

暂定注册资本3亿元，全部由集团公司认缴。集团公司以持有立达股份、煤安公司和煤机公司等三户企业经审计的股权资产账面净值作价出资约2亿元，不足部分以货币出资。一期出资2000万元在组建时以货币实缴，二期出资2亿元左右于2022年6月底前以三户企业的股权实缴，剩余出资视实际需要在“十四五”期间逐步到位。

（六）经营范围

以自有合法资产进行高新技术产业的投资（不得从事吸收存款、集资收款、受托贷款、发行票据、发放贷款等国家金融监管及财政信用业务）；智能控制系统集成；信息系统集成；软件开发；矿山机械、工程机械、环保机械、电气控制、矿物洗选和输送的成套设备和配件、管道式输送机、带式输送机、机械停车设备及配件、安全检查仪器、电池、消防设备及器材、安全技术防范产品和其他机电产品的研发、制造、销售、租赁、维修和进出口业务；金属、非金属件的压铸成型及表面处理；环保工程施工；金属材料销售（依法须经批准的项目，经相关部门批准后方可开展经营活动）。

（七）法人治理结构

（1）设立党委会，由4人组成，设书记1名，副书记1名，每届任期5年。按“双向进入、交叉任职”原则，能投装备集团的董事、经理层成员依规定、按程序进入公司党委。

（2）董事会：公司董事会7人，其中外部董事4人、职工董事1人。党委书记、董事长由一人担任。外部董事由机械制造行业的专家、教授和集团公司总部及所属企业相关人员担任。

（3）经理层：公司设总经理1人，副总经理1~2名。

（4）监事会：公司监事会3人，其中职工监事1人。纪委书记兼监事会主席，纪检部门负责人兼监事。探索监督机制改革，整合监督力量，形成事前事中事后全过程监督链条。

（5）职能部室：按照精干高效的原则，实行大部制、扁平化管理，设“三部一中心”，即综合管理部、财务管理部、纪检监察部（审计风控部）和智装研究中心。

2022年3月31日，由企管业考部牵头编制《湖南能投智能装备集团有限公司章程》（送审稿）。

2022年4月1日，集团公司召开第一届党委第106次会议，审议了《组建湖南能投智能装备集团有限公司的议案》。会议同意《湖南能投智能装备集团有限公司组建方案》及《湖南能投智能装备制造集团有限公司章程》。同意注册资本3亿元，由集团公司以所持立达股份、湖南煤机、湖南煤安等三户企业的全部股权及货币出资，持股100%。同意依法依规建立并完善湖南能投智能装备制造集团有限公司的法人治理结构。

2022年4月1日，集团公司召开了第四届董事会第六十九次会议，研究审议了《关于组建湖南能投智能装备集团有限公司的议案》，形成以下决议：①同意组建湖南能投智能装备集团有限公司；②同意注册资本3亿元，由集团公司以所持立达股份、湖南煤机、湖南煤安等三户企业的全部股权及货币出资，持股100%。其中集团公司一期出资2000万元，在湖南能投智能装备集团有限公司组建时以货币形式实缴到位，资金使用严格按照集团公司预算管理制度执行。③同意依法依规建立并完善湖南能投智能装备制造集团有限公司的法人治理结构。

4月2日，集团公司党委决定，成立中共湖南能投智能装备集团有限公司委员会（湘煤集党〔2022〕20号）。

4月8日，集团公司党委决定新成立的能投装备集团党委领导班子（湘煤集党〔2022〕20号），王群伟任党委书记，敬贵华任党委副书记，蒋勇军任党委委员，邱跃辉任党委委员、工会负责人。

4月8日，集团公司决定新成立的能投装备集团领导班子（湘煤集人〔2022〕178号），王群伟任董事、董事长，敬贵华任董事、总经理，蒋勇军任副总经理。

4月12日，集团公司印发《湖南省煤业集团有限公司关于成立湖南能投智能装备集团有限公司的通知》（湘煤集企〔2022〕150号），决定成立“湖南能投智能装备集团有限公司”。集团所属湘煤立达矿山装备股份有限公司、湖南煤矿安全装备有限公司、湖南煤矿机械有限公司等三户企业整合至湖南能投智能装备集团有限公司，为其下属企业。

4月14日，集团公司党委书记、董事长廖建湘与新成立的能投装备集团领导班子进行任前集体谈话，作为装备集团的核心团队、骨干成员，大家要牢记责任，强化使命担当，以务实的作风抓实抓好各项工作。新的工作岗位是一份期望和重托，更是一份沉甸甸的责任，大家要增强危机感和紧迫感，通过加强学习，进一步提高战略思维能力、科学决策能力、驾驭全局能力；要发扬“挤”和“钻”的精神，通过主动学习，进一步增强工作的科学性、预见性、主动性，创造性地开展工作；要全力克服“本领恐慌”，通过刻苦学习，避免陷入少知而迷、不知而盲、无知而乱的困境。

4月21日，能投装备集团召开了第一届董事会第一次会议，决定聘任敬贵华为公司总经理。

4月21日，能投装备集团召开了公司第一届监事会第一次会议，选举梁翠霞为监事会主席。

4月24日，集团公司批准了《湖南能投智能装备集团有限公司章程》（湘煤集企〔2022〕168号）。

4月26日，能投智能装备集团在省市场监督管理局注册成立，公司所属行业为专用设备制造业，企业类型为有限责任公司，注册资本为30000万元。

5月6日，湖南能投智能装备集团有限公司成立暨揭牌仪式在集团公司总部机关10楼举行（图6-4-3）。集团公司党委书记、董事长廖建湘作重要讲话，今年是政治大年，也是装备集团的开局之年大年要有大作为，开局就要开好局，装备集团要推进科技创新，立足于复杂煤层机械化、智能化开采的市场需求和现实需要，充分发挥智能矿山装备工程研究中心的作用，围绕关键部件、核心技术开展攻关，以创新力增强企业的竞争力、厚植企业的发展力。随后廖建湘和王群伟为湖南能投智能装备集团揭牌。集团公司党委副书记、总经理胡瑞连，集团公司总法律顾问涂湘明，股份公司总经理彭双良、董事会秘书张新建等出席揭牌仪式并合影留念。

图6-4-3 2022年5月6日，湖南能投智能装备集团有限公司揭牌

三、经营成果

2022 年是能投装备集团整合创立之年，实现了良好开局，营业收入 31087 万元，较预算目标 27645 万元增加 3442 万元，较上年同期增加 6819 万元，增幅 28.1%；利润总额 9440 万元，较预算目标 7775 万元增加 1665 万元，经营性利润 731 万元，较上年同期增加 116 万元，增幅 18.89%。特别是湖南煤机完成经营性利润 511 万元，同比增加 95.87%。立达股份结束公司经营活动净现金流负流入情况，连续 5 个月实现现金流正流入。打造核心技术实力也有新进展，新增安标证 20 个、实用新型专利 8 个、发明专利 3 个、软件著作权 19 个（累计拥有安标证 569 个、实用新型专利 123 个、发明专利 7 个、软件著作权 31 个）。

第五章　国企改革三年行动

2020 年作为国企改革三年行动的启动之年，集团公司党委、董事会始终将优化布局结构调整、助推转型发展、对标一流企业作为中心工作来抓，全集团 53 户企业纳入国企改革三年行动范围，改革改制进入了快速推进、实质进展的新阶段。

第一节　组 织 机 构

一、集团公司深化改革领导小组

2016 年 6 月 3 日（湘煤集企〔2016〕119 号）设置为：

组　长：廖建湘　罗瑞锋

成　员：文仕秋、张小雁、欧阳维、何　烽、李传红、涂湘明、赵　斌、马庆仁、贺灿星、姚泽钢、汤世杰、李茂红、张新建、曹建书、彭良文

改革领导小组下设集团公司深化改革办公室。

办公室主任：涂湘明

副主任：曹建书

办公室成员：集团、股份公司各部门主要负责人。根据业务工作需要，集团改革办抽调专门人员集中办公，具体人员由集团主要领导批准确定。

2021 年 4 月 23 日（湘煤集办〔2021〕117 号）调整为：

组　长：廖建湘

副组长：文仕秋

成　员：杨　洁　罗和平　张小雁　贺灿星　胡瑞连　王群伟　曹建书　李永友　涂湘明　彭良文

改革办公室主任：涂湘明（兼）

办公室成员：集团、股份公司各部门主要负责人。

二、集团公司深化改革领导小组主要职责

（1）负责研究集团公司深化改革、转型调整顶层设计（含企业法人治理结构规范董事会建设），制定集团公司深化改革、优化调整、转型发展总体方案。

（2）组织研究集团公司深化改革的重大原则，统筹协调处理集团公司深化改革过程中碰到的全局性、长远性重大问题，研究制定深化改革重大政策制度。整体推进、督促落实集团公司深化改革工作。

（3）组织制定集团公司深化改革相关配套政策和实施方案。

（4）指导所属单位制订深化改革总体方案，组织审核审批所属单位的深化改革、结构调整方案。

（5）争取省政府及省国企改革办、省有关部门对集团公司深化改革、转型调整的指导支持；向国务院国资委、财政部等中央部委、省委省政府及有关部门争取国企改革的有关项目和政策。

（6）指导、协调、督促、检查所属单位改

革方案的组织落实工作。

三、集团公司深化改革办公室主要职责

改革办公室是改革领导小组的办事机构，主要承担改革领导小组的日常工作。其具体职责如下。

（1）负责调研拟制或聘请中介机构拟制集团公司深化改革、优化调整、转型发展的总体方案，报改革领导小组及上级审批后组织实施。

（2）调研拟制集团公司深化改革的相关政策、制度和配套方案。

（3）具体指导所属单位制订深化改革、结构调整方案，组织初审，并提出初审意见，报改革领导小组审批后下达执行。

（4）负责收集整理集团公司深化改革过程中碰到的全局性、长远性重大问题，并提出解决办法、措施及建议。

（5）负责承办需报省政府及省国企改革办、省有关部门批准、备案事项的具体工作；负责承办向国务院国资委和财政部、省委省政府和有关部门争取国企改革项目和政策的具体工作。

（6）负责所属单位各项改革工作的督办落实、检查考核。

（7）负责改革领导小组交办的其他工作。

改革办公室成员由各部门负责人组成。“对标提升管理行动”“三项制度改革”等相关改革专项由各专业工作部门具体牵头承办，相关部门协同配合，不再设立其他专项改革机构，由改革办统一归口管理，统一向集团公司党委、董事会和改革领导小组负责，统一向省国资委等上报。

第二节 实 施 方 案

一、实施总体方案

为全面贯彻落实省委省政府和省国资委关于国企改革的决策部署，对标对表《湖南省国企改革三年行动实施方案》(2020—2022 年)，结合湘煤集团实际，持续推进集团公司深化改革落地见效，2021 年 4 月出台了《湖南省煤业集团有限公司国企改革三年行动实施方案（2020—2022)》，并以湘煤集办〔2021〕112 号印发。

（一）集团国企改革三年行动的指导思想

以习近平新时代中国特色社会主义思想为指导，深入学习贯彻党的十九大、十九届历次全会精神和习近平总书记考察湖南系列重要讲话精神，认真落实省委省政府、省国资委工作部署，坚持问题导向、目标导向、结果导向，根据《湖南省国企改革三年行动实施方案（2020—2022)》，统筹考虑“十四五”规划，结合“做湖南能源保障主平台”战略定位，“建设以能源产业为依托，有限多元，产业经营和资本运营融合发展的大型能源投资控股集团”的战略目标，优化布局结构调整、助推转型发展、对标一流企业，启动和推进新一轮改革。

（二）集团国企改革三年行动的主要目标

用3 年左右的时间，将湘煤集团打造成在全国具有较大影响力的能源产业投资控股集团、省内最大的煤炭供应综合服务商，在市场竞争中核心竞争力强，市场化经营机制更加健全，国有企业活力和效率明显提高，实现企业可持续、高质量发展，在湖南经济社会发展中成为中坚力量，发挥重要作用。即充分发挥“湖南省煤炭供应保障体系”的作用，为全省能源供应提供强大支撑。到“十四五”末，实现煤炭产销量 3000 万吨，煤炭供应量接近全省需求的三分之一，集团规模资产达到 200 亿元，年营业收入 200 亿元，利税总额 20 亿元。在此基础上，实现员工收入与经济效益同步增长，幸福指数不断提高。

（三）集团国企改革三年行动的重点工作任务

按照《湖南省国企改革三年行动实施方案(2020—2022)》的工作部署，从建设中国特色现代企业制度、优化资本布局和结构调整、对标一流提升管理、稳妥推进混合所有制改革、健全市场化经营机制、切实加强党的领导和建设等方面，详细确定了 90 项具体改革工作任务。并建立了重点改革工作的台账管理制度，团深改办以各部室、各二级子公司所报送的年度改革工作分解计划为依据，组织开展各部室和二级子公司改革工作的跟踪调度、督促和考核评价工作。

二、实施子方案

为促进《湖南省煤业集团有限公司国企改

革三年行动实施方案（2020—2022）》的落实，2021年4月23日集团公司印发了5个配套实施方案：

（1）《湖南省煤业集团有限公司关于开展对标一流管理提升行动暨开展“比安全比效益比生态”活动工作方案》（湘煤集办〔2021〕113号）。

（2）《湖南省煤业集团有限公司2021年深化改革重点专项实施方案》（湘煤集办〔2021〕114号）。

（3）《湖南省煤业集团有限公司2021年深化内部三项制度改革实施方案》（湘煤集办〔2021〕115号）。

（4）《集团（股份）公司直属二级公司经理层成员任期制和契约化管理实施办法》（湘煤集办〔2021〕116号）。

（5）《湖南省煤业集团有限公司利润增量共享激励办法》（湘煤集制〔2021〕17号）。

第三节 实施过程

一、启动之年（2020年）

1月3日，集团公司领导班子通过开展“不忘初心、牢记使命”主题教育，深入基层调研，形成的湖南省煤业集团有限公司《“不忘初心、牢记使命”，促进湘煤集团高质量发展》调研报告，为制定深化企业改革特别是国企改革三年行动实施方案奠定了坚实基础。

1月7日，集团公司决定，成立湖南岳阳铁水集运煤炭储备有限公司（湘煤集企〔2021〕11号），延伸煤炭主业产业链。

1月15日，集团公司印发《湖南省煤业集团有限公司例会管理办法》（湘煤集制〔2021〕20号），强化内部管理。

1月18日集团公司在长沙召开2020年工作会，集团公司党委书记、董事长廖建湘作了工作报告，明确了安全、转型、高效、民生、党建等工作目标，对2020年的工作进行了部署，强调要深化改革，在延长煤炭板块产业链上下功夫，在优化施工建设板块价值链上下功夫，在完善LED芯片板块产品链上下功夫，在构建机械装备板块创新链上下功夫，在拓宽新能源板块市场链上下功夫，在打造资产管理板块协同上下功夫。会议还表彰立达股份、南阳矿业、白沙实业等3家公司为深化改革红旗单位。

3月6日，集团公司党委、董事会审议《关于将湖南黑金时代股份有限公司更名为湖南煤业股份有限公司议案》，并报省国资委审批。

3月20日，集团公司印发了《省属国有企业职工家属区“三供一业”财政补助资金审计及清算工作方案》（湘煤集企〔2020〕111号）。

4月17日，集团公司对2019年度所属各单位完善法人治理结构与加强企业现代制度建设、“僵尸企业”处置工作进行了考核，并将考核结果予以通报。

6月28日，集团公司举行湖南煤业股份有限公司揭牌仪式，集团公司党委书记、董事长廖建湘揭牌并讲话，指出由“黑金时代”更名为“湖南煤业”，不是简单的名称变更，而是一次企业形象的重塑，一次企业精神的凝聚，一次企业价值的彰显。“湖南煤业股份有限公司”也必将以此为契机，站在新起点、迎来新机遇、获得新发展、创造新辉煌。

6月30日，集团公司分别印发了《湖南省煤业集团有限公司2020年深化改革工作联点督导方案》（湘煤集办〔2020〕249号）和《湖南省煤业集团有限公司2020年深化内部三项制度改革实施方案》（湘煤集办〔2020〕250号）。

7月1日，集团公司召开深化改革工作推进会，学习传达了5月27日省国资委召开的全省深化国企改革工作推进会精神，下达2020年集团公司深化改革重点专项目标任务，所属各单位提交了2020年深化改革目标责任书，集团公司党委书记、董事长廖建在会上作了重要讲话，强调要勇于担当作为，加快推动9个改革专项落地见效：一是以推进混合所有制改革为重要抓手，充分激发企业内生动力；二是以内部“三项制度”改革为主要路径，健全完善“三能”机制；三是以规范董事会建设为关键举措，健全完善中国特色现代企业制度；四是以健全市场化经营机制为工作目标，不断激活要素资源；五是以职业经理人制度试点为突破口，打造素质过硬管理团队；六是以剥离企业办社会职能为切入点，促进企业轻装减负；七是稳妥推进和优化煤炭运销机制，构建煤炭购销大平台；八是进一步优化集团及湘煤股份资本结构，提升投融资能力；九是要进一步优化集团化管控模式，推进总部机关“放管服”改革。

7月13日，集团公司向省国资委报告，2020年拟推进23户企业混合所有制改革（湘煤集企〔2021〕263号），分别为：湘能华磊光电股份有限公司及其子公司（湖南省日晶照明科技有限责任公司），湖南楚湘设计咨询有限公司，湘煤立达矿山装备股份有限公司及其子公司（株洲力能型煤机械有限责任公司），湖南省娄底市联众置业发展有限公司，湖南省白沙电力有限公司，湖南省资兴焦电股份有限公司，资兴煤矸石发电有限责任公司，湖南煤业股份有限公司及其12家子分公司（湖南煤业股份有限公司周源山矿业分公司、湖南省煤业集团红卫矿业有限公司、湖南黑金时代南阳矿业有限公司、湖南省煤业集团街洞矿业有限公司、湖南省煤业集团湘永矿业有限公司、湖南省煤业集团兴源矿业有限公司、湖南省煤业集团宝源矿业有限公司、湖南省煤业集团马田矿业有限公司、湖南黑金时代牛马司矿业有限公司、湖南省煤业集团嘉禾矿业有限公司、湖南省煤业集团白山坪矿业有限公司、湖南省煤业集团金竹山矿业有限公司）。

7月23日集团公司向省财政厅、省国资委呈报了《湖南省煤业集团有限公司关于中央放企业职工家属区“三供一业”分离移交财政补助资金的清算报告》（湘煤集办〔2020〕279号）。

10月中旬，省国资委聘请中介审计机构所属8户“僵尸企业”处置情况进行核查，确认集团公司处置“僵尸企业”工作已完成。

10月28日，省财政厅、省国资委、财政部湖南监管局组织审计组对集团公司职工家属区“三供一业”中央财政补助资金清算进行历时7个月的审计，出具审计报告。审计项目共27个，其中集团公司内部16个单位、娄底市8个单位、郴州市3个单位。集团公司关注的内部单位16份审计报告没有披露原则性问题。

11月6日，集团公司印发了《湖南省煤业集团有限公司关于印发总部部室责任清单、权力清单、负面清单的通知》（湘煤集制〔2020〕376号）。

11月24日，集团公司分别印发了修订后的《湖南省煤业集团有限公司董事会议事规则》（湘煤集制〔2020〕392号）和《湖南省煤业集团有限公司总经理办公会议事规则》（湘煤集制〔2020〕393号）。

二、关键之年（2021年）

1月14日，集团公司向省国资委呈报了《湖南省煤业集团有限公司关于中央放企业职工家属区“三供一业”分离移交工作情况的报告》（湘煤集办〔2021〕16号），湘煤集团为责任主体的16家企业“三供一业”资产已移交到位，其中供水44170户、供电49161户、供气34306户、物业90494户。

1月18日，集团公司在长沙召开2021年工作会，集团公司党委书记、董事长廖建湘作了工作报告，其中对深化改革工作进行了部署，强调要根据《湖南省国企改革三年行动实施方案（2020—2022）》，统筹考虑“十四五”规划，布局结构调整、转型发展、对标一流企业等工作任务，加快制定《集团公司国企改革三年行动工作方案》，启动推进新一轮改革：一是要推进国有资本优化布局和结构调整，重组整合与煤相关的科研、设计、装备制造、煤炭贸易企业，提升产业基础能力和产业链水平；二是尽快完成集团公司第二轮资本结构优化工作，清理退出不具有优势的非主营业务和低效无效资产，彻底完成剥离企业办社会职能，解决历史遗留问题；三是要进一步推进楚湘设计院混资本工作，股份公司、华磊光电、立达装备、资兴焦电、资兴煤矸石电厂、联众置业等已经完成“混资本”的企业，要进一步优化机制，激发企业活力；四是要健全市场化经营机制，继续推进华磊光电职业经理人试点，探索推行精煤公司经理层任期制和契约化管理；五是要围绕“归位、放权、精简、激活”动脑筋、想办法，将总部“放管服”改革引向深入，特别是要严格执行“三单”管理规定，重新修订各业务管理制度，规范管理流程，提高管理效能；六是要持续深化“三项制度”改革，推进体制机制创新，要健全完善竞争机制，在全集团营造比学赶超，争创一流的新气象、新风尚，坚持强激励、硬约束，做到能者上、平者转、庸者下，让干部能下、能转成为常态。会议还表彰了白沙实业、涟邵实业、白山坪矿业等3

家公司为深化改革红旗单位。

1 月 28 日，集团公司印发《湖南省煤业集团有限公司企业负责人综合绩效考核及薪酬管理办法》(湘煤集制〔2021〕23 号)。

2 月 4 日，集团公司向省国资委呈报了《湖南省煤业集团有限公司关于报送国企改革三年行动工作方案的请示》(湘煤集办〔2021〕27 号)。

3 月 5 日，湖南省煤业集团湘东矿业公司正式挂牌。集团公司党委书记、董事长廖建湘为公司揭牌并就矿井复工复产和技改扩能等深入调研督查。湘煤家族再添新成员，也标志着省委省政府和省国资委优先配置资源，支持湘煤集团打造能源保障主平台，服务全省“三高四新”战略展开新的一页。

3 月 11 日集团公司向省国资委呈报了《湖南省煤业集团有限公司关于修订公司章程的请示》(湘煤集办〔2021〕51 号)。

3 月 20 日省国资委印发了《关于湖南省煤炭科学研究有限公司等企业国有股权无偿划转有关事项的通知》(湘国资产权函〔2021〕45 号)，将湖南省国有资产管理集团有限公司持有的湖南煤矿安全装备有限公司等四户企业股权无偿划转至集团公司。

3 月 24—26 日，集团公司党委书记、董事长廖建湘分别在湖南煤矿安全装备有限公司、湖南省煤炭科学院有限公司、湖南省煤炭有限责任公司开展划转接收调研。

4 月 29 日，集团公司召开总部部分中层副职职位公开竞聘大会，公开招聘 4 名中层干部。

4 月，集团公司企管部牵头完成了对划入企业尽职调查并对尽职调查报告揭示的 34 个问题进行整改。

4 月 13 日，集团公司召开了经理层任期制和契约化管理专项推进会。

4 月 16 日，集团公司召开了深化企业三项制度改革专项推进会。

4 月 23 日，集团公司召开了 2021 年深化改革推进会，集团公司党委书记、董事长廖建湘就国企改革三年行动作重要讲话，强调改革三年行动，今年是关键，要“知行合一”，向体制要效率，向机制要活力，向使命要驱动力，落实改革三年行动，以拳拳初心、满满情怀，当知行合一的奋斗者，做止于至善的实干家，以良好的精神状态和优异的工作业绩献礼建党 100 周年！会议印发了《湖南省煤业集团有限公司国企改革三年行动实施方案（2020—2022)》及相关配套文件，各单位向集团公司递交了《深化改革目标责任书》。

5 月 7 日，集团公司印发《湖南省煤业集团有限公司 2021 年度改革专项工作考核办法》(湘煤集企〔2021〕135 号)。

5 月 15—16 日，集团公司举办经理层任期制和契约化管理及三项制度改革推进培训班，所属各二级公司党组织书记、董事长（执行董事)，周源山矿业、销售分公司总经理，分管改革工作的领导、部室主要负责人和改革工作经办人员，共 100 人参加。

6 月 2 日，集团公司转发湖南省国资委《关于持续做好剥离国有企业办社会职能和解决历史遗留问题工作的通知》(湘国资〔2021〕123 号)，要求所属单位立即开展剥离国有企业办社会职能和解决历史遗留问题自查工作，做到各项改革任务依法合规，政策落实不走样，对三供一业、退休人员移交，以及原有公安、学校、医院、社区、破产留守机构移交情况务必确保心中有数。

6 月 2 日，集团公司向省国资委呈报了《湖南省煤业集团有限公司关于省属国有企业职工家属区“三供一业”分离移交财政交财政补助资金清算的报告》(湘煤集财〔2021〕187 号)。

6 月 30 日，集团公司向省国资委呈报了《湖南省煤业集团有限公司“总部机关化”问题专项治理实施方案》(湘煤集办〔2021〕212 号)。

7 月 8 日，集团公司印发了《湖南省煤业集团有限公司实施竞争上岗和末等调整、不胜任退出工作管理办法（试行)》(湘煤集人〔2021〕255 号)。

7 月 12 日，集团公司印发了《湖南省煤业集团有限公司董事会授权管理暂行办法》(湘煤集办〔2021〕258 号)。

7 月 19 日，集团公司就全集团公司上半年深化改革工作进展情况予以通报（湘煤集企〔2021〕270 号)：根据《湖南省煤业集团有限公司国企改革三年行动工作方案》整理的《湘煤集团国企改革三年行动工作台账》共列出改革任务65项，截至2021年6月30日已完成20项，45项正在推进中，2021年上半年需完成9项工作，已完成8项工作，1项工作正在推进中。根据《湖南省煤业集团有限公司2021年深化改革重点专项实施方案》整理的《总部部室2021年深化改革重点专项工作台账》共列出改革任务30项，截至2021年6月30日已完成11项，19项正在推进中；2021年6月底前共需完成13项工作，已完成11项，2项工作正在推进中。

7月26日—8月6日，由集团公司人力资源部牵头，采取现场调研与网络远程调研的方式，对所属单位深化内部三项制度改革工作进行调研督办。

8月11日，集团公司向省国资委呈报了《湖南省煤业集团有限公司关于核定下属企业功能分类的请示》(湘煤集企〔2021〕297号)。根据省国资委改革推进办对湘煤集团重点调度子企业名单核定情况，湘煤集团共有55户企业被列入省国资委重点调度子企业名单，其中二级企业17户，三级企业38户；根据国资委、财政部、发展改革委《关于印发〈关于国有企业功能界定与分类的指导意见〉的通知》(国资发研究〔2015〕170号）规定，建议湘煤集团下属55户企业均为商业类国有企业，其中商业一类53户；商业二类2户。

9月29日集团公司党委书记、董事长廖建湘在湖南煤矿机械有限公司开展划转接收调研。

10月27日，省国资委对湘煤集团公司章程修订事项予以批复（湘国资发展函〔2021〕216号），原则同意《湖南省煤业集团有限公司章程(2021年10月版)》。

11月8日，集团公司转发了省国资委《关于开展2021年监管企业国企改革三年行动自查工作的通知》，要求所属各单位、严格对照《湖南省煤业集团有限公司深化改革三年行动工作方案》《2021年度深化改革重点专项实施方案》以及《所属各单位深化改革责任状》的各项要求，立即开展自查工作，全面检视改革三年行动进展情况，按照文件要求填报好相关表格，形成自查报告，并于11月15日上报。集团公司将组织人员对所属各单位自查情况进行抽查。

根据《省属监管企业2021年十项重点改革目标任务清单》要求，2021年湘煤集团共九项改革任务，截至11月底，已完成六项（中国特色现代企业制度；经理层任期制契约化管理；资产证券化；职业经理人制度试点；开展多种方式的中长期激励；解决历史遗留问题)，其他三项工作正在全力推进。集团公司国企改革三年行动工作任务共90项，已完成67项，基本完成4项，还有19项工作正在全力推进，按国资委的要求，2021年集团公司已完成国企改革三年行动70%以上工作任务。

根据《湖南省国资委关于开展对标一流管理提升行动工作方案》(湘国资〔2021〕45号)有关要求，通过收集国内相关煤炭企业各项指标数据，结合集团公司“十四五”发展规划，坚持“问题、目标、结果”导向，以加强管理体系和管理能力建设为主线，聚焦管理薄弱环节，寻找自身差距，补齐短板，着力实施《湖南省煤业集团有限公司关于开展对标一流管理提升行动暨开比安全比效益比生态活动的工作方案》，集团公司对标一流工作任务共10大项38小项，截至11月底，已全面完成29项，基本完成1项，还有8项工作正在全力推进。

按照集团公司“做湖南能源保障主平台”战略定位，“建设以能源产业为依托，有限多元，产业经营和资本运营融合发展的大型能源投资控股集团”的战略目标，更好地促进集团公司核心业务发展，充分发挥科技是第一生产力的推动作用，实现湘煤集团高质量发展，由企管部牵头积极推进瓦斯治理和利用工程研究中心、矿建工程研究中心、智能矿山装备工程研究中心、第三代半导体工程研究中心四家科技创新平台的建设。9月3日，湖南省瓦斯治理和利用工程研究中心有限公司率先挂牌成立，随后矿建工程研究中心、智能矿山装备工程研究中心、第三代半导体工程研究中心等三家科技创新平台也陆续挂牌运营。

三、收官之年（2022年）

1月12日，集团公司转发省国资委《关于开展国企改革三年行动问卷调查的通知》(湘煤集企〔2022〕16号)，要求各单位组织政治素质高、业务能力强、对改革工作有一定了解的员工按通知要求规范填报本次问卷调查。

1月21日，集团公司召开2022年工作会，集团公司党委书记、董事长廖建湘作会议主题报告，其中就国企改革三年行动工作进行了部署，指出2022年是国企改革三年行动收官之年，要以决战决胜国企改革三年行动为契机、为抓手，齐心协力推动各项改革任务落地见效，高质量完成三年改革任务，确保上半年全面完成主体工程，年底前达标验收见实效。一是要继续锚定重点难点抓攻坚。围绕完善中国特色现代企业制度，推动党委前置研究讨论重大事项清单有效执行。要继续推进“三项制度”改革走深走实，以“控制用人、合理用人、按需用人”为导向，以“满负荷、高效率”为原则，严格按照企业规模效益确定劳动定额，严格按照劳动定额盘活人力资源存量，优化人员结构，提高生产效率；要在健全市场化经营机制等方面着力、发力、加力，全面实行经理层成员任期制和契约化管理，对关键核心技术人才实行具有市场竞争力的薪酬激励制度。要推动混合所有制企业深度转换经营机制，探索差异化管控。要推进深化煤炭贸易企业专业化重组，建立全新的煤炭运销集团，确保年内实现正常运营；要加快装备制造业务板块的整合重组，组建智能矿山装备制造集团。二是要对照“三个明显成效”抓收官。即在建设中国特色现代企业制度上取得明显成效，在推动优化产业布局上取得明显成效，在提高企业活力效率上取得明显成效。要对照国企改革三年行动目标要求和重点任务清单，突出补短板强弱项，加强督导督办，逐项销号清零。突出实绩标准，强化成果考核评估，努力形成一批符合湘煤实际的国企改革实践成果、制度成果、理论成果。三是要着眼巩固拓展抓推广。要把改革重要举措和经验以制度形式固化下来，将国企改革重要要求纳入公司章程和企业制度体系。要不断将改革引向深入，持续激发体制机制活力。要始终坚持创新驱动，为企业发展铸就领先优势。要以创新促变革，通过科技创新、模式创新、业务创新、管理创新，推进生产制造、市场营销、物流服务等全要素联通，积累聚合技术优势、厚植市场优势、形成效益优势；要紧盯行业最新发展趋势，紧盯企业生产经营过程中“卡脖子”问题，筑巢引凤、聚力攻关，将四个研究中心打造成人才洼地、创新高地。要继续深化总部机构改革，聚焦“四大中心”职能，推进制度建设与事权流程建设，让制度更管用、流程更清晰，实现放到位、管到位、服务到位的目的。特别是要通过改革，使集团公司与所属各单位在财务业绩、战略业绩追求方面的责任心和积极性都不缺失，集团层面着力提升牵头运作大项目的能力、合理配置资源的能力，放大母合优势；所属各单位作为利润中心，要提升改革创新的能力、参与市场竞争的能力，发挥市场主体作用。同时，要进一步优化绩效考核体系，更好发挥考核指挥棒作用。一方面要坚持以责任结果评价责任过程，以绩效论英雄，探索从预算源头实行“联量计酬”，突出奖励增量，另一方面要结合中长期激励、重点工作推进和重大项目建设等内容，引入成本预算偏差率考核，从而使所属企业负责人薪酬考核体系更符合企业化、市场化原则，更加科学有效地发挥激励约束作用，持续推动国企改革向纵深发展。

2月15日，集团公司组织开展2021年三项制度改革验收暨人力资源工作检查考核，分涟邵片、资兴片、白沙片三个组，从2022年2月5日开始到3月初结束，采取现场与网络远程考评两种方式进行评比。

3月4日，集团公司转发省国资委《关于开展国企改革三年行动自查工作的通知》(湘煤集企〔2022〕16号)，并要求单位严格对照《湖南省煤业集团有限公司深化改革三年行动工作方案》(湘煤集办〔2021〕112号）以及《湖南省煤业集团有限公司关于开展对标一流管理提升行动暨开展“比安全比效益比生态”活动工作方案》(湘煤集办〔2021〕113号）的各项要求，立即开展自查工作，逐条梳理，全面检视本单位改革三年行动工作进展情况，并按照《国企改革三年行动自查报告提纲（模板)》要求，形成自查报告上报。3月7日，集团公司印发《湖南省煤业集团有限公司所属企业规范员工持股的指导意见》(湘煤集制〔2022〕83号)。

3月21日，集团公司向省国资委呈报《湖南省煤业集团有限公司国企改革三年行动自查报告》(湘煤集企〔2022〕103号)。截至2022年3月，集团公司国企改革三年行动工作台账中明确的任务共90项，目前已完成83项，完成率92.22%。

4月12日，集团公司印发《关于成立湖南

能投智能装备集团有限公司的通知》(湘煤集企〔2022〕150号),将湘煤立达矿山装备股份有限公司、湖南煤矿安全装备有限公司、湖南煤矿机械有限公司等三户企业整合至湖南能投智能装备团有限公司,为其下属企业。5月6日能投智能装备集团有限公司正式挂牌成立。

4月27日,集团公司和股份公司经理层任期制和契约管理“一协两书”签字仪式在长沙举行。所属各单位于4月29日前完成了2022年度经理层经营业绩责任书的签订,共58户子企业,181人。其中二级子企业36户,共125人,三级子企业22户,共56人,完成率为100%。

5月30日,集团公司转发省国资委《关于转发〈国务院国资委办公厅关于开展混合所有制改革总结评估有关事项的通知〉的通知》,要求相关单位要高度重视,严格按照通知要求、报告提纲和《效果评价常见问题及解释》,全面梳理总结,在重点开展混改效果评价和梳理差异化管控经验两项工作基础上,形成系统的总结评估报告。

同日,集团还转发了省国资委《关于印发〈关于开展国有企业公司治理示范企业创建活动的实施方案〉的通知》(湘国资〔2022〕31号),要求已列入《国有企业公司治理示范创建企业名单》的资兴实业公司,按照文件要求,制定本企业的推进落实方案,积极推进到位,创新机制,创新管理,树立湘煤标杆,争创全省先进。未列入示范创建的企业也要深入做好创建工作,充分发挥引领带动作用,以点带面加快提升企业治理能力和治理水平,切实把中国特色现代企业制度优势转化为治理效能。

7月1日,集团公司印发《湖南省煤业集团有限公司关于做好国企改革三年行动工作自查的通知》(湘煤集企〔2022〕250号)。自查范围:纳入集团公司国企改革三年行动重点改革量化指标调度范围企业及有相关工作任务的总部部室。未纳入调度范围的企业,根据实际情况进行自查。自查重点:主要根据《湖南省煤业集团有限公司国企改革三年行动实施方案》确定的90项重点改革任务、《湖南省煤业集团有限公司关于开展对标一流管理提升行动暨开展“比安全比效益比生态”活动工作方案》确定的38项任务和《重点改革量化指标调度表》,进行全面自查。

8月23日,按照上级有关要求,结合国务院国企改革办《关于开展2022年国有企业改革重点工作任务落实情况督查的通知》精神,为保证国企改革三年行动高质量收官,促进集团公司高质量发展,集团公司召开国企改革三年行动高质量收官工作部署专题会议。

10月16日,根据省国资委《关于开展监管企业国企改革三年行动专项评估有关事项的通知》和廖董事长批示要求,集团公司在集团总部召开国企改革三年行动迎检工作专题培训会议。

11月8日,集团公司印发《湖南省煤业集团有限公司关于集团总部部室设立与调整的通知》(湘煤集企〔2022〕439号),将集团总部机构改革后,部门设立与调整如下。

(1)新设生产技术部,主要负责集团公司原煤主业生产管理、技术管理、资源管理。新设工程管理部,主要负责集团公司重大项目工程建设、煤矿改扩建工程项目建设全过程管理,集团公司棚户区工程建设管理。新设市场营销部,主要负责集团公司市场分析研究,市场开拓、营销管理和品牌建设。新设党群综合部,承担原党委工作部、办公室、工会办公室职能职责。

(2)董事会办公室变更名称为董事会工作部,承接原董事会办公室职能职责。企管业考部变更名称为企业管理部,承接原企管业考部职能职责。安全监管部变更名称为安全环保部,承接原安全监管部职能职责,并增加环保管理、平安建设职能职责。

(3)纪检监察部、审计部机构和职能职责成建制保留,不再合署办公。财务管理部、人力资源部机构和职能成建制保留。战略投资部机构和职责成建制保留,增加科技创新管理职能。

(4)撤销法律事务室,其职能由企业管理部承接。撤销党委干部部,其职能由人力资源部承接。撤销党委工作部、办公室、工会办公室,其职能职责由党群综合部承接。撤销集团公司监事会办公室及其派驻资兴、白沙、长沙办事处,其职能整合到审计监督部门。

11月24日,集团公司编制了《湖南省煤业集团有限公司进一步“深化改革、强化管理、创新发展”实施方案》，以巩固国企改革三年行动成果，持续深化改革，推动创新发展。

第四节　主要成果

一、建立了比较完善的现代企业制度

全面完成党建进章程工作，构建了“双向进入、交叉任职”的领导体制，制定党委（党组织）前置研究重大事项清单及相关议事规则，形成了“权责法定、权责透明、协调运转、有效制衡”的公司治理机制。按照“应建尽建”原则完善董事会工作制度，所属应建董事会企业均实现外部董事占多数。同时，推进总部“放管服”改革，明晰“职责、权力、负面”清单，全面完成“总部机关化”专项治理。

二、完成产业专业化整合，优化了国有资本布局结构

根据“主业归核、资产归集、产业归位”的要求，完成了省属国有涉煤企业的专业化整合，将湖南省煤炭科研院、第一工业设计院、湖南煤矿安全装备有限公司、湖南煤矿机械有限公司等全部整合到了湘煤集团；加快地方优质煤炭资源整合，厚植发展根基；以岳阳铁水集运煤炭储备基地为主体，推进煤炭购销大平台建设；坚持“专精特新”发展方向，着力提升矿山建设综合服务能力，做强做优做大湖南楚湘建工集团取得良好成效；整合集团内部装备制造资源，组建智能装备集团，向价值链高端延伸。通过打造全产业链竞争优势，较好地承担了湖南省能源保障主平台重任。

三、深入开展对标一流管理提升行动

结合集团实际，深刻把握对标一流管理提升的重点在于安全生产、经济效益和内部生态的改善与提升，原始创新，独创出台《湖南省煤业集团有限公司关于开展对标一流管理提升行动暨开展“比安全比效益比生态”活动工作方案》，所属企业积极寻标对标、达标创标，全集团安全效果不断向好、运行质效累进提升、企业氛围风清气正。

四、坚持科技创新驱动,提升自主创新能力

始终把科技自立自强摆在核心位置，围绕产业链部署创新链，成立了湖南省瓦斯治理和利用工程研究中心有限公司、矿建工程研究中心、智能矿山装备工程研究中心、第三代半导体工程研究中心四家科技创新平台，加强与科研院所合作，与高校建立产学研联盟，聚焦提升企业核心竞争力开展技术攻关。积极开展高新技术企业认定（2022 年有 20 户高新技术企业），加大研发投入。建立创新考评和激励机制，将创新指标纳入子企业综合绩效考核；打通高级专业技术人员的职级晋升通道，培养技术创新能力突出、善于解决复杂问题的工程师队伍，支撑湘煤智造、湘煤创造的高技能人才队伍，用创新的力量推动集团高质量发展。

五、完善市场化经营机制

全面推进经理层任期制和契约化管理。一是做好顶层设计，出台改革政策。制定了《集团公司直属二级公司经理层成员任期制和契约化管理实施办法》（湘煤办〔2021〕116 号），明确规定经理层在一个聘任期内，成员存在一个年度未完成岗位主要考核指标任务的，给予该成员降薪处理；成员存在两个年度未完成岗位主要考核指标任务的，给予该成员降职处理，并予以解聘；连续三年均未完成主要经营考核指标任务的，认定该经理层此聘任期内考核为不合格，该经理层成员全部解聘。二是强化培训，规范操作。集团把深化改革作为一把手工程。集团公司举办《湘煤集团经理层任期制和契约化管理及三项制度改革专题培训班》，集团党委书记、董事长廖建湘亲自授课，对所属单位党委书记、董事长进行改革政策专题培训。用实际量化的考核指标、规矩、制度来评判和操作实施“能者上，平者转，庸者下”，经理层要增强任期意识、岗位意识、权责意识。三是严格程序，依法签订。董事长廖建湘与胡瑞连、张小雁、贺灿星、曹建书等签订了《经理层聘任协议》《年度、任期经营业绩责任书》。经过高位推动，扎实工作，规范操作，所属 57 户子企业，共 178 人签订了“一协两书”，完成率为 100%，《国资简讯》专题向全省推介。

六、开展中长期激励

（1）为充分发挥各单位潜能、创利增效，建立企业、管理团队和职工共享奋斗成果的良好机制，集团公司制定出台了《湖南省煤业集团有限公司利润增量共享激励办法》，所属单位均已建立超额利润分享机制。

（2）为进一步规范已实施员工持股企业员工持股现状，建立健全股权流转和退出机制，形成资本所有者与劳动者利益共同体，集团研究出台了《湖南省煤业集团有限公司关于印发〈湖南省煤业集团有限公司所属企业规范员工持股的指导意见〉的通知》（湘煤集制〔2022〕83 号），从员工入股资格、入股价格、持股比例、股权结构、持股方式、管理主体、股权分红、员工退股等各方面均做出了详细指导，确保员工持股制度健全、程序规范、管理到位。

七、妥善解决历史遗留问题

争取中央和省级财政 19.6 亿元，全面完成所属企业 414757 户“三供一业”分离移交，全面剥离企业办社会职能，同时完成了 35547 名退休人员的社会化管理工作。全力推进“压减去”工作，管理层级已压缩至三级，全面完成僵尸企业、厂办大集体企业的清理处置；持续用劲抓好控制法人户数和亏损企业的治理，27 户“两非两资”企业已完成清理退出。

八、推进资产证券化与资本结构优化

所属子企业中现有“新三板”挂牌企业 2 户，制订华磊光电资产证券化三年行动计划，加强华磊光电上市规范培育。

湖南省煤业集团志

（2006—2022）

下册

《湖南省煤业集团志》编纂委员会　编

应急管理出版社

·北　京·

目　　录

上　　册

第四篇 安 全 生 产

第五篇 环 境 保 护

第六篇 改 革 改 制

下　　册

第七篇　经　营　管　理

第八篇　科 技 与 信 息 化

第九篇 企业文化与社会责任

第十篇 中国共产党组织

第十一篇 工会和共青团

人物与荣誉

单 位 简 介

附 录

第七篇
经营管理

集团公司经营管理包括计划统计、人力资源、财务管理、物资供应、市场营销、工程建设、风控审计、行政事务等方面。2006年，集团公司成立后，不断优化业务，整合资源，着力打造湖南能源保障主平台。2010年，集团公司开展制度流程建设，实现管理无盲区、职能全覆盖、制度无空档。2016年，集团新一届领导班子到任后，提出建设“和谐、廉洁、高效”湘煤，打造“责任、感情、利益”共同体的全新企业理念，重新明确“做湖南能源保障主平台”的战略定位和“打造以能源产业为依托、有限多元、产业经营和资本运营整合发展的大型能源投资控股集团”的战略目标，进一步明确煤炭开采、储备、贸易及综合利用（核心主业）、矿山建设、智慧矿山装备制造及工程服务、清洁能源开发利用及节能应用为三大主业方向，对内部业务和资产资源进行深度重组和结构调整，形成煤炭、LED节能、新能源、机械装备、施工建设、资产管理六大业务板块。2016年10月，集团公司煤炭板块扭亏为盈，同年11月，全集团实现整体盈利，结束了长达4年的亏损局面。2018年，集团公司机制体制更加完善，管理能力大幅提升，实现跨越式发展。通过几年的艰苦努力，集团营收从2015年的49.4亿元，增长到2022年的173.23亿元，利润从2015年的亏损11.9亿元，增长到2022年的10.18亿元；资产负债率由2016年的76.69%降至2022年的68.91%。2016—2022年，上缴税收48.4亿元。截至2022年末，集团公司资产总额147亿元，净资产41亿元，位居全国煤炭50强企业第40位，是中国煤炭工业协会副会长单位。

第一章 计划与统计

第一节 计 划

一、机构职能

2006年，集团公司设立企管改革部负责计划管理业务，主要制定集团公司生产计划、专项工程计划、经营计划、基本建设计划、技术改造计划等。2007年5月，集团公司设立工程管理部，负责专项工程计划总投资50万元以上的地面建筑安装项目的工程管理；50万元以下的地面建筑安装项目，以及国债工程建设项目的对外发包和监督管理。组织编制、呈报、根据审批结果下达建设项目年度投资和进度计划。

2014年起，集团公司专项工程计划由企管业考部归口管理，一般每年度下达一次计划。其程序为：编制计划—领导审核—上会讨论—成文下达—组织实施—验收完成。2016年后，生产技术部下达生产计划；财务部下达预算计划；企管部下达专项工程计划。

2022年，集团公司印发《湖南省煤业集团有限公司关于集团总部部室设立与调整的通知》，企管业考部更名为企业管理部，承接原企管业考部职能职责，包括计划职能。

二、专项工程计划

（一）管理办法

2006年，集团公司对原煤公司专项工程管理办法进行修改调整，包括安全资金提取标准的改变，专项资金管理层级的调整，专项资金安排比例的变化，计划审批制度的变化等。印发《湖南省煤业集团有限公司专项工程管理办法》，对专项资金来源、使用范围和计划管理流程进行规范，对管理办法、管理流程进行调整。集团公司所属原煤公司和非煤单位统一执行集团公司专项工程管理办法。

集团公司专项工程实行“分线审查项目，归口下达计划”的管理模式，即所属单位上报的专项工程项目，先由业务部门审查项目工程量，工程部审查工程造价，企管部根据业务部门和工程部审查结果，拟写专项工程计划文件，经有关业务部门、工程部、财务部会签，分管领导审签，2012 年前报总裁签发计划文件，2013 年后由总经理签发。牵涉到地面非生产性建设的项目需报董事长审批。原煤公司专项工程计划需先报矿区管理局初审，再由矿区管理局报股份公司，由股份公司下达专项工程计划。专项工程管理是指集团公司对专项资金列支的项目进行管理，专项资金包括井巷资金、维简费、安全资金、折旧费。

原煤公司专项资金来源及资金渠道：①井巷、维简费，根据原煤产量按 10.5 元/吨从成本中计提；②安全资金，低瓦斯矿井按 15 元/吨计提，高瓦斯或煤与瓦斯突出矿井、水文地质复杂矿井按 50 元/吨计提；③折旧费，根据企业会计准则按企业固定资产原值计提。非煤单位专项资金来源主要是折旧费，部分单位计提安全资金。

原煤公司专项工程计划项目一般包括：矿井开拓延深井巷工程，瓦斯抽采工程，矿井提升、运输、供电、通风、排水等生产系统改造和设备更新，井下六大系统维护与改造，地面防治水工程，两堂一舍及煤炭储、装、运系统改造，环保工程等。专项工程实施过程中，由集团公司业务部门分线对计划项目进行负责跟踪项目督促管理，矿区管理局负责对原煤公司专项工程实施过程进行监督检查。专项资金管理与使用：原煤公司专项资金按月归集到股份公司，工程实施过程中股份公司根据工程进度拨付专项资金，上半年拨付一次，年终决算后再拨付一次。这种管理方式一直实行到 2022 年。专项工程计划分股份公司统筹资金专项计划和原煤公司自管资金专项工程计划两部分。股份公司统筹资金专项工程由原煤公司申报，矿区管理局初审，股份公司审批下达；原煤公司自管专项资金项目由原煤公司申报，矿区管理局初审，再报股份公司审批下达。专项工程实施过程中，原煤公司分月度向矿区管理局和股份公司上报计划完成进度。矿区管理局每季度组织一次检查验收，股份公司每半年验收一次。股份公司每半年拨付一次专项工程进度资金。

专项工程决算：年底股份公司组织对统筹资金专项工程进行检查验收和决算审查，验收决算工作由股份公司分管领导牵头，矿区管理局、企管改革部、生产技术部、安全监管部、财务部、工程部、审计部参与，决算意见由企管部归集整理，经生产、财务部门会签，送分管企管、生产、财务的领导审签，再呈董事长审批。原煤公司自有资金专项工程决算工作由原煤公司自行组织，决算资料汇总报矿区管理局初审后，报股份公司审核批准。

2007 年，集团公司印发《关于专项资金管理的补充通知》，规定每半年进行一次专项资金结算，资金结算时根据各单位上报半年度专项工程完成进度，经矿区安全生产管理局和集团公司核实工程量和投资后，对完成好的，将另 30% 资金拨付给该公司；对未完成的，按实际完成量核发；对不按计划实施的，从次月起停止预拨。专项资金来源根据调整后的原煤产量计划计提，安全费用提取标准调至 15 元/吨，其他渠道的资金计提仍按《湖南省煤业集团有限公司专项资金管理办法》中的规定执行。

2008 年，集团公司形成以湘能华磊光电、湘煤洁净煤、湘煤立达和资兴焦电、球团为主的非煤产业格局。印发《湖南省煤业集团有限公司非煤单位专项工程管理办法》，明确规定，专项工程计划原则上一年审批一次，将上述企业纳入全面预算管理范围。

2010 年初，印发《湖南黑金时代股份有限公司专项工程管理办法》，对专项资金来源及计提标准、专项资金管理权限、专项资金使用范围、专项工程计划管理、专项工程实施管理、专项工程检查验收、专项工程年度决算等做出明确规定。原煤公司专项资金包括：从原煤成本中提取的井巷资金、维简费、安全资金，根据固定资产原值和有关规定提取的折旧费，根据产品销售收入提取的技术开发费等。井巷资金提取标准为 2.5 元/吨；维简费提取标准为 8 元/吨；安全资金提取标准根据瓦斯等级和矿井涌水量的大小分为几个不同等级，高瓦斯和煤与瓦斯突出矿井按 25 元/吨，低瓦斯矿井按 15 元/吨，长沙矿业和湘潭矿业属大水矿井，均按 25 元/吨，托管单位中高瓦斯和煤与瓦斯突出矿井按 30 元/吨，低瓦斯矿井按 25 元/吨；技术开发费提取标准为销售收入的 1%。

同年，集团公司在专项工程管理办法中，专项资金管理分统筹资金与原煤公司自管资金，井巷资金和技术开发费全额集中在股份公司，维简费集中4元/吨，由股份公司统一安排使用。统筹资金主要用于矿井水平延深工程，采掘机械化，瓦斯防治；自管资金可用于矿井生产系统改造，安全监控系统，设备更新，防治水，救护器材等。

2011年4月，印发《湖南黑金时代股份有限公司专项工程管理办法》，完善和修改内容：①推行专项工程项目编号管理。即对股份公司下达的专项工程计划逐一进行编号，便于项目的管理。②安全资金提取标准未在文件中明确，而按年初预算所确定的标准计提。③股份公司统筹资金的归集标准有变化，包括井巷资金2.5元/吨，部分维简费（4元/吨），部分安全资金（20元/吨）。

2011年7月，印发《湖南黑金时代股份有限公司专项工程管理办法》，作出新的修改：①对瓦斯抽采量的资金安排进一步量化，规定瓦斯抽采量按1元/立方米安排专项资金；②股份公司统筹专项资金范围有调整，包括井巷资金、部分维简费（4元/吨）、技术开发费和全部安全资金。

2013年，印发《湖南黑金时代股份有限公司专项工程管理办法》，对专项工程计划的审批流程作出较大调整，原煤公司根据生产经营工作的需要，坚持“确有必须”的原则，计划项目实行一事一报，不再搞“一揽子”计划，不再分年度分批次统一下达专项工程计划；专项工程决算也作相应的改变，实行竣工一个项目，验收一个项目，决算审定一个项目，不搞集中式决算审批。

2014年，印发《湖南黑金时代股份有限公司专项工程管理办法》，作出新调整：明确“原煤公司及直属费用单位当年计提专项资金全额归集到股份公司”，统一安排使用，不再分统筹资金与原煤公司自管资金。技术开发费不再先提后用，而是由原煤公司根据当年实际发生额列支。计划安排方面实行分批次上报，分批下达，地面专项工程实行一事一报。

2015年，印发《湖南黑金时代股份有限公司井巷、维简、折旧资金专项工程管理办法》，为紧缩专项工程开支，计划项目实行一事一报，水平延深、生产类项目实行一批一报。年度第一批项目资金控制在当年计提资金总额的40%以内。9月，印发《湖南黑金时代股份有限公司安全资金专项工程管理办法》，资金从严控制，第一批计划控制在年度计提安全资金总额的60%以内。10月，印发《湖南黑金时代股份有限公司井巷、维简、折旧资金专项工程管理办法》《湖南黑金时代股份有限公司安全资金专项工程管理办法》，对专项资金使用进一步压缩，规定原则上各单位不得动用井巷、维简、折旧专项资金，如遇特殊原因要申请使用的，申报单位须编制可行性研究报告，经股份公司总经理办公会审定，报董事长审批。

2016年9月，股份公司下达专项工程管理办法，将2015年版安全资金专项工程管理办法和井巷、维简、折旧资金专项工程管理办法两个办法合二为一。明确专项资金按季度根据工程进度向原煤公司拨付资金，以缓解原煤公司资金紧张的矛盾。

2018年5月，股份公司印发专项工程管理办法。调整部分内容：资金安排比例调整，办法明确，计提安全资金全额安排使用，其余专项资金按60%控制使用；专项资金使用范围中增加突出煤层开采解放层，按保护层开采的面积给予补助，薄煤层（1.3米以下）按150元/平方米，中厚煤层（1.3~3.5米）按50元/平方米补助，从安全资金列支。

2016—2022年，集团公司专项工程计划安排中坚持“必须”与“节约”的原则；根据全面预算管理的需要，专项工程计划实行一次性申报，一次性审批，一次性下达。

（二）专项工程

2007年，集团公司直属各公司计提专项资金30498.57万元，下达年度专项工程计划资金24372.6万元，各公司上报完成专项工程投资25422.29万元，集团公司专项工程决算审查组根据各单位项目完成情况和专项资金来源同意列决年度专项资金24075.18万元，占专项资金来源的78.9%。实施开拓延深，煤矿安全监控系统，生产系统改造，设备更新等专项工程。

2008年，集团公司计提专项资金50278万元。其中：集中安全资金16035万元，技术开发费5651万元，各单位可用资金28593万元，省财政拨给冰灾损失补贴500万元。专项资金来源共计50778万元，集团公司安排计划资金29744.1万元，各公司上报决算资金40281万元；集团公司专项工程决算审计组审查同意列决算32222万元，审减各单位专项工程决算资金8059万元。年度专项资金结余18556万元，集中安全资金结余12946万元。实施突出矿井新建地面瓦斯抽采系统，突出矿井实施双风机双电源改造等专项工程。金竹山塘冲煤矿改扩建年度恢复施工，深部开发取得实际性进展；华磊光电项目开建。湘永铜角湾矿改扩建工程总投资1.5亿元，于11月19日动工，改扩后每年生产能力由9万吨提高到21万吨。是年，集团公司印发《关于下达2008年度冰灾损毁工程修复专项工程计划的通知》，安排资金4742.7万元，占资金来源的16%。

2009年，集团公司年度计提专项资金总额27741.17万元。其中：集中安全资金5411.57万元，公司可用专项资金22329.60万元；股份公司专项工程验收决算组审查拟列决资金22298.42万元。主要实施湘永矿业公司铜角湾改扩建、正湘公司湘联煤矿改扩建、人才楼、牛马司公司洗煤厂、宝源公司洗煤厂等7个项目开工建设。塘冲、土朱、下河坝煤矿改扩建工程按计划推进，下河坝煤矿改扩建工程举行联合试运转。集团公司每年有一对新井投产。华磊光电项目建成投产。

2010年，集团公司提取专项资金42428.772万元，安排项目计划资金34226.56万元，年终决算资金34074.12万元，节约资金152万元。主要实施岩巷（半煤巷）掘进工作面推广使用综掘机、双风机双电源机电运输改造、安全监控与人员定位系统改造等项目。湘永铜角湾改扩建工程新立井提前贯通。

2011年，集团公司提取专项资金42745.50万元，安排计划资金41341.42万元，年终决算37033.61万元，节约资金4307万元。是年，集团公司实行“百亿行动计划”，对矿井安全配套、技术改造、设备大修及更换等专项工程投资等项目的建设情况进行检查，全面掌握专项工程计划实施情况，对专项工程实施定期检查验收。同时，调整专项工程，对非煤企业加大资金支持力度。立达矿山装备公司煤炭装备制造基地和洁净煤公司省级煤炭储备基地项目先后动工兴建，华磊光电公司二期工程建成，新增22台MOCVD外延及配套芯片生产设备全部实现量产。

2012年，集团公司提取专项资金62477.38万元，安排计划资金60394.36万元，年终决算54869.05万元，节约资金5525万元。是年，洁净煤公司电煤储备基地和立达公司煤机制造基地提升机车间投入使用。股份公司所有煤矿都建设井下紧急避险硐室，分两批共建设避险硐室134个。

2013年，集团公司提取专项资金44513.73万元，安排计划资金39441.13万元，年终决算38743.80万元，实施专项工程项目143个。红卫公司坦家冲煤矿组织工程技术人员论证和攻关，建成4个避难硐室及一个移动救生舱，为矿工生命安全提供保障。

2006—2014年底，集团公司累计投入专项资金27.29亿元，投资项目主要有矿井水平延深3.89亿元；新建地面瓦斯抽采系统0.31亿元；瓦斯抽采底板巷1.22亿元；瓦斯抽采量0.66亿元；突出矿井“双风机、双电源”改造0.19亿元；安全监控与人员定位系统0.52亿元；煤矿井下紧急避险硐室0.46亿元；淘汰设备更新2.66亿元；人才楼0.43亿元；采掘机械化1.09亿元；办公楼改造0.26亿元；煤矿环境治理0.29亿元；矿区绿化、美化工程0.26亿元；安全专项投入16.56亿元。2014年，集团公司提取专项资金32636.22万元，安排计划资金20877.00万元，年终决算19359.09万元。

2015年，集团公司提取专项资金26440.74万元，安排计划资金15588.02万元，年终决算15551.34万元。集团公司根据国家机关规定对煤矿淘汰设备分期分批安排淘汰和更新。固定设备主要采掘设备包括提升、运输、通风、排水、压风、电气及采掘设备，累计淘汰1879台件，更新主要采掘设备2883台件，淘汰电缆28760米，投入资金26600万元。

2016年，集团公司提取专项资金24587.25万元，安排计划资金18659.26万元，年终决算18208.02万元。实施六大系统维护、通风系统改造、机电运输系统改造等项目。

2017年，集团公司提取专项资金24290.16

万元，安排计划资金 20978.32 万元，年终决算 20237.77 万元。分两批下达股份公司 2017 年度专项工程计划，共安排专项资金 20317.41 万元，重点安排煤矿开拓延深、瓦斯治理和安全隐患整改等项目；严格控制地面非生产性开支，股份公司全年节省专项资金开支 3438 万元。

2018 年，集团公司提取专项资金 36361.17 万元，安排计划资金 21278.25 万元，年终决算 20302.72 万元。集团公司专项工程项目单位报送工程预算金额 17421.54 万元，审定金额 10279.17 万元，核减金额 7142.37 万元，核减率为 41.00%。下达股份公司年度专项工程计划，共安排专项资金 22202.94 万元，重点安排安全评价与设备检测、燃煤锅炉改空气能热水器、煤矿矿灯房、压风机房、水泵房推广无人值守系统、周源山抢险救灾设备投入等项目，严格控制地面非生产性开支。

2019 年，集团公司提取专项资金 61310.30 万元，安排计划资金 31918.58 万元，年终决算 30632.24 万元。下达创建项目 569 个，重点安排煤矿污水处理系统，周源山对唐洞煤矿进行双回路供电改造等项目，严格控制地面非生产性开支。“湖南省煤炭供应保障体系”项目建设，得到省政府的重视，纳入全省基础领域补短板项目。

2020 年，集团公司提取专项资金 48140.56 万元，安排计划资金 28820.31 万元，年终决算 27331.62 万元。股份公司专项资金使用率按 60% 控制，非煤单位按 50% 控制。华磊光电“LED 智能化生产升级改造项目”获得湖南省制造强省专项资金支持，芯片生产实现半自动化向全自动化转变。

2021 年，集团公司提取专项资金 39352.27 万元，安排计划资金 22881.62 万元，年终决算 19000.65 万元。主要实施煤矿隐蔽致灾因素普查，截煤机推广使用；马田、兴源等公司推广使用组合悬移支架等项目。

2022 年，集团公司提取专项资金 52824.37 万元，安排计划资金 35514.57 万元，年终决算 32926.23 万元，安排专项工程项目共计 761 个。其中：股份公司安排专项工程项目 592 个；集团公司非煤单位安排专项工程项目 169 个。实施井下安全、运输系统，机电系统、防治水等项目及地面多项环保工程。

2007—2022 年集团公司专项工程决算情况详见表 7-1-1。

表 7-1-1 2007—2022 年集团公司专项工程决算情况统计表　　万元

年份	年度专项资金来源合计	其中：安全资金	安排项目计划资金	其中：安全资金	年终决算资金	其中：安全资金	当年实施主要工程项目	安全投入项目资金合计
2007	29438.81	10110.77	23267.80	10110.77	23130.57	10013.85	开拓延深，煤矿安全监控系统，生产系统改造，设备更新	15934.79
2008	48120.80	11014.07	32488.40	9284.30	34251.93	15103.01	开拓延深，突出矿井新建地面瓦斯抽采系统，突出矿井实施双风机双电源改造，煤矿安全监控系统，生产系统改造，设备更新，冰灾损毁工程修复	30540.53
2009	22706.49	15027.53	22389.71	7087.25	21852.21	8096.04	开拓延深，瓦斯抽采，煤矿安全监控系统，生产系统改造，设备更新，人才楼建设，岩巷（半煤巷）掘进工作面推广使用综掘机	14304.00

表7-1-1（续）

万元

年份	年度专项资金来源合计	其中：安全资金	安排项目计划资金	其中：安全资金	年终决算资金	其中：安全资金	当年实施主要工程项目	安全投入项目资金合计
2010	42428.77	14646.50	34226.56	12892.43	34074.12	12892.43	开拓延深，瓦斯抽采，煤矿安全监控系统，生产系统改造，设备更新，人才楼建设，岩巷（半煤巷）掘进工作面推广使用综掘机	24853.04
2011	42745.50	23735.63	41341.42	23735.63	37033.61	22905.16	开拓延深，瓦斯抽采，煤矿六大系统（安全监控、人员定位、通信广播、压风自救、紧急避险、供水施救），生产系统改造，设备更新，人才楼建设，综采综掘推广	26571.61
2012	62477.38	37643.37	60394.36	34091.89	54869.05	35517.77	开拓延深，瓦斯抽采，煤矿紧急避险系统（硐室），六大系统维护，生产系统改造，设备更新	38783.50
2013	44513.73	24127.98	39441.13	23951.61	38743.80	23300.88	开拓延深，瓦斯抽采，煤矿紧急避险系统（硐室），六大系统维护，生产系统改造，设备更新，煤矿环境治理工程	28855.57
2014	32636.22	12230.72	20877.00	8375.99	19359.09	7658.30	开拓延深，瓦斯抽采，六大系统维护，生产系统改造，设备更新	15349.12
2015	26440.74	9535.07	15588.02	10409.89	15551.34	10311.05	开拓延深，瓦斯抽采，六大系统维护，生产系统改造，设备更新	13974.76
2016	24587.25	9767.63	18659.26	8385.07	18208.02	8247.94	开拓延深，瓦斯抽采，六大系统维护，生产系统改造，设备更新，安全评价与设备检测，水泵房无人值守	15595.46
2017	24290.16	9543.78	20978.32	9712.23	20237.77	9531.61	开拓延深，瓦斯抽采，六大系统维护，生产系统改造，设备更新，安全评价与设备检测，水泵房无人值守	17339.18
2018	36361.17	9701.31	21278.25	9783.20	20302.72	9669.26	开拓延深，瓦斯抽采，开采保护层，六大系统维护，生产系统改造，设备更新，安全评价与设备检测，燃煤锅炉改空气能热水器，煤矿矿灯房、压风机房、水泵房推广无人值守系统，周源山抢险救灾设备投入	14376.03

表7-1-1（续）　　万元

年份	年度专项资金来源合计	其中：安全资金	安排项目计划资金	其中：安全资金	年终决算资金	其中：安全资金	当年实施主要工程项目	安全投入项目资金合计
2019	61310.30	11632.04	31918.58	10600.36	30632.24	10474.01	开拓延深，瓦斯抽采，开采保护层，六大系统维护，生产系统改造，设备更新，燃煤锅炉改空气能热水器，煤矿污水处理系统，周源山对唐洞煤矿进行双回路供电改造	22803.33
2020	48140.56	10238.90	28820.31	10042.35	27331.62	10055.01	开拓延深，瓦斯抽采，开采保护层，六大系统维护，生产系统改造，设备更新，煤矿污水处理系统，街洞储配煤基地建设，磨田、淝江、前进实施井下疏、排水工程	19832.16
2021	39352.27	10552.52	22881.62	10549.96	19000.65	10220.95	开拓延深，瓦斯抽采，开采保护层，煤矿隐蔽致灾因素普查，六大系统维护，生产系统改造，设备更新，截煤机推广使用，马田、兴源等公司推广使用组合悬移支架	22073.38
2022	52824.37	14682.28	35514.57	14944.05	32926.23	14458.47	开拓延深，瓦斯抽采，开采保护层，煤矿隐蔽致灾因素普查，六大系统维护，生产系统改造，设备更新，马田、兴源等公司推广使用组合悬移支架	26855.58
集团合计	638374.52	234190.10	470065.31	213956.98	447504.97	218455.74		348042.04

三、经营计划

2006年起，集团公司年度经营计划从预算编制开始，主要依据集团公司上年预算执行情况、社会平均经济增长率、市场动态、战略发展规划及中、长期经营目标作出调整。年度全面预算编制内容包括业务预算、资本预算和财务预算。分年度和月度计划，集团公司财务预算由集团公司财务部负责管理，股份公司财务预算由股份公司财务部负责管理。计划指标包括产品产量、销量、价格，营业收入、营业成本、可控费用、利润等。

2007年，集团公司财务预算管理是利用预算对集团公司所属各部门、各单位的各种财务及非财务资源进行分配、考核、控制，组织、协调，完成既定经营目标的管理活动。是年，集团公司工业产值目标29.8亿元，考核利润1.19亿元；完成生产经营总值34.67亿元，比上年同期增加4.15亿元；实现盈利（补贴前）2741万元，比上年扭亏增利6744万元。

2008年，集团公司实行二级预算管理，即公司汇总预算，各成员企业和托管单位预算。各成员企业和托管单位可根据管理需要，向下延深预算管理层级。是年，集团公司经营目标35亿元，考核利润1.26亿元；实际完成主营业务收入35.31亿元，实现营业利润1.39亿元。

2009年，集团公司总收入考核目标40.02亿元，考核利润1.18亿元；实际完成营业收入

42 亿元，实现利润总额 1. 26 亿元。

2010 年，集团公司开始推行量本利预算模型，对成本计划进行全面补充。依据预算确认量本利模型，以基本生产经营单位为量本利成本控制主体，主要分矿井级量本利模型、公司级量本利模型，将企业成本费用项目分别归集到固定成本和变动成本。全年集团公司经营预算考核指标 56. 02 亿元，内部考核利润 3. 81 亿元；实际完成生产经营总值 57 亿元，完成营业收入 54. 33 亿元，实现利润总额 2. 33 亿元。

2011 年，集团公司完善《专项资金管理办法》，除折旧费和 4 元/吨的维简费外，其余所有的专项资金全部集中管理，以所属公司为核算单位，资金权属不变，年度节余转为节余单位的利润予以考核，既确保资金专款专用，又使专项资金出现节余。全年集团营业收入总额考核目标 63 亿元，考核利润总额目标 3. 1 亿元；实际完成营业收入 72. 81 亿元，实现账面利润总额 3. 64 亿元。

2012 年，集团公司经营目标 100. 33 亿元，预算利润 3. 6 亿元，净利润 5. 5 亿元。完成生产经营总值 73. 78 亿元，完成营业收入 70. 34 亿元，实现利润总额 4. 82 亿元。

2013 年，集团公司经营利润目标 4. 23 亿元，完成营业收入 65. 78 亿元，实现利润总额 2. 14 亿元。2014 年，集团公司计划利润 1. 03 亿元，完成营业收入 60. 9 亿元。2015 年，集团公司经营利润目标 1. 8 亿元，完成营业收入 49. 41 亿元。

2016 年，煤炭市场十分严峻，效益严重下滑。全年集团公司利润考核指标为零，完成营业收入 59 亿元，增幅 23%；同比减亏 8. 9 亿元，减幅 74. 5%。

2017 年，煤炭市场虽然仍旧困难，集团公司加大各项工作力度。全年集团公司营业收入考核目标 76. 5 亿元，比上年增长 25. 6%，整体扭亏为盈。实际完成营业收入 76. 52 亿元，同比增收 17. 43 亿元，实现利税 8. 89 亿元，利润 2. 58 亿元，比上年呈现大幅度好转。

2018 年起，集团公司对专项资金管理严格实行预算管理。预算内项目资金实行专款专用，预算外项目必须一事一报、一核一批。集团公司仅对全资子公司职工教育经费按二级单位合并汇总金额的 30% 予以归集，归集部分由集团公司统筹使用。对国债、棚改、三供一业等专项资金严格按照集团公司相关要求予以控制使用，坚决杜绝专项资金违规情形的发生。全年集团公司营业收入考核目标 94 亿元，奋斗目标 100 亿元；利润总额考核目标 1. 46 亿元，奋斗目标 2. 29 亿元。实际完成生产经营总值 56. 96 亿元，营业收入 102. 81 亿元，实现利润总额 2. 69 亿元。

2019 年，集团公司新增物业预算、“三供一业”资金预算和棚改项目收支预算等内容，实现预算管理全覆盖。全年集团公司营业收入考核目标 101 亿元，利润总额考核目标 2. 38 亿元；实际完成生产经营总值 127. 19 亿元，实现利税 8. 58 亿元，利润 2. 75 亿元。

2020 年，集团公司全年营业收入考核目标 109 亿元，利润总额考核目标 2. 6 亿元；实际完成营业收入 113. 65 亿元，实现利税 8. 51 亿元，其中利润 2. 75 亿元。

2021 年，集团公司划入湖南省煤炭进出口有限责任公司、湖南省煤炭科学研究院、湖南煤矿机械有限公司、湖南煤矿安全装备有限公司。全年集团公司营业收入考核目标 115. 13 亿元，利润总额考核目标 2. 63 亿元，实现营业收入 152. 22 亿元，利税总额 13. 7 亿元，利润 5. 19 亿元。

2022 年，集团公司新划入湖南第一工业设计研究院有限公司。所属子公司湘煤立达矿山装备股份有限公司、湖南煤矿安全装备有限公司、湖南煤矿机械有限公司等三户企业均整合至集团公司新投资设立的子公司湖南能投智能装备集团有限公司，6 月编制总部费用预算，7 月下达 2022 湖南能投智能装备集团有限公司整体全面预算指标。集团公司全年营收考核目标 160. 71 亿元，利润总额考核目标 5. 53 亿元；实际完成营业收入 173. 23 亿元，利润 10. 18 亿元，比上年增利 4. 99 亿元。

2006—2022 年，集团公司每年在工作会上提出年度经营目标，并分季度下达经营预算指标；季度或半年召开经济活动分析会，年底或第二年初对经营目标进行年度考核。

四、生产计划

2006 年起，集团公司科学合理组织编制每年度采掘接续计划，按矿井核定生产能力确定年度及月度原煤生产指标，依法依规组织生产，严禁超能力、超强度组织生产。依据《国务院关于预防煤矿生产安全事故的特别规定》(国务院令第446号)《煤矿重大事故隐患判定标准》(应急管理部令第4号)第四条之（四）规定，煤矿全年原煤产量超产幅度必须小于煤矿核定生产能力的10%，月度原煤产量必须小于煤矿核定生产能力的10%。

生产计划分年度计划和月度计划，由生产技术部归口下达，计划指标包括原煤产量、开拓进尺和水平延深进尺。生产计划落实到每个回采工作面和掘进当头。集团公司所属矿井为51对，核定生产能力为775.5万吨/年。是年，集团公司计划产煤679.90万吨，实际生产煤炭658.58万吨。

2007年，集团公司计划产煤701万吨，实际完成688.37万吨。完成开拓进尺55669米，比计划超尺7752米，比上年多完成掘进进尺4182米。

2008年，集团公司遭遇百年不遇的特大冰冻灾害，造成全集团公司44对矿井因停电而停产或半停产达20天之久，14对矿井淹了水平、1对矿井被淹。集团公司上下奋力抗灾，发扬“万众一心，顽强拼搏，无私奉献，愈挫愈勇，敢于胜利”的抗冰精神，夺取抗冰救灾工作的全面胜利，大灾之年不仅没有减产减效，而且超额完成全年生产经营指标。全年计划产煤732万吨，完成原煤产量725.49万吨；计划开拓进尺37309开米，实际完成拓进尺42708米；销售煤炭6996221吨，实现利润12729万元。

2009年，集团公司计划生产原煤801万吨，实际生产771.20万吨，实现煤炭产值32.79亿元，占当年生产总值（42.62亿元）的76.9%。其中股份公司实现产值20.09亿元，占当年全集团生产总值的47.13%。计划开拓进尺44919米，实际完成53119米。

2010年2月，集团公司收购湘南监狱及万世达公司的觉光寺、周家坳、伍家冲等3家煤矿，并成立全资子公司兴源矿业公司，3个煤矿核定生产能力42万吨/年。南阳矿业公司、兴源矿业公司、长沙矿业公司划入股份公司。是年，集团计划煤炭788.65万吨，实际完成产量766.64万吨，实现煤炭产值45.22亿元，占当年生产总值（57.60亿元）的78.5%。其中股份公司实现产值29.98亿元，占当年全集团生产总值52.05%。计划开拓进尺39820米，实际完成50249米。

2011年10月，集团公司在新疆维吾尔自治区乌鲁木齐市注册成立湖南省煤业集团新疆神宇公司，收购位于新疆维吾尔自治区乌鲁木齐市米东区的向阳、东发两个煤矿，两矿最高产量达到13.7万吨。是年，集团公司计划产煤806.7万吨，实际完成788.94万吨；计划开拓进尺39001米，实际完成45408米。

2012年，集团公司计划产煤849.96万吨，实际完成818.89万吨；水平延深进尺计划17026米，实际完成19346米。

2013年，生产原煤790.43万吨；掘进总进尺完成242001米；计划开拓进尺38208米，实际完成38208米。

2014年，集团公司生产原煤693.05万吨；完成掘进总进尺186107米；计划开拓进尺22763米，实际完成22763米。是年，新疆的向阳、东发两个煤矿，由于煤炭行业进入低谷，加上新疆煤炭产业政策调整和乌鲁木齐市城市规划扩展，两矿被迫停产退出。

2015年底，集团公司所属生产矿井44对，核定总生产能力884万吨/年，其中省内生产矿井35对，核定生产能力641万吨/年。其中涟邵矿区安全生产管理局下辖9对矿井，核定生产能力174万吨/年；资兴矿区安全生产管理局下辖13对生产矿井，核定生产能力272万吨/年；白沙安全生产管理局下辖13对生产矿井，核定生产能力195万吨/年；省外生产矿井9对，生产能力243万吨/年。其中贵州湘能公司生产矿井7对，生产能力225万吨/年；新疆神宇公司生产矿井2对，生产能力18万吨/年。是年，全集团完成产煤587.37万吨。

2016年，集团公司按照国家政策“去产能”，关闭淘汰资源枯竭的煤矿14个，湘潭矿业和辰溪矿业依法破产，在矿井总量减少的情况下，安排计划产煤497.2万吨，实际完成477.73万吨；计划开拓进尺5224米，实际完成6392米。是年，由于煤炭行业进入低谷，贵州湘能亏损严重，所有矿井停产。

2017 年，集团公司计划产煤 442. 82 万吨，实际完成 437. 32 万吨；计划开拓进尺 6261 米，实际完成 7557 米。2018 年，计划产煤 439 万吨，实际完成 440. 18 万吨。计划开拓进尺 8563 米，实际完成 9812 米。

2019 年，集团公司实施年度岩巷掘进工程考核。其中岩巷进尺计划 44651 米，实际完成 45161 米，超尺 510 米，完成计划的 101. 1%，同比增加 4954 米。开拓进尺计划 11214 米，实际完成 11609 米，超尺 395 米，完成计划的 103. 5%，同比增加 3354 米。13 家原煤公司有 11 家完成计划。全年集团公司计划产煤 448 万吨，实际完成 449. 27 万吨，超产 1. 27 万吨，比上年增加产量 9. 09 万吨。是年，贵州湘能启动经营性破产。

2020 年，集团公司计划生产原煤 452. 5 万吨，实际完成 452. 86 万吨，完成计划的 100. 5%，超产 2. 26 万吨，同比增产 5. 46 万吨。岩巷进尺计划 43918 米，实际完成 43700 米。

2021 年，集团公司制定《湖南煤业股份有限公司 2021 年生产管理考核办法》，原煤生产计划包括生产计划和生产作业计划。细化生产计划的编制、审批、下达时间和程序。是年，全年集团公司计划生产原煤 470 万吨，完成 467. 20 万吨，同比增产 15. 33 万吨。开拓进尺计划 8435 米，完成 8500 米。

2022 年，集团公司原煤生产计划 486 万吨，实际完成 497. 93 万吨，超产 11 万吨。开拓进尺计划 11412 米，完成 10000 米，完成计划的 98. 49%。2006—2022 年，全集团公司共计生产煤炭 104518129 吨。

2006—2022 年，集团生产部门每年下达生产计划，提出考核计划和目标计划，并对指标进行说明；对所属单位的生产计划进行审查，并提出意见和建议，最后形成正式文件下发执行。

第二节 统 计

一、机构职能

2006 年 6 月，统计工作职能设在集团公司企管改革部，设专职统计人员 1 人。公司所属各原煤、非煤子（分）公司均配备统计人员，集团公司共有统计人员 40 名。

2009 年，集团公司印发《湖南省煤业集团有限公司总部部室职能的通知》（湘煤集企改〔2009〕198 号），统计工作归口企管业考部，负责制定工作制度，汇总集团公司各单位上报统计报表，并向中煤协会、国家安全生产监督管理总局和地方统计部门填报送统计报表。

2010 年 11 月，集团公司修订制定《湖南省煤业集团有限公司统计工作制度》，明确一名公司领导分管统计工作。

2022 年，集团公司印发《湖南省煤业集团有限公司关于集团公司总部部室设立与调整的通知》（湘煤集企〔2022〕439 号），企管业考部更名为企业管理部，承接原企管业考部职能职责，包括统计职能。

二、统计制度

2006 年，集团公司建立统计工作制度和统计报表制度，印发《湖南省煤业集团有限公司统计工作制度》等制度文件。依据《中华人民共和国统计法》和集团公司章程，制定统计管理制度、统计工作制度，对报表格式、填报时间等都作出明确规定。

2007 年，集团公司修订制定《湖南省煤业集团统计工作管理办法》，对基本建设工程统计工作及各类统计报表等作出明确规定。主要产品产量及工业产值快报，报送时间为每月 3 日以前；煤矿生产统计报表一套（原煤炭部报表格式，11 张），每月 5 日前上报；非煤（多经）统计报表及其他报表，每月 6 日前上报。报表格式以集团公司统一下发的统计模板（统计软件中的模板）为准。

2013 年 4 月 12 日，集团公司制定《湖南省煤业集团基本建设统计工作管理办法》。对机构设置、人员配备、统计硬件建设、统计报表制度等都做出明确规定。建立一套比较完整的符合集团公司实际的统计工作制度、统计报表制度，从制度上保证统计工作正常开展。

2018 年，集团公司制定《湖南省煤业集团统计工作制度》，共九章二十三条，包括总则、机构设置和人员配备、统计基础工作、统计指标、统计报表、统计资料管理及数据发布、统计分析和考核等。至 2022 年，集团公司一直实行规范有效的统计制度，全面规范集团公司统计管理。

三、统计项目

（一）统计范围

集团公司统计包括煤炭销售分公司提供上月各原煤公司及湘煤洁净煤公司原煤、洗煤生产、销售及库存数量，原煤、洗煤销售单价。集团公司及股份公司财务部提供集团公司及各单位财务报表。劳资社保部提供各单位及集团（股份公司）总部员工人数、工资总额及人平工资指标，总部出勤工日数。生产技术部提供各原煤公司矿井“三量”情况及可采期指标，综采、综掘工作面单产、单进指标。安全监管部提供各单位安全生产情况。工程管理部提供基建工程施工进度及投资完成情况。

（二）统计分析

根据集团公司统计工作制度，集团公司统计人员在完成统计报表工作后，每月编印统计资料手册，即将统计报表中的主要指标挑出来，再从财务汇总报表中挑出营收、利润、成本、工资等指标，从生产部调取煤矿三量情况。同时，对集团公司每季度统计指标完成情况进行一次分析，分析指标包括主要产品产量，掘进进尺，煤炭质量，产品价格，劳动效率、营收、利润、工资等，与计划比，与上年同期比，用图表的形式反映出来。统计分析以文字的形式编入统计资料手册，供领导决策参考。

四、报表管理

2007 年，集团公司建立统计信息系统，联合软件公司开发统计软件，并利用 Windows 操作系统中的远程桌面连接功能，实现联网直报，基层单位统计人员在本单位电脑上录入相关统计数据，集团公司自动接收、汇总，生成集团层面的统计报表，再由软件从集团公司数据库中调取汇总报表中的相关指标，生成统计资料手册。

2010 年，集团公司内部网络技术人员利用 Windows 自带网络功能，开发计算机远程登录系统，先在集团公司所属各子（分）公司涟邵局试用，取得成功，逐步推广整个集团公司。

2011 年，集团公司所属各单位（包括贵州、新疆的公司）全部通过计算机远程登录到集团公司统计服务器，在服务器上填报数据，实现联网直报。减少过去统计数据通过电子邮件传输的过程和各单位统计软件维护的工作量，提高统计工作效率。

2017 年，集团公司大力推进统计信息化工作，投资 30 多万元，与中科通用软件公司合作开发集团公司统计信息系统，客户端扩展到每一个原煤（非煤）公司，所属单位填表时，由公司统计人员每月远程登录（Windows 自带的一个网络功能，能登录到异地电脑上操作）到集团公司统计服务器，进入统计信息系统填报相关表格，再由集团公司统计人员审查汇总，生成集团公司层面报表。

2021 年，根据集团公司成员单位变动情况和统计业务发展情况，对统计软件中的统计模板进行改版升级。

至 2022 年，集团公司按月审查汇总各单位统计报表，编制集团公司统计报表，编印《统计资料手册》，按季度撰写统计分析报告，根据集团公司成员单位变动情况和统计业务发展情况，对大岭公司、湘东公司等单位统计人员进行相关培训并分配账号，确保及时纳入统计报表管理。

五、培训表彰

集团公司每年召开一次统计会议并举办统计人员培训班，编写 15 万字的统计培训教材，购买统计业务知识参考书，请本单位统计业务骨干介绍工作经验，邀请兄弟单位和省统计局专家上课。在 2006 年、2007 年、2010 年、2016 年，分别在集团老总部和湘煤大学举办了统计人员培训班，培训人数 200 余人次。

2017—2022 年，集团公司湘煤大学成立后，利用学校培训场地和教学设施，举办统计业务培训班，召开统计工作会议。举办统计业务培训班 5 期，培训人员 150 余人次。

集团公司每年对各单位上年度统计工作进行考核评比，评选出统计工作先进单位和个人，并进行表彰。集团公司统计工作多次受到中国煤炭工业协会的通报表扬。在 2011 年、2016 年全国煤炭工业统计工作会上，被安排典型发言，介绍集团公司统计工作开展情况。其中，全国煤炭行业 2016 年统计年报布置暨统计工作表彰会在长沙召开，会议表彰2014—2015年度煤炭工业统计工作先进单位和先进个人。集团公司荣获先进单位，吴命秋、鲁炳元荣获先进个人称号。2018年，集团总部统计人员受中国煤炭工业协会统计信息部邀请参加在山西大同召开的行业统计报表修编座谈会。

2006—2022年集团公司主要经营指标完成情况详见表7-1-2。

表7-1-2 2006—2022年集团公司主要经营指标完成情况表

年份	原煤产量（万吨）	煤炭销量（万吨）			商品煤综合售价（元/吨）	营业收入（万元）	利润总额（万元）
		合计	其中：自产煤销量	贸易煤销量			
2006	658.58	639.75	639.75		333.24	242061	-1922
2007	688.37	660.68	660.68		376.41	269598	2792
2008	725.49	698.61	698.61		516.72	353184	12729
2009	771.20	772.23	746.25	25.98	446.55	420273	12597
2010	766.64	741.36	741.36		557.04	543317	23345
2011	788.94	784.69	784.69		659.92	728105	40662
2012	818.89	823.46	784.63	38.83	611.60	703437	48260
2013	790.43	829.04	784.04	45.00	545.84	657833	21357
2014	693.06	725.29	677.99	47.30	471.61	634439	-36146
2015	587.37	794.22	594.22	200	397.12	494057	-119407
2016	477.73	646.15	471.65	174.5	420.46	590905	-35196
2017	437.32	431.65	431.65		639.59	765188	25774
2018	440.18	1113.71	439.35	674.36	639.01	1018783	27010
2019	449.27	1078.13	442.74	635.39	559.16	1101263	27482
2020	452.86	1395.19	453.01	942.18	509.23	1116318	27500
2021	467.21	1180.01	469.12	710.89	763.30	1455029	51920
2022	497.94	1102.29	497.78	604.51	816.19	1720241	101755
合计	10511.48						

第二章 人力资源管理

第一节 管理机构

一、机构设置

2006年4月，集团成立筹备机构，下设人力资源组，由3人组成，负责集团公司的组织构架筹划、总部机构设置和人员调配。7月，集团公司印发《湖南省煤业集团有限公司总部部室职能》的通知，设立人力资源部，负责集团公司人力资管理制度建设，总部和子分公司组织设计和编制管理及各部门职能管理；人事管理、薪酬管理、福利管理、员工培训管理；总部员工绩效考核；社会保险统筹管理等。

2007年5月，集团公司印发《关于集团公司人力资源部内部机构设置及职责划分的通知》，人力资源部设人事处、教育培训处、社保管理处。

2008年8月，集团公司设立劳资社保部，其职能从人力资源部分离。人力资源部仍保留人事处、教育培训处。同时，人力资源部与党委干部部合署办公。

2009年6月19日，集团公司成立湖南黑金时代股份有限公司（简称股份公司），集团和股份公司人力资源部分设两块牌子、一套人马。

2011年5月，集团公司印发《关于成立集团公司职称改革领导小组的通知》，集团公司职称改革领导小组办公室设在人力资源部，负责领导小组办公室日常工作，直至2017年。

2017年，集团公司总部机关按照“战略投资中心、运营管控中心、风险控制中心、共享服务中心”的定位，推进总部机构改革。总部部室由19个精简到14个，保留人力资源部。

2019年，集团公司持续深化组织机构改革，推行大部制，将总部人力资源部和劳资社保部职能合并。

2022年11月，集团公司总部部室进行机构设立与调整：人力资源部机构和职责成建制保留；撤销党委干部部，其职能由人力资源部承接。

二、制度建设

2006年7月，集团公司印发《湖南省煤业集团有限公司总部部室职能（试行）》《矿区安全生产管理局（矿区集团）机关“三定”方案编制原则指导意见》《湖南省煤业集团有限公司劳资统计报表报送制度》《湖南省煤业集团有限公司领导干部安全工作述职报告制度》。

2007年，集团公司印发《湖南省煤业集团有限公司物资供应分公司煤炭销售分公司负责人薪酬管理办法》《湖南省煤业集团有限公司派驻安全监察员薪酬及绩效考核暂行办法》《湖南省煤业集团有限公司内部退养管理办法》《湖南省煤业集团有限公司劳动能力鉴定管理暂行办法》《湖南省煤业集团有限公司员工培训管理暂行办法》和《湖南省煤业集团有限公司员工教育培训经费管理暂行办法》。

2008年，集团公司印发《三局机关改革“三定”方案》和《三局机关改革方案实施细则》并组织实施。7月，集团公司印发《总部员工工作考核工作流程规范》；8月，集团公司印发《关于湖南省国资委原任命的干部管理办法》。

2010年3月，集团公司制定《湖南省煤业集团有限公司所属单位领导班子及其成员年度考核暂行办法》《湖南省煤业集团所属单位出国考察、参观上海世博会评比办法》《湖南省煤业集团总部及所属单位党政主要负责人年休假实施办法》《湖南省煤业集团员工培训教育管理办法》《湖南省煤业集团职业技能鉴定实施办法》和《湖南省煤业集团“人才楼”管理办法》等制度。

2011年，集团公司印发《关于加强和改进集团公司人才工作的决定》《湖南省煤业集团有限公司中层正职及以上人员请假报告制度》《湖南省煤业集团有限公司领导班子及其成员考核办法》《集团公司人事档案管理办法》《关于选拔使用75后年轻人才的实施方案》《集团直属企业领导班子及中层成员的管理办法》《湖南省煤业集团人才激励工作暂行办法》，修订《直属单位领导班子年度考核办法》。

2012年，集团公司印发《湖南省煤业集团有限公司因公出国（境）管理办法》《湖南省煤业集团所属单位领导人员管理办法》，全面规范集团公司重要人事管理。

2013年，集团公司印发《关于股份公司中层管理人员参加本企业外招聘的规定》《关于集团公司中层管理人员参加本企业外招聘的规定》《湖南省煤业集团有限公司干部交流管理办法》。

2014年，集团公司印发《湖南省煤业集团有限公司关于切实加强公费出国（境）与外部培训管理的通知》《关于严格领导干部参加社会化培训有关事项的通知》。

2016年，集团公司印发《关于对有突出贡献的企业法定代表人实行延期内部退养的规定（试行）》《湖南黑金时代股份有限公司所属原煤公司经理层副职领导人员管理办法》，完善干部管理制度体系。

2017年，集团公司印发《集团（股份）公司总部员工管理办法（试行）》《总部员工职级管理办法》，并对原有的41个制度文件进行清理，审定后确定保留10项制度，其中基本制度7项。对《集团公司所属单位领导人员管理办法》《集团（股份）公司总部员工管理办法》等7项基本制度进行修订。

2018年，集团公司强力推进新一轮“三项制度”改革，出台《集团公司深化内部“三项制度”改革实施方案》和《集团公司推进管理人员能上能下实施办法》等一系列管理制度，基本建立干部能上能下、员工能进能出、收入能增能减的“三能”机制。通过严格的职数管理，按照“宜兼则兼、宜转则转”原则，完成二级单位正职领导的选任，中层副职“竞聘上岗、末位淘汰”的改革工作。

2019年，集团公司修订并印发《湖南省煤业集团有限公司劳动工资管理办法》《湖南省煤业集团有限公司所属单位领导班子及其成员年度考核暂行办法》《湖南省煤业集团有限公司五险一金管理办法》《湖南省煤业集团有限公司员工教育培训管理办法》《湖南省煤业集团有限公司实行职业经理人制度实施办法（试行）》《湖南省煤业集团有限公司推进管理人员能上能下实施办法》《湖南省煤业集团有限公司专业技术和职业技能人才管理办法》。

2021年，集团公司推进制度提效专项行动，坚持党管干部、指导人事工作的原则，进一步规范人事管理。制订《湖南省煤业集团有限公司工资总额管理暂行办法》《湖南省煤业集团有限公司关于进一步加强人才激励工作的指导意见》《湖南省煤业集团有限公司员工教育培训考核管理办法》《湖南省煤业集团有限公司人事档案管理办法》《湖南省煤业集团有限公司直属二级公司经理层成员任期制和契约化管理实施办法》《湖南省煤业集团有限公司实施竞争上岗和末等调整、不胜任退出及市场化招聘工作管理办法（试行）》。

2022年，集团公司印发《集团公司登记备案人员因私出国（境）管理办法》《进一步加强集团公司党委联系服务专家工作制度》《集团公司创新人才队伍建设行动方案》《集团公司技能人才管理办法》《湖南省煤业集团有限公司人才队伍建设规划》《湖南省煤业集团有限公司年轻干部培养发展规划》《湖南省煤业集团有限公司能工巧匠技能人才管理办法（试行）》《湖南省煤业集团有限公司创新人才队伍建设实施办法》。

第二节 人 事 管 理

一、干部管理

2006年起，集团公司按照“五统一”的管控模式，实行“重要人事统一管理”。分别制订人力资源招聘、调配、培训、档案管理、劳资关系、业绩考评、薪酬与福利保障共18个人力资源管理制度，下发79个人力资源管理文件（函），规范人力资源管理各专业业务工作流程，理顺人力资源管理体系。实行“抓住高层，控住中层，放开基层”的人才管控模式，对各层级负责人分级管理。是年，集团公司重新任命或调整27个直属子、分公司的领导班子。

2007年5月，集团公司人力资源部内部机构设置人事处，负责集团公司人事管理。随着破产重组和股份制改造工作的深入，进一步调整企业组织结构。按照干部考察使用标准，考察新提拔领导人员20余人。

2008年8月，集团公司印发《湖南省煤业集团有限公司矿区管理体制改革方案》，矿区安全生产管理局与矿区实业公司领导班子由集团公司管理。矿区安全生产管理局的部门负责人及二级机构主要负责人由矿区安全生产管理局提名、考察，报集团公司聘免。矿区安全生产管理局的领导参与集团公司对监管区域内的各公司领导班子及其成员安全生产履责的考核，对与安全生产有关的领导班子成员的任免有建议权。矿区实业公司部门主要负责人及所属单位领导班子主要负责人由矿区实业公司管理，任前报集团公司备案（即任前报集团公司审批同意后方可任免）。矿区实业公司部门副职及所属单位领导班子副职由矿区实业公司管理，任后报集团公司备案，集团公司参股公司的国有股东代表由集团公司选派。是年，调整、配备直属公司（单位）领导班子15个，调整领导班子成员职务30多人次。

2009年，集团公司改革改制继续深化，为适应公司的改革发展，加强直属公司（单位）班子建设，先后对18个直属公司（单位）的班子成员及总部中层管理人员进行调整、配置，重新调整、配置班子成员及总部中层管理人员30余人，提拔班子领导人员及总部中层管理人员

40余人，任免干部80余人。

2010年，集团公司调整、配备直属公司领导班子16个，调整领导班子成员职务70多人次。

2011年，集团公司对总部有关部室及湘潭、兴源矿业公司等30个单位100余个职位进行人事考察、调整及任命工作，调整120余人次。

2012年初，集团及股份公司要求所属单位优化组织结构，按照精干高效、一套人员多块牌子依法依规设置组织机构，原煤公司设置的职能管理部门一般不得超过10个，管理幅度、管理难度较大和自然灾害比较严重的原煤公司其职能部门不得超过12个。非煤单位机构设置不得超过三项制度改革批复的数量。根据业务流程重新梳理、设置部室和直属单位，17家原煤公司机关部室和直属单位从原来的352个精简到301个，共精简51个。

2013年，集团公司调整职务90余人次，16家原煤公司中级管理人员总数为1036人，比年初的1116人减少80人。

2014年8月，集团公司开展人事档案专项审核工作，人力资源部对集团公司所管理的300份干部人事档案中“三龄二历一身份”等重要信息进行审核。完善人事信息卡片和基本情况表，其中各单位班子成员180人、总部人员200人、后备人员290人的信息，整理归类人事档案430本，形成重要人事信息管理系统。是年，集团公司调整职务170余人次。到12月末，13家原煤公司（不含长沙矿业、辰溪、湘潭矿业）机构设置总数为188个，比上年274个减少86个。

2015年，集团公司进一步深化干部人事制度改革，鼓励符合条件的直属单位领导班子成员退休、改任顾问、内部退养、停薪留职等，干部职数减少。全年集团共完成80余人次职务调整。

矿区安全生产管理局、直属子公司领导班子成员由集团公司聘任和管理；直属子公司总经理助理等实行任前备案制，由矿区安全生产管理局、直属子公司管理；矿区安全生产管理局所属单位、直属子公司部门及其所属单位负责人报集团公司备案。

集团公司参股的原煤子公司的国有股东代表由集团公司委派。各直属子公司负责所属部门及单位领导班子管理，报集团公司备案。集团公司直属子公司财务部门负责人由集团公司委派。

2016年，集团公司严格贯彻“突出业绩、激励约束、不拘一格”的选人用人理念，完成80余名中层及以上干部的职务调整。华磊光电部室由25个减少到17个；中层干部由52人缩减到33人。

2017年，集团公司完成90余人次职务调整，下发职务任免文件60余份，办理人事调动、内退、退休30余人次，撰写上会材料和考察材料20余份。组织开展对16家单位的专项考察；完成集团公司、股份36家单位领导班子及成员2016年度考核；做好2016年度总部机关102人年度考核结果薪酬运用。

2017年，集团公司推进总部机构改革，总部部室由19个精简到14个，精简26.3%；人员编制由118人减到88人，精简25%。对总部机构职能进行调整，推进“放管服”改革，实行制度“立改废”；出台总部部室权力清单、责任清单和负面清单，新建制度体系，实行流程再造，打造服务优良、运转顺畅、精干高效的新总部。

2018年，集团公司持续深化内部“三项制度”改革，部门正职选任，副职全部竞争上岗，8月完成100余人次职务调整。开展集团（股份）公司总部机关员工2017年度考核、所属单位领导班子和成员2017年度考核及年轻干部摸底考察等工作。遴选派驻所属企业专职监事工作，招聘专职监事9名；对符合职级晋升条件的25人进行职级调整。12月底前完成对所属法人单位正职领导的选任、领导班子副职竞聘上岗、末位淘汰工作。集团公司中层干部职数净减8人，新任职干部的平均年龄较落聘干部低了9.6岁，年龄结构明显优化。

2018年，集团公司党委下发《关于完善所属企业法人治理结构推行竞聘上岗和职业经理人试点的工作方案》（湘煤集人〔2018〕414号），提高管理人员市场化、职业化和专业化水平，增强企业竞争力，并在华磊光电和楚湘公司两企业进行试点。

2019年5月，集团公司人力资源部印发《关于加强集团（股份）所属在长单位人员编制管理的通知》，加强在长单位人员编制管理。集团公司新提拔中层干部11人，交流使用8人。

2020年，持续推进“三项制度改革”，集团公司中层副职落聘后转岗已成常态。是年，集团公司提拔重用中层干部15人，交流使用27人。

2021年，集团公司制定《湖南省煤业集团有限公司2021年深化内部三项制度改革实施方案》，建立并实施市场化用工制度。管理人员总体控制在7%以内，原煤生产单位管技服务人员占在岗职工比例控制在12.5%以下。管理人员竞争上岗率达70%，末等调整或不胜任退出率达3.5%。集团公司及各子公司管理人员竞争上岗541人，占70.1%；末等调整和不胜任退出797人，占总人数的3.2%。提拔中层干部27人；所属单位18人，平均年龄45岁；交流使用中层干部21人次。集团公司总部机关2个主管职位实行社会化招聘，企管业考部主管和安全通风部主管各1人。6月省国资委简报第十八期“国企改革每周动态专刊”以《抓“关键少数”为突破口力推市场化改革》为题，介绍湘煤集团公司建立完善“竞争机制、激励机制、淘汰机制”的先进经验。

2021年，集团公司制定印发《集团公司实行职业经理人制度实施办法（试行）》《关于完善所属企业法人治理结构推行竞聘上岗和职业经理人试点的工作方案》《集团（股份）公司直属二级公司经理层成员任期制和契约化管理实施办法》，所属56家子企业推行经理层成员任期制和契约化管理，170人签订“一协两书”（即《直属公司经理层任期制契约化管理岗位聘任协议》《所属公司总经理（或其他经理层成员）年度经营业绩责任书》和《所属公司总经理（或其他经理层成员）任期经营业绩责任书》），实现经理层任期制和契约化管理100%全覆盖实施。同时，制定《湘能华磊光电股份有限公司实行职业经理人试点工作实施方案》《关于湖南楚湘建设工程集团有限公司所属湖南楚湘设计有限公司实行职业经理人试点工作实施方案的批复》等文件，在华磊光电、楚湘设计有限公司两户企业开展职业经理人制度试点工作。两户试点企业均按既定流程和程序，完成经理层正职和副职职位人选的选聘，原经理层成员全部实现身份置换，由该公司董事会与职业经理人签订聘任合同，按契约化进行管理，共选聘7名职业经理人。

2021年，集团公司优化岗位体系制度建设。设置主任工程师、主任会计师等岗位；对岗位进行评估，各部门有完善的部门职责说明书，并严格按照岗位职级体系进行人岗匹配。通过采取现场蹲点、观察、记录、写实等方式，进行岗位描述与分析，全面掌握265个工种，1600多个岗位的性质、任务、环境及要求，每个公司制作了岗位（职位）说明书4700余份。倡导因事设岗，人尽其才，清晰定职定责，实现岗位职责透明化。

2022年，集团公司召开年度人力资源工作会议，对集团公司人力资源工作进行专题研究，健全完善人力资源“选育用留”的体制机制。全年集团公司完成49人次职务调整，其中提拔使用中层干部36人，交流使用中层干部13人次。配合省委考核组完成集团公司领导班子和领导人员2021年度考核述职测评工作，据省委组织部有关反馈，集团公司2021年度干部选拔任用工作“一报告两评议”中“对选人用人工作的总体评价”好评率为99.1%，比上年度上升了3.4个百分点，排在第一档次。

2022年，集团公司持续推行经理层任期制和契约化管理，集团公司及所属58户子企业经理层共181人完成“一协两书”签订，完成率100%。稳妥实施总部机构改革，按照价值创造、保障、服务的逻辑深化总部机构改革。管理人员竞争上岗、末等调整和不胜退出，全年新进管理人员110人全部实行竞争上岗，覆盖面100%；管理人员末等调整和不胜任退出累计55人，占比6.8%。

二、职称管理

2006年起，集团公司按照相关文件要求，每年组织职称申报和评定工作。是年全集团共有技能人员总数13681人，具有职业资格4805人。其中初级1935人，中级1361人，高级1509人。

2007年，集团公司完成经营管理人才、专业技术人才资源统计和上报工作。到年末，集团公司共有专业技术人才4231人，其中管理岗位2596人，主体工程专业技术人员1635人。

2008年，全集团共有技能人员总数11545人。2009年，全集团共有技能人员总数11345

人。2010 年，全集团共有技能人员总数 11114 人。

2011 年，湖南省工程经济系列职称改革工作领导小组批准，组建湖南省煤业集团有限公司工程系列中级专业技术职务任职资格评委会。是年，全集团共有技能人员总数 11228 人。具有职业资格 1377 人。其中初级 417 人，中级 564 人，高级 385 人，技师 11 人。

2012 年，全集团共有技能人员总数 11126 人，具有职业资格 2512 人。其中初级 1439 人，中级 807 人，高级 264 人，技师 2 人。

2013 年，全集团共有技能人员总数 10545 人，具有职业资格 2050 人。其中初级 1158 人，中级 653 人，高级 239 人。

2014 年，全集团共有技能人员总数 9658 人，具有职业资格 693 人。其中初级 376 人，中级 230 人，高级 87 人。

2015 年，全集团共有技能人员总数 9021 人，具有职业资格 543 人。其中初级 188 人，中级 246 人，高级 109 人。

2016 年，集团公司印发《关于加强技能型人才队伍建设的指导意见》，通过推动职称日常评定工作的有序开展，不断加快技术型人才队伍的建设步伐。完成 2014 年度工程系列初级职称的评定工作，有 127 人通过评定取得初级职称。完成 2013 年度和 2014 年度工程师职称的评定工作，分别有 26 人和 24 人通过评定取得中级职称。是年，集团公司拥有专业技术人员 3196 人。其中高级职称 178 人，中级 971 人；与 2009 年相比，专业技术人员总数增加 473 人。其中高级职称增加 48 人，中级职称增加 118 人。通过脱产学习、对岗实习、短期培训和与高校联合培养等多种形式累计培养 1500 多名煤炭主体专业技术人才。

2016 年，组织相关专业技术人员参加全省高级经济师参评资格考试和地勘工程专业高级工程师参评资格考试等相关“考评结合”的专业技术资格考试，同时组织其自主报名参加职称英语、计算机等职称相关考试以及其他实行“以考代评”的专业技术资格考试。

2017 年，集团公司参加全省深化职称改革工作会议，对集团公司职称评定的相关条件和程序及时作出调整。完成 2017 年度工程系列初级职称和 2016 年度中级职称评定工作，分别有 47 人（8 家单位）和 28 人（12 家单位）分别获得初级和中级职称。组织 2017 年度高级职称评审的审查和申报工作，共有 14 人申报（涉及 8 个单位 5 个系列）。是年，集团公司共收到 14 个单位共 41 名专业技术人员申报材料，符合条件的 40 名，27 人取得工程师专业技术任职资格。

2018 年，集团公司完成年度工程系列初级职称和 2017 年度中级职称评定工作，分别有 113 人和 77 人分别获得初级和中级职称。组织 2018 年度高级职称评审的审查和申报工作，共有 9 人申报（涉及 6 个系列）。

2019 年 7 月中旬，集团公司组织 2018 工程师职称评审会，共有 19 个单位 107 人参评。经评委会严格按照程序评审并表决通过，有 75 人取得工程师职称。至此，集团公司及直属单位累计评定工程系列初级职称 819 人，中级职称 283 人；通过人社部门“以考代评”方式取得初中级职称 500 余人，累计推荐评定高级职称 78 人，专业技术人才队伍具备一定的规模和质量。推荐华磊光电公司苗振林、立达公司冯敏 2 人申报 2019 年湖南省“湖湘青年英才”。

2020 年，经集团公司工程系列中级专业技术职务任职资格评审委员会评审通过，确认梁新华等 47 位同志具备工程师职务任职资格，其职称确认时间为 2019 年 12 月 31 日。

2021 年，集团公司印发《集团公司总部高级专业技术人员职级晋升管理办法》，4 名符合条件人员，经过干部选任程序晋升为集团公司副部级管理人员。印发《湖南省煤业集团有限公司关于做好 2020 年度工程师职称评定的通知》《2020 年度工程师职称评审工作实施方案》。有 18 个单位 52 人符合参评条件。

2021 年，湖南省职称改革工作领导小组办公室公布《湖南省省直部门中初级职称委员会清算（2021 年度）》的通知，同意保留湖南省煤业集团有限公司工程系列中级职称评审委员会，在集团公司开展中级工程系列职称评审工作。

2022 年，集团公司制定《湖南省煤业集团有限公司人才队伍建设规划》，培养和引进“高精尖”人才。印发《关于进一步加强集团公司党委联系服务专家工作的通知》，首次从 16 家所属单位中遴选 20 名优秀专家充实到集团公司党委联系专家信息库中。按省国资委要求，做好

“国企工匠”推荐工作，湖南煤矿机械公司铆工班班长刘小军、周源山矿业公司机电厂厂长张亮获评2022年度湖南“国企工匠”荣誉称号。组织公司初、中级工程系列评审委员会专家，在集团公司范围内评审通过工种系列初级职称75人，中级职称32人，向省职改办申报高级职称42人。

2022年，集团认真贯彻实施《2019—2023年全国党政领导班子建设规划纲要》及省委办公厅印发的《实施意见》，认真开展中期自评。结合集团“十四五”规划和有关实际，相继出台了集团公司《推进实施“三高四新”战略总体方案》《年轻干部培养发展规划》《人才队伍建设规划》《进一步加强人才激励工作的指导意见》《创新人才队伍建设实施办法（试行）》《能工巧匠技能人才管理办法（试行）》等一系列人才队伍建设制度文件。集团公司创新人才形成专家、高级专家、首席专家的3级评价体系，技能人才形成首席技师、特级技师、高级技师、技师、高级技工、中级技工、初级技工、学徒工等“八级工”职业技能等级评价体系。打通了专业技术人才和技能人才晋升通道，擘画人才发展新蓝图。

第三节 劳动用工管理

一、用工管理

2006年，集团公司组建初期，劳动用工以劳动合同管理为主线，按照严进宽出、定期考核和择优录用的总要求，建立员工能进能出的用工制度。企业与员工按照平等自愿、双向选择、协商一致的原则，依法依规签订劳动合同，确定劳动关系。建立健全劳动合同管理制度，依法做好劳动合同变更、续订、终止、解除等各项工作，对劳动合同实行动态管理，认真履行劳动合同。劳动合同期满，企业根据考核情况和企业生产经营需要，择优与员工续签劳动合同。是年，全集团员工人数55699人。

2007年，集团公司在推进组建工作和改革改制期间，开始对破产企业的员工依法解除劳动关系，对进入重组企业的员工依法重新签订劳动合同。并在集团总部举行总部机关人员集体签订劳动合同启动仪式。按照“一线满员、二线精干、三线精减”的原则，最大限度减少劳动用工人数，降低万吨用工指标，降低吨煤工资成本。是年，集团公司全部职工平均人数44714人，比上年减少1万多人。

2008年，集团公司建立公开选拔、择优录用的进人机制。公开、公平、公正选人和同等条件下择优录用，严把人员入口关。打破传统的“干部”和“工人”之间的界限，变身份管理为岗位管理。推行全员竞争上岗，建立有利于基层员工岗位成长的激励机制，倡导“岗位靠竞争、收入凭贡献”理念，对员工实行工作动态考核、岗位动态管理、职位动态轮换，立足岗位成才。是年，集团公司通过规范新员工招聘，共招收采掘合同工1858人，新招人员与用人单位签订劳动合同，新招员工合同签订率达100%。

2009年，集团公司印发《湖南省煤业集团公司关于加强劳动定员管理严控井下作业人数的通知》，开展“三条线”劳动用工配置清理工作，以岗位管理为核心加强内部劳动用工管理。依据国家有关法律法规和本企业实际，组织劳动用工大清理。各单位按照集团公司的劳动力管理办法和内部规章制度，对擅自离岗、无故旷工等严重违反劳动纪律现象进行全面清理和整顿，重点清理挂靠人员。解除或终止劳动合同5320人，新招员工5898人。办理员工调（异）动审批76人。在金竹山矿业公司劳动用工改革试点的基础上，对湘永矿业及白沙能源南阳分公司劳动用工进行改革。南阳公司在岗职工总人数从2865人减少至2476人，减少389人。

2009年，集团公司下发《湖南省煤业集团劳动工资统计报表管理办法》，规范劳动工资统计口径，对所有的劳动用工按原煤生产、多种经营、后勤服务人员分类重新划分，统一原煤单位万吨用工指标计算。是年，集团公司所属单位劳动合同签订率为88%，比2007年提高7个百分点。

2009年，集团公司为规范特殊工时管理，维护劳动者权益，根据《特殊工时管理规定》，结合集团公司的实际情况，安排劳动者在特殊工时制岗位上工作的，经与劳动者协商一致，并制定科学合理的劳动定额、工时考勤、休息休假、薪酬支付等办法，确保劳动者的休息休假权利和生产、工作任务的完成，并将集团公司所属单位特殊工时制人员管理办法向湖南省人社厅报批、备案。

2010 年，集团公司印发《湖南省煤业集团有限公司劳动力管理办法》，逐步实行“变招工为招生”的用人机制，员工实行全员劳动合同制。到年底，全集团员工总人数 52246 人。其中原煤生产 41116 人，多种经营 5451 人，后勤服务 1841 人，离开本单位仍保留劳动关系人员 3838 人；股份公司及股份公司托管单位为 46715 人。集团公司用工管理持续优化，2009—2010 年度，彭良文被湖南省人民政府颁发三等功奖章。

2011 年，集团公司通过劳动用工改革后，净减员工 7221 人。其中：长沙矿业减少 4300 人，洁净煤公司减少 980 人，牛马司公司减少 772 人，金竹山公司减少 780 人，南阳公司减少 389 人。各原煤公司加大撤岗并岗、精简机构和人员的力度。

2012 年，集团公司相继对 17 家原煤公司和 6 家非煤企业的机构设置及定员定编（公司机关、矿井机关、地面人员、中层管理人员的定员定编标准）进行严格控制。省内原煤公司在岗职工人数比上年末减少 831 人。其中：机关管理技术服务人员减少 71 人，直属单位管理技术人员减少 33 人，矿井管理技术人员减少 93 人，地面人员减少 634 人；中层员工减少 167 人。全员工效为 0.79 吨/工，比上年同期提高 6%。是年，集团公司劳动用工改革工作在全省国资委系统作为成功经验介绍，同时本省黄金集团、黑龙江省龙煤集团等来集团公司学习考察改革经验做法。是年，集团公司被湖南省人力资源和社会保障厅、省总工会、省企业家协会授予“劳动关系和谐企业”称号。

2013 年，印发《湖南黑金时代股份有限公司劳动力管理办法》和《关于加强原煤公司地面人员管理的通知》，对用工管理作出明确规定。到年末，集团公司 16 家原煤公司后勤地面人员比改革前减少 1299 人。矿井管技人员比改革前减少 293 人，中层管理人员比改革前减少 124 人，公司机关人数减少 201 人，净减少 1917 人。万吨用工比改革前下降 2 人/万吨，全员工效比改革前提高 0.07 吨/工。

2014 年，集团公司制订《湖南省煤业集团有限公司进一步深化劳动、人事和分配制度改革实施细则》《非煤企业分流富余人员工作指导意见》《深化三项制度改革考核办法》三个改革文件。股份公司出台《湖南黑金时代股份有限公司进一步深化劳动、人事和分配制度改革实施细则》《原煤公司分流富余人员工作指导意见》《非破产改制原煤公司分流富余人员工作指导意见》《原煤公司机关和煤矿矿井“三定”方案指导意见》《深化三项制度改革考核办法》五个改革文件，深化三项制度改革。是年，全集团减少职能机构 86 个，精简人员 2975 人。

2014 年，集团公司深化第二轮三项制度改革，突出解决“员工能进不能出、管理人员能上不能下、员工收入能增不能减”的问题，提高劳动效率。从业人数大幅下降。集团公司组建初期共有从业人员 55699 人，截至 2014 年 11 月末从业人员为 39670 人，分流富余人员 16029 人，从业人数下降 28.8%。其中通过三年三项制度改革，分流富余人员 4861 人。劳动效率明显提高，原煤产量从 2006 年的 658.6 万吨增加到 2013 年的 790.4 万吨，增长 20%。万吨用工从 2006 年的 65 人降到 49 人，下降 25%。

2015 年，集团公司继续推进深化劳动用工制度改革，劳动用工总量减少，人员更加精干高效。全集团总人数为 28568 人，比 2006 年减少 27131 人，减少率为 49%。原煤公司各级机关管技服务人员总数为 2997 人，精简 16%；原煤公司地面人员总数为 4587 人，比年初的 6536 人减少 1949 人，精简 30%。股份公司万吨用工为 41 人，比上年下降 5 人，劳动效率提高 10.9%。尤其是兴源公司万吨用工比 2015 年三改目标还低 2 人。

2016 年，股份公司强化工效管理，显著提升原煤人员劳动效率。兴源公司员工总数从年初的 1352 人精减至 1198 人，万吨用工降至 33 人以下。街洞公司通过转岗分流、兼岗并岗、岗位包干等形式，减少劳动用工 253 人。至年底，全集团在册人数较年初减少 7175 人。

2017 年，集团公司总部部室由 19 个精简到 14 个，精简 26.3%；人员编制由 118 人精简到 88 人，精简 25%。加强劳动力管理，原煤万吨用工降至 38 人，实现在岗人员在 2016 年基础上净减少5%以上的目标。

2018年，集团公司在金竹山矿业公司进行三项制度改革试点。金竹山矿业公司实施三项制度改革后，公司机关职能部室由原24个精简为12个，机关工作人员由原167人减少至130人，中层管理人员由原48人减少至30人。矿井机关职能科室由原10个精简为8个，矿井机关工作人员由原265人减少至249人，中层管理人员由原102人减少至86人。是年集团全部职工平均人数43182人，在岗40161人（其中煤炭生产30220人）。

2018年5月底，集团公司召开纪念改革开放40周年暨深化三项制度改革座谈会。7月26日，召开深化改革工作推进会，公司领导联责联点。制定《集团公司推进管理人员能上能下实施方案》等一系列办法，基本建立干部能上能下、员工能进能出、收入能增能减的“三能”机制。全集团用工总数大幅减少，劳动生产效率明显提高。是年，集团公司全部职工平均人数24530人，比上年减少840人。其中在岗位人数21152人，比上年减少53人。

2019年，全集团基本建立“干部能上能下、员工能进能出、收入能增能减”机制，大力推行减员增效，在转型升级、扩大规模、增加产量的前提下，全集团用工人数净减少1055人，用工结构进一步优化、劳动工效进一步提升。

2020年，集团公司组织开展所属单位深化内部三项制度改革和劳动用工情况调研工作，对企业在职人数、在岗人数、机关管技人员及直属单位管技人员人数，原煤公司地面人数、井下人数（构成），不在岗人数（内退发生活费、长、病伤休人员、长学、长借人员、保留劳动关系自谋职业等）人员结构现状进行深度调研，为集团公司决策提供参考。是年，全集团用工人数净减少426人。

2021年初，印发《湖南省煤业集团有限公司关于下达所属单位2021年劳动力计划的通知》，要求各单位科学提高劳动效率，减少劳动用工总量、严格用工总量管控、加强定员定编管理。特别强调要积极拓展招聘渠道，补充采掘劳动力，超年度计划时须先向集团公司呈报计划批准后执行。同时，制定《湖南省煤业集团有限公司2021年深化内部三项制度改革实施方案》，强化用工制度改革。在严格控制用工总量基础上，推行市场化用工制度。要求到年底减少不在岗人员5%以上，劳动合同签订率100%，原煤生产单位万吨用人达到36人以内，非原煤单位劳动效率递增5%以上。

2021年，集团公司新招工2016人（其中采掘短期合同工1827人），全部签订了劳动合同。全集团公司公开招聘189人（其中应届高校毕业生37人），招录程序、信息全过程公开。

2022年，是国企改革三年行动的攻坚之年、收官之年，通过三年改革行动，集团公司各单位在管理人员“竞争上岗，能上能下”覆盖面达到100%。集团公司在国聘、中智网发布提供343人的岗位，共收集到简历2988人，是年共招聘2022年应届毕业生上岗48人。11月，省国资委组织国企改革三年行动评估组，抽查股份公司、楚湘公司、立达公司、煤科院、华磊光电等单位，“市场化用工”受到评估组好评，由省国资委选送到国务院国资委组织的评估项目验收。全年新进管理人员110人全部实行竞争上岗。周源山公司率先建成省内首个智慧矿山，采煤工作面劳动用工减少70%，采煤工效提高20%。是年，集团公司职工平均人数25156人，在岗人数22330人。

二、定额管理

2007年，集团公司所属单位基本维持原有的定员定额标准。

2011年，集团公司正式启动煤炭劳动定额标准编制工作，历经2年多，对700余个定额子项目、3500个定额标准进行整合修订。

2012年，集团公司编制《湖南黑金时代股份有限公司劳动定额标准》，建立湖南省内煤矿统一的劳动定额标准。

2013年，集团公司制定《湖南黑金时代股份有限公司劳动定额管理暂行办法》《湖南黑金时代股份有限公司计件工资管理指导意见》《湖南黑金时代股份有限公司劳动定额管理指导意见》《湖南黑金时代股份有限公司劳动定额标准推广实施方案》。是年，集团公司省内原煤万吨用工控制在49人以内，原煤全员工效提高到0.85吨/工以上。

2014年1月，股份公司所属各单位按劳动定额管理，配备劳动定额专业人员，实行劳动定额工作人员由原煤公司派驻和轮岗制。分批按不同时间启动试点或试运行。先后在宝源、周源山、嘉禾、红卫、南阳、白山坪、兴源、街洞等8家原煤公司推广实施新的劳动定额标准。

2014年4月，在“2014年度中国定额管理行业评选”中，湘煤集团荣获“2014年度中国定额管理创新企业”称号，是全国煤炭行业唯一获此殊荣的单位。

2015年，集团公司推广使用新版劳动定额，充分发挥劳动定额在统一考核分配尺度、规范工资分配、定编定员的作用，提高劳动生产率。股份公司所属马田、湘永、牛马司三家原煤公司对新劳动定额标准试运行，7月起，股份公司全面推广实施。

从2016年开始，集团公司以资本为纽带，重点考核利润指标，不再下达定额标准。

第四节 职工教育培训

一、培训机构

2006年，集团公司采用各单位沿用原自建的培训机构组织培训。下设涟邵矿区培训中心、白沙矿区培训中心、资兴矿区培训中心。其中涟邵矿区培训中心隶属涟邵矿区管理局，具备三级安全培训机构资质及劳动技能鉴定。白沙矿区培训中心隶属白沙矿区管理局，具备三级安全培训机构、劳动技能鉴定所、技工学校等办学资质。资兴矿区培训中心隶属资兴矿区管理局，具备三级安全培训机构及劳动技能鉴定站资质。

2009年，集团公司利用原长沙矿业在长沙市天心区新梅路闲置办公楼，筹建公司培训中心。

2010年4月1日，集团公司湘煤大学揭牌。11月4日，中共湖南省煤业集团有限公司委员会党校挂牌。党校与湘煤大学“两块牌子、一套人员、合署办公”。集团公司党委副书记罗瑞锋兼任党校校长。

2021年11月，集团公司内部发文，停止“湘煤大学”的对外名称，恢复“集团公司培训中心”名称，至2022年一直使用。

二、培训制度

2007年，集团公司下发《湖南省煤业集团员工培训管理暂行办法》《湖南省煤业集团员工教育培训经费管理暂行办法》。2008年8月，集团公司下发《湖南省煤业集团关于提高教育培训经费计提比例的通知》。2012年，集团公司修订并下发《湖南省煤业集团有限公司员工教育培训管理办法》。

至2015年，集团公司出台、修订、完善《湖南省煤业集团有限公司员工教育培训管理办法》《湖南省煤业集团有限公司职业技能鉴定管理办法》《湖南省煤业集团有限公司联合培养生管理办法》《矿区培训中心管理体制改革方案》《湖南省煤业集团有限公司培训考核管理办法》《湖南省煤业集团有限公司内部培训费结算核拨流程规定》《湖南省煤业集团有限公司安全培训工作实施意见》《湖南省煤业集团有限公司优秀毕业生员工考核管理办法》。集团公司直属各公司也出台了相应的管理实施细则，每年投入大量的人力、物力和财力开展职工培训工作，逐步实现培训工作制度化、规范化，职工教育培训工作发展迅速。

2016年，按照集团公司要求，湘煤大学修正和完善《考勤管理制度》《湘煤大学绩效考核管理办法》《湘煤大学教学管理制度》《学员管理制度》《湘煤大学教研组管理办法》《湘煤大学预算管理制度》《湘煤大学档案管理办法》《湘煤大学学员管理办法》等三十余项制度，每一项工作、每一个环节都严格按制度、按规程办事，经得起审计和检查。学校分月、分季对员工进行考核，严格按照考核结果兑现。

2017年，集团公司对湘煤大学加强作风建设、绩效考核等23项管理制度进行修订与完善，制度的科学性、系统性、可操作性得到进一步加强。

2017年，集团公司派出6位人员，参加湖南省培训协会主办的培训师蜕变培训；并开展每人结合自身业务开发1门精品课程活动，有10位人员积极参与开发并进行试讲。通过这一活动，激发全员、全方位、全过程的培训意识，提高自身业务能力。

2018年，集团公司重新修订《湘煤大学加强作风建设的决定》《湘煤大学绩效考核办法》等23项制度，将学校各项制度与问责追究相结合，使制度的科学性、系统性、可操作性得到了进一步加强。是年，制定《2018年集团（股份）公司总部组织实施培训计划要点》。

2019年，集团公司制定并完善《湘煤大学创先争优考评办法》《湘煤大学费用报销管理办法》《湘煤大学培训评估管理办法》《湘煤大学外聘教师考核管理办法》《湘煤大学网络教育平台学习管理制度》等制度。执行力得到进一步提升，管理水平迈上新台阶。

2020年，集团公司制订《湖南省煤业集团教育信息平台培训管理办法》《湘煤大学线下培训管理办法》和《培训效果考核办法》。

2021年，集团公司印发《湖南省煤业集团有限公司员工教育培训考核管理办法》，考核分月度、季度、半年度、年终总评四种形式。对湘煤大学与矿区培训中心的考核按月度、年终总评两种形式进行，对所属各单位（非培训机构）按季度、年终总评两种形式进行。考核实行百分制，考核办依据考核内容逐项考评打分。

2021年，集团公司出台《湘煤培训中心兼职教师管理办法》《湘煤培训中心创先争优考评办法》等制度，培训中心按照集团公司要求，分月对员工进行考核，严格运用考核结果，不断提升学校管理水平。

2022年，集团公司重新修订《湖南省煤业集团有限公司员工教育培训管理办法》和《湖南省煤业集团有限公司专业技术人员培养方案》。对每期培训班实行项目管理制，配备2名专职班主任，在老师授课、学员出勤、学习纪律、学习风气、党风廉政等方面全面跟踪考核。

三、培训人员

（一）外部培训

2006年起，集团公司培训主要是内部培训，以涟邵、白沙和资兴培训中心为培训基地，每年组织开展培训活动。随着公司发展的需要，逐年增加外培项目和人员。

2010年，集团公司组织各类外培和调训，共外培和调训瓦斯防治、防治水等各类专业239人次。

2018年，集团公司落实上级部门干部调训工作，省委组织部调训4人次，省国资委调训2人次。

2019年，集团公司完成年度调训送培计划，共组织省委组织部、省国资委等调训77人。按照省应急厅要求，组织集团公司所属单位主要负责人和安全管理人员200个参加安全生产应知应会知识抽考。

2020年，集团公司按照干部教育培训工作条例等有关规定，切实加强对干部的教育培训管理工作。全年省委组织部、省国资委调训13人；组织集团中层以上干部参加省委组织部在省干部网络学习平台开展的“疫情防控与应急管理能力提升”专题学习培训、政治能力建设专题培训班、学习党的十九届四中全会精神专题培训等培训班；组织全体干部员工参加省国资委组织的2次企业家高端对话网络直播学习；组织干部员工参加省委党的十九届五中全会宣讲报告会。

2021年，集团公司参加省委组织部、省国资委调训7人；组织集团中层以上干部参加省委组织部在省干部网络学习平台开展的党史学习教育专题学习培训、学习贯彻习近平总书记“七一”重要讲话精神专题培训班等培训班；组织干部员工参加省委党史学习教育宣讲报告会。

2022年，集团公司参加省委组织部、省国资委调训11人；组织集团公司中层以上干部参加湖南大学“管理人员领导能力提升培训班”。

（二）内部培训

2006年，全集团公司职工教育培训37625人次；2007年培训40372人次；2008年培训44089人次；2009年培训70990人次。

2010年，集团公司举办培训班29期，培训2191人次。其中党校1期，培训57人次。是年，全集团职工教育培训85313人次。2011培训96819人次；2012年培训105023人次；2013年，培训12076人次。

2014年，全集团职工教育培训113336人次。启动实施中青班，选拔年轻优秀基层干部进行为期三个月的集中学习，共开展3期，培养干部72人。

2015年，集团公司实施总部中层干部安全轮训、党员干部提升理想信念和党性修养培训班、矿长经理培训班、中青年干部培训班第三期、作业规程编制培训班等各类培训班16期，培训学员826人次。其中矿长经理班45人，中青年干部培训班第三期38人。全集团共组织安全管理、改革、财务管理、政策形势、廉洁从业等各类专题辅导7次，参与学习的中层以上干部及总部机关人员1400人次。

2016年，集团公司进一步健全培训预算管理体制，统筹兼顾，突出培训重点；加大培训机构协调力度，采取“定期”和“不定期”相结合方式，经常对所属单位培训机构进行业务督促和指导。完成集团公司下达的16期培训任务，共培训学员684人，培训课程90门，培训课时329小时。其中，安全生产管理与技术培训5期206人；各类干部培训6期255人；业务线专项培训5期223人。

2017年，集团公司印发《集团公司2017年总部组织实施培训工作要点》。全年计划办班28期，培训学员1213人共4699人天。实际完成31期培训班，培训学员1388人共4581人天。全年完成省内原煤单位主要负责人培（复）训37人次，安全生产管理人员培训905人次，特种作业人员培训2607人次，区、队、班组长458人次。

2018年，集团公司下发《集团公司2018年总部组织实施培训工作要点》。共计办班26期，培训学员1088人，培训课程175门，培训课时653小时。全年完成省内原煤单位主要负责人及安全生产管理人员培训948人次，特种作业人员培训1941人次，区、队班组长等933人次。是年，集团公司共计给华磊光电、南阳矿业、涟邵实业、马田矿业、白山坪等单位送培11堂课，受培人数达895人。

2019年，集团公司下发《关于进一步加强煤矿安全培训工作的通知》《关于参加省干部教育培训网络学院政治能力建设专题培训班的通知》。维护更新学习账号，组织集团公司中层及以上管理人员政治能力建设专题培训班、干部专题研修班等班次学习，征订第五批全国干部学习培训教材，集团公司中层及以上管理人员每人一套学习用书。全年完成28期培训班，培训学员1369人，共计7182人天。

2020年，集团公司编制《集团公司2020年总部组织实施培训工作要点》，在湘煤大学举办一期组织人事培训班和一期劳资社保管理培训班，学习人力资源管理相关知识，学习《省管企业组织人事工作应知应会600题》，并参加测试和业务知识技能竞赛。

2020年，集团公司完成26期培训班，培训学员1273人共5357人天。其中：党建企业文化类8期416人，安全生产类10期485人，经营管理类7期327人，干部综合素质类1期45人。同步开展线上培训，完成集团公司所属各单位基层管理干部综合素质提升培训班、办公室业务专题培训班、基层党务工作者培训班等7期培训班，培训学员1793人，共162课时。各培训中心组织特种作业人员培训1682人次，区队班组长等培训485人次，

2021年，集团公司编制《集团公司2021年总部组织实施培训工作要点》。线下完成集团公司工会干部培训班、集团公司“清廉湖南建设”暨通信员培训班、集团公司优秀年轻干部素质提升培训班等共27期培训班的培训工作，培训学员1574人，共10988人天。是年，在集团公司教育培训信息化平台上开展集团公司人力资源管理暨档案专项审核培训班、集团公司办公室人员综合素质提升培训班、集团公司财税管理培训班等11期培训班的线上培训工作，培训学员1684人，共356课时。

各培训中心培训煤矿主要负责人及安全生产管理人员1614人次，特种作业人员16799人次，区队班组长705人次。

2022年，集团公司编制《集团公司2022年度总部组织实施培训工作要点》，举办基层干部企业管理能力及素质提升轮训班。包括集团（股份）公司总部主管，矿区管理局中层管理人员及驻矿安全专员，二级单位中层管理人员，共培训六期，培训总人数360人。同时举办法律事务专题培训班、工会干部培训班及办公室业务培训班等等。全年安排培训班49期，培训3564人次。

（三）联合培训

2007年，集团公司出资与湘潭大学首次以单列招生计划的方式进行联合培养，面向湖南2007届高考招生，并提供支付学费和奖学金的优惠政策，培养煤炭特殊专业人才，采煤专业、地测专业、矿山机电三个专业共培养131人。是年，集团公司开展全脱产、半脱产等方式的学历

教育，共送培 64 人到湖南理工职业学院学习，其中采矿专业 35 人，地测专业 29 人。

2008 年，集团公司保持与湘潭大学以单列招生计划的方式进行联合培养，面向湖南 2008 届高考招生，并提供支付学费和奖学金的优惠政策，培养煤炭特殊专业高职学生，共培养采煤专业、地测专业、矿山机电三个专业共 365 人。

2009 年，集团公司继续与湘潭大学以单列招生计划的方式进行联合培养，面向湖南 2009 届高考招生，并提供支付学费和奖学金的优惠政策，培养采煤专业、地测专业、矿山机电三个专业共 320 人。

2009 年，集团公司加大校企联合办学的力度，委托湘潭大学招收全日制学生 399 人。创新机制和模式，为应届大学毕业生就业开辟通道，面向社会招聘近 200 名优秀工科毕业生，经过半年的专业培训后上岗。

2011 年，集团公司参加湖南省国资委组织举办的班组长通用技能培训，共送培 303 人。矿长资格证、矿长安全资格证培训 1200 人次。特种作业人员持证上岗率达 100%。

到 2012 年，集团公司与湘潭大学开展校企联合办学，连续三年培养煤炭专业、本科学生 1200 余人，面向社会公开招聘各类人才 800 多名。

2014 年，集团公司与湘潭大学联合办学，共举办 7 期培训班，培训学员 366 人次。

2021 年，集团公司与湘潭大学启动校企合作项目，下发了《集团公司专业技术人员培养方案》，由集团公司所属单位从在岗职工和职工子弟中遴选一批有志于煤炭事业，并具有成长为专业技术人才潜质的人员作为培养生，经过湘潭大学 1 年期脱产学习与湘煤函授点 1.5 年期的函授学习，通过考试取得相关专业结业证书及函授大专学历，再回到送培单位从事相关专业技术工作，共计培养 120 人（其中采矿工程 60 人、煤矿地质与测量 30 人、矿山机电 30 人）。

联合省内高校举办专项高技能人才培训班：为提升机电技术人员业务技能，联合湖南信息职业技术学院分别举办机电技术人员（电工 38 人、钳工 33 人）为期四个月培训班，达到强素质、补短板、提技能目标，学员全部通过考试。联合湖南工程职业技术学院举办为期四个月劳动定额与工程造价（预算）培训班 40 人，强化了精准定额和预算管理。楚湘建工与湘潭大学、湖南科技大学等高校建立产学研联盟，全年共开展 21 个科研项目及课题联合攻关，评审认定 9 部企业工法，完成两个省级工法立项。

2022 年，按照集团公司专业技术人员培养方案相关要求，集团公司与湘潭大学联合举办 2022 年联合培养专业技术人员培训班（其中采矿工程与通风安全 77 人、机电自动化 43 人），通过培养在采矿工程、通风安全、矿山机电等专业领域打造一批综合素质高、专业能力强的专业技术人员，满足矿井安全生产需要。完成集团公司与湘潭大学联合培养生在校第一函授阶段 12 期集中面授课程，培训学员 119 人，共计 3332 人天。联合湖南工程职业技术学院举办了为期四个月的地质与测量技术工培训班 40 人。在湖南大学举办两期中高层管理人员领导力提升培训班，对中层正职管理人员进行一次轮训。

四、培训经费

2008 年开始，集团公司各单位职工教育培训经费一律由工资总额的 1.5% 提高到 2%，按月计提，并严格按集团公司《职工教育培训经费管理暂行办法》进行管理，确保职工教育培训的经费支出。

2006—2010 年，集团公司分别提取 944 万元、1170 万元、1720 万元、1781 万元、2971 万元，经费的提取环比增长分别 23.94%、47.01%、3.5%、66.82%。

2012 年，集团公司在原有培训设备、设施基础上，追加投入近 100 万元，打造、建设特种作业人员网络考试平台。

2006—2014 年，集团公司分别使用培训经费 660 万元、854 万元、1327 万元、1774.52 万元、2302 万元、1864.57 万元、2246.47 万元、2125.32 万元。

2016 年，集团公司积极与省煤管局及湘潭大学、湖南理工职业技术学院等培训机构衔接协调，要求培训上门服务，节约培训成本 488 万元。

2017—2022 年，集团公司培训费使用数分别为 1814.08 万元、1714.15 万元、2182.96 万元、2157.41 万元、2292.72 万元、2691.72

万元。

2022年，集团（股份）公司所属各单位以全面预算审定的工资总额为基数，按2%的标准提取员工教育培训经费，年度工资总额低于1000万元的单位，按2.5%的标准提取。是年，集团公司投入300余万元完成对所属的三个矿区培训中心煤矿从业人员理论考点改造和特殊工种人员实操场地建设。

第五节　企业考核与薪酬分配管理

一、企业考核

2006年，集团公司印发《湖南省煤业集团有限公司经营业绩考核工作规则（试行）》，对25个全资和控股直属公司领导班子及成员进行年度考核，完成集团公司组建以来总部员工第一次考核工作，并将考核结果与员工工资调整相结合。

2008年，集团公司根据湖南省委组织部和省国资委的工作安排，召开集团公司高层人员述职及民主评议大会，对集团公司高层进行年度考核工作。同时，对19个原煤公司及矿区安全生产管理局领导班子安全生产管理作风进行检查考核。是年，对考核优秀的16名员工给予工资晋两档的奖励。

2008年，集团公司出台《关于重点受灾单位2008年度经营业绩考核办法的补充通知》，以激励方式，对完成全年目标的受灾单位给予额外奖励。

2009年，集团公司实行领导班子成员预发基薪与利润完成情况挂钩考核。做好领导干部年度考核民意测评工作。组织实施直属公司（单位）班子及其成员的年度考核工作。集团公司连续3年对总部机关中层干部实行考评，对中层干部2人、主管2人、主办2人诫勉降薪。

2010年，落实集团公司直属单位领导班子年度考核工作具体事项。出台《集团所属单位领导班子及其成员年度考核暂行办法》。股份制企业领导班子成员可以按规定比例持有公司股份，享受分红。

2010年，集团公司制定《湖南黑金时代股份有限公司原煤生产单位负责人薪酬考核办法》和供应分公司、销售分公司、新疆公司、实业公司、洁净煤、立达公司等单位《负责人薪酬考核暂行办法》。全面建立完善直属单位负责人经营业绩考核制度，完善所属单位领导班子业绩考核体系。将人均产量、人均利润、人均效率、人均成本及其增长率等指标纳入企业负责人的绩效考核管理，严格考核兑现。

2011年起，集团公司修订《直属单位领导班子年度考核办法》，并对所属单位领导班子实行年薪制，由集团公司制订统一的经营业绩考核和年薪管理办法。每年初各单位主要负责人与集团公司董事长签订《年度经营业绩责任书》，集团公司每月按照业务分线对所属企业领导班子进行过程评价，年终对经营成果进行考核，过程评价与年终考核共同决定所属单位领导班子成员的年薪，提高集团公司的执行力和管控力，保障“五统一”集约管理执行到位。

2012年2月21日，湖南省委组织部、省国资委来集团公司组织召开集团领导人员2011年度述职述德述廉测评大会。集团公司董事长、党委书记、党委副书记、副总裁、总会计师、纪委书记、股份公司总经理、财务总监向大会述职，其他高管做书面述职，并对全体领导人员进行测评。

2013年，集团公司领导班子对各子公司班子成员年度薪酬发放工作进行全面检查和兑现，规范各单位班子成员薪酬预发制度。

2013年，集团公司配合湖南省委组织部、省国资委开展集团公司、股份公司高管层2013年度述职述德述廉及民主测评工作，组织填写并报送领导人员年度考核登记表，完成集团公司中层及以上人员共230人个人事项报告填写、录入和上报。开展集团公司所属单位领导班子同年度述职述德述廉及民主测评。

2013年前集团公司原煤和非煤单位领导班子成员统一考核；2014年起，原煤与非煤单位领导班子分开考核。

2014年6月，集团公司调整所属单位负责人经营业绩和薪酬考核办法，所属企业年度决算发生经营性亏损的一律取消领导班子绩效年薪。

2015年，集团公司制定《总部机关绩效考核办法》《湖南黑金时代股份有限公司2015年度原煤生产单位负责人薪酬考核办法》和《原煤企业2015年完成预算利润目标考核问责办法》。完善直属单位负责人经营业绩考核制度及所属单位领导班子业绩考核体系。规定年内有5个月利润预算偏差在－10%～－5%的，或年内有3个月利润预算偏差超10%的，或年内出现1个月利润预算偏差超－30%的，对该单位法定代表人实施问责处罚，直至免职处理，确保集团公司全年经营目标的实现。

2016年，集团公司印发《湖南省煤业集团有限公司所属企业负责人年度薪酬考核办法》，对考核对象、考核原则、薪酬构成、计算方法和考核兑现等都作出明确规定，强调坚持效率优先、兼顾公平的原则。通过建立科学合理的考核指标体系，以公司的经济效益和资产运营效率优先，兼顾公司负责人薪酬增长与公司经济效益增长和一线员工工资增长保持合理关系。企业负责人的薪酬最高不超过上年度本企业职工平均工资的8倍；同时规定正副职之间的比例，及薪酬考核评价系数，并增加企业负责人任期激励收入，鼓励开拓创新。同时，集团公司做好下属单位业绩考核工作。完成股份公司28户企业2015年度薪酬考核；完成预算利润考核；完成集团公司所属8户企业、股份公司17户企业预算利润考核。组织总部绩效考核，加强月度重点工作考核。企管业考部建立督办台账，下发督办单，每周调度会上进行通报。全年共计完成53期督办通报，共督办工作600余项，完成580余项。

2017年，集团公司在对所属企业负责人制定年度薪酬考核办法中，调整部分指标，加大对利润的考核权重，重视对国有资产的保值增值，继续增加任期激励政策，并增加相应的考核内容，更加明确任期激励计算方式。任期激励为三年考核一次，并实行延期支付办法。对所有非煤企业分别制定考核办法，对部分非煤企业作出考核指导意见。根据企业经营特点，调整部分指标，增加不同的考核内容，实行一户一策，更加符合实事求是。同时，对部分单位进行专项考核结果通报，按规定考核兑现，奖罚分明，增加透明度。

2018年，集团公司印发《湖南省煤业集团有限公司所属企业负责人综合绩效考核与薪酬管理办法》，对子分公司负责人的绩效考核指标设置做到与时俱进，适应供应链管理、矿山综合服务、装备服务、投融资业务等多个行业发展，既强调共性，又体现行业特性，下属各子公司的绩效考核指标作相应调整。增加“改革创新”和“超奋斗目标特别奖”，鼓励创新发展和突出贡献。同时，印发《湖南省煤业集团（湖南黑金时代股份）有限公司部室员工薪酬调整及绩效考核方案》，增设月度效益工资，对部长、副部长、主管、副主管及主办5个层级实行鼓励。印发《湖南省煤业集团有限公司总部职能部室绩效考核办法》，加大考核力度，增加考核指标，每月考核通报。印发《湖南省煤业集团有限公司2018年冲刺目标考核办法》，运用考核结果，加大激励力度。

2019年初，集团公司印发《湖南省煤业集团有限公司关于做好所属企业负责人2018年度薪酬考核与兑现有关工作的通知》，依照有关文件，结合企业经营和工作业绩考核，奖罚分明。印发《湖南省煤业集团有限公司关于进一步加强总部职能部室绩效考核工作的通知》，重申制度要求，加强监督抽查，每月对重点工作进行督办督查，固化良好的管理方式。印发《湖南省煤业集团有限公司2019年度深化改革工作考核办法》和《湖南黑金时代股份有限公司原煤生产企业负责人综合绩效考核和薪酬管理办法》，结合企业负责人综合绩效考核及薪酬管理办法，强化深化改革主体责任，考核更加全面。

2020年，集团公司印发《湖南省煤业集团有限公司2020年度超奋斗目标特别奖奖励办法》和《湖南省煤业集团有限公司关于给予所属相关企业负责人效益贡献奖的通知》，明确奖励单位和具体奖励指标。印发《湖南省煤业集团有限公司关于2019年度综合绩效考核有关情况的报告》，对年度取得重大成果项目加分。集团公司瓦斯研究室承担的省级科研项目“基于多源信息的煤矿瓦斯及伴生灾害预警系统与防治技术”荣获湖南省科技进步二等奖，系国家省部级科技奖，根据省国资委有关文件精神，可在绩效考核得分的基础上进行加分。根据中国煤炭工业协会发布的2020年度（根据2019年度统计指标排名）中国煤炭企业50强，集团公司排在第41位，比上年度上升4位。集团公司2019年度安全、改革、效益各项工作均取得历史最好成绩，再次请求省国资委在对集团公司进行考核打分时予以酌情考虑，从上述几个方面予以加分，作适当微调，使集团公司领导年度薪酬在往年基础上稍有增长。

2021年，集团公司实行全员绩效考核，集团公司领导班子绩效考核及薪酬分配严格按国资委要求执行。领导班子薪酬分配方案报国资委审查备案后再行发放，并严格按照国资委要求，副职之间拉开差距，薪酬系数由原来的一个档次0.8，拉开到0.9、0.8、0.7三个档次。调整所属单位负责人考核指标，建立创新考评和激励机制，将企业创新能力与企业负责人的年薪考核挂钩。集团和股份公司层面分别建立较完善的考核制度体系。按照省人社厅通知要求，按季度核实享受国务院专家津贴人员信息，并及时拨付专家津贴。

2021年，集团公司专题向省国资委呈报《湖南省煤业集团有限公司关于调整湘煤集团公司2021年三项制度改革目标任务人均营业收入指标的请示》，将三项制度改革目标任务2021年人均营业收入指标为61.53万元/人，较上年增长8.22%，建议考核指标增长率调整为5%，人均营业收入考核指标由61.53万元/人调整为58.23万元/人。

2022年，集团公司大力推进董事会建设，应建尽建单位都设立战略与投资、薪酬与考核、审计与风险三个专门委员会。进一步明确人力资源职责，规范考核程序。对照《湖南省国资委关于印发〈湖南省国资委监管企业负责人绩效考核办法〉的通知》有关最新综合绩效考核要求，组织修订印发《湖南省煤业集团有限公司所属企业负责人综合绩效考核及薪酬管理办法》《湖南煤业股份有限公司所属企业负责人综合绩效考核及薪酬管理办法》，根据所属各单位考核内容及项目情况制订2022年度综合绩效考核责任书。下发《湖南省煤业集团有限公司科技创新工作考核评价管理办法》，对15家原煤单位、9家非煤单位下达科技创新考核指标。

二、薪酬分配

2006年，集团公司实行以岗位绩效工资制为主，年薪制、计件工资制、协议工资制、岗位包干工资制等多种分配形式并存的薪酬分配制度。员工薪酬包括工资、奖金、津贴以及福利。以按劳分配为主，体现效率优先、兼顾公平的分配原则，区分内部各类人员的岗位责任，自主决定或使用不同的收入分配标准、办法及分配形式。经湖南省国资委批准，对集团公司经营者实行年薪制；经集团公司批准，各子公司经营者实行年薪制。

2006年，集团公司按政策调整井下津贴标准：采掘为20～26元/工，井辅为14～16元/工。井下津贴支付时要与员工当月的出勤以及本单位生产任务完成情况挂钩。中晚班津贴：从事三班倒作业的员工可享受中晚班津贴，标准为中班津贴6元/班，晚班津贴8元/班。为加强班组建设，设置班长津贴和大工津贴，标准由各单位自行确定。

2007年，集团公司实行计件工资制、岗位绩效工资制和年薪制。工资总额与经济效益挂钩管理，年度工资总额和劳务费计划由人力资源部根据子、分公司主要经济指标完成情况，实施总量管理。子、分公司实行年初预算，月度结算计划，月度工资总额分配预算，年终工资总额清算管理。各单位工资总额按《湖南省煤业集团有限公司工资总额与经济效益挂钩考核办法（试行）》进行管理。对各单位的工资总额实行计划调控管理。各单位工资总额基数一般不再调整，凡因特殊情况确需调整的，须报总经理批准后执行。

2007年，集团公司印发《湖南省煤业集团有限公司企业负责人薪酬管理办法》，明确规定薪酬发放的原则、薪酬构成、考核兑现及监督管理等程序，并划分企业类别和规模系数。同时完善队干班组长安全质量结构工资方案，在生产矿井采、掘、机、运、通各连队班组全面实行安全质量结构工资制，强化队干班组长的工作责任并与其薪酬直接挂钩。60%结构工资固定，40%结构工资浮动。是年，全集团工资总额为82314万元；在岗职工收入得到一定幅度的增长，年人均达19567元，同比提高7.5%。

2008年，集团公司实行工资总额与利润总额、人均利润指标挂钩考核，实行基础工资保底制度，绩效工资与利润和人均利润挂钩，按月根据各单位利润总额和人均利润完成情况结算工资总额。单位未完成利润总额的用绩效工资抵补利润，实行以湖南省最低工资标准作为地面人员保底工资的基础工资制度。集团公司在岗职工年人均工资2.4万元，比上年增长15.8%。

2009年起，集团公司所属各单位推行工资集体协商，并签订工资集体协商协议。公司机关员工工资发放，按《总部员工薪酬管理办法》《总部员工绩效考核办法》规定执行。各单位工资的发放按照《湖南省煤业集团有限公司工资总额预审制度（试行）》规定执行。非员工本人原因造成单位停工、停产在一个月以内的，各单位应按停工、停产前员工本人月工资标准支付员工工资；停产、停工超过一个月的，按不低于当地最低工资标准支付生活费。员工见习期一般为12个月，见习期工资标准：中专800元/月、大专1000元/月、本科1200元/月、硕士研究生1800元/月。是年，集团公司在岗职工年人均工资同比增长2.5%。

2010年，集团公司实行岗位绩效工资制，加强工资总额与经济效益挂钩管理。制订《湖南省煤业集团有限公司薪酬管理制度》，规定集团公司工资分配制度必须贯彻按劳分配、坚持“效益优先，兼顾公平”的基本原则，薪酬分配向完成和超额完成经营目标单位倾斜，向劳动贡献大、工作业绩突出员工倾斜，向采掘一线员工、关键管理岗位和专业技术人员倾斜。严格按照工效挂钩办法对各单位按月结算工资总额。各单位按照工资总额“结算多少，使用多少，略有节余”的原则，在结算工资总额内自主进行内部工资分配。全年在岗职工人均工资比上年增长16%，其中采掘一线年人均工资收入较上年末增加22%。在岗职工人均工资由成立之初的1.55万元/年，提高到2010年的3.03万元/年，增幅近100%。印发《关于调整煤矿井下津贴的通知》，从1月1日起，采掘工井下津贴标准最高调至26元。

2010年，集团公司出台《集团所属单位领导班子及其成员年度考核暂行办法》。股份制企业领导班子成员可以按规定比例持有公司股份，享受分红。对29个单位的负责人进行年度考核，同比增加4.35%。

2011年，集团公司实行以岗位绩效工资制为主，年薪制、计件工资制、协议工资制、岗位包干工资制等多种分配形式并存的薪酬分配制度。编制工资总额预算，依据人均产量及人均利润指标来计算工资总额计划增长额。集团公司人均产量和人均利润增长越高、则工资增长系数值越高，工资总额预算增长额也越高，集团公司人均利润降低、工资增长系数值越低，工资总额预算增长额也越少甚至可以负增长。集团公司各部室的绩效考核指标确定、考核程序、考评反馈、考评结果使用，按照《湖南省煤业集团有限公司总部部室绩效考核办法》规定执行，机关员工拿出50%以上的工资作为绩效工资与集团公司绩效和个人工作完成情况挂钩。对所属企业出台相应的管理办法，实行绩效工资星级评价管理制度。根据直属单位人均营业收入、人均利润、人均成本及其增长率等指标完成情况，将企业管理水平量化为三星至五星，一季一评，动态考核，并将星级评审结果与领导班子年薪挂钩，与单位及主要领导评先评优挂钩。是年，集团公司荣获湖南省国资委颁发的“内部分配先进单位”荣誉奖状。

2012年，集团公司推行一岗多责、一人多职、岗位承包、服务承包、服务职能社会化等多种用工形式及分配形式。工资总额、工资水平控制在集团公司预算之内。是年，集团公司在岗员工人均工资比上年增长5.2%。其中采掘一线员工年人均工资收入比上年增长8.5%。

2013年，集团公司建立以岗位绩效工资为主的基本工资制度。工资与职工岗位职责、工作业绩和实际贡献直接挂钩，实行以岗定薪、岗变薪变。岗位绩效工资标准与企业经济效益相联系，随之上下浮动。允许各子分公司根据本企业特点，采取形式多样、自主灵活的其他分配形式。集团公司调整员工收入分配结构，岗位绩效工资制人员，降低岗位工资占员工工资收入比重，提高与企业效益和职工实际贡献挂钩浮动工资比重，做到奖勤罚懒、奖优罚劣。完善工效挂钩考核办法。非煤全资公司、各单位工资总额由基础工资（保底工资）和绩效工资组成，实行基础工资保底发放。是年，集团公司所属单位提取工资总额，比上年同期下降5.6%，其中股份公司同比下降6.8%。

2014年，集团公司制定出台《湖南省煤业集团有限公司关于深化改革的指导意见》，提出进一步深化分配制度改革，以规范薪酬体系，建设绩效考核办法为总要求，建立收入能增能减、有效激励的分配制度，并积极探索股权期权激励。工资总额与利润总额、人均利润指标挂钩考核，实行基础工资保底制度。实行计件工资制人员，通过劳动定额标准推广实施，将直接计件工资占员工收入比重逐步提高到80%以上。

从2015年起，集团公司对所属单位负责人逐步实行年度薪酬制度，并探索期权、股权等中长期激励方式；领导绩效年薪除与安全、生产、效益等主要指标挂钩外，还与本单位员工人均收入增长率挂钩。完善以岗位绩效工资为主的基本工资制度，实行以岗定薪，岗变薪变，员工收入与单位效益、岗位职责、工作业绩直接挂钩浮动。将职工薪酬与单位经济效益挂钩进行考核，工资总额由基础工资和绩效奖金两部分组成，绩效奖金根据工作情况上下浮动、上不封顶、下不保底。

2015年，集团公司调整内部分配结构，采掘、井辅、地面工人工资分配结构达到2.5：1.75：1，各原煤公司最低达到2：1.5：1。全面推进运用市场手段调节收入分配，从根本上打破平均主义的分配办法，合理拉开分配差距。到2015年末，在岗职工人均工资3.93万元，比上年增长5.2%。其中采掘一线年人均工资收入达到4.5万元，比上年增长8.5%，比2006年增长241%。从4月1日起，集团公司高管带头降薪20%，部门负责人降薪15%，主管降薪10%，一般人员降薪5%，总部管理岗位员工工资暂发80%。6月份，集团公司出台规定，集团公司高管从7月份起每月只发6667元的基础工资，并与当月全集团的预算利润完成情况挂钩考核，直到每月只发全省最低工资1265元。所属企业负责人基本年薪下降20%，将每月基薪与当月预算利润完成情况挂钩，有6个单位负责人工资连续3个月按全省最低工资标准1265元发放。

2016年，集团公司坚持工资总额与利润总额、人均利润指标挂钩考核，实行基础工资保底制度，严格执行工资总额月度结算程序，每月底对股份公司各单位工资进行预审，月度对各单位工资总额、工资水平进行分析，发现问题、解决问题，为确保工资增长“两低于”和工资发放。全年提取工资总额为98028万元，比预算减少4075万元，降幅为3.99%。其中股份公司实提比预算减少4250万元，降幅为4.95%。集团公司提取工资总额与去年同期比较减少13487万元，降幅为12.1%。省内原煤公司提取工资总额为78266万元，与去年同期比较减提3002万元，降幅为3.7%。集团公司在册职工人均工资为3.69万元/年，与上年同期基本持平；与年初预算比减少0.09万元/年，降幅为2.3%。在岗职工人均工资为4.08万元/年，与上年同期基本持平；与年初预算比减少0.19万元/年，降幅为4.5%。原煤公司在册职工人均工资为3.61万元/年，与上年同期基本持平；与年初预算比较减少0.05万元/年，降幅为1.3%。在岗职工人均工资为4.01万元/年，与上年同期基本持平；与年初预算比减少0.16万元/年，降幅为3.9%。采掘工人均工资为4.73万元/年，与上年同期比增加0.07万元/年，增幅为1.5%。

2017年，省国资委业绩考核与分配处专门负责对监管企业负责人进行综合业绩考核工作，省深化国有企业负责人薪酬制度改革工作领导小组（下设办公室在省人社厅）根据国资委考核结果审批集团公司领导薪酬，集团公司主要由企管业考部负责与以上两个部门的业务联系，上报有关资料和业务工作汇报，充分反映集团公司的发展历史和企业办社会情况，反映煤矿企业的分布特点和管理难度，上级对集团公司班子2016年度考核结果较2015年度上升一个档次，薪酬收入在2015年度的基础上增加20%左右。是年，全集团共计发放安全效益奖1821.3万元，其中原煤公司1795万元；非煤单位25.9万元。

2018年，集团公司对所属企业负责人年度薪酬考核增加经营业绩权重为80%，增加“改革创新”权重10%。增加“超奋斗目标特别奖”，明确规定，当超利润达到100万元时，按10%给予奖励。并实行限薪规定，保障薪酬和奖励在合理范围之内。印发《集团总部员工薪酬调整及绩效考核方案》，增设月度效益工资，分5个档次，部长（含部长级）系数为1.0（5000元/月）、副部长（含副部长级）系数为0.8（4000元/月）、主管级系数为0.6（3000元/月）、副主管级0.5（2500元/月）、主办级0.4（2000元/月）。其中主要经济指标完成情况占60%，部门月度重点工作完成情况占40%。全集团工资总额为111627.76万元；比2017年增加4499.46万元，增幅为4.2%；在岗员工收入平均增长 5.9%。同时，集团公司严格薪酬监管，接受本企业职工民主监督。组织 3 个检查组，对所属 38 个单位领导班子成员 2016—2017 年度薪酬发放情况进行检查。是年，发放年度安全效益奖人数为 18416 人，发放标准为 1200 元/人；总金额为 2209.92 万元。

2019 年，集团公司印发《湖南省煤业集团有限公司关于计发 2018 年度效益贡献奖和深化改革单项奖的通知》，对效益贡献和深化改革作出特别的规定。同时，集团公司组织总部相关部门，继续对上年度集团公司所属单位领导班子成员年度薪酬发放情况，分三组对 39 家企业进行检查。是年，发放年度安全效益奖人数为 17998 人，发放标准 1200 元/人，总金额为 2159.76 万元。

2020 年，集团公司出台《湖南黑金时代股份有限公司企业负责人综合绩效考核及薪酬管理暂行办法》，对原煤企业负责人薪酬考核，作出明确规定。印发《湖南省煤业集团有限公司关于资兴实业公司负责人 2019 年度年薪考核兑现的通知》等 12 个文件，对所属 12 个非煤单位的负责人进行年度年薪考核兑现工作。并发出《湖南省煤业集团有限公司关于给予所属相关企业负责人效益贡献奖的通知》，对效益贡献实行专项奖励。印发《湖南省煤业集团有限公司 2020 年度超奋斗目标特别奖奖励办法》，设立“超奋斗目标利润特别奖”及“规模贡献特别奖”两个奖项。奖励的前提条件：全年实现安全生产；营收、利润均超过奋斗目标；其他经营指标完成年度预算（考核）目标，并明确奖励金额。是年，在岗员工收入平均增长 4.45%。员工人均工资由 2015 年的 3.83 万元增加到 6.06 万元。发放年度安全效益奖人数为 17912 人，发放标准 1600 元/人，总金额为 2865.92 万元。其中原煤单位 17683 人，金额为 2829.28 万元；非煤单位 229 人，金额为 36.64 万元。

2021 年，集团公司深化收入分配领域改革，健全市场化经营机制。开展岗位价值评估，以岗位价值评估为基础，以岗位绩效工资制为主体，确定各岗位基础工资、绩效工资和年终效益工资，设置部长、副部长、主管、副主管、主办层级，推广岗位绩效宽带薪酬制度，管理人员绩效薪酬达到工资总收入的 50% 以上，同时根据各岗位的特点实行以年薪制、岗位绩效工资制、计件工资制和协议工资制等方式确定薪酬水平，实行岗变薪变。统筹处理企业内部不同职工之间的工资分配关系，调节过高收入。并将工资总额、福利管理纳入出资人监管及审计、纪检监察、巡视巡察等监督检查范围。

2021 年，集团公司印发《湖南省煤业集团有限公司利润增量共享激励办法》，明确规定年度利润超过奋斗目标部分的 50% 由各单位班子成员及职工共享。其中：1. 10% 为该单位班子成员限薪外奖励，由各单位自行制定分配方案。2. 40% 为该单位员工奖励工资，由各单位自行制定奖励方案。总部机关部室员工根据整体情况，给予适当奖励。集团公司完善市场化薪酬分配机制，推动考核奖惩刚性兑现。集团公司对所属煤炭有限责任公司等 15 个单位的负责人 2020 年度年薪考核兑现。是年，发放年度安全效益奖人数为 18331 人，发放标准 2000 元/人，发放金额为 3666.2 万元。在岗员工收入平均 70332 元，增长 12.25%。

2022 年，集团公司以《湖南省煤业集团有限公司关于 2021 年工资总额清算报告》向省国资委报告。2021 年营业收入 152.21 亿元，比预算增长 32.21%，比上年实际增长 33.99%；2021 年实现利润总额 5.19 亿元，比省国资委下达的预算目标增长 278.98%。按照《湖南省国资委监管企业工资总额管理办法（试行）》（湘国资考核〔2019〕87 号）文件规定，2021 年集团公司清算工资总额为 16.09 亿元，在岗职工人均工资为 6.77 万元，比上年实际增长 11.59%。集团公司 2021 年新增 7 家企业，新增职工 1398 人，新增工资总额 9596 万元。是年，集团发放年度安全效益奖标准为 2000 元/人。

第六节 社会保险与住房公积金

一、机构职能

2008 年，集团公司成立劳资社保部，包括管理“五险一金”相关工作。

2019 年，集团公司持续深化组织机构改革，推行大部制，将总部人力资源部和劳资社保部职能合并，一直延续到 2022 年。其中从 2009 年到

2013 年，集团公司连续 5 年被评为“湖南省省直管参保单位基本养老保险工作先进单位。”至 2022 年，集团公司一直根据国家和省政府相关政策，严格管理社会保险和住房公积金工作。

二、“五险一金”

（一）养老保险

1998 年 9 月，湖南省人民政府下发《关于认真做好企业职工基本养老保险行业统筹移交地方管理工作的通知》(湘政发〔1998〕14 号)。省属煤炭企业根据内部改革进程逐步实施职工基本养老保险行业统筹移交地方的管理工作。

2007 年，湖南省煤炭系统一些单位将社会保险纳入统筹。集团公司所属单位牛马司、金竹山、洪山殿单独立户，参加省直基本养老保险。

2011 年，湖南省人力资源和社会保障厅、省财政厅出台《关于规范完善企业职工因病完全丧失劳动能力和特殊工种提前退休有关问题的通知》(湘人社发〔2011〕91 号)，从 2011 年 7 月 1 日起，将企业职工因病完全丧失劳动能力和特殊工种提前退休后的基本养老金纳入统筹发放。

2013 年，集团公司向湖南省人社厅、省财政厅协调争取试点政策，并得到湖南省人社厅、省财政厅的批文。

从 2015 年起，华磊光电养老保险单位缴费率从 20% 降到 14%，以后每年提高 1%，再逐步过渡到 20%。2016 年，华磊光电继续享受产业园区社会保险缴费试点政策，单位缴费比例从逐年提高 1% 调整为 0.5%。该项政策从享受 6 年延期到 12 年。全年节约养老保险支出 168 万元，累计 12 年为该企业节约养老保险支出 2016 万元。

2007—2015 年，集团公司累计争取到账的“4050”社保补助资金（2016 年后政府取消了此项补助）共 6248.8 万元。并在省人社厅逐年核减“4050”社保补助对象的情况下，相继增加资兴实业、周源山、南阳和湘潭矿业等 4 家单位，新增补助资金 1100 万元。至 2016 年，集团公司累计争取“4050”社保补助资金共 7348.8 万元。

2020 年新冠疫情期间，集团公司为贯彻落实省委、省政府关于新冠疫情防控的决策部署，支持企业渡难关、保经营、稳发展，积极争取阶段性减免社保费政策。依据湘人社规〔2020〕3 号文，集团公司（含集团总部）2—12 月社会保险费单位部分共减免 19843 万元，其中：养老保险减免 15606 万元，工伤保险减免 3521 万元，失业保险减免 546 万元，医疗保险减免 170 万元。

2013—2022 年，集团公司所属白山坪、红卫、湘永、马田、街洞、宝源、金竹山、资兴实业公司等八家单位共 4838 名下岗职工养老保险单位缴费率由 20% 降为 12% 元。

2022 年，集团公司争取到破产重组企业特退人员免缴一次性养老保险费政策，节省支出 1316.4 万元。

2022 年，集团公司争取到统一企业职工基本养老保险缴费比例和缴费基数的政策，从 2022 年 1 月 1 日起，养老保险单位缴费比例统一由 20% 调整为 16%。

（二）工伤保险

2006 年，集团公司从成立起，为全体职工参保工伤保险并缴纳工伤保险费。单位缴纳工伤保险费的数额为单位职工工资总额乘以单位缴费费率之积；职工个人不缴纳工伤保险费。

2010 年，集团公司与湖南省人社厅、工伤医保局进行协调，湖南省人社厅、工伤医保局同意将洪山殿、牛马司破产工伤人员及抚恤人员移交至湖南省工伤医保局。

2015 年 7 月，集团公司所属企业周源山煤矿老工伤及尘肺病人员 825 人移交省工伤保险处，受抚恤人员移交 109 人。南阳公司与省医保局签订老工伤移交协议，节约移交资金 9000 余万元，每年可节约费用支出 300 万元。9 月，资兴实业、涟邵实业、白沙实业、周源山、金竹山等非改制单位相继完成老工伤移交工作，实现“零费用”移交。12 月中旬，湘永、马田与郴州市人社局签订老工伤移交协议，湘永、马田的老工伤费用从 2016 年起纳入郴州市工伤保险统筹基金支付。2015 年，涟邵实业、白沙实业、资兴实业、南阳矿业、周源山煤矿等单位，共移交 5791 名工伤人员，累计为企业节约 6.1 亿元，每年减少开支 3800 万元。

2016 年，集团公司积极向省工伤保险局汇报请示调整工伤保险费率，结合全集团生产经营现状和工伤参保行业类别，争取对营业执照和组织机构的重新认定，工伤保险费率在原基础上下降10%。非煤单位工伤保险费率降低至1.6%及以下。

2019年，集团公司争取到阶段性降低工伤保险费率政策，工伤保险费率在原基础上下降20%，此项政策一直延续至2022年。

2022年，集团公司向省社保局报送关于请求落实阶段性降低工伤保险费率的报告，经过多次汇报协调，共争取到11家原煤公司阶段性降低工伤保险费率，每年减少工伤保险费300余万元。

（三）失业保险

1995年，国家全面实施社保制度。1999年1月22日，国务院发布《失业保险条例》（国务院令第258号），从这一年起，湖南煤炭系统开始实行缴纳失业保险金，按单位工资总额的2%缴纳，个人按1%缴纳。此前，已经参加工作但没有缴纳失业保险的，以工龄折同为缴费年限；此后，以职工实际缴费年限计算。无论缴费年限多长，领取失业金时间最长不超过两年。

2006年，集团公司从成立起，为全体职工参保失业保险并缴纳失业保险费。2006—2015年，集团公司所属企业缴纳失业保险金，继续执行单位按照职工月工资总额的2%，职工按照本人月工资的1%缴纳失业保险费，职工个人部分由单位代扣代交。在这一期间，对失业人员主要采取培训、进入再就业中心、市场安置及给予一部分特别困难的失业人员一定的补助等办法，为失业人员提供保障，缓解和解决失业问题。

2016年，集团公司争取失业保险费率单位部分下调至1%。

2017年，国家出台稳岗政策，集团公司指导督促所属单位积极与地方就业服务局协调汇报，全集团依法依规争取到稳岗补贴341万元。

2019年，集团公司争取到阶段性降低失业保险费率政策，失业保险费率由原费率1%下降至0.7%，此项政策一直延续至2022年。

2022年，集团公司争取到新冠疫情一次性留工培训补助资金204.3万元。

（四）医疗生育保险

2006年起，集团公司根据国务院发布《关于建立城镇职工基本医疗保险制度的决定》（国发〔1998〕44号）要求，建立保障职工基本医疗需求的社会医疗保险制度。城镇所有用人单位及其职工都要参加基本医疗保险，实行属地管理；基本医疗保险费用由用人单位和职工双方共同负担；基本医疗保险基金实行社会统筹和个人账户相结合。集团公司及所属单位均依法参加了医疗保险和生育保险并按时缴纳医疗生育保险费。

2011—2017年，在煤矿企业关闭破产和改革改制中，社会机能机构全部移交地方管理；职工的医疗保险工作按有关规定纳入社会统筹，职工医疗保险实现全覆盖。

2019年10月1日起，湖南省全面启动职工基本医疗保险和生育保险合并实施工作（湘医保发〔2019〕9号文）。集团公司按照规定实施职工基本医疗保险和生育保险工作，延续至2022年。

2020年新冠疫情期间，集团公司为贯彻落实省委、省政府关于新冠疫情防控的决策部署，支持企业渡难关、保经营、稳发展，积极争取阶段性减免社保费政策。依据湘人社规〔2020〕3号文，争取集团公司（含集团总部）2—12月社会保险费单位部分减免。

2006—2022年，集团公司及所属单位均依法参加了医疗保险和生育保险并缴纳医疗生育保险费。

（五）住房公积金

2009年，集团公司根据国务院《住房公积金管理条例》（国务院第350号令）和《湖南省职工住房公积金制度实施办法》等有关文件精神，为提高员工的住房保障能力和员工居住水平，建立人才长效机制，打造“百年湘煤”，决定统一实施住房公积金制度。

住房公积金是一种长期住房储金。员工在工作期间，由员工个人和单位按员工个人工资总额的一定比例逐月缴存，归员工个人所有，作为员工个人住房基金，专户储存、统一管理、专项使用。

实施住房公积金制度的对象为在职员工。在职员工是指与单位签订全日制劳动合同的员工，不包括已离开本单位仍保留劳动关系的离岗员工。离退休人员、非全日制用工、劳务合同人员，不实行住房公积金制度。

至 2022 年，集团公司住房公积金执行保持稳定。

第七节　离退休人员管理

一、机构职能

2006 年 6 月，集团公司成立之初，成立人力资源部，履行离退休人员管理职能，开始建立离退休人员管理制度。2016 年，集团公司印发《关于层转上级〈关于进一步完善离休干部医疗费保障机制的意见〉的通知》，按规定做好离休干部的服务工作。2019 年，集团公司持续深化组织机构改革，推行大部制，将总部人力资源部和劳资社保部职能合并，至 2022 年，离退休人员管理职能保持不变。

二、离休人员

2006 年，集团公司有离休干部 331 人。集团公司按照相关政策要求严格落实离休干部各项待遇，做好离休干部的服务管理工作。2010 年，集团公司有离休干部 155 人。2011 年集团有离休人员 146 人。2013 年，全集团有离休干部 122 人。2014 年，全集团有离休干部和退休厅级干部 110 人。2015 年，全集团离休干部 97 人。2016 年，全集团离休干部 87 人。2017 年，全集团离休干部 70 人。2018 年有离休干部 66 人。

2021 年，集团公司按照中组部《关于在建党 100 周年之际提高抗战时期参加革命工作的部分离休干部医疗待遇的通知》要求，组织申报符合条件的离休干部 2 人，其中提高享受副省部级医疗待遇 1 人，为白沙实业朱广安；提高按副省部级标准报销医疗费待遇 2 人，分别为资兴实业戴开云、煤炭公司徐世荣。到年末，集团有离休干部 49 人。

2022 年，集团公司开展 2021 年度离休干部统计工作，并按要求上报省直单位特困离休干部及遗孀帮扶名单，获批 1 名帮扶名额。截至 2022 年底，集团公司有离休干部 36 人。其中企业离休干部 34 人，事业单位离休干部 2 人（为原煤科院事业编）；中共党员 28 人；享受副厅级单项待遇 2 人，正处级 2 人，副处级 19 人，正科级 13 人。

三、退休人员

2006 年，集团公司涟邵、资兴、白沙三局共有退休职工 59254 人。12 月 26 日，资兴矿业集团所辖关破单位退休退养人员 10498 人的基本医疗保险移交郴州市。

2007 年，集团公司调整企业退休人员基本养老金待遇，涉及煤炭行业退休人员 6.5 万多人。实施关闭破产的三局七矿和煤炭公司 3700 多名退养人员由省社保中心统一向省劳动、财政部门申报生活费用，按月缴纳社会保险费，达 1594 万元。鉴于省属煤炭企业管理体制发生变化，为确保已关闭破产企业退养人员生活保障费用正常发放，省煤炭管理局复函同意将涟邵、资兴、白沙三个集团公司代为管理的破产企业退养人员生活保障费用统一划拨给湘煤集团，湘煤集团及时分拨到位，由留守处负责发放到退养人员。

2008—2012 年，集团公司所属各单位按照相关政策，及时为达到法定退休人员办理退休手续，对退休人员进行统筹管理。2012 年办理退休手续 159 人。

2018 年，集团公司及时为退休人员办理退休手续，及时变更和缴纳社保等相关工作。部分企业与地方政府签订《国有企业退休人员社会化管理移交协议》，其中湘永矿业完成 3173 名退休人员移交；资兴实业完成 2690 名退休人员移交。牛马司矿业公司与邵东县人民政府完成 5672 名离退休人员移交。

2019 年，集团公司仍由企业管理的退休人员 33102 人，累计移交退休人员 11530 人，移交人事档案 9636 人（份），年度企业承担的统筹外费用 1977.08 万元。2020 年，宝源矿业公司与资兴市人民政府签订《国有企业退休人员社会化管理移交协议》，与资兴市档案馆签订《国有企业退休人员人事档案移交协议》，共移交退休人员 854 人。

截至 2020 年 12 月，全集团 21 户企业共计 3.5 万退休人员社会化管理工作按进度要求全面完成，退休人员移交、档案移交、党员移交、设备设施及活动场所移交率达 100%。2020 年以后，集团公司退休人员逐年移交社会管理。

2022 年底，集团公司全面完成企业办社会职能分离移交。完成所属 30 户企业 414757 户“三供一业”分离移交，移交退休人员 35547 名，党员 7767 人，人事档案 35545 份，全部完成退休人员的社会化管理工作。

2006—2022 年，集团公司先后实施 11 个关闭破产项目，其中国家关闭破产项目 4 个、湖南省关闭破产项目 7 个，利用破产有效资产重组 5 个。按照关闭破产政策，共移交离退休人员 24101 人。

在此期间，集团公司每年都按有关政策对离退休人员进行补助。提前退休补缴基数按上年社平工资 12% 比例执行，医疗保险缴费基数按上年社平工资 8% 比例执行；为退休人员发放节日物资，对离退休人员进行离岗体检；对离退休人员配偶发放抚恤金；对特退人员和困难退休人员进行医疗费用和生活困难补助。对离退休人员进行大病互助、通信费和交通费补贴。集团公司所属各单位都有离退休人员管理组织和活动场所，每年组织离退休人员活动，在节日期间进行走访慰问。在重阳节组织专题活动，关爱离退休人员的文化生活和身体健康。对离退休党员定期或不定期组织党员活动，参加主题教育学习，保持党员的先进性。

第三章 财 务 管 理

第一节 管 理 机 构

2006 年 6 月，集团公司成立财务部，负责集团财务管理、会计核算、资金管理、资产管理、会计监督等。在集团范围内建立支持核算和管理会计科目体系，规范业务板块财务核算操作，统一财务核算口径，保证财务数据和报告全面准确。9 月，集团设置总会计师，各所属单位由集团决定设置总会计师或财务总监，具体指导和分管财务工作。集团财务与资金实行垂直管理模式，上收三个矿区集团安全生产管理局财务会计核算机构，尝试向各直属单位委派会计机构负责人，各全资及控股子公司财务总监和财务负责人由集团统一委派。

2007 年，集团实施财务负责人委派制后，受委派财务人员接受总部和所在业务单位共同领导，集团公司财务部行使人事建议权，使各层次财务管理符合集团整体战略取向，一般财务人员管理符合集团分级管理模式，实现对财务人员业务管理和人事管理相结合，使财务人员管理制度化、规范化，提高对财务人员管理有效性，加强财务风险防范。

2008 年，集团公司设立预算管理委员会，领导全集团预算管理工作。预算管理委员会由集团公司决策层、各职能部门及其他单位相关人员组成，预算管理委员会对董事会负责。预算管理委员会职责是按国家有关法律、法规、政策，围绕集团战略要求、发展规划、经营目标，确定集团公司预算管理目标；制定预算管理措施和办法；审定、下达预算方案，检查、监督、考核预算执行情况。预算管理委员会下设预算编制办公室，负责预算编制日常事务。预算编制办公室设财务部，为预算编制的牵头和组织机构，财务部长兼任预算编制办公室主任。各专业部门主要负责人参与本专业有关财务预算管理工作，并对本部门预算管理工作负责。集团二级和三级预算单位是集团主要预算执行单位，各单位主要负责人对本单位预算管理工作负责。

2009 年 6 月，集团公司将原煤优质资产装入股份公司，按照集团与股份公司“人员、财产、财务三分开”和“机构与业务二独立”原则，分别设置集团财务部和股份公司财务部二个独立财务部，分别负责所属企业财务核算和资金管理等工作，集团和股份公司财务与资金管理彻底分开。黑金时代股份有限公司成立预算管理委员会。主任由公司董事长担任，成员由公司决策层、各职能部门负责人及其他相关人员组成。预算管理委员会的执行机构为黑金时代股份有限公司财务部，负责日常预算事务处理。职责是依据国家有关法律、法规、政策，围绕集团战略要求、发展规划、经营目标，拟定预算目标；制定预算编制政策、程序、方法；制定并组织落实预算管理制度、办法及具体措施；审议、平衡预算方案；审议批准预算调整方案；审定、下达预算指标；协调解决预算编制和执行中的问题；监督、考核预算执行情况，督促完成预算目标。并实行二级预算管理，即公司汇总预算，各成员企业和托管单位可根据管理需要，向下延深预算管理层级。

2012 年 8 月，集团公司实行直属单位财务部长由各直属单位任免，任前报集团公司备案。财务副部长由各直属单位任免，任后报备。

2018 年，集团公司成立全面预算管理工作领导小组和全面预算管理工作办公室，全面预算包括业务预算、专项预算、财务预算三项基本内容。到 2022 年，集团公司财务管理机构和职能保持稳定。

第二节 管 理 制 度

2006 年，集团公司制定《湖南省煤业集团有限公司财务预算管理制度》，规范财务预算分类、编制方法和程序，预算审批及调整权限，预算执行、检查、考核、反馈等管理，初步形成一套较为完整的预算管理体系。同年 8 月，集团财务建立健全财务管理保障体系、财务报告体系、会计科目体系和核算流程体系，实现对各子（分）公司经营活动的监控。制定《湖南省煤业集团有限公司财务管理制度》，明确会计岗位设置和岗位职责，会计人员使用、任免、培训、考核和职称评定等内容。建立健全原始记录管理和填报制度。印发《湖南省煤业集团财务快报和会计报表报送制度》，规定所属单位财务报表和会计报表报送时间和内容，明确生产经营活动中各环节原始记录工作，统一规范各种原始记录格式、内容、填制方法及签署、传递、汇集、反馈等内容。

2007 年，集团公司制定《湖南省煤业集团有限公司成本费用管理制度》，规范成本费用管理包括定额管理上的制定依据、方法和程序，及其执行、考核及定期修订办法；劳动定额、材料定额、费用定额、工时定额、设备利用率的具体标准；各项变动成本、可控费用的具体开支渠道和标准等管理。并制定《湖南省煤业集团有限公司资产管理制度》，规范资产的购置、调入、调出、领退、盘盈、盘亏、毁损、报废的手续和程序，固定资产台账和设备操作、使用、维护、检修的岗位责任，以及对资产的定期清查盘点等管理。同时，制定内部结算价格管理制度，参照市场价格制订代销煤炭、集中采购物资、内部劳务等内部结算价格；内部结算价格实施范围及审批程序等内容。

2008 年，集团公司制定《湖南省煤业集团有限公司财务预算管理制度》，规范财务预算种类、编制方法和程序；预算审批及调整权，预算执行、检查、考核、反馈等管理。

2009 年，集团公司全面执行《企业会计准则》，并做好新旧会计准则衔接工作，统一集团核算标准，覆盖全集团所有经济业务，保证会计信息的完整性、准确性和真实性。实行独立核算体系，明确经营主体管理责任。制定《湖南黑金时代股份有限公司预算管理办法》《湖南黑金时代股份有限公司成本费用管理办法》《湖南黑金时代股份有限公司内部银行管理办法》《湖南黑金时代股份有限公司资金管理办法》等 16 个管理办法和制度，建立规范的管理体系。是年，集团财务管理工作荣获湖南省国资委监管企业年度一等奖。

2010 年，集团公司制定《湖南省煤业集团有限公司内部银行管理办法》，对资金实行集中管理、统一调控、分户记账。制定《湖南省煤业集团有限公司内部稽核与财务检查管理制度》，包括内部稽核工作的职责分工、内容和要求；凭证审核及会计账表复核方法；财务检查种类、方式等内容。修订《全面预算编制办法》和《全面预算工作考核办法》，并将各单位和总部负责人的绩效薪酬与预算考核挂钩，加强预算过程管控，提高预算编制的科学性和精准性。是年，集团被湖南省国资委评为财务管理先进单位和分配管理先进单位。

2011 年，股份公司建立以成本控制为中心的全面预算管理模式，按照集团《全面预算编制办法》和《全面预算工作考核办法》，对月度产量预算和成本预算偏差超过 ±3%（含）区间的单位和负责人进行处罚，逐步形成人人头上有指标、每个岗位有责任、层层考核有目标的工作机制。

2013年，集团公司制定《湖南省煤业集团有限公司会计信息管理制度》，包括会计档案的保管、调用、销毁期限和手续，会计信息分类原则和报告方法等内容。

2014年，集团公司修订《全面预算编制办法》和《全面预算工作考核办法》，在对二级公司财务管理中，推进“三保三砍”措施，即保卫现金流、保障正常生产经营、保证职工基础工资不拖欠，砍投资、砍亏损源、砍当年不见效的项目。开展挖潜增效、节支降耗等活动。

2015年，集团公司制定印发《湖南省煤业集团有限公司专项资金管理办法》《湖南省煤业集团有限公司可控费用管理办法》《关于进一步加强资金管理的补充规定》。调整改革思路，在对省内煤炭板块实行“有序收缩、优存劣汰”，对省外煤炭板块实行“依托资源、科学开发”，对非煤板块实行“盘活存量、去劣扶优”，提出了“关、停、整、转、熬、创”六字方针，各单位制定并上报改革调整初步方案。

2016年，集团公司组织制定《湖南省煤业集团深化改革总体方案》，提出“确保安全、增产增效、扭亏增盈”目标，并召开专题会议，对财务管理工作提出更加严格的要求；同时建立领导对口联责企业制度，并派出督查组深入基层指导工作。

2017年，集团公司按照“战略投资中心、运营管控中心、风险控制中心、共享服务中心”的定位，出台总部部室权力清单、责任清单和负面清单，新建制度体系，进一步明确财务管理职责。

2018年，集团公司印发《湖南省煤业集团有限公司全面预算管理办法》，明确全面预算包括业务预算、专项预算、财务预算三项基本内容。同时，印发《湖南省煤业集团有限公司会计核算管理办法》，规范集团的会计核算管理，提高财务数据信息的真实性。修订出台《湖南省煤业集团有限公司资金管理办法》，对所属单位及全资分、子公司资金集中管理。

2022年，集团公司制定实施《关于控制二级企业户数及亏损企业治理工作方案》，通过业务整合、清理注销，提升产品市场竞争力、加强成本管控力、盘活存量资产等方式，持续推进瘦身健体，实现提质增效。

第三节 全面预算管理

2006年，集团公司财务预算管理是利用预算对集团所属各部门、各单位的各种财务及非财务资源进行分配、考核、控制，组织、协调，完成既定经营目标的管理活动。围绕集团战略目标，对一定时期内集团资金取得和投放、各项收入和支出、集团经营成果及其分配等资金运动所作的具体安排。主要以业务预算、资本预算为基础，以经营利润为目标，以现金流量为核心进行编制，以预测的财务报表形式予以充分反映。集团按预算期分为长期预算和短期预算。长期预算按集团公司战略目标编制，短期预算按年编制，或按季度、月份编制。集团公司财务预算按年度编制，按月份落实，作为考核内部经济责任制依据。财务预算与业务预算共同构成集团全面预算。

2007年，集团公司全面预算由业务预算、资本预算和财务预算构成。全面预算实行三级预算管理办法，即集团财务预算，安全生产管理局、实业公司、集团公司直属分公司、直属全资子公司、直属控股子公司和有控制权的直属参股公司财务预算，实业公司管理的非煤单位财务预算。

2008年，集团公司设立预算管理委员会，领导全集团的预算管理工作。预算管理委员会的职责是按国家有关法律、法规、政策，围绕集团的战略要求、发展规划、经营目标，确定集团公司预算管理目标；制定预算管理的措施和办法；审定、下达预算方案，检查、监督、考核预算的执行情况。

2009年，股份公司成立预算管理委员会。预算管理委员会的执行机构为股份有限公司财务部，负责日常预算事务的处理。职责是依据国家有关法律、法规、政策，围绕集团的战略要求、发展规划、经营目标，拟定预算目标；制定预算编制政策、程序、方法；制定并组织落实预算管理的制度、办法及具体措施；审议、平衡预算方案；审议批准预算调整方案；审定、下达预算指标；协调解决预算编制和执行中的问题；监督、考核预算执行情况，督促完成预算目标。集团实行二级预算管理。

2011年，集团公司全面预算管理强化绩效管理，实行星级评价管理制度，共评出星级企业7家，其中五星级企业1家，四星级企业3家，三星级企业3家。

2014年，集团公司强化全面预算管理，统筹生产经营各环节，实现从战略、规划、计划到预算的有效衔接，强化预算刚性，已经下达的预算指标原则上不予调整，没有列入预算的项目原则上不予列支。

2015年，集团公司实行三级财务预算管理办法，即集团预算、集团直属单位预算、股份公司及集团直属非煤企业管理的分支单位预算。集团所属子（分）公司，根据自身规模、管理特点相应制定财务管理办法及实施细则，并经本企业董事会或总经理办公会审议通过，同时报集团公司审查后执行。各子（分）公司制定的内部财务管理办法及实施细则接受主管财政、税务、社会中介机构和集团公司财务、审计等部门的监督检查。

2016年，集团公司深化企业内部改革方案，实施业务重组，形成煤炭、新能源、LED节能、能源机械、能源建设、资产管理六大业务板块。进一步加强全面预算管理，提出“确保安全、增产增效、扭亏增盈”的工作重点。10月，股份公司出台《2017年预算编制工作方案》。是年，集团公司关闭淘汰一批落后矿井，部分煤矿实施破产，退出市场，集团营业收入59.09亿元。

2017年，集团公司全面预算管理在红卫公司和华磊公司试点，形成可复制推广的经验。6月，召开黑金时代全面预算推进会。9月，开展全面预算管理专题培训。11月，组织集团公司全面预算工作会。通过试点、总结、完善、推广等步骤，逐步建立具有湘煤特色的全面预算管理体系。是年，全集团实现营业收入76.52亿元，同比增收17.43亿元，增幅29.5%；实现利税8.89亿元，利润2.58亿元，同口径比上年减亏增利5.9亿元。

2018年，是集团公司全面预算管理元年，按照全员参与、全方位、全过程的要求实施全面预算管理，建立编制、执行、控制，分析、检查、考核的闭环式管理体系。集团公司按年度、季度下达预算计划，重点关注营收、利润、现金流等关键性指标执行；各利润中心结合自身实际做好月度预算目标分解，集团公司上下以月保季、以季保年锁定全年目标冲刺。是年，实现营业收入102.81亿元，同比增收26.29亿元；实现利税近10亿元，利润2.69亿元，首次迈入“百亿企业”行列。超额完成省国资委下达的经营业绩指标，创历年最高水平，集团公司获评“监管企业财务管理工作先进单位”。

2019年，集团公司提出“实实在在的算、扎扎实实的干、真真实实的报”的理念，实实在在的算，严肃认真的搞好预算工作；扎扎实实的干，把预算蓝图变成业绩竣工图，干出实绩；真真实实的报，不做假账，搞好决算。同时，加强预算执行调度督导，及时纠正偏差，压实任务责任。强化预算执行过程监督，保证目标实现。全集团完成营业收入110.67亿元，同比增收7.86亿元；实现利税8.58亿元，利润2.75亿元。进入中国煤炭企业50强，位居第45位；在“2019湖南企业100强”中排名第34位，较上年提升6位。

2020年，集团公司以全面预算管理为抓手，强调度、重分析、抓典型，不断强化内部管控。开展“两金”压降专项行动，狠抓内部清欠降低资产负债率，全年累计清理内部欠款1.15亿元。产销煤炭1271.87万吨，完成营收113.65亿元，实现利税8.51亿元，利润2.75亿元。集团公司在全国煤炭行业排名跃升至第41位。

2021年，集团公司完善全面预算管理体系，坚持周调度、月分析、季总结，实施预算预警管理制度，及时纠偏，锁定经营目标，加强预算分析督导。每月选择一家单位进行重点督导，在调度中查找问题、在分析中提示风险、在协调中解决问题，促进经济运行质量提升。出台利润增量共享激励办法，激发各单位完成预算目标的主动性和积极性。全集团实现营业收入152.22亿元，同比增加38.57亿元，增长33.94%；实现利税总额13.7亿元，利润5.19亿元，比国资委考核目标增加3.82亿元，增长278%。

2022年，集团公司加强全面预算管理，坚决做到无预算不开支，有预算不超支，非必须不列支，不断强化预算执行力。集团公司完成营业收入173.23亿元，实现利润10.18亿元；同比分别增长13.8%、95.98%。集团公司所属19户亏损企业全部扭亏为盈，创造历史新纪录。

第四节 资 产 管 理

2006年，集团公司固定资产购建、技术改造与修理和改扩建工程项目严格按集团公司下达的专项工程投资计划执行。集团及所属企业的资产处置按照公开、公平、公正和依法依规依程序的原则进行，严格履行审批手续，未经批准不得自行处置。集团及所属企业财务部门负责资产处置的审核、上报及监督管理，生产技术部门、工程管理部门、销售和物资供应管理部门等职能部门参与配合，审计部门与纪检监察部门负责全程监督，定期或不定期对各单位资产处置情况开展专项审计和检查。

集团公司及所属企业在发生体制改革、对外投资、合并分立、清算、股权比例变动、产权转让、资产拍卖、租赁、资产涉讼及其他影响国有权益等行为时，由资产占有或产权持有单位提出立项申请并提交相关资料，经集团审批通过后，报省国资委申请指定或抽签选聘中介机构开展评估、审计。在收到评估机构出具的评估报告后，对评估报告无异议的，资产占有或产权持有单位将有关材料报送集团财务部门审核，通过后将资料上报至省国资委办理评估结果备案手续。

2007年，集团公司资产总额达52亿元，比年初增加12.72亿元。2008年，集团资产总额63亿元，比年初增加11亿元，净资产达到28.2亿元。

2009年，集团公司引进战略投资达到12亿元，核销各类债务14亿元，优化集团资产质量。全集团资产总额比上年末增加6.5亿元，增幅10.23%。

2010年，集团公司资产总额为91亿元，比上年末增加21亿元，营业收入54.33亿元。集团被省国资委评为2009年度“拧毛巾、降成本、提效益、谋发展”活动先进单位。

至2012年底，全集团资产总额由成立之初的39亿元，增加到128亿元，净资产由成立之初的18亿元，增加到53亿元。

至2015年末，集团公司资产总额138亿元，净资产42.29亿元，分别比“十一五”增长60.5%和38.2%。

2016年，集团公司重组整合煤炭、新能源、LED节能、能源机械、能源建设、资产管理六大业务板块，优化产业结构。省外处理贵州湘能公司重大损失；根据国家有关政策，省内关闭淘汰一批落后矿井14个，同时有湘潭和辰溪两个矿业公司依法矿产，集团实施资源整合，年末资产总额仍达到129.18亿元，净资产30.21亿元。

2017年，集团公司按照湖南省委省政府、省国资委主业归核的要求，着力盘活存量资产，对和宇置业实行整体对外转让，回收转让价款3.5亿元，在实现止血止损的基础上，确保国有资产保值增值；与万鑫嘉园开发方共立公司反复博弈，并协调长沙市国土部门，解决了万鑫嘉园资产过户问题。在省国资委大力支持下，实现了天泰破产资产在省产交所挂牌交易，变现671.06万元。与湖南煤监局、证券公司沟通联系，加速推进华银电力法人股大宗交易过户。年末集团公司资产总额125.77亿元，其中净资产30.09亿元。

2018年7月，集团公司有效整合，涟邵、资兴、白沙、长沙实业公司资产及湘潭、辰溪矿业破产，构建资金管理板块，并成立资产管理事业部，负责资产运营管理、不良资产处置和存量项目孵化培育，提高资产运营效益。同时，把降低应收账款作为改善现金流状况的重要举措，不断加大催收力度，促进应收账款周转回笼，全集团应收账款周转率增加3.3次；大力开展清仓查库，对库存商品、原材料等全部存货进行盘底清查，加快推进老库存清理处置和新库存周转效率，全集团存货周转率较同期提高5.7次。加强股权管理，及时收回所持华晟能源股权转让资金5075万元，文旅基金投资收益502万元，妥善解决搁置10余年所持华银电力股票过户问题，为择机待售或资本运作提供条件。年末集团公司资产总额120.96亿元，其中净资产32.45亿元。

2019年，集团公司按市场操作原则，盘活存量资产，针对集团沉淀资产较多的现状，制定资产处置计划和配套考核措施。通过协议转让、公开挂牌处置等方式，充分发挥市场发现机制实现资产处置效益最大化。所属资兴实业公司规范租赁管理、实施资产确权、处置仓储用房，一大批沉淀资产得到有效盘活，全年完成处置收入1488万元；白沙实业公司创新合作模式，在有效降低经营风险的基础上，推动旺达宗地股权转让工作，实现资产处置收入2852万元；涟邵实业公司立足核心业务，配合集团公司妥善处置湘潭矿业破产剩余资产，盘活九华经开区24.41亩国有土地，实现处置收入3525万元。集团累计完成资产处置收入9290万元。年末集团公司资产总额123.06亿元，其中净资产37.32亿元。

2020年，集团公司推进业务结构优化，盘活存量资产。白沙实业公司全面退出火力发电，集中资源发展电建和维修业务，与国电、华电、光大集团等央企区域公司建立战略合作伙伴关系；永耒铁路公司把铁路代管作为闯市场的主攻点成功中标长沙电厂铁路代营项目。资兴实业完成林邑国际项目、神扬水泥公司、广州房产等资产处置，实现资产处置收益1566万元。辰溪实业完成原狮子山煤矿部分资产处置。全集团累计实现闲置、不良资产处置收入9661.22万元，超奋斗目标2161.22万元。年末集团公司资产总额122.56亿元，其中净资产37.47亿元。

2021年，集团公司完成省属煤炭产业链资源专业化整合，接收煤科院、煤安公司、煤炭公司、煤机公司等4家企业，理顺4家企业的战略定位和主营业务，推动解决大批历史遗留问题，集团母合优势进一步显现。年末集团公司资产总额140.71亿元，其中净资产42.38亿元。同时为盘活股票资产，争取最大收益，通过多方咨询证券公司，充分听取专业人士的意见，形成华银电力股票处置方案，最终以6.94元/股抛售80万股，剩余5165284股全部按涨停价7.25元/股抛售，成交金额合计4300.03万元，扣除成本价1.14元/股，实现盈利3619.03万元。

2022年6月，集团公司制订出台清查处置闲置国有资产方案，全年完成资产处置收入3037万元，实现处置收益1677.8万元。净资产收益率17.43%，同比增加7.6个百分点；资产负债率65.54%，同比下降4.34个百分点；营收利润率5.78%，同比增加2.31个百分点。2022年末，集团公司资产总额146.66亿元，其中净资产40.67亿元。

第五节 资金管理

2006年，集团公司推行资金集中管理、收支两条线的管理模式，先后制定《湖南煤业集团有限公司资金管理办法》《湖南煤业集团有限公司专项资金管理办法》《湖南煤业集团有限公司融资管理制度》《湖南煤业集团有限公司利润分配管理制度》《湖南黑金时代股份有限公司应收票据管理办法》等制度，规范资金集中管理、计划使用。

集团各子公司按照全面预算管理要求，按年（月）编制资金收支计划，按计划有序安排资金。各子公司每月末将下月资金计划报集团审批，审批后下达的资金计划为各公司月度资金额度控制依据。如有特殊原因需变更资金用途或额度，需提前报集团批准。集团对各直属单位日常生产经营资金实行集中管理，产品销售收入及其他日常收入均纳入收入专户，每周两次自动划转至集团收入专户。

2007年，集团公司实行资金统一管理，确保工资、生产资金、项目建设等重大事项资金按时支付；加强资金计划管理，有效控制资金支出。发挥内部银行作用，调剂余缺，提高资金使用效益。全年集团内部银行提供贷款1.17亿元，贴现1.6亿元，盘活闲置资金2.7亿元，仅此一项节约财务成本2000万元。

2008年，集团公司通过优化业务和营运资金使用与回笼流程，改进业务模式，缩短存货周转周期；加强客户关系管理，争取最佳付款条件；强化对应收账款的管理，缩短账款回收期。建立资金预测体系，规范周、月、季度资金收支预测流程，尤其是资金回笼计划流程，建立资金余缺利率调剂机制。12月29日，在中国建设银行与本省43家重点客户银企战略合作协议签约仪式上，建行承诺为集团在项目建设上提供70亿元综合授信服务。

2009年开始，随着股份公司、华磊光电、立达矿装等公司相继进入上市辅导期，对全集团资金管理实行计划统筹管理和分级集中管理相结合的模式。

2010年，集团公司推行“百亿收入行动”计划，强化资金管理，确保资金平衡和安全，建立领导联责机制。11 月 19 日，集团财务部设内部网上银行，集团各直属独立核算单位在内部网上银行开立账户，通过该账户进行内部上下级和各单位之间资金结算。集团对资金实行集中管理、统一调控、分户记账的管理模式，各全资及控股子公司银行账户统一由集团设置在子公司的驻地。各全资及控股子公司的销售收入均进入收入账户，所有支出通过支出账户核算。各子（分）公司现金及银行存款按照国务院颁布的《现金管理暂行条例》及有关规定执行。在设置银行存款日记账时，根据所开立的账户分别记账。现金与银行存款日清月结，每日出纳提供“资金日报表”，月末编制“银行存款余额调节表”，并与总账会计核对。集团在业绩考核中，增加了对资金占用和周转的考核指标。同时，通过规范财务核算与报告流程和资金管理流程，建立集团内部资金管理报告体系，指导监督优化二级单位资金管理与使用，通过资金预算集中结算系统及时掌握相关信息，防范资金风险，确保资金链安全有效，通过资金追踪与集中流程逐步把二级企业资金完全纳入集团集中管理范围内。

2011 年，集团公司完善《专项资金管理办法》，除折旧费和 4 元/吨的维简费外，其余所有专项资金全部集中管理，以原煤公司为核算单位，资金权属不变，年度节余转为节余单位利润予以考核，既确保资金专款专用，又使专项资金出现节余。

2012 年，集团公司逐步放开到非煤资金集中管理，严格按照收支计划进行，各直属单位根据经营情况按月编制资金收支计划，集团按各公司计划分批划拨。通过资金集中和收支两条线管理，统筹调剂内部单位之间资金余缺，大幅度地降低资金成本，保证企业重点发展项目资金需求。

2013 年，集团公司为提高资金使用效率，按照“三保”“三砍”的原则，继续执行资金集中管理制度，调剂资金余缺，提高资金使用效率。通过集中内部单位的资金管理，共给予重点项目单位调剂资金 30 亿余元，有效确保股份房地产公司、白沙实业公司、长沙实业公司等重点、急需资金的需求，确保集团公司各项投资计划顺利进行。同时，加大内部清欠力度，针对集团、股份公司内部单位之间往来欠款数额不断增加，组织召开二次内部清欠协调会，完成内部清收 4710 万元。

2014 年，集团公司继续按照“三保”“三砍”的原则，优化配置资金，进行灵活调度，共向重点项目单位调剂资金 10 亿余元。同时加大内部清欠力度，完成集团与股份内部清欠 5500 万元。

2015 年，集团公司进一步加强资金收支计划管理。重新修订资金收支计划管理办法，强化收支计划执行情况的检查、分析和考核。制定出台《专项资金管理办法》，对专项资金实行专款专用、预算管理、统一归集及独立核算原则进行管理。为加强资金风险管理，下达《关于进一步加强贷款管理的补充规定》，加强贷款审批管理，强化过程监控，明确所属各单位确因实际资金需求而必须进行贷款（含续贷）的，必须报集团公司审批。通过积极与银行沟通，切实优化贷款结构，确保全集团贷款 25.88 亿元到位，减支财务费用 745 万元。

2016 年，受行业去产能政策的影响，各银行纷纷将钢煤行业调整为关注类客户，原则不增加新的信贷支持。银行授信规模缩减，融资异常艰难。光大、建设、招商等银行共缩贷 4.8 亿元。集团公司为确保生产经营资金不断链，逐家走访各合作银行，请求考虑集团公司的实际困难，帮助企业渡过难关，并多次向省政府、银监会汇报、协调，促使省政府于 2016 年 10 月召开支持湘煤集团解决融资问题的协调会，要求有关部门和贷款银行多措并举帮助湘煤集团解决融资问题，支持企业走出困境。11 月，省银监局召集所有债权银行召开第一次债权人会议，推动省政府协调会议精神贯彻落实。各合作银行基本做到维持 2015 年末的授信规模和授信条件，顺利实现 23.69 亿元贷款到位。

2017 年，集团公司规范银行账户和专项资金管理，组织各单位对银行账户进行清理，对专项资金实行双控，坚持专款专用原则，严格资金审批、拨付流程。推进货款清收，加速资金回笼，举全集团之力统筹资金 6.36 亿元偿还“10 黑金时代债”，消除债务违约风险。加强银企合作，顺利完成 23.69 亿元银行贷款续贷工作，并新增长沙农商银行、广发银行整体授信。

2018 年，集团公司及时修订出台《湖南省煤业集团有限公司资金管理办法》，对所属二级单位资金、所属二级单位对其控股公司资金实行预算管理，采取“收支两条线”模式集中管理，统筹调剂内部单位之间的资金余缺，大幅度降低资金成本，保证资金周转和企业重点项目资金需求；加强资金营运管理，全年安全合规理财增收1000余万元，通过调剂资金支持所属企业贷款过桥，为成员企业节息增收100余万元。

2018年，集团公司开展应收账款专项整治工作，期末应收账款余额比年初下降10%；股份公司出台投资管理办法，集中管理投资，规范投资行为；开展银行账户清理，累计注销银行账户153个，通过规范开户程序，加强集中管理，杜绝资金体外循环，有效防范资金风险；做好内部清欠工作，累计清收欠款2.12亿元；加强筹融资管理，全集团完成授信续贷23.69亿元，新增贷款0.86亿元。

2019年，集团公司狠抓内部清欠，降低资产负债率，全年累计清理内部欠款1.6亿元。盘活存量资金，在确保资金安全性、流动性、收益最大化的前提下，加强物业资金运营协调管理，累计增收1198万元。积极与银行沟通协调，全集团完成续贷24.55亿元，并新增贷款1.24亿元。

2020年，集团公司加强物业资金运营管理，累计理财收益增收667万元。积极与银行沟通协调，全集团完成续贷25.79亿元，新增贷款2.48亿元。同时抢抓政策窗口，发挥母合优势，争取最优惠利率支持，全集团贷款利率同比下降0.53个百分点，节约利息支出1100多万元；加大内部清欠力度，完成内部清欠0.77亿元。

2021年，集团公司持续加强物业资金及大额资金归集运营管理，实现理财及资金统筹收益1000余万元；集团强化资金运行管控，全力压降“两金”。分类管控，精准施策、强化考核、压实责任，完成内部欠款清收4280万元，“两金”压降指标完成省国资委考核目标。持续加强银企合作，全年共办理续贷28.27亿元、新增贷款2.1亿元；同时最大限度降低融资成本，效果显著。通过以全集团整体授信方式，提升谈价筹码，指导集团所属各单位统一谈判口径并加强协调，争取最优惠利率，全集团贷款年利率在2020年同比下降0.53个百分点的基础上，再下降0.2个百分点，全年节约利息支出600多万元。

2022年，集团公司妥善处理银企关系，争取优惠政策，降低融资成本。全年累计办理续贷30.38亿元、新增贷款5.6亿元，贷款年利率降至3.6%，较年初下降0.82个百分点，节支增效2250万元，年末存量资金比年初增加2亿元。集团对各直属单位的银行账户开设和变更强制实行审批备案制，所属成员企业及其所有银行账户全部纳入集团公司银企直联资金管理系统管理。各成员企业须根据实际需要在集团公司确定的银企直联合作银行中优化、选定开户银行。一户独立核算的单位原则上只允许开立二至三个账户，即一个收入账户（为一般账户）、一个支出账户（为基本账户）和一个专项账户，有效降低资金风险。

第六节　成本管理

2006年，集团公司实行集团—矿业集团公司(矿区管理局)—公司矿（厂）三级成本核算体制。在生产成本控制上，集团从材料、人工、机械等方面入手，严格把关。通过招标议标降低材料采购成本、减人提效、科学安排用电等措施，降低生产成本。在非生产费用控制上，严格控制非生产性支出，将可控费用作为预算考核主要指标进行考核。集团对所属单位推行工区班组经济核算，内容包括生产任务（产量、进尺）、材料消耗、出勤率、工效、安全等，各矿、工区配备专职成本核算员，实行二级管理、三级核算的成本管理方式，强化班组核算，多数原煤公司实行经济总承包。

2007年，集团公司原煤累计生产总成本150254万元，较上年同期增加支出20462万元。其中材料增加3582万元，工资增加8063万元，电力成本增加2634万元，安全资金增加4431万元，其他增加3324万元。

2008年，集团公司印发《湖南省煤业集团有限公司开展拧毛巾降成本提效益深化精细化管理活动方案》，提出原煤单位的完全成本和费用单位的可控费用降低10%以上。吨煤材料成本为37.84元，比上年降低2.8%。集团盘活闲置资金2.7亿元，仅此一项节约财务成本2000

万元。

2009年9月前，集团公司所属原煤成本项目11个，计有材料、提取的包干工资、提取职工福利费、电力、折旧费、提取的井巷工程费、提取的维简费、安全生产资金、修理费、地面塌陷补偿费，其他支出。2009年10月后，成本项目有材料、职工薪酬、电力、折旧费、提取的井巷工程费、提取的维简费、安全生产资金、修理费、地面塌陷补偿费、其他支出。

2009年，集团公司持续开展“拧毛巾、降成本、提效益”活动，原煤累计制造成本较上年平均成本下降12.84%；原煤平均完全成本较上年平均完全成本下降11.34%；可控费用同比下降8%。原煤累计生产总成本192918万元，较上年同期减少支出7081万元。集团公司被省国资委评为2009年度“拧毛巾、降成本、提效益、谋发展”活动先进单位。

2010年，集团公司开始推行量本利预算模型，对成本计划进行全面补充。集团原煤累计生产总成本231802万元，较上年同期增加支出38884万元。主要是材料增加5063万元，职工薪酬增加17453万元，电力成本增加2171万元，折旧增加2211万元，地塌费补偿增加1449万元，其他增加9596万元。

2011年，集团公司原煤累计生产总成本288512万元，较上年同期增加支出56710万元。主要是材料增加8235万元，职工薪酬增加27813万元，电力成本增加4083万元，折旧增加1587万元，安全生产资金增加12425万元，地塌费补偿增加1284万元。

2012年，集团公司原煤累计生产总成本27207万元，较上年同期减少支出16405万元。累计实际制造成本419.1元/吨，比年度预算下降6.71元/吨；与去年同比下降21.12元/吨。期间费用90488万元，比年度预算计划减少17535万元。在岗位职工平均工资3.9万元，比上年增长5.2%。其中采掘一线年人均工资4.5万元，同比增长8.5%。

2013年，集团公司原煤累计生产总成本259841万元，较上年同期减少支出12266万元，主要是材料减少895万元，职工薪酬减少9366万元，电力成本减少1239万元，安全生产资金减少219万元。

2014年，集团公司原煤累计生产总成本227356万元，较上年同期减少支出32485万元。主要是材料减少2688万元，职工薪酬减少16983万元，电力成本减少2790万元，安全生产资金减少12040万元。集团取消领导干部职务消费，严控招待费、办公费、差旅费支出。严格公车管理，全集团共清理超标超编公车42台，每年可减少公车支出800多万元。

2015年，集团公司严格控制成本，原煤生产总成本202637万元，较上年同期减少支出24719万元。主要是材料成本减少5638万元，职工薪酬减少17330万元，电力成本减少2254万元。

2016年，集团公司高度重视扭亏增盈工作，建立领导对口联责企业制度，并派出督查组深入基层，强化成本核查，严防成本上升冲销利润。同时，开展清产核资，摸清企业家底。集团原煤累计生产总成本154049万元，较上年同期减少支出48588万元。主要是材料减少3011万元，职工薪酬减少19565万元，电力成本节支3120万元。

2017年，集团公司定期组织经济分析会，及时发现生产经营过程中的问题，积极采取措施纠偏。坚持一企一策原则，促使各单位在内控管理方面精准定位、查漏补缺、优化措施。细化成本管理费用过程控制，严防成本上升冲销利润。原煤公司强化材料限额管理和回收复用，加强用电管理、实现避峰填谷和错峰运行，推进工资与劳动工效挂钩，实行可控费用总额控制等措施，较好地控制吨煤成本。原煤制造成本中的电力、农赔、工资等均较预算实现下降。集团原煤累计生产总成本188265万元，电力成本减少546万元。

2018年，集团公司提出“成本就是效益”的理念，开展“强管理、降成本、提效益”活动，突出产供销等重点环节的成本控制，促进各类产品制造成本下降。规范各项费用预算标准、开支依据和审批流程，重点加强业务招待费等非生产性费用监督检查。集团原煤累计生产总成本186245万元，较上年同期减少支出2020万元。主要是材料成本减少1170万元，电力成本减少752万元。

2019年，集团公司各单位大力推进技术创新和管理创新，不断加强材料招标和集中采购管理，狠抓工艺流程革新，细化成本管控责任，用好减税降费政策。集团原煤累计生产总成本172924万元，较上年同期减少支出13321万元，职工薪酬减少14426万元。原煤生产成本385.14元/吨，同比下降8.97%；自制芯片制造成本73.16元/片，同比下降21.08元/片。

2020年，集团公司提出“过好紧日子，才能不过苦日子，才能迎来好日子”的理念，狠抓挖潜增效，严格成本管控。集团原煤累计生产总成本161561万元，较上年同期减少支出11363万元；职工薪酬减少14259万元，电力成本减少2534万元。原煤制造成本358.24元/吨，同比下降6.98%；自制芯片制造成本70.19元/片，同比下降4.06%。

2021年，集团公司强化成本费用管控，进一步树牢“过好紧日子，才能迎来好日子；日子好过了，也要紧着过”的思想，大力开展成本精细化管理活动，所属各单位根据所处行业，立足薄弱点，选准着力点，制订补短板、堵漏洞、促提升专项措施。持续加强全员全环节全过程成本管理，细分成本管理项目，划小成本“控制点”，从物料采购、物资领用、回收复用、用电管理、生产组织、技术工艺等源头抓起，“抠住点点滴滴”“攥住细枝末节”“用好一分一厘”。在大宗物资价格持续上涨的情况下，全集团成本费用利用率同比上升2.98百分点，成本费用占销售收入的比重同比下降3.67个百分点，电力成本较预算下降1.36元/吨。

2022年，集团公司积极争取优惠政策，努力降低融资成本。贷款年利率降至3.6%，较年初下降0.82%，节支增收2250万元。狠抓“两金”压降，制定专项行动方案，对成员企业逐家会审，确保“两金”压降到位。集团原煤制造成本476.42元/吨，较上年同期498.71元/吨下降22.29元/吨，降幅4.47%。

2006—2022年，集团公司在重要节点组织召开经济活动分析会，重点对成本进行分析。其中产品成本计算：根据计算期内完工产品（或工程）的统计产量（或工作量、工程量）、实际消耗和实际价格计算产品的实际成本，要求有关成本核算的原始记录、凭证、账册、费用汇总和分配表，统计资料等内容齐全、真实。材料计划价格、辅助生产自制加工产品及劳务供应的计划价格由矿统一制订。原煤产品成本计算，因产品单一，按简单进行成本计算。辅助生产、附属生产的成本计算，根据不同情况分别采用简单法、分步法、分批法、额定比例法等进行计算。

通过成本分析，总经营成本，提出降低成本措施，挖掘内部潜力，提高经济效益。成本方法，先后采用指标对比法、因素分析法、连锁替代法、构成比率分析法和定额成本分析法等。规定每月召开一次经济活动分析会，重点是分析上月影响成本升降的主要原因，为加强成本管理提供决策信息。并充分考虑影响成本的诸多因素，主要有钢材提价、木材提价、电力提价、调整税率、贷款利息提高、调整工资、提高井下及夜班津贴、提高差旅费补助标准、增发副食补贴以及地方土产材料提价等。为决策层制定经营决策提供参考和依据（2007—2022年集团公司成本情况详见表7－3－1）。

表7－3－1 2007—2022年集团公司成本统计表

万元

年份	总成本	材料	职工薪酬	电力成本	安全生产资金
2007	150254	24105	59243	21563	13336
2008	199999	31325	103466	17994	25732
2009	192918	29383	107167	20115	13242
2010	231802	34447	124620	22286	14082
2011	288512	42681	152432	26370	26506
2012	272107	27428	153045	26022	27322
2013	259841	26533	143679	24783	27103
2014	227356	23845	126696	21993	15063
2015	202637	18207	109366	19739	13499
2016	154049	15196	89801	16619	10223
2017	188265	22757	109949	16073	9536
2018	186245	21587	113258	15321	9627
2019	172924	20058	98832	17059	9853
2020	161561	20585	84573	14525	9866
2021	233238	26546	130602	16371	10185
2022	237319	23611	127980	20336	10955

第七节 税务筹划及政策优惠

2006年，集团公司深化企业改革，强化内部管理，利税总体上呈现出逐年上升态势。同时，积极争取优惠政策，取得财政资金支持，有效解决原破产改制历史遗留问题，缓解集团公司资金压力，为集团公司改革发展提供强大的资金支持和保障。2006—2011年，集团公司共争取财政资金8.22亿元。

2012年，集团公司通过积极与政府各部门协调，争取8.01亿元的财政资金支持。其中：棚户区改造资金4.83亿元；煤矿安全改造、产业升级专项资金1.66亿元；矿山应急救援队基建项目、国有资本经营预算、新兴产业化和新型工业化项目及瓦斯抽采与利用奖励、亏损补贴等专项资金1.52亿元。

2013年，集团公司与政府各部门协调，争取财政资金支持5.87亿元。其中：棚改专项资金3.62亿元、煤矿安全改造中央补助资金1.42亿元；其他财政资金0.83亿元。

2014年，集团公司争取并到账2.17亿元的财政资金支持。其中：煤矿安全改造中央补助资金1.14亿元、其他财政资金1.03亿元。通过沟通协调争取国有资本预算资金0.34亿元。华磊光电争取养老保险缴费率过渡试点政策，节约支出0.15亿元。

2015年，集团公司通过加强与省政府、省财政的协调，积极争取到位财政资金3.95亿元。其中：2014年省属煤矿关闭退出奖补资金0.52亿元，长沙矿业水电分离补助资金0.35亿元，三供一业分离移交省级补助资金2.05亿元、煤矿安全改造地方配套资金0.32亿元、亏损补贴0.31亿元，其他资金0.41亿元。集团公司和股份公司及所属各单位积极争取资源税减免30%的优惠政策，各原煤公司获得资源税减免共0.14亿元；资兴实业矸石电厂获得资源综合利用增值税减免50%等相关政策，创造节税效益700万元；白沙实业争取土地增值税减免500万元；华磊光电争取高新技术政策优惠800万元。

2016年，集团公司以脱困境、推改革、谋振兴为要务，深化与省政府、省财政的协调联系，争取到位各类补助资金21.34亿元。其中：三供一业分离移交中央补助资金12.68亿元、预拨2016年工业企业结构调整专项奖补资金5.92亿元、亏损补贴0.26亿元、落后小煤矿关闭补助资金0.21亿元、煤矿安全改造项目资金2.08亿元、其他资金0.19亿元。

2016年，集团公司合理筹划企业税费，降低企业经营成本。积极查询最新税收政策，利用国家税务总局《关于明确若干营业税问题的公告》(国家税务总局公告2015年第92号）之规定与政策，做好2015年地方税汇算清缴免征营业税及附加减免140余万元。全年免征增值税、营业税及附加221万元。将下属单位贴现240万元采用委托贴现，直接分摊至各单位不计入贴现收入，免交增值税金及附加13.44万元。配合睿通税务师事务所完成2015年所得税、地方税汇算清缴。

2017年，集团公司通过加强与省财政的汇报、协调，争取到位各类补助资金共计15.15亿元。其中包括三供一业分离移交中央补助资金3.38亿元、煤矿安全改造国债资金1.17亿元、2016年度去产能专项资金2.45亿元；辰溪矿业公司、湘潭矿业破产补助资金7.89亿元、其他资金0.26亿元。同时，集团公司还协调指导红卫和嘉禾（含黄牛岭）完成向财政厅申报瓦斯抽采利用补贴资金156万元。

2018年，集团公司通过进一步加强与省财政厅、财政部驻湖南专员办、审计厅、国资委等部门的汇报、协调，共计争取到位补助资金5.01亿元。其中：三供一业资金1.45亿元、煤矿安全改造资金1.71亿元、去产能资金1.64亿元、亏损补贴0.21亿元。同时，集团公司合理筹划企业税费，全年争取企业所得税减免（优惠）260万元，争取资源税、房产税、土地使用税减免1328万元，争取稳岗和老工伤补贴172万元；完成核销去产能矿井资产16671万元在2017年企业所得税汇算清缴的抵扣工作，减少当年企业所得税支出4168万元。争取稳岗补贴，降低社保缴费基数，减免欠缴费滞纳金，为企业增收减负千余万元。

2019年，集团公司争取到位各类补助资金共计1.22亿元。其中：煤矿安全改造中央补助资金1.01亿元、国有资本预算资金0.12亿元、亏损补贴0.07亿元、煤层气抽采利用资金0.02

亿元。

2020 年，集团公司争取政策补助资金 0.6 亿元，其中：煤矿安全改造中央补助 0.2 亿元、亏损补贴 0.4 亿元。同时，集团公司精细筹划，推进“减税降费”工作，指导各单位争取政策减免和缓缴资金合计 17187.55 万元。

2021 年，集团公司争取财税优惠政策补助资金到位 1.17 亿元。集团公司在落实各种优惠政策减免税费的同时，各单位积极争取地方财政补贴。资兴矿区的 7 家公司均申请到就业服务中心稳岗补贴共计 88.75 万元；黄牛岭公司积极争取煤层气奖补资金 49.92 万元；街洞争取老工伤调剂资金 46 万元。国家开发银行以资本注入方式对岳阳项目投资 15580 万元，中央财政贴息 2%，节约财务费用 623.2 万元。全集团共争取煤矿安全改造中央预算资金 2025 万元，争取减税降费等各类优惠政策资金 10525 万元。

2022 年，集团公司积极争取优惠政策，努力降低融资成本。贷款年利率降至 3.6%，较年初下降 0.82% 个百分点，节支增收 2250 万元；完成国家开发银行股权投资基金以资本注入方式对岳阳铁水集运公司投资 15580 万元；与省财政厅协调，争取政策补助资金 0.2 亿元，其中；煤矿安全改造中央预算资金 0.19 亿元。将 2022 年煤矿安全改造中央预算资金 1902 万元、2022 年瓦斯抽采利用补贴资金 123.99 万元申请并拨付到位。根据《国务院关于印发扎实稳住经济一揽子政策措施的通知》及省政府相关政策要求，结合集团公司实际情况制定下达相关工作方案和考核办法，指标分项落实到所属单位，共下达政策争取考核指标 9599 万元。

2016—2022 年，集团公司采取一系列措施保安全促稳定、强管理提效益、抓改革谋发展，企业盈利能力显著增强，利税总体呈现逐年上升发展态势，剔除 2016 年度因政策性关闭煤矿计提资产减值损失等非经营性因素影响 4.66 亿元和 2019 年度股份公司处置贵州湘能公司破产损失影响 17.65 亿元，2016—2022 年共创造利税 69.11 亿元，其中：创造利润 20.71 亿元，缴纳各项税费 48.40 亿元。三年疫情期间共争取各种政策红利 4.2 亿元。2022 年度，利润和税金双双突破十亿大关，刷新历史纪录，经济效益名列湖南省国资委监管企业前茅。

2016—2022 年集团公司利润和税金统计表、2016—2022 年集团公司税金明细详见表 7－3－2、表 7－3－3。

表 7－3－2　2016—2022 年集团公司利润和税金统计表　　万元

年份	实现利税		
	合计	利润	税金
2016	13602	－35196	48798
2017	88876	25774	63102
2018	96189	27010	69179
2019	85758	27482	58276
2020	85065	27500	57565
2021	137488	51920	85568
2022	203291	101755	101536
总计	710269	226245	484024

表 7－3－3　2016—2022 年集团公司税金明细表　　万元

年份	合计	主要税种					
		所得税	增值税	城建税	教育费附加	资源税	其他税金
2016	48798	2302	33114	1856	1554	3513	6459
2017	63102	7621	41042	2501	2116	5105	4717
2018	69179	5118	49615	2537	2149	4986	4774
2019	58276	7747	37048	2030	1583	4328	5540
2020	57565	6385	38335	1828	1581	4250	5186
2021	85568	10941	56085	2807	2326	7293	6116
2022	101536	16327	60134	3879	3142	8453	9601
总计	484024	56441	315373	17438	14451	37928	42393

第四章 物 资 管 理

第一节 管理机构及职能

一、机构

2006年9月，集团公司成立物资供应分公司，下设采购部、管理部、财务部3个部室，定员10人。

2006年10月，聘任集团公司内部评标专家180位，外聘湖南大学、中南工大、中山大学、中科院的院士、教授、博士、高级工程师等组成物资招标采购评标专家库。

2007年11月，集团公司总部设立物资供应部，物资供应分公司、物资供应部两块牌子一套班子合署办公。

2008年，集团公司设物资招标采购中心，负责集团公司“大宗批量物资”招标，招标采购中心下设招标办公室、评标专家小组、招标监督小组。

2010年5月，股份公司成立综采设备招标采购领导小组。设技术参数审核办公室、招标采购办公室和招标监督办公室。

2010年11月，股份公司成立湖南黑金时代股份有限公司物资供应分公司（简称：股份物资供应分公司），集团物资供应分公司与股份物资供应分公司两块牌子一套班子合署办公。

2013年9月，集团公司撤销湖南省煤业集团有限公司物资供应分公司，并依法注销工商营业执照。

2017年9月，集团公司、股份公司转变总部职能、优化组织结构、建设服务基层、精干高效的总部，股份公司设物资供应分公司。

2020年7月，湖南黑金时代股份有限公司物资供应分公司更名为湖南煤业股份有限公司物资供应分公司。

2020年8月，股份公司成立湖南能投招标代理有限责任公司（以下简称能投招标公司），下设招标部、运营部、财务部、综合管理部4个部室。能投招标公司与股份物资供应分公司两块牌子一套班子合署办公。

2022年10月，集团公司深化总部机构改革，优化调整总部部室职能职责，股份公司设物资供应分公司、能投招标公司。

2022年，物资采购评标专家库集团内部评标专家增加到385位。

二、管理模式

2006年9月，落实集团公司“战略发展、资金管理、煤炭销售、大宗物资采购、重要人事”“五统一”管理体制，物资管理实行集中采购、集中使用采购资金；大宗批量、专项、基建物资统一招标、统一签订合同、统一物资配送、统一货款结算的“两集中”“四统一”的管理体制。

2008年8月，集团公司实行矿区管理体制改革，涟邵、资兴、白沙矿区的物资供应公司为集团直属子公司，矿区物资公司以经营为主，同时，协助集团公司物资供应分公司履行本矿区部分物资供应的服务与管理。按市场化运作原则负责对外开展经营贸易，按集团授权履行部分集中采购物资的计划、储备、保管、保养、交验、配送、结算、质量异议处理、货款回笼、市场监督等服务与管理职能。

2009年，黑金时代下属原煤公司设立“供应部”或“供应公司”（以下统称为原煤供应公司），所属矿井设立供应队。

2010年11月，优化调整集团公司物资供应公司、股份物资供应分公司、矿区物资供应公司管理职能：集团物资供应公司负责编制集中采购物资采购计划、组织招（议）标、订货、催货、付款等工作；股份物资供应分公司行使“大宗批量物资”的招（议）标、“较大批量物资”审价和物资供应管理三大职能；矿区物资供应公司负责编制集中采购物资的需求计划及到货计划，采购物资的交验、仓储、发货、配送、结算及质量与数量异议的处理，协助集团物资供应公司催交集中采购物资。

2013 年 9 月，集团公司撤销物资供应分公司。涟邵、资兴、白沙矿区的物资供应公司为股份公司的子公司，接受股份物资供应分公司业务指导和管理。

2017 年 9 月，落实集团公司总部“四个中心”的定位，坚持“放管结合、放而不乱、管而不死”原则，进一步优化管控模式。股份公司总部设物资供应分公司，行使煤业股份公司生产、建设所需物资招（议）标管理，“较大批量物资”审价和物资供应管理三大职能，并设立涟邵、资兴、白沙矿区物资供应公司，各子公司设立供应管理机构，物资供应分公司和矿区物资供应公司自行组织招标采购“大宗批量物资”和“较大批量物资”。受集团公司委托，煤业股份物资供应分公司负责国债等政府采购资金的物资采购与供应管理。

2020 年，进一步强化物资采购与供应管理，大宗批量物资和较大批量物资坚持实行招（议）标为主要采购方式，集中统一招标采购，优化调整股份物资供应分公司、能投招标公司、矿区物资供应公司和子公司物资供应管理机构的管理职能。

股份物资供应分公司的工作职责：负责股份公司“大宗批量物资”的招（议）标管理，行使煤业股份公司招（议）标人的职责；负责“大宗批量物资”供应商管理，组织“大宗批量物资”的市场调研和考察；审批各单位“较大批量物资”的采购方式、采购价格，监督管理各单位“零星地方物资”采购价格；指导和监督管理各单位组织的物资采购招（议）标活动；受理有关投诉，并与纪检监察部门联合调查处理；组织开展物资标准化管理；对物资采购和供应管理中的违规行为提请股份公司进行处罚；监督、仲裁矿区物资公司、各物资使用单位、供应商之间的产品数量、质量、及时性问题；指导股份公司物资供应系统的物资计划编制、物资供应统计、业务保安与业务培训；负责采保费的收取与管理，受湖集团公司的委托，负责集团公司国债等政府采购资金的物资采购与供应管理；负责股份公司物资采购平台的建设和管理。

能投招标公司的工作职责：受集团公司非煤单位和股份物资供应分公司委托，开展集团公司非煤单位的物资招（议）标、股份公司“大宗批量物资”的招（议）标业务，并遵守国家有关招标投标的法律法规与条例的规定和集团、股份公司有关管理制度规定；协助物资供应分公司对股份公司各单位组织的物资采购招（议）标工作进行指导；负责招（议）标服务费的收取与管理。

矿区物资供应公司的管理区域与矿区安全生产管理局的管理区域相同。

矿区物资供应公司工作职责：依据股份物资供应分公司批准的招（议）标结果，与中标供应商签订、履行购销合同；负责本矿区原煤子（分）公司“较大批量物资”的招（议）标和采购工作，依据股份公司物资供应分公司的审价意见，与供应商签订、履行购销合同；组织本矿区各单位物资供应部门开展物资标准化管理；负责对本矿区内各单位物资采购和供应管理中的违规行为的检查，并提请股份公司处罚；指导本矿区各单位物资供应部门编制物资计划、物资供应统计、业务保安与业务培训；利用股份公司的批量招（议）标采购优势开展物资对外经营贸易；负责“较大批量物资”供应商管理，组织“较大批量物资”的市场调研和考察。

子（分）公司物资供应部门的工作职责：负责本单位所需物资的计划汇总、审核、平衡利库和申报；依据股份公司的物资采购权限分类，负责本单位采购权限内物资的招（议）标和采购工作，并履行购销合同；组织本单位物资供应部门开展物资标准化管理；负责本单位材料成本预算指标的控制和考核；负责本单位所需物资的验收、保管保养、领用及废旧物资的回收复用等工作；组织本单位物资供应部门物资供应统计、业务保安与业务培训；负责“零星地方物资”的供应商管理，组织“零星地方物资”的市场调研和考察。

三、管理制度

2006 年，印发《湖南省煤业集团有限公司物资招（议）标管理办法》《湖南省煤业集团有限公司物资供应业务运行实施细则》《湖南省煤业集团有限公司物资供应公司主要管理与服务职责划分办法》《湖南省煤业集团有限公司集中采购物资结算暂行管理办法》《湖南省煤业集团有限公司集中采购物资划分暂行管理办法》《湖南省煤业集团有限公司物资供应暂行管理办法》。

2007年，印发《湖南省煤业集团有限公司代储代销物资管理办法》《湖南省煤业集团有限公司物资供应业务运行（优化）实施细则》《湖南省煤业集团有限公司供应商合同履约评价管理办法》《湖南省煤业集团有限公司大宗批量物资供销合同范本》《湖南省煤业集团有限公司大宗批量物资招标管理办法》，采购物资划分为“大宗批量物资”“较大批量物资”“零星地方物资”三大类，初步形成物资采购、供应管理制度体系。

2008年，印发《湖南省煤业集团有限公司“大宗批量物资”资信等级评定办法》《湖南省煤业集团有限公司“较大批量物资”审价管理办法》《湖南省煤业集团有限公司集中采购物资验收与管理办法》《湖南省煤业集团有限公司“大宗批量物资”供应商履约考核评价管理办法》。

2009年，印发《湖南省煤业集团有限公司物资招（议）标采购投标保证金和履约保证金管理办法》。

2010年，修订印发《湖南省煤业集团有限公司物资采购与供应管理制度》《湖南省煤业集团有限公司供应商管理办法》《湖南省煤业集团有限公司物资采购合同管理办法》《湖南黑金时代股份有限公司“较大批量物资”审价管理办法》《湖南黑金时代股份有限公司代购代销管理办法》《湖南黑金时代股份有限公司“大宗批量物资”供应商履约考核与资信等级评定管理办法》《湖南黑金时代股份有限公司供应商管理制度》《湖南黑金时代股份有限公司集中采购物资验收与结算管理办法》《湖南黑金时代股份有限公司物资采购与供应管理制度》《湖南黑金时代股份有限公司物资管理标准与考核办法》《湖南黑金时代股份有限公司积压物资调剂管理办法》。

2011年，印发《湖南黑金时代股份有限公司原煤生产企业物资储备资金管理考核办法》。

2012年，印发《湖南黑金时代股份有限公司物资供应管理责任追究制度》。

2013年，印发《湖南黑金时代股份有限公司供销信息化系统管理制度》，修订《湖南黑金时代股份有限公司物资采购与供应管理制度》。

2014年，印发《湖南黑金时代股份有限公司国债物资验收业务实施细则》《湖南黑金时代股份有限公司对外物资贸易管理办法》《湖南黑金时代股份有限公司评标专家库评标专家管理办法》。

2016年，印发《湖南省煤业集团有限公司闲置物资转让管理办法》《湖南省煤业集团有限公司大宗批量物资招议标管理办法》。

2018年，印发《湖南黑金时代股份有限公司物资采购与供应管理制度》《湖南黑金时代股份有限公司物资采购合同管理办法》《湖南黑金时代股份有限公司“较大批量物资”审价管理办法》《湖南黑金时代股份有限公司物资管理标准与考核办法》《湖南黑金时代股份有限公司物资供应管理责任追究制度》《湖南黑金时代股份有限公司物资计划、验收与结算管理办法》《湖南黑金时代股份有限公司原煤生产单位物资储备资金管理考核办法》。

2020—2022年，落实集团公司全面规范制度建设的要求，巩固物资管理“两集中”“四统一”的管理体制成果，落实集团公司总部“战略投资中心、运营管控中心、风险控制中心、共享服务中心”四个中心的定位，全面清理、完善和修订《湖南煤业股份有限公司物资采购与供应管理制度》《湖南煤业股份有限公司“大宗批量物资”、“较大批量物资”与“零星地方物资”目录》(2022年修订)《湖南煤业股份有限公司物资招议标管理办法》《湖南煤业股份有限公司物资非招议标管理办法》(试行)《湖南煤业股份有限公司物资采购合同管理实施细则》《湖南煤业股份有限公司物资计划、验收与结算管理办法》《湖南煤业股份有限公司“较大批量物资”审价管理办法》《湖南煤业股份有限公司供应商管理办法》《湖南煤业股份有限公司物资管理标准与考核办法》《湖南煤业股份有限公司原煤生产单位物资储备资金管理考核办法》《湖南煤业股份有限公司供应信息化系统审批流程管理办法》《湖南煤业股份有限公司物资采购与供应管理责任追究制度》等12项管理制度。

2022年7月，印发湖南煤业股份有限公司物资采购与供应管理制度文件汇编。

第二节　物资供应管理

一、物资分类

2006—2022 年，采购物资划分为“大宗批量物资”“较大批量物资”“零星地方物资”三大类，每年 12 月，集团、股份物资供应分公司修正一次，印发“大宗批量物资”“较大批量物资”“零星地方物资”目录。

（1）“大宗批量物资”：品种少、占全部品种 15% 左右，消耗金额大、约占全部材料成本 40% 左右的物资；或货物规格、标准统一、现货货源充足、信息完整、服务完善的“外部商城物资”物资。

（2）“较大批量物资”：品种较少、占全部品种的 20% 左右，消耗金额较大、占全部材料成本 30% 左右的物资。

（3）“零星地方物资”：品种多，占全部品种 65% 左右、消耗金额不大、占材料成本 30% 左右的物资。

股份公司“大宗批量物资”“较大批量物资”合称为集中采购物资。采购平台外部商城采购物资目录纳入“大宗批量物资”管理。

二、物资采购

（一）“大宗批量物资”采购

2007 年，集团物资供应分公司统一组织“大宗批量物资”招标。矿区物资公司依据中标通知书，签订、履行“大宗批量物资”购销合同。长沙、湘潭、辰溪、贵州湘能等四个矿业公司依据中标通知书，签订、履行“大宗批量物资”购销合同。

2008 年 1 月 1 日，物资管理执行 2007 年印发的《湖南省煤业集团有限公司物资供应业务运行（优化）实施细则》和《湖南省煤业集团有限公司物资采购与供应管理制度》，2008 年 1—3 月份为物资采购新旧制度过渡期，过渡期“大宗批量物资”采购临时措施，集团物资供应分公司依据 2007 年“大宗批量物资”集中采购物资购销合同，向供应商及集团“大宗批量物资”使用单位分别下达合同签订通知书，矿区物资公司、贵州湘能、长沙公司、湘潭公司、辰溪公司根据实施细则的规定与供应商签订“大宗批量物资”的购销合同。供应商未与集团公司物资采购单位签订“大宗批量物资”购销合同的，由集团物资供应分公司重新组织招标。

2008 年，“大宗批量物资”购销合同签订，以集团物资供应分公司与供应商签订的原购销合同为依据，采购价格调整幅度低于 5%，报集团公司主管领导批准，可以续签合同。采购价格调整幅度大于 5%，重新招标确定供应商。

2009—2010 年，集团物资供应分公司组织“大宗批量物资”集中统一招标、投标、评标，集团公司审查批准评标结果，集团物资供应分公司下发中标通知书。矿区物资公司依据中标通知书，签订、履行“大宗批量物资”购销合同。

2011—2015 年，黑金时代物资供应分公司组织“大宗批量物资”集中统一招标、评标，黑金时代审查批准评标结果，黑金时代物资供应分公司下发中标通知书。矿区物资公司依据中标通知书，签订、履行“大宗批量物资”购销合同。

2016—2020 年，集团公司国债资金项目及非煤企业生产、建设所需物资委托黑金时代物资供应分公司组织集中统一招标、评标，黑金时代审查批准评标结果，黑金时代物资供应分公司下发中标通知书，矿区物资公司依据中标通知书，签订、履行“大宗批量物资”和非煤企业生产所需物资购销合同。

2021—2022 年，“大宗批量物资”集中统一招标采购，年度采购为主，月度及临时采购为辅。煤业股份物资供应分公司委托能投招标公司组织“大宗批量物资”采购招标、评标，能投招标公司依据煤业股份公司审查批准的评标结果，下达中标通知书，矿区物资公司依据中标通知书，签订、履行“大宗批量物资”购销合同；新疆能源公司依据中标通知书，签订、履行“大宗批量物资”购销合同。

（二）“较大批量物资”采购

2007 年，矿区物资供应公司采购“较大批量物资”，采购方式、采购价格报集团公司物资供应分公司批准。贵州湘能、长沙、湘潭、辰溪四个矿业公司自行采购，采购方式、采购价格报集团公司物资供应分公司批准。

2008年物资采购新旧管理制度过渡期“较大批量物资”采购临时措施，2008年3月30日前，按2007年“较大批量物资”的合同条款，增加购销数量，矿区物资供应公司与供应商签订2008年“较大批量物资”购销合同。

2008年4月，矿区物资供应公司招标采购“较大批量物资”，集团物资供应分公司审批招标采购方式、审定采购价格。贵州湘能、长沙、湘潭、辰溪公司“较大批量物资”自行采购，集团物资供应分公司审价管理。5个工作日内，集团物资供应分公司审定“较大批量物资”采购价格。

2011年，煤业股份“较大批量物资”实行集中统一采购，采购方式（订货方式）以招（议）标为主，回柱绞车、矿用风筒、风稿、防爆灯具、防爆电话机、检漏继电器、组合电铃、防爆插销、防爆接线盒、隔爆型控制按钮、本安通信接线盒、搪瓷溜槽、电线、铅酸蓄电池、防爆真空开关配件、空压机配件、钢材、矿车等较大批量物资，采用联合招（议）的订货方式。2011年度煤业股份公司“较大批量物资”招（议）标采购率达到85%。

2018年，规范“较大批量物资”采购价格审批内容，包括：物资代码、名称、规格型号、质量要求、采购数量；配件注明主机型号，设备注明主要技术参数、技术性能及特殊材质要求，物资制造商，物资订货方式，邀请竞价及拟签约的供应商名单，供应商每一轮报价、拟订合同价格、总价及价格构成，上一期采购时间及采购价格，计量方式，采购方式、呈报时间、参加评标、谈判、询价人员等通过NC信息系统文档管理上传。

2020年，“较大批量物资”实行分级采购，集中审价的采购管理，各单位“较大批量物资”矿区物资公司招（议）标采购，采购方式、采购价格报黑金时代物资供应分公司批准，矿区物资公司签订、履约购销合同。新疆能源公司“较大批量物资”自行采购，采购方式、采购价格报煤黑金时代物资供应分公司批准。

2021—2022年，煤业股份“较大批量物资”批次采购金额20万元及以上，同类品种年度采购金额在30万元及以上，集中统一招（议）标采购。

（三）“零星地方物资”采购

各单位招议标或比质比价采购“零星地方物资”，采购价格报物资供应分公司备案。物资供应分公司按季发布“零星地方物资”的采购价格信息，以指导并督促各单位物资采购价格管理。

（四）应急物资采购

2008年2月，按照集团公司抗冰抢险统一部署，物资供应分公司对“两抢三保”（抢修供电线路、抢排水、保安全、保生产、保电煤供应）所需物资开辟绿色通道，按时、保质、保量采购到位。

2008年4月，抗冰保井期间，集团物资供应分公司应急采购抗冰保井电缆和柴油发电机组。

2008年5月，根据湖南省国资委紧急和集团公司通知，参与汶川地震救灾抢险，集团物资供应分公司紧急采购支援汶川地震灾区急需的推土机、挖掘机、转载机、自卸车等救灾设备。

（五）互联网采购

2022年，股份公司互联网采购平台正式启用，与NC系统实现无缝链接、互融互通，招标与采购业务实现全流程电子化、流程审批移动化、监督管理视频化、记录痕迹全程化，规范统一工作标准，有效减轻工作强度，大幅提升工作质效。互联网采购平台的成功运用标志着物资招标与采购工作正式迈入数字化之路。

2022年，股份物资供应分公司、能投招标公司、矿区物资公司、原煤公司共20家单位，全面上线互联网采购平台开展招标与采购业务，通过互联网采购平台开展线上招标、招议标、竞争性谈判、单一来源采购项目共350余项，询价采购项目共1400余单，涉及中标（成交）金额达到4.54亿元，较预算节约2946万元，平均节支率达到6%。

（六）采购业务情况

2006—2012年，集团公司共采购物资45亿元，物资采购价格比市场同期价格降低8%，其中：华磊光电公司二期工程项目设备采购，各级物资采购管理人员完成了800余台（套）设备采购任务，采购金额6.2亿元，在设备配置总体提高的前提下，比市场调研价格下降4100万元。

2013—2022年，股份公司共采购物资40.58

亿元，其中：2013—2015 年国债物资 3.78 亿元，大宗批量物资 12.21 亿元，较大批量物资 10.79 亿元，零星地方物资 13.79 亿元。通过招议标为主的采购模式，有效降低生产成本，物资采购平均节支率达到 15%。特别是 2022 年，物资供应分公司组织涟邵、白沙、资兴矿区物资公司利用普通电子雷管停止生产销售与数码电子雷管正式启用交替的短短几月窗口期的契机，通过预采购储备方式节约成本 6000 余万元。

涟邵、白沙、资兴矿区物资公司在全力做好内部保供服务前提下，积极组织开展对外部单位营销业务，2014—2022 年，对外销售总额共 7.89 亿元，其中：涟邵 2.06 亿元、白沙 2.03 亿元、资兴 3.8 亿元，创毛利 4852 万元，其中：涟邵 394 万元、白沙 1132 万元、资兴 3326 万元。

三、供应商管理

2006 年 11 月，集团公司委托所属物资供应分公司及各企业对原有的进货渠道的供应商进行一次全面筛选、考察，并组织一级（含一级）以上供应商的等级评定工作。

供应商划分五个资信等级，资信等级三级以上的供应商为集团公司准入供应商。物资供应商实行集团公司、子公司二级管理体制。集团公司管理一级、重点、战略型供应商，子公司管理二级、三级供应商。供应商资信等级经考察、评价，每年调整一次。

2007 年 9 月，集团物资供应分公司考察评价 45 家供应商。

2008 年 1 月，根据《湖南省煤业集团有限公司“大宗批量物资”供应商资信等级评定办法》，启动“大宗批量物资”供应商履约考核评价工作。

2010 年 7 月，集团、股份公司开展供应商履约考核评价工作，对供应商进行考评。

2010 年 11 月，依据《湖南黑金时代股份有限公司“大宗批量物资”供应商履约考核与资信等级评定管理办法》的规定开展“大宗批量物资”供应商履约考核，年度履约考核得分前 30 名供应商，发给诚信守约合作单位荣誉证书。

2010 年 12 月，按《湖南黑金时代股份有限公司“大宗批量物资”供应商履约考核评价管理办法》《湖南黑金时代股份有限公司“大宗批量物资”供应商资信等级评定办法》，股份公司物资供应分公司对上年度合格供应商的产品质量、供应服务、履约情况、价格优惠程度等方面进行评价，《供应商评价表》报分管领导审批确定，经评审合格的供应商转入下一年度合格供应商档案。

2011—2021 年期间，股份物资供应分公司按管理办法规定，组织对供应商进行考评，每年底更新供应商档案。

2022 年 6 月，股份公司印发《湖南煤业股份有限公司供应商管理制度》，供应商划分三级管理，股份公司物资供应分公司管理“大宗批量物资”供应商，资信划分合格、一级、重点、战略四个等级；矿区物资供应公司管理“较大批量物资”供应商，资信划分合格、一级、重点三个等级；子公司管理“零星地方物资”供应商，资信划分合格、一级两个等级。

四、采购合同管理

2006 年 12 月，物资采购合同的法律法规性条款、合同商务条款、技术性条款实行业务部室归口审查制度。物资供应公司业务主管依据招标、议标、竞争性谈判的结果与供应商草签合同，物资供应公司内控审查、合同管理部室审查、集团公司领导审查批准、签署合同。

2007 年，物资采购合同实行授权审批制度。集团公司主管物资供应工作的副总裁批准金额在 300 万元以下单个合同，合同金额 300 万元及以上，集团公司董事长批准。

2007 年，物资采购合同使用湖南省煤业集团有限公司合同专用章，合同专用章由集团公司办公室统一管理，授权用章。集团公司制定物资采购合同文本，采用物资采购合同范本，合同范本格式内容分为“不可修改条款”“可选项条款”及“可修改条款”三个部分。物资采购合同在签订后的 3 个工作日内，集团物资供应公司主管业务员将物资采购合同原件向物资供应公司财务部、管理部备案。并以电子邮件的方式发送物资供应公司采购部部长、物资供应公司正副总经理、集团法律事务部门、安全生产部、审计监察部、各矿区物资供应公司及报送物资需求计划的子公司物资供应部门。合同印章管理员在合同正本盖章的同时，将物资采购合同审批原件连同一份合同正本交集团公司档案室保管，保管期限15年。

2007年，集团物资供应分公司对购销合同管理进行优化。“大宗批量物资”购销合同使用集团物资供应分公司制定的物资购销合同范本。以集团公司招标采购物资合同签订通知书、供应商《投标书》、评标过程中形成的文件资料，大型设备或新材料由供应商与物资使用单位签订的技术协议文件等作为附件。“较大批量物资”购销合同范本、合同签订程序、审批程序参照“大宗批量物资”合同管理的有关规定执行。“较大批量物资”购销合同签订后的3个工作日内，以电子邮件的方式向集团备案。

2008年5月，“大宗批量物资”合同保证金（以下简称合同保证金）由物资供应分公司财务部收取，并开出收款收据。合同保证金的退还，凭合同保证金收据，经各业务线的业务主管和分管业务的公司领导签字，财务办理退款手续。

2010年11月，黑金时代优化“大宗批量物资”“较大宗批量物资”的购销合同管理。包括审批权限设置，购销合同范本修改，购销合同的签订与履行，购销合同存档、备案、抄送，购销合同的变更、终止与延续，合同履约保证金管理等。

2010年12月，印发《湖南省煤业集团有限公司物资采购合同管理办法》，对合同职能机构与职责、合同的签订与管理等作出规定。

2015年，修订完善《湖南省煤业集团合同管理制度》明确合同审查和签订的流程、拟定合同授权规则、落实合同审查责任。

2018年，加强物资采购合同管理，防范和化解交易风险，确保物资采购活动交易安全。规范物资采购合同签订机构职责，股份公司物资供应分公司负责股份公司总部机关及在总部办公楼办公的子（分）公司所需的生产建设物资、国债项目物资、集中采购的矿用钢材、其他临时性生产建设物资及股份公司授权由物资供应分公司履约管理的其他物资采购合同的签订；矿区物资公司负责本矿区的大宗批量物资（集中采购的矿用钢材除外）和较大批量物资采购合同的签订；新疆能源有限公司负责本公司的大宗批量物资（集中采购的矿用钢材除外）、较大批量物资以及零星地方物资采购合同的签订；股份公司所属其他各子（分）公司负责零星地方物资及经股份公司批准授权采购的大宗批量物资和较大批量物资采购合同的签订。

2018年，明确规定物资采购合同签订的依据：股份公司物资供应分公司依据中标通知书，成交通知书，询比价资料，投标文件，技术协议，招（议）标资料，集团公司董事会或党委会的决议、决定等签订物资采购合同；矿区物资公司依据中标通知书，成交通知书，投标文件，技术协议，招（议）标资料，较大批量物资采购价格审批表等签订物资采购合同；股份公司所属各子（分）公司依据中标通知书，成交通知书，投标文件，招（议）标资料，询价单等签订物资采购合同。

2020年，股份物资供应分公司签订大宗批量物资中的矿用钢材、总部机关物资采购和国债项目物资采购合同，矿区物资供应公司签订大宗批量物资中的其他物资采购合同。股份物资供应分公司采购的国债物资和股份公司集中管理物资的采购合同，按权限审批：股份公司主管副总经理批准，直接采购钢厂单批次100万元以内矿用钢材的采购合同；股份公司总经理批准或授权主管副总经理批准技术成熟100万元以内单台设备、技术成熟单笔1000万元以内生产性材料、处于工业性实验或试用阶段单笔（台）金额20万元以内办公用品、生产性材料或设备中标通知书或采购合同。股份公司董事长批准或授权总经理批准技术成熟100万元及以上单台设备、技术成熟1000万元生产性材料、处于工业性实验或试用阶段20万元及以上的办公用品、生产性材料或设备的中标通知书或物资采购合同。“大宗批量物资”购销合同签订内部审批流程：采购部门与供应商洽谈合同、采购部门内控审查、职能部门审查、主管领导批准、采购部门与供应商签订合同。购销合同签订3个工作日内，须将购销合同正本存档，副本送财务部门、合同管理部门，录入“物资供销管理信息系统”。

2020年，“较大批量物资”合同签订程序、审批程序参照“大宗批量物资”的程序执行。“较大批量物资”采购价格审批：矿区物资公司、新疆能源公司购销合同签订前，在《物资供销管理信息系统》中向物资供应分公司呈报

“较大批量物资采购价格审批表”。“较大批量物资”购销合同的采购价格、采购价格的调整方式、供应商发生变化，向物资供应分公司办理物资购销合同的报批手续。“较大批量物资”购销合同签订3个工作日内，须将购销合同正本存档，副本抄送财务部门、合同管理部门，录入“物资供销管理信息系统”。

2022年，物资采购合同执行《简易合同》《煤矿专用大型设备采购合同》《煤矿专用一般设备（物资）采购合同》《大型设备合同》《通用一般设备（物资）合同》、政府各级交易平台招标文件规定的合同条款和格式6种合同范本。

五、货款结算

物资到达交货地点，物资使用单位按集团、股份公司物资验收管理办法规定组织人员验收，验收合格，办理物资入库手续。

2006年11月，集团集中采购直销方式物资，物资到达交货地点、验收合格，集团物资供应分公司与供应商按合同约定结算货款。结算流程：供应商向集团物资供应公司提交子公司签署的《物资结算清单》(供应商联）或《物资提货清单》(客户联）和物资销售清单、增值税发票。集团物资供应公司业务部门核对《物资结算清单》(集团联）或《物资提货清单》(客户联)、增值税发票及物资销售清单，确认无误并登入台账，《物资入库验收单》交集团物资供应公司财务办理货款结算。

集团公司集中采购中转销售方式的物资，物资到达交货地点、验收合格，集团物资供应分公司与供应商按合同约定、依结算流程结算货款。

集团物资供应公司与矿区物资供应公司的结算，集团物资供应公司依据矿区物资供应公司填报的《物资结算清单》(集团联）或矿区物资供应公司向供应商签具的《物资提货清单》(客户联)，向矿区物资供应公司开具增值税发票、物资销售清单及内部银行收款转账单，集团公司内部银行办理收付款转账并将单据传至矿区物资供应公司。

货款通过集团公司、股份公司内部银行办理转账结算。

质保金：按《湖南省煤业集团有限公司集中采购物资验收暂行管理办法》的规定办理。

采保费：集团公司批准物资供应分公司集中采购物资收取采保费，采保费率3% ~5%。

2007年2月，改进结算方式、规范《物资到货清单》《物资入库验收单》格式和填写标准，重新定义“直接供应方式”“中转供应方式”的概念、细化结算工作职责、调整原始凭证传递的规定。

2008年1月，《湖南省煤业集团有限公司集中采购物资验收与结算管理办法》明确供应商、股份物资供应分公司、矿区物资供应公司、使用单位在物资结算方面的职责。

2010年，股份物资供应分公司对集中采物资结算作新的调整。每月10日前，矿区物资供应公司与物资使用单位办理对账手续，通过股份公司内部银行办理收款转账手续。

2018年，《湖南煤业股份有限公司物资计划、验收与结算管理办法》明确供应商、股份物资供应分公司、矿区物资供应公司、股份公司内部银行、物资使用单位物资结算工作职责。

“大宗批量物资”和“较大批量物资”的结算：股份物资供应分公司或矿区物资供应公司与供应商签订购销合同的物资，货物到达交货地、验收合格，股份物资供应分公司或矿区物资供应公司按集团公司规定和合同约定办理货款结算。

“零星地方物资”的结算：子公司与供应商签订购销合同，货物到达交货地、验收合格，子公司按股份公司规定和合同约定办理货款结算。

股份物资供应分公司、矿区物资供应公司、物资使用单位（子公司）货款结算，股份公司内部银行办理结算。股份物资供应分公司集中采购的矿用钢材、外部商城物资，货款支付政策是款到发货，现款交易，承兑贴息。

六、物资管理标准化

2007年11月，集团物资供应分公司编制《物资管理标准及考核评分办法》《涟邵、资兴、白沙矿区物资公司物资管理标准及考核评分办法》《长沙、湘潭、辰溪、贵州湘能公司物资管理标准及考核评分办法》《涟邵、资兴、白沙矿区各单位物资管理标准及考核评分办法》《仓库管理标准及考核评分办法》《坑木场管理标准及考核评分办法》。涟邵、资兴、白沙矿区物资公司物资管理标准包括队伍建设、基础管理、供应商管理、计划管理、采购管理、结算管理、储备管理、管理与服务、仓库管理9大内容、59项标准细则。贵州湘能、长沙、湘潭、辰溪公司及各子公司物资管理标准包括队伍建设、基础管理、供应商管理、计划管理、采购管理、结算管理、储备管理、成本管理、仓库管理、坑木场管理10大内容、69项细则。

2008年1月1日起，全集团实行物资标准化管理。每年6月份、年底集团公司组织物资管理标准化检查，表彰成绩突出的单位和个人。

2008年8月，集团公司召开物资标准化管理先进典型表彰会。资兴物资供应公司等2家单位获物资标准化管理先进单位一等奖，涟邵物资供应公司等4家单位获二等奖，牛马司矿业公司供应公司等5家单位获三等奖，表彰优秀供应部长5名，先进个人25名。

2009年，物资供应紧紧围绕集团公司“拧毛巾、降成本、深化精细化管理”的主题，生产、建设所需物资保质保量及时供应，物资采购价格和原煤材料成本得到有效控制，物资标准化管理工作取得了好的成绩。资兴物资供应公司获物资标准化管理一等奖、涟邵物资供应公司等2家单位获二等奖，湘永矿业公司供应部4家单位获三等奖，表彰优秀供应部长5人、先进个人29名。

2010年，表彰物资标准化管理先进集体和先进个人，白沙物资供应公司、红卫矿业供应部等2家单位获一等奖，金竹山矿业公司供应部等3家单位获二等奖，湘潭矿业公司供应部等4家单位获三等奖，表彰优秀供应部长5名，先进个人15名。

2011年，物资供应紧紧围绕“深化制度建设，推进管理创新”工作主题，规范物资招标采购，强化物资验收管理，在钢材、电缆及国债、专项设备验收、月度采购预算和物资储备资金控制等方面取得了优异成绩，资兴物资供应公司等8个单位分别获物资标准化管理先进单位一、二、三等奖；表彰优秀供应部长7名、先进工作者20名。

2012年，物资管理围绕“练内功、挖内潜，向管理要效益”工作主题开展工作，在降低物资消耗、调整物资储备结构，物资供应管理工作信息化等方面取得良好成绩，涟邵物资供应公司等8个单位分别获物资标准化管理先进单位一、二、三等奖；表彰优秀供应部长9名、先进工作者21名。

2013年，白沙物资供应公司8个单位物资标准化管理分别获一、二、三等奖；表彰优秀供应部长5名，先进个人22名。

2014年，资兴物资供应公司等8个单位，分别获一、二、三等奖；表彰优秀供应部长5名，先进个人21名。

2015年，资兴物资供应公司等8家单位获物资标准化管理先进单位一等奖、二等奖、三等奖，表彰优秀供应部长5名，先进个人16名。

2016年，资兴物资供应公司等8个单位分别获一、二、三等奖；表彰优秀供应部长6名，先进个人16名。

2017年，白沙物资供应公司等8个物资标准化管理先进集体，分别获一、二、三等奖；表彰优秀供应部长6名，先进个人16名。

2018年，白沙物资供应公司等5个物资标准化管理先进集体，分别获一、二、三等奖；表彰优秀供应部长7名，先进个人16名。

2019年，白沙物资供应公司等5个物资标准化管理先进集体，分别获一、二、三等奖；表彰优秀供应部长7名，先进个人16名。金竹山矿业公司供应部、南阳矿业公司供应部获互助特别奖。

2020年，资兴物资供应公司等6个物资标准化管理先进集体，分别获一、二、三等奖；表彰优秀供应部长7名，先进个人17名。

2021年，白沙物资供应公司等6家单位评为物资标准化管理先进单位，分别获一、二、三等奖，表彰优秀供应部长6名，先进个人19名，金竹山矿业公司获团结互助奖。

2022年，资兴物资供应公司等6家单位评为物资标准化管理先进单位，分别获一、二、三等奖，表彰优秀供应部长7名，先进个人18名，嘉禾矿业公司获团结互助奖。

2022年7月，修改印发《湖南煤业股份有限公司物资管理标准与考核办法》，矿区物资公司物资管理标准包括队伍建设、基础管理、供应商管理、计划管理、采购管理、结算管理、储备管理、管理与服务，仓库管理9大部分，物资管理标准45项；原煤公司物资管理标准包括队伍建设、基础管理、供应商管理、计划管理、采购管理、结算管理、储备管理、成本管理8大部分，物资管理标准42项；物资仓库管理标准包括仓库建设、验收管理、保管保养、物资发放、保管员基本功、安全工作6大部分，物资管理标准22项。

第三节 物资仓储管理

一、物资仓储配送

（一）物资仓储

2006年湘煤集团成立前，物资仓储实行矿业集团和煤矿两级管理。涟邵、资兴、白沙矿区集团设总库，煤矿设分库和材料场。资兴矿业集团及所属矿（厂）两级库房建筑面积为36982.29平方米；白沙煤电集团及所属矿（厂）两级库房建筑面积为38226平方米；涟邵矿业集团及所属矿（厂）两级库房建筑面积为35126平方米。各总库下设交验库、材料库、回收库、设备库、火工产品库、油脂库等。其中易燃易爆的火工产品、油脂物资专库分开存放、专人保管。各矿业集团仓库物资运输、装卸、搬运及检斤主要设备都配有吊车（起重机）、行车、铲车、装载机、自卸车、台秤、地中衡、手推车、载重汽车等。

2006年，湘煤集团利用原涟邵、资兴、白沙三个矿区集团的总库和设施、设备作为三个矿区物资供应公司的物资仓储、配送中心，存储、配送“大宗批量”和“较大批量物资”。

2007年，湘煤集团所属子公司完善仓储管理、库房管理、物资保管、物资发放、仓库盘存管理制度和岗位职责及操作规程。

2008年，集团公司所属库房按物资仓储标准化管理，仓库实行挂牌管理，分库、分区、分架、分货位存放。库存物资按照“三线、四定位、五五摆放”原则存放。做到横看成线，竖看成行，左右对齐，间隔明显，标卡齐全，整齐美观，便于盘查，便于发放。集团所属公司物资保管，按不同品种采用保管保养方法，达到防锈、防尘、防潮、防腐、防震、防爆、防火、防盗、防变质的目的。

2008—2022年，每年对各单位仓库管理标准化工作进行评比表彰奖励。

（二）发放配送

物资发放按先进先出、余料先发原则，履行物资领用手续，仓库保管员凭手续发放物资。生产急需物资，领料人写明急需理由，经计划员和相关领导书面批准，仓库保管员凭领料单发放物资。常用材料凭物资领料手续按消耗定额发料。物资退库，退货人填写退料申请，履行与领料相同的审批程序，办理退库物资手续，退库物资的检验按新到货物的相同检验程序和检验等级检验。仓库盘存，仓库保管员日清月结，检查库存物资实际库存数，填报盘点表，账、卡、物、资金四相符。各矿业集团及所属矿（厂）的物资仓储管理做到物有分类，放有条理，排列有序，库容整洁，收发准确，日清月结，账物相符。库房建立月报、季报、年报统计报表制和入库、库存、领用分项建立台账。

湘煤集团对矿区集团及所属各矿（厂）的物资配送进行职责划分。集团物资供应公司负责集中采购物资的到货时间、交货地点、分割数量等工作，统一与供应商联系，并及时通知矿区物资供应公司或子公司接卸货物或按合同规定到供商仓库提货。矿区物资供应公司负责集中采购物资在矿区仓库的装卸、入库验收工作，向集团物资供应公司及物资供应商出具《物资结算清单》等有效单证。矿区物资供应公司督促子公司及时接卸直供物资，负责集中采购物资的仓储管理、物资保管、保养、物资盘存，仓库物资与财务账物相符。

集中采购物资“大宗批量物资”“较大批量物资”，供应商按合同约定直接配送到矿区物资供应公司仓库或物资使用单位仓库。

二、入库验收

2006年10月，印发《湖南省煤业集团有限公司集中采购物资验收暂行管理办法》，至2022年止，股份公司印发《湖南煤业股份有限公司物资计划、验收与结算管理办法》，集团和股份公司5次完善修正集中采购物资验收办法。

物资验收责任主体：矿区物资公司签订合同的集中采购物资，交货地点是矿区物资公司总库，货物的验收责任主体是矿区物资公司仓储部门。矿区物资公司签订合同集中采购物资，交货地点是使用单位，货物验收责任主体是物资使用单位供应部门。

物资到达交货地点，物资验收责任主体单位组织物资验收人员依据合同约定和集团或股份公司物资验收管理办法规定的物资验收依据、物资验收期限、物资的验收人员组成、数量验收方式及方法、质量检验物资入库验收。一般物资，收到物资的当天完成验收，批量较大（单台设备价值50万元以上，批量采购金额100万元以上）物资，收到货物1～2个工作日完成验收。需委托检验及出证的物资，5个工作日内完成检验申报，检验出证后1～2个工作日完成验收，物资收货单位供应部门向物资采购单位、物资供应商或承运商开具“物资收货清单”，或因物资出现数量、质量纠纷，没有协调处理好，出具“物资不能入库验收通知单”。

国债物资的验收责任主体是国债项目的实施单位，实施单位物资供应部门是具体承办部门，组织国债物资的到货清点和初验工作，股份物资供应分公司组织国债物资验收工作总监管和复验。

三、物资代储代销

2007年2月，集团物资供应分公司通过招标、议标或竞争性谈判与供应商签订采购合同，部分物资实行代储代销制度。集团公司统一设置涟邵、资兴、白沙矿区物资供应公司和金竹山矿业公司4个代储点。

2008年4月，集团物资供应分公司重新设定物资经常储备定额、保险储备定额、季节储备定额、特种储备定额，解决存货积压、结构不合理、质量不合格，大量占用现金流，资金周转慢的问题。

2008年4月，落实《湖南黑金时代股份有限公司原煤生产企业物资储备资金考核办法》，物资储备定额分十三大类，核定每一个物资品种的正常储备定额、最高储备定额、最低储备定额，记录到仓储管理系统或保管员台账。

2008年9月，湖南黑金时代股份有限公司物资供应分公司统一设置涟邵、资兴、白沙矿区物资供应公司和金竹山矿业公司、贵州湘能、长沙、湘潭、辰溪矿业公司八个代储点。

2010年11月，集团印发《湖南黑金时代股份有限公司原煤生产企业物资储备资金管理考核办法》，考核原煤生产企业领导班子成员物资储备资金管理工作。具体考核内容：制度管理、物资采购管理、年度平均物资储备资金控制。股份公司在白沙物资供应公司召开代储代销现场会议，学习股份公司代储代销管理办法，白沙物资供应公司、金竹山矿业公司介绍代储代销工作的先进经验。

2011年1月，黑金时代物资供应分公司印发《湖南黑金时代股份有限公司原煤生产企业物资储备资金管理考核办法》，依据集团公司下达股份公司物资储备资金考核指标，分解下达2011年度各子公司物资储备资金考核指标，年底组织考核，按考核结果兑现。

2012—2019年，集团公司下达股份公司物资储备资金考核指标。物资供应分公司分解下达子公司物资储备资金考核指标，年底考核兑现子公司负责人绩效薪酬。

2020—2022年，集团、股份公司开展“两金”压降专项整治工作，每年初，股份公司根据子公司安全生产实际和储备状况，下达储备资金考核指标，实行月通报，季考核，年兑现。各层级物资供应部门综合平衡利库、代储代销、回收复用、修旧利废等管理举措和手段，严控物资计划和储备新增，积极推动积压储备内部调剂消化，2022年12月底，股份公司储备资金3054万元，比年度考核目标3909万元减少855万元。

第五章 市场营销管理

第一节 管理机构

2006年6月，集团公司成立煤炭销售分公司，下设营销部、调运部、财务部三个部室，共有员工12人。同时，撤销原涟邵、资兴、白沙三个矿务局煤炭运销处，成立集团公司涟邵煤炭销售公司、资兴煤炭销售公司、白沙煤炭销售公司，负责履行集团公司赋予的运销管理、服务职能，各矿区煤炭销售公司财务实行独立核算，财务负责人由集团公司财务部委派，其业务隶属集团公司煤炭销售分公司管理。

2006年9月，集团公司所属原煤公司相应成立煤炭销售公司，隶属所在企业，接受煤炭销售分公司和所在矿区煤炭运销公司业务管理。

集团煤炭销售分公司负责煤炭运销管理，制订各项规章制度，对纳入统一结算管理的煤炭购销合同进行签订，对未纳入统一结算的煤炭购销合同实行统一合同谈判；负责建立价格管理体系和市场信息管理体系，下达月、旬销售计划和铁路运输计划及铁路运力衔接和协调；负责纳入统一结算管理原煤公司除由原煤公司负责结算开票回款以外所有用户货款结算和回收；负责对各级煤炭销售部门的考核考评，所属原煤公司年度期末煤炭库存盘底和产量考核确认工作，并做好对内对外协调、服务工作。指导集团公司非煤企业及原煤参股公司煤炭运销管理，并提供计划调运等方面有偿服务。

2007年，集团公司销售分公司市场部负责识别和分析市场机会、研究和选择目标市场、价格研究和定价管理、市场信息研究与管理、月旬销售计划下达与管理、用户管理与评价。

2008年11月，集团公司成立湖南省煤业集团煤炭经贸有限公司（以下简称“经贸公司”），注册资本1000万元。2009年6月，公司投资人变更为湖南黑金时代股份有限公司。2011年6月，公司进行增资扩股，注册资本为人民币1666.67万元，其中：黑金时代股份有限公司出资1000万元，占股60%；陈遴出资666.67万元，占股40%。公司经营范围：煤炭批发经营；煤炭行业及其他行业的投资；法律、法规及国家政策允许的矿产品、金属材料、建材的销售。

2008年，集团公司销售分公司成立销售一部和销售二部，一部负责省内外电煤，二部负责省内外钢煤及市场煤的销售，具体负责合同管理、商务纠纷处理、计质计量协调、货款结算回笼、用户关系维持等客户终端管理。

2009年6月，成立股份公司煤炭销售分公司，与集团公司煤炭销售分公司一套人马，两块牌子。同年9月，成立湘煤洁净煤股份有限公司。

2010年6月，集团公司为提高煤炭运销工作管理效率，规范市场运作，撤销涟邵、资兴、白沙三个矿区煤炭运销公司，其职能合并到煤炭销售分公司，设立涟邵、资兴、白沙三个矿区煤炭运销办事处（以下简称矿区办事处），为煤炭销售分公司派出机构。是年底，煤炭运销实行二级管理，“五统一”管控模式不变。

2011年，集团股份公司煤炭销售分公司内部管理机构进行变更，设立市场部、销售一部、销售二部、调运部、财务部、管理部等六个部室，涟邵、资兴、白沙三个矿区办事处和白沙中心化验室。

2014年4月22日，股份公司成立煤炭销售有限公司，注册资本金为人民币1亿元整，负责开展煤炭贸易业务；与销售分公司一套人马，两块牌子。是年10月，股份公司销售有限公司与销售分公司分设。

2015年5月，股份销售分公司撤销原涟邵办事处、资兴办事处和白沙办事处，整合设立电煤部、钢煤部、市场部、财务部、计划调运部、综合管理部和陈欠货款清收办公室。

2018年3月，自然人陈遴无偿转让所持股份给湖南煤业，集团公司原经贸公司更名为湖南煤业精煤有限公司，正式成为股份公司全资子公司，作为集团公司精煤战略执行机构。

2019—2020 年，股份公司创新营销管理。树立为客户至上理念。优化精煤战略，建立湘南街洞储配煤基地，推进智慧煤仓建设，强化储装运管理，实现对各原煤公司煤仓、装车现场、磅房等重要场所现场管理及煤炭中转运输全程管控，提升监管效率，堵住地销煤装运监管漏洞。2020 年 12 月 9 日，集团公司成立湖南省煤炭大数据有限公司，是集团公司所属全资子公司，为煤炭交易提供数据支撑和智力保障。

2021 年，集团公司制定《煤炭贸易企业整合重组构建煤炭运销大平台改革方案》，原湖南煤业股份销售分公司、精煤公司、煤炭销售公司，湖南省煤炭公司及娄底湘旺煤炭有限公司，省煤炭进出口公司及湖南省湘煤贸易有限公司、湖南省湘煤电煤储备有限公司、湖南省兴旺湘煤能源有限公司，中南煤炭销售公司，以及湖南省煤炭科研院等 10 户企业从事煤炭销售或贸易业务。同时，根据湖南煤炭市场的变革，成立了岳阳铁水公司。是年 4 月，股份公司销售分公司成立煤炭期货部，负责集团公司动力煤期货套期保值业务的具体运营。

2022 年 11 月，集团公司新设成立湖南省煤业集团有限公司市场营销部，负责市场分析研究、市场开拓、营销管理、品牌建设等工作，重点发挥市场风险控制和共享服务定位，履行决策辅助、信息共享、品牌推广职能职责，为集团公司业务板块提供综合市场营销服务。

2016—2022 年，集团公司根据经济形势和市场变化，不断调整经营策略，提出应对战略。积极推动集团公司统一销售大平台建设，确定销售分公司的服务与管理职能，明确精煤公司、销售有限公司、中南运销公司各自定位，完善股份公司煤炭运销管理体系，进一步优化公司业务管控。稳住同煤集团等重点资源，开发山西焦煤等重点资源；寻求与蒙西、陕北、晋西北、晋南等煤炭资源，从根本上突破资源瓶颈的制约。同时，拓展销售市场，发挥信誉优势，利用北方港口集聚资源，拓展到港接列业务；拓展北方港口平仓交货业务；拓展环渤海、长江中下游、“珠三角”“两湖一江”、省内基地等电煤、水泥煤、烟喷煤的直销或合作销售业务，开发西南市场。巩固省内市场，通过优化物流组织，构建可控销售渠道，提高省内市场竞争力，提高区域市场的掌控力和话语权。不断扩大贸易煤规模，打造湖南省最大的煤炭购销平台。

第二节 煤 炭 运 输

2006 年，集团煤炭运销管理在原涟邵、资兴、白沙三个矿区煤炭营销战略、煤炭销售计划与方式、煤炭运输、购销合同、煤炭价格、煤款结算与回收、煤质管理等基础上形成。煤炭销售方式为计划分配、市场销售、自用、地销 4 种。各直属子公司的电煤、铁路运输煤及大宗地销煤均由集团煤炭销售分公司和矿区煤炭销售公司按统一合同管理、统一价格决策、统一计划调运、统一开票结算、统一贷款回笼的“五统一”销售模式组织销售。

2006 年 8 月，集团各子（分）公司电煤、铁路运输煤及大宗地销煤由集团煤炭销售分公司和矿区煤炭销售公司按“五统一”管控模式组织销售。零散小批量地销煤由子（分）公司在集团煤炭销售分公司下达的地销计划内，按集团公司确定的销售价格自主销售。

2010 年，集团公司销售分公司矿区办事处，对内负责本矿区原煤公司煤炭运销业务监督、指导和服务，对外负责分管衔接服务用户的终端管理。销售分公司调运部负责运输计划报审、计划组织执行、运力衔接保障、铁路关系协调、运销调度统计。销售分公司财务部负责销售货款结算回笼、销售费用核算管理、原煤公司货款结算划拨。分公司管理部负责各级销售部门考核考评、煤质监管、劳动工资、基础管理、内务管理。是年，白沙实业永耒铁路分公司铁路运输业务实现货运量 308 万吨；2011 年实现运输 297.73 万吨。

2012 年 2 月，集团公司就岳阳港煤炭储配基地项目与岳阳市政府举行会谈。基地分两期建设，新建煤炭进出口泊位 10 个，动态储存量 300 万吨/年，码头工程吞吐量 1500 万吨/年，占地 1800 亩，总投资 20 亿元。基地储配煤炭通过铁海、海江、铁江联运方式，经“西煤东运”通道、海运通道、长江水路通道、兰渝蒙西铁路运输通道运达。加上 2011 年规划的三大港口、四大储配基地、一个数字加工中心、一个电子商务交易系统，共同构成综合大型物流产业群，具有4000万吨煤炭保障能力。是年，白沙实业永耒铁路分公司铁路运输业务实现货运量270.38万吨。

2013年7月8日，第一列装载由新疆神宇煤业有限公司生产的3036吨煤炭专列抵达资兴焦电股份公司储备基地，标志着集团公司在新疆煤矿“新煤入湘”铁路运输通道正式开通。是年，永耒铁路分公司铁路运输业务实现货运量223.52万吨。

2014年3月，集团公司新重组株洲洁净煤股份有限公司，同时成立中南煤炭运销有限公司。是年，永耒铁路分公司铁路运输业务实现货运量225.55万吨。其中，2014年运量构成是耒阳电厂57.94万吨，地方煤矿41.68万吨，南阳矿业48.44万吨，白山坪矿业21.29万吨，兴源矿业27.71万吨。

2015年，集团公司所属原煤公司煤炭销售是本企业煤炭销售业务的主体，在矿区办事处统一组织下，负责与铁路方签订运输、安全、专线维护等协议并组织实施。负责所在发站日常运输协调和车务段衔接，铁路运费核对和结算。负责专用线及储、装、运、配系统运行和设施管理，完成销售统计。及时、准确、全面地向矿区办事处和销售分公司报送产量、销量、库存、装车、市场信息。

2016年，集团公司经过近两年的艰难谈判，7月与铁路部门就铁路货物运价优惠政策达成一致意见并签订优惠协议，在完成120万吨运量后，有史以来第一次为股份公司带来611.42万元的铁路运费返还。

2017年6月下旬，集团股份公司销售有限公司强强联手布局西南市场。与重庆秦经实业、重庆铁路物流等企业联手，共同打造河市坝电煤储转中心。初步形成辐射四川、重庆、湖南、湖北、云南、贵州等省份用煤市场的服务平台，满足区域市场不同客户对煤炭品质差异化需求。

2017年，株洲洁净煤公司与南方物产股份有限公司拟定2017年后三个季度合作方案，签订90万吨的船运煤炭销售合同。是年6月6日，股份公司煤炭销售有限公司湖南省内销售基地项目在岳阳城陵矶港正式启动。在株洲、衡阳、娄底和永州四市设立区域煤炭销售基地，协同合作商开展区域性代理煤炭批零兼营新销售业务。6月13日晚上，股份公司煤炭销售有限公司组建以来第一列水运转铁运的运煤专列开出岳阳城陵矶码头，从此，湖南省内项目不再是片面的地域销售，而是辐射全省煤炭用户的能源供应保障平台。

2018年，集团股份公司销售有限公司提出“一主两翼”营销战略，与山东能源新矿内蒙古能源公司、兰州铁路局驰创物流公司，达成三强联手，共同拓展西南煤炭市场。是年8月16日，宁夏中宁站一辆发往云南曲靖马龙县货场的煤炭专列发运，标志着股份公司煤炭销售推进西南市场。

2006—2022年，资兴矿区生产的煤炭，主要靠许－三支线铁路运输，占总产量的87%以上。铁路专用线有：唐洞、羊洞专用线，局总库材料线，鲤鱼江下河线，洗煤厂专用线，周源山矿的下湘专用线，宇字矿装车股道延长等七条铁路专用线。线路总长为12.668千米，形成完整的装运系统。资兴矿区的装车设施，经过不断改善，实现装车机械化。

2006—2022年，马田矿业公司建有11.5千米762轻便轨专用运输线，贯通该公司下辖所有矿井，配有内燃机车4台，14吨煤车22台，用于内部煤炭运输。建有原煤筛分楼，有3千米标准轨距铁路，与京广线马田镇火车站相连，承运全公司外销煤炭，运输能力为80万吨/年。

2022年8月4日，集团公司与岳阳市政府就岳阳铁水集运煤炭储备项目共同签署战略合作协议。该项目是北煤南运大干线浩吉铁路的集疏运配套系统是湖南省重点建设项目、国家煤炭战略储备项目和铁路专用线重点建设项目，也是集团公司构建全省能源保障主平台、实现转型升级、提质改造的关键核心项目。11月26日，项目基地工程第一期开工建设。项目全部完成后，年周转煤炭2200万吨，实现铁路与水路互转运输。

第三节 煤 炭 销 售

2006年12月，集团公司所属子（分）公司煤炭销售按新运行体制全部调整配备到位，“三定”（机构、职能、编制）工作已全部完成。煤炭销售工作保持连续性，实现有效衔接和平稳过渡。集团公司的煤炭销售是自产煤的销售，全年完成煤炭销售639.75万吨。

2007年，销售价格大幅上涨，集团公司完成销售煤炭660.08万吨。2008年，销售煤炭698.61万吨。2009年，销售煤炭746.25万吨。2010年，销售煤炭741.36万吨。

2011年，集团公司成功组织煤炭产需衔接座谈会。通过多方协调，取得重点电厂的认同，确定电煤基价不变，创新合同管理，推行客户分类管理、客户分类定价的管理方式，实现将“超承兑比率实行价外贴现控制”“白沙矿区交替计质计量”纳入合同签订。是年，销售煤炭784.69万吨。

2012年2月，在陕西煤化工集团2012年煤炭订货会上，洁净煤公司签订40万吨电煤供应合同。是年，集团公司恢复因调煤保电而中断合作两年多的坪石B电厂和湖南湘衡盐化老用户，新开拓柳州化工、江西双强化工大型直供用户。集团公司全年销售煤炭784.63万吨。

2013年，股份公司重新修订《合同管理办法》，制定《煤炭库存盘测管理办法》，购买盘煤仪并投入使用。制订《关于明确客户分类管理及承兑比例控制的通知》，防范市场风险。制定《股份公司单批煤最低煤质指标管理办法》，完成白沙中心化验室国家一级煤质采制化资质，加强煤质管理。是年夏季完成10万吨调煤保电任务。长株潭地区是湖南省经济最发达的区域，周边50千米范围内有株洲电厂、湘潭电厂和长沙电厂，200千米范围内有益阳电厂、岳阳电厂、金竹山电厂、耒阳电厂等电煤用户，年需求电煤量在3000万吨以上。是年，集团公司销售煤炭784.04万吨。

2009年9月—2014年3月20日，株洲洁净煤公司入洗原煤264.72万吨；销售主焦煤154.81万吨；实现工业总产值23.17亿元，累计实现利税4698.6万元。

2014年，集团公司销售煤炭677.99万吨。2006—2015年，全集团公司累计销售煤炭7134.77万吨。其中：2011年至2015年的“十二五”期间，集团公司煤炭产销量3830万吨，比“十一五”增长35.7%，累计上缴利税49.22亿元，比“十一五”增长69.3%。

2015年，煤炭销量594.22万吨。2006—2015年，全集团公司累计销售煤炭7134.77万吨。

2016年，集团公司市场营销部门精准研判形势，抢抓市场机遇，先后十余次调价；主动出击，争取新用户。全年省内原煤公司销售煤炭471.65万吨，产销率101.2%，实现销大于产；到2016年12月31日为止，股份公司账面库存12.3万吨，同比减少7.5万吨，省内原煤公司有效库存仅为2.27万吨，库存煤得到有效降低。截至2016年12月末，在煤炭价格和销售收入均大幅增长的情况下，股份公司应收（煤炭）货款实际为47365万元，较年初仍减少9423万元，减幅16.59%。

2017年，集团公司实施科学定价策略，按照“控价、保价、稳价、调价”的思路，根据市场变化及时调整煤价，最大限度地保证集团公司利益。商品煤综合售价比上年涨幅50.4%。是年，全集团销售煤炭431.65万吨。

2018年，集团股份公司煤炭销售有限公司合理调整销售结构，外销煤炭439.35万吨，并保持煤价高位运行，实现营销收入兑现目标，创造公司成立以来历史新纪录。2019年，集团公司销售煤炭442.74万吨。

2020年，集团公司面对疫情的严峻挑战，采取“十指发力，握指成拳”的措施，成功应对市场冲击，经济运行稳中向好。全年销售煤炭453.01万吨，全国煤炭行业排名跃升至第41位。

2021年，集团公司坚持向市场要效益，巩固传统市场，开拓新市场，市场占有率不断提高。煤贸市场辐射中南、西南市场规模效益稳步增长，全年实现煤炭销量469.12万吨；累计发运电煤226万吨，履行能源保障主平台责任使命。

2022年，集团公司销售煤炭497.78万吨，比2017年销量增长83.74万吨，增加184%；营收增长21.09亿元，增长516%；利润由2017年的111万元，增长至2022年的1118.59万元，增长1008.18万元，增长率为913%。

2006—2022年，集团股份公司每年年初或年底都组织召开上年度运销业务考评和当年煤炭销售工作会议，总结上年度销售工作，表彰在销售工作中做出突出贡献的先进集体和个人，安排布置新年度的煤炭销售任务，并与合作单位交流，签订煤炭销售供需双方协议，舞活销售龙头。

第四节　煤炭贸易

2006年，集团公司最大的贸易就是煤炭销售，各原煤单位都有自己的销售公司。最大优势也是煤炭销售，拥有多种销售渠道和长期固定的用户。

2009年，集团公司完成购销煤炭51.96万吨，销售收入3.45亿元，实现净利润111.28万元。

2012年，集团经贸公司投资2000多万元在湘南煤都耒阳兴建了洗煤厂，设计年生产能力为45万吨，是公司经营冶金煤基地。是年，集团公司完成购销煤炭77.65万吨，销售收入6.08亿元，实现净利润195.7万元。

2013年，在煤炭市场低迷的情况下，集团公司逆势而上，完成购销煤炭90.03万吨，实现销售收入6.28亿元，净利润254.94万元。

2014年，集团公司完成购销煤炭94.57万吨，实现销售收入5.98亿元，净利润314.56万元。增加贸易煤量100万吨，增加销售收入近5亿元；为解决洁净煤公司资源瓶颈问题，引进陕煤化集团，对洁净煤公司进行重组，成立中南煤炭运销公司，实现“资源”与“市场”优势互补，促进洁净煤公司和煤炭物流发展。

2009—2014年，集团公司洁净煤广辟煤源，推进战略合作。先后与淮北、淮南、潞安、新汶、淄博、临汾等煤炭企业签订煤炭购销合同。主要客户遍及本省电力、冶金、建材，化工行业，包括益阳电厂、湘潭电厂、耒阳电厂、湘衡盐矿、南方水泥、智成化工、泰格林纸等企业，并拥有广东、江西等地的冶金、电力、化工等行业，包括韶关电厂、韶关钢厂、丹霞冶炼厂、广西柳州化工厂、江西的余钢厂等大中型企业用户。

2009—2014年，集团公司经贸公司组织一支业务能力过硬的营销团队，形成煤炭购销网络和管理体系，经营涉及冶金、电力、建材、化工等行业，与广东韶钢松山公司、湖南华菱湘潭钢铁公司、新余钢铁集团公司、广西柳州钢铁（集团）公司、江西萍钢实业公司、南昌钢铁公司、湖南华菱涟源钢铁有限公司、萍乡焦化公司、益阳电厂等大型用户保持精煤和电煤销售业务。

2015年，集团公司加大煤炭贸易力度，发挥煤炭销售有限公司、经贸公司优势，理顺洁净煤公司和中南煤炭运销公司体制，完成煤炭贸易200万吨，实现收入8.86亿元。经贸公司已成为湖南省重点煤炭经营企业，经营销售规模名列湖南省400余家煤炭批发经营企业前茅。

2016年，集团股份销售有限公司创新商业合作模式，优化供销市场布局，上半年，实现煤炭贸易销量174.5万吨，销售收入5.46亿元，比上年同期增加销售收入3.6亿元。实现煤炭贸易同比增收13.8亿元。

2017年，集团公司推行精品煤战略，各原煤公司高度重视与精品煤战略相关的精煤、次精煤及其他可入洗原煤的生产加工力度，千方百计提升相关煤种的产量，其中，红卫、南阳、白山坪、湘永公司精煤、次精煤率大幅提升至78%以上，在全面提升公司商品煤质量、增加企业效益的同时，也为精品煤战略的顺利推进打下了坚实的资源基础。继续深挖白沙中心化验室国家一级采制化资质。在加强集团公司内部煤质管理方面，中心化验室共对股份公司外运商品煤进行了791次检测，出具检测报告600余份，对各原煤公司装车点的煤质进行了288次抽检，为各原煤公司提供煤样检测服务86次，并及时将各类检测结果反馈给原煤公司，煤质检测数据及时、准确。

2018年，集团公司全年完成贸易煤销售674.36万吨。股份公司完成营业收入74.07亿元，实现利润2.59亿元。

2018年，集团公司向销售分公司提供500万动力煤期货套期保值业务专用资金，正式启动动力煤期货套期保值业务。

2019年，集团公司积极开拓周边省份市场，煤炭贸易客户遍及中南、华南、西南地区，市场影响力不断提升，全年完成煤炭贸易量635.39万吨。

2020年，集团公司加强与云煤集团公司的战略合作，作为其云南省优质主焦煤外省销售的唯一代理商，并享有优先组织外省资源向云南省煤炭交易中心终端用户供煤的权利，实现抱团发展，合作共赢。重回北方港资源市场，在4—5月市场低迷时危中寻机，主动对接同煤大友、神华中高硫等价格政策优惠资源，拓展港口现货资源渠道；进而抓住5月电厂集中放标、煤价指数快速反弹机会，加大与华电煤业合作力度，仅5月实现中标交货130万吨，极大提升了贸易量。与山东能源内蒙古公司对接，启动了浩吉铁路沿线矿点资源发往长沙电厂等市场；与华电煤业合作，协调海则滩集运站实现首列发运，开辟出新的“两湖一江”市场特别是省内电煤、水泥资源保障渠道；陕蒙片区顺利完成公司自有铁路户头从罕台川北发运到曹妃甸港交下游客户第一列，突破自主请车发运的业务能力，填补了陕蒙片区发运至北方港业务的空白。是年集团公司牢牢把握运营权变，紧盯钢铁、电力两大行业，稳住煤炭销售主渠道；立足湖南，面向全国，不断拓宽贸易渠道、扩大贸易规模，强化与云煤、山东能源、山西焦煤集团公司的战略合作，全年完成贸易煤942.18万吨。集团公司获评“2020中国煤炭运销企业50强”和“2020中国煤炭运销卓越品牌”。

2021年，集团公司建成煤炭大数据中心，形成“立足湖南、辐射华中、面向全国”具有公信力的大数据综合服务平台，做强煤炭贸易。销售部门迅速应对市场，调整用户结构，引进市场战略客户，鼓励各原煤公司开发市场用户，搭建了电煤及钢煤、市场战略、市场散户三级用户销售体制，灵活调整各用户销量，通过不同等级用户间的相互牵制，形成了以电煤用户为发动机、市场战略用户为增压器、散户为推进器的动力系统，并将搜集到的数据与公司自身煤炭运销系统数据相结合，建立煤炭销售大数据库，实时更新各类煤炭销售及市场信息，并尝试开展数据可视化分析工作，为公司领导制定营销决策提供更直观的数据支撑。是年，集团公司完成煤炭贸易710.89万吨，完成商品煤销量1230.3万吨。

2022年，集团公司拟定了市场营销制度建设计划并着手起草相关管理制度和流程，制订市场营销部“十四五”工作规划，各项工作逐渐步入正轨。4月7日，湖南省煤炭大数据中心首次启动公开竞价交易，华电煤业集团公司8800吨优质混煤以线上最高价成交。全年完成煤炭贸易604.51万吨。

第五节 品 牌 管 理

2008年9月，湖南省政府第12次常务会议，决定做强做大湘煤集团公司，打造湖南省能源保障主平台。集团公司提出开发“洁净煤”的新思路，并于2009年9月，成立湘煤洁净煤股份有限公司，通过洗选、筛分、脱硫等技术，将传统意义的污染重的煤炭转化为洁净燃料，成为“两型”社会建设的一项重要产业。

2009年9月—2014年3月20日，株洲洁净煤公司入洗原煤264.72万吨；销售主焦煤154.81万吨。

2015年，集团公司加强煤质管理，及时调整工作面布局，各原煤公司引进先进技术，改善开采工艺，加大原煤筛选加工系统革新改造，增加煤炭品种，延长煤－焦－化产业链，增加煤的深加工附加值，提高企业经济效益。

2016年，集团公司煤炭销售靠品牌拓展市场，靠煤质留住客户，靠科学调配品种，煤炭市场话语权得到显著提升。由于股份公司供钢厂的精品煤量大幅增长，市场份额得到有效提高，在与钢厂的议价能力上也得到了提升。市场煤价格得到有效稳定和上调。受洗煤中间商对原煤需求量增加的影响，各相关原煤公司市场煤供应量下降，进一步刺激市场煤紧张的供需形势；受钢煤市场话语权提升，市场煤价稳定上调影响，电煤价格也得到有效稳定，集团公司整体效益得到提升。

2017年，动力煤市场弱势运行，集团公司优化产品和客户结构，实施精品煤战略，提高精煤销售比例。累计向省内外钢厂销售精品煤135.42万吨，同比增加52.78万吨，增幅59.7%。充分利用内部自有洗煤厂（经贸公司、焦电公司）和外部有实力的洗煤企业，最大限度整合洗出精煤产品，通过股份公司销售平台整体销往省内外钢厂。用于加工精煤的入洗量同比增加 78.89 万吨，净增收 9478 万元。

2018 年，集团公司实行政策倾斜，鼓励精煤公司做好精品煤战略，提升经济总量。首先做大精品煤总量；同时整合资源，提升价值。在供给端，利用国有平台，整合民营煤矿及民营洗煤厂生产能力，扩大煤炭洗选量和精品煤产出量。在销售端，实行机制创新，发挥规模优势和民营公司机制灵活的长处，实现强强联合。累计向湖南省内外钢厂销售精品煤 133.3 万吨。

2018 年 7 月，南阳公司实施“精品煤”战略，煤炭分仓、分运、筛选，抓住煤质，合理销售，公司精煤和次精煤率达 68%，增加营业收入 3.16 亿元。被评为全国煤炭工业先进集体。是年 1—8 月，街洞公司销售精煤 7 万多吨，占总销量的 55%，其中通过配销多增精煤 6000 多吨，增利 600 万元。红卫公司用精品抢占“制高点”，效益逆势上扬。

2019 年 3 月 13 日，集团公司精煤公司与柳州钢铁集团公司洽谈贸易合作事项。为此，集团从工作面设计、生产现场、洗选加工、存储洗运等环节着手，全面加强煤质管控。同时，根据客户需求，实施产品创新，开发烧结煤、贫瘦喷吹煤等品种，改革洗煤工艺，提升精煤品质，得到钢厂等战略客户的充分肯定。

2020 年，集团公司坚定不移地实施精品煤战略，完成街洞储配煤基地建设，形成稳定的精煤、次精煤产出，与韶钢建立战略合作伙伴关系。

2020 年，集团公司在“2021 年度全国煤炭交易会暨中国太原煤炭交易大会”上，荣获 2020 年中国煤炭运销系列品牌榜四大奖项，分别为“2020 中国煤炭运销企业 30 强”“2020 中国煤炭运销卓越品牌”“2020 中国煤炭运销突出贡献企业”；肖振林荣获“2020 中国煤炭运销优秀管理人物”。

2021 年，集团公司采取深耕传统市场、开拓新市场、细分市场等措施，市场占有率不断提高。股份公司发挥资源、区位和人脉优势，实施精品煤战略，煤炭业务辐射中南、西南市场，规模效益稳定增长。

2017—2022 年，集团公司针对钢煤市场全力推进“精煤战略”，组织开展品牌创树活动。精品煤公司研究配比出干燥基灰分 11.0%、干燥基全硫 0.60%、干燥无灰基挥发分 7%、全国最高的哈氏可磨系数大于 100 的统一标准的“湘喷 1 号”精品煤，在激烈的市场竞争中脱颖而出。五年共销售精煤 717 万吨，实现营收 85.29 亿元，实现利润 3128.8 万元。一些煤矿自建洗煤厂，销售优质精煤。其中，牛马司矿业生产的精煤主要提供给湖南华菱钢铁股份有限公司，年销售量为 6 万吨。资兴焦电公司最多年外销精煤达 8 万吨。

第六章　建　设　管　理

第一节　管 理 体 制

一、机构及人员

2007 年 4 月，集团公司成立工程管理部，负责重大项目施工建设管理，新建、改扩建、技术改造项目建设工程造价、施工技术、工程质量、施工进度、施工安全管理。工程部配备 5 人，其中：部长 1 人，副部长 1 人，工程管理 1 人，工程造价管理 2 人。

2017 年 9 月，集团公司总部机构改革，总部不设工程管理部，股份公司设工程管理部，人员编制不变。

2022 年 10 月，集团公司总部机构改革，集团总部增设工程管理部与股份公司工程管理部合署办公，一套人马，两块牌子，人员编制不变。

二、项目管理

2007 年，新建、改扩建、技术改造、国债等建设工程项目实行集团公司统一决策、矿区安全生产管理局、项目单位分级、分层次管理的管理体系。

集团公司全过程管理、监督、服务和考核工程建设项目，矿区安全生产管理局监管辖区内新建、改扩建、专项、国债项目的安全管理工作，实行安全监督管理，履行安全管理职能，项目单位是项目建设管理的责任主体；全过程负责项目立项、融资、建设、生产经营、还本付息以及资产保值，承担投资风险；对项目建设规模、投资总额、工期、工程质量、安全管理负责。

2010 年，集团公司新建、改扩建、专项、国债工程项目、专项工程计划投资 50 万元以上的地面建筑安装工程（含新建、改扩建、改造）实行统一决策、分级管理的管控模式。

2017 年，股份公司建设工程项目实行一、二类项目分级管理模式，一类项目是国家部委、省人民政府有关部门审批、核准、备案的基本建设（新建、改扩建）及技术改造项目；二类项目是集团公司批准的地面建筑安装专项工程项目。

2022 年，集团公司建设工程项目实行一、二类项目分级管理模式。建设单位是工程建设责任主体，承担项目管理职责，组建项目管理机构。集团公司直接组织实施的项目，集团公司组建项目管理机构、履行建设单位项目管理职责。一类项目管理制度全面覆盖项目安全、质量、进度、造价、采购、合同、文档等管理内容，明确项目管理目标、职责划分、工作流程，并报集团公司备案。二类项目管理制度由建设单位制定执行。

集团公司建设管理职责：负责一类项目管理制度备案管理；审查项目初步设计（含安全设施设计）、施工图设计；审批项目概算、预算（工程施工招标控制价）和工程竣工结算；负责工程建设项目招标管理；负责合同备案管理；审批一类项目实施方案；负责开工报告备案管理；审查煤矿建设项目联合试运转方案；监督煤矿建设项目单位工程竣工验收，办理煤矿建设项目单位工程质量认证；组织煤矿单项工程竣工验收；检查建设单位安全、质量、进度、造价管理情况；指导项目文件资料收集、整理和归档工作。

建设单位建设管理职责：负责制定项目管理制度，以及一类项目管理制度的报备工作，组建项目管理机构；组织编报项目初步设计（含安全设施设计）、施工图设计；编报项目概算、预算（工程施工招标控制价）和工程竣工结算；组织编报集团公司负责招标项目的招标文件，负责组织集团公司授权的工程建设项目招标，负责项目合同管理和报备；编报一类项目实施方案，负责开工报告的报备；负责建设工程安全、质量、进度、造价等管理；编报煤矿项目联合试运转方案，组织项目试运行；组织煤矿建设项目单位工程竣工验收，负责向湘煤质监站申请煤矿基本建设项目单位工程质量认证；负责煤矿单项工程竣工验收各项准备工作；负责项目文件资料收集、整理和归档工作。

三、设计管理

2007 年，建设项目经正式批准立项后，总投资 1000 万元以下的建设项目，项目单位委托具有相应资质设计单位，编制初步设计文件。项目总投资 1000 万元以上的建设项目，集团公司工程管理部组织招标确定设计单位。

新建、改扩建煤炭项目初步设计审查程序及项目开工建设程序：设计单位完成初步设计→项目单位审查→矿区安全生产管理局初审→工程管理部组织相关部门和专家会审→集团公司董事会批准→省、地级行业主管部门审批→集团公司批转→项目单位执行→设计单位进入施工图设计→单项工程施工组织设计→集团公司工程管理部审批施工组织设计→工程招标→签订施工合同→进入施工准备阶段。

非煤项目新建、改扩建初步设计审查及项目开工建设程序：设计单位完成初步设计→项目单位审查→集团公司工程管理部组织相关部门和专家会审→集团公司董事会批准→省、地级行业主管部门审批→集团公司批转→项目单位执行→设计单位进入施工图设计→编制单项工程施工组织设计→集团公司工程管理部审批施工组织设计→工程招标→签订施工合同→进入施工准备阶段。

安全专篇审查管理程序：项目单位按照批准的初步设计委托有资质的单位编制→项目单位审查→矿区安全生产管理局初审→经集团公司安全监管部组织相关部门和专家会审→省、地级安全监管主管部门审批→集团公司批转→项目单位执行。

2018年，建设单位按照国家法律法规及集团公司招标管理相关规定，委托相应资质的设计单位依据可行性研究报告确定的建设规模、产品方案、工程标准、建设地址和总投资等基本条件编制建设项目初步设计。一类项目初步设计（含概算）审查流程：设计单位编制初步设计→建设单位内部审查→矿区安全生产管理局初审（限煤矿建设项目）→工程管理部组织相关部门和专家会审→股份公司总经理办公会批准→集团公司党委会审议→集团公司董事会决议→地方行业主管部门审批→股份公司批转→建设单位执行。二类项目初步设计（方案设计）由建设单位编报，经股份公司有关部门审查后，报股份公司总经理办公会审批。

依据初步设计编制施工图设计，一类项目施工图设计文件审批流程：设计单位设计施工图→建设单位初审→有资质的施工图审查机构审查（行业主管部门有强制性要求的）→工程管理部组织相关部门和专家会审→股份公司备案。

2022年，建设单位按照国家法律法规及集团公司招标管理相关规定，委托相应资质的设计单位依据可行性研究报告确定的建设规模、产品方案、工程标准、建设地址和总投资等基本条件编制建设项目初步设计。一类项目初步设计（含概算）审查流程：设计单位编制初步设计→建设单位内部审查→矿区安全生产管理局初审（限煤矿建设项目）→工程管理部组织相关部门和专家会审→集团公司总经理办公会批准→集团公司党委会审议→集团公司董事会决议→地方行业主管部门审批→集团公司批转→建设单位执行。二类项目：建设单位编报初步设计（方案设计）建设单位编报，集团公司有关部门审查，报集团公司总经理办公会审批。

依据初步设计编制施工图设计，一类项目施工图设计文件审批流程：设计单位编制施工图设计→建设单位初审→有资质的施工图审查机构审查（行业主管部门有强制性要求的）→集团公司工程管理部组织相关部门和专家会审→集团公司分管领导审定→集团公司总经理审批。二类项目施工图设计文件由建设单位审查，报集团公司备案。需地方建设行政部门审批的项目由建设单位报审。

四、施工组织设计管理

2007年，单项工程：项目单位按照批准的初步设计组织编制单项工程施工组织设计→工程管理部组织专业人员会审→工程管理部批复→项目单位执行→项目进入施工建设阶段。单位工程：施工单位依据初步设计、施工图组织编制单位工程施工组织设计→项目单位组织审批→报矿区安全生产管理局、工程管理部备案→开工建设。重点单位工程集团公司工程管理部组织审查。

2018年，初步设计批准后，建设单位做好准备工作，编制项目实施方案。一类项目实施方案报股份公司审批，审批流程：项目实施方案→工程管理部组织相关部门会审→股份公司分管领导审定→股份公司总经理审批。二类项目实施方案，建设单位制定执行。

2022年，初步设计批准后，建设单位做好准备工作，编制项目实施方案。一类项目实施方案报集团公司审批，审批流程：项目实施方案→工程管理部组织相关部门会审→集团公司分管领导审定→集团公司总经理审批。二类项目实施方案，建设单位制定执行。

五、招标管理

2007年，集团公司工程建设项目勘察、设计、施工、监理以及与工程建设有关的主要设备、材料等的采购实行招标。工程项目招标实行分级管理，单位工程造价30万元以上（含30万元）的工程项目实行施工招（议）标，单位工程造价30万元以下的工程项目议标或直接以总价包干形式发包签订施工合同。集团公司组织省内、外单位工程总造价100万元及以上的项目招标。项目单位组织单位工程总造价100万元以下的项目招标。集团公司负责所有项目的勘探、监理及项目总投资在1000万元以上设计招标。工程项目勘探、设计、施工、监理招标采用邀请招标方式。集团公司设立工程招标机构、评标专家库，自主组织招标、评标活动。

2014年，原煤公司、实业公司经集团公司董事会批准的省内外新建、改扩建建设和国债投资项目；集团公司工程建设的勘察、设计、施工、监理以及与工程建设有关的主要设备、材料等的采购实行招标。集团公司设立工程招标机构和评标专家库，工程招标管理办公室设集团公司工程管理部，负责日常事务及集团公司工程招标管理工作。集团公司组织省内、外单位工程总造价100万元及以上的项目和所有项目的勘探、监理及项目总投资1000万元以上设计招标，项目单位组织单位工程总造价100万元以下的项目招标。主要设备、材料的招标执行照集团公司物资供应采购招标管理办法的规定。

2018年，《必须招标的工程项目规定》规定的工程项目进入湖南省公共资源交易平台交易。招标代理机构按集团公司相关规定选定。实行股份公司、建设单位两级负责的招标工作管理体制。股份公司负责招标文件报地方政府招投标监管部门审批前的备案管理，审批工程建设项目招标控制价；配合地方政府相关部门监督招投标活动；中标候选人备案管理；负责由建设单位组织招标项目的备案管理。建设单位主要编报招标文件及工程建设项目招标控制价；参与、配合招标代理机构招标工作；根据评标结果确定、报备中标候选人；负责对未达到必须招标规模标准的工程建设项目组织招标并报备。

2020年，集团公司及所属单位的招标业务，委托湖南能投招标代理有限公司组织招标。

2022年，实行集团公司、建设单位两级负责的招标工作管理体制。《必须招标的工程项目规定》规定的工程项目进入湖南省公共资源交易平台交易。国家部委、省人民政府有关部门审批、核准、备案的基本建设（新建、改扩建）及技术改造项目；集团公司批准的地面建筑安装专项工程项目；施工单项合同估算价100万元以上；重要设备、材料等物资的采购，单项合同估算价50万元以上；勘察、设计、监理等服务，单项合同估算价在30万元以上；项目总投资额在1000万元以上的工程项目进场、公开招标。

第二节 制度建设

2007年，印发《湖南省煤业集团公司工程招标管理办法》《湖南省煤业集团公司建设工程概、预、结算管理办法》《湖南省煤业集团公司建设项目设计变更及工程签证管理办法》《湖南省煤业集团公司建设项目自营施工结算管理办法》《湖南省煤业集团公司建设项目经济合同管理办法》《湖南省煤业集团公司基建计划管理办法》《湖南省煤业集团公司基建统计工作管理办法》。

2008年，印发《湖南省煤业集团公司新开工项目管理暂行办法》。

2009年，印发《湖南省煤业集团公司工程建设项目管理办法》《湖南省煤业集团公司建设工程文明施工管理办法》《湖南省煤业集团公司建设工程质量管理办法》《湖南省煤业集团公司工程建设融资管理办法》《湖南省煤业集团公司工程技术咨询及工程招标评标专家库管理办法》等管理制度。修订印发《湖南省煤业集团公司工程招标管理办法》《湖南省煤业集团公司建设工程概、预、结算管理办法》《湖南省煤业集团公司建设项目设计变更及工程签证管理办法》《湖南省煤业集团公司建设项目自营施工结算管理办法》《湖南省煤业集团公司建设项目经济合同管理办法》《湖南省煤业集团公司基建计划管理办法》《湖南省煤业集团公司基建统计工作管理办法》等制度文件，建设项目从初步设计及概算、开工、施工、竣工验收及竣工结算全过程实行制度规范管理。

2010年，集团公司以“深化拧毛巾、降成本活动，全面加强基础管理建设”为主题，以优化流程为主线，以制度建设为重点，进一步夯实基础、强化管理，全面提升集团的管理能力和管理水准。全面、系统修订《湖南省煤业集团公司工程建设项目管理办法》《湖南省煤业集团公司建设工程文明施工管理办法》《湖南省煤业集团公司建设工程质量管理办法》《湖南省煤业集团公司工程招标管理办法》《湖南省煤业集团公司建设工程概、预、结算管理办法》《湖南省煤业集团公司建设项目设计变更及工程签证管理办法》《湖南省煤业集团公司建设项目自营施工结算管理办法》《湖南省煤业集团公司建设项目经济合同管理办法》等管理制度。

2011年，印发《湖南省煤业集团公司基本建设项目预算编制管理办法》。

2013年，印发《湖南省煤业集团公司建设项目工程合同管理办法》《湖南省煤业集团公司建设工程质量监督管理办法》《湖南省煤业集团公司建设项目设计及工程签证管理办法》《湖南省煤业集团公司建设工程概、预、结算管理办法》《湖南省煤业集团公司基本建设计划管理办法》《湖南省煤业集团公司建设项目造价咨询机构选聘管理办法》《湖南省煤业集团公司工程建设项目管理办法》《湖南省煤业集团公司工程招标管理办法》《湖南省煤业集团公司基本建设统计工作管理办法》《湖南省煤业集团公司建设项目决算超概算、超预算处理暂行规定》。

2014 年，根据国家建设工程发包的规定，修订印发《湖南省煤业集团有限公司工程建设项目招标管理办法》，印发《湖南黑金时代股份有限公司煤矿改扩建项目自建工程预算、结算管理办法》。

2017 年，总部机构改革，集团公司不设工程管理部，股份公司设工程管理部，印发《湖南黑金时代股份有限公司工程建设项目管理办法》《湖南黑金时代股份有限公司工程建设项目招标管理办法》《湖南黑金时代股份有限公司工程建设项目概算、预算、结算管理办法》。

2022 年，印发《湖南省煤业集团有限公司工程建设项目管理办法》《湖南省煤业集团有限公司工程建设项目招标管理办法》《湖南省煤业集团有限公司工程建设项目概算、预算、结算管理办法》。

第三节　工期、质量、造价管理

工期、质量、造价管理是工程建设管理的核心，质量优、造价低、工期短是工程建设管理的目标。

一、工期管理

做好建设项目开工前期准备工作，按时开工建设；进场公开招标，选择能攻善战的施工队伍；采用目标工期倒逼工程进度、组织关键线路施工攻关的施工管理模式，高速高质量完成施工任务，实现工期管理目标。

（一）做好征用土地、办理“四证”等前期准备

2010 年，湖南省发展改革委批准湘煤集团棚户区治理项目，新建小区 36 个，新征建设用地 8 宗，征用土地 2194.84 亩。根据省政府湘政发〔2010〕5 号文精神，项目单位向项目所在地政府申请建设用地，协商项目位置、价格、交地标准、交地时间，签署土地转让协议。项目所在政府关心、支持新棚户区治理项目，积极推进土地报批、征地拆迁和土地划拨及“三通一平”工作，大部分项目按合同约定时间和标准交付用地，但也有个别项目推迟交地，项目不能按期开工建设。

2011—2012 年，金竹山、牛马司、洪山殿、资兴实业、宝源、周源山、湘永、马田、街洞、嘉禾、白沙矿区联平新城（红卫、南阳、白山坪）棚户区治理项目开工建设，2013 年，集团公司集中推进“国有土地使用证”“建设用地规划许可证”“建设工程规划许可证”“建筑工程施工许可证”四证的办理。2013 年底，开工建设的 24 个小区办齐“四证”。

（二）公开招标，选择国家一级及以上施工企业保工期目标

2008 年，铜角湾煤矿实施改扩建，生产能力由 7 万吨/年提升到 21 万吨/年。井口标高 +128 米，井底标高 -550 米，井筒直径 6 米，立井井筒深度 700.6 米，单层双车罐笼，樽式钢架结构井架，设计概算 1.5 亿元。矿建工程施工总承包湖南楚湘建设工程集团有限公司中标施工。2008 年 11 月开工建设，组织立井井筒关键线路施工攻关，2009 年 12 月立井井筒成巷 113 米，创湖南立井掘进最高纪录。2010 年 9 月改扩建工程联合试运转。

2011—2012 年，棚户区治理工程项目委托湖南省公共交易中心公开招标，湖南高岭建设集团有限公司、湖南省第五建筑工程公司、湖南楚湘建设工程集团有限公司等房屋建筑工程施工总承包特级或一级企业中标施工。至 2020 年 11 月，湘煤集团公司 13 个棚改项目按合同约定工期提前竣工。新建住宅 23030 套，交房、交证给棚改业主。

2013 年，伍家冲煤矿改扩建工程公开招标，矿建工程施工总承包一级湖南楚湘建设工程集团有限公司中标施工。组织立井筒关键线路施工攻关，1 月 17 日开工，5 月份，立井井筒井身段成巷 137.9 米，刷新省内煤矿立井掘进单进最高纪录，11 月底，立井井筒落地。

2018 年，白沙光伏发电采购及施工（PC）总承包委托湖南省公共交易中心公开招标，湖南

红太阳新能源科技有限公司中标。一期工程，装机容量5.74兆瓦，2018年10月下发开工令，2019年3月，竣工验收合格。二期工程，装机容量5.81兆瓦，2022年5月开工，6月电站并网，7月全容量并网试运行。

湖南岳阳铁水集运煤炭储备项目分为码头工程、基地工程和铁路专用线工程三部分，其中，码头工程、基地工程分二期建设，码头工程（一期）：吞吐煤炭1090万吨/年，新建5000吨级进口煤炭泊位1个、3000吨级出口煤炭泊位2个（水工结构均兼顾万吨级），2020年12月委托湖南省港务集团代建，签订委托代建合同，2021年4月开工建设，2022年6月完成主体工程施工，2022年11月完成交工验收，2023年2月竣工验收合格。基地工程（一期）：建设西侧4条堆场及其配套设施，堆场容量80万吨，周转量1190万吨/年。公开招投标，湖南建工集团有限公司（牵头人）和中交第一航务工程勘察设计院有限公司中标设计及建筑工程施工总承包；湘煤立达矿山装备股份有限公司中标带式输送机设备采购及安装项目；中交一航局安装工程有限公司中标机电工程总承包；中国电建集团长春发电设备有限公司中标斗轮堆取料机设备采购及安装；湖南第一工业设计研究院中标工程监理。2022年11月开工建设；率先打通巴林石化己内酰胺皮带运输供煤通道。铁路专用线工程：公开招投标，铁大桥勘测设计院集团有限公司中标地勘及设计，目前已完成用地红线图定稿、初步设计阶段地勘和初步设计文件编制工作。

（三）定目标工期，倒排节点进度

湘煤集团援建慈利县广福桥镇三王村改造工程，2020年4月3日，组建工作班子进驻三王村，按2020年7月30日竣工的总体目标，倒排勘探、设计、工程施工进度，按天定任务进度。4月，省建筑设计院组织现场勘探、初步设计、设计评估；5月19日，湖南楚湘建设工程集团有限公司进场，5月27日，开工建设，组织平行施工作业，7月30日，援建工程7项，竣工验收合格。9月，第三方审计，援建工程资产移交给慈利县广福桥镇三王村。

二、质量管理

工程管理部履行矿山工程质量监督职能，监督煤矿工程建设参建单位质量行为，确保工程质量合格。质监员每个月现场质量监管、监督建设、施工单位质量行为、检查工程施工质量，检查中发现的问题及时签发整改意见，监督整改。煤矿建设项目单位工程质量认证；组织煤矿单项工程竣工验收。

2012年，铜角湾立井井筒工程获煤炭行业“太阳杯”工程奖和行业优质工程奖。

2013年，铜角湾立井安装工程、茶山岭主斜井井筒工程获煤炭行业“太阳杯”工程奖和行业优质工程奖。

2013—2022年，质量巡查200多次，下达质量整改意见书197份，下达工程质量专项督办函12份。

2020年，兴源矿业伍家冲煤矿、白山坪矿业磨田煤矿、马田矿业新星煤矿升级改造项目，竣工验收合格，湖南省应急管理厅湘应急业务审函〔2020〕4号、6号、7号文确认矿井生产能力，新增矿井生产能力40万吨/年。

2020年11月，湘煤集团公司13个棚改项目竣工，工程建设质量控制实行五方质量控制，一是施工单位自检质量控制；二是监理单位工程质量监督控制；三是项目单位棚户区改造项目指挥部指派专人现场工程质量监督控制；四是工程质量受监，接受当地政府工程质量监督机构的质量监督检查；五是湘煤集团工程管理部指派专业人员不定时地进行工程质量监督巡查。五个方面的工程质量严格监督检查，棚户区治理项目工程质量得到了有效保障。项目所在地政府行政管理部门竣工验收和联合验收合格，新建住宅23030套，交房、交证（不动产权证）给棚改业主。

2021年9月18日，湘东矿业公司升级改造工程开工建设，矿建井巷工程2760.48米，土建工程1400平方米，设备安装58台套。投资预算6642.85万元。2022年5月，联合试运转，7月26日，湘东矿业升级改造安全设施暨项目总体验收合格，8月25日，湖南省应急管理厅复函确认湘东矿业有限公司生产能力30万吨/年，核发安全生产许可证（证号：（湘）MK安许证字〔2022〕028号）。

2021年，资兴实业煤矸石电厂烟气超低排放技改工程、嘉禾棚改幼儿园竣工验收合格。

2021年，永耒煤炭储配基地改造（一期）

工程、娄底湘旺储煤基地改造、街洞储备煤基地（二期）工程竣工验收合格。

三、造价管理

（一）优化设计、优化建设方案降低工程造价

2011—2016 年，优化洪山小区高层和多层住宅施工图设计，降低工程造价 4800 万元；把关审查湘永棚户区配套工程施工图设计，降低工程造价 200 万元；把关审查、优化嘉禾滨谷湾小区内配套工程施工图设计，降低工程造价 30 万元；优化嘉禾棚户区边坡治理设计，降低工程造价 35 万元；把关审查、优化街洞小区排污排水和供水管路配套工程施工图，修改设计管路铺设填充料由河砂改为石屑粉，节约工程造价 30 万元。嘉禾嘉矿嘉园小区三期住宅楼边坡支护工程设计为钢筋混凝土夯扩桩基加大承台及钢筋混凝土悬臂式挡土墙，优化、变更设计为填土支护边坡方案，降低工程造价 600 万元。

（二）合理制订招标上限控制价

2014 年 8 月 1 日起，基建、改扩建工程招标上限控制价，执行湖南省住房和城乡建设厅湘建价〔2014〕113 号文，集团公司及子公司工程造价人员向地市、区、县造价管理站反映煤矿工人、棚户区治理项目存在的困难，市、区、县备案审查棚户区治理工程招标上限控制价时，施工管理费、利润按湘建价〔2014〕113 号文规定标准的 50% 计入工程造价编制招标上限控制价，降低工程造价 5% ~15% 。

（三）严控工程设计变更

工程变更按重大变更、较大变更和一般变更三类管控。重大变更：涉及建设规模、基本原则、技术规范、重大方案等与既定设计或合同发生变化的变更，或造成与初步设计审查意见不一致的变更；单项造价增减 50 万以上（含 50 万元）的工程变更。较大变更：单项造价增减 10 万元以上（含 10 万元）50 万元以下（不含 50 万元）的工程变更；一般变更：单项造价增减 10 万元以下（不含 10 万元）的工程变更。重大变更报集团公司审批，建设单位报送→矿区安全生产管理局初审（煤矿建设项目）→工程管理部组织相关部门和专家会审→集团公司分管领导审定→集团公司总经理审批。较大变更报集团公司备案，一般变更由建设单位按规定程序审批。

（四）审核工程预结（决）算、招标上限控制价，降造价

2013—2022 年，项目单位报来建设项目工程决算、预算、结算、招标上限控制价 753637.77 万元，集团公司审核批准建设项目工程造价 661987.31 万元，核减工程造价 108001.16 万元。

第七章　风控管理与审计

第一节　内控管理

2006 年，集团公司从高层建立机制，依照公司有关规定，对企业行为实行有效监督。监事会是集团公司的监督机构，由 6 ~7 名监事组成。其中职工监事 2 人，由职工代表大会选举产生，其他监事由湖南省国资委委派。监事会设主席 1 名，由湖南省国资委从监事中选任。监事会依法独立行使监督权，保障国家权益、公司利益、员工的合法权益不受侵犯。监事会对集团公司财务以及集团公司董事、经理和其他高级管理人员履行职责的合法、合规性进行监督，维护集团公司及国家的合法权益。

2007 年 1 月，集团公司建立以“战略发展、资金管理、煤炭销售、大宗物资采购、重要人事”为中心的“五统一”管理体制，并正式启动运行。集团公司总部行使战略管理中心、资本运营中心、财务管理中心的职能。

2008 年 8 月，集团公司全面启动矿区管理体制改革。矿区安全生产管理局与矿区集团公司分离，矿区安全生产管理局职能与非煤管理职能分离。即将涟邵、资兴矿业集团公司和白沙煤电集团公司分别更名为湖南省煤业集团涟邵实业有

限公司、资兴实业有限公司、白沙实业有限公司。

2009年，集团公司为搭建融资平台，实施资本运作，组建湖南黑金时代股份有限公司，使集团公司逐步向扁平化管理过渡。集团的合规管理形式直达二级单位，按照集团有关要求，经营风险防范直接对集团负责。

2010年，集团公司实施制度提效。邀请湖南大学、中南大学专家团队，围绕强化统一管控、界定部门及其之间的权责、构建高效的管理流程，对公司组建以来的制度进行全面清理，共修编制度363项，其中《组织管理手册》2项，《基本管理制度》109项，《具体规章制度》216项，《党群制度》36项。是年12月，集团公司新建制度58项，修订制度41项，共出台各类制度450项，并将公司基本制度和具体制度汇编成册，下发所属各单位。股份公司相应制定企业管理基本制度和具体制度135个。

2011年，集团公司新建制度58项，修订制度41项，累计出台各类制度420项，健全和完善各类制度达450个，形成完整的企业管理制度体系。集团公司制度体系建设被评为湖南省2010年度管理创新成果三等奖。

2014年7月，集团公司制定《湖南省煤业集团有限公司中介机构选聘管理办法》。集团公司审计部门负责牵头组织和协调中介机构的抽选和确认工作；建立统一的集团公司中介机构备选库；加强对中介机构聘用情况的监督评估。

2015年12月，集团公司明确新的管控模式。根据战略目标和产业转型要求，争取由国资委发起成立湖南能源产业投资控股集团（以下简称湘能集团），对控股产业投资项目采用战略管控，参股产业投资项目采用财务管控，辅业和维持性产业向财务型管控模式转变。

2015年，集团公司坚持以防范经营风险为原则，严格把关，查错防弊。通过对财产物资、招投标等的经常性监督、检查，有效及时地发现问题，指出管理促进、提醒有关部门加强管理，保证国有资产安全过程存在的漏洞或薄弱环节，并提出合理意见和建议，实现保值、增值。

2016年，集团公司严管资金防范风险，坚持“三不投”原则，暂停对外投资和无效工程建设，把有限的资金用在刀刃上。

2017年，集团公司制定《湖南省煤业集团有限公司总部机构改革方案》，成立风险控制中心：构建集团公司全面风险管理体系，建立健全主管业务、审计、法务、纪检监察等风险管理工作机制，有效防范和控制战略风险、财务风险、市场风险、法律风险和安全风险等重大风险，保障资产安全和经营安全。同时，加强对财务、人事、工程、物资采购和产品销售等重点部门和重点人群的监督，规范招投标工作，对集团公司当年物资招标、较大批量物资联合招标及国债项目招标进行全程监督。对经贸公司、资兴实业公司的经营风险进行专项核查，起到保驾护航作用。

2018年，集团公司加强内控建设，全面建立内派监事会工作体系，分别设立长沙、资兴、白沙片区监事会办事处，对所辖单位开展尽职调查，对“三重一大”事项和法律、财务风险等进行实时监督，加强风险防控，堵塞管理漏洞。建立完善领导负总责、业务部门负专责、风控部门严监管、外聘律师严审查、项目评审风控一票否决的风险管控体系。

2019年，集团公司逐步完善内派监事会运管机制，对所属企业采购、销售、劳动用工等风险较高领域开展日常监督和专项检查整改。强化风险防控。派驻监事会加强了各单位日常监督和重点监督，对所属单位采购、销售、专项工程、劳动用工等风险较高领域开展专项监督检查，帮助各单位发现生产经营过程中的短板和不足，并及时督促整改。一大批风险点得到整改，企业运行进一步规范。

2020年，集团公司发挥监事会监督职能，突出事前、事中监督，坚持日常监督与专项监督相结合，全年开展专项监督29次，一批风险事项整改销号。加强对物资采购的提前介入和监督。对采购过程实行全过程监督，督促相关部门认真落实“公开公平、采购透明、比质比价、质量优先、同质择廉、同价择优”的采购原则，确保采购程序合法合规，从源头上遏制腐败，降低产品成本、增加效益。同时，加强对重要合同的审核监督。对于重要事项的合同协议，会同法务等相关部门对条款的合法合规性、严谨性进行严格审查，及时提出修改意见和建议，完善合同条款，有效地控制经营风险，减少合同纠纷，维护公司合法权益。

2021年，集团公司全面推进依法治企，提升风险管控能力。更加重视企业的合法经营，企业“三重一大”事项在正式提交党委会审议前，必须进行合规性审查，避免政策风险及法律风险；更加重视规范管理，将各项管理活动制度化，以制度管事、管人。更加重视依法办事、依法维权。严格按照法律、法规、规章，认真规范工作行为，制订办事流程，方便办事群众，便于监督；坚持党务、司务公开，凡工作上的重大事项、决议、决定和办理结果等都进行公开、公示，推行“首问责任制”“服务承诺制”“责任追究制”等工作方式，充分运用法律武器维权，部分历史遗留问题逐渐得到妥善处理。

2022年，集团公司通过大力推进董事会建设，应建尽建单位战略与投资、薪酬与考核、审计与风险三个专门委员会，出台《董事会审计与风险委员会议事规则》；修订完善公司章程、议事规则等一系列董事会工作制度，实现外部董事占多数，落实重要子企业董事会职权，充分发挥董事会“定战略、作决策、防风险”的重要作用。集团公司重点对贸易企业进行资金风险防控督办，堵塞管理漏洞，维护经营秩序。

2022年，集团公司落实《湖南省国资委监管企业融资性贸易及类似业务风险问题专项清查工作实施方案》要求，各单位建立工作专班，明确专责领导和专责人员，结合本单位实际情况对融资性贸易及类似业务风险问题进行全面摸底排查，全面梳理项目引进、洽谈、审批、签约、实施、业务开展、资金往来、国有资产损失等各方面情况。各单位组织对2016年1月以来开展融资性贸易以及与之相关的投融资业务（项目）进行摸底，填报统计报表，报送自查整改报告。

第二节　法务管理

一、机构职能

2006年，集团公司总部设总法律顾问，下设法律事务室，全面负责集团公司法律事务和普法工作。集团公司总法律顾问负责重大案件和涉外案件处理，审查把关重大合同等法律风险防控事务，建立健全规范的法律风险防范内控制度体系；统一协调处理企业决策、经营管理中的法律业务；参与公司重大经营决策和项目法律论证，保证决策合法性和可行性，对法律风险提出防范意见和解决方案。集团公司建立以总法律顾问为核心、法律事务室工作人员、各级企业法律人员为依托，涵盖集团公司总部、所属企业两个层面的法律工作体系。

2009年4月，集团公司专门设立法律事务部，与办公室合署办公，与集团业务管理部门相互配合开展工作。

2011年2月18日，集团公司法律事务室机构设置调整，明确编制1人，与企管业考部合署办公。集团公司所属各二级单位按照工作需要，设立法律事务日常管理机构，配备专职或兼职法律工作人员。

2012年，集团和股份公司设立专门法律事务部门，并各自聘请湖南联合、启元律师事务所为法律顾问单位。所属单位华磊光电、贵州湘能、周源山、红卫、星源、街洞、红卫、马田、长沙矿业等9户企业聘请律师事务所为常年法律顾问，其他单位均归口设立法律事务机构。

2014年，集团公司在“全面达标年”内，建立主要领导亲自过问、分管领导具体负责的工作格局，坚持每季召开一次推进会，对标检查，改进工作，确保如期实现目标。经过3年努力，实施法制工作第二个三年目标，集团公司法律风险防范工作体系和防范机制全面形成。

2015年，集团公司把法律事务融入经营管理，要求各类经济事项审核论证，必须有“法律意见书”。提出了“依法依规，经得起审计，把事情办好”的工作要求。

2015年，集团公司法律事务室组织集团公司普法宣传教育工作，拟订集团公司法制建设规划，指导、协调、监督所属企业法制建设，参与集团公司及股份公司规章制度体系的规划；对企业重大经营项目和管理决策提供法律意见；参与集团公司投融资、担保、产权转让及管理、改制重组、上市和分立、合并、破产、解散等重大经济工作；完善资本市场法律风险防范机制，审核集团公司内部重组整合、并购等面向资本市场重大事项，起草或参与起草、审核相关法律文件；管理和审核集团公司总部各类合同，拟订并修订集团公司章程及所属企业章程；参与集团公司重大突发应急事件协调处理；及时接待处理来信、来电、来访人员的上访，受理、承办、转办、协调有关举报和信访事项；指导所属企业普法宣传、合同管理等法律事务工作。

2018年，集团公司组织对所属单位法务工作情况进行摸底，掌握全面情况，有针对性地开展法务工作。

2019年，集团公司作出安排，对各单位法务管理、风险防范制度建设情况、法务工作履职机构及人员配备情况、相关诉讼处理情况进行调查摸底，对2019年法务管理和风险防范工作进行安排。

2021年，集团公司认真落实省委、省政府、省国资委依法治国方略的工作部署，努力推进公司依法治理工作。成立了公司依法治理工作领导小组，落实各子（分）公司的依法治理工作责任，将依法治理工作纳入单位领导班子薪酬考核体系；建立集团公司总部的法律顾问、法务事务室及子（分）公司分管领导、工作部门法务工作组织体系。

2022年，集团公司总部机构改革，企管业考部改为企业管理部，撤销法律事务室，法律事务管理成为企业管理部一项职能。是年底，集团公司所属二级单位都有兼职法律人员或聘请法律顾问，集团公司及所属单位共有法律专业人员16人。

二、制度建设

2009年，集团公司启动企业全面风险防范管理工作。建立适应公司战略发展和上市公司全面风险管理系统要求的法律风险防范、控制体系。建立风险识别、风险评价、采取措施和测量分析的风险管理流程，制定风险事前识别和预防、事中控制和事后评价体系；加大合同管理力度，推进合同管理工作信息化；强化法律服务职能和管理职能，形成与各经营和管理部门综合协调工作和向纵深发展的法律集中管理机制。制定《湖南省煤业集团有限公司法制工作第二个三年目标实施方案》。

2010年11月，集团公司制定《知识产权管理办法》《科技项目管理办法》，规范集团公司知识产权和技术创新工作。

2013年，集团公司制定《股份公司内部控制与风险管理手册》，在“完善机制年”内，规范法律审核制度，加强风险控制体系建设。严格按照上市规范和准则，将法制工作契入企业管理流程和制度之中，细化企业内部管理制度，建立法律风险防范长效机制。

2014年，集团公司以“创新制度、规范程序、减少环节、提高效率”为原则，完善法律事务部门内部制度建设。将合同管理作为内部风险防范的重点和突破口，在集团公司层面修订完善《合同管理办法》《法律纠纷管理流程》《投资项目合同管理流程》《重大经济合同管理流程》《授权管理办法》等12项相应的法律事务管理制度与程序，明确合同审查和签订的流程、拟定合同授权规则、落实合同审查责任，建立严格的法律纠纷处理、管理机制。

2015年，集团公司确定“关、停、整、转、熬、创”的六字方针，组织制定《全面深化改革推进结构调整意见》，编制《深化改革结构调整和“关、停、转、熬”实施方案》。对集团公司法律事务提出更高的要求，建立和完善有关法律制度，坚持依法办企，为集团公司创新发展、闯过难关提供全方位的法律服务和支持。

2018年，集团公司印发《湖南省煤业集团有限公司法律事务管理办法》《湖南省煤业集团有限公司法律纠纷案件管理办法》《湖南省煤业集团有限公司法律意见书管理办法》，对法律事务进行合规管理，防范公司法律风险，并指导所属单位的法律事务工作。

2019—2022年，集团公司先后制定印发《湖南省煤业集团有限公司法律意见书管理办法》《湖南省煤业集团有限公司中介机构选聘管理办法》《湖南省煤业集团有限公司法律事务管理办法》《湖南省煤业集团有限公司法律纠纷案件管理办法》等制度，对法律机构的职责和法律人员的权力和义务及有关案件处置程序及原则等，都作出明确的规定。

三、法律保障

2006年，集团公司利用法律手段维护企业合法利益，坚持用法律手段处理遗留问题。2005年，集团公司原涟邵总医院改制成娄底市湘中煤炭医院，原医院班子和职工购买医院资产，经结算尚欠转让款160余万元。经多次催讨，对方却总以资金困难和改制时有遗留问题未解决、并以影响稳定为由，拒不支付。集团公司法律事务室依法向市法院起诉，经法院调解，终于全部付清。同时，对同类问题在全集团公司举一反三自查自纠，建立经营风险防范的长效机制和制度。

2006年起，集团公司对重大投资项目，进行合规性和合法性审核，为董事会、股东会决策提供法律服务。在集团公司重大投资项目立项、可行性研究、审批决策中，董事会有关重要决议，听取总法律顾问审核意见，经确认在没有法律程序和实体程序问题后才形成决议。同时，对集团公司重大规章制度和议事规则，必经法律事务室审查，提出法律意见书后，再上会研究，从而保证其程序合法、依法决策。集团公司法律事务室工作人员作为合同管理人员，参与企业重大经济合同（包括二级单位）谈判、尽职调查，提供法律服务；合同审查，保证合同的合法性；可操作性，减少失误，规避损失。到2009年，期间没有发生经济纠纷。

2010年，集团公司建立会商机制，依靠专业律师事务所，处理股份公司上市重大法律事务。凡涉及上市法务，建立券商、会计师事务所、律师事务所、法律事务室联合会商机制，确保依法合规符合上市要求。对华磊光电、立达公司拟上市股份公司治理机制、股权激励、业绩考核等工作进行规范，为上市申报工作提供法律指导与支持，并彻底解决同业竞争、承包租赁问题。法律事务室依法依规按程序将集团公司所属洪山殿、黄牛岭矿业公司进行分离处置，妥善解决集团公司和控股股份公司同时开办和经营煤矿的同业竞争问题。对白山坪矿业公司存在大岭煤矿的承包租赁问题，成功进行了大岭煤矿的资产剥离，有效规避股份公司上市规范运作的法律风险。

2010年，根据股份公司上市独立性要求，股份公司完善商标注册工作。组织核查全集团公司各单位是否合法使用计算机软件。提出了凡非经授权使用正版或使用非正版计算机软件的，立即卸载停止使用的要求。

2011年，集团公司在对外投资、产权交易、企业改制、融资担保等重大经营决策中，涉及法律问题，事前由总法律顾问组织论证并出具法律意见，进行风险评估，有效控制后再行实施。牛马司、洪山殿关闭破产项目启动，集团公司法律事务室全程参与关闭破产清算工作，依法按程序处置有关资产及人员安置等，为关破改制提供法律支撑。向法院申请破产，成立清算组，召开债权人会议，依法完成破产法律程序。

2011年，集团公司法律事务室组织开展全集团省内51对矿井、贵州湘能公司8对、新疆能源2对矿井的工商营业执照的规范清理工作。依法开展工商变更登记审批和注销登记管理，严格证照管理，确保合法经营。

2012年，集团公司按照《合同管理办法》《投资项目合同管理流程》《授权管理办法》，建立由公司法定代表人、公司总法律顾问、法律事务室和业务部门构成的合同管理组织体系，强化合同归口管理。定期和不定期开展债权清收，通过协商、以法律事务室的名义发催款函、起诉等多种方式回收货款。法律事务室在完善公司法人治理结构，安全、生产，招标、投标，依法规范用工以及规范物资供应、产品销售等方面提供法律支撑。推行煤炭销售、物资采购等合同示范文本，参与重大合同谈判，全面把控合同风险，保障所签合同的合法性、有效性、真实性和严谨性。是年，集团公司法律事务室审核各类合同186件，涉及金额13亿元，出具法律意见书193份。

2013年9月，银川中级人民法院作出执行裁定书，白沙楚湘公司要承担钢材款及违约金共计1842万元，并冻结楚湘公司基本账户。集团公司召开专题办公会议，提出积极应对措施，想方设法实际控制实物资产，及时启动再追索法律程序，向担保人、承诺人索赔，确保合法权益基本免受侵害。

2013年，集团公司组织审查重大投资事项并出具《法律意见书》87份。包括新疆神宇煤业收购、矿山应急救援郴州队基地项目招标、股份公司担保管理办法、贵州能发公司退股、贵州湘能债转股、湘煤大厦A区13层房屋竞租、集团公司双重劳动关系管理规定、湘煤大厦委托招租、长沙矿业移交、白沙能源公司关闭破产资产范围界定、长沙实业和宇置业转让、长沙矿业员工安置政策、辰溪矿业合作开发柳其山炭质页岩矿项目、大岭煤矿出让、黄牛岭公司股权转让等。

2013年，集团公司督促所属各单位加强证照办理，及时清理完善证件370件。其中，土地使用证15件、采矿许可证9件、安全生产许可证5件、营业执照129件、排放污染物许可证36件、取水许可证43件、矿长资格证书43件、安全资格证书28件、房屋所有权证37件、矿用产品安全标志证书25件。

2014年11月20日，集团公司所属长沙矿业停电淹井事件发生后，集团公司对企业资产设备因停电淹井导致毁损主动提出起诉，维护企业的合法权益。是年，集团公司共发生应诉案件23件，运用法律手段，挽回损失或免受侵害5600万元。

2014年，集团公司法务人员参与公司重大合同谈判，全年组织审查合同并出具《法律意见书》69份，包括集团公司会议视频系统合同、股份公司担保合同、国家区域矿山应急救援郴州队用房项目施工合同、黑金商铺委托拍卖合同、马田最高额保证合同、股份公司投资理财服务协议、湘煤的保险合同及协议、总部劳动合同管理办法、长沙矿业借款合同等。集团公司法律事务室先后组织公司及所属单位重大行政、民事、劳动合同等经济诉讼案件63起，为集团公司挽回经济损失。

2014年，集团公司加强知识产权保护工作，对公司所属企业华磊光电公司、立达矿装公司、辰溪矿业公司、楚湘建工公司、长沙实业正翔科技公司等5户企业获得的34项专利技术知识产权进行保护。

2015年6月，山东省昌乐县人民法院冻结湘煤集团公司基本账户（中国工商银行长沙马王堆支行）资金185万元。12月，山东矿机集团公司起诉集团公司所属贵州水城物资公司买卖合同纠纷一案，在贵州省水城县人民法院开庭。集团公司积极应诉，山东矿机集团公司败诉，法院解冻集团公司资金185万元。

2015年，集团公司拟定合同授权规则，落实合同审查责任，建立严格的法律纠纷处理管理机制。全年共审核各类合同129件，合同涉及金额14亿元。集团公司共发生应诉案件13件，其中黄牛岭矿业公司租赁到期经济纠纷诉讼、长沙矿业因电力部门停电导致淹井、新疆神宇矿业公司股权收购纠纷案，共挽回损失或免受侵害7000万元，维护各企业经济权益。

2016年，集团公司扎实做好风险防范工作。企管业考部法律事务室加强下属单位法务工作制度、工作机制、机构、重大诉讼管理等方面检查和考核，有效地防范企业风险。各单位有专门领导分管法律事务，有专门部门负责处理法律事务，建立法律顾问制度。针对公司重大诉讼案件频发，集团公司组织人员深入一线调研了解情况，召开案件分析会，制定处理问题的策略，集团公司重大法律风险得到有效控制。新疆神宇法律诉讼一审胜诉。楚湘公司69起经济纠纷诉讼案件、贵州湘能系列案件、黄牛岭诉讼案件等得到稳妥处置。加强日常法务审查工作，全年法律事务室共审查合同100余份，公司章程1份，出具法律意见书125份。全年集团公司共发生各类经济纠纷139起，涉及诉讼标的3.9亿元。公司组织法务团队，依靠法律维护企业合法权益。

2017年，集团公司依法办企业，全面推进“压层级、减法人、去僵尸”工作；严格执行劳动法，持续推进“三项制度”改革。解决大批历史遗留问题，减人提效，在岗人员比上年减少5%。程序合法合规，过程平稳。

2018年，集团公司法务工作有所突破，成功处理了长沙实业与新城控股的和宇置业股权转让合同纠纷，通过谈判方式收回尾款7300万元。认真做好重大案件的诉讼，新疆神宇案件由新疆高院立案重审，对方当事人提起诉讼保全，冻结了股份公司账户。法律事务室全力协同代理律师、驻新疆工作人员做好账户解冻工作，同时跟踪案件处理情况。黄牛岭合同纠纷一案作出一审判决，双方当事人均上诉至郴州中院。万鑫嘉园合同纠纷一案，共立公司起诉集团公司购房款尾款支付，一审由天心区法院作出判决，双方当事人均上诉至长沙中院。集团公司就资产处置协议原长沙中院的民事调解书提起申诉，要求高院再审。以上三起案件，诉讼标的超过3.6亿元，对集团公司利益产生重大影响。其中前两起案件由律师代理，第三起案件由法律事务室工作人员代理，案件均按法院审理程序办理。

2019年，集团公司配合国资委开展“稳增长、防风险、优监管”调研活动，对企业运行的“关键点”、内部管理的“薄弱点”、问题易发的“要害点”进行系统梳理，提出防范化解重大风险的一系列工作措施，形成《稳增长、防风险，促进湘煤集团高质量发展》问题清单和措施清单，并专题向省国资委报告。

2019 年，集团公司各法人单位修订《公司章程》，完善内派监事会运管机制，建立现代企业制度。依法完成贵州湘能破产清资工作；对集团公司“三供一业”“减法人去僵尸企业”“政策性关闭破产扫尾”等工作，专题报告法律服务情况。

2020 年，法务部门协助集团公司财务部拟订集团公司和股份公司财务优化工作方案。根据第二轮资本结构优化工作任务和要求的时间节点，配合纪委监察部（审计部）、供应分公司完成了聘请财务优化中介机构的招标工作，并与中标的服务机构进行对接，拟订前期尽调、财务分析所需资料清单，组织相关部门召开协调布置会议，将各项工作细化分工，明确责任部门、责任单位和完成节点，督促责任部门和责任单位配合协助服务机构完成公司资产负债全面清查，揭示经营风险，对公司土地等资产进行调查分析，对拟收购标的项目进行尽职调查，提交股份公司财务优化工作方案，并向国资委进行专题汇报。

2021 年，集团公司按照有关法律程序和规定，完成所有省属煤炭资产的专业整合，揽收煤科院、煤安公司、煤机公司等 3 家企业，解决大批历史遗留问题。对物资公司及设备租赁公司两起货款纠纷的处理进行谈判，均达成以 60% 的比例支付欠款，债权人放弃其余债权的协议，避免法律诉讼可能造成的资产损失。指导、协助下属企业重大案件处理及法律风险的防控工作，向国资委报送全集团法务工作调研报告。

2022 年，集团公司对煤炭公司、楚湘建工等单位的法律风险防范工作进行重点调度和指导。集团公司层面建立重大诉讼台账，定期调度进展情况，并对相关单位的诉讼工作及时给予资源支持，煤炭公司等一些历时长久、执行困难的诉讼案得到较好的解决。召开财务资金法务防控工作会议。积极稳妥处理历史遗留问题，努力推动重点诉讼案件工作。万鑫嘉园再审结案，证照问题及购房款尾款案件全部得到妥善处理。积极向最高人民法院提请再审新疆神宇案件。就六盘水中级人民法院对管理人分配方案，提出复议申请。积极跟进大岭煤矿租赁合同纠纷案，组织专题讨论，进行督办指导。新疆神宇案件财产保全用周源山采矿权替代担保，完成评估工作，新疆高院下达解除股份公司银行账户及资金冻结裁定书。新疆神宇公司、黄牛岭、万鑫嘉园尾款、藏晖同金知情权、均进入审理程序。

四、普法教育

2006 年，集团公司成立法律事务管理部门，随即开展普法教育工作。在参与重大事项中，组织相关人员学习业务和法律知识。组织相关人员学习掌握国家政策和新修改的法规。根据行业要求，组织员工学习安全生产等法律法规，依法组织企业生产，规范经济活动，自觉维护企业合法权益。

2011 年，根据“六五”普法和全面推进“法治湖南国企”建设要求，建立普法领导机构。制定《集团公司“六五”普法工作方案》，确定普法学习内容并组织实施，深入宣传宪法和与企业经营管理密切相关的法律法规，从公司治理、合同管理、改制上市、法律风险源预防到普法宣传等方面开展工作。普法对象重点是单位负责人、企业法律顾问和中层以上经营管理人员。所属企业设立法律机构和配备法律专业人员，发挥其在企业依法经营管理中的法律审核把关作用。

2012 年，集团公司总部举办法制教育专题班，请湖南华夏廉政建设研究会会长作《德为立身居官之本——关于“大脑两条干线”思维与廉洁文化》的廉政报告，请湖南省人民检察院预防腐败处处长作如何预防犯罪的廉政培训，达到预期效果。

“六五”普法期间，集团公司紧扣上市主题，加强中高级管理人员法律知识、证券知识培训。聘请安信证券、启元律师事务所资深专家对公司高管层、中层管理人员举办 4 次集中上市辅导培训，学习产权转让、股票发行以及融资担保、期权期货等专项知识。

2013 年 12 月，举行法律风险管控培训班，学习《中华人民共和国合同法》并进行考试，集团公司领导亲自巡考和阅卷。同时，组织基层单位开展“普法下矿区”和“普法进社区”活动，举办 9 个代表队参加法律知识抢答赛。股份公司组织白沙实业、白山坪矿业、兴源矿业、红卫矿业等单位领导班子成员、中层管理人员共

685 人，参加地方法制办组织的在线“学法用法”学习和“六五普法”无纸化考试，成绩合格率达 100%。

2014 年 11 月，集团公司根据湖南省法治办《关于组织 2014 年全省厅级领导干部暨国有大型企业领导干部学法用法考试的通知》文件要求，组织公司领导参加干部学法用法考试。

2015 年 12 月，集团公司总部中层管理人员及所属单位领导班子成员参加网上普法学习考试，参考 180 人，优秀率 80.4%，及格率 99.8%。

2017 年，集团公司加强企业文化阵地建设，深化普法工作，以《湘煤集团报》《黑金时代》杂志和“湘煤集团网”等内部媒体，宣传依法治国、建设法治社会，坚定员工信心，推动企业良性发展。

2018 年，集团公司依法完成资兴实业所属兴通球团、兴鑫冶炼、格瑞特焊业、神扬水泥、牛马司建安公司、湘永运输公司等 6 户企业处置工作；通过内部兼并重组、清算退出等方式，完成长沙实业、长沙矿业、资兴勘查设计公司、机电总厂、神扬水泥等 5 家单位的“去僵尸”任务。完成郴州天成勘察设计公司、广州办事处、资兴宾馆、湘中电力公司等 4 户企业处置工作。按法律程序办事，实现平稳过渡。

2019 年，集团公司各法人单位依据相关法律法规，基本完成《公司章程》修订工作，建立现代企业制度。

2020 年，集团公司根据湖南省国资委《湖南省省属监管企业“七五”普法总结验收工作实施方案》，对普法工作做出专项安排布置；印发《湖南省煤业集团有限公司关于认真组织参加应急管理部、司法部、全国普法办 2020 年应急管理普法知识竞赛活动的通知》，深入学习习近平总书记关于安全生产、防灾减灾救灾、应急救援等应急管理重要论述精神，深入学习党中央、国务院关于应急管理的重大决策部署和重要文件精神，学习宪法及安全生产法、消防法、突发事件应对法、防震减灾法、危险化学品安全管理条例、生产安全事故应急条例等，学习《中华人民共和国民法典》和应急管理法律法规中相关内容，并组织训练赛和正式赛，对前 10 名给予奖励。

2021 年，集团公司加强普法工作力度，提高全员法律意识。成立了“八五”普法工作领导小组，认真开展宪法宣传日活动，重点组织学习宣传党的十八大、十九大报告和习近平总书记关于全面依法治国，建设社会主义现代化法治国家的重要论述，重点学习《中华人民共和国宪法》《中华人民共和国安全生产法》《安全生产管理条例》等基本法律及与企业安全生产密切相关的法律法规。组织安排了“宪法宣传周”活动，深入开展安全生产专项整治三年行动，集中学习《中华人民共和国安全生产法》，依法管理企业安全生产。

2022 年，集团公司各单位积极组织员工参加第三届全国应急管理普法知识竞赛活动，集团公司获得全省省属企业普法知识竞赛团体第三名；资兴实业公司、周源山矿业公司、兴源矿业公司、楚湘建工集团公司、能投售电公司等 5 家优秀组织单位进行通报表扬。对取得优异成绩的曾辉、杨晓丹、何莹、王靖波、王大宏、周颖、胡德良、鲁燕燕、杨永红、贺泉等 10 名个人通报表扬，给予奖励。

第三节 审 计 监 察

一、审计

（一）机构职能

2006 年，集团公司设立内部审计机构，制定相应的管理制度，明确审计职能范围，在集团党委、董事会的领导下，对集团公司及全资子公司、控股子公司的账目、经营管理、财务管理和专项工程进行审计和监督，定期和不定期提出内部审计报告，督促整改，保证集团公司和全资子公司、控股子公司的经营活动符合法律、法规规定和集团公司章程，确保国有资产保值增值。

集团公司按照国家《审计法》和审计署颁发的《关于内部审计工作规定》以及集团公司章程要求，设立审计监察部，与监事会办公室合署办公。是年，集团公司各子（分）公司相应设立审计机构，全集团共有专职审计人员 70 人，承担集团内部审计工作。

2008 年 8 月，集团公司对审计监察部进行改革，分别设立审计部与纪检监察部。集团公司各子（分）公司相应建立审计部与纪检监察部，并延续行使职能。

2014 年 12 月，集团公司为整合办案力量，将纪检监察部与审计部合并，成立纪检审计监察部。各子（分）公司相应建立纪检审计监察部。集团公司全面推行纪检审计监察“三合一”的大监督机制。

2017 年 9 月，集团公司总部机构设置进行改革，单独设立集团公司审计部，与集团公司纪检监察部合署办公。

2021 年 7 月，集团公司成立审计委员会，党委书记、董事长任审计委员会主任；设立审计委员会办公室，负责审计委员会的日常工作，明确由党委书记、董事长主管内部审计工作，纪委书记协助管理。设立审计部，与纪检监察部合署办公。集团公司在派驻三个片区监事会办事处设立审计工作组，人员编制 12 人。其中，资兴片区 4 人，白沙片区 3 人，长沙片区 5 人。实行“上审下”机制，对集团公司（股份）公司二级单位的审计，由集团公司公司审计部组织，三个派驻审计工作组参与审计。二级及以下独立法人企业有 18 户设立了内部审计机构，配备内部审计人员 47 人；37 户未设立内部审计机构的子企业的内审工作由上一级审计机关负责。集团公司审计部门建立与派驻监事会办事处、下属单位纪检监察部门的协同监督机制。

2022 年，集团公司建立健全内部审计组织体系，设立由 3 名外部董事组成的董事会审计与风险委员会，主要负责对公司内部审计监督和风险防控进行研究并向董事会提出建议。同年 11 月，集团公司总部机构改革，改变原来纪检监察部、审计部合署办公的模式，独立设置审计部，人员编制 5 人，为内部审计监督工作提供强有力的组织保障。

（二）制度建设

2006 年，集团公司制定《湖南省煤业集团有限公司内部审计管理制度》。

2007 年 4 月，集团公司根据《中华人民共和国会计法》《中华人民共和国审计法》《中华人民共和国公司法》和《国有企业财产监督管理条例》，制定《湖南省煤业集团有限公司经济运行监督暂行办法》。同年 5 月，集团公司根据《中华人民共和国审计法》《审计署关于内部审计工作的规定》及《湖南省国资委监管企业内部审计管理暂行办法》，印发《湖南省煤业集团有限公司内部审计工作暂行规定》，对集团公司内部审计工作进行规范管理。根据《中华人民共和国审计法》《湖南省国有企业领导干部任期经济责任审计暂行办法》，制定《湖南省煤业集团有限公司经济责任审计实施办法》，对集团公司直属子（分）公司领导人员及集团公司中层管理人员进行管理和监督，准确评价领导人员任期经济责任，促使领导人员勤政廉政，精准履行职责。

2008 年 4 月，集团公司根据《湖南省审计监督条例》《湖南省建设项目审计监督暂行办法》及《湖南省煤业集团有限公司经济运行监督暂行办法》等文件，制定《湖南省煤业集团有限公司基建工程审计实施办法》，对集团公司及所属单位使用国债资金、财政拨款、银行贷款、自筹资金和接受捐赠等投资 10 万以上的基建工程项目进行审计，规范基建工程的管理和监督，保障基本建设投资的合法性和效益性。

2008 年 8 月，集团公司制定《湖南省煤业集团有限公司财务收支审计实施办法》和《湖南省煤业集团有限公司预算执行情况审计实施办法》，对集团公司总部及所属全资或控股子分公司（含派出机构）的财务收支及预算执行情况进行审计，规范财务收支和预算执行情况审计工作。

2009 年 4 月，集团公司根据国务院颁布的《财政违法行为处罚处分条例》《湖南省国资委监管企业内部审计管理暂行办法》内部规章制度，制定《湖南省煤业集团有限公司内部审计处理处罚暂行办法》。

2010 年，集团公司完成《预算执行审计管理办法》《建设工程审计实施办法》《内部审计处理处罚暂行办法》等 8 个制度的修订工作。12 月，根据《中华人民共和国公司法》《企业内部控制基本规范》和《中央企业全面风险管理指引》，制定《湖南省煤业集团有限公司风险管理制度》《湖南省煤业集团有限公司风险评估管理办法》《湖南省煤业集团有限公司风险信息收集管理办法》及 2 个工作流程，明确各级风险管理职责分工及管理流程，规范集团公司风险管理和风险防范。

2010 年，集团公司制定《湖南省煤业集团有限公司抽选派驻审计人员管理办法（试行）》；

补充修订《湖南省煤业集团有限公司财务收支审计实施办法》《湖南省煤业集团有限公司基建工程审计实施办法》《湖南省煤业集团有限公司内部审计处理处罚暂行办法》《湖南省煤业集团有限公司经济责任审计实施办法》；重新修订《湖南省煤业集团公司有限公司经济运行监督暂行办法》，并印发《湖南省煤业集团有限公司经济运行监督办法》，对成本费用及收入利润的监督内容进行整合；修订《湖南省煤业集团有限公司内部审计工作暂行规定》，印发《湖南省煤业集团有限公司内部审计工作规定》，明确适用范围、细化审计程序；修订《湖南省煤业集团有限公司预算执行情况审计实施办法》，印发《湖南省煤业集团有限公司预算执行情况审计管理规定》，增加审计单位应在审计意见书下达之日起10日内向上级审计部门反馈整改落实情况等条款，加大预算执行情况审计成果的跟踪整改力度。

2012年2月，集团公司制定《湖南省煤业集团有限公司内部审计工作考核管理办法》，规范直属子（分）公司对审计工作的量化考核。印发《经济运行监督办法》《经济责任审计实施办法》《财务收支审计实施办法》《建设工程审计实施办法》《预算执行情况审计管理规定》《内部审计处理处罚暂行办法》等6个股份公司审计制度。

2015年，集团公司为落实《党政主要领导干部和国有企业领导人员经济责任审计规定实施细则》，重新修订《经济责任审计实施办法》，补充审计内容、增加主管责任，细化责任界定范围。通过制定并完善内部审计相关制度和规定，形成全面、规范的内部审计管理体系，推进内部审计工作制度化、标准化和规范化。

2017年，集团公司出台《中介机构选聘管理办法》，修订完善《经济责任审计实施办法》。

2018年，集团公司落实深化改革方案要求，修订完善《内部审计管理办法》《中介机构选聘管理办法》《抽选派驻审计人员管理办法》，建立健全审计监察制度体系，调动集团公司内派监事会、下属单位专业人员的积极性，主动配合、参与审计监察项目的实施，达到资源共享、职能互补作用。

2022年，集团公司根据国资委《湖南省国资委关于加强省属监管企业内部审计监督工作的实施意见》，结合集团公司实际，于4月出台印发《关于内部审计监督工作的指导意见》，7月出台印发《董事会审计与风险委员会议事规则》，规范公司内部审计监督体系，有效控制公司运营风险。

（三）审计范围

1. 财务审计

2006—2009年，集团公司对各子分公司开展财务审计。根据《湖南省煤业集团有限公司内部审计管理制度》第十条第三款“对本企业的财务收支、财务预算、国有资本经营等经济活动进行审计监督”；根据《湖南省煤业集团有限公司财务收支审计规定》《湖南省煤业集团有限公司预算执行情况审计管理规定》，结合实际情况，每年对各子分公司进行一次以财务收支为主要内容的全面审计，并按季、月开展财务预算执行情况检查。

财务审计的任务是对公司财务计划、财务预算执行情况、财务收支的合法性、真实性、效益性等进行监督检查，对财务管理和财产管理情况等进行监督评价。财务审计内容主要包括企业银行账户、企业会计报表、会计账簿、会计凭证的审计监督；财务审计重点为企业银行开设账户是否合规、资金核算是否一致、会计报表是否真实、原始凭证是否合法、企业资产是否流失、在建工程是否真实存在、会计核算处理是否合规、企业利润是否准确无误等。

2010年，集团公司对白沙能源公司2009年度实际利润完成情况进行会计核算专项审计，查实决算和快报利润出现重大差异的成因，指出会计核算方面的问题2项，提出处罚建议2项，引导集团公司所属企业管理层对会计核算和会计信息质量的提高。

2010年，集团公司各子分公司审计部门开展财务审计。共完成审计项目（含工程审核项目）592个，直接或间接挽回经济损失1780万元，查处并纠正违纪违规金额200万元，为集团公司增加直接效益100万元。

2011年，集团公司完成财务预算执行情况审计项目5个，及时指出预算管理中存在的问题和差距，以点带面推动公司全面预算管理。

2012年，集团公司完成财务预算执行情况审计和审查项目 13 个，持续推进公司全面预算管理。

2013 年，集团公司对所属单位 2012 年度财务决算和 2014 年财务预算进行审查，及时准确掌握集团公司经营情况。

2014 年，集团公司完成 2013 年度财务决算审查和所属单位利润审查工作，落实集团公司薪酬考核制度。重点开展黑金时代应收账款跟踪审计，发现 4 个方面 12 条主要问题，并提出整改意见。

2015 年，集团公司审计部组织完成对所属单位年度、季度财务预算执行情况和财务收支等财务审计项目 4 个。

2016 年，集团公司对郴州救援队应急救援装备采购资金使用情况进行审计，规范专项资金的使用。

2017 年，集团公司对所属单位预算执行情况进行审计。通过审计，及时掌握所属单位利润总额和构成内容的真实性和合理性，促进企业改善经营管理，扭转亏损，提高经济效益。

2019 年，集团公司各级审计部门完成财务审计项目 5 个，包括白沙实业、涟邵实业、资兴实业等，对子（分）公司财务收支情况审计，规范财务运作，真实、准确、完整地反映企业财务状况、经营成果和现金流量等财务会计信息。

2020 年，集团公司各级审计部门完成财务收支审计 13 个，包括涟邵实业开展的下属子公司财务收支审计；白沙实业开展的下属房产公司西湖苑项目前期建设财务收支审计；楚湘建工集团开展的白山坪磨田煤矿改扩建配套、祁东县朝阳山铁矿尾库治理等 8 个工程项目内部结算情况审计等。

2021 年集团公司各级审计部门共完成财务收支审计 3 个；2022 年完成财务收支审计 1 个。

2. 建设工程项目审计

2007 年起，集团公司建设工程项目审计是从项目投资经济活动开始至项目竣工结算，对其投资的真实性、合法性、效益性进行的审计监督，主要涉及工程准备阶段、设计概算、资金来源到位及使用情况、财务收支、投资完成额、工程价款结算、竣工决算、投资及概算执行情况、交付使用资产、结余资金等。建设工程项目审计范围包括：集团公司及所属单位投资概算在 10 万元以上的（包括矿建工程、土建工程、安装工程及房屋修缮、改造及与建筑物配套的道路、水电、消防、通信、网络、绿化等）工程建设项目。集团公司审计部门负责对建设工程项目中单项工程造价（指概预算造价，下同）在 100 万元以上（含）的审计工作，省外建设工程项目审计的额度暂定为单项工程造价为 200 万元以上（含）的项目，集团公司领导指定的必须审计的建设工程项目不受此投资额度限制。集团公司所属单位的审计部门负责对建设工程项目中单项工程造价（指概预算造价，下同）100 万以内（省外为 200 万以内）的竣工决算审计工作。建设工程项目审计内容主要包括投资立项手续、设计（勘察）管理、招标投标、合同管理、工程造价、竣工验收、财务决算及项目后评价等。

2010 年，集团公司先后对街洞专项工程、涟邵实业公司生活小区电网改造工程、白山坪重点工程项目进行竣工决算审计，共涉及单位工程 6 个、审计金额 1447.72 万元，在建设单位初步审核的基础上，核减工程费用 37 万元，提出审计意见 23 条；在集团公司工程部审核的基础上，对湘煤大学增补工程费用预算进行复核，送审金额 101.34 万元，核减工程费用 16.7 万元，核减率达 16.5%；对红卫矿业公司沈家湾矿帷幕注浆工程的实施开展跟踪审计，揭示工程管理中存在的问题，提出审计意见 6 条。

2011 年，集团公司完成工程审计项目 7 个。

2012 年，集团公司共完成工程审计项目 4 个，审计涉及金额 4.6 亿元，创审计直接效益 110 万元。

2013 年，集团公司完成工程项目竣工验收和设备采购验收 22 项，开展专项审核审查 15 项，组织总部基地办公楼和新贵酒店的装修实地调研 3 次。是年，集团公司对湘永公司铜角湾改扩建项目、华磊光电一二期建设项目和洁净煤公司产业升级项目决算审计。有效促进工程项目管理制度和流程落到实处，杜绝和减少工程项目上的损失浪费。

2014 年，集团公司完成工程审计项目 6 项，审计金额 72218 万元，查出违纪违规金额 582 万元。

2015 年，集团公司组织完成湘永矿业铜角湾煤矿改扩建竣工决算审计；白山坪矿业磨田煤矿产业升级改造项目跟踪审计，查出问题12项。

2016年，集团公司对重点项目进行审计，先后对白沙矿区联平新城棚户区改造项目和新疆沙尔湖勘探两个项目专门进行立项。

2019年，集团公司完成工程审计（含审核项目）115个，加大对工程预决算、设备修理等外委工程和自营工程的审计力度。包括集团公司审计部完成白沙光伏发电工程审计；红卫公司完成工程审计31个，审减资金156.65万元；街洞矿业完工自营工程审计21个，审减资金185.7万元等。

2020年，集团公司加强对重大工程项目对审的监督管理。对于重大工程项目的结算情况，由工程部门牵头组织施工方与外部审计机构面对面沟通、复核。审计部门负责监督全过程，并按照相关法律法规及公司规章制度，提出建议意见，有效维护公司利益，减少结算纠纷、确保工程项目结算工作合法有序开展。分3组对20家企业专项工程检查验收及决算开展审查。是年，集团公司完成基本建设审计102个（包含工程审核项目）。

2020年，集团公司审计部开展2019年国债工程项目审计，出具审计报告15份；马田矿业开展防治水、产业升级等工程项目审核，核减资金301万元；兴源矿业开展防治水、房屋改造等工程项目审核，核减资金220万元；红卫矿业开展15项工程项目审核，审减资金120万元等等。

2021年，集团公司对重点建设项目岳阳铁水集运项目开展监督，多次到现场进行检查调研，参与项目单位岳阳铁水公司相关管理制度的修订和有关技术论证会议，监督中介机构的选聘，开展项目运行情况阶段性审计，并对该项目实行跟踪管理。协同纪检监察部，对岳阳铁水集运项目进行效能监察立项，从立项报批、设计、工程造价、招投标、施工、验收等进行全过程监督。

2021年，白山坪矿业审核内部工程28个，核减资金33.55万元；街洞矿业审核自营工程17项，核减资金19.18万元；兴源矿业审核工程26个，核减资金146万元；南阳矿业核减资金13.69万元；宝源矿业审核工程维修项目16个，核减金额2.67万元。

2022年，集团公司加大对重点工程项目的审计监督力度，专门聘请中介机构对集团公司投资并获得中央预算专项资金支持的岳阳铁水集运工程项目进行跟踪审计。通过由事后结算审计向事前、事中全过程延伸，使整个工程实施处于受控状态，有效强化工程质量和安全，保障工程进度，确保代建单位资金流向的安全和规范。

3. 经济责任审计

2006年起，集团公司开展审计部门受公司人力资源部委托经济责任审计，依法依规对领导人员经济责任履行情况进行监督、评价和鉴证。《湖南省煤业集团有限公司经济责任审计实施办法》第三条规定，领导人员在任期内或任期届满，办理晋升、调任、转任、轮换、退休、辞职、解聘、辞聘、免职以及企业进行合并、兼并、资产重组等事项前，应当依法接受经济责任审计。被审计领导人员主要包括：矿区安全生产管理局主要负责人；直属子（分）公司、直属子公司所属重要（分）公司的法定代表人或不担任法定代表人但实际行使相应职权的董事长、总经理、党委书记等企业主要领导干部；集团公司具有经济管理职能的部门（中心）的主要负责人。经济责任审计的主要内容以领导人员任职期间所在企业或部门财务收支以及有关经济活动的真实、合法和效益为基础，重点检查领导人员守法、守纪、守规、尽责的情况。

2010年，集团公司完成对白沙实业公司原执行董事（总经理）周伏生、涟邵实业公司原执行董事（总经理）谭校翔、宝源矿业公司法人代表胡应钧、湘永矿业公司法人代表许永德的离任经济责任审计。4个项目共查出经营管理中存在的问题27项，提出审计意见及建议26条。

2011年，集团公司完成经济责任审计18项，查出管理中存在的问题92项，提出审计意见及建议77条，发现领导人员直接经济责任所造成的损失浪费金额100余万元。

2012年，集团公司完成经济责任审计5个，查出企业管理方面的问题47个，提出并被采纳的建议30条。

2014年，集团公司审计部对黑金房产公司、长沙矿业、涟邵安全管理局、湘永矿业、兴源矿业、金竹山矿业、华磊光电、新疆能源、新疆神宇、立达矿装等10家单位的原主要领导人员开展经济责任审计。

2015年，集团公司审计部组织完成嘉禾原董事长刘建军离任、白山坪原董事长何文飞离任、新疆神宇、新疆能源原董事长刘航朝离任、街洞矿业原董事长周才标离任等经济责任审计项目5个，发现主要问题56个，提出审计建议及意见43条。

2016年，集团公司组织完成金竹山矿业原董事长李曙光离任、株洲洁净煤原董事长刘建强离任、经贸公司原总经理陈遴离任、华磊光电原董事长何大庆离任等经济责任审计项目4个，发现主要问题29个，提出审计建议及意见16条。

2017年，集团公司组织完成立达装备原董事长朱宗元离任、牛马司矿业原董事长李永友离任、白沙实业原董事长徐泽明离任、资兴实业原董事长何建辉离任、马田矿业原董事长谢志文离任、资兴管理局原局长谢义明离任等经济责任审计项目6个，发现主要问题39个、提出审计建议及意见28条。

2018年，集团公司组织完成湘煤培训中心原负责人梁翠霞离任、白沙管理局原负责人彭双良离任等经济责任审计项目2个，发现主要问题7个、提出审计建议及意见7条。

2019年，集团公司审计部门积极配合省审计厅开展对廖建湘任董事长、何烽任总经理期间经济责任的审计。组织完成楚湘建工原总经理聂秋洪离任、能投售电原执行董事李茂红离任、湘永矿业原董事长宋齐国离任、立达装备原董事长刘英杰离任等经济责任审计项目4个，发现主要问题40个、提出审计建议及意见23条。

2020年，集团公司组织完成街洞矿业原董事长许贤松离任、兴源矿业原董事长胡瑞连离任、兴源矿业原董事长许贤松离任、资兴管理局原负责人李文军离任、南阳矿业原董事长谭景茂离任、涟邵实业董事长刘东红任中、金竹山矿业原董事长苏七华离任等经济责任审计项目7个，发现主要问题130个、提出审计建议及意见54条。

2021年，集团公司组织完成周源山矿业原总经理王双开离任、涟邵供应原总经理陈湘洪离任、涟邵管理局原负责人黄有文离任、牛马司矿业原董事长杨光军离任、白山坪矿业原董事长饶高离任、红卫矿业原董事长周益文离任等经济责任审计项目6个，发现主要问题84个、提出审计建议及意见29条。

2022年，集团公司组织完成楚湘建工原董事长彭双良离任、能投房产执行董事刘嘉玲任中、红卫矿业原董事长饶高离任、嘉禾矿业原董事长尹红球离任、街洞矿业原董事长石武军离任、兴源矿业原董事长王平芽离任、金竹山矿业原董事长彭桂剑离任等经济责任审计项目7个，发现主要问题62个、提出审计建议及意见32条。

4. 专项审计

2006年起，集团公司专项审计指对生产经营、薪酬管理审计（对被审单位管理活动的效率性、合法性、效益性进行审计），效益审计（在财务收支审计基础上，对其经济活动效益性、合理性进行审计），审计调查（对公司普遍存在的问题进行专题调查）。围绕集团公司领导关心的重点、职工群众关注的热点，对企业经营活动中的高风险业务和关键环节有针对性、有重点地组织开展专项审计调查活动。

2007—2008年，集团公司强化对经营过程和结果审计，完成审计项目300多个，效能监察项目50多个，核减或挽回经济损失1000万元以上。

2009—2010年，集团公司审计国债资金使用情况。对兴源公司筹建期间（2009年12月—2010年4月）专项费用使用情况开展专项审计，核减筹建费用支出32万元，指出问题4项，提出整改意见4条。并对集团公司整合宜章县煤炭资源项目专项资金使用情况进行审计，通过认真核查每笔支出，客观公正评价各项支出的合理性。

2011年，集团公司审计安全费用使用情况、洪山殿矿业公司经营情况、湘能华磊光电股份有限公司经营情况、应收账款等专项审计项目32个，发现问题352个，提出审计建议及意见273条。是年，集团公司先后完成安全费用使用情况审计、湘潭矿业资金管理审计、立达矿山应收账款审计、经贸公司股改前上缴款项审计、资兴焦电公司拟追加资兴浦发村镇银行股权投资审计等项目审计。

2012年，集团公司加强审计监督，量化并落实审计绩效目标，实现审计直接增效2380万元。

2013 年，集团公司完成绩效审计 45 个，查出违规资金 1141 万元，实现直接效益 3231 万元。2015 年，集团公司完成麓山制药有限公司经营情况专项审计。

2015—2017 年，集团公司审计部门开展新贵酒店存续期间费用专项审计、中央投资国家区域矿山应急救援郴州队采购装备费用专项审计、白沙物资（白沙矿区）火工品总库项目筹建费用情况专项审计。

2019 年，集团公司所属单位针对企业的热点、难点问题适时开展专项审计，完成专项审计 38 个。包括宝源矿业开展存货、工会经费审计 2 个；资兴实业开展资兴煤矸石发电有限公司陈长根任职期间矸石采购专项审计；楚湘建工开展内部结算专项审计 33 个；红卫矿业开展下属单位兑现审计 2 个。

2020 年，集团公司所属单位开展专项审计 15 个。金竹山矿业开展一平硐煤矿 2019 年工资发放情况专项审计；中南运销公司开展合同管理情况专项审计；白沙实业开展公务用车费用专项审计；宝源矿业开展存货、工会经费、三公经费专项审计；资兴实业开展党委经费收支情况、工会经费收支专项审计等等。

2022 年，集团公司组织完成煤炭销售有限公司成立以来运营情况专项审计、华磊光电 2018—2021 年的运营效益情况专项审计共 2 个，发现主要问题 21 个，提出审计建议及意见 13 条。

5. 内控审计

2006 年起，集团公司内控审计是指对企业内部控制系统的合法性、健全性和有效性进行测评和监督检查。内部控制的审查和评价的重点为企业（包括子分公司）采购和销售环节、对外投资、购买和出售重要资产、对外担保、关联交易、募集资金使用、信息披露事务等事项。

2007—2009 年，集团公司组织各职能部门对所属单位风险防控体系建设及日常业务风险管理进行监控，协助风险管理委员会识别和评估重大风险问题，拟定风险管理策略，制定和落实集团公司风险管理措施，评价风险控制的效率与效果，定期报告风险管理工作，改进风险管理与控制系统等。对风险监控中发现的问题，集团公司审计部门开展以风险为导向的风险专项检查审计和重点审计。凡涉及投融资、担保、市场、法律、安全等方面重大风险事项须经审计部门会签；各部门和单位一般性风险事项向审计部门备案确认后，纳入集团公司风险管理体系。

2010 年，集团公司组织年度财务决算工作监督检查，完成内控审计 3 个，查出企业管理方面的问题 17 个、提出并被采纳的建议 15 条，为企业完善内部控制制度、规范内部管理发挥积极作用。

2011—2012 年，集团公司重点开展企业风险自查，摸清风险领域和风险点，推动风险控制与审计监督关口前移。

2013 年，集团公司协助省国资委监管企业财务风险预警机制课题组对集团公司开展现场调研工作。

2014 年，集团公司对所属企业经营管理流程以及内控制度执行中的重要环节和关键点拟定资金、物资、供应、销售等 115 项内控制度执行情况进行摸底评审。

2015 年，集团公司组织完成金竹山有限公司内部控制制度建立健全及执行情况、原煤公司自销煤情况、煤矿井下安全避险“六大系统”实施情况、红卫公司内部控制建设及执行情况等内控审计项目 11 个，发现主要问题 169 个，提出审计建议及意见 112 条。

2019 年，集团公司完成内控审计 15 个。通过检查公司内部控制制度和内部控制措施的执行情况，进一步完善内部控制体系，优化内控管理。

2020 年，集团公司审计部联合相关职能部室，开展企业内部控制有效性自查，并提交报告 1 份；所属单位结合三个派驻监事会力量，以“煤炭销售、三公经费、三重一大集体决策”为重点内容，开展本单位全年内控工作专项检查；涟邵实业开展棚户区洪山小区住房面积专项审计；华磊光电公司开展黄金回收结算、销售提成和考核、长期挂账应收账款等专项审计；周源山矿业支柱修理情况等专项审计等。

6. 其他审计相关工作

2011 年，集团公司巩固和加强与审计厅、国资委的沟通联络，先后参与协调审计厅实施的长沙矿业破产改制专项审计调查、棚户区改造项目审计调查工作，得到上级在政策和工作上的大力支持，最大限度地实现审计服务增值。配合审计署对集团公司实施的中央财政补助资金审计和定期实施的棚户区资金使用情况审计。集团公司审计工作先后被湖南省国资委和审计厅授予先进集体称号。

2012 年，集团公司配合审计厅完成长沙矿业破产改制专项审计调查。

2013 年，集团公司与审计署沟通协调，就《2012 年湖南省煤业集团有限公司煤矿棚户区改造跟踪审计报告》进行多次协调、沟通，反复讨论，棚改审计结果达到预期效果；根据审计厅对集团公司董事长任期经济责任审计报告，制定集团公司审计整改工作方案，并向湖南省委组织部、湖南省国资委、湖南省审计厅报送审计整改情况。

2015 年，集团公司加强与省外派监事会的沟通，积极组织、全力配合省政府外派监事会及国资委完成检查与调研工作 10 余次。其中包括：2006 年资产核实中发现不良资产调研检查工作；华磊光电 LED 项目的调研检查工作；集团公司资源控制检查与调研工作；贵州湘能调研检查工作，并对省委巡视第六组反馈意见的整改落实情况进行监督检查；开展金竹山公司的调研工作，客观、准确、适当地反映金竹山公司存在的困难，请求外派监事会在调研报告中以适当方式予以反映。

2016 年 4 月，审计部门按照集团公司党委的要求，参与和配合省委巡视第九组对集团公司党委进行的专项巡视工作。

2017 年，集团公司审计部门参与监督招投标工作，对集团公司 2017 年度物资招标、2017 年度较大批量物资联合招标及国债项目招标进行全程监督，对两起招投标投诉问题进行复议。

2019 年，集团公司审计部牵头组织造价咨询公司、资产评估公司、招标代理公司等中介机构选聘；各级审计部门积极参与资产核销项目、国债项目等工程项目的竣工验收、监督物资公司组织的招标会 61 场次，参与公司签订合同的审查工作。

2020 年，集团公司按照中共湖南省委审计委员会《关于深入推进审计全覆盖的实施意见》、湖南省审计厅的《湖南省 2020 年度内部审计工作指导意见》等文件要求，推进审计全覆盖，拓展审计监督广度和深度，消除监督盲区，做到应审尽审、凡审必严、严肃问责。

2021 年，集团公司开展内部审计调研工作。对所属单位审计机构的设立、内审人员的配置、内审工作开展情况进行调查，对内审工作效果及审计成果运用等方面进行分析研究；对省审计厅开展的 2016 年度运营情况专项审计和 2019 年廖建湘任董事长、何烽任总经理期间的经济责任审计中未完全整改到位问题实行动态管理、追踪督促整改，召开审计整改专项推进会议 2 次，并按照国资委相关要求，定期上报阶段性整改进展情况。至 2021 年 12 月，两个报告共 106 个问题完成整改 101 个、持续整改 5 个。

7. 审计成果

2006 年，集团公司审计工作围绕“解放思想，深化改革，苦练内功，提升管理”的工作主题，坚持以“防风险、促规范、强管理、增效益”为宗旨，加强审计制度建设，扎实推进重点工作开展，强化审计监督。是年，集团公司财务审计 1 个，专项审计项目 1 个，查处问题 37 个，提出审计建议 22 条。

2007 年，集团公司经济责任审计 6 个，财务审计 2 个，工程审计 1 个，内控审计 1 个，查处问题 159 个，提出审计建议 108 条，纠正违规金额 291 万元。

2008 年，集团公司经济责任审计 6 个，财务审计 2 个，工程审计 5 个，内控审计 1 个，查处问题 165 个，提出审计建议 112 条，纠正违规金额 158 万元。

2009 年，集团公司经济责任审计 14 个，财务审计 3 个，专项审计项目 1 个，工程审计 9 个，内控审计 1 个，查处问题 273 个，提出审计建议 213 条，纠正违规金额 673 万元。

2010 年，全集团公司所属单位审计部门共完成审计项目（含工程审核项目）769 个，核减挽回经济损失 1700 万元，查处并纠正违纪违规金额 176 多万元，提出改进管理意见 158 条，建立和完善规章制度 30 项。是年，集团公司被湖南省国资委授予“省属监管企业内部审计工作先进单位”。

2011 年，集团公司各级审计部门共完成审计项目（含工程审核项目）759 个。其中集团公司审计部完成审计项目 25 个，年度审计项目计划完成率达 100%，包括经济责任审计项目 8 个、工程项目审计 7 个、预算执行情况审计 5 个，以及专项审计项目 5 个。共查出涉及企业管理及效益问题 146 个，提出并被采纳的建议 117 条。调减项目投资 1.35 亿元，直接或间接挽回经济损失共 4290 万元，查处并纠正违纪违规金额 600 万元。是年，集团公司被省国资委和审计厅分别授予先进集体称号。

2012 年，全集团公司各级审计部门共完成审计项目 447 个。其中集团公司审计部完成审计项目 25 个，包括经济责任审计项目 5 个、工程项目审计 3 个、预算执行情况审计 13 个，以及专项审计项目 4 个。共查出涉及企业管理及效益问题 146 个，提出并被采纳的建议 107 条。直接或间接挽回经济损失 2390 万元，查处并纠正违纪违规金额近 100 万元，审计直接增收 2380 万元。

2013 年，全集团公司各级审计部门共完成审计项目（含工程审核项目）293 个。其中集团公司审计部完成审计项目 24 个，查处违规资金 1111 万元。包括经济责任审计项目 4 个、工程项目审计 5 个、财务审计 3 个，以及专项审计项目 12 个，共查出涉及企业管理问题 233 个，直接或间接挽回经济损失共 3231 万元，查处并纠正违规金额 1141 万元，较去年同期增加 1000 万元。是年，集团公司被省国资委评为“内部审计工作先进单位”。

2014 年，集团公司各级审计部门共完成审计项目 268 个。其中集团公司审计部完成审计项目 24 个，查处违规资金 7149 万元。包括经济责任审计项目 10 个、工程项目审计 6 个、财务审计 2 个，以及专项审计项目 4 个。共查出涉及企业管理问题 239 个，提出建议意见被采纳 214 条，查处并纠正违规金额 8294 万元，追回资金 3630 万元。

2015 年，集团公司各级审计部门共开展审计项目 215 个，共查处并纠正违规金额 16563 万元，查出涉及企业管理问题 136 个，提出管理意见或建议 123 条。其中集团公司纪检审计监察部完成审计项目 15 个（经济责任审计项目 4 个、工程项目审计 2 个、财务审计 4 个、专项审计项目 5 个），查处违规资金 16558 万元。

2017 年，集团公司本部开展审计项目 12 个，查出涉及企业管理问题 68 个、提出管理意见或建议 45 条。

2018 年，全集团公司各级审计部门共完成审计监察项目 251 个，共查出涉及企业管理问题 156 个，提出建议意见 146 条，涉及违规资金 298.15 万元，直接或间接挽回经济损失共 556.58 万元。

2019 年，全集团各级审计部门共完成审计监察项目（含工程审核项目）193 个，共查出涉及企业管理问题 108 个，提出建议意见 176 条，涉及违规资金 1078.49 万元，直接或间接挽回经济损失 813.91 万元。

2020 年，全集团公司各级审计部门共完成内部审计监察项目 157 个，审计总金额 284954 万元，提出建议意见 193 条，为公司增收节支 764 万元。

2021 年，集团公司各级审计部门共完成内部审计项目 81 个，出具的审计报告中发现问题 248 个，涉及合规性问题金额 2823 万元。其中，集团公司审计部出具的审计报告中发现问题 122 个，涉及合规性问题金额 2771 万元：会计核算方面 307 万元、违规使用资金 114 万元（主要为未招标款项）、其他 2350 万元（主要为工程超进度支付款项）。

2022 年，集团公司各级审计部门完成审计项目 52 个，出具的审计报告中，指出问题 202 个，涉及合规性问题金额 560.27 万元。集团公司审计部 2022 年度内出具的审计报告中发现问题 65 个、涉及合规性问题金额 508.76 万元。

二、效能监察

2006 年，集团公司对企业经营管理重点部位（物资采购、产品销售、基建工程等）、企业管理的关键环节（资金投资、成本核算、钱款收支）、职工群众反映强烈的热点问题（住房、医疗、工资）开展效能监察。共立项 209 项，完成 201 项，挽回经济损失 392.4 万元，创造效益 3706.4 万元，提出改进管理建议 160 条，建立和修改规章制度 70 项。

2007 年，集团公司组织安监、生产、财务、工程、纪检监察等部门对全公司 20 个单位的专项工程进行认真检查；审计部门对 23 个工程和离任项目进行全面审计。湘潭矿业公司领导人员私车全部退出本单位运煤行列。

2007年，集团公司效能监察共立项并完成38项，避免或挽回经济损失134万元，增加和创造效益930万元，提出整改管理建议343条，建立和修订规章制度42条。

2008年，集团公司把效能监察和内部审计工作有机结合起来，在土建工程项目、物资采购管理、精煤运输管理、废旧物资销售、工资、资金分配、煤炭销售监督、坑木收购监督、医药费用报销等方面进行监督，堵塞管理漏洞。

2009年，集团公司效能监察共立项47项，完成44项，处理违纪人员26人，避免和挽回经济损失214.79万元，增加和创造效益761万元；提出整改管理建议163条，建立和修订规章制度50条。

2010年，集团公司制定《效能监察实施细则》，将效能监察与“基础建设年”及“拧毛巾、降成本、提效益、深化精细化管理活动”相结合，各单位共立效能监察项目60项，完成58项，挽回经济损失182万元，增创效益719万元，修订制度41项，提出改进管理建议112条。

2011年，集团公司有21个企业开展效能监察工作，完成效能监察项目项31项，涉及领域包括生产管理、财务管理、物资管理、工程管理、科技管理、人事、劳资、教育、行政以及后勤管理等方面。发现案件线索4个，立案1件，处理违纪人员9名，调整干部4名，提出改进管理建议93条，建立修订规章制度44项，避免和挽回经济损失116.48万元，增加和创造效益864.46万元。

2012年，集团公司完成效能监察项目59项，在物资采购、煤炭销售、废旧物资设备材料的处理、员工劳动纪律、机关作风、工作效率、干部任用各个领域进行督察和监察。

2013年，集团公司开展效能监察共立项34项，完成33项，处理违纪人员3人，避免或挽回经济损失36.68万元，增加和创造效益605万元，提出整改管理建议52条，建立和修订规章制度25条。

2014年，集团公司制定《湖南省煤业集团有限公司中介机构选聘管理办法》，对开展审计、咨询、评估工作而需要聘请的会计师事务所、税务师事务所、资产（土地）评估事务所、律师事务所、咨询（投资）管理公司、招（投）标代理机构、拍卖公司和上市保荐机构等专业机构的抽选过程进行全程监督。

2014年9—10月，由集团公司纪委牵头，组织审计部、股份供应公司对贵州湘能公司物资供应管理和招投标工作进行专项效能监察，实施现场查看、资料查阅、分析复核、调查询问等检查程序，发现该公司有18个方面存在问题，其中6个问题比较严重。对此，集团公司纪委提出专项效能监察意见和处理建议，责成贵州湘能公司班子成员召开专题反思会，研究制定整改措施。是年，集团公司到13个棚改项目单位进行全面检查、监督，对棚户区改造工程的发包、招标、设计变更、质量、进度、资金方面进行检查，并向湖南省国资委纪委提交《湘煤集团公司棚户区改造项目自查自纠情况汇报》材料。是年，集团公司审计监督和效能监察，挽回经济损失600万元。

2015年，集团公司审计部、工程部对棚户区工程发包、招标、设计变更、质量、进度、资金等进行全面检查监督，重点对长沙矿业棚户区项目进行联合调查审计。

2007—2015年，集团公司为规范企业国有资产处置行为，维护国有资产的安全和完整，防止国有资产流失，由审计部门负责对国有资产和权益的安全与完整情况进行监督。

2007—2015年，集团公司为确保所属单位领导班子薪酬奖金发放合法合规，审计部根据集团公司相关奖罚制度开展检查监督。年薪发放监督每年开展一次，根据相关部门提供的数据，不定期开展对奖罚资金发放的监督。

2016年，集团公司及所属单位围绕企业的财务管理、大宗物资采购、重大投资项目建设、三公经费、煤仓存煤盘底、公车管理、小金库、大额资产处置等方面开展效能监察。集团本部确定两个效能监察项目，一个是白沙矿区联平新城棚户区改造项目，另一个是新疆沙尔湖勘探项目。党委工作部、纪检审计监察部、工程管理部和财务部抽调专门人员，进行为期一个多月的调查，形成专门的调查报告，向省国资委专题汇报，同时启动追责问责程序，向公安、检察机关报案，并对白沙联平棚户区改造中相关领导和工作人员作进一步调查。

2017 年，集团公司审计监督部门会同工程部对棚户区工程发包、招标、设计变更、质量、进度、资金等进行全面检查监督。

2018 年，集团公司印发《湖南省煤业集团有限公司效能监察实施办法》，对效能监察的原则、标准、内容、程序、奖惩、组织领导、责任权限和权利义务进行了规范。是年，集团公司审计监察围绕财务管理、物资采购、项目建设等方面开展效能专项检查监督，提出审计监察意见 150 条，核减资金支出 6000 余万元，挽回经济损失 560 万元。

2018 年，各级审计部门配合纪检监察部门，开展了违反中央八项规定精神突出问题专项治理工作的效能监察项目，对企业公务接待超标、办公用房面积超标等问题进行查处。同时，集团公司审计部牵头组织造价咨询公司、资产评估公司、招标代理公司等中介机构选聘 32 次，确保中介机构选聘工作公平公正、有序合规。监督物资公司组织的招标会 61 场次，参与公司签订合同审查工作。

2019 年，集团公司及所属各单位完成效能监察项目 11 个，针对公司重点热点问题开展效能监察。包括涟邵实业开展棚改办电梯工程、棚改办配套工程实施效能监察；白沙实业开展物业公司物业收费管理效能监察；华磊光电开展产品销售价格政策执行、危化品管理制度流程执行情况效能监察等。

2020 年，全集团公司各级审计部门共完成内部审计监察项目 158 个，切实发挥“经济体检”的作用，促进公司高质量发展。

2021 年，集团公司审计部全年参与监督招（议）标采购 50 余项，参与中介机构选聘 20 余次；加强对资产处置的监督，配合资产管理事业部对所属单位进行资产处置，保证除政府收储项目以外的资产处置全部通过湖南省联合产权交易所进行挂牌出让。全年完成资产处置 2.458 亿元，实现资产处置收益 1.77 亿元，比评估溢价 943.33 万元。指导所属单位加强对废旧物资处置询价、比价、谈判、处置等各个环节的监督，切实防止公司资产流失、有效维护企业利益。

2022 年，集团公司结合生产经营工作深化日常监督，全年对物资招标采购开展监督 40 余场次；对集团公司 2018—2022 年所属各单位工会经费开支情况开展专项检查，发现共性问题 5 个，个案问题 10 个，提出整改意见，限期整改要求，促进工会经费管理的规范化；对重点投资建设项目岳阳铁水集运煤炭储备基地（一期）项目的建设进行全方位监督，由纪检监察审计部牵头组织帮扶工作队，对项目的土地征拆、招标（设计、施工、设备）等工作进行全程监督，确保重大项目建设依法合规。

第八章 行政事务管理

第一节 管理机构

2006 年 6 月，集团总部设办公室，负责文秘、档案、协调督办、会务接待、证照、机关后勤等行政事务管理工作，指导和督促、检查二级单位行政事务管理工作，编制 6 人。

2007 年，办公室增设后勤服务中心，负责后勤服务、食堂、门卫、车辆管理、机关总部维稳、信访等工作。办公室增配副主任一人，管理后勤服务中心。

2008 年，办公室增设法律事务室，工作人员 1 人。

2009 年 6 月，湖南黑金时代股份有限公司成立，集团办公室与股份办公室合署办公。

2010 年，法律事务职能转移至企管改革部。

2013 年，后勤服务中心食堂、门禁管理等职能移交黑金时代房地产公司。

2017 年，集团总部机构改革，设办公室（董事会办公室），负责总部机关综合协调、公文管理、机要档案、文秘工作、信息化管理、会议与接待管理、后勤管理、工作督办、董事会日常事务管理、信息披露管理，办公室定编10人。

2022年11月，集团深化总部机构改革，优化调整总部部室职能职责，行政事务归口党群综合部管理，负责集团公司公文管理、机要档案、印鉴管理、文秘工作、工作督办、会议与接待管理、后勤管理、信息化建设、数字化转型和其他行政事务管理。

第二节　文秘管理

一、公文管理

2006年，集团办公室根据国务院办公厅发布的《国家行政机关公文处理办法》，制定《湖南省煤业集团有限公司公文管理办法》，规范管理公文的登记、批办、承办、拟稿、审核、签发、印制、用印、传递、归档、销毁等。根据文件规范管理要求，集团正式文件头为“湖南省煤业集团有限公司文件”，发文字号根据各部室和职能分别设“湘煤集办、湘煤集安、湘煤集工、湘煤集发”等，办公室管理文号。同时，启用发文单和收文单。

2006年7月，印发《湖南省煤业集团有限公司行政公文处理办法》，公文管理包括公文种类、格式、行文规范、发文办理、收文处理、公文传送、公文归档等，制度文件按照《湖南省煤业集团有限公司制度文件编制和管理规定》执行。

2006年，办公自动化系统正式投入运用，集团内部公文实现网上传送。

2008年4月，集团办公室开通省党政电子公文传输系统。7月，集团办公室正式运行省党政电子公文传输系统，机要文件开始实施网上传输。

2009年，股份公司文件统一由办公室管理，股份公司正式文头为“湖南黑金时代股份有限公司文件”，发文字号根据各部室和职能分别设“湘煤股办、湘煤股安、湘煤股生、湘煤股工、湘煤股财”，办公室统一管理文号。同时，启用股份公司发文单和收文单。

2010年，集团对办公系统进行改版，内部公文流转电子化，实现无纸化办公。

2011年，国家对行文规范进行调整，集团公司、股份公司分别修订公文管理办法。

2014年，根据国家最新行文规范修订集团公司、股份公司公文管理办法。

2018年，根据国家最新行文规范修订集团公司、股份公司公文管理办法。

2022年11月，集团深化总部机构改革，印发《湖南省煤业集团有限公司公文处理办法》，发文字号根据各部室和职能分别设：湘煤集投、湘煤集生、湘煤集工、湘煤集安、湘煤集企、湘煤集营、湘煤集综、湘煤集财、湘煤集人、湘煤集纪、湘煤集审，增设两个各部室共用的湘煤集制、湘煤集函发文字号，湘煤集制用于法定代表人签发的集团公司基本管理制度和具体管理制度，湘煤集函用于集团公司与不相隶属单位之间商洽工作、询问和答复问题、请求批准和答复审批事项。

二、印鉴管理

2006年5月，《关于启用湖南省煤业集团有限公司印章的通知》规范集团印鉴管理，印鉴管理包括印鉴刻制、领取、保管、使用、回收和销毁、印鉴违规使用责任等。

2010年12月，印发《湖南省煤业集团有限公司印信管理规定》，办公室负责印章归口管理，专人保管、专人使用印章、用印在办公室内，印章不得携带外出使用，特殊情况，主管领导批准。印章存放在安全的保险柜中，并规定印章刻制、启用、印章使用、印章封存、印章更新等。

2018年，《关于启用印鉴的通知》启用“湖南省煤业集团有限公司监事会办公室”“湖南省煤业集团有限公司长沙监事会办事处”“湖南省煤业集团有限公司资兴监事会办事处”“湖南省煤业集团有限公司白沙监事会办事处”印鉴。

2018年，《湖南省煤业集团有限公司关于启用印鉴的通知》启用“湖南省煤业集团有限公司能源资产管理事业部”印鉴。

2022年11月，《湖南省煤业集团有限公司关于启用印鉴的通知》（湘煤集办〔2022〕445号文），按集团深化总部机构改革方案，制作和启用新的部门印鉴。

2022年，印发《湖南省煤业集团有限公司印信管理办法》，规定印章的刻制和启用、使用、封存等。集团公司董事会、行政、合同专用章由集团公司党群综合部机要档案员保管、用印，集团公司党委、纪委印章由集团公司党群综合部、纪检监察部指定专人保管、用印。部门及业务专用印章，部门负责人指定专人保管、用印。

第三节 档案及保密管理

一、机构

2006年集团成立，总部办公室设档案室，配备专职档案管理员1人，负责集团总部档案文件材料的收集、整理、鉴定、保管、统计和提供利用。集团总部各部室指定兼职档案管理员。集团公司档案室管理文书、科技、人事、会计档案。

2012年，集团公司总部人事档案移交人力资源部（党委干部部）管理，档案室主要管理文书、科技、会计档案及其他档案。

2022年11月，集团公司深化总部机构改革，优化调整总部部室职能职责，党群综合部是集团档案管理的归口部门，设专人负责档案管理，负责管理公司文书、技术、工程、法律、会计、劳资、证照等纸质档案和公司声像、电子档案及资料。

二、设施

2006年，集团总部设档案室，建筑面积48平方米，安装4门5列密集架2组，容积60立方米，计算机2台、除湿器1台，缝纫机1台，扫描仪1台，单机版档案软件1套，移动硬盘1个。

2013年，集团搬迁至湘煤大厦办公，档案室建筑面积275平方米。

2014年，总部档案室新增4组10列、8组10列两组档案密集架，密集架156立方米；新增打印、复印一体机一台，至2022年。

三、制度建设

2010年，印发《湖南省煤业集团有限公司档案管理办法》《湖南省煤业集团有限公司档案借阅制度》《湖南省煤业集团有限公司档案保密制度》，对档案的移交与受理；档案的分类整理、立卷归档；档案的分类、编目、入库、上架；档案的保管、维护、统计；档案的查阅、借阅、使用；档案的保密；档案的鉴定销毁等管理作出规定。

2011年，印发《湖南黑金时代股份有限公司煤炭生产许可证档案管理办法》。

2012年，印发《湖南黑金时代股份有限公司会计档案管理办法》。

2016年，印发《湖南省煤业集团有限公司员工档案管理办法》，修订《湖南黑金时代股份有限公司会计档案管理办法》。

2018年，根据湖南省档案局相关文件精神，修订印发《湖南省煤业集团有限公司档案管理办法》。同年，修订印发《湖南省煤业集团有限公司会计档案管理办法》《湖南省煤业集团有限公司员工档案管理办法》。

2022年，印发《湖南省煤业集团有限公司档案管理办法》，明确党群综合部是集团档案管理归口部门，明确档案人员岗位职责；档案的保密管理、档案的立卷移交、档案的保管、档案的利用作出规定。

四、档案管理

（一）立卷与归档

2006—2022年，集团、股份公司总部部室的材料资料，按业务范围，指定兼职档案员负责收集、整理。文书、科技、会计等门类档案归档范围内的文字材料、图表、声像、照片等均由承办部门负责收集、立卷、归档，统一移交档案室。财务部门按照财政部和国家档案局印发的《会计档案管理办法》，每年年初，将财会档案整理、立卷、归档，其他部室按规定将存档的文书档案整理、立卷，每年6月底前移交归档。科技档案在每项工程竣工验收1个月内归档，特殊载体档案由兼职档案员随时归档。

（二）档案保管

每年6月底前，归档、整理好上年文件。档案管理员把移交来的文件材料分门类整理、组卷、编码、装订、切边、统一立卷、归档。案卷排列、编制案卷目录、编写档号、导入、上架入库。针对文书、科技、财会档案及其他专门档案特点以及载体的差异，采用相应的保管形式和方法。各门类档案存放专门库房，具备良好卫生环境和防盗、防火、防光、防潮、防尘等安全措施。库房内设有防火和空气调节设施，温度、湿度符合规定。定期检查、清理、核对库藏档案资料，做到账、物相符。

（三）分类及应用

2006—2007 年，根据煤炭工业部 1994 年版《煤炭工业企业档案分类规则》（试行），文书档案分党群、行政、经营、生产技术 4 个类目。

2008—2015 年，根据国家档案局《归档文件整理规则》（DA/T 22—2000）及 2001 年《湖南省档案局实施细则》，文书档案、科技档案按部门分类，档案档号包括全宗号、目录号、案卷号和页号。保管期限为“永久”“10 年”“30 年”3 个类型。

2016—2022 年，根据国家档案局 2015 年《归档文件整理规则》（DA/T 22—2015）及 2016 年《湖南省档案局关于贯彻实施〈归档文件整理规则〉（DA/T 22—2015）的通知》，文书档案采用“年度—机构—保管期限”三级分类。

2022 年底，集团总部档案室案卷目录 46 本，存档案 6313 盒，其中：文书档案 2667 盒，科技档案 83 盒，会计档案 3663 盒，其他资料 521 盒。实物档案 166 件，声像档案 18 盘。

2006—2022 年，文书档案大部分保存电子版，方便档案利用，提供各类电子、纸质档案利用 4650 件次。

五、保密

2006 年，集团总部机要工作由集团办公室负责，配备机要员 1 人。

2010 年 12 月，印发《湖南省煤业集团有限公司办公室机要管理规定》，规定上级有关部门下发的“三密”（秘密、机密、绝密）文件；公司的重要政策或计划，人事任免，重要会议的讨论事项，产品的重要事项，契约、协议或根据协商而决定的事项，规定、命令中特别指定的事项，属于机要，是不得泄露其内容的机要文件及机要事项。

2018 年，印发《湖南省煤业集团有限公司机要管理办法》，集团总部机要管理工作由办公室负责，机要室配备防火、防盗、监控报警等设施，达到“三铁一器”要求。

2022 年 10 月，印发《湖南省煤业集团有限公司机要管理办法》，总部机要工作由集团党群综合部负责，配备机要员 1 人，办法对机要文件的收文、办文和传阅机要文件的归档、查阅和注销作出了规定。

第四节　事务协调及公关管理

一、会议管理

集团会议主要有集团公司党委会、董事会、总经理办公会、高管会议、董事专业委员会议和集团公司召开的务虚会、年度工作会、经济活动分析会、月度例会、股份公司安全生产工作会议和周例会以及各部门专业会议。

集团会议管理包括会议计划、会议准备、会议纪律、会议记录与纪要、会议跟进等管理，按照《湖南省煤业集团有限公司总部会议管理办法》和《湖南省煤业集团有限公司例会管理办法》等相关会议制度执行。

2010 年，印发《湖南省煤业集团有限公司会议管理规定》，集团会议分三类管理，各类会议履行审批程序。

2018 年，集团印发《湖南省煤业集团有限公司会议费管理办法》，规范会议费标准。

2020 年，印发《湖南省煤业集团有限公司例会管理办法》，明确集团月度例会内容和召开方式。2020 年开始按精干高效、三个导向、党建与经营融合、强化执行原则，每月第一个工作周周一上午 9 时在湘煤大厦召开公司例会，集团党委书记、董事长主持公司例会，集团党委领导班子成员及其他高管和板块公司主要负责人、职能部门主要负责人，二级单位主要负责人参加公司例会。

2022 年，集团公司总部会议遵循“精简、高效、务实、节约”原则召开会议，印发《湖南省煤业集团有限公司会议管理办法》，总部会议统一归口党群综合部管理。集团召开会议分三类，分类履行报批程序，一类会议是集团公司召开年度工作会、经济运行分析会、先进表彰会、党委会、董事会、总经理办公会等综合性会议。一类会议行政类，党群综合部编制会议方案和预算，履行审核手续，报董事长批准。党群类由党群部门编制会议方案和预算，履行审核手续，党委书记批准。二类会议是分管领导主持召开，所属单位参加的专业性会议，会议承办部室编制会议方案，党群综合部会签，履行审核手续，董事长批准。三类会议系公司领导就某一工作，跨部门协作、参与而进行布置、协调等的会议，分管领导决定。一类会议文件资料、会议记录、纪要、简报、照片、录像、领导讲话等，会议组织部门负责整理送党群综合部归档。二、三类会议承办部门整理相关资料归档。会议组织部门负责贯彻落实跟踪、调度、考核和落实会议精神。

二、公务接待管理

2006 年，印发《湖南省煤业集团有限公司公务接待工作规定》和《湖南省煤业集团有限公司湘煤专供酒管理规定》，办公室负责公务接待工作的统一管理。

2010 年，印发《湖南省煤业集团有限公司总部业务接待管理规定》，实行统一管理、统一标准、对口接待、分工负责、严格审批的管理原则。

2018 年，印发《湖南省煤业集团有限公司总部业务招待管理办法》，实行分类管理、对口接待、节约从简、预算总额控制的业务接待原则。

2022 年，印发《湖南省煤业集团有限公司总部业务招待管理办法》，规定业务招待是集团公司负责人及其他管理人员为企业生产经营业务合理需要，招待客户、合资合作方以及其他外部关系人员所发生、企业承担费用支出的招待活动。总部业务招待遵循分类管理、对口招待、节约从简、预算总额控制的原则；总部业务招待统一归口党群综合部管理。

三、工作协调督办管理

集团办公室督办工作管理，包括督办基本原则、督办工作内容、督办立项、拟办、交办和登记、督办和催办、办结、考核与责任等，执行《湖南省煤业集团有限公司督查督办工作规定》《湖南省煤业集团有限公司会议决议和领导指令督办细则》《湖南省煤业集团有限公司工作问责制暂行办法》《湖南省煤业集团有限公司总部职能部室绩效考核办法》规定。

2018 年，印发《湖南省煤业集团有限公司工作督办制度》，督办内容：年度工作会议工作部署、集团公司董事会决议事项、董事长工作指令、总经理办公会议工作安排、总经理工作指令、公文处理进度等六方面实行分类跟踪管理、督办。督办结果作为被督办对象评先评优及其负责人考核问责、人事任免的重要依据。工作督办结果作为总部部室绩效考核的重要依据。实行工作督办提升了所属单位的执行力和总部机关服务质量。

四、公务用车管理

2006 年，公务用车管理包括公司车辆使用范围、使用申请程序、用车量的计算、车辆的维护维修、保管、车辆费用的核算、审批、报销、车辆的年审、驾驶员的证照年审、交通安全及责任管理等，执行《湖南省煤业集团有限公司总部公务用车管理办法》管理办法。

2010 年，集团总部公务用车实行“派车单”审批，往来南边（衡阳、郴州）各矿区安全管理局、实业公司及原煤子公司从事公务活动的乘坐高铁。

2018 年，修订印发《湖南省煤业集团有限公司总部公务用车管理办法》，公务用车管理涵盖车辆编制、车辆配置标准、车辆使用、车辆维修、车辆安全、车辆费用、驾驶员、车辆购置、市内交通费等管理。

2022 年，印发《湖南省煤业集团有限公司公务用车管理办法》，公务用车管理涵盖编制和标准、公务用车购置、公务出行保障、公务用车日常管理、公务车辆处置、公务用车纪律等管理。

2022 年，集团公司公务用车实行编制管理，集团总部公务用车编制由省国资委确定，所属单位公务用车编制由集团确定，公务用车编制实行动态管理。公务用车配置严格按标准控制，集团公司及所属单位主要负责人更新、购置公务用车的配置标准为排气量 2.0 升及以下，购车价格（不含车辆购置税）28 万元以内。新购置经营和业务保障用车按如下标准控制：轿车型车辆控制在购车价格 18 万元以内、排气量 1.8 升及以下；商务车型车辆控制在购车价格 30 万元以内、排气量 2.5 升及以下。原则上不再新购置越野型车辆，因行业特性及工作需要确需购置越野型车辆，配置标准原则上控制在购车价格35万元以内，排气量3.0升及以下。集团及所属单位从严从紧控制公务车辆购置，无编制不购置新公务用车，无预算不购置新公务用车，上年度亏损不购置新公务用车。

第五节 外事管理

2012年8月，华磊光电成立海外销售部，负责中国大陆以外地区的产品销售。

2014年，华磊光电邀请美国伦斯勒理工学院国际知名LED专家SchubertLED来公司授课、现场指导。

2015年4月，越南KHE CHAM COAL COMPANY－TKV等有关企业组成的代表团访问湘煤立达，并开展技术交流。

2015年5月，美国久益环球公司（JOY）中国区战略销售总监Paul freeman（保罗·弗里曼）到湘煤立达考察和技术交流，美国久益环球公司（JOY）系美国纳斯达克上市企业，世界领先采矿设备制造商，是中国综采成套系统的技术发展源头，久益环球采矿设备公司收购了中国多家煤机制造工厂。集团公司多个煤矿使用久益环球采矿设备公司旗下工厂生产的采煤机、掘进机、刮板运输机。

2015年6月，印度重要客户和知名商业人士Vipin Gupta先生考察访问湘煤立达。

2015年9月，湘煤立达专业人员考察越南煤机市场，走访黄明矿、溪占矿、蒙阳矿等越南具代表性的煤矿，对接越南煤矿设计院，并就产品推广签署合作备忘录，为进一步扩大无极绳连续牵引车和水泵自动化控制产品在越南的市场占有率，与SEIKI等知名商贸公司洽谈合作，促进煤机产业技术合作。

2017年8月，集团公司党委书记、董事长廖建湘与澳洲CFT煤层气集团董事长马西蒂签署《关于煤层气开发利用战略合作意向协议书》，双方约定：为进一步提高湖南煤层气抽采能力及综合利用效率，最大程度发挥煤层气商业价值，本着优势互补、共同发展的原则，双方愿意在互惠互利、合作共赢的基础上成为战略合作伙伴。湘煤集团与CFT集团成立联合工作组，推进湖南煤层气资源的开发利用。

2018年11月，湖南省商务厅组织，集团公司党委委员赵斌带队赴澳大利亚昆士兰州和维多利亚州实地考察煤层气赋存情况，学习澳大利亚CFT煤层气集团在煤层气资源开发方面的技术路径、商业模式、先进经验等情况，进一步探讨双方合作相关事宜。

澳大利亚煤炭储量760亿吨，煤炭产量5亿吨/年。煤层气年产量达310亿立方米，是世界上最大的煤层气生产国，煤层气开采技术先进。昆士兰州是煤层气产量占澳大利亚煤层气产量的99.6%。

考察团一行5人考察了昆士兰州煤气层田（MOURA）、煤层气厂址和柯蒂斯岛液化天然气设施，与澳大利亚联邦科学和工业研究院屈庆栋博士和CFT公司专业技术人员进行了深入的技术交流，了解澳大利亚煤炭与煤层气开发开采情况及相关先进技术与经验；参观了昆士兰大学唐尼克林楼煤层气实验室，了解澳大利亚煤层气抽采相关技术及抽采设施。在澳中经济合作促进会主席董军的支持和推动下，考察团与澳大利亚CFT煤层气集团进行洽谈，讨论双方经济合作的前景，并就下一步在湖南设立合作公司以及在首期试验区进行煤层气开发试验的相关事宜进行商务洽谈，签署了《谅解合作备忘录》，考察取得了较好成效。时任湖南省商务厅美洲大洋洲处长陈玉玲，时任黑金时代股份公司董事、总经理李永友，时任集团公司总经理助理、战略投资部部长曹建书，时任集团（股份）公司办公室（董事会办公室）主任、股份公司董事会秘书王群伟参加考察。

2019年12月，楚湘建工集团在越南国有煤矿和工业集团官方网站了解到冒溪煤田建设施工项目的有关情况，立即组员实地考察论证越南煤炭矿产业集团冒溪煤业公司。经严格论证，购买招标文件投标，参与投标活动，中标越煤集团冒溪煤田地下150米以下矿井开采、地下230米、地下315米和400米车场系统工程建设施工项目。2020年1月，签订施工合同，合同额1.53亿元。实现湖南矿建史上首次参与国际投标并成功中标海外项目。2020年3月，楚湘建工集团成立越南冒溪项目部。2020年6月，组织施工人员、施工机械设备50余台套进驻越南冒溪项目工地。至2022年底，越南冒溪项目主井－320米水平、－350米水平井巷工程2300米，完成总工程量的72%。累计产值11646万元，累计利润740.55万元。项目经理层下井带班，安全员、群安员下沉作业面监管安全，全面推进“解剖式”安全大检查，排查、整改各类安全隐患，冒溪项目实现安全施工，按预算全面推进施工，工程质量在当地省、县的检查中，均获得优良评价。越南广宁省副省长阮光兴率队检查视察冒溪项目楚湘建工集团施工工地，感慨道：衷心感谢楚湘，保质保量保时按既定计划顺利实施项目，实现安全生产和疫情防控安全。

第八篇

科技与信息化

集团成立后，始终高度重视科技和信息化工作，坚持科学是第一生产力，创新是企业发展的不竭动力，坚持信息化是企业发展的必由之路。始终把“科技先导”作为集团的企业理念之一，加强科技队伍建设，建设科技创新平台，推进产学研合作，实施“科技兴煤”“科技兴企”“科技兴安”战略，充分依靠各级科技组织和学会社团学术交流机构，组织广大科技人员大力开展矿井技术改造、科技攻关，推广应用新技术、新装备、新工艺、新材料，以创新驱动发展，全面提升了集团安全、生产、技术的整体素质，为集团扭亏增盈和转型发展提供了强大的科技支撑。

2006 年，集团各成员企业信息化已经初具规模。经过集团 17 年不断的投入和升级，信息化目前已经涵盖了集团公司各个领域，“生产过程自动化、安全监控数字化、企业管理信息化、信息管理集约化”不断变成现实，智慧矿山系统、智慧管控系统的建成标志集团公司信息化工作正迈上一个新的台阶。

2006—2022 年，集团以推行采掘机械化、支护改革、瓦斯抽采利用、探煤找煤、“三下”采煤、高新技术研发、信息化建设等为重点，投入资金总额共计 217449 万元，获得省部级科技进步奖 16 项，计算机软件著作权 47 项，建设湖南首家智慧矿山，获得国家专利授权 655 项，其中发明专利 274 项，19 家企业通过国家级高新企业认证。

第一章　科研与应用

第一节　科研机构

一、机构设置

（一）管理机构

2006 年，集团公司成立之初，科技工作由生产技术部、安全监管部等部门管理。

2008 年，集团公司召开第一次科技大会，设立了“科技管理委员会”和“科技项目立项审查及科技成果评审委员会”，集团公司所属各单位成立“科技领导小组”。明确单位“一把手”是科技工作的决策者和指挥者，以总工程师技术负责制全面组织和协调科学技术工作。以生产技术部为科技工作的主管部门，建立健全科技工作组织保障体系和管理制度。

2014 年 7 月，集团公司成立科技环保部。健全了科技工作专职机构和部门。

2017 年 9 月，科技环保部职能并入生产技术部，生产技术部再次明确为科技工作的管理机构。

2022 年 11 月，集团公司调整总部机关部室和职能。战略投资部增加科技创新管理职能，负责科技创新与新装备引进等科技管理工作。

（二）科研院所

湖南省煤炭科学研究院有限公司前身为湖南省煤炭科学研究所，成立于 1973 年 4 月，2014 年 3 月更名为湖南省煤炭科学研究院，2018 年 5 月，整合湖南省纺织科学研究院有限责任公司、湖南省皮革研究所有限公司，2021 年 3 月划转至集团公司。煤科院是一所集科、工、贸于一体并以科研为主的省级综合科学技术研究院所。

煤科院共有在岗职工 196 人，具有本科以上学历 92 人，其中硕士研究生 24 人，博士研究生 5 人；具有高级技术职称 22 人，中级技术职称 53 人。煤科院坚持以“科技为先导、产业为支柱、人才为根本、创新为灵魂”的发展方针。拥有煤炭行业及冶金矿山工程设计资质、煤炭开采业安全评价资质、安全生产检测检验资质、煤矿生产能力核定和煤矿瓦斯等级鉴定资质、矿用设备检测资质，覆盖煤炭、非煤矿山、环境领域、纺织工业、皮革工业。

煤科院下辖国标公司、英派科公司等2家子公司和顶鑫环保1家控股公司。国标公司和英派科公司是具有独立法人地位的第三方检验检测机构。顶鑫环保主要业务为土壤地下水修复、污水治理、农业面源治理、生态流域治理、重金属污染治理、环境咨询等。煤科院先后承担了国家科技重点攻关项目20余项，省部级科研项目200余项，开展技术服务项目300余项。分别荣获国家、部、省级科技进步奖80余项，科研能力和成果转化率已达到国家同行业的先进水平，其中《水煤渣瓦斯自动分离排出装置》《煤矿采空区瓦斯抽采与自然综合治理研究》《低透安全出煤层卸压场透实验研究》《瓦斯含量井下直接快速测定系统研发与应用》《水性有机硅皮革涂饰剂》《猪皮水染服装革》《高档牛皮沙发革》等科研项目在省内外推广，取得较好经济效益和社会效益。获得授权《一种风力排渣自动除尘器》《水煤渣瓦斯自动分离排出装置》《重金属污染土壤用电动修复装置》《煤层压风无尘快速取样器》《中硬煤层顺层钻孔瓦斯治理方法》等专利20余项。在《世界有色金属》《煤炭技术》《中国战略新兴产业》《中国皮革》《轻纺工业与技术》等知名期刊发表相关研究论文100余篇。

2021年10月，煤科院获得高新技术企业认定。

（三）科研中心

1. 湖南省瓦斯治理和利用工程研究中心公司

湖南省瓦斯治理和利用工程研究中心有限公司（以下简称“瓦斯中心”）前身为湖南省瓦斯治理和利用工程研究中心，成立于2005年，隶属于煤科院。2021年3月，煤科院划转至集团公司。是年9月1日，集团公司整合煤科院、原瓦斯中心、股份公司瓦斯研究室，重组成立全新的具有独立法人资格的瓦斯中心，作为集团公司在矿井瓦斯治理和矿井水害治理等方面科技创新的主平台。

瓦斯中心共有员工43人，其中博士2人，硕士14人，本科及专科27人，涵盖采矿、安全、通风、地质、机电等多个专业领域。下设瓦斯研究与工程部、矿山设计与水害防治部、综合管理部、中心实验室。瓦斯研究与工程部主要围绕矿井瓦斯治理进行研究和提供技术服务，先后承担科技部、湖南省科技厅、湖南省应急管理厅等资助的科技研究项目20余项，在全国范围内开展相关技术服务千余项。取得了“复杂突出煤层群的区域防突关键技术”“松软煤层抽采钻孔封孔技术与装备”“强喷条件下气、水、煤分离装置”“穿层抽采钻孔防喷孔技术”等研究成果，获得授权“一种拖动式筛孔护壁钻头”“一种钻抽排一体化的煤层卸压增透装置及使用方法”“一种煤矿井下施钻的风水联动装置”等专利30余项，在国内知名期刊发表相关研究论文100余篇。矿山设计与水害防治部主要围绕矿井水害防治技术研究和提供设计服务。从事矿山设计、水害防治技术研究、帷幕注浆技术研究、岩溶塌陷治理、顶底板注浆加固、物探技术研究和废弃矿山污水治理等，具有煤炭行业（矿井）专业乙级资质、冶金行业（冶金矿山工程）乙级资质，配备矿山设计及水害防治专业技术队伍。

2023年10月，瓦斯中心获得高新技术企业认定。

2. 湖南省煤业集团矿建工程研究中心

2021年10月9日，集团公司批准楚湘建工设立湖南省煤业集团矿建工程研究中心（以下简称“矿建工程研究中心”），矿建工程研究中心主要围绕矿山建设施工中存在的重大关键性、基础性和共同性技术问题，广泛开展技术合作与交流，进行系统化、配套化和工程化研究开发，进而缩小与先进同行业的发展差距，成为企业吸收国内外先进技术、提高产品质量的技术依托平台。

矿建工程研究中心有专职人员10人，下设综合管理部、矿建工程研究室、土木工程研究室、安装工程研究室。矿建工程研究中心负责科研（创新）项目的整体规划与安排，研究室负责各专业项目的具体实施。矿建工程研究中心在以楚湘建工总经理为主任的技术委员会的指导下开展工作。楚湘建工聘请外部有关专家及高等院校、科研院所专家组成公司专家库，成立专家咨询委员会，为重大项目和重大技术问题提供咨询服务。

2021—2022年，矿建工程研究中心深化与湘潭大学、湖南科技大学等高校的科研协作，发挥高校在科技创新、产业研究等方面的优势和资源，构建产学研联盟创新体系。依托煤矿、金属非金属矿山建设、建筑安装等施工项目，开展多个科研项目及课题的联合攻关，推进新技术、新工艺的开发、引进和再创新工作，形成具有自主知识产权的核心技术。获得煤炭行业（部级）工程建设工法2部，发明专利授权4项、实用新型专利授权30项；获批国家矿山安全监察局2022年矿山安全生产科研攻关项目1项，湖南省智慧矿井建设研究生创新（平台）基地1项；荣获2022年度煤炭工业科学技术二等奖1项、2022年度冶金矿山科学技术奖二等奖1项。

3. 湖南省半导体照明工程技术研究中心

2011年，华磊光电为了攻克和突破氮化镓光电芯片行业量产的关键技术问题，组建成立湖南省半导体照明工程技术研究中心（以下简称"研究中心"）。

2013年，研究中心被湖南省发展改革委认定为湖南省企业技术中心。2014年，研究中心团队获得省科技厅首批"湖南省企业科技创新创业团队"称号。2016年11月22日，举行博士后科研工作站授牌仪式，成为郴州市第一个由国家人力资源和社会保障部认定的国家级博士后科研工作站。2022年1月，被湖南省工业和信息化厅认定为湖南省工业设计中心。

2022年底，LED技术研发团队共有28人，其中硕士、博士共16人。形成了以湖南省半导体照明工程技术研究中心、博士后科研工作站、湖南省企业技术中心、湖南省工业设计中心等为核心的科技创新平台。通过自主研发、校企合作研发、企业间合作研发等方式开展氮化镓光电行业内共性技术和关键技术的研究与开发,提升企业自身和行业整体技术水平,带动上下游产业链发展。

4. 智能矿山装备工程研究中心

智能矿山装备工程研究中心（以下简称"智装研究中心"）是装备集团在所属子公司立达公司、煤机公司、煤安公司科研机构基础上整合设立的科研中心。智装研究中心依托所属企业开展新技术、新产品的研究开发和成果转化，推进新项目的培育和孵化。

立达公司是国家高新技术企业、湖南省专精特新中小企业，拥有省级研究中心1个（湖南省企业技术中心）、市级创新平台1个（株洲市矿山工程机械工程技术研究中心），已与湖南科大共建智慧矿山联合实验室。公司设有立达研究院和智慧矿山事业部，从事专业研发人员45人，其中高级职称7人、中级职称20人。

煤机公司是国家高新技术企业、湖南省专精特新中小企业，拥有市级创新平台1个（娄底市级技术中心）。公司设有技术中心，从事专业研发人员27人，其中高级职称1人、中级职称14人。

煤安公司是国家高新技术企业、湖南省专精特新中小企业，与湖南科大共同研发申报省级重点研发计划项目（基于UWB技术煤矿井下人员精准定位智能管理系统研制与应用）。公司设有研发中心和技术质量管理部，从事研发人员20人，其中高级职称2人、中级职称13人。

2022年8月，装备集团成立能投智能技术委员会，作为重点研发项目决策机构和技术研发方案参谋机构，为所属企业的技术创新提供支持，寻求在原创技术上有所突破。

智装研究中心拟采用集成产品开发（IPD）模式，以市场需求为核心，将每一件产品开发看成一项投资，组建跨部门、跨企业的项目组，引进高校、科研院所的专家、技术团队参与，并通过产品战略的科学制定、开发流程的持续优化、核心技术的不断积累、新产品营销的精心策划、综合成本的严格管控、研发质量的全程监管、绩效管理的激励约束，确保每个研发项目成功见效，逐步将智装研究中心建设成为国家级企业技术中心。

（四）煤炭大数据中心

2020年12月29日，集团公司成立湖南省煤炭大数据中心有限公司（以下简称"大数据中心"）。大数据中心是湖南省唯一的煤炭交易平台，是构建全省煤炭供应保障体系的重要环节。公司定位为以交易服务为核心、以信息服务为基础、以物流服务为保障、以金融服务为支撑的煤炭交易综合服务平台。

大数据中心有员工6人。下设运营管理部、技术支持部等2个职能部门。

2022年起，大数据中心组织开发的交易平台各系统成功通过了公安部等保三级认证以及第三方软件功能测评，获得国家版权局计算机软件著作权登记。

2023 年 10 月，湖南省煤炭大数据中心有限公司获得高新技术企业认定。

二、科技队伍

2006 年，集团公司拥有专业科技人员 2278 人，其中高级职称以上人员 96 人，中级技术职称 755 人，初级技术职称 1167 人，其他科技工作人员 260 人，详见表 8－1－1。

表 8－1－1 2006—2022 年集团公司专业技术人员统计表 人

年份	专业技术人员总数	其中专业技术职务			
		高级	中级	初级	其他
2006	2278	96	755	1167	260
2007	2442	114	793	1253	282
2008	2598	120	820	1350	308
2009	2723	130	853	1420	320
2010	3201	158	971	1620	452
2011	3310	167	1008	1665	470
2012	3495	175	1022	1803	495
2013	3410	167	996	1765	482
2014	3595	180	1054	1870	491
2015	3196	178	971	1579	468
2016	3196	178	971	1579	468
2017	2879	179	969	1356	375
2018	2649	180	970	1132	367
2019	2642	185	972	1015	470
2020	2566	188	975	951	452
2021	2489	190	979	888	432
2022	2581	197	1026	883	475

2008 年，集团公司召开科技工作大会，大力推行科技人才战略，表彰科技成果项目 100 项，其中一等奖 10 项，二等奖 20 项，三等奖 32 项，表扬奖 38 项。奖励先进科技工作者 100 名，优秀获奖学术论文 100 篇。

2016 年，集团公司拥有专业科技人员 3196 人，其中高级职称以上人员 178 人，中级技术职称 971 人，初级技术职称 1579 人，其他科技工作人员 468 人，详见表 8－1－1。

2016 年，集团公司召开第二次科技工作大会，表彰科技成果项目 21 项，其中特等奖 1 项，一等奖 4 项，二等奖 8 项，三等奖 8 项。授予“科技工作先进个人”荣誉称号 27 人。

2021 年，集团公司制定下发《集团公司关于进一步加强人才激励工作的指导意见》，打通总部高级专业技术人员职级晋升通道；启动与湘潭大学联合培养专业技术人员项目，从所属 15 家单位遴选 120 名学员送培。所属单位加强与科研院所合作，引进培养优秀科研人才，科技人才队伍建设进一步加强。

2022 年 3 月 31 日，华磊光电全面启动“人才强企”三年行动计划，抓住人才引进、培养、使用、激励四个环节，确保符合公司发展战略需要的管理和技术人才队伍的持续和稳定。是年 5 月 30 日，集团公司举办科技创新业务专题视频培训，加强人才队伍的培养。截至 2022 年底，集团公司拥有专业科技人员 2581 人，其中高级职称以上人员 197 人，具有中级技术职称 1026 人，初级技术职称 883 人，其他科技工作人员 475 人，详见表 8－1－1。

第二节 科技费用

集团公司加大科技开发资金和项目投入力度，加快设备、材料更新和技术研发、改造。

2007 年，集团公司共实施 171 个项目，投入科技费用 8652 万元，2008—2013 年，连续 6 年科技投入费用达到 1 亿元以上，2014 年，集团公司实施 120 个项目，投入科技费用大幅回落至 5392 万元。

2016 年，集团公司新班子上任以来，提出了“和谐湘煤、廉洁湘煤、高效湘煤”建设理念。在这一理念的引领下，集团公司上下奋力自强，加强科技投入，各项工作都取得了明显进展，克服科技创新方面存在的短板。2016 年，集团公司科技投入费用重回 1 亿元以上。

2020 年，楚湘建工投入研发费用 5284.82 万元，实施立井施工中吊盘固定装置研究、抗冻施工混凝土质量控制关键技术研究、露天矿山倾斜矿体的采矿工艺研究与应用等 15 个研发课题。周源山公司投资 500 万元实施“智慧矿山”建设项目前期子系统皮带集中控制系统、－370、－650 中央水泵房远程监控系统、风井主抽风机远程监控系统、空压机监控系统、安全监控系统、人员定位系统、工业视频系统、水文监测系统、工业环网等的建设。集团公司科技投入费用突破2亿元。

2021年，湖南煤业股份有限公司周源山分公司（以下简称“周源山公司”）投资2600万元实施“智慧矿山”建设项目。华磊光电投资投入5948万元进行背光芯片、Mini - LED芯片以及UVLED芯片关键技术开发。集团公司改建通风设施270处，建成28个机械化采煤工作面，安装22套水泵、压风机、主要通风机自动化无人值守系统、20套智能化矿灯管理系统、5套刮板运输机和皮带集中控制系统等。

2022年，华磊光电追加研发投入6480万元，继续进行背光芯片、Mini - LED芯片以及UVLED芯片关键技术开发。装备集团投资1879万元，实施新产品研发。楚湘建工投入研发费用6898万元，实施防止井筒涌水的矿山竖井防治水方法研究、替代后浇带的高层住宅膨胀式加强带施工方法研究、适用于矿区生活污水适度处理系统研究等17个科研课题。集团公司全年投入科技费用达23659万元。

2007—2022年，集团公司科技项目经费投入情况表详见表8 - 1 - 2。

表8 - 1 - 2 2007—2022年集团公司科技项目经费投入情况表 万元

年份	经费投入	年份	经费投入
2007	8652	2015	7383
2008	11979	2016	10173
2009	10993	2017	12356
2010	11926	2018	11354
2011	16927	2019	20185
2012	16849	2020	22553
2013	10109	2021	16959
2014	5392	2022	23659

第三节 科技项目与成果

一、项目成果

（一）集团公司

2019—2020年，集团公司与湖南科技大学、中南大学合作参与开展的《基于多源信息的煤矿瓦斯及伴生灾害预警系统与防治技术》研究，荣获湖南省科技进步二等奖。

（二）股份公司

2006年，湖南省煤业集团街洞矿业有限公司（以下简称“街洞公司”）面临矿井资源衰竭即将关闭的困境，街洞公司组织开展“湖南省郴耒煤田街洞矿区找煤研究”项目。通过研究分析，成功找到400万吨煤炭资源储量，延长了矿井服务年限。2008年，该项目获得集团公司科技成果一等奖。2009年，该项目获得中国煤炭工业科学技术三等奖。

2009年，湘潭矿业公司联合湖北通益电气公司开展的提升机自动控制带能量回馈的高压变频调速装置试验成功，在省内首次实现煤矿提升机高压变频自动控制。该项目获得武汉市科技局颁发的“科技成果奖”。

2011年，国家能源局组织《中国煤矿瓦斯地质图及全国矿井矿区省区瓦斯地质图》的编制，湖南黑金时代股份有限公司（以下简称“股份公司”）作为项目参与单位煤科院的合作单位，对股份公司所属6对高瓦斯和13对煤与瓦斯突出矿井编制了瓦斯地质图。该地质图揭示了各矿井瓦斯赋存构造控制类型始突深度、瓦斯风化带深度、瓦斯含量、瓦斯压力、瓦斯涌出量等瓦斯参数的分布规律，为集团公司煤矿瓦斯（煤层气）地面开发利用评价和井下抽采区块分级和设计奠定了基础，同时对于研究瓦斯地质规律，指导瓦斯治理、开发规划布局和科学研究具有重要的价值。经中国煤炭工业协会组织专家鉴定，该成果获2012年全国煤炭科技成果一等奖。

2020—2022年，湖南省煤业集团红卫矿业有限公司（以下简称“红卫公司”）在坦家冲煤矿开展“极薄煤层保护层开采技术及效果考察研究”，取得阶段性成果，抽采效果大幅提升，并推广实施低透气煤层水力冲孔增透技术，抽采效果和煤巷单进明显提升，同时研发的一种新型钻杆拆卸装置、一种抽采巷道内瓦斯捕捉再利用系统装置、一种基于风力排渣瓦斯抽采钻孔用除尘装置、一种巷道降尘用喷雾防尘装置先后获得了实用新型专利。

2021年11月，周源山公司智慧矿山项目建成。创下湖南6个第一，即全省第一个5G矿山网络、第一个智慧矿山“一张图”、第一个矿山数据处理管控平台、第一个矿山安全生产智慧调度指挥中心、第一个全过程矿山机运集中控制系统、第一个智能化采煤工作面。2022年推出远程运维平台，实现矿业生产过程自动化、安全监控数字化、数据应用模型化、生产管理可视化、过程管控智能化，使整个矿山具有自主学习、分析和决策能力。截至2022年底，周源山公司拥有智慧矿山相关实用新型专利7项、软件著作权证书24项。2020—2021年，嘉禾公司与煤科院合作开展“穿层钻孔施工防喷孔技术研究”并取得初步成果，其中煤科院研发的一种煤矿井下施钻的风水联动装置获得有关实用新型专利，同时对瓦斯抽采集气管道系统、井下瓦斯抽采钻孔连接装置进行了研发。

（三）华磊光电

2008年8月，华磊光电以生产高亮度发光二极管外延材料及芯片为主导产品的LED项目开工建设，该项目得到了省委省政府的高度重视和省发改委以及信息产业厅的大力支持，并被列为湖南省信息产业化重点工程。

2014年，华磊光电与中国科学院半导体研究所合作的《低热阻高光效蓝宝石基GaN LED材料外延及芯片技术》获得国家技术发明二等奖。此项目解决了LED光提取效率低、衬底导热性差、P型掺杂离化率低、异质外延失配度大等诸多关键技术难题，促进了LED外延芯片技术的大幅提升，使华磊光电的外延芯片技术水平达到了国内领先地位。该技术应用于公司倒装结构芯片技术上，促使公司快速突破了Mini-LED芯片在4K/8K显示应用领域面临小电流时发光效率提升的关键技术。

2014年，华磊光电开展的《一种氮化镓基Ⅲ-Ⅴ族化合物半导体LED外延片及其生长方法》获湖南省知识产权局三等奖。

2014年12月，华磊光电开展的“大功率LED芯片及其产业化”项目被科技部评为国家重点新项目，获得国家技术发明二等奖。该项目通过提高外延材料质量和设计新的器件工艺提高LED的内量子效率和光提取效率，避免了金属层阻挡激光的射入困扰，再采用合理的制具，解决了切割后晶片容易破裂的问题，使得后续的全方位反射膜的形成得以实现，最后通过工艺参数设计、工艺改进和设备改造把两种技术结合起来，使得PSS衬底上生长的LED的出射光亮度比传统的LED提高了70%以上，芯片整体亮度提升10%以上，该项技术的产品总体技术已赶超部分台韩企业。与此同时，华磊光电在这个核心技术上持续进行研发创新，对反向电流技术进行优化，减少了反向漏电流，LED的寿命也得到了很大提升，2016年1月获得了湖南省科技进步一等奖。

2017年7月，华磊光电与中科院半导体研究所、北京大学等单位联合开展“超高能效半导体光源核心材料及器件技术研究”项目和“新型低热阻超高能效LED封装技术研究”项目。该项目主要研究基于多种新型材料的高质量氮化物外延技术、高内量子效率外延设计与量子限制技术以及研究新型p型氮化物掺杂技术。华磊公司承担的研究内容主要包括：高功率密度、高光通输出、热稳定性能优良的CSP芯片技术研究以及高效能低热阻集成封装技术研究。

2018年7月27日，华磊光电与清华大学深圳研究生院合作开展的“高密度小间距LED显示关键技术开发”项目成功立项。该项目为2018年湖南省重点研发计划项目，利用华磊LED产业化优势及清华大学技术人才优势，通过“产学研”合作方式，进行相关研发。华磊光电与中国科学院半导体研究所共同合作、自主研发的CSPLED芯片，经中国计量科学研究院的第三方测试，在驱动电流77.45毫安条件下芯片电压3.082伏，光通量30.1流明，发光效能126流明每瓦，测试结果超过国家十三五重点研发计划“超高能效半导体光源核心材料及器件研究”项目的中期目标120流明每瓦。

（四）楚湘建工

2012年10月，楚湘建工开展的《采用帷幕注浆截流治理矿井水害施工技术》《煤层注水抽放瓦斯石门揭煤施工技术》《注浆治理矿井水害施工技术》项目获中国施工企业管理协会技术创新成果二等奖。

2013年10月，楚湘建工开展的《受采动影响严重垮塌立井修复治理技术》项目，获中国施工企业管理协会技术创新成果一等奖。

2022年10月，楚湘建工开展的《矿山井筒破裂垮塌原理与加固关键技术》项目，获中国冶金矿山企业协会科学技术二等奖。12月，楚湘建工开展的《垮塌井筒修复治理关键技术》项目，获中国煤炭工业协会、中国煤炭学会科学技术二等奖。

（五）装备集团

2015年，立达公司与湖南科技大学、湘电集团合作研发的电驱动主动升沉补偿海洋绞车完成海上试验。项目成功实施后，将突破解决海洋绞车复杂的机电液系统集成、主动升沉补偿控制两大关键技术问题，打破欧美国家对海洋绞车技术市场的垄断，提升国家海洋装备的技术水平。2020年，《电驱动主动升沉补偿海洋绞车关键技术及应用》项目获湖南省技术发明二等奖。

2019年，立达公司研发的水泵无人值守系统被中国企业家协会认定为“2019年全国智慧企业建设创新实践案例”。是年，《品牌中国》栏目认定立达公司研发的矿井提升机及其配套智能化电控为矿井提升机及其配套智能化电控行业重点推荐品牌；2022年，经华榜品牌甄选组委会鉴定为矿井提升机及其配套智能化电控领域臻选实力品牌。

2019年，湖南煤机成功研制第一台急倾斜煤层开采装备第一代机型BQ22/25刨煤机，2020年，该刨煤机通过矿用产品安全标志中心认证。2020年起，研制急倾斜煤层采煤机第二代机型MG25/50－TPD、MG50/85－TPD、MG100/140－TPD型，通过矿用产品安全标志中心认证。急倾斜煤层采煤机获得2020年湖南省首台（套）重大技术装备认定及奖励，入选2021年度湖南省工业和信息化重点新产品推荐目录。

2021年，煤安公司开展的《矿用救护器材呼吸器类产品标准技术研究与成果应用》项目获中国安全生产协会一等奖。《矿用个体防护设备及其防护性能检测检验装备与技术研究》项目获中国职业安全健康协会二等奖。

（六）煤科院

2019—2021年，煤科院瓦斯中心开展《松软低透煤层钻孔封孔技术及成套装备研究》，由湖南省应急厅资助。通过对比研究在松软低透气性条件下，“两堵一注”封孔相对于常规封孔技术的优势，以及在松软煤层中应用改进，研制了带有排气功能的封孔囊带装置。

2022年6月，煤科院所属子公司湖南国标检测科技有限公司开展“关闭矿山矿涌水涌出规律及源头封堵效果研究”科研项目。11月项目通过评审确定为雨花区科技计划项目重点研发项目并获得资助。

二、科技表彰

（一）第一次科技大会

2008年，集团公司召开第一次科技大会，“永久瓦斯抽采系统建设及全面实施瓦斯抽采”等100项科技成果获得集团表彰，其中“永久瓦斯抽采系统建设及全面实施瓦斯抽采”等10项科技成果获一等奖，“远程安全监控系统建设与应用”等20项科技成果获二等奖，“压风机冷却水综合利用”等32项科技成果获三等奖，“塘冲矿井含水煤层开采防治水方法研究与实践”等38项科技成果获表扬奖。2008年表彰的科技成果一、二、三等奖详见表8－1－3。

表8－1－3 2008年集团公司科技成果一、二、三等奖项目汇总表

单位	成果名称	评定等级
集团	永久瓦斯抽采系统建设及全面实施瓦斯抽采	一等奖
楚湘公司 白沙设计工程公司	新星立井坍塌治理技术	一等奖
集团	煤层瓦斯基本参数测定	一等奖
牛马司公司	娄邵铁路跨线桥煤柱开采研究	一等奖
湘能公司	晋家冲矿复杂地质条件下大倾角综合机械化采煤实践	一等奖
洪山殿公司	瓦斯综合抽采与低浓度瓦斯发电	一等奖
街洞公司	湖南省郴耒煤田街洞矿区找煤研究	一等奖

表8-1-3（续）

单 位	成 果 名 称	评定等级
湘潭公司	伪倾斜掩护支架采煤法试点和推广	一等奖
白山坪公司	湖南省郴耒煤田白山坪矿区软岩支护研究	一等奖
宝源公司	宝源矿业公司北平硐“三下”采煤研究优化	一等奖
集团	集团远程安全监控系统建设与应用	二等奖
牛马司公司	6 kV 配电房微机保护技术与小电流接地选择装置的应用	二等奖
牛马司公司	井下移动式注浆防灭火技术的应用	二等奖
资兴实业公司	重介质选煤技改项目	二等奖
资兴局	资兴矿区“三下”深部采煤地表岩移观测研究	二等奖
街洞公司	街洞矿区急倾斜极不稳定煤层采煤方法研究	二等奖
湘永公司	湘永矿业公司安陵矿 19 区探煤找煤，成效显著	二等奖
白山坪公司	白山坪矿业公司完善地面乳化泵集中变频自动化控制系统	二等奖
湘能公司	瓦斯综合治理在神仙坡煤矿上隅角防治中的推广应用	二等奖
牛马司公司	水井头矿井 412 松软岩层支护研究	二等奖
洪山殿公司	防火措施优化选择的考察和研究	二等奖
金竹山公司	变频调速装置在压风、提升设备中的应用	二等奖
辰溪公司	蒋家坪矿不稳定薄煤层壁式采煤方法研究	二等奖
马田公司	在高泉塘、芝兰冲、桐子山三矿采煤工作面推广两梁五柱垂直成组迈步超前支护	二等奖
周源山煤矿	变频技术在煤矿设备中的应用	二等奖
宝源公司	宝煤北平硐煤矿九槽探煤及顶板管理	二等奖
白沙局	井下杂散电流检测与治理技术	二等奖
湘潭公司	提升机高压电控变频改造	二等奖
长沙公司	五亩冲斜井串车提升防跑车门常闭控制装置的应用	二等奖
南阳公司	急倾斜煤层斜切分层条带卸压防突开采技术研究	二等奖
牛马司公司	压风机冷却水综合利用	三等奖
洪山殿公司	“三下采煤”技术	三等奖
金竹山公司	塘冲矿建筑物下采煤技术的应用	三等奖
金竹山公司	乳化液泵站自动控制装置的研制与应用	三等奖
辰溪公司	大坪煤矿构造下找煤	三等奖
牛马司公司	水井头矿 4m 绞车 PLC 电控及转子多级编码技术的应用	三等奖
马田公司	急倾斜煤层水平分层条带式采煤方法采空区瓦斯治理的研究分析	三等奖
周源山煤矿	洗煤厂闭式循环泥煤回收系统	三等奖
宝源公司	南平硐煤矿三槽复采工作面采煤方法及顶板管理	三等奖
周源山煤矿	矿井通风系统改造方案优化	三等奖
南阳公司	前进煤矿预防矿井突水抢险救灾潜水泵排水工程	三等奖
方宇建材公司	立窑除尘技术改造	三等奖

表8-1-3（续）

单 位	成 果 名 称	评定等级
湘潭公司	矿井小水泵房无人值守自动排水装置	三等奖
湘能公司	分源抽放技术在神仙坡煤矿的应用	三等奖
湘能公司	神仙坡煤矿污水处理技术及效益分析	三等奖
长沙矿业	改进型手压内注式液压救援支柱	三等奖
嘉禾公司	井下主排水泵排水管道机械清洗新工艺	三等奖
街洞公司	茶山岭矿 -150 m 水平与 -70 m 水平巷道精确测量贯通（国家级）成果	三等奖
南阳公司	矿用回棚强力扳手	三等奖
金竹山公司	光爆锚喷支护技术的应用	三等奖
金竹山公司	创建安全结构工资制度，推进本质安全型矿井建设	三等奖
金竹山公司	土朱矿急倾斜煤层采煤法改革	三等奖
湘永公司	柔性假顶斜切分层采煤法	三等奖
唐洞公司	八一井工业广场煤柱开采研究与试验	三等奖
祥和公司	可弯曲皮带推广使用	三等奖
资兴实业公司	煤气发电技改项目（一、二期）	三等奖
红卫公司	回采工作面支护改革	三等奖
白沙能源电力分公司	白沙电厂1#炉多管分离器改造	三等奖
白沙能源南阳煤业分公司	高位抗洪水泵房设计	三等奖
红卫公司里王庙煤矿	岩石电钻接头改造	三等奖
楚湘公司	软岩锚索钢带支护	三等奖
白沙能源永耒分公司	道口预警系统	三等奖

（二）第二次科技大会

2016 年 11 月 29 日，集团公司科技工作会议在总部机关召开。会议对集团公司 2009 年以来科技工作取得的成绩进行了全面回顾，客观、全面分析了集团公司科技创新工作面临的新形势、新挑战，并对今后一段时期科技创新工作总体思路与工作重点进行了安排部署。

集团公司董事长、股份公司董事长廖建湘在讲话中强调，要进一步提高思想认识，切实增强加快科技创新、实施创新驱动的责任感和紧迫感；加快科技创新、实施创新驱动是引领经济新常态的第一动力，是提高劳动生产效率和效益的必然选择，是提高煤矿安全生产水平的根本途径，是推进“三个湘煤”建设的迫切需要。廖建湘强调要求，要加快实施创新驱动发展战略，为集团公司扭亏增盈和转型发展提供强大科技支撑；要着力以技术创新破解发展难题，服务安全生产，推进降本增效，促进产业转型；要着力构建开放式技术创新体系，建设科技创新平台，推进产学研合作，引入科学的容错机制；要着力打造创新型人才队伍，完善科技人才的引进和培养机制，关心关爱科技人才的成长，注重科技人才职业精神的培育。

廖建湘强调，要切实加强对科技创新工作的组织领导，着力构建充满活力的科技创新管理和运行机制；要强化对科技工作的组织领导，要建立健全科技创新管理体制，要完善科技创新考核评价机制，要持续加强创新文化建设。

集团公司党委书记罗瑞锋要求，要以此次会议为契机，在集团上下积极营造科技创新的良好氛围，大胆探索，勇于作为，进一步增强科技创新创效的责任感、紧迫感和使命感，为集团科技工作再上一个新台阶而努力奋斗。

会议表彰了华磊光电“大功率 LED 芯片技

术及其产业化”等21个集团公司科技进步奖项目、湖南煤业牛马司矿业有限公司等5个集团公司科技工作先进单位、邓筱靓等27名集团公司科技工作先进个人。授予“大功率LED芯片技术及其产业化”特等奖，授予“周源山矿薄煤层综采技术的推广应用”等4项科技成果一等奖，“电驱动主动升沉补偿海洋绞车研制与应用”等8项科技成果二等奖，“蓝光LED芯片制程PAD光刻和PV光刻二合一”等8项科技成果三等奖。2016年表彰的科技成果一、二、三等奖详见表8-1-4。

表8-1-4 2016年集团公司科技大会优秀科技成果项目汇总表

单　　位	成 果 名 称	评定等级
湘能华磊光电	大功率LED芯片技术及其产业化	特等奖
周源山煤矿	周源山矿薄煤层综采技术的推广应用	一等奖
资兴焦电公司	重介洗煤技术改造项目	一等奖
牛马司矿业	高应力软弱煤岩巷道围岩稳定性控制技术与推广应用	一等奖
兴源矿业公司	伍家冲煤矿极薄煤层机械化开采技术应用	一等奖
立达公司	电驱动主动升沉补偿海洋绞车研制与应用	二等奖
红卫矿业公司	穿层钻孔水力割缝煤层卸乐增透技术研究	二等奖
街洞矿业茶山岭煤矿	矿井主要通风机高效节能环保运行综合技术研究	二等奖
长沙实业公司	MAX-1煤矿安全交互式培训系统	二等奖
街洞矿业公司	湖南省郴耒煤田街洞矿区探煤找煤	二等奖
周源山煤矿	立井提升高压变频自动化控制系统	二等奖
白山坪矿业公司	磨田煤矿大倾角复杂煤层综合机械化开采试验研究	二等奖
金竹山矿业公司	半煤岩巷锚杆支护技术研究与应用	二等奖
湘能华磊光电	蓝光LED芯片制程PAD光刻和PV光刻二合一	三等奖
周源山煤矿	在复杂条件下“三下”压煤开采方案的优化选择	三等奖
南阳矿业公司	煤矿斜井绞车联控自动阻车器的研制及使用	三等奖
总工程师室	远程安全监控系统瓦斯超限报警短信自动发布系统开发与应用	三等奖
白山坪矿业公司	磨田煤矿空气能热泵供热系统替代燃煤锅炉环保改造工程	三等奖
南阳矿业公司	前进矿-250水平中央水泵无人值守远程控制系统	三等奖
牛马司矿业公司	无压给料三产品重介质旋流器选煤工艺项目	三等奖
集团公司企管业考部	湖南省煤业集团统计报表计算机远程登录填报技术	三等奖

三、高新企业

2007年，煤安公司通过科技部高新技术企业认证。2009年，华磊光电通过高新技术企业认证。截至2021年底，集团公司共有11家非煤企业通过高新企业认证。

2022年，集团公司所属红卫公司、马田公司、宝源公司、白山坪公司、湘永公司、嘉禾公司、南阳公司、资兴焦电公司等8家单位获得高新企业认定。全集团享受研发费用加计扣除节税金额1043万余元，争取湖南省支持企业研发财政增量奖补资金161万余元。

截至2022年底，全集团共有7家原煤高新技术企业、12家非煤高新技术企业。2023年，大数据中心、瓦斯中心获得高新企业认证，集团公司所属高新技术企业详见表8-1-5。

表8-1-5 集团公司高新企业一览表

序号	高新企业单位名称	证书编号	认证时间
1	湖南煤矿安全装备有限公司	GR202043000982	2007
2	湘能华磊光电股份有限公司	GR202143004627	2009
3	湖南第一工业设计研究院有限公司	GR202143001850	2009
4	湘煤立达矿山装备股份有限公司	GR202043000950	2011
5	湖南省日晶照明科技有限公司	GR202043001826	2014
6	长沙市顶鑫环保科技有限公司	GR201943002282	2019
7	湖南楚湘建设工程集团有限公司	GR202043000767	2020
8	湖南国标检测科技有限公司	GR202043002884	2020
9	湖南煤矿机械有限公司	GR202043002451	2020
10	湖南省煤炭科学研究院有限公司	GR202143003911	2021
11	湖南楚湘矿山工程有限公司	GR202243003455	2022
12	湖南省资兴焦电股份有限公司	GR202243001639	2022
13	湖南红卫矿业有限公司	GR202243002660	2022
14	宝源矿业有限公司	GR202243001985	2022
15	嘉禾矿业有限公司	GR202243003428	2022
16	南阳矿业有限公司	GR202243004903	2022
17	马田矿业有限公司	GR202243001923	2022
18	湘永矿业有限公司	GR202243003709	2022
19	白山坪矿业有限公司	GR202243003486	2022
20	湖南省煤炭大数据中心有限公司	GR202343003420	2023
21	湖南省瓦斯治理和利用工程研究中心有限公司	GR20234300354	2023

四、知识产权

（一）国家专利

1. 装备集团

2010—2014年，立达公司完成“JKMD-2.8×4型多绳摩擦式提升机”，以“产品、专利”形式转化科技成果13项，开发新产品13项，工艺优化6项，取得实用新型专利70多项，申报发明专利7项。

2020年，煤机公司急倾斜煤层采煤机获得2020年湖南省首台（套）重大技术装备认定及奖励，入选2021年度湖南省工业和信息化重点新产品推荐目录，获得国家发明专利3项、国家实用新型专利1项。

2021年，煤机公司瞄准行业前沿技术和关键环节推进技术创新，获得发明专利2项，通过了湖南省专精特新“小巨人”企业认定。立达公司持续提升研发强度，永磁防爆提升机填补了国内永磁防爆电机直驱传动技术的空白。

2022年，智能装备集团在细分市场加大研发投入和创新，累计获得发明专利授权和实用新型专利6项，急倾斜煤层采煤机入选我省工业和信息化重点新产品推荐目录。

2. 楚湘建工

2011年4月，楚湘公司编写的《斜井运用挖掘装载机及配套设施快速施工工法》获湖南省住房和城乡建设厅批准为湖南省工程建设工法。2012年6月，《斜井运用挖掘装载机及配套设施快速施工工法》获湖南省住房和城乡建设厅批准为湖南省工程建设工法，是年12月《采用帷幕注浆截流治理矿井水害施工工法》《冲击凿孔护筒振动跟进法施工桩基工法》《煤层注水抽放瓦斯石门揭煤施工工法》获中国煤炭建设协会批准为煤炭行业（部级）工法。截至2015年底，公司拥有《本安型矿用井下供电监测报警系统》《一种剧烈垮塌立井井壁修复加固方》

等4项发明专利，《一种掘进工作面临时支护装置》等12项实用新型专利。

2016年，楚湘公司获得《一种高大硐室的小天井辐射式与台阶式的混合施工法》发明专利授权，2017年获得《一种立井工作面水泥－水玻璃双液与化学浆液双圈帷幕联合注浆方法》发明专利授权，2019年获得《一种施工土方开挖扬尘处理装置》等9个实用新型专利授权。

2021—2022年，楚湘建工与湘潭大学、湖南科技大学等高校建立产学研联盟，全年共开展21个科研项目及课题联合攻关，评审认定了9部企业工法，完成两个省级工法立项。立足施工需求，新增企业实用新型专利17个。

3. 华磊光电

2012—2014年，华磊光电获得“LED芯片”等35项中国发明专利。获得2014年湖南省企业科技创新创业团队支持计划，获得奖励资金100万元。

2019年，华磊光电加大研发投入和产学研力度，取得多项关键技术成果，新增授权专利42项。其中，CPSS新衬底技术、大电流密度结构技术、芯片点注入工艺、DBR新膜系等一系列新技术、新工艺成功导入量产；自主研发ITO退火新工艺，开发外延电容结构，底部3D分段生长等新技术，产品亮度、良率大幅提升。

2021年华磊光电通过引进外延技术专家，突破中微手机背光和电视背光外延技术瓶颈，芯片亮度快速达到行业大厂水平，手机背光和电视背光亮度同比提升6.32%和4.75%。

2022年，华磊光电深耕第三代半导体外延、芯片、封装、应用等自主研发，成功入选国家专精特新“小巨人”企业名单、2022年度全省制造业重点产业链群重点企业名单和湖南省“数字新基建”100个标志性项目库，新增企业专利27项。

4. 股份公司

2012年，湘潭矿业公司与湖南科技大学联合研发的“摇臂式横向滚筒采煤机”取得阶段性试验成功，实现了省内急倾斜薄煤层采煤机械化“零”的突破。10月获得《摇臂式横向滚筒采煤机》国家发明专利1项，获得“大倾角立式采煤机”两项实用新型专利。

2015年，红卫公司申报《一种煤矿大断面硬岩巷道综掘与炮掘联合快速高效掘进方法》发明专利获得通过。

截至2022年，红卫、马田、湘永、南阳、街洞、宝源、嘉禾公司、兴源、黄牛岭9家原煤公司共有发明专利9项，实用新型专利36项。

5. 资兴实业

2013年6月，资兴实业所属焦电公司参股的湖南金塑管业高科有限公司研发的新美得衬塑合金管系列产品试产获得成功，并拥有近10项国家技术发明和外观设计专利，广泛应用于城市供水、供气、供热、消防喷淋和石油、化工、医药、食品、饮料、酿造等行业液体、气体的接入输送工程。

2019年，资兴焦电公司与湖南科技大学产学研合作，陆续申报并获得了《改进型重介尾矿水精煤回收装置》等11项实用型专利。2022年，资兴实业所属发电公司获得实用新型专利3项。

6. 煤科院

2017—2022年，煤科院所属顶鑫环保陆续申报获得了《一种高效脱硫除尘设备》等12项实用新型专利，国标公司申报的《孔底封闭式取样装置》获得发明专利。

2006—2022年，集团公司及所属各单位共获得国家专利655项。其中2016—2022年获得专利435项，详见表8－1－6。

表8－1－6 2016—2022年集团公司各单位获得国家专利项目统计表

专利（发明创造）名称	专利号（登记号）	类 型	专利单位
一种光耦低通电路	201821513249.2	实用新型	立达公司
一种架空乘人装置断轴保护装置	201821203893.X	实用新型	立达公司
一种矿用清仓机	201821203891.0	实用新型	立达公司
一种无极绳连续牵引车托绳装置结构	201821311093.X	实用新型	立达公司
一种液压元件清洗装置	201821203860.5	实用新型	立达公司

表8-1-6（续）

专利（发明创造）名称	专利号（登记号）	类　型	专利单位
一种矿用提升机用轴承座	201821558825.5	实用新型	立达公司
一种矿用提升机调绳离合器	201821567266.4	实用新型	立达公司
一种带式输送机用燃烧试验箱	201921429199.4	实用新型	立达公司
一种杆式传动的矿用深度指示器	201921429203.7	实用新型	立达公司
一种游动轮组件及多绳摩擦式提升机天轮装置	201921429198.X	实用新型	立达公司
一种多绳摩擦式提升机天轮结构	201921429199.4	实用新型	立达公司
一种架空乘人装置打滑保护装置	202021027008.4	实用新型	立达公司
一种架空乘人装置的掉绳、脱绳保护装置	202021027007.X	实用新型	立达公司
架空乘人托轮吊架安装装置	202021027262.4	实用新型	立达公司
一种无极绳连续牵引车转弯装置	202021027009.9	实用新型	立达公司
数字式架空乘人装置制动器	202022277786.5	实用新型	立达公司
一种多绳摩擦式提升机剖分式天轮联接结构	202022898698.7	实用新型	立达公司
一种架空乘人装置静态上下车可摘挂抱索器	202121570542.4	实用新型	立达公司
一种架空乘人装置可旋乘人器	202121571281.8	实用新型	立达公司
一种架空乘人装置静态上车装置	202121571190.4	实用新型	立达公司
一种架空乘人装置无极可调吊架	202222072537.1	实用新型	立达公司
架空乘人装置自适应游动托轮	202222069525.3	实用新型	立达公司
架空乘人装置自转抗绳轮	202222069541.2	实用新型	立达公司
一种绞车主轴装置的传动联接结构	ZL202320690917.3	实用新型	立达公司
一种适用于智慧矿山的导航系统用保护系统及其使用方法	ZL202111185402.X	发明专利	立达公司
一种煤矿井下折叠式双人猴车结构	ZL202010633583.7	发明专利	立达公司
一种矿井提升机用意外坠落减速结构	202110437163.6	发明专利	立达公司
一种垂直升降车库横移机构	ZL201920814394.2	实用新型	煤机公司
一种可调角度的托辊结构	ZL201920815457.6	实用新型	煤机公司
一种非防爆提升机闸瓦间隙监测系统	ZL201920815461.2	实用新型	煤机公司
一种垂直升降类立体停车设备升降机定位系统	ZL201920871925.1	实用新型	煤机公司
一种用于急倾斜煤层的破煤运煤一体设备	ZL202010764120.4	发明专利	煤机公司
一种用于大倾角煤层的刨煤运煤一体设备	ZL202010917464.4	发明专利	煤机公司
一种带式输送机的撕带保护装置	ZL202011365402.3	发明专利	煤机公司
一种急倾斜采煤机摇臂轴承润滑装置	ZL202011385013.7	发明专利	煤机公司
一种刮板输送机的手动紧链装置	ZL202011398893.1	发明专利	煤机公司
一种采煤有链双牵引装置	ZL202022975062.8	实用新型	煤机公司
化学氧自救器	201720558822.0	实用新型	煤安公司
化学氧消防呼吸器	201720558902.6	实用新型	煤安公司
开盖自动生氧装置	201720558929.5	实用新型	煤安公司
用于煤矿井下逃生的自救器内掰断式初期启动储氧瓶	201920122120.7	实用新型	煤安公司
一种具有信息化管理功能的自救器	201921229747.9	实用新型	煤安公司
化学氧自救器	202020078493.1	实用新型	煤安公司
隔绝式化学氧自救器	201930041123.3	外观设计	煤安公司
一种可分流降阻自救设备	ZL20222100595.0	实用新型	煤安公司

表8-1-6（续）

专利（发明创造）名称	专利号（登记号）	类 型	专利单位
一种化学氧自救器采集终端	ZL202221528406.3	实用新型	煤安公司
一种新型化学氧自救器贮气袋	ZL202221155021.7	实用新型	煤安公司
一种自救器气密性校验设备	ZL202221033041.7	实用新型	煤安公司
一种车载式甲烷断电仪主机	ZL202221155020.2	实用新型	煤安公司
一种舰船用化学氧自救设备	ZL202221228337.4	实用新型	煤安公司
一种45分钟压缩氧气自救器	ZL202221228339.3	实用新型	煤安公司
一种高效脱硫除尘设备	ZL201720580402.2	实用新型	顶鑫环保
一种黑臭水体专用处理设备	ZL201821279869.4	实用新型	顶鑫环保
一种土壤修复治理设备	ZL201821281303.5	实用新型	顶鑫环保
河道黑臭水体清淤设备	ZL201821279864.1	实用新型	顶鑫环保
一种针对地下水中铁、锰、氟和砷超标的水处理装置	ZL202121000497.9	实用新型	顶鑫环保
一种防止MBBR添料堵塞生化池出水口装置	ZL202120999376.3	实用新型	顶鑫环保
一种连续交替式MBBR污水处理设备	ZL202120999372.5	实用新型	顶鑫环保
一种针对地下水中铁、锰、氟和砷超标的水处理装置	ZL202121000497.9	实用新型	顶鑫环保
一种可见光催化污水处理设备	ZL202120997275.2	实用新型	顶鑫环保
一种混流喷液型土壤修复装置	ZL202121027445.0	实用新型	顶鑫环保
一种污泥零排放的污水处理装置	ZL20212099381.4	实用新型	顶鑫环保
一种城市用污水处理设备	ZL202120999386.7	实用新型	顶鑫环保
孔底封闭式取样装置	第2215941号	发明专利	国标检测
一种LED灯管用检测装置	201620179048.8	实用新型	华磊光电
一种便携式LED测试装置	201620179899.2	实用新型	华磊光电
种承载有LED晶片的铁环的盛放框	201620312595.9	实用新型	华磊光电
一种新型铁环	201620333156.6	实用新型	华磊光电
一种用于承载LED晶片的铁环的放置架	201620310725.5	实用新型	华磊光电
一种晶片花篮	201620351839.4	实用新型	华磊光电
半导体发光器件	201620241848.8	实用新型	华磊光电
一种晶片盒盖及包含此晶片盒盖的晶片盒	201620333185.2	实用新型	华磊光电
LED晶片清洗用花篮盛放架	201620420983.9	实用新型	华磊光电
LED晶片清洗用花篮	201621199066.9	实用新型	华磊光电
一种用于放置LED晶圆的物料架	201720099952.2	实用新型	华磊光电
一种高亮度LED芯片结构	201720311338.8	实用新型	华磊光电
一种外延增加LED光取出效率的底部粗化生长方法	201610216967.2	发明专利	华磊光电
一种LED接着蜡用套筒组件	201720425912.2	实用新型	华磊光电
一种发光二极管球泡灯灯具	201720765616.7	实用新型	华磊光电
一种发光二极管灯具结构	201720764371.6	实用新型	华磊光电
一种二极管灯具的电流电压检测装置	201720764381.X	实用新型	华磊光电
一种用于LED芯片刮片测试的固定模具	201720609504.2	实用新型	华磊光电
一种用于非常规LED灯具的电流电压检测装置	201720765081.3	实用新型	华磊光电
一种提升LED光效的外延生长方法	201610214980.4	发明专利	华磊光电
提高空穴注入的LED外延生长方法	201610419939.0	发明专利	华磊光电

表8-1-6（续）

专利（发明创造）名称	专利号（登记号）	类型	专利单位
一种辅助LED晶圆下蜡的装置	201720931327.X	实用新型	华磊光电
一种用于生产LED柔性电路板的表面贴装装置	201720941630.8	实用新型	华磊光电
一种LED电流扩展层外延生长方法	201610216722.X	发明专利	华磊光电
一种具有双光源的LED筒灯	201720941676.X	实用新型	华磊光电
一种用于波峰焊的灯板固定装置	201720941644.X	实用新型	华磊光电
一种电流扩展层的生长方法及含此结构的LED外延结构	201610230305.0	发明专利	华磊光电
提高外延晶体质量的LED生长方法	201610259292.X	发明专利	华磊光电
一种超晶格层的生长方法及含此结构的LED外延结构	201610231780.X	发明专利	华磊光电
一种用于晶圆分选机上的产品承载装置	201721114225.5	实用新型	华磊光电
晶圆厚度测量装置及含此装置的晶圆厚度测量系统	201721438242.4	实用新型	华磊光电
一种用于LED晶粒翻转换膜的装置	201721629067.7	实用新型	华磊光电
一种用于放置LED晶圆分选铁片的收料框	201721629070.9	实用新型	华磊光电
倒装LED芯片集成封装的光源组件结构及其制作方法	201610261522.6	发明专利	华磊光电
LED外延超晶格生长方法	201610379642.6	发明专利	华磊光电
一种发光二极管应力释放层的外延生长方法	201610810310.9	发明专利	华磊光电
一种高亮度LED芯片及其制备方法	201610279408.6	发明专利	华磊光电
一种LED外延结构及其生长方法	201610110991.8	发明专利	华磊光电
一种发光复合层的生长方法及含此结构的LED外延结构	201610279330.8	发明专利	华磊光电
提高空穴注入的发光二极管外延生长方法	201610355656.4	发明专利	华磊光电
一种改善4吋图形化衬底干法刻蚀一致性的下托盘及方法	201610968659.5	发明专利	华磊光电
一种发光二极管外延片及制作方法	201710078590.3	发明专利	华磊光电
一种发光二极管的制作方法	201710212971.6	发明专利	华磊光电
低镀膜金属耗量的镀膜坩埚	201820265132.0	实用新型	华磊光电
一种测试机上承载蓝膜装置	201820270519.5	实用新型	华磊光电
一种用于晶圆分选机上产品承载铁片的固定装置	201820281152.7	实用新型	华磊光电
电子阻挡层结构的生长方法及含此结构的LED外延结构	201610271839.8	发明专利	华磊光电
提高LED芯片返工效率的芯片返工方法	201610524743.8	发明专利	华磊光电
基于AlN模板的发光二极管衬底外延生长的方法	201610940432.X	发明专利	华磊光电
一种提高晶粒摆放精度的装置	201820340047.6	实用新型	华磊光电
LED外延生长方法	201610834416.2	发明专利	华磊光电
一种用于LED行业摆放分选产品的料架	201820033002.4	实用新型	华磊光电
一种先进的LED芯片测试机传感器	201820440439.X	实用新型	华磊光电
一种LED芯片保护层的制备方法以及一种LED芯片	201610311188.0	发明专利	华磊光电
LED外延P层生长方法	201610850026.4	发明专利	华磊光电
提升发光二极管芯片亮度的透明导电层制作方法	201610325663.X	发明专利	华磊光电
一种太阳能庭院灯	201820570615.1	实用新型	华磊光电
LED外延生长方法	201610381703.2	发明专利	华磊光电
一种LED外延接触层生长方法	201610856353.0	发明专利	华磊光电
一种匹配AZO薄膜的LED外延生长方法	201610854692.5	发明专利	华磊光电
一种太阳能路灯驱动装置	201820570638.2	实用新型	华磊光电

表8-1-6（续）

专利（发明创造）名称	专利号（登记号）	类　型	专利单位
一种面光源	201820570658. X	实用新型	华磊光电
一种 LED 外延生长方法	201710305662. 3	发明专利	华磊光电
LED 金属蒸镀衬锅及其装置	201820610880. 8	实用新型	华磊光电
LED 外延接触层生长方法	201610560181. 2	发明专利	华磊光电
一种 LED 外延超晶格生长方法	201611004577. 5	发明专利	华磊光电
提高抗静电能力的 LED 生长方法	201610837719. X	发明专利	华磊光电
一种 LED 芯片背镀用压盖	201820584577. 5	实用新型	华磊光电
一种应用于 Aixtron Crius Ⅱ机型的石墨盘	201820793500. 9	实用新型	华磊光电
高反射率 LED 电极及其制备方法	201610958903. X	发明专利	华磊光电
精抛机吸盘装置	201820836029. 7	实用新型	华磊光电
地埋灯	201820950821. 5	实用新型	华磊光电
一种 LED 植物灯	201821031036. 6	实用新型	华磊光电
一种仓库货架灯	201821030460. 9	实用新型	华磊光电
一种多段式壁灯	201821035644. 4	实用新型	华磊光电
一种 LED 外延生长方法	201710375135. X	发明专利	华磊光电
一种 LED 外延生长方法	201710681976. 3	发明专利	华磊光电
提高 LED 发光效率的外延生长方法	201610281662. X	发明专利	华磊光电
一种发光二极管外延生长方法及发光二极管	201710117410. 8	发明专利	华磊光电
GaN 层生长方法及所得 LED 外延层和 LED 芯片	201510488972. 4	发明专利	华磊光电
一种提高发光二极管品质的外延生长方法	201710021461. 0	发明专利	华磊光电
一种发光二极管外延生长方法及发光二极管	201710084616. 5	发明专利	华磊光电
一种 LED 外延生长方法	201710869846. 2	发明专利	华磊光电
提高内量子效率的 LED 外延生长方法	201710681967. 4	发明专利	华磊光电
电流扩展层的外延生长方法	201610833486. 6	发明专利	华磊光电
一种发光二极管外延生长方法及发光二极管	201710084241. 2	发明专利	华磊光电
LED 点光源	201820568086. 1	实用新型	华磊光电
一种提升 LED 芯片亮度的方法	201610596423. 3	发明专利	华磊光电
制作 CSP 芯片的模注方法	201611113126. 5	发明专利	华磊光电
一种蓝膜切割装置	201821371620. 6	实用新型专	华磊光电
一种增强发光辐射效率的 LED 外延生长方法	201710682360. 8	发明专利	华磊光电
一种 LED 外延层生长方法	201611005441. 6	发明专利	华磊光电
减少外延层位错密度的 LED 生长方法	201610837716. 6	发明专利	华磊光电
一种提升发光效率的 LED 外延生长方法	201710117422. 0	发明专利	华磊光电
发光二极管的外延片及其制作方法	201710174294. 3	发明专利	华磊光电
LED 外延生长方法	201710251616. X	发明专利	华磊光电
一种提升发光效率的 LED 外延生长方法	201710756340. 0	发明专利	华磊光电
一种 wafer 载盘的固定装置	201821497694. 4	实用新型	华磊光电
LED 反射电极及其制作方法	201710104135. 6	发明专利	华磊光电
LED 芯片电极及其制作方法和 LED 芯片	201810048297. 7	发明专利	华磊光电
一种 LED 外延层结构及其生长方法	201711117656. 1	发明专利	华磊光电

表8-1-6（续）

专利（发明创造）名称	专利号（登记号）	类　型	专利单位
一种LED外延结构及其生长方法	201611155227.9	发明专利	华磊光电
一种灯具	201822267795.9	实用新型	华磊光电
一种LED面板灯	201822237179.9	实用新型	华磊光电
基于石墨烯的LED外延生长方法	201710787388.8	发明专利	华磊光电
一种高亮度LED芯片及其制作方法	201711478376.3	发明专利	华磊光电
一种LED外延结构及其生长方法	201710097381.3	发明专利	华磊光电
一种LED芯片阵列排布的高精度定位方法	201710970879.6	发明专利	华磊光电
一种LED芯片及其制作方法	201810019154.3	发明专利	华磊光电
一种LED外延电子阻挡层生长方法	201810343445.8	发明专利	华磊光电
一种提高发光效率的LED外延生长方法	201711228586.7	发明专利	华磊光电
一种存放外延片的卡塞盒	201920437822.4	实用新型	华磊光电
一种LED外延生长的方法	201710959671.4	发明专利	华磊光电
一种LED外延生长的方法	201710961690.0	发明专利	华磊光电
晶粒分选吸嘴	201920082342.0	实用新型	华磊光电
一种LED芯片结构及其制备方法	201711401586.2	发明专利	华磊光电
LED外延生长方法	201710029549.7	发明专利	华磊光电
一种多功能wafer载盘	201920104229.8	实用新型	华磊光电
一种承载晶元的扩晶环	201920543143.5	实用新型	华磊光电
LED晶粒（1）	201930073253.5	外观设计	华磊光电
LED芯片制作方法	201610420636.0	发明专利	华磊光电
一种发光二极管芯片及其制作方法	201611237083.1	发明专利	华磊光电
LED晶粒（2）	201930073231.9	外观设计	华磊光电
提高LED亮度的芯片制作方法	201811453367.3	发明专利	华磊光电
一种LED瓦楞灯	201920740727.1	实用新型	华磊光电
镊子	201930246605.2	外观设计	华磊光电
LED的ALN缓冲层及其外延生长方法	201810662612.5	发明专利	华磊光电
一种防止wafer刮伤污染的料盒	201920269750.7	实用新型	华磊光电
提升发光效率的LED外延生长方法	201811452555.4	发明专利	华磊光电
LED电极制作方法、LED电极和LED芯片	201710326901.3	发明专利	华磊光电
顶针盖	201930240655.X	外观设计	华磊光电
圆筒	201930298691.1	外观设计	华磊光电
一种提高GaN基LED芯片发光效率的外延生长方法	201810858663.5	发明专利	华磊光电
一种LED灯具	201920997161.0	实用新型	华磊光电
一种LED外延结构生长方法	201811210130.2	发明专利	华磊光电
一种LED外延量子阱生长方法	201910047651.9	发明专利	华磊光电
一种LED外延结构生长方法	201910047686.2	发明专利	华磊光电
适用于4英寸衬底的LED外延生长方法	201811555982.5	发明专利	华磊光电
4英寸LED外延生长方法	201811558803.3	发明专利	华磊光电
一种汽车前大灯光源检测结构	201921212561.2	实用新型	华磊光电
一种先进的晶片放置装置	201921308067.6	实用新型	华磊光电

表8-1-6（续）

专利（发明创造）名称	专利号（登记号）	类　型	专利单位
一种具有低电阻率P型层的LED外延结构及其生长方法	201811291168.7	发明专利	华磊光电
灯具	201921001138.8	实用新型	华磊光电
一种扩晶环放置盒	201920952688.1	实用新型	华磊光电
一种汽车前大灯安装结构	201921111931.3	实用新型	华磊光电
制作全波段对比晶粒的方法及校正芯片测试机的方法	201610364520.X	发明专利	华磊光电
LED外延片衬底结构及制作方法	201910428776.6	发明专利	华磊光电
一种用于扫码器固定的组合式调节装置	201921412263.8	实用新型	华磊光电
一种灯具结构	201921874953.5	实用新型	华磊光电
微孔型LED电极结构及其制备方法	201811562056.0	发明专利	华磊光电
一种灯具结构	201921859039.3	实用新型	华磊光电
一种降低P型GaN层电阻率的LED外延结构及其生长方法	201811289199.9	发明专利	华磊光电
一种LED外延结构的生长方法	201910120033.2	发明专利	华磊光电
LED外延片生长方法	201811209566.X	发明专利	华磊光电
LED外延生长方法	201811210452.7	发明专利	华磊光电
一种减少外延片翘曲的LED外延生长方法	201810681961.1	发明专利	华磊光电
一种分选机承载蓝膜的铁片	201921692493.4	实用新型	华磊光电
一种LED教室黑板灯	202020106865.7	实用新型	华磊光电
LED汽车大灯测试装置	201921853028.4	实用新型	华磊光电
一种透明导电膜、其制备方法及含此透明导电膜的LED芯片	201811479764.8	发明专利	华磊光电
一种电性抽测机承载产品装置	201922168479.0	实用新型	华磊光电
一种全自动擦吸嘴装置	201922169055.6	实用新型	华磊光电
一种COT片厚度测量装置	202020107441.2	实用新型	华磊光电
一种高亮度半导体发光二极管芯片	202020403332.5	实用新型	华磊光电
一种图形化蓝宝石衬底结构及其制作工艺	201811611738.6	发明专利	华磊光电
一种芯片外缘残金刮片装置	201922399907.0	实用新型	华磊光电
一种芯片光电性能及外观检测装置	201922467187.7	实用新型	华磊光电
COW片载盘	201921802906.X	实用新型	华磊光电
LED外延片生长方法	201811209573.X	发明专利	华磊光电
一种提高外量子效率的LED芯片	202020874738.1	实用新型	华磊光电
一种灯具	202020782518.6	实用新型	华磊光电
适用于AlN衬底的LED外延生长方法	201811210451.2	发明专利	华磊光电
晶粒分选吸嘴	202020973566.3	实用新型	华磊光电
一种减少外延片翘曲的LED生长方法	201910285026.8	发明专利	华磊光电
一种用于快速分选装置的分选台	202020221892.9	实用新型	华磊光电
扩晶装置	202021320808.5	实用新型	华磊光电
一种LED芯片结构及其制作方法	202010041819.8	发明专利	华磊光电
一种LED测试结构	202020782861.0	实用新型	华磊光电
一种LED芯片的制备方法	202010041811.1	发明专利	华磊光电
一种图形化蓝宝石衬底及加工方法	201910548089.8	发明专利	华磊光电
一种先进的目检装置	202021684004.3	实用新型	华磊光电

表8-1-6（续）

专利（发明创造）名称	专利号（登记号）	类 型	专利单位
一种 UVC-LED 封装灯珠测试结构	202021579402.9	实用新型	华磊光电
LED 图形化衬底及其制备方法	202010061564.1	发明专利	华磊光电
LED 发光晶粒（防止反向）	202030543546.8	外观设计	华磊光电
适用于小间距显示屏的 LED 外延生长方法	202010662051.6	发明专利	华磊光电
一种适用于小间距显示屏的 LED 外延生长方法	202010662767.6	发明专利	华磊光电
一种先进的晶粒摆放装置	202022453006.8	实用新型	华磊光电
一种消毒杀菌装置	202021379011.2	实用新型	华磊光电
一种灯具	202022824952.9	实用新型	华磊光电
一种工矿灯	202022824992.3	实用新型	华磊光电
LED 外延生长方法	201910221876.1	发明专利	华磊光电
一种 LED 外延生长方法	202010195290.5	发明专利	华磊光电
一种防止 wafer 倒塌的装置	202022292401.2	实用新型	华磊光电
一种将 LED 晶圆分离 N 份的倒膜的方法	202010333331.2	发明专利	华磊光电
一种 LED 外延 P 层生长方法	201910222332.7	发明专利	华磊光电
一种先进 COW 片吸笔	202022448179.0	实用新型	华磊光电
一种晶粒分选用打板	202022490144.3	实用新型	华磊光电
一种先进的测量装置	202023136608.7	实用新型	华磊光电
一种 RGB LED 集成显示阵列的制备方法	202010107347.1	发明专利	华磊光电
一种 LED 外延结构生长方法	201910907733.6	发明专利	华磊光电
一种标准固定取样装置	202120151346.7	实用新型	华磊光电
一种先进的翻转装置	202120151300.5	实用新型	华磊光电
一种移动承载装置	202120499323.5	实用新型	华磊光电
一种先进的溶液配比装置	202120240500.8	实用新型	华磊光电
一种防止标签磨损的铁片	202120884437.1	实用新型	华磊光电
一种显微镜载台晶圆承片治具	202121034725.4	实用新型	华磊光电
一种控制器	202120759726.9	实用新型	华磊光电
一种灯具	202120500619.4	实用新型	华磊光电
一种先进的 4 寸 wafer 卡塞石英提篮	202120834014.9	实用新型	华磊光电
一种手动粘片装置	202120500629.8	实用新型	华磊光电
一种晶圆防护装置	202120772230.5	实用新型	华磊光电
一种先进的 LED 晶粒分选及倒膜装置	202010783588.8	发明专利	华磊光电
一种先进的 4 寸 wafer 镀锅衬圈	202121034658.6	实用新型	华磊光电
一种料盘存储柜	202121034614.3	实用新型	华磊光电
基于石墨烯的 LED 外延生长方法	201910521373.6	发明专利	华磊光电
一种新型的 4 寸 wafer 寻边校正制具	202121847785.8	实用新型	华磊光电
一种新型的曝光机载台量测板制具	202121925701.8	实用新型	华磊光电
一种减少翘曲的 LED 外延生长方法	201910308869.5	发明专利	华磊光电
一种组合框	202121118764.2	实用新型	华磊光电
一种先进的多功能 LED 芯片测试载台	202122096071.4	实用新型	华磊光电
一种微阵列集成 LED 芯片及其制备方法	201910362639.7	发明专利	华磊光电

表8-1-6（续）

专利（发明创造）名称	专利号（登记号）	类 型	专利单位
一种LED外延结构及生长方法	202011042155.3	发明专利	华磊光电
一种快速对三心的分选摆臂	202122799996.5	实用新型	华磊光电
一种擦吸嘴装置	202122804076.8	实用新型	华磊光电
一种检测工具	202122625745.5	实用新型	华磊光电
一种分选机用挡块	202122865643.0	实用新型	华磊光电
一种吸除晶粒的吸笔	202122804077.2	实用新型	华磊光电
一种LED外延结构的生长方法	201910429090.9	发明专利	华磊光电
一种LED晶粒的光电性能检测方法	201911265651.2	发明专利	华磊光电
一种按照坐标进行取样的装置	202122868133.9	实用新型	华磊光电
一种LED节能灯条翻转装置	202123342391.X	实用新型	华磊光电
一种具有调节功能的LED灯盘光源固定结构	202123335947.2	实用新型	华磊光电
一种LED外延层生长方法	201910677410.2	发明专利	华磊光电
LED外延生长方法	201910676755.6	发明专利	华磊光电
一种角度可调节的目检装置	202123371773.5	实用新型	华磊光电
一种先进的点测机毛刷装置	202122868115.0	实用新型	华磊光电
一种LED老化测试仪用插座	202123342378.4	实用新型	华磊光电
一种LED灯珠板测试定位装置	202123335908.2	实用新型	华磊光电
提高亮度的发光二极管芯片制作方法	202110624920.0	发明专利	华磊光电
一种LED芯片镀膜用具	202220185898.4	实用新型	华磊光电
一种LED发光芯片封装结构	202220216866.6	实用新型	华磊光电
一种LED封装基座的结构	202220216872.1	实用新型	华磊光电
一种翻转面积可调节的翻转装置	202220215198.5	实用新型	华磊光电
一种优质的顶针盖	202220513558.X	实用新型	华磊光电
一种LED汽车大灯结构	202220788336.9	实用新型	华磊光电
一种LED灯用防护装置	202220693990.1	实用新型	华磊光电
一种LED外延片的制作方法	202110348835.6	发明专利	华磊光电
一种可调节的分选机用挡块	202220763691.0	实用新型	华磊光电
一种提高亮度的LED外延片的制作方法	202110347563.8	发明专利	华磊光电
一种镜前灯	202221010852.5	实用新型	华磊光电
一种具有防抖动的晶粒摆放装置	202123398320.1	实用新型	华磊光电
一种发光二极管的测试装置	202220414773.4	实用新型	华磊光电
一种LED芯片卡塞载台	202221083632.5	实用新型	华磊光电
一种LED驱动电源测试装置用连接结构	202220280670.3	实用新型	华磊光电
一种LED芯片刻蚀盘	202221114266.5	实用新型	华磊光电
一种LED芯片石英提篮治具	202221032405.X	实用新型	华磊光电
一种LED芯片卡塞	202221192907.9	实用新型	华磊光电
一种便于晶圆取放的显微镜载台承片治具	202220715811.X	实用新型	华磊光电
一种LED外延结构生长方法	201911349000.1	发明专利	华磊光电
一种阅读灯	202221012114.4	实用新型	华磊光电
一种研磨LED芯片的陶瓷基板治具	202222288956.9	实用新型	华磊光电

表8-1-6（续）

专利（发明创造）名称	专利号（登记号）	类 型	专利单位
一种具有新型安装结构的LED灯具配件	202222322829.6	实用新型	华磊光电
一种贴片LED芯片的分选换向机构	202222288930.4	实用新型	华磊光电
一种新型分选摆臂	202222163513.7	实用新型	华磊光电
一种先进的目检装置	202222609155.8	实用新型	华磊光电
一种提升烘烤上片效率的治具	202222686661.7	实用新型	华磊光电
一种矿山开采用矿石筛分装置	ZL202220613867.4	实用新型	工业设计院
一种市政建筑垃圾处理装置	ZL202220689403.1	实用新型	工业设计院
一种高大硐室的小天井辐射式与台阶式的混合施工法	2016106378728	发明专利	楚湘建工
一种立井工作面水泥-水玻璃双液与化学浆液双圈帷幕联合注浆方法	2017113838608	发明专利	楚湘建工
一种施工土方开挖扬尘处理装置	2019223542506	实用新型	楚湘建工
一种钢结构井架起升装置	2019223542493	实用新型	楚湘建工
一种调节露天矿山生产剥采装置	2019223542474	实用新型	楚湘建工
一种矿山采掘用安全防护装置	2019223539005	实用新型	楚湘建工
一种用于采矿的破碎装置	2019223538981	实用新型	楚湘建工
一种采矿用的切石装置	2019223521389	实用新型	楚湘建工
电缆敷设用的电缆敷设牵引装置	2019223521374	实用新型	楚湘建工
一种矿井生产用可移动式筛分装置	201922352136X	实用新型	楚湘建工
一种管道安装用综合支吊架	201922351830X	实用新型	楚湘建工
一种破碎带防堵塞、防孔外返浆的止浆系统及止浆方法	2020100123100	发明专利	楚湘建工
一种便于安装的溶洞施工用防水装置	202023200268X	实用新型	楚湘建工
一种钢筋混凝土楼板施工防开裂装置	2020232001390	实用新型	楚湘建工
一种立井施工中吊盘固定装置	2020232001367	实用新型	楚湘建工
一种用于房屋建筑工程的安全防护装置	2020231998689	实用新型	楚湘建工
一种用于立井施工的提升容器防坠装置	2020231998674	实用新型	楚湘建工
混凝土承重墙钢梁与楼板钢筋的连接结构	2020232000241	实用新型	楚湘建工
一种矿山井下施工用锚杆支护装置	2021218869750	实用新型	楚湘建工
一种便于调节下料口大小的矿山工程运料装置	2021229709666	实用新型	楚湘建工
一种矿山工程开采用压力检测装置	2021232188414	实用新型	楚湘建工
一种基于房屋建筑的墙面硬度测试设备	2021232093503	实用新型	楚湘建工
一种矿山工程井下施工用运料车	2021224347796	实用新型	楚湘建工
一种用于矿山工程的地下通道防塌陷检测机构	2021232186391	实用新型	楚湘建工
一种可以调节角度的矿山用管道的安装架	2021232080626	实用新型	楚湘建工
一种用于矿山工程施工的吸附抑尘阻隔装置	2021232188058	实用新型	楚湘建工
一种用于建筑的快接式吊架	2022200416619	实用新型	楚湘建工
一种适用于矿山排水管道辅助安装装置	2022200419655	实用新型	楚湘建工
一种磁力钻底座	2022209418361	实用新型	楚湘建工
一种矿山工程用土壤修复装置	2022220297928	实用新型	楚湘建工
一种矿山井下防潮的可滑动照明设备	2022220297608	实用新型	楚湘建工
一种矿山工程用通风管道固定结构	2022220171718	实用新型	楚湘建工
一种矿山工程钻孔用分体式双向倾角测量仪	2022220171493	实用新型	楚湘建工

表8-1-6（续）

专利（发明创造）名称	专利号（登记号）	类　型	专利单位
一种矿山工程井下施工用防护装置	2022220298117	实用新型	楚湘建工
一种矿山井下应急救援装置	2022220297576	实用新型	楚湘建工
一种循环水量自动平衡装置	ZL201911317352. 9	实用新型	焦电公司
改进型重介尾矿水精煤回收装置	ZL202220224944. 7	实用新型	焦电公司
原煤脱泥筛改进型下料溜槽	ZL202220158012. 7	实用新型	焦电公司
原煤分级筛设备的简易除铁器装置	ZL202220158013. 1	实用新型	焦电公司
一种运输皮带机头下料口溜槽	ZL202220158014. 6	实用新型	焦电公司
重介润湿管与陶瓷球阀的链接装置	ZL202220158589. 8	实用新型	焦电公司
一种改进型尾煤压滤机回流管及闸阀	ZL202220158802. 5	实用新型	焦电公司
精煤浮选充气搅拌装置	ZL202220158847. 2	实用新型	焦电公司
一种改进型尾煤泥弧型筛	ZL202220161549. 9	实用新型	焦电公司
一种减温水分路控制改造结构	ZL202220667209. 3	实用新型	发电公司
一种新型冷渣水余热回收系统	ZL202220668480. 9	实用新型	发电公司
一种超低排放疏水回收改造系统	ZL202220667207. 4	实用新型	发电公司
一种煤矿大断面硬岩巷道综掘与炮掘联合快速高效掘进方法	ZL201510601300. X	发明专利	红卫公司
抽采巷道内瓦斯捕捉再利用系统	ZL202123434194. 0	实用新型	红卫公司
基于风力排渣钻瓦斯抽采孔用除尘装置	ZL202220136965. 3	实用新型	红卫公司
巷道降尘用喷雾防尘装置	ZL202220136964. 9	实用新型	红卫公司
斜井矿车自动摘钩装置	ZL202220400334. 8	实用新型	红卫公司
新型钻杆拆卸装置	ZL202123382339. 7	实用新型	红卫公司
一种煤矿大断面硬岩巷道综掘与炮掘联合快速高效掘进方法	ZL201510601300. X	实用新型	红卫公司
抽采巷道内瓦斯捕捉再利用系统	ZL202123434194. 0	实用新型	红卫公司
一种可自行调节范围的煤矿开采用除尘装置	ZL202010893112. X	发明专利	街洞公司
一种煤矿生产用降尘喷淋设备	ZL202222543364. 7	实用新型	街洞公司
一种煤矿生产用矿井通风装置	ZL202222550976. 9	实用新型	街洞公司
一种穿层打孔防喷孔装置	ZL202222656026. 4	实用新型	街洞公司
一种煤矿生产辅助用运料装置	ZL202223457923. 9	实用新型	街洞公司
一种煤矿生产用刮板输送机集中控制装置	ZL202223529753. 0	实用新型	街洞公司
一种履带式采煤工作面的回撤装置及其使用方法	ZL201910628142. 5	发明专利	宝源公司
双动力单元翻车机传动系统	ZL202220679774. 1	实用新型	宝源公司
可调式架空乘人装置	ZL202220196609. 0	实用新型	宝源公司
输送设备转载点除尘装置	ZL202220184789. 0	实用新型	宝源公司
一种煤矿深井巷道光面喷射混凝土支护结构	ZL202010820608. 4	发明专利	马田公司
一种松软煤层注水固化用湿度监测装置	ZL202220391985. 5	实用新型	马田公司
一种矿区工业污水集中净化处理装置	ZL202220424638. 8	实用新型	马田公司
一种煤矿皮带运输的防冲击缓冲装置	ZL202220275732. 1	实用新型	马田公司
用于松软煤层工作面液压支架立柱的安装装置	ZL202220275733. 6	实用新型	马田公司
一种矿用防治水瞬变电磁线圈探测的角度定位装置	ZL202220391978. 5	实用新型	马田公司
一种深部巷道软弱煤岩松动圈厚度的计算方法及测量装置	ZL201610971553. 0	发明专利	湘永公司
立井罐笼安全门滑轨组	ZL202222543393. 3	实用新型	湘永公司

表8－1－6（续）

专利（发明创造）名称	专利号（登记号）	类 型	专利单位
立井提升机电机制动器保护装置	ZL202222429338.1	实用新型	湘永公司
一种深部煤层巷道帮部软弱煤岩支护方法	ZL201710545268.7	发明专利	南阳公司
一种应用于煤矿刮板运输机的自动防尘喷雾装置	ZL202123439806.5	实用新型	南阳公司
一种煤矿筛煤用选煤机	ZL202220276149.2	实用新型	南阳公司
一种煤矿井下捕尘网装置	ZL202220276172.1	实用新型	南阳公司
一种电机车自动扳道甩车装置	ZL202220391987.4	实用新型	南阳公司
一种单体液压支柱压力检测用多工位辅助检测装置	ZL202220391989.3	实用新型	南阳公司
一种煤矿采煤工作面上隅角瓦斯抽采装置	ZL201810976317.7	发明专利	嘉禾公司
一种井下瓦斯抽采钻孔连接装置	ZL202220190932.7	实用新型	嘉禾公司
一种矿井人员用安全定位装置	ZL202220212188.6	实用新型	嘉禾公司
一种矿井绞车道架空乘人装置	ZL202220203733.5	实用新型	嘉禾公司
瓦斯抽采集气管道系统	ZL202123382114.1	实用新型	嘉禾公司
瓦斯抽采管与输气管道的安装结构	ZL202123434075.5	实用新型	嘉禾公司
一种具有筛选功能的采矿用输送装置	ZL202011242435.9	发明专利	兴源公司
用于整体组合悬移支架的辅助安装装置	ZL202123416324.8	实用新型	兴源公司
一种封闭煤仓用智能防尘装置	ZL202220175599.2	实用新型	兴源公司
沉降池污泥排出系统装置	ZL202220242923.8	实用新型	兴源公司
一种煤矿污水处理设备	ZL202220204191.3	实用新型	兴源公司
矿山碎石降尘装置	ZL202110894234.5	发明专利	黄牛岭公司

（二）著作权

2017年，立达公司获得“无极绳绞车控制系统控制软件V1.0”著作权。2017—2022年，集团公司所属立达公司、煤机公司、煤安公司、大数据中心获得软件著作版权共47项，详见表8－1－7。

表8－1－7 2017—2022年集团计算机软件著作及版权统计表

取得时间	计算机软件名称	登记号	软件著作权人
2017年	无极绳绞车控制系统控制软件V1.0	2017SR483512	立达公司
2019年	地面提升机变频控制系统控制软件V1.0	2017SR483602	立达公司
2019年	提升机控制系统V2.0	2019SR0077344	立达公司
2019年	无极绳绞车控制系统V2.0	2019SR0080293	立达公司
2019年	带式输送机无人值守控制系统 V1.0	2019SR0076326	立达公司
2019年	架空乘人装置控制系统V1.0	2019SR0080193	立达公司
2019年	排水无人值守控制系统V1.0	2019SR0080274	立达公司
2019年	空压机余热回收控制系统 V1.0	2019SR0086516	立达公司
2022年	大数据分析平台V1.0	2022SR1435380	立达公司
2022年	综合自动化平台V1.0	2022SR1428777	立达公司
2022年	机电设备智能化管理系统V1.0	2023SR0061911	立达公司
2022年	基于大数据智能分析平台V1.0	2023SR0062010	立达公司
2022年	一张图协同管理智能化平台V1.0	2023SR0062015	立达公司
2018年	矿井提升机（绞车）电控系统控制软件V1.0	2018SR319625	煤机公司

表8-1-7（续）

取得时间	计算机软件名称	登记号	软件著作权人
2018年	停车设备（立体车库）嵌入式控制软件V1	2018SR400189	煤机公司
2019年	自救器信息化管理系统	2019SR1163423	煤安公司
2020年	CLF100Wb智能化矿灯自救器管理系统	2021SR0037022	煤安公司
2022年	综合自动化监控远程智慧监管平台	2022SR9847822	煤安公司
2022年	全三维立体可视化智慧矿山管理软件	2022SR9847821	煤安公司
2022年	全矿井综合自动化监控平台	2022SR9847874	煤安公司
2022年	矿用压风系统智能化软件	2022SR9783835	煤安公司
2022年	矿用信息导引及发布系统智能化软件	2022SR9847818	煤安公司
2022年	矿用瓦斯抽采系统智能化软件	2022SR9847883	煤安公司
2022年	矿用通风系统智能化软件	2022SR9783834	煤安公司
2022年	矿用排水系统智能化软件	2022SR9783832	煤安公司
2022年	矿用供配电系统智能化软件	2022SR9847823	煤安公司
2022年	矿山企业信息管理平台	2022SR9847824	煤安公司
2022年	基于物联网的矿山在线监测监控平台	2022SR9847819	煤安公司
2022年	车载式甲烷报警断电仪软件	2022SR9832556	煤安公司
2022年	30X-CJZD型自救器信息采集终端软件	2022SR9832893	煤安公司
2022年	ZJQM-2X智能型自救器气密校验仪	2022SR9832616	煤安公司
2022年	湖南省煤炭大数据中心移动客户端V1.0	2022SR1395350	大数据中心
2022年	煤炭系统资讯系统V1.0	2022SR1585947	大数据中心
2022年	湖南省煤炭大数据中心物流路运子系统V1.0	2022SR1586841	大数据中心
2022年	湖南省煤炭大数据中心大屏可视化平台V1.0	2022SR1591076	大数据中心
2022年	湖南省煤炭大数据中心结算综合管理平台V1.0	2022SR1603346	大数据中心
2022年	湖南省煤炭大数据中心交易平台管理后台系统V1.0	2022SR1607983	大数据中心
2022年	湖南省煤炭大数据中心物流路运子系统司机端小程序V1.0	2022SR0184931	大数据中心
2022年	湖南省煤炭大数据中心物流水运子系统V1.0	2022SR0184932	大数据中心
2022年	湖南省煤炭大数据中心物流路运子系统货主端小程序V1.0	2022SR0184933	大数据中心
2022年	湖南省煤炭大数据中心煤炭销售票据管理系统V1.0	2022SR0298505	大数据中心
2022年	湖南省煤炭大数据中心煤炭运销收付资金管理系统V1.0	2022SR0298460	大数据中心
2022年	湖南省煤炭大数据中心煤炭运销库存管理系统V1.0	2022SR0298461	大数据中心
2022年	湖南省煤炭大数据中心煤炭运销结算APPV1.0	2022SR0298462	大数据中心
2022年	湖南省煤炭大数据中心物流水运船主端平台V1.0	2022SR0307060	大数据中心
2022年	湖南省煤炭大数据中心物流水运货主端平台V1.0	2022SR0307059	大数据中心
2022年	湖南省煤炭大数据中心交易平台系统V1.0	2022SR0426566	大数据中心

第四节 技术推广与应用

一、采掘技术

2006年，集团公司成立初期，集团总部明确："组织制订集团科技进步规划，组织开展重大科技攻关和科技创新活动"，提出"科技是第一生产力"，以落实科学发展观推进煤炭新型工业化建设的理念。重点解决集团公司各矿井煤层地质条件复杂，难以推行正规采煤工艺和采掘机械化，制约煤矿安全生产和高产高效的问题。

2007—2008 年，周源山煤矿在 2216 工作面试验应用了大坡度伪倾斜柔性掩护支架采煤，成功实现了三槽煤破损顶板下使用 MG132/300 - W 采煤机组的采煤工艺，以及超采高工作面下使用 HZ2000/15/35Z 型悬移支架，替换 DZ 型支柱支护。工作面平均单产为 14000 吨/月，比高档普采工作面平均单产 11455 吨，提高了 22%。

2008 年，周源山煤矿引进 EBZ135 半煤巷掘进机投入使用，创造了单月最高进尺 250 米的纪录。是年贵州湘能公司晋家冲煤矿第一台综合机械化采煤机投入运行。

2008 年，湘潭矿业公司董事长、高级工程师孔富根，总工程师、高级工程师陈久良共同组织全公司科技人员进行采煤方法技术攻关，率先在一矿急倾斜煤层中实现伪俯斜“八字型”金属掩护支架采煤法，并相继在三矿、四矿全面推行。工作面实现了全负压通风，采煤工效由 2.6 吨/工提高到 5 吨/工，工作面月产由 2500 吨提高到了 5000 吨。结束了该公司自 20 世纪 70 年代来工作面串联通风不能形成负压开采的非正规采煤方法。

2009 年 6 月，集团公司第一台岩巷钻装机在白山坪矿业公司磨田煤矿投入使用。宝源矿业公司第一台综掘机投入运行。金竹山矿业公司塘冲煤矿进行了全岩综掘机试验。贵州湘能公司神仙坡煤矿高档普采开机。12 月，周源山煤矿 22110 工作面综采作业线成功投产，月产 3.5 万吨。2009 年底，周源山煤矿、宝源矿业公司新增 3 个机采工作面，股份公司机采工作面达到了 8 个，综掘工作面达到 2 个。全集团采煤机械化率由成立之前的 2% 提升到 14.76%，掘进机械化率由 0 提升到 30.45%。

2010 年 1 月，周源山煤矿建成股份公司第一条煤巷综掘作业线，首月完成进尺 180 米。该作业线采用 ZY3400/12/28 掩护式液压支架和 MG200/468 - WD 采煤机组组合的综采技术，同时引进 EBZ135 和 EBZ132CZ 半煤巷掘进机，创造了小班进尺达到 11 米、月均进尺 169 米、单月最高进尺 250 米的最高纪录。

2010 年 12 月 10 日，湖南省第一条综采、综掘综合配套生产线在周源山煤矿剪彩开机，综采综掘综合配套工程在周源山煤矿 22110 工作面顺利投产，当月产煤 31000 吨。集团董事长、总裁出席庆典仪式，并授“周源山煤矿综采队”牌匾。截至年底，周源山煤矿共投入 6000 多万元进行技术升级和设备改造，安全产煤百万吨。

2011 年 5 月，金竹山矿业公司首台高档普采生产线在土朱煤矿 14318 工作面成功使用。8 月，湘永矿业公司首台钻装一体机在铜角湾煤矿 -550 水平北大巷试机。10 月 5 日，贵州湘能公司首台综合掘进设备在下河坝煤矿 112 石门运行。12 月 1 日，红卫矿业公司首台高档普采机组在沈家湾煤矿 28610 工作面开机。12 月 2 日，白沙片区首台煤巷综掘机在兴源矿业公司伍家冲煤矿 1568 工作面投入使用。12 月 16 日，股份公司第一个急倾斜综采工作面在白山坪矿业公司磨田煤矿开机。2011 年底，股份公司通过与省内外科研单位开展合作，自主研发“湘煤系列”小型煤矿采掘设备，在兴源等矿业公司进入工业性试验阶段。股份公司共新增 16 个采掘机械化项目，建成综采工作面 4 个，高档普采工作面 11 个，综掘作业线 9 条，钻装作业线 4 条。机采率达到 25.8%，岩巷掘进机装率达到 91.5%。原煤万吨用工由 107 人降到 80 人以内，工效由 0.46 吨提高到 0.51 吨。

2012 年 5 月，周源山煤矿第二套综采设备在 21311 综采工作面投产，月产达 2 万吨。先后夺得同类型综采支架安装速度全国第一、月单产全省第一、股份公司第一个本质安全型工作面、第一个采用电牵引遥控采煤机等四个荣誉，被评为全国煤炭工业先进集体。该矿机械化采煤率达 98%。同年，宝源矿业公司引进的大型综合机械化采煤机在北平硐煤矿 42523 工作面投产，综掘机在 42522 中巷和南平硐煤矿 41421 中巷安装使用。

2012 年 6 月，长沙矿业公司投资 800 多万元的成套悬移链式支架设备和采煤机，10 月 2 日在五亩冲煤矿 37 队 5211 工作面一次试产成功。

2012 年 7 月，马田矿业公司第一台综掘机在新星煤矿 2262 工作面投产。

截至 2012 年底，股份公司共完成机械化项目 19 个，其中综采 3 个，高档普采 4 个，综掘 5 个，钻装线 7 条。采煤机械化实现新的突破。周源山煤矿在顶板极其破碎条件下成功实施第二套综采工作面。白山坪公司磨田煤矿在煤层倾角近

50度的急倾斜煤层条件下成功实现综采。

2013年1月25日，股份公司在湖南省内首次实施薄煤层机采项目，在兴源矿业公司伍家冲煤矿的1326工作面开机，填补了省内薄煤层机械化的空白。该煤层仅有0.4～0.7米的厚度，机采月产从原来的1500吨提高至9000吨。工效由原来炮采的1.66吨/工，提高至6.66吨/工。工作面开采综合成本由原来的289元/吨，降低至180元/吨。是年，周源山煤矿三个综采面开动，单井年产煤74.4万吨，刷新湖南省煤矿单井年产最高纪录。

2013年底，股份公司建成综采工作面7个，高档普采8个，综掘作业线10条，钻装机作业线8条。原煤公司岩巷施工队伍净减77个，综合单进突破70米。

2014年4月，周源山煤矿在3242工作面安装ZY2600/07/17型掩护式支架、MG2×100/451－WD采煤机组组合的薄煤层综采设备。8月，股份公司极薄煤层高档普采在红卫矿业公司坦家冲煤矿23631工作面试采成功；煤层平均厚度0.6米，月单产由炮采1400吨提高到4800吨以上。并在龙家山矿－400米北大巷实施了钻装机掘进；在坦家冲矿－150米南大巷实施综掘机掘进；在沈家湾等三个矿实施三个机采工作面。

2014年9月，嘉禾矿业公司以新调任的董事长李文军、总工程师尹红球为首组织该公司开展采煤方法技术攻关，实现了可在地质条件极为复杂的急倾斜煤层形成负压通风的壁式采煤方法，全面取缔该矿井水平分层条带式独头巷的采煤方法。结束了该矿几十年来采煤工作面不能形成负压通风的非正规采煤方法的局面。

2014年12月，街洞矿业公司引进MG100－TP型采煤机，在茶山岭煤矿3585工作面投入运行，标志着该公司机械化采煤实现零突破。

2016年，相继在周源山煤矿、宝源矿业公司南平硐煤矿推广实施了综合机械化采煤，工作面单产提高到了20000吨/月以上，大大提高了开采效率。

2017年，股份公司根据南方煤层赋存特点，大力推进小型机械化开采，全集团机采项目达到24个，机械化采煤达135.5万吨。

2018—2019年，兴源矿业公司、街洞矿业公司、宝源矿业公司推广使用液压耙装机，全集团机械化水平稳中有升。

2020年，集团公司推进煤矿“四化”建设，嘉禾矿业公司浦溪井、金竹山矿业公司土朱矿实现机械化采煤，突出矿井机械化采煤实现突破。

2021年，周源山公司实施综采工作面智能化控制系统，为周源山智慧矿山建设创造条件。

2021—2022年，红卫矿业公司龙家山煤矿、白山坪矿业公司磨田煤矿相继引进实施了综合机械化掘进，该工艺无需放炮破矸，采用钻机转磨破矸，巷道成形效果特别好，且采用机械化设备装矸，降低了工人劳动强度，岩巷单进由原来的60米/月提升至150米/月，进一步提高了矿井岩巷单进，提高了采掘机械化率。

2022年，实施机采项目29个，全集团采煤机械化率达到42%，同比提高10%。

截至2022年底，集团29对矿井中有23对矿井实现了机械化采煤，机械化覆盖率达85.2%。

二、支护改革

（一）采煤支护改革

2006年，白沙安全生产管理局提出抓好支护煤巷掘进工作面金属化、岩巷掘进工作面锚喷化、回采工作面液压化“三化”工作，正规回采面支护实现液压化。

2007年，周源山煤矿推进回采支护改革。实施坚硬顶板的矿压观测与顶板动态监控技术，确保顶板安全；对采煤工作面继续搞好“一、四槽托伪顶”采煤；三槽使用“π型梁”“铁鞋子”或“塑料鞋”支护，加强对松软顶底板管理；推进回采工作面上“小综采”的支护改革工作；在2345陡坡工作面继续推广使用柔性掩护支架采煤。

2008年4月，辰溪矿业公司首次引进单体液压支柱技术，并从白山坪矿业公司聘请了三名专家担任现场技术指导，在蒋家坪煤矿煤层赋存较为典型的37采区进行了试验。同年7月，蒋家坪矿支护改革试点工作面初次放顶成功，结束了该公司沿用多年的木点柱支护方式。

2008年12月，湘潭矿业公司在急倾斜薄煤层中成功推广使用俯伪斜多边形工字钢柔性掩护支架在伪倾斜走向长壁式采煤法，实现了省内急倾斜薄煤层采取正规采煤支护方法“零”的突破。

2010年，湘潭矿业公司在成功应用俯伪斜多边形工字钢柔性掩护支架在伪倾斜走向长壁式采煤法基础上，成功进行了正倾斜柔性掩护支架实验，进一步实现复杂煤层条件下正规采煤方法。

2015年，立达公司与周源山煤矿联合研发综采液压支架的项目完成设计和样机制造，并在周源山煤矿进行工业性试验。

2016—2019年，集团公司在采煤机械化等方面不断尝试，各矿井根据煤层赋存情况寻找适合本矿井工作面的支护方法。

2021—2022年，兴源公司在伍家冲、觉光寺煤矿进行了采煤工作支护改革，用整体顶梁悬移支架取代传统的单体液压支柱配属梁支护。马田公司在新星煤矿推行回采工作面支护改革。

截至2022年，全集团29个机采项目采用掩护式液压支架、单体支柱加π型梁或铰接顶梁、整体顶梁组合液压支架支护工作面，全部垮落法管理顶板。

（二）巷道支护改革

2006年，周源山煤矿首次应用大断面锚网支护，进行回采工作面的支护改革科技攻关。推广光爆锚网喷技术，消除砌碹支护以及裸体巷道，全部采用锚网喷支护，在局部矿压大的巷道采用壁后注浆支护工艺。

2007年，集团公司在各矿区安全生产管理局、原煤公司巷道掘进中推广光爆锚喷技术及锚梁网支护技术。

2007年，牛马司矿业公司和金竹山矿业公司与湖南科技大学等科研院所合作，对软岩高应力巷道进行支护改革科技攻关，解决了困扰涟邵矿区多年的技术难题。该成果随后成功在集团公司所属水井头、铁箕山、龙塘、白山坪、周源山、宝源等矿井的深部高地质应力软岩支护中得到了推广、应用和改良。白山坪煤矿－400米南大巷的软岩支护，通过壁后松软岩体注浆加固等措施，取得了很好的支护效果；红卫矿业公司针对在软岩层中掘进支护，容易出现底鼓、巷道变窄等情况，对沈家湾煤矿－400米北大巷、坦家冲煤矿－150米北大巷、里王庙煤矿－250米南大巷实施了壁后注浆试验。经过近4个月的工程实验，形成了壁后注浆新的技术成果，并在股份公司所属各矿井软岩层掘进工作面进行推广应用。

2009年，金竹山矿业公司在塘冲矿率先进行滑移式前探梁超前支护技术改革并取得成功。12月份，该技术在股份公司所属各矿井全面推广，在岩石巷道中使用效果明显。

2010年6月，牛马司矿业公司与湖南科技大学在水井头矿－300米东大巷开展合作，针对巷道支护易变形的技术难题进行攻关，形成了效果明显的“光爆锚网喷＋U型钢＋注浆”的联合支护方式。

2011年，嘉禾矿业公司推广支护改革，采煤工作面全部实行单体配π梁“二梁五柱”支护，煤巷架棚采用钢棚支护，岩巷实行锚网喷支护，实施“短掘短喷”，确保了掘进工程质量。

2015年，土朱煤矿2231机巷试验锚网支护，取得成功。

2017年，白山坪公司、红卫公司、马田公司等单位推广实施了煤巷锚网索支护，该支护方式随掘随支，用锚杆作为临时支护，利用锚索加固围岩，用锚网背严顶帮，进一步提高了煤巷支护安全可靠性。

2018年，股份公司在马田公司新星煤矿煤巷沿顶板掘进、白山坪公司磨田煤矿－600米水平底板大巷沿煤掘进推广使用锚杆、锚索、高分子塑性锚网、粗钢网、钢带联合支护并取得成功。

2020年5月，周源山公司在三槽煤软顶大断面巷道中采用锚索＋w型钢带联合支护，达到了良好的支护效果。

2021年12月在土朱煤矿2222机巷试点了煤巷、煤巷锚网索支护改革试验并取得成功。

2022年，马田公司新星煤矿在2165、2166运道推广使用煤掘工作面架棚喷浆联合支护。黄牛岭煤矿、大岭煤矿自行研制改进了煤巷金属T型支架连锁装置，提高了煤巷金属支架的稳定性，金竹山、黄牛岭、红卫公司技术人员，根据本单位生产现场特点，自行研发了金属支架连接装置，提高了支架的稳定性，杜绝了煤巷支架放炮倒棚、空棚现象，提高了掘进支护安全可靠性。

截至2022年底，集团公司各矿井所有岩巷施工使用光面爆破锚网喷支护，所有煤巷或半煤巷使用单体液压支柱配合梁或金属材料支护，彻底消灭了木支护和金属摩擦支柱支护。

三、瓦斯防治利用技术

（一）瓦斯抽采防治技术

2008年，牛马司矿业公司与湖南省煤炭研究所合作开展的水力挤出快速消除突出课题研究，针对低透气性煤层瓦斯流量低，抽放效果差等问题，积极开展科技攻关，采用扩孔抽放及浅孔卸压抽放等综合措施，取得了阶段性成果。

2008年，红卫矿业公司不断推广和应用瓦斯抽采新技术、新工艺，坚持对低透气性突出性煤层的回采工作面采用上下顺槽密集顺层抽放孔进行瓦斯抽放，提高了瓦斯抽采率，采面抽采率达到了36%。采用简便可靠的水泥沙浆封孔技术，减少了抽放孔漏气。

2008年，贵州湘能公司通过实施分源、分系统的多泵、多管路抽放瓦斯技术，有效地解决了工作面瓦斯超限的问题，通过采用大循环深孔抽放和小循环浅孔排放的综合治理瓦斯技术，有效地解决了掘进工作面的防突和瓦斯超限问题，提高了工作面单产水平。

2009—2010年，股份公司在金竹山矿业公司一平硐煤矿、土朱煤矿进行“突出煤层上保护层开采效果研究”，基本确定两对矿井上保护层开采防突效果及有效范围的有关参数，扩展了两对突出矿井有效实施区域的防突措施。

2010年，股份公司在红卫矿业公司坦家冲煤矿实施“回采面上下顺槽长钻孔预抽瓦斯研究”，顺层抽采钻孔深度达80米以上，瓦斯抽采浓度提高40%，回采工作面瓦斯超限次数下降了80%。

2011年7月，股份公司组织开发的“煤矿瓦斯超限手机短信报警系统”投入运行，根据瓦斯超限的浓度和连续报警时间，分三个层级共十二档向集团各级管理对象实时、同值、自动发送瓦斯超限报警信息。

2011年，股份公司与湖南省煤研所在嘉禾矿业公司浦溪井合作开展“极松软低透煤层穿层钻孔卸压增透关键技术”研究，对如何在极松软煤层增加钻孔深度及增加煤层透气性方面取得较大进展。是年，股份公司在白沙矿区组织实施“突出煤层瓦斯含量快速测定系统”建设，为实施区域效果检验和评判抽采达标提供了技术支撑。

2012年，股份公司与平安电气股份有限公司合作开发的高效节能环保智能主要通风机系统在茶山岭煤矿西风井安装运行，综合了智能控制技术、变频技术、新型扩散塔技术、除尘降噪技术。

2013年8月，根据国家《煤矿瓦斯抽采达标暂行规定》的要求，借鉴淮南矿业集团、重煤能投集团瓦斯抽采经验，结合股份公司实际，股份公司制定《煤矿瓦斯抽采达标评判细则（试行）》，从评判方法、评判流程、审批程序等方面规范瓦斯抽采达标评判工作。

2013—2014年，股份公司与中国矿业大学（北京）合作开展“极复杂条件下煤与瓦斯开采技术”研究，对极复杂煤层条件下煤与瓦斯赋存条件致灾特征及规律进行研究，提出煤与瓦斯共采最佳技术措施与工艺，为极复杂条件煤层实现安全开采提供技术理论支撑。

2016—2017年，股份公司在涟邵、资兴、白沙三个矿区建立瓦斯实验室，购置测定煤层瓦斯含量、瓦斯吸附常数、瓦斯突出参数、瓦斯压力等配套先进设备，为各煤矿瓦斯防治提供先进检测技术支撑。

2017—2022年，各突出矿井在瓦斯钻孔施工方面逐步推广升级使用大功率液压钻机施工大孔径钻孔技术工艺，提高了施工效率和抽采效果。在瓦斯抽采钻孔封孔逐步推广使用“全程套管”“囊袋式两堵一注”“带压封孔”先进封孔工艺，提高了封孔严密性。逐步使用抽采钻孔轨迹测定仪、安装了抽采钻孔施工视频监控仪和抽采管路多参数监测仪等先进仪器设备。

2018年，嘉禾公司与长沙安全技术检测中心合作，开展“优化抽采钻孔孔径、提高瓦斯抽采效果”试验研究。次年项目成功获取了最优抽采孔径参数。湖南煤监局在嘉禾公司组织召开“优化抽采钻孔孔径，提高瓦斯抽采效果”试验研究成果总结研讨会，对嘉禾公司的研究成果给予充分肯定。

2019年，红卫公司在坦家冲煤矿2461工作面回风巷开展“顺层下向长钻孔预抽区段瓦斯递进式区域防突”试验研究，为防突措施施工提供了新的方法。

（二）瓦斯利用技术

2008年，洪山殿矿业公司蛇形山煤矿建立湖南省第一座瓦斯发电站，两台机组，单机功率为500千瓦。

2009—2010年，贵州湘能公司神仙坡煤矿、晋家冲煤矿先后建立了瓦斯发电站，每站两台机组，单机功率为500千瓦。

2009—2012年，红卫矿业公司坦家冲煤矿、嘉禾矿业公司浦溪井和黄牛岭矿业公司先后建立瓦斯发电站。每站两台机组，单机功率为500千瓦。

2013年11月，嘉禾矿业公司浦溪井新增2台瓦斯发电机组，每台电机功率为500千瓦。

2015年，股份公司省内外共有6个煤矿（矿井）建立瓦斯发电站，总装机功率为7000千瓦，年发电9500万度。实现了资源综合利用，对减少污染、节能降耗起到良好的效果。

2016年，贵州湘能公司全面停产，其瓦斯发电站停止运行发电。

2021年，红卫公司坦家冲矿推进保护层开采，实施分源抽采、高压水力冲孔造穴增透防突措施和围岩裂隙壁后注浆及囊袋“两堵一注”封孔等新工艺，抽采钻孔施工效率和瓦斯抽采效果提升50%以上、全年瓦斯抽采量达390万立方米，发电利用瓦斯380万立方米，发电256万度，创值156万余元，创造该矿瓦斯发电历史记录。

2022年，嘉禾矿业公司浦溪井1台500千瓦发电机组更换为700千瓦发电机组，黄牛岭煤矿新安装600千瓦发电机组1台。是年，红卫公司坦家冲矿新增发电机组1台，7月29日实现双机并网运行发电，每年新增发电200余万度，创收140余万元。

截至2022年底，集团公司尚有坦家冲煤矿、嘉禾浦溪井、黄牛岭煤矿三处瓦斯发电站，共安装瓦斯发电机组9台，总装机功率为4800千瓦。

四、节能与改造

集团公司组建以来在淘汰设备、节能技改、矿井供电升压、电力线路整改、排水、压风、提升、乳化泵固定设备变频调速节能等主要方面，加强节能技改。

2006年，湘潭矿业公司对地面空压机率先实施电控系统变频节能改造，通过项目的实施，每月节电8.5万度，推动了集团各单位节能变频改造。

2006年，长沙矿业、金竹山矿业等公司将铅酸蓄电池矿灯更换为LED锂电池矿灯，各矿进班室照明也由白炽灯改为节能灯；井下照明灯由白炽灯更换为节能灯、LED灯。不但改善了劳保条件，减少了环境污染，同时也达到了节约用电的效果。之后，集团各矿井相继推广此项节电举措。

2007年，马田公司先后引进高效节能主通风机8台，其中芝兰冲矿FBCDZ－№19型轴流式通风机2台、BDⅡ－6－№14型轴流式通风机2台，高泉塘、新星矿BDⅡ－6－№16型轴流式通风机各两台；引进FBDY－№6.3/2×22智能局部通风机2套。该项目每年节电42万度。

2007—2011年，资兴实业公司开展以降低燃料成本和降低煤耗为目标的节能降耗攻关活动，针对发电能耗高、煤价高带来燃料成本高的问题，研究实施自挖煤矸石与煤炭配烧，降低了燃煤消耗，带动了其他自备电厂的节能工作。

2008年，牛马司矿业公司水井头、铁箕山两矿井将空压机的循环热水用于职工洗澡，燃煤锅炉全年较改造前减少使用8个月，节约燃煤960吨/年。此项节电措施在全集团得到了普遍推广。

2008年，红卫、白山坪、南阳、街洞、宝源等矿业公司，积极推广乳化液泵站地面集中安装变频控制，降低了设备损耗、减少了电力消耗，解决了设备管理维护困难等难题。带动了全集团使用乳化液泵站的矿井相继使用此项节电技术。

2008年，湘潭矿业公司联合湖北通益电气公司开展提升机自动控制带能量回馈的高压变频调速装置试验成功，节约电能46万度/年，推动了集团公司各矿井提升机变频节能改造。

2009年，周源山煤矿对主井、新副井绞车进行高压变频器调速系统改造。之后，股份公司各矿井也相应进行了提升机变频改造。

2010年，街洞矿业公司与湘潭平安电气公司合作，推广使用国家“十五”科技攻关项目“矿井智能局部通风系统”。安装6台FBDY－№5.6/2×11型矿井智能局部通风机。该系统通过井下传感器、井下分站采集的参数确定供风量，实现按需供风。经测算，该项目每年节电9.7万度，带动各矿井推广应用此局部通风机。

2011年，股份公司下属单位90个泵房全面实现零点班排水，避峰就谷，安装分时电表，经测算，仅此项节电技措，全公司每年节约电费1830.9万元。

2011—2012年，股份公司按照国家已发布的禁止井下煤矿使用的设备目录，重点加速高耗能设备淘汰和节能技改进程。对14个变配电站设备设施进行了升级改造；将原QC系列馈电开关更换为QBZ系列真空馈电开关；高压防爆PB系列开关更换为BGP新型高压防爆开关；用干式变压器替换井下原油浸式变压器；淘汰了国家禁止使用的高、低压开关、电动机等3500台；各类电缆相应更换成新型矿用高压铠装电缆、橡套铠装电缆、阻燃型橡套电缆12万米。经测算，降低供电线路线损、大小变压器铜损，每年节电4690万度。

2012年，街洞矿业公司茶山岭矿井西风井更新FBCDZNo15/2×75节能型主通风机，该主通风机静压效率提高了3%，运行效率达到78%以上。

2013年，马田矿业公司完成供电移交。三个乡镇16797家庭用户和8个乡镇企业的转供用电全面移交电力部门管理，每年电力成本减支1000万元以上。集团公司下属各矿业公司、实业公司都把移交转供电管理作为节电的重要途径，全力推进此项工作。

2013年，白山坪矿业公司龙塘、白山坪两矿在锅炉安装除硫、脱尘装置，改造成了空气能供热系统，实现节能排放，经监测，均为达标排放。带动一批矿井进行锅炉节能环保改造。

2014年，红卫矿业公司开展“双增双节”和修旧利废活动，回收复用材料价值197万元。各煤矿、非煤企业的修旧利废活动各具特色。

2015年，资兴实业矸石发电公司与焦电公司抱团取暖，“两气”互送项目实施成功。焦电公司的焦炉剩余煤气引入煤矸石发电公司锅炉掺烧发电；发电公司蒸汽输送到焦电公司进行燃气发电、粗苯升温。此项节电技措减少了煤气对空排放量，直接创效600万元/年。

2015年，永耒铁路运输公司启动珠矶滩站设备设施提质扩能改造工程项目。工程分为珠矶滩站铁路信号微机联锁系统改造、平面调车系统模拟转数字改造、机车和站场视频监控系统改造三个部分。2016年，永耒公司完成珠矶滩站铁路线路“自动化、信息化、机械化”改造。2017年，湖南省交通运输厅将公司铁路沿线社会道口纳入省“十三五”升级达标改造规划，2019年，完成沿线铁路部分线路的“三化”改造。截至2022年底，公司已完成12个道口的标准化升级改造，均通过省交通运输厅验收，升级达标改造项目设计施工由公司独立完成。

2018年，立达公司顺应煤矿“四化”要求，开发压风机余热回收，水泵、风机、皮带机等无人值守系统，并在集团各矿井推广使用。

2019年，华磊光电增强技术赋能，CPSS新衬底技术、大电流密度结构技术、芯片点注入工艺、DBR新膜系等一系列新技术、新工艺成功导入量产。

2020年11月，白沙电力公司对所属110千伏盐沙变电站实施防误操作改造。项目采用长园共创电力安全技术股份有限公司的FY2000微机防误闭锁操作系统，能够有效避免人为误操作，实现了本质型安全。

2021年，资兴实业公司所属焦电公司通过实施精煤泥回收工艺改造，年创利360万元；在炼焦生产上，实现配煤炼焦煤种由原来的3种拓展到7种，对焦化精煤仓增加空气炮装置，提高配煤准确率，每年多用低价煤种近5000吨，创效150万元。

2021年，资兴实业矸石发电公司通过实施冷渣水余热回收系统技改，将冷渣水余热回收加热泥煤，提高了泥煤的掺烧比例，同时优化了锅炉运行参数，每年可创效180余万元。通过实施锅炉煤气掺烧增氧系统改造，提高了锅炉二次风穿透力，增加炉膛中心的含氧量，炉膛中部燃料燃烧得更加充分，实现了提升锅炉效率和安全运行的目标。

2021年，集团公司下属煤矿安装22套水泵、压风机、主要通风机自动化无人值守系统、20套智能化矿灯管理系统、5套刮板运输机和皮带集中控制系统，提高了各矿井“四化”水平。

2022年，资兴实业矸石发电公司实施引风机提能改造。项目实施后，锅炉满负荷下电机功率减少近 200 千瓦每台，每天节约用电近万度，节约电力成本约 150 万元。

五、智慧矿山建设

2021—2022 年，周源山公司实施智慧矿山建设项目，项目包括调度指挥中心改造、矿井网络升级改造、智慧管控平台建设、智能化综采工作面建设、新增电力控制等子系统、子系统整合完善等六部分。具体内容包括在原有调度楼二楼改造一个大房间作为调度指挥中心，在调度指挥中心设置 LCD 液晶显示大屏，配置相应电脑及操作台，建立一个信息化网络机房，配置千兆、万兆交换机等网络设备，融合服务器等数据存储和处理设备；对网络系统进行改造，在地面建立千兆环网，在井下新建万兆环网；建立智慧矿山管控平台、综合自动化管控平台、三维模拟矿山系统、移动智能终端门户系统（手机 APP），实现主要固定岗位设备自动化控制无人值守；新增综采工作面智能化控制系统、井下电力监控系统、地面皮带运输集控系统、－650 大巷轨道运输监测系统、矿井水文监测系统等自动化控制子系统；完善矿井安全监控系统、井下人员位置监测系统、煤矿广播系统、空压机监控系统、通风机监控系统、主提升监控系统（主井、新副井、老副井）、工业视频监视系统、井下皮带运输集控系统、主排水泵自动控制系统并接入综合自动化管控平台等。项目完成后，周源山矿成为湖南省第一座智慧矿山，主要固定设备以及辅助运输系统实现了远程监控无人值守，设备固定岗位操作人员减少 70%；综采工作面实现智能化控制，采煤工效提高 20%；通过各子系统的远程监测监控、管控平台对数据的分析及预警和手机 APP 的使用，生产管理效率得到了大幅提高；通过建立安全生产相关监测监控系统后，各生产系统运行安全性能得到很大程度提高，矿井防灾减灾救灾能力和生产效率得到“质”的跨越。

第二章　科技交流与服务

第一节　科技组织

湖南省煤炭学会成立于 1978 年，集团公司是湖南省煤炭学会第六届（2002—2009 年）、第七届（2010—2015 年）、第八届（2016—2021 年）理事会的副理事长单位，第九届理事长单位。集团、股份公司下属各矿区安全管理局、原煤公司和非煤企业都是湖南省煤炭学会常务理事或理事单位。湖南省煤炭学会（以下简称“学会”）是以集团公司、股份公司为主体的科技社团组织，是湖南省民政厅行政管理、湖南省科学技术协会业务领导的全省煤炭行业科技社团组织。

集团公司、股份公司各级科技管理委员会或相应的科技组织是湖南省煤炭学会的重要依靠机构和开展学术研究的骨干力量。集团公司、安全管理局、原煤公司、非煤公司等各级领导（以生产技术为主）分别担任湖南省煤炭学会各届理事会副理事长、常务理事、理事等重要职务，每年组织学会会员和企业科技工作者参加学会各项活动，对繁荣全省煤炭学术交流，助推企业技术进步发挥了重大作用。

2002 年 9 月—2009 年 11 月，集团公司担任湖南省煤炭学会第六届理事会副理事长和常务理事有廖建湘、罗瑞峰、赵斌等 7 人。

2007 年，集团公司在中国煤炭学会重新登记获得会员证书的会员总人数 2450 人，其中集团公司科技工作者占 2180 人，占会员总数的 91%。湖南省煤炭学会专家库共有各类技术专家 180 人，其中集团占 160 人，占会员总人数的 89%。

2009 年 10 月—2015 年 10 月，集团公司担任第七届省煤炭学会副理事长、常务理事和理事的工作人员除调离人员外仍同于第六届理事会。

2015 年 10 月—2021 年 10 月，集团公司、股份公司担任第八届理事会副理事长和常务理事有赵斌、刘国泉、王双开、黄友文等 4 人。

2017年，原五省煤炭学术交流会吸收山东省煤炭学会和浙江省煤炭学会，扩大为华东片区七省（湖南、江西、安徽、福建、江苏、山东、浙江）学术交流会，并由中国煤炭学会主办，七省学会轮流承办。

2021年11月，学会进行第九届换届会议（图8-2-1），会员单位46家。廖建湘担任第九届理事会名誉理事长，涂湘明担任第九届理事会理事长、徐东方担任第九届理事会秘书长。

图8-2-1 湖南省煤炭学会第九届代表大会会员代表合影

第二节 学术交流

2006年7月，集团公司作为组委会主要成员单位承办中国煤炭学会、湖南省煤炭学会发起的《全国煤炭科技高层论坛》，两个学会的工作会议与该论坛同时在长沙举行。湖南省委常委、副省长许云昭出席大会并发表了讲话；中国煤炭学会理事长、中国煤炭协会第一副会长濮洪九、中国工程院院士洪伯潜等资深专家作专题学术报告。大会印发由煤炭工业出版社出版的《落实科学发展观推进煤炭新型工业化建设》论文集。大会主席团为2005年先进会员单位和煤炭科技论坛获奖论文作者授奖，颁发证书和学会技术专家证书。集团获奖论文25篇，作者29人，详见表8-2-1。

表8-2-1 2006年集团参加全国多省煤炭学术交流优秀论文获奖一览表

论文题目	作者	作者单位	获奖等级
对湖南煤炭资源勘查开发环境地质问题的浅析与建议	裴庆君等	集团公司、省煤炭学会	一等奖
我省煤炭工业可持续发展与循环经济初探	罗瑞锋	长沙矿业	特别奖
关于矿井瓦斯抽放问题的探讨	包士刚、姜　舒	集团公司、省煤炭学会	一等奖
湖南省防治煤与瓦斯突出工作思路	曾平江、卢益民	集团公司、省煤炭学会	一等奖
对一起特别重大瓦斯事故的技术分析	彭桂剑	资兴矿业	二等奖
构建安全生产长效机制必须坚持以人为本以质量标准化为基础	何建辉	资兴矿业	二等奖
生产技术因素对顶板的影响及措施	李长良	资兴矿业	二等奖
回采工作面疏水开采方法的探讨	雷校德	南阳煤业	二等奖
合理规划采掘部署　完善矿井通风系统	周军越、万兵新	集团公司、省煤炭学会	二等奖
乡镇煤矿变配电设备防雷保护及注意的问题	范　功、伍洪波	集团公司、省煤炭学会	二等奖

表 8-2-1（续）

论　文　题　目	作　者	作 者 单 位	获奖等级
带水压开采技术在辰溪煤矿大坪井田的应用	刘抗明	辰溪矿业	二等奖
国有煤矿改制后安全技术管理的思考	罗　旭	金竹山矿业	二等奖
煤矿安全质量标准化对煤矿安全生产的作用和意义争论	唐宇龙	湘潭矿业	二等奖
入脑、入心、入情、入理	黄仁槐	白沙煤电	二等奖
浅析生产通风系统运行经济的影响因素及对策	欧玉林、邱发亮	湘潭矿业	二等奖
改善矿井生产条件遏制瓦斯事故发生	肖自立	资兴矿业	三等奖
浅谈嘉禾煤矿揭煤过程中的安全技术管理	孙志平、罗忠荣	资兴矿业	三等奖
浅谈嘉禾煤矿浦溪井煤与瓦斯突出的地质因素及防治措施	罗宏刚	资兴矿业	三等奖
浅谈里王庙煤矿突出煤层局部防突措施的优化	齐军文	红卫矿业	三等奖
人本主义与安全管理之浅见	王金星	白沙煤电	三等奖
湖南国有煤矿企业实现可持续发展的思考	颜　华	湘潭矿业	三等奖
浅谈平板型柔性掩护式支架采煤法在急倾斜中厚煤层中的推广	蔡　文	湘潭矿业	三等奖
帷幕注浆直接堵水法的应用实践	陈立明、邱伟奇	湘潭矿业	三等奖
游车法是解决双钩串车多水平提升的有效方法	王琨峰	湘潭矿业	三等奖
运用钻探注水法有效预防急倾斜煤层煤巷掘进地压灾害	黄松青、彭光辉	湘潭矿业	三等奖

2007 年 8 月，集团公司总工程师赵斌组织所属各单位参加了湖南省煤炭工业首届“湖南省煤矿总工程师论坛暨湖南省煤炭学会学术年会”。集团公司科技工作者从科学发展与改革创新、安全监管与事故预防、瓦斯抽采与集中整治、煤炭采掘与通风安全、煤矿装备与技术进步、科技管理与职工培训、煤田地质与基本建设、综合利用与环境保护等不同角度分析了煤炭工业实践中的难点、热点问题，提出解决这些问题的思路、办法与措施，为煤炭工业安全健康发展献计献策。

集团公司科技工作者在大会受表彰论文共计 32 篇，详见表 8-2-2。

表 8-2-2　2007 年集团公司参加“湖南省煤矿总工程师论坛暨湖南省煤炭学会年会”优秀论文获奖一览表

科技（学术）论文（专著）题目	作者	所在单位	发表时间及刊物（会议）	获奖情况
白沙煤电集团诸突出矿井防治煤与瓦斯突出技术现状及其展望	刘国泉 龙秋根	白沙煤电	2007 年《湖南省煤炭学会年会论文集》	一等奖
瓦斯抽放技术在蛇形山煤矿的实践	李西京	涟邵矿业	2007 年《湖南省煤炭学会年会论文集》	一等奖
采场顶板活动规律及其分类	赵正稳	长沙矿业集团	2007 年《湖南省煤炭学会年会论文集》	一等奖
煤炭企业公司化改革初探	陈锡辉	湘潭矿业	2007 年《湖南省煤炭学会年会论文集》	二等奖
复杂地质条件下薄煤层开采应注意的几个问题	刘抗明	辰溪矿业	2007 年《湖南省煤炭学会年会论文集》	二等奖
论煤炭企业核心能力的培育	孔富根	长沙矿业	2007 年《湖南省煤炭学会年会论文集》	二等奖
探讨煤矿安全事故责任划分方法	彭桂剑	集团公司	2007 年《湖南省煤炭学会年会论文集》	二等奖

表8-2-2（续）

科技（学术）论文（专著）题目	作者	所在单位	发表时间及刊物（会议）	获奖情况
废氨水烟气脱硫技术应用的探究	雷建日 曹普旺 彭静安 李灵周	资兴矿业	2007年《湖南省煤炭学会年会论文集》	二等奖
低透气性突出煤层采煤工作面防突实验和效果	彭双良	红卫煤业	2007年《湖南省煤炭学会年会论文集》	二等奖
浅谈企业如何进行有效整合	王金星	集团公司	2007年《湖南省煤炭学会年会论文集》	二等奖
矿井自然风压利用的实践	唐建华	长沙矿业	2007年《湖南省煤炭学会年会论文集》	二等奖
变频调速装置在煤矿地面空压机上的应用	冯　坚	湘潭矿业	2007年《湖南省煤炭学会年会论文集》	二等奖
论带压开采在大坪矿井之实践	龙建军	辰溪煤矿	2007年《湖南省煤炭学会年会论文集》	二等奖
用循环经济促进煤炭工业废物资源化的探讨	雷建日 曹普旺 彭静安	资兴矿业集团	2007年《湖南省煤炭学会年会论文集》	二等奖
安全发展是科学发展的本质要求——浅谈安全生产中的“和谐”	黄仁槐	白沙煤电	2007年《湖南省煤炭学会年会论文集》	三等奖
虹吸技术在矿井抢险救灾排水中的应用	陈永升	湘潭矿业	2007年《湖南省煤炭学会年会论文集》	三等奖
关于蒋家坪矿井回采工作面高产高效的方法	曾石生	辰溪矿业	2007年《湖南省煤炭学会年会论文集》	三等奖
提高煤炭职工队伍素质途径的探讨	宋齐国	湘永矿业	2007年《湖南省煤炭学会年会论文集》	三等奖
加强技术管理工作，推动煤炭行业的健康发展	冯责制	湘潭矿业	2007年《湖南省煤炭学会年会论文集》	三等奖
双重联锁挡车栏在斜井提升中的运用	赵剑雄	湘潭矿业	2007年《湖南省煤炭学会年会论文集》	三等奖
矿井无人值守小泵房自动排水装置	冯　坚	湘潭矿业	2007年《湖南省煤炭学会年会论文集》	三等奖
沿空留巷在辰溪煤矿矿井中的应用	梁　霖	辰溪煤矿	2007年《湖南省煤炭学会年会论文集》	三等奖
浅谈我省煤矿企业煤炭生产许可证专家审查制度	张江柳	辰溪煤矿	2007年《湖南省煤炭学会年会论文集》	三等奖
企业应铸造政工精品品牌	彭永湘	白沙能源	2007年《湖南省煤炭学会年会论文集》	三等奖

表8-2-2（续）

科技（学术）论文（专著）题目	作者	所在单位	发表时间及刊物（会议）	获奖情况
高突小煤矿的采区布置方案	肖自立 李红星	资兴矿业	2007年《湖南省煤炭学会年会论文集》	鼓励奖
极不稳定突出煤层的开采——单引巷水平分层采煤法浅析	刘清才 许文军	街洞矿业	2007年《湖南省煤炭学会年会论文集》	鼓励奖
防爆液压提升机在煤矿井下的应用	叶贵平	湘潭矿业	2007年《湖南省煤炭学会年会论文集》	鼓励奖
企业创新的源动力的思考	任均云	宝源煤业	2007年《湖南省煤炭学会年会论文集》	鼓励奖
长沙矿业集团五亩冲煤矿工业广场山体滑坡原因分析及综合治理研究	赵正稳	长沙矿业	2007年《湖南省煤炭学会年会论文集》	鼓励奖
煤矿基层安全监管有效方式初探	石兴华	周源山煤矿	2007年《湖南省煤炭学会年会论文集》	鼓励奖

2008年12月21日，集团公司第一次科技大会在长沙召开。会议由党委书记、副董事长欧资源主持，总工程师赵斌作工作报告。周源山矿等6个单位介绍科技进步经验。大会对集团科技工作者30篇优秀科技论文进行了表彰，详见表8-2-3。

表8-2-3 集团公司2008年科技大会优秀论文获奖一览表

论 文 题 目	作 者	评定等级
延期性煤与瓦斯突出及其防治措施浅析	赵 斌	一等奖
白沙矿区诸突出矿井防治煤与瓦斯突出技术现状与展望	龙秋根、刘国泉	一等奖
深部软岩巷道锚注联合支护围岩承载机理分析	李永友	一等奖
扩孔卸压抽放在低透气性煤层石门揭煤中的运用	杨光军	一等奖
以人为本的煤矿人力资源建设研究	吴正水、谢东海	一等奖
关于爱和山煤矿急倾斜煤层水平分层条带式采煤方法采空区瓦斯治理的研究	罗冬吉	二等奖
控制爆破技术在井下中央泵房基础改造中的应用	余学云	二等奖
白沙矿区煤矿瓦斯爆炸事故的统计分析及其防治对策	刘清才	二等奖
四种处理上隅角瓦斯超限方法的实践应用	肖早芹	二等奖
复杂积水区下煤层的开采与治理	谢会生	二等奖
荆草坪井田构造分布规律的分析及预测	黄华勇	二等奖
湖南省耒阳市白山坪煤矿岩溶裂隙水害治理	刘北虎	二等奖
任意观测站设站方法及其参数求取探讨	杨广军、蒋满清、周俭保	二等奖
建筑物下采煤技术在蛇形山矿的实践	王福全、陈海荣	二等奖
水平分层采煤法在高突易自燃急倾斜厚煤层中的应用	黄惠中	二等奖
极不稳定突出煤层的开采——单引巷水平分层采煤法浅析	刘清才、许文军	三等奖
浅析变电所停电事故的原因及预防措施	滕 彪	三等奖
废氨水烟气脱硫技术应用的探究	雷建日、彭静安	三等奖
白沙矿区煤矿瓦斯抽采工作的现状及其展望	周才标	三等奖
湿法烟气脱硫应用中的几个问题探讨	彭静安、曹明庚、雷建日	三等奖
优化设计，合理布置工程是防治桐子山煤矿煤层自然发火的关键	胡耀明	三等奖

表8-2-3（续）

论文题目	作者	评定等级
低透气性突出煤层采煤工作面防突试验和效果	彭双良	三等奖
国有煤矿工程技术人员在安全生产中的作用	冯责制	三等奖
联合支护技术在破碎软弱围岩巷道维护中的应用	李达军	三等奖
蛇形山矿瓦斯抽放与综合利用	刘光前等	三等奖
锚杆注浆联合支护大断面煤仓硐室围岩稳定性研究	张华伟、彭文庆	三等奖
光爆锚网喷支护技术在金竹山实业公司的应用	黄有文、邱建华	三等奖
采场顶板活动规律及其分类	赵正稳	三等奖
论企业全面成本控制	刘东红	三等奖
“中性点”法测量电容电流的可行性与应用	贺正喜	三等奖

2009年12月26日，中国煤炭学会组织以中国工程院院士彭苏萍教授为组长，中国煤炭学会常务副理事长胡省三教授高工、国家煤田地质总局副总工程师王佟教授高工和湖南省煤田地质总局总工程师彭正奇教授高工、集团总工程师赵斌教授高工等共11名资深专家组成的专家组对“湖南省郴耒煤田街洞矿区找煤研究”项目进行鉴定。

2009年，集团公司承办了学会《学习和实践科学发展观》湖南煤炭科技高峰论坛学术交流活动。集团公司科技人员在大会受表彰论文共计29篇，见表8-2-4。

表8-2-4 2009年集团公司参加“学习和实践科学发展观湖南煤炭科技高峰论坛”论文获奖一览表

科技（学术）论文（专著）题目	作者	发表时间及刊物（会议）	获奖情况
关于湖南省郴耒煤田街洞矿区找煤研究与实践	周才标刘清才等4人	2009年《湖南煤炭科技高峰论坛文集》	特等奖
瓦斯抽采是坦家冲煤矿治理瓦斯灾害的根本途径	雷秀明 彭绍明	2009年《湖南煤炭科技高峰论坛文集》	一等奖
“急倾斜煤层采煤方法”技术研究与实践	刘文斯	2009年《湖南煤炭科技高峰论坛文集》	一等奖
急倾斜不稳定煤层条带采煤法瓦斯充分卸压范围的确定	谢会生	2009年《湖南煤炭科技高峰论坛文集》	一等奖
锚注法在软岩巷道中的应用	何文飞	2009年《湖南煤炭科技高峰论坛文集》	一等奖
锚杆注浆联合支护大断面煤仓硐室围岩稳定性研究	张华伟 彭文庆	2009年《湖南煤炭科技高峰论坛文集》	一等奖
放煤巷道稳定性分类的距离判别方法及应用	马孝富 谢东海	2009年《湖南煤炭科技高峰论坛文集》	一等奖
采用干簧管传感的斜井串车提升自动防跑车装置的设计与应用	刘安明	2009年《湖南煤炭科技高峰论坛文集》	一等奖
湿法烟气脱硫中的几个问题探讨	彭静安 雷建日	2009年《湖南煤炭科技高峰论坛文集》	二等奖
关于多边形工字钢柔性掩护支架伪倾斜走向长壁式采煤法在谭家山矿区的应用	龙　凤	2009年《湖南煤炭科技高峰论坛文集》	二等奖
大水矿井巷道掘进预注浆技术应用	夏定华 郭志伟	2009年《湖南煤炭科技高峰论坛文集》	二等奖
复杂积水区下煤层的开采与治理	谢会生	2009年《湖南煤炭科技高峰论坛文集》	二等奖
大坪矿井突水特征与防治对策	张江柳	2009年《湖南煤炭科技高峰论坛文集》	二等奖

表8-2-4（续）

科技（学术）论文（专著）题目	作者	发表时间及刊物（会议）	获奖情况
塘冲矿灰岩水对生产的影响与对策	马孝富	2009年《湖南煤炭科技高峰论坛文集》	二等奖
关于矿井探泥（探水）方法的应用与效果	邓志方	2009年《湖南煤炭科技高峰论坛文集》	二等奖
水力挤出在突出煤层煤巷应用分析	何文飞	2009年《湖南煤炭科技高峰论坛文集》	二等奖
块式开采在铁路桥梁下采煤的应用	宁秋良	2009年《湖南煤炭科技高峰论坛文集》	二等奖
电煤钻漏电引起低压干线跳闸原因的探讨	姜良亮	2009年《湖南煤炭科技高峰论坛文集》	三等奖
强化矿区安全管理之我见	唐鸿志	2009年《湖南煤炭科技高峰论坛文集》	三等奖
土朱矿煤与瓦斯突出特征及防治技术研究	欧阳红承 曾维平	2009年《湖南煤炭科技高峰论坛文集》	三等奖
浅析矿井采煤工作面冒顶事故的预防措施	龙　凤	2009年《湖南煤炭科技高峰论坛文集》	三等奖
论煤炭企业精细化管理的主要途径与方法	石兴华	2009年《湖南煤炭科技高峰论坛文集》	三等奖
光面爆破在湘矿集团四矿井巷掘进中的应用	刘见友	2009年《湖南煤炭科技高峰论坛文集》	三等奖
煤矿水害的防治	龙正松	2009年《湖南煤炭科技高峰论坛文集》	荣誉奖
浅谈煤矿特种作业人员安全技术培训	冯责制	2009年《湖南煤炭科技高峰论坛文集》	荣誉奖
真空引水罐在矿井小泵房自动排水中的设计与应用	姜良亮	2009年《湖南煤炭科技高峰论坛文集》	荣誉奖
锚、网、喷支护在大跨度巷道中的安全应用	彭冬辉	2009年《湖南煤炭科技高峰论坛文集》	荣誉奖
试探企业安全文化建设的途径	陈茂春	2009年《湖南煤炭科技高峰论坛文集》	荣誉奖

2010年，集团公司作为组委会主要成员单位组织参加了“2010年全国九省市煤炭学会学术交流暨湖南省煤炭科技论坛”。集团公司科技工作者入选本次科技论坛发表于中国核心期刊《采矿技术》论文19篇。详见表8-2-5。

表8-2-5 2010年集团公司在“多省市煤炭学会学术交流暨湖南省煤炭科技论坛”入选论文一览表

科技（学术）论文（专著）题目	作者	所在单位	发表时间及刊物（会议）
关于嘉禾公司浦溪矿井瓦斯综合治理研究	胡耀明	资兴管理局	2010年《采矿技术》
土朱煤矿突出煤层上保护层开采效果研究	欧阳红承	金竹山矿业	2010年《采矿技术》
下保护层工作面高位钻孔抽采瓦斯技术研究	马孝富 尹红球 刘光前	洪山殿矿业	2010年《采矿技术》
凝胶阻化技术在采空区火灾治理中的应用	余学云 王先军 朱卓慧	唐洞煤炭	2010年《采矿技术》
伪斜多边型金属掩护支架采煤方法在急倾斜煤层中的应用	左少云	湘潭矿业	2010年《采矿技术》
关于煤矿企业安全文化的积极探索	邓建平	湘永矿业	2010年《采矿技术》
周源山煤矿22110综采工作面液压支架选型设计	刘文斯	周源山煤矿	2010年《采矿技术》
注浆加固技术在极软岩巷道支护中的应用	王正才	牛马司矿业	2010年《采矿技术》
高压变频器在煤矿提升系统的应用	胡伟成	马田矿业	2010年《采矿技术》
芝兰冲矿煤巷工作面快速掘进技术的试验探索	罗　勇	马田矿业	2010年《采矿技术》
走向长壁采煤法在急倾斜煤层中的应用	刘文斯	周源山煤矿	2010年《采矿技术》
特大型突出煤矿瓦斯抽采利用安全生产	雷秀明 孙锦路	红卫矿业	2010年《采矿技术》
白沙矿区突出矿井工作面突出与地质因素的关系及其应用	蒋冠雄	白山坪矿业	2010年《采矿技术》

表 8-2-5（续）

科技（学术）论文（专著）题目	作　者	所在单位	发表时间及刊物（会议）
采煤沉陷的岩层控制与生态修复景观设计	石兴华 石富源	周源山煤矿	2010 年《采矿技术》
芝兰冲煤矿煤层注水防尘效果分析	邝良学	马田矿业	2010 年《采矿技术》
高压水射流切缝技术在低透气性突出煤层抽采瓦斯中的应用	吴正水 谢东海 胡和峰	股份公司	2010 年《采矿技术》
坦家冲煤矿 216—113 m 南石门揭煤过程中安全技术管理	李靖华 郭远飞	红卫矿业	2010 年《采矿技术》
浅谈矿井深部开采回采巷道的合理布置	郑志军	牛马司矿业	2010 年《采矿技术》
可燃冰和煤与瓦斯突出的关系——兼论煤与瓦斯突出机理	刘国泉 卢益民	白沙管理局	2010 年《采矿技术》

2011 年，集团公司组织隶属各单位科技工作者组团赴江苏参加多省煤炭学会学术论文交流，并在中国核心期刊《能源技术与管理》发表了 12 篇学术论文，详见表 8-2-6。

表 8-2-6　2011 年集团参与江苏省煤炭学会主办的多省学术论文交流获奖一览表

科技（学术）论文（专著）题目	作者	所在单位	发表时间及刊物（会议）	获奖情况
双液高压注浆技术在断层止水工程中的应用	刘文斯 袁宗辉	周源山煤矿	2011 年《能源技术与管理》	二等奖
张开式伪倾斜掩护支架的探讨	左少云	湘潭矿业	2011 年《能源技术与管理》	二等奖
周源山煤矿水害风险评价及其防治对策	袁宗辉	周源山煤矿	2011 年《能源技术与管理》	二等奖
白沙矿区 35 kV 供电网络直流融冰技术分析与研究	王祖建	白沙管理局	2011 年《能源技术与管理》	三等奖
刚性帷幕注浆止水固化技术在湘潭二矿的应用	冯责制	湘潭矿业	2011 年《能源技术与管理》	三等奖
浅谈焦化企业技术转型的途径与方法	柏玉华	资兴焦电	2011 年《能源技术与管理》	三等奖
煤矿井下保护接地常见问题及对策	李小明	涟邵管理局	2011 年《能源技术与管理》	三等奖
利用综采技术提高生产矿井产能的探索与试验	刘文斯	周源山煤矿	2011 年《能源技术与管理》	三等奖
浅析在复杂条件下“三下”压煤开采方案的选择	刘文斯	周源山煤矿	2011 年《能源技术与管理》	三等奖
浅谈新时期如何加强煤矿机电管理工作	姜良亮	湘潭矿业	2011 年《能源技术与管理》	荣誉奖
分析急倾斜采煤法煤层注水	曾文彬	湘潭矿业	2011 年《能源技术与管理》	荣誉奖
矿井水害防治工作探讨	袁宗辉	周源山煤矿	2011 年《能源技术与管理》	荣誉奖

2012 年，集团公司组织所属各单位科技工作者组团赴福建参加多省煤炭学术论文交流活动，并在该省的中国核心期刊《能源与环境》发表了 8 篇学术论文，详见表 8-2-7。

表 8-2-7　2012 年集团参与江苏省煤炭学会主办的多省学术论文交流获奖一览表

科技（学术）论文（专著）题目	作　者	所在单位	发表时间及刊物(会议)
“七融入”促进企业安全文化建设	柏玉华	资兴焦电	2012 年《能源与环境》
煤炭坝矿区复杂地质条件下突水机理分析	胡长乐	长沙矿业	2012 年《能源与环境》
周源山煤矿综采面矿压规律与支架支护性能分析	刘文斯 徐燕飞	周源山煤矿	2012 年《能源与环境》

表 8-2-7（续）

科技（学术）论文（专著）题目	作 者	所在单位	发表时间及刊物(会议)
浅谈煤炭坝矿区竹山塘煤矿-170 m 水平东大巷注浆过流沙层	龙 凤	湘潭矿业	2012 年《能源与环境》
某矿山排土场边坡稳定性分析及其环境地质治理	王作成	楚湘建工	2012 年《能源与环境》
安陵矿区构造特征及其对煤层的影响	刘春阳	湘永矿业	2012 年《能源与环境》
节理化软岩大断面巷道锚网索支护技术应用实践	彭小跃	周源山煤矿	2012 年《能源与环境》
影响白沙向斜煤田煤矿抽采瓦斯浓度因素的讨论及其提高抽采瓦斯浓度的途径	许长清	红卫矿业	2012 年《能源与环境》

2012 年，股份公司总工程师赵斌和副总经理汤士杰出席中国煤炭机械工业协会在长沙举办的“2012 年全国煤矿辅助运输（绳牵引）装备技术座谈会”，并组织了大会学术交流。集团公司科技工作者获得中国煤炭机械工业协会授奖的论文 4 篇，详见表 8-2-8。

表 8-2-8 2012 年集团科技工作者在全国煤矿辅助运输（绳牵引）装备技术座谈会获奖论文一览表

科技（学术）论文（专著）题目	作 者	所在单位	发表时间及刊物（会议）	获奖情况
煤矿现场架空乘人装置若干问题和发展方向的探讨	姜 舒 姜良亮	煤炭学会 湘潭矿业	2012 年《全国煤矿辅助运输（绳牵引）论文集》	特等奖
新型自动脱挂式抱索装置应用与矿山架空乘人装置的探讨	姜良亮	湘潭矿业	2012 年《全国煤矿辅助运输（绳牵引）论文集》	一等奖
井下架空索道客车概念及其关键技术初探	柏玉华	资兴实业	2012 年《全国煤矿辅助运输（绳牵引）论文集》	二等奖
浅谈创新流程在架空乘人装置制造装配线的应用	曹 健	南阳煤业	2012 年《全国煤矿辅助运输（绳牵引）论文集》	三等奖

2012 年 12 月，中国煤炭学会举办成立 50 周年庆祝大会，学会组织者姜舒同志在参与“召回技术老兵，协助湖南煤炭局面向全省煤矿，无偿开展技术服务，遏制事故，提高整体素质”活动中成绩突出，荣获中国煤炭学会贡献奖。

2013 年，集团公司所属湘潭矿业公司承办的“2013 年湖南煤炭科学技术学术交流会”在湘潭召开。湘潭矿业总工程师唐宇龙在大会上现场交流了新型摇臂式横向滚筒采煤机的研发与试验。

2013—2014 年，集团公司共有 20 篇论文刊登在《闽赣皖湘苏五省煤炭学会论文集》，详见表 8-2-9。

表 8-2-9 2013—2014 年集团在多省煤炭学会学术交流会论文入选一览表

科技（学术）论文（专著）题目	作 者	所在单位	发表时间及刊物（会议）
论湖南煤矿的综掘之路	田 赞	集团公司	2013 年《闽赣皖湘苏五省论文集》
煤炭加工企业循环经济发展的探索与实践	蒋 雯 柏玉华	集团公司	2013 年《闽赣皖湘苏五省论文集》
俯采式采煤机在伪倾斜柔性金属掩护支架下设计应用的可行性研究	姜良亮	湘潭矿业	2013 年《闽赣皖湘苏五省论文集》
部分瓦斯抽采钻孔流量为零的原因分析及改进措施	刘 权	集团公司	2013 年《闽赣皖湘苏五省论文集》
浅谈影响瓦斯抽采效果的因素及其改进措施	龙州进	集团公司	2013 年《闽赣皖湘苏五省论文集》
利用纵向风幛处理回采工作面上隅角瓦斯积聚	刘晓明	兴源矿业	2013 年《闽赣皖湘苏五省论文集》
浅淡石门揭煤的步骤、措施及安全技术管理	刘晓明	兴源矿业	2013 年《闽赣皖湘苏五省论文集》
浅谈正倾斜掩护支架采煤方法在湘潭四矿的应用	言新军	湘潭矿业	2013 年《闽赣皖湘苏五省论文集》

表8-2-9（续）

科技（学术）论文（专著）题目	作 者	所在单位	发表时间及刊物（会议）
煤矿石门过煤门控顶防突技术	王建湘	金竹山矿业	2013年《闽赣皖湘苏五省论文集》
浅析湘潭矿业煤层“抽心”的现象与防治	洪 涛	湘潭矿业	2013年《闽赣皖湘苏五省论文集》
浅论反井钻机在湘潭三矿的应用	曾文彬	湘潭矿业	2013年《闽赣皖湘苏五省论文集》
浅析煤矿瓦斯综合治理十六字工作体系	曾文彬	湘潭矿业	2013年《闽赣皖湘苏五省论文集》
探讨湘潭三矿避难硐室建设的必要性	曾文彬	湘潭矿业	2013年《闽赣皖湘苏五省论文集》
周源山煤矿矿井水开发与综合利用	刘文斯	周源山矿	2013年《闽赣皖湘苏五省论文集》
周源山煤矿深井降温技术研究与实践	刘文斯	周源山矿	2013年《闽赣皖湘苏五省论文集》
CMZY1-70/12型钻装一体机的工业性试验及其应用	刘春阳	湘永矿业	2013年《闽赣皖湘苏五省论文集》
贯通测量误差预计在矿山测量中的应用	成建锋	长沙矿业	2013年《闽赣皖湘苏五省论文集》
湖南煤炭坝西峰仑煤矿溶洞的形成机理及其处治技术	陈天浩	长沙矿业	2013年《闽赣皖湘苏五省论文集》
西峰仑煤矿5328回采工作面综合防火技术浅析	刘振坤	长沙矿业	2013年《闽赣皖湘苏五省论文集》
岩巷过断层破碎带联合支护技术的应用	彭 荣 彭斌武	长沙矿业	2013年《闽赣皖湘苏五省论文集》

2015年，集团公司组织所属各单位科技工作者在长沙参加多省煤炭学术论文交流活动，并在中国核心期刊《采矿技术》中发表了6篇学术论文，详见表8-2-10。

表8-2-10 2015年集团参与湖南省煤炭学会主办的多省学术论文交流获奖一览表

科技（学术）论文（专著）题目	作 者	所在单位	发表时间及刊物（会议）
塘冲煤矿地质构造对瓦斯赋存规律的影响	李曙光	金竹山矿业	2015年《采矿技术》
近水平极薄煤层开采技术探索	胡瑞连	兴源矿业	2015年《采矿技术》
煤矿现场架空乘人装置若干问题和发展方向的研讨	姜 舒 姜良亮	湘潭矿业	2015年《采矿技术》
浅析湘潭公司四矿急倾斜煤层群上行顺序开采	刘见友	湘潭矿业	2015年《采矿技术》
煤矿空压机余热利用加空气能机组组合取代传统燃煤锅炉热水可行性探究	何积厚	贵州湘能	2015年《采矿技术》
挂耳抽放防突技术在石门揭煤局部防突措施中的应用	叶 斌	马田矿业	2015年《采矿技术》

2016年11月29日，集团公司第二次科技工作大会在长沙召开。会议由集团公司党委书记罗瑞锋主持，集团党委委员、副总经理张小雁作主题报告，集团公司、股份公司董事长廖建湘出席会议并讲话。讲话强调：要进一步提高思想认识，切实增强加快科技创新、实施创新驱动的责任感和紧迫感；要着力构建开放式技术创新体系，打造创新型人才队伍；要切实加强对科技创新工作的组织领导，着力构建充满活力的科技创新管理和运行机制。

2020年11月10—12日，鲁湘苏闽皖赣浙七省煤炭学会联合学术交流会在山东枣庄开元凤鸣山庄召开，集团湘永矿业公司副总工程师刘春阳参加会议并向大会提交了论文《高应力软岩巷道锚杆支护参数优化》。

2021年12月23—24日，学会承办的湘赣皖闽苏鲁浙七省煤炭学会联合学术交流会，在湖南省韶山市韶山宾馆举行，集团董事长廖建湘出席会议并致贺词。七省学术交流，加强了横向交流，促进了区域合作；拓展了交流渠道，提高了交流效果。这种多省联合举办的区域性学术活动，有利于学术成果共享，达到相互借鉴、共同提高的目的，对于促进区域煤炭科技创新和煤炭工业可持续发展起到积极的推进作用。

2021年12月30日，集团公司党委书记、董事长、学会名誉理事长廖建湘会见大唐华银电力公司党委书记、董事长贺子波一行。双方就智慧矿山建设、煤炭贸易平台建设等多个领域进行了深入探讨和交流。

2021 年 12 月 30 日，集团公司党委书记、董事长、学会名誉理事长廖建湘会见重庆钢铁股份公司党委副书记、总裁谢志雄，副总裁陈贺宏一行。双方就新能源开发、节能减排、清洁能源技术等多个领域进行探讨和交流。

2022 年 7 月，学会参与了省科协组织的“两优一先”表彰大会，会上，杨静荣获了“优秀共产党员”称号。8 月，学会朱文卿荣获中煤学会“2022 最美煤炭科技工作者”称号。

2022 年 12 月 7 日，中电数科科技有限公司副总经理、长沙市 5G 产业促进会副会长兼秘书长曾伟和有关专家到立达股份进行技术合作交流。双方围绕 5G + 智慧矿山项目召开了座谈会，对各自的优势和所面临的瓶颈进行了沟通交流。通过交流，一致认为双方具有资源互补、强强联合的合作优势，下一步将共同推进 5G、矿山云、工业互联网、智能制造、自主创新等领域技术协同攻关，为煤矿智能化建设提供先进技术与装备。立达股份将联合岳麓山数字应用技术研究院、长沙市 5G 产业促进会，对 5G 独立核心网、采矿设备智能网联、人工智能大数据等技术实现装备智能化，使矿山、矿井作业逐步实现运输、开采面、掘进面、危险场所、大型设备等环节和场景的无人化作业，依托数字化技术改造工业环境，提升运行效能，实现智慧采矿和智慧管控。立达公司党委副书记、副总经理李新良、立达研究院、智慧矿山事业部负责人和有关技术部门负责人参加了座谈。

第三节　科 技 服 务

一、安全督导

2002 年起，省煤炭学会受湖南省煤炭工业局委托开展煤矿瓦斯集中整治、矿井地面瓦斯抽采、矿井水患治理、机电运输会战等现场安全专项整治技术服务。煤炭学会成立由集团科技专家（包括退休人员）组成的专家组，先后实施科技专家技术服务、安全监管服务、安全特派员、瓦斯集中整治督导等工作。

2002—2006 年，针对全省小煤矿地质条件复杂、矿井规模小、装备条件差、抗风险能力差，矿井专业技术人员严重匮乏、技术管理极为薄弱的状况，省煤炭学会组织专家组对煤矿免费开展“送政策、送技术、送管理、技术服务促安全”技术服务活动。专家组由集团前身三矿务局资深专家卢益民等 45 名专家组成，其中卢益民、包士刚、张善为正副组长。仅在娄底市 5 个县（市、区）120 对灾害严重矿井便查出安全隐患 1810 条，协助煤矿整改安全隐患 1120 条，共编制 196 个煤矿的安全整治方案和安全生产规章制度并协助整改，使小煤矿事故多发的局面得到了有效遏制。

2005—2008 年，10 名集团退休专家接受湖南省政府、省煤炭工业局聘任，以“煤矿安全督导员”身份开展省属煤矿瓦斯集中整治督导工作，促进了省属国有煤矿安全素质整体提升。包士刚、张善、孙子英、刘喜才、刘镇丰等 5 名督导员，被省煤炭局授予“优秀督导员”称号，姜舒被评为“湖南省煤炭工业劳动模范”。

2006 年 4 月 5 日，新华社《国内动态清样》第 959 期专门报道了专家组所做的现场技术服务工作事迹“湖南省煤炭工业局依托煤炭学会起用‘老兵’，缓解煤矿安全生产技术人员短缺矛盾，通过安全监管、治病防灾、遏制事故与生产同步增长的危险势头”，引起时任国务委员、国务院秘书长华建敏的关注和批示，国家安全生产监督管理总局局长李毅中和矿山安全监察局局长赵铁锤也分别批示“请煤监局注意湖南经验，可提倡推广”“湖南的做法很有实效性……请组织调研组对湖南进行调研，并提出推广措施”。

2009—2015 年，专家组在湖南省煤炭工业局的组织下开展独立调研。专家组围绕煤矿安全整治，淘汰落后生产能力和煤炭行业体制改革，加强安全生产，推进煤矿安全治本措施和煤炭工业的良性经济循环与可持续发展等课题开展调研，先后完成了 8 个调研报告：《湖南省煤矿安全生产专题调研报告》《湖南省煤炭工业经济运行情况报告》《关于淘汰落后生产能力及实现管理强矿的对策研究》《湖南煤矿瓦斯治本措施研究》《关于深化小煤矿整顿关闭严格准入对策研究》《煤矿全员培训特别是农民工培训的现状及政策措施的研究》《国有大矿整合、兼并、收购小煤矿的机制及配套政策建议》《湖南省煤矿安全生产问题调研报告》，得到了湖南省政府和国家煤监局的肯定。

二、培训

2003—2010 年，学会组织集团科技专家、原三局三矿资深专家先后编撰了 11 类煤矿职工培训教材和 8 部专著。这些书目和培训教材已成为湖南煤矿现场员工培训实用教材与相关专业的工具书以及政府煤炭管理部门工作的参考书。

2010—2012 年，集团专家组与娄底、邵阳、郴州市煤炭局等共同承办湖南省煤炭局与省煤炭学会组织的“全省煤矿瓦斯抽采技术现场培训研修班”和“全省煤矿瓦斯抽采技术师资格培训班”。先后组织瓦斯抽采资深专家 30 余人，分别在股份公司洪山殿矿业蛇形山煤矿、红卫矿业坦家冲煤矿开展现场瓦斯抽采方法观摩、液压钻机操作演示、封孔工艺实习和课堂教学互动活动等，成功举办了 11 期培训研修班。来自全省煤与瓦斯突出矿井生产一线的瓦斯治理人员、现场抽采瓦斯人员共 700 余人参加了这一以讲授操作和现场管理为主的教学练兵培训活动。

2019 年 5 月 20 日，湖南省应急管理厅根据《关于进一步淘汰落后小煤矿促进煤炭行业安全高质量发展的意见》精神，委托煤炭学会开展风险评估工作。学会邀请郴州、株洲、衡阳、娄底等应急管理局，永兴、宜章、嘉禾等产煤集中的县级应急管理局，各县代表煤矿等共 60 余家单位和企业，在煤科院有限公司四楼会议室共同对该意见进行调研讨论，为湖南省煤炭事业的发展献计献策。

2021 年 9 月 3 日，煤炭学会邀请河南理工大学国家著名瓦斯灾害防治专家王兆丰教授作《瓦斯抽采达标评价与高效抽采达标》的科普讲座；邀请河北煤炭科学研究院有限公司、国家著名水害防治专家曾健勇教授级高工作《煤矿老空水害防治》的科普讲座。参加科普讲座学员 90 余人，学员聚精会神，积极互动，现场讨论激烈，学习氛围浓厚。

2021 年 9 月 9 日，学会专家徐东方博士在湘煤培训中心为广大一线科技工作者，进行培训讲座，参会人员 100 余人。

2022 年 3 月 10 日，学会秘书长徐东方到株洲市开展双重预防机制建设专题授课，株洲市下辖 7 个区县应急管理局管理人员、全市非煤矿山企业主要负责人共 127 人参加培训。

2022 年 6 月 18 日，学会黄友金同志为云南省师宗县煤炭企业做瓦斯抽采工作培训。煤炭一线技术和安全人员共 40 余人参加了培训。

三、技术服务

2016—2022 年，协会成员下属单位永耒铁路运输公司在巩固运输主业的同时，积极利用公司的资质、技术和人员向外提供技术服务。通过拓展铁建、机修和铁路专用线运维业务，先后承接大唐耒阳发电厂、湖南华电长沙发电有限公司、国家能源集团湖南公司永州电厂、华菱安赛乐米塔尔汽车板有限公司、大唐华银攸县能源有限公司、大唐湘潭发电有限责任公司、集团公司煤炭储配基地等铁路专用线运营维护服务业务。2022 年，公司对外服务业务收入达 3339 万元。

2021 年，学会会同瓦斯中心人员完成集团公司所属马田矿业公司、兴源矿业公司、白山坪矿业公司、红卫矿业公司、宝源矿业公司等所属 23 个煤矿及省内其他 10 个煤矿的水害普查治理现场勘察和资料收集工作。完成云南湾田矿业公司穿层钻孔的施工与前期数据考察。完成湘永公司铜角湾煤矿瓦斯参数测试现场主要工作、里王庙煤矿瓦斯参数补测工作，以及新化胜利煤矿、湾田欣欣煤矿的通风阻力测定项目，为集团原煤公司和矿井做好服务工作。得到了原煤公司的一致好评。

2022 年，学会会员单位瓦斯中心完成了股份公司 15 家原煤公司和 29 对矿井隐蔽致灾因素普查和规划编制报告的全部工作，完成了集团公司所属 29 对矿井物探工作，编制了物探成果报告及图纸，协助股份公司完成《矿山安全法（2022 修订稿）》修订会审工作。

第三章 信 息 化

第一节 管理机构

2006年11月，集团印发《湖南省煤业集团有限公司网站管理办法》，规定集团办公室负责统一领导、组织和协调OA系统的规划、开发实施及应用推广工作。集团总部各部（室）明确一名兼职信息员；各子分公司分级设置信息员管理岗位，并视工作量情况配备一名专职或兼职信息管理员，报集团公司信息化实施办公室备案。

2009年，集团成立信息化建设领导小组。集团主要领导任组长，领导小组下设办公室，归口集团办公室统一管理。

2010年11月，集团印发《湖南省煤业集团有限公司信息化管理制度》，明确集团信息化办公室负责集团网络系统的规划、管理和维护工作，负责集团各子（分）公司互联网域名的管理工作。12月，集团印发《湖南省煤业集团有限公司总部机关计算机管理规定》，明确集团公司办公室负责集团总部计算机网络统一管理。

截至2022年底，集团各子（分）公司设立专门信息化管理机构，按照集团信息化技术标准、管理标准和制度，完善本单位局域网的运行、维护和上传数据的准确完整及安全管理。

第二节 信息化建设

一、信息化基础设施

2002年起，企业整体改制后的湖南省涟邵矿业集团有限公司、湖南省资兴矿业集团有限公司、湖南省白沙煤电集团有限公司、湖南省长沙矿业有限公司、湖南省湘潭矿业有限公司所属矿及湖南省辰溪煤矿等相继建设企业局域网络，架设至运营商主干光线，矿区逐步进入信息网络时代。

2003年，湖南省白沙煤电集团信息管理中心开始建设马田、湘永、红卫、南阳、白山坪、街洞6个矿业公司及永耒、电力公司等内部局域网，通过矿区数字微波及部分光缆线路构建白沙煤电集团内部网络。2004年，架设机关耒阳城区到耒阳红卫公司、南阳公司、白山坪公司、永耒铁路运输公司、白沙电力公司等主干光缆线路120千米，形成耒阳片光缆线路环路。2005年架设郴州片湘永公司到街洞公司光缆线路31千米，2006年架设耒阳－兴源公司－民丰－湘永公司、民丰－马田公司光缆线路共64千米，利用联通公司二芯光缆连通马田公司和街洞公司，形成郴州片3公司的光缆线路环路，并与耒阳片光缆环路连通。2007年，白沙煤电网络中心更换华为5612网络交换机与华为8512高性能网络交换机，通过1G带宽与各子分公司局域网实现互联互通，全网660余台办公计算机和近1000户住宅网络用户组成了一个可运营、可管理的区域网络系统。2014年前后白沙网络系统达到办公计算机1600余台、住宅2500余台的规模高峰。

2006年，集团公司成立后，各矿区计算机网络通过公众网实现与集团公司网络的联通。随着集团业务的快速增长，各矿区基础网络建设和规模也不断扩大。

2007年，涟邵、资兴和湘潭矿业公司等也先后建立了网络设备齐全和性能优良的区域局域网络。集团总部与各子（分）公司通过VPN技术组成虚拟专用网络。

2010年，股份公司所属52对生产矿井，全部建立矿井安全监测监控系统和通信网络系统。其中周源山、黄牛岭、白山坪、龙家山煤矿4对矿井，建立井下人员定位系统。

2012年5月，集团公司成立信息化规划项目推进组，协助咨询公司进行深入调研。8月下旬，《湘煤集团信息化建设总体规划》完成编写，9月中旬，《湘煤集团信息化建设总体规划》通过专家评审。

2013年，集团公司迁至新址湘煤大厦办公，投资建设全新的总部网络机房。机房新购核心网络交换机、路由器和防火墙通过200M带宽接入公网，实现与各子（分）公司的VPN组网，新购20余台服务器承载集团公司各应用业务，同时配有新购的UPS后备电源，实现通信网络系统不间断可靠运行。

2018—2019年，集团公司组织实施完成突出矿井和非突出矿井安全监控系统的升级改造。

2021年，周源山矿业公司启动对井下千兆工业以太环网等进行升级改造。次年8月，周源山矿业公司建成了一个以井下万兆、地面千兆工业以太网为主干，井下局部区域和地面矿区覆盖5G网络的矿山融合网络系统。

2022年，集团公司推进煤矿信息化建设，有计划分步骤完成矿井人员定位系统升级改造，全面接入虹膜考勤或人脸识别；完善矿井主要视频监控，并上传到总部安全生产指挥中心；优化生产调度系统软件，按要求填报相关报表等。

二、视频会议系统

2013年，集团公司规划建设一套7×24小时的实时1080p高清视频会议系统，与各矿区安全生产管理局、实业公司、原煤公司及直属非煤公司之间进行远程日常会议、业务培训和应急指挥。

2013年1月中旬，集团公司启动视频会议系统的公开招标工作。2月上旬，启动总部视频会议系统的实施，2013年4月，总部视频会议系统实施完成。

2014年底，集团公司高清视频会议系统基本建成。系统共建有28个会场，包括集团公司总部1个一级会场，涟邵、资兴、白沙3个矿区安全生产管理局、贵州湘能实业公司、新疆能源公司5个二级会场，16个原煤公司、3个实业公司及3个直属非煤公司共22个三级会场。在各会场部署高清视频终端设备，通过接入集团公司专网，形成以总部中心为主体，二、三级会场为节点，统一的视频通信系统平台。该系统为与会者提供人机界面，为远程交流和沟通提供新的途径。

2015年7月，集团公司视频会议系统正式投入运行。一、二级会场具有独立组织其下属单位召开视频会议的能力，实现与集团公司及上级相关单位的网络视频对接。

三、行政通信系统

2003年，涟邵、资兴、白沙及所属各矿都建设了企业内部专用程控电话通信系统，安装独立的程控电话交换机，并与电信运营商联网，形成相对独立的内、外部行政管理通信指挥系统。

2004年，白沙煤电集团及所属各子（分）公司更换中兴通讯ZXJ10B大型数字程控交换机组建设耒阳（0734）、郴州（0735）两个内部通信专用通信网，利用华为622/155MSDH同步传输设备组成光网络通信环路，全网码号资源14000门。2005年，更换南阳公司ZXJ10A设备，2010年，更换红卫公司ZXJ10A设备。

2006年，集团公司各矿井行政通信已形成完善的系统，51对矿井的井口分别装有矿用程控交换机，用于井口调度室和井下各作业区域的通信联系。各矿主、副井底车场、中央变电所、采区绞车房、主排水泵房、采区排水泵房和采掘工作面均安装安全防爆型程控直拨电话机。同年，辰溪煤矿实现数字程控直拨电话，生产调度指挥采用DDK－6M程控通信系统。

2007年，集团公司所属煤矿都已装备KTJ4H数字程控调度系统，它采用数字交换网、计算机两级分散控制方式，总线采用422结构，使用高级C语言编程，具有技术先进、体积小、灵活性强、可靠性高、功能完善、维护方便等优点。

2008年，集团公司运用KTJ4H数字程控调度系统把调度指挥、计算机网络和办公自动化融为一体。

2010年，集团公司所属周源山煤矿对井下通信系统进行了升级，将程控交换机升级为KTJ4H数字程控交换机，安装了光纤环网，建成了井下通信系统。

2011年，集团公司所属煤矿都已安装专用通信网，使用中兴5330SDH设备进行通信网络升级。

2012—2014年，集团公司各矿调度通信用数字交换机在硬件上采用大规模的最新HCMOS集成电路与交换机专用芯片，各种电路板槽道可更换。调度台、调度键盘为CPU控制的智能化终端设备，采用寿命为50万次的丹麦键作为操作按键。调度台为双座席，具有通信指挥、调度特权、会议电话、免提等功能，调度台通过通信线、调度电话线与电源供电线和主机相连，采用等离子中文显示。

2015 年起，集团公司各矿用安全防爆型自动电话机，抗静电增强聚酯模压外壳，无可动零部件，抗震抗压抗老化；外壳防护等级达 IP65，机芯经过特殊的三防处理，适用于户外恶劣环境；话机与调度交换机距离可达 15 千米以上，振铃响度不小于 90 分贝；全密封带夜光指示键盘，设有紧急呼叫、挂断和重拨键。

四、湖南煤炭大数据中心平台

2020 年，湖南省煤炭大数据中心有限公司启动平台建设。6 月，完成项目招标工作；9 月，完成云平台交易系统、资讯系统的搭建。

2021 年 1 月，完成交易结算、物流平台的部署，交易系统试运行；5 月，平台通过初步验收；10 月，平台通过功能评测。

2022 年 3 月，运销结算系统上线试运行；6 月，可视化批量数据导入并完成优化；11 月，运销结算系统升级；12 月，物流移动客户（APP）完成开发。

2022 年 7 月，湖南省煤炭大数据中心交易平台各系统成功通过公安部等保三级认证以及第三方软件功能测评，系统各项指标达到国家标准。

煤炭交易数据中心项目包括煤炭交易管理系统、煤炭交易结算服务系统、煤炭物流配送服务系统、煤炭市场资讯信息服务系统、平台移动客户端等子系统。项目定位为政府煤炭监管调控中心、煤炭交易信息集散中心、煤炭交易服务中心、“华中煤炭价格指数”发布中心、煤炭交易安全保障监管中心、煤炭质量监管协调服务中心、煤炭物流配送协调服务中心、煤炭供应链金融协调服务中心和煤炭大数据分析应用中心。截至 2022 年底，已完成平台四大系统（煤炭交易管理系统、煤炭交易结算服务系统、煤炭物流配送服务系统、煤炭市场资讯信息服务系统）、一套移动客户端和交易服务场所的建设，使湖南省煤炭大数据中心具备了较为完善的线上交易、物流、结算、信息咨询服务功能和线下传统订货会、洽谈交易的服务能力。已注册会员 512 家，正在推动湖南煤炭市场交易告别传统方式，迈入数据化、信息化、可视化时代。系统还将进行持续优化和升级，开发和完善其他功能模块。

五、能投智慧能源管理系统

2021 年 4 月，湖南能投售电有限公司智慧能源管理系统项目立项，2021 年 5 月开始建设，2021 年 6 月投入试运行。项目总投资 38.8 万元。该系统利用数字物联网提供的电能表红外通信方式进行远程抄表，实现实时无人值守采集智能液晶电能表的总电能、三相电压、三相电流、功率因数等；实现为准确编制月度电能采购计划，偏差电量走势提供数据支撑，控制偏差电量，规避偏差考核风险等目标。

系统通过数据网络完成电能数据的存储、中转和传输，实现电能表计量点的自动抄表、电量统计分析、异常报警、生成报表等功能。2022 年底，全省 13 家客户安装了 33 套电能采集装置，能投售电公司实现了对主要购售电代理客户计量电表的数据集中采集、分析和可视化。

该系统主要由前端采集设备、数据中心、显示屏三部分组成。前端采集设备包括：无线红外采集器、红外采集器探头，采集器电源三部分组成。数据中心包括：服务器（含机柜）、交换机、操作控制台、控制电脑、信息发布 LED 屏、数据可视化系统、配电系统等。显示屏采用工业级液晶显示面板，由 15 台 55 寸液晶显示屏拼接组成，全屏尺寸为 6065 ×2058。

六、远程大数据运维中心

远程大数据运维中心是由立达公司矿山装备股份有限公司独立自主研发的远程大数据运维平台。该平台始建于 2022 年 3 月，2022 年 9 月开始在集团内周源山矿业公司、宝源矿业公司南坪硐煤矿、宝源矿业公司北坪硐煤矿、湘永矿业公司安陵煤矿、大岭矿业公司、马田矿业公司新星煤矿、白山坪矿业公司龙塘煤矿等矿山进行安装部署，并逐步推广至集团外矿山。

七、湘煤能投充电小程序及 APP 开发

2022 年，能投售电公司启动湘煤能投充电小程序及 APP 开发。6 月 21 日，选择万帮星星充电作为湖南能投售电公司新能源汽车充电数字

化智慧运营平台APP及小程序项目的开发商。

2022年7月27日，公司与万帮星星充电签订APP及小程序项目的开发合同，万帮星星充电正式启动新能源汽车充电数字化智慧运营平台APP及小程序的项目开发工作。

2022年10月17日，公司新能源汽车充电数字化智慧运营平台小程序正式上线试运行。

第三节 信息化应用

一、生产调度管理系统

2005年，涟邵矿业集团、资兴矿业集团、白沙煤电集团各矿调度室建成总调度台，均安设1台CDS1型60门调度通信台，配置电子计算机、录放机、电视机，构成生产指挥调度通信网。

2006年9月，集团公司建成生产调度信息指挥中心，与本省内所属矿区及原煤单位通过国家公众网联网。

2008年，集团公司为解决所属子（分）公司生产调度所遇到的各种难题，改善生产计划管理过程中的复杂流程，确保数据的一致性和实时性，建立和完善生产调度系统，该系统涵盖集团公司煤炭企业生产过程中的安全检查、生产计划、生产调度、生产技术管理等工作。

2009年，集团公司生产调度系统是一个运用NET平台，以B/S与C/S模式相结合方式，按智能客户端技术开发的全新应用系统。客户端程序不仅在局域网内进行数据交互，还能通过广域网访问WEB服务，完成集团公司、安全生产管理局、原煤公司和矿井数据同步更新，打破数据孤岛。

2010年，股份公司所属的周源山煤矿率先对调度室进行升级改造，安装调度监控大屏，建成具有省内先进水平的调度监控大屏信息指挥中心。

2012年，股份公司对所属原煤单位调度室进行升级改造。宝源矿业公司的生产调度系统采用常熟市煤矿通信设备有限公司生产的KJ101矿用调度台。调度台采用集中调度与分开调度相结合的矿与工区调度模式。4个调度台只要一套备件，在维护、使用方面具有优势。

2013年，集团公司迁址湘煤大厦办公后，建成现代化的调度监控信息指挥中心。采用智能客户端技术，支持自动升级。当系统升级时各客户端自动同步升级更新，完成整个集团的业务操作。

集团生产调度管理信息系统由“数据平台”“应用平台”“集成平台”三大功能模块组成。数据平台数据来源有瓦斯浓度智能探头（智能仪表）、智能风机等机电设备，也可手工录入。采集后的数据组成实时数据库和关系数据库，通过数据整合，以实时数据、动态报表、数据分析服务的形式提交给应用平台层去使用。应用平台工作人员通过应用平台模块的运用分析，整理、汇总相关数据，为决策层提供准确、详实的第一手数据资料。

2013年，集团公司对白沙矿区管理局南阳公司三矿调度会议室进行改造升级，将南阳公司三矿生产调度信息、瓦斯监测信息、人员定位信息统一监测，集成至南阳公司调度室，调度室具有远程查看功能。对三矿调度总机升级，实现井下急救等重要网络电话的直线连接。

2015—2022年，基层矿井或煤业公司将集团生产调度信息系统录入的生产调度日志、原煤产量、开拓进尺、主要非煤产品产量、出勤情况、领导下井情况等所有数据，自动汇集到集团生产调度台，集团公司根据其所上报的数据生成相应的报表。

二、煤矿安全监控系统

2004年，煤矿井下使用KJF－2000瓦斯监控系统进行井下瓦斯断电保护及井下瓦斯监测。

2006年6月，集团公司省内51对生产矿井全部建立安全监控网络系统。系统由主机、传输接口、分站、传感器、断电控制器、声光报警器、电源箱、避雷器等设备组成。

2006年10月，集团公司在各单位监控网络的基础上，构建集团总部安全监控网络。

2007年，省内51对生产矿井煤矿安全监控系统从井下采集的瓦斯、风速、温度、水位、设备开停等安全环境实时数据信息，经过“安灵通”KJ88系统转换，通过企业VPN专用网同步发送至集团总部信息中心数据库及各区域备份数据库，实现安全监控信息的远程联网监控。当总部网络出现故障时，各矿区可以利用自有的备用服务器进行区域监控。集团各级管理人员通过访问集团服务器，在公网上实时查询安全监控系统的各类数据。

2008年，集团公司对远程安全监控系统实行统一规划，分级管理。集团公司与各矿井安全监控系统全面联网。集团公司总部、矿区安全生产管理局、原煤公司成立网络管理专门机构，设置专职（或兼职）网管人员，负责安全监控网络管理和系统维护工作。

2009年，集团公司将各原煤公司的安全监控系统，由中煤科工集团重庆分院的KJ90系统全部升级为KJ90NA系统。股份公司所属的周源山煤矿共投资780万元，建成井下通信系统、瓦斯监测系统、电力监控检测系统、井下人员定位系统、地面视频监控信息系统。

2011年7月，集团公司组织开发“煤矿瓦斯超限手机短信报警系统”，分层级对400多名相关领导和管理人员实施瓦斯超限时手机短信报警，实现瓦斯超限信息关口前移与多渠道警示。

2011年，股份公司全面推进矿井“无人值守系统”和“无人值守机房”信息建设。所属南阳公司前进煤矿－250水平中央水泵房安装一套水泵无人值守远程控制信息系统。周源山煤矿安装一套KJ36A煤矿电力监控系统，对井下2个中央变电所和10个采区变电所高、低压开关设备的实时数据（电流、电压、功率等）进行遥测，设置开关运行参数以及遥控开关分、合闸。其主井安装一套GBP－06变频装置，实现主井提升定重自动装、卸载到绞车运行的全自动化信息控制。

2011年，股份公司对所属煤与瓦斯突出矿井实现瓦斯抽采系统运行状况联网远程监测监控。对所属子（分）公司的低瓦斯矿井新建安全监控系统。

2013年，股份公司完成安全监控系统中心机房搬迁，所有矿井安全监控系统地面中心站均与矿井调度室实现联合值守，各生产矿井的安全监控系统与集团公司安全监控室的安全监控系统联网运行，实现集团公司对省内外所属生产矿井安全监控系统运行状况的远程监测监控。

2013年2月，集团公司组织开发的“煤矿瓦斯超限手机短信报警系统”投入运行。上至集团公司董事长，下至矿井通风副总工程师及相关领导和管理人员都能根据系统的设定自动接收瓦斯超限报警短信，填补了湖南省内瓦斯超限网络监控管理空白。

2014年，集团公司完善瓦斯风电闭锁，增加各矿井回风流中的瓦斯传感器、风速传感器等，提升矿井的安全等级。股份公司所属周源山煤矿先后投资100万元，将井下的安全隐患进行信息化闭环管理，完善井口安全信息站的安全信息化管理系统。

2015年，集团公司完成了所辖煤矿安全监控系统的装备工作。

2018—2019年，按照国家煤监局《煤矿安全监控系统升级改造技术方案》（煤安监函〔2016〕5号）及湖南煤监局、湖南省煤炭管理局《湖南煤矿安全监控系统升级改造实施方案》（湘煤监监察函〔2018〕86号）的有关要求，集团公司组织所有生产矿井完成了安全监控系统升级改造，并于2019年底委托长沙安全技术检测中心对升级改造后的安全监控系统进行安全性能检测。

升级改造后的煤矿安全监控系统，采用光纤以太网、数字化信息传输技术，推广使用激光甲烷传感器，增加自诊断、自评估功能，完善报警、断电等控制功能，提升传感器的防护等级，增强抗电磁干扰能力，支持多网、多系统融合、应急联动，大大提升系统性能指标和安全可靠性，信息处理更加快捷。

2020—2021年，对各矿井上传集团公司远程安全监控系统的上传软件系统进行了升级改造，安全监控数据信息间接发送传输模式改为数据信息直读直传模式。同时期，国家矿山安全监察局湖南局在各煤矿安装了煤矿安全生产综合信息平台，将安全监控、人员位置、视频监控、风险管控等安全信息数据直读直传到国家安全生产信息平台。

截至2022年，集团公司省内29对生产矿井全部安装了升级后的安全监控系统，其型号主要有：KJ95X、KJ379X、KJ83X（A）、KJ90X、KJ101X（A）、KJ70X等。共安装分站1077台，安装甲烷、一氧化碳、风速、温度、风向、烟雾、风门开关、设备开停、风筒末端、风压、水位、馈电等各类传感器3527个，对各煤矿井下安全生产环境信息进行全方位监测监控。

三、井下作业人员远程网络监控系统

2006年，集团公司下属各矿井开始建设井下作业人员远程网络监控系统。系统主要由煤矿端数据发送、网络数据采集服务器程序、安全监测数据、图形发布网站、短信自动报警系统等组成。实时完成各煤矿井下人员定位系统的监测数据和传感器位置布置图的并发采集，并将数据、图形发送保存到上一级监控服务器。利用网络传送到集团监控中心，中心接收所辖各煤矿人员定位系统数据，进行数据储存、转取、分析，完成异常监测值的报警监管。实现联网的任一煤矿一旦出现井下无领导带班、下井超员、分站故障、人员出现危险等情况，集团监控中心将显示报警状态，根据报警机制可立即下达调度指令，督促煤矿采取相应措施，提出整改意见，达到有效监管目的。

2007年，集团公司各级管理部门对下属矿区煤矿井下人员数量及区域分布进行实时监管，将井下人员定位系统升级到KJ69人员定位系统。

2010年，集团公司建立统一的人员管理监测平台和中心监控室。监控中心对所属各子（分）公司各煤矿进行远程监管，安装使用KJ236井下人员定位系统，实现对井下人员的动态监测。跟踪任何一个井下作业人员当班时间内井下的活动轨迹。

2011年，集团公司完成井下作业人员远程网络监控联网系统建设，实现在集团监控中心对所属各煤矿进行远程监管。

2011年，集团公司对人员定位联网系统进行升级完善，实现对入井人员考勤管理、人力资源管理等功能。经过集团公司与实施单位（煤炭研究总院）进行技术沟通以及实施单位对业务部门的业务需求进行了解、确认，各联网矿井数据可实时按需求上传到公司总部，实现在公司总部对所属各煤矿进行远程监管。

2012年，股份公司各单位建立KJ236矿井人员定位考勤系统。系统由定位设备系统、地面定位监测、考勤软件系统组成，可实现对某一区域人员信息与流动情况的监管监控，具有报警和上传求救信息功能，为救援工作提供有力的保障。

2015年，集团下属各矿井井下作业人员远程网络监控系统的全部建成。

四、财务管理系统

2005年，涟邵矿业集团、资兴矿业集团、白沙煤电集团及所属公司使用的财务管理系统是中科通软财务管理系统V8.0版。

2006年10月起，集团按照现代企业管理的要求，建立统一的中科通软财务管理信息化系统和预算管理系统软件。

2007年，集团按照“集团公司+原煤及非煤子（分）公司+非煤下属公司”三级全面预算管理体系要求，委托中科通软公司开发实施了财务预算管理系统。

2008年，集团推动以财务管理为核心的财务信息系统建设。在现有财务信息系统的基础上搭建财务信息管理平台，实现财务业务数据共享和与信息系统的自动链接，满足财务核算、制定管理报告和系统集成的要求。

2010年，集团运用财务信息管理系统，采用全面分析与专题分析相结合，运用“量本利分析”法，建立了集团、直属单位、原煤公司三级财务信息成本管理体系。

2015年，集团财务管理信息系统实现与生产、销售、采购等环节的信息同步和实时核算。

2018年，集团启动预算报表系统升级改造工作，2019年项目实施完成。新的预算报表系统优化了预算系统编制功能、优化了预算系统分解功能，新增了预算系统控制和预警功能、完善预算系统分析功能，实现了对生产经营全过程、全要素的管控能力，将过去单一的经营预算管理提升到业务预算、专项预算、财务预算等组成的综合性预算体系。

2022年，集团在财务管理系统的基础上，启动资金管理信息系统的建设，该系统需同步完善资金管理与业务管理一体化处理，与预算报表系统、财务核算系统实现数据共享，防止资金体外循环，控制资金风险，财务管理系统与国资委监测平台联结，方便省国资委对主要资金数据的监管。该系统实现银企直联数据互通、资金的全面监督、资金的预算管理、资金的统筹监控和风险预警、内部关联交易往来资金的统计与分析、

“两金”的实时监管和贷款数据的分析管理等功能，将全面实现资金管理企业内通、银企互通、政企联通。

五、销售管理系统

2003年，涟邵矿业集团、资兴矿业集团、白沙煤电集团省运销管理信息系统正式投入使用，实现运销工作信息化。

2006年6月，集团公司成立。9月，集团开发销售管理信息系统，实现对产品销售、售后服务、客户需求、市场变化等信息的即时监控、调度、响应和分析。

2007年，集团煤炭运销公司建立和完善信息汇集、分析、反馈机制，提高销售能力。

2008年，集团煤炭运销公司管理信息系统具备采样、制样、过磅、化验、销售服务功能。该系统在管理模块的数据基础上，通过访问网络数据库，实现数据动态查询，做到信息共享。

2009年，集团设立湖南黑金时代股份有限公司，2010年，启动煤炭销售公司管理信息系统建设，2012年12月，完成系统建设整体方案设计。

2013年4月组织实施，2013年12月，股份公司煤炭销售公司管理信息系统建成并投入运行。

煤炭销售公司管理信息系统涵盖煤炭销售所需的合同、价格、计划、调运、质检、内外部结算、回款等全部功能模块，实现煤炭销售的业务控制、货款预警和货款风险的全过程信息化管理。在管理模块的数据基础上，通过访问网络数据库，实现数据动态查询。

六、物资供应管理系统

2006年，集团开发运用物资供应管理信息系统，实行网上采购。

2012年，股份公司正式启动企业物资供销信息化管理系统建设。系统划分为股份公司级、矿区级、原煤公司级、工区级等4个层级，采购物资和权限分为大宗物资、较大批量物资和零星地方材料物资三类。系统贯穿计划、采购、质检、仓储和结算等物资采购的各个环节。

2013年2月，集团供销信息化系统正式启动，直接通过NC系统上报计划、安排采购。对当月的库存进行盘底、上报，并将库存的物资名称、数量、金额，以及期初采购、期初应付、期初预付、供应商编码、单位编码、员工编码、库存组织、物资需求计划、材料入出库、维护、发票等资料信息录入物资供销信息系统，保持物资的计划、采购、到货、入库、领用、库存数量、金额相一致，实现集团公司物资信息的资源共享。

2014年起，集团推行物控信息化系统，在实施中不断完善物控信息化系统，确保库存数据准确化、物料核算精确化、物控计划及时化、业务工作简单化、物流管理清晰化、管理预警自动化。

2015年，集团运用财务管理信息系统，实现与生产、销售、采购等环节的每一次业务活动的信息同步和实时核算，提高资金的使用效率，加快资金周转。运用物资供应管理信息系统，实现通过互联网及专业网络广泛收集采购物质的市场价格和质量信息，依靠公司物资供应管理信息平台，实行网上招标采购。

2021年，股份公司以现有NC系统为基础启动互联网采购平台的建设。互联网采购平台对采购管理的各个环节均实现了网上运营，是一个用户全覆盖、应用全集成、业务全贯通、数据全集中的一体化协同平台。平台主要实现招标和采购两大功能，由采购商门户、供应商门户和移动采购系统组成。功能模块主要包括系统配置、招标、议标、竞争性谈判、单一来源采购、询比价、竞价、专家抽取系统、供应商管理、商城管理、协同管理、档案管理、数据分析等。集成对接了NC系统、视频评标系统、CA电子签章系统、短信平台系统等。

互联网采购平台总投资230万元，于2021年10月正式推广应用。上线单位主要包括股份公司物资供应分公司、能投招标公司、矿区物资供应公司、原煤公司等。

2022年，互联网采购平台注册供应商1400余家，开展线上招标、招议标、竞争性谈判、单一来源采购项目达350余项，询价采购项目达1500余单。涉及中标（成交）金额达到4.54亿元，较预算节约2946万元，平均节支率达到6%。

七、办公自动化（OA）系统

2006年8月，集团办公自动化（OA）系统开始建设。

2006年10月，集团办公自动化（OA）系统正式启用。

2007年，集团与中科通软公司合作，开发集团公司层面的统计软件，规范集团统计报表填报方式及流程。

2010年，集团实施新建的办公自动化（OA）系统。该系统的主要功能模块包括公文流转、考勤管理、邮件管理、信息发布、办公用品管理、个人办公、在线交流和系统管理等。

2012年，集团所属各子（分）公司也相继建设单位的办公自动化（OA）系统。并实现与集团总部的连接，真正实现集团范围的上传下达和无纸化办公。

2013—2017年，持续完善办公自动化（OA）系统。集团总部及所属各子（分）公司所有文件办理均可通过OA系统网上完成。员工可实时在线查询考勤情况，在线完成补卡申请、因公出差申请、请假申请及加班申请等。总部邮件传递、办公用品申报、公告信息发布等均可在系统中完成，优化业务流程，确保公文流转的时效性和安全性，提高集团的运转效率。

2018年7月，集团启动实施新版协同办公（OA）平台建设，实现集团总部业务办理移动化及下属单位的收文管理，2019年1月，新版OA正式上线运行。新版OA主要包括门户、收文管理、发文管理、呈批件管理、邮件、公告、机关事务管理（用印管理、车辆管理、资产管理、办公用品管理）、考勤管理、议案管理、督办管理、会议管理、日程、知识、建议等功能模块。

八、网站

2006年10月，集团网站系统开通，并建立《湘煤集团网》。在湘煤网站开辟“关于湘煤”“新闻资讯”“产业与服务”“党建工作”“企业文化”“社会责任”“人力资源”等栏目。

2011年7月，集团对企业网站进行全新改版。网站是宣传企业形象的全新基地，是企业内部宣传、文化沉淀、战略传承的工具，全方位展现了集团公司综合实力。

2013年起，集团网站完善关于湘煤、新闻资讯、产业与服务、党建工作、企业文化、社会责任、人力资源、招标信息等功能模块。将集团的宣传、营销手段提高到一个新的台阶，满足企业规模及发展的需求。

2018—2022年，湘煤集团网成为互联网上发布权威信息的总平台，并在关于湘煤、新闻资讯、产业与服务、党建工作、企业文化、社会责任、人力资源等功能模块上，增设子目内容。

九、智慧矿山系统

2020年2月25日，国家发展改革委、国家能源局等八部委联合下发了《关于加快煤矿智能化建设的指导意见》（发改能源〔2020〕283号文），要求到2021年，建成多种类型、不同模式的智能化示范煤矿，初步形成煤矿开拓设计、地质保障、生产、安全等主要环节的信息化传输、自动化运行体系，基本实现掘进工作面减人提效、综采工作面内少人或无人操作、井下固定岗位的无人值守与远程监控。

2021年3月，周源山智慧矿山系统建设项目启动。项目建设内容主要包括5G矿山建设和智慧矿山建设两大部分。具体分为调度指挥中心改造、矿井网络升级改造、智慧管控平台建设、智能化综采工作面建设、新增电力控制等子系统、子系统整合完善等六部分。

2022年1月，系统项目建设完成投入使用。系统共建成了轨道运输机车监控系统、井下及地面皮带运输远程监控系统、煤矿电力监控系统，水文动态观测系统、主要固定设备（提升机、主排水泵、主通风机、空压机等）远程监控系统等15个远程监控系统，设备工况状态实时在线监测、工业视频系统等8个远程监测系统，安全监控、人员定位、调度等3个安全生产管理系统。

2022年8月，系统通过股份公司组织的验收。实现了生产过程的智能化，安全监控的数字化，企业管理的信息化，信息管理的集成化。

十、智慧管控系统

2022年，集团公司启动了智慧管控系统建设。智慧管控系统建设是落实国企改革“三年行动”、推进企业数字化转型的重要内容，是企业强化管理、持续创新，实现高质量发展的重要举措。既是省国资委的要求，更是集团公司自身发展的战略需要。

2022 年 4 月，通过公开招标方式选定湖南创博龙智信息科技公司完成了系统设计方案；6 月，通过公开招标方式选定用友网络科技股份有限公司进行系统（一期）实施。建设集团智慧管控系统，助力集团数字化转型，既满足自身管理需要，做到一“屏”尽览无障碍、一“网”打尽无遗漏、互联互通无梗阻，向着数字化管理、智能化决策的目标迈进，同时又满足与省国资委国资国企在线监管系统对接要求。集团智慧管控系统（一期）建设内容主要有集团决策分析系统、国资监管系统、集团业务填报系统、集团大数据系统等。系统软件部署采用公有云租用方式。

第 九 篇

企业文化与社会责任

企业文化是企业的灵魂，是推动企业发展的不竭动力。集团公司在发展历程中，不断吸收、弘扬和提炼湘煤原有三局三矿大型国有企业数十年积淀的矿区文化、矿工文化，丰富光大煤矿工人“特别能吃苦、特别能战斗、特别能奉献”的行业精神，积极承担社会责任，始终不渝地把企业文化与两个文明建设作为奋斗目标，做到两手抓、两手硬、两不误，为企业发展提供强大的精神动力。尤其是2016年新班子到任后，集团公司高擎企业文化大旗，融合湘煤核心文化理念，并在新湘煤核心文化理念的引领下，不断深化提升安全文化、廉洁文化、红色文化、管理文化以及群众文化，逐步形成了具有时代特色、体现湘煤特点、展现湘煤风采的文化体系，内强素质，外树形象，凝心聚力，发挥了特有的引领作用。2018年集团公司被中国企业文化促进会授予“中国企业文化建设典范企业”荣誉称号。

第一章 湘 煤 文 化

第一节 融合创新

集团公司组建之初，在“十一五”规划发展纲要中，制定了企业文化建设重点和战略目标，出台了《企业文化建设规划》，部署抓好“四项内容”（物质文化、行为文化、制度文化、安全文化）和“三个机制”（组织保障机制、载体支撑机制、考核评价机制）的企业文化建设工作。

2016年，集团公司新班子到任后，结合集团公司发展战略和实际情况，对湘煤企业文化进行了规划和重塑，提出了建设和谐、廉洁、高效“三个湘煤”，打造责任、感情、利益“三个共同体”的企业文化核心理念。并对“三个湘煤”要义、“三个湘煤”理念、“三个湘煤”的内在要素及联系、“三个共同体”的内在要素及联系、“三个湘煤”和“三个共同体”的内在联系等湘煤文化理念作了精辟阐述。以“三个湘煤”“三个共同体”为目标，汇聚成推动企业改革发展的强大精神力量。

2017年，集团公司企业文化持续发力。新班子从集团公司实际出发，在努力践行建设“三个湘煤”、打造“三个共同体”基础上，针对性地提出了“统、信、为”企业行为准则，即：统一目标追求，诚实守信，坚持企业利益第一原则正确作为。丰富新湘煤企业文化体系，端正价值取向，安定人心，稳定队伍，提振士气。各单位党委坚持正确的舆论导向，传播好声音，凝聚正能量，全力推进企业文化建设，着力营造助推企业发展的浓厚氛围。同年5月，集团举办首届“我创造·我光荣”红五月职工运动会；7月，举办“放歌七月，燃情湘煤‘七一’文艺汇演”；10月，举办庆“国庆杯”职工篮球赛，并固化为企业三大活动，连年举办。

2018年，集团公司推动企业文化与企业中心工作深度融合，紧紧围绕企业安全生产、经济运行、转型发展、深化改革、稳定和谐共创共建，找准结合点和发力点，精准设计活动载体，助推生产经营再上新台阶。持续宣贯“三个湘煤”“三个共同体”文化理念，净化湘煤的政治生态，提振了湘煤人干事创业的精气神，爱岗敬业、廉洁从业在集团公司上下蔚然成风。11月，2018中国企业文化建设峰会在陕西举行。集团公司获评“2018中国企业文化建设典范企业”荣誉称号。集团公司党委书记、董事长，股份公司董事长廖建湘荣获“中国企业文化建设功勋人物”称号，《建设“和谐湘煤、廉洁湘煤、高效湘煤”构建企业改革发展稳定基石》（作者廖建湘）获评2018年中国企业文化优秀理论成果。

2019年，集团公司充分发挥好企业文化的教育、激励和服务功能。出台《湘煤企业文化建设工作方案》，引导企业文化建设向纵深发展。同年，集团公司强化企业安全文化，推进安全文化示范创建。践行“安全是最大的政治，安全是最大的效益，安全是最大的福利”“确保安全是企业的首要任务，是领导班子的首要职责，是体现领导班子能力的首要指标”的“三个最大、三个首要”安全文化理念。

2019 年 6 月上旬，集团公司党委下发了“关于加强学习型组织建设的实施意见”，分四期举办集团公司中层以上干部 MBA 培训与“不忘初心、牢记使命”主题教育读书班。同年，湘煤大学建立信息化教育平台并与基层单位会议视频系统、基层党支部党员活动中心网络电视平台有机对接，掀起了理论学习的热潮。同时坚持正面宣传和舆论引导，围绕庆祝建党 98 周年和共和国成立 70 周年等主题，集团公司党委组织开展了“湘煤情、祖国恋”征文、“颂党恩、迎国庆、湘煤情”、“七一”文艺汇演、“湘煤行、祖国赞”影像赛、“我创造·我光荣”红五月职工运动会、“国庆杯篮球赛”等活动，推进了“三个湘煤、三个共同体”核心文化理念深耕厚植。

2019 年 8 月，首届中国报业企业报刊媒体峰会在延安举行。由集团公司主办的《湘煤集团报》荣获“2018—2019 年度中国品牌企业报刊百强”称号。同年 9 月，省国资委举行湖南省省属监管企业第一届“国企楷模”发布会。集团公司所属红卫矿业公司坦家冲煤矿掘四队队长胡文胜被授予“国企楷模”称号，组委会的颁奖词赞“乌金赤子，掘进大师。一块燃烧的煤”，同时，华磊光电公司副总工程师苗振林被授予“国企楷模”提名奖称号。

2020 年，集团公司确立以“立足矿区，服务矿工”为宗旨，以满足矿工日益增长的精神文化需求为出发点和落脚点，以广大职工广泛参与和丰富多彩的文化活动为主要载体，用先进的文化思想占领企业文化阵地，以高质量企业文化引领和保障高质量发展的企业文化建设方略。牢牢把握企业文化和精神文明建设主旋律，不断强化民生改善、平安建设、文化建设和群团建设，营造和谐稳定的环境。精心办好“一报一网一刊”，主动讲好湘煤故事，加大“三个湘煤、三个共同体”新文化理念宣贯力度，大力弘扬“统、信、为”企业行为准则和“取向正、全力拼”“无奋斗不湘煤”的新湘煤精神，克服疫情影响，固化举办“五一”职工运动会、“七一”文艺汇演、国庆篮球赛。集团公司对内凝聚力、对外影响力显著提升。

2021 年，集团公司出台《企业文化建设三年规划纲要》，强调企业文化以社会主义核心价值观为导向，贯彻党在文化建设工作方面的路线方针政策，落实省委、省国资委和集团公司党委要求，致力于增强员工凝聚力、激发员工创造力，加强企业文化产品的生产与传播，企业文化、精神文明建设、和谐矿区建设不断提质升温。集团公司严格落实意识形态工作“四个纳入”，党委会二次专题研判意识形态工作，强化意识形态领域风险防范，全年未发生一起舆情事件。聚焦党史学习教育，策划了“百年薪火传　湘企红色路”“湘煤故事　红色记忆”“学党史悟思想　办实事　开新局”等湘煤红色文化专题挖掘宣教，在《湘煤集团报》《集团公司网》《湖南煤业》和省内外主流媒体立体发声、密集宣传，掀起了“湘煤红色浪潮”。举办“安康杯”竞赛活动，使劳动和技能竞赛成为造就“湘煤工匠”的摇篮。继续举办“五一”运动会、“七一”文艺汇演、“十一”职工篮球赛，企业文化建设成绩斐然，受到各级领导和员工群众的一致好评。

2021 年 9 月 24 日，省人大常委会副主任、省总工会主席周农到集团公司调研指导职工队伍建设和企业文化建设工作，充分肯定了集团公司企业文化建设深度融合的工作成就。

2022 年，集团公司从企业发展的全局出发，科学规划，分步实施，统筹发展湘煤物质文化、制度文化、精神文化、基层文化、班组文化、安全文化、廉洁文化等。在把握好文化产品的生产与传播，进一步完善各类文化设施的布局和功能基础上，重点利用一批现代科技设备、先进传播手段紧密联系企业文化建设工程广泛宣传，集团公司所属各子（分）公司都结合实际开展了丰富多彩、各具特色的文化活动。一是深入做好党的二十大精神宣贯。二是巩固强化企业文化和精神文明建设阵地。投入资金在各单位建设文化广场、宣传长廊、矿井井下安全宣传走廊 50 多个。同时，运用企业微信、微博、公众号、视频号、抖音号、门户网站等多种传播媒体，报道工作，推介业绩，介绍经验，发布信息，宣传企业先进人物，安排专访企业领导人。努力打造具有影响力的湘煤宣传资讯平台，形成全方位发声，立体化展现，多媒体融合的湘煤企业文化和精神文明建设“矩阵”。同年，湖南省第二届“国企楷模”评选揭晓。周源山智慧矿山建设团队荣获“国企楷模”光荣称号。

第二节 文化理念

湘煤核心文化理念：

建设和谐湘煤、廉洁湘煤、高效湘煤。

打造责任共同体、感情共同体、利益共同体。

企业使命：做湖南能源保障主平台。

企业愿景：打造在全国具有较大影响力的能源产业投资控股集团、省内最大的煤炭供应综合服务商，全面主导湖南煤炭供应以及为湘邻省份的重点客户提供特种煤保障。

企业精神：“取向正、全力拼”“无奋斗不湘煤”。

企业行为准则：“统、信、为”（统一目标追求，诚实守信，坚持企业利益第一原则正确作为）。

企业作风：煤炭熔钢铸铁，矿工无坚不摧。

队伍建设理念：感恩心做事，责任心做人。

安全文化理念：“三个最大”（安全是最大的政治，安全是最大的效益，安全是最大的福利），“三个首要”（确保安全是企业的首要任务，是领导班子的首要职责，是体现领导班子能力的首要指标）。

企业廉洁文化理念：煤黑如乌金，心洁似白玉。

发展理念：打造以基础能源产业为依托，有限多元，产业经营和资本运营融合发展的大型投资控股集团公司；共生共赢共和共享。

经营理念：“全面预算管理”“精细化管理”。

“精”就是切中要点，抓住运营管理中的关键环节。以专业化为前提、技术化为保证、数据化为标准、信息化为手段。

“细”就是管理标准的具体量化、考核、督促和执行。实行刚性制度，规范人员行为，强化责任落实，最终形成优良的执行文化。

“化”就是细化的深入，更是精确的细化。即：流程化，建立横向、纵向工作流程，并不断优化流程；标准化，以系统的标准为依据，减少粗放作业；协同化，强调各部门、各环节、各成员之间要良好衔接配合，协同运作，提高系统的整体效能；经济化，以尽量少的消耗去获取尽量多的产出效果；实证化，求真务实，做深入的调查研究，以获得准确的信息。

管理理念：放管结合、放而不乱、管而不死。

市场理念：精品煤战略。

改革理念：全面确立定位权变、战略权变、运营权变。

道德理念：简单、正直、无私、坚韧。

团队理念：诚信、敬业、奋斗、团队、主人翁。

诚信。诚信是职业精神的核心内容，是职业活动不可缺少的道德品质。在市场经济条件下，遵守契约，言而有信，真诚对待工作，真诚对待企业，真诚对待股东，是湘煤集团公司每一个个人和经济组织得以在市场竞争中立足的基本条件。

敬业。就是以一种恭敬的态度专心致力于自己的职业和工作，做到心无旁骛、严肃认真、精益求精、尽职尽责，具有强烈的职业责任感和职业义务感。

奋斗。面对复杂严峻的经济形势，面对随时可能断链的资金风险，只有通过不懈奋斗、奋力自强，才能赢得银行的支持，才能获得政府政策的帮扶，才能凝聚最广大干部职工群众的力量，从而打赢扭亏增盈的攻坚战。为此，必须塑造奋斗精神，培树拼搏意识。

团队。团队是一种精神力量，是一种信念，是一个现代企业不可或缺的精神合力，更是集团公司战胜各种困难，打赢扭亏增盈攻坚战的重要法宝。而要培养团队精神，就要使团队成员清楚地理解团队目标，团队成员之间要高度信任、高度合作互助、相互依赖，要形成良好的沟通，还要有一个卓越的团队领导。

主人翁。带着强烈的责任心去思考每一件事，达到用心想事、干事、干成事的境界。弘扬清风正气，每一个湘煤人身体力行，将自己的所作所为置于企业的发展之中，担负起自己的工作责任，用忠诚干净担当和奋斗精神干事创业。

建设“三个湘煤”、打造“三个共同体”核心文化理念阐述：

2016年6月30日，集团公司党委书记、董事长廖建湘在庆祝建党95周年暨集团公司成立10周年总结表彰大会上发表《着力推进“和谐湘煤、廉洁湘煤、高效湘煤”建设，构建企业改革发展稳定基石》讲话，全面、系统、深入对“三个湘煤”作了阐述。

一、和谐湘煤建设

（一）和谐湘煤建设内涵

和谐湘煤建设的目标是进一步营造优良的人文工作环境，增强全体党员干部的幸福感和使命感。和谐湘煤，意味着集团公司的经营决策、日常管理及利益分配的每个环节，都呈现出诚信友爱、相互理解、相互帮助、稳健有序、充满活力的良好人文氛围；意味着广大党员干部都能坚持原则，精诚团结，立足岗位，奋发有为，愿意与企业肝胆相照、荣辱与共；也意味着集团公司与外界政府部门、兄弟企业以及业务关联单位都能始终保持良好关系，工作协调到位，相互配合有力，坚持合作共赢。

（二）和谐湘煤建设途径

1. 加快发展促和谐

发展是硬道理。没有发展，和谐建设就成了无本之木、无源之水。推进和谐湘煤建设，必须抓住发展这个主题不动摇，夯实企业和谐建设的物质基础。坚持“创新、协调、绿色、开放、共享”的发展理念，以国家产业结构调整和新一轮国企改革为契机，进一步凝心聚力、谋求发展；通过不断发展，提高效益，满足员工日益增长的物质和精神文化需求，协调各方面利益，确保和谐稳定大局。

2. 安全稳定促和谐

安全稳定是企业改革发展的前提和基础，尤其在煤炭行业，安全稳定更是压倒一切的头等大事。今后，集团公司要进一步采取有力措施确保安全稳定，维护和谐氛围。

（1）确保不发生任何安全责任事故。各部门和各分（子）公司要按照省委、省政府、省国资委以及集团公司对安全生产工作的要求，进一步健全自查机制、加强隐患整改、严格执行安全生产工作管理办法与考核办法、签订安全生产目标责任书，落实好安全生产责任。

（2）坚决维护和谐稳定的大局。企业处在困难时期，必然存在一些不稳定因素，下一步，要继续通过签订《社会治安综合治理目标管理责任书》，建立健全突发性、群体性事件应急处置办法，进一步落实维稳责任制；同时，要进一步加强特护期、重大节假日、敏感时点的防控工作，力求稳定大局，稳定人心，为集团改革发展营造良好的发展环境。

3. 以人为本促和谐

民为邦本，本固邦宁。以人为本，是科学发展观的核心，也是集团公司一切工作的出发点和落脚点。坚持以人为本，就能最大限度地调动员工积极性，最大限度地发挥员工潜能，让企业保持和谐稳定，充满生机活力。

（1）搭建实现自我发展和自身价值的平台。一方面，各级领导干部要进一步关心爱护员工的成长，帮助员工进行职业生涯设计，用良好的发展空间满足员工求知上进的心理，满足员工物质和精神文化需求；要进一步完善和健全学习型企业机制。要加大教育和培训力度，开展多元化的学习交流和培训活动，全方位、多渠道为广大员工创造优良的学习条件；同时，每一位员工都要善于将自己的学习成长与工作需要、组织行为结合在一起，善于从实践工作中提升修养，增强技能，努力将学习成果转化为推进企业发展的强大动力。另一方面，要积极贯彻落实德才兼备、以德为先的选拔任用原则，将那些价值取向正确、敬业、专业、忠诚、勤奋，想干事，敢干事，敢成事的优秀员工提拔到更重要的岗位，为他们提供良好个人发展通道。

（2）强化人性化管理和亲情式管理。一名优秀的管理者，不仅要在工作中当好员工的“老师”，而且要在生活中当好员工的“家长”。湘煤是一个由4万多名员工组成的大家庭，每一名员工都是大家庭的成员。要努力营造亲情氛围，在全体员工中树立亲情意识，鼓励相互帮助，相互关心，相互爱护。领导干部要在工作中注意对员工的“三观察”，即：观察言论，观察情绪，观察行为，实施“三必谈”的亲情管理方法，即：员工有意见或建议必谈，员工有思想情绪必谈，员工有不良倾向必谈，使人文关怀融入到日常管理之中，尽心尽力为员工解决各种问题，减少后顾之忧。

（3）在加快发展的基础上，满足员工的物质精神文化需求。一方面，要在推进集团公司经营发展的同时，按政策、按原则、按贡献逐步提高员工的福利待遇，使全体员工共享企业发展的成果；要始终坚持对困难职工的关怀爱护，持续开展春节送温暖活动，走访慰问困难职工；要积极响应并参与上级部门和社会团体组织的关系职工切身利益的活动，充分展示集团公司的人性化关怀。另一方面，要在严格执行业绩考核评价制度的基础上，加强对先进单位、先进人物的精神表彰，培育重业绩、重奉献的人文氛围。

4. 文化引领促和谐

加强企业文化建设是提高企业核心竞争力的重要环节，推进和谐湘煤建设，必须充分发挥文化的引领倡导作用。

（1）要进一步完善企业文化宣传。要将集团公司网站和《湘煤集团报》打造成为企业形象的展示平台、工作信息的交流平台以及文化宣传的主要阵地；要促进建立与其他媒体的长期合作关系，丰富宣传方式，加大宣传力度。同时，要继续开展好各项文体活动，进一步提升企业形象、丰富员工精神文化生活，注意引进和培养文体活动人才，不断创新活动方式、提升活动内涵。

（2）要进一步加强党建工作的宣传力度。党建文化是国有企业文化的重要组成部分，是推进和谐湘煤建设的重要环节。下一步，要结合“两学一做”学习教育活动，不断加强党员干部的思想政治教育、不断加大对典型事迹和典型人物的宣传报道，不断强化党员干部队伍作风建设，不断完善基层党组织建设，不断强化党风廉政建设，积极探索和创新国有企业党组织发挥政治优势的方法、途径，深入挖掘集团公司各级党组织和党员干部的思想力、创造力和行动力，为企业改革发展提供强有力的精神保障。

5. 协调关系促和谐

推进和谐湘煤建设必须正确处理、协调好内外各种人际关系和利益关系，构建良好的人文生态系统。

（1）要协调好人际关系。一方面要在集团公司内部形成“沟通是基础，支持是关键，信任是保证”的和谐人际道德观，积极营造全员相互交流、相互协调、相互帮助，共同提高的良好氛围。另一方面，全体党员干部要不断增强信任感，多谦虚、多倾听、多让步，少琢磨人，多琢磨事；要高度认同、共同坚守“责任共同体、感情共同体、利益共同体”三大共同体的团队理念，心往一处想，劲往一处使，齐心协力，和谐共事，形成合力。

（2）要协调好利益关系。企业和谐氛围的创造必须协调和平衡好不同利益群体的愿望和诉求。从内部来看，要不断健全和完善企业薪酬体系和激励约束机制，让企业发展的成果惠及全体员工；同时，要正确处理好在岗人员、离退休人员等不同群体的利益关系，建立和把握合理的利益平衡机制，实现相对公平，使企业既保持和谐稳定，又富有生机活力。从外部来看，要正确处理好与政府机关、社会团体、兄弟企业及合作伙伴的关系，加强沟通，增强互信，争取资源，及时协调和解决利益问题，为集团公司的改革发展创造良好的外部环境。

二、廉洁湘煤建设

（一）廉洁湘煤建设内涵

廉洁湘煤建设的目标是进一步完善廉洁风险防控机制，确保党员干部的价值取向不出现偏差。廉洁从业既是对国有企业领导人员的一项基本要求，也是集团公司每一位普通党员干部必须坚持的一种职业操守。当前，全面从严治党、把纪律挺在前面已经成为全党共识，我们要主动适应监督执纪“四种形态”，严格落实“两个责任”，努力打造忠诚干净担当、经得起各方面考验的干部队伍。具体来说，廉洁湘煤，意味着每一位党员干部都能够自觉提高思想政治素质，树立远大志向，清廉自律，防微杜渐，确保自身价值取向不出现偏差；意味着每一位党员干部都能够自觉树立正确的权力观，认清权力这把“双刃剑”，坚持原则，秉公办事、公私分明；意味着每一位党员干部，特别是核心骨干人员都能将个人利益追求建立在企业目标实现的基础之上，不利用职务之便谋取非法个人利益，做好廉洁自律的表率，共同营造风清气正的廉洁氛围。

（二）廉洁湘煤建设途径

1. 加强教育促廉洁

当前，国有企业党风廉政建设和反腐败斗争高压态势已经形成，学好、用好《中国共产党廉洁自律准则》《中国共产党纪律处分条例》，不断加强党员干部的廉政教育既是坚守从政道德、保持党的纯洁性的内在要求和重要保证，也是树立正确的价值取向，形成团队合力，促进企业快速、健康发展的根本前提。

（1）要认真组织学习有关文件。各部门、各分（子）公司要进一步组织全体党员干部认真学习党的十八大以来有关党风廉政建设的重要论述，尤其要密切联系思想和工作实际，认真学习习近平总书记系列重要讲话精神和王岐山书记在中纪委第六次全会讲话精神，力求学深悟透，融会贯通，内化于心，外化于行；同时，要结合“两学一做”学习教育，进一步组织学习党章规定、中央八项规定和省委九项规定，切实对照文件精神，查摆自身存在的问题与不足，努力提升精神境界和道德水平。

（2）要认真开展廉洁教育活动。要按照上级规定，认真组织开好集团公司及各分（子）公司“三会一课”及领导班子民主生活会、各支部组织生活会，积极开展批评与自我批评；要坚持推动党内教育从“关键少数”向广大党员拓展、从集中性教育向经常性教育延伸。要适时邀请省委讲师团的相关专家、教授来司开展党风廉政建设专题讲座；要继续组织观看党风廉政建设示范教育电影和警示教育片。通过以上全覆盖、多渠道的活动方式，进一步坚定全体党员的理想信念，提高党性觉悟；进一步增强政治意识、大局意识、核心意识、看齐意识，坚定正确政治方向；进一步树立清风正气，严守政治纪律政治规矩；进一步强化宗旨观念，勇于担当作为，在工作、学习和社会生活中起先锋模范作用，推动党的作风不断好转。

（3）要破除廉洁防控的思想障碍。着力消除“不敢查”的畏难情绪、“不愿查”的反感情绪、“不想查”的抵触情绪和认为廉洁风险就是问题、廉洁风险就是腐败、查找廉洁风险就是查找腐败问题的心理障碍；要通过教育、宣传和讲解，让全体党员干部认识到“廉洁风险防控”不是对各单位、部门和个人不信任，更不是搞个人问题审查，而是为了更好地关心、爱护干部职工，扫清廉洁风险防控工作的思想障碍。

2. 落实制度促廉洁

要按照中央、省委要求，对照《中国共产党章程》《中国共产党廉洁自律准则》《中国共产党纪律处分条例》和国家法律法规，进一步修订完善集团公司现有规章制度，把纪律要求细化、具体化，把落实中央八项、省委九项规定精神转化为内部规范，并严格督办落实，切实扎紧制度笼子，使党纪国法、企业内控制度真正成为全体党员干部的日常行为准则和必须遵守的底线。

3. 加强防控促廉洁

推进廉洁湘煤建设，要在源头上下功夫。

（1）必须抓好组织领导，严格落实党风廉政建设责任制。一方面，各部门、各分（子）公司的主要负责人要认真履行“第一责任人”职责，把加强廉洁风险防控作为一项重要政治任务，高度重视，加强领导，认真做出部署和安排；各级领导班子成员要认真履行“一岗双责”，身体力行，率先垂范，带头查找廉洁风险，带头落实防控措施，切实抓好分管范围内的防控工作。另一方面，每年要继续与各部门、各单位的主要负责人签订党风廉政责任状，按照“谁主管，谁负责”的要求，明确责任，层层落实，并将党风廉政建设作为一项重要指标纳入年度考核。

（2）必须坚持掌握“统筹考虑、逐级推进”的廉洁风险防控方法。一方面，要把廉洁风险防控纳入集团公司的全面风险管理体系和日常经营管理体系中统筹考虑，使廉洁风险防控与集团公司的经营管理、安全生产、服务保障等各项工作紧密结合起来。另一方面，要根据实际情况，采取“自下而上、逐级推进”的方式，以岗位为基础，以基层党组织为起点，层层查找、层层梳理，找准廉洁风险点，制定具体防控措施。

（3）必须落实突出重点、注重实效的廉洁风险防控要求。企业任何一个岗位，只要有职责、有资源、有权力，就有潜在的廉洁风险。职权越大、资源越多，受腐蚀的风险就越大。廉洁风险防控的重点对象就是管理人员和关键岗位人员。具体来说，要突出三个重点：其一，是重点部门、重点单位。主要是在人、财、物、工程建设、物资设备采购等方面的管理职权比较集中的单位和部门；其二，是重点岗位、重点人员。主要是各部门、各直属单位领导班子成员，其他各级管理人员特别是掌握一定资源、具有一定权力的关键岗位人员。其三，是重点领域和关键环节。既有职能部门的立项审批、资金支付、合同签订等重要业务事项以及成员企业的“三重一大”决策等，也包括涉及多个部门、多个子企业的业务领域和关键环节，比如工程建设、物资设备和服务采购（招投标）、重大项目投资等。

4. 民主监督促廉洁

推进廉洁湘煤建设离不开广大党员干部、职工群众的积极参与。

（1）要注重发挥企业“大宣教”的作用，努力构建全员齐抓共管的宣教格局，积极鼓励党员、群众参与监督，调动各方面参与廉洁湘煤建设的积极性、主动性和创造性。通过上下联动、干群合力和广泛持久的廉政建设，在企业形成人人思廉、人人倡廉、人人促廉、人人反贪的良好风尚。

（2）要不断健全和完善集团公司民主生活会、述职述廉、党员评议、巡视巡查、诫勉谈话等民主监督机制。

（3）要通过公开廉洁电话、电子信箱、专项投诉等形式，及时受理广大干部职工的意见和诉求，扩大民主监督的力度和广度，增强监督实效。

三、高效湘煤建设

（一）高效湘煤建设内涵

高效湘煤建设的目标是进一步增强党员干部的敬业精神和执行力，增强专业素质，改进工作态度，提高工作效率。高效湘煤，意味着每一名党员干部都能做到高度敬业，自觉增强使命感，将工作当成自己的事，忠于职守、一丝不苟、团结协作、善始善终；意味着每一名党员干部都能做到敢于承担责任，坚持原则，充满自信，不贪功，不诿过；意味着每一名党员干部都能掌握有效的工作方法和技巧，不断创新思维，改进绩效，全面实现集团公司各项目标任务，推进企业高质量发展。

（二）高效湘煤建设途径

1. 思想教育促高效

（1）珍惜岗位，就是要求全体党员干部端正工作态度，感恩心做人、责任心做事。个人拥有现在的工作岗位，并不能证明这就是能力超群得来的结果，只能证明这个人在具备基本任职条件的基础上，得到了组织的培养和群众的信任。缺乏组织的培养和群众的信任，个人能力再怎么优秀也不会有发挥才华的舞台和空间。因此，在现有岗位上，要讲良心、致良知，虚怀若谷、戒骄戒躁，绝不能恃才傲物，目空一切，认为一切都是应该的，应得的，理所当然的；更不能思想松懈，得过且过。每一名党员干部都要珍惜来之不易的工作机会，踏实工作，认真履责，做出成绩，用实际行动回报组织和群众的信任。

（2）勤政奉献，就是要敢干事、多干事、会干事、干成事；就是对工作不轻视、不怠慢，做小事如大事，视细节如全局。各级领导干部要始终树立勤政意识，少计较个人得失，多讲奉献，顾全大局。面对复杂的外部经济形势和扭亏增盈的重重压力，未来集团公司经营发展的目标会更高，任务会更重，挑战会更多，难度会更大。这就要求广大党员干部必须全身心扑在工作上，全身心放在履责上，不能有丝毫的玩忽懈怠，不能愧对组织的信任和群众的重托。

（3）创造价值，是企业人的根本特质，只有实现企业的价值提升，才有可能实现个人的价值升华。俗话说“大河有水小河满，大河无水小河干”；企业价值的创造靠员工来提供，只有每一名员工都立足本职岗位创造了价值，企业的价值才能得以实现。集团公司全体党员干部，尤其是中高层管理人员应当将努力实现国有资产保值增值作为自己的奋斗目标，用能力为自己定位，用业绩书写精彩，用埋头苦干来奉献岗位，用执着坚定来拒绝放弃；每一名管理人员都必须“在其位，谋其政”，绝不能马虎了事，碌碌无为；只有这样，才能体现个人价值，才有可能在内外部竞争中站稳脚跟，不被轻易替代。

2. 选人用人促高效

推进高效湘煤建设，选人用人是关键。要始终坚持德才兼备、以德为先的基本原则，始终贯彻突出业绩、激励约束、不拘一格的选人用人理念，切实做好干部选拔任用工作。正所谓有德是“山”，有才是“水”，山水相依，德才并茂，才能创造出生机勃勃、欣欣向荣的人才培育环境。

（1）德才兼备，以德为先。“德”的涵义站在企业这个层面来讲，就是要求选拔任用的干部必须具备“价值取向正确”这个核心标准，必须高度认同集团公司的企业文化内涵，必须具备高度的敬业精神和责任意识，必须具有勇于担当、敢挑重担的拼搏精神和创新思维；同时，愿意将个人的利益追求建立在企业利益实现的基础之上。

对于一个人是否有“德”的衡量，不是一朝一夕的事情，需要经过长时间的岗位历练和实际考量，才能准确判断。因此，严格按照程序选拔任用干部是把好“德”这一首要关口的关键所在。在选拔任用过程中，要坚持按章办事，严格程序，做到坚持原则不动摇，执行标准不走样，履行程序不变通；要坚持五湖四海、任人唯贤、重品行、重实绩、重公认，把民主推荐、组织考察、民主决策、任前公示作为干部选拔任用的必经程序，切实将那些政治坚定、作风过硬、群众公认的优秀人才选拔上来；选拔任用过程要严格按照《干部任用条例》和企业劳动人事管理制度中规定的程序推进实施，充分落实职工群众对干部选拔任用工作的知情权、参与权、选择权和监督权。

（2）突出业绩，激励约束。突出业绩，就是显现才干；有“才”不是说出来的，而是做出来的。所谓“口能言之身能行之，国宝也；口不能言身能行，国器也；口能言身不能行，国用也；口言善身行恶，国妖也”。集团公司每一名党员干部都要力争成为企业之“宝”，企业之“器”；都必须具有岗位要求的专业素质和能力水平，能够干得出色，干出实效，在体现自我价值的同时，为企业创造价值。突出业绩的选拔任用原则，既是一种激励，也是一种约束。对于那些高度认同并自觉践行企业价值理论，并且实实在在做出成绩的管理人员，要及时予以提拔重用，让他们在更重要的岗位上为企业作出更大的贡献；相反，对于那些无德又无才，不适应岗位需要，影响企业改革发展的管理人员，要坚决予以调整，甚至辞退。同时，推进高效湘煤建设，提高团队执行力和工作效率，必须进一步建立和完善能够调动全员积极性、具有市场竞争力的激励约束机制，实现企业与员工的共同发展。要进一步加大业绩考核力度，坚持用责任结果评价责任过程，用提供价值来衡量贡献。每年年初，要进一步做好经营目标任务的科学分解，继续与各单位签订经营目标考核责任书，严格开展结果考核和过程督查，并将考核结果与薪酬待遇和选拔任用挂钩，切实做到奖勤罚懒，奖优罚劣。

（3）创新发展，不拘一格。企业改革发展需要创新，选人用人同样也需要创新。要始终坚持创新发展，不拘一格的用人理念，不惟年龄，不唯资历，真正将那些具备创新意识，勇于担当，想干事、能干事、干成事的员工选拔到重要的管理岗位上来，为集团公司的快速健康发展提供坚实可靠的中坚力量。

3. 科学决策促高效

西方决策理论学派的代表人物赫伯特·西蒙认为：管理就是决策，决策是管理的核心。决策水平的高低对企业的成败影响巨大，据美国兰德公司估计，世界上破产倒闭的大企业，85% 是因企业家决策失误所造成的。正如实践是检验真理的唯一标准一样，企业的思想力只有凝结成科学决策才能被证明有效。要通过科学决策使人力、物力、财力、技术、资金和信息等要素实现最佳的资源配置。一方面，要不断加强对中高级管理人员的培训力度，提高科学决策水平；另一方面要不断完善决策的制度建设和流程再造，创新决策方法；特别是“三重一大”决策事项，必须坚持原则，求真务实，防范风险，谨慎操作，确保集团公司在选人用人、项目投资以及其他重大事项的决策上，既不出现失误，又能取得理想的成效。

4. 管理提升促高效

针对煤炭行业的竞争不断加剧，内外部环境更加复杂，对企业管理的精细化水平提出了更高要求。我们要进一步创新管理方法和管理模式，全面提升战略管理、运营管理、销售管理、投资管理、财务管理、人力资源管理、全面风险管理、安全生产管理水平。从集团公司层面来说，要重点加强以下两个方面的管理提升工作，推进高效湘煤建设：一是要进一步提高集团化管理管控制度、流程和运行机制的科学性、规范性和可操作性，充分发挥母合优势。二是要进一步提高管理信息化建设水平，努力构建集成、节约、高效的管理信息化系统，提高运营效率。

5. 鼓励创新促高效

鼓励创新是增强企业核心竞争力的根本举

措。事实证明，与缺乏创新的企业相比，成功创新的企业能获得 20% 甚至更高的增长率。下一步，集团公司将要努力构建具有自身特色的创新体制，不断增强全体党员干部的创新意识。要把创新作为集团公司未来发展的主要驱动因素，不断鼓励管理创新、科技创新、营销创新、安全生产创新，持续激发全员的创新热情，并从物质奖励和精神奖励两方面加大对创新成果的扶持力度，努力形成尊重创新，尊重知识，积极进取，勇于开拓的良好精神氛围。

四、“三个湘煤”“三个共同体”理念及联系

（一）“三个湘煤”内在要素及联系

和谐、廉洁、高效是组成“三个湘煤”理念的基本要素。其中，和谐是前提、是基础。和谐意味着相同相成、相辅相成、相反相成、互助合作、互利互惠、互促互补、共同发展。和谐既是一种资源，又是一种环境，不仅出战斗力、出生产力、出凝聚力，而且也出效率、出成绩、出干部。和谐让一切成为可能。廉洁是保障。企业如果风清气正，即使它陷入危境也能确保精神不垮、人心不散。领导干部如果廉洁从业，即使承受重压也能做到忠于职守、勇于担当。“公生明，廉生威”。不廉无以立身、不廉无以明志、不廉无以从业。廉能服众、廉能聚力、廉能兴企、廉能安邦。风清则气正，气正则心齐，心齐则事成。廉洁意味着严于律己、克己奉公，一尘不染，廉洁意味着清清白白，心无旁骛，光明磊落，自警自省，正直坦荡。廉洁既是个人的道德底线，也是企业、社会的发展底线，更是个人、企业和社会乃至世界的发展保障。高效是目标。高效湘煤是“三个湘煤”建设的最终目标。简而言之，高效即效率高、效果好。美国著名管理学教授罗宾斯对高效有很好的概括：目标明确、技能过硬、相互信任、共同诺言、良好沟通、合适领导、内外支持，而这几点，无不闪耀着和谐、廉洁的光辉。不和谐，步履艰难，不廉洁，方向跑偏。所以，只有具备和谐这个基础，廉洁这个保障，企业才有可能做到决策高效、流程高效、执行高效、团队高效、管理高效。

（二）“三个共同体”内在要素及联系

“责任、感情、利益”是“三个共同体”理念的基本要素，其中责任是前提、是基础。责任意味着勇挑重担、敢于担当。责任意识是一种自觉意识，也是一种传统美德。责任是一种能力，又远胜于能力，责任是一种精神，更是一种品格。责任意识，是“想干事”，责任能力，是“能干事”，责任行为，是“真干事”，责任制度，是“可干事”，责任成果，是“干成事”。没有责任感的人，寸步难行，不负责任的企业，行而不远。湘煤人，要在干事创业上讲责任、要在攻坚克难上讲责任，要在动真碰硬上讲责任。感情是纽带、是桥梁。人非草木，孰能无情。对家人有感情，家庭和睦；对工作有感情，努力精勤；对同事有感情，合作无间；对企业有感情，爱岗敬业；对国家有感情，忠诚奉献。湘煤人，要对组织讲恩情，对职工群众讲真情，对同事讲友情。利益是结果。这个利益首先是国家利益、集体利益、企业利益。只有肩有责任、心有感情，工作才有动力，才有劲头，才有成效，才能创造出利润、成果。劳动所得的个人利益合理合法，也是员工个人价值的物质体现，更是让员工共享企业发展成果的最直接、最具体的方式。要对“利益”二字准确定位，不断增强对企业的认同感、集体荣誉感和获得感，从而更加正确地处理个人利益与国家利益、集体利益、企业利益的关系。“利益”让“三个共同体”的理念更完善、更实在、更接地气，更体现了科学发展观以人为本的核心思想。

（三）“三个湘煤”和“三个共同体”内在联系

“三个湘煤”是企业、是集体、是员工赖以生存、为之奋斗的家。“三个共同体”是员工、是队伍、是企业的细胞和主体，是企业改革和发展的基础和动能，也是企业与员工“你中有我，我中有你”的血肉联系。只有思想同心、道义同德、目标同向、行动同步、执行同力，形成了“责任、感情、利益”共同体，才能有效推进“和谐、廉洁、高效”湘煤建设。同样，只有“和谐、廉洁、高效”湘煤建设取得了实实在在的成果，才能使“责任、感情、利益”共同体更加牢不可破。它们一成俱成，一损俱损，互为前提，互为因果，互为促进，互为支撑，相得益彰。

“共同体”中的每位员工都应树立正确的价值观，将个人价值的实现与“三个湘煤”的改

革和发展统一起来，将个人的价值取向与企业的价值取向统一起来，以对家的忠诚眷恋，以不达目的誓不罢休的创业激情，创造性地做好自己的本职工作。同时，企业的制度建设，尤其是激励机制的建设和文化建设也应更加人性化、更加科学化，多给员工温暖和关怀，为员工个人价值的实现提供更加广阔的空间。

“三个湘煤”建设理念是一个宏大、广博的理论体系。打造“责任、感情、利益”共同体和“感恩心做事，责任心做人”的队伍建设理念，“诚信、敬业、奋斗、团队和主人翁精神”的职业经理人团队建塑理念，“三个最大”“三个首要”的安全理念，“放管结合、放而不乱、管而不死”的管理理念，“全面预算管理”的经营理念、“精品煤战略”的市场理念，“全面确立定位权变、战略权变、运营权变”的改革理念，“做湖南能源保障主平台”，“打造以基础能源产业为依托，有限多元，产业经营和资本运营融合发展的大型投资控股集团公司”的发展理念等一系列理念，其都是涵盖在“三个湘煤”建设理念框架之内，作为“三个湘煤建设”理论体系的有机组成部分。

第三节 文化标识

一、公司标识

（一）标识

公司标识如图9－1－1所示。

（二）释义

主体由太阳、字母“M”、向上汇聚的主线条组成，以“日出湘煤红似火”为核心创意。字母“M”为“煤”字拼音首字母，造型似雄伟壮观的大山，既符合企业以煤矿为主导的行业特征，又寓示着“湘煤集团公司”稳健如山的发展、责任如山的管理精神；底部向上汇聚的主线和大山造型相连接，感受到富饶的煤炭资源正源源不断地产出，也寓意湘煤人凝聚成一股无比强大的力量；标志的上方犹如一轮冉冉升起的红日，象征“湘煤人”积极进取的精神和“湘煤集团”蒸蒸日上的光明前景。

图9－1－1 公司标识

标志整体创意突出“汇聚”“发展”，准确地传达出集团公司的向心力和服务社会的荣誉及责任。标志的主色彩为金红和炭黑，金红寓意热情、开放、创新与突破，如同耀眼的光芒，蕴涵强大的能量及动力。黑色代表广博、深厚、稳健与庄重，又是煤炭行业的本色，代表了高品质的能量资源。

标志整体采用对称均匀的设计手法，圆润而雄厚。体现出庄重、严谨、大气、现代的感觉，具有国际化企业的形象风格。

二、公司司旗

企业旗帜(司旗)(图9－1－2）是企业对内传达的重要媒体，主要设置于企业大型活动场所，构成区域视觉环境，营造出多层次的视觉气氛。

图9－1－2 公司旗帜

第二章　文　化　建　设

第一节　文 化 载 体

一、一报一刊一歌

（一）湘煤集团报

2007 年 1 月，《湘煤集团报》创办，旬刊、对开大报、单面彩色。它开宗明义打出“升华企业文化、凝聚团队精神、助推经济发展、展示员工风采、服务和谐矿区建设”的办报宗旨和“专业性、服务性、前瞻性”的办报理念，充分发挥桥梁、纽带和喉舌作用。办报实践中，坚持贴近实际、贴近生活、贴近群众，坚持创新内容、创新形式、创新手段，打好主动仗，唱响主旋律。在方向性上求强、新闻性上求新、服务性上求用、时效性上求快、指导性上求实、可读性上求活，努力把《湘煤集团报》办成阅读赏心悦目、领导群众满意、受众喜闻乐见的良好读物和高品位媒体。经过 16 年的探索，《湘煤集团报》跻身湖南省“十佳企业报”行列，深受业界和专家的一致好评。在每年度的湖南省好新闻、全省企业报好新闻评比活动中《湘煤集团报》选送的参评作品均在省属企业中名列前茅。

《湘煤集团报》还先后获得湖南省“十佳”企业报，湖南省企业报“改革开放四十年新闻宣传工作先进单位”，“中国内刊好报纸特等奖”，“2018—2019 年度中国品牌企业报刊百强”等荣誉称号。并成为湖南省记协企业报分会常务理事单位。

（二）《湖南煤业》杂志（原《黑金时代》杂志）

2012 年 1 月，《黑金时代》杂志创刊。杂志为季刊，设本期特稿、湘煤声音、专题报道、深化改革、特别聚焦、安全之本、科技之光、资讯要闻、探索之旅、文体之声、乌金之子、特别报道、经营管理、企业风采等主要栏目。每期印刷 3000 册，在集团公司所属单位免费发放、同行业和兄弟单位赠送交流。该杂志已录入中国煤炭工业期刊核心数据库。

2019 年，经湖南省新闻出版局批准，《黑金时代》杂志更名为《湖南煤业》杂志，更名后的《湖南煤业》杂志更加贴近实际、贴近基层、贴近员工。并成为中国煤炭新闻媒体联盟常务理事单位。

（三）集团公司司歌

2007 年 8 月，集团公司以（湘煤集办〔2007〕625 号）文件，下发《关于开展“我的湘煤我的家”主题歌词征集的通知》，征集司歌。

2007 年 8 月，在中国音协党组书记、副主席、著名音乐家徐沛东的悉心指导下，集团公司司歌《我的湘煤我的家》（贺东久作词，张千一作曲）问世（图 9－2－1）。

2007 年 12 月 6 日，《我的湘煤我的家》由中国人民解放军原总政治部歌舞团著名歌手、全国首届中国音乐“金钟奖”、第八届全军文艺汇演一等奖获得者王丽达演唱并在北京制作完成。

2008 年，集团公司为让湘煤人唱好并理解这首司歌的深刻含义，制作 CD 光碟发放到各矿区广为播放。

2009 年 6 月，在集团公司成立 3 周年之际，组织开展司歌《我的湘煤我的家》传唱活动，并举行大型合唱比赛。

二、湘煤文化丛书

集团公司先后编辑出版《我的湘煤我的家》《我们走在大路上》《湘煤家国情》《企业文化手册》《燃烧的太阳石》《精粹》《星耀湘煤》《青春飞扬—新湘煤人语》《科学发展在湘煤》《创先争优在湘煤》《湘煤，走进新疆》《舞动青春》《风雨兼程一路高歌》《湘煤魂》《春回湘煤》《建设“三个湘煤”、打造“三个共同体”》等文集（画集）二十余部，拍摄制作《黑金闪耀》《走出地平线》《抗冰浴雪》《向着春天走》《无奋斗不湘煤》《乘

我的湘煤我的家

贺东久 词
张千一 曲

♩=63 亲切温暖而又抒情地

图9-2-1 公司司歌《我的湘煤我的家》

“智”腾飞——湖南首家智慧矿山》《筑梦主平台》《“三王村”巨变》《湘煤集团〈我和我的祖国〉》《新湘煤里新事多》等电视宣传片十多部。在集团公司内外产生了巨大反响。

（一）《我的湘煤我的家——湘煤矿工书画展暨迎奥运书画展》作品集

2008年6月，出版《我的湘煤我的家——湘煤矿工书画展暨迎奥运书画展》作品集。共收集书画作品158幅。书画作品展得到了湖南省政协副主席魏文彬，中国作协副主席谭谈，湖南省作协副主席兼秘书长、毛泽东文学院通管处主任梁瑞郴，中国煤矿美术家协会副主席、湖南省美协理事康移风，湖南省书法家协会副主席刘文广等领导和文艺名流的大力关怀和支持，亲临现场点评指导并题词，通过认真评选共精选出68幅书画赛获奖作品入选丛书。

（二）《开启黑金时代》媒体聚集中的湘煤作品集

2009年6月，出版《开启黑金时代》媒体聚集中的湘煤作品集。该书共分“开启黑金时代核心关注”“开启黑金时代　焦点透视”“开启黑金时代　图说湘煤”三大部分组成，共收录了《人民网》《红网》《湖南日报》《三湘都市报》《中国煤炭企业管理》《中国煤炭报》等各大媒体采用的256篇新闻作品。全方位、多维度地展示集团公司企业风貌和工作成就。

(三)《科学发展在湘煤》优秀作品集

2009年5月，出版《科学发展在湘煤》优秀作品集。该书汇编了集团公司领导班子调研成果报告和解放思想大讨论高峰论坛的讲稿，以及直属各单位党委班子成员调研报告、基层党组织领导人学习心得近100篇。全书分为成果荟萃、高峰论坛、精彩视点、基层声音四辑，文字来自基层，来自实践，主题明确，内容丰富，视角独特。

(四)《建设“三个湘煤”打造“三个共同体”》优秀作品集

2018年2月，出版《建设“三个湘煤”打造“三个共同体”》优秀作品集。全书征稿、评选、结集共耗时一年多时间，收集了112篇(幅)作品。作品集分为“纵论笔谈”“知行合一”“翰墨飘香”三个章节，将“三个湘煤”“三个共同体”的理念之精髓全面、立体、多维度展现给广大读者。作品集里，收录了集团公司党委书记、董事长廖建湘《着力推进“和谐湘煤、廉洁湘煤、高效湘煤”建设构建企业改革发展稳定基石》和《知行合一 全面融入建设“三个湘煤”打造“三个共同体”推进“两学一做”》两篇重要文章；集团公司组织开展的“三个湘煤”杯征文获奖的优秀文学、书法作品和《湘煤集团报》组织开展的学习贯彻落实“三个湘煤”笔谈部分稿件；有“三个湘煤”“三个共同体”原创者对理念体系的综述概论，有各个层次的干部员工对之的深度解读和纵谈热议；有思想理论上的探讨，有“三个湘煤”“三个共同体”积极践行的典型推介。

(五)《春回湘煤》“湘煤心·祖国恋”征文作品集

2019年5月，按照省国资委党委的统一部署，集团公司开展庆祝中华人民共和国成立70周年“湘煤心·祖国恋”征文活动。在历时近一年的征文中，广大作者踊跃参与，有集团公司员工、家属、离退休老同志，有在湘煤工作、生活过的社会各界人士。大家以诗歌、散文、词赋、报告文学、情景剧等多种体裁撰写。整个征文活动共有250名作者参赛，收到参赛作品320篇。通过精选、评比共结集92件精品文章，出版了近20万字的《春回湘煤》作品集。征文作品集共分“湘煤情缘”“矿山情结”“煤海情怀”“乌金情吟”4个章节，高扬的是主旋律，记载的是家国情，彰显的是统信为，贯穿的是“三个湘煤”“三个共同体”新湘煤文化理念的精气神。

《湘煤集团报》《湖南煤业》杂志开辟专栏或专版，择优发表了优秀参赛作品，还有部分精品力作被推荐到省国资委参加“国企心·祖国恋”征文评比，有4件作品分获一二三等奖，16篇作品先后被《湖南日报》《湖南工人报》《学习强国》《今日头条》《红网》刊发。

第二节 安全文化

安全文化作为企业文化的一个子系统，集团公司高度重视。2016年，集团公司新领导班子到任后，认真贯彻习近平总书记关于安全生产的重要论述和重要指示精神，认真落实省委、省政府和省安委办关于安全工作的部署安排，认真落实“人民至上、生命至上、安全第一”方针，创新安全管理，创造性提炼具有自身特色的“三个最大”“三个首要”的安全理念。安全是最大的政治，安全是最大的效益，安全是最大的福利；确保安全是企业的首要任务，是领导班子的首要职责，是体现领导班子能力的首要指标。出台《关于加强安全文化建设工作的指导意见》，夯实了安全文化基础，提升了安全文化水准。

2017年，集团公司安全文化建设突出压实三级安全责任，开展三大活动，推进安全“三基”建设，强化三个重点领域安全管控，致力抓安全“三性”的提升，严格安全管理三追责，打造本质安全型文化。压实三级安全责任：即压实原煤、非煤公司安全生产主体责任，矿区安全生产管理局安全监管主体责任，矿井(项目部、车间、工段)现场安全管理责任；开展安全三大活动：即开展《推进安全生产领域改革发展的实施意见》宣贯落实活动，安全生产检查督查活动，安全生产月活动。强化安全“三基”建设，即强化基础、基层、基本功“三基”建设。致力抓安全“三性”的提升：即致力管理人员抓安全工作的积极性，企业主动负责的主动性，员工遵章守纪的自觉性的提升。强化三个重点领域安全管控：即强化高危企业的安全管控，强化混合所有制单位的安全管控，强化外委行为责任追责、隐患责任追责、事故责任追责。

2018年，集团公司上下全面提升安全文化思想境界，以习近平总书记关于安全生产重要论述和重要指示批示为指导，始终坚守“发展绝不能以牺牲安全为代价”这条不可逾越的红线，以“知道就要做到”的执行力，正确处理安全与生产、安全与改革、安全与效益的关系，不断提高依法依规的意识和能力，切实做到先安全后生产，不安全不生产。集团公司各级各单位紧紧围绕“三个最大”“三个首要”安全核心理念，把“统、信、为”作为安全行为准则，统一目标追求，打造齐抓共管文化。诚实守信，打造安全诚信文化。正确作为，打造守规尽责的安全文化。同年，集团公司以确立的“三个最大”“三个首要”安全核心文化理念为指导，全面修订完善了《股份公司安全分级管理职责规定》《煤矿安全监督检查规定》《安全办公会议制度》《生产安全事故隐患排查治理管理办法》《煤矿安全生产事故报告制度》《安全事故责任追究制度》《矿区安全生产管理局安全目标奖励考核办法》《原煤公司领导班子成员安全目标奖励考核办法》《煤矿领导班子成员安全目标奖励办法》《驻矿安全监察专员管理考核办法》《矿区管理局、原煤公司、煤矿领导下井及下井带班制度》等安全生产管理制度，通过强化过程考核与责任追究，实行奖惩并举的制度体系，激发各级抓好安全工作的主动性和积极性。集团公司安全生产不断取得新的突破。

2019年，集团公司安全文化建设聚焦安全理念引领，深入宣贯“三个最大”“三个首要”安全理念，教育引导集团公司上下进一步增强对“三个最大”“三个首要”安全理念的思想认同、行动认同、情感认同，做到敬畏生命抓安全、肩负责任抓安全、坚持原则抓安全、带着感情抓安全。遵循安全文化理念，坚守安全生产红线。没有安全，集团公司上下推改革、谋转型就没有稳定的环境；没有安全，集团公司上下提效益、促高效的进程就会受到迟滞和制约；没有安全，集团公司上下就没法挺得起脊梁、说得起硬话；没有安全，集团公司上下就没有地位和价值，更得不到省委省政府和相关厅局委的关系和支持。没有安全，湘煤就没有一切，安全生产是湘煤高质量发展的基础和保障。

2020年，集团公司安全文化建设持续以认真贯彻落实习近平总书记关于安全生产重要论述指示批示精神，深入贯彻落实党中央、国务院、省委省政府和省安委关于安全工作的决策部署，坚持“安全第一、预防为主、综合治理”的安全生产方针，牢固树立“三个最大”“三个首要”的安全理念，以“坚决杜绝较大及以上事故，有效防范一般事故，再创安全年”为工作目标，强力推进。

2020年9月25日，集团股份公司2020年安全生产标准化现场会在金竹山矿业公司召开。集团公司党委书记、董事长，股份公司董事长廖建湘定义安全生产标准化建设“为安全固本、为生产赋能、为效益筑基”，并为与会人员上了一堂“微党课”。集团公司上下坚持把“取向正、全力拼”“无奋斗不湘煤”的新湘煤企业精神与安全文化核心理念深度融合，“湘煤必须安全发展、安全是湘煤生存和发展必须托牢的底板”成为共识。

2021年，集团公司厚植“三个最大”“三个首要”的安全理念，强化底线思维和红线意识，树牢安全发展理念。认真落实省安委办、省国资委部署的重点工作，以煤矿安全生产整治为重点，细化实施《湖南省安全生产领域“打非治违”三年行动方案》，深入开展安全生产专项整治三年行动集中攻坚，在狠抓治本上下功夫，推进本质安全型企业建设。坚持目标导向，以“坚决杜绝较大及以上事故，严防严控一般事故，实现安全年”为工作目标，健全完善安全目标管理制度、安全责任制度、安全考核制度、安全管理制度，健全完善安全管理组织架构，不断完善安全治理体系。坚持问题导向，以“解剖式”安全检查为抓手，全面推进双重预防机制建设；以“一会三卡”为抓手，切实加强基层班组建设；以“四化”建设为抓手，不断提高科技和信息化水平；以推进安全生产标准化为抓手，为安全工作固本强基，提升安全治理能力。注重党建对安全工作的引领作用，注重安全生产责任的落实和考核，注重安全宣传教育和培训，注重安全生产投入和应急救援能力建设，认真开展安全生产专项活动，不断夯实安全基础。

2022 年，集团公司持续强化“三个最大”“三个首要”安全文化建设，对各级领导干部提出认真践行“一线工作法”要求，推动工作重心下沉，将安全职责层层落实到基层一线，坚决反对形式主义、官僚主义。形成领导在一线垂范、情况在一线掌握、办法在一线研究、问题在一线解决、能力在一线提升、成效在一线检验、防线在一线筑牢的良好局面。集团公司党委书记、董事长，股份公司董事长廖建湘提出“安全生产没有巧功，只有硬活；必须以思想过硬、作风过硬、措施过硬，实现安全生产过硬”的安全生产工作新要求。为集团公司安全文化建设注入新理念，丰富了企业安全文化内涵。

2022 年 6 月，集团公司党委书记、董事长廖建湘在周源山矿业公司以《当好第一责任人 建好平安湘煤》为题，深学笃悟习近平总书记的重要论述、树牢安全发展理念，遵守安全生产法、当好第一责任人，加强安全基础建设、建好平安湘煤，给干部职工上了一堂内容丰富、思想深刻、论述精彩的安全生产公开课。要求集团公司各级领导、党员干部要提升安全站位，抓牢安全重点，压实安全责任，创建联防联动联治机制，党政工青妇齐抓共管，织密织牢全方位、一体化的安全生产“防护网”，真正筑牢安全底座、安全防线，推动安全文化建设掷地有声、落地落实。

第三节 廉 洁 文 化

廉洁文化是廉洁思想、境界、共识、俗成的综合体现，是构成企业文化的重要组成部分，对行为方式产生极其重要的影响。集团公司廉洁文化，在促进和保障企业持续健康发展上意义重大。

集团公司成立之初，提出了“煤黑如乌金、心洁似白玉”廉洁文化理念，旨在引导管理人员和员工常修为政之德，常思贪欲之害，常怀律己之心，树立正确的世界观、人生观、价值观、地位观、权力观和利益观，夯实反腐倡廉思想道德基础。之后，在廉洁文化建设上，也做了一些有益的探索。

2007 年，集团公司开展了以廉为荣，以贪为耻的职业道德、社会公德和家庭美德教育。

2008 年，集团公司出台《建立健全惩治和预防腐败体系 2008—2010 年工作规划》，突出对各级领导人员廉洁从业的教育。

2009 年 7 月，集团公司编印《廉洁文化手册》和《廉洁文化在湘煤》手册。并在周源山煤矿组织召开廉洁文化建设现场交流工作会议。

2010 年，集团公司组织以廉洁文化教育为主题的湘潭矿业杯“廉洁从业、清风湘煤”有奖征文竞赛活动。

2016 年，集团公司新一届领导班子确立了建设“三个湘煤”的企业核心文化理念，把“廉洁湘煤”建设作为重要目标。集团公司严格落实党风廉政建设“两个责任”，定期研究部署、督促落实党风廉政建设工作，党委班子成员带队对所属单位落实“两个责任”情况进行检查考核。切实履行党委主体责任、纪委监督责任。建立纪委书记例会制度，定期交流工作，进一步压实监督责任。推行廉政画像制度，重点开展落实中央八项规定及其实施细则精神和反“四风”问题的监督。完善跟班学习制度，帮助基层纪委、纪检监察部门提高业务素质和能力水平。把握和运用监督执纪“四种形态”，加强问题线索处置工作，全集团公司风清气正的良好局面得到巩固和发展。为落实省委省政府和省国资委党委关于推进清廉国企建设的决策部署，集团党委还编制了《清廉湘煤建设实施方案》，从八个方面推进“清廉湘煤”建设工作。湘煤廉洁文化既保持了其鲜明的个性特色，又融入到了“清廉国企”之中。

第三章　群　众　文　化

第一节　文体设施

2006年6月，集团公司成立后，总部在长沙市芙蓉区紫微路原资兴矿业集团公司驻长沙办事处酒店办公，开始对群众文化设施建设进行总体部署、分级规划，增加投入，分期建设。2008年，集团公司着手择址新建办公楼。2010年10月，新办公楼在长沙市天心区万家丽南路奠基开工，2013年建成投入使用，集团公司总部由长沙市芙蓉区紫微路迁至新址办公。集团公司总部投入500万元，建有占地面积1000平方米的职工文化活动中心，即1个职工文化活动室、1个图书阅览室、1个展览室、5套多媒体文化设备、1个室外塑胶篮球场、1个羽毛球场、1个乒乓球室、3处健身器材场。1000平方米的湘煤大厦文化广场，用于集团公司举行大型活动和升旗仪式。集团公司所属子（分）公司均建有各自的文化体育设施，包括工人俱乐部（大礼堂、电影院）、图书馆（阅览室）、职工文化活动室、展览室（安全文化教育展览室、矿情教育展览室、书法美术摄影展览室）、文化长廊、老年活动室、文化健身广场、公园、篮球场、羽毛球场、乒乓球室、门球场、溜冰场、台球厅、舞厅、卡拉OK厅等设施，已有的文体设施保持正常的使用和维护。

2016年5月，集团公司新班子到任以后，着手重塑湘煤企业文化，文体设施得到进一步修复和使用。2017年9月，集团公司举办第一届“国庆杯”职工篮球赛，各单位篮球场进行修复或升级改造。2017年，集团公司总部黑金时代小区简易露天球场升级改造为风雨球场。2020年白沙实业公司简易露天球场升级改造为风雨球场，2021年湘永矿业公司简易露天球场升级改造为风雨球场。三大球场的升级改造，解决了集团公司“国庆杯”职工篮球赛三个赛区受天气影响的问题。其他文体设施也得到进一步修复和启用。各单位棚户区改造项目亦配套有相应的文体设施，职工工作、生活区域文体设施做到了全覆盖。

至2022年末，集团公司及所属各单位有工人俱乐部（大礼堂、电影院）11个，拥有座位约18000个；文化活动室36个；图书馆（阅览室）20个，在籍图书106万册；职工文化广场29个；卡拉OK厅7个；展览室32个，展出各类图片、美术书法摄影作品11890件；灯光篮球场46个；羽毛球场19个；乒乓球室31个；门球场37个；健身场39个；各类文艺体育设备和器材1万余件。

2006—2022年，全集团公司文体设施总投入17614.72万元。17家子（分）公司工人俱乐部拨专款进行维护和装修，增添舞台设备和体育设施。各单位购置电影放映设备、舞台音响灯光设备、多媒体文化设备、摄像机、照相机以及文艺演出的各类乐器、道具、服装等。在矿区机关、新建棚改小区、家属村组建起小型文化公园，栽树种花，硬化跑道，灯光亮化。新建各类健身休闲场所，配置各类健身器材，开设健美塑体室、瑜伽练习室、音乐吧等，供职工群众开展健身和休闲活动。

第二节　文艺活动

文艺活动一直以来都是集团公司群众文化的重要内容。

2007—2008年，集团公司与省国资委联合举办春节联欢会，演出精彩的文艺节目。

2008年5月28日，湘煤矿工书画展在涟源白马爱心书屋举行，湖南省政协副主席魏文彬、中国作家协会副主席谭谈、湖南省作家协会副主席梁瑞郴等领导和名家出席开幕式并题词。

2009年9月17日，集团公司庆祝新中国成立60周年“我的祖国、我的湘煤我的家”职工文艺汇演在湖南田汉大剧院隆重举行。会演前分别在涟邵实业、资兴实业、白沙实业公司组织三场文艺演出，在20个单位精心排练的60个文艺节目演出中，选出23个优秀歌舞节目参加集团公司举办的庆祝新中国成立60周年大型文艺汇演。周源山煤矿获一等奖，涟邵实业公司获二等奖，湘潭矿业、湘永矿业、南阳矿业获三等奖。集团公司选送的舞蹈《腾飞吧，湘煤》荣获一等奖，舞蹈《黑金汉子》、女声独唱《亲吻祖国》荣获三等奖。10月，集团公司选送周源山煤矿、涟邵实业公司的歌舞节目参加省总工会组织的全省大型企业庆国庆文艺汇演，又分别获得一等奖和三等奖。

2011年6月28日，集团公司参加省直基层工会在三一重工举行的“日出东方·感恩七月”湖南省大型企业职工向党献礼文艺晚会，2个节目获得三等奖。6月29日，庆祝建党90周年暨集团公司成立5周年“旗帜颂·湘煤情”大型颁奖晚会在湖南大剧院隆重举行。晚会分为“开天辟地”“烽火岁月”“日出东方”“世纪辉煌”“黑金闪耀”5个乐章，18支文艺代表队、1800余名演员深情登台，其中年龄最大的86岁，最小的6岁。这是集团公司成立以来，规模最大、参加人数最多的一次群众活动，也是影响最广、效果最好的一次企业文化展示。

2011年7月1日，集团公司在湖南大剧院举办“庆祝中国共产党成立90周年红歌大赛”。全集团公司各子（分）公司25个单位全部组团参加合唱比赛，其中百人合唱团18个。每个片区前3名参加决赛，牛马司矿业公司等3个公司分获得金、银、铜奖。7月中旬，集团公司选送牛马司矿业公司等2个单位优秀节目演出视频参加全国煤炭系统“庆祝中国共产党成立90周年文艺汇演优秀节目展播”，获得银奖。

2011年12月，集团公司举办“旗帜颂·湘煤情”大型颁奖晚会，集团荣获由中国煤矿文联、中国煤矿文化宣传基金会联合主办的平煤神马杯·全国煤炭行业庆祝中国共产党成立90周年《丰碑颂》合唱大赛银奖。

集团公司各子（分）公司组织开展适合煤矿职工特点的各种文体活动。举办“歌唱祖国、热爱湘煤、放飞梦想”国庆文艺晚会、“庆祝元旦，祝福安全”元旦文艺晚会以及“安康杯”安全文艺演出等。白沙矿区、资兴矿区“采掘工人节”系列活动的持续开展，让湘煤矿工切身感受到了当家作主的尊重和自豪。

2016年5月，集团公司新的领导班子到任后，不断丰富职工文化生活，积极开展职工文艺活动。

举行新春团拜会。2017年1月25日，中断六年的集团公司总部新春团拜会又回来了。2017—2022年，连续七年举办集团公司总部新春团拜会，以文艺节目表演的形式，回顾总结集团公司过去一年来所取得的成就，鼓舞士气，展望未来，激励全体职工创造美好生活，建设湘煤人共有的精神和物质家园。2022年新春团拜会以智慧矿山周源山矿业公司宣传片《乘“智”腾飞》和岳阳铁水集运公司宣传片《筑梦主平台》拉开帷幕。常德丝弦《新湘煤里新事多》等12个文艺节目精彩纷呈，气氛热烈。集团公司、股份公司领导的合唱《众人划桨开大船》，唱出了湘煤人的豪情壮志。集团公司总部全体职工，集团公司所属各单位的班子成员参加团拜会，节目演出中穿插开奖活动，现场欢声笑语，氛围喜庆祥和。

举行庆祝党的生日文艺汇演。2017年6月30日，集团公司举行庆祝建党96周年“放歌七月 燃情湘煤”文艺汇演。演出共分“红色记忆”“旗帜颂歌”“燃情岁月”“煤海涛声”四个乐章，来自17个单位19个文艺节目浓情上演。白山坪矿业公司的歌舞诗《前进湘煤》、兴源矿业公司的舞蹈《众人划桨开大船》捧走一等奖。2018年7月1日，“新时代 新湘煤”庆祝建党97周年暨集团公司成立12周年文艺汇演在集团公司举行。演出分“初心不忘”“阳光路上”“星耀湘煤”“时代梦想”四个乐章，每一部乐章环环相扣、遥相呼应、高潮迭起。演出与颁奖交替进行，湘煤职工家属及周边居民共2000多人在湘煤大厦前坪共同见证这一欢乐时光。兴源矿业公司的《新时代 新湘煤》、嘉禾矿业公司的《迎亲》获一等奖。2019年6月30日，举行以“迎国庆、颂党恩、湘煤情”为主题的庆祝建党98周年暨新中国成立70周年歌咏会演。歌咏会演分“不忘初心”“康庄大道”“时代强音”“煤海颂歌”四个乐章，共22个节目，4小时激情演绎，近2000名演员同台献艺，表达了40万湘煤人的家国情怀。周源山矿业公司的大型歌舞

《在灿烂的阳光下》、街洞矿业公司的歌舞《没有共产党就没有新中国》荣膺一等奖。2020 年 7 月 1 日，以“踏歌而行”为主题的庆祝中国共产党成立 99 周年文艺汇演在湘煤大厦浓情上演。会演分“风展红旗”“风雨兼程”“风气潮涌”“风华正茂”四个乐章、22 个节目，高潮迭起、精彩纷呈。兴源矿业公司的《煤海风华》、楚湘建工集团公司的《山村迎来金凤凰》荣获一等奖。2021 年 7 月 1 日，主题为“万山红遍”的集团公司庆祝中国共产党成立 100 周年文艺汇演激情上演。演出分“红日东升”“红色沃土”“红星闪耀”“红旗招展”。湖南煤矿最早的党组织活动在 1926 年 8 月 12 日，中共湘西特委在牛马司成立煤矿产业工会。95 年湖南煤矿党组织的光辉历程，在节目中呈现。近 3 个小时的精彩演绎，40 万湘煤职工家属的献礼，和着煤海涛声，燃烧心中的激情。这是集团公司公司文艺汇演史上规模最大、阵营最强、质量最高、影响力最深远的综合性演出。南阳矿业公司的舞蹈《奔腾不息》、楚湘建工集团公司的《幸福三碗酒》获一等奖。为了满足集团公司广大职工、家属观看集团公司庆祝中国共产党成立 100 周年文艺汇演的愿望，特邀请湖南教育电视台现场全程录像，后期制作完成后，将演出盛况在 2021 年 7 月 3 日 21:30 首播,7 月 5 日 20:45 和 7 月 7 日 20:45 重播，湘煤近 40 万职工家属通过各种媒体观看演出盛况。据统计，文艺汇演网络播放量达到 674. 8 万人次。2022 年 7 月 1 日，集团公司举行主题为“沃土红魂”的庆祝建党 101 周年暨喜迎党的二十大文艺汇演。演出分“火焰”“热土”“耕耘”“攀登”四乐章，共 24 个节目。宝源矿业公司的《湘煤好儿郎》、周源山矿业公司的《乘“智”腾飞》获一等奖。

参加上级组织的职工文艺活动。2018 年，省国资委开展庆祝改革开放 40 周年国企文艺下基层活动，集团公司选送的情境当代舞剧《奋进湘煤人》参加巡演，获得企业充分肯定。2019 年省总工会、省委网信办举办“百万职工同声唱”MV 网络竞赛，集团公司工会选送的《我和我的祖国》MV 获“百万职工同声唱”活动一等奖，选送节目参加省国资“七一”歌咏会演获得一致好评。

第三节 文艺创作

2006 年，集团公司积极培育湘煤文化，提升企业文化品质。建立文艺社团和职工群众文艺创作小组，举办各类征文比赛和美术书法摄影展览活动，开办群众文艺创作培训班，举办职工文学、书画和摄影讲座及专题辅导，为职工文艺创作提供学习和交流平台。

集团公司文艺爱好者深入矿山，贴近生活，从普通的煤矿生产、生活中发现、挖掘、提炼题材，创作出一批反映煤矿工人工作和生活的优秀文艺作品，涌现出一批文艺创作队伍。涉及领域包括文学、美术、书法、摄影、音乐、舞蹈等。

拥有一批国家、省（部）、市级作家协会，美术、摄影、书法家协会以及戏曲、诗词楹联协会会员。其中：中国作家协会会员 1 人，湖南省作家协会会员 12 人，中国煤矿作家协会会员 2 人，市（县）作家协会会员 32 人；中国书法家协会会员 1 人，湖南省书法家协会会员 7 人，中国煤矿书法家协会会员 7 人，市（县）书法家协会会员 23 人；中国美术家协会会员 1 人，湖南省美术家协会会员 2 人，中国煤矿美术家协会会员 1 人，市（县）美术家协会会员 12 人；中国摄影家协会会员 2 人，湖南省摄影家协会 6 人，中国煤矿摄影家协会会员 1 人，各市（县）省摄影家协会 10 人；中国煤矿音乐家协会会员 2 人；中国国画协会会员 1 人；中国煤矿篆刻家协会会员 1 人。

职工业余文艺创作爱好者 2000 多人。成立各类文艺社团和兴趣爱好协会（小组）106 个。其中文学社团和爱好小组 21 个；美术、摄影、书法社团和兴趣爱好小组 43 个；诗词楹联社团和兴趣爱好小组 4 个；戏曲、音乐、舞蹈社团和兴趣爱好小组 25 个，其他类 13 个。参加各类社团和兴趣爱好小组人数达 4000 余人。

第四节 创作成果

集团公司及子（分）公司的作家协会，美术、书法、摄影家协会和其他类协会会员以及业余爱好者在长期的创作实践中，勤奋耕耘，创作出大量文艺作品。

一、文学

唐小龙，集团公司总部职工，诗歌散见《诗刊》《星星诗刊》《诗歌月刊》。诗歌《双亲父母》入选《2009年度诗歌散文精选》，散文《回来的月光》入选《2010年中国散文经典》。著有诗集《四季之恋》《我的矿工兄弟》，散文集《回来的月光》等书。

王金星，集团公司总部职工，出版报告文学集《原色》《无底黑洞》，散文学作品集《风雨人生路》《踏歌而行》《逐梦新时代》，小说《桂嫂》，政论文集《不尽之言》等，创作中国煤矿第一部女性题材长篇小说《月亮花开》，累计发表各类作品达400万字。

刘俊明，集团公司总部职工，在《人民日报》《星星》《散文》《散文诗》《湖南日报》《工人日报》《中国煤炭报》等省级以上报刊发表文学作品60多万字，出版报告文学作品集《龙聚珠江》，诗集《灵魂深处》。

周跃辉，涟邵矿业集团公司职工，现已退休。1983年开始从事文学创作，先后在《中国煤炭报》《湖南工人报》《涟邵工人报》《涟邵文艺》《湘煤集团报》等报刊发表新闻、散文、小说、摄影等作品数百篇。参与编辑《涟邵文艺》《家园》《年轮》《红色颂歌》《承脉》《心声》等涟邵企业文化丛书。2015年8月出版著作《燃情岁月》。

陈立勇，湘煤立达职工，诗歌《沁园春·水》获全国诗歌散文大赛二等奖，中篇小说《残局令》获《今古传奇》杂志年度优秀小说，长篇小说《新梦幻江湖》获搜狐文学网年度十佳小说奖。中国工人出版社出版发行历史小说《汉朝那些事儿》、当代小说《我在矿山挺好的》。

陈援华，金竹山矿业公司工人作家，2009年10月所著散文集《人生苦旅》，由大众文艺出版社出版发行。曾发表诗集《时代遗落的音符》，并入选湖南作协50年优秀成果展，名字收入《湖南当代作家大辞典》。

曹仙忠，资兴实业公司社区职工，著散文集《我在忙什么》《平民笔记》，由大众文艺出版社和中国戏剧出版社出版发行。

王龙辉，红卫公司沈家湾矿职工，作品散见于《诗神》《作家天地》《文学风》等，在《长江文艺》《热风》等省级刊物举办的文学赛中获奖。

唐亚军，牛马司矿业公司职工，在《中国煤炭报》《职工安全生产报》《当代商报》《湖南工人报》《湖南安全与防灾》等发表散文、小说、诗歌等作品24篇。

何颖，南阳矿业公司职工，在《中国煤炭报》《湖南工人报》发表文学作品3篇。

邹劭玲，金竹山矿业公司职工，在《胶东文学期刊》发表中篇小说《爪哇犀牛》，在团结出版社出版散文集《37℃的温暖》。

谢小玲，金竹山矿业公司职工，在《湖南日报》《湖南工人报》《红网》发表文学作品3篇。

谢群欢，金竹山矿业公司职工，在《中国煤炭报》《当代矿工》《湖南工人报》发表文学作品5篇。

彭瑶，街洞矿业公司职工，在《中国煤炭工业》《中国煤炭网》《当代矿工》发表作品5篇。

雷新根，街洞矿业公司职工，在《湛江晚报》《井冈文学》等发表诗歌、散文3篇。

二、美术、书法、绘画、摄影

2007年，子（分）公司分别举办“迎十七大、迎奥运”职工美术、书法、摄影展，有26件作品选送湖南省煤炭工会、湖南省总工会参展。

2008年4月20日—5月25日，集团公司举办庆祝集团公司成立二周年暨庆祝改革开放三十周年迎奥运书画作品展征集活动。收到书画作品158幅，获奖书画作品68幅。并编辑出版《我的湘煤我的家——湘煤矿工庆祝湘煤集团公司成立二周年暨迎奥运书画展作品选》。

2008年4月，参加湖南省总工会和湖南省委《新湘评论》杂志社共同举办的“长丰杯”庆祝改革开放三十周年迎奥运职工书画作品征集评奖活动，有12件作品获奖。

2008年5月28日，时任省政协副主席魏文彬、中国作协副主席谭谈、省作协副主席梁瑞郴出席在娄底市白马湖畔湖南文艺家创作之家举行的集团公司成立二周年暨庆祝改革开放三十周年、迎奥运湘煤矿工书画展。

2009年5月8日，集团公司举办“走进湘煤——纪念涟邵矿务局（集团公司）成立五十周年”大型文化活动。曾在涟邵矿务局工作过的湖南省政协副主席魏文彬，湖南省作协副主席、省文联名誉主席谭谈担任活动顾问。出版书法、美术、摄影作品集《祖国万岁》。

2011年7月，湖南省煤炭工会举办“骆煤杯”庆祝建党九十周年湖南煤炭系统干部职工书画大赛。金竹山矿业公司唐常洲书法作品、吴金球国画作品分获一等奖；集团公司总部机关唐小龙、涟邵实业公司陈书华、李哲的书法作品分获二等奖；洪山殿矿业公司胡成钢、金竹山矿业公司书法作品和金竹山矿业公司宁小静篆刻作品分获三等奖。有12人书画、篆刻作品获得优秀作品奖。

金竹山矿业公司刘广文先后在中国美术馆和全国各地举办七次“刘广文隶书展”。湖南省美术出版社出版《刘广文隶书》大型专辑，被评为湖南省十大青年书法家。

涟邵实业公司美术家康移风习画40年，作品《矿工》参加全国美术展览，多幅作品被海内外艺术馆收藏。作品两次获“五个一工程”奖、文化部颁发的“群星奖”和全国总工会颁发的“五一文化奖”。2005年12月在中国美术馆举办个人画展，2010年在长沙举办个人画展。并出版有《康移风中国画作品集》《我的兄弟康移风矿工系列国画作品集》等书。

涟邵实业公司陈书华，2006年由梅山书画院编辑出版《陈书华书法作品选》，中国作协副主席、湖南省文联主席谭谈，湖南省文联副主席、湖南省书法家协会主席何满宗题词。

金竹山矿业公司杨胜华，获得中国优秀摄影家十杰、全国时尚摄影十杰荣誉称号。现系国家高级摄影师、中国摄影家协会会员、中国新闻摄影学会会员、湖南省摄影家协会会员。近百幅作品在国际、国家级、省级大赛中获奖或入选。

金竹山矿业公司吴金球作品《山里人家》入选“和谐湖南”湖南省美术书法摄影展览，《山坳清风》入选“艺术湖南”湖南省美术精品展。2013年8月，应邀为湖南百年重大历史题材美术创作工程创作巨幅中国画《湘西土家族苗族自治州成立》，获评三等奖。2011年，作品获全国安全生产书画展银奖。

湘永公司谷桂生摄影作品《雾里行舟》《撒网捕鱼》《光明使者》《请家人放心》等10多件作品先后在国际、国家和省摄影大展大赛中获奖。另有作品在《中国摄影》《中国摄影报》等刊物发表。

湘永公司蒋昌宏先后12次在“山谷杯”全国书画大赛、中国文化和平奖书画比赛中获金奖，作品均被举办单位收藏并入编。

金竹山矿业苏彬篆刻作品获湖南省煤炭职工美术书法作品展览优秀奖，入选中国煤矿艺术节首届全国煤矿篆刻作品展、湖南省第二届篆刻艺术作品展。篆刻作品分别编入《梅山印象》《湖南印人集》。

白山坪矿业公司杨敬忠，10件作品分别获得全国摄影展、湖南省艺术节、湖南省摄影展、中国民俗摄影大典奖项。

金竹山矿业公司颜俭光摄影作品《霞光万丈》获2016年卡西欧杯全国摄影大赛入选奖。

金竹山矿业公司吴金球，专题创作中国画《湘西自治州成立》《苗戏》《胡耀邦故居》《蔡伦问竹》被报刊及文史馆收录。

第五节 体育活动

2007年9月21—23日，湖南省煤炭工会和湘煤集团公司联合举办湖南省煤炭系统“湘煤杯”职工乒乓球赛，由株洲洗煤厂承办。此次比赛共有29个代表队、96名运动员参赛。株洗集团公司队获得团体亚军。牛马司矿业公司朱利平、周源山煤矿邹荣华、长沙矿业公司贺朝辉分获得男子单打冠、亚、季军。资兴局黄艳军、周源山煤矿胡晋湘分获女子单打冠、季军。

2008年6月，集团公司举办首届“湘煤杯”职工篮球比赛。各子分公司先分片区进行预赛，最后有6支男队和2支女队参加总决赛。10月11—14日，职工篮球赛总决赛在白沙矿区举行，红卫、街洞、辰溪三支代表队分别获得男子组冠、亚、季军，白沙能源、宝源代表队分别获得女子组冠、亚军。

2009年，全国煤炭系统开展“与祖国同庆与健康同行”主题活动。金竹山矿业公司、湘潭矿业公司、宝源矿业公司获得活动先进单位。何烽等六人获得活动先进个人。

2010年10月，集团公司组队参加由湖南省总工会主办、五凌电力公司协办的“湖南省大型企业职工篮球赛”，获得男子组第六名。

2012 年 7 月，集团公司组织男女队参加省国资委系统举办的“产权杯”乒乓球比赛。是年 12 月，集团公司组织男女队参加湖南省大型企业职工迎新年乒乓球比赛。

2014 年，集团公司组织人员参加湖南省煤炭工会组织的职工“羽毛球、乒乓球”精英大赛，获得团体和个人 9 个项目冠、亚军。

2015 年 9 月 11—12 日，集团公司参加湖南省直属基层工会职工羽毛球比赛，获得团体优胜奖。

大干红五月是煤矿企业的优良传统，是为了大力弘扬建设“和谐湘煤、廉洁湘煤、高效湘煤”，打造“责任共同体、感情共同体、利益共同体”，践行“统、信、为”（统一目标追求、诚实守信、坚持企业利益第一原则正确的作为）行为准则，发扬“取向正，全力拼”“无奋斗不湘煤”的新湘煤精神。2016 年，新的领导班子作出决定，每年举办红五月职工运动会、七月庆祝党的生日文艺汇演和“国庆杯”职工篮球赛，并固化下来。

一、“我创造·我光荣”红五月职工运动会

2017 年 5 月 16—17 日，集团公司首届“我创造·我光荣”红五月职工运动会在集团公司总部举行。运动会设乒乓球、羽毛球、拔河三个比赛项目。乒乓球比赛在集团公司职工活动中心，羽毛球比赛在长沙市雨花区健力乐羽毛球馆，拔河在集团公司大厦前坪广场。拔河队由 8 男 4 女组成，比赛实行三局两胜制。乒乓球比赛设男女单打，羽毛球比赛为团体赛，设男单、女单和混双三个项目，队员可以兼项。每个比赛项目分别设一等奖 1 名、二等奖 2 名、三等奖 3 名和参赛单位组织奖。20 支参赛队伍、370 名运动员参加比赛。经过两天激烈的角逐，周源山煤矿获得拔河比赛一等奖，牛马司矿业公司朱立平获得乒乓球比赛男子组一等奖，周源山煤矿谭稀获得乒乓球比赛女子组一等奖，红卫矿业公司获得羽毛球比赛一等奖。5 月 16 日晚，集团公司篮球队与长沙市政府机关联队上演了一场篮球友谊赛，为首届运动会营造了良好的氛围。

2018 年 5 月 17—18 日，第二届“我创造·我光荣”红五月职工运动会在集团公司总部举行。运动会设乒乓球、羽毛球、气排球、拔河四个比赛项目。乒乓球比赛在集团公司职工活动中心，羽毛球比赛在长沙市天心区九峰羽毛球馆，气排球比赛在集团公司篮球场和万科紫台气排球场，拔河在集团公司大厦前坪广场。22 支参赛队伍、532 名运动员参加比赛。经过两天激烈的争夺，周源山矿业公司获得拔河比赛一等奖和气排球比赛一等奖，兴源矿业公司获得羽毛球比赛一等奖，牛马司矿业公司朱立平获得乒乓球比赛男子组一等奖，周源山矿业公司谭稀获得乒乓球比赛女子组一等奖。

2019 年 5 月 9—10 日，第三届“我创造·我光荣”红五月职工运动会在集团公司总部举行。运动会设乒乓球、羽毛球、气排球、拔河四个比赛项目。乒乓球比赛在集团公司职工活动中心，羽毛球比赛在长沙市天心区九峰羽毛球馆，气排球比赛在集团公司篮球场和省总工会干部学院气排球场，拔河在集团公司大厦前坪广场。22 支参赛队伍、582 名运动员参加比赛。经过两天激烈的争夺，周源山矿业公司获得拔河比赛一等奖，白沙实业公司获得气排球比赛一等奖，周源山矿业公司获得羽毛球比赛一等奖，街洞矿业公司叶勇获得乒乓球比赛男子组一等奖，街洞矿业公司邹露获得乒乓球比赛女子组一等奖。

2020 年，集团公司上下抗击新冠疫情，各项工作全面恢复正常后，5 月 28—29 日，第四届“我创造·我光荣”红五月职工运动会在集团公司总部举行。22 支代表队、554 名运动员参加比赛。经过两天激烈较量，周源山矿业公司获得拔河比赛一等奖和羽毛球比赛一等奖，马田矿业公司获得气排球比赛一等奖，马田矿业公司丁浩获得乒乓球比赛男子组一等奖，马田矿业公司刘胡幸子获得乒乓球比赛女子组一等奖。

2021 年，是中国共产党建党百年的大庆之年，5 月 13—14 日，集团公司举行第五届“我创造·我光荣”红五月职工运动会。本届运动会比上届新增了湘东矿业公司、省煤炭科学研究院、湖南煤矿安全装备公司和省煤炭公司四支队伍。26 支参赛队伍、627 名运动员参加比赛，是历届规模最大的一次运动会。经过两天激烈的争夺，街洞矿业公司获得拔河比赛一等奖，白沙实

业公司获得气排球比赛一等奖，红卫矿业公司获得羽毛球比赛一等奖，湘永矿业公司漆亚宏获得乒乓球比赛男子组一等奖，立达矿山装备公司毛毛获得乒乓球比赛女子组一等奖。集团公司党委书记、董事长廖建湘颁完拔河比赛一等奖后说："特别要祝贺获得本届运动会拔河赛冠军街洞矿业公司，街洞矿业公司秉承'一股绳'精神，五年磨一剑，今天终于逆袭成功。'一股绳'精神就是统一目标追求，同心凝聚力量，奋力创造价值；就是'取向正、全力拼'的新湘煤精神！街洞公司拔河队高位展现了这种精神，很好地诠释了新湘煤精神。"

2022年5月19日，集团公司第六届"我创造·我光荣"红五月职工运动会在集团公司总部开幕。28支代表队，709名运动员参加四个项目的比赛。两天的比赛，各类奖项花落有主。街洞矿业公司成果卫冕拔河赛冠军，辰溪实业公司获得气排球赛冠军，宝源矿业公司获得羽毛球赛冠军，资兴实业公司安博扬获得乒乓球男子单打冠军，周源山矿业公司赵阁获得乒乓球女子单打冠军。比赛期间，集团公司党委书记、董事长廖建湘及其他领导亲临赛场指导、观赛，为运动员加油鼓劲。

二、"国庆杯"职工篮球赛

2017年9月18日，为喜迎新中国成立68周年，集团公司首届"国庆杯"职工篮球赛分区预赛分别在资兴赛区（湘永矿业公司）、白沙赛区（白沙实业公司）和长沙赛区（集团公司总部）进行。为鼓励参赛单位领导参赛，集团公司中层正职领导上场打满一节，加5分，中层副职加3分。9月25日分区赛结束，每个赛区前两名共六支队伍进入决赛阶段比赛，其中总部机关、涟邵实业公司、湘永矿业公司、宝源矿业公司、白沙实业公司、南阳矿业公司六支队伍进入决赛阶段。经过决赛阶段的角逐，总部机关获得第一名，白沙实业公司第二名，涟邵实业公司第三名，湘永矿业公司第四名，南阳矿业公司第五名，宝源矿业公司第六名。本届比赛共有19支队伍，228名运动员参加。

2018年9月12—28日，第二届"国庆杯"职工篮球赛举行，历时17天，共有20支队伍232名运动员参赛，最终，周源山矿业公司获得第一名，总部机关第二名，湘永矿业公司第三名，涟邵实业公司第四名，南阳矿业公司第五名，白沙实业公司第六名。

2019年，庆祝中华人民共和国成立70周年，9月10—24日，集团公司第三届"国庆杯"职工篮球赛举行。从本届开始，决赛阶段球队增加到八支。各分赛区前三名出线，第三名中淘汰一个队，最后八强进入决赛。本届比赛历史13天，共有22支队伍，220名运动员参赛。楚湘建工集团公司获得第一名，南阳矿业公司第二名，总部机关一队第三名，兴源矿业公司第四名，白沙实业公司第五名，宝源矿业公司第六名，湘永矿业公司第七名，总部机关二队第八名。

2020年10月16—30日，集团公司第四届"国庆杯"职工篮球赛如约而至。本届比赛共有21支队伍，205名运动员参赛。比赛历时15天，86场比赛，为集团公司职工和企业所在地的居民献上了不可多得的篮球盛宴，比赛同时还得到了社会各界媒体的关注，新湖南、今日头条、凤凰新闻等平台相继进行了报道，不仅传播了湘煤文化，也为开展全民健身运动，弘扬篮球文化增添了亮丽风景。总部机关获得第一名，楚湘建工集团公司第二名，周源山矿业公司第三名，街洞矿业公司第四名，湘永矿业公司第五名，宝源矿业公司第六名，红卫矿业公司第七名，白沙实业公司第八名。

2021年9月13—27日，集团公司举行第五届"国庆杯"职工篮球赛。23支球队，229名运动员，经过15天的精彩演绎，再现了一个高水平的篮球赛季。9月24日，湖南省人大常委会副主任、省总工会主席周农，湖南省总工会党组书记、副主席徐文龙，湖南省总工会党组成员、经审委主任张慧东，湖南省煤炭工会主任刘为民到集团公司调研，现场观看比赛。总部机关获得第一名，白沙实业公司第二名，周源山矿业公司第三名，楚湘建工集团公司第四名，湘永矿业公司第五名，宝源矿业公司第六名，街洞矿业公司第七名，涟邵实业公司第八名。

喜迎党的二十大。2022年9月13—26日，集团公司第六届"国庆杯"职工篮球赛打响。23支队伍，231名运动员参赛。总部机关获得第一名，周源山矿业公司第二名，能投装备集团公司第三名，湘永矿业公司第四名，白沙实业公司第五名，红卫矿业公司第六名，楚湘建工集团公司第七名，资兴实业公司第八名。

集团公司篮球队2019年获得省直机关篮球赛甲级组冠军，和中国企业职工三亚沙滩运动会3×3篮球赛冠军，2021年夺得“长房杯”第十五届湖南省直单位篮球赛冠军。2022年7月，夺得第二届“健康湖南”全民运动会暨湖南省直单位干部职工运动会篮球赛和“赖永兴杯”第十六届湖南省直单位篮球赛冠军。2023年2月，获得2022年“湘煤杯”湖南省篮球联赛冠军。2023年9月，获得全国煤矿职工第30届“乌金·伊泰杯”篮球赛暨全国煤矿第六届职工运动会预选赛亚军。

第四章 社 会 责 任

第一节 煤 炭 保 供

2008年1月28日，集团公司发出《全面动员全力以赴抗击冰冻灾害确保电煤供应》的动员令。按照湖南省政府下达的调煤保电任务指令，集团公司组织召开领导班子和直属公司主要负责人调煤保电动员会，制定落实调煤保电的具体措施，成立调煤保电工作领导小组。由主要负责人任组长，分管销售工作的领导任副组长，销售、生产等相关部门负责人为成员，责令主管单位：湖南煤业股份有限公司煤炭销售分公司（以下简称“销售分公司”）切实加强对调煤保电工作的督促、指导、检查和落实。要求原煤生产单位春节不放假，全力以赴抓好安全生产，确保全省电煤供应。并将电煤任务层层分解落实到各原煤公司、矿井及细化分解落实到区队、班组和个人，分解到季、月、日，层层签订目标责任状。在电煤价格比市场煤价格低200元情况下，全集团公司完成省内电煤137.83万吨，减少收益2.75亿元。

2009年2月27日，集团公司获得2008年度湖南省调煤保电工作先进集体荣誉称号。

2010年，全集团公司完善一把手主要抓、分管领导重点抓，各部门齐心协力、分工负责的调煤保电责任体系。在明确各原煤公司是调煤保电主体责任的同时，明确各级销售部门是调煤保电组织落实责任人，各矿区安全生产管理局是安全生产、提高电煤资源保障的检查、协调和督办责任人，集团公司分管领导是第一责任人，集团公司销售部门领导是直接责任人。规定集团公司销售部门领导分片包点、责任到片、指标到人，分工负责到矿井现场组织、盯守电煤发运，保责任落实，保电煤进度计划任务完成。

2011年初，集团公司制定并修改调煤保电考核办法，重点完善按电煤欠发量处罚300元/吨的考核实施办法。对调煤保电进行督促、检查、考核，按每欠一吨电煤处罚300元，对电煤欠发单位严格考核，取消年度评先评优资格。同时，推行调煤保电“一票否决”制度，对原煤公司和集团公司销售部门主要领导推行“一票否决”制，一个月未完成计划进行诫勉谈话，两个月未完成计划降职处理，一个季度未完成计划就地免职。并将调煤保电完成情况纳入班子年度经营业绩考核范围，原煤公司和集团公司销售部门班子成员40%绩效薪酬与调煤保电完成率同比挂钩考核。

2011年10月24日，集团公司接到省政府要求为益阳电厂新增20万吨电煤指标的紧急指令后，当日组织人员加班加点，连夜进行分解，把新增指标落实到矿、到井，并于当天晚与益阳电厂进行衔接，27日即启动向益阳电厂新增电煤的供应，做到落实省政府调煤保电指令不过夜。

2011年11月，湖南省政府下发《关于下达重点产煤单位和地区调煤任务的通知》，要求在2012年1月15日前完成2012年1月份的调煤保电任务。集团公司立即下发《关于进一步加强调煤保电工作的紧急通知》，规定各原煤公司元旦不放假，所有检修安排在春节放假期间，加班加点组织原煤生产，确保电煤供给。全年，全集团公司完成电煤351万吨，超额完成省政府下达的调煤保电任务的111.5%。

2011年10月—2012年9月，湖南省政府下达电煤计划307.8万吨，实际完成321.66万吨，完成计划的104.50%，减少收益2700万元。

2012年1月8日，全省调煤保电工作总结表彰大会在长沙召开，集团公司获得“2011年度全省调煤保电工作先进单位”荣誉称号，集团公司党政主要领导被评为“2011年度湖南省调煤保电工作先进个人”。4月28日，集团公司再次被省政府评为全省“调煤保电工作先进单位”。

2012年，集团公司为确保春节期间保勤保产的电煤供应，出台“保勤超产奖励”办法，对节期所生产的电煤给予10元/吨超产奖励。同时，每逢春节省内电煤告急。集团公司各原煤公司推迟放假、提早复产，部分原煤公司春节只放假三天。春节复工后，集团公司组织召开保勤保产动员大会，分派六个工作组下到各矿区，重点督促做好节后安全生产、保勤复产和调煤保电工作。2012年春节期间，全集团公司发运电煤4.2万吨，占省内煤调运量的89.4%。满足了春节期间的电煤供应。

集团公司完善调煤保电“日调度、周通报、旬检查、月考核”的运行机制。集团公司销售部门每周一在生产例会上对调煤保电工作情况进行通报，调煤保电工作领导小组每旬进行一次检查，集团公司每月编制一期调煤保电运行简报，及时分析发现问题并予以解决。集团公司销售分公司与广铁集团公司、站段衔接协调，确保电煤配车及时足额。各原煤公司加强储装运设施的管理，保证装车设备正常运转，确保安全正点装车。并严控非电市场煤的销售，规避电煤与非电市场煤200元/吨差价利益的影响。集团公司严格执行月、旬销售计划制度，严格控制煤炭出省，严格控制非电市场煤、地销煤的销售，把适合作电煤的煤炭资源全部销往电厂，为确保全省的电煤供应作出了贡献。集团公司受到湖南省委、省政府的高度赞扬和充分肯定，且连续三年获得“全省调煤保电工作先进单位”荣誉称号。

2016—2020年期间，煤炭供需趋于平稳，省委省政府未下达集团公司调煤保电任务。

2021年，省内电煤再次出现阶段性紧张，又逢新型冠状病毒疫情时期。集团公司以全省大局利益为重，认真履行和承担国企社会责任，按照省委省政府下达的全集团公司电煤保供任务指标，在全力以赴做好疫情防控工作的同时，更在迎峰度夏、迎峰度冬等电力供应紧张的特殊时期，提高站位，全力以赴落实结构化保供任务，加大力度保障煤炭供应和市场平稳，以实际行动共克时艰，不遗余力支援疫情防控，为抗击疫情作出了积极贡献。更超额完成阶段性电煤保供任务，做到在疫情期间，为确保全省煤炭保供贡献湘煤力量。出色履行了湖南能源保障主平台的责任和使命，赢得了省委省政府的信任和倚重。

2021年5月25日，省政府副秘书长张志军组织召开全省迎峰度夏电煤保供工作会议，2021年7月20日，湖南省发展和改革委员会下发《关于加强迎峰度夏期间省内煤炭调度的通知》（湘发改运行〔2021〕533号）。集团公司党委书记、董事长廖建湘高度重视，分别组织召开了电煤保供专题会议，对相关工作进行了安排部署，多次要求集团公司所属各级各单位坚决贯彻落实，全力以赴保障省内电煤供应。

2021年7月28日—8月20日，集团公司共发运电煤436912吨（其中自产煤110946吨，贸易煤325966吨），圆满完成了省委省政府下达的保供目标。

2021年9月23日，集团公司再次接到省政府电煤保供任务指令，集团公司党委书记、董事长廖建湘迅速签发了关于电煤保供的紧急通知，要求集团公司下属各单位必须按质按量完成省内相关电厂的电煤供应。

2021年9月25日，集团公司紧急组织耒阳市白沙矿区四家原煤公司，以及资兴矿区的马田、街洞两家原煤公司负责人召开会议，专题部署落实廖建湘董事长提出的电煤保供要求，重点对如何保障耒阳电厂每日电煤供应制定了硬性措施，确保任务按质按量完成。9月底，株洲攸能电厂库存告急，集团公司再次组织相关原煤公司突击保障该电厂电煤，国庆假期期间共发运电煤32380吨（自产煤），并安排专人驻守株洲攸能电厂，确保了电煤到厂的顺利接卸。9月26日—10月31日，集团公司共发运电煤290520吨

(其中自产煤200882吨，贸易煤89638吨)。

2021年10月，长安益阳电厂结构性缺无烟煤掺烧，在省外无烟煤一吨难求的情况下，紧急向集团公司求援，集团公司立马向广铁报批车皮计划，并申请专列，三天时间每天一趟专列向长安益阳电厂发运了1.2万吨无烟煤，解决了其燃眉之急。10月底宝庆电厂同样面临无烟煤短缺的情况，集团公司再一次在关键时刻冲锋在前，凸显国企担当。10月，省政府召开电煤保供工作会议，并下发了《关于下达2021年四季度省内煤矿电煤保供责任目标任务的通知》(湘发改能源〔2021〕815号)。10月29日，省政府副秘书长张志军组织召开四季度电煤保供工作会议后，集团公司党委书记、董事长廖建湘于10月29日下午立马召开了集团公司、股份高管会议，专题研究部署四季度电煤保供工作。

2021年11月，集团公司在中层干部例会上再次强调了电煤保供工作的重要性。11月中旬，耒阳电厂无烟煤告急，面临随时停机的危险。集团公司立马要求耒阳、资兴片区所属生产无烟煤的原煤公司，将所有适合电厂的煤炭全部发往耒阳电厂，11月共向耒阳电厂发运近9万吨电煤，创历史最高纪录。

2021年11月1—31日，集团公司共发运电煤293230吨(其中自产煤195489吨，贸易煤97741吨)。11月下旬，在省委省政府的有力组织下，省内电厂库存迅速回升，并顺利超过政府提出的库存标准，省发改委相关领导指示电煤保供工作暂告一个段落，集团公司开始恢复正常电煤供应。12月共计发运电煤119162吨(其中自产煤104162吨，贸易煤15000吨)。

2022年1月，按照《2022年煤炭中长期合同签订履约工作方案》的要求，集团公司所属销售分公司通过与湖南省发展改革委运行处反复沟通协调，共签订了180万吨电煤中长期合同。6月中旬，按照煤炭整体的需求及进口煤供应情况，省政府要求集团公司2022年电煤中长期合同量增加至262万吨。集团公司销售分公司迅速行动，在7月6日与各火电厂按照通知要求完成了电煤中长期合同的换签补签工作。

2022年，集团公司全年生产煤共完成电煤中长期合同209.7万吨，电煤中长期合同履约率为80.04%。集团公司销售分公司总经理康忠辉获评“2022年度全国煤炭行业保供先进个人”荣誉称号。

第二节 棚户区改造

一、组织机构

为认真贯彻《湖南省人民政府关于对中央下放煤矿棚户区实施改造的通知》(湘政发〔2010〕5号)，集团公司于2011年11月9日成立了棚户区改造项目实施领导小组，负责棚户区改造项目实施阶段的指导、协调、监管与考核工作。并印发《湖南省煤业集团有限公司棚户区改造项目实施工作指导意见》(湘煤集工管〔2011〕319号)。组长由集团公司董事长、总裁，党委书记担任；常务副组长由股份公司总经理担任；副组长由集团公司和股份公司领导担任；领导小组的成员部门由战略发展部、工程管理部、集团公司财务部、股份公司财务部、党委工作部、纪检监察部、审计部、工会办公室等部门组成；成立棚户区改造项目实施领导小组办公室，地点设在工程管理部。

2013年4月10日，根据《关于推进城市和国有工矿棚户区改造工作的指导意思》(建保〔2009〕295号)和《关于推进城市和国有工矿棚户区改造工作的实施意见》(湘政办发〔2010〕53号)等相关政策和文件要求，集团公司印发《湖南省煤业集团有限公司国有工矿棚户区改造工作指导意见》(湘煤集工管〔2013〕65号)。

2016年6月20日，集团公司印发《关于调整湖南省煤业集团有限公司棚户区改造项目实施领导小组的通知》(湘煤集工管〔2016〕143号)，决定调整湖南省煤业集团有限公司棚户区改造项目实施领导小组。

2018年4月4日，集团公司印发《关于调整湖南省煤业集团有限公司棚户区改造项目实施领导小组的通知》(湘煤集办〔2018〕181号)，决定再次调整湖南省煤业集团有限公司棚户区改造项目实施领导小组：

(一) 湖南省煤业集团有限公司棚改领导小组成员

组　长：廖建湘；

副组长：何　烽；

成　员：文仕秋　马庆仁　李永友　姚泽钢　贺灿星。

领导小组下设办公室。

办公室主任：姚泽钢（兼）；

办公室成员：集团战略投资部、财务管理部、党委工作部、企管业考部、纪检监察部、工会办公室；股份财务管理部、工程管理部等部室主要负责人。

（二）棚改领导小组主要工作职责

（1）负责集团公司棚户区改造项目实施阶段的指导、协调、监管与考核工作。

（2）组织制定集团公司棚户区改造项目实施阶段的工作指导意见、资金监管及项目考核等相关配套政策。

（3）指导项目责任单位制订项目实施阶段的工作方案，督促项目责任单位落实项目实施方案，按期、优质、稳妥、圆满完成项目实施任务。

（4）负责研究集团公司棚户区改造项目实施过程中遇到重大问题的处理方案，统筹协调重大事项的处置，研究制定推进项目实施的重大原则、重要制度。

（5）负责协调争取省政府及省各有关部门对集团公司棚户区改造工作的指导和政策支持。

（三）棚改领导小组办公室主要工作职责

（1）负责棚户区改造项目的指导、推进、监督和考核，负责工程招标过程中招标控制价的审查和工程竣工结算的复核，负责项目进度、工程质量的监督，负责集团公司棚改小组的日常工作。

（2）负责棚户区改造项目中央和省级财政配套资金的争取及计划下达，指导协调项目单位争取地方政府的支持。

（3）负责棚户区改造项目中央和省级配套建设资金的监管与拨付，负责指导、协调、监督棚户区资金的筹措和管理棚户区改造中央和省级配套资金的使用。

（4）负责棚户区改造政策宣传、引导及稳定工作。

（5）负责棚户区项目实施过程的招标、资金使用监督、检查、审计工作，对违规问题进行查处。

（6）负责指导项目单位设立由职工代表、业主代表、专业人员组成的棚户区改造项目监督管理委员会（简称监督委员会），指导监督委员会开展项目的监督管理工作。

（7）负责棚改领导小组安排的其他工作。

二、改造项目

（一）中央下放煤矿棚改项目

13个中央下放煤矿棚改项目由集团公司统一组织建设，各项目单位为项目法人实施责任主体。其中，项目建设原洪山殿煤矿棚改项目（原洪山殿煤矿省政府批准移交双峰县）由涟邵实业公司接管代建；周源山、宝源项目由资兴实业公司牵头代建（湘煤集工管函〔2012〕55号），红卫、南阳、白山坪公司棚改项目在耒阳市城区异地新建小区由白沙实业公司代建。金竹山、牛马司、湘永、马田、街洞、嘉禾6个项目及南阳、红卫、白山坪3个项目的就地新建小区由矿业公司自行建设。

1. 涟邵矿区3个项目

（1）金竹山矿业公司棚改项目。2010年3月，2010年11月，湖南省发展和改革委员会分别以湘发改投资〔2010〕225号及〔2010〕1284号批准项目可研报告和初步设计。批准新建小区4个，新建住宅2597套，建筑面积208500平方米，概算总投资55856万元。项目于2011年2月开工建设，2015年6月竣工，2015年12月交付使用。

项目新建小区4个，其中就地小区1个，一平峒小区（建址在一平峒矿矿部）；异地小区3个，集中新建总部小区（建址在公司总部）。新征建设地13亩，新建住宅5栋（总部小区4栋，一平峒小区1栋），625套，总建筑面积79533平方米。建设成本总造价19726万元。

（2）牛马司矿业公司棚改项目。2010年3月，2010年11月，湖南省发展和改革委员会分别以湘发改投资〔2010〕260号及〔2010〕1283号批准项目可研报告和初步设计。批准新建小区6个，新建住宅4555套，建筑面积372322平方米，概算总投资51232万元。项目于2011年4月开工建设，2020年9月竣工，2018年12月交付使用。

项目新建小区6个，其中，就地小区5个，集中新建3处（建址在公司老矿区）；异地小区

1个，鑫牛凯旋城小区（建址在邵东市宋家塘街道明珠大道2号）。新征建设地120亩，新建住宅33栋（鑫牛凯旋城小区15栋，老矿区18栋），2565套，总建筑面积417173平方米，预计建设成本总造价78280万元。

（3）涟邵实业公司代建原洪山殿煤矿棚改项目。2010年3月，2010年11月，湖南省发展和改革委员会分别以湘发改投资〔2010〕259号及〔2010〕1286号批准项目可研报告和初步设计。批准新建小区2个，新建住宅3768套，建筑面积301600平方米，概算总投资38485万元。项目于2011年9月开工建设，2020年4月竣工，2020年12月交付使用。

项目新建小区2个，其中，就地小区1个，蛇形山小区（一期、二期彭家冲，建址在双峰县蛇形山镇和双峰县洪山殿镇彭家冲）；异地小区1个，洪山小区，（建址在娄底市娄星区万宝镇）。新征建设地120亩，新建住宅29栋（洪山小区19栋，蛇形山小区一、二期10栋），1145套，总建筑面积152266平方米，预计建设成本总造价35577万元。

2. 资兴矿区7个项目

（1）资兴实业、周源山、宝源矿业公司3个棚改项目。2010年12月，2011年8月，湖南省发展和改革委员会分别以湘发改投资〔2010〕1465、1464、1463号及〔2011〕1369、1290、1291号批准项目可研报告和初步设计。批准新建小区7个，新建住宅7594套，建筑面积607085平方米，概算总投资81320万元。项目于2012年10月开工建设，2019年10月竣工，2019年12月交付使用。

3个项目集中新建异地小区2处，1处梦圆新城（建址在资兴市新区晋兴路以北许三铁路以西）；1处梦圆福城（建址在资兴市东江街道民生路）。新征建设地471.32亩，新建住宅156栋（梦圆新城111栋，梦圆福城45栋），4886套，总建筑面积512357平方米，建设成本总造价101484万元。

（2）湘永矿业公司棚改项目。2011年1月，2011年8月，湖南省发展和改革委员会分别以湘发改投资〔2011〕12号及〔2011〕1370号批准项目可研报告和初步设计。批准新建小区3个，新建住宅4216套，建筑面积338147平方米，概算总投资38672万元。项目于2012年10月开工建设，2018年6月竣工，2020年6月交付使用。

项目新建小区3个，其中，就地小区2个集中新建李子山小区（建址在公司机关总部）；异地小区1个，花果山小区（建址在永兴县便江街道铜角村）。新征建设地174.93亩，新建住宅45栋（花果山小区32栋，李子山小区13栋），1388套，总建筑面积163471平方米，建设成本总造价27410万元。

（3）马田矿业公司棚改项目。2011年4月，2011年8月，湖南省发展和改革委员会分别以湘发改投资〔2011〕436号及〔2011〕1286号批准项目可研报告和初步设计。批准新建小区1个，新建住宅3552套，建筑面积282090平方米，概算总投资39336万元。项目于2012年12月开工建设，2020年1月竣工（配套工程竣工），2016年8月—2019年12月分批交付使用。

项目异地新建小区1个，碧塘小区（建址在永兴县便江街道塘门村）。新征建设地294亩，新建住宅83栋，3117套，总建筑面积341398平方米，建设成本总造价51566万元。

（4）街洞矿业公司棚改项目。2010年12月，2011年8月，湖南省发展和改革委员会分别以湘发改投资〔2010〕1468号及〔2011〕1287号批准项目可研报告和初步设计。批准新建小区1个，新建住宅1512套，建筑面积119081平方米，概算总投资15559万元。项目于2012年10月开工建设，2017年12月竣工，2018年2月交付使用。

项目新建异地小区1个，德馨园小区（建址在郴州市苏仙区五里牌镇街洞村）。新征建设地143.59亩，新建住宅35栋，1064套，总建筑面积114545平方米，建设成本总造价17101万元。

（5）嘉禾矿业公司棚改项目。2011年1月，2011年8月，湖南省发展和改革委员会分别以湘发改投资〔2011〕11号及〔2011〕1367号批准项目可研报告和初步设计。批准新建小区2个，新建住宅1498套，建筑面积110103平方米，概算总投资17365万元。项目于2012年6月开工建设，2017年7月竣工，2020年11月交付使用。

项目新建小区2个，其中，就地小区1个，矿部小区（建址在公司总部）；异地小区1个，嘉矿嘉园小区（建址在嘉禾县嘉禾大道南侧）。新征建设地80亩，新建住宅22栋（嘉矿嘉园小区19栋，矿部小区3栋），924套，总建筑面积111998平方米，建设成本总造价21854万元。

3. 白沙矿区3个项目

（1）红卫矿业公司棚改项目。2011年1月，2011年8月，湖南省发展和改革委员会分别以湘发改投资〔2011〕13号及〔2011〕1368号批准项目可研报告和初步设计。批准就地新建小区1个（矿部小区），异地新建小区2个（泗门洲小区和红卫新区），泗门洲小区因无申购需求未建。红卫新区由白沙实业公司集中代建。项目批准新建住宅4304套，建筑面积346611平方米，概算总投资47362万元。

其中，红卫公司自行建设的就地小区（矿部小区），批准就地新建住宅980套，建筑面积79034平方米，概算总投资9902万元。

矿部小区于2012年2月开工建设，2014年12月竣工，2015年5月交付使用。

矿部小区，建址在耒阳市泗门洲镇白沙村公司机关总部。新建住宅2栋，66套，总建筑面积7417平方米，建设成本总造价1385万元。

（2）南阳矿业公司棚改项目。2011年1月，2011年8月，湖南省发展和改革委员会分别以湘发改投资〔2011〕14号及〔2011〕1296号批准项目可研报告和初步设计。批准就地新建小区3个（南阳庙小区，前进小区，电力小区），电力小区因无申购需求未建。异地新建小区1个（南阳新区），南阳新区由白沙实业公司集中代建。项目批准新建住宅5687套，建筑面积458760平方米，概算总投资59095万元。

其中，南阳公司自行建设的就地小区（南阳庙、前进小区），批准就地新建住宅1881套，建筑面积152145平方米，概算总投资17497万元。

南阳庙、前进小区，2012年7月开工建设，2014年11月竣工，2015年1月交付使用。

前进小区，建址在耒阳市南阳镇公司前进矿矿部；南阳庙小区，建址在耒阳市南阳镇公司淝江矿矿部。新建住宅4栋，144套，总建筑面积8724平方米，建设成本总造价1282万元。

（3）白山坪矿业公司棚改项目。2011年1月，2011年8月，湖南省发展和改革委员会分别以湘发改投资〔2011〕15号及〔2011〕1371号批准项目可研报告和初步设计。批准就地新建小区1个（磨田小区），异地新建小区2个（竹市镇小区和白山一小区），竹市镇小区因无申购需求未建，白山一小区由白沙实业公司集中代建。

项目批准新建住宅3802套，建筑面积303471平方米，概算总投资42495万元。

其中，白山坪公司自行建设的就地小区（磨田小区），批准新建住宅598套，建筑面积47872平方米，概算总投资5357万元。

磨田小区2012年1月开工建设，2014年3月竣工，2014年5月交付使用。

磨田小区，建址在耒阳市大市乡公司磨田矿矿部。新建住宅4栋，156套，总建筑面积7825平方米，建设成本总造价1834万元。

（4）白沙实业公司代建白沙矿区联平新城白沙佳苑小区项目。红卫、南阳、白山坪矿业公司3个棚改项目异地小区在耒阳市城区集中新建白沙矿区联平新城白沙佳苑小区。项目批准新建住宅6790套，建筑面积544451平方米，概算总投资78598万元。

白沙佳苑小区于2012年7月开工建设，2018年11月竣工（配套工程竣工），2017年7月分批交付使用。

白沙佳苑小区新征建设地717亩，新建住宅188栋，5791套，总建筑面积705967平方米，建设成本总造价123126万元。

（二）国有工矿棚改项目

国有工矿棚改项目，单位所在地的地方政府是国有工矿棚户区改造的责任主体。按照国家和省政府有关国有工矿棚户区改造的相关政策，列入国家国有工矿棚户区改造计划且地方政府将该项目委托集团公司所属项目单位进行建设和管理棚户区改造项目。项目单位必须加强与地方政府的汇报、沟通，积极配合地方政府做好项目申报、宣传发动和组织实施工作。

（1）长沙矿业公司国有工矿棚户区改造项目。建址位于宁乡市白马桥街道白龙路与入龙路交汇处，由宁乡县人民政府划拨用地246亩，总建筑面积32.8万平方米，总安置户数3701户，分二期工程施工建设，总投资7.95亿元。

项目于2010年7月启动。一期工程22栋分为A、B两区建设，其中A区1074户已于2013年12月31日交付使用；B区748户于2015年7月1日交付使用；二期工程分两个标段同时施工，共18栋1879户，于2016年8月动工，2018年6月全部竣工并交付使用。

（2）兴源矿业公司工矿棚户区改造项目。建址位于耒阳市五里牌办事处五里牌居委会七、八、九组，建设规模812套，建筑面积70928平方米，总投资2470万元，项目分二期建设，第一期544套，建筑面积4.9万平方米，于2014年8月25日开工，2016年12月23日交付使用，第二期272套，建筑面积2.2万平方米，于2020年8月15日开工，2022年10月11日竣工并交付使用。

三、项目成果

2020年11月16日，集团公司最后一个棚户区项目嘉禾矿业公司嘉园小区三期交付使用，标志着集团公司历时10年的棚户区建设全面完工。自2010年以来，根据国家棚改政策精神，按照“居民自愿，应改尽改”的原则，集团公司先后组织建设中央下放煤矿棚户区项目13个，建设住宅21871套，总投资48.06亿元。建成了景观秀美、配套齐全、舒适宜住的规模小区10处，2万多套，惠及了7万多煤矿职工棚户区居民入住新房，有效地改善了煤矿职工棚户区居民的生活居住环境，确保了矿区和谐稳定。

通过10余年的不懈努力，在湖南省及各级政府部门的大力帮助支持下，湘煤集团上下齐心，责任担当，不辞艰辛，攻坚克难，组织实施并圆满完成了棚改任务这项“民心工程”“安居工程”，这得益于各级政府对棚改扶持政策的执行落实，得益于集团公司领导高度重视，严抓细管，并把棚改工作当作为老百姓办好事、办实事的大事来抓，得益于广大棚户区居民的真心理解支持。棚改建设经过了10余年的艰苦辛勤、并卓有成效的工作，通过了国家审计署、省审计厅的多年度跟踪审计。根据省政府绩效评估委员会办公室印发的《2012年湖南省保障性安居工程工作目标验收复核实施细则》，2013年1月，湘煤集团棚改工作通过了省绩效评估委员会组织的验收，并获得奖励。

第三节 帮扶与捐赠

一、帮扶

（一）集团公司帮扶

2020年3月，按照湖南省委、省政府和湖南省国资委党委的统一部署，集团公司作为慈利县新增的第八个省级后盾单位，受命承接张家界市慈利县广福桥镇三王村（以下简称“三王村”）脱贫攻坚重任，集团公司党委高度重视和全力支持，在集团公司内抽调精干力量由伍先文任队长，黄勇、郑华为成员，组建湖南省煤业集团公司驻村工作队（以下简称“湘煤工作队”）。

2020年4月3日，湘煤工作队正式进驻三王村，在省国资委监事会原主席陈国辉的领导下，初期以省国资委调研组的身份开展工作。

2020年5月15日，集团公司通过对湖南省建筑设计院有限公司项目设计评审，项目预算总投资1257万元。

2020年5月27日，三王村脱贫攻坚8个项目工程正式开工。

2020年6月10—12日，由集团公司策划、组织，湖湘文化交流协会专家深入湘煤扶贫联系点慈利县广福桥镇三王村，就文化扶贫、智力扶贫展开深度调研。

2020年7月7—8日，集团公司党委书记、董事长，股份公司董事长廖建湘率领集团公司、股份公司全体高管来到慈利县广福桥镇三王村，调研脱贫攻坚工作，部署迎接即将到来的国务院脱贫攻坚普查（图9-4-1）；督查援建项目建设情况；现场办公，推进加快项目建设步伐；看望慰问湘煤集团公司扶贫工作队和项目建设单位的同志。强调奋战7月、决胜7月，确保圆满完成省委省政府交给的脱贫攻坚任务。并在湘煤集团公司中层及以上管理人员中募集资金100万元，捐赠给三王村，设立村民帮扶基金，对遭遇意外、突发重大疾病的村民给予救助和帮扶。

2020年7月15—16日，省委常委、省国资委党委书记姚来英到慈利县三王村调研督战脱贫攻坚工作（图9-4-2）。

图9-4-1 2020年4—7月，集团公司党委书记、董事长廖建湘（前排中）先后6次带队赴三王村现场调研指导援建和帮扶工作

图9-4-2 2020年3—7月，湖南省委常委、省国资委党委书记姚来英（前排中）作为联点领导先后三次赴三王村调研督战脱贫攻坚工作

2020年7月22—27日，湘煤工作队配合国家脱贫攻坚普查组圆满完成三王村普查验收工作，在慈利县各贫困村中普查成效最好。

2020年8月5日，三王村7个项目通过初步验收。

2020年8月18日，湖南楚湘建设工程集团有限公司（以下简称“楚湘建工”）楚湘正诚物业与三王村农业综合开发有限公司正式签订

《委托经营协议书》。楚湘建工在短短65天时间里（其中有效工期31天），圆满完成全部建设任务并正式通过验收，创造了3个月完成3年工作量的工作奇迹和省国资委系统援建项目建设速度最快的湘煤速度。楚湘正诚物业张家界分公司运营团队充分发挥行业和管理优势，积极开拓乡村旅游市场，全力培育三王竹溪谷民宿乡旅品牌。

2020年9月15日，三王竹溪谷民宿正式投入运营。

2020年9月16日，集团公司正式以捐赠形式移交总投资1382.58万元的援建项目资产给三王村村委会。

2020年9月正式成立湖南楚湘正诚物业慈利分公司，共安置员工13人（正式员工4人，临聘人员9人），解决了10余名村民就业问题。

2021年5月7日，进入巩固拓展脱贫攻坚成果与乡村振兴有效衔接工作阶段，集团公司作为省级帮扶单位派驻湘煤工作队继续驻三王村进行乡村振兴帮扶（工作队队长：黄勇，成员：郑华、杨浩）。

2021年11月9日，集团公司对口扶贫慈利县三王村《驻村帮扶工作日记》被湖南省档案馆收藏，作为湖南省脱贫攻坚和乡村振兴成果永久保存。

2022年7月，省商务厅等7部门联合印发《关于开展2022年消费帮扶营销大赛的通知》，集团公司《转发〈关于开展2022年消费帮扶营销大赛的通知〉的函》（湘煤集函〔2022〕12号），组织干部职工积极参与到消费帮扶营销大赛活动中来，进一步巩固脱贫成果、助力乡村振兴、提升营销能力。

2020—2022年，全集团公司支持三王村消费帮扶金额共计434.85万元。其中，2020年52.13万元，2021年63.68万元，2022年319.04万元。

截至2022年底，全集团公司累计投入帮扶资金1477.74万元，对口援建三王村基础设施建设和产业扶持等11个项目，已全部完成设计建设并投入运营。集团公司援建的三王竹溪谷民宿从4栋11间20个床位增长到现在的128个床位、146个餐位并具有120人会务的大型接待功能，宣传引导6名优秀青年返乡创业，协助成立4家民营公司，为村民提供固定就业岗位36个，家门口就业岗位52个，培养旅游管理本土人才10人。截至2022年底，累计接待各类检查参观考察组450余批次、游客6万人次，带动农户增收300余万元，累计实现乡村旅游产业收入近1000万元，解决了困扰村民多年的出行难、就业难、产品销售难、购物买菜难、快递取货难、办事审批难等问题，村集体经济年收入从1300元增长到61万元，村人均年收入从0.65万元增长到1.5万元，群众满意度达到100%。开创了一条党建引领、项目援建、产业支撑、就业支持、扶志扶智、兜底帮扶、整体推进的输血与造血相结合的乡村振兴“三王模式”（图9-4-3）。

图9-4-3 集团公司援建后的三王村一角

三王村先后获评为湖南省精品乡村旅游示范村、第二批省级涉外参观点、最美潇湘文化阵地，入选湖南省乡村旅游“四个一百”工程建设培育名单；张家界市第一批党史学习教育基地、科普教育基地、文明村、美丽庭院先进示范村。“三王巨变”纪实被《湖南报告文学》刊登收录，集团公司人力资源部副部级干部、乡村振兴工作队队长黄勇，荣获2021年度省国资委系统“优秀共产党员”、张家界市“优秀共产党员”荣誉称号和2021年感动中国之感动湖南人物评选候选人。

在打造核心景区“三王竹溪谷”精品项目的同时，集团公司持续推动乡村旅游产业多元化发展，后续累计投入300万余元完成了河道泳池改造、特色餐厅、研学基地、烧烤基地等配套项目建设并投入运营。通过三年帮扶，三王村乡村振兴成果广受赞誉，产业亮点精彩纷呈，品牌效应逐步显现，集体经济快速增长，就业岗位稳步增加，村民幸福感、获得感不断增强，彰显了湖南国企赋能乡村振兴的“湘煤模式”。

（二）所属各单位帮扶

1. 党建联村

2022年2月，按照省国资委“走基层、办实事、强党建、促振兴”企业党建联村活动要求，集团公司确定湖南楚湘正诚物业公司机关党支部与绥宁县麻塘乡溪口村开展党建联村活动。

2022年3月，集团公司党委副书记、董事文仕秋率楚湘正诚物业公司机关党支部负责人一行，到绥宁溪口村指导开展党建联村活动。2022年，联建支部3次赴溪口村开展联村活动，认真落实“搞好一项活动、开好一次会议、上好一堂党课、办好一件实事”工作要求，并走访慰问该村困难党员。

2. 所属各单位驻村帮扶

2018—2022年，集团公司所属各单位先后选派8人次作为本单位属地的市（县）派工作队骨干成员，参与驻地脱贫攻坚及乡村振兴工作。驻村任职（书记、队长、队员），帮扶期限均在2年以上。通过承担社会责任和义务，向社会传递正能量，增强其社会形象、声誉和影响力。促进集团公司及各单位各项工作健康和可持续发展。提高员工对集团公司、对企业的凝聚力、归属感和忠诚度。

2018年1月—2020年12月，选派白沙实业公司物业公司党支部书记、执行董事李春辉，驻耒阳市谭下乡东升村，任职驻村工作队队长。

2018年1月，选派白沙实业公司团委书记刘向丰，驻点耒阳市谭下乡东升村，任职驻村工作队队员；驻耒阳市淝田镇双塘村任职驻村第一书记、队长。

2019年6月—2021年7月，选派兴源矿业公司后勤事务管理中心副主任、工农办主任谭志军驻耒阳市黄市镇清水铺村，任职驻村工作队队员、队长。

2022年5月，选派白山坪矿业公司机关事务中心主管邓小兰，驻耒阳市龙塘镇江头村，任职驻村第一副书记。

2022年7月，选派牛马司矿业公司党群工作部干事文定桥，驻邵东市仙槎桥镇灵太村，任职驻村工作队队员。

2021年5月，选派涟邵实业公司兴宁物业分公司综合办副主任苏波，驻娄底市涟源市古塘乡砂托村，任职驻村工作队队员。

2021年7月，选派周源山矿业公司运销部主管杨志钢，驻资兴市东江街道星红村，任职驻村工作队队员。

二、捐赠

（一）向四川汶川地震灾区人民捐款

2008年5月，集团公司积极组织开展向四川汶川地震灾区捐款献爱心活动，全集团公司5万人次，共向灾区捐款280万元。党员缴纳特殊党费46万余元。展示了湘煤作为湖南大型国企主动承担起对国家、对社会、对人民勇于奉献的社会责任感，与四川汶川地震灾区心连心、手牵手，共克时艰的精神风貌。

（二）向湖南省摔跤队、柔道队和田径队捐赠

2022年10月，为了认真落实湖南省委领导关于省属国有企业支持湖南体育事业发展的指示批示精神，根据《省国资委与省体育局战略合作框架协议》，经湖南省国资委同意，集团公司与湖南省体育发展基金会就支持湖南体育事业的发展，弘扬体育拼搏精神，激励湘籍运动健儿积极进取，更好地宣传企业文化达成合作协议。集

团从2022年11月—2024年11月，共计3个合作年度，按每年捐赠300万元计算，共计捐赠900万元，用于定向支持湖南省摔跤队、柔道队和田径队竞技体育事业的发展，改善训练条件、选拔人才及激励优秀运动员和教练员等。

集团捐赠的湖南田径队运动员夏思凝在2023年全国田径锦标赛女子100米栏决赛中，以13秒25的成绩夺得冠军。

《湖南日报》是这样描述夏思凝的："又美又飒!"

靠实力出道，凭颜值出圈。随之而来的是，赫然印在夏思凝比赛服上的"湘煤"，也火了。

越来越多的人在讨论：谁是"湘煤"？他们为何赞助湖南省田径队？其实，这是湖南体育事业与国企之间的一场"化学反应"。

集团捐赠也得到了相应的回馈。

（三）向2022湖南省篮球联赛捐赠

为了支持湖南省篮球事业的发展，依据《中华人民共和国民法典》等相关法律法规的规定和《省国资委与省体育局战略合作框架协议》，经湖南省国资委同意，集团与湖南省体育发展基金会就2022年湖南省篮球联赛合作事宜，达成《2022年湖南省篮球联赛合作协议》。

集团出资人民币（含税）150万元，独家冠名捐赠"湘煤杯"2022年湖南省篮球联赛，弘扬体育精神，加强企业文化宣传。

"湘煤杯"2022年湖南省篮球联赛于2023年2月在湖南怀化市举行，共14支队伍参赛，集团公司篮球队获得冠军。

第四节 疫情防控

2020年初，面对突如其来、迅速蔓延的新型冠状病毒感染，集团公司坚决落实习近平总书记重要讲话精神，坚决落实中央、省委、省国资委防疫工作部署，始终把职工群众生命安全和身体健康放在首位，统筹抓好疫情防控和生产经营工作，以极高的政治站位、极强的国企责任担当，将压力化为动力，把难点干成亮点，取得了有目共睹的成绩，做到了"两手抓"，取得了"双胜利"，向省委、省政府和全体湘煤人交出了一份满意的答卷。

一、组织机构

2019年12月16日，新冠疫情在湖北武汉爆发。根据湖南省委办公厅、省政府办公厅《关于进一步做好新型冠状病毒感染的肺炎疫情防控工作的通知》，2020年1月26日，集团公司紧急下发了《集团公司关于进一步做好新型冠状病毒感染的肺炎疫情防控工作的通知》。

2020年1月28日，集团公司党委书记、董事长，股份公司董事长廖建湘主持召开集团公司、股份公司高管会议，对新型冠状病毒感染的疫情防控工作进行再安排、再部署、再落实。会议决定下发《关于成立集团公司新型冠状病毒感染的肺炎疫情防控工作领导小组的通知》（湘煤集办〔2020〕31号）。成立集团公司新冠疫情防控工作领导小组。组长：廖建湘，副组长：文仕秋，成员：集团公司其他领导人员。领导小组负责防控工作统筹协调、工作部署和督导落实，研究重大决策部署和重要工作安排。集团公司新冠疫情防控工作领导小组下设办公室。领导小组办公室主任：张小雁（兼），副主任：张新建、严华平、谢海燕、曹术根、姚仲秋，成员：总部其他部室主要负责人。张新建为联络员。领导小组办公室负责疫情防控日常衔接、协调和信息汇总、报送等工作。集团公司所属各单位加强对疫情防控工作的领导，均成立由主要负责人任组长的工作领导小组，明确工作职责，严格落实任务，确保疫情防控工作措施落实到位。

二、防疫措施

2020年1月28日、29日，2月1日，集团公司党委三次召开专题会议研究部署疫情防控工作，并派出六个督查组深入一线督查，所属各单位严格落实集团公司部署，坚持外防输入、内防反弹。会议决定，按照省政府《关于延期我省企业复工和学校开学的通知》要求，集团公司总部于2月10日正式上班，非煤单位与集团公司总部放假时间同步。

2020年2月3日起，集团公司认真落实省委省政府、省国资委有关复工复产指示精神，坚持压实防疫责任、压实安全生产，压实经营指标，一手铁腕抓防疫战"疫"，一手稳健推稳产达产。科学制定复工方案，有序组织休假人员返岗，加强安全检查，消除事故隐患，从2月3日起陆续复工，至2月11日，全集团公司6大板块均实现平稳有序复工复产，主业原煤生产板块复工达产率90%。2月省内13家原煤生产单位完成煤炭产销量69万吨。全省单井产量最大的周源山矿业公司自2月6日复工，天天超过平均日产水平。

2020年2月4—5日，集团公司党委书记、董事长廖建湘深入红卫矿业公司、兴源矿业公司、南阳矿业公司和中南运销公司督导督查新型冠状病毒感染疫情防控工作，筹划指导节后“一防三保”（疫情防控、保安全、保出勤、保生产）以及复工复产准备工作（图9－4－4）。廖建湘强调，要众志成城、勇于担当，确保疫情防控有力有序有效。要超前谋划、积极作为，确保复工复产和安全生产工作稳妥稳健落实，将疫情所造成的损失降到最低。集团公司领导分头深入自己的联系点进行督查和指导。

图9－4－4 集团公司党委书记、董事长廖建湘率队督导督查新冠疫情防控工作

2020年2月3日起，所属单位陆续复工，2月10日全集团公司全面复工，走在省属国企前列，为全省打赢疫情防控阻击战期间的能源保障，贡献了湘煤力量。

2020年2月6日，省国资委主任、党委副书记丛培模到集团公司调研督导企业疫情防控和复工复产工作。

2020年2月10日，集团公司党委书记、董事长，股份公司董事长廖建湘主持召开集团公司、股份公司高管会议，对新型冠状病毒感染疫情防控工作进行再部署，对集团公司所属单位复工后的“三保”工作进行周密安排。

2020年2月15日，集团公司下发《湖南省煤业集团公司有限公司新冠疫情防控工作应急预案》主要工作措施：设立信息调度组、综合指导组、物资采购组、后勤保障组、宣传稳定组五个专业组，分工落实各项具体工作。①备足防护物资；②加强疫情监测；③落实消毒措施；④加快推进疫苗接种；⑤加强个人防护；⑥规范食堂用餐；⑦加强信息报送；⑧做好联防联控；⑨加强境外项目疫情防控；⑩加强舆论引导；⑪严明纪律要求。集团公司及所属各子分公司切实履行疫情防控主体责任，做到守土有责、守土担责、守土尽责。要求所属各单位均成立由主要负责人任组长的工作领导小组，明确工作职责，确保疫情防控工作措施落实到位。

2022年12月7日，国务院联防联控机制综合组发布《关于进一步优化落实新冠肺炎疫情防控措施的通知》。要求各地各有关部门要进一步提高政治站位，把思想和行动统一到党中央决策部署上来，坚持第九版防控方案、落实二十条优化措施、执行本通知要求，坚决纠正简单化、

“一刀切”、层层加码等做法，反对和克服形式主义、官僚主义，抓严抓实抓细各项防控措施，最大程度保护人民生命安全和身体健康，最大限度减少疫情对经济社会发展的影响。

三、防疫过程

2020 年 2 月 12—13 日，集团公司总部机关党委、工会在总部全体干部职工中开展了“助力战疫赋能湘煤”专项募捐活动，大家积极响应，踊跃参与、慷慨解囊，总部机关党委所属七个党支部、煤炭销售分公司党委、能投售电公司党委、湘煤培训中心党委 299 名党员干部职工共捐款 145400 元。2 月 28 日上午，举行集团公司总部职工“助力战疫 赋能湘煤”捐款仪式，15 万元爱心款捐给金竹山公司、南阳公司和宝源公司。

2020—2021 年 9 月 30 日期间，全集团公司及所属各子分公司积极推进新冠疫苗接种。主动与当地社区、卫生疾控部门对接，通过预约专门通道、集中上门、发动个人自行接种等措施，有序组织员工开展新冠疫苗接种工作，加强疫情信息调度。严格按照省国资委要求，做好每日境外疫情和疫苗接种情况信息上报。在省内疫情形势复杂时，做好了重要人群信息及时统计和上报。针对健康码管理做到红、黄码人员实时信息上报，完成了疫情相关信息统计上报工作。全集团公司和所属各单位共计 22876 人完成了全程接种，做到了应接尽接。共同构筑群体免疫屏障。

2019—2022 年，全集团公司防疫投入资金 1340.18 万元。累计发放口罩 73.67 万个、洗手液 41.12 吨、手套 3.87 万双，确保防疫物资保障充足。

2020 年 1 月—2022 年 12 月，全集团公司下发关于疫情防控文件 56 个、集团公司所属分子公司共计下发疫情防控文件 616 个。针对新冠疫情在国内持续反弹的情况，集团公司切实履行国企责任，始终把新冠疫情防控作为重中之重的工作来抓，作为一项政治任务来落实。集团公司党委书记、董事长廖建湘在每次月度例会上都要强调和部署疫情防控工作。集团公司各分管领导都分线指导、督促各单位严格落实疫情防控措施，压实防控责任。

2022 年 12 月 19 日，集团公司下发了《集团公司关于优化落实新冠肺炎疫情防控的通知》更加科学精准防疫，确保正常的生产经营秩序。标志着疫情正式结束。

四、防疫成果

集团公司坚决落实中央、省委、省国资委防疫工作部署，在疫情形势最严峻的时候，主动承担国企责任，一手抓疫情防控、一手抓安全生产，做到了两手抓、两不误，实现了疫情防控有力有效，生产经营正常稳定。特别是南阳公司发生一例输入性病例后，集团公司果断应对，没有引发次生不良影响，获得省委常委、省国资委党委书记姚来英同志的批示肯定。集团公司所属湘永矿业公司等单位多个党员突出队，在“一防三保”中当先锋作表率，排查职工家属数万户，开展“爱心服务”上千次，受到省委省政府高度肯定和赞誉。

（一）南阳确诊一例新型冠状病毒感染，精准施策无扩散无传染

集团公司所属湖南省煤业集团公司南阳矿业有限公司（以下简称“南阳公司”）在报告一例无症状外来输入型新型冠状病毒感染确诊病例后，扛起责任，坚定信心、科学防治、精准施策，创造了无扩散、无传染的抗疫奇迹，确保了矿区职工家属的生命安全和身体健康。

2020 年 2 月 11 日，南阳公司正值全面投入春节复工复产之际，浉江煤矿报告：永兴籍职工张某在体温正常、身体无异常症状的情况下，连续上了 3 天晚班后自驾返回永兴被确诊为新型冠状病毒感染。南阳公司主要领导在第一时间带领相关工作人员“逆行”前往浉江煤矿，根据患者在矿区的工作时间和活动轨迹，当机立断作出部署：浉江煤矿从早班 8 点起全面停产；立即实行矿区隔断，禁止人员出入；立即对与患者有过密切接触者展开深度摸排并实行“一对一”盯守紧急隔离；矿区内所有职工家属就地居家隔离。在如实汇报有关疫情后，南阳公司迅速召开了党委会议，在原有疫情防控工作领导小组的基础上，增设了疫情摸排、后勤保障两个工作组，抽调专门人员进一步充实工作力量。

集团公司党委书记、董事长廖建湘始终高度关注南阳公司疫情，要求全力争取地方政府支

持，不惜一切代价切断传染源。同时成立了专门工作组赶赴南阳公司督导疫情防控，帮助和指导查漏补缺，进一步织密筑牢“防护网”。在省国资委、集团公司的正确领导下，南阳公司疫情防控工作有力、有序推进，紧急制定出台了8个关于非常时期做好疫情防控工作的“硬核”文件，从组织机构、措施方案、工作制度、干部作风等多层面、多维度发力，确保了全公司整体“一盘棋”。为防止疫情扩散，南阳公司争分夺秒、分线作战，尽最大可能控制疫情波及范围，想尽一切办法降低扩散风险。通过地毯式排查，疫情摸排工作组在病患被确诊不到2个小时内就排查到密切接触者22人，为启动紧急隔离方案赢得了时间。南阳公司利用黄金24小时，进一步扩大排查范围，对与病患同队的工友及与22名密切接触者有过接触的人员、其他人员等进行深挖细查，对可能感染的人群做好风险防控，按照居住地划分，采取网格化管理，分别由淝江矿、村组、小区物业负责，实施为期14天的居家隔离观察，确保一个不漏。

2020年2月12日，在耒阳市政府的大力支持下，感染风险最高的22名密切接触者被疾控中心专车送到指定宾馆进行集中隔离。经疾控中心2次核酸检测，22人均呈阴性，于2月23日24时自行解除隔离医学观察。朝着一切往前赶的目标奋进，2月16日完成对淝江煤矿373名住矿职工家属的核酸筛查，2月19日筛查结果显示全部正常。

淝江煤矿每天分两次对重点场所、公共区域、家属片区进行消杀防疫，为住矿职工家属测量体温。后勤保障工作组紧急采购了4万多个口罩、400余支水银体温计，11个红外线测温仪、100千克消毒液、20千克酒精、2000余副中药汤剂和防护服等一批防控物资。为淝江煤矿在隔断期间提供了300余千克的油米肉蛋蔬菜等生活物资供给，确保了“粮草”充足。

在这场严峻的抗击新冠疫情斗争中，南阳公司各级党组织和广大党员、干部勇挑重担，疫情防控办公室人员承担了大量繁重的工作任务，每天工作到凌晨两三点；派驻集中隔离宾馆的工作人员和保卫人员身处一线逆行不畏惧；淝江矿职工家属识大体顾大局，积极配合疫情防控，自觉做好隔离医学观察，全公司干部员工众志成城、守望相助，形成了抗击病魔的强大合力。

2020年2月24日，淝江煤矿解除隔离、全面复工。2月26日，张某从郴州市第二人民医院治愈出院，其亲属及南阳矿区无一人被传染，疫情防控阻击战宣告取得阶段性成效。直至全国疫情结束，南阳公司做到了零传染、零感染，打赢了疫情防控战。

（二）楚湘建工疫情防控，海外彰显湘煤责任担当

面对肆虐无情的新冠疫情，湖南楚湘建设工程集团有限公司（简称“楚湘建工”，下同）在疫情防控中扛牢使命、闻令而动、精准施策，汇聚起了共同打赢疫情防控阻击战的磅礴力量。

2019年12月，楚湘建工以最优的方案中标越南冒溪煤矿施工项目，成为湖南矿建史上首次参与海外投标并成功中标的项目。恰逢碰上新冠疫情肆虐非常期。楚湘建工秉承以“打造具有世界影响力的中国矿建军团”的愿景，打开“一带一路”为楚湘建工战略发展出海入世的通道。在湘煤集团公司的正确领导下，以防疫为本，谋局布阵，切实打好疫情防控“先手仗”。由于当时越南冒溪煤矿项目参建人员有100余人，且项目点多线长，人员复杂，中、外方员工共同参与建设，给疫情防控工作带来了诸多困难。疫情发生后，楚湘建工紧急与项目取得联系，召开紧急部署会议，启动海外项目疫情防控工作应急预案，明确了具体管控措施，坚决实行封闭管理，不断加码管控措施。随着越南疫情逐渐复杂，日均新增病例达上万例，项目还启动了“日调度”“两检测”模式，不断壮大管理力量。同时，成立境外疫情防控指挥部，由公司党委书记、董事长任总指挥，分管领导各司其职的5个专班工作组协调配合，每日线上督查项目防疫工作落实情况，协调解决项目部防疫和工程、生活物资困难等问题。疫情期间项目部积极开展防疫宣传工作，公司还与湖南中医附一医院签订了联防联控合作协议，开展了线上心理辅导咨询服务，营造了良好的疫情防控氛围。

越南冒溪煤矿项目党支部是楚湘建工乃至湘煤集团公司首个海外党支部，楚湘建工注重把党支部建到项目上。为切实保障项目全体人员身体健康，楚湘建工严格按照省委、省政府、省国资委党委和集团公司党委的系列部署要求，做好疫

情防控工作。创新利用信息化手段，推行视频调度系统，全天候加强信息采集监管，设立专门人员对接项目防疫值班，每日上报人员体温检测情况、防疫物资使用情况，强化“人物同防”，切实做到项目人员、物资可报、可视、可控。在疫情爆发初期，为切实保障项目全体人员身体健康，公司及项目主动出击，想方设法与属地冒溪医院、越南河内大使馆取得联系，定期开展核酸检测，获取药物帮助，做到了“应检尽检”，并动员组织项目人员开展第三针疫苗接种，在核酸检测和疫苗接种方面，为打赢防疫阻击战撑好了“保护伞”，吃下了“定心丸”，让员工放心、安心、顺心工作。疫情防控期间，越南广宁省副省长阮光兴率队对项目施工和防疫综合检查视察，充分肯定了楚湘建工保质保量保时按既定计划顺利实施项目，顺利实现安全生产和疫情防控安全等一系列成绩。并代表越南方表示：希望冒溪煤矿项目成为越中合作典范，早日竣工达产，有效带动当地乃至越南广宁省的经济发展。

2022 年 5 月，越南疫情形势整体趋于平缓，日均新增降至百例左右，抗疫阻击战取得了阶段性胜利，楚湘建工在研判国内国际疫情形势后，迅速组织安排第十批人员出境，按照“目标不变、任务不减、标准不降、劲头不松、常抓不懈”的原则，有力有序推进复工达产，及时制定复工复产疫情防控方案，组织参建人员开展复工复产疫情防控线上专题培训，协调配送原材料、机器设备、防疫物品、中西药等物资，建机制、优服务、强保障，分秒必争抓进度，齐抓共管保安全，实现复工达产，确保顺利完成项目建设任务。楚湘建工通过新冠疫情防控工作地有力展开，把职工生命安全和身体健康放在第一位，在海外一线彰显新时代湘煤国企的使命和担当，不断擦亮矿建湘军品牌！

第 十 篇
中国共产党组织

2006—2022年，集团公司把党的建设摆到首要位置，以习近平新时代中国特色社会主义思想为指针，认真贯彻落实全国国有企业党的建设工作会议精神，全面加强新形势下企业党建工作。始终把坚持党的领导、加强党的建设作为一切工作的引领和保证，明确党组织在国有企业中的领导核心、政治核心作用，按照“把方向、管大局、保落实”原则，实现党对国有企业政治领导、思想领导、组织领导的有机统一。坚持深入学习贯彻马克思列宁主义、毛泽东思想、邓小平理论、“三个代表”重要思想、科学发展观、习近平新时代中国特色社会主义思想和党的路线、方针、政策，加强和改进企业党的组织建设和思想建设，以高质量党建引领企业高质量发展。

建立健全组织机构，加强党的组织领导，完善各级党组织工作机制；建立健全党组织建设各项规章制度，构建党建工作制度规范化、系统化、科学化体系；加强党的组织建设，夯实基层党组织建设基础，积极开展党的争先创优活动，创新工作机制，整合组织资源，促进企业发展；加强干部队伍建设，特别是加强集团及所属单位党组织领导班子建设。坚持党管干部原则，建立健全选人用人机制，强化后备干部队伍建设；加强学习型党组织建设，强化党员教育和管理，用党的理论创新成果武装党员干部的头脑，教育职工群众；加强企业党的政治思想建设和主题教育，认真推动党的先进性教育、学习实践科学发展观，深入开展党的群众路线教育实践活动、“三严三实”专题教育、“两学一做”学习教育、“不忘初心、牢记使命”主题教育、党史学习教育等主题教育活动，并结合企业实际在不同时期开展党建制度提效、党建强基提能、党建深化融合等内容丰富的主题活动，把党建工作深度融入企业安全生产、经营管理等各项中心工作，服务改革发展和经济工作，党委的政治核心作用、党支部的战斗堡垒作用和党员的先锋模范作用得到有效发挥。

加强宣传思想教育，强化意识形态工作，落实意识形态责任机制，多维度发挥新闻舆论的宣传教育作用和精神引领作用，引导广大员工积极参与企业改革、安全生产和经营管理。办好办强以《湘煤集团报》为核心的报、刊、网站、展厅等宣传媒体和平台，建好建强意识形态阵地，为企业改革发展提供强有力的思想保证、舆论支持和精神动力。

严肃纪律检查监督，加强党风廉政建设。认真落实党风廉政建设党委主体责任、纪委监督责任。加强组织机构建设，建强廉政工作队伍；建立健全廉政建设制度，严格执行，严格考核；建立教育、制度、监督并重的惩治和预防腐败体系，开展反腐倡廉教育，强化各级党组织和党员领导干部廉洁自律意识，提高党员干部清正廉洁、执政为民的自觉性。严肃惩治腐败，加大案件查处力度，构建风清气正的企业政治生态。

加强平安建设，认真开展综合治理与信访维稳工作，防范化解重大风险，建立健全信访维稳工作机制，妥善处理来信来访和各类矛盾，维护社会和企业稳定大局。

加强统战工作建设，建立健全统战工作机构，认真开展统战工作，提升党的统战工作制度化、规范化、科学化水平，团结统战对象，调动一切可以调动的积极因素，合智聚力推动企业改革和稳定健康发展。

第一章 组 织 建 设

第一节 组 织 机 构

集团公司从2006年成立以后，党的组织机构设置依次为集团公司党委，矿区安全生产管理局、所属子（分）公司、院、所党委（党组），煤矿（厂、三级公司）党总支，队（车间）党支部。

一、集团党委

（一）机构设置及党委班子

2006年6月16日，根据省委组织部《关于同意设立中共湖南省煤业集团有限公司委员会和纪律检查委员会的批复》(湘组〔2006〕47号)，省国资委党委下发《关于设立中共湖南省煤业集团有限公司委员会和纪律检查委员会的通知》(湘国资委函〔2006〕25号)，中共湖南省煤业集团有限公司委员会和纪律检查委员会设立。

2006年6月，集团公司党委：欧资源为党委书记，覃道雄、廖建湘、罗瑞锋为党委副书记。党委委员：覃道雄、欧资源、廖建湘、罗瑞锋、文仕秋、张小雁、欧阳维、吴正水、李义成、涂湘明。张小雁担任集团公司纪委书记。

2016年5月6日，经省委研究决定，廖建湘任集团公司董事长，罗瑞锋任集团公司党委书记，组建成立新一届党委领导班子。

2017年3月，省委贯彻全国国有企业党建工作会议精神，切实加强国有企业党建工作，全面推行国有企业党委书记、董事长“一肩挑”，决定廖建湘任集团公司党委书记、董事长。至2019年11月5日，集团公司党委：廖建湘为党委书记。党委委员：廖建湘、文仕秋、罗和平、张小雁、欧阳维、涂湘明。罗和平为集团公司纪委书记。

2019年11月5日至6日，中国共产党湖南省煤业集团有限公司第一次代表大会召开。大会选举产生新一届党委委员和纪委委员。设党委书记1人，党委副书记2人，党委委员9人。廖建湘当选为集团公司党委书记，文仕秋、杨洁当选为集团公司党委副书记。罗和平当选为集团公司纪委书记。

2022年12月，集团公司党委：廖建湘为集团公司党委书记，胡瑞连、文仕秋为集团公司党委副书记，罗和平为集团公司纪委书记。党委委员：廖建湘、胡瑞连、文仕秋、罗和平、张小雁、贺灿星、王群伟、曹建书、饶高。

（二）主要职责

2006—2022年，集团公司党委的主要职责是贯彻执行党的路线、方针、政策，发挥党组织的政治核心作用。加强对集团公司思想政治工作和组织工作领导，讨论和决定集团公司思想政治和组织工作的重大问题；实施对集团所属子（分）公司思想政治和组织领导，领导所属基层党组织建设、队伍建设、思想政治建设工作；负责对党员、职工进行党的路线方针、政策教育，培养“四有”职工队伍，提高企业职工政治素质和道德风尚，以保证生产、安全和经营活动的正常进行；加强党的思想作风建设，发挥基层党组织的战斗堡垒作用和党员先锋模范作用，负责企业各级领导班子思想建设，组织各级领导班子成员进行党的路线、方针、政策和理论学习；按照党管干部的原则，把好干部政治关，负责所属子（分）公司正副职领导干部的培养、选拔和考核、管理工作；支持职工代表大会评议监督各级行政干部，维护职工行使民主权利；加强党风廉政建设，落实“党要管党、全面从严治党”方针，对集团公司、基层党组织和党员干部严格要求、严格教育、严格管理、严格监督；加强党组织的制度建设，建立健全各项规章制度；加强对综合治理、信访维稳工作的领导，维护矿区稳定；加强对职代会、工会、共青团、女工委员会、武装、统战工作的领导，做好各方协调工作，通过各种渠道、采取多种方法收集群众意见，沟通融洽干群、党群关系，增强企业凝聚力。

二、部门设置

（一）党委工作部

2006年，集团公司党委设立党委工作部，是党委领导下的综合性职能部门。管理职能包括组织建设、党员管理、宣传工作、企业文化建设、群众工作、新闻舆情、综治维稳、统战工作等，定编4人，其中，部长1名，副部长1名，主管1名，主办1名。

2007—2014年，集团公司党委工作部的职能、工作职责、机构设置、人员配备与2006年基本相同。

2015年，集团公司党委设党委工作部，定编9人，其中，部长1人，副部长1人，维稳办主任1人，《湘煤集团报》《黑金时代》（于2019年更名为《湖南煤业》杂志，下同）杂志编辑兼记者岗6个。负责全集团党组织建设、党员管理、企业文化宣传、综治维稳、武装等管理工作。主要工作职责：健全和完善党的基层组织建设；建立修订制度，跟踪、收集、反馈制度执行情况；负责办理党员党组织关系转移，收缴党员党费；制定党委中心组学习计划与安排；负责党委文件处理，做好保密工作；负责上下工作联系，保证信息准确畅通；健全规范群团组织、维稳和信访工作；处理事务性工作。

2017年9月，集团公司总部机关实行机构改革，保留党委工作部（含维稳办、团委职能），增加机关党委职能和信访职能。党委工作部职能范围包括负责集团公司党建和组织工作，企业文化及宣传工作，统战工作、团委管理工作，武装工作、综治维稳及信访管理工作，机关党委工作等。定编9人，其中，部长1人，副部长3人（报社总编、维稳办主任），党委工作管理岗位（党建工作、党员管理、人武工作）1人，综合文秘岗位1人，文化宣传岗位3人。

2018年，集团公司印发《湖南省煤业集团有限公司总部各部室职能职责》，明确党委工作部基本职能是负责党建工作、宣传工作、企业文化建设、综治维稳工作、共青团工作、机关党委日常工作、统战工作。

2022年11月，集团公司总部机关进行机构改革，设置价值创造保障部门4个。党委工作部和办公室、工会办公室合并，设置为党群综合部，划归价值创造保障部门，履行原党委工作部、办公室和工会办公室职能。主要负责集团公司党建和组织工作，意识形态工作，统战工作，团委工作管理，人武工作，总部机关党委工作，党委文秘综合日常工作等；负责集团公司公文管理，机要档案，印鉴管理，文秘工作，工作督办，会议与接待管理，后勤管理，信息化建设、数字化转型和其他行政事务管理等；负责集团公司民主管理，职工权益维护，群安管理，职工文体活动，女工工作，工会经费管理，扶贫帮困，以及工会队伍建设等。根据集团董事会决议，集团（股份）公司党群综合部定编18人。设党群综合部部长1人，副部长4人。

（二）党校

2010年6月，筹建集团公司党委党校，集团公司党委副书记罗瑞锋兼任党校校长，张兴伶、贺高祥、刘省良、童建良任副校长（兼）。11月4日，中共湖南省煤业集团有限公司委员会党校举行揭牌仪式暨开学典礼，并举办首期集团所属子（分）公司党政主要负责人培训班。党校的主要职责是：按照集团公司党委要求，开展集团公司中层管理干部、基层党务工作者、工会、共青团组织干部、中青年干部、后备干部教育培训工作；负责入党积极分子、发展对象、预备党员的教育培训工作；负责指导基层党组织开展教育培训工作；开展党建研究工作。

2011—2013年，因工作岗位调整，先后免去张兴伶、贺高祥、刘省良党校副校长（兼）职务。2013年1月，姚湘忠任党校副校长（兼）。

2014—2022年，党校机构设置和职能未变。2021年11月，根据《教育部等八部门关于规范“大学”“学院”名称登记使用的意见》（教发〔2021〕5号）的规定及省教育厅、省国资委等八家厅局联合发文要求，集团公司印发《湖南省煤业集团有限公司关于集团公司培训中心停止使用“湘煤大学”名称的通知》，规范使用湖南省煤业集团有限公司培训中心（简称湘煤培训中心）名称，加挂中共湖南省煤业集团有限公司委员会党校牌子。党校的教育培训工作职能由湘煤培训中心承担。

三、二级党组织

2006年，集团公司党委成立后，涟邵矿业集团公司、资兴矿业集团公司、白沙煤电集团公司和长沙矿业、湘潭矿业、辰溪煤矿党委和各原煤公司党委纳入集团公司党委管理。集团公司总部成立机关党委。全集团共有党委46个，党总支90个，基层党支部835个，党员总人数18783人。其中，原煤单位党委27个，党总支66个，党支部640个；非煤单位党委19个，党总支24个，党支部195个。党组织的活动经费按集团公司年度标准工资额的1%列入企业财务计划，从企业管理费中列支并予以保证。党务工作人员按职工总数的1%配备。由组织配置的党群工作人员与经营管理人员实行责任考核、同薪同酬。

2007年4月，成立贵州湘能实业有限公司，设立贵州湘能实业有限公司党委；9月，洪山殿实业公司破产，重组为湖南省煤业集团洪山殿矿业有限公司，设立湖南省煤业集团洪山殿矿业有限公司党委。

2008年6月26日，成立湖南省华磊光电股份有限公司，由集团与北京新华联产业投资有限公司等9家单位共同出资组成。7月，设立湘能华磊光电有限公司党委。

2008年8月，集团公司对安全生产管理局（矿区集团）实行管理体制改革，特设安全生产监管机构，成立涟邵、资兴、白沙三个矿区安全生产管理局，并设立三个管理局党组；成立涟邵、资兴、白沙三个实业公司，对矿区非煤单位和非煤经济进行管理，并设立三个实业公司党委。三个管理局党组、三个实业公司党委均隶属集团公司党委领导。

2009年9月，集团公司对政策性破产的天泰能源有限公司（原株洲洗煤厂）实施重组，成立湘煤洁净煤股份有限公司，设立湘煤洁净煤股份有限公司党委；合并重组原株洲煤矿机械厂和株洲立达液压机械有限责任公司，成立湘煤立达矿山装备股份有限公司，设立湘煤立达矿山装备股份有限公司党委。

2010年1月4日，集团公司与湖南万安达集团万世达机械能源有限公司、湖南万安达集团有限责任公司三方签订《煤矿资产转让协议》，集团公司出资2.5亿元收购湘南监狱全部煤矿资源和资产，成立兴源矿业有限公司。2月5日，成立兴源矿业有限公司党委。

2014年1月24日，湖南省煤业集团洪山殿矿业有限公司整体移交给双峰县人民政府，该公司党组织一并移交地方党委管理。

2015年12月，集团公司党委下辖基层党组3个、党委52个、党总支部87个、党支部697个。管理中共党员17093人，其中在职党员7087人，离退休党员10006人。

2016—2017年，集团公司党委正确处理党组织与其他治理主体的关系，明确权责边界，形成各司其职、各负其责、协调运转、有效制衡的公司治理机制。抓基层、强基础，对子（分）公司的基层党支部、党总支进行换届，配齐配强党支部书记。同时确保子（分）公司党务机构和人员配备到位。各子（分）公司党委均设置党委（党群）工作部、纪检审计监察部，合理配备党务工作人员。全集团有党务政工人员416人，高于员工总数1%的配备比例。2017年，辰溪实业公司挂牌成立，11月15日，集团公司党委以湘煤集党字〔2017〕59号文批复成立辰溪实业公司党委。加强党员发展工作，2016年全集团发展新党员198名，确定入党积极分子253名。2017年全集团发展新党员212名，确定入党积极分子308名。

2018—2019年，集团公司进一步深化内部三项制度改革，加强所属企业党组织建设和领导班子建设，年底完成对所属法人单位正职领导选任，完成党委书记配备。党委副书记、纪委书记实行竞聘上岗、末位淘汰。2018年6月，集团公司党委作出黄牛岭矿业公司复产决定，并设立黄牛岭公司新的党委。

2020年4月，为推进所属子（分）公司基层党组织规范化建设，根据《党章》《中国共产党国有企业基层组织工作条例（试行）》，结合基层党组织任期情况，集团公司党委对所属各基层党组织换届选举工作进行安排部署，对集团所属各子（分）公司党委、直属党总支（支部）任期分别超过5年、3年的进行换届选举。三级单位党组织换届选举工作在上一级党组织指导领导下进行。基层党组织换届选举由集团公司党委统一领导，各二级单位党委（直属党总支、直属党支部）组织实施。5—11月，按照集团公司党委《关于进一步加强党建工作实施方案》《关于做好集团公司所属基层党组织换届选举工作指导意见》要求，共规范组织设置106个，分4批集中完成所属31家子（分）公司党组织换届选举工作，全部实行党政“一肩挑”，选优配强党委班子。

2020年6月，成立湖南能投售电公司党支部。8月，集团公司党委印发《关于成立中共湖南省煤业集团湘东矿业有限公司委员会的通知》（湘煤集党〔2020〕59号），批准成立湘东矿业公司党委。

2022年1月，集团公司党委以湘煤集党字〔2022〕5号文批复成立大岭矿业公司党委。4月2日，集团公司党委印发《关于成立中共湖南能投智能装备制造集团有限公司委员会的通知》（湘煤集党〔2022〕20号），经集团公司党委第106次会议决定成立湖南能投智能装备制造集团有限公司党委。

至2022年12月末，集团公司党委下辖基层党委33个、党总支72个、党支部454个、党小组187个，管理中共党员6843人。

第二节 制 度 建 设

集团公司成立后，集团党委及各子（分）公司党组织根据《中国共产党章程》《中华人民共和国公司法》和集团章程，按照党的组织建设要求，结合现代企业制度，建立健全各项规章制度，形成党组织和党员必须共同遵守的规则体系，为党组织建设奠定基础。

2006—2007年，制定《中共湖南省煤业集团有限公司委员会议事规则》《集团公司党委参与重大问题决策实施办法（试行）》，对议事原则、议事范围、议事程序、决议执行、纪律规定等方面进行规范；印发《集团公司党委开展“四好”领导班子创建活动的实施意见和考核办法》，在全集团开展以提高素质、优化结构、改进作风、增强团结为重点的“四好”创建活动，建设一支“政治素质好、经营业绩好、团结协作好、作风形象好”的领导班子队伍；制定《集团党建和思想政治工作目标管理考核办法》，量化、细分各项考核指标，建立党建和思想政治工作系统、科学、有效的考核体系。

2008年，制定《集团公司党委书记联席会议制度》《集团公司党委书记述职制度》《集团公司党支部工作基本规范（试行）》《集团公司党建和思想政治工作目标管理考核办法（修订稿）》。同时，出台相关规定，对党委工作部门办事流程和管理进一步规范、健全、完善和强化。

2009年，修订完善《集团公司党委议事规则》，按照民主集中制的原则，明确规定集团党委的议事日程范围、议事原则、议事程序和议事纪律。在贯彻民主集中制上，集团公司党委主要领导以身作则树立民主意识，坚持重大决策集体讨论决定，提高党委议事效率和决策质量，为子（分）公司领导班子起到示范作用。

2010年，加快推进新的基础管理制度体系建设，以保证集团“十二五战略发展规划”和“百亿行动计划”实施。集团公司党委对已有的规章制度进行全面梳理、优化、完善，建立一整套合法规范、完善配套的党建工作规章制度。11月21日，集团公司召开贯彻落实“三重一大”（重大决策、重要人事任免、重大项目安排和大额资金运作）决策制度推进会，学习贯彻中共中央办公厅、国务院办公厅《关于进一步推进国有企业贯彻落实“三重一大”决策制度的意见》，印发《集团公司“三重一大”事项集体决策实施办法》，明确范围、严格程序、加强监督，把“三重一大”决策制度落到实处。

2011年4月，集团公司党委、行政联合印发《集团公司关于加强和改进人才工作的决定》，制定人才培养相关规定和制度，构建人才建设机制，为人才培育提供制度保障。10月，出台《关于加强和改进总部及直属单位机关作风建设的决定》，制定《总部部室负责人及直属单位领导班子作风建设执行情况的监督考核办法（试行）》。

2012年1月，印发《集团公司党委关于进一步加强和改进党的建设的实施意见》，健全完善规章制度，形成符合集团科学发展的党建工作体制、机制；制定《集团关于进一步推行党务公开工作的实施意见》，推进企业党内民主建设，严格公开程序，落实公开责任，提高公开质量和效果；2月，印发《“三重一大”事项集体决策制度执行情况的监督考核办法》，对考核内容、方式、结果处理等作出明文规定。

2013年1月，制定《集团公司、股份公司高管改进工作作风，密切联系群众十条规定》，从深入基层调查研究，密切联系群众，精简会议、文件，简化陪同接待，及时报告工作、反馈情况，建立联系点，廉洁从业，接受群众监督等十个方面作出规定。3 月，印发《关于建立健全单位主要领导信访接待日制度的通知》，主要领导实行维稳轮值，建立接待日志和台账，解决职工群众实际问题。

2014 年，结合第二批党的群众路线教育实践活动开展专项整治工作，贯彻执行中央关于厉行节约、禁止奢侈浪费有关规定，修订出台《集团总部费用报销管理办法》《集团总部公车管理办法》《公务接待管理办法》，进一步推动党员干部作风转变。制定《集团公司 2014 年度党建和思想政治工作检查考核评分细则》，量化和细化目标管理考核内容。

2015 年初，根据省国资委党委《关于加强和改进省属监管企业党委工作的意见》(湘国资党委〔2015〕5 号）精神，集团公司党委在省国资委监管企业中率先出台《关于进一步加强和改进企业党委工作的实施意见》，构建企业党委工作责任机制，充分发挥企业党委政治核心作用；9 月，中共中央办公厅印发《关于在深化国有企业改革中坚持党的领导加强党的建设的若干意见》，集团公司党委组织贯彻落实，并制定相关方案和办法；制定《集团公司领导班子成员谈心谈话制度》《集团公司总部员工考勤管理办法》《关于扎实推进整治“四风”和侵害群众利益行为常态化长效化的实施意见》《集团公司负责人履职待遇、业务支出管理实施办法》等多项制度，为构建作风建设长效机制奠定基础。

2015 年，中共中央办公厅印发《党委（党组）意识形态工作责任制实施办法》，这是党中央首次以党内法规形式对党委（党组）意识形态工作责任制作出制度规定。集团公司党委学习和贯彻落实《实施办法》，印发《湖南省煤业集团落实意识形态工作责任制实施意见》，党管意识形态的“制度利器”正式确立，体现了党管意识形态原则在党委主体责任中的具体落实。

2016 年，修订完善《湖南省煤业集团党建及思想政治工作目标管理考核办法》，集团党委与各子（分）公司党组织签订党建目标管理、廉政建设、综治维稳三个责任状，强化管理，严格考核，严明奖罚，进一步落实各级党组织工作责任。基层党组织“三会一课”制度、民主评议党员制度、党员激励关怀帮扶机制等进一步健全和完善。

2017 年，集团公司党委把加强党的领导和完善公司治理有机统一起来，将党建工作总体要求写入公司章程，首次完成党建入章，进一步完善“双向进入、交叉任职”的领导体制。印发《中共湖南省煤业集团公司委员会贯彻执行民主集中制决策实施意见》。修订《集团公司优秀领导班子评选办法》，规范优秀领导班子评选。加强党建工作制度系统化、科学化建设，修订完善了《中共湖南省煤业集团有限公司委员会议事规则》等 10 个党建制度。

2017 年，为深入贯彻落实党的十八届六中全会精神和《关于新形势下党内政治生活的若干准则》要求，印发《中共湖南省煤业集团有限公司委员会关于试行党员“记实管理、积分考评”指导意见》，共 6 章 24 条，将有关指标量化为分数，再以评星定级的方式考核评比，进一步完善党员教育管理机制，强化党员精细化、规范化管理与考核。印发《湖南省煤业集团 2017 年党委（党组）书记抓党建述职评议考核调查核实评分细则》和《关于做好 2017 年度基层党组织书记抓党建述职评议考核工作的通知》，对党委（党组）书记抓党建述职评议考核工作提出明确要求和规则。

2018 年，印发《湖南省煤业集团有限公司制度建设管理办法》，对制度建设的职责、新建、修订、废止的权限、程序、制度汇编和定期检验作出规定。按此管理办法，集团党委对有关党建工作制度性文件进行了制定、修订、废止和汇编；印发《集团公司所属单位领导班子及其成员考核暂行办法》，全面考核领导班子政治思想建设、领导能力、工作实绩、党风廉政建设和作风建设情况；修订《所属企业负责人综合绩效考核办法》，党建工作考核权重达到 10%，直接与薪酬挂钩，以发挥考核“指挥棒”作用，促进党建工作由“软指标”变为“硬约束”。审议通过《集团公司党委关于贯彻落实〈中国共产党党务公开条例（试行）〉的实施意见》。

2018 年，集团公司党委制定《湖南省煤业集团有限公司落实意识形态工作责任制实施意见》，全面安排部署意识形态工作，落实中央、省委和省国资委党委关于强化思想意识形态工作精神；出台《集团公司意识形态责任制考核办法》，明确了党委主体、第一责任人、直接责任人、“一岗双责”等 4 个方面责任，设置 22 项指标与绩效挂钩考核。制定《关于落实意识形态工作责任制巡视整改实施方案》，按照省委宣传部和省国资委党委的要求进行巡视整改，督促指导集团和二级单位提高意识形态工作的政治站位，建立健全责任制，构建长效机制，加强整改监督，固化整改成果。

2019 年，印发《关于加强学习型组织建设的意见》，集团公司党委坚持理论联系实际、坚持领导示范带动、坚持全员学习导向。以学习习近平新时代中国特色社会主义思想和党的十九大精神为基本内容，全面提高党员干部综合素质，把党组织建设成为具有学习力、创造力、战斗力的坚强堡垒。同年，制定《关于贯彻落实意识形态工作责任制述职评议情况反馈意见整改方案》，根据评议情况提出整改意见，落实整改措施、整改时间和责任人。

2020 年，制定《关于进一步加强党建工作的实施方案》，出台《关于做好集团公司所属基层党组织换届选举工作的指导意见》，集团所属 31 家二级单位党组织分四批集中完成换届选举工作。集团党委进一步常态化落实“第一议题”制度，及时跟进学习习近平总书记重要讲话和重要指示精神。

2020 年，所属各法人单位基本完成《公司章程》修订工作，制定《党组织议事规则》，确保加强党的建设与建立现代企业制度“两个一以贯之”，实现企业党建与公司治理深度融合，进一步明确党委会前置研究“三重一大”事项和董事会、监事会、经理层的职责权限及运行流程，初步建立了权责对等、运转协调、有效制衡的决策执行监督机制。

2021 年，开展“制度提效”专项行动，聚焦治理效能重要目标，研究出台《关于在完善公司治理中加强党的领导的实施意见》《党委议事规则》《“三重一大”事项集体决策实施办法》3 个制度性文件。同时，修订完善 19 个党建基本制度，明确党组织在决策、执行、监督中的权责和工作方式，确保党组织发挥作用组织化、制度化、具体化；8 月，修订印发《湖南省煤业集团有限公司制度建设管理办法》，创新规范制度建设和管理，规定重要制度必须提交党委会前置研究、董事会审议；制定《湘煤集团党委班子成员党建工作联系点制度》，领导班子成员以上率下，设立党组织项目联系点 168 个，深入联系点调查研究，为基层单位纾难解困；10 月，制定《湖南省煤业集团“总部机关化”问题专项治理实施方案》，分阶段整章建制，提高治理效果。同年，集团党委印发《关于认真学习贯彻〈中国共产党组织工作条例〉的通知》，各级党组织以党委中心组、“三会一课”、集中培训等方式学习贯彻《中国共产党组织工作条例》。

2022 年，集团公司党委抓建章、重立制，进一步完善治理体系。认真落实“党建入章”要求，强调党建工作写入公司章程，党建入章全面完成。进一步完善党委会、董事会、经理层议事规则，厘清权责边界，优化决策流程，促进公司治理机制规范高效。集团公司出台《推进实施“三高四新”战略总体方案》，方案提出要不断加强党建引领，大力推进党的建设与“三高四新”战略实施相融合；进一步建立健全《湘煤集团党委班子成员党建工作联系点制度》，确定集团党委班子成员和所属各单位党组织领导班子成员党建工作责任、具体工作内容和联系点；制定《集团党委年度党建工作要点》，明确 7 类 71 项党建工作重点任务；根据省委、省政府和省国资委党委关于推进清廉国企建设决策部署，集团公司党委制定《清廉湘煤建设实施方案》，建立清廉建设制度机制，强化监督，落实考核，促进清廉湘煤建设；研究出台《湖南省煤业集团政治建设考察实施办法》，进一步落实集团公司政治建设考察工作，并推进政治建设考察向基层延伸。

第三节 干部队伍建设

一、党委班子建设

2006 年 6 月，成立中共湖南省煤业集团有限公司委员会和纪律检查委员会，设立党委工作部，集团公司党委工作机制形成。12 月，省国资委主任莫德旺、党委副书记唐德胜在集团 2007 年工作会、第一次党委工作会上对党委班子建设作出要求，强调在集团组建和起步之年，要加强集团公司党委和二级单位党委领导班子建设，充分发挥党组织在企业的政治核心作用。涟邵、资兴、白沙三局党委根据集团党委的安排和要求，对党委班子成员和下属单位负责人进行背靠背谈话93人次，了解班子成员的思想品德、工作能力、勤政廉政、工作业绩和团结协作五个方面情况，提出整改要求，进一步加强党委班子建设。

2007年，制定《集团公司党委开展“四好”领导班子创建活动的实施意见和考核办法》，各级党组织按照“政治素质好、经营业绩好、团结协作好、作风形象好”四好标准，开展“四好”领导班子创建活动，增强班子执行力、创造力、凝聚力，把集团党委班子建设成思想解放、求实创新、群众拥护、奋发有为的坚强集体。3月6日，集团公司党委召开首次民主生活会，班子成员开展批评与自我批评，剖析思想，总结经验，反思教训，诚恳交流。7月17日，集团公司党委组织中心组集中学习，会后，中心组成员撰写学习心得49篇。各子（分）公司党委围绕中心工作，把“四好”领导班子创建活动与改革发展、生产经营同步规范、检查、考核、奖惩，形成党委领导班子责任机制。集团公司党委领导班子在省国资委党委、省委组织部组织的民主测评中，优秀率和称职率达到了100%。周源山煤矿开展“四好”领导班子创建，全年超产原煤3万吨，实现账面利润200万元，被湖南省国资委授予“四好领导班子”称号。

2008年8—9月，集团公司实行矿区管理体制改革，成立涟邵、资兴、白沙三个矿区安全生产管理局党组和涟邵、资兴、白沙三个实业公司党委，所属单位领导班子管理体制进一步理顺。省国资委不再对三个矿区安全生产管理局和三个实业公司领导班子进行管理，不再对长沙、湘潭、辰溪三个矿业公司正职实行任前备案管理，而是统一由集团进行管理，集团公司法人治理结构进一步完善。集团公司党委班子按照“提高素质、优化结构、改进作风、增强团结”为重点的工作要求，通过“四好”领导班子建设，着力打造“学习型、开拓型、协作型、务实型、合力型、廉洁型”党委领导班子，提升整体功能。同年，集团公司党委领导班子在省国资委党委、省委组织部组织的年度民主测评中，优秀率和称职率达到了100%。白沙能源股份公司、街洞矿业公司、白山坪矿业公司、湘永矿业公司、资兴焦电公司5个单位领导班子荣获集团“优秀领导班子”称号。

2009年，集团党委以领导班子思想建设、能力建设、作风建设为重点，不断增强各级班子领导在企业改革发展中的整体功能。加强领导干部在集团内部的交流，实行集团公司总部与基层单位、各基层单位之间的领导干部流动。按照《党章》要求，进一步理顺马田、湘永、街洞公司党组织管理关系，调整充实贵州湘能公司等12个单位党委班子。指导湘煤华磊光电公司、兴源矿业公司进行“两委”选举，从组织上保证党组织战斗堡垒作用的发挥。加强履职考核，实行领导班子和班子成员述职述廉，开展民主测评。同年，在省国资委党委、省委组织部组织对集团公司总部领导班子的年度民主测评中，优秀率和称职率达到了100%。

2010年，深入开展“四好”领导班子和“四强”党组织创建活动，完善领导班子考核评价体系，规范考核内容，改进考核形式，把考核结果作为干部使用、培养和奖惩的重要依据，优秀干部得到重用，各级班子坚强领导集体的作用得到发挥。同时，实行领导干部问责制，进一步加大对不称职领导干部的组织调整力度，增强危机感，激励干部锐意进取。夯实子（分）公司党委班子建设基础，调整充实白山坪、湘永矿业公司等10个单位的党委领导班子，保障基层党组织政治核心作用的发挥。贯彻落实省国资委“两个规范”要求，集团公司党委印发《加强和改进企业党建工作的意见》，强化领导班子思想作风建设。各原煤子（分）公司领导班子建立下井跟班制度，并列入绩效考核，《湘煤集团报》定期公布下井跟班情况，未达到要求的通报批评。

2011年9月23日，召开全集团加强和改进作风建设大会，指出干部中存在思想解放不够、群众观念不强、干部作风飘浮、协调配合意识不强、纪律意识不强等问题。党委领导班子带头进行思想反思和整改，有针对性地解决职工看得见、摸得着、得实惠的问题，领导班子的政治思想、党性原则、工作作风建设进一步加强。同时，在各子（分）公司领导班子中开展思想作风大整顿，突出抓班子、严干部、带队伍工作。集团公司和各子（分）公司领导班子成员共写出书面反思材料 390 余份。12 月，集团公司、股份公司在长沙举行高管座谈会，对面临的不利形势和风险，讨论和回答了“我们是谁？从哪里来？要到哪里去？”的问题。学习任正非撰写的文章《华为的冬天》，增强危机感，研究了如何练内功、挖内潜，向管理要效益，满怀信心走出困境的工作措施。

2012 年 4 月，按照省委组织部《关于做好全省基层党组织分类定级工作的指导意见》要求，集团公司党委完成 746 个基层党组织分类定级工作。同年，推行党委书记“季度述职述廉”制度，对各级党委书记政治思想、工作业绩、廉洁自律等方面进行检查考核，增加压力，增强党委书记履职责任感。各级党委班子以“抓铁有痕、踏石留印”的精神进一步抓好作风思想建设，提升党委书记驾驭全局、分析解决复杂问题、抓好党建工作的能力。牛马司矿业公司、南阳矿业公司党委以“狠、快、准、硬、实”五招解决领导班子不敢为、不愿为和思想不硬、能力不够的问题，领导干部思想作风明显改进。

2013 年，为改进和加强领导干部作风建设，制定出台《集团公司高管成员改进工作作风建设廉洁从业十项规定》，其核心内容包括领导干部深入基层调查研究，建立领导干部联系点制度，整改文风会风以及廉洁从业等问题。各子（分）公司党组织结合实际，比照此规定制定出具体实施意见和办法，并严格遵照执行。8 月 6 日，集团公司召开高管（扩大）会议，专门落实“十项规定”，要求高管成员以“抓自身、抓带头、抓示范”为抓手，促进领导班子思想作风建设。同年，集团公司修订出台《优秀领导班子评选办法》，制定切合实际的评选条件，科学规范评选活动，严格按照评选办法对各子（分）公司党委领导班子进行考核和测评，涌现出一批优秀领导班子。兴源矿业公司、白沙实业公司、周源山煤矿、南阳矿业公司、街洞矿业公司领导班子被评为集团优秀领导班子。

2014 年，集团公司党委要求各级组织在新常态下建设“五个班子”，即建设忠诚可靠、敢于担当、开拓务实、能力胜任、遵规守纪的领导班子。结合党的群众路线教育实践活动，先后召开 3 次党委班子专题民主生活会，通过“群众提、自己找、上级点、互相帮、集体议”等方式，认真查找“四风”方面存在的问题，班子成员思想受到教育、灵魂得到触动，提高了思想认识。同年，在集团公司及子（分）公司党委领导班子中开展“做职工群众贴心人”和“入党为什么、为党干什么、为集团干什么”专题大讨论，班子成员共撰写心得体会 372 篇。

2015 年，在国内外经济形势严峻、企业生存受到挑战的背景下，集团公司党委抓班子、带队伍，科学规范各级领导班子和领导干部考核评价指标体系，领导班子的政治建设、组织建设、思想建设、作风建设在市场“极寒”局面中经受考验，提升了治企能力和管理水平。7 月，为期 3 天的党委书记培训班在湘煤党校开班，聘请有关领导和专家教授讲课，所属子（分）公司党委书记、集团公司党委工作部全体人员参加培训。9 月，集团党委举办提升党员干部理想信念和党性修养培训班，各单位领导班子副职以上成员、总部各部室副部级以上人员 200 余人参加培训。

2016 年 5 月，省委、省国资委党委从集团公司工作大局和领导班子建设实际出发，对集团领导班子进行调整，廖建湘任集团董事长，罗瑞锋任党委书记，副职也作部分调整，新一届领导班子成立。新的党委领导班子进一步修订《优秀领导班子评选办法》，坚持党管干部原则，进一步加强领导班子的组织建设、思想建设、作风建设，完善各级领导班子和成员考核评价体系，把党的建设、依法治企、改革攻坚成效作为重要内容纳入业绩考核，初步形成以德才表现为准则、以工作实绩为尺度、以干事创业为导向的选拔任用和评价干部新格局。集团公司党委认真落实中央和省委全面从严治党一系列重要部署，针对集团原班子主要领导系列腐败案件的查办，进行正风肃纪，企业呈现风清气正、生态净化局面。抓住领导干部这个“关键少数”，集团公司党委新班子主要领导分别对班子成员和股份公司高管成员，以及基层班子成员进行专题约谈 70 多人次，对公司中层以上干部进行工作谈话 200 余人次，诫勉谈话 90 多人次，提醒谈话 50 多人次，进一步传导了全面从严治党主体责任。集团按照“突出业绩、激励约束、不拘一格”的选人用人理念，调整充实所属子（分）公司及总部部门负责人80余人次，其中新提任中层管理人员15名。

同年，认真配合省委第九巡视组对集团公司党委进行巡视，巡视组反馈意见后，集团公司党委在第一时间将巡视反馈的问题和建议，逐一研究细化，分解为6大方面40个项目，督办督查，落实整改到位。年末，集团公司党委领导班子在省委组织部和省国资委党委组织的年度民主测评中，优秀率和称职率均达到100%。红卫矿业、湘永矿业、南阳矿业、宝源矿业荣获集团优秀领导班子称号。

2017年，集团公司党委学习贯彻习近平在全国国有企业党的建设工作会议上的重要讲话精神，推动党对国有企业政治领导、思想领导、组织领导体现在“把方向、管大局、保落实”上。按照集团公司党委制定的《关于进一步加强和改进企业党委工作的实施意见》，明确和落实党组织在国有企业法人治理结构中的法定地位，处理好党组织与其他治理主体的关系，形成各司其职、各负其责、协调运转、有效制衡的治理机制。全面落实党建工作进章程，明确党组织的职责权限、机构设置、运行机制、基础保障，做到组织落实、力量落实、职责落实、监督严格，党组织发挥领导核心和政治核心作用实现组织化、制度化、具体化。省委、省国资委党委贯彻执行全国国有企业党建工作会议精神，坚持和完善“双向进入、交叉任职”的领导体制，全面推行企业党委（党组）书记、董事长由一人担任，党员总经理兼任党委副书记的制度。3月，省委、省国资委党委对集团公司党委领导班子进行调整，党委书记、董事长由一人担任，总经理兼任党委副书记，形成新的党委领导班子集体。集团公司对二级单位党委班子进行了调整配备，相应落实了党委书记、董事长由一人担任制度。6月，集团公司党委学习传达贯彻省属国有企业党建工作会议精神，党委班子切实担当党建工作的主体责任，加强领导班子自身建设和党员干部队伍建设，发挥领导班子和干部队伍在国有企业中的关键作用，选准用好“关键少数”，增强各级党组织的凝聚力、战斗力和号召力。做好省委组织部对集团公司领导班子和主要领导人员专项考察，以及省委组织部换届考察组对集团党委领导班子换届考察相关工作，分别制定了专门工作方案，形成并提供领导班子运行情况和工作总结、现实表现材料等30余份考察相关资料，完成了专项考察和换届考察工作。加强子（分）公司党委领导班子建设，开展对所属单位领导班子及班子成员专项考察工作，第一批完成16家单位专项考察，逐一对考察单位领导班子进行综合分析研判，形成了高质量的综合考察报告，对二级党委领导班子日常监督管理机制基本形成。持续推进“四好”领导班子创建和“四强”组织创建，修订优秀领导班子评选办法，把党的建设、依法治企、改革攻坚成效作为重要内容纳入领导班子业绩考核，提高领导班子整体素质和引领企业科学发展的能力。集团公司党委全年召开党委会46次，调整充实二级单位和集团部门负责人90余人次，其中新提任中层管理人员20人。

2018年，集团公司党委坚持党的政治建设为统领，推动习近平新时代中国特色社会主义思想和十九大精神入脑入心，增强党员干部“四个意识”，开展中心组学习10次。认真落实党委研究讨论是董事会决策重大问题的前置程序，召开党委会53次，前置审议“三重一大”事项120余项。4月12日，召开所属单位党组织书记抓党建述职评议会，20家子（分）公司党组织书记进行口头述职，9家子（分）公司党组织书记进行书面述职，集团党委书记、董事长廖建湘进行现场点评，全体与会人员对各单位书记述职情况进行现场测评。集团公司党委坚持选好管好二级党委班子，在选用人上切实负责，适应现代企业制度要求，把坚持党管干部原则与董事会选择经营管理者以及经营管理者依法行使用人权相结合，建立领导干部能上能下的用人机制，对控亏无策、经营无方、止损无术的领导班子及时撤换、调整。6月，继续深入强力推进新一轮“三项制度”改革，完善“双向进入、交叉任职”领导体制，促进党的领导机制与完善公司治理有机结合。通过严格职数管理，按照“宜兼则兼、宜转则转”原则，完成了子（分）公司正职领导选任、集体谈话和中层副职“竞聘上岗、末位淘汰”的改革工作。9月，集团印发《关于完善所属企业法人治理结构，推行竞聘上岗和职业经理人试点的工作方案》（湘煤集人〔2018〕414

号)，启动对所属单位领导干部的考察摸底调研。11 月初完成对所属法人单位正职领导的选任，12 月初完成对所属单位领导班子副职竞聘上岗、末位淘汰工作。此次干部调整范围广、力度大，集团中层干部净减 8 人，新任职干部平均年龄较落聘干部年轻 9.6 岁，干部年龄结构、知识结构得到优化。

2019 年，集团公司党委贯彻落实国企领导人员“对党忠诚、勇于创新、治企有方、兴企有为、清正廉洁”20 字要求，坚持把政治建设摆在首位，引导全体党员干部树牢“四个意识”，坚定“四个自信”，做到“两个维护”，加强领导班子思想政治建设，实施领导班子素质提升工程，优化班子结构，提高班子整体功能。按照省委组织部工作部署，配合省委考察组做好集团公司党委、纪委换届相关工作，召开换届考察工作动员会、换届民主推荐大会，形成集团公司领导班子 2016—2018 年度工作总结材料，对领导班子成员三年的个人述职报告、档案材料进行收集查核，为换届工作奠定坚实基础。集团党委按照领导班子考核办法，对所属单位领导班子开展综合考核和年度考核，召开党委（党组）书记抓党建述职评议会，各单位党委（党组）书记进行口头述职和书面述职，集团公司党委领导进行现场点评和管理干部投票进行现场测评，强化考核结果运用，形成全方位、多形式的激励约束机制。省委考察组对集团领导班子及成员开展政治建设考察和年度考核述职测评，在 2019 年度干部选拔任用工作“一报告两评议”中，对选人用人工作总体评价好评率为 95.9%，排在第一档次；在省国资委党建述职评议考核中再次被评为“好”的等次。同年，集团党委书记、董事长廖建湘被省委通报表扬，荣膺“担当作为优秀干部”称号。

2019 年 11 月 5—6 日，召开中国共产党湖南省煤业集团有限公司第一次代表大会，党委书记、董事长廖建湘在会上作题为《坚守初心使命，加快转型升级，为集团公司高质量发展不懈奋斗》的工作报告。报告指出：“2016—2019 年，在新班子带领下，坚持党的领导，加强党的建设，始终把讲政治放在一切工作的首要位置，建设一个坚强有为的领导班子，实现了从求生存到谋发展再到高质量发展的根本转变。党的领导全面加强，政治建设开辟新境界；经济运行质效持续提升，综合实力迈上新台阶；打造本质安全型煤矿，安全生产实现新跨越；轻装上阵实现重大突破，深化改革取得新成就；治理能力现代化加速推进，管控模式构建新体系；文化建设深入人心，和谐湘煤建设形成新格局。截至 2019 年 10 月末，在消化潜亏基础上，全集团资产总额为 126 亿元，企业规模逐步扩大，发展质量稳步提高。由中国煤炭工业协会评选的中国煤炭企业 50 强，集团公司连续两次入榜，居第 45 位。”全集团 222 名代表参加党代会，大会以无记名投票方式，差额选举产生了新一届党委委员和纪委委员。同时，在新一届党委第一次全会上作出了建设“六个班子”的决定，即：对党忠诚，建设政治坚定的领导班子；精诚团结，建设凝心聚力的领导班子；勤奋学习，建设素质优良的领导班子；真抓实干，建设奋发有为的领导班子；牢记宗旨，建设员工拥戴的领导班子；克己奉公，建设清正廉洁的领导班子。同年，省委考核组对集团公司领导班子和领导人员 2019 年度考核述职测评的“一报告两评议”中，对选人用人工作的总体评价好评率为 95.7%，排在第一档次。

2020 年 2 月，全面启动“党建强基提能”专项行动，分排查摸底、集中行动、评估验收等三个阶段压茬推进，持续推动企业党建提质升级，并将专项行动落实情况纳入了所属单位党委班子 2020 年度抓党建述职评议考核的重要内容。各子（分）公司党委切实履行主体责任，成立领导小组和工作专班，制定具体工作方案，列出问题清单、措施清单、责任清单，党委书记带头抓，分管领导直接抓，着力解决了一批看得见、摸得着、带普遍性的具体问题。3 月 28 日，召开所属单位党委书记抓党建述职评议会，24 名子（分）公司党委书记进行现场述职，集团党委领导现场进行评述，与会人员现场进行测评，有效传导了抓党建、强党建的责任和压力。5 月，集团党委印发《关于做好集团公司所属基层党组织换届选举工作的指导意见》，在湘煤大学举办党建“五项专项行动”业务培训班，培训内容包括基层党组织换届和加强党组织建设有关知识。在“强基提能”专项行动中，共规范基层组织设置 106 个，分四批完成 35 家单位党组织换届选举工作，选优配强党组织班子成员，进一步规范党组织建设和基层党组织班子职数设置，年龄结构、知识结构、能力结构更趋合理。35 家换届单位共配备了党组织班子成员 152 人，平均年龄 51 岁，其中新当选党组织班子成员 7 人，平均年龄 43 岁。同年，省委考核组对集团公司领导班子和领导人员 2020 年度考核述职测评的“一报告两评议”中，对选人用人工作的总体评价好评率为 95.9%，排在第一档次。在省国资委党建述职评议考核中连续被评为“好”的等次。

2021 年，集团公司党委认真落实“第一议题”制度，召开党委会议 39 次，审议“三重一大”事项 150 项，开展理论中心组学习 12 次，采取“每月一次、上下同题”方式，带动基层党委学习研讨 400 余次。认真贯彻《中国共产党国有企业基层组织工作条例》，落实“规范组织设置、严格按期换届；推动党建入章、完善议事规则；坚持双向进入、落实交叉任职；深化五化建设、补齐支部短板；配齐工作力量、建强领导班子”5 项主要任务。按照省委组织部要求，贯彻实施《2019—2023 年全国党政领导班子建设规划纲要》及省委办公厅印发的《实施意见》，形成并报送集团党委领导班子中期自评报告，推动党政领导班子建设规划的落地落实。

2021 年，集团公司党委配合省委巡视第六组开展巡视工作，形成《集团党委干部选拔任用工作专题报告》《集团党委关于省委第六巡视组选人用人专项检查组交办立行立改问题项推进实施情况的报告》《关于落实省委巡视第六组反馈集团党委选人用人问题的整改实施方案》，完成交办选人用人立行立改问题 11 项，落实反馈问题 21 个；完成了集团领导班子年度考核述职测评工作，省委考核组对集团领导班子和领导人员 2021 年度考核述职测评的“一报告两评议”中，对选人用人的总体评价好评率为 99.1%，同比提高 3.4%，排在第一档次。

2022 年，集团各级党组织以迎接党的二十大胜利召开和学习宣传贯彻党的二十大精神为主线，按照全省“三高四新”战略要求，制定《推进实施“三高四新”战略总体方案》，通过加强党委班子建设，扎实推进党建融合年活动，续写党建引领高质量发展新篇章。坚持把拥护“两个确立”、做到“两个维护”作为各级党委政治建设首要任务，常态化开展“第一议题”学习，对标对表习近平总书记最新重要指示精神，从讲政治高度推进企业改革发展。集团公司党委以上率下，全年开展中心组集中学习 12 次，二级党组织每月一次、上下同题跟进开展，带动基层党组织学习研讨 500 余次。集团公司党委全年召开党委会 34 次，前置审议集团“三重一大”事项 110 余项，发挥党委把关定向作用。坚持贯彻落实新时代党的组织路线，突出讲政治、敢担当、善作为的用人原则，建立健全以德才表现为准则、以干事创业为导向，以群众公认为基础的干部选拔任用机制，持续加强各级领导班子建设，按照政治标准和新时代领导干部要求，集团公司党委共完成 49 人次职务调整。同年，周源山矿业公司、南阳矿业公司、马田矿业公司、涟邵实业公司、街洞矿业公司、湘永矿业公司、楚湘建工集团、能投售电公司等 8 个单位领导班子被授予集团公司优秀领导班子荣誉称号；评选出党建工作先进集体 8 个、先进党支部 41 个、优秀党员 66 名、优秀党务工作者 34 名。

2022 年，集团公司党委对省委巡视选人用人专项检查组反馈给集团党委的 31 个选人用人问题，逐个逐项制定整改方案，并整改落实到位，巡视组反馈的问题全部完成销号，切实做好巡视工作“后半篇”文章；按照省委组织部要求，配合省委考核组完成集团公司领导班子和领导成员 2022 年度考核述职测评工作。省委组织部反馈意见表明，对集团公司 2022 年度领导班子的“总体评价”优秀率为 93.64%，对集团公司 2022 年度“选人用人工作的总体评价”好评率为 98.1%，继续排在第一档次。

二、后备干部队伍建设

2006—2008 年，集团公司加强后备干部教育培训和梯队建设，建立健全年轻干部激励机制，创造优良环境和条件，采取符合煤炭企业实际的举措，用好人才、留住人才、吸引人才。2007 年，与湘潭大学联合招收应届高中毕业生 132 名。2008 年 5 月，集团与湘潭大学联合培养煤炭专业技术人才项目招生工作启动，集团出资与湘潭大学联合招收普通全日制采矿工程、矿山机电、煤矿地质与测量专业的高职专科生 365 名。三年中，定向培养煤炭专业本、专科学生

1200 人，面向社会招聘采矿、机电、地质、工程和财经类年轻人才 1200 人。

2009 年，全面提高后备干部队伍素质，制定《湖南省煤业集团后备人才管理办法》，规范后备干部培养工作，加大党务工作年轻干部和急需专业技术人才培养力度，发挥集团公司在干部队伍培训中的主体作用，实行统一计划，分批培训，大胆启用。加强人才引进工作，实施可持续发展的人才战略，即通过 3～5 年努力，实现专业技术人员占从业人员 12% 以上的目标。企校联合办学取得效果，9 月，首批 89 名湘潭大学委培生学成结业，奔赴矿区原煤子公司生产一线，成为矿井生产技术的一支有生力量。

2010 年，继续加大校企联合办学的力度，在湘潭大学招收全日制学生 399 人。创新人才培养机制和模式，为应届大学毕业生开辟就业通道，面向社会招聘 200 名优秀工科毕业生到湘潭大学能源工程学院学习煤炭专业，缓解集团青年专业技术人才紧缺局面。同年 4 月，湘煤培训中心（湘煤大学）成立，9 月党校成立，为培养中青干部、基层党支部书记、党务工作者、工会干事创造了条件。

2011—2013 年，实施人才强企战略，构筑年轻人才成长平台，做好年轻干部选拔使用、培养培训、交流轮岗工作，加大“70 后、80 后”年轻优秀人才选拔使用力度，早压担子，备用结合。重点建设“五支人才”队伍，即领导人才、资本人才、战略人才、专业技术人才、企业文化人才队伍，建立后备干部培养教育和考核机制，在德、能、勤、绩、廉上进行全面考核，为提拔使用提供依据。通过重点培养，各子（分）公司领导班子中拥有 1 名以上 1980 年后出生的成员，所属原煤公司生产矿井（工区）班子成员中 1980 年后出生的人员占比超过 30%。

2014 年 6 月 4 日，集团公司举办第一期中青年干部培训班，对 39 名中青年干部进行为期 3 个月集中脱产培训。10 月 9 日，集团举办第二期中青年干部培训班，对 33 名中青年干部进行为期 3 个月集中脱产培训。集团公司制定后备干部培养计划，规定所属子（分）公司领导班子中 1975 年后出生人员占比要超过 30%。同年，集团提拔任用了 6 名“75 后、80 后”年轻干部担任中层管理人员。

2015 年 11 月 3 日，集团公司举办第三期中青年干部培训班，对 38 名中青年干部进行为期 3 个月集中脱产培训。同年，提拔任用 6 名“75 后、80 后”年轻干部担任集团中层管理人员。

2016 年，实施年轻干部“知识升级”工程，提高后备干部知识存量，扩展全局眼光、战略思维和工作能力，把年轻有为、忠诚敬业的后备干部安排到第一线磨炼考验，让年轻后备干部在实践中锻炼，在岗位上成才，在竞争中脱颖而出。集团举办 2 期中青干部调训班，抓好学员推荐、时间安排、课程设置、学员考核以及培训效果各环节，共培训中青年干部 72 人，中青干部整体素质得到提升。

2017—2018 年，集团公司党委在干部中开展“干部成长感恩谁”的大讨论，总部机关和所属子（分）公司组织年轻干部进行专题讨论，引起强烈反响，感恩党、感恩组织、感恩企业在年轻干部中形成共识。全集团青年干部撰写思想汇报材料和心得体会 67 篇。集团公司党委以政治过硬和本领高强为目标，进一步实施后备干部素质提升工程，加强年轻干部的管理和培养，建立后备干部人才库。强化年轻后备干部培养选拔和使用机制，推荐的 2 名基层技能人才被选拔为 2017 年度享受湖南省政府特殊津贴人员。加大对年轻党务人才的培养力度，落实党务工作人员与经营管理人员同职级、同待遇政策，畅通双向交流渠道。加强中青年干部培养教育，两年共举办中青年干部培训班 2 期，共培训 70 余人。

2019 年，加大对优秀年轻干部的培养、选拔、使用力度，进一步优化干部年龄结构，提高年轻干部综合素质和专业水平，培育“简单、正直、无私、坚韧”的优秀品质。举办优秀年轻干部提升班一期，培训 30 余名优秀年轻干部。开展 2019 年湖南省“湖湘青年英才”支持计划申报相关工作，推荐华磊光电公司苗振林、立达公司冯敏等 2 人申报；做好党外知识分子先进典型人物及事迹推荐，推荐华磊光电公司苗振林申报党外知识分子先进典型人物。

2020 年，持续加强年轻干部队伍建设，树立正确的年轻干部教育管理、培养使用观念，提高年轻干部履职能力，创新引领年轻后备干部干事创业、爱岗敬业。编制的《集团 2020 年总部组织实施培训工作要点》，把对年轻干部的培养教育放在重要位置。12 月，在培训中心（湘煤大学）举办优秀年轻干部调训班，有 45 名后备干部参加培训。对年轻干部从习近平新时代中国特色社会主义思想、政治理论、法律法规、经营管理等方面进行培训，年轻干部整体政治思想和业务素质水平得到提高。

2021 年，按照省国资委“英培计划”人才选拔工作要求，实施人才强企战略，建立后备干部人才库，形成后备干部人才梯队。重视和加强年轻干部的培养和使用，培养和选拔一定数量规模的优秀年轻干部到重要岗位，鼓励子（分）公司大胆培养、提拔使用优秀青年人才。3 月份，集团公司自成立以来首次举行中层干部内部竞聘会，对总部部分中层副职职位进行内部公开竞聘，开展内部“赛马”、竞聘选才。10 名年轻干部亮相竞聘舞台，通过竞聘演讲、现场答辩、民主评分三个环节，最后 2 名竞聘者脱颖而出，到办公室（董事会办公室）、人力资源部担任副职；按照省委组织部要求，配合省国资委考察组开展集团范围内优秀年轻干部调研考察工作，为年轻干部选拔使用打好基础。全年提拔 80 后中层干部 9 人，在培训中心举办 1 期优秀年轻干部培训班，分层建立了年轻干部信息数据库。

2022 年，制定《湘煤集团年轻干部培养发展规划》，加大中青年干部队伍建设力度。按照省委组织部、省国资委后备干部培养要求，进一步建立完善后备人才培养教育和考察考核机制，对后备干部在德、能、勤、绩、廉上进行全面考核。进一步做好年轻干部选拔使用、干部培训、轮训和轮岗交流工作，增加后备干部队伍储备，提拔使用优秀年轻中层干部 4 人，进一步优化干部队伍年龄结构、知识结构、专业结构。建立后备人才库，注重基层锻炼，实施跟踪培养，原则上提拔干部从后备库产生，保证培养上有储备、使用上有梯队、选择上有空间。加强年轻干部队伍监管，严管与厚爱相济，抓小抓早，防微杜渐。集团按照省委组织部通知要求，做好选派 35 周岁以下优秀年轻干部到乡镇挂职推荐工作，干部人才举荐工作取得突破，集团有 1 名中层副职管理人员被选派到嘉禾县挂职科技副县长，所属子（分）公司 2 名中层副职管理人员被选派到张家界挂职乡镇党委副书记。

三、干部队伍管理

2006—2007 年，集团公司党委按照党管干部的原则，加强干部队伍管理，强化干部队伍政治思想建设、作风建设和制度建设。2006 年，制定了集团总部管理人员“十个不要”“三个不准”纪律规定，以及提高工作效率“五个不让”，树立机关干部改进作风、服务基层良好形象。各子（分）公司干部队伍中倡导社会主义新风尚，弘扬正气，树立楷模，营造昂扬向上的氛围。2007 年 6 月 28 日，集团公司党委召开庆祝建党 86 周年暨优秀党务工作者、优秀党员代表座谈会，就加强党员干部管理和党建工作提出要求，要求党员干部做“四个表率”，即做加快发展的表率、做奋发有为的表率、做艰苦奋斗的表率、做团结协作的表率。并把“四个表率”作用发挥纳入年度党建思想政治工作目标管理考核重要内容。

2008 年 1 月 23 日，集团公司召开党委工作会议，贯彻落实党的十七大精神，加强干部队伍和人才队伍管理，坚持民主、公开、竞争、择优原则，构建干部选拔管理机制。建立干部监督、职务任期、回避和交流制度，任人唯贤，把政治可靠、工作有能、群众信赖、作风过硬的干部选拔到领导岗位。集团党委通过建立和完善选人用人制度，在坚持党管干部的原则下，充分尊重董事会的选用人权，企业中层以上干部任免由党委会研究审议，董事会决定任免。9 月，集团对矿区管理体制进行改革，干部岗位调整较大，涉及变动和调动的人员较多。集团制定了相关组织纪律和规定，利用这一契机，加强对干部队伍的调整配备和教育管理，做到干部队伍思想不散、秩序不乱、工作不断，确保改革工作平稳顺利进行。

2009 年 2 月 24 日，集团公司召开党政工主要负责人会议，针对集团原煤欠产、减利增亏、价格下降等不利局面，对干部进行形势教育，增强管理干部服务意识，改进工作作风，深入基层和生产一线解决实际问题。通报了集团组织到深圳华为公司和艾默生网络能源公司考察学习情况，认真学习华为公司干部管理、危机管理、自我批判和狼性执行力的先进管理理念，坚定信心攻克难关，瞄准目标实现扭亏。

2010年1月，印发加强干部管理有关制度和通知，进一步深化干部人事制度改革，完善干部选拔任用机制，建立干部能上能下、能出能进选人用人制度。加强政工干部队伍管理和建设，提高政工干部的政治和经济待遇，政工干部与行政干部实行双向交流，畅通干部进出渠道，形成政工干部与行政干部交流机制。4月22日，集团首次召开人才工作会议，印发《集团公司关于加强和改进人才工作的决定》，启动实施“千百万”人才工程，进一步促进人才和干部管理工作。

2011年3月，集团公司党委组织人员到马田、湘永、街洞矿业公司开展干部思想作风建设调研，掌握基层单位干部队伍建设动态。9—10月，召开2次加强和改进作风建设大会，印发《关于加强和改进总部及直属单位机关作风建设的决定》《关于加强和改进总部机关作风建设考核办法》，制定《总部部室负责人及直属单位领导班子作风建设执行情况的监督考核办法（试行）》，严肃干部纪律，促进机关干部作风转变，提高工作效率。各基层党组织相继开展干部作风大整顿、大反思活动，召开思想教育反思大会，机关部门和矿井科室管理人员集中反思，查找问题，机关主管以上干部每人递交约1000字的反思材料共349份。

2011年，以创建学习型党组织为契机，以集团公司党校、各子（分）公司业余党校为主要阵地，加强党员干部教育培训。集团层面举办基层党支部书记培训班2期。全集团开展各类集中培训36场次，培训2824人次。

2012年4月，集团在总部员工中开展讲激情、比创业；讲服务、比奉献；讲执行、比效率；讲清正、比形象的“四讲四比”活动，进一步改进干部工作作风，服务基层。12月5日，召开集团（股份）公司高管务虚会，倡导全体高管和广大干部增强服务意识，发扬敬业奉献精神，密切联系群众，改进工作作风。加强各级党员干部的教育培训，提升干部队伍素质，集团举办干部培训班1期、党支部书记培训班1期。全集团共举办各类培训班39期，培训2940人。

2013—2015年，加强干部队伍的思想理论建设、素质能力建设和工作作风建设，加大干部培训和轮岗交流力度，科学制定《2013—2015年管理干部培训计划》，明确培训对象，定期分类分批安排干部轮训，保证培训效果。集团和各子（分）公司三年共举办各类干部培训班125期，培训干部2830余人次。同时，以集团公司人才战略需求和基层单位实际需要为牵引，推进干部交流与任期管理，结合选拔中青干部进行统筹考量，对重要和关键岗位进行定期轮换。三年中集团轮换中层干部136人次，各子（分）公司轮换使用干部430余人次，使干部成为多面手，提高干部特别是业务骨干适应多种岗位、多种环境的能力，积累丰富工作经验，提升管理水平。

2016年4月22—24日，集团举办的第一期党务干部培训班在湘煤培训中心开课。邀请省委、长沙市委党校权威教授、省检察院反贪局预防职务犯罪处领导等授课，开设了《党章》《条例》解读、习近平重要讲话解读、舆情与信访维稳等7门课程，43名党务干部参加培训。各级人力资源管理部门及湘煤培训中心全年完成各类管理技术人员培训27334人次。5月，召开集团、股份公司高管会议，董事长廖建湘在会上作重要讲话，强调加强领导班子和干部队伍建设，严守“六项纪律”，即：严守政治纪律，坚定政治立场，摆正思想言行，不偏听偏言、妄议非议；严守组织纪律，坚决服从组织，维护团结，不我行我素、自行其是；严守廉洁纪律，坚持严以律己，警钟长鸣，不疏忽大意、触碰“红线”；严守群众纪律，坚持以人为本，为民解忧，不高高在上、脱离基层；严守工作纪律，坚持绷紧心弦，勤勉履责，不自由散漫、自作主张；严守生活纪律，坚持洁身自好，培养健康情趣，不随波逐流、低级趣味。集团公司党委和干部管理部门强化干部管理基础工作，提升科学管理水平，新提拔任用干部做到“凡提必核、凡提必审、凡提必听、凡提必查”。全年完成70余人次职务调整，下发职务任免文件40余份，办理人事调动、内退、退休20余人次，撰写考察材料20余份。

2017年4月，举办中层正职以上干部专题培训班，学习贯彻党的十八届六中全会精神、全国国有企业党建工作会议精神和五大发展理念，党委书记、董事长廖建湘在开班仪式上讲话。培训邀请省委党校的教授专家，分“新形势下党内政治生活准则、监督条例的精神实质与现实意义”“创新、协调、绿色、开放、共享新发展理念解析”和“学习习近平在全国国有企业党建工作会议上关于坚持党对国有企业的领导不动摇的讲话精神”3个专题进行授课，中层正职以上干部政治站位、理论水平、思想力和行动力得到提升。集团公司党委以提高支部书记党建理论素养和实务操作能力为重点，着力加强支部书记培训，全年共培训支部书记345人，其中湘煤培训中心培训180人，送省委党校培训165人，大多数为新任党支部书记。

2017年9月，集团总部实行机构改革，完成了部门“定岗、定编、定员”工作以及制度和流程的“立、改、废”工作，管理体制和运行机制的变革，促进集团经济行为更加规范，形成团结协作、和谐高效的机关部室工作生态。同年，集团党委严格依照政策法规和程序提拔使用干部，共完成90余人次职务调整，下发职务任免文件60余份，办理人事调动、内退退休30余人次，撰写考察材料20余份。

2018年，集团公司认真学习贯彻全国组织工作会议精神，加强干部管理工作。强力推进新一轮“三项制度”改革，按照改革改制的整体要求，实行一企一方案、一企一批复，对19家二级单位三项制度改革方案进行批复。建立干部能上能下、员工能进能出、收入能增能减的“三能”机制，强化干部人事工作，严格选人用人程序，在标准上突出德才兼备，在方法上强调分类管理，着力培养一支高素质的干部队伍，集团部门职务调整100余人次。常态化加强干部培训，4月25日，集团公司党委举办基层党支部（总支）书记调训班，集团党委书记、董事长廖建湘出席调训班开班仪式并作重要讲话。同年，集团共计培训中层及以上干部860人次，培训中青年干部、各分线业务管理干部1000余人次，培训党支部书记和党务干部244人次，送省委党校培训51人。组织党员干部参加“奋斗新时代、建设新国企”理论学习答题登高活动。

2019年，根据省委组织部和省国资委要求，做好集团党委、纪委换届相关工作。配合省委考察组召开换届考察工作动员会、换届民主推荐会，形成2016—2018年度领导班子和班子成员工作总结材料，为集团第一次党代会的召开做好筹备工作；加强对干部选拔任用工作的领导和把关，突出坚持政治标准和新时代好干部标准，严明组织纪律，严格执行人事政策法规，严格实行干部选任程序，设计好干部职业发展通道，全年提拔重用中层干部15人，交流使用8人；加强干部队伍思想政治教育，引导党员干部践行“统、信、为”行为准则，以及“诚信、敬业、奋斗、团队、主人翁”五种精神，统一目标追求，凝心聚力，建设“三个湘煤”。继续做好所属单位领导班子换届后续相关工作，完成所属单位正职任选、副职“竞争上岗、末位淘汰”改革工作，做好华磊光电、立达矿山装备股份公司职业经理人试点工作。通过登记备案人员管理和事项报告查核，持续强化干部日常监管力度，坚持因私出国（境）登记备案人员管理和领导干部个人有关事项报告制度，抓好领导干部违规在企业兼职（任职）排查清理，坚持严管和厚爱相结合，落实“三个区分开来”要求，形成规范、合理、准确的容错纠错机制。同年，集团公司加强干部教育培训管理，全年举办培训班27期，培训中层以上干部900余人次，分线培训1300余人次。其中，湘煤培训中心举办中层干部MBA课程培训班、人力资源管理培训班、优秀年轻干部提升班等培训班共4期，完成省委组织部、省国资委等调训77人。

2020年，集团公司党委认真贯彻新时代党的组织路线和全国组织工作会议精神，坚持以建设一流的干部人才队伍为支撑，为打造湖南能源保障主平台奠定坚实基础。强化党委对干部选拔任用工作的领导把关，做到严管与厚爱结合，激励与约束并重，形成以德才表现为准则，以干事创业为导向，以群众公认为基础的干部选拔任用机制，进一步优化集团中层干部队伍结构，让讲政治、敢担当、善作为的干部用当其时、用当其位、用当其长，打造一支讲政治、敢担当、善作为的干部队伍，涌现了樊五即、周益文、周学锋等3名全国煤炭系统优秀矿长。全年新提拔集团中层干部15人，平均年龄49岁；交流使用集团中层干部27人次，平均年龄50岁。集团党委重视基层党支部书记、党务干部、党员“三支队伍”建设，坚持常态化培训，提高其综合素质。全年培训基层主管以上干部1000余人次，湘煤培训中心培训各分线业务管理干部3167人次，培训基层党支部书记和党务骨干641人，外送党建骨干培训36人。落实上级部门干部调训工作，全年省委组织部、省国资委调训13人；组织集团公司中层以上干部参加省委组织部在省干部网络学习平台开展的“疫情防控与应急管理能力提升”专题学习培训、政治能力建设专题培训班、学习党的十九届四中全会精神专题培训等培训班，提升中层领导干部综合素质。

2020年，集团公司加强干部人事档案管理，印发《集团公司人事档案管理办法》，开展干部档案审核工作，实行“凡提必审、凡转必审、凡进必审”，及时准确地为干部选用提拔提供准确人事信息。集中管理中层以上干部人事档案213卷，总部机关、在长单位和派驻机构干部人事档案200余卷。

2021年，集团公司党委提出为打造湖南能源保障主平台建设人才第一资源的理念，加快推进高素质、专业化、年轻化的干部人才队伍建设。选拔担当作为的优秀干部，健全选贤任能制度，坚持二十字用人标准，突出“统、信、为”行为准则，和“取向正、全力拼”精神状态，把实绩突出的优秀领导干部选出来、用起来；实施人才强企战略，科学制定人才规划，积极引进培训一批高层次人才和急需紧缺的骨干人才，畅通管理、科技、技能、党务人才通道，加大基层一线技能操作人才培养力度，培养劳动模范和工匠精英；制定了《集团公司干部队伍建设规划》《集团公司人才队伍建设规划》等制度性文件，按照企业发展需要，结合干部队伍建设实际，严格干部选任有关政策法规，遵循分析研判、酝酿动议、民主推荐、考察、“凡提四必”、讨论决定、公示、任前谈话、宣布任职等程序提拔使用干部，全年新提拔集团中层干部27人，其中包括总部职能部门9人、所属单位18人，平均年龄45岁；交流使用集团中层干部21人次，其中总部与所属单位之间交流4人次、所属单位之间交流12人次。集团所属公司经理层成员全部签订了“一协议两责任书”，经理层成员任期制和契约化管理全面覆盖。实施干部社会化招聘，完成集团公司总部机关2个职位社会化招聘工作以及岳阳铁水集运公司、能投招标公司管理人员招聘工作。加强干部教育培训，在湘煤培训中心举办各类培训班38期，共培训3824人次，完成省委、国资委等调训7人，启动集团与湘潭大学联合培养专业技术人员项目，培养120名煤矿专业技术人才。

2022年，制定《人才队伍建设规划》《进一步加强集团公司党委联系服务专家工作制度》《集团公司创新人才队伍建设行动方案》，抓好领导班子、创新团队和领军人物、工匠技能人才培育和选管，进一步推动干部人才战略目标落地落实，培育人才第一资源。共完成49人次职务调整，其中提拔使用中层干部36人，交流使用中层干部13人次。11月，聚焦价值创造，深化集团总部机关机构改革，部门进行组合重置，确保了精简高效；按照有关规定，开展所属单位领导班子和成员、总部机关员工2021年度考核工作，做好年度考核结果运用；实施职工人事档案专项审核全覆盖，完成总部副主管及以下人员专项审核工作。所属单位职工人事档案专项审核全覆盖工作有序推进，到年底总体进度完成99%；按照省国资委通知要求，开展2022年度“英培计划”人才选拔工作，全面完成资格审查、面试遴选工作；完成省委组织部、省国资委调训11人；印发《关于进一步加强集团公司党委联系服务专家工作的通知》，首次从16家所属单位中遴选20名优秀专家充实到集团党委联系专家信息库中；推动经理层成员任期制和契约化管理，172名经理层成员签订了“一协两书”，任期制和契约化管理实现100%全覆盖；组织集团公司中层以上干部在湖南大学参加管理人员领导能力提升培训班等集团中高层管理人员年度领导力提升培训班；编制《集团公司2022年总部组织实施培训工作要点》，湘煤培训中心组织实施培训班35期，共培训3631人次；组织集团中层正职及以上干部赴蒙、陕企业考察学习，到湖南大学开展研学活动，学习新理论，赋能新发展。同年，集团有1人当选为政协湖南省第十三届委员会委员，1人获评全国煤炭工业劳动模范，并被推选为全国五一劳动奖章候选人，2人获评湖南省“国企工匠”，1人获评湖南省企业“创新达人”。

第四节 政治思想建设（主题教育）

2006年以来，集团公司党委不断加强政治思想建设，全面落实意识形态工作责任制，在不同时期按照党中央、省委和省国资委党委的安排部署认真开展党的先进性教育、深入学习实践科学发展观活动和“党的群众路线教育”、“三严三实专题教育”“两学一做”学习教育、“不忘初心、牢记使命”主题教育、“党史学习教育”等主题教育。同时，根据本企业实际情况和特点，开展不同核心内容的企业主题教育活动。通过开展主题教育来引导党员干部深入学习习近平新时代中国特色社会主义思想，增强“四个意识”，坚定“四个自信”，促进企业生产、安全和经营工作全面发展。

2007—2008年，集团公司党委在保持共产党员先进性教育活动中开展党的主题实践活动。2007年4月，集团党委结合党的先进性教育，围绕向党的十七大献礼与管理效益年活动，把岗位奉献与争当先锋结合起来，组织开展“立足岗位争贡献 增光添彩当先锋”主题活动，激发职工群众工作热情，促进管理效益上台阶。主题活动时间为5—12月，共分为宣传动员、全面展开、总结考核三个阶段，此次主题活动是集团党委组建以来首次开展的大型主题活动，有十余万人次参加活动；各子（分）公司党组织以主题活动为载体，创造性组织开展活动。56个基层党委围绕活动主题开展创建“四好班子”“星级党支部”竞赛活动；涟邵局党委征集员工“金点子”500多个，好建议变成好效益；白沙局开展岗位能手竞赛活动，安全质量标准化建设出精品；资兴局把主题教育与抗洪救灾相结合，众志成城保矿井。全集团充分发挥各级党组织的战斗堡垒和党员的先锋模范作用，主题活动选树10个优胜单位、30位岗位明星，30位先锋标兵。2008年1月23日，集团公司召开党委工作会，印发《关于开展“落实十七大，开启新征程”系列主题活动的通知》，在中心主题框架下，设立一季春天放歌篇、二季夏日燃情篇、三季金秋硕果篇、四季和谐湘煤篇四个板块，组织开展阶段性系列主题活动，扩充主题内涵，创新活动形式，先后组织开展“救灾补损保目标、改进作风促和谐”“百日安全迎奥运、共建和谐创佳绩”等主题活动。各子（分）公司切合实际开展内容丰富的主题活动，形成了由一个中心、多个主题、系列组合的活动序列，呈现积极进取、奋发图强、热情高涨的局面。

2009年，集团公司在省属企业中率先启动第二批深入学习实践科学发展观活动。3月24日，召开动员大会，对学习活动进行动员部署和专题宣讲。活动重点抓好学习调研、分析检查、整改落实三个阶段和六个环节工作；成立活动领导小组，召开活动推进会；开展“学习实践科学发展观湘煤行”征文暨“问计职工群众，落实科学发展观”金点良策征集活动；开展“回头看”，坚持边学边改，边查边改；举办高层论坛，深入开展调查研究，编辑出版调研报告文集《科学发展在湘煤》，收集领导班子调研成果和高峰论坛讲稿72篇，共计约30万字；集团坚持学习实践活动学工互进，把保增长、保民生、保稳定贯穿始终；坚持推进长效机制，成果运用，将主题教育优势转化为企业发展优势。同年，结合深入学习实践科学发展观活动，集团开展“拧毛巾、降成本、提效益、深化精细化管理”主题活动，主动应对国际金融危机，降成本、强基础，全面强化企业精细化经营管理。各级党组织将创先争优活动与学习科学发展观活动有机结合起来，紧扣主题，结合实际，开展“党员个人创百元，小组创千元，连队创万元，矿创十万元”等创先争优活动。当年，全集团各级党组织创回收节约价值1000余万元。

2010—2011年，集团公司党委以科学发展观为引领，创造性开展适合本企业的主题活动。2010年，以“凝聚工程”为抓手，以全面融入为特征，开展“夯实基础抓党建、五个融入促发展”的主题活动，增强党建工作的针对性和实效性。活动时间为1月至12月，工作目标是通过狠抓党建工作，实现“五个融入”目标，即融入安全工作，确保安全目标；融入生产主战场，确保煤炭产销目标；融入经营管理，确保利润目标；融入改革发展，确保增长目标；融入维护稳定，确保和谐目标。各级党组织紧扣活动主题，广泛动员，创新载体，扎实推进，深入开展“党员先锋岗”“党员示范岗”“样板党支部”等创先争优活动，形成以党建融入促经济发展新局面。2011年，集团公司组织开展“争创一流、忠诚奉献”主题活动，目的是加强和改进企业党的建设，引导党员干部及员工创一流、干事业、谋发展，讲忠诚，争贡献，全面落实集团各项工作目标。活动中，各子（分）公司围绕

“争一流目标、创一流业绩；忠诚党和人民，忠诚事业和企业；向建党九十周年、省第十次党代会和集团公司成立5周年献礼”的主题中心创造性地开展活动，将企业党的组织资源转化为发展资源，组织优势转化为发展优势，呈现组织创先进、党员争优秀、企业提效益的局面，推动集团公司科学、和谐、健康发展，实现集团主要经济指标大幅增长、安全生产创历史最好水平，矿区社会和谐稳定。当年，集团公司党建主题活动经验在全省党建和思想政治工作座谈会上进行推广。

2012—2013年，以向党的十八大献礼和贯彻落实党的十八大精神为契机，将主题教育融入安全生产和经营活动。2012年，开展“凝心聚力量、献礼十八大”主题活动。此项主题活动作为集团年度党建工作的主线、主平台，精心组织，周密部署，切实展开。同时，紧紧围绕集团公司“百亿元收入行动”目标，采取有效措施，创造实际价值，实现主题活动与企业创效深度融合。各级党组织紧扣活动主题，创新载体，扎实推进。牛马司矿业公司抓制度、选主题，讲方法、树品牌，构建“党委重视、行政支持、上下联动”的思想政治建设和主题教育新格局，在“百亿收入行动”中取得成效。2013年，集团开启“深化改革练内功、提升管理谋发展”主题活动，旨在全面贯彻落实党的十八大精神，围绕企业年度奋斗目标和“解放思想，深化改革，苦练内功，提升管理”的工作主题，创造优异成绩。活动时间为1—12月，贯穿全年。以基层党支部为活动单元，全体党员和员工参与。各子（分）公司通过练内功、挖内潜，向管理要效益，经营管理进一步规范，有效提升经济运行质量。

2014年1月，第二批党的群众路线教育实践活动开启。集团作为第二批活动开展单位，集团公司党委把此项活动作为一项重大政治任务切实加强组织领导，层层制定方案，落实工作措施。集团党委制定《开展党的群众路线教育实践活动实施方案》，成立活动领导小组，下设办公室，分设综合组、联络组、宣传组，明确工作职责。把教育活动与转变干部作风紧密联系起来，坚决反对官僚主义、形式主义、享乐主义和奢靡之风，大力弘扬求真务实、艰苦奋斗、勤俭办企业的精神，对“四风”问题进行一次大排查，按照中央“照镜子、正衣冠、洗洗澡、治治病”的要求从严自我反省，对照集团“九不准”“五严禁”“十项规定”检查自我，以整风精神开展批评和自我批评，以实际行动密切联系群众。集团公司准确把握教育活动总体要求，着重抓实“三个一切”，做到“六个突出”，实施“七个抓住”，查找整改“四风”方面存在的突出问题。1—10月，有968个基层党组织、16752名党员参加党的群众路线教育实践活动。活动收效明显，体现在“五个进步”，即群众观念进一步增强、工作作风进一步务实、党内生活进一步严格、规章制度进一步完善、改革思路进一步清晰。《湖南日报》3次、省委活动简报2次对集团公司党的群众路线教育实践活动典型做法进行宣传推广。在群众对活动开展情况和效果的测评中，好评和较好评达到99%。

2015年5月，集团公司党委传达贯彻中央、省委精神，部署开展“三严三实”专题教育活动。集团公司党委以此为推进党的思想政治建设和作风建设的重要举措和抓手，成立专题教育领导小组，制定《湖南省煤业集团有限公司党委深入开展“三严三实”专题教育实施方案》。集团公司党委坚持“五带头”，即带头讲好党课，带头学习研讨，带头查找问题，带头开展批评和自我批评，带头抓好整改落实，以实际行动为各级干部作出表率。围绕“三严三实”，结合“支帮促”对口服务工作，建立专题教育联系点，集团（股份）公司13名领导分别联系35家企业，并且领导成员每月不少于一次到联点单位开展调研，每周不少于一次调度联点单位专题教育开展情况。在湘煤集团报上开辟《三严三实专题教育在湘煤》专栏，向全体员工立标尺，求监督。整个专题教育过程中，全集团先后召开专题党委中心组会议116次、专题学习213次；全集团开展各类专题培训讲座157次，收到“我为湘煤献一计”合理化建议415条，中层以上党员干部撰写学习心得体会近710篇次。集团公司党委对照查摆出的班子及班子成员存在的6大类31种“不严不实”表现，列出问题清单，明确整改时限，落实整改责任。集团公司组织成立3个作风巡视检查小组，到所属各单位对领导班子和党员干部作风建设情况进行专项检查，共查摆分析问题70多个，提出整改建议83条。制定出台《关于扎实推进整治“四风”和侵害群众利益行为常态化长效化的实施意见》等多项制度，为构建作风建设长效机制打下坚实的基础。

2016年，集团党委按照中央、省委和省国资委的安排部署，开展“两学一做”学习教育活动。5月4日，集团公司召开“两学一做”学习教育视频会议，传达贯彻中央、省委、省国资委关于开展“两学一做”学习教育活动精神，明确了“两学一做”是集团公司加强党的思想政治建设的一项重要举措，是协调推进“四个全面”战略布局和从严治党向基层延伸的有力抓手，将主题教育作为一项重要的政治任务周密安排部署、精心组织，推动“两学一做”学习教育活动在全集团全面铺开。制定了《湖南省煤业集团“两学一做”学习教育实施方案》，成立学习教育领导小组，下设办公室。集团公司党委在学习教育中，紧紧把握政治高度，明确学习教育重大意义，推进党的思想政治建设。做到“六个坚持”，即坚持以学为主，打牢基础；坚持知行合一，抓住实践关键；坚持问题导向，突出整改重点；坚持分类指导，做到精准实施；坚持抓长抓细，建立学习教育常态机制，不分批次、不划阶段、不设环节；坚持与生产安全、企业改革发展和扭亏增盈结合起来。集团以“两学一做”学习教育为契机，紧紧围绕“确保安全、增产增效、扭亏增盈”中心工作聚焦发力，强化责任，确保学习教育善作善成。6月13日，集团党委班子召开“两学一做”第一次专题学习研讨会，党委书记、董事长分别作中心发言。会议落实了抓好“怎么学、怎么做、怎么改”的意见和措施。集团党委书记、董事长分别参加了所在党支部“两学一做”学习教育并上党课。10月，集团党委召开“两学一做”学习教育工作推进会，董事长廖建湘在会上作重要讲话，把活动不断推向深入。至2016年底，集团和所属各子（分）公司把握政治高度，全面扎实开展“两学一做”学习教育，建立宣传阵地、学教计划，全面完成4个专题的学习教育；督导组累计深入现场督导94次，领导班子成员深入责任联系单位督导80余次，各级党委规定动作切实到位，自选动作各具特色，普遍开展3次以上专题研讨，完成2个以上专题学习讨论；集团党委和各级党组织班子成员开展“送党课下基层”活动，累计讲课300场次；在《湘煤集团报》开辟主题教育专栏，编发各类稿件400多篇，归集整理各类学习资料200多万字，编辑《简报》22期；集团组织代表队参加省国资委系统“两学一做”知识竞赛，获得二等奖。通过开展学习教育，进一步增强了广大党员的政治意识、大局意识、核心意识和看齐意识，实现主题教育与各项工作的相互促进。

2016年4—6月，省委巡视第九组专项巡视集团党委工作。4月11日，召开省委巡视第九组专项巡视集团党委工作动员大会，开启对集团党委工作专项巡视，巡视第九组组长孙剑霖作动员讲话。专项巡视的重点是：紧扣“六项纪律”，紧盯党的领导弱化、党的建设缺失、全面从严治党不力“三大问题”，瞄准“关键少数”，紧抓重点人、重点事和重点问题，做到发现问题、形成震慑，倒逼改革、促进发展。集团党政领导班子站在政治和全局高度，充分认识巡视工作重要意义，把巡视当作对各项工作的“全面检阅”，对党员领导干部廉洁自律的“政治体检”，对集团党风廉政建设的“综合会诊”，重视、支持与积极配合巡视组开展工作。6月1日，省委巡视第九组向集团党委反馈巡视情况，指出：集团党委领导班子十八大以来能坚持党的领导，自觉与党中央保持高度一致，能学习贯彻党的路线方针政策，较好执行《党政领导干部选拔任用工作条例》；认真执行中央八项规定精神、省委九条规定，干部作风有所好转；积极推进管理创新，进一步理清改革思路；积极应对经济下行考验，确保生产经营正常运转和矿区稳定；存在的问题是政治意识比较淡薄，党的领导存在缺位等六个方面。集团党委针对存在的问题落实整改，制定《关于落实省委巡视第九组专项巡视反馈意见的整改方案》和《整改任务清单》，将问题细化分解为6个方面40个项目，明确责任、整改措施、整改时间、验收标准。特别对巡视组移交的37件信访举报件、17个问题线索，相应成立4个专项调查组开展调查核实，逐项整改销号，如期如质完成整改任务。

2017年，集团公司党委持续开展“两学一做”学习教育，各级党组织以迎接党的十九大胜利召开为契机，以“两学一做”学习教育为抓手，坚持党建工作与中心工作同步谋划、同向发力，助推集团改革发展。5 月 27 日，集团召开推进“两学一做”学习教育常态化、制度化工作视频会议，集团党委书记、董事长廖建湘作《全面推进集团公司“两学一做”学习教育常态化制度化工作》重要讲话，提出在常态化、制度化基础上做到“三新”，即在肩负政治责任、推动全面从严治党上形成新自觉，在坚持目标导向、推动湘煤各项事业发展上体现新担当，在树牢合格标准、解决突出问题上取得新成效。印发了《中共湖南省煤业集团委员会关于推进“两学一做”学习教育常态化制度化的实施意见》，进一步压实学习教育责任，在“深入学、扎实做、认真改、全面促”上抓落实，增强各级党组织学习教育的政治自觉和行动自觉，实现党建工作和主题教育在思想上、制度上、工作上的“三个融合”。集团党委创新开展企业党建主题活动，凸显“一年一主题”鲜明特色，组织开展“建设新湘煤，喜迎十九大”党建主题实践活动。全面推行支部主题党日、“三会一课”纪实管理、党员积分管理、支部书记“双述双评”等四项制度，扎实推进“两学一做”学习教育常态化制度化。各单位坚持“两学一做”学习教育，以主题教育带动党建，在坚持“三会一课”的基础上，建立并运用党建微信群、微信公众号，传播党建资讯，打造“网上党校”，广泛使用红星网、红星云、湖南国企党建网、湖南国企党建 APP 开展学习，有效解决了基层党员学习时间、空间难以聚合的问题，典型经验 20 多次受到湖南国企党建网的推介。11 月 24 日，集团在周源山矿业公司召开学习贯彻党的十九大精神暨基层党建工作现场会，动员部署深入学习贯彻党的十九大精神，继续深入开展“两学一做”学习教育，结合实际、深学笃行，对标党建工作先进，交流经验，扎实推进基层党建工作。通过学习教育，广大党员干部的“四个意识”不断增强，党性修养不断提升。周源山矿业公司发挥基层党建示范基地优势，推进党建融入和党建创新，汇聚党建力量，引领企业高效发展，实现了建矿史上第 12 个安全年，创利 8103 万元。

2018 年，集团公司“两学一做”学习教育活动不断引向深入。以“两学一做”作为推进思想建党、组织建党、制度治党的有力抓手，摒弃过去“活动一阵子”的习惯思维，克服“松口气、歇一脚”思想，把“两学一做”体现在对党员的日常教育管理中，深入推进“两学一做”学习教育常态化、制度化。3 月 16 日，集团公司召开 2018 年党委工作暨党风廉政建设工作会，党委书记、董事长廖建湘作题为《以全面从严治党推动全面从严治企 为建设“三个湘煤”提供坚强保证》的工作报告，对“两学一做”学习教育的持续深入开展进行安排部署。2016—2018 年，“两学一做”学习教育和集团公司创新开展的党建主题活动促进了各项工作和集团健康发展，连续 3 年实现减亏增利，其中 2018 年实现营收 101.88 亿元，同比增收 25.26 亿元，实现利润 2.68 亿元，超额完成省国资委下达的经营指标，创历年最好水平。

2019 年，集团公司开展“不忘初心、牢记使命”主题教育。6 月 14 日，召开“不忘初心、牢记使命”主题教育动员部署会。集团党委书记、董事长廖建湘在会上作重要讲话，省委主题教育巡回指导组第十四组到会指导并提出要求。成立“不忘初心、牢记使命”主题教育领导小组，党委书记、董事长廖建湘任组长，党委副书记、董事、总经理何烽任副组长，文仕秋、张小雁、欧阳维、涂湘明、赵斌任成员，下设领导小组办公室，涂湘明兼办公室主任。活动共分六大部分进行：第一部分动员部署，召开动员大会并制定《中共湖南省煤业集团有限公司委员会深入开展“不忘初心、牢记使命”主题教育实施方案》；第二部分学习教育，重点学习党的十九大报告、党章和习近平关于“不忘初心、牢记使命”重要论述及新时期中国特色社会主义思想学习纲要；第三部分调查研究，围绕改革发展中存在的突出问题和群众反映强烈的热点难点问题、加强党建推进从严治党和“安全、改革、效益”三大目标开展调查研究，坚持问题导向，交流调研成果；第四部分检视问题，结合巡视巡察和调查研究，广泛听取意见，认真检视反思，查找问题根源；第五部分整改落实，列出整改清单，提出整改措施，开展专项整治，着力整改问题；第六部分总结评估，对主题教育效果进行评估，认真总结，形成总结报告。6 月，集团公司举办为期 12 天的第一期中层干部 MBA 培训班。

集团党委书记、董事长廖建湘率集团、股份公司高管和培训班60名学员赴韶山开展“不忘初心、牢记使命”主题教育学习培训；7月30日，召开“不忘初心、牢记使命”主题教育第一次推进会，贯彻“守初心、担使命、找差距、抓落实”总要求，落实“理论水平有收获、思想政治受洗礼、干事创业敢担当、为民服务解难题、清正廉洁作表率”5项具体目标，明确了集团公司党委班子成员和股份公司高管主题教育联系点，落实责任和任务，制定了主题教育推进表，把主题教育推向纵深。省委主题教育第十四指导组、省国资委调研组到集团督导调研，并深入到二级单位华磊光电、周源山矿业公司督导调研；8月13日，集团党委书记、董事长廖建湘送党课下基层，到周源山矿业公司讲授“不忘初心、牢记使命”主题教育专题党课；9月1日，集团召开领导班子“不忘初心、牢记使命”主题教育专题民主生活会，强调“守初心，就是要进一步增强发展定力；担使命，就是要进一步强化战略执行；找差距，就是要进一步把握战略权变；抓落实，就是要切实保证战略目标的实现”。共收集意见建议22条，针对民主生活会查摆的问题进行认真梳理，列出问题清单，制定整改工作的时间表、路线图和任务书，明确责任领导和部门，实行销号管理、跟踪督办，十多个问题全部整改到位。集团公司在“不忘初心、牢记使命”主题教育中，精心组织实施，做到了“四个高标准”完成学习教育任务：高标准组织学习教育，集团党委开展明初心、担使命、改作风主题学习研究，主题教育中心组专题学习研讨3次，举办读书班4期，班子及成员提合理化意见建议126条，梳理问题清单78条；二级单位党委收集意见建议1500余条；集团公司党委汇编“不忘初心、牢记使命”主题教育知识要点，形成知识要点答卷115题；编辑印制了《“不忘初心、牢记使命”主题教育学习资料汇编》一书，发至集团总部机关干部和所属二级单位党员干部，人手一册。高标准开展调查研究，紧扣8个方面课题，开展专题调研300多次，发放调查问卷1000余份，走访23个基层单位，形成量化分析报告38篇，破解重点课题，分类形成调研成果169份。高标准抓好问题检视，按照“五个对照”要求，召开专题会议深刻检视，剖析原因，找出根源。高标准推进整改落实，抓好中央和省委确定的8个方面突出问题专项整治，制定整改方案，倒排时间，挂账销号。立行立改和持续整治1000余项，整改率100%，并对8家基层单位组织“回头看”抽查和督导。此次主题教育，做到了组织实施到位、思想认识到位、检视问题到位、整改落实到位。制定了《集团党委关于开展“不忘初心，牢记使命”主题教育调研实施方案》，集团领导带头深入一线密集调研，组织起草了2万余字的高质量调研报告《“不忘初心，牢记使命”，促进湘煤集团高质量发展》，此调研报告获评省国资委系统“稳增长、防风险、优监管”优秀报告二等奖。集团及各子（分）公司的好做法好经验在省委主题教育简报推荐5篇次，在省级主流媒体推荐30余篇次，进一步树立湘煤良好形象。9月11日，集团召开“不忘初心、牢记使命”主题教育活动总结大会。主题教育的深度融入，促进了集团安全生产和经营管理全面发展，2019年集团煤炭产销量1088万吨，实现营收109.37亿元，同比增收6.25亿元，实现利润2.7亿元。

2020年，不断深化“不忘初心、牢记使命”主题教育活动，巩固学习教育成果，把“不忘初心、牢记使命”作为加强党的建设的永恒课题和全体党员干部的终身课题，继续开展主题教育整改落实“回头看”工作，并对所属单位开展了1次检查督导。5月14日，集团党委书记、董事长廖建湘再次下基层到周源山矿业公司送党课，以《强化党建引领，激扬奋斗精神，为实现全年目标任务构建坚强组织保障》为题，为基层党员干部160多人上了一堂生动的党课。同年，结合集团实际，围绕“安全、转型、高效”三大主题，创新推进党建融合，深入开展“千名书记联项目”“万名党员先锋行”活动，全集团各级党组织书记329名、党员7000多人次参与活动，创造效益1亿多元。

2021年，集团公司党委按照中央、省委和省国资委关于开展党史学习教育的要求和指示精神，在全集团范围内开展党史学习教育。3月20日，党史学习教育动员大会暨第一次学习会在伟人故里韶山举行，拉开了党史学习教育序幕。在“韶山会议”上，党委书记、董事长廖建湘作重要动员报告，指出韶山一直以来是湘煤获取精神力量的福地，到韶山召开动员会有特殊的历史意义。开展党史学习教育总体要求是“学史明理、学史增信、学史崇德、学史力行”，提出了集团公司党史学习教育“六个进一步”的学习重点。同时举行的党史第一次专题学习党课上，认真学习了《习近平总书记在党史学习教育动员大会上的讲话》和毛泽东的《〈共产党人〉发刊词》，集团公司党委班子成员、股份公司高管，各子（分）公司正职领导、党委工作部长及总部部门正部级负责人共130多人聆听党课。制定了《湖南省煤业集团有限公司党史学习教育实施方案》，成立了领导小组和办公室，组建集团公司党史学习教育指导组，对所属单位学习教育开展情况进行督导。同时，启动了“党组织书记讲湘煤红色故事”党课活动，充分挖掘湘煤红色文化“富矿”。红色故事活动分四个阶段进行，第一个阶段为学习准备阶段，党组织书记及班子带头学习党史，答题登高，做好功课，熟悉湖南国企及湘煤100个党课故事；第二个阶段为全面推进阶段，以党支部为单位，开展讲湘煤红色故事党课活动；第三阶段为党课展播阶段，推选优秀党课视频进行展播；第四阶段为评优表彰阶段。4月7日，集团公司党委书记、董事长廖建湘率督导组一行深入兴源矿业公司及伍家冲煤矿，就安全生产、党建工作开展调研督导，督导党史学习教育第二专题“学史增信”的全面推进，党史学习增信笃行，促进安全发展真抓实干。4月22日，党史学习教育省委宣讲团宣讲报告会在集团公司举行，省委党校、湖南行政学院教授霍修勇主讲。集团公司全体领导、股份公司高管，总部各部室副部级以上干部，所属单位党委书记、董事长、总经理共200多人参加报告会。4—12月，集团公司党委分“学史明理”“学史增信”“学史崇德”“学史力行”四个专题开展研讨并组织中心组集体学习，集团党委班子、股份公司高管、总部有关部室负责人参加学习，作心得交流发言，共写出心得体会38篇。7月1日，集团公司召开庆祝中国共产党成立100周年暨表彰大会，党委书记、董事长廖建湘作“学百年党史 建百年湘煤”重要讲话，推进党史学习活动走深走实。7月15日，集团党委举行学习贯彻习近平总书记“七一”重要讲话专题读书班暨7月中心组学习会议，以学习贯彻习总书记“七一”重要讲话精神为契机，丰富拓展党史学习教育内涵，推动党史学习教育不断深入，并聚焦集团“安全、转型、高效”三大主题，推进党建与安全生产和经营的全面融合，把学习成果转化为推动企业转型升级和高质量发展的强大动力。9月7日，省国资委监管企业“学党史红色故事巡回宣讲团”在周源山矿业公司举行专场宣讲活动，1000余人聆听宣讲。各子（分）公司按照“学史明理、学史增信、学史崇德、学史力行”的要求认真组织党史学习教育活动，周源山矿业公司党史学习走心走实，牛马司矿业公司用活“加减乘除”强党建，南阳矿业公司“三高四新”学习促融合，红卫矿业公司打造党史“指尖课堂”，马田矿业互动创新“线上线下”双线落实，资兴实业英烈寻根铸“红魂”，白沙实业梳理“清单”查整问题，活动因企制宜、各具特色。是年，集团公司在高标准开展专题党课教育中，获评国资委“党史学习教育党课先进单位”；在答题登高活动中阶梯推进，涌现一批“登高英雄”，资兴实业公司包揽省国资委党史学习网上答题登高活动前4名。

2021年8月30日—10月20日，省委第六巡视组对集团公司党委开展了常规巡视。重点检查落实党的理论和路线方针政策以及中央重大决策部署，特别是贯彻落实习近平总书记“七一”重要讲话精神和考察湖南重要讲话精神，加快改革发展，防范化解重大风险等情况；检查落实全面从严治党战略部署，特别是履行主体责任和监督责任，规范权力运行，落实中央八项规定精神，整治“四风”问题等情况；检查落实新时代党的组织路线，特别是领导班子建设、选人用人、基层党建和干部担当作为等情况；检查落实巡视、审计等监督发现问题和“不忘初心、牢记使命”主题教育检视问题整改等情况。11月23日，省委第六巡视组向集团党委反馈巡视意见。集团公司党委成立了巡视整改工作领导小组，制定《湖南省煤业集团有限公司关于落实省委第六巡视组巡视反馈意见的整改方案》，细化巡视组反馈意见整改问题清单、责任单位、任务清单，对标对表及时梳理。针对巡视反馈的四个方面46个具体问题，集团公司先后召开党委会议8次、巡视整改工作推进会6次，深入学习领会习近平总书记关于巡视工作的重要讲话精神和省委书记张庆伟在听取巡视情况汇报时的讲话精神，认真落实省委巡视反馈意见，及时研究部署整改工作，明确了整改的目标要求、具体措施、责任领导、责任部室和整改时限，并按照“整改目标量化、整改清单细化”的要求建立工作台账，将“一个问题、一名领导、一套班子、一个方案、一抓到底”的工作原则，层层扣紧压实责任，全面系统推进整改落实。

2022 年，集团公司党委继续深入开展党史学习主题教育活动。1 月，集团召开党委领导班子党史学习教育暨巡视整改专题民主生活会。按照专题民主生活会实施方案，强化学习教育、广泛征求意见、开展谈话谈心，共收集到针对集团党委班子的意见建议 28 条，对领导班子成员提意见建议 21 条。党委中心组理论学习打造党史学习教育“升级版”，采取集体研讨、个人自学、专题报告、调研考察等形式，多维学习习近平新时代中国特色社会主义思想和党史，对照检查反思，开展批评与自我批评。并以专题民主生活会为契机，坚持知行合一，把党史学习教育和巡视整改的丰硕成果转化为“三高四新”战略和“十四五”规划落地落实的强大动力。5 月，集团公司党委印发《关于推动党史学习教育常态化长效化的实施意见》，总结党史学习教育的成功经验，建立常态化、长效化制度机制，不断巩固拓展党史学习教育成果，党员干部自觉牢记初心使命，汇聚“取向正、全力拼”“无奋斗不湘煤”力量，深化党建引领作用、思政融入和为民服务。集团公司开展的“我为群众办实事”活动扎实推进，共列出办实事清单 18 条，解决了一批职工群众“急难愁盼”问题，切实增强了职工群众的获得感、安全感和幸福感。6 月，结合党史学习教育，集团党委持续深化开展“千名书记联项目，万名党员先锋行”主题活动，对在联项目和在创示范岗活动中进行“回头看”，对新联项目和新创示范岗狠抓落实和推进。8 月，集团公司党委深化以“党建引领、融合创新、提质增效”为主题的“党建深化融合年”主题活动，为迎接党的二十大召开献礼献策。

2022 年 10 月，党的二十大召开，集团党委组织党员干部集中专题学习，举办宣贯党的二十大精神培训班 3 期，各级党组织专题宣讲 100 余场次，认真学习习近平重要讲话，并结合主题教育，全面部署贯彻落实党的二十大精神。12 月，在全集团学习贯彻党的二十大精神暨党风廉政建设专题党课上，党委书记、董事长廖建湘作“厚植清廉生态 涵养浩然正气”的宣讲，把宣贯党的二十大精神党建主题活动引向深入。2021—2022 年，集团通过开展党史学习教育，促进了集团安全生产和经济建设的高质量发展，2021 年全年完成营收 152.13 亿元，实现利润 5.19 亿元；2022 年全年完成营收 172.02 亿元，实现利润 10.06 亿元，经营业绩创历史最好水平。

第二章 宣 传 教 育

第一节 组 织 机 构

2006—2016 年，集团公司党委设立党委工作部，党委工作部管理宣传教育工作，党委工作部部长和专职宣传工作人员负责宣传教育工作。宣传工作职能分散于《湘煤集团报》编辑部、《黑金时代》(2019 年更名为《湖南煤业》，下同）杂志编辑部、湘煤集团网及展厅。所属子（分）公司相应设立党委工作部，负责宣传教育工作，设有广播站、电视台、网站及内部刊物。宣传工作逐步形成集团总部年度计划和专项宣传工作下达、子（分）公司负责季度计划安排、矿（厂）负责实施的三级宣传教育管理工作体系。

2006 年 11 月 25 日，集团公司党委会研究决定创办《湘煤集团报》，印发《关于创办〈湘煤集团报〉及有关问题的通知》(湘煤集党〔2006〕38 号），对机构设置、人员配备、记者站设置方式、通信员队伍建设、报纸功能定位、版面栏目安排、出版发行、报社管理等作出明确规定。《湘煤集团报》编辑部隶属党委工作部，负责新闻宣传工作。各子（分）公司党委工作部是新闻宣传工作归口管理部门。12 月 26 日，集团公司党委隆重举行《湘煤集团报》首发式，省新闻出版社领导到会讲话，湖南日报、中国煤炭报致词祝贺。同时，集团党委为总部、涟邵矿业集团、资兴矿业集团、白沙煤电集团、能源股份、长沙矿业集团、湘潭矿业集团、辰溪煤矿 8 个记者站授牌。集团公司所属子（分）公司党委工作部分管新闻宣传工作的领导为《湘煤集团报》各中心记者站的站长，具体负责新闻宣传的干事为记者站专职记者。各记者站实行驻地单位党委和《湘煤集团报》双重领导。人事关系、工资关系在单位管理，业务上接受报社管理和指导。所属子（分）公司成立通信员队伍组织，通信组成员不少于 5 人，基层连队配备 1 名业余通信员。2006—2016 年集团公司和所属子（分）公司宣传教育组织机构及运行机制基本未发生变动。

2017 年，集团公司实行总部机构改革，设立党委工作部，宣传教育工作和意识形态工作属党委工作部归口管理，履行企业宣传工作职能，包括一报一网一刊一厅管理。设立《湘煤集团报》报社和《黑金时代》杂志总编 1 人（正部）；设置文化宣传岗，编制 3 人；集团公司所属各子（分）公司的党委工作部履行宣传教育工作职能，党委工作部部长和配备的宣传专干负责宣传工作。二级单位设有网站、广播站、电视台及内部刊物。集团宣传工作继续按总部年度计划和专项宣传工作下达、子（分）公司负责季度计划安排、矿（厂）负责实施的三级宣传教育管理工作体系运行。

2020 年，集团公司宣传教育工作由党委统一领导，党委书记是第一责任人，党委副书记分管宣传教育工作。党委工作部负责业务管理，并确定一名副部长（正部级）负责具体管理工作。《湘煤集团报》《湖南煤业》杂志配有专职记者 4 人。所属子（分）公司党委工作部配备专职负责宣传工作的副部长和宣传干事。各基层单位建立了稳定的宣传员、通信员队伍，总人数 500 余人。主管意识形态工作的综合职能部门是集团及各子（分）公司党委工作部。

2022 年 11 月，集团公司实行机关总部机构改革。设立党群综合部，归类为价值创造保障部门。宣传教育工作归属党群综合部（党建）管理。保留《湘煤集团报》和《湖南煤业》报社（编辑部），设置文化宣传岗 3 人。集团公司及各子（分）公司党委工作部是主管意识形态工作的综合职能部门，在党委统一领导下，履行指导、组织、协调、督查和工作落实的职责。

第二节　管理制度

2006—2007 年，集团公司党委印发《关于加强党建思想政治工作意见》《党建思想政治工作目标管理考核办法》《关于加强党委宣传教育工作实施细则》等 14 个制度性文件，规范党建、思想政治工作和宣传工作。制定一系列新闻工作管理制度，包括《湘煤集团报记者站组建方案及管理办法》《湘煤集团报年度新闻报道竞赛考核办法》《湘煤集团报采编业务流程及管理办法》《湘煤集团报版面及栏目设置意见》《湘煤集团报发行管理办法》《湘煤集团报稿费标准及发放办法》等，建立规范的社长、总编辑、编辑、记者岗位工作职责和标准。记者站工作实行月度考评、季度考核、年度总评，考核分为新闻宣传、报纸发行、记者通信员队伍管理三大块，由报社制定考核细则并组织实施。报纸发行数量分解到各子（分）公司，新闻报道指标（上稿数）层层分解到子（分）公司、矿（厂）和每个通信员，实行奖优罚劣。

2008—2009 年，进一步完善《党建思想政治工作目标管理考核办法（修订稿）》，将宣传教育工作纳入党建目标管理考核的重要内容，增加考核权重。认真贯彻省国资委党委《省属监管企业党委工作基本规范（试行）》《党委工作规范》，加强集团内部宣传教育工作制度建设，制定和完善《湖南省煤业集团党委工作基本规范》，进一步规范党委工作部门和宣传机构办事程序和管理，为实现党的宣传教育工作制度化、系统化、规范夯实基础。

2010—2015 年，集团公司制定《新闻宣传管理制度》，明确规定新闻宣传工作由党委统一领导，建立健全宣传报道网络、党建和思想政治工作研究机构。

2016—2017 年，集团公司党委先后印发《关于进一步加强和改进宣传教育工作实施意见》《集团公司所属单位新闻宣传工作管理办法》，制定《湖南省煤业集团公司企业文化管理制度（修订稿）》《湖南省煤业集团舆情管理制度》《集团公司舆情管理处置与应对管理办法》。对集团公司和所属子（分）公司宣传工作、舆情管理、企业文化建设提出管理办法和实施意见，同时制定了相关规定和制度，进一步规范全集团宣传教育工作。

2018 年，集团公司党委印发《中共湖南省煤业集团有限公司委员会关于印发〈湖南省煤业集团落实意识形态工作责任制实施意见〉的通知》（湘煤集党〔2018〕27 号），建立健全了意识形态工作领导责任制和工作制度，把意识形态工作纳入企业党建工作的重要内容，落实集团各级党组织意识形态工作责任、工作要求、工作问责，党管意识形态的“制度利器”正式确立，宣传教育工作作为意识形态工作的主要内容在制度上进一步得到规范。

2021 年，集团党委制定出台《关于完善公司治理中加强党的领导的实施意见》等 3 个制度性文件，对加强宣传教育工作，创新宣传教育工作方式方法提出实施意见和工作措施。集团强化对“一报一网一刊”、微信、公众号、微博等各类媒体阵地制度化管理，对违反相关规定的现象进行问责。各子（分）公司宣传部门充分发挥舆论引导作用，建立健全宣传工作管理制度，对广播、电视、网站、内刊、橱窗等宣传阵地进行规范化管理。

2022 年，集团党委认真贯彻《中国共产党宣传工作条例》，印发《2022 年党建工作要点》，制定《2022 年意识形态督导检查考核计划》，修订完善了《集团公司意识形态工作考核办法》，按照分级负责和谁主管谁负责的原则，各级党组织领导班子对本企业本单位意识形态工作负主体责任，党组织书记是第一责任人。增加意识形态工作在党建工作考核中权重，推动意识形态责任制得到落实落地。进一步规范《湘煤集团报》、湘煤集团网、《湖南煤业》杂志，以及微信、公众号、微博等各类媒体的管理，建强管好宣传阵地，充分发挥宣传舆论作用，实现“报纸出彩、网站出新、杂志出众”的目标。

第三节 新闻宣传

一、内部宣传

2006 年 10 月，集团公司 OA 办公自动化正式投入运行。湘煤集团网上线，网站设有“集团动态”“新闻资讯”“党建工作”“企业文化”“视频新闻”“产业与服务”“招标信息”、“专题报道”“人力资源”等栏目，集团网成为集团内部工作交流、信息发布、宣传教育的平台，也建立起外界了解集团的窗口。12 月 26 日，《湘煤集团报》创办首发，报纸设有“湘煤论坛”“湘煤评论”“安全生产”“精神文明”“文艺副刊”“工会园地”等栏目，报纸旬刊，每期发行 1 万份，由湖南日报社印刷，省邮发中心发行。

2007 年 4 月，集团公司结合全省重点企业“安康杯”竞赛，开展“关爱生命、关注安全”为主题的宣传教育活动。所属子（分）公司利用广播、电视、宣传栏、黑板报等载体对“安康杯”竞赛活动进行宣传发动。开展集团党委组织的“立足岗位作贡献，增光添彩当先锋”主题活动专题宣传。6 月，为扩大集团公司“管理效益年”宣传声势，营造活动氛围，《湘煤集团报》报社在全集团范围内开展专题新闻宣传报道工作，开辟专题栏目、征文和大型采风活动，对重点单位、典型事迹进行宣传报道。

2008 年 1 月，集团公司和所属子（分）公司党委面对五十年一遇的严重冰雪灾害，广泛开展抗灾宣传发动，号召广大干部群众众志成城抗冰救灾，全力以赴抢险保井，宣传典型人物事迹，为抗冰救灾和灾后重建奠定思想基础。2 月，集团开展以“落实十七大、开启新征程”主题活动为主的系列宣传活动，利用标语、宣传栏、文艺演出等多种形式进行宣传。《湘煤集团报》开辟“认真学习宣传党的十七大精神”专栏，集团及各单位主要领导撰写心得体会 165 篇，择优在《湘煤集团报》发表 23 篇。8 月 19 日，集团党委召开首次宣传工作暨表彰大会，6 个宣传工作先进单位、13 名优秀新闻工作者、10 名优秀通信员及《湘煤集团报》一批优秀作品受到表彰。

2009 年，集团公司通过内部报纸、电视、网络等多种媒体，开展以“拧毛巾、降成本、基础建设管理年”和“争先创优”为主要内容的企业改革发展宣传教育活动，开展以“打造本质安全型矿井”为主要内容的安全生产宣传活动。5月6日，全省企业报2008年度好新闻评选结果揭晓，《湘煤集团报》选送的8件作品全部获奖。9月，集团举办“周源山杯”《拧毛巾 强管理》新闻作品征文竞赛，评出一等奖5名，二、三等奖20名。

2010年1月，集团公司党委印发年度宣传思想工作要点，重点抓好十七届四中全会精神和科学发展观宣传，把企业内部媒体做优做强。3月20日，集团公司党委在红卫矿业公司召开主题活动推进暨宣传工作会议，强调要高度重视宣传工作，营造良好新闻舆论氛围，唱好主旋律，对宣传工作先进单位进行表彰。

2011年，集团公司集中开展形势政策宣传教育活动，引导员工全面深入领会党的十七届五中全会精神，准确把握十二五时期的指导思想、总体思路、目标任务和重大举措。所属单位创办和继续办好内部宣传刊物，《涟邵文艺》《湘永人》《周源山党务园地》《金竹山通信》《白山坪阳光简报》等内刊各具特色，巩固和扩大了宣传阵地。

2011年，集团公司设立展览厅。展厅以图文形式展示湘煤发展成就，浓缩企业历史文化，记载集团发展历程，描绘未来蓝图，成为集团员工思想教育和企业文化宣传基地。

2012年1月16日，举行《黑金时代》杂志创刊号首发仪式，集团公司领导为杂志社授牌。《黑金时代》杂志设有“本期特稿”“高层声音”“专题报道”“特别聚焦”“安全为本”“资讯要闻”“图说湘煤”“科技之光”“探索之旅”“文化之声”“他山之石”等栏目，《黑金时代》杂志为季度刊，每年4期。

2012年，集团公司开展“凝心聚力量 献礼十八大”主题活动和“社会主义核心价值观”宣传教育活动，进一步办好《湘煤集团报》《黑金时代》杂志，实现“一报一网一刊”良性互动，打造宣传舆论新平台。

2013年5月30日，召开集团公司党委工作会，对上年度宣传工作进行总结表彰，牛马司、白沙实业、红卫、湘永、金竹山、周源山6个单位评为宣传工作先进单位。对集团“一报一网一刊”和所属子（分）公司广播、电视、黑板报、标语、简报、安全文化长廊等所发挥的宣传舆论阵地作用给予肯定，并提出加强宣传阵地建设新的要求。

2014年，集团利用会议、报纸、杂志、网络，各子（分）公司利用宣传橱窗、简报等平台开展“党的群众路线教育实践活动”宣传工作，宣讲教育实践活动的重大意义，报道活动开展情况，总结推广典型经验。

2015—2016年，集团公司结合“三严三实”主题教育，在《湘煤集团报》《黑金时代》杂志、湘煤集团门户网站开辟《“三严三实”专题教育在湘煤》专栏，全方位报道活动开展情况，宣传党中央、省委和省国资委精神，交流活动好做法好经验。《湘煤集团报》专栏发表稿件400多篇。7月1日，在纪念建党95周年暨集团公司成立10周年总结表彰大会上，集团董事长廖建湘作题为《着力推进“和谐湘煤、廉洁湘煤、高效湘煤”建设，构建企业改革发展稳定基石》重要讲话。集团公司党委宣传部门围绕首提的“三个湘煤”建设及打造“三个共同体”的核心理念进行广泛宣传工作，其精神实质为广大员工所理解和接受，并成为工作的精神动力。10月，集团公司党委强化意识形态工作，制定落实意识形态工作责任制实施细则，加强正面宣传和舆论引导，加大投入和建设力度，对“湘煤集团网”进行改版扩容。

2017年，集团公司党委和所属各子（分）公司党委认真组织宣传贯彻党的十九大精神，学习领会习近平总书记所作《不忘初心，牢记使命，高举中国特色社会主义伟大旗帜，决胜全面建成小康社会，夺取习近平新时代中国特色社会主义伟大胜利，为实现中华民族伟大复兴的中国梦不懈奋斗》的十九大报告精神，狠抓宣传教育和思想政治工作。“一报一网一刊”开辟专栏宣贯党的十九大精神，共发表稿件36篇。落实意识形态工作责任制，强化内部媒体、宣传队伍管理，加强集团报刊、网络、新媒体建设，完善舆情处置机制，守住阵地、把好关口，全年未发生一起舆情事件。

2018年1月，进一步落实思想意识形态工作责任制，按照分级负责和谁主管谁负责的原则，明确各级党组织领导班子对本企业本单位意识形态工作负主体责任，党委书记是第一责任人。集团成立意识形态工作领导小组，党委书记、董事长廖建湘任组长，认真履行意识形态工作第一责任人责任，带头研判和指导落实意识形态领域重点工作，加强和改进党对意识形态工作的绝对领导；党委班子成员认真落实“一岗双责”要求，对职责范围内的意识形态工作担负领导责任，采取有力措施抓好分管领域意识形态工作；党员干部严格按照守土有责、守土尽责的要求，不断强化对意识形态工作的思想认识，以高度的政治自觉、有力的政策措施落实意识形态工作任务。集团加强意识形态阵地建设，包括建强《湘煤集团报》《湖南煤业》、湘煤集团网等新闻媒体和各子（分）公司（社区）局域网等网络媒体。进一步强化了文艺（新闻）作品、思想文化类研究协会、集团党校、培训中心（湘煤大学）、各二级单位培训中心、业余党校、报告会、研讨会、讲座论坛、各单位俱乐部、各类陈列展览厅、党群活动室、职工之家等的意识形态工作管理和责任制落实。6—10 月，集团公司党委坚持正面宣传和舆论引导，围绕庆祝改革开放 40 周年等主题开展系列专题宣传。包括组织中心组专题学习，所属单位标语、横幅、黑板报等面上宣传竞赛，千名书记讲党课，“庆祝改革开放 40 年，建设和谐廉洁新湘煤”主题演讲比赛，“矿山记忆——改革开放 40 年”征文，职工文艺汇演等 6 项活动。11 月，集团党委召开中心组专题学习会议，深入贯彻湖南省宣传思想工作会议精神和省委书记杜家毫重要讲话精神，强调坚持“党管宣传、党管意识形态、党管媒体”，守正创新，不断强化意识形态工作。制定《集团公司舆情管理处置与应对办法》和舆情管理制度，落实省国资委巡视组意识形态责任制专项整改要求，进一步规范企业舆情事件突发应对工作，加强新形势下舆情应急管理，提高舆情应对能力，建立快速反应和应急处置机制，召开 5 次党委会专题研判意识形态工作，全年未发生一起舆情事件。

2019 年，集团公司党委结合第一次党代会召开和“不忘初心、牢记使命”主题教育以及新中国成立 70 周年和建党 98 周年，开展专题宣传教育活动。集团公司和各子（分）公司充分利用宣传橱窗、黑板报、墙体标语、横幅和宣传车等宣传工具，广泛开展矿区宣传，形成浓厚宣传氛围。共出黑板报和宣传橱窗 582 期，刷写墙体标语和悬挂横幅标语 2634 条，出动宣传车在矿区巡回宣传 67 次，矿区广播（电视）播送各类稿件 13521 件。集团认真落实省国资委部署的宣传教育重点工作，组织参加省国资委“国企心、祖国恋”征文活动，在全集团开展“我的追梦故事”征文，收到稿件 60 余篇。集团还组织开展“湘煤情、祖国恋”征文、“颂党恩、迎国庆、湘煤情”歌咏会演和“湘煤情、祖国赞”影像赛等三大活动，三项活动为期超过 3 个月，参赛、参演和参展作品共计达到 306 个，充分展示了集团改革发展和党建工作新举措、新成效。3 月，集团党委在湘煤大学分两期举办为期 5 天的“学习强国”学习平台建设推广暨 2019 年通讯员培训班，培训内容包括“学习强国”学习平台推广使用、加强意识形态工作及舆情管控、新时代宣传工作与媒体融合、新闻采访概要、新闻写作实务、新闻摄影、微视频及 PPT 制作技术、采购实践等等，共培训 100 余人。9 月，集团党委贯彻落实《中国共产党宣传工作条例》，召开中心组（扩大）学习会议，组织专题学习《中国共产党宣传工作条例》，强调将宣传意识形态工作纳入党委常态化研究和领导班子及成员年度考评，推动宣传意识形态工作与企业经济工作同部署、同落实、同考核。在党建工作目标管理考核中，确定宣传思想教育和文化建设工作占 25 分权重，成为重要考核内容。集团重新修订党建工作考核考评办法，明确了将意识形态工作纳入党建工作考核体系，并增加考核权重。明确将意识形态工作纳入领导班子和领导干部目标管理和年度考核重要内容，并作为评价使用和奖惩的重要依据，在集团召开的所属单位党组织书记抓党建述职评议会上，31 家单位党组织书记作了现场、书面述职，将意识形态工作作为重要内容进行述职并进行测评，全部达到合格标准。

2020 年，集团党委进一步贯彻落实《中国共产党宣传工作条例》，以及湖南省市州和省直行业系统党（工）委书记抓基层党建暨落实意识形态工作责任制述职述评会议精神和杜家毫书记点评要求，抓实《关于意识形态工作责任制述职述评的情况反馈》，召开 5 次党委会，专题研判意识形态工作，加强对各类意识形态阵地的管理，每年进行2次专项检查。集团公司加强宣传思想建设，推进形式载体创新，从网络化、移动化上着手，在通俗化、大众化上下功夫，策划了安全生产、防疫战疫、落实党代会精神等3项专题宣传活动，将思想内容呈现为人们喜闻乐见的图片、短视频、微电影等丰富形式，将主题思想传播融入企业新闻宣传、文艺创作、文化活动、“三个湘煤”建设之中，让宣传工作可触可感，有温度、鲜度和色彩。集团除了发挥好传统的广播、墙报、黑板报、矿区有线电视作用外，着力加强办公自动化、各单位局域网、湘煤集团网等门户网站阵地建设，在融媒体、自媒体建设上进行有益探索。集团内部各子（分）公司有自媒体、公众号10余家，扩大群众参与度与影响力。在创新宣传媒体的同时，集团按照高标准办好《湘煤集团报》《湖南煤业》杂志和湘煤集团网，建强新闻宣传队伍，通信员队伍达到500余人。是年，专职宣传干事和业余通信员在集团公司“一报一刊”及省级以上媒体发稿1790余篇。

2021年，集团公司党委认真开展十九届六中全会精神宣贯工作，利用党委会第一议题、中心组集中研讨、“三会一课”等方式同题开展学习，对内对外立体发声、线上线下双管齐下，解读领会全会精神。强化习近平新时代中国特色社会主义思想宣传学习，参加省国资委“国资大讲堂”“国企千名书记进党校”“国企万名党员素质提升工程”活动，在集团党校（培训中心）和各子（分）公司业余党校（矿区培训机构）举办基层党支部书记、党员培训班，持续推动“学习强国”平台、内部局域网、“五化支部”远程教学网的学习使用。集团公司党委全年召开中心组学习11次，举办主题专题学习研讨3次、读书班4期，集中培训基层党支部书记200人次，培训宣传理论骨干98人次，举办各类理论宣讲活动180余场次，组织970名中层骨干参加理论测试，多维度开展理论学习竞赛活动。

开展专题策划，围绕中心，服务中心，聚焦党史学习教育，先后组织策划了“百年薪火传湘企红色路”“湘煤故事 红色记忆”“学党史、悟思想、办实事、开新局”等三大专题，在“一报一网一刊”上广泛宣传、集中发声。集团公司党委注重全面提升“内宣”质效，基层载体“融合”发力，整合传统宣传阵地，把各子（分）公司及三级单位原有的矿区有线电视、广播、内刊、墙报、黑板报办出特色外，还投入资金建设文化广场、宣传长廊、矿井井下安全宣传走廊50多个。管理监督好自媒体、公众号、抖音号、微信群和矿区网络平台，形成全方位发声，立体化展现，多媒体融合的内部宣传新格局。

2022年10月，党的二十大召开，集团公司党委第一时间组织收听收看开幕式盛况并认真安排部署宣贯工作。采取党组织中心组集中学习、内部媒体宣传、网络视频、专题讲座、专栏专刊、标语口号、简报等多种形式进行党的二十大精神学习宣贯。全集团各单位中心组专题学习宣讲50（场）次，共悬挂宣传标语横幅720余幅，出专栏墙报180余块，《湘煤集团报》《湖南煤业》杂志开辟专栏专题2个，刊发学习辅导稿件20余篇，组织收听收看省国资委、国务院国资委网上宣讲、电视台现场直播、内网培训线上专题宣讲等8（场）次，参加人员3500人（次）。

2022年，全面压实意识形态领域管理责任。集团公司党委就意识形态工作进行2次专题研究，修改完善《集团公司意识形态工作考核办法》，增加意识形态工作在党建工作考核中权重。每月定期开展风险排查，及时、准确对企业意识形态重点阵地、重点领域、重点群体、重点人员、重大时间节点进行风险排查。加强所属各单位内网、内刊、电视台、广播站、公众号、微信号、微博号、抖音号、QQ群、微信群管理。加强舆情监控，集团公司与专业平台“华声在线”建立了舆情监测监控合作机制，及时准确掌握网上舆情动态信息并迅速展开舆情事件调查和处置工作。落实省委第六巡视组对集团党委落实意识形态工作责任制专项检查情况反馈意见，落实整改责任，立行立改、即知即改，完成整改23个，整改完成率100%。

2022年，持续推动《中国共产党宣传工作条例》落实落地。在各单位党委中心组、所属各级党组织专门部署条例学习，在年度通讯员培训班和基层宣传员培训学习中安排了专门课程。建立一支稳定的宣传员、通讯员队伍，总人数稳定在500余人。各原煤公司，确保了每个连队有1至2名基层通讯员，常年提供信息，提供稿件，提供舆情。

巩固强化宣传工作阵地建设，在全省企业报好新闻、湖南省报纸系统好新闻评比中，《湘煤集团报》连续13年在省属企业中名列前茅，有16件优秀作品分别获得全省和中国煤炭新闻奖。《湘煤集团报》还先后被授予湖南省企业报“改革开放40年新闻宣传工作先进单位”、湖南省十佳企业报、中国内刊好报纸特等奖、中国品牌企业报刊百强等光荣称号。《湖南煤业》杂志得到《中国煤炭工业》杂志的肯定与支持，增强了在企业干部员工和家属中的公信力、影响力，成为中国煤炭传媒联盟和省期刊协会常务理事单位。报纸、杂志在年检年审中都获得了省委宣传部、省新闻出版局的连年好评。

二、外部宣传

2006—2015年10年间，集团先后在新华社、中央电视台、湖南卫视、湖南经视、《人民日报》《湖南日报》《中国煤炭报》《工人日报》《新湘评论》、红网等省级以上主流媒体发表发表各类作品3000余件。其中，《湖南煤业集团：迈上可持续发展坦途》《青山翻作浪煤海听涛声》《湘煤领航人》《传统产业可持续发展样本》《看资源型企业如何成功走出去》等长篇通信和重点报道在全国、全行业产生了较大影响。《湘煤集团报》在全省每年的年度好新闻评比中，参评作品深受评委好评，无论是获奖篇目，还是获奖等次，均居全省前列。集团公司多次被中国煤炭新闻网评为宣传工作先进单位，先后当选为湖南省企业报协会副会长单位，湖南省内刊协会常务理事单位。基层业余通讯员队伍综合素质和业务素质不断提高，呈现一专多能局面。据统计，加入中国摄影家协会1人、省作家协会8人，省摄影家协会5人、市级作家协会49人，有的还是美术家协会、书法家协会的“双栖会员”；出版个人专著达30多部，省级以上获奖作品300多篇。

集团公司先后编辑出版《我的湘煤我的家（书画集）》《我们走在大路上》《湘煤家国情》《企业文化手册》《燃烧的太阳石》《精粹》《星耀湘煤》《青春飞扬—新湘煤人语》《科学发展在湘煤》《创先争优在湘煤》《湘煤，走进新疆》《舞动青春》《风雨兼程一路高歌》《湘煤之魂》等一批文集、画集；拍摄制作《黑金闪耀》《走出地平线》等电视专题片。文集（画集）的出版发行和电视专题片的拍摄播放，充分展示了湘煤文化内涵，宣传和推介了湘煤企业形象。

2007年6月24日，湘永矿业公司荆草坪煤矿发生重大透水事故，在突水量3万立方米以上，87名矿工随时有被淹的危险情况下，被困职工开展自救、互救，全部安全撤离，创造了湖南省重大矿难无一人伤亡的奇迹，先后被中央电视台、《中国煤炭报》《中国安全生产报》《湖南工人报》等媒体报道。是年，在湖南省记者协会和省企业报协会2007年度好新闻评比中，《湘煤集团报》3件参评作品全部获奖。

2008年6月，《湘煤集团报》在全省企业报好新闻年度评选中，报送的8件作品全部获奖，其中5件作品获得一等奖。

2009年1月17日，《湖南日报》头版刊登署名文章《解析迈向可持续发展坦途的湖南煤业集团公司》。

2010年，重点组织对省级以上社会媒体的宣传，树立集团公司良好社会形象。组织一批有分量、有创意、有特点的作品在国家级媒体和刊物上推出，在全省、全煤主流媒体上展现。在《中国煤炭报》主办的“开滦杯”2010年度全国煤炭企业十大新闻评比中，集团创办湘煤大学这一事件成为十大新闻之一。

2011—2013年，集团一批宣传、推介湘煤深化改革、经济发展、文化建设的新闻报道在省内外引起反响，在省内企业报界评优中名列前茅。在全省企业报2011年度好新闻作品评比中，《湘煤集团报》送评的消息《湖南省首个电煤储备基地授牌并开工奠基》等5件作品获得一等奖，3件作品获得湖南新闻奖；在全省企业报2012年度好新闻作品评比中，《湘煤集团报》4件作品获得一等奖，3件作品获得湖南新闻奖；在2013年湖南省新闻工作者协会企业报分会“双十佳”企业报评选中，《湘煤集团报》荣获“十佳报社”。

2014年，集团在《湖南日报》《中国煤炭报》《湖南工人报》、红网和中国煤炭网等国内主流媒体上先后推出关于集团的大型报道专题、专稿、专栏10多个（篇），全集团有200多篇稿件在省级以上刊物上登载，为树立企业形象、增强企业知名度和美誉度发挥作用。是年，《湘煤集团报》荣获省记协授予的“全省十佳企业报”称号。《黑金时代》杂志被纳入中国煤炭传媒联盟成员理事单位。

2015年5月9日，中共中央政治局常委、书记处书记刘云山视察湘能华磊光电股份公司，中央组织部常务副部长陈希、中央宣传部常务副部长黄坤明、中央党校常务副校长何毅亭、中央政策研究室副主任江金权、湖南省委书记徐守盛、省长杜家毫陪同视察。刘云山在视察华磊光电生产技术车间后，又参观了党支部活动室，翻阅了《湘煤集团报》《黑金时代》等宣传资料，并就党建工作等听取了汇报。集团报社记者全程跟随报道。同年，中国内刊举办2015年优秀内部报刊暨内部媒体表彰大会上，《湘煤集团报》获得中国内刊“好报纸”特等奖。在湖南省企业报2015年度好新闻作品评比中，《湘煤集团报》参赛作品囊括消息、通讯、言论、图片、版面全部奖项。

2016—2017年，集团及所属子（分）公司党委坚持正确舆论导向，组织对外新闻宣传报道，宣传推介湘煤，树立良好形象。2017年在湖南省好新闻和省企业报好新闻作品评比中再获佳绩，12件作品分获湖南省好新闻和省企业报好新闻一、二、三等奖。

2018年，集团党委宣传工作坚持弘扬主旋律，传播正能量，巩固宣传阵地，突出对外宣传企业先进经营理念、典型经验和重要成就。进一步整合对内对外宣传资源，构建全方位、多层次、宽领域的“大外宣传”格局。推出的2018年度中国企业文化建设先进单位典型经验材料，介绍湘煤安全、生产和经营取得的成就和经验，宣传“三个湘煤”理念，充分展示集团形象。是年，《湘煤集团报》获湖南省企业报“改革开放40年以来新闻宣传工作先进单位”称号。在“中国煤炭新闻奖2018年度好新闻作品评比”中，湘煤集团报社首次参评获得好成绩。其中，新闻图片《主题党日红火矿区》获中国煤炭新闻奖2018年度好新闻作品综合类一等奖；通信《加班日记》获报纸类三等奖；情景剧《春回湘煤》获综合类三等奖。

2019年8月，由中宣部、中国报业协会组织举办的首届中国报业企业报刊媒体峰会在陕西延安举行，《湘煤集团报》荣获“2018—2019年度中国品牌企业报刊百强”称号。8月，集团党委组织参加省国资委“国企心、祖国恋”征文活动组稿40余篇，并获得好名次。《国企楷模湖湘脊梁》一文在国企楷模发布仪式颁奖会上获征文一等奖。12月，年度湖南新闻奖企业报好新闻作品评比揭晓，《湘煤集团报》选送参评的11件作品分获一、二、三等奖。同年，《黑金时代》杂志更名为《湖南煤业》杂志。

2020年，集团公司党委共组织国家、省级和行业媒体对集团公司集中宣传报道10余次，介绍经验、报道工作、推介业绩，宣传企业先进典型和人物，在全行业、全省产生一定反响。在省国资委宣传部的支持下，《湖南日报》《中国煤炭报》、中国煤炭新闻网、人民网、新华网、学习强国、红网对湘煤的防疫战疫、复工复产进行了重点报道。“金竹山公司员工罗烈鹏毅行9小时百里复工路”一稿，被30家媒体转载转发；“新疆库木塔格矿区总体规划获得国家批复，湘煤集团露天矿被列为试点先行开发矿井”获国内外数十家各类媒体报道，总浏览量超过300万次。“湘煤集团参与T179次列车事故救援”“三王村扶贫攻坚”等报道产生了较大影响。集团加强与《湖南日报》等省内主流媒体合作，广泛开展对外宣传，讲好湘煤故事，提升企业对外的张力和影响力，专职宣传干事和业余通信员在省级以上媒体发表作品260多篇，增加了新湘煤的知名度和美誉度。

2021年，全面提升“外宣”质效，对外传播“联合”发力。在新华网、湖南日报社、人民网、《中国煤炭报》、学习强国、红网等数十家各类媒体发布的《湘煤集团援建三王村脱贫攻坚》等300多篇通讯、消息、评论、小视频作品，在国内外产生了较大影响，有的单篇总浏览量超过300万。采拍的电视纪录片《三王巨变》《无奋斗不湘煤》《筑梦主平台》在腾讯、优酷等网站点击量均超过10万。其中专题片《无奋斗不湘煤》被推荐为中组部全国党员干部现代远程教育教材，《三王巨变》被推选参加中央党史学教办联合中央电视台开展的《第四届你好新时代“我为群众办实事”主题作品大赛》。3月20日，集团公司在韶山举行党史学习教育动员大会暨第一次专题学习，推出题为《开启“红色动能”》的长篇通信，新湖南、红网、国企党建等网站纷纷给予转载。报社推出党史学习教育“学党史 悟思想 办实事 开新局”专版，开辟“百年薪火传 湘企红色路”和“湘煤故事 红色记忆”专栏，红色主旋律迅速传遍湘煤千家万户。在新华网、人民网、学习强国、今日头条等平台，发出《黑土地上的红色印记》《简贤武：一位抗美援朝老兵的家国情怀》等湘煤红色故事的作品专稿350余篇次。

2022年，集团及所属子（分）公司在新华网、湖南日报社、人民网、《中国煤炭报》、学习强国、红网等数十家各类媒体发布作品550多篇（次），树立了新湘煤的良好形象。8月，召开2022年度煤炭企业新闻宣传工作经验交流会暨《中国煤炭工业》杂志年会，集团选送的《筑梦主平台》等4篇作品分别荣获一、二、三等奖。

2022年10月，党的二十大胜利召开，集团公司认真宣贯二十大精神，拓展对外宣传手段，写好湘煤篇章，提升新湘煤形象。鼓励宣传岗位党员干部和新闻工作者，围绕集团中心工作、重点任务开展宣传报道，聚焦学习贯彻党的二十大精神的具体举措、经验成效，聚焦新湘煤7年来取得的成绩和经验，拓宽外宣渠道，立体发声、多维同频，形成强大外宣阵势。“一报一网一刊”策划的“庆祝二十大”“党建深化融合”等专题专栏密集发声，集团和所属单位新闻工作者在省级以上媒体专题宣传，发稿100余篇次。

第三章 纪 律 检 查

第一节 组 织 机 构

2006年6月，根据湖南省委组织部《关于同意设立中共湖南省煤业集团有限公司委员会和纪律检查委员会的批复》（湘组〔2006〕47号），6月16日，湖南省国资委下发《关于设立中共湖南省煤业集团有限公司委员会和纪律检查委员会的通知》（湘国资委函〔2006〕25号），设立“中共湖南省煤业集团有限公司委员会和纪律检查委员会”，纪委由5人组成，张小雁任纪委书记。同年，集团公司设立纪检监察部（纪委办公室），设部长1人、副部长1人、纪检员1人。

2013年5月纪委书记张小雁卸任。

2015年1月，集团将纪检监察职能和审计职能合并，统称纪检审计监察部，设部长1人，副部长1人，专职审计员2人，专职纪检监察员1人。

2017年，纪检审计监察部职能和人员编制不变，驻资兴、白沙、长沙三个片区监事会办事处承担了部分审计职能。

2019年10月，落实纪检监察体制改革要求，省纪委监委向集团公司派驻了监察专员罗和平，设立了监察专员办公室，与集团公司纪检审计监察部合署办公。

2019年11月，中国共产党湖南省煤业集团有限公司第一次代表大会选举产生了新一届纪律检查委员会，由罗和平、杨瑞美、严华平、李界宏、匡蓉、童建良、焦向前7人组成，第一次纪委全会选举罗和平任纪委书记。

2020年，集团所属单位分别组织召开党员代表大会或党员大会，选举产生了新一届党组织领导班子和纪律检查委员会领导班子，设党总支或支部的单位在党组织班子中明确了纪检委员。

2022年9月，集团公司将纪检监察部和审计部分设，纪检监察部设部长1人，副部长1人，专职纪检监察员2名。

至2022年底，集团共有26个子（分）公司设立了纪委，30个子（分）公司设立了专门的纪检工作机构，共配备专职纪检干部82名。

第二节 制 度 建 设

2007年，集团印发了《纪检监察工作人员道德行为基本准则》《纪检信访案件工作程序及处理来信来访有关规定》。

2009 年，集团印发了《关于纪检监察案件办理的几项规定》。

2010 年 2 月编制印发《集团公司纪检信访工作程序及处理来信来访规定》。

2013 年 3 月，集团印发《湖南省煤业集团领导人员廉政谈话制度》；6 月，印发《湖南省煤业集团有限公司纪检监察干部率先垂范改进作风的九项规定》。

2014 年，集团制定《集团公司“五严禁、九不准”规定及其监督考核办法》。

2015 年 2 月编制印发《湖南省煤业集团有限公司关于对领导干部违反中央“八项规定”、省委“九项规定”、集团公司“五严禁、九不准”进行责任追究的规定》。

2016 年，印发了《湖南省煤业集团有限公司“纠四风、治陋习”专项整治工作方案》。

2017 年，印发了《湖南省煤业集团有限公司清理企业领导人员违规参与涉矿涉砂等经营性活动专项整治工作实施方案》《关于主动报告个人利用职权或职务影响在企业经营活动中谋利问题的通知》等文件。

2018 年，集团公司建立基本制度“立改废”动态修订机制，形成以《湖南省煤业集团有限公司落实党风廉政建设党委主体责任、纪委监督责任的实施细则》为核心，以《湖南省煤业集团有限公司廉洁风险防控与违反廉洁从业及作风建设规定处罚实施办法》《湖南省煤业集团有限公司纪检监察部门处理信访举报问题管理办法》《湖南省煤业集团有限公司效能监察实施办法》等管理办法为辅的制度体系，在此基础上，每年作出其他制度安排。是年，集团还印发了《关于开展违反中央八项规定精神突出问题专项治理的工作方案》《湖南省煤业集团有限公司纠“四风”治陋习树新风专项工作方案》，转发《关于规范省属监管企业工程建设领域管理坚决抵制“提篮子”现象的规定》，推动专项整治工作。

2019 年，集团印发《关于开展企业领导人员利用职权或职务影响为亲属及其他特定关系人员经商办企业进行利益输送问题专项治理的工作方案》《以案为镜鉴开展“以案促改”工作的实施方案》和《关于清理违规放贷问题的紧急通知》。

2020 年，集团印发《集团公司违规经营投资损失责任追究实施办法》，制定了《湘煤集团纪检监察系统对领导干部进行日常监督的参考清单》(105 条）和《湖南省煤业集团有限公司落实中央八项规定及实施细则精神负面清单（参考)》(共 61 条)。按照上级相关要求，制定了《集团公司境外项目腐败治理工作方案》。

2021 年，集团印发《纪检监察案件查处工作规则》《损害公司利益行为处分办法》《集团公司直属单位纪检负责人任用和考核办法》。

2022 年，集团印发《关于领导干部违规收送红包礼金问题专项整治的工作方案》。

2017—2022 年，集团每年均召开党委工作暨党风廉政建设工作会议，以党委书记、纪委书记的报告为指引，开展年度纪检监察工作，出台年度纪检监察工作要点、年度落实党风廉政建设党委主体责任、纪委监督责任检查考核方案，对所属子（分）公司进行检查考核，检查考核后发出落实党风廉政建设党委主体责任、纪委监督责任检查考核情况通报，落实全面从严治党要求。

第三节 党风廉政建设

一、惩防体系建设

2006 年，集团制定了《企业领导人员廉洁自律和廉洁从业若干规定》等 12 项党风廉政建设制度，开展治理商业贿赂专项工作，逐级成立治理商业贿赂专项工作领导小组，制定专项工作具体方案。

2007 年，集团重点研究构建惩防体系组织协调机制、测评监控机制和督促检查机制。地方检察机关与各单位建立反贪污和预防职务犯罪联络点 12 个。开展诸如赴监狱接受警示教育、看廉政电教片、检察机关领导专题讲课等互动宣传教育活动。各子（分）公司加强对构建惩防体系工作的目标责任管理，坚持教育、制度、监督、改革和惩处整体推进。

2008 年，集团推行《党风建设反腐倡廉及纪检监察工作考核办法》《落实惩防体系 2008—2012 工作规划》，以“热点预控”为平台，建立“防微杜渐、预防为主”的防控体系。对照领导人员执行“七个不准”规定，在专项工程检查等容易引发腐败的热点和环节，进行专项检查与审计。

2009年，集团按照制定的《构建教育惩治和预防腐败体系实施办法》《建立健全惩治和预防腐败体系2008—2012年工作规划实施细则》的要求，通过集团《党风建设反腐倡廉工作和纪检监察工作两个考核办法》，使每一项工作落实执行，考核检查到位。

2010年，集团贯彻执行《国有企业领导人员廉洁从业若干规定》和“三重一大”集体决策制度，召开专题推进会，对照若干规定，组织开展“五查五看”，针对“三重一大”集体决策失误、打牌赌博、超标准接待浪费、设立小金库等方面的17个问题，全部整改到位。集团及各子（分）公司修订完善了18个方面的100多项规章制度。

2011年，集团以廉洁风险防控为切入点，抓住廉洁风险源和权力运行主线，突出重点岗位、关键环节，查找各项制度的廉洁风险点，加强反腐倡廉教育，强化对领导干部的监督。

2012年，集团构建反腐倡廉制度体系。如《构建预防和惩治腐败体系实施办法》《党风建设和反腐倡廉工作目标责任制考核办法》《预防和惩治腐败2008—2012年工作规划》《效能监察实施细则及流程》等，开展“清理整治参与小煤矿入股分红和收受小煤矿红包礼金”专项活动。

2013年，集团制定《集团公司廉洁风险防控实施意见》，各子（分）公司从思想道德、外部环境、制度机制和岗位职责等方面，查找出各个岗位有可能发生腐败的风险点，按高、中、低三个风险等级界定每个岗位廉洁风险的级别。构建前期预防、中期监控、后期处置的廉洁风险防控机制。制定落实“五禁令”“九不准”“十项规定”的具体考核和问责办法。

2014年，集团制定《集团公司关于严格直属单位公务接待、公务用车、职务消费管理的硬性规定》《关于禁止“公款送礼、公款吃喝、奢侈浪费”的规定》《关于禁止党员领导干部利用婚丧嫁娶等事宜进行大操大办的规定》，印发了《关于对违反集团公司纪律作风规定和侵害职工群众利益行为进行问责的暂行规定》，出台关于重申并从严执行《集团公司“五严禁、九不准”规定及其监督考核办法》的规定。

2015年，集团建立健全廉洁风险防控体系。持续严格执行廉洁风险防控措施，强化对重点岗位、关键环节的日常监督，不定期、全覆盖组织明查或暗访所属各子（分）公司及其下属单位领导作风建设及“三重一大”制度执行情况。

2015年起，湖南省国资委党委开展企业主要负责人述责述廉工作与年度党风廉政建设责任制考核工作。检查考核组在被检查考核企业召开述责述廉和民主测评会，企业主要负责人向会议报告个人履行党风廉政建设责任制和廉洁从业情况，接受与会人员的测评。

2016年，配合省委第九巡视组对集团公司党委开展专项巡视工作，协助省纪委、“301专案组”及省、市、区检察机关开展案件调查核实工作；对巡视发现的40个问题进行整改；对巡视移交的17个问题线索和上级纪委转交的15个信访问题进行调查核实，按照监督执纪“四种形态”开展追责问责；按照《“纠四风、治陋习”专项整治工作方案》开展监督检查，落实全面从严治党监督职责；对重大项目建设开展效能监察。

2017年，全面推进“廉洁湘煤”建设，落实全面从严治党要求和党风廉政建设责任，按照监督执纪“四种形态”开展监督工作。继续推进“纠‘四风’治陋习”专项整治；对企业领导人员违规参与涉矿涉砂等经营性活动、领导干部利用职权或职务上的影响在金融活动中谋取私利、个人利用职权或职务影响在企业经营活动中谋利问题开展专项整治，进行自查自纠，对发现的问题及时落实整改；落实全面从严治党监督责任，对党委“三重一大”事项决策、干部选拔任用等开展日常监督；强化对各级领导班子和机关干部这一“关键少数”的廉政教育和监督，以上率下树牢廉洁意识；加强问题线索处置，运用监督执纪“四种形态”追责问责。

2018年，集团纪委以建设“廉洁湘煤”为目标，以正风肃纪为抓手，严明政治纪律和政治规矩，协助党委落实全面从严治党、从严治企责任，发挥监督执纪作用，推进集团公司党风廉政建设和反腐败工作。落实省委、省政府《关于开展违反中央八项规定精神突出问题专项治理的工作方案》，开展专项整治工作；按照《集团公司纠“四风”治陋习树新风专项工作方案》持之以恒开展纠“四风”工作；按照《关于规范省属监管企业工程建设领域管理坚决抵制“提篮子”现象的规定》开展专项整治；落实巡视审计反馈问题整改要求，运用监督执纪“四种形态”开展追责问责。

2019年，紧紧围绕“三个湘煤”建设，不断推进全面从严治党、从严治企，落实党风廉政建设监督责任，助推企业高质量发展。持续开展落实中央八项规定及实施细则精神的专项治理，对集团和股份公司及所属单位组织2次专项检查；狠抓作风建设，对违反劳动纪律、工作失误、造成经济损失等问题进行严肃处理；继续开展涉矿涉砂、金融领域违规谋利、工程领域“提篮子、打牌子”和领导干部配偶子女及其配偶经商办企业等专项整治工作，建立电子档案，实行跟踪管理；开展用公款购买消费赠送“高档烟酒、珍稀药材、天价茶叶、名贵木材、珠宝玉石、名瓷名画”等6类特殊资源的清查工作，形成了严查严管高压态势。

2020年，持续强化政治监督，确保中央“八项规定”及其实施细则精神和反“四风”有关规定的落实。落实了疫情防控监督职责，监督落实“六稳六保”措施，“一防三保”（疫情防控、保安全、保出勤、保生产）工作，助力企业复工复产。对扶贫项目建设进行跟踪监督，对集团对口帮扶慈利县广福桥镇三王村项目进行全程跟踪监督，开展竣工结算审计，完成资产移交。督导所属子（分）公司党组织换届选举，按照“三个规范”（规范党组织机构设置、党的全国代表大会和党员大会召开、规范党组织负责人员职级）的要求，督导25个基层党组织完成了换届选举工作。开展落实中央八项规定精神和反四风问题的监督，对相关单位开展了现场督导检查，发现问题督促整改落实。

2021年，突出政治监督，协助党委督导开展党史学习教育活动，确保党中央重大决策和省委省政府的工作部署落实落地。配合省委第六巡视组对集团公司党委开展巡视工作。开展对违规经营投资损失责任追究、境外腐败治理、疫情防控和乡村振兴工作的监督。对干部选拔任用、重大建设项目、招标采购、中介机构选聘、煤炭销售等开展日常监督。按照《关于持续纠治“四风”、坚决整治违规吃喝有关事项的通知》，对违规吃喝问题开展了专项整治。持续开展落实中央八项规定及实施细则精神和反“四风”问题的检查整治，督促整改落实。按照《关于开展领导干部插手干预工程建设项目案件所涉问题线索大起底的通知》，对全集团工程建设项目进行排查、摸底。根据《关于报送亲属从业情况的通知》，对集团公司中层及以上领导干部的亲属从业情况进行了调查摸底。

2022年，进一步强化政治监督，服务中心大局。深入贯彻落实党的二十大精神，督促各子（分）公司党组织书记讲授学习贯彻党的二十大精神暨党风廉政建设专题党课，制作集团公司党委书记专题党课视频光碟，发各子（分）公司集中学习；落实省领导红卫问题监察建议批示精神，全方位开展警示宣传教育，以身边事教育身边人，发挥“以案促改”“以案促教”的警示作用；制定《清廉湘煤建设实施方案》，分步骤组织落实；以巡视指出问题整改为主线，督促开展制度建设，提升管理水平；强化日常监督，对落实疫情防控、《国企改革三年行动方案》、“两金压降”工作部署、重大投资项目的建设落地等开展监督，组建并参与岳阳铁水集运煤炭储备基地项目建设帮扶工作队，确保重大项目建设依法合规，实现纪检监察工作与生产经营融合发展。

二、反腐倡廉教育

2006年，重点加强对中共中央《建立健全教育、制度、监督并重的惩治和预防腐败体系实施纲要》和省委下发的《实施意见》《廉洁从业若干规定》的培训学习，各级党组织通过开展“红船杯”学习党章知识竞赛、领导上党课、反腐倡廉形势报告会、举办惩防体系建设培训、观看廉政电教片等形式，加强党员干部的思想警示教育。

2007年，学习和贯彻执行“七个不准”规定，开展党章和法纪教育、社会主义荣辱观教育和廉洁自律教育。创新开展“算账教育”活动，教育干部细算政治账、名誉账、家庭账、自由账和健康账等“五笔账”，推进企业廉政文化建设，开展职业道德、社会公德和家庭美德教育，营造以廉为荣以贪为耻的浓厚氛围。出版了集团第一本廉洁文化手册。

2008年，在领导人员中重点加强以落实科学发展观、改进工作作风和严肃政治纪律为主题的思想政治教育。召开集团“抗冰抢险英模”表彰会，以学习抗冰抢险英模人物为榜样，加强党员示范典型教育和廉洁从业教育。注重加强元旦、春节等节日期间的廉洁自律警示教育，在全集团营造风清气正的浓厚氛围。

2009 年 7 月，集团在周源山煤矿召开廉洁文化建设现场交流工作会议。集团编印 1000 余册《廉洁文化手册》和 300 余本《廉洁文化在湘煤》。

2010 年，创建湘煤特色廉洁文化，开展湘潭矿业杯“廉洁从业、清风湘煤”征文有奖竞赛活动，收到征文 500 篇，《湘煤集团报》刊载 285 篇。各子（分）公司通过印制廉政挂历、台历、征文、文艺汇演、板报竞赛等形式宣传湘煤廉洁文化。

2011 年，进一步宣传学习《廉洁文化手册》，深化企业廉洁文化教育，开展机关作风建设，湘煤集团报社和辰溪矿业公司携手，在《湘煤集团报》开办专栏，组织廉洁文化教育征文竞赛活动，在《湘煤集团报》和集团网站分别登载 200 余篇。集团在 2011 年全省廉洁文化建设工作经验交流会上作了典型发言。

2012 年，集团组织所属单位以“煤黑如乌金、心洁似白玉”的湘煤廉洁文化核心理念，编印《廉洁文化手册》，并以挂历、工作台历等形式进行广泛宣传和传播。推进开展“清理整治参与小煤矿入股分红和收受小煤矿红包礼金”专项活动，严格落实《集团公司纪委关于突出开展“索拿卡要”专项治理工作》文件精神。召开廉洁自律和预防腐败干部教育大会，播放预防职务犯罪警示录教育片，邀请省华夏廉洁文化研究会、省人民检察院预防腐败局相关领导，为集团总部机关主管以上管理人员和所属企业领导人员讲课。

2013 年，集团组织开展“我的湘煤我的家”司歌传唱活动，弘扬正能量，传播湘煤风清气正的企业文化理念。

2014 年，开展党的群众路线主题教育活动，加强干部思想作风建设。全集团二级以上单位召开党风廉政建设专题会议 86 次，研究党风廉政建设重要问题 269 个，开展党风廉政建设专题学习 115 次，上党风廉政课 167 场次。

2015 年，结合社会主义核心价值观和“三严三实”专题教育，开展“廉洁从业主题教育宣传月”活动。集中学习《习近平关于党风廉政和反腐败斗争论述摘编》，组织学习心得体会征文活动。

2016 年，集团新的领导班子提出“和谐湘煤、廉洁湘煤、高效湘煤”建设，打造“责任、感情、利益”共同体的核心理念，重铸企业文化，凝心聚力助推企业发展；深入开展“两学一做”学习教育，加强党性修养；以查处的典型案例开展警示教育，强化廉洁从业意识；对纪检监察干部开展“忠诚、干净、担当”的品格教育。

2017 年，深入学习贯彻上级纪委全会和省国资委系统党风廉政建设暨反腐败工作会议精神，深化廉洁从业教育，进一步落实全面从严治党要求，保持正风肃纪高压态势，全力推进“廉洁湘煤”建设。要求各级领导干部谨守职业操守，绝不让价值取向出现偏差，绝不因个人利益损害企业利益和国家利益，进一步定义了“廉洁湘煤”的内涵，成为各级领导干部的从业规范。组织开展企业领导人员违规参与涉矿等经营性活动、违规公款购买和消费高档白酒集中排查、领导干部利用职权或职务影响在金融活动中谋取私利三个专项整治工作；以被上级查处的集团公司系列案件为镜鉴，开展党风廉政宣传和警示教育。

2018 年，重点开展“不忘初心、牢记使命”主题教育，督导党员领导干部坚定理想、锤炼品格。集团党委带头贯彻落实《关于开展违反中央八项规定精神突出问题专项治理的工作方案》和省国资委党委相关要求，深入推进专项整治工作，制定了《湖南省煤业集团有限公司纠“四风”治陋习树新风专项工作方案》，督促各级领导干部提高政治站位，反对特权思想、特权现象，加大纠治“四风”力度。

2019 年，以向力力案为镜鉴，在全集团开展警示教育和“以案促改”工作，召开全集团党员干部专题警示教育视频会议，组织基层单位同步开展，并请驻省国资委纪检监察组领导上党风廉政建设专题党课。集团纪委安排了《忠诚与背叛》《叩问初心》等 8 部警示教育宣传片，在各子（分）公司巡回放映，组织党员干部集中观看，增强廉洁从业的思想自觉。

2020年，着重抓纪检监察队伍内部教育，在全集团纪检监察系统组织开展了“自学互教”业务大练兵活动，对基层单位纪委书记、纪检负责人开展了全方位谈心谈话，建立了纪检监察干部跟班学习制度和兼职纪检监察员制度，遴选了111名兼职纪检监察员，为纪检监察工作培养后备干部。制定《直属单位纪检监察工作考核办法》对基层纪检监察工作进行考核。

2021年，重点开展党史学习教育活动，同时开展了违规经营投资损失责任追究、境外项目腐败治理、疫情防控和乡村振兴等方面的宣传教育工作。组织观看警示教育片、举办专题会议或培训、组织专题活动、建微信群转发警示案例等方式开展警示教育，增强了党员干部的红线意识和不想腐的思想自觉。

2022年，重点贯彻落实党的二十大精神，强化党建引领，督促各级党组织书记，讲授贯彻落实党的二十大精神暨党风廉政建设专题党课，并将集团党委书记的专题党课制作成光盘，在全集团组织集中观看。以“发扬自我革命精神，推进廉洁湘煤建设”为主题，组织开展了“党风廉政教育周”活动。落实省领导对红卫问题监察建议的批示精神，开展“以案促改”警示教育，以身边事教育身边人，强化了党员领导干部廉洁从业的自觉性。

三、党风廉政建设责任制

2006年，集团纪委起草制定《企业领导人员廉洁自律和廉洁从业若干规定》等12项党风廉政建设制度。所属各子（分）公司围绕经营管理和廉洁从业建立和完善规章制度。

2007年，集团调整纪检监察机构和党风建设反腐倡廉工作领导小组，落实党委成员和经理层的责任分工单位，强化责任制意识；修订《党风建设反腐倡廉和纪检监察工作目标考核办法》；先后印发《纪检监察工作人员道德行为基本准则》《纪检信访案件工作程序及处理来信来访有关规定》《关于认真贯彻落实深入推进治理商业贿赂专项工作两个文件的通知》，明确集团公司领导及纪检监察人员的党风廉政建设责任。

2008年，传达和贯彻落实中央、省委、省国资委党委的党风廉政建设及纪检监察工作会议精神，部署全集团党风建设反腐倡廉工作目标任务，表彰年度党风建设反腐倡廉工作先进集体和个人，签订年度“目标责任书”。

2009年，集团印发《集团公司2009年纪检监察工作要点》《关于纪检监察案件办理的几项规定》《2009年集团公司治理商业贿赂工作要点》《关于加强国庆、中秋期间党风建设和反腐倡廉工作的通知》《关于加强元旦、春节期间党风建设和反腐倡廉工作的通知》，明确了各级党组织和纪检监察机构的责任。

2010年，集团制定《党风建设反腐倡廉工作和纪检工作两个考核办法》，落实岗位廉政责任制，对各单位强调“三坚持”，即坚持谁主管谁负责的原则，坚持落实党风建设反腐倡廉责任制，坚持领导人员责任单位负责制，将落实若干规定和三重一大集体决策制度作为党风廉政责任制考核的重要内容。先后发出通知，对制止公款出国（出境）旅游、开展国有企业领导人员廉洁从业若干规定自查自纠、执行重要情况报告制度、加强和改进廉政文化建设等工作进行了安排部署。

2011年，集团所属子（分）公司对照《廉政准则》的“八个严禁”、“五十二个不准”内容，逐条自查自纠，集团和所属子（分）两级党政主要领导提交自查自纠书面报告；按照上级关于每年报告责任制和“一岗双责”的要求，集团所属子（分）公司24个党委和211名企业领导人员向集团公司党委报告廉洁履职情况。印发《集团公司2011年度效能监察工作安排意见》《关于开展“小金库”专项治理工作方案》，开展督导检查。

2012年，集团召开党委、纪委工作会和党风廉政建设专题工作会议，层层建立党风建设反腐倡廉责任制，推行反腐倡廉工作一票否决制度。印发《集团公司2011年度党风廉政建设检查考评情况通报》，开展工程建设招投标过程存在问题专项检查、公务用车情况摸底、作风建设和“三重一大”事项集体决策制度执行情况等监督检查工作。

2013年，集团制定《构建预防和惩治腐败体系实施办法》《党风建设和反腐倡廉工作责任制实施办法》《党风建设和反腐倡廉工作目标责任制考核办法》等18项反腐倡廉工作责任制度。出台《湘煤集团廉洁风险防控实施意见》，构建前期预防、中期监控、后期处置的廉洁风险防控机制。各子（分）公司完善了劳资管理、财务管理、选人用人、营销采购、工程招投标、项目管理、资产管理等重要环节的内部控制制度。

2014 年，集团召开党风廉政建设和廉洁从业工作会，对本年度纪检监察工作进行总体安排，并与所属子（分）公司主要领导签订了党风廉政建设责任状，各级纪委狠抓岗位党风廉政建设责任制的落实。集团公司党委明确了每位高管的党风廉政建设联系点。编印《党的十八大以来中纪委、省纪委、省国资委、集团公司关于党风廉政建设和作风建设重要文件汇编》，制定《集团公司关于严格直属单位公务接待、公务用车、职务消费管理的硬性规定》《关于禁止“公款送礼、公款吃喝、奢侈浪费”的规定》《关于禁止党员领导干部利用婚丧嫁娶等事宜进行大操大办的规定》《关于对违反集团公司纪律作风规定和侵害职工群众利益行为进行问责的暂行规定》，从制度层面落实纠治“四风”问题。

2015 年，集团党委与所属子（分）公司主要领导签订了年度党风廉政建设责任状和廉洁从业承诺书，集团对各部室起草的有关权力运行的制度文件进行廉洁性审核把关，提出完善廉洁风险防控的意见和建议 50 条。印发《湖南省煤业集团有限公司关于对领导干部违反中央“八项规定”、省委“九项规定”、集团公司“五严禁、九不准”进行责任追究的规定》。

2016 年，以配合抓好案件查办工作和巡视工作为重点，落实党风廉政建设责任。集团公司主要领导与涉案人员全方位谈话，督促相关人员在规定时限内如实说明问题，争取从轻或免予处分；分工负责推进巡视发现问题整改，成立 4 个工作小组，集中处置巡视发现问题线索。结合“两学一做”学习教育，对党员干部开展思想政治教育、警示教育，推动“三个湘煤”建设，凝聚人心、恢复信心，实现政治生态和安全生产及经营效益全面稳定向好。

2017 年，以推进“廉洁湘煤”建设为主线，全面推动党风廉政建设党委主体责任和纪委监督责任的落实。集团党委与所属子（分）公司签订《2017 年度党风廉政建设责任书》，明确了党委主体责任和纪委监督责任的主要内容、党委书记纪委书记的主要职责和班子成员“一岗双责”及其具体工作任务，设定了考核目标。召开了党风廉政建设专题会议，组织了党风廉政建设检查考核，印发了考核通报。

2018 年，围绕“廉洁湘煤”建设进一步落实党风廉政建设“两个责任”，集团党委先后 5 次研究部署、督促落实党风廉政建设工作。召开了党风廉政建设会议，开展了“普查普谈”工作，按“4. 20”要求狠抓落实中央八项规定及其实施细则精神，下更大力气纠治“四风”，组织了全集团落实中央八项规定及其实施细则精神的清理整治工作。对所属子（分）公司开展落实党风廉政建设“两个责任”考核检查，对考评结果进行通报。

2019 年，进一步压实党风廉政建设“两个责任”，集团与所属子（分）公司签订《党风廉政建设责任书》，进一步明确了责任主体、责任人及其责任内容，首次明确了责任追究的情形和问责处理方式，实行“两个责任”清单制度，强化了责任落实。集团公司党委班子成员分别带队对所属 36 个单位进行党风廉政建设检查考核，考核结果在年度党风廉政建设会议上通报。

2020 年，以强化政治监督为重点，全面落实党风廉政建设“两个责任”。面对复杂的国际形势、国内经济下行压力和新冠疫情等不利影响，深入贯彻全面从严治党方针，充分发挥党建引领保障作用，重点在疫情防控、六稳六保、基层党组织换届、专项整治等方面坚决落实党风廉政建设“两个责任”。纪委层面将全年重点工作分解为 47 项具体任务，明确时间节点和责任人，逐月逐季对照任务清单进行检查落实。继续通过召开党风廉政建设会议、签订党风廉政责任书、开展年度检查考核和及时通报情况等形式落实从严治党责任。

2021 年，积极响应集团党委“献礼 100 周年”的具体要求，在党史学习教育、庆祝建党 100 周年、党建融合抓发展、安全生产达标建设、重点工程、境外腐败治理、巡视整改等方面，进一步落实从严治党要求和党风廉政建设“两个责任”。集团纪委出台了《损害公司利益行为处分办法》《集团公司直属单位纪检负责人任用和考核办法》，强化了对损害公司利益行为的处理和纪检监察负责人履职的考核，对岳阳铁水集运项目开展了效能监察，组织和参与了项目帮扶工作队，加强了企业政治生态分析，组织召开年度党风廉政建设工作会议，根据年初签订的党风廉政建设责任状组织开展检查考核，并对考核结果进行通报。为集团公司建党100周年取得历史最佳业绩提供保障。

2022年，围绕集团党委“政治大年有大作为”的要求开展工作。巩固和完善党风廉政建设“五个一”机制。从2017年开始，对“一制度”即落实党风廉政建设“两个责任”实施细则、“一会议”即每年召开党委工作暨党风廉政建设工作会议、“一责任书”即每年与下属单位签订党风廉政建设责任书、“一检查考核”即每年集中开展党风廉政建设检查考核、“一通报”即每年检查考核情况的通报，在形式和内容上逐步补充完善，形成了较为完整的集团公司党风廉政建设责任体系。根据新时代、新要求，年度《党风廉政建设责任书》新增了“一票否决”内容，把安全生产、环境保护、“三重一大”事项、落实中央八项规定及其实施细则精神等内容纳入党风廉政建设考核的否决项，将党风廉政建设融入企业改革发展生产经营管理全过程，推进全面从严治党、从严治企和集团公司高质量发展。

第四节 案 件 查 处

集团按照干部管理权限和办案程序，发挥各级纪委办案的积极性。对一些涉案人员少、违纪金额比较小的案件，由所属各单位纪委负责查处，对其进行业务指导和督促检查。对群众反映强烈或者案情比较复杂、涉案金额比较大、基层纪委不便查处的案件，由集团纪检审计监察部组织专门班子查处。集团各级纪检监察部门组织拓宽、畅通信访举报渠道，加大办案力度，重点查处中、高层领导人员贪污、受贿、挪用公款的案件，在企业重组改制、破产并购和产权变更、交易过程中隐匿、侵吞、转移国有资产的案件，违反“三重一大”集体决策规定、失职渎职给企业造成重大经济损失的或国有资产流失的案件，违反国家招投标法律法规和集团招投标规章制度的案件，违规投资入股、兼职取酬、从事营利性经营活动的案件，以及严重侵害职工合法权益的案件。建立健全办案内部制约和监督机制，在查办案件过程中，分管领导负总责，纪检监察部门主要负责人、办案部门负责人、案件调查组负责人和调查人员分级负责。

2006年，立案24件，给予党纪处分19人，移交司法机关处理3人，挽回直接经济损失72.96万元。

2007年，立案6件，党纪处分14人，挽回直接经济损失39.78万元。

2008年，初查28件，立案22件，处分违纪人员18人次，查处违纪金额66.5万元，收缴违纪金额18.7万元。

2009年，党纪处分3人、组织处理8人，挽回经济损失183.81万元。集团纪委办公室初查6起，收缴湘潭矿业公司领导人员违规入股收益100多万元、涟邵实业机械厂销售人员侵占公款60多万元。

2010年，检查30多个单位的专项工程，共收缴违纪金额27.6万元，给予党纪政纪处分4人次。

2011年，立案1件，处理违纪人员9名，调整干部4名，提出改进管理建议93条，建立修订规章制度44项，挽回经济损失116.48万元，创造效益864.46万元。

2012—2013年，立案6件，7人受到政纪处分，挽回经济损失13.2万元。

2014年，立案调查5件。给予集团总部和下属公司等6名基层干部违反“五严禁、九不准”党内严重警告和降职、撤职处分。

2015年11月，立案1起，处理白山坪矿业公司在采购矿井监控系统和办公楼装修招投标工作中出现严重违规违纪问题的相关人员。

2016年3月3日，省纪委对集团公司时任党委书记、董事长覃道雄立案查处，后移交湖南省人民检察院立案侦察，湖南省最高人民法院依法判决覃道雄犯受贿罪、贪污罪，判处有期徒刑9年。是年，省纪委、省国资委纪委和衡阳市纪委对集团公司9名相关人员进行立案审查，向检察机关移送7人，1人暂缓刑事立案，1人解除两规，其中，给予6人开除党籍处分；集团纪委对巡视移交的17个问题线索涉及的19人开展了调查核实，给予12人党纪政纪处分，对7人进行了提醒谈话、诫勉谈话。

2017 年，立案 3 件，移送检察机关 1 人，党纪政纪处分 2 人。

2018 年，立案审查 5 人，党内警告处分 1 人，党内严重警告处分 1 人，组织处理 2 人，提醒谈话 1 人。

2019 年，开除党籍处分 1 人，党内警告处分 3 人。

2020 年，下属单位给予党纪处分 3 人（警告处分 2 人、严重警告处分 1 人）。

2021 年，下属单位给予党纪处分 12 人，其中，警告处分 4 人，严重警告处分 1 人，留党察看一年 1 人，开除党籍 5 人，被司法追究 1 人（收容他人吸毒），其他处分 3 人。

2022 年，立案审查 4 件，撤销党内职务处分 1 人，党内严重警告处分 3 人，警告处分 3 人。

第四章 综合治理与信访维稳

第一节 综 合 治 理

一、管理机构

2008 年，湖南省直机关工委将集团纳入省直社会治安综合治理（以下简称“综治”）考核范围，省直综治办负责指导工作和考核。集团公司成立综治和平安湘煤创建工作领导小组，下设综治办，综治办设集团公司办公室。集团所属 41 家子（分）公司相应成立综治领导小组并设立综治办。

2012 年 3 月，集团印发《关于调整集团公司社会综合治理工作领导小组成员的通知》，综治和平安创建工作职责划归党委工作部。

2015 年，集团总部成立社会管理综合治理与平安单位建设工作领导小组。设置专门工作办公室，配备专职综治干部，成立总部机关维稳应急分队，机动编制 55 人。

2016 年 5 月，对领导小组成员进行调整充实，分层级分别建立了综治和平安创建机构。

2022 年，综治办与平安建设办公室、信访办和维稳办职能合并，独立设置，定编 2 人。

二、综合治理与平安建设

2006 年 6 月，集团公司所属子（分）公司 41 家，三级单位 350 个。在省内的煤矿和非煤企业分散在 8 市 17 县（区）50 余个乡镇，工农关系牵涉 210 个行政村和矿区周边 118 个小煤矿，20 个未移交社区由企业托管。在企业发展和破产改制等过程中存在一些历史遗留问题，基层综合治理形势不平衡。

2008—2010 年，集团制定完善《社会治安综合治理管理办法》，落实相关工作制度和措施，集团总部未发生刑事和治安案件，邪教组织发案率为零。

2011 年，集团所属分（子）公司社会治安状况由各地、市统一调度汇总考核，归湖南省综治办集中调度考核。集团所属分（子）公司共发生刑事案件 2 起、治安案件 8 起。

2012 年，集团综治工作直接由湖南省综治委领导，接受湖南省综治办的指导和考核。同年 3 月，印发《湖南省煤业集团有限公司社会管理综合治理工作管理办法》，明确集团综治办工作职责、例会制度、学习培训、宣传教育、排查、调处与督办、检查考核与考核结果运用等工作规定，形成全面实行综合治理，创建平安湘煤的制度体系和工作机制。

2013 年，集团与所属分（子）公司签订《综治维稳工作责任状》，按年度进行考核，引入“一票否决”“黄牌警告”机制，对考核不合格的单位进行问责。

2014 年 3 月，集团公司分别召开资兴、白沙和长株潭、涟邵两个片区综治维稳工作会议并现场办公，对各个阶段和重要节点综治维稳工作进行部署安排。11 月 20 日，集团公司组织协调工作组 10 余人，赴宁乡处理煤炭坝矿区停电淹井引发的问题。是年，集团被评为湖南省综治考核合格单位。

2015 年 1 月，湖南省国资委总经济师彭冬福与集团党委副书记一起赴娄底参加娄底市委专题综治维稳工作会议，就新化县桑梓镇前程村与金竹山矿业公司塘冲煤矿农赔问题提出具体处理意见和工作措施，前程村农赔矛盾得到妥善处理。8 月，集团党委副书记、股份公司副总经理带领工作组赴耒阳与市委市政府及相关部门一起处理白沙矿区棚户区集访事件，使矛盾得到化解。

2016 年，集团与所属分（子）公司签订《综治维稳工作责任状》，明确综治维稳工作党政同责，党委书记和董事长（总经理）同为第一责任人。综治维稳和平安建设工作成效与晋职晋级、评先评优挂钩，年度优秀领导班子评比实行一票否决。领导班子绩效薪酬考核占比 5%。妥善处置集访事件，化解了湘潭矿业部分全民合同工在破产改制中要求享受全民固定工待遇等矛盾。

2017 年，全集团开展“平安企业”创建活动，成立创建工作领导小组。实行“一个问题、一套班子、一个方案、一抓到底”的“四个一”工作机制。在集团层面，处置和化解了资兴棚户区承建工程单位到集团上访等 3 件集访事件。

2018 年，集团不断完善综治和平安企业建设机制，建立健全预防化解矛盾纠纷和重大事项稳定风险评估制度，制定了集团本部和二级单位应急预案和《湖南省煤业集团有限公司综治维稳信访工作制度》；集团召开综治维稳研判处置应对会议 26 次；领导班子绩效薪酬考核占比由 5% 提高到 10%。对年度考核进行兑现，“七一”期间，集团对 2017 年度 6 个先进单位、20 名先进个人进行表彰奖励，发放奖金 24 万元。是年，集团被省委、省政府评为 2018 年度“综治维稳工作先进单位”。

2019 年，集团全面实行重大事项社会稳定风险评估制度，印发《湖南省煤业集团有限公司关于印发“防范化解重大风险专项工作实施方案”的通知》，凡牵涉企业重大要情，根据实施方案集中开展工作，明确组织领导、责任和工作措施。集团全年召开平安建设和综治维稳研判和处置应对会议 20 余次，妥善处置了湘潭矿业周边涉农问题及贵州湘能公司破产引发的各类问题，杜绝重大事件发生。

2019 年，根据上级关于开展扫黑除恶专项斗争的精神和要求，制定扫黑除恶专项斗争方案，开展专项斗争法治宣传教育活动和有关工作。5 月，集团向省国资委专题汇报开展扫黑除恶专项斗争工作。

2020 年 1 月，集团进一步明确平安建设工作目标和职责，并纳入企业内部管理和发展总体规划。按照省国资委“互联网 + 综治信访维稳”和“平安国资”云平台建设要求，投资 14.65 万元建好平台系统并于 4 月投用。

2021 年，集团进一步落实平安建设目标、制度、责任和措施，规范台账管理，落实工作经费。集团召开综治和平安建设研判处置应对会议 8 次，所属各子（分）公司召开会议 169 次。集团与各子（分）公司签订《平安建设工作责任状》，全集团未发生较大及以上刑事、治安、交通、火灾案件以及失泄密和邪教组织等事件；未发生一般等级及以上群体性事件，集团本部各类综治维稳案（事）件零发案。集团公司被省委、省政府评为 2021 年度“平安建设工作先进单位”。

2022 年，集团建立完善预防化解矛盾纠纷机制、重大事项稳定风险评估制度和领导包案制度。印发《关于推进“互联网 + 综治信访维稳”和“平安国资”云平台建设的通知》，集团各子（分）公司推进平台系统建设，实现全集团平台系统全覆盖。全集团未发生危害国家安全案（事）件，群体性事件，网络安全和舆情事件，以及交通、火灾事故和刑事治安案件。集团公司被省委、省政府评为 2022 年度“平安建设工作先进单位”。

三、治安防范与消防管理

2006—2007 年，集团及所属子（分）公司治安防范与消防职能由内部保卫机构履行，治安防控体系尚不完善。

2008 年，集团开展群防群治、共建平安工作，在本省内各单位均建立以“人防、物防、技防”为基础的治安防控体系。

2012 年，集团在省内 30 个列入考核的单位，全部建立以“三防”为基础的治安防控体系。配备专职安保人员 742 名，重点监控部位

430个，安装监控探头1272个，配备消防设施6101件，聘请综治信息员978名，群众自发组织的安全协管员1471人。集团对420名基层综治干部进行网上培训。编制7期《综治简讯》，及时通报综治工作。

2013年，集团新办公大楼建成并投入使用，消防设施按国家标准进行配置。设置2套消防系统，配备消火栓220个、烟感器600个、自动喷淋头1000个。制定《湖南省煤业集团有限公司总部机关消防安全管理制度》，并进行消防演习。集团本部设立24小时门卫值班室，实行往来人员车辆出入登记制度。

2014年，集团所属各独立矿区、工厂及其社区，全部成立社区警务室，单位监控设施与驻地公安机关联网。集团总部机关与天心区暮云派出所共建警务室。

2015年3月，集团总部成立维稳应急分队，为预防和处置群体性事件，确保总部机关稳定提供保障。全集团共配备专职安保人员755名，重点监控部位479个，涵盖单位财务室、机要室等场所。安装监控探头1506个，配备消防设施6427件，聘请综治信息人员989名，群众自发组织的安全协管员达到1518人。

2016年，集团所属省内27个直接考核单位按5‰配备专职安保人员680名，重点监控部位475个，涵盖单位财务室、机要室、仓库、火工品存放地、车库及主要进出口通道等场所。安装监控探头1488个，配备消防设施6344件，聘请综治信息人员808名，群众自发组织的安全协管员1368人。社区矛盾调解小组174个。

2017—2019年，集团加大硬件投入力度，治安防控基础工作不断加强。集团办公大楼、住宅区建成高标准电子视频监控系统和红外线自动报警系统。集团所属子（分）公司相应增加防范设施设备，为平安创建提供物力支持，全集团工作生活秩序井然。

2020年，集团总部设立专门保卫机构，安排专职安保人员10人。集团所属子（分）公司也相应建立专门保卫机构，配齐专职安保人员。全集团共配备专职安保人员700名。

2021年，全集团设立重点监控部位560个，全部涵盖财务、机要等要害场所。安装监控探头1946个，配备消防设施6495件，聘请综治信息员800名，群众自发组织安全协管员1200名。

2022年，集团建立健全治安防控体系，进一步加大人力、物力和财力投入力度，设施设备不断完善，实现治安防控“人防、物防、技防”系统化、科学化，为促进企业改革经济发展奠定坚实基础。

第二节 信访维稳

一、信访维稳工作机制

2006年10月，集团成立“湖南省煤业集团有限公司维护稳定工作领导小组”，领导小组办公室设党委工作部。“维护稳定工作领导小组”与“综合治理和平安建设工作领导小组”合署办公。领导小组办公室负责信访维稳宣传教育、方案和制度制定、信访件处理、问题排查、上下协调、现场处置等工作。《湖南省煤业集团有限公司信访工作规则》，明确由集团公司办公室负责信访接访工作。印发《关于建立信息报送制度的通知》，规定集团所属子（分）公司信息员对本单位重大问题信息报送的内容和要求。12月，集团印发《湖南省煤业集团党委维稳工作责任制和责任查究制暂行规定》。按照“属地管理、分级负责，谁主管，谁负责”的原则，明确企业和社会稳定责任主体。

2007年5月，集团成立处置集体上访及群体性事件应急领导小组。印发《湖南省煤业集团有限公司维稳工作考核奖惩办法》《湖南省煤业集团有限公司处置集体上访及群体性事件应急预案》和《湖南省煤业集团有限公司处置集体上访及群体性事件暂行办法》，维稳与绩效薪酬挂钩考核。

2008年，集团印发《湖南省煤业集团有限公司信访工作细则》。党委、董事会组织开展调研工作，对各类问题进行摸排梳理，分类建立管理台账，制订一系列管理制度，落实维稳工作责任制，集团公司维稳工作和矿区稳定局面持续好转。

2009年，集团党委在元旦、春节、国庆等重要节假日和“两会”期间制定特护期维稳工作防范预案和措施，开展隐患排查，安排维稳值班，实行维稳工作日报告制度。

2010 年 1 月，集团印发《关于调整维稳综合协调小组部分成员明确维稳责任进一步做好维稳工作的通知》，对所属子（分）公司维稳责任主体进行调整，维稳管理责任由矿区安全管理局转交到相应的矿区实业公司，二级单位维稳责任主体由 7 个调整为 9 个，即涟邵矿区维稳协调领导小组、资兴矿区维稳协调领导小组、白沙矿区维稳协调领导小组、湘潭矿业（集团）公司、长沙矿业公司、辰溪矿业公司、贵州湘能公司、株洲洁净煤公司和立达装备公司。12 月，集团在原有制度（办法）基础上，修改完善出台《湖南省煤业集团有限公司维护稳定工作管理办法》《湖南省煤业集团有限公司维稳工作考核奖惩办法》《湖南省煤业集团有限公司维稳工作责任制和责任追究制度》和《湖南省煤业集团有限公司重大事项稳定风险评估办法》，构建了相对完整的维稳工作制度体系。

2011 年，集团为加强队伍建设，提高维稳工作人员的政治素质和业务素质，在湘煤大学举行 2 次维稳工作人员集中培训。

2012 年，建立以综治工作 3 个制度和维稳工作 5 个制度为主线的制度体系，形成集团综治办、二级单位综治办、三级单位综治小组的直管体系，综治维稳工作全面步入制度化、规范化轨道。

2012 年，集团维稳办组织开展网上培训工作，累计培训专兼职维稳工作人员 400 人次。组织参加省国资委培训班 2 次，参加省委党校和省应急办联合培训班 2 次，共培训维稳骨干 20 人。

2013 年 3 月，集团印发《关于建立健全单位主要领导信访接待日制度的通知》，规定各单位建立主要领导信访接待日，从源头上处理和解决信访问题，服务职工群众。是年，集团省内 30 个单位建立矛盾纠纷调解工作小组 178 个，每个小组配备 3 名调纠员。

2014 年，集团建立健全矛盾纠纷排查、风险评估和领导信访接待日的维稳工作制度。

2015 年 1 月，修改完善《湖南省煤业集团有限公司信访工作制度》，从登记、受理、处置、引导等方面对信访工作程序进行规范，使用统一格式的《湖南省人民群众逐级走访事项办理手册》。

2016 年，集团公司把信访维稳工作摆在重要位置，分层级建立信访维稳机构。董事长、党委书记主持召开信访维稳研判和处置应对会 16 次，完成重大事项稳定风险评估项目 10 项，实施 10 项。妥善处置湘潭矿业、辰溪矿业、金竹山矿业托山煤矿等破产项目中出现的集访和群体性事件。按省委省政府要求开展“千案攻坚行动”，处理信访积案 18 件。

2017 年，落实省党代会、“两节两会”期间信访维稳工作防范措施。9 月，集团党委书记、董事长主持召开信访维稳工作会，对党的十九大期间维稳工作进行安排部署，集团印发《关于切实做好党的十九大期间信访维稳工作的通知》，压实责任，实行 24 小时值班和“零报告”制度，保证节会期间特别防护、敏感期企业和谐稳定，全集团未发生一起一般及以上等级群体性事件和 5 人以上进京上访事件。

2018 年 1 月，集团开展第一轮影响社会稳定矛盾问题摸排化解攻坚活动，印发《切实做好 2018 年一季度重要节会期间不稳定因素摸排化解攻坚活动的通知》，按照“发现得早、控制得住、解决得了、规范得好”的目标开展滚动拉网式排查。开展信访法制宣传月活动，学习宣传新出台的国务院《信访条例》《湖南省信访条例》，微信平台发布信息 3000 条、制作活动展板 1000 块、发放宣传资料 10000 份。6 月，针对牛马司矿业鑫牛凯旋城少数购房户到省集体上访，党委书记、董事长约谈牛马司矿业公司主要负责人。传达省委常委、省国资委党委书记张剑飞指示精神，召开专题会议，实行领导包案处理，妥善化解矛盾，确保矿区稳定。

2019 年，集团印发《关于调整信访工作人员津贴实施范围和标准的通知》，提高信访工作人员待遇。实行上级交办信访案件“统一交、统一办、统一督、统一报”四统一制度，收件后 24 小时分办交办到位，办结率达 100%。针对金竹山矿业公司多年从事井下采掘工作、年满 55 周岁的采掘工人要求按特殊工种办理退休手续的诉求问题，集团公司领导亲自督办，金竹山矿业公司领导进行包人包案处理，在当地政府的支持下，进行妥善处置，保证了矿区稳定平安。是年，全集团未发生一起 5 人以上内部员工进京上访和群体性到省上访事件，其他综治安全事故为零，被省委、省政府评为信访工作先进单位。

2020年，根据省信访局关于开展《信访条例》修订实施15周年宣传活动通知精神，集团认真组织开展“主题征文活动”“微视频征集活动”和第三次“信访法治宣传月活动”，收到征文15篇、微视频12部，张贴各类宣传标语850条，发布宣传信息1200条。排查矛盾隐患，强化风险管控。是年，集团被省委、省政府评为信访工作先进单位。

2021年，根据省信访局要求开展《信访工作条例》《学习最美信访人》宣传活动，通过报纸、广播、电视、网络、微信平台发布宣传信息1000条，活动展板120块，制作横幅及张贴宣传标语840条，设立咨询台80个，向群众发放各类宣传资料6000份。

2022年，集团党委召开专题会议，研究部署党的二十大期间维稳工作，成立工作领导小组和工作专班。1月，印发《关于做好2022年度重要节会期间和稳定因素摸排化解攻坚活动的通知》；4月印发《关于开展“治理重复信访、化解信访突出问题攻坚年”的工作方案的通知》；9月印发《湖南省煤业集团有限公司党的二十大维稳安保工作实施方案》，提出具体工作措施，严格执行“零报告”制度将二十大期间工作落实情况列入年度考核重要内容，实行重奖重罚。集团举办为期2天的平安建设和信访维稳工作专题培训班，全集团负责信访维稳工作的领导和部门负责人共计55人参加培训。全年未发生5人以上群体性信访事件，党的二十大期间没有发生到省进京上访和其他不稳定事件。

二、来信来访处理

2006年，根据国家《信访工作条例》，集团制定了相关规定和办法。集团所属子（分）公司接待处理群众来信62件，来访101人次，立案24件，给予党纪处分19人，政纪处分76人，移交司法机关处理3人，挽回直接经济损失72.96万元。

2007年，集团所属子（分）公司接待处理群众来信58件，立案6件，党纪处分14人、政纪处分7人，挽回直接经济损失39.78万元。

2008年，集团共接待处理群众来信65件，来访96人次，其中总部23件，来访19人次。

2009年，集团接待处理群众来信85件，处分38人，其中党纪处分3人、政纪处分27人、组织处理8人，挽回经济损失183.81万元。

2010年，集团接待处理群众信访件60件，来访112人次，共收缴违纪金额27.6万元，给以党纪政纪处分4人次。

2011年，集团所属各级纪检监察部门，共接待处理群众来信61件（其中总部13件），来访72人次（其中总部11人次）。

2012年，集团收到信访件16封，接待来访96人次，全部及时进行了答复或者文字回复。收到上级转办信访件10件次，全部依照规定程序处理，交办事项完成率100%。

2013年，集团收到信访件24件，接待来访68人次，全部及时进行处理或答复。集团所属子（分）公司接待处理信访件65件，来访156人，立案6件，7人受到政纪处分，挽回经济损失13.2万元。收到上级转办信访件8件次，全部依照规定程序处理完毕，交办事项完成率100%。

2014年，集团共收到湖南省国资委和群众转来的信访件26个，调查回复18件，立案调查5件。先后对集团总部和宝源公司等6名基层干部违反“五严禁、九不准”问题分别给予党内严重警告和降职、撤职处分。

2015年，全集团接待处理群众来信58件，接待来访171次，及时处置了历史遗留问题“老户”个案。收到湖南省国资委转办件15件次，全部依照规定程序处理，交办事项完成率100%。

2016年，认真及时处理来信来访、信访积案和上级转办、交办种类信访件。集团总部共受理和处理来信来访64件225人次，收到省信访局、省国资委网上交办和邮寄转办45件信访件，交办事项完成率100%。

2017年，集团总部受理来信来访来电共68起176人次，全部答复处理完毕。收到省信访局网上交办18件信访件，交办事项完成率100%。

2018年，集团共接待来访来电51批次计158人，处理网上来信36件次，办理中央第八巡视组交办信访件7件次，做到件件有回复，交办事项完成率100%。

2019年，集团共接待来电来访64批次（其中电话来访16次），计145人，处理网上来信

29件次，全部依照规定程序处理，交办事项完成率100%。

2020年，集团共接待来访来电56批次（电话来访15次）计112人，处理网上来信16件次，全部依照规定程序处理，交办事项完成率100%。

2021年，集团总部共接信接访23件31人次，其中网上信访18件次、省国资委云平台2件，所属单位职工来访3件4人次，全部来信来访均依法依规依程序进行答复办理，办结率100%。

2022年，集团总部办理来信来访45件次，省国资委6件次，所属单位来信来访职工49人次。全部来信来访均依法依规依程序进行答复办理，办结率100%。对省国资委交办的2件国家信访局督办案件，均在规定期限内办结。

第五章　统　战　工　作

第一节　管理机构

2006年，集团设立党委工作部。定编4人，其中：部长1名，副部长1名，主管1名，主办1名。统战工作归口集团党委工作部管理，明确职责和人员，提出任务和要求。是年，集团将涟邵矿业集团公司、资兴矿业集团公司、白沙煤电集团公司和长沙矿业、湘潭矿业、辰溪煤矿党委和原煤公司党委纳入集团党委管理。包括集团总部成立机关党委，全集团共有党委46个。所有成立党委的子（分）公司都相应设立党委工作部或综合管理部，归口管理统战工作，并明确专职或兼职人员负责统战工作。

2007—2016年，集团总部以及所属子（分）公司（含合并或新增单位）统战工作归口管理部门、管理方式保持不变。集团党委工作部、各子（分）公司党委明确分管负责人，并设有专（兼）职人员负责日常统战工作。

2017年，集团总部机关机构改革，设立党委工作部，其一级职能包括统战工作。统战工作归口党委工作部管理，由在编文化宣传岗工作人员负责日常管理工作。

2021年11月15日，集团党委印发《关于调整统一战线工作领导小组的通知》，成立以党委书记、董事长为组长，党委副书记、董事、副总经理为副组长的统战工作领导小组，成员为党群部门主要负责人。领导小组下设办公室，由党委工作部副部长任办公室主任，具体负责日常工作。统战工作归口党委工作部（党委统战部）管理，配备一名工作人员负责具体事务的办理。

2022年，集团总部深化机构改革，设立党群综合部，划为价值创造保障部门，其主要职能职责包括统战工作。统战工作由党群综合部归口管理，由党群综合部的《湘煤集团报》报社编辑人员负责日常工作。集团所属子（分）公司的统战工作由该公司党委工作部或综合管理部归口管理，明确专职或兼职人员负责统战工作。

第二节　统战活动

2006年以来，集团党委按照中央统战部、国务院国资委党委和省有关部门关于加强和改进国有企业统战工作的意见要求，建立完善与企业改革发展相适应的统战工作机制，形成集团党委领导、行政支持、职能部门协调、相关部门参与落实的统战工作格局。集团党委及所属各子（分）公司党委定期召开专题会议，研究部署统战工作，落实统战工作机构设置、主要职责和人员配备，保持统战工作的牌子和位置。接受属地省、市党委统战部门及相关组织机构的指导，与地方统战部门建立密切联系，经常组织参加各类统战工作活动。集团及所属各子（分）公司认真落实《中国共产党统一战线工作条例（试行）》，做好党外知识分子工作、民主党派成员工作、无党派人士工作、民族和宗教工作，推动统战工作适应新形势和新任务要求。

2007年，湘能华磊光电股份有限公司（下文简称华磊公司）在LED项目调研和建设期间，通过民主党派人士引荐，与台湾行业专家进行洽谈，引进技术团队和资金，进行友好合作，发展高新技术企业。是年，由于人员变动，台湾团队出现不稳定苗头，当地政府和上级主管部门与企业共同做好工作，用好统战工作政策，积极化解矛盾，理顺、加深双方合作。

2008年，湘能华磊光电股份有限公司成立，投资9亿元，引进世界先进的技术设备共600多台套，主体设备来源于美国、德国、英国、日本、韩国、中国台湾等国家和地区。在此期间，华磊公司十分关注并及时掌握相关国家的华人华侨在知识和专业界的情况和动态，其中有两位专家受邀来到华磊公司开展技术交流。6月30日，省委统战部副部长唐建一行在郴州市委常委、统战部部长钟本强的陪同下，到资兴实业公司进行国有企业统战工作调研。唐建在视察招商引资项目工程LED工地时，赞扬统战对象和工作人员在成功引进高科技项目中所发挥的作用；在视察资兴矿区九三学社办公场地时指出，这是全省国有企业中唯一一家有九三学社办公场地的单位。同时指出，资兴实业焊业公司非党员知识分子雷军武担任董事长，兴鑫公司非党员知识分子盘求庭担任总经理，九三学社资兴市副主委、机电公司王菊生担任总经理等职务，凸显非党员知识分子和民主党派人士在国有企业中的骨干主力地位。

2009—2013年，华磊公司在生产期间，与印度等国知名行业专家保持来往和交流。2010年6月，集团领导随湖南省经贸代表团赴美国、日本考察学习。在此期间，华磊公司的九三学社会员、郴州市政协委员、留美博士戚运东，利用自己在美国LED专业领域工作多年的人脉，与美国同行在网上展开技术合作谈判，使企业的专业技术合作不断深入和扩大。华磊公司利用统战工作关于高级知识分子政策，直接从北京大学请来物理学博士苗振林，并带动一批高学历专业技术人员加入。苗振林担任华磊公司副总工程师，被选为第十三届全国人大代表，作为核心技术人员，对企业的技术发展和人才支撑提出建议并作出贡献。

2014年1月7日，在春节到来之际，省委常委、省统战部长李微微到洁净煤公司走访慰问，代表省委、省政府看望统战对象和职工。株洲市委书记贺安杰及省民政局、人社厅负责人陪同走访慰问。

2014年，华磊公司邀请美国伦斯勒理工学院国际知名LED专家以及半导体所、北京大学、清华大学等院所的专家教授来公司为技术人员授课和技术指导，提升技术业务人员的理论水平和实操能力。至年末，华磊公司拥有留美、留德、留日博士和台湾技术团队30多人，成为华磊公司技术尖端力量，肩负起技术创新和产品研发的主要任务。公司也为其提供了便利的工作条件和优越的经济、生活待遇。

2015年3月27日，省国资委在长沙召开宣传思想和统战工作会议，对省国资委系统国有企业统战工作进行总结和部署，集团公司在会上作经验介绍。

2015年，集团根据高新技术企业的发展、产品进入国际市场的形势需要，对统战工作提出新的要求。集团和所属子（分）公司对非党员知识分子和专业技术人员更加重视，借助国外华人华侨关系，加深对国际同行的了解，促进国际合作交流。湘煤立达矿山装备股份有限公司派出专业人员考察访问越南煤机市场，对接越南煤矿设计院，与知名商贸公司业务洽谈，促进煤机产业技术合作。4月2日，越南KHECHAM－COALCOMPANY－TKV等有关企业组成代表团来立达公司进行交流访问。5月12日，美国久益环球公司（JOY）中国区战略销售总监Paul freeman到立达公司考察交流。6月9日，印度知名商业人士Vipin Gupta先生到立达公司考察。12月，立达公司应邀参加格鲁吉亚第比斯第四届格鲁吉亚中国新疆出口商品展洽会，推介公司矿山提升、液压及电控系统产品，与格鲁吉亚工业集团等企业交流。公司与印度、土耳其、乌兹别克斯坦等国家相关客商保持良好的合作关系。产品出口越南、乌兹别克斯坦等国，深受国内外用户欢迎。

2016—2017年，集团坚持开展统战各项工作，团结统战对象，合智合力推动企业发展。坚持在重大决策时，广泛征求民主人士的意见和建议；关心统战对象的成长发展，推荐统战人员参选省、市、县人大代表、政协委员，建立集团党外知识分子、科技人员人才数据库；在中华民族的传统节日，召开座谈会，走访民主人士，组织开展友情活动。

2018 年 1 月 27 日，召开湖南省政协十二届一次会议第三次全体会议，集团公司党委书记、董事长，黑金时代股份公司董事长廖建湘当选政协湖南省第十二届委员会常务委员。同年，对全集团范围内统战工作基础信息进行统计摸底，建立了集团公司统战基础信息台账。

2020 年，集团派人参加省委统战部、省国资委组织的“企业党外人士‘讲好中国故事’宣讲活动暨统战干部培训班”，进一步提高了统战干部的政治素质和业务素质。

2021 年，学习贯彻党的十九届六中全会精神、《中国共产党统一战线工作条例》、习近平总书记关于加强和改进统一战线工作的重要思想。集团党委高度重视统战工作，加强党对统战工作的集中统一领导，努力构建大统战工作格局，把统战工作纳入年度重点工作计划和党委工作重要议事日程，组织 2 次关于统战工作重要内容的集团党委中心组集中学习，积极探索企业统战工作新的载体，改进企业统战活动的内容和形式，增强吸引力和感召力。加强与统战对象的联络，积极为党外知识分子建言献策、献智搭建平台，鼓励其为企业改革发展出谋划策和作出贡献。春节期间，为永耒铁路公司生活困难的侨眷朱小平申请了省委统战部的专项慰问资金；3 月，省委统战部一级巡视员胡东风率调研组一行到华磊光电公司，就国企统战工作及推进产学研用合作进行调研，集团认真做好相关准备和部署，确保“产学研”的沟通对接和顺利进行；按省委统战部和省国资委要求，对集团公司党外知识分子情况进行摸底，并对党外少数民族知识分子的思想状况进行专题汇报。上报了第十二届省政协委员有关异动情况和副部级以上党外干部花名册和干部任免审批表，并按要求对省委统战部无党派代表人士人物库进行信息更新；对第十三届全国人大代表、华磊光电公司副总工程师苗振林在全国人大会上提出的相关建议及时跟进，利用资源，组织在人民日报、湖南日报、学习强国和国内各大网络媒体及集团内部《湘煤集团报》进行宣传报道，扩大了社会关注度；推选集团总部无党派人士戈宏岳当选天心区第六届政协委员，支持引导其在服务国企发展、担当社会责任、报效祖国人民中发挥更大作用；集团派人参加省委统战部、省国资委组织的“湖南海外统战工作培训班”，提高专兼职人员海外统战工作政策水平和业务能力。

2022 年，集团党委深入学习贯彻习近平总书记关于做好新时代党的统一战线工作重要思想，认真落实省国资委“基层统战工作加强年”活动部署，统战工作“四个纳入”、党委班子成员“三个带头”。分别在 3 月和 6 月的集团党委中心组学习中，安排了《习近平论统一战线》及省委统战部《关于统一战线领域重点风险排查》两次专题学习；印发《集团公司统一战线认真学习宣传贯彻党的十九届六中全会的通知》（湘煤集党〔2022〕8 号），要求各子（分）公司统一战线系统切实抓好党的十九届六中全会精神的落实落地；加强统战工作制度建设，编制了企业统战工作制度，对集团所属各单位统战工作的领导机制、统战理论的学习宣贯、规范化建设、与党外人士交朋友制度等做出了明确的要求。深化领导班子联系党外人士制度，建立完善企业无党派人士重点人物库，持续推进“一企一品”创建活动；在省委统战部和省国资委党委的统一安排和部署下，对集团公司 8 名无党派人士、5 名无党派代表人士身份进行了统一认定，并报省委统战部备案；持续做好统战领域防范化解风险隐患工作，从 5 月起，每月 24 日前向省国资委按时报送统战风险排查情况；向省国资委报送了集团公司（主要是楚湘建工集团）海外统战工作开展情况；做好民族团结创建常态化工作，鼓励党外知识分子为企业改革发展建言献策，汇聚各方智慧，融入企业发展。加强对重点统战对象的联系服务。为天心区第六届天心区政协委员戈宏岳争取专项调研费用。推荐全国人大代表、华磊光电公司副总工程师苗振林为省统战理论研究会第一届会员和第五届理事会理事人选；10 月，党的二十大胜利召开，集团开展微宣讲活动，宣贯党的二十大精神。做好在无党派人士、党外知识分子中开展“喜迎二十大 同心跟党走”及党的二十大精神相关主题教育、学习贯彻工作。集团在统战对象中开展“小课堂”“点对点”专题宣讲，参加人数 600 余人（次），增强统战对象对二十大精神的深刻领会，进一步发挥非党员知识分子、民主党派成员、无党派人士、民族和宗教人员在企业改革发展中的积极作用。

2022 年，华磊公司成立非洲销售部，在当地开展民情调查，了解华人华侨状况，开展产品销售活动。利用 LED 芯片聚焦背光芯片技术提升、拓宽手机背光产品的应用面的优势，不断延伸产业链，灯珠销售收入持续攀高，海外市场开拓实现“破冰”，首批十个货柜的应用灯具销售到非洲加纳。

截至 2022 年末，全集团有统战工作职能部门 46 个，有专兼职统战工作人员 52 人；有各类统战工作对象 1994 人。2006—2022 年，全集团先后有 21 人当选为湖南省政协委员，集团公司党委书记、董事长廖建湘担任湖南省政协常委。

第十一篇

工会和共青团

2006 年 8 月，集团公司向湖南省总工会提出组建工会申请。12 月 18 日，省总工会下发《关于同意湖南省煤业集团有限公司成立工会的批复》(湘工字〔2008〕3 号)，同意成立“湖南省煤业集团公司有限公司工会委员会”（简称集团公司工会，下同）。

集团公司工会自 2006 年成立以来，以代表和维护职工合法权益、竭诚服务职工会员为基本职责，服从服务于企业安全生产和改革发展大局，开展职工思想政治教育、民主管理、权益维护、劳动和技能竞赛、群众安全监督、班组建设、文体活动、扶贫帮困和女工工作等，团结动员广大职工为企业可持续健康高质量发展建功立业。

2006—2022 年，共青团湖南省煤业集团有限公司委员会（简称集团公司团委，下同）在团省委、省属企业团工委和集团公司党委的正确领导下，深入学习贯彻落实习近平总书记关于青年工作的重要思想，坚持党建带团建，聚焦企业中心工作，聚焦青年成长成才，切实增强引领力、组织力、服务力和大局贡献度，打造青年想得起、找得到、信得过、靠得住的团组织，团青工作活跃度、中心工作贡献度和青年员工满意度全面提升，各项团青工作在省属企业中走在前、作示范，成为省属国企团建标杆。

集团公司团委多次获评“湖南省五四红旗团委”“全国煤炭行业五四红旗团委”；所属华磊光电公司青创室负责人苗振林被推荐为第十三届全国人大代表；所属白沙实业公司“青年之家”、资兴实业公司发电公司“青年之家”，2020 年获评全省示范“青年之家”；华磊光电公司苗振林、红卫矿业公司罗成获评全国煤炭行业青年五四奖章。

第一章　工　　会

第一节　组 织 机 构

2006 年 12 月 29 日，集团公司党委、行政、工会联合下发《关于湖南省煤业集团公司工会系统管理体制有关问题的通知》(湘煤集办〔2006〕408 号)，明确集团公司所属单位工会是集团公司二级工会，由集团公司工会领导。集团公司工会财务由省总工会领导，所属子（分）公司工会财务由集团公司工会管理和审计监督。

按照集团公司《组建实施方案》，2006 年 7 月设立工会办公室，为总部 11 个职能部室之一，工会办公室定编 3 人。截至 2006 年底，集团公司工会所属二级工会有 5 个矿业集团公司工会和 16 个子（分）公司工会，有 131 个煤矿（厂）、车间工会，工会会员达 52362 人。

2007 年 12 月 20 日，报经省总工会批准，集团公司召开第一次工会会员代表大会，全集团 139 名会员代表参加会议。会议审议通过《湖南省煤业集团有限公司工会第一次会员代表大会选举办法》；选举产生第一届工会委员会。由涂湘明、李传红、王石桥、王绿林、王自然、王焦生、龙光林、李精明、刘佑群、陈新华、陈秋华、肖科生、严华平、谷桂生、何震、吴英杰、张兴伶、易发科、罗平忠、赵新文、郭立群、袁建行、曾新国、谭卫星、易仲良 25 人组。涂湘明当选集团公司工会主席，李传红当选集团公司工会副主席。选举结果得到了省总工会批复。

选举产生集团公司工会经费审查委员会，由李传红、傅兵庆、梁翠霞、吴英杰、李瑾 5 人组成。选举李传红任工会经费审查委员会主任。

集团工会第一届委员会第一次全体会议审议通过《湖南省煤业集团有限公司工会工作条例》(试行)。

2007 年 1 月 6 日，在集团公司总部召开员工大会，吴英杰等当选为集团公司第一届监事会职工监事。

2007—2009 年，集团公司机关、贵州湘能实业公司、兴源矿业公司、株洲洁净煤公司、华磊光电公司、立达矿山装备公司等单位相继组建工会。2015 年，湘煤大学建立工会。

2008 年 10 月，集团公司矿区体制改革后，依法设立涟邵、资兴、白沙实业有限公司工会，由集团公司工会领导，并受集团公司工会委托，管理其所属非煤企业工会。设立涟邵、资兴、白沙矿区安全生产管理局工会委员会，作为集团公司工会的派出机构，负责本局机关工会工作，完成集团公司工会交办的工作。

2009 年 6 月 15 日，集团公司工会召开第一届工会委员会第二次会议，选举何烽为集团公司工会主席、职工董事，涂湘明不再担任工会主席。同年 7 月，集团公司任命傅兵庆为集团公司工会副主席、工会办公室主任。

2013 年 5 月 24 日集团公司召开工会委员第一届三次会议，选举李传红为工会主席。2017 年 4 月，李传红不再担任工会主席、职工董事。

2017 年 9 月，童建良任集团公司工会副主席、工会办公室主任，傅兵庆不再任集团公司工会副主席、工会办公室主任。

2019 年 12 月，召开集团公司第二次工会会员代表大会，选举李永友、童建良、王建军、毛付平、刘清仕、刘琪、孙朝晖、严晓湘、李东明、杨立明、吴奇峰、邱跃辉、谷桂生、张江柳、张俊杰、陈桂龙、陈洪鹄、胡文胜、洪卫国、姚鑫锐、曹术根、曹明庚、彭永湘、蒋益森、喻朝晖、颜俭光 26 名同志为集团公司第二届工会委员会委员，李永友当选为工会主席，童建良当选为工会副主席。

第二届工会委员会选举童建良、曹术根、焦向前、郭芳为第二届工会经费委员会委员，童建良为经费审查委员会主任，选举喻朝晖、李晓慧、李瑾、欧阳桃、蒲燕梅为集团公司第二届工会女职工委员会委员，喻朝晖为女职工委员会主任。

2020 年 2 月 20 日召开集团公司工会二届二次委员大会，选举李永友为集团公司职工董事。

2022 年 1 月 7 日召开集团公司工会二届三次委员大会，选举杨瑞美同志为集团公司第四届监事会职工监事。

2022 年 7 月 19 日召开集团公司工会二届四次委员大会，选举文仕秋为集团公司职工董事。李永友不再担任职工董事。

截至 2022 年末，集团公司共有直属工会委员会 37 个，基层工会分会 149 个，工会小组 489 个。有工会干部 545 人，工会会员 35002 人，其中女会员 3721 人。

第二节 民主管理

2006 年，集团公司按照《企业工会工作条例》和《全民所有制工业企业职工代表大会条例》，建立“党委统一领导、行政积极支持、工会紧密配合、职工直接参与”的民主管理工作机制，形成集团公司、直属子（分）公司、矿（车间）、队（班组）四级民主管理体系。制定《湖南省煤业集团公司民主管理办法》，保证职工行使民主管理、民主监督权。

一、落实职工代表大会制度

集团公司按照《湖南省职工代表大会条例》要求，建立完善职代会为基本形式的民主管理制度。集团公司建立子（分）公司和矿（车间）二级职代会制度，全面覆盖，建制率达 100%。各子（分）公司工会健全和完善职工代表大会制度。依法每年召开一至二次职代会，每三至五年进行一次换届。

职代会会议议程为听取并审议行政工作报告、工会工作报告、经营和财务决算报告、业务招待费使用情况报告，民主评议领导班子，解答本次职代会职工提案并提出解决方案，讨论通过涉及企业改革改制、产业结构调整和发展规划、工资奖金分配、住房建设分配、医疗保险等事关企业和职工利益的重大决策、重要事项和解决方案等。职代会闭会期间，由工会负责日常工作，充分发挥职代会各专门委员会作用，组织职工代表开展巡视检查、监督咨询活动，发现问题限时整改，促进职代会决议和职工提案的落实。

集团公司工会及基层工会主动参与企业改革改制、棚户区改造等工作。集团公司工会先后指导和督促红卫矿业、洪山殿矿业、天泰能源、牛马司矿业、湘潭矿业谭二井、长沙矿业跃进矿、辰溪煤业、长沙矿业、湘潭矿业、辰溪矿业公司等政策性关闭破产项目和涟邵矿业集团公司的 5 个辅业改革改制项目，所属单位棚户区改造项目，严格按照法定程序召开职代会，对“矿井关闭破产实施方案”“职工安置方案”“企业重组方案”“棚户区改造房屋分配方案”进行审议，维护企业的利益和职工的合法权益。

2006—2022年，集团公司所属子（分）公司共召开职代会700多次，召开职工代表团组长会议900多次，审议通过各种重大决策和方案1500余项，职工代表提出议案12000余条。

二、落实厂务公开制度

集团公司把厂务公开作为民主管理的重要途径，完善制度，全面推进。建立集团公司、子（分）公司、矿（车间）和连队（班组）四级厂务公开格局。

2007年，集团公司制定《湖南省煤业集团有限公司关于推行厂务公开的实施办法》《湖南省煤业集团有限公司厂务公开监督考核办法》，成立集团公司厂务公开工作领导小组、监督小组及其工作机构。厂务公开范围主要包括企业改革改制、安全生产目标、经营指标、生产计划、工资计划、分配方案、劳模推荐、重大物资采购、基建工程项目、干部聘任、涉及职工切身利益方面的重要问题、领导班子建设和党风廉政建设等。公开形式有召开职工代表大会，建立厂务公开栏，利用广播、报刊、OA办公平台公开等等。公开程序上，坚持“提出、审定、公开、检查、整改、反馈”六个步骤，畅通公开渠道，接受职工群众监督，听取职工意见和诉求。公开监督上，集团公司及直属单位成立纪检、监察、工会、职工代表组成的厂务公开监督小组，建立群众信访接待和职工维权信箱，公布集团公司、子（分）公司、矿井（车间）三级举报电话、电子邮箱；公开时间上，重大事项在事前、事中和事后公开，涉及职工切身利益的随时公开，党风廉政建设方面定期公开。集团公司工会每年对各直属单位厂务公开情况检查考核，并作为目标管理重要内容进行检查考核，子（分）公司每季对矿（车间）进行一次检查考核。

2008年3月4日，省纪委、省总工会等10个部门联合下发《关于做好2008年厂务公开民主管理工作的意见》。集团公司贯彻落实文件精神，明确行政领导是厂务公开第一责任人，指导和推动各子（分）公司进一步开展厂务公开民主管理工作。5月13日，集团公司召开子（分）公司党委书记、工会主席会议，安排部署厂务公开民主管理工作。8月、11月，先后召开厂务公开民主管理专题会和现场经验交流会，推广厂务公开民主管理先进经验。白山坪矿业公司在集团公司11月召开的厂务公开民主管理现场经验交流会上作《构建“阳光企务”，促进和谐发展》的典型经验发言。其经验做法是：推进厂务公开民主管理，突出一个“诚”字，厂务公开有诚意，有细则、有程序、有公开栏等载体；做到一个“真”字，公开的内容真实、可靠，有数据、有姓名，不搞假公开；克服“怕”字，需要公开的内容不遮遮掩掩，大胆公开；坚持“严”字，严格执行厂务公开制度，规范操作；注重一个“新”字，在机制上、内容上、形式上、时效上常抓常新。当年，集团公司被省总工会授予省属企业“厂务公开民主管理标杆单位”。

2009—2022年，集团公司及各子（分）公司完善厂务公开民主管理工作，从建立公开制度、完善公开内容、规范公开程序入手，突出重点，源头参与，融入中心，提升厂务公开民主管理工作水平。各子（分）公司所属煤矿在实行矿务公开中，把触角延伸到了最基层的连队和班组。实行队务、班务公开，队（班组）民管小组将工分、工作任务、工资结算、开支等在进班室队务公开栏进行公布，细节透明，职工放心。金竹山矿业公司工会加强民主管理，在文化走廊、进班室等人员密集场所建立矿务公开栏、队级民主分配公开栏，按要求及时公开相关事项和内容。坚持做到民主管理“五公开、五上墙”，即连队员工日工分表、矿对队结算单、连队工资分配明细表、计件工资分配核算表、职工工薪单等进行公开。红卫矿业公司明确公开方向，制定《红卫矿业公司厂务公开民主管理实施考核办法》，关口前移，提高公开质量。做到“三个不能做”，即未经班子集体讨论的不能做、未经职代会或工会参与和广泛征求意见的方案不能做、未按民主程序提交职代会或工会联席会审议通过的不能做。2011年、2013年，红卫矿业公司分别被评为“湖南省厂务公开民主管理先进单位”和“全国厂务公开民主管理先进单位”。

2022年末，集团公司各子（分）公司共设有民管理委员会45个，民管分会515个，队级

（班组）民管小组1600多个，民管员3600余人。

三、落实民主评议、平等协商、劳动保护与职业病防治、征集合理化建议制度

2007年，集团公司建立民主评议体系，制定《职工代表民主评议领导干部办法》，实行集团公司、子（分）公司、矿（车间）“三级评议制”，利用职代会、职工大会和座谈会，每年对领导干部进行民主评议。领导干部在会上进行述职述廉，职工代表和职工对领导班子、班子成员从德、能、勤、绩、廉等方面进行综合评价，测评结果作为考核领导干部的重要依据。

落实工资平等协商和集体合同制度，每年签订一次集体合同，劳动用工合法规范化，各用人单位与职工合同签订率达100%。同时，建立健全劳动争议调解机制，工会参与劳动争议调处工作，解决劳动关系中出现的矛盾和问题。

建立职工提合理化建议制度。集团公司及各子（分）公司开展提合理化建议和征集“金点子”活动，为企业经营发展出谋划策，提高职工参与企业管理的积极性。2007年，集团公司工会在全集团50对矿井职工中开展“提百条合理化建议”活动，广大职工积极响应，在安全生产、经营管理、矿井建设等方面提出合理化建议1万余条，建设性意见和有效建议达80%以上。2008—2009年，集团公司和子（分）公司工会开展“拧毛巾、强管理、提效益、深化精细化管理”为主题的创建活动，在职工中征集合理化建议，共收到8个方面、10大类可行性建议5200多条。2015年，遵照集团公司党委决定，集团公司工会在全集团开展“我为湘煤献一计”活动。历年来共征集职工合理化建议23500多条，被采纳或有参考价值的占86%。

落实劳动保护和职业病防治监督制度。执行党和国家有关劳动保护政策、规定和法令，建立健全劳动保护监督三级管理制度和组织机构，开展劳动保护和职业病防治巡视检查活动，提高覆盖率，从源头上维护职工安全健康权益。加强安全管理，治理井下危害；加强对职业病预防和监督检查，定期组织井下工人进行尘肺病普查和健康检查，建立职工职业病档案和台账；按时发放和正确使用劳保用品，提高防护效果。

集团公司对井下职工进行健康检查和职业病鉴定达42000多人次，落实职业病疑似病例医疗措施，确保职工身体健康。

第三节 群安工作

一、机构与职责

群安工作是企业安全工作的一个重要内容。集团公司成立后，在原三局三矿群安工作的基础上进一步加强和改进。各级工会均建立了群众安全委员会、群众安全小组、群众安全接待站等群众安全组织网络，进一步完善了群监员队伍建设和制度建设。

（一）*群安会*

各级群众安全监督检查委员会（简称群安会）、群安分会（领导小组）和井口群安接待站（简称接待站）等各级群安机构，在集团工会领导下开展群众安全监督工作。包括制订与完善群安工作各项管理制度；组织会员与公司签订劳动合同，促进员工生活、安全工作条件的改善；建立平等协商机制，如实反映员工安全意愿；参与企业涉及职工合法权益有关政策、措施和制度草案的修订与安全生产教育、技术创新、文化体育等各项活动方案策划；组织安全生产教育、技术创新、文化体育及其他各项专题活动的开展等群众安全监督管理等19项工作内容。集团所属各原煤公司工会领导的群众安全监督检查委员会，具体组织开展群众安全监管工作。

2006年，集团工会及所属各单位（车间）工会按照《中华全国总工会、国家煤矿安全监察局特聘煤矿安全群众监督员实施办法》，在生产一线特聘群众安全监督员，制定了管理制度与考核办法，配制了统一式样、统一标识的工作服和安全帽，赋予安全监督权利。

至2022年底，股份公司各原煤公司共有煤矿群众安全监督检查委员会15个，配备煤矿群安员1028余人，各原煤公司每个生产矿井井口设立群安接待站，共有井口群安接待站29个，配备接待站接待员109人。

（二）*女工家属安全协管*

1990年，原“三局”矿区工会设女职工家属协管安全工作委员会（简称协管会），各矿相继建立协管会。1993年后，各生产矿井根据女

工家属分布情况设置协管组，配备协管员。2006年集团组建以来，协管会工作进一步加强，至2022年底，各原煤公司共建立女职工家属安全协管会逾15个，聘任女职工家属协管员862人。

（三）“安康杯”竞赛组委会

为落实中共中央、国务院、省委省政府、省安委会、省国资委和集团公司关于安全生产的各项决策部署，主动适应新时代对安全生产工作提出的新要求，大力弘扬生命至上、安全第一的思想，进一步推动集团公司安全生产和工会劳动保护工作创新发展，集团公司常态化开展“安康杯”竞赛活动，推动落实集团全员安全生产责任，大力开展群众性安全生产活动，积极推进集团安全文化建设。印发“安康杯”竞赛活动通知，成立集团公司“安康杯”竞赛组委会。主任由集团公司党委书记、董事长担任。副主任由集团公司总经理、党委副书记、工会主席担任。集团公司、股份公司其他高管担任成员。“安康杯”竞赛组委会办公室设集团工会办公室。集团公司工会主席任办公室主任（兼）。活动办公室设三个专门工作组。综合组由集团工会副主席任组长，负责实施竞赛活动的组织动员、检查督导、综合协调竞赛活动的全面工作。业务指导组由安全环保部部长任组长，副组长由安全通风部、生产技术部、人力资源部等各部门部长担任。成员由安全环保部、安全通风部、生产技术部、人力资源部等部室成员担任，负责竞赛活动的业务指导。宣传组组长由党委工作部、《湘煤集团报》报社总编担任，负责竞赛活动的宣传报道工作。所属各单位均成立“安康杯”竞赛活动组委会，主要领导任“安康杯”竞赛组委会主任。

二、群安活动（“安康杯”竞赛）

集团公司群众安全工作主要通过“安康杯”竞赛活动方式开展，旨在提高广大职工的安全意识和健康意识，落实安全责任，促进集团安全发展。

2007年4月17日，由湖南省总工会和湖南省安全生产监督管理局联合举办、集团公司承办的省重点企业“安康杯”竞赛启动仪式在集团公司总部隆重举行。时任湖南省人民政府副省长刘明欣，省总工会党组书记、副主席石光明，省总工会副主席吴天保、陈潇，省安监局局长谢光祥，省煤炭工会主席伊仁才及省人民政府办公厅经济处的领导出席仪式。湘煤集团、湖南省华菱钢铁集团有限公司、中国大唐电力湖南分公司、湖南省建筑工程集团总公司、湖南长丰汽车制造股份有限公司、五凌电力集团有限公司、三一重工股份有限公司、郴州七三二零化工有限公司等8家全省重点企业的负责同志及集团公司下属三局三矿，各子公司的党委书记、工会主席，集团公司机关全体员工，共300人参加了启动仪式。石光明主持仪式并作竞赛动员。受湖南省委常委、省政府副省长徐宪平委托，刘明欣作重要讲话，宣布湖南省重点企业“安康杯”竞赛正式启动。并向参加湖南省重点企业“安康杯”竞赛活动的上述8家代表企业参赛单位及全体职工同志们发出倡议书：一是要认真贯彻“安全第一，预防为主，综合治理”方针，严格执行国家劳动安全法律法规；二是要坚持科学发展观，牢固树立“以人为本，安全发展”理念；三是要踊跃参加、积极开展“安康杯”竞赛活动，做到领导重视，组织健全，责任明确，措施有力；四是要切实保证安全投入，强基固本，不断提高安全装备，改善作业条件和作业环境；五是大力加强安全文化建设，建立安全生产长效机制；六是要抓好基层，打好基础，狠抓现场管理，实现安全生产。安全生产是企业永恒的主题，是企业发展的基础，是社会稳定的保障。

2007—2010年，周源山煤矿工会连年被中华全国总工会、国家安全生产监察管理总局、中国能源化学工会获评“安康杯”竞赛活动优胜企业；2010—2014年，南阳矿业公司连年被全国总工会、中国能源化学工会、湖南省总工会授予“安康杯”竞赛优胜企业；2007—2009年，白山坪矿业公司连年被湖南省总工会授予“安康杯”竞赛优胜企业荣誉称号。

2007—2010年，集团工会部署所属各原煤公司、生产矿的群安会每季、每月都分头召开工作会议；每月都组织开展了一次安全检查活动；每季都组织了一次大型的职工安全文化宣传教育活动，并参与行政部门组织的安全检查、事故和职业危害调查处理、“三同时”验收工作；参与制定、审查企业劳动安全卫生措施计划和安全技措资金的提取，并行使监督执行和管理资金使用的职权。同时每季举行群安员培训班，新上岗群安员人人参加培训都取得了上岗合格证。

2011—2012年，集团各级工会发挥群众组织优势，以“安康杯”竞赛活动为载体，组织职工参与各项群安活动。全集团共播发安全教育广播稿件97000余篇、安全标语28600多幅、举办安全演讲500多场次、安全知识竞赛500多场次、安全文艺演出120多场次、举办“三违”人员学习班368期，参加学习人数10376人次。各矿也定期举行“矿嫂”安全活动，听取矿嫂对安全生产的意见和建议。集团公司工会充分发挥女工“半边天”作用，引导广大女工为集团发展建功立业。湘永矿业公司女工家属协管会共组织女工家属给井下一线工人送清凉和送温暖活动59次，慰问人数7520人。湘潭矿业工会组织女工协管分会开展缝补衣服、钉扣子、送安全鞋垫、毛巾、送凉茶、签订“四保”合同、安全互动教育、安全井口答题、安全书信赛、安全演讲赛活动等形式多样的协管服务活动。兴源矿业公司女工家属协管会组织女工家属参加安全生产活动，劝夫教子牢记安全生产方针，以争当安全先进为荣，以发生“三违”行为为耻，营造良好的安全生产家庭氛围。红卫矿业公司女工委组织女工家属开展“我为一线工人服好务、为井下工人保安全、为矿山争贡献”和“保家人安全学习不缺席、保亲人井下不违章、保亲人上井不违纪、保亲人班前不喝酒”的“三为四保”活动。2012年，集团工会评选出模范和先进群安会12个，先进群安分会13个，先进协管会11个，先进井口接待站11个；优秀群安员100人，优秀协管员50人。

2016年，全集团所属各单位群安网员800余人，协管员300余人，共发现汇报安全隐患4万余条，整改率在90%以上。如湘永矿业公司群安网员全年共汇报安全隐患6387条，有效整改6340条，整改率99%；白山坪矿业公司群安网员共查出隐患4101条，现场整改4089条，查出重大安全隐患480条，跟踪整改471条，制止“三违”385人次，下整改通知书196份，五谈帮教275人次，开展送“三违”通知书到家属手中的亲情帮教活动357人次。

2017年，集团公司所属各单位800余名群监员共计查找各类安全隐患26000余条，制止“三违”4700余人次，隐患整改率98%以上。同时，充分发挥安全协管会的作用，以亲情感化，让“三违”职工认识到违章可能给家庭、企业、社会带来的严重危害，进而从内心认识到安全生产的重要性，筑牢安全心理防线，为集团公司实现安全年发挥了积极作用。

2018年，各原煤公司1000余名群监员共计查找各类安全隐患3万余条，制止“三违”9000人次，整改率98%以上；提合理化建议1287条，落实率80%以上。省煤炭工会两年一次的群监检查考核，集团公司所属原煤单位获得先进群监会4个、先进协管会2个，优秀群监员4人、优秀协管员2人。各单位工会围绕企业经营目标，积极组织开展劳动竞赛、“安康杯”竞赛、技能比武和“五小”竞赛活动，评选“优秀连队”“先进班组”“最佳岗位能手”“技术能手”，修旧利废，降本提效，有力促进了企业经营和效益指标的完成。

2019年，全集团以“落实全员安全责任，促进集团安全发展”竞赛主题，各原煤公司1000余名群监员共计查找各类安全隐患3万余条，制止“三违”9000人次，整改率达100%；提合理化建议1287条，采纳率80%以上。充分发挥安全协管会的作用，女工协管会开展形式多样的安全宣传活动，送“平安果”“暖心汤”，开展“班前安全知识演讲”“安全知识趣味答题”，安全事故案例分析、“三违”亮相、职工结对安全帮教，签订《安全承诺书》《夫妻安全联保互保协议》，注重亲情感化，教育职工进一步筑牢安全心理防线，为集团公司连续实现安全年发挥了重要作用。在2019年湖南省煤炭工会组织的全省煤矿群安工作达标竞赛活动中，金竹山矿业公司工会群监会、湘永矿业公司工会群监会、兴源矿业公司工会群监会、宝源矿业公司工会群监会荣获先进群监会称号，周源山矿业公司安全协管会、街洞矿业公司安全协管会荣获先进协管会称号，徐永、伍益新、李友喜、谢武荣获优秀群监员称号，韩庆、周丽莎、江瑞娥、万解秀、王满桃荣获优秀协管员称号。

2020年，集团所属21个直属基层工会所在单位均下发了“安康杯”竞赛活动文件，成立了“安康杯”竞赛活动组委会，各单位主要领导担任组长，并设立了“安康杯”竞赛活动办公室，由工会主席兼任办公室主任，负责竞赛活动的组织动员、检查督导、综合协调竞赛活动的全面工作。活动开展以来，从集团公司到各二级单位，形成了以工会统筹、各业务部门紧密配合、各司其职，党政工青妇协同参与的大安全工作格局，确保了活动的正常开展和效果的落地。各单位根据安全生产法律法规和集团公司安全生产管理制度要求，建立健全了安全生产、安全管理、安全培训、劳动保护、职业病防治、设施改造、消防安全等一系列有关生产、工作、生活安全的制度体系，共计完善制度508项，明确所有层级、各类岗位从业人员的安全生产责任。各单位围绕“落实全员安全责任，促进集团安全发展”活动主题，充分利用广播、电视、宣传车、户外显示屏、横幅、标语、墙报、内部刊物、宣传资料等形式，结合全国第十九个“安全生产月”活动、“学法规、抓落实、强管理”专项活动，大力开展群众性安全宣传活动，同时举行安全演讲、安全竞赛、安全签名、安全宣誓、应急演练等活动，共开展安全文化活动605次，参与59595人次。张贴宣传标语3483条，横幅1260条，撰写宣传稿件925篇，营造了良好的安全生产氛围。组织开展全员安全培训，湘煤大学、各管理局培训中心、各单位三级培训机构，组织开展全员安全培训，共培训85423人次，有效提高了全员安全素质。动员广大职工开展隐患排查治理活动，充分发挥群监员、协管员的作用，抓“三违”，查隐患，促整改，全面排查消除各类事故隐患和职业病危害。340个群安岗，924名群安员，共抓“三违”10035次，罚款300855元。发现隐患64773条，整改64343条，整改率99%。隐患排查治理实现闭环管理，努力防范和遏制各类事故的发生。开展亲情帮教和送温暖活动，采取制作亲情寄语、吹枕边风、打亲情牌、“三违”人员过“三关”（亮相关、谈心关、承诺关）等方式，亲情帮教1356人次，让职工受到教育，明白安全是家庭幸福的前提和保障，增强了职工我想安全、我能安全、我会安全的自觉性。经常性开展“送平安、送温暖、送清凉”活动，为一线职工送粽子、送包子、送苹果、送西瓜、送甜酒、送豆浆、送鸡蛋、送蛋糕、送防暑降温药品、送平安鞋垫、缝补工作服等活动，营造了企业大家庭的和谐氛围。开展安全合理化建议活动，提出合理化建议1163条，采用970条，采用率83%。为安全生产工作献计献策，促进了本质安全型企业的建设，为集团安全形势稳定作出了贡献。

2021年，集团各级工会以持续建设“三个湘煤”、打造“三个共同体”核心理念统一职工思想，大力弘扬“统、信、为”行为准则，大力倡导“取向正，全力拼”“无奋斗不湘煤”的新湘煤精神和“诚信、敬业、奋斗、团队、主人翁”五种精神，持续推进企业文化入脑入心，成为全体湘煤人共同的价值观和行为准则。围绕推动高质量发展深化劳动和技能竞赛。坚持“安全第一，生命至上”，认真落实“三个最大”“三个首要”的安全生产理念，开展岗位练兵、技术比武、“安康杯”竞赛等活动。各原煤公司900余名群监员共计查找各类安全隐患近6万余条，整改率98%以上，制止“三违”3000余人次，罚款56.7万元。全年集团所属各单位开展安全教育培训参与人数为73226人次；宣传横幅8402条、橱窗板报584幅、稿件534篇；征集合理化建议3316条，采用795条，创利1019.16万元；各项制度整改531条。为实现集团公司安全生产持续稳定向好，创有史以来最佳安全业绩，为获评湖南省安全生产良好单位做出了重要贡献。

2022年集团各级工会紧紧围绕“安全、转型、高效”三大主题，团结动员广大职工为推进企业高质量发展建功立业。把统一思想、凝聚力量作为工会思想政治工作的首要任务。持续推进企业文化入脑入心，成为全体湘煤人共同的价值观和行为准则。各单位以集团母文化为导向，结合企业实际情况，构建企业子文化。周源山矿业公司发放企业文化手册1500份，以企业文化统一职工思想。楚湘建工集团将企业文化建设导入工作，融入生活，构筑楚湘建设、楚湘价值、楚湘力量，并举行“铸魂固本，繁茂欣生”企业文化发布会，职工精神面貌焕然一新，企业规模效益持续增长。

集团所属各子公司围绕推动高质量发展深化劳动和技能竞赛。开展岗位练兵、技术比武、“安康杯”竞赛活动。深入现场，抓“三违”，查隐患，促整改。集团所属各单位1028名群监员共计查找各类安全隐患44744条，整改率

100%。查“三违”13173次，罚款292.8万元；开展安全教育培训参与人数为135269人次；开展“安全生产月”活动，悬挂宣传横幅6385条，出橱窗板报604幅，宣传稿件554篇；征集合理化建议2652条，采用1711条，创利1063.42万元；各项制度整改236条。为集团公司持续实现安全年、获评全省安全生产良好单位做出了积极贡献。马田矿业公司抓实抓牢“安康杯”竞赛活动，连续多年实现安全生产，公司党委书记、董事长、“安康杯”竞赛活动领导小组组长樊五即荣获2020—2021年度全国“安康杯”竞赛优秀个人。南阳矿业公司工会每周组织不少于3次的“家访安全互动”活动，共走访246次，738个职工家庭，持续实现安全生产。

2016—2022年，集团公司所属各单位（车间）工会每年对群监员进行安全生产法律法规、安全生产操作规程培训讲座，组织安全生产知识竞赛，开展劳动保护研讨，召开经验交流会，以提高群众安全监督员履行职责实际工作能力。截至2022年，集团公司所属各单位各协管会组织协管员开展“送安全文化到一线”活动，共自编自演文艺节目班前、井口演出6000多场次，开展安全演讲活动4500余场次。全集团及所属各单位旨在通过群众安全工作的积极参与，提高全员的安全意识和自我保护能力，推动企业建立和完善安全生产和职业健康管理制度，促进全集团安全生产和职业健康工作的深入持久开展。

第四节 评选先进

2006年8月，集团公司工会拟定《湖南省煤业集团公司劳模、先进工作者评比奖励办法》，对劳模和先进工作者评选的原则、标准、条件、方法和表彰作出规定。同时，积极参与上级单位组织的各项创优评先活动，发挥榜样的引领示范带头作用。

2006年，集团公司获得中国煤炭工业协会、中华全国体育联合会煤炭体协颁发的“全国煤炭系统群众体育工作先进单位”称号。金竹山矿业公司工会获得中国能源化学工会全国委员会颁发的“全国煤炭群监工作先进单位”称号。金竹山矿业公司协管会获得中国能源化学工会颁发的“全国煤炭系统先进协管会”称号；金竹山矿业公司一平硐煤矿118队获得中华全国总工会颁发的“全国五一劳动奖章”称号。周源山煤矿获得湖南省总工会颁发的湖南省“模范职工之家”称号。南阳矿业公司涠江煤矿接待站获得中国能源化学工会颁发的“全国先进群安接待站”称号。

同年10月，辰溪矿业公司李吉国被授予“全国煤炭工业十佳掘进队长”称号，周源山煤矿李忠春、唐洞煤炭公司周逊、金竹山矿业公司一平响煤矿刘思明、牛马司矿业公司运输队刘美华、湘潭矿业公司四矿邓伟胜、南阳煤业公司涠江煤矿代甲蛮、红卫煤业公司坦家冲煤矿何志明、长沙矿业公司西峰仑煤矿闵国军等8人被授予“全国煤炭工业优秀队（工）长”称号。11月8日，授予涂湘明、李传红、易发科、陈新华“全国煤炭系统群众体育工作先进工作者”荣誉称号。牛马司矿业公司尹寿甫获得“省劳动模范”荣誉称号。

2007年，白山坪矿业公司获得省总工会颁发的“安康杯”竞赛优胜单位称号。金竹山矿业公司一平硐煤矿118队获得中华全国总工会颁发的“全国五一劳动奖章”称号。金竹山矿业公司一平硐煤矿食堂获得省总工会颁发的“芙蓉标兵岗”称号。周源山煤矿掘进二队获得湖南省煤炭管理局、省煤炭工会颁发的“安康杯”竞赛先进班组称号；周源山煤矿获得中华总工会颁发的“全国煤矿群众体育先进单位”称号。周源山煤矿工会获得中国能源化学工会全国委员会颁发的全国能源化学系统“先进单位”称号；8月，周源山煤矿工会获得省总工会颁发的湖南省重点企业“安康杯”竞赛称号。金竹山矿业公司托山煤矿获得中华全国总工会颁发的“全国煤炭工业先进集体”称号。

集团公司工会每年对子（分）公司工会工作、群众安全监督工作、女工家属协管工作先进集体和个人进行评选表彰，分别授予集体荣誉称号和个人荣誉称号，颁发奖牌、荣誉证书和奖金。

2007年9月28日，全国煤炭系统先进集体、劳动模范和先进工作者表彰大会在北京召开。周源山煤矿高级工程师周向志、长沙矿业集团公司五亩冲煤矿采煤工贾运仲、湘潭矿业集团公司三矿采煤队长曾跃龙获“全国煤炭工业劳动模范”荣誉称号，金竹山矿业公司托山煤矿获得“全国煤炭工业先进集体”荣誉称号。集团工会主席涂湘明带队，周向志、贾运仲、曾跃龙等受到国务院总理温家宝的亲切接见。

2008 年 1 月，遭遇历史上罕见的特大雨雪冰冻灾害，广大干部职工克服困难，完成抗冰救灾保供任务。2 月 21 日，省委、省政府授予集团公司“湖南省抗冰救灾先进集体”荣誉称号。2008 年 4 月，中华全国总工会授予涂湘明“全国优秀工会工作者”荣誉称号。

2008 年 5 月，集团公司党委、行政、工会联合下发《关于评选集团公司劳动模范的通知》，首次评选劳模。经过评选，授予彭剑桂、张智明、胡德良、徐泽明、贺俊良、彭光耀、李吉国、孙贵宁、王忠华、杨晓红、孙亚辉、成边云、邹建高、刘资平、张善国、陈南春、唐策湖、陈兰贵、彭积玉、候茂根、刘小毛、刘益生、李情合、彭伯雄、肖振林、何大庆、李文军、张华伟 28 名同志“湖南省煤业集团公司劳动模范”荣誉称号，其中采掘一线职工、技术人员和基层管理人员占 87.6%，并以《关于表彰湖南省煤业集团公司劳动模范的决定》(湘煤集办〔2008〕227 号）文件下发。2008 年 6 月 19 日，集团公司首届劳动模范表彰暨成立二周年庆典大会在长沙隆重召开。省委副书记梅克保、省政协副主席魏文彬、中国作家协会副主席谭谈、省委副秘书长肖冬生、省国资委党委书记吴志雄、省经委副主任杨晓晋、省煤炭局局长李联山等领导出席会议并为劳模颁奖。

2008 年，周源山煤矿群监会获得省煤炭管理局颁发的“全省煤矿先进群监会”称号，周源山煤矿协管分会获得省煤炭工会颁发的“全省煤矿先进协管会”称号。

2009 年 4 月，湘潭矿业公司采煤工周泽知荣获“全国五一劳动奖章”，同时授予“湖南省劳动模范”荣誉称号。9 月 18 日，洪山殿矿业公司退休工人、全国劳动模范喻雨初作为全省煤炭系统唯一候选人，获得新中国 60 年“湖南省最具影响劳动模范提名奖”。

2009 年 3 月，金竹山矿业公司工会获得湖南省煤炭工业局、煤炭工会全国煤炭系统群监工作先进单位称号；牛马司矿业公司群监会获得湖南省煤炭管理局、省煤炭工会颁发的“先进群监会”称号，牛马司矿业公司协管会获得“先进协管会”称号，牛马司矿业公司水井头矿获得“先进群监分会”称号。白山坪矿业公司获得省总工会颁发的“安康杯”竞赛优胜企业称号，获得省煤炭工会颁发的“省煤炭系统优秀群监会”，获得湖南省煤炭工会颁发的“省煤炭系统优秀接待站”称号。周源山煤矿获得省总工会颁发的湖南省“工人先锋号”称号。

2010 年，集团公司承办“湘煤杯”2010 年湖南省属监管企业职工技能大赛，从 2010 年 9 月 21 日起，历时六天于 9 月 21 日闭幕，这次大赛有来自湖南省煤业集团公司、湖南有色金属控股集团公司等 20 支代表队，200 余名选手参赛，设矿井巷道掘进砌工和采掘电钳工 2 个职业工种，分为理论知识考试和操作技能考核两大部分。红卫矿业公司胡文胜获矿井巷道掘进砌工和采掘电钳工部决赛第一名，被授予“湖南省技术能手”和“五一先锋”荣誉称号。红卫矿业公司梁瑞志、刘光明被授予“湖南省青年岗位能手”称号。红卫矿业公司获大赛组织奖，集团公司获得大赛特殊贡献奖。

2010 年 4 月，周源山煤矿获得中华全国总工会、国家安全生产监督管理总局颁发的 2009 年度“全国安康杯竞赛优胜企业”称号。周源山煤矿综采队邹云清班获得中华总工会颁发的“全国优秀班组”称号；南阳煤矿获得省总工会颁发的湖南省“安康杯”优胜单位称号。牛马司矿业公司群监会获得湖南省煤炭管理局、省煤炭工会颁发的“先进群监会”称号，牛马司矿业公司水井头矿获得湖南省煤炭管理局、省煤炭工会颁发的“先进群监分会”称号。南阳矿业公司获得全国总工会颁发的全国“安康杯”优胜单位称号。

2011 年 5 月，金竹山矿业公司工会获得湖南省煤炭管理局、煤炭工会颁发的“全省煤矿群安工作先进安全协管会”称号；2011 年 11 月，金竹山矿业公司工会获得中国能源化学工会全国委员会颁发的“全国煤炭系统群众文化体育工作先进单位”称号。红卫矿业公司获得省纪委、组织部、国资委、省总工会等 12 部门颁发的湖南省“厂务公开民主管理先进单位”称号和省总工会颁发的湖南省“五一先锋集体”

称号。

2012年2月9日，金竹山矿业公司一平硐煤矿掘进118队刘思明入围“同煤杯·第二届寻找感动中国的矿工百名入选人物”。

2012年2月，洁净煤公司获得省煤炭工会颁发的“湖南省煤炭系统先进工会”称号；2012年2月，周源山煤矿综采一队刘志扬班获得湖南省国资委颁发的“监管企业优秀班组”称号。4月，周源山煤矿获得全省煤炭系统颁发的“全省煤炭系统先进工会”称号；南阳矿业公司获得中国能源化学工会颁发的“五一劳动奖状”称号、国家能源局颁发的“中国最美矿山”称号。获得湖南省煤炭局、省煤炭工会颁发的“扶贫帮困先进单位”称号。

2012年3月，集团公司下发《关于开展集团公司劳动模范评选的通知》，开展第二届集团公司劳模评选活动。6月16日，集团公司召开劳模表彰大会，授予黄奂果、周向志、王作成、房国钦、梁爱清、王小军、廖矿生、向韶山、刘兴森、彭峰、邓忠平、邝光生、李检明、张敬阳、雷建新、廖池高、刘德文、喻伯端、刘德生、袁启红、陈谊、蒋贤华、余菊华、杨智勇、邹海龙25名同志“湖南省煤业集团公司劳动模范”荣誉称号。

2012年5月，南阳矿业公司女工家属协管会荣获中国能源化学工会授予的全国煤炭系统女工家属协管安全工作“先进协管会”称号。

2013年3月，牛马司矿业公司获得湖南省煤炭工会颁发的“先进女职工组织”和湖南省煤炭管理局、湖南省煤炭工会颁发的“全省煤矿群安工作先进安全协管会”称号；4月28日，街洞矿业公司茶塘煤矿矿长张敬阳荣获“全国五一劳动奖章”称号，同时获得“湖南省劳动模范”荣誉称号。涟邵实业公司副总经理、工会主席袁于胜，华磊光电公司副总经理许亚兵荣获“湖南省五一劳动奖章”称号。

2014年5月，牛马司矿业公司铁箕山矿周高中荣获“全国五一劳动奖章”称号，同时获得“湖南省劳动模范”荣誉称号。

2012年、2014年、2015年集团公司工会荣获湖南省总工会基工委工会工作综合考评一等奖。

2016年12月红卫矿业公司在省煤炭工会群安工作评比活动中获得“先进群监会”称号；12月华磊光电公司职工之家被省总工会授予“湖南省模范职工之家”；12月获得省煤炭工会组织的群安工作评比中获得“先进协管会”“先进群监会”两项荣誉，并获得“2015年度工会工作先进单位”。金竹山矿业公司一平硐获湖南省煤炭工会先进群安分会称号。牛马司矿业公司被省煤炭工会授予全国“安康杯”优秀班组荣誉。

2017年，街洞矿业公司获得省煤炭工会组织的“两堂一舍”竞赛评比活动“两堂一舍”创优竞赛优胜集体。煤炭科学研究院职工之家获得省煤炭工会授予的“模范职工之家”称号。中国能源化学工会全国委员会授予南阳矿业公司全国能源化学系统“五一劳动奖状”。

2018年4月，湖南省妇联授予金竹山矿业公司张铁雄家庭为“湖南省第十一届五好家庭”；5月人力资源和社会保障部、中国煤炭工业协会评选南阳矿业公司为“全国煤炭工业先进集体”；5月兴源矿业公司邝良忠获得全国煤炭工业协会授予的“劳动模范”荣誉称号；

2018年5月，集团公司开展第三届劳动模范评选，授予李鹤成、徐献忠、曹明庚、龙兵仔、廖百军、陈银保、李许飞、曹安定、贺孝平、曹晓庆、唐孝成、魏守平、匡安德、谷平园、周菊林、刘佳仁、喻伯端、邝良忠、姚琼、郭胜辉、朱兴琦、孙红专、康忠辉、李景余、徐志军劳动模范称号。

2019年，街洞矿业公司获湖南省煤炭工会群安工作“先进协管会”，金竹山矿业公司一平硐获先进群安分会。12月孙有明获得省总工会授予的湖南省职工最可信赖娘家人称号；12月煤炭科学研究院宋恩露获得省总工会授予的“最可信赖娘家人”称号；7月省总工会对牛马司矿业公司挂牌“全国模范职工之家”。

2020年5月，集团公司开展第四届劳动模范评选，授予刘涛、蒋厚今、刘立文、龙兵仔、廖百军、许小波、邓良山、曹安定、陈金田、伍永胜、唐孝成、李利军、尹红球、邹光龙、周菊林、刘佳仁、郑超英、赖铁根、王光胜、周科、孙红专、唐策湖、胡大庆、康忠辉、李景余、周朝阳劳动模范称号。

2020年11月，红卫矿业公司胡文胜、华磊光电公司苗振林2人获得由湖南省委省政府授予的“湖南省劳动模范”荣誉称号；5月华磊光电公司李康获得由全国煤炭行业共青团工作指导和推进委员会授予的“2019 年度全国煤炭行业优秀共青团员”称号；10 月嘉禾矿业公司获得中国煤炭工业协会“先进煤矿”荣誉称号；11 月 27 日湖南省委、湖南省人民政府授予南阳矿业公司宋齐国同志“湖南省抗击新冠肺炎疫情先进个人”；8 月周源山煤矿回采工区采四队获全国“安康杯”竞赛优胜班组、10 月周源山煤矿被中国煤炭工业协会评选为“先进煤矿”。

2021 年 12 月金竹山矿业公司谢小玲在湖南省总工会举办的读书活动中获得“湖南省优秀职工阅读推广人”称号。

2022 年 4 月白沙实业公司刘向丰获得中国煤炭工业协会授予的“全国煤炭行业优秀团干”称号，华磊光电公司李佳欣获得全国煤炭行业共青团工作指导和推进委员会授予的“2021 年度全国煤炭行业优秀共青团员”称号。同年，集团公司开展第五届劳动模范评选，授予苏波、雷泽炳、唐小荣、龙兵仔、左中东、曾湘孝、刘志华、张永良、赵春辉、李建辉、吴志勇、廖义兵、李孔斌、徐学田、刘谭皇、阳红星、罗海成、刘晓明、艾剑雄、邱海波、王小华、杨赞、徐全、李超、谭景茂劳动模范荣誉称号。

2023 年 3 月，人力资源社会保障部、中国煤炭工业协会授予周源山煤矿“全国煤炭工业先进集体”称号。

第五节　扶贫帮困

集团公司将困难职工帮扶工作为一项“惠民生、保稳定、促发展”的重要工作来抓。设立扶贫帮困领导小组和帮扶中心，工会设立专门机构和人员负责扶贫帮困工作。在制度建设上，制定“困难职工帮扶救济办法”“一对一干部联系困难户”和“下岗职工再就业培训”等制度。在资金来源上，主要有行政拨款、工会筹集、国家政策补贴、上级工会组织补助和社会捐助五个方面。在实施帮扶上按照“精神扶志、物质扶贫”的理念。建立帮扶联动机制，主要对工伤、大病重病、遭遇灾害、人均收入低于当地最低生活标准、子女因困辍学等职工进行救助，多渠道开展帮扶工作，帮助困难职工家庭解贫脱困。

2006 年 6 月，集团公司工会开展“双低”“双困”情况调查，历时两个月，形成万字调研材料。并向省总工会、省煤炭工会汇报情况，提出扶助困难职工合理建议。同时，为集团公司制定帮扶政策和措施提供参考依据。

2006 年 7 月，白沙、资兴片区煤矿因台风“碧利斯”受灾，损失严重，受困职工家庭达 7000 余户。集团公司党委、行政、工会统一部署，工会组织立即启动救灾应急机制，赶赴灾区全力做好救灾工作。灾区共收到全集团公司捐款 148.26 万元及外部捐款 108 万元。

各级工会每年秋季开展“金秋助学”活动，对因工伤、家庭成员大病等五类特困职工子女上大学进行资助，避免特困职工子女因交不起学费而辍学的现象发生。2009—2015 年，累计资助困难职工子女 1000 多人次，发放助学资金 1177.28 万元，圆了 612 名学子的大学梦。

集团公司各级工会争取国家政策，与地方民政部门联系，将符合低保和大病求助条件的困难职工纳入国家政策性低保和大病救助范围，做到应保尽保、该助尽助。仅 2015 年，全集团共为 3000 多户、1 万余人争取国家低保政策，争取政府最低生活保障金 4500 余万元；为 200 多名患重大疾病无自助能力的困难职工申请办理大病医疗救助，争取大病救助金 300 余万元，减轻他们因巨额医药费带来的经济压力。

各级工会组织发动职工扶危济困，自愿向家庭遇到重大自然灾害或亲人患重大疾病的人员捐款捐物，奉献爱心。2007—2015 年共捐款 263.12 万元，棉被、衣物等生活物资 13682 件。

集团公司每年元旦、春节慰问所属单位困难职工累计下拨资金 3897 万元，2015 年，集团公司工会所属各单位帮扶困难职工 279 人，发放帮扶资金 32 万元，春节期间集团公司下拨慰问金额 362 万元，慰问 12865 人次。2016 年春节下拨 319.5 万元，争取上级单位支持 22 万元现金，物资 28 万元。各单位共计发放慰问和困难补助金 3436.99 万元，慰问和救助劳动模范、困难党员、离退休人员、特困职工和伤残职工 10 万人次。

2017 年两节下拨慰问金 281 万，各所属单位自筹 102.305 万元，慰问 8623 人次。

2018 年下拨 281.3 万，各所属单位自筹 158.1 万元。

2019 年慰问金额 347.9 万元，慰问 5935 人次，全年金秋助学200多人次，到位助学金30多万元，大病救助报销费用近60万元，争取到困难职工低保金近150万元。

2020年所属单位全年金秋助学178人次，到位助学金36万元，大病救助5921人，报销费用近110万元。爱心基金惠及3148人，金额46万元。争取到困难职工低保金近150万元，春节全集团公司共计慰问9285人次，慰问金额362万元。

2021年集团公司及所属各单位走访慰问贫病职工、开展“金秋助学”帮扶7418人次，发放慰问金551.4万元；2022年集团公司及所属各单位走访慰问贫病职工、开展“金秋助学”帮扶9811人次，发放慰问金411万元。

2022年，集团公司及所属各单位走访慰问贫病职工、开展“金秋助学”帮扶9811人次，发放慰问金411万元。

第六节 职工之家

集团公司各级工会重视职工之家的创建，认识建设职工之家是加强基层工会建设、发挥基层工会作用的重要平台，是全面提升基层工会工作水平的综合载体。

2006年9月，集团公司工会制定《湖南省煤业集团公司开展建设职工之家活动的意见》《湖南省煤业集团有限公司建设模范职工之家评比考核办法》。全面规划、统筹实施、严格考核职工之家创建工作。

2011—2012年，集团公司各级工会开展了以“创建学习型之家、争做知识型职工”为主要内容的“模范职工之家”创争活动。湘永矿业公司职工之家建立完善职工活动中心、职工培训中心、电教室，举办基层分会主席、工会干事、工会积极分子培训班。创建“模范站区”和“文明小区”活动。组织职工积极开展文体活动，举办球类、棋类、拔河、知识抢答等比赛活动和文艺演出。

2013年，省总工会制定《湖南省模范职工之家管理办法》，提出把基层工会建设成为“规范、和谐、温暖、平安、创新”的五型职工之家的要求。集团公司各级工会积极推进五型职工之家建设。

2014年4月29日，集团公司工会下发《关于印发〈湖南省煤炭系统工会模范职工之家建设实施细则〉的通知》，要求各级工会加强模范职工之家的创建工作，同年8月集团公司所属8家全国及省级模范职工之家通过省总工会组织的省级以上模范职工之家复查验收。

2015年，集团公司各级工会按照湖南省总工会和煤炭工会《关于加强模范职工之家建设实施细则》通知要求，加大基层模范职工之家和职工小家的创建力度。6月，南阳矿业公司工会由湖南省总工会推荐为全国模范职工之家。

2017年集团华磊光电公司获得省级模范职工之家称号，立达矿山装备公司获得湖南省煤炭系统工会模范职工之家称号，湘永矿业铜角湾煤矿获得湖南省煤炭系统工会模范职工小家称号，华磊光电公司获得“郴州市总工会模范职工之家”称号。

至2022年末，全集团建有模范职工之家25个，其中拥有全国模范职工之家3个，省级模范职工之家10个，地市级模范职工之家3个；有全国模范职工小家4个，省级模范职工小家3个，地市级模范职工小家2个。

第七节 女工工作

一、组织机构

集团公司女职工工作由工会委员会的女职工委员会负责管理，配备一名女工干部，具体负责女职工日常工作，并指导集团公司所属单位的女职工工作。各子（分）公司均设立女职工委员会，配备1~2名专（兼）职女工干部，负责并开展本单位女工工作。

2006年，全集团公司女职工4267人，占职工总数的10.2%。有子（分）公司女职工委员会21个。至2022年末，女职工人数为3444人，占职工总数的10.1%。有子（分）公司女职工委员会35个。

二、女工队伍建设

集团公司及子（分）公司工会加强女职工队伍建设，推进“女职工建功立业工程”和“女职工素质提升工程”，开展女工干部培养和女工培训工作，提高女职工队伍整体素质。

在加强女职工队伍建设上开展工作。在全集团女工中开展学习《企业工会工作条例》《女职工权益保护条例》活动，选送女工干部参加上级主办的培训班、讲座活动12期，每期3人共计36人次；集团公司内部举办各类培训班和讲座55期4530人次。通过培训，女工干部和女职工观念进一步更新，理论水平和业务素质得到提升。切实抓好女职工素质达标工作，开展“芙蓉杯”竞赛活动，通过举办女职工技能比赛、辅导讲座等提高女职工岗位技能和综合素质。对竞赛活动中涌现的“芙蓉花”“好矿嫂”“最佳四保对子”等进行表彰奖励。开展以“学习成就自我、教育改变人生”为主题学理论知识、学业务技术、学法律法规，争创“巾帼文明示范岗”，争当“岗位明星”的活动，激发女职工积极性、主动性和创造性。

三、女工活动

集团公司及子（分）公司女工委员会积极组织广大女职工开展活动。组织参加湖南省总工会组织的第五轮、第六轮、第七轮“芙蓉杯”竞赛，围绕安全生产和经营管理中心，开展以“巾帼建功立业，三创展风采”为主题的争创活动，组织女职工参与职工岗位行为规范集中教育，重点开展岗位练兵、技术比武活动。倡导女职工学习成才、技能提升、岗位建功，激发女职工投身煤炭经济建设、和谐矿区建设的积极性，涌现一批先进典型。各级女工委评选一批“巾帼建功”先进集体和先进个人，先后表彰10个先进集体、25名先进个人。另有50名优秀协管员被授予“巾帼建功”优秀工作者称号。

组织开展女工家属协管活动，创新协管形式，丰富协管内容。开展“安康杯”安全协管竞赛，签订“安全责任书”和“安全互保合同”，送“三违”通知书，举行“巾帼话安全巡回演讲”、井口安全文艺演出等。同时，开展为矿工兄弟“冬送温暖、夏送清凉”活动，每年送汤圆、粽子、西瓜等近4000余次。

四、维护女职工合法权益

集团公司各级女工组织履行职责，维护女职工的合法权益和特殊利益，保障女职工在企业中的政治、经济和社会生活平等地位。各级工会在召开职代会和工会会员代表大会中对女职工代表所占比例给予明确规定，确保女职工参与政治、经济的权利和依法享有的权益。集团公司女工委指导子（分）公司女工组织履行劳动保护监督职责，监督检查女职工保护工作的落实情况，建立女职工健康档案，定期为女职工进行健康体检，并通过发放宣传资料、举办讲座等形式宣传普及女性健康保护知识。组织签订女职工权益保护专项集体合同，开展女职工权益保障法律法规竞赛活动。实行女职工生育津贴、生育保险和“两癌”保险制度，由行政拨款，各级女工委员会负责具体实施。对女职工“四期”保护作出具体规定，每年组织女职工定期进行妇科检查，促进女职工身心健康。

实施女职工“爱心扶助工程”，开展特困与困难女职工生存状况调查，建立困难单亲女职工档案，每年不定期走访慰问单亲、特困女职工家庭，从经济上进行资助，精神上给予鼓励。

第二章 共 青 团

第一节 组织建设

一、组织机构

2006年，集团公司成立时，有基层团委21个。

2007—2009年，集团公司新成立华磊光电公司、贵州湘能实业公司、湘煤洁净煤公司、兴源矿业公司、立达矿山装备公司5个公司，并设立团委。基层团委增加至26个。集团公司总部设立直属团总支，并通过“公推直选”的方式民主选举产生集团公司总部团组织负责人。

2010 年 1 月 21 日，按照团的章程及省国资委党委、共青团湖南省委《关于省国资委监管企业共青团工作有关问题的通知》要求，集团公司党委下发《关于成立湖南省煤业集团有限公司团委的通知》，集团公司团委正式成立。集团公司团委依据团的章程，经集团公司党委研究，经民主推荐、《湘煤集团报》公示，从全集团公司 22 名提名人中推选 7 人组成集团公司首届团委会。集团公司团委成立后，集团公司有基层团委 25 个、团总支（支部）255 个，团员、青年总数近 23000 人。集团公司直属各单位均设立了团委，原煤公司各煤矿和非煤企业二级单位均设立了团总支，团的组织体系得到理顺。5 月 4 日，集团公司首次共青团工作会议在长沙召开。推荐产生共青团集团公司委员会，由李湘林、李元昊、刘明、周东喜（女）、罗英（女）、谢晓鹃（女）、汪奕黎 7 名组成，李湘林任集团公司团委书记。

2011 年，全集团公司有基层团委 25 个，团总支 79 个，团支部 153 个，青年 20750 人，其中团员 1773 人。

2012—2015 年，全集团公司基层团委 27 个（包括集团公司总部团总支），团总支（支部）255 个，团员、青年总数近 23000 人。

至 2022 年底，集团公司团委共有基层团委 19 个，直属团总支 2 个，直属团支部 4 个，基层团支部 53 个，现有 28 周岁以下团员 277 名，35 周岁以下青年 1650 名。现任团委书记为黄友爱，团委委员为易汉英、任姗、姜阳、谢娆。图 11－2－1 所示为共青团湖南省煤业集团有限公司委员会组织机构图。

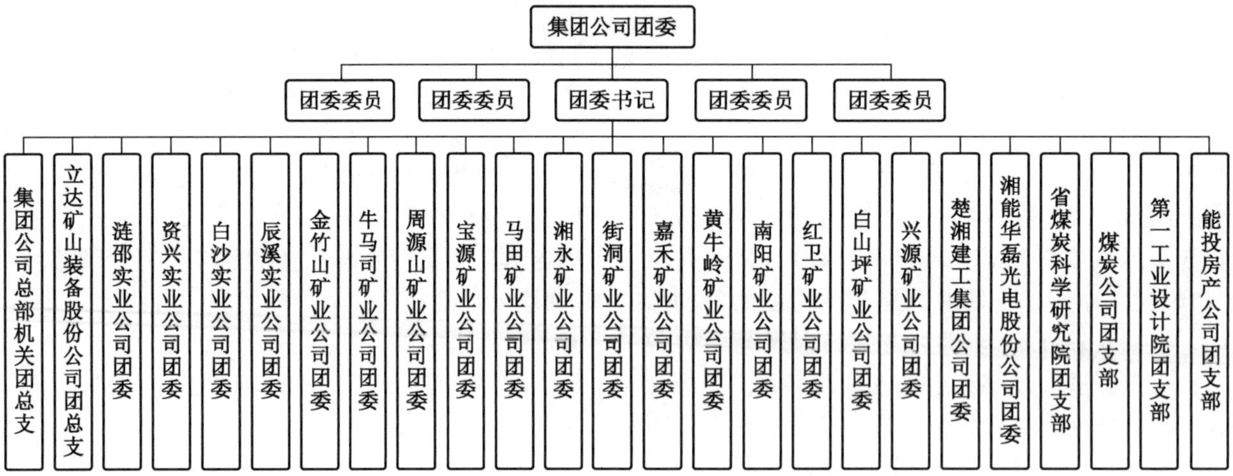

图 11－2－1 共青团湖南省煤业集团有限公司委员会组织机构图

二、队伍建设

（一）基层组织建设

2006 年，集团公司未成立之前，涟邵矿业集团公司、资兴矿业集团公司、白沙煤电集团公司、湘潭矿业集团公司、长沙矿业集团公司、辰溪煤矿对所管辖的单位（原煤、非煤单位）设立共青团组织、团总支（支部），实行二级管理。

2006—2009 年，集团公司共青团工作以“党建带团建”，要求有党组织并且有团员青年的地方就要及时建立团的基层组织。加大非煤企业和新建矿井团建工作力度，做到有团员的地方就有团组织，有青年的地方就有青年工作。集团公司党委把共青团工作纳入党建目标管理体系检查考核，对团委工作进行分项细化，实行量化打分考核，将考核结果作为年度“五四”表彰评先评优重要依据。集团公司各子（分）公司团委加强共青团组织建设，把组织建设列入重要议事日程，按要求设置团的组织机构和配备团的干部，做到组织完善、机构健全。注重加强团的基层组织建设，把团的工作重点放在基层团委、团总支和支部，发挥团组织在企业的生力军作用。调整和健全团的基层组织，保证团组织各级领导班子的完整性和工作的连续性。建立健全共青团组织的学习制度、会议制度和民主生活会制度，组织团课，做好团员的发展和团关系的接转等工作。

2010 年，集团公司召开第一次共青团工作会议。确立 2010 年为集团公司团建工作基础管理建设年，按照“眼睛向下、重心下移”的思路把基层组织建设和基础管理建设作为重中之重，把资源向基层倾斜、力量向基层集中。加强团的制度建设，先后制定《关于集团公司共青团有关工作的通知》《集团公司团委工作基本规范》《集团公司团委会议事规则》《集团公司团委会理论中心组学习制度》《集团公司团委系统年度理论学习安排及要点》《集团公司团委工作目标管理考核办法》等工作制度。集团公司团委建立健全了团员登记、团费收缴使用管理、团员统计、团组织工作例会和“推优入党”五项工作制度。各子（分）公司团委对原有的制度进行全面梳理和修订，共青团组织工作实现制度化、系统化和规范化。基层团委对所属团总支（支部）进行全面清理，灵活设置团的组织机构和人员配置，不留团建工作空白点，扩大基层团组织有效覆盖面。

2011 年 1 月，集团公司制定和实施《集团公司共青团工作目标管理考核办法》，重点对各基层团委工作分 7 大项 16 小项进行量化考核，考核结果作为年度五四评选表彰重要依据。开展了团的组织建设工作调研活动，集团公司团委与省国资委团工委、省建工集团公司团委、涟钢集团公司团委一起到华磊光电公司、南阳矿业公司、周源山煤矿进行团的组织建设调研，写出调研报告。

2012 年，集团公司贯彻实施团省委、省国资委联合下发的《关于进一步加强和改进省属国有企业共青团工作的意见》。集团公司党委制定出台具体实施意见，对团的组织机构和有关制度进行调整与修订，建立健全各级团组织机构和制度体系，使团的基层组织网络覆盖了企业全体青年。各级团组织结合实际逐步调整团委会委员，健全和完善团委班子。指导新疆能源、长沙实业公司、周源山煤矿、立达公司等基层团委配备好团委负责人。

2013—2014 年，集团公司健全和完善《集团公司团委基本工作规范》等 14 个制度，涉及团委议事规则、工作例会、中心组学习、民主生活会、“三会一课”“青安岗”竞赛、导师带徒、团员教育管理、推优入党、目标管理考核等方面，团的工作实现制度化、系统化、规范化。

2015 年，集团公司及各级团组织在党委的统一领导下，加强团组织建设，强基固本，形成团组织建设新常态。并围绕企业中心工作开展团的组织建设创建工作，创新组织工作载体。

2020 年 7 月，团中央颁布《中国共产主义青年团国有企业基层组织工作条例》，集团公司团委以条例为蓝本，对集团公司团青工作制度进行了简明化的修订，对“三会两制一课、主题团日、推优入党、团内荣誉评选、团组织书记述职评议考核、团员教育管理、青年岗位建功”等，研究出台简明的操作指引，促进了团青工作规范化开展。集团公司团委深入实施“青春强基”工程，把抓基层、打基础、练好基本功作为重点工作，切实抓在日常、抓出成效。先后对周源山矿业、马田矿业、湘永矿业、街洞矿业、嘉禾矿业、黄牛岭矿业、南阳矿业、白山坪矿业、牛马司矿业的基层团组织进行了调整优化，选优配强了团组织负责人。

2021 年 3 月，煤科院团支部、煤炭公司团支部转入集团公司团委；2022 年 5 月，第一工业设计院团支部转入集团公司团委，集团公司团委新增 3 个直属团支部。

2022 年 7 月，集团公司团委批复成立立达矿山装备股份有限公司团总支，召开团员大会，选举产生了新一届团总支委员会；2022 年 10 月，在集团公司团委的指导下，总部机关团总支召开第二次团员大会，选举产生了团总支第二届委员会，集团公司团委新增 2 个直属团总支。

2022 年 10 月，集团公司团委批复成立湖南楚湘建设工程集团有限公司团委，召开第一次团员代表大会，选举产生了第一届委员会，集团公司团委新增 1 个直属团委。

（二）团干部及团员队伍建设

2006—2009 年，集团公司党委制定下发《关于集团公司共青团有关工作的通知》，就基层团委负责人的选拔任用卸任团干的工作安排进行了明确和规范。基层团委按照“兼职、精干、务实”的原则配齐兼职团干，部分直属单位团委负责人享受同级党政部门负责人同等政治、生活待遇。按照新时期发展团员的方针和要求，增添团员队伍新鲜血液，从先进青年中培养和发展新团员，团员人数由集团公司成立之初965人增加到2009年的1185人。

2010年5月，集团公司召开共青团工作会议，对团干及团员队伍建设进行具体安排。组织集团公司团委委员、部分基层团组织负责人到省内共青团先进企业考察学习，通过培训和考察学习，引导广大团干部把团的岗位当作学习、锻炼、奉献的岗位，促进团的队伍建设。6月，集团公司组织金竹山公司等6个单位团委书记到省委党校参加全省企业团委书记培训班学习。按集团公司党委《关于集团公司共青团有关工作的通知》要求，协助金竹山、洪山殿、长沙、周源山、湘永、嘉禾、红卫、南阳、贵州湘能等单位调整团委负责人，其中南阳矿业公司、贵州湘能实业公司、湘永矿业公司新任团委书记均从新分配到企业的大学生员工中选拔产生，平均年龄在25岁以下。10月，集团公司组织部分基层团组织负责人到湘煤大学参加培训。集团公司团委建立团干QQ群，构建全集团公司所属各单位团干信息平台，实现团建工作动态和队伍建设信息资源共享，使团的工作更加便捷、高效。

2011年8月5日，全国煤炭行业共青团工作指导和推进委员会（简称全煤团指委）成立大会在北京召开，集团公司团委书记李湘林作为湖南省煤炭系统代表参加会议当选为常务委员。

2011年10月，集团公司制定《团委系统年度理论学习安排及要点》，成立理论学习中心组，定期组织集团公司团委委员和青年骨干集中学习。举办首届基层团委（总支）书记培训班，全集团公司100名青年团干参加了学习培训。

2012年，集团公司组织团干和青年团员主动接受组织的挑选和考验，参加竞选和竞聘，一批团干和团员青年中的优秀人才走上了基层中层管理及单位领导岗位。

2012年10月27—29日，湖南省青年联合会第十届委员会第一次全体会议在长沙召开，兴源矿业公司党委委员、副总经理胡瑞连出席会议，并当选为省青联第十届委员会委员。

2013—2014年，集团公司组织各级团委调整或增补团委委员会，健全和完善各级团委会领导班子。重点指导新成立的新疆能源公司、长沙实业公司建立团的机构，协助周源山煤矿、立达公司等单位选配好团委负责人。在湘煤大学举办第二期基层团委（总支）书记培训班，选送优秀团干“走出去”培训。

2015年，集团公司对新组建的兴源矿业公司、洁净煤公司、立达公司和贵州湘能实业公司成立团委机构。通过“公推直选”的方式，民主选举产生团组织负责人，配备兼职团干部。至2015年末，全集团公司有团干162人，团员1788人，其中女团员517人，大专以上文化程度875人。

2017年，根据团省委、省属企业团工委的部署要求，集团公司团委对基层团组织、团干部、28周岁以内团员、35周岁以内青年、所获荣誉等相关信息进行了全面摸底和统计，并且完整、准确录入智慧团建平台。集团公司团委共有基层团委19个，直属团总支2个，直属团支部4个，基层团支部53个，现有28周岁以下团员277名，35周岁以下青年1650名。

2017年12月23日，全煤团指委二届四次全委会在福建厦门召开，集团公司团委书记黄友爱作为湖南省煤炭系统代表参加会议并当选为常务委员。

2021年10月，全煤团指委（全国煤炭行业共青团工作指导和推进委员会）实施全国煤炭行业青年领军人才培育工程，集团公司团委推荐的6名青年企业管理人才和青年专业技术人才全部进入全国煤炭行业青年领军人才库，进行跟踪培养。

2017—2022年，集团公司团委联合湘煤培训中心，共举办了7期基层团干、优秀青年培训班，邀请团省委、省委党校、省团校、湖南大学、湖南师范大学的专家、教授授课，讲授党的创新理论、团务知识、经济学知识等，并且开展学习大讨论，组织学员赴韶山、杨开慧故居、东山学校、沙洲村、十八洞村等地开展现场教学，通过“专家讲、青年说、红色行”相结合的方式，不断提高学员的政治素质、业务水平和履职能力。

第二节 团青活动

一、教育活动

集团公司青年占在职人数的45%以上，集

团公司通过工会和共青团等群众组织开展青年读书活动。在集团公司成立以前，各单位都有各种兴趣小组，组织青年员工开展书法、摄影、演讲等活动，引导广大员工树立正确的人生观，学习业务，涌现出一批先进的青年员工。2006 年，集团公司成立后，企业内部进行三项制度改革，面临新的形势和任务，倡导青年读书活动。

2006 年 12 月，集团公司组织各单位的负责人带头学习华为公司任正非的《华为的冬天》，与会人员专程赴中联重科考察。

2008 年，集团公司要求各单位要建立和完善图书室、阅览室、阅报栏等文化宣传阵地。

2009 年，集团公司各单位建立各种文化阵地，创办文化刊物，为青年读书活动创造条件。各子（分）公司先后创办了《涟邵文艺》《内情专刊》《湘永人》《周源山党务园地》《金竹山通信》《白山坪阳光简报》等刊物。

2010 年，集团公司印制《企业文化手册》，下发到各单位作为青年读书活动的重要内容。规范团员青年言行，树立集团公司形象，并要求团员青年写出学习心得体会。

2011 年 1 月 23 日，集团公司团委举办《青春飞扬——新湘煤人语》首发仪式。集团公司高层领导分别作了序和跋。该书收集 111 篇集团公司新招录大学生在企业生活工作的所思、所学、所感。基层团委组织全体团员、青年职工每年开展“精读一本书”的活动，撰写读书心得体会文章。开展读书活动，公司领导亲自带头学，全体团员、青年踊跃参与学习，撰写心得体会文章、调研报告 252 篇，其中有 83 篇文章分获第一、二、三等奖。

2012 年，集团公司高层领导新年寄语总部员工，提出“敬业奉献学习”的口号。各基层团委组织青年团员对《没有任何借口》《沉思录》《尽心尽力尽责》专业书籍进行精读，并撰写心得体会，对集团公司的改革发展提出建议和意见。收集的 41 篇读书心得联系自身实际，畅谈了“敬业、责任、服从、诚实”的理念。

2013 年，集团公司组织员工学习集团公司党委《关于做好网络舆情控制依法维护集团公司平安稳定的专题会议纪要》、集团公司高层领导在总部机关新年员工大会上的讲话及《湘煤集团报》社论《让正气正义满湘煤》三篇文章。基层团委组织团员青年结合本职工作，撰写学习体会文章，开展调研活动，利用所学，联系工作实际，思考集团公司产业发展、生产经营、物业管理、人才培养、社区建设、党建工作、维护稳定等方面问题的对策建议。42 篇读书心得、24 篇调研报告对解决转型发展中的知识“短板”、管理“短板”问题提出独特见解。

2014 年，集团公司推荐阅读《感恩的心做一个懂得感恩的员工》和《现代企业廉洁文化手册》两本书，有 55 人写出读书心得。通过学习阅读，广大职工懂得感恩是一种人生态度；通过企业廉洁文化建设，树立正确的人生观、价值观、利益观，形成讲纪律、讲诚信、讲道德，勤勉敬业，廉洁从业，忠实履职的工作作风。

2015 年，集团公司开展学习《飞夺泸定桥》《强渡大渡河》两篇文章活动。各单位团委组织青年员工认真学习两篇文章，受到当年红军那种不怕苦不怕死的精神激励，表示要以长征精神为指引，众志成城，共渡难关。

在整个读书活动中，集团公司督导基层团委建立职工图书室和学习室，涟邵实业公司每年组织职工开展专题读书学习，从公司领导到普通员工都选读精读好书。是年底，全集团公司共撰写读书学习心得体会文章 2000 多篇，公司出版职工读书心得体会文章集《心语》。

2017 年 5 月，集团公司团委组织基层团委书记、优秀青年代表开展了“重走青年毛泽东求学之路”主题团日活动，从东山学校到第一师范，寻理想之根，铸信念之魂。

2018 年 9 月，集团公司团委组织专题学习会，传达贯彻习近平总书记“7·2”重要讲话精神和团十八大精神。集团公司党委书记、董事长廖建湘，集团公司党委委员、副总经理张小雁、团省委基层组织建设部部长邓资益出席会议并作重要讲话。基层团组织书记、优秀青年代表 50 余人参加会议。

2018 年 10 月，集团公司团委组织基层团委书记、优秀青年代表赴浏阳秋收起义纪念馆开展“不忘跟党初心、牢记青春使命”主题团日活动，进一步坚定与党同心、跟党奋斗的理想信念。

2019 年 5 月，集团公司团委组织基层团委书记、优秀青年代表赴中联重科参观学习并开展主题团日活动，大家参观了中联重科工程机械馆以及产品展示区，了解中联的发展历程，感知了中联的企业文化，与中联重科团委进行了工作交流。同日，又组织所属二级单位团委书记、优秀青年代表赴新民学会开展了“青春心向党、建功新时代”主题团日活动，参观了蔡和森故居，在故居前坪重温入团誓词，宣读“五四”倡议书，积极参与“青春心向党、建功新时代”主题宣传教育实践活动。

2020年5月，集团公司团委组织基层团委书记、优秀青年代表赴湘钢集团公司参观学习并开展主题团日活动，先后参观了湘钢集团公司的“青年之家”、青创空间以及湘钢5米宽厚板厂，并与湘钢团委进行了座谈交流。

2020年11月，集团公司团委组织基层团委书记、优秀青年代表赴中车株洲所开展了“取向正、全力拼”主题团日活动，大家参观了生产车间，感受了良好的工作环境，学习了先进的工作理念，为“大国重器”所鼓舞。

2021年5月，集团公司团委组织基层团委书记、优秀青年代表赴湖南省党史陈列馆、雷锋纪念馆开展“学党史、强信念、跟党走”主题团日活动，重温入团誓词。

2021年5月，集团公司团委召开“学党史、强信念、跟党走”学习教育推进会。安排部署“学党史、强信念、跟党走”学习教育活动。集团公司党委书记、董事长廖建湘高度肯定湘煤青年为企业改革发展做了大量卓有成效的工作，并介绍了新湘煤的“新三大任务”，寄望湘煤青年取向正、全力拼，奋发有为、拼搏奉献，为集团公司高质量发展贡献青春力量。同年5月，集团公司青年宣讲团成立，由6名来自基层的团干部、优秀青年代表组成，集团公司党委副书记、董事杨洁为他们颁发聘书，宣讲团成员主要任务：深入基层一线宣讲“四史”，宣讲企业形势任务，激发湘煤青年爱党爱国爱企的情怀。

2021年12月，集团公司团委在省属企业中率先举办学习贯彻党的十九届六中全会精神专题读书班，团省委、省属企业团工委有关领导出席开班仪式。省委党校周树辉教授作导学报告，通过重点导学和交流研讨相结合的方式，全体学员集中学习了习近平总书记在全会上的重要讲话，全会作出的《中共中央关于党的百年奋斗重大成就和历史经验的决议》全会公报以及省第十二次党代会精神，并围绕“以史为鉴、开创未来，为打造湖南能源保障主平台贡献青春力量”主题展开了深入交流研讨，形成了广泛共识。并深刻领会抓好后继有人这个根本大计的战略安排，切实担当共青团作为党的助手和后备军的职责使命，找准党委关注、青年需要、共青团能为的结合点，谋定快动，善作善成，为企业高质量发展贡献青春智慧和力量。

2021年12月，集团公司团委组织基层团委书记、优秀青年代表赴湘西州十八洞村开展了“请党放心、强国有我”主题团日活动，重走习近平总书记十八洞村考察路线，重温总书记“精准扶贫”重要论述，现场感受首倡之地的新变化和新面貌，在学思践悟中不断激发信仰、启迪智慧、汲取力量，引领湘煤青年在全面落实“三高四新”美好蓝图、全面建设社会主义现代化新湖南中建功立业。

2022年5月，集团公司团委组织基层团委书记、优秀青年代表赴杨开慧故居开展“喜迎二十大、永远跟党走、奋进新征程”主题团日活动。杨开慧故居展览室内，一张张珍贵的历史图片、一件件保存完好的遗物、一封封微微泛黄的日记和书信，让大家深刻体会了共产主义战士为了革命理想和革命爱情视死如归的精神境界。大家进一步坚定理想信念，凝聚思想共识，提升了精神境界。

2022年5月，集团公司团委举办了“百年恰芳华、奋斗正青春、建功新湘煤”主题演讲比赛决赛，来自所属单位的12名选手参赛，来自湖南省大众语言艺术研究会、湖南省委党校、湖南科技大学等机构的专家评委参与打分并作点评。12名选手围绕党领导下的百年青年运动史和湖南青年运动史，聚焦身边人身边事，用朴实的语言和真挚的情感进行演说，经过激烈角逐，比赛产生一等奖1名、二等奖2名、三等奖3名、优秀奖6名。赛后，集团公司团委组织获奖选手赴各矿区进行巡回宣讲，掀起百年团史青年说的热潮。

2022年5月，集团公司团委召开庆祝中国共产主义共青团成立100周年座谈会。全体与会人员认真观看了集团公司团青工作专题片《方遒》。6位优秀青年代表立足岗位实际、聚焦主责主业，交流学习体会、畅谈思想感想，讲述了在疫情防控、能源保供、安全生产、技术创新、矿建湘军、乡村振兴方面的奋斗故事。集团公司党委书记、董事长廖建湘在讲话中指出，经过“十三五”的改革发展，湘煤集团公司补短板、强管理、提质效、促转型，全面提升市场竞争力，集团公司进入全面提升、彰显价值的“十四五”新阶段，肩负着为全省经济社会发展提供能源保障的时代重任，希望广大湘煤青年坚定信念、苦练本领、奋发有为，让青春在湘煤高质量发展的火热实践中绽放绚丽光彩。

2022 年 7 月，集团公司团委举办学习贯彻习近平总书记在建团百年庆祝大会上重要讲话精神专题读书班。团省委二级巡视员邓资益、省委党校教授张四梅、省团校教授陈志辉分别作导学报告。专题读书班上，全体学员集中学习了习近平总书记在建团百年庆祝大会上的重要讲话精神、共青团湖南省第十六次代表大会精神、《论党的青年工作》等有关篇目，并围绕“共青团何以创造百年荣光、如何续写时代华章”以及“湘煤青年与党同心、跟党奋斗、岗位建功”主题展开深入交流研讨，取得了良好效果。

2022 年 7 月，集团公司团委组织基层团委书记、优秀青年代表赴汝城沙洲村、桂东沙田镇开展主题团日活动。大家现场聆听了徐解秀的长孙朱分永讲述“半条被子”背后的感人故事，参观了第一军规广场，重回当年艰苦卓绝的长征岁月，重温深厚的军民鱼水情，在学思践悟中不断坚定信仰、获得启发、汲取力量，不断增强志气、骨气、底气，引领湘煤青年为打造湖南能源保障主平台再立新功。

2017—2022 年，集团公司主要领导和分管共青团工作的领导均要参加集团公司团委每年举办的纪念“五四”青年节座谈会暨赠书仪式，先后为基层团干和优秀青年代表赠阅了《习近平的七年知青岁月》《梁家河》《之江新语》《激荡三十年》《中华文明的核心价值》《毛泽东早期文稿》等书籍，在全集团公司团员青年中掀起了爱读书、爱学习的良好风气。

2017—2022 年，集团公司团委第一时间学习贯彻习近平总书记关于青年工作的重要思想，按照团中央、团省委的重要部署，结合企业形势任务，先后开展了“我的青春我的梦”“我的追梦故事”“我与湘煤共成长”“青春向党、奋斗有我”“建团百年、岗位争先”为主题的征文活动，来自所属各单位的团干、团员和青年员工踊跃投稿，书写在湘煤大家庭学习、成长、奋斗、奉献的青春故事，歌颂立足岗位、创先争优的青年典型，抒发对党的诚挚热爱、对共青团的深厚感情。每次征文评出一等奖、二等奖、三等奖、优秀奖、组织奖若干名，在每年的团委书记培训班上进行颁奖，持续提高了湘煤青年的书面表达能力。

二、创先争优活动

2006 年，集团公司在全集团所属各单位建立 26 个青年安全监督岗，开展安全监督活动，强化检查考核，夯实青安岗建设基础。

2007 年 4 月，全省重点企业“安康杯”竞赛启动仪式在集团公司举行。全集团公司党政工青妇按照竞赛要求参加竞赛活动。集团公司各基层团组织带领团员青年以安全为主题，开展青年安全监督岗和“关注安全，青年有责”活动。在团员青年中开展安全生产知识竞赛、安全合理化建议、安全演讲活动，组织青年团员到井口进行安全文艺演出，现身说法进行安全教育。

2008 年，遭遇百年不遇的冰灾，灾害给企业带来巨大经济损失。集团公司成立青年突击队参加抗冰救灾和抢险，团员青年在抗灾一线日夜奋战，保障矿井安全，有 67 名青年团员受到表彰。青年安全监督岗开展“百日安全督查专项行动”活动，共组织安全监查 1368 次，查出安全隐患 3400 余个，整改率达 90% 。

2009 年，集团公司围绕企业中心工作，深化“青年安全岗”活动，以“安全生产，青年当先”为主题，结合全国安全生产月和安全警示教育日活动，开展“青年安全示范岗”“优秀青安岗员”评选活动，从现场安全、设备安全、职业健康等方面大力强化青年岗位安全意识和技能，在青年工作中开展安全隐患自查。

2006—2009 年，集团公司开展创先争优活动。集团公司子（分）公司团委以促进企业安全生产、科学管理、丰富职工文化生活为目标，先后深入开展青年群安网员、质量标准化青年岗、红旗团支部、青年文明号、优秀青年志愿者、十佳青年岗等创评活动。基层团委以经济建设为中心，开展“青年安全监督岗”“青年文明号”“青年志愿者”“金点子”和青工“五小”（小发明、小革新、小改造、小设计、小建议）成果征集等活动。

2010 年，集团公司团委成立后，组织各子（分）公司团委配合安全部门开展安全宣传教育活动。3 月，集团公司组织开展“牢记安全警示、共建和谐家园”安全演讲比赛；4 月，组织开展和“筑牢安全防线、共建和谐家园”安全巡回演讲活动，分赴 17 个原煤子公司，7 天时间行程 3000 公里，进行了 17 场演讲，观众一万多人。11 月，集团公司子（分）公司团委开展“我为安全生产建言献策”活动，共收到安全建议 532 条，经评审，40 条建言入围获奖。

2011 年，举办集团公司基层团委（总支）书记培训班和《青春飞扬》首发式，编印下发《湘煤十大杰出青年风采》《舞动青春》宣传画册。同年 1 月、4 月，集团公司在总部机关和湘潭大学分别举行了集团公司《青春飞扬》发行仪式。同年 4 月，集团公司参加由《中国煤炭工业》杂志联盟举办的“全国煤炭工业百名优秀青年矿工”评选活动，推荐的南阳矿业公司采煤工人欧林、牛马司矿业公司掘进队长黄峰、湘潭公司采煤队长罗勇杰全部获奖，集团公司获评“组织奖”荣誉称号。

2011 年，集团公司按照“五个融入”的要求，开展“青安岗”竞赛活动，制定竞赛实施方案，有组织、有计划、有落实、有总结、有考核、有奖罚，形成连队（车间）、班组、支部三层安全管理格局。基层单位团委设立 5 个“青安分岗”，组织 700 名青安岗员举行安全宣誓活动。制定修订“青安岗”竞赛标准，全年汇报和整改安全隐患 2126 条。同年，集团公司在《湘煤集团报》开辟青安岗工作专栏，宣传典型、交流经验，扎实推动青安岗活动开展。

2012 年，集团公司在基层团组织开展“在矿山舞动青春、在一线建功立业”为主题，推进“青安岗”竞赛活动。

2013 年，集团公司基层团委开展“争创先进青安岗，争当优秀青安岗员”活动，在生产矿井重点突出“青安岗提醒您”“共青团向您提示”等安全隐患预知警示教育，查隐患、反“三违”、堵漏洞、促整改，构筑具有青年特色的安全防线。

2014 年，集团公司结合本质安全型矿井创建活动，开展青年安全监督岗活动。组织团员青年深入井下各个头面排查整改安全隐患，筑牢安全生产前沿阵地。

2015 年 1 月，集团公司各基层团委结合“今冬明春百日安全无事故”活动，开展安全监督检查活动；3 月，集团公司在长沙实业公司团委组织开展“送安全培训到基层”活动。先后赴湘潭矿业、金竹山矿业公司等 9 家公司，通过先进培训模式，到矿区生产一线普及煤矿安全生产理念和知识，无偿赠送公司研发的煤矿安全培训教材。是年，集团公司各级团组织开展以创新“青安岗”竞赛活动为载体，组织广大青年员工全面融入安全生产中心，发挥青年生力军和突击队作用，青安岗员共汇报大小安全隐患 32463 条，整改 31368 条，整改率达到 96%；制止“三违”1324 人次，抓“三违”1116 人次。

2015 年 5 月 4 日，集团公司总部机关团总支组织召开纪念五四运动 96 周年暨湘煤青年在行动主题座谈会。10 月，集团公司党委、工会、团委联合开展“我为湘煤献一计”合理化建议征集活动。围绕集团公司提出的“关、停、整、转、熬、创”，抗“极寒”、渡难关、打好“生存保卫战”，抓好安全生产、强化内部管理、实现经营目标以及加强和改进党建、团建工作。集团公司团委组织各子（分）公司单位团委开展以“自省自励、懂得感恩，克服缺点、虚功实做，坚定信念、远离贪腐”为主题的“团干部如何健康成长”大讨论活动。

2010—2015 年，集团公司各单位团委配合人力资源部门开展青工岗位技能培训、导师带徒、技术比武和技能大赛等活动，基层团委开展“虚心学技术、拜师提技能”活动，43 对师徒“一对一”传帮带，29 个创新项目均由青年骨干独立完成，涌现出一批青年创新创效典型。

2019 年 6 月，集团公司首个青年创新工作室——“苗振林青年创新工作室”在华磊光电公司揭牌。苗振林系华磊光电公司副总工程师、北大物理学博士、全国人大代表、湖南省科技进步一等奖获得者、全国煤炭青年五四奖章获得者。集团公司团委第一时间在华磊光电公司设立以他的名字命名的青年创新工作室。该工作室荟萃了一批具有较高科研水平和较强创新能力的青年人才，旨在搭建一个技术创新交流平台，通过加强企业内外技术交流与引进，提升企业技术团队的技术创新和攻关能力，逐步形成公司核心技术。

2017—2022 年，集团公司团委连续六年深入扎实开展“创新创效、青年先行”主题实践活动，组织动员全集团公司团员青年立足岗位，创新创效，为企业高质量发展贡献青春力量，指导所属单位组建青年技术攻关团队 20 余支，创效超亿元。湘永矿业公司铜角湾煤矿青年突击队，开创了国内对斜长 100 米、垂高 60 米的上山巷道用普通喷浆机实行锚网喷浆一次成型的先河；牛马司矿业公司水井头矿青年科研小组，成功研制出“红外线扫描矿车自动计量装置”，精确度达 95% 以上；华磊光电公司芯片 2 寸转 4 寸项目组核心成员均为“80 后”青年员工，该项目创造经济效益 6000 多万元，为该公司实现扭亏增盈作出了突出贡献。

2020 年 5 月，集团公司团委举办“青年之家”建设启动仪式，精心部署所属各单位“青年之家”建设工作，标志着集团公司“青年之家”建设拉开序幕。白沙实业、资兴实业、涟邵实业、楚湘建工、华磊光电、周源山矿业、马田矿业等单位建成了 12 个功能齐全、布置温馨的“青年之家”，为联系服务基层青年提供了良好的平台阵地。

2016—2022 年，集团公司团委对所属单位青安岗队伍结构不断进行优化，加大青安岗检查的力度和密度，重点抓好“增意识、重安全、抓三违、查隐患”活动，动员团员青年在安全生产中发挥生力军和突击队作用。周源山矿业每月评选青安岗“月度之星”，红卫矿业每个季度开展青安岗竞赛活动，均取得较好效果。所属各单位青安岗员每年查处安全隐患 3.5 万余条，整改率达 97%，为集团公司实现长安全周期作出了一定贡献。

2016—2022 年，集团公司团委指导基层团组织组建“青年突击队”120 余支，激励湘煤青年迎战急难险重任务，在安全生产第一线、疫情防控最前沿、能源保供主战场冲锋在前、勇挑重担。尤其是 2020 年初，面对突如其来的新冠疫情，集团公司团委第一时间响应团省委、省属企业团工委的部署，在资兴、白沙、涟邵三大矿区迅速集结青年突击队 20 余支，下沉一线，尽锐出战，积极参与矿区核酸检测、信息采集、测温消毒、宣传引导等疫情防控工作，协助所在单位党组织全面落实人员排查、全速发放防疫物资、全员做好个人防护、全力保障矿区零感染、全方位护航安全生产，以实际行动为抗疫保供贡献了青春力量，展现了青年担当。

2017—2022 年，为帮助集团公司所属单位新进和转岗青年员工尽快融入企业，适应岗位，成长成才，集团公司团委深入推进“导师带徒”工程，指导基层团组织抓好“择良师、定徒弟、签协议、严考核”等关键环节，大力培育青年专业技术人才梯队。2022 年评选首届优秀师徒对子，共有 6 对师徒对子在当年的“七一”先进表彰大会上受到表彰。

三、志愿服务活动

（一）学雷锋活动

2006—2015 年，集团公司基层团委在每年的 3 月 5 日组织团员青年开展学雷锋活动。参加打扫环境卫生、爱心募捐、植树种绿、回收废旧物资、关爱空巢老人、免费义诊等活动。各基层团委学雷锋活动各具特色，形式多样。周源山煤矿、马田矿业、白山坪矿业、牛马司矿业、辰溪矿业、涟邵实业、资兴实业、白沙实业公司团委开展“义务劳动、便民服务、敬老助老”等学雷锋青年志愿者服务月系列活动；组织开展青年岗位能手、青年突击队、创先争优、青年安全监督岗、青年志愿者学雷锋、小改小革、导师带徒、“共青林”项目植树、情系社区敬老院岗位学雷锋等特色活动。至 2015 年，全集团公司团员青年义务为职工群众量身高 14000 多人次、量血压 12800 人次，化验血型、血糖 12000 多人次，帮助孤寡老人 3200 人次。

2017—2022 年，集团公司团委每年紧扣“三月学雷锋”等重要时间节点，组织动员所属单位广大团员、青年开展扶贫帮困、植树造绿、健康义诊、便民服务、安全宣讲、净化矿区等形式多样、内容丰富的学雷锋志愿服务活动。坚持融入企业中心工作、结合青年技能专长，唱好学雷锋“四季歌”，推进学雷锋志愿服务活动常态化、长效化。所属单位团委每年开展了学雷锋活动300多场次，团员青年1700多人次参与其中，掀起了立足岗位学雷锋、志愿服务当先锋的热潮。

（二）送温暖、献爱心活动

2006—2015年，集团公司团委组织各基层单位团委开展“情暖三月、情系基层”“情暖三月、情系安全”“情暖三月、情系一线”等为主题的青年志愿者服务月，参加义务劳动、敬老助老、帮孤助残和便民服务等活动。集团公司团委以及全集团公司25个基层团委响应。集团公司各基层团委组织“1+1”助学捐款活动，十年捐款金额达40余万元，先后资助300余名困难学生。2006年，集团公司团委组织各基层团委送温暖、献爱心活动，形成良好的传统社会风气。遇有天灾人祸，就组织专项的救援活动，帮助困难员工解决燃眉之急。遇到大的自然灾害，参加集团公司的大型救灾活动。2007年，集团公司基层团组织家庭发生火灾职工贡献爱心款11920元。2010年4月14日，青海玉树发生7.1级地震，集团公司团委参加4月28日团省委举办的捐款活动，为灾区人民捐款5000元；5月4日，集团公司组织团干开展募捐活动，为地震灾区捐款7220元。2011年3月，全集团公司总部及各子（分）公司共组织10000名青年志愿者深入矿区、厂区、家属区和生产连队、车间，开展形式多样的志愿者活动。集团公司基层团组织奉献爱心学雷锋，组织600多名团员青年为鼻癌患者捐款40819元。

（三）“送上一堂课、点亮一盏灯”爱心助学活动

2019年4月，集团公司团委赴资兴周源山学校开展“送上一堂课、点亮一盏灯”爱心助学活动。为该校的贫困学生送来了丰富的学习用品、课外书籍。来自湖南一师附小的许晶老师为该校师生带来了一堂精彩的语文课，让长期在偏远矿区、乡村的教育工作者得到了一次宝贵的学习机会。

2021年5月，集团公司团委赴郴州嘉禾矿学校开展“送上一堂课、点亮一盏灯”爱心助学暨我为青年办实事活动，引入优质教育资源，解决青年矿工“急难愁盼”问题。来自湖南师大附小的教学名师张红宇用前沿的教学理念给学生们上了一堂生动的语文课，令在场的老师们享受了一堂来自省城名校名师的课堂盛宴。课后，集团公司团委、嘉禾矿业公司主要负责人，给每一位学生送上书包、台灯、文具和书籍。

第三节 表彰及荣誉

2006—2009年，全集团公司共有14个先进青年集体和31名优秀青年个人分别受到团省委、全煤行业团委的表彰奖励。

2010年、2013年获得“湖南省五四红旗团委”；2012年、2014年获得“全国煤炭行业五四红旗团委”。2013年，兴源矿业公司副总经理胡瑞连评为第一届全国煤炭青年五四奖章。

2015年，全集团公司共有2个基层团委、5名团员青年被全国煤炭行业团委授予“五四红旗团委”和“优秀团员”等荣誉。

2017—2022年，全集团公司共有5个先进青年集体和23名优秀青年个人获得省级以上荣誉。其中，集团公司团委2018年获评“全国煤炭行业五四红旗团委”。

2018年5月，集团公司所属单位华磊光电技术研发中心主任苗振林荣获第六届全国煤炭青年五四奖章。

2021年5月，集团公司所属资兴实业公司发电公司“青年之家”、白沙实业公司“青年之家”获得湖南省示范性“青年之家”荣誉称号。

2022年5月，红卫矿业公司坦家冲矿总工程师罗成获评第十届全国煤炭青年五四奖章。

2019—2022年，集团公司团委评选的“十大杰出青年”名单如下：

2019年：罗成、张亮、易汉英、张发亨、谭向旺、夏安、陈明钟、周日东、曹爱龙、刘奇辉。

2020年：何天玉、周拓、汪延明、凡思君、李聪、陈军伟、欧阳鼎、陈冠雄、王球龙、谢先斌。

2021年：唐江波、邓永伟、周智斌、周子琳、曾涛、宋浩然、刘典雨、刘砾、万丁源、蔡海波。

2022年：赵鹏涛、李勇、谢天博、刘向丰、龙州进、骆亮、邓超、范黎明、邓志辉、刘剑。

人物与荣誉

人　　物

一、人 物 简 介

（一）集团公司、股份公司在职领导（2022 年）

廖建湘　男，汉族，1964 年 6 月出生，湖南新化人。1981 年 7 月参加工作，1989 年 7 月加入中国共产党，博士研究生学历，工程师，现任湖南省煤业集团有限公司党委书记、董事长，湖南煤业股份有限公司党委书记、董事长。1981 年 7 月—1993 年 12 月，湖南省辰溪煤矿工作；1993 年 12 月—1995 年 11 月，湖南省辰溪煤矿经营副矿长；1995 年 11 月—2001 年 7 月，湖南省辰溪煤矿矿长；2001 年 7 月—2002 年 4 月，湖南省谭家山煤矿党委书记；2002 年 4 月—2003 年 9 月，湖南省谭家山煤矿矿长、党委书记；2003 年 9 月—2005 年 9 月，湖南省湘潭矿业有限公司董事长、党委书记、总经理；2005 年 9 月—2006 年 4 月，湖南省湘潭矿业集团有限责任公司董事长、党委书记、总经理；2006 年 4 月—2007 年 11 月，湖南省煤业集团有限公司党委副书记、董事、常务副总裁，湖南省湘潭矿业集团有限责任公司董事长、党委书记、总经理；2007 年 11 月—2008 年 6 月，湖南省煤业集团有限公司党委副书记、董事、常务副总裁；2008 年 6 月—2010 年 8 月，湖南兴湘国有资产经营有限公司董事长、总经理；2010 年 8 月—2016 年 5 月，湖南兴湘投资控股集团有限公司董事长、总经理、党委副书记；2016 年 5—6 月，湖南省煤业集团有限公司董事长、党委副书记；2016 年 6 月—2017 年 2 月，湖南省煤业集团有限公司董事长、党委副书记，湖南黑金时代股份有限公司董事长；2017 年 2 月—2022 年 1 月，湖南省煤业集团有限公司党委书记、董事长，湖南黑金时代股份有限公司（2020 年 6 月更名为湖南煤业股份有限公司）董事长；2022 年 1 月，湖南省煤业集团有限公司党委书记、董事长，湖南煤业股份有限公司党委书记、董事长。

胡瑞连　男，汉族，1976 年 8 月出生。1995 年 12 月参加工作，2002 年 6 月加入中国共产党，省委党校研究生学历，正高级工程师、注册安全工程师，现任湖南省煤业集团有限公司党委副书记、副董事长、总经理。1995 年 12 月—2011 年 1 月，白沙矿务局湘永煤矿安陵、荆草坪工区技术员、技术组长，湖南省煤业集团湘永矿业有限公司安全生产部副部长、部长，湖南省煤业集团工程管理部主管、建设工程质量监督站总工程师，湖南省煤业集团兴源矿业有限公司伍家冲煤矿矿长；2011 年 1 月—2014 年 4 月，湖南省煤业集团兴源矿业有限公司党委委员、副总经理；2014 年 4 月—2016 年 1 月，湖南省煤业集团兴源矿业有限公司董事长、总经理；2016 年 1 月—2018 年 11 月，湖南黑金时代股份有限公司副总经理，兼任湖南省煤业集团兴源矿业公司董事长、总经理；2018 年 11 月—2019 年 11 月，湖南黑金时代股份有限公司副总经理；2019 年 11 月—2021 年 7 月，湖南省煤业集团有限公司党委委员、董事，兼任湖南煤业股份有限公司总经理；2021 年 7 月—2022 年 4 月，湖南省煤业集团有限公司党委副书记、董事、副总经理；2022 年 4—5 月，湖南省煤业集团有限公司党委副书记、董事、总经理；2022 年 5 月，湖南省煤业集团有限公司党委副书记、副董事长、总经理。

文仕秋 男，汉族，1963年4月出生，湖南湘乡人。1982年7月参加工作，1984年10月加入中国共产党，中央党校大学学历，高级会计师，现任湖南省煤业集团有限公司党委副书记、董事。1982年7月—1992年8月，湖南省金属材料总公司板塘仓库工作；1992年8月—1994年7月，湖南省物资厅审计处正科级干部；1994年7月—1995年11月，湖南省物资产业集团审计处副处长；1995年11月—1997年2月，湖南省物资产业集团审计室副主任；1997年2—9月，湖南省物资产业集团监事、审计室副主任；1997年9月—2001年7月，湖南省物资产业集团审计室主任；2001年7月—2002年1月，湖南省物资产业集团企管处处长；2002年1月—2005年3月，湖南省国有企业监事会工作办公室二办事处主任；2005年3月—2006年5月，湖南省国有企业监事会工作办公室四办事处主任；2006年5月—2008年6月，湖南省煤业集团有限公司党委委员、监事会主席；2008年6月—2013年5月，湖南省煤业集团有限公司党委委员、董事、总会计师；2013年5月—2016年4月，湖南省煤业集团有限公司党委委员、董事、常务副总经理、总会计师；2016年4月—2019年11月，湖南省煤业集团有限公司党委委员、董事、常务副总经理、总会计师（期间：2016年4月—2018年1月兼任湖南黑金时代股份有限公司副董事长）；2019年11月—2021年7月，湖南省煤业集团有限公司党委副书记、董事、常务副总经理（主持经理层工作）；2021年7月，湖南省煤业集团有限公司党委副书记、董事（期间：2021年8月，兼任湖南省煤业集团有限公司机关党委书记，2022年1月，兼任湖南煤业股份有限公司党委副书记）。

罗和平 男，汉族，1964年10月出生，湖南祁东人。1981年7月参加工作，1995年5月加入中国共产党，研究生学历，律师，现任湖南省煤业集团有限公司党委委员、纪委书记、监察专员。1981年6月—1984年12月，水口山矿务局第五冶炼厂技术员；1984年12月—1992年9月，祁东县教委风石堰中学教师；1992年9月—1995年6月，湘潭大学历史系中共党史专业学习；1995年6月—1997年9月，湖南省国资局产权处干部；1997年9月—2000年9月，湖南省国资局产权处副主任科员；2000年9月—2001年12月，湖南省财政厅产权处副主任科员；2001年12月—2005年3月，湖南省财政厅产权处主任科员；2005年3—9月，湖南省国资委产权管理处主任科员；2005年9月—2008年10月，湖南省国资委监事会技术中心副主任（期间：2007年4月—2008年10月，兼任湖南省国资委驻湘潭县乌石镇寺冲村扶贫工作组组长，挂职中共湘潭县委常委）；2008年10月—2010年11月，湖南省国有企业监事会二办事处主任；2010年11月—2011年6月，湖南省国有企业监事会二办事处处长；2011年6月—2016年4月，湖南省国有企业监事会六办事处处长；2016年4月—2019年11月，湘电集团有限公司党委委员、纪委书记；2019年11月，湖南省煤业集团有限公司党委委员、纪委书记、湖南省监委驻湘煤集团监察专员。

张小雁 男，汉族，1968年12月出生，江苏无锡人。1989年7月参加工作，1995年5月加入中国共产党，中央党校研究生学历，高级经济师，现任湖南省煤业集团有限公司党委委员、副总经理。1989年7月—1991年12月，株洲电力机车厂干部；1991年12月—1992年12月，株洲外经贸总公司干部；1992年12月—1994年4月，湖南省人民政府办公厅秘书二处干部；1994 年 4 月—1995 年 12 月，湖南省人民政府办公厅秘书二处副主任科员；1995 年 12 月—1997 年 12 月，湖南省人民政府办公厅经济处副主任科员；1997 年 12 月—2002 年 6 月，湖南省人民政府办公厅经济处主任科员；2002 年 6 月—2006 年 6 月，湖南省人民政府办公厅经济处副处级秘书；2006 年 6 月—2013 年 5 月，湖南省煤业集团有限公司党委委员、纪委书记；2013 年 5 月，湖南省煤业集团有限公司党委委员、副总经理。

贺灿星　男，汉族，1970 年 9 月出生，湖南双峰人。1992 年 7 月参加工作，1998 年 4 月加入中国共产党，研究生学历，现任湖南省煤业集团有限公司党委委员、总会计师。1992 年 7 月—1995 年 8 月，中国石化总公司长岭炼油化工厂财务处会计；1995 年 8 月—1998 年 3 月，中南大学研究生（统招、脱产）；1998 年 3 月—2001 年 5 月，湖南湘邮科技股份有限公司计划财务部经理；2001 年 5 月—2002 年 3 月，泰阳证券有限责任公司投资银行部长沙总部项目经理；2002 年 4 月—2003 年 2 月，湖南三一重工股份有限公司董事长办公室财税项目经理；2003 年 3 月—2006 年 12 月，湖南加华投资控股集团有限公司财务总监；2006 年 12 月—2008 年 6 月，湖南省煤业集团有限公司总会计师；2008 年 6 月—2009 年 6 月，湖南省煤业集团有限公司副总裁；2009 年 6 月—2019 年 11 月，湖南黑金时代股份有限公司财务总监；2019 年 11 月，湖南省煤业集团有限公司党委委员；2019 年 12 月，湖南省煤业集团有限公司总会计师。

王群伟　男，汉族，1968 年 9 月出生，山西定襄人。1990 年 7 月参加工作，2003 年 6 月加入中国共产党，在职大学学历、工商管理硕士学位，工程师，现任湖南省煤业集团有限公司党委委员、董事会秘书，湖南能投智能装备集团有限公司党委书记、董事长。1990 年 7 月—1993 年 8 月，江西省英岗岭矿务局生产处水文地质主管；1993 年 8 月—1999 年 11 月，湖南省湘潭矿业集团有限公司地质工程师；1999 年 11 月—2002 年 4 月，停薪留职，湖南金河包装有限公司办公室主任、质保部经理；2002 年 5 月—2003 年 8 月，湖南省湘潭矿业集团有限公司改革发展部副部长；2003 年 8 月—2008 年 11 月，湖南正翔科技发展有限公司董事、总经理（期间：2005 年 11 月—2008 年 11 月，兼任湖南正鑫投资有限公司副总经理、总经理）；2008 年 12 月—2011 年 9 月，湖南兴湘投资有限公司副总经理；2011 年 9 月—2012 年 12 月，湖南兴湘投资控股集团有限公司人力资源部部长；2013 年 1 月—2015 年 11 月，湖南兴湘投资控股集团有限公司综合管理部部长；2015 年 11 月—2016 年 12 月，湖南湘虹葛业股份有限公司董事长、总经理；2016 年 12 月—2018 年 11 月，湖南省煤业集团有限公司、湖南黑金时代股份有限公司办公室、董事会办公室主任；2018 年 11 月—2019 年 11 月，湖南黑金时代股份有限公司董事会秘书，湖南省煤业集团有限公司、湖南黑金时代股份有限公司办公室（董事会办公室）主任；2019 年 11 月—2020 年 2 月，湖南省煤业集团有限公司党委委员，湖南黑金时代股份有限公司董事会秘书，湖南省煤业集团有限公司办公室（董事会办公室）主任；2020 年 2—3 月，湖南省煤业集团有限公司党委委员，湖南省煤业集团有限公司董事、董事会秘书；2020 年 3 月—2022 年 4 月，湖南省煤业集团有限公司党委委员，立达矿山装备股份有限公司董事长；2022 年 4 月，湖南省煤业集团有限公司党委委员，湖南能投智能装备集团有限公司党委书记、董事长。

曹建书　男，汉族，1965 年 11 月出生，湖南益阳人，1989 年 7 月参加工作，1986 年 12 月加入中国共产党，大学学历，高级工程师，现任湖南省煤业集团有限公司党委委员、副总经理。1989 年 7

月—1991年10月，湖南省煤炭工业设计院工作；1991年11月—1992年10月，湖南省委驻桑植县社教工作队秘书；1992年11月—1994年2月，煤炭工业部长沙设计研究院工程师；1994年3月—1996年3月，湖南长澧石膏股份有限公司副总经理；1996年3月—1999年8月，煤炭工业部长沙设计研究院矿山所所长；1999年8月—2002年4月，煤炭工业部长沙设计研究院经营处主任；2002年4—12月，借调到湖南省煤炭工业局工作，负责全省煤炭矿区规划工作；2003年1月—2004年9月，湖南第一工业设计院院长助理兼经营计划处处长；2004年9月—2008年2月，湖南五凌水电开发有限公司工作，历任计划发展与国际合作部主任经济师、黔东电力燃料公司经理；2008年2月—2009年9月，湖南省煤业集团有限公司战略发展部部长；2009年9月—2015年7月，湖南省煤业集团有限公司、湖南黑金时代股份有限公司战略发展部部长；2015年7月—2017年10月，湖南省煤业集团有限公司总经理助理，湖南省煤业集团有限公司、湖南黑金时代股份有限公司战略发展部部长；2017年10月—2019年11月，湖南省煤业集团有限公司总经理助理，湖南省煤业集团有限公司、湖南黑金时代股份有限公司战略投资部部长；2019年11—12月，湖南省煤业集团有限公司党委委员、总经理助理；2019年12月，湖南省煤业集团有限公司党委委员、副总经理。

饶　高　男，汉族，1979年6月出生，湖南长沙人。1997年10月参加工作，2002年10月加入中国共产党，在职大学学历、硕士学位，高级工程师。现任湖南省煤业集团有限公司党委委员、副总经理。1997年10月—2002年12月，白沙矿务局红卫煤矿工作；2002年12月—2005年3月，白沙煤电集团红卫煤业有限公司煤炭销售公司副经理；2005年3月—2006年6月，白沙煤电集团红卫煤业有限公司龙家山煤矿副矿长；2006年6月—2009年9月，湖南省煤业集团红卫矿业公司龙家山煤矿副矿长；2009年9月—2012年2月，湖南省煤业集团红卫矿业公司龙家山煤矿矿长；2012年2月—2016年10月，红卫矿业有限公司党委委员、副总经理；2016年10月—2017年1月，红卫矿业有限公司党委书记、副总经理；2017年1—9月，街洞矿业有限公司总经理；2017年9月—2018年11月，白山坪矿业有限公司董事长、总经理；2018年11月—2020年8月，白山坪矿业有限公司党委书记、董事长；2020年8月—2021年8月，红卫矿业有限公司党委书记、董事长；2021年8月—2022年11月，湖南煤业股份有限公司副总经理；2022年11月，湖南省煤业集团有限公司党委委员、副总经理。

欧阳维　男，汉族，1963年10月出生，湖南衡山人。1983年8月参加工作，1988年3月加入中国共产党，在职大学学历，现任湖南省煤业集团有限公司顾问。1983年8月—1984年10月，湖南日用化工总厂机修车间干部；1984年10月—1985年5月，湖南日用化工总厂工会副主席；1985年6月—1986年12月，湖南省经委教育培训处干部；1986年12月—1991年8月，湖南省经委教育培训处副科级干部；1991年8月—1995年12月，湖南省经贸委经济运行处正科级干部；1995年12月—2003年9月，湖南省经贸委经济运行处副处长；2003年9月—2004年7月，湖南省经贸委经济运行处处长；2004年7月—2006年6月，湖南省经委经济运行处处长；2006年6月—2009年6月，湖南省煤业集团有限公司党委委员、副总裁；2009年6月—2013年5月，湖南省煤业集团有限公司党委委员、湖南黑金时代股份有限公司副总经理；2013年5月—2019年11月，湖南省煤业集团有限公司党委委员、董事，湖南黑金时代股份有限公司副总经理；2019年11月—2020年4月，湖南省煤业集团有限公司董事；2020年5月，湖南省煤业集团有限公司顾问。

李永友　男，汉族，1964年3月出生，湖南邵东人。1986年12月参加工作，1994年6月加入中国共产党，在职大学学历，高级工程师，现任湖南省煤业集团有限公司工会主席。1986年12月—1992年12月，涟邵矿务局牛马司煤矿铁箕山工区生产技术科采矿技术员；1993年1月—1998年2月，牛马司煤矿派出所干警、教导员；1998年2—12月，涟邵矿务局牛马司煤矿水井头工区党总支书记、工会主席；1998年12月—2002年12月，涟邵矿务局牛马司煤矿斗米山工区主任、水井头工区党总支书记、工区主任；2003年1月—2006年3月，涟邵矿业集团牛马司实业有限公司生产技术部部长；2006年4月—2008年5月，湖南省煤业集团有限公司牛马司矿业有限公司党委委员、副总经理；2008年6月—2016年11月，湖南黑金时代牛马司矿业有限公司党委委员、总经理、执行董事；2016年11月—2018年1月，湖南黑金时代股份有限公司副总经理；2018年1月—2019年11月，湖南黑金时代股份有限公司董事、总经理；2019年11月，湖南省煤业集团有限公司工会主席。

涂湘明　男，汉族，1963年3月出生，湖南邵阳人。1984年7月参加工作，1984年6月加入中国共产党，大学学历，工程硕士学位，国家二级法律顾问，现任湖南省煤业集团有限公司总法律顾问，湖南煤业股份有限公司监事会主席。1984年7月—1989年10月，湖南省煤炭科学研究所助理工程师；1989年10月—1991年12月，借调到湖南省纪委驻湖南省煤炭工业厅纪检组工作；1991年12月—1995年5月，湖南省煤炭工业厅纪检组、监察室工作（1993年2月任主任科员，1993年6月评审为经济师）；1995年6月—2000年9月，湖南省煤炭工业局机关服务中心工作（1998年8月任副经理,副处级）；2000年9月—2002年11月，湖南省煤炭工业局企事业改革处副处长；2002年11月—2003年7月，湖南省煤炭工业局企事业改革处处长；2003年7月—2006年6月，湖南省煤炭工业局企事业改革处调研员、处长；2006年6月—2009年7月，湖南省煤业集团有限公司党委委员、工会主席、总法律顾问、职工董事；2009年7月—2011年6月，湖南省煤业集团有限公司党委委员、总法律顾问；2011年6月—2013年4月，湖南省煤业集团有限公司党委委员、总法律顾问，湖南黑金时代股份有限公司副总经理；2013年4月—2019年11月，湖南省煤业集团有限公司党委委员、总法律顾问，湖南黑金时代股份有限公司监事会主席；2019年11月，湖南省煤业集团有限公司总法律顾问、湖南黑金时代股份有限公司（2020年6月更名为湖南煤业股份有限公司）监事会主席。

彭良文　男，汉族，1966年2月出生，湖南双峰人。1988年6月参加工作，2002年6月加入中国共产党，在职大学学历，现任湖南省煤业集团有限公司总经济师。1988年6月—1992年10月，涟邵矿务局机关子弟学校教师、总务主任；1992年10—12月，涟邵矿务局教育处工作；1992年12月—1995年6月，涟邵矿务局社保处专干；1995年6月—2001年10月，涟邵矿务局社保处副科长；2001年10月—2002年6月，涟邵矿业集团劳动人事社保部副部长；2002年6月—2004年9月，涟邵矿业集团企业改革办公室副主任；2004年9月—2007年7月，借调至湖南省国资委企业改组处工作；2006年6月—2008年8月，湖南省煤业集团有限公司人力资源部副部长（期间：2007年7月—2008年7月，湖南省国资委挂职，任企业改组处副调研员）；2008年8月—2009年5月，湖南省煤业集团有限公司劳资社保部副部长（主持工作）；2009年5—9月，湖南省煤业集团有限公司劳资社保部部长；2009 年 9 月—2015 年 7 月，湖南省煤业集团有限公司、湖南黑金时代股份有限公司劳资社保部部长（期间：2012 年 9 月—2013 年 1 月，任湖南省国有企业改革办派驻万代公司工作组组长）；2015 年 7 月—2017 年 10 月，湖南省煤业集团有限公司总经理助理，湖南省煤业集团有限公司、湖南黑金时代股份有限公司劳资社保部部长；2017 年 10 月—2019 年 12 月，湖南省煤业集团有限公司总经理助理、湖南黑金时代股份有限公司劳资社保部部长；2019 年 12 月，湖南省煤业集团有限公司总经济师。

彭双良 男，汉族，1965 年 12 月出生，湖南祁东人。1988 年 7 月参加工作，1998 年 6 月加入中国共产党，在职大学学历，高级工程师，现任湖南煤业股份有限公司董事、总经理。1988 年 7 月—1991 年 9 月，红卫煤矿龙家山工区技术员；1991 年 10 月—1997 年 3 月，红卫煤矿生产科采矿助理工程师；1997 年 4 月—2001 年 6 月，红卫煤矿龙家山工区、里王庙工区、坦家冲工区技术主管；2001 年 6 月—2003 年 9 月，红卫煤业公司坦家冲煤矿总工程师；2003 年 10 月—2005 年 8 月，红卫煤业公司里王庙矿矿长；2005 年 8 月—2006 年 6 月，红卫煤业公司总工程师；2006 年 6 月—2008 年 10 月，红卫矿业公司总工程师；2008 年 10 月—2013 年 7 月，红卫矿业公司董事长、总经理；2013 年 7 月—2014 年 4 月，红卫矿业公司党委书记、董事长、总经理；2014 年 4 月—2015 年 7 月，红卫矿业公司董事长、总经理；2015 年 8 月—2016 年 8 月，红卫矿业公司党委书记；2016 年 8 月—2018 年 1 月，白沙管理局党组书记、局长；2018 年 1 月—2020 年 3 月，湖南楚湘建工集团党委书记、董事长；2020 年 3 月—2021 年 8 月，湖南煤业股份有限公司副总经理；2021 年 8 月，湖南煤业股份有限公司董事、总经理。

汤世杰 男，汉族，1968 年 8 月出生，湖南汉寿人。1992 年 7 月参加工作，1996 年 7 月加入中国共产党，在职研究生学历，工程硕士学位，高级工程师，现任湖南煤业股份有限公司副总经理、总工程师。1992 年 7 月—1995 年 12 月，白沙矿务局白山坪煤矿磨田工区工作（先后从事通风技术管理、掘进技术管理、采煤技术管理工作）；1996 年 1 月—2000 年 1 月，白沙矿务局白山坪煤矿磨田工区技术主管和机电副主任；2000 年 1 月—2002 年 1 月，湖南省白沙煤电集团白山坪煤业公司磨田煤矿副矿长、总工程师；2002 年 2 月—2003 年 9 月，湖南省白沙煤电集团生产技术部副部长、主任工程师；2003 年 10 月—2006 年 6 月，湖南省白沙煤电集团白沙工程设计有限公司董事长、总经理；2006 年 6 月—2007 年 6 月，湖南省煤业集团有限公司副总工程师、安全生产部副部长；2007 年 6 月—2008 年 10 月，湖南省煤业集团有限公司白山坪矿业有限公司董事长、总经理；2008 年 10 月—2009 年 6 月，湖南省煤业集团白沙矿区安全生产管理局党组书记、局长；2009 年 6 月—2018 年 11 月，湖南黑金时代股份有限公司副总经理（期间：2010 年 12 月—2011 年 4 月，兼任湖南省煤业集团资兴矿区安全生产管理局局长、党组书记）；2018 年 11 月，湖南黑金时代股份有限公司（2020 年 6 月更名为湖南煤业股份有限公司）副总经理、总工程师。

王双开 男，汉族，1968 年 12 月出生，湖南双峰人。1990 年 6 月参加工作，2002 年 12 月加入中国共产党，在职大学学历，高级工程师，现任湖南煤业股份有限公司副总经理。1990 年 6 月—1994 年 10 月，白沙矿务局马田煤矿桐子山工区技术员、团总支书记；1994 年 11 月—2001 年 12 月，白沙矿务局（白沙煤电集团）马田煤矿（马田煤业公司）通风科副科长、科长、生产技术部副部长；2002 年 1 月—2002 年 5 月，白沙煤电集团马田煤业公司桐子山煤矿矿长；2002 年 5 月—2005 年 9 月，白沙煤电集团马田煤业公司副总经理、总工程师；2005 年 10 月—2006 年 6 月，白沙煤电集团马田矿业公司董事长、总经理；2006 年 6 月—2008 年 12 月，湖南省煤业集团马田矿业公司董事长、总经理；2009 年 1 月—2011 年 3 月，湖南省煤业集团新疆能源有限公司董事长、总经理；2011 年 4 月—2012 年 10 月，贵州湘能实业有限公司党委副书记、总经理；2012 年 11 月—2016 年 8 月，湖南省煤业集团白沙矿区安全生产管理局党组书记、局长；2016 年 8 月—2017 年 10 月，周源山煤矿矿长；2017 年 10 月—2018 年 11 月，湖南黑金时代周源山矿业分公司总经理；2018 年 11 月—2019 年 11 月，湖南黑金时代周源山矿业分公司党委副书记、总经理；2019 年 11 月，湖南黑金时代股份有限公司（2020 年 6 月更名为湖南煤业股份有限公司）副总经理。

张新建　男，汉族，1978 年 8 月出生，湖南醴陵人。1997 年 7 月参加工作，2000 年 6 月加入中国共产党，在职大学学历，高级政工师，经济师。现任湖南煤业股份有限公司董事会秘书，湖南省煤业集团有限公司、湖南煤业股份有限公司董事会工作部部长。1997 年 7 月—1998 年 5 月，湖南省煤炭公司人事处工作；1998 年 6 月—2002 年 12 月，湖南省煤炭公司办公室秘书；2003 年 1 月—2006 年 6 月，湖南省煤炭公司办公室副主任；2006 年 6 月—2007 年 6 月，湖南省煤业集团有限公司董事会办公室秘书；2007 年 6 月—2009 年 1 月，湖南省煤业集团有限公司董事会办公室副主任；2009 年 1 月—2009 年 9 月，湖南省煤业集团有限公司董事会办公室副主任、湖南省煤业集团有限公司办公室副主任；2009 年 9 月—2010 年 1 月，湖南省煤业集团有限公司、湖南黑金时代股份有限公司董事会办公室副主任；2010 年 1 月—2013 年 7 月，湖南省煤业集团有限公司、湖南黑金时代股份有限公司董事会办公室主任；2013 年 7 月—2014 年 12 月，湖南省煤业集团有限公司、湖南黑金时代股份有限公司董事会办公室主任，湖南省煤业集团有限公司党委工作部部长；2014 年 12 月—2015 年 7 月，湖南省煤业集团有限公司办公室主任、湖南黑金时代股份有限公司董事会办公室主任；2015 年 7 月—2016 年 12 月，湖南黑金时代股份有限公司董事会秘书，湖南省煤业集团有限公司、湖南黑金时代股份有限公司董事会办公室主任、办公室主任；2016 年 12 月—2018 年 11 月，湖南黑金时代股份有限公司董事会秘书；2018 年 11 月—2020 年 1 月，资兴实业有限公司党委书记、副董事长；2020 年 1 月—2022 年 11 月，湖南煤业股份有限公司董事会秘书，湖南省煤业集团有限公司、湖南煤业股份有限公司董事会办公室主任、办公室主任；2022 年 11 月，湖南煤业股份有限公司董事会秘书，湖南省煤业集团有限公司、湖南煤业股份有限公司董事会工作部部长。

李小全　男，汉族，1968 年 1 月出生，湖南永兴人，1989 年 7 月参加工作，1992 年 6 月加入中国共产党，在职本科学历，工程师。现任湖南煤业股份有限公司副总经理。1987 年 9 月—1989 年 7 月，湖南省煤炭工业学校机电专业学习；1989 年 7 月—1997 年 11 月，宝源煤矿运输工区机电队技术员、副队长、队长、机电主任；1997 年 12 月—1999 年 8 月，宝源煤矿南平硐工区机电主任（期间：1998 年 9 月—2000 年 7 月，湖南省委党校经济管理专业学习）；1999 年 9 月—2007 年 11 月，宝源煤矿运输工区机电主任、工区主任；2007 年 11 月—2009 年 11 月，宝源矿业公司副总经理（期间：2006 年 3 月—2008 年 7 月，湖南科技大学电气工程及其自动化专业学习）；2009 年 12 月—2011 年 10 月，宝源矿业有限公司董事长、总经理；2011 年 11 月—2012 年 6 月，宝源矿业公司董事长、党委书记；2012 年 6 月—2016 年 1 月，周源山煤矿矿长；2016 年 1—7 月，周源山煤矿矿长，湖南黑金时代股份有限公司副总经理；2016年7月—2019年5月，周源山矿业公司工作；2019年5—11月，白沙矿区安全生产管理局副局长；2019年11月—2022年5月，周源山矿业公司党委副书记、总经理；2022年5—11月，周源山矿业公司党委副书记、副总经理（主持工作）；2022年11月，周源山矿业公司党委副书记、总经理。

伍先文 男，汉族，1976年9月出生，湖南新化人，1995年11月参加工作，1999年6月加入中国共产党，在职大学学历，工程师。现任湖南煤业股份有限公司副总经理。1995年11月—1997年8月，周源山煤矿职工；1997年9月—2000年7月，周源山煤矿通修队副队长；2000年8月—2006年10月，周源山煤矿通修队队长；2006年11月—2009年2月，周源山煤矿通风工区副区长；2009年2月—2013年7月，周源山煤矿通风工区区长；2013年7月—2015年1月，贵州湘能实业有限公司副总经理兼保华煤矿矿长；2015年1—7月，贵州湘能实业有限公司副总经理；2015年7—10月，贵州湘能实业有限公司副总经理兼义忠煤矿矿长；2015年10—12月，贵州湘能实业有限公司副总经理;2015年12月—2018年11月，周源山煤矿副矿长；2018年11月—2020年9月，周源山矿业分公司党委委员、副总经理（期间：2020年4—9月，任集团公司驻张家界市慈利县广福桥镇三王村帮扶工作队队长、第一书记）；2020年9月—2021年11月，金竹山矿业有限公司党委副书记、副董事长、总经理；2021年11月—2022年12月，金竹山矿业有限公司党委书记、董事长；2022年12月，湖南煤业股份有限公司副总经理。

（二）全国人大代表

苗振林 男，汉族，1978年12月出生，无党派人士，正高级工程师,华磊光电公司副总工程师、技术研发中心副主任。第十三届全国人大代表。

（三）全国“五一劳动奖章”获得者（2006—2022年）

刘思明 男，汉族，1963年9月出生，中共党员，金竹山矿业公司一平硐矿118队队长。2006年获得全国“五一劳动奖章”，同时被授予湖南省劳动模范荣誉称号。

周泽知 男，汉族，1970年11月出生，中共党员，湘潭矿业公司一矿安全通风科科长。2009年获得全国“五一劳动奖章”，同时被授予湖南省劳动模范荣誉称号。

张敬阳 男，汉族，1962年10月出生，中共党员，大学本科学历，采矿工程师，湖南省煤业集团街洞矿业公司茶塘煤矿矿长。2013年4月获得全国“五一劳动奖章”，同时被授予湖南省劳动模范荣誉称号。

周高中 男，汉族，1971年5月出生，中共党员，牛马司矿业公司铁箕山煤矿掘进工。2014年5月获得全国“五一劳动奖章”，同时被授予湖南省劳动模范荣誉称号。

（四）全国煤炭工业劳动模范(2006—2022年)

周向志 男，汉族，1966年5月出生，中共党员。2007年任贵州湘能公司董事长、党委书记，获得全国煤炭工业劳动模范荣誉称号。

贾运仲 男，汉族，1964年3月出生，中共党员，长沙矿业公司五亩冲煤矿采煤工。2007年获得全国煤炭工业劳动模范荣誉称号。

曾跃龙 男，汉族，1961年11月出生，中共党员。2007年任湘潭矿业集团三矿副矿长，获得全国煤炭工业劳动模范荣誉称号。

覃跃华 男，汉族，1974年8月出生，金竹山矿业公司一平硐煤矿掘进工。2012年5月获得全国煤炭工业劳动模范荣誉称号。

杨正兴 男，汉族，1982年1月出生，中共党员，长沙矿业公司五亩冲煤矿采煤队长。2012年9月获得全国煤炭工业劳动模范荣誉称号。

邝良忠 男，汉族，1972年11月出生，兴源矿业公司周家坳煤矿采二队队长，2018年获得全国煤炭工业劳动模范荣誉称号。

龙兵仔 男，汉族，1968年2月20日出生，湖南省煤业集团金竹山矿业有限公司土朱煤矿212队队长。2022年获得全国煤炭工业劳动模范荣誉称号。

（五）湖南省政协委员

廖建湘 湖南省煤业集团有限公司党委书记、董事长，湖南煤业股份有限公司董事长，湖南省第十一届政协委员、第十二届政协常委。

廖哲强　涟邵实业公司执行董事、总经理、党委书记，湖南省第十一届政协委员。

徐东方　湖南省煤炭科学院有限公司党委委员、副总经理，湖南省第十三届政协委员。

（六）湖南省劳动模范（2006—2022 年）

尹寿甫　男，汉族，1965 年 6 月出生，中共党员，牛马司矿业公司铁箕山煤矿采煤队队长。2006 年获得湖南省劳动模范荣誉称号。

张知平　男，汉族，1980 年 2 月出生，中共党员，周源山煤矿采煤一队采煤工。2010 年 12 月获得湖南省劳动模范荣誉称号。

李存谷　男，汉族，1965 年 4 月出生，中共党员，洪山殿矿业公司咸沙坝煤矿掘进三队队长。2010 年获得湖南省劳动模范荣誉称号。

苗振林　男，汉族，1978 年 12 月出生，无党派人士，正高级工程师，第十三届全国人大代表，华磊光电公司副总工程师、技术研发中心副主任。2020 年获得湖南省劳动模范荣誉称号。

胡文胜　男，汉族，1968 年 9 月出生，中共党员，红卫矿业公司坦家冲掘四队队长，2020 年获得湖南省劳动模范荣誉称号。

（七）湖南省“五一劳动奖章”获得者（2006—2022 年）

袁于胜　男，汉族，时任涟邵实业公司副总经理、工会主席，2013 年获得湖南省“五一劳动奖章”。

许亚兵　男，汉族，时任华磊光电公司副总经理，2013 年获得湖南省“五一劳动奖章”。

张　涛　男，汉族，白沙矿区安全生产管理局救护大队队员，2021 年获得湖南省“五一劳动奖章”。

二、人　物　名　录

（一）集团（股份）公司总部部门历任负责人（按姓氏笔画排序）

王平芽　王恩国　王跃华　王亮山　王纲要
王金星　孔富根　尹红球　邓世瑜　邓小春
毛付平　艾广生　龙志强　代学文　匡　蓉
朱怀文　朱宗元　朱文波　许资平　许志坚
全　伟　伍福德　刘嘉玲　刘建军　刘国平
刘祖明　刘东红　刘庆日　刘骏峰　刘　强
刘　勇　刘　思　严华平　李传红　李界宏
李景余　李　平　李茂红　李文军　李湘林
李明春　李永富　李运来　肖章大　吴命秋
吴英杰　何灿辉　何大庆　沈　斌　杨瑞美
张新建　张月侨　张丙戌　张兴伶　张建生
张文艺　陈石华　陈洪鹄　陈永升　钟　元
罗冬生　罗平忠　周秋生　周林冲　郭　芳
赵聚源　赵树良　胡艳芳　袁振戎　袁钰皓
焦向前　曹术根　姚仲秋　姚湘忠　姚文娥
贺高祥　唐小华　唐小龙　唐宇龙　陶思明
黄海清　黄奂果　黄有文　黄　勇　黄友爱
黄　震（国资委挂职）　康忠辉　梁翠霞
童建良　彭桂剑　彭　蔚　蒋勇平　蒋勇军
蒋　晟　董明松　程艳芳　傅兵庆　曾险峰
谢攸松　谢美航　谢海燕　谢义明　廖哲强
廖自然　谭和平

（二）集团（股份）公司高级技术职称人员（按姓氏笔画排序）

1. 正高级技术职称人员

胡晓红　赵　斌　徐东方

2. 副高级技术职称人员

丁治军　马合意　马宏宇　文仕秋　文少芬
文素红　王双开　王金星　王勖荣　王建军
王福全　王旭辉　王胜初　王　清　王大宏
王钢要　王立强　王中君　王业建　王焦生
王作成　王壮丽　王石桥　孔　雷　孔　超
孔富根　邓建长　邓小春　邓育军　尹仲初
尹树丛　戈宏岳　龙建军　龙秋根　龙朝晖
龙　凤　龙建国　龙济舟　龙秀德　龙云辉
龙　岩　龙中华　龙　顺　龙　凌　申广君
占冬艳　石武军　付长杰　冯　林　代学文
石兴华　刘　勇　刘建伟　刘建强　刘文宜
刘　亿　刘绍勇　刘抗明　刘松朝　刘国平
刘祖明　刘建平　刘东红　刘保平　刘长城
刘省良　刘安平　刘晓鑫　刘安祥　刘绍成
刘清才　刘文斯　刘　艺　刘少文　刘银军
全　伟　许资平　许贤松　许文军　许永德
孙朝晖　汤世杰　匡智肖　关俊军　阳相连
朱文波　朱新平　朱希希　朱升山　伍良仓
伍发杰　伍福德　伍晓阳　吉　俊　张小雁

张新建　张建生　张小球　张　浩　张文艺
张江柳　张立忠　张发亨　张文洋　张先俊
张军华　张　平　李永友　李传红　李由顺
李如顺　李新良　李明春　李东明　李超群
李达军　李晓慧　李　曙　李　军　李晓全
李茂红　李宏涛　李　强（立达公司）
李时军　李爱民　李　强（楚湘建工集团）
李习文　李国平　李友元　李能连　李　清
李曙光　李小林　李景余　李春莲　李和平
李建设　李高全　李国雄　李小平　李文龙
李洪坤　李　耘　李　倩　陈久良　陈秋华
陈洪鹄　陈红斌　陈春德　陈青峰　陈茂春
陈跃林　陈宏碧　陈书华　陈建明　陈丽凤
陈　勇　陈　湘　范良宜　杨光军　杨小华
杨富强　杨　芯　杨新跃　杨章利　杨智勇
杨伯欢　杨东辉　杨宇强　杨晓华　杨喜才
杨亚平　杨　静　宋齐国　何　烽　何建辉
何　强　何　颖　何荣海　何大庆　何艾夫
何文飞　何可仁　何爱保　何小武　严华平
苏勇松　余佳林　余　庆　余菊华　谷外姣
谷桂生　沈陆军　沈金生　吴孟雄　吴正水
吴云长　汪延明　肖利民　肖科生　肖章大
杜泰生　杜建军　旷裕光　旷　军　邱发亮
周才标　周秋生　周林冲　周东升　周晓明
周向志　周　建　周艳红　周永鸿　周益文
周立民　周建明　周铁桥　周宏亮　周伏生
周春山　周日升　周友良　罗瑞锋　罗冬吉
罗秋德　罗运连　罗宇灿　罗　瀚　罗凌云
欧资源　欧阳胜光　欧日华　欧小军
庞　启　郑明芳　林旭民　林　麟　官晓玲
易金祥　苗旭锋　胡瑞连　胡艳芳　胡　伟
赵鸣镝　赵姣伟　赵正稳　赵鹏涛　赵聚源
赵志旗　赵　炜　贺正喜　贺明礼　贺风华
姚泽钢　姜良亮　钟瑞林　饶　高　柳　健
涂湘明　徐　全　徐志华　徐瑞兵　徐长江
徐泽明　郭　芳　郭建湘　郭奎生　袁达才
袁宝华　袁望弘　袁　坚　桂志明　秦武锋
唐小华　资仕成　黄跃辉　黄奂果　黄小亿
黄朝兴　黄青梅　黄战辉　黄华勇　黄锡亮
黄立新　黄　秀　黄　剑　黄　建　曹建书
曹明庚　曹贵华　梁瑞虎　梁　波　梁飞林
彭双良　彭桂剑　彭　蔚　彭小跃　彭祥宇
彭　猛　彭爱云　彭　姣　彭志文　彭代恒
彭新建　彭海绪　谢海燕　谢攸松　谢申南
谢其发　谢　珲　谢政成　谢会生　谢传财
谢规伶　蒋勇平　蒋　超　蒋端生　蒋兴华
蒋厚今　蒋少康　曾上徕　曾庆祥　董明松
程艳芳　揭志文　覃佐亚　粮兰芬　楚毅峰
廖自然　廖哲强　廖本俸　谭景茂　谭国强
樊五即　颜森奇　黎常忠　潘冠吾　潘锡辉
燕春辉　濮益栋

荣　誉

一、先进集体

（一）省部级先进集体（2006—2022年）

获奖单位（部门）	荣　誉	颁发单位（部门）	授予时间
集团公司	全国煤炭系统群众体育工作先进单位	中国煤炭工业协会、中华全国体育联合会煤炭体协	2006 年
集团公司	湖南省抗冰救灾先进集体	湖南省委、省政府	2008 年
集团公司	2008 年度湖南省调煤保电先进单位	湖南省人民政府	2009 年
集团公司	全国“安康杯”竞赛优胜企业	中华全国总工会、国家安全生产监督管理总局	2009 年

（续）

获奖单位（部门）	荣　誉	颁发单位（部门）	授予时间
集团公司	第三届湖南“最受尊敬企业”	湖南省人民政府	2010年
集团公司	全国煤炭行业人力资源工作先进单位	中国煤炭工业协会	2010年
集团公司	2010年度安全生产工作先进单位	中共湖南省委、湖南省人民政府	2010年
集团公司	湖南省调煤保电工作先进单位	湖南省人民政府	2011年
集团公司	湖南省调煤保电工作先进单位	湖南省人民政府	2012年
集团公司	湖南省2012年度保障性安居工程工作优秀单位	湖南省人民政府	2012年
集团公司人力资源部	煤炭行业人力资源工作先进集体	中国煤炭工业协会	2012年
集团公司	全国“安全生产月”活动先进单位	国务院安委会办公室	2016年
集团公司	2014—2015年度统计工作先进单位	中国煤炭工业协会	2016年
集团公司企管业考部	全国煤炭工业统计工作先进单位(部门)	中国煤炭工业协会	2016—2017年
集团公司	全省综治工作先进单位	湖南省委、省政府	2017年
集团公司	全省安全生产工作优秀单位	湖南省委、省政府	2017年
集团公司	2018年中国企业文化建设先进单位	中国企业文化促进会	2018年
集团公司	2018年度湖南省安全生产工作优秀单位	湖南省委、省政府	2018年
集团公司	全省综治维稳工作合格单位	湖南省委、省政府	2018年
集团公司	全省信访工作先进单位	湖南省委、省政府	2019年
集团公司	全国煤炭工业“优秀企业”	中国煤炭工业协会	2019年
集团公司	全省平安建设先进单位	湖南省委、省政府	2021年
集团公司	全省平安建设先进单位	湖南省委、省政府	2022年
白沙实业永耒铁路分公司	先进单位	全国地方铁路协会	2009年
金竹山公司工会	全国煤炭系群监工作先进单位	中国能源化学工会全国委员会	2006年
金竹山公司一平硐煤矿118队	全国五一劳动奖状	中华全国总工会	2006年
金竹山公司协管会	全国煤炭系统先进协管会	中国能源化学工会	2006年
金竹山矿业公司一平硐煤矿118队	全国五一劳动奖章	中华全国总工会	2007年
金竹山公司土朱煤矿电工班	2006年度全国学习型先进班组	全国“创争”活动领导小组	2007年
金竹山矿业公司托山煤矿	全国煤炭工业先进集体	中华全国总工会	2007年
金竹山矿业公司一平硐覃跃华班	全国煤矿优秀班组	中国能源化学工会全国委员会	2008年
金竹山公司工会	全国能源化学系统先进工会	中国能源化学工会全国委员会	2011年
金竹山公司工会	全国煤炭系群众文化体育工作先进单位	中国能源化学工会全国委员会	2011年
金竹山公司工会	全国煤炭系群众文化体育工作先进单位	中国能源化学工会全国委员会	2014年
周源山煤矿	全国煤矿群众体育先进单位	中华全国总工会	2007年

（续）

获奖单位（部门）	荣誉	颁发单位（部门）	授予时间
周源山煤矿工会	全国能源化学系统先进工会	中国能源化学工会全国委员会	2007年
周源山煤矿工会	全国能源化学系统先进工会	中国能源化学工会	2008年
周源山煤矿采五队	全国“安康杯”竞赛优胜班组	中华全国总工会、国家安全生产监督管理总局	2008年
周源山煤矿工会	2009年度全国“安康杯”竞赛优胜企业	中华全国总工会、国家安全生产监督管理总局	2010年
周源山煤矿综掘队邹云清班	全国优秀班组	中华全国总工会	2010年
周源山煤矿	全国最美矿山	中华全国总工会、中国能源报	2013年
周源山矿业公司	煤炭工业先进煤矿	中国煤炭工业协会	2020年
周源山煤矿	全国煤炭工业先进集体	人力资源和社会保障部、中国煤炭工业协会	2022年
南阳公司溉江煤矿	全国先进群安接待站	中国能源化学工会	2006年
南阳矿业公司	全国安康杯优胜单位	中华全国总工会	2011—2014年
南阳矿业公司	全国煤炭系统女工家属安全协管工作先进协管会	中国能源化学工会	2012年
南阳矿业公司	五一劳动奖状	全国能源化学系统	2012年
南阳矿业公司	中国最美矿山	国家能源局	2013年
南阳矿业公司	全国模范职工之家	中华全国总工会	2015年
南阳矿业公司	全国煤炭工业先进集体	人力资源和社会保障部、中国煤炭工业协会	2018年
华磊光电公司	2016年国家知识产权优势企业	国家知识产权局	2016年
华磊光电公司	全国煤炭行业五四红旗团委	中国煤炭工业协会	2017年
湘永矿业公司铜角湾煤矿	全国煤炭工业先进煤矿	中国煤炭工业协会	2016—2017年
湘永矿业公司	全国煤炭行业档案管理先进单位	中国煤炭工业协会	2020年
嘉禾矿业公司	全国煤炭工业先进煤矿	中国煤炭工业协会	2020年
宝源矿业公司北平硐煤矿	中国煤炭工业协会先进会员单位	中国煤炭工业协会	2022年
宝源矿业公司北平硐煤矿	全国煤炭工业先进煤矿	中国煤炭工业协会	2022年

（二）其他先进集体（2006—2022年）

获奖单位（部门）	荣誉	颁发单位（部门）	授予时间
集团公司	湖南省企业管理现代化创新成果二等奖	湖南省企业联合会、湖南省企业家协会	2010年
集团公司工会	湖南省直属基层工会年度综合考评一等奖	湖南省总工会	2011年
集团公司	湖南省企业管理现代化创新成果三等奖	湖南省工业经济联合会、湖南省企业联合会、湖南省企业家协会	2011年

（续）

获奖单位（部门）	荣　　誉	颁发单位（部门）	授予时间
集团公司	湖南省国有企业创先争优活动先进单位	中共湖南省国资委委员会	2012 年
集团公司工会	湖南省直属基层工会年度综合考评一等奖	湖南省总工会	2013 年
集团公司	“做事先做人，做好六种人”获创新企业文化建设十大品牌奖	湖南省企业文化促进会	2015 年
集团公司	2018—2019 年度“中国品牌企业报刊百强”	中国报业协会	2018—2019 年
集团公司	第二届全国应急管理普法知识竞赛组织奖	应急管理部、司法部、全国普法办	2020 年
集团公司	“2020 中国煤炭运销卓越品牌”“2020 中国煤炭运销突出贡献企业”“2020 中国煤炭运销企业 30 强”	中国煤炭运销协会	2020 年
集团公司	全省第三届应急救援技能竞赛综合团体第二名	湖南省应急管理厅、省人力资源和社会保障厅、省总工会、团省委	2021 年
集团公司	全省第三届应急救援技能竞赛记集体三等功	湖南省应急管理局	2021 年
集团公司	“全省青年安全生产示范岗”称号	湖南省团省委	2021 年
集团公司	“湖南省工人先锋号”称号	湖南省总工会	2021 年
集团公司	省管企业组织人事工作业务情景模拟教学暨知识技能竞赛优胜奖	中共湖南省委组织部	2021 年
集团公司	庆祝中国共产党成立 100 周年全国保密宣传教育作品征集评选活动优秀组织奖	中共湖南省委保密委员会、湖南省国家保密局	2021 年
金竹山公司一平硐煤矿班中餐食堂	湖南省“芙蓉标兵岗”	湖南省总工会	2007 年
金竹山公司协管会	全省煤矿群安工作先进安全协管会	湖南省煤炭管理局、煤炭工会	2011 年
周源山煤矿	湖南省“模范职工之家”	湖南省总工会	2006 年
周源山煤矿工会	湖南省重点企业“安康杯”竞赛先进单位	湖南省总工会	2007 年
周源山煤矿工会	湖南省重点企业“安康杯”竞赛先进单位	湖南省总工会	2008 年
周源山煤矿	湖南省重点企业“安康杯”竞赛优胜企业	湖南省总工会、湖南省安全生产监督管理局	2008 年
周源山煤矿掘进七队	湖南省“工人先锋号”	湖南省总工会	2009 年
周源山煤矿工会	全省煤炭系统“先进工会”	湖南省总工会	2012 年
南阳矿业公司	湖南省群安工作竞赛先进单位	湖南省总工会	2010 年
南阳矿业公司	湖南省安康杯优胜单位	湖南省总工会	2010 年
南阳矿业公司	湖南省双文明建设模范单位	湖南省总工会	2013 年
红卫矿业公司	湖南省厂务公开民主管理先进单位	湖南省纪委、组织部、国资委、省总工会等 12 个部门	2011 年

（续）

获奖单位（部门）	荣　　誉	颁发单位（部门）	授予时间
红卫矿业公司	湖南省“五一先锋集体”称号	湖南省总工会	2011 年
白山坪矿业公司	“安康杯”竞赛优胜企业	湖南省总工会	2007 年
白山坪矿业公司	“安康杯”竞赛优胜企业	湖南省总工会	2008 年
白山坪矿业公司	“安康杯”竞赛优胜企业	湖南省总工会	2009 年
华磊光电工会	湖南省劳模示范创新工作室	湖南省总工会	2014 年
华磊光电公司	湖南省第二届质量技术与创新成品大赛六西格玛类一等奖	湖南省国资委	2021 年
湖南楚湘建设有限公司	铜角湾煤矿立井工程获得 2010—2011 年度中国煤炭行业“太阳杯”、煤炭行业优质工程奖	中国煤炭建设协会、中国煤炭工业建设工程质量监督总站	2011 年
楚湘建工集团	全国煤炭行业“优质工程”和“太阳杯”工程质量奖	中国煤炭建设协会	2017—2018 年

（三）集团公司先进集体（2016—2022 年）

1. 优秀领导班子

2016 年度：南阳矿业公司、红卫矿业公司、宝源矿业公司、湘永矿业公司。

2017 年度：周源山矿业公司、红卫矿业公司、嘉禾矿业公司、涟邵实业公司、湘永矿业公司。

2018 年度：周源山矿业公司、红卫矿业公司、楚湘建工集团、湘永矿业公司、马田矿业公司、资兴实业公司。

2019 年度：白沙实业公司、周源山矿业公司、宝源矿业公司、楚湘建工集团、黄牛岭矿业公司、能投售电公司。

2020 年度：周源山矿业公司、南阳矿业公司、楚湘建工集团、资兴实业公司、湘永矿业公司、能投售电公司。

2021 年度：白沙实业公司、周源山矿业公司、南阳矿业公司、兴源矿业公司、宝源矿业公司、街洞矿业公司、楚湘建工集团、能投售电公司。

2022 年度：周源山矿业公司、南阳矿业公司、街洞矿业公司、楚湘建工集团、涟邵实业公司、湘永矿业公司、马田矿业公司、能投售电公司。

2. 党建工作先进单位

2016 年度：白沙实业公司、金竹山矿业公司、白山坪矿业公司、兴源矿业公司。

2017 年度：南阳矿业公司、兴源矿业公司。

2018 年度：白沙实业公司、金竹山矿业公司、南阳矿业公司、兴源矿业公司、华磊光电公司、涟邵实业公司。

2019 年度：南阳矿业公司、华磊光电公司、涟邵实业公司、湘永矿业公司、马田矿业公司。

2020 年度：红卫矿业公司、宝源矿业公司、街洞矿业公司、涟邵实业公司、黄牛岭矿业公司。

2021 年度：金竹山矿业公司、白山坪矿业公司、资兴实业公司、涟邵实业公司、湘永矿业公司、立达装备公司、湖南省煤科院、精煤公司。

2022 年度：白沙实业公司、金竹山矿业公司、白山坪矿业公司、宝源矿业公司、资兴实业公司、大岭矿业公司、立达装备公司、湖南省煤科院。

二、先进个人

（一）省部级先进个人（2006—2022 年）

姓名	所在单位	荣　　誉	授予部门	授予时间
廖建湘	集团公司	中国企业文化建设功勋人物奖	中国文化企业促进会	2018 年

（续）

姓 名	所在单位	荣　　誉	授予部门	授予时间
李传红	集团公司	全国煤炭系统群众体育工作先进工作者	中国煤炭工业协会、煤炭体协	2006 年
涂湘明	集团公司	全国煤炭系统群众体育工作先进工作者	中国煤炭工业协会、煤炭体协	2006 年
		全国优秀工会工作者	中华全国总工会	2008 年
易发科	资兴实业公司	全国煤炭系统群众体育工作先进工作者	中国煤炭工业协会、煤炭体协	2006 年
陈新华	涟邵实业公司	全国煤炭行业优秀工会主席、全国煤炭系统群众体育先进工作者	全国煤炭工会、中国煤炭工业协会、煤炭体协	2006 年
李吉国	辰溪煤矿蒋家坪工区掘进队	全国煤炭工业十佳掘进队长	中国能源化学工会全国委员会	2006 年
代甲蛮	白沙煤电集团南阳煤业公司淝江煤矿采煤队	全国煤炭工业优秀队（工）长	中国能源化学工会全国委员会	2006 年
闵国军	长沙矿业集团公司西峰仑煤矿采煤二队	全国煤炭工业优秀队（工）长	中国能源化学工会全国委员会	2006 年
李忠春	资兴矿业集团公司周源煤矿采一队	全国煤炭工业优秀队（工）长	中国能源化学工会全国委员会	2006 年
邓伟胜	湘潭矿业集团公司四矿掘进队	全国煤炭工业优秀队（工）长	中国能源化学工会全国委员会	2006 年
刘思明	涟邵矿业集团公司金竹山公司一平硐煤矿 118 队	全国煤炭工业优秀队（工）长	中国能源化学工会全国委员会	2006 年
周　逊	资兴唐洞煤炭公司机电队	全国煤炭工业优秀队（工）长	中国能源化学工会全国委员会	2006 年
刘美华	涟邵矿业集团公司牛马司公司运输公司运输队	全国煤炭工业优秀队（工）长	中国能源化学工会全国委员会	2006 年
何志明	白沙煤电集团公司红卫煤业公司坦家冲煤矿通风队	全国煤炭工业优秀队（工）长	中国能源化学工会全国委员会	2006 年
张华伟	金竹山公司	第三届全国煤炭工业生产一线优秀青年科技工作者	中国煤炭学会	2008 年
张丙戌	集团销售公司	2008 年度全省调煤保电先进个人	湖南省人民政府	2009 年
张华伟	金竹山矿业公司	2008 年度全省调煤保电先进个人	湖南省人民政府	2009 年
黄奂果	长沙矿业公司	2008 年度全省调煤保电先进个人	湖南省人民政府	2009 年
刘庆日	资兴销售公司	2008 年度全省调煤保电先进个人	湖南省人民政府	2009 年
喻雨初	洪山殿矿业公司	新中国 60 年湖南省最具影响劳动模范提名奖	湖南省人民政府	2009 年

（续）

姓名	所在单位	荣誉	授予部门	授予时间
周向志	周源山煤矿	全国煤炭工业优秀矿长	中国煤炭工业协会	2009 年
刘清才	街洞矿业公司	全国优秀科技工作者	中国科学技术协会	2010 年
王锦玉	牛马司公司水井头煤矿	全国煤矿优秀班组长	中国煤炭工业协会	2010 年
彭良文	集团公司	2009—2010 年湖南省企业人力资源管理先进个人，并记三等功	湖南省人民政府	2011 年
邓育平	牛马司公司铁箕山煤矿	第十届“湖南省技术能手”称号	湖南省人民政府	2011 年
欧资源	集团公司	全省调煤保电先进个人	湖南省人民政府	2011 年
姚湘忠	集团总部人力资源部	全国“煤炭行业人力资源工作”先进个人	中国煤炭工业协会	2012 年
刘思明	金竹山矿业公司	同煤杯·第二届寻找感动中国的矿工百名入选人物	全国煤炭工会	2012 年
胡文胜	红卫矿业公司	第四届湖南省技能大师称号	湖南省人民政府	2014 年
龙新贵	红卫矿业公司	第四届湖南省技能大师称号	湖南省人民政府	2014 年
梁瑞志	红卫矿业公司	第四届湖南省技能大师称号	湖南省人民政府	2014 年
赵练平	金竹山矿业公司	第十一届湖南省技术能手称号	湖南省人民政府	2014 年
胡文胜	红卫矿业公司	全国煤炭行业“第三届感动中国的矿工”	中国煤炭工业协会	2016 年
向水滔	周源山煤矿	全国煤炭行业“第三届感动中国的矿工”	中国煤炭工业协会	2016 年
王双开	周源山矿业公司	全国煤矿“双十佳”矿长	中国煤炭工业协会	2016—2017 年
王明智	马田矿业公司	全国煤矿优秀矿长	中国煤炭工业协会	2016—2017 年
鲁炳元	集团公司	全国煤炭工业统计工作先进个人	中国煤炭工业协会	2016—2017 年
吴命秋	集团公司	全国煤炭工业统计工作先进个人	中国煤炭工业协会	2016—2017 年
杨　斌	湘永矿业公司	湖南省优秀共青团	共青团省委	2017 年
童建良	集团公司	煤炭工业第二轮修志工作先进工作者	中国煤炭工业协会	2019 年
周益文	红卫矿业公司	全国煤炭系统优秀矿长	中国煤炭工业协会	2020 年
樊五即	马田矿业公司	全国煤炭系统优秀矿长	中国煤炭工业协会	2020 年
周学锋	兴源矿业公司	全国煤炭系统优秀矿长	中国煤炭工业协会	2020 年
匡　蓉	集团公司	煤炭工业协会工作优秀联络员	中国煤炭工业协会	2020 年
刘文颂	金竹山矿业公司	全国煤炭工业统计工作先进个人	中国煤炭工业协会	2020 年
宋齐国	南阳矿业公司	湖南省抗击新冠肺炎疫情先进个人	湖南省委、省政府	2020 年
姚仲秋	集团公司	湖南省优秀党务工作者	中共湖南省委	2021 年
龙兵仔	金竹山矿业公司土朱煤矿	全国煤炭工业劳动模范	人力资源和社会保障部、中国煤炭工业协会	2022 年

（续）

姓名	所在单位	荣　　誉	授予部门	授予时间
田　站	街洞矿业茶山岭煤矿	全国煤炭系统优秀矿长	中国煤炭工业协会	2022 年
熊志雄	红卫矿业龙家山煤矿	全国煤炭系统优秀矿长	中国煤炭工业协会	2022 年
彭志国	兴源矿业伍家冲煤矿	全国煤炭系统优秀矿长	中国煤炭工业协会	2022 年
罗　滨	集团公司企管业考部	统计工作先进个人	中国煤炭工业协会	2022 年
张文艺	集团公司办公室	“两化融合”先进个人	中国煤炭工业协会	2022 年
张建生	集团公司生产技术部	“两化融合”先进个人	中国煤炭工业协会	2022 年
唐海波	湘能华磊光电公司制程整合部	“两化融合”先进个人	中国煤炭工业协会	2022 年
康忠辉	集团公司销售分公司	全国煤炭行业保供先进个人	中国煤炭工业协会	2022 年

（二）其他先进个人（2006—2022 年）

姓名	所在单位	荣　　誉	授予部门	授予时间
廖建湘	集团公司	担当作为优秀干部	中共湖南省委组织部	2019 年
罗勇杰	湘潭矿业公司一矿	全国煤炭工业首届“百名优秀青年矿工”称号	《中国煤炭工业》传媒联盟《中国煤炭工业》杂志社	2011 年
黄　峰	牛马司矿业公司铁箕山煤矿	全国煤炭工业首届“百名优秀青年矿工”称号	《中国煤炭工业》传媒联盟《中国煤炭工业》杂志社	2011 年
欧　林	南阳矿业公司前进煤矿	全国煤炭工业首届“百名优秀青年矿工”称号	《中国煤炭工业》传媒联盟《中国煤炭工业》杂志社	2011 年
胡文胜	红卫矿业公司坦家冲煤矿	湖南省监管企业“国企楷模”	湖南省国资委	2019 年
苗振林	华磊光电公司	湖南省监管企业“国企楷模”提名奖	湖南省国资委	2019 年
肖振林	集团公司	“2020 中国煤炭运销优秀管理人物”	中国煤炭运销协会	2020 年
张　涛	集团公司	全省第三届应急救援技能竞赛个人全能第一名，并被团省委授予“全省青年岗位能手”、被湖南省总工会授予“湖南省五一劳动奖章”、湖南省人力资源和社会保障厅授予“湖南省技术能手”称号	湖南省应急管理厅、省人力资源和社会保障厅、省总工会、团省委	2021 年
刘润希	集团公司	全省第三届应急救援技能竞赛个人全能第三名，并被团省委授予“全省青年岗位能手”称号	湖南省应急管理厅、省人力资源和社会保障厅、省总工会、团省委	2021 年
刘小军	湖南煤矿机械公司	湖南“国企工匠”称号	湖南省国资委、省总工会	2022 年
张　亮	周源山矿业公司机电厂	湖南“国企工匠”称号	湖南省国资委、省总工会	2022 年

（三）全国煤炭“五四”青年奖章、优秀共青团员获得者

姓名	所在单位	荣　　誉	授予部门	授予时间
张　亮	周源山煤矿	全国煤炭行业“五四优秀共青团员”	全国煤炭行业团委	2011 年 5 月
何　帅	周源山煤矿	第二届全国煤炭行业“百名优秀青年矿工”	全国煤炭行业团委	2012 年 5 月

（续）

姓名	所在单位	荣誉	授予部门	授予时间
胡瑞连	兴源矿业公司	全国煤炭青年五四奖章	全国煤炭行业共青团工作指导和推进委员会	2013 年 5 月
袁振戎	牛马司矿业公司	全国煤炭行业优秀共青团干部	全国煤炭行业共青团工作指导和推进委员会	2014 年 4 月
唐江波	周源山煤矿	全国煤炭行业“五四优秀共青团员”	全国煤炭行业团委	2014 年 5 月
李　勇	周源山煤矿	2014 年全国煤炭行业“五四优秀共青团员”	全国煤炭行业团委	2015 年 5 月
		全国煤炭行业优秀共青团员	全国煤炭行业团委	2017 年
曹　立	兴源矿业公司	全国煤炭行业优秀共青团干部	全国煤炭工业协会	2017 年
田　斌	金竹山矿业公司	全国煤炭行业优秀共青团员	全国煤炭工业协会	2017 年
苗振林	华磊光电公司	第六届全国煤炭青年五四奖章	全国煤炭行业共青团工作指导和推进委员会	2018 年
罗　成	红卫矿业公司	第十届全国煤炭青年五四奖章	全国煤炭行业共青团工作指导和推进委员会	2022 年

（四）集团公司劳动模范（2008—2022 年）

1. 2008 年度

集团公司总部　彭桂剑

涟邵实业公司　张智明

资兴焦电公司　胡德良

白沙实业公司　徐泽明

长沙矿业集团公司　贺俊良

湘潭矿业集团公司　彭光耀

辰溪矿业公司　李吉国

贵州湘能实业公司　孙贵宁

金竹山矿业公司　王忠华

金竹山矿业公司　杨晓红

洪山殿矿业公司　孙亚辉

牛马司矿业公司　成边云

周源山煤矿　邹建高

宝源矿业公司　刘资平

祥和煤业公司　张善国

嘉禾煤业公司　陈南春

黄牛岭煤业公司　唐策湖

白沙能源公司　陈兰贵

红卫矿业公司　彭积玉

湘永矿业公司　候茂根

白山坪公司　刘小毛

马田矿业公司　刘益生

街洞矿业公司　李情合

资兴物资供应公司　彭伯雄

煤炭销售分公司　肖振林

资兴焦电股份公司　何大庆

红卫矿业公司　李文军

金竹山矿业公司　张华伟

2. 2012 年度

长沙矿业公司　黄奂果

周源山煤矿　周向志

白沙实业公司　王作成

资兴实业公司　房国钦

金竹山矿业公司　梁爱清

牛马司矿业公司　王小军

洪山殿矿业公司　廖矿生

长沙矿业公司　向韶山

辰溪矿业公司　刘兴森

周源山煤矿　彭峰

宝源矿业公司　邓忠平

马田矿业公司　邝光生

湘永矿业公司　李检明

街洞矿业公司　张敬阳

嘉禾矿业公司　雷建新

南阳矿业公司　廖池高

红卫矿业公司　刘德文

白山坪矿业公司　喻伯端

兴源矿业公司　刘德生

湘潭矿业公司　袁启红
贵州湘能实业公司　陈谊
新疆能源公司　蒋贤华
湘煤洁净煤公司　余菊华
湘煤立达重装公司　杨智能
长沙实业公司　邹海龙
3. 2016 年度
白沙实业永耒公司　杨路
资兴实业焦电公司　梁跃峰
金竹山矿业公司　潘久红
金竹山矿业公司　刘安升
牛马司矿业公司　肖应桥
周源山煤矿　李许飞
周源山煤矿　郭家力
宝源矿业公司　唐铁平
马田矿业公司　曹晓庆
湘永矿业公司　瞿昌祖
街洞矿业公司　罗贵良
嘉禾矿业公司　王红真
南阳矿业公司　刘洪成
红卫矿业公司　周菊林
红卫矿业公司　刘佳仁
白山坪矿业公司　陈四平
兴源矿业公司　邝良忠
华磊光电公司　王远红
华磊光电公司　苗振林
立达公司　周钢钧
中南煤炭运销公司　王勇军
煤炭销售分公司　康忠辉
集团总工程师室　李景余
集团纪检审计监察部　杨瑞美
4. 2018 年度
涟邵实业公司　李鹤成
白沙实业信息分公司　徐献忠
资兴实业公司　曹明庚
金竹山矿业公司　龙兵仔
金竹山矿业公司　廖百军
牛马司矿业公司　陈银保
周源山矿业公司　李许飞
周源山矿业公司　曹安定
宝源矿业公司　贺孝平
马田矿业公司　曹晓庆
湘永矿业公司　唐孝成
街洞矿业公司　魏守平
嘉禾矿业公司　匡安德
南阳矿业公司　谷平园
红卫矿业公司　周菊林
红卫矿业公司　刘佳仁
白山坪矿业公司　喻伯端
兴源矿业公司　邝良忠
华磊光电公司　姚琼
华磊光电公司　郭胜辉
立达矿山装备公司　朱兴琦
楚湘建工集团　孙红专
销售分公司　康忠辉
股份公司安全通风部　李景余
白沙救护大队　徐志军
5. 2020 年度
白沙实业公司　蒋厚今
涟邵实业公司　刘涛
资兴实业公司　刘立文
金竹山矿业公司　龙兵仔
金竹山矿业公司　廖百军
牛马司矿业公司　许小波
周源山矿业公司　邓良山
周源山矿业公司　曹安定
宝源矿业公司　陈金田
马田矿业公司　伍永胜
湘永矿业公司　唐孝成
街洞矿业公司　李利军
嘉禾矿业公司　尹红球
南阳矿业公司　邹光龙
红卫矿业公司　周菊林
红卫矿业公司　刘佳仁
白山坪矿业公司　郑超英
兴源矿业公司　赖铁根
华磊光电公司　王光胜
立达矿山装备公司　周科
楚湘建工集团　孙红专
黄牛岭矿业公司　唐策湖
洁净煤公司　胡大庆
煤炭销售分公司　康忠辉
煤业股份公司　李景余
煤炭销售公司　周朝阳
6. 2022 年度
涟邵实业公司　苏波

白沙实业公司　雷泽炳
资兴实业公司　唐小荣
金竹山矿业公司　龙兵仔
金竹山矿业公司　左中东
牛马司矿业公司　曾湘孝
周源山矿业公司　刘志华
周源山矿业公司　张永良
宝源矿业公司　赵春辉
马田矿业公司　李建辉
兴源矿业公司　刘晓明
华磊光电公司　艾剑雄
能投智能装备公司　邱海波
楚湘建工集团　王小华
黄牛岭矿业公司　杨赞
湖南省煤科院公司　徐全
能投售电公司　李超
资兴管理局　谭景茂

（五）集团公司优秀党员（2016—2022 年）

1. 2016 年度

涟邵管理局　卿昌彦
资兴管理局　吴跃平
白沙管理局　徐志军
涟邵实业公司　孙朝晖
涟邵实业公司　刘涛
资兴实业公司　李利民
资兴实业公司　梁文信
白沙实业公司　雷泽炳
白沙实业公司　陈青峰
金竹山矿业公司　肖洪平
金竹山矿业公司　王忠华
金竹山矿业公司　伍设清
牛马司矿业公司　彭杰
牛马司矿业公司　刘水平
牛马司矿业公司　刘强铁
辰溪矿业公司　朱强
周源山煤矿　盛建勋
周源山煤矿　喻湘建
周源山煤矿　谭志文
宝源矿业公司　于海军
宝源矿业公司　李世亮
湘永矿业公司　宋齐国
湘永矿业公司　曹志华
马田矿业公司　邝应斌
街洞矿业公司　雷青树
街洞矿业公司　杨洪生
嘉禾矿业公司　黄梅生
祥和煤业公司　黄日平
红卫矿业公司　李敦池
红卫矿业公司　胡文胜
红卫矿业公司　吴清华
白山坪矿业公司　李爱雄
白山坪矿业公司　文建群
白山坪矿业公司　周保生
南阳矿业公司　王建军
南阳矿业公司　张仁宝
南阳矿业公司　李中秋
兴源矿业公司　熊光伟
兴源矿业公司　李满开
兴源矿业公司　刘湘陵
湘潭矿业公司　文立新
湘潭矿业公司　李文强
贵州湘能公司　彭金和
华磊光电公司　章宸
华磊光电公司　杨方
中南煤炭运销公司　李敏
湘煤立达公司　陈云东
新疆神宇煤业公司　唐伟军
新疆能源公司　李卫红
长沙实业公司　周之平
设备租赁公司　郭建铁
培训中心　欧阳胜光
煤炭销售分公司　钟元
集团（股份）公司生产技术部　伍智勇
集团公司人力资源部　廖自然

2. 2017 年度

涟邵管理局　卿昌彦
资兴管理局　黄小波
白沙管理局　曾武喜
涟邵实业公司　孙朝晖
涟邵实业公司　戴志刚
资兴实业公司　彭伯雄
资兴实业公司　张扬珠
白沙实业公司　陈耆军
白沙实业公司　梁超文
金竹山矿业公司　李育新
金竹山矿业公司　刘志忠

金竹山矿业公司　欧阳艳
牛马司矿业公司　苏从初
牛马司矿业公司　朱剑秋
牛马司矿业公司　刘跃林
长沙矿业公司　伍楠
辰溪矿业公司　印代武
周源山煤矿　刘根正
周源山煤矿　刘雄东
周源山煤矿　王克红
宝源矿业公司　刘资平
宝源矿业公司　朱永和
湘永矿业公司　邓建平
湘永矿业公司　匡智岿
马田矿业公司　樊五即
马田矿业公司　刘志刚
街洞矿业公司　龙道日
街洞矿业公司　陈新华
嘉禾矿业公司　李孔斌
祥和煤业公司　刘新华
红卫矿业公司　袁鸿
红卫矿业公司　谢国利
红卫矿业公司　陈文胜
白山坪矿业公司　周孟姣
白山坪矿业公司　王光明
白山坪矿业公司　周小勇
南阳矿业公司　王勖荣
南阳矿业公司　曾向文
南阳矿业公司　谭景峰
兴源矿业公司　李小成
兴源矿业公司　罗飞
兴源矿业公司　谷顺根
湘潭矿业公司　陈海林
贵州湘能公司　袁名喜
华磊光电公司　苏军
华磊光电公司　王远红
中南煤炭运销公司　杨宇
湘煤立达公司　孙斌
新疆能源公司　康多君
长沙实业公司　梁国安
楚湘建工集团　代永恒
矿山设备租赁公司　刘潭伟
培训中心　苏艳燕
煤炭销售分公司　钟元
集团公司纪检监察部　杨瑞美
集团公司人力资源部　廖自然

3. 2018 年度

涟邵管理局　卿昌彦
资兴管理局　王平芽
白沙管理局　邓四海
涟邵实业公司　李翔
涟邵实业公司　张茜琰
资兴实业公司　王旭辉
资兴实业公司　龙建国
白沙实业公司　徐献忠
白沙实业公司　梁湘玉
金竹山矿业公司　李贵求
金竹山矿业公司　彭鹰
金竹山矿业公司　谢小玲
牛马司矿业公司　周志红
牛马司矿业公司　朱剑秋
牛马司矿业公司　李小林
长沙矿业公司　胡知正
辰溪矿业公司　田方云
周源山煤矿　谭志文
周源山煤矿　谢冬红
周源山煤矿　杨就成
宝源矿业公司　杨盛华
宝源矿业公司　凌冬生
湘永矿业公司　刘忠诚
湘永矿业公司　周建国
马田矿业公司　罗冬吉
马田矿业公司　甘小春
街洞矿业公司　李海云
街洞矿业公司　李强
嘉禾矿业公司　刘权
黄牛岭矿业公司　唐策湖
红卫矿业公司　罗成
红卫矿业公司　阳红星
红卫矿业公司　陈小江
白山坪矿业公司　龙良文
白山坪矿业公司　汪永忠
白山坪矿业公司　全俊
南阳矿业公司　阳忠义
南阳矿业公司　伍贵友
南阳矿业公司　李中秋
兴源矿业公司　占红星

兴源矿业公司　邓乐群
兴源矿业公司　资勇
湘潭矿业留守处　王亮山
贵州湘能公司　彭金和
华磊光电公司　唐海马
华磊光电公司　章宸
中南煤炭运销公司　刘志江
湘煤立达公司　邱海波
新疆能源公司　蒋贤华
湖南能投售电公司　骆亮
楚湘建筑工程公司　胡泽强
矿山设备租赁公司　郭建铁
湘煤培训中心　徐志华
煤炭销售分公司　胡学军
股份公司安全通风部　李景余
集团公司纪检监察部　杨瑞美
4. 2019 年度
涟邵管理局　卿昌彦
资兴管理局　欧日华
白沙管理局　蒋爱忠
涟邵实业公司　李翔
涟邵实业公司　谢跃华
资兴实业公司　曹明庚
资兴实业公司　郭乐明
白沙实业公司　龙济舟
白沙实业公司　邱儿友
金竹山矿业公司　刘安升
金竹山矿业公司　邹青祥
金竹山矿业公司　肖立康
牛马司矿业公司　李永秋
牛马司矿业公司　刘忠强
长沙矿业公司　喻艳
辰溪矿业公司　戴艳
周源山煤矿　刘根正
周源山煤矿　谭志文
周源山煤矿　谢冬红
宝源矿业公司　王志刚
宝源矿业公司　朱永和
湘永矿业公司　宋齐民
湘永矿业公司　周建国
马田矿业公司　杨跃光
马田矿业公司　李满荣
街洞矿业公司　王正良
街洞矿业公司　齐湘虹
嘉禾矿业公司　曹晓明
黄牛岭矿业公司　王文武
红卫矿业公司　吴向阳
红卫矿业公司　李才友
红卫矿业公司　李建求
白山坪矿业公司　龙文良
白山坪矿业公司　罗海成
白山坪矿业公司　汪永忠
南阳矿业公司　阳忠义
南阳矿业公司　张仁宝
南阳矿业公司　胡平古
兴源矿业公司　刘昆
兴源矿业公司　刘剑
兴源矿业公司　李新德
华磊光电公司　杨云峰
华磊光电公司　许孔祥
中南煤炭运销公司　胡大庆
湘煤立达公司　余军伟
新疆神宇公司　赵树良
能投售电公司　冯绍瀚
楚湘建工集团公司　陈滔
楚湘建筑工程公司　胡泽强
资兴物资公司　彭伯雄
白沙物资公司　张伟
涟邵物资公司　黄堆生
湘煤培训中心　贺金华
煤炭销售公司　蒋志军
精煤公司　孙俊
黑金时代房产公司　王湘明
集团公司战略投资部　龙跃安
集团公司人力资源部　廖自然
5. 2020 年度
涟邵管理局　姜志祥
资兴管理局　黄小波
白沙管理局　程艳芳
涟邵实业公司　刘蓉蓉
涟邵实业公司　王超锋
资兴实业公司　李由顺
资兴实业公司　胡德良
白沙实业公司　张爱林
白沙实业公司　许华
金竹山矿业公司　李建红

金竹山矿业公司　谢国庆
金竹山矿业公司　唐友平
牛马司矿业公司　金庆明
牛马司矿业公司　王迪生
湘东矿业公司　阳建辉
辰溪实业公司　杨芳春
周源山矿业公司　陈盼礼
周源山矿业公司　周安平
周源山矿业公司　朱桃清
宝源矿业公司　刘资平
宝源矿业公司　宁友冬
湘永矿业公司　王金卫
湘永矿业公司　彭建国
马田矿业公司　吕国生
马田矿业公司　黄中亮
街洞矿业公司　张文华
街洞矿业公司　邹安永
嘉禾矿业公司　黄立新
黄牛岭矿业公司　杨赞
红卫矿业公司　胡文胜
红卫矿业公司　綦军文
红卫矿业公司　谢桂梅
白山坪矿业公司　郑超英
白山坪矿业公司　吴方清
白山坪矿业公司　肖乐生
南阳矿业公司　雷喜江
南阳矿业公司　谭长荣
南阳矿业公司　欧林
兴源矿业公司　熊光伟
兴源矿业公司　张孝红
兴源矿业公司　郑华
华磊光电公司　尹桂林
华磊光电公司　艾剑雄
中南煤炭运销公司　王勇军
湘煤立达公司　王文
新疆能源公司　康多君
能投售电公司　张秦
楚湘矿山工程公司　孙小锋
楚湘建筑工程公司　胡泽强
资兴物资供应公司　陈进伟
白沙物资公司　李景兵
涟邵物资供应公司　刘云华
培训中心　张艳
煤炭销售公司　肖振林
湖南煤业精煤公司　叶知源
黑金房产公司　王湘明
物资供应分公司　肖志望
湖南安全装备公司　蒋尊涛
湖南煤炭公司　肖小青
股份公司安全通风部　李景余
集团公司投资管理部　李平

6. 2021 年度

涟邵管理局　申开云
资兴管理局　欧日华
白沙管理局　蒋爱忠
涟邵实业公司　关俊军
涟邵实业公司　陈明钟
资兴实业公司　王旭辉
资兴实业公司　吴敬忠
白沙实业公司　曾慧明
白沙实业公司　李玉峰
金竹山矿业公司　李巧文
金竹山矿业公司　李建松
金竹山矿业公司　张银波
牛马司矿业公司　许小波
湘东矿业公司　何琰
辰溪实业公司　俞振
周源山矿业公司　刘根正
周源山矿业公司　杨就成
周源山矿业公司　周安平
宝源矿业公司　刘新富
宝源矿业公司　胡志刚
湘永矿业公司　张力
湘永矿业公司　周作春
马田矿业公司　何小武
马田矿业公司　张和贤
街洞矿业公司　刘柏文
街洞矿业公司　齐湘虹
嘉禾矿业公司　龙州进
黄牛岭矿业公司　郭久昌
红卫矿业公司　阳忠义
红卫矿业公司　陈明星
红卫矿业公司　何作平
白山坪矿业公司　陈方能
白山坪矿业公司　黄向荣
白山坪矿业公司　郑超英

南阳矿业公司　唐忠
南阳矿业公司　刘功武
南阳矿业公司　唐友梦
兴源矿业公司　周新
兴源矿业公司　彭志国
兴源矿业公司　郑华
华磊光电公司　李真红
华磊光电公司　彭超
大岭矿业公司　张建群
中南煤炭运销公司　唐江文
湘煤立达公司　孙斌
新疆能源公司　邓启爱
能投售电公司　骆亮
楚湘建工集团　杨益兰
楚湘建工集团　杨浩
资兴物资供应公司　张清
白沙物资公司　雷鹏
涟邵物资供应公司　王全福
湘煤培训中心　龙彤
岳阳铁水公司　蒋勇平
精煤销售分公司　贺正喜
煤炭销售分公司　胡长征
能投房产公司　石掌权
物资供应分公司　肖志望
煤矿安全装备公司　曾迪钧
瓦斯治理中心　覃佐业
湖南煤炭公司　周建辉
湘潭矿业留守处　谢申南
股份公司通风部　李景余
股份公司生产技术部　黄有文

7. 2022 年度

涟邵管理局　姜志祥
资兴管理局　李毅
白沙管理局　徐志军
涟邵实业公司　褚金龙
涟邵实业公司　万玉
资兴实业公司　姚锐鑫
资兴实业公司　刘立文
白沙实业公司　陈霜
白沙实业公司　张志凌
金竹山矿业公司　刘祥利
金竹山矿业公司　吕志国
金竹山矿业公司　罗建设
牛马司矿业公司　付忠海
牛马司矿业公司　周志红
湘东矿业公司　阳建辉
辰溪实业公司　易春莲
周源山矿业公司　何万俊
周源山矿业公司　杨就成
周源山矿业公司　陆铁珍
宝源矿业公司　王云古
宝源矿业公司　刘资平
湘永矿业公司　曹桂才
湘永矿业公司　谢勇
马田矿业公司　李志军
马田矿业公司　符红兵
街洞矿业公司　胡祖鑫
街洞矿业公司　齐湘虹
嘉禾矿业公司　彭绍明
黄牛岭矿业公司　唐策湖
红卫矿业公司　谢桂梅
红卫矿业公司　雷寅兵
红卫矿业公司　邓雨华
白山坪矿业公司　曾钢
白山坪矿业公司　张为德
白山坪矿业公司　李爱民
南阳矿业公司　刘柒生
南阳矿业公司　刘功武
南阳矿业公司　秦小平
兴源矿业公司　熊光伟
兴源矿业公司　刘剑
兴源矿业公司　宋浩然
华磊光电公司　周智斌
华磊光电公司　欧敏
大岭矿业公司　占红星
中南煤炭运销公司　李岸明
湘煤立达公司　邱海波
新疆能源公司　康多君
能投售电公司　骆亮
楚湘建工集团　江山
楚湘建工集团　鲁杰
资兴物资供应公司　彭伯雄
白沙物资供应公司　盛浩
涟邵物资供应公司　刘云华
湘煤培训中心　楚斯驭
岳阳铁水公司　黄晖

精煤销售分公司　邓建长
煤炭销售分公司　钟元
能投房产公司　刘立冬
物资供应分公司　许资平
煤矿安全装备公司　周心意
煤科院公司　李清涛
湖南煤矿机械公司　刘文通
能投装备资兴分公司　刘万圣
第一工业设计院　袁玉翠
集团（股份）公司　黄有文
集团（股份）公司　袁振戎

单 位 简 介

一、湖南煤业股份有限公司

2009年6月，湖南省煤业集团为主发起人，联合国电益阳发电公司、大唐集团公司、湖南湘投高科技创业投资公司、涟源钢铁集团、湖南省土地资本经营投资公司、湖南兴湘投资公司共同发起成立湖南煤业股份有限公司（原名湖南黑金时代股份有限公司），总部位于长沙市天心区。经营范围：煤炭开采、销售；与煤炭开发相关的技术研发及项目投资；矿产品销售；开展煤炭、电力经营的配套服务；能源与环保技术的开发、利用、技术转让、技术咨询、技术服务等。2011—2012年实施增资扩股、股权转让。2016年6月28日，新三板上市，证券代码837893，证券简称“湖南煤业”。2022年末，注册资本20.5亿元，前十大股东为：湖南省煤业集团有限公司（持股56.0939%）、涟源钢铁集团有限公司（持股7.8816%）、长安益阳发电有限公司（持股7.0732%）、六盘水市开发投资有限公司（持股4.878%）、大唐华银电力股份有限公司（持股4.6749%）、中国大唐集团有限公司（持股4.659%）、北京满瑞佳德投资顾问有限公司（持股4.3885%）、湘江产业投资有限公司（持股3.5366%）、湖南发展资产管理集团有限公司（持股2.3294%）、长沙藏晖同金投资合伙企业（持股1.4634%）。

湖南煤业认真落实集团公司战略决策部署，立足煤、巩固煤、提升煤、延伸煤，坚持聚焦主业、创新发展，全力打造“湖南省内最大最具竞争力的煤炭供应综合服务商”，为集团公司打造能源保障主平台提供重要支撑，为湖南省实现“三高四新”美好蓝图、建设现代化新湖南提供安全、稳定的能源保障。2022年末，资产总额84.1亿元，负债总额48.7亿元，净资产35.3亿元，资产负债率58%。湖南煤业有全资子公司15家、控股子公司3家、参股子公司1家、直属机构3家、直属分公司3家、托管公司3家，生产矿井29对，设计生产能力792万吨/年，在岗职工18447人。

湖南煤业下属企业28家，分布于湖南、新疆两省（自治区），其中湖南长沙市5家、株洲3家、衡阳市6家、郴州市9家、娄底市3家、邵阳市1家，新疆吐鲁番市1家。

至2022年底，累计生产原煤1.045亿吨，营业收入454.64亿元。2021—2022年，经营业绩快速增长，营业收入连续两年超过100亿元，

2022 年，原煤产量 497. 36 万吨，占湖南省原煤总产量的 62. 3% ，煤炭产销量 1112. 5 万吨，营业收入 118. 19 亿元，利润总额 7. 93 亿元，净利润总额 6. 64 亿元。

坚持以习近平总书记关于安全生产的重要论述为指导，弘扬“人民至上、生命至上、安全第一”思想，践行“三个最大”“三个首要”安全文化理念，在公司上下形成了广泛的思想认同、感情认同、行动认同。2017—2022 年，投入安全资金 16 亿元，不断夯实安全基础，改善安全生产条件，29 对矿井达到标准化二级及以上，其中：周源山煤矿达到一级标准，并建成智慧矿山。29 对矿井全部被认定为“绿色矿山”。2017—2018 年连续两年被评为湖南省安全生产工作优秀单位；2019—2022 年连续四年被评为湖南省安全生产工作优秀单位。

“四化”建设上新台阶，2022 年，机采项目 56 个，采煤机械化达到 42% ；架空人车安装自动控制无人操作系统，煤矿水泵、主要通风机、压风机等固定设备安装无人值守系统，刮板输送机和带式输送机安装集中控制系统，矿灯房进行智能化改造；湖南煤业总部实现了 1000 兆网络连接，生产矿井井下安装了 1000 兆光纤环网，矿业公司和煤矿地面建设了局域网，各原煤公司安全监控、人员监测、视频监视联网到公司总部调度室，大部分煤矿实现了大屏显示安全生产监控数据及工业视频；周源山煤矿成为湖南省首个 5G 智慧矿山，实现了生产过程智能化、安全监控数字化、企业管理信息化、信息管理集成化。

加大优化采掘布局、新型材料、新工艺，推进机械化采煤及煤矿瓦斯水害等重大灾害治理方面的投入，2021—2022 年，投入资金 2. 2 亿元，自主研发卸压增透强化抽采、穿层钻孔防喷孔、快速石门揭煤、高瓦斯突出煤层煤与瓦斯共采关键技术、复杂突出煤层群区域防突技术及装备、松软低透煤层钻孔封孔技术及成套装备、立井水泥 - 水玻璃与黏土水泥浆 - 水玻璃帷幕联合预注浆技术、岩溶巷道快速掘进与支护施工、采空区注浆关键技术，形成一整套适用于南方煤田特点的瓦斯水害防治经验和专有技术。“高瓦斯突出煤层煤与瓦斯共采关键技术的试验研究”“低透松软煤层厚煤层水射流和钻抽排一体化试验和装备研究”等多项课题荣获全国、全省科技大奖，大岭矿业公司的《查全探清放净提能管好物探钻探结合井下地面双管齐下》防治水经验被《全国煤矿防治水典型经验汇编》一书收录，防治水经验全国推广。至 2022 年底已向国家知识产权局申请专利 34 个，其中已获得国家知识产权局专利授权 28 个。红卫、马田、宝源、白山坪、湘永、嘉禾、南阳等 7 家单位获得高新技术企业认定。

湖南煤业党建业务深度融合，全面加强党的建设，充分发挥党委把方向、管大局、保落实，突出抓好党的政治建设，落实党组织书记、董事长“一肩挑”和“双向进入、交叉任职”；扎实开展“书记联项目、党员先锋行”活动，落实书记联项目制度，设立党员先锋岗、党员责任区、党员立项攻关项目；推动全面从严治党向基层延伸、向纵深发展，推进党建与生产经营融合，在公司上下营造了干事创业、风清气朗的良好氛围。

持续改善企业民生，始终坚持“共生共赢共和共享”发展理念，在岗职工收入稳步增长；大力开展困难职工帮扶，发放慰问金及帮扶物资；积极组织与参与各种群众性文体活动，积极参加第六届职工运动会、“七一”文艺会演、庆祝建党 101 周年暨喜迎党的二十大文艺会演和国庆杯篮球赛等一系列活动，持续抓好“我为群众办实事”活动，着力解决职工急难愁盼问题，筹集资金彻底解决陈欠“五险”等历史遗留问题，加快棚改办证进度，解决了一批职工群众急难愁盼问题，切实增强了职工群众的获得感、幸福感和安全感；通过绿色矿山建设，矿区环境面貌得到根本性改变。各单位矿区道路、两堂一舍、办公楼、职工之家等得到提质改造，生产生活设施大幅改善，环境面貌正向“园林式”矿区转变，员工的精神风貌焕然一新。安全生产标准化工作的扎实推进，在取得丰硕的可视化成果的同时，也展现出干部职工体面劳动、开心工作、快乐生活的精神风貌，全员标准化意识显著提升，上标准岗、干标准活的思想自觉和行动自觉不断增强。

“十四五”期间，坚持以习近平新时代中国特色社会主义思想为指导，全面贯彻落实党的二十大精神、习近平总书记考察湖南重要讲话精神，紧紧围绕湖南“三高四新”美好蓝图，坚决落实湖南省国资委、集团公司决策部署，坚持稳字当头、稳中求进、稳中有进总方针，坚持“问题、目标、结果”导向，突出“安全、转型、高效”主题，以高质量发展为主题，以创新驱动为引擎，以保障安全稳定供应为主旨，不断推进企业转型升级，提升产能规模和效益。构建煤炭开发、煤炭经贸物流双轮驱动协调发展的产业格局，防范各类风险，建成主业突出、效益优良、安全可靠的国内一流的煤炭企业，奋力打造省内最大的煤炭供应综合服务商。

做强做优湖南能源保障主平台，打造省内最大最具竞争力的煤炭供应综合服务商。坚持煤炭主业，立足煤、巩固煤、提升煤、延伸煤，坚持聚焦主业、稳健发展、创新发展。实施三大工程：一是煤炭产能提升工程。进一步优化煤炭资源配置，全面推进技术创新，提高煤矿机械化、自动化、信息化、智能化水平，通过技改扩能和企业兼并重组，提升公司产能规模，提升煤矿企业效益。二是煤炭供应保障体系建设。加快推进湖南煤炭供应保障体系建设，打造“一平台、一枢纽、五基地、一集运站”物流体系，“一平台”建立湖南省煤炭大数据中心；“一枢纽”建设岳阳铁水集运煤炭储备基地；“五基地”配套建设株洲、娄底、衡阳、郴州、常德等区域性煤炭储备分销基地；“一集运站”配套建设浩吉铁路源头资源地煤炭集运站,形成“通道+枢纽+基地+配送”的物流运行体系，整合优势资源，构建高效智慧的煤炭储销体系，提升煤炭经贸物流规模和效益。三是瓦斯抽采利用工程。研究推广瓦斯抽采利用技术和装备，提高瓦斯治理能力，加大瓦斯利用力度，实现瓦斯资源化、产业化利用。实现三大目标：一是构建煤炭开发、煤炭经贸物流双轮驱动协调发展的产业格局。二是建成主业突出、效益优良、安全可靠的现代煤炭企业，建成湖南最大最具竞争力的煤炭供应综合服务商，为湖南能源保障主平台提供重要支撑。三是履行湖南省国资企业社会责任和政治责任，为湖南实现“三高四新”美好蓝图贡献湖南煤业力量，为湖南经济社会发展提供能源保障贡献湖南煤业力量，为满足全体员工对美好生活的需要共同建设全体员工物质和精神家园。

到“十四五”期末，湖南煤业煤炭开发和运销储备体系基本建成，原煤产量实现1000万吨，煤炭贸易量达到2000万吨，煤炭产销量3000万吨，公司资产规模达到196亿元，净资产59.3亿元，年营业收入164.5亿元，利润总额12亿元。到2035年，公司产业布局全面优化，主业优势凸显，煤炭生产实现智能化，经贸物流实现智慧化，煤炭产供储销体系实现现代化。安全生产水平国内一流，企业成功上市，企业规模和运行质效大幅提升，员工生活水平大幅跃升，全面建成行业一流的现代煤炭企业。原煤产量达到2000万吨，煤炭贸易量达到3000万吨，煤炭产销量5000万吨，煤炭供应量达到全省需求的50%左右，成为湖南最大最具竞争力的煤炭供应综合服务商，为湖南经济社会发展提供重要能源支撑。

历任党委书记、董事长、总经理：

覃道雄，董事长（2009年11月—2016年3月）；

罗瑞锋，董事长（2016年4—6月）；

廖建湘，董事长（2016年6月— ），党委书记（2022年1月— ）；

吴正水，总经理（2009年11月—2016年1月）；

赵　斌，总经理（2016年1月—2018年1月）；

李永友，总经理（2018年1月—2019年11月）；

胡瑞连，总经理（2019年11月—2021年8月）；

彭双良，总经理（2021年8月— ）。

2022年领导班子成员：

廖建湘、胡瑞连、文仕秋、王群伟、彭双良、汤世杰、王双开、张新建、伍先文；廖建湘为党委书记、董事长，彭双良为总经理。

二、涟邵矿区安全生产管理局

2006 年 6 月，湖南省省属国有煤矿重组设立湖南省煤业集团有限公司，2008 年 8 月，湖南省煤业集团管理体制改革，特设涟邵矿区安全生产管理局（简称涟邵管理局），位于娄底市娄星区。

2008 年 8 月，涟邵管理局安全监管牛马司、金竹山、洪山殿、长沙、辰溪 5 个矿业公司，2015 年 6 月，安全监管增加湘潭矿业公司。2021 年 1 月，涟邵管理局履行对涟邵实业公司、涟邵物资供应公司安全监管责任。2022 年末，安全监管金竹山、牛马司、湘东、涟邵实业、涟邵物资、湖南煤机 6 家公司。涟邵管理局有生产矿井 6 对，核定生产能力 104 万吨/年。

2008 年，涟邵管理局领导班子 2～3 人，设综合管理部、生产技术部、安全监管部 3 个部门，金竹山、牛马司、洪山殿、辰溪、长沙 5 个矿业公司设驻矿安监站。2009 年 4 月，增设通风技术部。2010 年 7 月，托管涟邵矿区安全培训中心。2013 年 3 月，撤销各驻公司安监站，煤矿设立驻矿安全监察专员，调度室并入综合管理部。2022 年末，涟邵管理局领导班子 3 人，设安全监管部、生产技术部、通风技术部、综合管理部、培训中心等 4 个部门 1 个中心，驻矿安全专员由安全监管部代管。

涟邵管理局坚持“人民至上、生命至上”，遵循安全生产“高于一切、先于一切、重于一切、压倒一切”方针，践行“三个最大”“三个首要”安全理念，励精图治、笃行不怠，不断推进安全监管创新，积极从“安全检查型”向“监管执法型”转变，强化安全风险管控与隐患排查整治，为集团公司、股份公司的安全生产和监管企业的安全发展奠定了坚实基础。

加强制度建设，推进安全监管创新。2009 年推出安全监管经济处罚规定，2021 年修订更名为不安全因素处罚规定，涟邵管理局安全监管经济处罚的基本制度一直沿用；2011 年推出安全监管座谈会制度，保证了监管企业、驻矿安全专员、矿区管理局三方沟通渠道畅通；2012 年推出重点头面挂牌制度，该制度在股份公司全面推广；2014 年推出重点矿井监管制度，2017 年推出安全风险分析研判制度，并形成“日调度、周研判、月分析”的管控模式；2020 年，推出安全风险管控制度，迅速在集团公司推广。

发挥技术优势，夯实生产技术管理基础。开展作业规程评比竞赛、科技论文评比活动，促进矿区监管企业技术交流，为培养青年工程技术人才提供了广阔平台。2009 年，推出采煤（掘进）工作面准采（准掘）制度；2012 年，推出采掘作业规程、突出煤层石门揭煤和突出煤层采掘工作面防突专项设计模板，成为股份公司生产技术文件基础管理范本。

瓦斯治理能力建设。2019—2022 年，抓住“防突”核心，树立“瓦斯不治、矿无宁日”“瓦斯超限就是事故”“没有抽不出的瓦斯，只有达不到位的钻孔”的管理理念，严格落实两个“四位一体”综合防突措施。以一平硐、土朱、水井头煤矿的瓦斯防治为核心，实行重点监管。采取底板巷瓦斯抽放，Ⅱ煤层作为保护层开采手段，解决了一平硐煤矿Ⅴ煤分支煤发育，Ⅲ、Ⅴ煤合槽开采难题；采取合理选择瓦斯抽采巷层位、底板巷瓦斯抽放、保护层开采手段，较好地解决了土朱煤矿Ⅵ、Ⅶ煤发育不稳定，Ⅲ、Ⅴ煤合槽开采难题；采取东翼规范区域预测、西翼落实区域防突措施手段，解决了水井头煤矿单一煤层开采、东西翼突出区域性明显的难题；采取底板区域抽放措施解决了铁箕山煤矿单一煤层开采、有一定的突出危险性问题。

推广顶板管理新技术、新工艺。岩巷普遍实施光爆锚喷技术。牛马司矿业公司急倾斜煤层实行走向长壁采煤，为急倾斜煤层走向长壁开采顶板管理提供了样本。推广金竹山矿业公司土朱煤矿发明的支架防倒器，解决了架棚巷道爆破倒棚问题。单体液压支柱配铰接梁支护解决了托山煤矿开采顶板破碎支护难题。柔性掩护支架技术解决了湘潭矿业公司急倾斜煤层及塘冲煤矿、水井头煤矿、咸沙坝煤矿等急倾斜煤层开采支护瓶颈问题。

坚持“预测预报、有疑必探、先探后掘、先治后采”防治水原则，有效监控和有序管理防治水工作。健全和完善水害预测预报制度和应急救援预案。建立小煤窑、采空区水害和排查情况管理台账，做到防患于未然。开展地表水文情况调查，及时充填地表塌陷，封堵地表水渗入井下，对小煤窑和井下可疑区采区进行普查。进一步加大投入，保证供电系统的稳定可靠，完善排水系统，确保正常的排水能力。金竹山矿业公司一平硐煤矿防治水采取地面注浆堵漏、防倒灌，井下水仓扩容，分级排放等措施，确保供电排水系统稳定，确保安全度汛。五亩冲、西峰仑、竹山塘为全省井下涌水量最大的 3 对矿井，采取井下排水系统连通、分级提升排水、加大供电能力、提高水仓容量，在大成桥采取帷幕注浆等措施治理地面塌陷区，坚持探放水措施、提前做好防汛准备，建立完善的防治水应急预案等手段，杜绝了淹井事故。

涟邵矿区安全培训中心具有三级煤矿安全培训机构资质，设综合管理部、教务部，负责涟邵矿区内原煤公司特种作业人员的初训、复训和部分安全生产管理人员资质培训，以及安全生产技术专业培训。培训中心占地 3400 平方米，教室 2 间，建筑面积 100 平方米；展示厅 1 间，教学设备 100 余台（件），机考室 1 间，电脑 40 台。培训中心有教职员工 3 人，专职教师 1 人、教学管理人员 2 人；采取外聘和兼职教师相结合的安全培训模式，8 名专职和外聘、兼职教师中，6 人取得湖南煤矿安全监察局颁发的教师资格证，2 人有中级技师资质。安全、采掘、通风、机电、运输、地质、测量各专业齐全。培训中心举办各类培训班 106 期，培训 14043 人次，为辖区企业安全生产提供了良好的技术保障。

2008 年 8 月，成立涟邵管理局党组，隶属集团公司党委领导，涟邵管理局党组设安全监管、生产技术、综合管理 3 个党支部；2009 年，三个党支部合并为综合管理和安全生产 2 个党支部；2019 年 7 月，撤销涟邵管理局党组，成立管理局党委。2020 年 5 月，撤销涟邵管理局党委，成立涟邵管理局党总支，实行总支换届选举，选举产生涟邵管理局党总支班子，班子成员共 3 人，设党总支书记 1 人、纪检委员 1 人、组织委员 1 人，下设综合管理、安全生产两个党支部。

涟邵管理局适应安全监管新常态，加强安全监管能力建设，严格落实安全监管主体责任，多措并举督促监管企业落实安全生产主体责任，矿区安全生产形势稳定好转。2012 年、2015 年、2018 年、2019 年、2022 年涟邵管理局被评为股份公司安全生产先进单位。2021 年，涟邵管理局被评为集团公司、股份公司安全生产红旗单位。

历任局长、党组织书记：

谢喜迎，局长、党组书记（2008 年 8 月—2009 年 5 月）；

彭桂剑，局长（2009 年 6 月—2011 年 3 月）；

谢喜迎，党组书记（2009 年 6 月—2011 年 2 月）；

李曙光，局长、党组书记（2011 年 4 月—2014 年 2 月）；

黄有文，局长、党总支书记（2014 年 4 月—2020 年 9 月）；

杨光军，局长、党总支书记（2020 年 9 月— ）。

2022 年领导班子成员：

杨光军、苏七华、熊学仁；杨光军为党总支书记、局长。

三、资兴矿区安全生产管理局

2006 年 6 月，湖南省省属国有煤矿重组设立湖南省煤业集团有限公司，2008 年 8 月，湖南省煤业集团管理体制改革，特设资兴矿区安全生产管理局（简称资兴管理局），位于郴州市资兴市。资兴管理局安全监管周源山、宝源、唐煤、祥和、嘉禾、黄牛岭 6 个公司，矿井生产能力 191 万吨/年。2008 年 10 月，马田、湘永、街洞安全生产纳入资兴管理局安全监管，生产矿井 18 对，核定生产能力 274 万吨/年。2010 年 10 月，关闭退出爱和山、桐子山、芝兰冲、荆草坪、荆南、茶塘、祥和公司，转让唐煤公司。2022 年末，资兴管理局安全监管 7 个原煤公司 10 对矿井，核定生产能力 257 万吨/年。

2022 年末，领导班子成员 5 人，设安全监管部、生产技术部、通风部、综合管理部 4 个职能部门和矿区救护大队、矿区培训中心，在岗员工 51 人。

贯彻落实习近平总书记关于安全生产的重要论述和指示精神，认真落实集团公司“高于一切、先于一切、重于一切、压倒一切”安全思想，始终践行“三个最大”“三个首要”安全理念，坚持以问题为导向，创新发展抓安全，突出重点抓监管，深化排查抓隐患，优化环境抓治理，建立安全生产双重预防机制，以防为先，精准预判，多举措防风险、保安全、促发展，安全生产成效明显。

规范安全监管，履行资兴矿区原煤公司、非煤公司的安全生产监管职责，建立健全完善的安全生产监管制度体系。建立“安全办公会议制度”“重大安全隐患排查治理及挂牌督办管理办法”“现场作业安全准许确认制度”“隐患排查整改闭环管理制度”“矿井安全质量标准化达标规划及管理办法”等80余项安全生产监管制度，其中“现场安全确认准许作业制度”在煤业股份公司推广应用。

针对资兴矿区煤矿地质构造、煤层赋存条件、开采技术条件，制定年度安全监管工作计划和月度安全检查方案，按照“突出矿井每月检查不少于两次、非突出矿井每月至少检查一次”的要求，局领导带队开展安全大检查；针对季节特点和薄弱环节，每月突出一个重点开展专项安全检查；针对国家法定节假日和重大活动等特殊时段，实行局领导和部室人员联责安全包保制度，加大检查频次和开展“四不两直”突击督查；每季度召开一次重大安全风险及事故隐患研判会，分类梳理建立台账，下达督办函，做到及时跟踪督办、逢检必查，确保重大安全风险和事故隐患始终处于监管受控状态；切实强化隐患整改工作，坚持隐患整改督办“双线出击”，即驻矿安全监察专员时时盯办、局业务部门每次检查必须复查，确保隐患按时整改“清零”。实行24小时调度值守，局领导、安全生产部门人员轮流调度值班，随时调度、处置安全生产情况，定期向集团公司调度室汇报。根据监管对象在安全生产履职过程中存在的严重问题，下达安全监管意见，含隐患整改通知单、安全监察意见书、安全隐患罚款通知单等，对分管领导和党政领导进行个别或集体约谈，以警醒约谈对象；对安全状况、形势和效果差的原煤公司、矿井实行停产整顿。以现场推进会的形式，扎实开展“一通三防、顶板管理、机电运输、防治水”等专项整治活动，有效推进本质安全型矿井建设。强化驻矿安全监察专员管理，通过月度考核、年度效果考核和每两年末位淘汰考核等方式，激励驻矿安全监察专员履职尽责。坚持动态管理和现场检查相结合，抓好原煤公司月度、非煤单位班子成员安全目标过程管理考核，促使其落实好安全生产主体责任。

强化瓦斯治理。始终把“瓦斯零超限、煤层零突出”目标贯穿瓦斯治理的全过程，从源头上把控瓦斯治理关。抓业务培训，强化队伍建设，提升“一通三防”人员业务素质，保证各项工作按时保质保量完成；实施通风系统改造，保证采、掘、修等作业地点风量充足；抓突出矿井瓦斯抽采工程管理，特别是浦溪、黄牛岭煤矿坚持底板穿层钻孔预抽煤层瓦斯，实现“应抽尽抽、以用促抽、以抽保安”的瓦斯治理良性循环，消灭瓦斯动力现象；横向合作，与科研院所一起开展煤层瓦斯参数测定、煤层自然发火标志性气体及临界值测定等研究，取得阶段性成果，为瓦斯治理提供依据。新技术、新工艺推广，使用大功率钻机、大直径钻孔和瓦斯抽采钻孔“全程套管”“两堵一注囊袋式封孔”等技术工艺，提高抽采效果。2016—2022年，采取瓦斯治理措施，消灭了煤与瓦斯突出、瓦斯爆炸、瓦斯燃烧事故，有效遏制瓦斯超限。

资兴管理局培训中心，为湖南省直属培训机构和考试点，具有三级煤矿安全培训机构资质。2022年，培训中心聘任专业兼职教师83人，煤矿特种作业实操考试兼职考评员57人。2022年7月，理论机考室与湖南省安全技术中心监控平台成功对接；2022年12月，建成了煤矿采煤机、掘进机、提升机、井下电气、井下爆破、瓦斯检查、安全检查、安全监测监控作业、探放水、瓦斯抽采、防突作业及公共科目等智能化实操培训与考核基地，并与湖南省安全技术中心监控平台对接。2010—2022年，举办各类培训班677期，培训人数31613人次；职业技能鉴定站鉴定电工、钳工、电焊工等14个通用工种和采煤工、采掘电钳工、瓦斯检查工等19个煤矿特有工种，鉴定人员共计5010人次，取得技能等级证3414人、技师13人。

强化生产技术管理。在生产调度管理方面，资兴管理局督促原煤公司分解落实年度生产计划指标到月，每季度编制生产计划，初审汇总报股份公司，强化日常生产调度和下矿检查指导，及时掌握生产动态，帮助解决生产实际问题，为提高原煤产量赋能；认真履行技术审批职能，审批煤矿年度矿井灾害预防与处理计划、突出矿井年度放出班炮管理制度、矿井安全监控系统及远程安全监控系统设计、新采区方案设计、突出矿井防突专项设计、新采煤方法试验方案设计、科技项目实施方案设计、年度矿井检修计划等技术文件500余份；加强抽掘采接替工作，半年召开矿区抽掘采平衡会，找出问题，剖析原因，提出工作措施，抽掘采平衡会提出的需要重点解决的问题清单，督促原煤公司完成。落实驻矿安全监察专员岩巷管理台账、图纸、现场“三对口”制度，月度安全检查抽查验收岩巷进尺。

加强应急救援体系建设。2005年11月，救护大队升格为湖南省安监局省级矿山救援基地。2010年10月，国家安全生产监督管理总局将救护大队列为国家区域矿山救援队，依托集团公司组建国家区域矿山应急救援郴州队，配备先进的运输吊装、侦测搜索、排水、掘进与支护、仿真模拟演练评价系统、通信指挥系统等应急救援装备，主要承担湖南、湖北、广东三省重特大、复杂矿山事故的应急救援任务。救护大队参加处理各类灾害事故2260起，抢救遇险人员1056人，搜救遇难人员2678人，为国有企业、地方企业挽回经济损失3.6亿元。2018—2022年，参加对外处理各类事故200余起。至2022年末，拥有救护大队1个、救护中队7个、救护指战员73人，成为湖南省内技术装备最为先进的专业化抢险救援队伍之一。

2008年8月，成立资兴矿区安全生产管理局党组，负责贯彻执行党的路线、方针、政策；做好干部管理工作；团结党员干部和群众，落实集团公司党委部署、决策；指导局机关党总支的工作。同年，资兴矿区安全生产管理局机关党总支成立，下设综合管理、安全监管、生产技术等3个党支部。2010年10月，增设培训中心党支部。2020年5月，撤销资兴矿区安全生产管理局党组，换届成立局党总支委员会，下设综合管理、安全监管党支部。2022年末，党员29名。

资兴管理局坚持以习近平新时代中国特色社会主义思想为指导，认真落实党的二十大精神和习近平有关安全生产重要论述，以安全生产为主线，以监管创新和科技创新为动力，认真贯彻落实股份公司安全发展战略，主动适应地方安全监管新常态，创新安全监管手段，强化现场安全管理，优化安全生产环境，求真务实、开拓奋进，确保了矿区安全生产持续健康发展。2013年、2015年全局实现安全生产；2017—2022年实现安全生产，并连续6年被股份公司评为安全生产先进单位。

历任局长、党组织书记：

姚泽钢，局长、党组书记（2008年8—10月）；

曹贵华，局长、党组书记（2008年10月—2010年12月）；

汤士杰，局长、党组书记（2010年12月—2011年4月）；

彭桂剑，局长（2011年4月—2012年11月）；

严华平，党组书记（2011年12月—2013年1月）；

谢义明，局长、党组书记（2012年11月—2014年7月）；

李文军，党组书记（2017年1月—2018年11月）；

谭景茂,党总支书记、局长(2018年11月—　)。

2022年领导班子成员：

谭景茂、王平芽、许贤松、杨小华、曾琦；谭景茂为局党总支书记、局长。

四、白沙矿区安全生产管理局

2006年6月，湖南省省属国有煤矿重组设立湖南省煤业集团有限公司，2008年8月，湖南省煤业集团管理体制改革，特设白沙矿区安全生产管理局（简称白沙管理局），位于耒阳市。白沙管理局设综合管理部、安全监管部、生产技术部3个职能部门，2010年1月，增设通风部。2010年10月，管理白沙矿区安全技术培训中心。

2008 年 8 月，白沙管理局安全监管湘潭、红卫、白山坪、南阳、马田、街洞、湘永 7 个原煤公司及白沙能源股份公司、白沙实业公司、白沙物资供应公司 3 个非煤公司。2008 年 11 月，马田、街洞、湘永 3 个原煤公司划归资兴管理局监管。2010 年 2 月，增加兴源矿业公司安全监管。2010 年 10 月撤销白沙能源股份公司。2015 年 7 月，湘潭矿业公司划归涟邵管理局监管。2016 年 1 月，安全监管托管南阳矿业红泉煤矿、恒发煤矿。2019 年底，凤形矿业公司、红泉煤矿、恒发煤矿关闭。2021 年 4 月，安全监管大岭矿业公司。2022 年底，监管红卫、白山坪、南阳、兴源、大岭、白沙实业、白沙物资供应等 7 家企业，

2022 年末，白沙管理局在岗员工 48 人，其中：局领导班子成员 3 人、主任工程师 1 人、综合管理部 4 人、安全监管部 3 人、生产技术部 2 人、通风部 2 人、调度室 2 人、司机 2 人、救护大队 12 人、矿区培训中心 4 人、驻矿安全专员 13 人。

坚持“安全第一，生命至上”安全发展思想，切实践行“三个最大”“三个首要”安全发展理念，认真履行安全监管职责。健全安全生产监管制度体系，2006—2022 年，建立“安全生产与职业病危害防治目标管理制度”“安全办公（工作）会议制度”“安全检查制度”“事故隐患排查治理报告制度”“安全风险分级管控工作制度”“煤矿重大安全隐患挂牌督办制度”“‘三违’和安全事故处罚办法”“事故报告与责任追究制度”“安全风险管控包保责任制度”“原煤公司总经理安全工作述职制度实施办法”“矿井安全生产标准化及精品工程考核办法”“煤矿重大安全生产隐患认定及排查治理办法”“瓦斯超限预警管理与瓦斯超限分析处罚办法”“火工品井筒、井下运输管理制度”“串联通风管理办法”“石门揭煤管理实施细则”“员工‘三违’记分考核处罚办法”“安全事故及重大隐患举报制度”“安全生产暗访制度及考核办法”“驻矿安全监察专员考核办法”等 200 多项安全生产监管制度。其中“现场安全确认准许作业制度”“煤矿重大安全生产隐患认定及排查治理办法”“员工‘三违’记分考核处罚办法”“安全事故及重大隐患举报制度”“煤矿采用干式排渣方式施工各类钻孔安全管理规定”“安全培训评比竞赛考核办法”等制度全集团公司推广。

2006—2022 年，白沙管理局安全生产 11 年，被评为集团公司安全生产先进单位；2009 年，被评为湖南省煤炭工业局安全监管先进单位；2012 年，被评为湖南省煤炭管理局瓦斯治理先进单位。白沙管理局监管的 13 对矿井均达到国家二级安全生产标准化矿井。

白沙矿区安全技术培训中心，是煤矿安全培训三级机构，一套人马、四块牌子（即湖南省煤业集团党校白沙矿区分校、湖南省煤业集团白

沙矿区安全技术培训中心、湖南省白沙技工学校、白沙矿区安全生产管理局职业技能鉴定站），是以培训为主的综合职教机构。2019 年，安全生产管理人员、特种作业人员理论考试点与湖南省应急管理厅考试系统平台对接。2022 年 7 月升级改造，达到湖南省安全生产资格考试理论考试点建设标准，并经湖南省应急管理厅验收合格，可同时容纳 40 人考试。培训中心设有办公室、教务科，在岗教职工 4 人，聘请教师 18 名。培训中心以研助教，编写的《入井新工人培训教材》在各原煤公司及煤矿安全培训中得到广泛运用；编写的全国特殊工种培训教材《主要通风机司机》由劳动出版社出版发行；2006—2022 年，培训安全生产管理人员、特种作业人员、岗位技能人才、队组长等各类人员 3.7 万人次。

救护大队是湖南省矿山救援白沙基地，2005 年，国家安全监管总局矿山应急救援指挥中心和湖南省安全生产监督管理局指定救护大队为湖南省四大矿山救援基地之一。2006 年通过国家安全监管总局矿山救护队资质认证取得国家二级资质，2014 年通过湖南煤矿安全监察局救援指挥中心质量标准化考核验收，评定为一级质量标准化矿山救护队。2022 年被湖南省应急管理厅命名为“湖南省矿山应急救援白沙队”，主要担负白沙矿区红卫、南阳、白山坪、兴源、大岭 5 个原煤公司 13 对生产矿井的安全预防性检查、救护培训和抢险救灾等任务，同时还承担区域范围（耒阳、衡阳、湘潭、株洲、永州）和省内矿山重大灾害事故及重大公共安全突发事件的抢险救援任务。救护大队始终坚持“以人为本、安全救援、科学施救”的救援理念，2006—2022 年，参加各类灾害事故抢险 400 多次，重大难险事故救援 41 起。参与 2010 年郴州市北湖区鲁塘镇太源煤矿“6·27”较大透水事故、2012 年耒阳市三都镇茄莉冲煤矿新井“7·5”重大透水事故、2012 年耒阳市三都镇茄莉冲煤矿新井“7·5”重大透水事故、2020 年耒阳市源江山煤矿重大透水事故、2022 年“4·29”望城自建房倒塌事故救援。抢救出遇险人员 51 名、搜救遇难人员 174 名。

2006—2022 年，作为湖南矿山救援培训机构，举办新队员初训、老队员复训以及中、小队长指挥员培训班 32 期，培训人员 1300 余人次，为湖南、广东、福建培养了一大批合格的矿山救护指战员。为全面提高指战员的业务水平和身体素质，确保“召之即来，来之能战，战之能胜”，救护大队始终坚持练兵与比武相结合，共举行白沙矿区矿山救援技术竞赛 17 次，参加全省技术竞赛 15 次，参加全国矿山救援技术竞赛 6 次，承办 2001 年、2008 年湖南省矿山救援技术大比武活动。2006 年参加第六届全国技术竞赛体能连续测试，获得个人成绩第九名；2012 年，派员组成湖南代表队，参加第九届全国矿山救援技术竞赛，夺得了团体总分第八名，创造了湖南省历史最好成绩；参加全省技术竞赛 15 次。2017 年被共青团湖南省委授予“湖南省青年安全生产示范岗”荣誉称号。2021 年获得全省技术竞赛综合团体第二名、集体单项 3 项前三名的好成绩，队员张涛获得个人全能第一名，理论、综合体能第一名，被湖南省总工会授予“五一劳动奖章”。2022 年队长徐志军获评全省应急管理系统“最美应急人”。

2006 年 6 月，设立白沙矿区安全生产管理局党委。2008 年 10 月，撤销白沙矿区安全生产管理局党委，成立白沙矿区安全生产管理局党组。2009 年 6 月，白沙矿区安全生产管理局机关党总支成立，隶属集团公司机关党委，下设 4 个党支部。2019 年 4 月，撤销白沙矿区安全生产管理局党组，成立白沙矿区安全生产管理局党委，下设 2 个党支部。2020 年 5 月，撤销白沙矿区安全生产管理局党委，召开中共白沙管理局第一次党员大会，选举产生第一届总支委员会，下设 2 个党支部。2022 年末，有党支部 2 个、党员 30 名。

白沙管理局党组织以习近平新时代中国特色社会主义思想为指导，深入开展“学习实践科学发展观活动”“党的群众路线教育实践活动”“三严三实”专题教育、“学党章党规、学系列讲话，做合格党员”学习教育、“不忘初心、牢记使命”主题教育和党史学习教育。深刻领悟“两个确立”的决定性意义，自觉增强“四个意识”、坚定“四个自信”、做到“两个维护”；全面加强党的领导、不断加强党的思想建设、组织建设、作风建设和党风廉政建设；严格落实“三会一课”、主题党日、民主生活会、组织生活会、民主评议党员、谈心谈话、党员领导干部参加双重组织生活、党组织书记双述双评等制度；认真开展“五化支部建设”、党员“积分考评、晋星升级”“千名书记联项目、万名党员先锋行”等活动。自2018年实行党建述职评议考核以来，白沙管理局党组织在集团公司党委年度考核中连年被评为“好”的等次。

历任局长、党组织书记：

赵　斌，局长（2006年6月—2008年8月），局长、党组书记（2008年8—10月）；

周伏生，党委书记（2006年6月—2008年8月）；

汤世杰，局长、党组书记（2008年10月—2009年6月）；

李文军，局长、党组书记（2009年6月—2012年11月）；

王双开，局长、党组书记（2012年11月—2016年8月）；

彭双良，局长、党组书记（2016年8月—2018年1月）；

周才标，局长、党组书记(2018年1月—　)。

2022年领导班子成员：

周才标、沈金生、曾武喜；周才标为局长、党组（党委、党总支）书记。

五、湖南省煤业集团金竹山矿业有限公司

湖南省煤业集团金竹山矿业有限公司（简称金竹山公司）位于冷水江市，总部设在冷水江市城东新区。经营范围：煤炭开采、销售，道路普通货运，矿车、风筒制造、销售，房屋出租。开采石炭系下统测水煤系，可采煤层4层，主采3、5煤层，局部可采2、4煤层。2022年末，备案登记资源储量6491.90万吨，一平硐、土朱、塘冲三对生产矿井，核定生产能力78万吨/年，在册员工3222人，注册资本5926万元，总资产5.4213亿元。2022年，原煤产量61.28万吨，营业收入3.5158亿元，利润总额1018万元。2006—2022年累计生产原煤1282.85万吨。

坚持“生命至上、安全第一”的思想，忠实践行集团公司“三个最大”“三个首要”的安全理念，推行安全风险双重预防管控机制。加大投入完善各大安全生产系统。建成避难硐室27处，紧急避险系统完善。升级改造矿井生产监控系统、机电运输系统、调度指挥中心。煤巷综掘

机掘进、高端普采机械化采煤、组合梁掩护支架采煤、采掘机械化及支护工艺改革上取得突破性进展。常态化开展安全生产标准化工作，一平硐煤矿成为全省首个双重预防机制建设示范矿井，三对生产矿井均为国家二级安全生产标准化矿井。至2022年底，连续安全生产9年。

2006—2022年，建成井下废水处理系统、生活废水处理系统、在线监测系统、锅炉脱硫除尘系统、煤仓防尘系统、扬尘收集系统、废水循环利用系统、医疗废水处理系统，修建矸石山排洪沟、挡土墙、雨水收集池。矿井废水、生活废水及医疗废水达标排放，煤矸石循环利用，堆存矸石逐年减少，新建热水供应系统（替代燃煤锅炉），废水、废气、噪声等均达标排放。

高度集中的财务管理模式，2006年执行“五统一”的全面预算管理模式，2009年实行“量本利”分析模型指导预算的编制与考核，2017年进一步优化全面预算管理工作，建立适合公司管理需要的全面预算管控体系，预算管理水平得到显著提高。2018年，完善会计核算、资金管理、资产管理及成本费用管控等多项财务管理制度。2020年，开展“两金”压降专项行动，加速资金周转，减少资金的无效沉淀。2021年，开展“成本费用精细化管理”活动，加强对成本费用管控，促进企业可持续发展。2022年，落实国家、湖南省政府扶助政策，各项惠企政策落地见效，税费支出减少785万元。

人力资源管理，实行以岗位绩效工资为基本结构加各种奖励、津贴的工资分配模式。各种奖励、津贴、工资管理按规定执行，建立科学合理的工资管理体系。2016—2022年，三次清理吃空饷人员40人、清退息工人员279人、解除无效劳动力439人。职业技能资格持证456人，其中考评员3人、初级64人、中级285人、高级95人、技师9人。

推进三项制度改革，建立竞争上岗、末位淘汰、员工能进能出、干部能上能下的用工用人体系；建立以岗位绩效工资为主、收入能高能低的薪酬分配体系。2022年用工总人数3222人，机关部室整合为8个，直属单位整合为5个，中层管理人员59人。

强化销售管理，湖南大唐金竹山火力发电分公司是最大的电煤客户，年销量占比45%左右。2008—2022年，煤炭市场经历了断崖下跌和扶摇直上两轮价格波动，金竹山公司始终服从于全省能源安全大局，全力供煤保电，多次被地方政府评为调煤保电先进单位。确立“以质量求生存、以质量促发展”的销售理念，每日测定生产煤、待发煤炭质量，挂牌销售，金竹山公司被湖南省工商行政部门评为重合同守信用单位。

组建独立的局域网，与中国电信、中国移动合作，千兆光纤进入各个机房，局域网间通过VPN实现互联互通，主要用于瓦斯监测系统、人员定位系统、财务管理系统、物资管理系统、销售管理系统、视频会议系统和办公OA的数据传输和管理，同时实现了与涟邵安全生产管理局、集团公司的信息共享，数据传输安全流畅、稳定可靠。

公司党委以强党建、重民生、促发展为工作主线，积极指导、服务主业主责。2022年末，在册党员628人，党总支4个、党支部34个。按照中办、国办要求，退休党员移交给冷水江市委组织部。各级党组织大力开展“党员身边无三违”“争贡献、当先锋”竞赛，开展“救灾补损保目标、改进作风促和谐”主题活动。2016年，开展“两学一做”学习教育，积极践行“文化自信、资源自信”。2017年紧紧围绕“安全、改革、效益”主题，突出抓基层、强基础，推进“双基建设年”。2018年全面推进党支部“五化”建设活动。2019年开展“不忘初心、牢记使命”主题教育，完成了“安全、改革、经营、发展、民生、党建”六大工作计划。2020年开展“当强基先锋·做安全模范”竞赛，通过“比安全、比生产、比质量、比稳定”，推进治理效能提升年活动的开展。2021年突出“办实事·解难题·传党恩”主题，开展建党100周年系列庆祝活动，抓实党史学习教育，获评娄底市优秀共产党员1人。2022年坚持节支降耗、提质增效总基调，推进党建深度融合年活动开展，获得集团公司“党建工作先进单位”，获得娄底市“思想政治工作先进单位”。

金竹山公司纪律检查委员会，设专职纪委书记和纪检监察部门，完善了党风廉政建设、纪检监察相关规章制度，廉政建设责任状，落实线索处置、审查调查、谈心谈话、纪律处分等执纪监督工作。2006—2022年，查处侵占财物、虚增房屋赔偿面积、虚开发票、寄挂工资等案件15起，挽回经济损失65.76万元。

关注民生办实事。2008—2010年，利用国家采煤沉陷区治理的优惠政策，建成冷水江市桃园北组团小区24栋住宅，沉陷区职工1203户乔迁新居。2010—2015年，实施煤矿棚户区治理工程，新建住宅625套，2015年12月交付使用。

2022年末，工会委员会会员2256人，设4个分工会，100个工会小组。机关、矿井、队、班组建立了组织机构，制度健全，召开年度职工（会员）代表大会，审议公司重大事项。厂务公开工作有制度、有考核，矿务公开栏、队级民主分配公开栏，及时公开重要事项。形成“党委主导、行政主抓、部门配合、共管共建”的班组建设工作格局。2007年，土朱煤矿电工班被评为全国学习型先进班组，2015年金竹山公司荣获全国煤矿全民健身活动先进单位。金竹山公司推选省级劳动模范3人、地市级劳动模范3人、县市级劳动模范6人、集团公司劳动模范10人、省技术能手1人。金竹山公司工会多次被全国能源化学、省煤系统、集团工会、娄底市评为模范职工之家、先进单位。金竹山公司安全协管工作以亲情帮教、警钟长鸣、特色宣传为主，建立了一整套协管会工作学习制度，获得全国煤炭系统优秀协管员、安全好矿嫂称号2人。一平硐煤矿班中餐食堂获评湖南省总工会“芙蓉标兵岗”称号，段红汝荣获全国“五一”巾帼标兵荣誉称号，张铁雄家庭获得2015年湖南省最美家庭、2018年湖南省第十一届五好家庭。

金竹山公司团委下设3个团总支、5个团支部，多次荣获集团“五四红旗团委”荣誉称号，刘奇辉、陈冠雄获得集团十大杰出青年，伍文清获得湖南省优秀共青团员，戴安获得全国煤炭系统优秀大学毕业生荣誉称号，田斌、曹持获得全煤系统优秀共青团员荣誉称号。

金竹山公司以“打造本质安全型矿井，树金竹山品牌，建和谐矿区，创一流企业”为目标开展企业文化建设。2004年创办《金竹山通信》期刊；2012年，成立金竹山公司文体协会，下设6个分会；文艺创作队伍40余人，加入国家、省级协会8人，创作出一批具有煤矿特色、职工喜闻乐见的文艺作品。

历任党委书记、董事长（执行董事）、总经理：

刘　强，执行董事、总经理（2006年1月—2007年7月）；

曾新国，党委书记（2006年1月—2008年9月），主持党委、行政、工会工作（2007年7月—2007年10月）；

张华伟，执行董事、总经理(2007年11月—2009年9月)；

徐同湘，党委书记（2008年10月—2012年11月），执行董事兼党委书记（2012年12月—2014年3月）；

谢会生，执行董事、总经理(2009年10月—2012年9月)；

苏七华，总经理（2012年12月—2016年8月），执行董事、总经理（2016年6月—2018年11月），董事长兼总经理（2018年11月—2020年8月）；

李曙光，执行董事、党委书记（2014年3月—2016年5月）；

康南松，党委书记（2016年11月—2020年9月）；

彭桂剑，董事长、党委书记（2020年9月—2021年11月）；

伍先文，总经理（2020年9月—2021年11月），董事长、党委书记（2021年11月—2022年12月）；

李东明,董事长、党委书记(2022年12月—　)；

潘锡辉，总经理（2022年12月—　）。

2022年领导班子成员：

李东明、潘锡辉、刘康怀、谢佑军、颜俭光、刘文、刘爱军；李东明为董事长、党委书记，潘锡辉为总经理。

六、湖南煤业牛马司矿业有限公司

湖南煤业牛马司矿业有限公司位于邵东市，公司总部设在邵东市竹岭路266号。经营范围：煤炭开采、精洗加工和煤炭销售。矿区分布在邵东市牛马司镇，开采二叠系上统龙潭组2煤层。2022年末，备案登记资源储量852.1万吨，水井头、铁箕山两对生产矿井，核定生产能力26万吨/年，注册资本金9500万元，资产总额1.6795亿元；2022年，原煤产量18.00万吨，营业收入24211万元，利润总额3188万元；2006—2022年累计生产原煤370.66万吨。

公司党委书记、董事长1人，党委副书记、总经理1人，党委委员、副总经理3人，党委委员、纪委书记、工会主席1人。公司有办公室、党群工作部、纪检监察审计部、生产技术部、通风防突部、安全监管部、财务部、人力资源企管部等8个部门，水井头煤矿、铁箕山煤矿和运输公司、销售公司、供应公司、职工医院、救护中队等7家二级单位。

落实安全主体责任。党政正职对安全生产全面负责，设有专职安全副总经理1人，安监部组织安全生产检查，严格考核到位。矿井设专职安全副矿长1人，防突副矿长1人，安监科组织检查考核连队安全生产情况，严查严纠隐患和“三违”，落实安全主体责任。

落实安全考核。推行全员安全质量结构工资考核制度，矿、队、班组、个人层层考核，全员工资考核实行“226”比例结构，即安全20%、质量20%、生产任务与效益60%。严格执行现场安全确认、隐患闭环管理、“三违”互动式制度，把安全生产隐患排查整改闭环管理、现场安全确认准许作业、员工“三违”记分考核等制度执行情况纳入矿领导安全目标管理考核。深入开展双重预防工作，逐一签订较大以上风险包保责任书，并按照“谁主管、谁负责”层层明确隐患排查治理责任，落实日管控、周总结、月分析措施。2022年7月，水井头矿“双重预防”

机制建设在湖南省矿山安全生产会议上交流经验。

瓦斯治理。坚持“以风定产、以风定掘”制度，水井头矿两翼对角、抽出式通风，铁箕山矿中央分列式、抽出式通风；两对矿井风井均配备了同等能力的主要通风机，通风系统稳定可靠；回采工作面全负压通风，掘进工作面局部通风机“双风机、双电源”，能自动切换，局部通风机上安装了开停传感器，采掘工作面安装了甲烷传感器，实现“甲烷电闭锁”；测风站安装了风速传感器，采煤工作面风巷安装了一氧化碳传感器、温度传感器，主要风门、局部通风机、主要通风机、瓦斯抽放泵、主要排水水泵的运转等情况进行监控，实现矿井、矿业公司、管理局、股份公司同步监测。组建瓦斯抽放工程队，负责日常瓦斯抽放、抽采钻孔施工、防突预测、效果检验等工作，2006—2022 年底，水井头矿已连续 17 年消除“一通三防”伤亡事故。

强化安全保障。2006—2022 年，安全投入资金共 3.09 亿元，改造扩建矿井通风系统、瓦斯抽放、安全监控、防治水、提升运输等项目，改善井下作业环境，打造本质安全型矿井。组织开展“冬春百日”安全无事故、隐患排查治理专项行动、“安全生产月”活动和顶板、“一通三防”、机运三大会战等，防范各类安全事故发生。2020 年 10 月—2022 年末，实现连续安全生产。2021—2022 年，连续两年获评“集团公司安全生产红旗单位”荣誉称号。

生产技术组织管理。公司和矿井设有生产技术、机电运输部门，总工程师实行技术管理负责制，生产副职具体负责生产管理工作。组织实施工程技术、重点工程、科技进步、现场管理，2010 年公司和矿井使用现代化安全生产调度系统，水井头矿、铁箕山矿调度室与井下车场、变电所、水泵房、绞车房、水平运输巷道、风机巷及各工作面都直通电话。2006—2022 年，改进回采工艺。2019 年，水井头矿东翼柔性掩护支架采煤法试采成功，解决了急倾斜煤层开采的难题。2021 年，水井头矿、铁箕山矿 MJ50－1 型截煤机机械化采煤工艺试采成功。

推行支护改革。2010 年 6 月，与湖南科技大学合作开展技术攻关，水井头矿－300 东大巷试验光爆锚网喷加 U 型钢加注浆的联合支护；2013 年，煤巷全面推广使用拱形工字钢支架替代梯形工字钢支架；2022 年，巷道掘进多台风钻同时打眼、激光指向、耙岩机装矸一体化作业和机车运输，提高了工作效率和巷道掘进单进。

安全生产标准化建设。2006—2018 年，深入开展安全生产标准化工作，各矿井做到“动态达标、朴素达标、内在达标”，对两矿的采掘工程质量每月评比出 1～2 个优良品和不合格品，严格考核奖罚到位，督促施工现场按作业规程、安全技术措施的“十环节”要求运行。2021 年 9 月湖南省应急厅验收，水井头矿、铁箕山矿安全生产标准化等级评定为国家二级，2022 年保持国家二级标准。

2010 年 2 月，牛马司公司政策性破产；2010 年 8 月，资产重组成立湖南黑金时代牛马司矿业有限公司，实行“三项制度”改革。2011 年，按照现代企业制度要求，全员劳动合同制，精简机构，减人提效，优化组合；2022 年，在册员工 1710 人，原煤万吨用工 69 人，原煤工效 0.61 吨/工。

树立品牌，以质促销。“三低一高”、低灰、低硫、高发热量优质主焦煤是公司煤炭产品的特点。煤炭产品深加工，2022 年洗选煤能力 30 万吨/年，资源回收率达到 80%。公司主要产品包括精煤、中煤和煤泥,多收回优质精煤 2.4 万吨/年。

2010 年公司破产，职工医院没有移交地方管理，发展成为基础设施完善、仪器设备精良、技术力量雄厚、专科门类齐全的国家二级其他类非营利性综合医院。

绿色矿山建设。兴建了洗煤厂污水循环使用处理系统，改建、扩修铁箕山矿、水井头矿矿井涌水排放渠，改造职工家属生活区下水道、化粪池、垃圾收集站（点）、广场、道路；兴建了 1 个大型防尘钢化棚、2 个污水沉淀池、4 个雨污分离沉淀池，并在集中煤坪等重要场所安装了多个防尘喷雾装置、自动洗车装置、人工洗车装置；改造了选矸楼防尘系统，从根本上解决了原煤露天堆放、煤尘、污水等问题。2022 年，顺利通过湖南省自然资源厅的绿色矿山建设验收和公示。

移交社会职能。实施国家农网改造政策，将矿区周边 21 个自然村的转供电全部移交地方电力部门。2016 年 1 月，矿区居民供电整体移交国电邵东电力分公司；2018 年 9 月，矿区居民供水整体移交邵东县自来水公司；2018 年 9 月，矿区居民物业管理服务业主委托湖南楚湘正诚物业服务有限公司管理。

改善职工居住条件。2011 年底，利用采煤沉陷区安置政策，建成了邵东明珠小区，安置职工 514 户。实施煤矿棚户区改造工程，2015 年底，牛马司矿区小区建成住宅 737 套；2019 年，邵东市城北开发区鑫牛凯旋城小区建成，交房给业主 2234 套。

公司党委下设党总支 5 个、党支部 37 个，党员总数 933 人。设党群工作部，负责党建和群团日常工作。公司党委以支部“五化”建设为抓手，推进“支部建设标准化、组织生活正常化、管理服务精细化、工作制度体系化、阵地建设规范化”建设，投资 40 多万元，创建 9 个高标准党员活动室。每月按要求开展“三会一课”、主题党日、积分考核等活动，党支部“五化”建设合格率达到 100% 。开展“千名书记联项目、万名党员先锋行”等活动，积极发挥党支部的战斗堡垒作用和党员的先锋模范作用，把党建工作深度融入安全生产与经营管理之中。深入开展党的群众路线教育实践活动、“三严三实”专题教育、“两学一做”学习教育、“不忘初心、牢记使命”主题教育、党史学习教育、学习贯彻习近平新时代中国特色社会主义思想主题教育等活动，助推党建深度融合中心，促进公司高质量发展。

公司党委加强党风廉政建设，把纪律和规矩挺在前面，常态开展煤炭销售、工程建设、物资采购、薪酬管理等内容的效能监察，运用好监督执纪“四种形态”，强化监督执纪问责，构建不敢腐、不能腐、不想腐的机制，推进“清廉牛马司”建设纵深发展。

公司工会设 10 个分会，36 个工会小组。工会干部 16 人，其中，专职工会干部 5 人，兼职工会干部 11 人，女工干部 3 人。公司工会和二级单位设民管会，充分尊重职工代表的意见，保护职工代表的合法权益。开展文化体育活动，2006—2022 年，开展有特色、有影响的文艺活动 16 次。参加湘煤红歌赛，荣获第一名；开展体育活动 13 次，其中，2008 年 8 月承办集团“湘煤杯”首届职工篮球赛涟邵赛区预赛，夺得第二名。2016—2022 年，参加集团组织的五月体育比赛、七月文艺会演、十月篮球比赛三大文体活动。开展“明星班组”和“明星班组长”评选活动，参与班组 86 个，总参与人数达到 1270 余人。王锦钰荣获“全国煤炭工业优秀班组长”，周高中获得“省国资委优秀班组长”。公司涌现出全国劳动模范肖新求，省部级劳动模范蒋小林、刘叶新、肖兴旺、胡广斌。集团劳动模范王小军、陈银保、许小波、曾湘孝、尹寿蒲、周高中获得全国“五一劳动奖章”。

紧紧围绕公司中心工作，引导团员青年不断进取，奉献矿山，为公司的建设发展做贡献。黄峰被评为首届“全国煤炭工业百名优秀青年矿工”，蒙培林被评为“全国煤炭系统优秀团员”，刘宏达被评为“全国煤炭企业优秀大学毕业生”，袁振戎被评为“全国煤炭系统优秀团干”，公司团委荣获“全国煤炭系统五四红旗团委”，尹军洪被评为集团“十大杰出青年”，刘道被评为“全国煤炭系统优秀团员”。

“十四五”期间，公司将坚持安全第一目标，立足于煤炭品牌优势，实现产量、主营业务收入、利润总额、总资产逐年递增，努力做强做优，力争位居集团、股份公司原煤板块第一方阵，为湖南省“三高四新”战略实施、集团高质量发展贡献担当和力量！

历任党委书记、总经理：

刘瑞丰，党委书记（2003 年 10 月—2007 年 11 月）；

刘黎明，总经理（2006 年 4 月—2007 年 1 月），党委书记（2007 年 11 月—2008 年 5 月）；

杨光军，总经理（2007 年 1 月—2010 年 5 月），党委书记（2008 年 6 月—2016 年 10 月），总经理（2016 年 11 月—2020 年 7 月）；

李永友，总经理（2010 年 6 月—2016 年 10 月）；

陈久良，党委书记、总经理（2016 年 11 月—2020 年 8 月）；

龙正松，党委书记、董事长（2020 年 8 月— ）；

伍玉君，总经理（2020 年 8 月— ）。

2022 年领导班子成员：

龙正松、伍玉君、苏从初、倪灿平、周志红、李达军；龙正松为党委书记、董事长，伍玉君为总经理。

七、湖南煤业股份有限公司周源山矿业分公司

湖南煤业股份有限公司周源山矿业分公司（简称周源山公司）位于湖南省郴州市资兴市，总部设在唐洞街道星塘村。公司东距郴州市45千米，京广铁路许家洞至三都铁路支线经过井田西侧，湘红火车站距井口1千米，铁路专线直达井口煤仓。矿区公路与省道S213线连接，与郴资桂高等级公路和京珠高速公路相连，交通便利。

周源山公司开采资兴三都煤田深部煤层，可采煤层4层，1、2、3煤层为1/3焦煤，4煤层为主焦煤。立井、暗斜井多水平开拓（-370米、-650米、-800米三个水平）。2022年底，备案登记资源储量1475.70万吨。公司设计生产能力45万吨/年。1983年突破矿井设计生产能力，逐年实施矿井生产系统改造，2011—2022年，矿井核定年产能力75万吨/年。2022年，原煤产量75.24万吨，营业收入4.45亿元，利润总额1.12亿元。期末资产总额4.3714亿元。2006—2022年，累计生产原煤1198.8262万吨，利润总额9.68亿元，上交税费8.73亿元。

按照“安全、高效、精简”的原则，实行总经理负责制，配齐配强“五职矿长”（副总经理）。公司设立办公室、党群工作部、纪检监察审计部、人力资源企管部、资产财务部、安全监察部、生产技术部等7个职能部室，后勤服务部、采购供应部、运销服务部3个下属单位，回采工区、掘进工区、通风工区、机运工区、机电厂5个生产单位，为公司、（部）区、队三级管理模式。

机械化、自动化、智能化、信息化程度不断提高。主井、副井、新副井多绳摩擦轮绞车提升，主井箕斗提升煤炭；副井双层单车罐笼、新副井双层双车罐笼辅助提升。主、副井提升绞车PLC电控和高压变频调速驱动，主井绞车无人值守自动提升，水平运输大巷2吨底卸式矿车转运煤炭，1吨固定U型矿车运送材料和矸石，架线变频电机车和蓄电池机车接力牵引，机车监控调度系统通过井下主要巷道基站，实时监测运行状况。井下运煤大巷及地面DTL80架式滚筒驱动带式输送机，无人值守自动开停。工作面运煤巷道刮板输送机，集中控制。矿井供电由Ⅰ段周新线和Ⅱ段周三线两路35千伏进线电源到达地面变电所，变压后分4路6千伏配送至井下中央变电所，再分送至各采区变电所，调度中心管控平台监测监控地面及井下变电所，远程操控停送电。矿井三级排水，三个中央水泵房无人值守自动排水，两翼对角式通风，调度中心管控平台监控南、北风井风机运行情况。

建设智慧矿山，周源山公司不断引进网络化新技术，为高效管理提供支撑。2003年建成内

部局域网，实现无纸化办公；2005 年，建设地销煤装车监控系统；2006 年，建成物资供应信息系统，升级为 UFIDANC，物资计划、采购、到货、入库、领用、库存等实现网络化管理，共享集团物资信息资源；2010 年，建成现代化的调度信息指挥中心，井下铺设光纤环网，更换 KTJ4H 数字程控交换机，升级 KJ69 人员定位系统，井口和班前安装信息电子公示牌；无缝对接集团财务、销售、瓦斯监控、安全生产等方面信息网；建立完善的监测监控、人员定位、通信联络、紧急避险、压风自救、供水施救六大井下安全避险系统。2022 年建成湖南省智慧矿山，新建万兆工业环网和 5G 矿山网络，实现井上、井下互联互通，新建矿井一张图、业务管控平台、大数据分析、综合自动化平台、透明矿山及移动 APP 六个部分的智慧矿山管控平台，实现全过程各系统的数字信息智慧化管理，一台手机就能在矿区随时查看各系统运行情况和矿井安全生产信息，设备值守人员减少 70%，创下湖南煤炭“六个第一”。

支护方式和采煤工艺不断创新。巷道支护为锚网梁、金属棚、锚网喷、锚索 + W 钢带 4 种支护形式。岩巷掘进采用光面爆破技术，支护方式以锚网喷 + 锚索联合支护为主；煤巷掘进采用控制爆破技术，3 煤层掘进工作面全面推广锚网梁 + W 型钢带 + 锚索联合支护。掘进巷道的装矸设备使用耙岩机、钻装机、综掘机。掘进施工实现钻、装、运、支护作业线。半煤巷、煤巷掘进采用 EBZ135 和 EBZ132CZ 掘进机，平均单进 169 米/月，最高单进 250 米/月。掘进机械化程度 98.16%；高档普采和综合机械化采煤，采煤机械化率为 98%，综采单产 20000 吨/月，最高单产 35000 吨/月，回采工效 13.24 吨/工。原煤生产万吨用人 25 人。

学习贯彻习近平总书记关于安全生产重要论述，弘扬“生命至上，安全第一”的思想，坚持把“发展决不能以牺牲人的生命为代价”作为一条不可逾越的红线，始终把职工群众生命安全放在首位。认真贯彻落实党中央、国务院、省、市和集团（股份）公司关于安全生产的重大决策部署，贯彻落实安全生产法律法规，践行集团公司“三个最大”“三个首要”安全生产理念，切实承担起“促一方发展，保一方平安”的政治责任。

坚持安全生产标准化管理。安全监察管理部为公司安全生产综合管理部门，下设安全培训中心、安瓦队和救护队，各个工区设立专职安全副区长，聘设群众安全监督和女工家属协管队伍。2020 年出台《周源山矿业公司安全生产标准管理体系建设方案》，学标准、用标准，强化标准化建设过程管理。持续开展“样板工程”“亮点工程”“区长、书记示范工程”等创建，样板引路、典型示范，以点带面，全面推广，促进矿井安全生产标准化工作不断提升。2022 年 7 月，公司通过国家一级安全生产标准化管理体系现场考核，评为国家一级安全生产标准化矿井。

全方位开展安全教育活动，营造浓厚的安全生产氛围。2020 年，周源山公司在集团“三个最大”“三个首要”安全理念的基础上，提炼出“人本、科技、安康”的安全生产核心理念。人本表意为：坚守以人为本、人民至上、生命至上的安全生产红线意识、底线思维，倡导干标准活、做放心事的良好安全行为习惯；科技表意为：运用和实施科技兴安、科技兴矿，全面提升矿井标准化、机械化、信息化、智能化水平；安康表意为：打造安全、稳定、舒适的矿井工作生活环境，营造体面劳动、健康生活的幸福感和获得感。建立井口“安全文化长廊”、调度楼“安全文化意境”、370 东配风巷百米“安全文化巷”和 –650 西大巷千米“安全文化走廊”。开通安全专题广播、电化教育系统和安全学习微信平台，进矿醒目位置设立安全生产理念标志等，建立和完善个性化、情感化、现场化的安全文化温情教育体系。每月开展“安全警示教育日”活动，组织开展六月“安全生产月”系列活动，开展班前会安全宣誓，张贴悬挂安全标语、横幅、警句、誓词，常态性开展送温暖、送清凉等亲情活动，举行安全知识抢答赛、安全诗歌朗诵会、安全在我心中演讲赛等活动。举办矿山应急救援常识、安全事故案例、职业病防治图片展及“与安全同行”文艺会演等，形成了家庭、单位、井上、井下全方位、全过程、全身心的温情宣传教育网络。

建设绿色环保矿井。成立环境保护领导小组，制订实施《矿井可持续发展规划》。从源头上消灭污染，洗煤厂增置箱式压滤机处理污水，将洗煤水通过压滤机、储水池、潜水泵等程序实行“闭路循环”；建成处理能力13000立方米/日的污水处理池，增建除尘、脱硫设施，生活锅炉外排废气达标排放；治理矸石山、甘龙河，实施矿区绿化净化、煤矸石绿色充填、井下水综合利用；实施绿色技改，建设压风机房余热回收系统供应澡堂热水，寄衣房采用全自动洗衣烘干机，弃用蒸汽，废除燃煤锅炉；2020年，全面启动绿色矿山创建；2022年，荣膺省级绿色矿山。经过环保治理建设，矿区环境整洁美观，各功能区布局合理，土地得到有效利用。矿区地面运输、供水、供电、卫生、环保等配套设施齐全；各功能区标牌、标示规范，可绿化区域绿化覆盖率100%；矿山固体废弃物达标处置率100%；污水、废水得到有效处置，废气、粉尘、噪声得到有效控制，达到标准要求；矿山废弃地复垦率100%；有效治理矿区矿山可能遭受的地质灾害及由于矿业活动引发的矿山地质灾害，消除安全隐患。矿山的能耗指标符合湖南省绿色矿山标准。开采方式与矿山设计一致，开采技术与设备符合湖南省绿色矿山标准，“三率”指标达到设计要求，废石、废渣开展回填或资源化利用。

开展党建主题教育。2006年，开展“科学发展观”和“社会主义荣辱观”学习活动，践行社会主义荣辱观，进行“爱党爱国、爱企爱岗”教育。2010年，开展“创建学习型党支部”活动。2011年，开展“支部书记示范点”“共产党员先锋岗”创建活动。2012年，开展学习型、实干型、服务型、廉洁型、创新型“五型党支部”创建活动。2013年，建立“党代表接待室”。2014年，开展党的群众路线教育实践活动。2015年，开展“三严三实”专题教育。2016年，开展“两学一做”学习教育。2019年，开展“不忘初心、牢记使命”主题教育。2021—2022年，开展“党史学习教育”主题活动。

着力清廉企业建设，企业内部监督管理机制日益完善，集团、郴州国资委授评“廉政文化建设示范单位”“党风廉政建设先进单位”。2021年，开展对违反中央八项规定精神的问题、廉洁和腐败的隐患和问题进行专项检查，组织了工程建设项目抽查审计；常态化评选“廉洁之星”，创新廉洁文化建设。2022年，组织廉政教育周、廉政警示教育日、党员干部违规收送红包礼金专项整治、中秋国庆节纠“四风”专项督查、廉洁教育民主生活会，开展煤炭销售和物资采购效能监察。

维护职工利益，激发职工主人翁积极性和创造精神，引领职工建功立业。建立联系广泛、服务职工的工会工作体系，建立职工互助、文体娱乐等群众组织；召开年度职工代表大会，组织职工参与民主管理。各级工会开办《工会园地》《职工之家》《民主管理墙》，实行司务、队务公开；开展职工“五个一”培训和思想政治学习；组织开展“安康杯”竞赛活动，“五一”期间，开展“文明职工标兵”和“文明先进单位”的评选表彰活动，“采掘工人节”开展“采掘能手”“贤内助”表彰活动。

丰富职工文体生活，提升职工精神文明：提质改造工人俱乐部、灯光篮球场，新建羽毛球馆。组织开展篮球、羽毛球、乒乓球，象棋、围棋、扑克，书法、绘画，泥塑、剪纸、摄影，唱歌、舞蹈，健美、秧歌等丰富多彩的文体活动。定期举办采掘工人节，“乌金杯”篮球赛、“乌金杯”拔河赛、电影放映周、书法美术作品展、“大力士”轮胎赛。2009年，百名职工参加湖南省大型企业庆祝新中国成立60周年职工文艺会演，舞蹈《腾飞吧湘煤》荣获一等奖；2011年，参加集团“湘煤情、旗帜颂”文艺大会演，选送的节目歌伴舞《东方红》荣获二等奖；2019年，《在灿烂的阳光下走向复兴》获得集团“七一”会演一等奖；2022年，《乘“智”腾飞》节目荣获集团“七一”会演一等奖。

坚持团建跟党建，引领青年坚定理想信念。开展思想政治教育，“五四”青年节开展红色教育、爱国主义教育主题团日活动，开展“学雷锋、树新风”便民服务、敬老爱老、春季助学、植树添绿志愿活动。发挥青年生力军作用，组织“青年突击队”“青年文明号”“青年岗位能手”“青年安全岗”在安全生产实践中攻坚克难，奉献青春。服务青年成长，激发青年创业创造活力。组织开展“导师带徒活动”，2020年建立“青年之家”和下属7个青年服务站。2006—2022年，10余人次获评全国煤炭行业优秀团员，4人次获评湖南煤业集团“十大杰出青年”。周源山公司团委3次获评全国煤炭行业“五四红旗团委”，10次获评湖南煤业集团“五四红旗团委”。

实施惠民工程，不断增强职工群众幸福感、获得感、归属感。改扩建工人俱乐部、龙居广场、灯光塑胶篮球场、职工健身房、乒乓球室、羽毛球馆。建设大学生人才楼2栋，建筑面积3632.51平方米。新建班中餐食堂，建筑面积457.2平方米，改扩建职工食堂，改扩后职工食堂建筑面积1100平方米。按现代化标准改造职工澡堂，建筑面积1318.8平方米。2012—2019年，建设棚改房1351套，职工乔迁新居，改善居住条件。

2006—2022年，周源山公司荣获“全国五一劳动奖状”“全国模范职工之家”“全国煤炭系统双十佳煤矿”“全国依法安全生产先进单位”“中国最美矿山”“中国煤炭工业协会先进煤矿和先进集体”“中国煤炭工业协会先进集体”“国家一级安全生产标准化矿井”等荣誉称号。

历任矿长、总经理、党委书记：

吕金川，矿长（2006年10月—2008年10月）；

李国荣，党委书记（2006年10月—2009年12月）；

周向志，矿长（2008年10月—2012年6月）；

肖科生，党委书记（2010年1月—2022年1月）；

李小全，矿长（2012年6月—2016年7月）、总经理（2019年11月— ）、党委书记（2022年1月—2022年12月）；

王双开，矿长（2016年8月—2017年9月）、总经理（2017年10月—2019年11月）；

尹清文，党委书记（2022年12月— ）。

2022年领导班子成员：

李小全、尹清文、彭代恒、周林冲、汤光华、谭志文、彭小跃、司国栋；李小全为总经理，尹清文为党委书记。

八、湖南省煤业集团街洞矿业有限公司

湖南省煤业集团街洞矿业有限公司地处郴州市苏仙区栖凤渡镇、五里牌乡境内。矿区面积4.08平方千米，东距京广铁路4千米、G4京港澳高速公路4千米、G107国道1.5千米、郴州市20千米，交通便利。

2022年末，备案登记资源量129.70万吨，核定生产能力18万吨/年，注册资本2105.55万元，在册员工887人。2022年，原煤产量21.35万吨，营业收入28804万元，利润总额10575万元。2006—2022年底，累计生产原煤366.6612万吨。

茶山岭煤矿地面永久瓦斯抽采系统、瓦斯实验室，升级扩容瓦斯监测系统，瓦斯监测24小时不间断上传数据。建立健全“六大系统”，完善矿井通风、运输、供电、排水等系统。地面矿灯房智能化、应急广播系统、井下视频系统、无人值守排水系统、东风井无人值守系统，夯实矿井标准化基础。积极推进采煤机械化，推进“一优三减”工作，高档普采机械化采煤，提高矿井采煤机械化水平。

2008—2022年，公司连续14年实现安全生产。2011年公司被湖南省政府评为“煤矿安全质量标准化建设工作先进单位”；2017—2018年度荣获集团公司“安全生产红旗单位”；2019年度荣获集团公司“安全生产先进单位、平安建设先进单位”；2021年、2022年连续两年荣获集团公司“经济效益红旗单位”。

2020—2022年，建成高储高效、经济环保、功能齐全的储配煤基地。全面推行结算按灰分计价，综合精煤占比达到78%以上。

2016—2022年，公司党委加强党的组织建设、思想建设和作风建设，充分发挥了党组织的政治引领作用。2016年，公司党委下设党总支3个、直属党支部14个，党员416名。2022年末，党总支2个、党支部14个，党员173名。

2016年，开展了“两学一做”学习教育，

将学习教育融入企业中心工作，融入“三个湘煤”建设，融入“三个共同体”。

2017年，推进党支部“五化”建设，公司400多名党员基本信息录入全国党员管理信息系统，投入11万元建立茶山岭煤矿党员活动室，打造标准化支部阵地。

2018年，公司党委提出“引领、助推、凝聚、服务”的党建工作理念，完善党委议事规则，规范党委会研究讨论前置程序。推进基层支部标准化建设，深入开展“不忘初心、牢记使命”主题教育，组织开展革命传统红色教育和“破冰保安全”“送温暖嘱安全”“不忘初心，奉献矿山”“大学生飞天山座谈”等内涵丰富的党建活动。

2019年，以“千名书记联项目、万名党员先锋行”活动为抓手，公司党委书记带头联责风选厂、供电系统2个智能化建设项目和1个运输系统改造项目。各党支部书记立足本职岗位进行项目联责和党员岗位创效，党支部书记共联责项目9个，创建“党员先锋岗”12个、“党员责任区”10个，累计创效200万元。

2020年9月15日，召开中共湖南省煤业集团街洞矿业有限公司代表大会，深入贯彻新时代党的建设总要求，推动“党建入章”，修订完善“党委议事规则”，建立“党委决策事项清单”，遵循党委会研究讨论前置程序，落实党委会全程纪实。

2020—2022年，公司党委以习近平新时代中国特色社会主义思想为指导，忠实践行“三个湘煤”“三个共同体”核心文化理念和“统信为”企业行为准则。2022年，实施“党建强基赋能”行动，开展“党建+安全+生产+质量+成本”活动，深化“书记联项目、党员先锋行”，班子带队联项目15个、党员先锋队12个，参与党员127人次，不断挖掘和打造经济增长点，累计为企业创效200多万元。2021年、2022年连续两年获评集团公司“优秀领导班子”。

2006—2022年，公司工会认真开展民主管理，实行司务公开；组织开展群安协管活动和“安康杯”竞赛；积极开展群众文体活动。工会共举办大型国庆文艺晚会7次，采掘工人节文体活动10次。2008年荣获“湘煤杯”职工篮球比赛冠军。2021年、2022年连续两年荣获集团五月体育活动拔河比赛一等奖；开展扶贫帮困和金秋助学活动，工会发放困难补助款177.92万元，救助困难职工8253人次。

公司坚持按“多劳多得、贡献大小”的原则进行分配，努力向采掘一线职工倾斜，向苦脏累险岗位倾斜，向高素质、高技能、贡献大的岗位倾斜。特别是2022年，职工收入增长18.6%。

采掘职工月收入上万元的一个月最多达60多人，最高月收入突破1.8万元，职工的获得感、幸福感得到提升。

公司实行三项制度改革，2017—2019年落实去产能政策，有效实施转岗分流、兼岗并岗、岗位包干等用工形式的改革；机关职能部室精简为7个，直属单位精简为4个；优化员工结构，总人数精简到1096人，裁员228人。原煤万吨用工42人，全员工效0.74吨/工。

公司积极培育企业文化和员工团队精神，形成了“管理求严、作风求实、检查求细、制度求全”的治企理念，“诚信、务实、拼搏、创新”的企业精神，“以人为本、实干创新、追求卓越、强企富民”的企业核心理念，“实用、简化、归纳、创新”的文化理念。公司编印《企业员工行为规范手册》和《安全文化手册》，修建安全文化长廊，在矿区营造浓厚的企业文化氛围。公司被评为2009年度中国煤炭新闻网“新闻报道先进单位”。2010—2014年，连续被评为集团“宣传工作先进单位”。

公司实施民心工程，利用国家采煤沉陷区综合治理和棚户区改造政策，积极争取项目立项，实施住房兴建和改造。实施采煤沉陷区综合治理项目住房建设，职工共分配住房732套。公司投入专项资金92万元，对小区进行绿化、修建篮球场和健身场，改善了沉陷区居民居住条件；棚户区改造住房建设项目总投资1.7亿元，实际建设户数1064户，建筑面积114545平方米，其中住宅面积104684平方米。项目于2018年完成，于2022年12月办理完所有住宅的不动产权总证，此后，陆续办理业主不动产权证。

2020—2022年，公司先后投入1716余万元，通过从源头治理环境，改造地面工程，增添环保设施设备、绿化亮化环境，提升生态质量。公司秉承以“绿色矿山，科技创新”为宗旨，坚持“节能降耗，科学治理，防治结合，和谐发展”的原则，减少环境污染，降低资源消耗，对矿区范围进行了全覆盖的绿化、硬化和美化，2022年列入省级绿色矿山名录。

历任董事长、总经理、党委书记：

王焦生，党委书记（2002年6月—2009年12月）；

龙绍泉，董事长、总经理（2002年6月—2006年10月）；

蒋冠雄，董事长、总经理（2006年10月—2007年4月）；

周才标，董事长、总经理（2007年4月—2015年2月）；

李和平，党委书记（2009年12月—2014年4月）；

许贤松，董事长、总经理（2015年2月—2016年12月），党委书记、董事长（2016年12月—2017年8月），党委书记、董事长、总经理（2017年8月—2017年9月），董事长、总经理（2017年9月—2018年11月）；

许永德，党委书记（2014年4月—2016年12月）；

饶　高，总经理（2016年12月—2017年8月）；

石武军，董事长、总经理（2018年11月—2020年8月），党委书记、董事长（2020年8月—2021年8月）；

裴凯雄，党委书记（2017年9月—2020年8月），总经理（2020年8月—2021年8月），党委书记、董事长、总经理（2021年8月—2022年1月），党委书记、董事长（2022年1月—　）；

陈红文，总经理（2022年1月—　）。

2022年领导班子成员：

裴凯雄、陈红文、许文军、李永红、田站、刘清仕；裴凯雄为党委书记、董事长，陈红文为总经理。

九、湖南省煤业集团湘永矿业有限公司

湖南省煤业集团湘永矿业有限公司位于郴州市永兴县。矿区总面积28平方千米，管理铜角湾矿、安陵矿两对矿井，生产优良动力用煤，素有“湘永白煤”之称，享誉两湖两广。2022年末，备案登记资源储量1551.10万吨，资产总额3.5064亿元。2022年，核定生产能力36万吨/年，原煤产量26.54万吨，营业收入29196万元，利润总额10585万元。2006—2022年，累计生产原煤467.05万吨，利润总额4.59亿元。

2008年9月—2012年2月，铜角湾矿矿井升级改造，2008年11月19日动工，2010年9月27日改扩建联合试运转，生产能力由7万吨/年提升到21万吨/年。2021年获评“绿色矿山”称号。公司被中国煤炭工业协会评为2016—2017年度煤炭工业先进煤矿。

创建本质安全型矿井，标准化建设硐室、机房、巷道、运输线。2005—2022年，改造完善矿井双回路供电、矿井通风、安全监测监控、提升运输、人员定位系统及矿井压风系统等安全基础设施改造和安全项目建设，完善煤矿井下安全避险“六大系统”，提高矿井综合防灾能力。推进煤矿“四化”建设，在自动化方面，各煤矿抽风机房、压风机房、排水系统、架空人车等安装了远程控制无人值守系统。各煤矿均安装了安全监控系统、人员定位系统、应急广播通信系统、环网、水文动态监测系统、视频监控系统。各煤矿安装了矿灯房管理系统、“电子封条”等。

推进安全风险分级管控和隐患排查治理“双重预防机制”建设，开展安全风险年度辨识评估、专项辨识评估，组织对主要风险进行全面辨识评估，每月由矿长组织开展一次常态月度风险辨识评估，每季度编制风险辨识评估报告及“一险一册”手册和“一表一图一清单”，实现安全风险动态管控。2007—2022年实现安全生产，多次被集团公司评为“安全生产红旗单位”。2020年，经湖南省应急管理厅验收，安陵煤矿达到二级安全生产标准化矿井标准。2022年，铜角湾煤矿、安陵煤矿达到国家二级安全生产标准化矿井标准。

推进管理创新，提升企业管理水平。强力推进“六比六看”竞赛和“五支核心团队”建设。

在两矿之间开展“六比六看”竞赛，即比安全，看谁的主体责任更到位；比任务，看谁的生产组织更有力；比质量，看谁的精品意识更强；比成本，看谁的管控效果更好；比重点工作，看谁的执行力更强；比党建，看谁的融入效果更好。每个考评项目量化考核，考核结果在每月安全生产工作会上予以通报、点评，并对获奖矿井发放奖金及流动红旗。着力打造“五支核心团队”，抓住“关键少数人”，强化基层团队管理，在每项团队建设中出台相应的竞赛考核办法，即强化矿井管理团队建设，推进矿井领导班子“六比六看”竞赛和矿井领导成员“认真履责、守护安全”主题安全竞赛；强化矿井技术团队建设，推进“一勤两好两到位”技术业务竞赛；强化矿井现场管理团队建设，推进“三好三高”连队竞赛和班前会质量考评；强化矿井现场操作团队建设，推进“三零二好”十佳班组竞赛；强化机关业务部门保障团队建设，推进“十必须、十确保”业务保安考核。2021 年，公司荣获集团公司人力资源工作一等奖。

大力推进机械化采掘，2020 年公司对安陵煤矿进行升级改造，3267 - C、3265 - D 两个工作面采用截煤机截煤的回采工艺，选用 MJ37 型链式截煤机截煤。铜角湾煤矿岩巷掘进实现机械装矸。2011 年 5—7 月，公司完成湖南省煤业集团与“三一”重工联合研制开发钻装机工业性试验，为南方煤矿掘进机械化提供第一手实用资料。2022 年，公司组织开展国家高新技术企业申请，12 月通过公示，成功通过认证，取得“国家高新技术企业”称号。加强技术研究与创新，2022 年取得“立井提升机电机制动器保护装置”和“立井罐笼安全门滑轨组”两项实用新型专利证书。从 2022 年开始，单列年度创新经费预算，确定科技创新项目，编制项目立项报告和项目实施方案，推动创新项目实施。

加强员工队伍建设，全面提升员工素质。强化中级职员管理，建立中级职员责任考核制度、竞争上岗制度、末位调整和不胜任退出制度，形成干部能上能下机制，中层干部精减为 38 名。制定《关于进一步加强人才激励工作的实施细则》，从 2020 年起，分两批选送 18 名优秀年轻员工到湘潭大学采矿、地测、机电等专业脱产大专学历委培。开展电钳工技术比武及等级考核评定工作，按等级给予技术津贴。机关管理人员中，实行考核晋级，1—2 年晋升一级，打通员工晋级通道。设立“人才奖励基金”，给予安全、生产、科研、经营、管理、服务等工作中成绩显著、贡献突出的员工特殊贡献奖 2000 ~ 20000 元，技术津贴扩大到经营、政工等非安全生产岗位；报销在岗员工从事本专业工作、提升学历以及所聘岗位后期教育培训所发生的学杂费，获得注册安全工程师并聘任的人员，报销相关费用，享受同等职称待遇。

实行全面预算管理，防范企业经营风险。严格执行全面预算管理，做到事前有预算、事中有控制、事后有对比。严格内部银行管理，依照规定按时核算收入，支出时开具内部银行支票，执行“收支两条线”的原则。规范物资采购行为，取消一切中间环节，实行直供和配送，所有自购材料由公司统一招标或议标采购，比质比价，降低材料采购成本。在销售管理上，实行精品煤战略，立足于“湘永白煤”品质优势，在铜角湾煤矿和安陵煤矿分别建立了煤炭风选系统，强抓煤质管理，精煤率达到 78%，以优质优价提升企业效益。强化防范系统性风险，加强对资金借贷、投资、融资等决策和防化风险管理，切实防范、稳控、化解企业系统性风险。2022 年，公司荣获集团公司预算管理“先进单位”称号。

强化政治引领，促进党建融合。公司党委下设机关党总支、铜角湾矿党总支、安陵矿党总支等 3 个党总支，15 个基层党支部，在岗党员 147 人。公司建立健全党委会、董事会、总经理办公会制度，完善各司其职、协调运作的法人法理结构和科学的决策、执行、监督机制。执行“三重一大”事项决策制度，明确党委会前置研究程序，制定党委会前置研究讨论重大经营管理的事项清单，厘清各治理主体权责边界。开展党支部“五化”建设，推进“支部建设标准化、组织生活正常化、管理服务精细化、工作制度体系化、阵地建设规范化”建设，各党支部建立了规范的党支部活动中心，每月按要求开展“三会一课”、主题党日、积分考核等活动，党支部“五化”建设合格率 100%。大力推进“千名书记联项目、万名党员先锋行”活动，在公司各党支部、重要岗位开展以“亮身份、亮职责、亮承诺、亮业绩”为主要内容的“创亮”活动。

坚持全面从严治党，每年常态开展工资、工程、煤质煤斤等内容的效能监察，运用好监督执纪“四种形态”，强化监督执纪问责。

强化文化建设，提升企业凝聚力。2006年，开展“共建美好家园”活动，凝聚人心。2007年公司出台“企业文化建设实施方案”。2011年，公司第二届一次职工代表大会通过“湘永矿业公司企业文化建设五年规划”，积极开展系列群众文体活动，每年的节日和重大活动中，组织开展具有公司特色的文化体育活动，彰显企业文化和员工精神。2021年举办“奋进新时代、永远跟党走”庆祝建党100周年文艺晚会暨先进表彰大会。2017—2022年，公司连续6年承办集团公司职工男子篮球赛资兴赛区的比赛。2021年乐园露天篮球场改建为风雨棚篮球场，提升了矿区文体场所品质；2017年、2021年公司工会获得集团公司“工会红旗单位”称号。

大力推进民生工程，提升员工幸福指数。2006年，修建占地面积18000平方米的矿区乐园；大力推进安居工程，2005—2016年，公司集资兴建43栋、1014套住宅，积极争取采煤沉陷区治理安置政策，沙子江小区安置1086户沉陷区居民；2011年，实施棚户区改造工程，铜角湾村花果山小区兴建住宅32栋，共1002套。李子山小区原地拆迁兴建住宅37栋，共876套；积极推进“三供一业”移交工作，供电、供水、退休人员管理移交给了当地政府，开展扶贫帮困活动，成立困难职工帮扶中心。自2006年以来，走访慰问困难职工、离休老干部、军烈属、省级以上劳模、硅肺病人、工亡家属、特困户、孤寡老人和因病因伤住院的职工，发放慰问金184.32万元。成立金秋助学基金，资助61名大学生学杂费16.83万元，帮助困难家庭学生圆了大学梦。加强绿色矿山建设，制定绿色矿山建设实施方案，投入资金800余万元，对矿山进行综合治理，于2020年12月通过湖南省自然资源厅的达标验收，铜角湾煤矿和安陵煤矿获得“绿色矿山”称号。

“十四五”期间，公司继续坚持安全第一目标，坚持出煤第一要务，坚持质量第一品牌，坚持矿井为实现安全保障中心、生产任务实现中心、生产成本控制中心“三个中心”的定位，以“理念引领、创新驱动、正向激励、考核保障”为工作思路，实施改扩延伸，推进产能提升，努力做强做优，力争位居集团、股份公司原煤板块第一方阵，实现企业高质量发展。

历任党委书记、董事长、总经理：

许永德，董事长、总经理（2006年10月—2014年4月，其中2013年6月—2014年4月兼任党委书记）；

宋齐国，董事长、总经理（2014年4月—2018年11月）；

刘建军,党委书记、董事长(2018年11月—　)；

刘湘才，党委书记（2002年4月—2010年11月）；

邓跃明，党委书记（2010年11月—2013年6月）；

李和平，党委书记（2014年4月—2018年11月）、总经理（2018年11月—　）。

2022年领导班子成员：

刘建军、李和平、谷桂生、刘安祥、曹志华、丁方党；刘建军为党委书记、董事长，李和平为总经理。

十、湖南煤业宝源矿业有限公司

湖南煤业宝源矿业有限公司（简称宝源公司）位于郴州市三都镇，东距资兴市三都镇2.6千米、资兴市区8千米、郴州市46千米。京广铁路许（家洞）三（都）支线通到矿区内；公路与省道S213线连接并与资郴桂高等级公路和京珠高速公路相连，交通十分便利。

宝源公司位于资兴三都矿区中部，南平硐、北平硐2对矿井，主采2000大卡/千克动力煤，配采5000大卡/千克主焦煤。2022年末，备案登记资源储量1537.90万吨，核定生产能力50

万吨/年。2022 年，原煤产量 49.55 万吨，营业收入 33424 万元，利润总额 10370 万元。2006—2022 年，累计生产原煤 774.5488 万吨，掘进进尺 201739 米。累计利润总额 3.2 亿元，缴纳税费 5.65 亿元。

2022 年，宝源公司下辖南平硐煤矿、北平硐煤矿、机运区 3 个原煤生产单位，设物资供应部、销售部、生活服务部 3 个直属部室，机关设党委工作部、办公室、财务资产部、人力资源企管部、审计纪检监察部、生产技术部、安全通风部、应急救援大队 7 部室，员工 1593 人。

综采工作面采用 ZY3400/14/32 型掩护式液压支架支护，高档普采工作面采用单体液压支柱加 π 型梁支护，工作面采用 SGW150 型刮板输送机、运道刮板输送机和吊挂带式输送机运输。工作面采用走向长壁后退式采煤，全部垮落法管理顶板。2022 年南平硐矿井在 4331 工作面实现综合机械化采煤，装备 ZY3400/14/32 型掩护式液压支架、MG160/375 - WD1 型交流电牵引采煤机割煤，单产 2 万吨/月，采煤机械化程度 90% 以上；实现掘进综合机械化作业，掘进机装率 100% 。

加强安全管理。2006 年 6 月，成立井口安全信息站，中层以上管理人员及原煤生产单位班子成员和安监员严格执行隐患闭环管理，落实隐患整改并跟踪考核。充分利用班前会对职工进行安全培训和煤矿事故警示教育，设立周五安全学习日、每月 18 日安全警示教育日。推行一日一专题、一周一案例、一旬一考问、一月一考试、一季一评比的“五个一”安全日常教育活动，举办“三违”人员、工伤人员、事故责任人“亲情帮教”“警示教育”学习班。加强职工技能培训，重点抓好现场的安全技能培训以及特殊工种培训，做到各特殊岗位职工“人人有专业、人人有证书”，开展“技术比武”“安全生产竞赛”活动，提高职工操作技术水平。全国安全生产月活动中，举行安全生产月启动仪式，千名员工进行安全生产宣誓，并举办“安全知识抢答赛”、安全生产巡回演讲等。

加大安全投入。2006—2022 年，投入安全资金 3.46 亿元，其中：自筹资金 2.30 亿元、中央财政预算内煤矿安全改造资金 8630.94 万元、地方财政补助资金 2908.0 万元。南平硐、北平硐两对矿井建立了井下安全监测、人员定位三条生命线（压风、供水、通信）等“六大安全”系统；升级更新改造提升运输设备、通风设备、瓦斯检测设备、电气设备、采煤设备等，智能化改造压风机、抽风机、充电房、配电房，井下水泵房、带式输送机及工作面刮板运输系统、架空乘人装置等实现无人值守。

推进质量标准化。制定“宝源矿业公司煤矿安全生产标准化活动方案”，打造样板片、精品样板队，以点带面。对各类井巷工程、巷道修护、安装工程及机电设备的维护实行“目标管理”，责任到人。开展机电设备、斜井运输、小机车、顶板控制专项整治；平整井下巷道，无淤泥、积水，补齐各类标志牌；规范井下照明，材料码放整齐，管线吊挂规范。2022年，南平硐矿井、北平硐矿井均达到国家二级安全生产标准化矿井标准。

实施“三高四新”战略部署，持续加大科研投入，提高生产技术水平和效率。2019—2022年，投入研发费用4395.51万元，用于高档普采及综合机械化采煤技术、矿井绞车道架空乘人装置、煤矿智能充电系统及软件、液压推车及翻车系统、井下智能监控管理等方面的科技创新研发项目。实施液压推车及翻车系统，系统可靠性、安全性、自动化程度更高，安全高效率生产，获得了实用新型专利。自主研发的履带式采煤工作面回撤装置及其使用方法，获得发明专利。履带行走和传送液压支架，避免了回撤装置在轨道上行走的限制，可以直接一次拖出液压支架，替代人工拆卸装运，减轻工人的劳动强度，提高回撤液压支架效率，保证了工作面的支护需要。2022年10月，湖南省科学技术厅、湖南省财政厅、国家税务总局湖南省税务局授予宝源公司“高新技术企业”称号，颁发“高新技术企业证书”。

加强经营管理，实现降本提效。坚持“统一管理、分级控制、全员参与、增收节支、量入为出、综合平衡”的管理原则，把企业的经营活动系统地划分为事前、事中、事后几个阶段，以经营指标为导向，以全面预算管理、财务核算、成本控制、差异化分析、经营联责考核为手段，加强材料、工资、电力等可控成本管控。2006—2022年，先后开展“精细化管理”活动、“拧毛巾，降成本，提效益”活动、“练内功、挖内潜、向管理要效益”活动，管控生产成本。坚持将精细化和全面预算管理方法同安全、生产、经营、技术等工作相互融合，将精细化管理贯穿生产、经营的每一个环节，持续优化设计、优化系统、优化流程、优化劳动组合和工时利用，夯实企业管理基础，提升安全生产、经营管理水平，提高经济效益。

加强人力资源管理。按照现代企业管理制度的要求，实行全员劳动合同制，重组员工、农民协议工、返聘工、临时工等多种用工形式并存。实施了两轮“三项制度”改革，实行管理人员“能上能下”、员工“能进能出”。中层管理人员的提拔任用实行“不限资历、任人唯贤、用人唯才”，年度考评不合格的中层管理人员予以解聘；违反劳动用工制度的员工予以辞退。2022年末，机关部室精简到7部1队，机关工作人员缩编至47人。2022年，劳动用工在岗平均人数1593人，万吨劳动用工33人。

应用网络及计算机等信息技术，提高管理效率。落实“宝源矿业公司信息化工作管理制度”，建立了煤炭销售管理信息系统、财务会计核算软件系统、公司办公OA系统、物资招标采购系统、人力资源与社会保险动态管理系统、综合统计与网上直报平台系统。各信息系统的建立，实现了数据动态查询，有效地提升了数据查询和管理效率。

环境保护治理，加强废水、废气、噪声、工业固体废物及危险废物的治理处置。修建生活污水处理站，污水排放达标；煤矸石运转至资兴焦电公司煤矸石发电厂、矸石砖厂，利用煤矸石进行发电、制砖。植树绿化矸石坪，改造污水处理、防尘系统，2021年停止使用工业锅炉，建设余热回收系统，新建空气源系统，治理烟尘废气污染，压风、抽风机房安装消音设备，修建隔音围墙，种植乔灌树木林，形成隔音林带；生产、办公区域建立绿化带，美化矿区环境。通过多年持续的环境保护投入，公司面貌焕然一新，打造成为绿色矿山。

2020年末，供水、供电、退休人员移交给资兴市，实施社会化管理。资兴丽景物业公司负责生活区物业管理服务，燃气纳入资兴市燃气城乡一体化建设。实施煤矿棚户区改造，2015—2019年，交房交证给业主2440套，矿工家属安居乐业。

宝源公司党委加强党的组织建设和思想建设，强化党在企业中的政治核心作用。2020年7月，召开第一次党员代表大会，选举产生第一届党委会和纪律检查委员会。公司成立党委工作部，主管全公司的党群、组干、纪检监察、企业宣传、共青团、统战信访等工作；直属党总支4个、党支部27个，党员215人。

党委组织开展“千名书记联项目”和“万名党员先锋岗”活动、“一名党员一面旗，永葆党员先进性”主题实践活动、“不忘初心、牢记使命”专题教育。夯实支部“五化”建设基础，坚持“三会一课”制度，推行“党员先锋行”“双述双评”活动，建立党员示范岗、党员责任区。建立了4个总支党员活动室、24个“六有”支部阵地。开展传承红色基因，重温入党誓词活动。组织开展“重走革命路，重温革命史”现场专题红色教育活动，组织24名党员到韶山开展主题党日活动；组织“七一”受表彰的党员代表赴汝城县沙洲村红色教育基地“半条被子”故事发生地，重温“半条被子”温暖故事，实地接受党性和革命传统教育。

加强廉政建设，纪委以中心组学习、上党课、党史学习教育、观看廉洁教育片等形式，不断强化廉洁从业思想。开展领导干部违规收受和违规赠送红包礼金自查自纠。宝源公司班子成员和41名中层干部向集团和宝源公司党委进行书面廉洁承诺，126名涉岗人员汇报自查自纠情况，无一人收送“红包”。持续加强对各级党员领导干部，尤其是“关键少数”的监督管理，开展集体谈话6次、任前谈话12人次、提醒谈话58人次。开展党风廉政宣传教育，组织党员干部集中观看《远离家庭腐败》《初心与蜕变》《等待》等警示教育片6次，举办廉洁培训班2期。

加强综治维稳工作。开展全面排查，创新解决诉求方式，畅通诉求通道，积极协调处置，设立举报电话、举报箱、“董事长、总经理接待日”，倾听群众的心声。2018—2022年，通过涵养政治环境、开展综合治理，做实来信来访等举措，维护矿区和谐局面，消灭了打架斗殴、偷盗失窃、火灾失爆等现象，宝源公司实现无市访、无省访、无京访、无群访、无集访的稳定局面。

宝源公司党委加强对工会、共青团工作的领导。工会下设基层工会8个、工会小组51个，专职工会工作人员4人、兼职工会工作人员26人，工会会员人数1340人。积极开展矿务公开和“安康杯”竞赛活动，进行民主评议和评优评先，开展班组建设检查、评比、考核、验收工作。组织监督合理化建议落实情况，注重加强女工队伍建设，深入开展芙蓉杯竞赛活动和女工岗位技能大赛。开展“我为安全献一策”合理化建议活动，收到建议210条，采纳落实23条。宝源公司组织团员青年参加集团公司团委开展的《青春向党、奋斗有我》征文活动，开展“耀党旗、先锋行、我是接班人”演讲活动，充分发挥青年生力军作用。

开展企业文化建设活动。2016—2022年，宝源公司内部组织开展各项文体活动，丰富职工业余文化生活。组织参加集团公司五月综合体育比赛、七月文艺演出、十月篮球比赛等“三大活动”。2022年，获得羽毛球团体赛第一名，乒乓球女子单打第二名、男子单打第四名，气排球第四名，拔河比赛第四名。京剧《湘煤好儿郎》荣获集团公司“七一”文艺会演一等奖。

历任党委书记、董事长、总经理：

胡应均，董事长、总经理（2005年4月—2009年12月），党委书记（2009年12月—2011年10月）；

宁长庚，党委书记（2005年4月—2009年12月）；

李小全，董事长、总经理（2009年12月—2011年10月），党委书记、董事长（2011年10月—2012年6月）；

周国荣，总经理（2011年10月—2014年12月），党委书记、董事长（2014年12月—）；

彭桂剑，党委书记、董事长（2012年6月—2014年12月）；

禹太楚，总经理（2014年12月—　）。

2022年领导班子成员：

周国荣、禹太楚、袁建行、颜清华、何忠全、谢朝文、黄跃辉；周国荣为党委书记、董事长，禹太楚为总经理。

十一、湖南省煤业集团马田矿业有限公司

湖南省煤业集团马田矿业有限公司位于湖南省郴州市永兴县马田镇，郴耒煤田西部中段，距京广铁路马田镇站3千米，距京港澳高速2千米，马筛支线与京广线马田墟站相连接，矿区专用铁路用于煤炭运输，交通便捷。

2022年末，公司有高泉塘煤矿、新星煤矿2对生产矿井，3个直属单位，7个职能部室，在册职工1436人，资产总额2.87亿元，所有者权益总额1.31亿元，备案资源储量1418.40万吨，核定生产能力42万吨/年。2022年，原煤产量45.3068万吨，营业收入28389万元，利润总额9305万元。2006—2022年，累计原煤产量602.7391万吨，利润总额2.621亿元。

采煤工作面采用单体液压支柱、金属Ⅱ型钢梁交替迈步式、整体顶梁组合液压支架支护，采掘工作面手镐落煤，人工攉煤，刮板输送机运输。2020年，新星煤矿2161、2264采煤工作面采用高档普采，因煤层极松散，煤层赋存不稳定，不具备机采条件而放弃。2021年6月，新星煤矿2265采煤工作面整体顶梁组合液压支架采煤，采煤工作面平均推进20米/月，较单体Ⅱ梁采煤产量明显提高。新星、高泉塘煤矿采煤工作面全面推广整体顶梁组合液压支架。

创新安全管理，按照15元/吨煤提取安全费用。建立健全安全管理制度209项、岗位责任制213项。推行工程质量精品化、作业牌板统一化、运输大巷示范化、管线吊挂规范化、安全管理制度化、安全监控信息化、现场环境整洁化和安全文化人本化，工作面消灭不合格品。2006—2022年，连续17年实现安全年。公司多次被集团评为安全生产红旗单位和先进单位。

着力本质安全型矿井建设。2006—2022年，安全投入20245.67万元，打造本质安全型矿井，强化“煤矿安全生产标准化管理体系”建设。2012—2013年6月，建设井下紧急避险系统永久性避难硐室，建成和完善矿井“监测监控系统、人员定位系统、压风自救系统、供水施救系统、通信联络系统、紧急避险系统”六大系统。2018年7月，股份公司安全生产标准化建设现场推进会在新星煤矿召开，集团公司党委书记、董事长亲临新星煤矿指导工作，并给予高度评价。2022年高泉塘煤矿和新星煤矿评为安全生

产标准化二级煤矿。

2006—2015年，实施高泉塘煤矿主井提升绞车技改、上部人车系统改造、新星煤矿副井两个提升罐笼和绞车电控系统改造、新星煤矿新风井等8项重大技改项目。2016—2022年，高泉塘煤矿主斜井提升绞车电控变频控制、新星煤矿排水系统，改造为无人值守；新星煤矿主、副立井井筒装备和绞车电控进行改造，主抽风机进行改造，在线监测实现无人值守，副立井提升绞车使用在线监测系统，地面压风机进行改造，实现在线监测，井下吊挂人车、地面矿灯充电房、地面抽风机房、井下水泵房均进行技术改造。

高新技术企业认定工作。2021—2022年，开展高新技术认定，获得专利6项，其中实用新型专利5项、发明专利1项。2022年10月18日，公司被认定为湖南省高新技术企业。

加大投入进行环保治理。2013年5月，投资343.72万元，综合治理排污系统和设备改造升级，经永兴县环境监测站验收监测表明，矿井的生活污水处理符合《污水综合排放标准》一级标准，井下水处理达到《煤炭工业污染物排放标准》标准。2021年湖南省自然资源厅将新星煤矿、高泉塘煤矿新增第一批纳入2021年度省绿色矿山。

加强党建工作。2022年末，党总支4个，直属党支部1个，连队党支部26个，党员人数406名。2006—2022年，"优秀共产党员"和"党务工作者"57名获得集团公司表彰；2019年新星煤矿产业升级项目被湖南省国资委评为"国企千名书记联项目"优秀案例。

着力推进党风廉政建设。每年举办"三管人员"学习班，从思想认识上杜绝腐败。狠抓作风建设和中央八项规定精神的落实。开展专项工程结算审计416项，审减不合理费用250余万元，实施经济责任审计11人。2006—2022年，马田公司没有发生腐败案件。

着力推进矿区文化建设。提炼"安全发展、诚信敬业、求实创新、文明和谐""感恩忠诚、团结合作、奋发有为"的企业精神。通过企业文化的创建，逐步形成马田特色文化。2009年6月，建立马田公司网站，创办《马矿简报》，创建马田矿业公众号。

着力推进民生工程建设。2008—2014年，按照国有煤矿采煤沉陷区治理政策，在永兴县沙子江安置沉陷危房户1236户。2010年11月24日，马田公司棚户区改造工程建设启动，规划用地294亩，总建筑面积34.86万平方米，公共设施配套建筑面积2万平方米，2020年1月6日全部竣工，交房交证3117户，矿工家属喜迁新居。该改造工程被列为郴州市和永兴县棚户区改造样板工程。实施新星煤矿职工家属生活用水改造，解决2000多名职工家属用水难问题。

着力推进群团组织建设。2022年，马田公司工会委员会下设经费审查、女职工家属、群安监督、劳动竞赛、扶贫基金、民主管理等机构工作委员会。公司工会所属车间工会4个，共配备专职（兼职）职工工会干部14人，女工干部5人。工会扎实开展"安康杯"竞赛活动，2020—2021年度公司党委书记、董事长荣获全国"安康杯"竞赛活动优秀个人。工会认真做好困难职工群体的帮扶、金秋助学和常态化送温暖工作。每年走访慰问困难职工和看望伤、病职工1000余人次，发放常态化慰问金或帮扶资金30万元/年。积极组织参加集团公司举办的红五月职工运动会、庆"七一"大型文艺会演、"十一"职工男子篮球赛。2006年，马田公司荣获集团公司象棋比赛团体和个人第一名；2008年，荣获首届"湘煤杯"职工男子篮球赛白沙赛区第三名；2020年，荣获集团公司红五月职工运动会气排球比赛一等奖、乒乓球比赛一等奖；2022年，荣获"湖南省煤业集团有限公司庆祝中国共产党成立101周年暨喜迎党的二十大"文艺会演二等奖。马田公司工会被集团公司评为"工会工作优秀单位"。

马田公司团委下设团总支4个、团支部1个、青年安全监督分岗2个。马田公司团委着力推进"青年之家"建设，2021年创建集团公司首批"青年之家"，形成了有阵地、有活动、有机制、有标识、有队伍的"五有"示范点。2018—2022年，连续五年获评集团公司"五四红旗团委"荣誉称号。任姗荣获2020年度、2022年度全煤团指委"优秀共青团员"荣誉称号；樊耀鑫荣获2021年度全煤团指委"优秀共青团员"荣誉称号；曹爱龙、李聪、邓永伟、邓志辉、张友明5人荣获集团公司"十大杰出青年"荣誉称号。

着力推进平安矿区、和谐矿区建设。2013年6月19日，联合湖南省戒毒管理局、郴州市政法委、郴州市强制隔离戒毒所、永兴县禁毒委员会在矿区建立郴州市第一个戒毒康复工作站。公司与当地派出所联合在矿区设立警务室。马田公司设社会治安综合治理办公室、信访接待室、工农关系协调办公室，所属各单位设治安队和民兵应急分队。2016—2022年连续被集团公司评为综治维稳工作、平安建设先进单位。

历任董事长、总经理、党委书记：

王双开，董事长、总经理（2005年10月—2008年12月）；

邓跃明，党委书记（2006年—2012年12月）；

李跃辉，董事长、总经理（2009年1月—2010年11月），党委书记（2010年11月—2014年4月）；

谢志文，董事长、总经理（2010年11月—2016年12月）；

梁　铁，党委书记（2017年4月—2018年11月），总经理（2018年11月—2020年8月）；

樊五即，董事长、总经理（2017年4月—2018年11月），党委书记、董事长（2018年11月—　）；

梁成交，总经理（2020年8月—　）。

2022年领导班子成员：

樊五即、梁成交、何小武、李志军、罗冬吉、谭和平；樊五即为党委书记、董事长，梁成交为总经理。

十二、湖南省煤业集团嘉禾矿业有限公司

湖南省煤业集团嘉禾矿业有限公司位于湖南省嘉禾县行廊镇，东距郴州市80千米，西距嘉禾县城12千米，矿区与郴资桂高等级公路（国道G357线）相连，东接许广和夏蓉高速，西连217国道，交通十分便捷。

嘉禾矿业有限公司有一对生产矿井——浦溪井，1986年12月投产，设计生产能力30万吨/年，核定生产能力15万吨/年。2004年10月，实施政策性关闭破产，医院、学校、公安机构、社区整体移交嘉禾县政府管理。2005年5月，重组湖南省嘉禾煤业有限责任公司，注册资本2868.28万元。2006年6月，更名为湖南省煤业集团嘉禾矿业有限公司。

2022年末，备案资源储量1959.70万吨，

核定生产能力 15 万吨/年，在册职工 527 人。2022 年，原煤产量 11.5119 万吨，营业收入 12773 万元，利润总额 2132 万元。2006—2022 年，累计原煤产量 190.2053 万吨。

浦溪井可采煤层 3 层，主采Ⅴ煤层，Ⅵ煤层局部可采，Ⅱ煤层没有开采，为低灰、低硫、高热值优质无烟煤，发热量 26.34 兆焦/千克以上。Ⅴ、Ⅵ煤层不易自燃，煤尘无爆炸性。Ⅴ煤层硬度性系数 0.25，煤层瓦斯含量 14.17 立方米/吨，最大瓦斯压力 1.52 兆帕，矿井相对瓦斯涌出量 53.66 立方米/吨，绝对瓦斯涌出量 15.91 立方米/分，属于煤与瓦斯突出矿井。

一对底板斜井多水平分区式开拓，分区抽出式通风，进风井 3 个（主、副井和北二排干井）、回风井 3 个（北一、北二、南一回风井），矿井总进风量 5973 立方米/分，总回风量 6138 立方米/分。其中：北一回风机安装 11 千瓦局部通风机 2 台，22 千瓦局部通风机 2 台；北二回风井安装 11 千瓦局部通风机 4 台，南一回风井安装 11 千瓦局部通风机 2 台；北一采区总进风量 2440 立方米/分，总排风量 2295 立方米/分；北二采区总进风量 1620 立方米/分，总回风量 1804 立方米/分；南一采区总进风量 1867 立方米/分，总回风量 2024 立方米/分。

瓦斯抽放及瓦斯发电。地面瓦斯抽放泵站装备二组四台瓦斯泵，其中：一组泵 2BE1－353，电机功率 110 千瓦；二组泵 2BEA－405－0，电机功率 185 千瓦。抽放泵房－50 米南北大巷交岔口抽放管路直径 355 毫米，南北大巷抽放管路直径 225 毫米，采区轨道上山和主石门直径 160 毫米 PVC 管，底板巷直径 108 毫米 PVC 管，抽放负压 60 千帕，抽放流量（混合量）38.6 立方米/分，抽放浓度 15%～20%，纯流量 5.8 立方米/分左右。2009 年 9 月—2022 年底，累计抽采瓦斯 4516.78 万立方米。2011 年 12 月，瓦斯发电厂发电，发电机组 500GFI－3RW，功率 500 千瓦；矿井瓦斯抽采量增大，2013 年 7 月，新安装发电机组 500GFI－3RW，功率 500 千瓦；2022 年 7 月，更换 12V190、功率 700 千瓦低浓度瓦斯发电机组及配电系统一台。2022 年末，瓦斯发电机组（其中：500 千瓦 3 台、700 千瓦 1 台）4 台，2011 年 12 月—2022 年底，累计发电量 3660.5484 万千瓦时。

浦溪井岩巷掘进采用气腿式凿岩机打眼，楔形掏槽、光面爆破，耙矸机装矸、一吨固定式矿车运输，煤巷和半煤巷掘进采用手提式电煤钻或者风煤钻打眼，岩巷支护形式推行锚、网、喷支护和短掘短锚施工工艺，煤巷推行金属棚支护。回采工作面采用走向长壁式采煤法开采，2017 年急倾斜煤层正台阶采煤方法试验成功。2009 年回采工作面采用液压支柱配Π梁“二梁五柱”交替迈步支护形式。2014 年采煤工作面采用全负压通风方式。

浦溪井主井、副井、排矸井及采区运输上山采用提升机升降物料，大巷运输采用 XK8－6/110 型双机头双司控电机车。采煤工作面及运输巷采用 SGB－17 型刮板输送机，采区集中溜煤上山使用搪瓷槽板溜煤。底板巷运输采用 XK2.5－6/48 型蓄电池电机车。主井转载楼安装 DZM1235 型振动筛、K－2 给煤机，转载楼安装 DT－75/145 米、DT－75/127 米带式输送机。主、副井平台及工业广场安装 XK2.5－6/48 型电池电机车。

矿井供电浦溪 35/6 千伏变电所双电源供电，一回路主供电源肖家 110/35/10 千伏变电所，LGJ－70，35 千伏线路，距离 6 千米；二回路备用电源嘉禾 110/35/10 千伏变电所，LGJ－95，35 千伏线路，距离 11 千米。井下供电浦溪 35/6 千伏变电所，两趟 6 千伏煤矿用交联聚乙烯绝缘钢带铠装聚氯乙烯护套电力电缆输送到中央变电所；中央变电所二趟 6 千伏煤矿用交联聚乙烯绝缘钢带铠装聚氯乙烯护套电力电缆分别输送到北一变电所、北二变电所、南一变电所、－250 米水平变电所；南一变电所再输送二趟到南二变电所。矿井所有照明灯具为 LED 防爆照明灯，型号为 DGS－12 瓦/127 伏；照明综保型号为 ZBZ－2.5M。

矿井一级排水。－50 米水平、－250 米水平均安装无人值守自动化监控系统，矿井安装 KJ597 在线监测预警系统，－50 米水平、－250 米水平分别安装明渠流量监测仪（GLC400）监测流量，24 小时实时监测，涌水量出现异常时，能及时预警。－50 米水泵房主排水泵 3 台，－250 米水泵房主排水泵 4 台，－50 米水泵房排水管 219×8 无缝钢管 2 趟，－250 米水泵房排水管 325×12 无缝钢管 2 趟。

2006—2022 年，建立完善浦溪井井下压风自救系统、监测系统、供水施救系统、通信系统、人员定位系统、紧急避险系统和瓦斯抽采系统等七大系统，运行正常，安全可靠。瓦斯综合防治方面有突破；底板巷全负压通风施工全覆盖预抽煤层瓦斯钻孔；21、23 采区开采 6 煤层保护 5 煤层，同时采取抽采 5 煤层卸压瓦斯的区域瓦斯治理措施；“全程套管、两堵一注、带压封孔”等封孔工艺，提高了封孔质量和抽采效率，形成嘉禾公司瓦斯治理新模式。

质量标准化建设。制订安全生产标准化创建规划，按照确保矿井质量标准化保二级，争一级，其中采煤、掘进、通风、运输、地测防治水专业达二级，机电专业达一级的工作目标，认真组织落实矿井达标规划，开展矿井安全生产标准化创建工作。落实执行“嘉禾矿业公司三级管理人员联责安全生产标准化考核办法”，采掘作业地点的标准化建设，公司、矿井、部室实施联责管理。2022 年达到安全生产标准化煤矿二级矿井标准。

2019—2022 年连续被评为集团公司“红旗煤矿”单位，2020 年荣获中国煤炭工业协会先进会员单位先进煤矿称号，2021 年荣获国家统计局国家规模以上工业企业称号，2022 年荣获湖南省科学技术厅、湖南省财政厅、国家税务总局湖南省税务局国家高新技术企业称号。

抓党建，促和谐，保平安。2004 年 3 月，成立嘉禾矿业公司党委。2020 年 7 月，召开嘉禾矿业公司党委一届会议。公司设党支部 12 个，共产党员 157 名。按照集团公司党委的统一安排部署，扎实开展党内主题活动，开展党员主题党日活动，提升党员个人素质；开展“千名书记联项目”和“万名党员先锋行”活动；开展“三督三查”活动。持续坚持两个“一以贯之”现代企业制度建设落实落地。

2010 年 8 月，共青团嘉禾矿业公司第一届委员会，选举产生团委委员 5 名、团总支 1 个、团支部 2 个。2011 年 1 月，成立“青安岗”，督查各队的安全生产。组织开展“学雷锋、树新风”活动、开展“五四”青年节庆祝活动，表彰工作表现突出的优秀团干、青年岗位能手、优秀团员，鼓励团员青年积极争当先进。2018 年集团公司“七一”文艺会演舞蹈《伴嫁歌》获一等奖。

落实煤矿棚户区改造政策。2012—2021 年，建设嘉禾矿区棚户区 1032 套住宅，交房交证给业主，小区配备灯光塑胶篮球场、健身器材游玩中心广场、幼儿园。职工家属喜迁新居，乐业安居。

历任党委书记、董事长、总经理：

刘建军，董事长、总经理（2005 年 5 月—2009 年 7 月）；

严华平，党委书记（2005 年 5 月—2011 年 10 月），总经理（法人代表）(2009 年 10 月—2010 年 5 月)；

谢志文，董事长、总经理（2009 年 7 月—2009 年 10 月）；

谢阶平，董事长、总经理（2010 年 5 月—2011 年 3 月）；

王平芽，董事长、总经理（2011 年 5 月—2012 年 7 月）；

刘建军，董事长、总经理（2012 年 7 月—2014 年 7 月）；

李文军，董事长、总经理（2014 年 8 月—2016 年 12 月）；

尹红球，党委书记、董事长（2017 年 1 月—2020 年 12 月）；

梁　铁,党委书记、董事长(2021 年 1 月—　)；

徐小平，党委书记（2011 年 11 月—2020 年 7 月），总经理（2020 年 8 月—　）。

2022 年领导班子成员：

梁铁、徐小平、黄立新、刘铁华、李利平、胡高群；梁铁为党委书记、董事长，徐小平为总经理。

十三、湖南省煤业集团黄牛岭矿业有限公司

湖南省煤业集团黄牛岭矿业有限公司位于湖南省嘉禾县境内，东距郴州市 80 千米，西距嘉禾县城 12 千米，矿区公路与 357 国道相连，东接 107 国道、G0421 许广高速、G4 京港澳高速，南连 G76 厦蓉高速，交通十分便捷。

公司前身为资兴矿务局嘉禾煤矿黄牛岭工区。1997 年 5 月投产，设计生产能力 30 万吨/年，2000 年 12 月实施政策性关闭破产，2001 年 4 月重组为湖南省嘉禾黄牛岭煤炭有限责任公司，注册资本 650 万元（原资兴矿务局持股 66.41%、员工持股 33.5%）。2006 年 6 月，更名为湖南省煤业集团黄牛岭矿业有限公司，2008 年注册资本增加到 1346 万元，其中集团公司持股 83.781%、员工持股 16.219%。2011 年，集团公司收购员工个人股，2011 年 12 月，公司变更为国有独资有限公司。

2004—2014 年，资产经营租赁承包，所有权与经营权分离，资产经营权委托给总经理，承包期 10 年，租赁费 428.66 万元/年，2014 年 6 月承包到期。2014 年 7 月 1 日—2018 年 6 月 7 日矿井停产。

2018 年 6 月，集团公司恢复黄牛岭公司生产，重新办理营业执照，注册资本增加到 1.76 亿元。公司设有董事会，董事 4 人。公司领导班子成员共 6 名：党委书记兼董事长 1 人，总经理 1 人，副总经理 3 人（其中 1 人兼总工程师），纪委书记兼工会主席 1 人。公司设 4 个直属单位、7 个职能部室。2022 年末，备案资源储量 3359.60 万吨，核定生产能力 21 万吨/年，在册职工 592 人。2022 年，原煤产量 11.4307 万吨，营业收入 13270 万元，利润总额 2911.67 万元。2018—2022 年，未发生重伤以上事故。2019—2022 年，连续 4 年被集团和股份公司评为安全生产红旗单位。

黄牛岭井田走向长 4.5 千米，倾斜长 2.0 千米，面积 9.0 平方千米。黄牛岭矿井水文地质类型属中等，可采煤层顶板属中等冒落顶板，地温正常，煤层不易自燃，煤尘无爆炸性，属于煤与瓦斯突出矿井。井田可采煤层 3 层，5 煤层为主采煤层，2、6 煤层为局部可采煤层。煤炭为低灰、低硫、高热值优质无烟煤，发热量 6500 大卡以上。

一对底板斜井开拓，一个主斜井、一个副斜井，南北两翼各有一个回风斜井。2022 年末，

生产水平 -150 米，主采 5 煤层，辅采 6 煤层。分区抽出式通风，矿井总进风量 6280 立方米/分，总回风量 6672 立方米/分。主斜井采用双钩串车提升，2JK -3.5/15.5 型绞车提升，配套 JR157 -10 型电机。副井安装 RJY55 -26/1300（A）55 千瓦固定式抱索架空乘人装置。一级排水分别在 ±0 米、-150 米水平水泵房建立排水系统，直接排出井口。矿井正常涌水量 220 立方米/时，最大涌水量 450 立方米/时，矿井最大排水能力 1300 立方米/时。井口 6 千伏变电所，两回路均取自嘉禾矿业公司浦溪 35/6 千伏变电所。1 号、2 号回路经 6 千伏架空线进入黄牛岭变电所 1 号电源屏和 2 号电源屏，两回路架空线路均为 LGJ -185 钢芯铝绞线，1 号、2 号电源间用联络开关连接。井口 6 千伏变电所两回路向井下、北一风井、北二风井、主副斜井绞车房及地面工业广场供电。井口 6 千伏变电所三回路向 ±0 米、-150 米水平中央变电所供电。

配备 KJ379X 监测监控系统，工业环网 KJJ24 型交换机。系统运行良好、稳定，能准确反映井下信息，并通过工作面及重点场所的瓦斯和风速传感器巡检，及时提供各监测点瓦斯、风速、瞬时值和连续变化曲线，通过分析变化原因及时采取对策，协调生产和安全的关系。综合分析瓦斯的历史曲线，掌握瓦斯变化的规律，积极采取对策，预测预防，从而实现瓦斯管理科学化，避免瓦斯事故发生，为井下安全生产提供重要技术保障。人员定位系统为江苏三恒信息科技有限公司生产的 KJ -128A 系统，为矿用本质安全型系统，适用于瓦斯、煤尘爆炸危险的矿井中。入井人员均安装了人员定位识别卡，满足井下作业人员佩戴，为井下人员的安全保障提供可靠依据。通信联络系统是杭州华络通信设备有限公司 KTJ102 数字程控调度系统；与无线通信系统完全融合为一套系统，调度台键盘可通过按键直接强插、强拆、监听所有用户和无线 WiFi 手机，并且调度系统的在线数字录音系统可对所有用户进行录音，可在线实时查询录音、监听、回放、存储等。后备电源交、直流自动切换，整机在供电条件差的环境下仍能可靠运行。矿井分别在各工作面自救装置处、绞车道、机房硐室、大巷、候车室等地点安装电话机。

建立完善瓦斯抽采及瓦斯发电系统。地面抽采泵站安装有 2 台 2BE1 -353110 千瓦水环式真空泵；地面瓦斯抽采泵房敷设直径 355 毫米主管到 -150 米副井底，直径 225 毫米分管到各生产采区，直径 160 毫米支管到抽采钻场，形成较完善、可靠的瓦斯抽采系统。矿井井口安装 500GF1 -3$P_W W_D$500 千瓦低瓦斯浓度发电机组 2 台和 600GF1 -1$P_W W_D$600 千瓦低瓦斯浓度发电机组 1 台。2019 年 5 月，恢复瓦斯发电系统，发电 5500～7500 千瓦时/日。2021 年 7 月，安装 500GFI -3RW、功率 500 千瓦发电机组 1 台。

公司加强经营管理。制定出台“黄牛岭矿业有限公司经营管理制度汇编”“黄牛岭矿业有限公司全面预算管理制度汇编”等管理制度，在财务管理、资金管理、劳动用工管理、材料成本管理、电力管理、销售管理等方面严格执行管理制度，落实管理措施，努力降耗降本，提高经济效益。2018—2022 年产量、收入、利润总额如下。

2018—2022 年产量、收入、利润总额

年份	原煤产量（吨）	营业收入（万元）	利润总额（万元）
2018	0	0	—
2019	87830	6746.4	508.67
2020	120800	7991.29	1009.82
2021	144282	14464.82	2020.38
2022	114307	13270.43	2911.67
合计	467219	42472.94	6450.54

加强党的建设和思想建设，开展党建系列活动。坚持第一议题制度、党委会议事规则、中心组学习制度、谈心谈话制度、“三重一大”事项集体决策实施办法。认真贯彻党的二十大精神，组织党委中心组学习，党员群众专题学习宣讲会。深入开展“千名书记联项目、万名党员先锋行”活动，开展“支部五化”创建、“党史学习教育”主题教育和学习贯彻习近平新时代中国特色社会主义思想主题教育，坚持不懈用党的创新理论统一职工思想，汇聚强大发展动力。加强党员管理，2018 年党员 38 人；2022 年底党员 80 人，其中预备党员 8 人。加强企业文化建设，突出安全培训和安全文化宣传。维护矿区稳定大局，实现矿区和谐稳定。

历任党委书记、董事长、总经理：

赵正稳，党委书记、董事长（2018 年 6 月—2022 年 12 月）；

袁振华，总经理（2018 年 8 月—2020 年 8 月）；

李东明，总经理（2020 年 8 月—2022 年 12 月）；

肖国圣，总经理（2022 年 12 月— ）。

2022 年领导班子成员：

赵正稳、肖国圣、刘潭伟、陈申芒、周东升；赵正稳为党委书记、董事长，肖国圣为总经理。

十四、湖南煤业南阳矿业有限公司

湖南煤业南阳矿业有限公司位于湖南省耒阳市南阳镇，经营范围：煤炭开采、销售和煤炭业投资。公司设职能部室 7 个：安全监察部、生产技术部、办公室、党群工作部、纪检审计监察部、财务资产部、劳资企管部；4 个直属单位：销售分公司、供应分公司、机修厂、后勤服务分公司。2022 年末，备案资源储量 2028.40 万吨，核定生产能力 41 万吨/年，在册员工 1415 人。2022 年，原煤产量 41.03 万吨，营业收入 37825 万元，利润总额 10913 万元。

2006—2022 年，累计生产原煤 746.6788 万吨，实现百万吨死亡率为零，无重伤事故、无非伤亡事故、无未遂事故。2017 年，公司荣获集团公司“安全生产红旗单位”；2018 年，荣获“全国煤炭工业先进集体”；2019 年，荣获湖南省煤业集团公司“深化改革红旗单位”；2021 年，荣获湖南省煤业集团公司“经济效益红旗单位”。

南阳公司依靠科技不断提升安全管理水平。2003—2022 年，购置视频网络设备 6 套、视频会议设备 1 套，财务系统安装中科通软会计电算系统。工业广场、集中煤仓、供应炸药库等要害场所，安装视频网络系统，保卫部统一监管。2010 年，瓦斯监测系统升级扩容，瓦斯监测 24 小时不间断上传数据。2011 年，井下人员定位系统实现井下人员动态监测。2013 年，调度会议室改造升级，生产调度信息、瓦斯监测信息、人员定位信息统一监测，集成至调度室，实现远程观测。调度总机升级，井下对急救等重要网络电话实现直线连接。2014 年，前进矿 -250 水泵房安装无人值守系统，实现地面对井下水泵的控制。2015 年 4 月，装配一个视频会议室，建立安全管理机制。2006—2015 年，投入资金 2000 万元/年，用于质量标准化建设、“六大系统”建设、瓦斯抽采和矿井提升绞车改造项目。2022 年，前进矿安全生产标准化进行大升级、大改造，前进矿、淝江矿两矿建设质量标准化精品工程、示范工程。集团公司在前进矿召开安全生产标准化现场会。前进矿、淝江矿为国家二级安全质量标准化矿井。

南阳公司建立环保组织机构，成立环境保护委员会和环保部，与中国矿业大学、湖南科技大学、湖南理工职业技术学院等大专院校建立人才培养与科学研究战略合作关系。2006—2022年，南阳公司累计投入环保资金2730万元，实施“黑色煤炭，绿色开采”战略，增添环保设施和设备对环境进行专项治理，各项指标满足环保要求。2012年南阳公司荣获国家能源局授予的“中国最美矿山”。

从2010年开始，南阳公司实行全面预算管理模式，将全年目标进行科学分解，对成本费用进行有效控制。公司对生产材料进行管控，对电力成本进行分项考核，对工资社保成本进行规范管理，精细化管理模式进一步完善，每年减少电力成本400万元。公司实施“精品煤”品牌战略，制定煤质、煤斤管理办法，逐月考核，奖优罚劣。矿井制定了采煤队干、班组长及员工煤质与收入挂钩考核细则，从源头抓起，精采细挖、分仓分运分销，层层联责，树立品牌并赢得市场。2006—2015年，南阳公司年均生产低灰、低硫、低磷、高发热量的优质无烟煤达48万吨。2016—2022年，年均生产优质无烟煤41万吨，“南阳煤”品牌精煤享誉省内外。

2016年以来，南阳公司积极推进三项制度改革，打破固定工、全民合同工、协议工等传统的用工管理模式，统一签订劳动合同，员工一律缴纳“五险一金”。每年根据实际情况编制劳动用工计划，根据有关法律法规制订劳动用工管理办法，形成干部能上能下、工人能进能出、工资能升能降的用人模式，地面辅助生产及管理岗位人员逐步精减，井下用工人数逐年递减。

2022年末，在册员工1415人，原煤万吨用工33人；职能管理部门7个，矿井职能管理机构3个。完善工资分配机制，工资分配按采掘、井辅、地面2∶1.5∶1的比例进行控制。中、高级管理人员薪酬实行基薪+绩效工资的考核办法，采掘队干实行“334”的安全、产量、质量结构工资考核办法，采掘班组长实行“433”的安全、产量、质量工资考核办法，员工实行基础工资+安全工资的分配办法等，薪酬能升能降，与企业效益挂钩。

2022年末，党员929名，党总支5个，党支部48个。公司党委实施党建和思想政治工作目标管理考核，完善“三会一课”制度和党内组织生活制度，开展领导班子创“四好”、党支部创“四强”、党员争“四优”等活动，提升党建工作水平。2006年公司党委荣获湖南省国资委党委授予的“全省国有企业创先争优先进基层党组织”称号。2019年，公司党委荣获集团公司“党建工作先进单位”。2021年，公司党委荣获湖南省国资委“先进基层党组织”称号。2020—2022年，南阳公司领导班子连续3年荣获集团公司“优秀领导班子”。

南阳公司坚持全面从严治党，严格执行《各级干部廉洁自律规定》、企业廉政建设“五项禁令”“九个不准”等一系列法规制度，充分发挥内部监督作用。2006—2015年，共开展效能监察25项，发现问题74条，提出合理建议74条，避免经济损失55万元。核减物资总额332.95万元，审核出不合理支出、发票拒付金额108.81万元，谈价核减金额223.15万元；审计工程489项，核减工程款503.79万元，维护了公司的利益。2016—2022年，审计工程项目111项，核减工程款171.5万元。

2006—2015年，建立健全工会组织机构，南阳公司工会下设9个车间工会和134个工会小组，在册会员2357人。2016—2022年，公司工会下设7个车间工会和96个工会小组，在册会员1415人。南阳公司劳动合同签订率、履约率均达到100%，累计投入3000余万元资金，全面改造公共活动场所和文化设施。2012年，公司被中国能源化学工会全国委员会授予全国能源化学系统“五一劳动奖状”。2015年11月，公司荣获全国总工会授予的“全国模范职工之家”。2011—2015年度公司连续5年荣获全国总工会授予的全国“安康杯”竞赛优胜企业；2022年荣获集团“工会工作红旗单位”称号。

南阳公司团委下属团总支4个，团支部3个，团员青年186人。公司团委精心组织具有特色的团员青年活动，充分发挥主力军作用，2012年度荣获全国煤炭行业“五四红旗团委”。2011—2015年连续五年被集团团委授予“五四红旗团委”。

2020年，在报告1例无症状外来输入型新冠肺炎确诊病例后，南阳公司顶着如山的压力，扛起如山的责任，坚定信心、科学防治、精准施策，坚决打赢疫情防控阻击战，取得了零扩散、零传染的抗疫奇迹。南阳公司党委书记、董事长宋齐国荣获“湖南省抗击新冠肺炎疫情先进个人”。

历任党委书记、董事长、总经理：

罗运连，总经理（2005 年 10 月—2006 年 9 月）；

龙绍泉，总经理（2006 年 9 月—2007 年 3 月）；

谢会生，总经理（2007 年 3 月—2009 年 9 月）；

石武军，执行董事、总经理（2009 年 9 月—2015 年 7 月）；

李永富，党委书记（2014 年 4 月—2018 年 11 月）；

谭景茂，党委委员、董事长、总经理（2015 年 7 月—2018 年 11 月）；

代学文，总经理（2018 年 11 月—2020 年 10 月）；

宋齐国，党委书记、董事长（2018 年 11—　）；

王明智，总经理（2020 年 11 月—　）。

2022 年领导班子成员：

宋齐国、王明智、张朝晖、邓海平、梁楚齐、伍智勇；宋齐国为党委书记、董事长，王明智为总经理。

十五、湖南省煤业集团红卫矿业有限公司

湖南省煤业集团红卫矿业有限公司（简称红卫公司）位于湖南省耒阳市。2007 年 5 月破产重组。注册成立湖南省煤业集团红卫矿业有限公司，注册资本 2600 万元。其中：集团公司出资 2080 万元，企业重组员工出资 520 万元。2011 年，集团公司收购员工股份，并增资变更为国有独资，注册资本 1.10 亿元。

红卫公司拥有沈家湾、坦家冲、里王庙、龙家山 4 对生产矿井，物资供应公司、煤炭销售公司、机修厂、后勤服务公司、救护中队 5 个直属单位，设办公室、党群工作部、生产技术部、安全监管部、通风瓦斯部、人力资源企管部、财务资产部、纪检监察审计部 8 个职能部室。

2022 年末，备案资源储量 2253.50 万吨，核定生产能力 47 万吨/年，期末在册员工 1606 人。2022 年，原煤产量 47.2208 万吨，营业收入 4.5606 亿元，利润总额 10197 万元，上缴税

费8600.5万元，2006—2022年，累计生产原煤777.5360万吨，利润总额5.4亿元，上缴税费7.86亿元。

2006—2022年，公司领导班子被集团公司评为优秀领导班子9次；被耒阳市政府评为“纳税大户”6次；被耒阳市政府授予“平安建设先进单位”4次；2010年度耒阳市委、市政府授予公司“市区域经济突出贡献奖”。同年衡阳市委、市政府授牌“重点纳税企业”；2022年，红卫公司纳税额跃居耒阳市国企首位。

2016年5月，坦家冲煤矿-150米南大巷使用EBZ1600型综掘机进行机械化综掘作业；2022年6月，龙家山煤矿-400米北大巷使用EBZ160型综掘机进行机械化综掘作业。公司创建本安型矿井，通过建立健全安全管理机构，执行《采、掘工作面“准采（掘）证”技术管理办法》。2007—2022年，累计投入安全资金3.463亿元。2021年6月，经湖南省应急管理厅验收评定：沈家湾煤矿、坦家冲煤矿、里王庙煤矿、龙家山煤矿均为二级煤矿安全生产标准化管理体系矿井。

防治瓦斯突出是治理工作的重点。按照集团公司要求，对照“红卫模式、湘煤标杆、全省一流”目标，全力创建瓦斯防治示范矿井。深刻吸取瓦斯事故教训，以“煤层零突出、瓦斯零超限”为目标，牢固树立“不掘突出头、不采突出煤、不与突出煤层直接打交道”等瓦斯治理理念，全面实施“开采保护层、穿层预抽全区段煤层瓦斯、同时抽采被保护层卸压瓦斯”的瓦斯综合治理技术。优先采取保护层开采+穿层预抽被保护层煤层瓦斯的瓦斯治理综合措施，对不具备保护层的区域实施穿层钻孔预抽全区段煤层瓦斯，坚决实行区域综合防突措施先行、局部防突措施补充的瓦斯治理路线。严格执行“钻到位、管到底、孔封严、水放尽、一个钻孔就是一项工程”的瓦斯抽采技术方案。积极推广保护层开采、水力增透、囊袋“两堵一注”封孔等新技术、新工艺、新材料的瓦斯治理举措。截至2022年12月，红卫公司四对生产矿井连续21年消灭瓦斯伤亡事故、连续5年实现消突。

2016—2022年，强化经营管理，努力降本提效，经济效益逐年提高。在财务管理上，严格按照集团公司“五统一”管控模式，坚持“资金集中管理、收支两条线”和“全面预算控制”，建立健全“制度、目标、责任、定额、费用标准、绩效考核”管控体系，财务部归口负责资产价值管理，经营（使用）单位负责实物资产管理和技术监督，审计部门负责资产管理监督工作，不断提高资金管理品质和运行质量。

深化劳动、人事、分配制度改革，职能部门整合为8个，直属单位整合为5个，员工总数精减到1606人。2022年，人均年工资69258元；加强队伍建设，2007—2022年，湖南科技大学等大专院校招收大专以上毕业生42人；2021年，选送12名优秀青工到湖南科技大学委培培养。2022年末，公司具有高级职称的人员1人、具有中级职称的人员51人、具有初级职称的人员71人，取得高、中、初级采煤、巷道掘砌、锚喷、电钳、通风等技能等级员工302名。2010年，在湖南省属监管企业职工技能大赛中胡文胜获得掘进工种第一名的好成绩；2013年9月，胡文胜荣获“湖南省技能大师”称号，2014年8月6日，作为省技能大师受到省委书记徐守盛亲切接见，并获得省政府奖励。

红卫公司推进精细化管理，在计划、采购、定额、成本、合同、仓储、回收等各方面实行全过程精细管理。2014年开展“双增双节”和收旧利废活动，回收复用材料价值197万元。在煤质和销售管理方面，强化原煤质量源头管控，采取分装、分运方式，提高煤炭质量、服务水平和内部管理，拓宽销售市场，充分发挥企业社会责任，实现产销平衡。2022年，销售煤炭47.23万吨，其中发运电煤13.69万吨。红卫公司在集团年度运销考评中获得二等奖。公司利用信息化管理提升管理效果，建成了协同办公、调度信息、瓦斯监控、财务、劳资、供应、销售等10个信息化管理系统，实现微机管理、信息共享。

红卫公司实施环境保护、治理项目，深入贯彻习近平生态文明思想，牢固树立和践行“绿水青山就是金山银山”的理念，高度重视生态环境保护工作。红卫公司成立以党政“一把手”为组长的环保工作领导小组，建立健全生态环境保护工作制度体系、责任体系、考核体系，严格落实生态环境保护各项措施。2020—2022年，红卫公司环境保护、治理累计投入3000余万元，四对生产矿井建成封闭式储煤场，生产、生活污水处理站，雨水收集池，危险废物储存间，水质在线监测设备，粉尘检测设备，矿涌水净化处理设备，洗车平台和煤仓喷淋系统。红卫公司加强水、气、土、渣的综合治理，做到达标排放。

红卫公司持续深化党建工作。党委下设5个党总支、21个基层党支部，共有党员267名。红卫公司党委坚持以习近平新时代中国特色社会主义思想为指导，深入贯彻落实党的十八大、十九大、二十大精神，狠抓党建融合和提质整改，夯基础、强责任、抓融入、谋创新，党建活力迸发。持续推进“创先争优”活动，大力开展“十佳”劳模、青年、管理者、组长、采掘工人、优秀技术员、优秀员工、优秀采掘工人及“煤海精英”评选，在支部及党员中开展“红旗党总支（支部）”和“红旗先锋”、优秀党务工作者评选，有效激发员工立足岗位做贡献，发挥了典型示范作用，涌现出湖南省技能大师、国企楷模胡文胜，全国煤炭工业劳动模范刘佳仁等一批先进典型。深入开展“党建融合”活动，推动党建工作与安全生产、科技创新、提质增收深度融合。2020年以来创建书记联项目24个，党员示范岗16个、支部责任区9个，成立党员攻关组5个，完成了龙矿“红层”区域探找煤等项目6个，取得自动摘钩、瓦斯设备快速拆卸装置等技术专利5个，2022年成功通过国家高新技术企业认定。

红卫公司加强工会工作建设。认真履行职工代表大会制度，积极构建群防群治、齐抓共管的群众安全监管模式，为安全生产助力。2022年，红卫公司78名群安网员共汇报安全隐患806条、抓“三违”217起、整改及消除安全隐患735起、避免事故3起；工会女工家委组织矿嫂签订安全“四保”合同书、与自己的亲人结“四保”对子992对，开展协管工作32次、亲情帮教“三违”人员41人次，为矿井安全生产起到了积极的促进作用。2008—2022年，公司8次被湖南省煤炭工会评为“先进群监会”。在民主管理上，坚持公开、公平、公正，依法维护员工的合法权益。2011年被湖南省纪委、省委组织部、省国资委、省财政局、省工商局等十二部门联合授予民主管理“先进单位”，同年被省总工会授予“工人先锋集体”荣誉称号；2019年，坦家冲煤矿采掘工人胡文胜被湖南省人民政府国有资产监督管理委员会授予“国企楷模”称号；2020年，中共湖南省委、湖南省人民政府授予胡文胜“湖南省劳动模范”称号。

红卫公司团委积极开展“青安岗”“志愿者”活动，立足岗位、建功立业。2015年5月，被全国煤炭行业共青团工作指导和推进委员会授予“全国煤炭行业五四红旗团委”光荣称号。

历任党委书记、董事长、总经理：

郭强伟，党委书记（2000年1月—2009年9月）；

李文军，总经理（2002年6月—2008年10月）；

彭双良，董事长、总经理（2008年10月—2015年7月），党委书记（2013年7月—2014年4月、2015年7月—2016年10月）；

郭立群，党委书记（2009年9月—2013年7月）；

谭景茂，党委书记（2014年4—2015年7月）；

周益文，董事长、总经理（2015年7月—2018年11月），党委书记、董事长（2018年11月—2020年8月）；

饶　高，党委书记（2016年10月—2016年12月），党委书记、董事长（2020年8月—2021年8月）；

梁成交，党委书记（2016年12—2018年11月）；

龙正松，总经理（2018年11月—2020年8月）；

梁　铁，总经理（2020年8月—2021年2月）；

阳忠义，总经理（2021年2月—2022年11月）；

石武军，党委书记、董事长（2021年8月—　）；

王勖荣，总经理（2022年11月—　）。

2022年领导班子成员：

石武军、王勖荣、谢桂梅、邓承立、王会生、熊志雄、刘忠诚；石武军为党委书记、董事长，王勖荣为总经理。

十六、湖南省煤业集团兴源矿业有限公司

湖南省煤业集团兴源矿业有限公司（简称兴源公司）前身是湘南监狱新生煤矿。2010 年，集团公司出资收购湘南监狱新生煤矿资源和资产，设立兴源矿业有限公司。2010 年 1 月，公司注册成立，注册资本金 3000 万元。2012 年 9 月，集团公司将持有兴源公司的股权转让给湖南黑金时代股份公司。2013 年 11 月，注册资本增资为 1 亿元。2022 年末，实收资本总额 1 亿元，资产总额 4.55 亿元，所有者权益 3.28 亿元。

兴源矿区位于湖南省耒阳市公平镇和黄市镇内，距耒阳市城区 20 千米，矿区公路与 107 国道及京珠高速公路相接，耒新铁路运煤专线连接矿区。耒水河流经矿区，常年可通航 100 吨船舶，水陆交通便利。

矿区井田位于白沙向斜南段转折端，主采 6 煤层，煤厚 0.23～11.92 米，平均 2.9 米。2022 年末，拥有三对生产矿井，备案资源储量 1799.90 万吨，核定生产能力 57 万吨/年，2022 年，原煤产量 40.2539 万吨，营业收入 35892 万元，利润总额 5681 万元；2010—2022 年，累计原煤产量 425.4124 万吨。

推进煤矿“机械化、自动化、信息化、智能化”建设，实施高档普采机械化采煤，煤巷、半煤岩石巷掘进机械装矸、带式输送机运输，单进突破 140 米/月。主要机房实现无人值守、带式输送机和刮板输送机集中控制，煤矿安全监控系统符合行业标准要求；矿灯智能充电架和矿灯管理系统，实现矿灯房无人值守。

2012 年 1 月，伍家冲煤矿 1568 工作面煤巷综掘；2014 年，觉光寺煤矿和伍家冲煤矿组建成立 2 支快速掘进队，岩巷单进 80 米/月以上。2013 年 1 月，伍家冲煤矿 1326 工作面薄煤层高档普采试运行，工作面单产 9000 吨/月。2013 年 11 月，周家坳煤矿 3051 工作面实施薄煤层高档普采。2014 年，根据近水平煤层的特点，走向长壁式采煤方法改成盘区式开采，采煤工艺和生产系统的改进使机采工作面产能大幅提升，回采工效提高到 11.7 吨/工，电力消耗降至 11.4 千瓦时/吨，材料成本降至 8 元/吨。

改革复采松软顶板下支护工艺，将“二梁五柱”单体支护改为整体顶梁组合液压支架。2020 年 12 月引进整体组合支架，伍家冲煤矿

2263采煤工作面试采，采煤工作面单产提高到10000吨/月，提高了生产工效和安全系数，为同类型煤层赋存条件下推进采煤机械化提供了借鉴、可复制的经验，集团公司推广使用整体顶梁组合液压支架。

2010—2022年，水平运输大巷轨道15公斤更换为22公斤，道砟道床改为整体道床。技改增容矿井排水系统，安装排水泵26台、抗洪抢险专用潜水泵1台。压风机更换为风冷式喷油螺杆式空气压缩机，变频电控。安装压风机7台，铺设压风主管道6900米。

建立完善的生产管理系统,调度室安装DX-3000程控电话、KJ101N监控系统、KJ69J矿井人员管理考勤定位软件系统，对井下瓦斯、风速、水位、设备开停及下井人员活动情况等进行实时监控。根据《煤矿安全监控系统升级改造技术方案》规定，2018年，安全监控系统升级改造，实现信息传输数字化，提高系统抗干扰能力，提升传感器防护等级，完善系统报警和断电控制能力，增加多网、多系统融合功能。2010—2022年，建立和完善126个工种岗位责任制、75个安全生产规章制度、116个现场操作规程。

改善通风条件，加强瓦斯治理。2011—2022年，采购“双风机，双电源”设备设施，保障了觉光寺煤矿、伍家冲煤矿局部通风，实现局部通风本质安全，杜绝无计划停电停风现象。公司设通风瓦斯部，成员4人。觉光寺煤矿和伍家冲煤矿作为煤与瓦斯突出矿井，增设防突负责人和专业人员。公司及煤矿“一通三防”管理人员均有不少于5年突出矿井管理经验。2010—2022年，建立觉光寺煤矿、伍家冲煤矿地面瓦斯抽采系统，引进大功率钻机，推广区域和局部“四位一体”防突措施，落实矿井瓦斯抽采达标评判标准，建立和实施区域、工作面消突评价体制，杜绝了瓦斯突出、瓦斯窒息、瓦斯燃烧等各类瓦斯事故。

建立健全“六大系统”。觉光寺煤矿、伍家冲煤矿建立2个容量50人的永久避难硐室和两个采区临时避难硐室。周家坳煤矿建立1个容量20人的采区临时避难硐室，保障了职工井下紧急避险需要。2019年，安全监控升级，升级为KJ379X系统，通信升级成KTJ102多媒体调度平台。

建立完善安全管控机制。矿井设驻矿安全监察站，设站长1人，实行公司派出制，组建有“四位一体”安全员30名。各矿设置群众安全监督员、青年安全监督员、家属安全协管员等群众安全监督教育组织，推行安全群防群治体系。2011年10月启动本质安全型矿井建设，提升矿井工程质量。

2022年末，共组织特殊工种培训1000余人次，安全管理培训1100人次，职业技能鉴定300余人次。坚持开展安全警示教育、“全国安全生产月”、百日安全无事故、“反违章指挥”“反‘三违’、反事故”等安全活动，把“发展决不能以牺牲人的生命为代价”作为不可逾越的红线，制定和完善各类安全生产管理制度223个、应急救援管理制度30项。2010—2022年，投入安全资金达到2亿元。实现安全生产3825天。

持续开展质量标准化建设。觉光寺矿于2021年通过湖南省应急管理厅验收，被评定为二级安全生产管理体系达标煤矿；周家坳矿于2020年首次通过湖南省应急管理厅二级安全生产管理体系达标验收；伍家冲矿于2021年通过湖南省应急管理厅验收，被评定为二级安全生产管理体系达标煤矿。

加大灾害防治。从2011年开始，实施煤层注水措施，对防止棚顶松散煤层垮落和防尘工作起到了较好的作用。严格按照《煤矿防治水规定》要求，采用地质钻、短探钻孔和物探相结合的方法进行探放水，实行先探后掘，挂牌允掘管理。完善矿山救护，成立一支专职救护队伍，救护队员9人，各矿井设置18名辅助救护队员。配置矿山救护车、正压氧气呼吸器、自动苏生器等救护设备设施。每月对救护队员进行一次专业技术和知识考试，每周进行一次体能体力测试，坚持体质锻炼和技术业务知识训练，组织队伍开展达标活动。

按照精干高效原则，进行三项制度改革。2022年末，签订劳动合同1265人，职能部室缩编为8个，采用公开竞聘、民主推荐、组织考核、末位淘汰等方式，中级管理人员精减到41人；机关管技人员精减到52人，直属单位及职能部门二级机构管技人员精减到21人，矿井管理技术人员精减到52人。地面生产人员精减到

242 人。2016—2022 年原煤万吨用工降至 36 人，全员工效达到 1.05 吨/工。

实施精品煤创新工程，以品牌拓宽销售市场。2014 年 8 月，成立煤炭质量监督管理中心，制定“精煤考核管理硬性规定”等 13 项制度。2015 年，新增容量 8000 吨煤仓一个，购进筛选设备一套，进行煤炭深加工，结束了无精品煤的历史。2022 年，精煤率上升到 65% 以上。2011—2022 年，自销煤零欠款，销售分公司先后获得湖南煤业股份有限公司煤炭运销管理考评 3 个“二等奖”和 8 个“三等奖”。

供应分公司降成本，提质量，保效益，以优质的管理为核心，认真贯彻执行股份公司物资标准化管理有关要求，确保公司安全生产。2011 年，加强供应管理硬件建设，改造物资总库房，改善库容库貌。通过几年来的管理优化和提升，2013—2022 年，先后荣获股份供应物资标准化管理先进单位“二等奖”1 次、“三等奖”2 次，先进仓库“二等奖”2 次、“三等奖”3 次。

重视环保治理，坚决贯彻落实习近平生态文明思想，成立以公司党委书记、董事长，总经理为组长，公司其他领导为副组长的环境治理小组，2022 年，党光寺煤矿、周家坳煤矿和伍家冲煤矿的矿井水、生活污水、锅炉废气和固体排弃物、危废库等相关环保工程完成建设，通过验收。公司定期对各水仓、沉淀池、防尘洒水系统进行清理、维护、更新保养，使用旋风除尘器治理烟尘、生活锅炉废气，在线监测矿井涌水。耒阳市环保部门对矿区废气、废水、噪声进行全因子监测，达到环保要求。

2010 年 2 月 5 日，公司党委成立，下设 4 个党总支、2 个直属支部、8 个队党支部、86 个党小组，党员人数 116 人。4 月 30 日，召开第一次党代会，选举产生第一届委员会和纪律检查委员会。公司组建以来，发展新党员 229 人。2022 年末，党员人数 294 人。新增机修厂、运输分公司两个直属党支部，队级党支部增至 26 个，党小组增至 132 个。

公司先后制定和完善党群工作、宣传教育、干部管理、综治维稳等 169 个制度，层层签订并落实党建和思想政治工作责任制，形成党建工作与行政工作目标同向、责任同担、考核同等的机制。先后开展“责任比能力更重要”“解放思想、发展兴源大讨论”“公司请你来做什么?”“弘扬不畏艰难，敢于担当的亮剑精神”“四讲、四有”等专题思想讨论活动。坚持“信念坚定、为民服务、勤政务实、敢于担当、清正廉洁、德才兼备、以德为先、任人唯贤、人岗相适”的原则，始终把好“民主推荐、组织考察、集体讨论、公示和任前谈话”五关，建立健全干部选拔任用、考核、岗位轮换、末位淘汰制度，激发了干部的工作积极性、事业心和责任感。

公司加强党风廉政建设，建立领导干部廉政档案，每年与所有中级职员签订党风廉政建设承诺书；每年开展 2 次对中级职员的廉洁谈心谈话，自觉接受党组织监督；每年举办“三管人员”“兼职纪检监察员”学习班，重点学习“三严三实”“中央八项规定精神”“党员干部廉洁从业若干准则”，并组织观看警示教育片 18 次，筑牢防腐拒变思想防线，严守廉洁自律底线；印制“损害公司利益行为处分办法”手册 1000 本，开展学习考试 10 场次，参考人员 746 人；下发“纪检监察意见书”10 份；2010—2022 年，制定党风廉政建设、领导干部作风建设、党员干部廉洁自律等方面的制度文件 66 个，完善和修订制度 8 个；公司成立 12 年来，未发生腐败立案案件。

公司围绕“培训教育年”“规范管理年”“深入学习年”“绩效考核年”“责任落实年”“改革发展攻坚年”“双基建设年”“党建质量提升年”“党建工作融合推进年”“治理效能提升年”“党建深化融合年”等企业文化建设规划，开展“企业兴衰我的责任”“最美安全卫士”“不忘初心落实责任”“我与企业共成长”“我的追梦故事”等企业文化建设活动，实现从企业文化体系建设到企业文化管理的跨越。开设公司领导、矿井领导、安监人员的安全专题讲课，加强墙报、黑板报、文化宣传栏、LED 宣传牌等阵地建设。2013 年、2014 年公司被集团党委评为宣传工作先进单位。

2010 年 2 月，公司成立工会组织，有会员 1480 人，入会率 99%。至 2022 年，设工会主席 1 名、副主席 1 名，委员 12 名。公司下设 6 个基层工会，33 个工会小组。公司工会有会员 1149 人，入会率 96%。建立和完善 20 余项制度，充分发挥群众安全监督组织机构的作用。公司群监会取得“湖南省煤矿工会群监工作合格证”，有9名群监员获得湖南省“煤矿安全群众监督员”聘任书。2013年公司工会被湖南省煤炭管理局、湖南省煤炭工会授予“全省煤炭群安工作先进群监会”“全省煤炭群安工作先进协管会”；同时，被集团授予“模范群监会”“先进协管会”。开展“干部与职工心连心工程”和“一对一”扶贫帮困活动，切实解决职工实际困难。积极开展文体活动，活跃职工业余文化生活。2017—2022年，共获得集团各种体育赛事和文艺演出一等奖3个、三等奖4个。

2010年5月，共青团兴源公司委员会成立，下设团总支4个，青年安全监督分岗3个，青安岗员29人，团员青年78人。成立青年志愿者队伍，总人数120多人，广泛开展各项青年志愿者服务活动。公司注重对团员青年的培养。2012年，青年员工刘剑获得“全国煤炭行业百名优秀矿工”荣誉称号。2013年，胡瑞连同志荣获“全国煤炭青年五四奖章”荣誉称号。2013年、2014年被集团团委授予“五四红旗团委”荣誉称号；2014年4月，被全国煤炭行业共青团工作和推进委员会授予“全国煤炭行业五四红旗团委”荣誉称号。

积极争取国家沉陷治理和棚户区改造政策，筹集资金1.4亿元，耒阳市城区建设“兴之源”安置小区，新建住宅816套，建筑面积7.1万平方米，交房交证给业主。

历任党委书记、董事长、总经理：

宋齐国，董事长、总经理（2010年1月—2014年4月），党委书记（2010年11月—2011年7月）；

何文飞，党委书记（2010年1月—2010年11月）；

许贤松，党委书记（2011年7月—2015年2月），董事长（2018年11月—2019年12月）；

胡瑞连，董事长、总经理（2014年4月—2018年11月），党委书记（2015年2月—2015年9月）；

石武军，党委书记（2015年9月—2017年8月）；

许贤松，党委书记（2017年8月—2017年9月）；

唐小龙，党委书记（2017年9月—2020年9月）；

王平芽，董事长（2019年12月—2022年10月），党委书记（2020年9月—2022年10月）；

王勖荣，总经理（2020年9月—2022年10月）；

张俊杰，总经理（2022年11月— ）；

阳忠义，党委书记、董事长（2022年11月— ）。

2022年领导班子成员：

阳忠义、张俊杰、周新、周学锋、王清、彭根；阳忠义为党委书记、董事长，张俊杰为总经理。

十七、湖南煤业白山坪矿业有限公司

湖南煤业白山坪矿业有限公司，本部位于耒阳市五一东路426号。2004年10月实施破产重组，2005年2月，重组为白山坪矿业有限公司，2006年6月更名为“湖南煤业白山坪矿业有限公司”。公司主营煤炭深加工，煤炭开采与销售，煤炭业投资，矿山机电设备制造、维修，材料仓储保管。

2022年末，公司拥有职能部室8个，直属单位6个，龙塘、白山坪、磨田三对生产矿井。矿井位于郴耒煤田白沙矿区西翼中北部，备案资源储量13886.40万吨，核定生产能力57万吨/年，在册员工1439人。2022年，原煤产量36.0188万吨，营业收入32382万元，利润总额3182万元。2006—2022年，累计原煤产量626.0750万吨，利润总额3.58亿元，上缴税费6.15亿元。

安全生产管理实行党、政、工、团齐抓共管。执行矿领导、班队干带班作业制；安全专职安监员、瓦检员对井下各作业场所、机电硐室、相关井巷进行巡检、监督；青安、群安岗位负责

安全隐患排查整改。建立科学完备的安全管理制度体系，包括安全生产责任制、安全办公会会议制度、安全生产标准化管理制度等。公司、矿组织工程技术人员、安全生产管理人员、劳社部分人员对矿井所有作业现场，机、运场所进行安全质量检查和考核。公司及各矿两级党组织、工会每季分别组织职工代表、专业技术员对井下采掘场所、机电硐室进行安全质量检查和隐患排查，隐患不排除不生产，确保安全生产。

救护队属于白沙救援基地辖区内的基层救护队，主要担负公司三对矿井的安全预防性检查和抢险救灾任务，同时还承担着衡阳市区域范围内和协助白沙救援基地直属大队进行省内各种矿山重大灾害事故的抢险救援工作。2011—2022 年，公司救护队先后参加 8 次较大应急救援行动。在 2020 年耒阳市源江山“11·29”透水事故中公司救护队临危受命，奋力救援，展现了极强的应急业务能力。

煤炭运销实行统一管理，对煤质实行扁平化管理，明确规定各层级管理人员的权责，加强督察和考核，为煤质提升提供组织和制度保障。面对碳中和、碳达峰以及煤炭行业产能过剩的不利影响，公司近年来顺势而为，积极拓宽市场渠道，科学配煤配销，同时与客户深入沟通，加大对煤质煤斤的考核。在新冠疫情的三年里，克服不利影响，摆脱了“资源陷阱”，精品煤产销率 80% 以上，树立起“湘白煤”的品牌形象。

2013 年，公司成立环保部，从属于生产技术部，2021 年移交机关事务中心负责管理。各矿环保工作由矿党总支书记负责，生产技术组设兼职环保干事，依据环保政策法规的要求制定环保制度。2005—2015 年，投入环保资金 1181.28 万元，上缴排污费 497.68 万元。习近平总书记提出的“绿水青山就是金山银山”的环保理念不断深入，公司加大环保投入，2016—2022 年，投入专项环保整改资金 2856.26 万元用于新建龙塘、白山坪、磨田三矿沉淀池扩容改造，以及增添污水处理系统、全自动洗车平台、标准化排放口（含在线监测系统）等设施设备。同时，统一规划矿区植被绿化，规划建设企业文化墙、文化长廊和宣传橱窗等，各矿一改“脏、乱、差”的旧貌，矿容矿貌焕然一新，“绿色矿山”“美丽家园”蔚然呈现。

公司党委下设 4 个党总支、17 个党支部、20 个党小组，党员 342 人。近年来，在公司党委的坚强领导下，积极推进“五化支部”建设，即支部设置标准化、组织生活正常化、管理服务精细化、工作制度体系化、阵地建设规范化。2014 年，三项制度改革后，党委工作部与工会办公室合并为党群工作部。公司党委制定了党建和思想政治工作目标管理实施办法，通过开展争创政治引领力强、推动发展力强、改革创新力强、凝聚保障力强的“四强”党组织和争做政治素质优、岗位技能优、工作业绩优、群众评价优的“四优”党员活动，以及“书记联项目党员先锋行”“三亮三比两争当”、党员身边无三违、党员示范岗等活动，涌现出一批先进支部和党员。2006—2022 年，共有 72 名优秀共产党员和党务工作者受到集团表彰。近年来，公司加大企业文化宣传，2006—2022 年，新闻工作者在《中国煤炭报》《湖南工人报》《当代矿工》《湘煤集团报》等刊物上发表大量稿件，其中在省级以上刊物上发表 150 余篇。

公司工会共有 4 个分会，27 个工会小组。2010 年制定出台“白山坪矿业有限公司员工代表大会条例”“企业重大问题决策规定”“白山坪矿业有限公司员工代表大会提案工作管理办法”等制度文件。2014 年印发“白山坪矿业有限公司民主管理、矿务公开实施办法”。2022 年印发“白山坪矿业有限公司群监员管理及考核办法”。在各矿、机关干部员工群众中开展评选先进车间工会、优秀工会工作者、工会积极分子、“安康杯”竞赛优胜单位、优秀群监网员、先进群监接待站、优秀协管员、“三八”先进集体、先进个人活动。2007 年，公司被评为集团“安康杯”竞赛“优胜单位”。2007—2008 年，连续荣获湖南省总工会、湖南省安全生产监察局、集团“安康杯”竞赛优胜企业、先进群安工作委员会等集体荣誉。2008—2009 年，连续两年获得湖南省总工会“安康杯”竞赛优胜企业；连续两年被集团授予安全生产先进单位荣誉称号。2009 年，公司群监会被评为湖南省煤炭系统优秀群监会，龙塘煤矿群监接待站被评为湖南省煤炭系统优秀接待站。2015 年，公司工会被集团工会授予“红旗单位”荣誉称号；2022 年，公司被评为集团工会工作“先进单位”；被评为两堂一舍“创优竞赛”先进单位。2022 年，公司女职工委员会设女职工专干 1 人，各矿、机关有 4 个女工分会。女职工共 74 人，占职工总数的 6%。女职工大力弘扬“自尊、自信、自立、自强”的时代精神，充分发挥“半边天”作用，每年开展评选“三八”红旗手、“五好”家庭、优秀“贤内助”活动。公司组织女工家属签订安全“四保”合同、深入开展“三违”亲情帮教，不定期组织各种“送温暖、献爱心”活动，倾力为公司安全生产做贡献。公司组织女工参加和举办各类培训班、讲座，引导女职工不断充实自身文化素质，每年定期开展健康体检、为在岗女职工购买女性健康保险，切实维护女职工的合法权利。

公司团委下设团总支 4 个，青年安全监督分岗 3 个，青安岗员 36 人。团委深入开展“青年安全监督岗”“青年文明号”“青年志愿者”“安全生产‘金点子’征集”等活动，为提高青工的业务素质和解决疑难问题的能力，每季度开展青安岗员培训，每年在三月学雷锋活动月、“五四”青年节、全国安全生产活动月期间，组织团员青年志愿者开展井口安全知识问答、演讲比赛、红歌赛、为困难家庭提供免费家政服务、植树绿化矿区、环境卫生净化矿区等活动。2022 年，公司团委被评为集团“五四红旗团委”荣誉称号。

历任党委书记、董事长、总经理：

朱资兴，党委书记（2003 年 7 月—2010 年 11 月）；

刘业楚，董事长、总经理（2006 年 5 月—2007 年 6 月）；

汤士杰，董事长、总经理（2007 年 6 月—2008 年 10 月）；

蒋冠雄，董事长、总经理（2008 年 10 月—2010 年 11 月）；

何文飞，董事长、总经理（2010 年 11 月—2015 年 2 月）；

陈秋华，党委书记（2010 年 11 月—2017 年 9 月）；

周才标，董事长、总经理（2015 年 2 月—2017 年 9 月）；

饶　高，董事长、总经理（2017 年 9 月—2018 年 8 月），董事长、党委书记（2018 年 9 月—2020 年 8 月）；

石武军，党委书记（2017 年 9 月—2018 年 9 月）；

王福全，总经理（2018 年 9 月—2020 年 8 月）；

陈久良，董事长、党委书记（2020 年 8 月—　）；

李梅发，总经理（2020 年 8 月—　）。

2022 年领导班子成员：

陈久良、李梅发、陈再安、龙秋根、周晓明、文建辉、杨立明；陈久良为党委书记、董事长，李梅发为总经理。

十八、湖南省煤业集团湘东矿业有限公司

湖南省煤业集团湘东矿业有限公司位于湖南省株洲市攸县东北部的黄丰桥镇杨丰村境内，2021年3月5日挂牌成立。公司主要生产化工、生活用优质块煤、粉煤，是湖南省优质无烟煤生产基地之一。

2000年12月，煤炭坝能源有限公司（长沙矿业）注入资金448.09万元，成为第一大股东，持股70.11%，攸县国有资产管理中心持股29.89%；2011年9月，分布在周边的双石门矿、樟树坡矿、谭家冲矿、江冲矿、龙王丘矿（又称双樟公司）等5矿整合并入公司，股东变为3个，其中：煤炭坝能源有限公司占42.07%，双樟公司占40%，攸县国有资产管理中心占股17.93%（2012年攸县国有资产管理中心将股权转让给自然人吴建明）。2018年5月9日，宝电群力煤矿发生瓦斯爆炸事故，公司因安全生产管理体制不符合要求，湖南省委、省政府要求责令停产整顿。2018年5月31日，湘东矿业公司停止采掘活动。6月11日，股东会决议，停止矿井通风排水。2019年8月，株洲市人民政府将湘东矿业公司纳入株洲市退出关闭煤矿名单并函告湖南省国资委。2020年4月，湖南省应急管理厅、湖南煤矿安全监察局、湖南省能源局印发关于《湖南省分类处置30万吨/年以下煤矿促进煤炭行业安全发展工作方案》的通知，湘东矿业被列为第一批限期关闭退出分类处置管控矿井。

集团公司报请湖南省国资委、湖南省政府请求将湘东矿业调整为保留升级改造矿井。2020年7月20日，湖南省应急管理厅、湖南煤矿安全监察局、湖南省能源局联合下发《关于调整湖南省湘东矿业公司为保留升级改造煤矿的函》，同意将湘东矿业调出关闭对象名单，并要求通过技改扩能升级改造到产能规模30万吨/年，2021年底前实现采煤机械化、矿井达到二级安全生产标准化后予以保留。2020年8月5日，集团公司任命新的湘东矿业公司领导班子，同年9月22日，集团公司收购民营股东股权。9月26日，湘东矿业复工复产工作。

公司法人代表1人，高管层7人。公司下设

8个职能部室：董事会办公室、安全通风部、生产技术部、劳资社保部、财务部、企管业考部、党群工作部、后勤队，供应、销售2个直属单位。公司拥有生产矿井1对。2022年底，全公司在册职工437人。

公司一矿一井，原矿井核定生产能力15万吨/年，技改扩建后增至30万吨/年。2022年末，备案资源储量631.50万吨。主采2、3、6煤层，平均煤厚0.8～1.0米。2煤层为中硫、高发热量无烟煤；3、6煤层为低硫、高发热量无烟煤。煤层倾角25°～45°，井田内小型构造多，煤层不稳定。矿井共划分为三个水平，二水平为生产水平。

2021年9月，按照湖南省发展改革委、湖南煤矿安全监察局、湖南省应急管理厅升级改造项目的批复（复函）精神，完成了安全生产自查自纠和相关整改，启动30万吨/年升级改造工程施工，至2022年5月升级改造工程竣工。

2022年5月23日至6月23日，30万吨/年升级改造工程进行联合试运行，7月25—26日，国家矿山安全监察局湖南局、株洲市应急管理局、湖南煤业股份有限公司、涟邵矿区安全生产管理局等有关部门组成专家组，对湘东矿业公司30万吨/年升级改造工程进行竣工验收。经综合评定，湘东矿业公司30万吨/年升级改造项目工程竣工验收合格；8月，湖南省应急管理厅、株洲市应急管理局等有关部门领导和专家组，对公司申请办理“安全生产许可证”核查及30万吨/年生产能力确认。经过核查，符合发放“安全生产许可证”条件和30万吨/年的生产能力条件，颁发了“安全生产许可证”。9月，株洲市应急管理局组织专家对矿井三级安全生产质量标准化管理体系进行验收，10月批复为达标煤矿。12月，湖南省应急管理厅、国家矿山安全监察局湖南局、株洲市应急管理局等有关部门领导和专家组，对公司进行二级安全生产标准化管理体系验收，综合评分为82.67分，验收合格。至2022年12月26日，公司成为证照齐全合法合规的生产矿井。

公司始终坚持“生命至上、安全第一”的宗旨，认真践行“三个最大”“三个首要”安全理念，把“发展决不能以牺牲人的生命为代价”作为不可逾越的红线，制定和完善各类安全生产管理制度共98个、应急救援管理制度15项。公司加大安全费用投入，2年多来，安全投入达1亿元，2021年、2022年连续两年被集团公司、股份公司评为“安全生产红旗单位”“安全生产红旗煤矿”。

加强通风管理。建立健全通风管理机构，公司总经理为“一通三防”安全生产第一责任人，公司总工程师和煤矿总工程师为“一通三防”技术负责人，“一通三防”副总工程师和管理人员按规定配置到位。不断完善矿井通风系统，稳定了矿井通风系统，满足了矿井生产通风的需求。

加强安全监管。公司建立完善安全管控机制，安全通风部负责安全监管工作，由安全副总经理分管。同时，涟邵矿区安全生产管理局派出驻公司专员，全程监察安全生产工作。煤矿设安全副矿长专管安全，设立安全监察科，配置安全监察管理员。公司设置了群众安全监督员、青年安全监督员、家属安全协管员等群众安全监督组织，实现群防群治。

推进安全管理创新。推行每月师徒结对安全伙伴奖制度；推行“隐患排查整改闭环管理制度”；建立安全生产管理群和安全生产汇报群，印发“安全生产责任制”“安全生产联责工作方案”“安全生产责任制考核办法”，强化职责，严格考核。

加强安全教育培训。每年举办各类培训班100余期，达到全员培训。矿井坚持每月18日开展安全警示教育活动；每周二组织职工进行安全学习，观看安全警示教育片；认真开展好“全国安全生产月”“百日安全无事故”等各项安全活动。

加强劳资管理。坚持科学精干的原则制订定员、定编方案，严把招聘源头关，严格实行全员合同制，动态跟踪考核管理员工，依法签订、续签、变更、解除、终止劳动合同，规范劳动关系。2022年底，签订劳动合同400多人。加大员工培训力度，全面组织岗位培训，至2022年底，共组织特殊工种培训190人次，安全管理培训100人次，职业技能鉴定约8人次，全面提升员工素质。

加强煤质管理。全力打造湘东优质煤品牌，以品牌拓宽销售市场。制定“湘东矿业有限公司煤质煤斤管理考核办法”“湘东矿业有限公司煤炭销售管理办法”等10项管理制度，按章执行，严格考核，以过硬的质量、诚实的态度占领市场和赢得客户信赖，实现煤质、产量稳步提升和产销平衡。

加强供应管理。增加硬件投入，2021年将原来简陋库房改造成多功能物资库房，提高容量，改善库容库貌。公司拥有300多平方米的外库2个、各种类别物资的标准化库房6间、废旧物资回收库房1间。通过两年多的管理和优化，荣获湖南煤业股份公司2022年度物资标准化管理先进单位和2022年度物资标准化管理先进仓库。

加大职业病防治力度。整治井下防尘工程，确保职工身心健康。从2021年起，每年一次员工职业健康体检，累计体检人数750人次；扎实做好社会保险工作，从2021年3月起，参加攸县属地工伤保险、社会养老保险和攸县城镇职工医疗保险、生育保险、失业保险，积极宣传“五险一金”政策，倡导职工参保“五险一金”，参保人数210人。

加强环保治理。公司加强环保投入和治理，对各项污染物排放做到有效监控。污染处理站污染处理能力6000～12000立方米/天，有效解决矿井污水排放的问题。压风机房、食堂、矸子山、工业广场、生活水排放、煤仓防尘等全面改造和绿化，有效控制废气、废物、噪声，净化矿区，美化环境。

加强信息化建设。实施通信网络全覆盖工程，保障信息及时快捷。2020年10月开始，公司及各单位相继开通互联网网络，办公使用联通100兆专用线路，工业监控系统使用电信100兆专用网络，并通过互联网与集团公司办公平台联网，保障信息畅通，提高工作效率。

加强民生工程建设。公司关心职工生活，不断完善后勤福利设施。为改善职工生活条件，原职工宿舍楼、旧澡堂、调度室等进行装修改造。每一个宿舍区改造一间公用厨房，为职工改善伙食创造条件。

党的组织机构逐步完善。2020年8月5日，公司党委成立，下设2个党支部（机关党支部、矿井党支部），党员人数36人。党组织按照集团党委的工作部署积极开展党建工作，较好地发挥了党组织战斗堡垒作用和党员先锋模范作用。认真开展党组织活动，先后制定和完善了党群工作、宣传教育、干部管理、综治维稳等制度52个，层层签订并落实思想政治工作责任制，深入推进党建融合，与安全生产、经营管理、战略发展等工作目标同向、责任同担、考核同等的机制基本形成。实施党建工作目标管理，坚持第一议题、“三会一课”、党员政治生活谈话等学习制度，对基层党组织班子建设、组织建设、宣传工作、维稳工作、群团工作等量化、规范化考核。开展创先争优活动，先后开展“书记联项目、党员先锋行”“一月一课一片一实践”等党建主题活动。加强干部教育管理，坚持“德才兼备、以德为先、五湖四海、任人唯贤”的原则，始终把好“民主推荐、组织考察、集体讨论”三关，建立健全干部选拔任用、考核、岗位轮换、末位淘汰制度，有效激发了干部的工作积极性、事业心和责任感，为企业发展提供人才支撑。

加强党风廉政建设。以建立健全惩防体系为目标，注重源头预防，建立领导干部廉政档案，每年与所有中级职员签订党风廉政建设承诺书，把领导干部置于职工群众监督之下。每年举办廉政教育培训班，观看廉政教育片，从思想上筑牢防腐底线，树立廉洁从业意识。2021—2022年，有针对性地制定党风廉政建设、领导干部作风建设、党员干部廉洁自律等方面的制度文件32个，完善和修订制度21个。公司未发生因腐败问题立案和违反党纪国法案件。

加强企业文化建设。公司以“安全、高效、创新、发展”为企业文化核心理念，以建设“三个湘煤”、打造“三个共同体”为公司的企业文化总目标，着力推进企业文化建设，厚植培育湘东文化，促使企业文化“内化于心、外化于行”，广大员工对企业文化的认同感不断提高。广泛开展安全文化建设，开设安全讲课培训，完善墙报、黑板报、文化宣传栏等阵地建设，加大正能量的宣传和传播。2022年被集团公司党委评为宣传工作先进单位。

加强群团工作。2022年12月成立公司工会，会员430人，入会率99%。建立和完善了公司工会章程、职工代表大会实施细则、各专门委员会制度、岗位责任制度以及厂务公开管理、经费管理、财产管理、职工维权等20余项制度。推进厂务公开工作，实行司（矿、队）务公开和民主监督管理。建立健全了群众安全监督组织机构、群众安全工作管理机构及考核办法，充分发挥群安工作作用。开展金秋助学、困难帮扶活动，切实解决职工实际困难，让职工群众感受到党的温暖和企业的关怀。2021 年 5 月 19 日成立公司团委，设团委副书记 1 人，兼职团干 5 人。设下属团支部 2 个，青年安全监督分岗 1 个，青安岗员 12 人，团员青年 34 人。成立青年志愿者队伍，有志愿者 34 人，开展青年志愿者服务活动。

2022 年领导班子成员：

袁振华、邓志方、罗贱成、张江柳、肖高庆、杨富强、欧财辉；袁振华为党委书记、董事长，邓志方为总经理。

十九、湖南省煤业集团大岭矿业有限公司

湖南省煤业集团大岭矿业有限公司位于湖南省耒阳市三都镇，距耒阳市城区 40 千米。2021 年 8 月 30 日，公司注册成立，注册资本 7776 万元。公司设立综合办公室、安全通风部、生产技术部、人资企管审计部、财务资产部、党群工作部、纪检监察部、工会办公室 8 个职能部室，一对生产矿井，设供应分公司、销售分公司、后勤事务中心 3 个直属单位，2022 年末，在册职工 588 人，备案资源储量 2247.7 万吨，核定生产能力 21 万吨/年。

公司中级管理人员 28 人，机关管技人员 26 人，直属单位及职能部门二级机构管技人员 20 人，矿井管理技术人员 29 人，地面生产人员 130 人。原煤万吨用工 73.8 人，原煤全员工效 0.51 吨/工。

坚持“三个最大”安全理念，顶板灾害防治方面，岩巷掘进工作面采用光爆锚网喷支护；水害防治方面，采用超前钻孔和物探相结合的方法探放水，坚持“有掘必探、先探后掘”的探放水原则，严格执行“物探先行、钻探验证”相结合，实行挂牌允掘管理。建立完善的生产管理系统，公司设有生产技术部，矿井设有生产技术科，负责生产技术管理工作，组织编制矿井长远发展规划、年度生产经营计划、作业规程、技术措施、现场管理、工程质量考核验收等。生产组织由公司、矿井二级机构组成，矿井调度指挥中心对井下各作业地点进行调度，调度室安装有 SX9000D 程控电话、KJ70X 监控系统、KJ128A

矿井人员管理考勤定位系统，实时监控井下瓦斯、风速、水位、设备开停及下井人员活动情况。加强生产现场管理，2022 年建立和完善岗位责任制 119 个、安全生产规章制度 70 个、现场操作规程 132 个。强化现场质量监督，矿井是工程质量管理的主体，实行旬验收月总评。公司对工程质量实行监督，采取动态管理与定期验收相结合的考评方法。加强质量标准化建设，建立安全质量标准化长效机制，所有工作面消灭了不合格品，6 月通过三级标准化验收，12 月达到国家二级，顺利通过二级安全生产标准化达标验收。强化掘进管理，确保采掘平衡。强力推进支护改革，淘汰落后开采方法，先后在大岭煤矿成立快速掘进队 3 支，岩巷、半煤岩巷单进在 70 米/月以上，确保采掘接替正常。

完善矿井安全监控系统，工作面按要求安装好瓦斯传感器和风筒末端传感器，有效监测矿井瓦斯变化情况，每 15 天对瓦斯传感器进行在线调校和瓦斯电、风电闭锁测试，保证矿井安全监控系统数据上传准确，瓦斯电闭锁断电可靠。2022 年 4 月组织矿技术员按规定安装语音广播系统，矿井布置光缆 4000 米，安装语音广播 12 套。完善矿井人员定位系统，新增人员定位传输分站 6 台，新增人员定位读卡分站 15 台，做到人员定位全覆盖。发挥视频监测作用，矿井新增视频探头 28 个，对重点区域、重点工作面、重点提升地点全部按要求安装视频探头，矿井主、副斜井全程安装视频装置，确保矿井提升安全。2022 年由湖南安标检验认证有限公司对安全监控系统升级验收，并对安全监控、人员定位和语音广播实现三级联动，并出具验收报告。联系湖南省瓦斯治理和利用工程研究中心有限公司编制了大岭煤矿瓦斯治理五年规划，指导矿井瓦斯治理工作。2021 年完成了矿井通风阻力测定工作，2022 年对北风井新安装的主要通风机进行通风机性能检测。

加强“三项制度改革”，按照精干高效原则，从人员招聘、收入分配、培训开发、绩效管理、中层干部管理、人才发展规划等方面入手，劳动工资管理坚持以岗位管理为核心，实现干部能上能下、工资能高能低、员工能进能出，促进了管理队伍素质的提高、员工队伍的相对稳定、工资成本的科学合理。公司先后下发“劳动人事管理办法”“劳动工资管理办法”“劳动工资管理补充办法”“培训管理办法”等办法。在职职工全部依法依规签订、续签、变更劳动合同，规范劳动用工关系。通过公开竞聘、民主推荐、组织考核、末位淘汰等方式，从 2021 年 10 月起，参加湖南省工伤保险、社会养老保险和耒阳市城镇职工医疗保险、生育保险、失业保险。

实施精品煤创新工程，以品牌拓宽销售市场。公司成立销售分公司，制定“大岭矿业公司煤质煤斤管理办法”“大岭矿业有限公司煤炭运销管理办法”“大岭矿业有限公司客户管理办法”等 8 项管理制度，形成内部模拟销售市场，严格要求煤质煤斤人员深入工作面取样，实行插牌管理、分装分运，对含矸率超标的生产连队实行扣吨；安装的筛选系统投入使用，提高煤炭质量品位；安装破碎系统，将半煤半矸、筛上物等破碎后，合理配比，提高了煤炭销售额。通过日常巡查、不定期抽检，严肃处理影响煤质煤斤行为，提升煤质。

致力打造绿色环保矿井。公司设立由法人代表为组长的环保工作领导小组和环境保护管理组，负责环保工作。公司制订实施“矿井可持续发展规划”。2021—2022 年，投入资金 600 多万元，先后对矸石山、甘龙河进行治理，实施矿区绿化净化、煤矸石绿色充填、井下水综合利用，进行绿色技改，建设压风机房余热回收系统供应澡堂热水，寄衣房配备全自动洗衣烘干机，建立完善环保管理系统。严格执行《环境保护法》及相关规定，制定《环境保护管理办法》等环保管理制度，对各项污染物排放做到有效监控，加大环保投入和治理，向湖南省国土资源厅缴纳矿山地质环境治理备用金 40 万元。对矿区周边地区的深陷地进行了充填，共充填土方 30 多万立方米，疏挖水沟 5000 多米。每年投入环保设施维护费用均在 80 万元以上，定期对各水平水仓、沉淀池、防尘洒水系统进行清理、维护、更新保养。

党的政治建设，开展党建系列活动。公司成立四个党支部，印发第一议题制度、党委会议事规则、中心组学习制度、谈心谈话制度、“三重一大”事项集体决策实施办法等 20 个制度文件。2021—2022 年，公司党委组织班子成员、支部书记讲党课 20 场次。认真贯彻党的二十大精神，组织党委中心组学习、党员群众专题学习宣讲会。深入开展“千名书记联项目、万名党员先锋行”活动，公司党委班子成员带头联系办理安全生产许可证等重大项目，解决矿井生存发展的瓶颈问题；各党支部分别包干工业广场、生活区、煤仓和 -200 米运输大巷文明生产责任区，做到不定期开展文明创建活动；公司设立“4 · 15”采掘工人节，评先表彰“明星班组”“十佳煤海之星”等先进集体和个人。开展访贫问苦、扶贫帮困、乡村振兴活动。开展“支部五化”创建、“党史学习教育”主题教育和学习贯彻习近平新时代中国特色社会主义思想主题教育，坚持不懈用党的创新理论统一职工思想，汇聚强大发展动力。开展企业精神文化建设，突出安全培训和安全文化宣传。2022 年公司党委获得集团公司党委“党建工作先进单位”“平安建设先进单位”荣誉称号。

落实党风廉政建设责任制，深入开展廉洁自律教育和纪律作风建设，严格执行“三重一大”集体决策制度。制定党风廉政建设、领导干部作风建设、党员干部廉洁自律等方面的制度文件 20 个，建立领导干部廉政档案，与中级职员签订党风廉政建设承诺书，让党员领导干部真正做到“守廉有责，守廉尽责”。通过“大学习大培训大练兵大提升”补能充电，不断强化全体干部职工的党风廉政建设意识，践行监督执纪“四种形态”，开展任前廉政谈话、廉洁警示教育，狠抓效能监察、严查“两个专项整治”。开展效能监察和专项审计，组织工程项目建设内部抽查审计，开展煤炭销售和物资采购效能监察。对矿队级以上管理人员奖金发放情况进行审计检查，对物资采购、招标程序、废旧物资实行全程监控，开展“索、拿、卡、要”专项治理工作，开展“清理整治参与小煤矿入股分红和收受小煤矿红包礼金”专项行动。开展操办婚丧嫁娶、公车私用、“小金库”、打牌赌博等 9 项专项整治。

2022 年 7 月，公司成立工会组织，拥有会员 588 人。公司工会积极维护职工利益，激发职工主人翁积极性和创造精神，引领职工建功立业。建立联系广泛、服务职工的工会工作体系，下设职工互助、女工、协管、群监、文体娱乐等群众组织。积极组织参加集团公司运动会、文艺会演、篮球赛三大赛事。公司内部组织开展游艺活动、健身活动、篮球友谊赛、职工拔河赛，活跃职工文化生活。根据不同时节特点，组织女工家属到井口送清凉、送温暖、送祝福活动。公司投入资金 238 万元，完成职工宿舍、食堂、新办公楼等项目的改造建设；将废弃锅炉房改造为占地约 300 平方米的职工文体中心，为职工提供业余文化活动场所。大力实施惠民工程，不断增强职工群众幸福感、获得感、归属感。充分发挥职代会民主管理、民主监督职能，集中职工集体智慧搭建坚实平台。加强群安网员、青安岗员队伍建设。开展对生活困难职工慰问活动，切实解决职工实际困难。

坚持党建带团建，引领青年坚定理想信念。开展思想政治教育，庆祝“五四”青年节，开展红色基因教育、爱国主义教育主题团日活动，每年 3 月开展“学雷锋、树新风”便民服务、敬老爱老、春季助学、植树添绿志愿活动。发挥青年生力军作用，组织“青年突击队”“青年岗位能手”“青年安全岗”，在安全生产实践中攻坚克难，奉献青春。服务青年成长，组织开展“导师带徒活动”，师徒结对 100 余人次/年，出师合格率 98%。推优入党、“两红两优”表彰，展示健康向上的青春风采。

历任党委书记、董事长、总经理：

彭永湘，董事长、总经理（2021 年 8 月—2022 年 2 月）；

彭永湘，党委书记、董事长（2022 年 3 月—　）；

陈桂龙，总经理（2022 年 3 月—　）。

2022 年领导班子成员：

彭永湘、陈桂龙、龙良文、杨震、伍永胜、彭建永；彭永湘为党委书记、董事长，陈桂龙为总经理。

二十、湖南煤业精煤有限公司

湖南煤业精煤有限公司成立于2008年11月，注册资本1.27亿元，位于湖南省长沙市万家丽南路二段1099号湘煤大厦。公司主要从事煤炭洗选，煤制品制造、销售；经营范围涵盖煤炭、矿产品、金属材料、建材的仓储、运输、销售，新能源的开发、管理，以自有合法资金开展煤炭行业投资。公司下设业务部、财务部、综合部，下辖耒阳洗煤厂、街洞储配煤基地，拥有65万吨/年煤炭洗配加工能力。

公司致力于整合资源，做优做强精煤业务，坚持立足中南、深耕两广，开发西南、辐射长江流域、放眼全球的营销战略，秉承“与客户共成长”的理念，以“守法诚信、精细创新、合作共赢”为经营宗旨，不断提高服务水平，提升精煤保供能力，已与重钢、湘钢、涟钢、衡钢、韶钢、新钢、萍钢、柳钢等大型钢企建立了良好的合作关系。

2017年改制以来，公司始终牢记“打造湘煤精煤供应链平台”的初衷，承担起精煤战略实施主体的重任。2017—2022年，累计销售煤炭717万吨，营业收入85.29亿元，利润总额3128.8万元。

公司以建设“三个湘煤”，打造“三个共同体”为指引，弘扬“取向正、全力拼”“无奋斗不湘煤”的新湘煤精神，在企业增收的同时，发展成果与员工共享，职工收入不断提高，2022年职工人均工资10.42万元。

公司针对钢煤市场全力推进“精煤战略”，研究配比出干燥基灰分11.0%、干燥基全硫0.60%、干燥无灰基挥发分7%、全国最高的哈氏可磨系数大于100的统一标准的“湘喷1号”精品煤，在激烈的市场竞争中脱颖而出。

2020—2022年，公司乘国企改革东风，将党的领导融入公司治理各环节，在国企改革三年行动期，完善国有特色现代企业制度，优化公司各业务单元考核方式方法，市场化经营机制不断健全，进一步巩固国有企业党的领导地位。“十四五”期间，公司将积极开拓市场，广泛开辟销售、储运业务，为实现年营业收入、利润总额较大幅度提高积极迈进。

历任领导班子正职：

陈　遴，总经理兼法人代表（2016年1月—2016年7月）；

陶思明，董事长（2016年1月—2016年7月）；

邓建长，执行董事（2016年8月—2020年9月），党支部书记、执行董事（2020年9月—　）；

周建辉，总经理（2018年1月—2021年3月）；

叶知源，总经理（2022年3月—　）。

2022年领导班子成员：

邓建长、叶知源、刘思；邓建长为党支部书记、执行董事，叶知源为总经理。

二十一、株洲洁净煤股份有限公司、中南煤炭运销有限公司

株洲洁净煤股份有限公司和中南煤炭运销有限公司（负责洁净煤公司的煤炭采购和产品销售）于2014年3月21日重组成立。公司地处湖南省株洲市石峰区，东邻京广、浙赣、湘黔三大

铁路干线，西依湘江十里长堤，京珠高速公路、106国道、107国道、武广高速铁路均经过株洲市区，交通运输十分便利。

公司的前身是原株洲洗煤厂，是“一五”期间波兰援建并提供成套设备的国家156个重点项目之一。2008年株洲洗煤厂政策性破产，2009年9月重组成立湘煤洁净煤股份有限公司。2014年3月，湘煤集团与陕西省煤业化工集团陕西省煤炭运销（集团）有限责任公司合作，重组湘煤洁净煤股份有限公司，并成立中南煤炭运销有限公司。

公司注册资本1.972亿元，陕煤运销集团控股51%，湖南煤业股份持股49%。在册员工189人，占地500余亩，拥有19股道、19.6千米铁路专用线和两台自备内燃机车，相当于国家铁路二级编组站，与京广、浙赣、湘黔三大主干线以及株北枢纽站相通，可接发、编组整列重载列车，年运输吞吐能力达到800万吨。

公司设综合办公室、党委工作部、财劳部、企管安全部、监察审计部5个职能部门，拥有铁路运输分公司、荆州项目部、经贸部、多种经营分公司、后勤保卫部5个直属分公司和部门。公司主要从事炼焦精煤、高炉喷吹煤、特殊用精煤、动力煤、水煤浆、型煤等煤炭产品的生产与销售，洁净能源与环保技术的开发与利用，技术转让、技术咨询、技术服务以及铁路专用线运输、仓储物流、物资贸易、项目投资等。公司是中南地区集煤炭加工、掺配、仓储、商贸物流于一体的煤炭清洁能源综合服务型企业。

公司具有洗原煤200万吨/年、动力配煤100万吨/年的生产能力，是第一家湖南省电煤储备基地、湖南省高新技术企业、株洲市“5115”工程企业、株洲市优秀企业。2022年末，公司总资产2.4642亿元。

中南煤炭运销有限公司注册资本5000万元，湖南煤业股份出资额2550万元，持股51%；陕西省煤炭运销（集团）有限责任公司出资额2450万元，持股49%。2022年末，公司总资产9648万元，所有者权益5052万元。中南煤炭运销有限公司主要从事煤炭及制品采购、销售及网上销售。

2014年3月重组前，集团公司控股经营，2009年9月—2014年3月20日，累计入洗原煤264.72万吨；销售主焦煤154.81万吨；工业总产值23.17亿元，利税总额4698.6万元。公司投资1.6亿元完成了0号、1号自动配煤系统，洗选煤系统后续工程，浮选系统，动力（精煤）配煤系统，尾矿处理系统，煤炭储备基地等六大产业升级技术改造工程项目，国家贴息资金2150万元，有力支撑了项目建设。其中由湖南省经济和信息化委员会授牌的湖南省第一家电煤储备基地于2012年7月31日建成并投入使用。一期工程设计静态储煤能力30万吨，固定资产投资1.1亿元，总建筑面积17533平方米。公司储煤基地投入使用后，为选煤、配煤及转运等生产工艺提供了充足的储煤场地，并且在2013年夏季完成了10万吨调煤保电任务。长株潭地区是湖南省经济最发达的区域，周边50千米范围内有株洲电厂、湘潭电厂和长沙电厂，200千米范围内有益阳电厂、岳阳电厂、金竹山电厂、耒阳电厂等电煤用户，年需求电煤量在3000万吨以上，拥有较好的产品销售市场。

2014年，陕煤重组后，株洲洁净煤股份有限公司和中南煤炭运销有限公司按“两块牌子、一套人马、一盘棋、一体化”的公司治理结构和洁净煤股份有限公司党委会决策机制运行，株洲洁净煤股份有限公司和中南煤炭运销有限公司主要负责人实施交叉任职。重组以后，受煤炭市场下行的影响，公司经营陷入困境，随着公司主要入洗原煤基地湘潭矿业的破产，2016年初停止选煤业务，主要从事煤炭贸易、铁路物流、资产租赁、对外项目承包等业务。2015年7月，公司与大唐株电、中铁重工、中铁桥梁、株洲金属等单位进行协商、谈判，铁路取送收费标准提升至7.2元/吨；2016年7月铁路取送收费标准提升至11.4～11.7元/吨；2019年7月，铁路取送收费标准提升至12元/吨，铁路物流业务年经营收入超千万元。从2017年开始，公司与北汽中都（株洲）物流有限公司、中铁特货广州分公司共同打造长株潭商品车集散中心项目，开展商品汽车发运、到达、仓储业务，项目实施后平均每年为公司增收创效300多万元；同时，引进废钢破碎生产线项目和砂石、石灰石铁路物流项目，有效增加铁路物流收入。从2015年开始，进一步盘活闲置资产，闲置资产应租尽租，租赁收入稳步提升，2020年租赁收入450万元/年。2016—2017年煤炭销售量、盈利水平逐年提升，打开了陕煤在湖南省的煤炭销售市场。2018年，在陕煤运销集团的支持下，公司上下齐心协力，实现了整体扭亏为盈。

2014—2022年，公司累计销售煤炭501.91万吨，营业收入32.0257亿元，上缴税费7850万元，其中：2022年，营业收入5.8487亿元，利润总额150万元。

始终围绕“七个坚持”，不断推动公司持续发展。公司坚持采、供、销齐头并进，广辟煤源，广拓市场，推进战略合作。公司拓宽煤炭采购渠道，与淮北、淮南、潞安、新汶、淄博、临汾等煤炭企业均签订过煤炭购销合同。同时，与广东韶钢松山股份有限公司、湖南华菱湘潭钢铁有限公司、新余钢铁集团有限公司、广西柳州钢铁（集团）公司、江西萍钢实业股份有限公司、南昌钢铁有限责任公司、湖南华菱涟源钢铁有限公司、萍乡焦化有限责任公司、益阳电厂等大型用户保持精煤和电煤销售业务。

坚持以质量为根本，强化管理，实现公司利益最大化。随着公司生产经营的不断发展，公路、铁路来煤量大幅提高。为了严格把好来煤质量验收关，公司加大监督力度，质计、审计、采购、生产单位等多部门联动，共同采样、共同抽检、透明公开，防止了损害公司利益行为的发生。强化员工廉洁自律教育，加强员工诚实守信、敬岗爱业教育，确保了煤质管理工作的规范化、公平公正性。

坚持以人为本，营造和谐的安全生产环境。公司坚持以人为本、树立安全生产“责任重于泰山”的理念，加强安全管理，成立安全生产领导小组，制定安全生产管理制度，各分公司和部门负责人职责明确，并配备专职安全员。为从源头上防止安全事故，公司建立完善安全教育培训制度，新职工上岗后实行企业、工段、班级三级安全教育。同时，广泛开展安全活动，以活动促安全，以活动保安全。2020年，新冠疫情暴发，公司的疫情防控工作始终保持平稳，未出现一例新冠疑似和确诊病例，被陕煤运销集团授予2020年抗击疫情先进集体。

坚持党建主题活动融入中心，推进公司可持续发展。公司党委下设5个党支部、10个党小组，有党员74名。公司党委围绕生产经营中心工作，每年确定一个活动主题，每项主题活动的开展始终立足于重实际、办实事、见实效。2014年7月，公司立足实际为职工群众办实事，开办了员工食堂，受到了职工群众的一致认可。公司党委依靠思想政治优势推动公司改革、稳定和发展，以“十个一”（一栏、一报、一岗、一活动、一旗、一网络、一讲座、一公开、一承诺、一考核）活动载体，结合工作特点和岗位性质，从安全生产、经营管理、改革发展、维护稳定、文明建设等方面准确定位活动目标，广大共产党员立足岗位争贡献，形成了“有声、有形、有为、有效”的生动格局，成为党建工作围绕、结合、服务中心工作的有效载体和平台。公司领导班子被评为集团公司2010年度、2011年度优秀领导班子，公司被评为2011年度党风廉政建设先进单位。

坚持民主管理，维护职工的合法权益。公司

工会组织和各项工作制度健全。公司工会下设5个直属基层工会和10个工会小组。凡属公司安全生产重要举措、生产经营重大决策、改革改制方案、业务招待费使用情况和牵涉职工切身利益的重大事项均必须提交职代会进行审议。重大事项、战略发展、安全生产经营情况、文明生产考勤考核等都通过《洁净煤工作简报》、OA系统、宣传栏、公司网站等进行通报。让职工知企情、管企事、参企政、促企兴，参与公司管理的全过程，让职工自己当家做主，最大限度地维护职工的合法权益，发挥职工的主人翁作用。公司先后被评为湖南省煤炭系统先进工会、株洲市工会工作先进单位、株洲市模范职工之家。

坚持推进“素质工程”，创建和谐企业文化。公司持续举办技术比武和劳动竞赛活动，并制定了相应的激励政策，对优秀技术人才给予奖励，培养和造就了一大批忠诚于企业的技术人才。公司利用陕煤运销集团网站、集团公司网站、《湘煤集团报》《洁净煤工作简报》、宣传栏等载体对先进事迹进行大力宣传，激发了员工的工作热情，营造了关爱劳模、学习劳模、争当劳模、崇尚先进的良好氛围。坚持开展形式多样的文体活动，关爱职工健康和生活。参加集团公司举办的庆祝中国共产党成立90周年暨庆祝集团公司成立5周年红歌赛获得一等奖。公司开展了篮球、羽毛球、乒乓球、长跑、拔河、职工健步行等各种有益于职工身心健康的文体活动，获得湖南省煤炭系统组织的职工“乒乓球”精英大赛团体第二名、陕煤运销集团举办的乒乓球赛团体第一名和羽毛球赛团体第二名。为响应株洲市低碳减排的城市建设，公司倡导职工“123”交通出行（即1千米徒步、2千米骑自行车、3千米坐公交车），环保低碳出行，被中国煤矿体育协会评为2011年度全民健身活动先进单位。2015年公司获得“韩城运销杯”乒乓球比赛团体第一名、男子单打获得第一名和第二名，获得湖南省煤业集团2016年度工会工作二等奖，获得陕煤运销集团2016年度新闻舆论工作先进集体。

“十四五”期间，公司将抓住机遇，加强经营管理，积极调整结构，拓宽煤炭采购渠道，坚持采、供、销并进，广辟煤源，推进与外部企业战略合作，实现主营业务收入、利润总额较大幅度递增。

株洲洁净煤股份有限公司历任董事长、总经理、党委书记：

李茂红，董事长、党委书记(2009年10月—2010年2月)；

郭正祥，总经理（2009年10月—2010年2月），党委书记（2010年3月—2014年2月）；

刘建强，董事长、总经理（2010年3月—2014年3月），总经理（2014年3月—2015年7月）；

刘振岳，董事长、党委书记（2014年3月—2015年7月）；

樊福锁，董事长、党委书记（2015年7月—2022年4月）；

李如顺，总经理（2015年7月—　）；

王占虎,董事长、党委书记(2022年4月—　)。

中南煤炭运销有限公司历任董事长、总经理、党委书记：

刘建强，董事长（2014年3月—2015年7月）；

樊福锁，总经理（2014年3月—2015年7月、2018年10月—2022年4月）；

徐长江，董事长（2015年7月—2018年10月）；

张尔仲，总经理（2015年7月—2018年10月）；

傅萍南，党委书记（2015年7月—2017年9月）；

李如顺，董事长（2018年10月—　）；

王占虎，总经理（2022年4月—　）。

2022年株洲洁净煤股份有限公司领导班子成员：

王占虎、李如顺、张尔仲、徐长江、罗瀚；王占虎为党委书记、董事长，李如顺为总经理。

2022年中南煤炭运销公司领导班子成员：

李如顺、王占虎、张尔仲、徐长江、黄艳华、罗瀚；李如顺为董事长，王占虎为总经理。

二十二、湖南省瓦斯治理和利用工程研究中心有限公司

落实“主业归核、产业归位、资产归集”，2021 年 8 月，集团公司对湖南省煤炭科学研究院有限公司（简称省煤科院）相关研究人员、机构和职能实施改革重组，组建湖南省瓦斯治理和利用工程研究中心有限公司（简称瓦斯研究中心），将其打造为科技创新主平台，在国内具备较强实力和影响力的科学研究、技术应用、项目施工等科工一体化的煤矿安全工程、瓦斯抽采利用综合服务商，使之成为科技兴煤先锋、安全生产后盾，进而为全国乃至全球瓦斯治理和水害防治贡献湖南方案。

瓦斯研究中心注册资本 2000 万元，为集团公司全资子公司，集团公司以现金出资 1000 万元，省煤科院将相关资产划入瓦斯研究中心。

瓦斯研究中心党委会、董事会、监事会均与省煤科院“一套人马、两块牌子”。瓦斯研究中心单独设立经理层，法人治理主体机构设置按“双向进入、交叉任职”原则，瓦斯研究中心经理层成员依党章法规规定，按程序进入省煤科院党委。在省煤科院（瓦斯研究中心）党委领导下，瓦斯研究中心所属部门根据党员人数，按党章规定设立党支部。瓦斯研究中心董事会与省煤科院董事会合二为一，董事长由同一人担任，经理层成员依法进入董事会。瓦斯研究中心设总经理 1 人、副总经理兼总工程师 1 人。瓦斯研究中心经理层成员按集团公司中层管理人员管理，董事会依法依规聘任经理层成员。

2021 年，瓦斯研究中心与永丽矿业股份有限公司查卡利亚铜矿（玻利维亚）完成瓦斯综合治理技术研究，此项目是瓦斯治理技术走出国门的重要一步。

2021 年 10 月—2022 年 6 月，公司编制了湘煤集团 29 对矿井隐蔽致灾因素普查治理报告，经湖南省应急厅及国家矿山安全监察局湖南局评审通过。

2022 年，瓦斯研究中心与云南曲靖师宗县 5 对矿井签订瓦斯综合治理三年期项目合同，成立了师宗服务站，筹建了瓦斯参数测定实验室，组

建了瓦斯治理专家团队，得到了师宗县、曲靖市及国家煤矿安全监察局云南局的高度认可。

2022 年领导班子成员：刘学服、徐东方、赵鹏涛；刘学服为党委书记、董事长，徐东方为总经理，赵鹏涛为副总经理兼总工程师。

二十三、湖南煤业股份有限公司煤炭销售分公司

湖南煤业股份有限公司煤炭销售分公司是煤炭销售管理部门，主要职能是负责做好市场细分，选好目标市场，明确市场定位，并据此对各目标市场的布局进行合理规划，对整体销售市场的统一布局进行管理；负责定期调研市场，确定销售价格，平衡销售计划和发运请车计划；负责股份公司统一销售电煤和市场煤的具体工作；负责对自产煤销售、洗选加工和煤炭贸易进行业务指导、服务和监督。

组织架构：2006 年 6 月，公司下设营销部、调运部、财务部三个部室，员工 12 人。

2009 年 6 月，湖南黑金时代股份有限公司煤炭销售分公司成立，与煤炭销售分公司一套人马，两块牌子。

2010 年 6 月，集团公司为提高煤炭运销工作管理效率，规范市场运作，撤销涟邵、资兴、白沙三个矿区煤炭运销公司，其职能合并到煤炭销售分公司，设立涟邵、资兴、白沙三个矿区煤炭运销办事处。

2010 年 11 月，煤炭销售分公司内部管理机构进行变更，设立市场部、销售一部、销售二部、调运部、财务部、管理部等六个部室，以及涟邵、资兴、白沙三个矿区办事处和白沙中心化验室。

2015 年 6 月，为增强企业活力，提升煤炭运销工作管理效率，进行经营体制改革，将原部门整合为销售一部、销售二部、计划调运部、市场部、清欠办、财务部、综合管理部等七个部门，白沙化验中心一个派出机构，撤销三个矿区办事处改为联络点。

2022 年 4 月，为进一步做好股份公司煤炭期货业务，成立煤炭期货部，拓宽业务范畴。

2006—2010 年 5 月，集团公司煤炭运销实行三级管理和“五统一”管控模式，即集团公司煤炭销售分公司、矿区煤炭运销公司和原煤公司煤炭销售公司三级。“五统一”管控模式，即统一合同谈判、统一价格决定、统一计划调运、统一结算管理、统一货款回笼。

2010 年，集团公司撤销涟邵、资兴、白沙三个矿区煤炭运销公司后，煤炭运销实行二级管理，“五统一”管控模式不变。

2014 年 7 月，集团公司对煤炭运销“五统一”管控模式进行优化，放开原煤公司除电煤、钢煤等共有用户以外的市场煤炭自主经营权，市场用户开发得到提升，激活原煤公司舞活销售龙头内在动力。

2018 年 5 月，为全面实施集团公司、股份公司发展战略，提升市场话语权，发挥统一销售合力，股份公司对煤炭运销实行“优化五统一”的管理模式。省内外电煤由股份销售分公司统一销售和结算，省内外精品煤战略客户由湖南煤业精煤有限公司统一销售与结算，除上述客户以外的其他客户由各原煤公司自主销售和结算；煤炭贸易业务原则上由湖南黑金时代煤炭销售有限公司、中南煤炭运销有限公司自主销售和结算。

业务开展：2006 年，集团公司煤炭销售分公司直接管理所属原煤公司、企业生产煤销售业务。同时，负责煤炭运销管理，制订各项规章制度，对纳入统一结算管理的煤炭购销合同进行签订；负责建立价格管理体系和市场信息管理体系，下达月、旬销售计划和铁路运输计划及铁路运力的衔接和协调；负责纳入统一结算管理的除由原煤公司负责结算开票回款以外所有用户的货款结算和回收；负责各级煤炭销售部门的考核考

评，所属原煤公司年度期末煤炭库存盘底和产量考核确认工作，并做好对内对外的协调、服务工作。集团公司煤炭销售分公司指导集团公司非煤企业及原煤参股公司的煤炭运销管理，并提供计划调运等方面的服务。

2007年，集团公司煤炭销售分公司市场部负责识别和分析市场机会、研究和选择目标市场、研究价格和管理定价、研究与管理市场信息、下达与管理月旬销售计划、用户管理与评价。

2008年，集团公司煤炭销售分公司营销部负责湖南省内外电煤的合同管理、商务纠纷处理、计质计量协调、货款结算回笼、用户关系维持等客户终端管理。同年，集团公司煤炭销售分公司销售二部负责湖南省内外钢煤及市场煤的合同管理、商务纠纷处理、计质计量协调、货款结算回笼、用户关系维持等客户终端管理。2008年起，集团公司煤炭销售分公司调运部负责运输计划报审、计划组织执行、运力衔接保障、铁路关系协调、运销调度统计，财务部负责销售货款结算回笼、销售费用核算管理、原煤公司货款结算划拨，管理部负责各级销售部门考核考评、煤质监管、劳动工资、基础管理、内务管理。

2009年，集团公司煤炭销售分公司矿区办事处对内负责本矿区纳入统一销售的原煤公司煤炭运销业务监督、指导和服务，对外负责分管衔接服务用户的终端管理；协助销售分公司做好本矿区纳入统一销售的原煤公司业务考核考评；监督各原煤公司月、旬销售计划的落实执行，协调所在铁路站、段关系，安排组织好各原煤公司日装车计划，做好所分管衔接服务用户的票据传递、货款催收结算、商务纠纷处理、计质计量协调、售后服务等客户终端管理工作；负责本矿区各原煤公司商品煤质量的监督与考核，季度期末煤炭库存和产量考核确认工作，做好煤炭市场和铁路运输信息的收集、整理、反馈及管理，及时完成本矿区销售统计。

2015年，集团公司所属原煤公司煤炭销售是本企业煤炭销售业务的主体，直接负责商品煤计质计量及纠纷处理，传送用户计质计量原始单据，按照销售分公司下达的月、旬销售计划和矿区办事处下达的日请求装车计划组织装车发运；负责零散小批量地销用户的销售、结算、开票、回款，在矿区办事处的统一组织下，负责与铁路方签订运输、安全、专线维护等协议并组织实施；负责所在发站的日常运输协调和车务段衔接，铁路运费的核对和结算；负责专用线及储、装、运、配系统的运行和设施管理，完成销售统计；及时、准确、全面地向矿区办事处和销售分公司报送产量、销量、库存、装车、市场信息。

2022年11月，煤炭销售分公司重点做好煤炭销售的服务、协调和管理工作，负责煤炭运销管理，制订各项规章制度；负责管理集团公司、股份公司整体销售市场的统一布局；负责建立和管理价格体系，建立市场信息收集管理系统；负责股份公司煤炭运销信息化系统的管理及维护；负责下达自产煤、精品煤客户，以及贸易煤业务中与自产煤、精品煤客户相同部分的客户（简称共有客户）的月、周、日销售计划和铁路运输计划；负责铁路运力的衔接和协调；负责纳入销售分公司统一销售和结算客户的销售、结算、开票、回款等具体工作；负责对自产煤销售、洗选加工和煤炭贸易进行业务指导和监督；负责对各级煤炭销售部门的考核考评；负责各单位期末煤炭库存盘底和产量考核确认工作，并做好对内对外的协调、服务工作；指导集团公司非煤企业及原煤参股公司的运销管理，并提供计划调运等方面的有偿服务。

展望“十四五”发展方向，公司将积极开拓煤炭销售市场，寻找发展机遇，为实现年营业收入、利润总额不断提高而奋进。

历任领导班子正职：

张丙戌，总经理（2006—2012年）；

肖振林，总经理（2012—2014年）；

康忠辉，总经理（2014—　）。

2022年领导班子成员：

康忠辉、李运来、刘强、钟元；康忠辉为总经理，李运来为党支部书记。

二十四、湖南煤业股份有限公司物资供应分公司

湖南煤业股份有限公司物资供应分公司，成立于2009年7月，注册地为湖南省长沙市天心区万家丽南路二段1099号，系湖南煤业股份有限公司分公司。

公司经营范围：橡塑制品、汽车配件、压缩机、轴承、管道配件、阀门、金属材料、电线电缆、电动工具、机电设备、仪器仪表、通信器材、电子产品、五金交电、汽车（不含小轿车）、化工产品、建材、机电配件的销售。

公司下设综合管理部、采购部、财务部3个职能部门。公司人力资源、劳资社保、培训教育等由股份公司统一管理，在册员工11人，

受湖南煤业股份有限公司委托，公司对股份公司及其所属全资及控股子（分）公司（含集团委托股份公司管理的子公司）生产、工程建设项目物资的采购与供应管理，行使物资招议标管理、“较大批量物资”审价和物资供应管理三大职能。公司主要负责股份公司“大宗批量物资”的招（议）标管理并行使招（议）标人的职责；负责“大宗批量物资”供应商管理，组织“大宗批量物资”的市场调研和考察；负责对各单位“较大批量物资”的采购方式、采购价格进行审批，对“零星地方物资”采购价格进行监督管理；负责对各单位物资采购招（议）标进行指导和监督，受理有关投诉并与纪检监察部门联合调查处理；负责组织各单位开展物资标准化管理；负责对供货产品数、质量、及时性问题进行监督、仲裁；负责指导物资系统的物资计划编制、物资供应统计、业务保安与业务培训；负责采保费的收取与管理；负责集团国债等政府采购资金的物资采购与供应管理；负责物资采购平台的建设和管理。

公司主要通过招标、采购、销售大宗批量物资并收取采保费的模式维持运营，经过多年的发展，逐步形成了一套比较科学完善成熟的供应链体系，实现了制度管人、信息化管事、标准化作业的三级物资供给保障机制，为保障集团公司安全生产和发展建设的物资供给、推进物资标准化及管理信息化发展等方面发挥着重要作用。

公司加强经营管理，2010年销售收入9344.01万元、利润总额360.25万元；2017年销售收入8669.99万元、利润总额135.75万元；2020年销售收入8374.05万元、利润总额57.17万元；2022年销售收入6295.88万元、利润总额65.31万元。

“十四五”期间，公司将积极开拓市场，寻找发展机遇，保证煤炭生产物资供应，加强物资管理，力争营业收入、利润总额、职工人均年收入不断提高。

历任总经理：

李茂红，总经理（2006年6月—2008年10月）；

李文军，总经理（2008年11月—2009年5月）；

刘东红，总经理（2010年1月—2010年12月）；

谢攸松，总经理（2010年12月— ）。

2022年领导班子成员：

谢攸松、王钢要、沈斌；谢攸松为总经理。

二十五、湖南省煤业集团涟邵物资供应有限公司

湖南省煤业集团涟邵物资供应有限公司，成立于2007年1月，注册资本50万元，注册地址为湖南省娄底市娄星区湘阳街171号，是湖南煤业股份有限公司全资子公司。公司在册员工16人，其中高级职称1人、中级职称5人。公司设业务一部、业务二部、仓储部、财务部、党群综合管理部等五个职能部门。

公司经营范围：矿山机械销售、有色金属合金销售、机械设备销售、机械电气设备销售、木材销售、化工产品销售（不含许可类化工产品）、金属材料销售、建筑材料销售、五金产品批发、煤炭及制品销售、装卸搬运、普通货物仓储服务（不含危险化学品等需许可审批的项目）、总质量4.5吨及以下普通货运车辆道路货物运输（除网络货运和危险货物外）、采购代理服务。

公司拥有完善的仓储设施，仓库占地总面积22800平方米，毗邻娄底火车站货运场北侧，有封闭式库房5000平方米，货场4100平方米，物资装卸作业机械化程度高，行车等设施俱全。

湖南省煤业集团涟邵物资供应有限公司经由湖南省国资委批准，由原涟邵矿务局供应处整体改制成涟邵矿业集团涟邵物资供应有限公司，于2002年4月12日在娄底市工商行政管理局注册登记，取得企业法人营业执照，注册号为43130010020600。湖南省煤业集团成立后，2007年1月公司划为湖南煤业股份有限公司直属全资子公司，并于2007年3月更名为湖南省煤业集团涟邵物资供应有限公司。

公司设执行董事1人，执行董事为公司法定代表人，由出资人委派。公司设立党支部委员会，党支部书记兼任执行董事，由湖南省煤业集团有限公司党委直管。经理层是公司的执行机构，设总经理1人（由执行董事兼任）；设副总经理1人，协助法定代表人工作，由湖南煤业股份有限公司聘任和解聘。湖南煤业股份有限公司对公司销售、财务、劳动工资、资金、经营业绩考核等实行分线监督、指导和管理。

公司主要以服务集团公司涟邵矿区原煤公司为重点，满足煤矿对设备、零配件、材料等物资设备的优质、优价、及时的需求。同时向社会拓展业务，扩大物资供应市场，提升物资贸易能力。

公司领导班子勇于担当、执行力强，坚决贯彻落实集团（股份）公司决策部署和工作要求。“十四五”期间，公司将按照“服务、管理和对外贸易”的职能定位，围绕坚定打造“涟邵矿区物资供应保障平台”中心目标，强化责任落实，及时满足集团内涟邵片区生产单位的物资设备需求，全力做好内部供应保障；同时积极拓展对外市场贸易，充分发挥自身优势扩大经营，产品营销到娄底、邵阳、株洲等地区的煤矿和煤机市场。公司坚持“用户至上、质量第一、价格合理、服务周到”的经营宗旨，经营业绩呈现稳定增长态势。2016—2022年公司营业收入如下。

2016—2022年营业收入表

年　份	年度营业收入（万元）
2016	5947
2017	5942
2018	5178
2019	6090
2020	5758
2021	7933
2022	10573

历任总经理：

陈湘洪，总经理（2007年1月—2020年8

月）；

王福全，总经理（2020 年 8 月— ）。

2022 年领导班子成员：

王福全、龙跃清；王福全为总经理。

二十六、湖南省煤业集团资兴物资供应有限公司

湖南省煤业集团资兴物资供应有限公司，于 2002 年 12 月 26 日在资兴市工商行政管理局注册登记，注册资本 500 万元，注册地址为资兴市三都镇。2007 年 1 月，根据湖南省煤业集团的组建方案，公司名称由资兴矿业集团物资供应有限公司变更为湖南煤业集团资兴物资供应公司。公司地处湖南南大门，距京珠高速公路 40 千米，距资五高速公路 7 千米，并有铁路专用线连通京广线，交通十分便利。

公司设综合管理部（党群工作部）、财务部、业务一部、业务二部、仓储部共 5 个部门，在册员工 63 人。

公司主要经营范围：矿用材料及设备、仓储与销售，成品油批发及零售，民用爆炸物品仓储及销售，普货及危险货物运输，铁路运输，房屋租赁，等等。

公司始终秉持“保障原煤安全生产是压倒一切”的工作理念，扎实履行好资兴矿区内原煤公司安全生产物资管理与服务工作，公司在履行好对内供应服务管理的基础上，利用集团公司物资批量采购形成的价格优势，大力发展对外经营，形成了以钢材、汽柴油、煤专产品为主，兼营仓储配送、机吊运输、房屋租赁为辅的经营特色，几个主要品种的经营已形成相当规模，在区域市场具有良好的信誉和较强的竞争力。

公司涉及安全管理物资品类众多，包括民用爆炸物品（雷管、炸药）、危险化学品（汽柴油）、危货运输车辆 4 台、普货运输车辆 4 台、行车 2 台、吊车及叉车各 1 台，等等。公司管理的安全场地多且分布较广，有总库、炸药库、危货停车场各 1 个，加油站 2 个，分别位于资兴市的三都和新区。

2006—2022 年，公司持续加强对内物资供应管理与服务，物资供应标准化管理水平和信息

化水平不断提高，各项管理制度不断完善；对外成品油销售坚守“诚实守信、客户至上”的核心理念，用20年的坚守擦亮了“品质湘煤”这块金字招牌。

对内物资供应管理与服务提升主要包括以下三个方面的内容：①管理增容。矿区原煤公司由原来的5家增至7家，内供规模不断扩大。②供应提质。自2020年起，通过整合矿区危货管理资源，协调各方关系，实现了火工品仓储、配送的统一管理，仅此一项每年可为原煤公司节约人力、硬件投入和维护等固定成本300万元以上。在配合周源山打造智慧矿山、街洞煤仓改造、马田新星井改造等专项工程中，安全及时、保质保量做好后勤供应保障，获得原煤公司的认可和一致好评。③服务优化。以股份供应公司的“五项重点”工作为中心，抓源头管理，完善到货计划点对点的反馈机制；抓降低成本，深入市场调研，打破独家配件以及火工品的垄断；抓售后服务，物资供应采购工作人员每人每月下矿现场调研和现场服务不少于3次，施行质量异议三部曲，24小时全天候响应；抓信息化平台建设。在股份公司推行信息化系统的过程中，始终坚持勤跑勤问勤培训，在矿区内扎实推动NC系统和互联网采购平台落实落地，积极助推集团（股份）公司的数字化转型。

在成品油销售方面，公司加大投入进行硬件改造，包括双层罐、油气回收装置、唐洞加油站亮化、增设洗车机和便利小超市等。提高服务水平，加大员工在服务标准流程、礼仪姿态上的培训，严格日常标准服务考核；通过智慧加油站管理系统，优化客户体验，提升员工效率；通过互联网+模式，与滴滴和团油达成线上引流、线下加油的合作方式，创新服务营销方式，突出差异化特色，抢占市场先机，提高经济效益。采取“走出去”的方式，以加油站为中心向周边开展营销推广，与流动小油车低价格战术竞争，主动协助客户解决使用、存储、安全等方面的实际问题。利用小油车直达配送，与周边厂矿达成长期柴油供油协议，年均实现直销油约500吨。采取“请进来”的方式，服务与优惠并举，抓住客户办卡充值这个核心点，积极开展对外促销，紧跟市场行情，及时调整降价优惠幅度，在疫情影响、激烈竞争的市场环境下，唐洞加油站始终保持日均5000升，年均1500多吨的销量。

为落实“十四五”规划目标，公司将积极开拓市场，加强管理，保障供应，服务煤矿安全生产，为实现集团公司高质量健康发展作出贡献。

历任领导班子正职：

李林华，总经理（2006年12月—2012年4月）；

彭伯雄，党支部书记、执行董事、总经理（2012年4月— ）。

2022年领导班子成员：

彭伯雄、肖高俊；彭伯雄为党支部书记、执行董事、总经理。

二十七、湖南省煤业集团白沙物资供应有限公司

湖南省煤业集团白沙物资供应有限公司，成立于2006年8月，注册资本500万元，注册地址为湖南省耒阳市白沙路1号。经营范围：危险货物运输（1类）、木材、钢材、铜材、铝材、建筑材料、化工产品（不含危险品）、橡胶制品、润滑油、机电产品（不含电梯）、设备及配件、汽车（不含九座以下乘用车）、五金交电、机电产品代储代销、房屋场地及设备租赁、煤炭购销。

公司设党群综合部、业务部、危化部、仓储部四个职能部门，在册员工25人。湖南煤业股份有限公司对公司销售、财务、劳动工资、资金、经营业绩考核等实行分线监督、指导和管理。

公司前身为白沙煤电集团物资供应有限公司。2006年10月，出资人由白沙煤电集团有限责任公司变更为湖南省煤业集团有限公司，公司更名为湖南省煤业集团白沙物资供应有限公司。2011年，经湖南省国防科工局批准，公司成为民爆直供单位。

公司拥有完善的仓储设施，有封闭式库房3000平方米，货场3000平方米，400米铁路专用线贯穿总库，物资装卸作业机械化程度高，行车、吊车、叉车一应俱全。

公司成立以来，受煤炭市场大环境和集团公司对供货范围调整的影响，销售收入和利润总额呈起伏变化。2012—2015年，公司一度亏损。2016年，煤炭行情下行，公司通过内部挖潜，外拓市场，以外销创收弥补内销不足缺口，实现年营业收入5832万元，实现了扭亏增盈，利润总额0.96万元。此后逐年有所提高，2020年，营业收入8525万元，利润总额68.86万元；2021年，营业收入11181万元，利润总额85万元；2022年，营业收入12795万元，利润总额71.95万元。

公司始终坚持以保障煤矿生产建设物资供应为己任，不断完善管理，改善服务，促进经营，建立健全公司治理、安全、人事、财务、纪律等规章制度，做到各环节、各岗位有章可循，极大地提升工作效率，为集团公司的生产和发展作出了积极贡献。

公司将积极服务好煤炭生产，加强物资供应和经营管理，朝着“十四五”既定的目标积极迈进。

历任领导班子正职：

袁伯文，总经理（2007年1月—2009年1月）；

李景兵，执行董事、总经理（2009年1月—2022年7月）；

郭建铁，执行董事、总经理(2022年7月—)。

2022年领导班子成员：

郭建铁，张伟；郭建铁为执行董事、总经理。

二十八、湖南楚湘建设工程集团有限公司

湖南楚湘建设工程集团有限公司（简称楚湘建工集团）成立于2018年1月，是湖南省煤业集团有限公司旗下全资子公司，注册资本金3.1亿元，总部位于长沙市天心区新梅路102号。

楚湘建工集团下设管理职能部门9个、矿建技术中心1个；拥有楚湘矿山工程公司、楚湘建筑工程公司、楚湘正诚物业公司、楚湘设计公司等4个子公司，及矿山托管事业部、市政环保事业部等2个事业部。2022年，资产总额20.12亿元，营业收入41.01亿元，利润总额9198万元。楚湘建工集团在册员工824人，从业人员5000余人，专业技术人员632人。其中高级职称技术人员72人、中级职称技术人员252人，一级建造师78人、二级建造师136人。

楚湘建工集团前身为原煤炭工业部在湖南省组建的六支施工单位（即43、44、45、46、47、48工程处）。20世纪70年代末，国家政府机构改革和能源相关产业调整，六个工程处下放至湖南省，组建了湖南省煤炭基本建设总公司（工程处更名为第1、第2、第3、第4、第5、第6工程处）。20世纪80年代末，湖南省产业调整，解散了湖南省煤炭基本建设总公司，其中：第6工程处划归湖南省白沙矿务局管理。

1993年9月，湖南省煤炭工业厅以资质为依托抱团发展的方式，组建成立湖南楚湘工程有限公司（以下简称楚湘公司）替代原湖南省煤炭基本建设总公司，总部设在长沙井湾子，先由湖南省煤炭厅管理，后由湖南第一工业设计院管理。2001年，公司改制，白沙煤电集团成为楚湘公司的出资人。

2005年，楚湘公司重新组合，由南方公司（原六处）、楚湘公司、白沙基础公司整合成立湖南楚湘建设工程有限公司，隶属白沙煤电

集团。

2018年1月，按照集团公司的战略部署，组建湖南楚湘建设工程集团有限公司，步入集团化发展道路。楚湘建工集团拥有矿山工程施工总承包一级、建筑工程施工总承包一级、建筑机电安装工程专业承包一级、建筑装修装饰工程专业承包一级、地基基础工程专业承包一级5个一级资质；拥有市政公用工程施工总承包二级、隧道工程专业承包二级、环保工程专业承包二级、地质灾害防治施工乙级4个二级资质；拥有测绘乙级、地质灾害防治设计丙级2个三级资质和绿色矿山第三方评估等18项资质。同年，楚湘建工集团荣获湖南省“守合同重信用”公示企业称号。

2020年3月，楚湘建工集团成立越南冒溪项目部，标志着楚湘建工集团正式进军海外项目。同年，楚湘建工集团实施“模拟法人”现代企业管理体系，构建了以矿山建设为主，房屋建筑与矿山托管业务为辅的“一主两翼”战略发展格局。4月，楚湘建工集团取得“煤矿企业安全生产许可证”，成为湖南省首家且全国为数不多获得煤矿安全生产许可证的施工单位。楚湘建工集团十分注重科技创新、知识产权开发，先后主编国家标准1部：《煤炭建设工程费用定额及造价管理有关规定（2015）》；主编行业标准3部：《生产矿井立井垮塌修复治理规范》(NB/T 51043—2015)、《矿井建井排水技术规范》(GB/T 51229—2017)、《煤矿井巷工作面注浆工程施工与验收规范（NB/T 51030—2015)》。楚湘建工集团编撰省级工法2部：《立井井筒垮塌修复综合治理施工工法》《斜井运用挖掘装载机及配套设施快速施工工法》，部级工法5部：《帷幕注浆截流治理矿井水害施工工法》《冲击凿孔护筒振动跟进法施工桩基工法》《煤层注水抽放瓦斯石门揭煤施工工法》《立井垮塌修复加固施工工法》《立井工作面水泥－水玻璃双液与化学浆液双圈帷幕联合注浆施工工法》。楚湘建工集团拥有发明专利6项：本安型矿用井下供电监测报警系统、茅口灰岩井下注浆截流的关－堵－疏相结合的防治水方法、一种剧烈垮塌立井井壁修复加固方法、一种高大硐室的小天井辐射式与台阶式的混合施工法、一种立井工作面水泥－水玻璃双液与化学浆液双圈帷幕联合注浆方法、一种破碎带防堵塞防孔外返浆的止浆系统及止浆方法；拥有“一种施工土方开挖扬尘处理装置”等实用新型专利26项。同年，楚湘建工集团被科技部认定为国家级高新技术企业。

2012—2022年，楚湘建工集团先后五次荣获行业科技成果奖，其中：2012年10月，“采用帷幕注浆截流治理矿井水害施工技术”“煤层注水抽放瓦斯石门揭煤施工技术”被中国施工企业管理协会批准为技术创新成果二等奖；2013年10月，“受采动影响严重垮塌立井修复治理技术”被中国施工企业管理协会批准为技术创新成果一等奖；2022年10月，“矿山井筒破裂垮塌原理与加固关键技术”被中国冶金矿山企业协会批准为科学技术二等奖；2022年12月，“垮塌井筒修复治理关键技术”被中国煤炭工业协会、中国煤炭学会批准为科学技术二等奖。

楚湘建工集团依托雄厚的技术力量，工程取得11项煤炭行业最高质量奖“太阳杯”及行业优质工程奖和1项湖南省最高质量奖“芙蓉奖”，具体包括2012年，铜角湾立井井筒工程获煤炭行业“太阳杯”工程奖和行业优质工程奖；2013年，铜角湾立井安装工程、茶山岭主斜井井筒工程获煤炭行业“太阳杯”工程奖和行业优质工程奖，岳阳金税荣城住宅小区工程获湖南省“芙蓉奖”；2017年，辰州矿业沃溪坑口立井井筒工程、辰州矿业沃溪坑口立井安装工程获煤炭行业“太阳杯”工程奖和行业优质工程奖；2018年，神华新疆能源乌冬煤矿西采区主斜井井筒掘砌工程、神华新疆能源乌冬煤矿西采区副斜井井筒掘砌工程、江西崇义章源钨业新安子钨锡矿盲竖井井筒掘砌工程、江西崇义章源钨业新安子钨锡矿盲竖井井筒装备及设备安装工程获煤炭行业“太阳杯”工程奖和行业优质工程奖；2022年，广西信发铝电1号赤泥堆场加高扩容项目标段、湖南辰州矿业2号明竖井井塔楼及地面辅助工程获煤炭行业“太阳杯”工程奖和行业优质工程奖。根据中国煤炭建设协会公布的“2020年度煤炭行业施工企业实力排名的通知”，楚湘建工集团综合实力位列全国第十二名，矿建施工实力位列全国第二名。

2016—2022年，楚湘建工集团业务涉及矿山建设、矿山托管、建筑安装、市政环保、地质勘探、设计咨询、物业服务等领域，地域遍布全国20多个省、自治区、直辖市以及越南、孟加拉国等东南亚国家。集团公司共承建矿建工程项目359个，合同总额118.16亿元；房建工程项目102个，合同总额77.51亿元；环保工程项目23个，合同总额1.5亿元；地勘工程项目62个，合同总额630.5万元；设计项目166个，合同总额2322.46万元；矿山托管项目12个，合同总额86.38亿元。营业收入165.40亿元，创利2.8亿元。

2021年，楚湘建工集团战略格局升级，组建成立湖南楚湘建设工程集团有限公司矿山托管事业部，由“一主两翼”向“三足鼎立”转型，迈出了构建“矿建树品牌、房建增规模、托管提效益、物业设计补链强链，海外市场服务战略”发展格局的步伐。10月，组建湖南省煤业集团矿建工程研究中心，这是集团公司为实施“三高四新”战略、打造科技创新高地的重大举措。

楚湘建工集团在秉承新湘煤文化的基础上，着力打造以“红色基因、青蓝情怀”为主题的新楚湘文化，大力倡导“务实、奉献、创新、奋进”核心价值观；全面推行“无奋斗、不楚湘”的企业精神；以“矿建翘楚、百年楚湘”企业使命，努力打造“具有世界影响力的中国矿建军团”的企业愿景。为楚湘建工集团迈入“快速扩张、全面提升”的新征程提供了强大精神力量和文化支撑。

在“十四五”规划末，楚湘建工集团营业收入规模将达到70亿元，实现利润总额1.6亿元。

历任领导班子正职：

徐泽民，总经理（2006—2011年）；

兰志泉，党委书记（2006—2013年）；

王作成，总经理（2011—2013年）；

聂秋洪，总经理（2014—2020年），党委书记、董事长（2020年—　）；

雷小永，党委书记（2014—2017年）；

彭双良，党委书记、董事长（2018—2020年）；

刘建伟，总经理（2020—　）。

2022年领导班子成员：

聂秋洪、刘建伟、朱春明、张发亨、陈鸿鹄、谢其发；聂秋洪为党委书记、董事长，刘建伟为总经理。

二十九、湘能华磊光电股份有限公司

湘能华磊光电股份有限公司（简称华磊光电）位于湖南省郴州市高新技术产业园区，属于国有控股的股份制公司，由湖南省煤业集团有限公司、北京新华联产业投资有限公司等九家单位共同出资组成。2008 年 6 月 26 日公司注册登记成立，主要经营发光二极管（LED）外延材料产品、芯片器件、LED 封装及相关应用产品的生产和自产产品的销售，承接 LED 照明工程及提供相关的技术咨询、节能服务。公司拥有 28 台 MOCVD 外延芯片制造规模，年产 GaN 基外延片 440 万片、芯片 600 万片的能力。公司主导产品为高光效白光 LED 照明芯片、电视/手机背光芯片、mini－LED 芯片、紫外芯片以及车灯芯片等。

2010—2018 年，公司股权结构多次发生变化。2018 年 5 月 16 日，注册资本为 4.37 亿元。公司有股东 9 家，集团公司持股 59.40%、北京新华联持股 11.97%、北京瑞华景丰投资中心持股 9.15%、新理益集团持股 6.86%、湘江产业公司持股 6.41%、深圳七匹狼晟联公司持股 1.86%、厦门富益升公司持股 1.86%、郴州华创公司持股 1.43%、郴州濬辰公司持股 1.04%。

截至 2022 年 12 月 31 日，公司总资产 13.5315 亿元，净资产 8.892 亿元。公司在册员工 640 人，其中博士 1 人、硕士 14 人、本科 90 人、大专 105 人，高级工程师 4 人、工程师 16 人、助理工程师 11 人，高级会计师 1 人、会计师 2 人、初级会计师 2 人，高级经济师 1 人、经济师 2 人，一级注册消防工程师 1 人，二级建造师 4 人。

公司有磊晶厂、芯片厂 2 个分厂。磊晶厂包含 PSS、磊晶两个车间。PSS 车间主要生产图形化蓝宝石衬底，总资产 9025 万元，拥有步进光刻机、SVS 匀胶、显影机、刻蚀机等主要生产设备 38 台。磊晶车间设备资产总额达到 5.7 亿元，拥有国际先进水平的 MOCVD 共计 28 台，以及配套的纯化器、量测、清洗、烤炉和活化等主要生产设备 35 台。磊晶车间集中了公司 45% 以上的固定资产，是 LED 行业公认资本最密集、技术最密集、人才最密集的地方。芯片厂以 LED 芯片前段制备、人工的光电性能和外观检验等为主要业务，下设芯片车间、研切车间、点分车间。芯片厂资产总额 3.08 亿元，装备先进、技术领先，其中主体设备来源于美国、德国、法国、日本、韩国等。芯片车间拥有高端电子束蒸镀机、等离子沉积设备、等离子刻蚀机、全自动曝光机等主要生产设备142台套，研切车间和点分车间以芯片研磨切割制备、LED芯片光电性能测试、AOI表面光学外观检验、COT方片晶粒分类及人工外观检验等为主要业务，拥有隐形切割机、研磨机、背镀机、晶粒分类挑拣机、点测机等主要生产设备524台套。

2012年7月，华磊光电投资4000万元、郴州市城投公司投资1000万元，合资创立了集LED照明、亮化设计、制造、城乡亮化工程、节能服务于一体的高新技术企业——日晶照明公司。该公司开发了道路照明、LED室内照明等系列产品，已有12款应用产品进入“湖南省两型产品政府采购目录”。其中LED太阳能路灯进入第五批“湖南省两型产品政府采购目录”；LED投光灯进入第六批“湖南省两型产品政府采购目录”；LED线条灯进入第七批“湖南省两型产品政府采购目录”；LED线条灯、筒灯进入第八批“湖南省两型产品政府采购目录”；LED筒灯、LED面板灯、LED洗墙灯进入第九批“湖南省两型产品政府采购目录”；LED太阳能路灯、LED隧道灯、LED教室黑板灯、LED教室护眼灯进入第十批“湖南省两型产品政府采购目录”。近年来，公司大力实施“产品两型化、项目精品化”路线，有力抓住“精准扶贫”“村村亮”“美丽乡村”建设的契机，技术研发部门推出了符合社会需要、产品性能优、技术稳定的LED照明产品，多次中得政府采购招标项目。2022年3月，公司启动海外市场贸易，首批十个货柜的应用灯具销售到非洲加纳，全年实现光源销售收入3957万元。

公司重视技术创新，不断提升自主研发和科技创新能力。公司与中科院、清华大学、中南大学建立广泛的合作。

从2010年开始，通过积极参与科技部、国家发展改革委、工信部、863计划等国家级课题研究，取得重要成果。大功率45 mil芯片技术获得科技部重点新产品奖，“大功率45×45milLED芯片技术及其应用”和“阵列式集成LED芯片技术及其产业化研究”项目均通过省级成果鉴定，相关技术达到国内领先水平。

2014年，公司与中国科学院半导体研究所合作的低热阻高光效蓝宝石基GaNLED材料外延及芯片技术取得成功，并获得国家技术发明二等奖。2015年，公司获得国家技术发明二等奖及湖南省科技进步奖一等奖。

2021年，公司与湖南顶立科技有限公司、湖南三安半导体有限责任公司等单位共同承担了2021年度湖南省科技重大专项“第三代SiC/GaN半导体用关键材料与装备核心技术研究及产业化”项目。

2012—2022年，公司成立湖南省LED工程技术研究中心，被湖南省发展改革委认定为企业技术中心。公司荣获国家技术发明二等奖、郴州市科技进步奖一等奖和全国电子信息行业“最具社会责任企业”称号。公司共申请专利642项，其中发明专利423项；授权专利443项，其中发明专利255项。2013—2022年，公司共获得9次湖南省专利奖3等奖。

公司以“人力资源是资本”为管理理念，制定人力资源工作规划，优化人力资源结构，健全人才激励机制，分层次、分类别实施多种培养形式，加快人才引进和培养速度。

2022年，公司制定“2022—2024年人才强企三年行动计划”、团队建设评价实施方案和技术岗位能力评价标准，推进绩效考核和按业绩、贡献拿薪酬的分配机制，不断优化调整考核指标的设置、薪酬考核方案、绩效奖金分配方案，坚持严格按照考核结果兑现。公司建立了公开、公平、竞争、择优的市场化招聘机制，优化了各个序列人员的晋级晋升制度，明确了末等调整和不胜任退出条件。公司组织技术人员参加每年的国际半导体照明论坛等，开阔眼界，增长知识。公司邀请LED领域的知名专家教授来公司授课或现场指导，邀请了美国伦斯勒理工学院国际知名的LED专家和北大、清华等院校教授为公司技术人员授课、解惑。公司成立并充分利用自身的品牌资源优势，凝聚了一批国内顶尖的新材料人才队伍，长期从事产品研制、设计、试验和管理，形成了自身的核心技术研发团队。2014年，公司LED技术创新团队获得湖南省科技厅首批“湖南省企业科技创新创业团队”奖。

2008—2022年，公司坚持党的安全生产方针，牢固树立“三个最大”“三个首要”的安全理念，落实全员安全生产责任，建立健全“安全生产管理办法”“全员安全生产岗位责任制”等30项安全生产管理制度，确保以制度管安全。确切落实领导责任，落实领导带班值班和各责任部门安全巡检制度；推进安全风险辨识分级管控和隐患排查治理双重管控机制。以安全生产教育、隐患排查治理为抓手，加强安全教育，切实提升全员安全技能和安全意识。2022年共计举办安全培训80余场，2400余人次；结合安全生产月，开展新《安全生产法》知识竞赛、安全知识抢答赛、安全技能比武等活动。

公司扎实推进标准化建设。开展安全生产专项整治行动，重点深化和加强重大危险源的安全管理，完善了事故排风系统联系控制功能、事故报警系统，切实抓好重大隐患治理工作，巩固隐患整改效果。通过加强安全管理和标准化建设，公司连续15年实现安全生产。

2008—2022年，公司强化信息化建设，提高信息资源的运作效率和信息化建设工作的技术水平。通过内部优化业务流程，梳理并整合各业务信息系统的信息流、物流和资金流，通过信息化与工业化的融合，在产量增加的前提下，细化管理点，堵塞管理漏洞，力求提升员工效率，简化员工操作，提升用户体验，降低成本，压缩管理人员。通过信息系统优化内力或内需提效6%左右，生产成本下降约3%。

2008—2022年，公司重点推动智能化工厂建设，围绕加工、装配、检测、物流等环节，广泛应用MES等智能软件，建设敏捷高效可复用的新一代数字技术基础设施，实现生产数据贯通化、制造柔性化和管理智能化。通过人工智能算法优化生产流程，提高生产效率和质量，降低生产成本。强化能源资产资源规划、建设和运营全周期运营管控能力，强化现场环境监测、智慧调度、物资监管、数字交付等能力，有效提高人均劳动效能。

2020年8月，公司加强先进制造业与服务业融合，获批“2019年度湖南省智能制造示范车间”；2020年10月，公司成功通过信息化和工业化融合管理体系认证（GB/T 23001—2017），企业数字化建设水平得到极大提升。2022年1月，公司成功入选2021年度湖南省两化融合管理体系贯标标杆企业名单。

2022年5月，公司成功入选湖南省“数字新基建”100个标志性项目名单；2022年8月，公司成功入选湖南省制造业数字化转型“三化”重点项目名单；2022年11月，公司入选湖南省智能制造标杆车间。

公司建立完善“生态环境保护管理办法”“突发环境事件应急预案”“危化品管理制度”“废水废气管理制度”等环境保护管理制度，追求“零事故、零伤害、零污染”目标。2008—2022年，环保配套设备投资2600万元，根据监测结果，工程排放生产废水中pH、悬浮物、化学需氧量、氨氮均符合《污水综合排放标准》（GB 8978—1996）一级标准。

公司坚持党建引领。2008年7月，成立公司党委。截至2022年，公司党委委员共7人，书记1名、副书记1名。公司党委下辖4个基层党支部，党员86人。公司充分发挥企业党建引领作用，贯彻落实党的路线、方针、政策，深化党建融合，扎实开展“书记联项目、党员先锋行”和“党建搭台科技争锋”党建品牌创建工作，各级党组织书记联项目，设立党员先锋岗、党员责任区，党员立项攻关；制定“清廉华磊建设实施方案”，加强党风廉政建设，推动全面从严治党向基层延伸、向纵深发展，形成干事创业、风清气朗的良好氛围。公司先后获得集团“优秀领导班子”“基层党建先进示范基地”，郴州市党员干部教育培训示范基地基层党建示范点、郴州市“诚信守法示范企业”“宣传文化工作先进单位”等荣誉称号。

2008—2022年，公司创建劳模创新工作室、苗振林青年创新工作室，激发技术人员科技创新能力。以人为本，关心员工群众生活，坚持召开员工座谈会，成立华磊爱心基金会，建立后勤服务群，开通通勤车等，切实解决员工群众急难愁盼问题，增强企业向心力、凝聚力。公司投资99.86万元设立了文化活动室、图书馆、篮球场、羽毛球场、健身房、卡拉OK房等。积极参与集团公司“我创造、我光荣”职工运动会、“七一”文艺会演和“国庆杯”职工男子篮球赛，开展华磊职工运动会、“安康杯”竞赛、新春文艺晚会、春节游乐活动、主题演讲比赛等活动，丰富职工业余文化生活。公司工会组织荣获湖南省总工会“许亚兵劳模示范创新工作室”“职工科技创新项目奖”，湖南省“模范职工之家”等荣誉称号。

公司在建设“和谐、廉洁、高效”三个新湘煤、打造“三个共同体”的引领下，发扬“无奋斗，不华磊”和“敢想、实干、创新、超越、分享”的华磊精神，打造“敬业、责任、诚信、绩效”四种文化，形成了具有华磊鲜明特色的企业文化。公司出台了“中共湘能华磊光电股份有限公司委员会2023年企业文化建设评价实施方案”“中共湘能华磊光电股份有限公司委员会宣传报道工作管理规定”等制度文件，印发了“华磊企业文化手册”“华磊先锋报合集”“华磊之光”“华磊产品手册”“践行企业文化案例集：以公司为家与华磊共命运”等文化类报纸杂志。同时，注册“华磊光电”商标，利用宣传广告加强企业品牌推广。在《湖南日报》等报纸加大对外宣传报道工作，扩大公司影响力。公司建立企业官网、微博、微信公众号，有序实施网络品牌建设以及企业文化宣传和推广。

公司认真制定发展战略规划，坚持“聚焦芯片、一主两翼、有效规模、做活双眼、争创一流”的战略方针，实施“一主两翼”转型产品战略牵引总体战略目标，打造两个增长极，打开产品价值链之“窗”，做活产品经营和资本运营两篇文章，努力打造成为国内一流、面向全球的第三代半导体氮化镓芯片制造商，实现公司高质量可持续发展。规划到2025年末，公司资产规模将达24.55亿元，净资产14.2亿元，年营业收入7.2亿元，利润总额0.5亿元。到2035年，公司资产总额、年营业收入、利润总额实现翻番，LED芯片进入行业综合实力（高端产品生产能力和利润总额水平）前三名，成为国内一流、面向全球的第三代半导体氮化镓芯片制造商。

历任领导班子正职：

何大庆，董事长、总经理（2008—2011年）；

柏玉华，党委书记（2008—2009年）；

廖本倖，党委书记（2010—2011年）；

毛自力，总经理（法人代表）（2012年—2014年4月）；

何大庆，总经理（法人代表）（2014年4月—2016年7月）；

谢海燕，董事长、党委书记（2012年—2016年6月）；

黄奂果，董事长、党委书记（2016年7月— ）；

许亚兵，总经理（2016年7月— ）。

2022年领导班子成员：

黄奂果、许亚兵、谈健、何强、陈艳恒、季辉、张小球、周奇华；黄奂果为董事长、党委书记，许亚兵为总经理。

三十、湖南能投智能装备集团有限公司

湖南能投智能装备集团有限公司，于2022年4月26日成立，是湖南省煤业集团有限公司专业化整合机械装备资源资产重组设立的全资子公司，公司业务被确定为集团三大主业之一。公司下辖湘煤立达矿山装备股份有限公司、湖南煤矿机械有限公司、湖南煤矿安全装备公司、湖南能投智能装备集团有限公司资兴分公司。经营范围：矿山机械、工程机械、环保机械、成套输送设备及配件、安全技术防范产品及其他机电产品的研发、制造、销售、租赁、维修和进出口业务等。2022年12月底企业基本情况如下。

2022年12月底企业基本情况表

企业名称	产权状况		是否上市	资产总额（万元）	净资产（万元）	母公司权益（万元）	在职人数/人	注册地
	属性	比重						
立达股份	控股	67%	新三板	44390	26340	17648	197	株洲
湖南煤机	控股	51.3%	否	23594	8399	4309	214	娄底
湖南煤安	控股	90%	否	10188	2397	2157	153	长沙
资兴分公司	全资	100%	否	3219	1317	1317	94	郴州
公司总部			否	1791	1704	1704	11	
总计				83182	40157	26564	669	

公司根据湖南省煤业集团有限公司赋予“战略投资、运营管控、风险控制、共享服务”的四大中心职能，对所属企业依法进行经营、管理和监督，承担国有资产保值增值责任。

公司设财务管理部、综合管理部（党群、综合）、审计风控部、纪检监察部、工会办公室。

公司注册资本3亿元，集团公司占比100%，为全资子公司。截至2022年12月底，资产总额8.32亿元，净资产4.02亿元，负债总额4.3亿元，资产负债率51.73%；累计拥有专利69项，软件著作权31项，注册商标4个，煤矿安全标志证书逾700项。所属子公司均为高新技术企业，其中立达股份、湖南煤机、湖南煤安为省级专精特新中小企业。2011—2022年资产负债情况如下。

2011—2022年资产负债情况 万元

年份	总资产	总负债	净资产	年份	总资产	总负债	净资产
2011	65353	37223	28130	2017	73133	44288	28844
2012	85978	49929	36049	2018	71399	44149	27250
2013	97673	59303	38370	2019	70430	41450	28980
2014	92547	55055	37493	2020	75142	44138	31004
2015	83457	49544	33913	2021	82873	52241	30633
2016	76760	45439	31321	2022	83182	43025	40155

2008年12月30日，株洲煤矿机械厂召开第九届二次职工代表大会，通过大会表决：同意株洲煤矿机械厂按湖南天泰能源有限公司企业破产项目实施破产；同意按湖南天泰能源有限公司报批的职工安置方案进行职工安置。

2009年10月10日，娄底市娄星区经济园区管理委员会与湖南煤矿机械有限公司（筹）在娄星区就“湖南煤矿机械有限公司薄煤层综采采运成套设备产业化项目”正式签约，标志着生产经营项目入驻娄星区经济园区（万宝新区）；12月9日，湖南煤矿机械有限公司由湖南第一工业设计研究院和湖南省煤矿机械厂关闭破产一次性安置人员共同发起成立。李超群任董事长，敬贵华任总经理，杨忠明任党委书记，赵丽丽任监事会主席；12 月 16 日，立达公司创立暨第一次股东大会在株洲召开，大会听取审议了“湘煤立达矿山装备股份有限公司验资报告”及有关专项工作报告、议案，各股东代表共同签署“公司章程”“发起人协议书（修正稿）”等文件。

2016 年 2 月 29 日，湘煤立达矿山装备股份有限公司获得全国股转系统挂牌批文，成为最早在新三板挂牌上市的省属国有企业之一，也是国家级株洲高新区新马金谷首家上市企业。证券简称“立达股份”，证券代码“836605”。

2017 年 4 月 27 日，湖南煤矿安全装备有限公司根据湖南省国资委的湘国资产权函〔2016〕352 号文件要求，将原湖南省煤炭工业局代持变更至湖南省国资委名下的 90% 股权，划转至湖南省国有资产管理集团有限公司。

2020 年 11 月 26 日，湖南省煤业集团资兴实业有限公司下文，将资兴实业机电总厂（原资兴矿业集团有限公司机电总厂）并入资兴实业机电分公司，更名为资兴实业机电装备分公司。

2021 年 3 月 20 日，湖南省国资委根据“主业归核、资产归集、产业归位”的要求，将湖南省国有资产管理集团有限公司持有的湖南煤矿安全装备有限公司 90% 股权，无偿划转至湖南省煤业集团有限公司。9 月 8 日，湖南省国资委为优化国有资本布局，将湖南兴湘投资控股集团有限公司受托管理的湖南第一工业设计研究院有限公司所持有的湖南煤矿机械有限公司 51. 3% 股权，无偿划转至湖南省煤业集团有限公司。

2022 年 4 月 26 日，湖南能投智能装备集团有限公司挂牌成立，公司具有独立的法人资格，下辖湘煤立达矿山装备股份有限公司、湖南煤矿机械有限公司、湖南煤矿安全装备公司。王群伟任董事长、敬贵华任总经理。11 月 30 日，湖南省煤业集团决定将湖南省煤业集团资兴实业有限公司机电装备分公司无偿划转至湖南能投智能装备集团有限公司，更名为湖南能投智能装备集团有限公司资兴分公司。

湖南能投智能装备集团有限公司作为湖南首家面向“数字矿山”“智慧矿山”进军发力的国有智能装备集团，致力于做强做优做大湘煤装备板块，打造成为全国具有较大影响力的智能装备制造及运维服务商。

“十四五”期间，公司坚持“专精特新”定位，围绕“一商三基地”发力（智慧矿山及矿山智能提运装备制造基地、全国薄煤层采运智能装备制造基地、全国救护及无人监控监测装备制造基地），力争在复杂煤层智能化开采领域成为单项冠军，在安全救护及无人监控监测、智慧矿山技术集成领域成为行业前列，在蓄能井巷工程智能装备领域实现转型突破，并进入全国煤机 50 强。

历任领导班子正职：

王群伟，党委书记、董事长（2022 年 4 月—　）；

敬贵华，总经理（2022 年 4 月—　）。

2022 年领导班子成员：

王群伟、敬贵华、邱跃辉、蒋勇军；王群伟为党委书记、董事长，敬贵华为总经理。

三十一、湘煤立达矿山装备股份有限公司

湘煤立达矿山装备股份有限公司于 2009 年 12 月由湖南省煤业集团有限公司联合株洲市国有投资控股集团有限公司、株洲瑞力投资服务有限公司、株洲瑞升投资咨询有限公司以现金出资方式发起设立，公司成立后依法收购、重组原株洲煤矿机械厂和株洲力达液压机械有限责任公司资产。公司为集团控股股份有限公司，2009 年，股东出资额 17000 万元，注册资本 11050 万元。其中集团公司出资 11390 万元，持股 67%；瑞升投资出资 2550 万元，持股 15%；株洲国投出资 2210 万元，持股 13%；瑞力投资出资 850 万元，持股 5%。2012 年公司的注册资本增至 13247 万元，各股东同比增资。

1968 年，湘赣煤田地质会战指挥部在株洲

市筹建汽车修理厂，逐步发展成为国有煤矿机械制造厂，1984 年，湖南省煤炭厅管辖。1997 年，株洲洗煤厂兼并后行政隶属株洲洗煤厂，更名为株洲煤矿机械厂。2000 年内部改制，由职工和株洲煤矿机械厂共同持股成立株洲力达液压机械有限责任公司。2005 年由株洲煤矿机械厂、株洲力达液压机械有限责任公司和职工共同持股成立株洲力能型煤机械有限责任公司。2008 年，株洲煤矿机械厂实施破产，2009 年 12 月重组湘煤立达矿山装备股份有限公司。

湘煤立达矿山装备股份有限公司位于湖南省株洲高新技术产业开发区新马工业园栗雨路 1299 号，紧邻天易大道，距京珠高速 4 千米、株洲西站 6.4 千米、株洲火车站 15 千米、长沙黄花机场 56 千米，地理位置优越，交通便利。

公司设五部一室一院一事业部三分公司，即行政人事部、党群工作部、财务管理部、安全质量管理部、生产管理部、董事会办公室、立达研究院、智慧矿山事业部、营销分公司、供应分公司、机械分公司。2022 年，资产总值 44390.1 万元，营业收入 13031 万元，利润总额 8904 万元。

2016 年 2 月 29 日获得全国股转系统的挂牌批文，4 月 19 日新三板挂牌上市。证券简称“立达股份”，证券代码“836605”。2020 年荣获湖南省专精特新“小巨人企业”称号。

公司加强产品创新和技术研发。经过几十年的技术积累与沉淀，从 2009 年起，连续四届被湖南省科技厅认定为高新技术企业；2011 年被湖南省科技厅认定为湖南省创新型试点企业；2011—2014 年连续四年被列为湖南省重点上市后备企业。

从 2011 年开始，公司与国内著名高等院校建立了产学研战略合作关系，积极推进煤矿采掘、煤炭洗选和辅助运输设备的研发与试制，成功研发出矿用新型辅助运输设备、煤炭洗选设备和适合南方煤矿地质条件的中小型采掘设备。

2014 年公司被湖南省发展改革委认定为省级企业技术中心，被株洲市科技局列入“2014 年度株洲市矿山工程机械技术研究中心（示范基地）”组建计划。

截至 2022 年，公司取得了自主研发的实用新型技术专利 99 项、发明专利 3 项、240 多个品种的矿用安全产品标志证书。

公司加大产品创新和研发力度，不断推出新产品。公司主要产品有矿用提升机系列、变频提升机、小型采掘系列设备、煤矿用液压钻车、辅助运输系列设备。至 2015 年，公司研制出 14 个型号的低速大扭矩内曲线液压马达，54 种型号规格的液压防爆提升机，28 种型号规格的变频防爆提升机，45 种型号规格的单绳缠绕式矿井提升机，5 种型号规格的多绳摩擦式提升机，5 种型号规格的无极绳绞车，10 种型号规格的煤矿用架空乘人装置，3 种型号规格的悬臂式掘进机，2 种型号规格的煤矿用挖掘式装载机，2 种型号规格的煤矿用液压钻车。

2016—2018 年，公司与湖南科技大学合作研发出海洋绞车，研发出活动抱索器架空乘人装置，研发出 4 米非防爆单绳缠绕式提升机、MQC－15 型矿用清仓机。

2019 年，立达股份子公司环保科技公司研制出带式输送机及圆管式输送机系列产品，技术负责人叶桂林是全国连续搬运标准化技术委员会委员，历年来参与了《移动带式输送机》（JB/T 3927）、《带式输送机》（GB/T 10595）、《圆管带式输送机》（JB/T 10380）、《带式输送机安全规范》(GB 14784) 等国家 (行业) 多项重要技术标准的修订和制定工作。2022 年研制的带式输送机单条最大带宽 B 为 2400 毫米，项目单机最大长度达到 2.6 米，最大输送量 Q 为 4500 吨/时，最大带速 V 为 4.5 米/秒。2022 年研发了圆管式输送机最大管径为 600 毫米，最长单机长度达到 L 为 1.6 千米。产品广泛应用于电力、矿山、建材、冶金、码头、化工和交通运输等工业部门。2019 年底公司启动了永磁直驱型矿井提升机的研发与应用项目，产品于 2020 年 5 月 6 日取得“矿用产品安全标志证书”，成为国内首家取得防爆型永磁直驱矿井提升机安标证书的厂家。2022 年 4 米单绳缠绕式提升机首次完成订单突破。

2009 年，立达股份成立即启动 ISO 9001 质量管理体系认证，并于 2010 年审核通过。2020 年立达股份又全面启动三标管理体系 (QES) 建设，提升质量管理工作的科学化、系统化水平。公司结合三标管理体系 (QES) 建设和 ERP 管理系统的导入，使公司产品质量管理全面受控、实时反馈、动态协调。公司制定“出厂检验标准”和“进货检验标准”，从物资进货检验到产品出厂检验严格把好质量源头关。同时，建立质量管理办法、机械分公司质量绩效挂钩考核办法和三包售后服务考核办法，明确各环节人员责任，按照“谁主管、谁负责、谁担责”的原则，制定可追溯性考核措施，严格质量管理要求，对出现的质量损失实施责任追究，以彻底解决产品质量问题。

2022 年，公司重塑“不接受、不制造、不输出不合格产品”的质量理念，以“猛药去疴，重点治乱”的手段纠治质量顽疾，自上而下增强质量意识。建立健全管理体系中质量问题的溯源追责及处罚制度。在分析统计近两年发生的各种典型质量问题的基础上，有针对性地补充制定了涵盖采购、制造、检验、发货、售后等全过程的“质量管理奖惩办法”“三包期售后服务考核办法”“机械分公司质量绩效挂钩考核办法”等奖惩考核制度，修改完善了“不合格品管理办法”“不合格品控制程序”“不合格品控制制度”，对发生的质量差错，特别是重复发生的质量问题，从严处罚。

公司积极开拓产品销售市场，以“用户至上”的市场服务理念，在太原、淮北、郑州、银川、济宁、成都、乌鲁木齐等地建立办事处，产品覆盖 27 个省 (自治区、直辖市) 500 多个用户，保持较高市场份额。公司与中国神华集团、淮北矿业集团、河南煤化工等大型国有矿业集团建立了长期稳定的战略伙伴关系。变频提升绞车和提升机在国内的市场占有率为 20% 以上，居行业前茅。液压提升绞车和提升机一直稳居全国行业第一的位置，产品远销越南等中南亚国家，每年保持出口销售额数百万元以上。公司与印度、土耳其、乌兹别克斯坦等国家相关客商保持良好的合作关系。辅助运输设备中的无极绳绞车和架空乘人装置的市场发展势头良好。

2010—2022 年，公司销售绞车、输运产品、电控产品等各类设备 1422 台 (套)，实现销售收入 11.54 亿元，创造了较好的经济效益。公司成为中煤、国家能源、山西焦煤、河南能源、永煤、云南煤化、晋煤、开滦、江煤、川煤、华亭煤业等国内大煤业集团的重点供应商，产品销售覆盖 27 个省 (自治区、直辖市)、32 个矿业集团和 500 多个地方矿用户，并出口越南、乌兹别克斯坦等国家，深受国内外用户的欢迎。

公司适应智能科技和信息化发展形势需要，加强智慧矿山建设，加快产品研发步伐。2012 年，公司自主研发试制 250 千瓦、500 千瓦、630 千瓦四象限变频调速装置，获得专利 18 项，成功运用于煤矿带式输送机和提升机。2021 年，智慧管控平台建设，实现对周源山主煤流运输系统和“通、压、排、提”等自动化系统的接入，以及其他安全保障、生产辅助系统的远程监测和展示。公司对各自动化系统实时数据、历史数据进行分析，实现矿山地质、测量、水文、储量、通风、安全、机电等相关专业数据与图形的一体化管理。公司依托网络平台实现多层 (生产技术层、矿井管理层、公司管理层、决策层) 用户管理、查询与分析的功能。

2022 年 3 月，湘煤立达矿山装备股份有限公司开始独立自主研发远程大数据运维平台。2022 年 9 月，在集团内周源山矿业、宝源矿业南坪硐煤矿、宝源矿业北坪硐煤矿、湘永矿业安陵煤矿、大岭矿业、马田矿业新星煤矿、白山坪矿业龙塘煤矿等矿山进行安装部署，并逐步推广至集团外矿山。

平台集成 5G、物联网技术、云计算、大数据、人工智能等先进前端技术，通过部署传感器、PLC、摄像头等设备，采用先进的大数据存储技术，具备海量数据存储能力，通过高效的数据分析算法，对采集的数据进行实时分析，为矿山运营者提供全面、准确的数据支持，让其全面感知井下人、机、环等位置、状态。平台能全面保障矿山运行的安全性，通过物联网技术和人工智能技术的融合应用，可实现对矿山设备的远程监控和故障诊断，可提高设备维护的效率和准确性。通过实时监控设备运行状态，能够及时发现潜在故障，减少停机时间。同时，通过对历史数据的分析，可预测设备可能出现的故障，提前采取措施进行维护保养。平台利用大数据分析技术，可对矿山安全生产数据进行深度挖掘，及时发现安全隐患。通过分析人员、设备、环境等多方面的数据，建立安全生产预警模型。当出现异常情况时，平台会立即发出警报，提醒相关人员及时处理，提高矿山的安全生产水平。实现矿山生产过程自动化、安全监控数字化、数据应用模型化、生产管理可视化、过程管控智能化，使整个矿山具有自主学习、分析和决策能力。

公司加强智慧矿山装备质量管理。2020 年全面启动三标管理体系建设，全面提升公司质量管理工作的科学化、系统化水平。2022 年 6 月 30 日成立智慧矿山事业部，开展 QC 质量小组管理活动，全员参与，结合实际工作对质量管控提出问题，QC 质量小组第一时间从生产、技术、售后端共搜集质量问题 26 项进行公示并落实整改。根据事业部工作实际优化了生产管理、采购管理等 7 项管理流程。特别是完善了外购件入库流程，按照待检、合格、不合格、报废标志来区分外购件入库检验状态，做到检验合格并贴好合格标志后才能入库。同时，健全物资采购管理流程，加强合格供应商管理，对电气产品元器件做合格供应商评价，从源头确保外购件产品质量受控。

公司加强矿山智慧产品的市场营销及服务。公司主要产品包括提升机、架空人车、无极绳连续牵引车、单轨吊、输送机、水泵、乳化泵、通风机、压风机等矿用产品电气智能控制系统集成、信息系统集成和软件的研发、制造、销售及技术咨询、安装服务。2021—2022 年推出智慧矿山管控平台、远程运维平台等智慧系统。2021 年 9 月，与周源山矿业公司、华夏天信公司共同承建周源山矿业公司智慧管控平台，建设内容包括数据中心、全息一张图、安全生产执行系统、WEB 综合自动化平台、三维透明化矿山、移动智能 APP。同年 11 月，该平台建成并试运行，效果稳定良好。公司借力知名品牌，与华为、华夏天信等携手，在行业重要峰会论坛上共同宣传智慧矿山建设，并借助立达全国的销售网络全面推介。2011—2022 年，销售矿山智慧产品 292 台（套），实现销售收入 8045 万元，取得良好的经济效益。

“十四五”期间，公司将积极开拓市场，寻找发展机遇，加强技术创新，为实现年营业收入、利润总额、职工人均年收入大幅提高的目标而努力。

历任领导班子正职：

宁胜利，董事长、总经理（2009 年 12 月—2014 年 7 月）；

李建设，党委书记（2009 年 12 月—2014 年 7 月）；

朱宗元，董事长、党委书记（2014 年 7 月—2016 年 2 月）；

刘英杰，董事长（2016 年 12 月—2018 年 11 月）；

李茂红，党委书记、董事长(2018 年 11 月—2020 年 3 月)；

王群伟，董事长（2020 年 3 月—2022 年 5 月）；

黄海清,党委书记、董事长(2022 年 5 月—)。

2022 年领导班子成员：

黄海清、李新良、李萍、陈立勇、张浩、周哲；黄海清为党委书记、董事长。

三十二、湖南煤矿机械有限公司

湖南煤矿机械有限公司成立于 2009 年 12 月，注册资本 5200 万元。其中湖南能投智能装备集团有限公司出资 2667.6 万元，持股 51.3%；自然人股东 38 名出资 2340 万元，持股 45%；员工持股会出资 192.4 万元，持股 3.7%。下辖全资子公司湖南金塔机械制造有限公司和控股子公司慈利县金塔停车管理有限公司（持股 79%）。公司位于湖南省娄底市娄星区紫鹊界路湘煤机园区，紧邻高丰路，距娄底西高速口 5 千米、娄底高铁南站 5 千米、娄底火车站 9 千米，地理位置优越，交通便利。

公司前身是原湖南省煤矿机械厂，成立于 1966 年，原为中央企业，隶属煤炭工业部，1998 年下放湖南省管，隶属湖南省煤炭工业局。2007 年 3 月 8 日，经全国企业兼并破产与职工再就业工作领导小组批准列入全国企业关闭破产项目计划。2008 年 9 月，实施政策性破产。2009 年 12 月，湖南第一工业设计研究院和湖南省煤矿机械厂关闭破产一次性安置人员共同发起设立了湖南煤矿机械有限公司。

2021 年 9 月，根据“湖南省国资委关于湖南煤矿机械有限公司 51.3% 股权无偿划转有关事项的通知”，将湖南兴湘投资控股集团有限公司受托管理的湖南第一工业设计研究院有限公司所持有的湖南煤矿机械有限公司 51.3% 股权无偿划转至湖南省煤业集团有限公司。

2022 年 9 月，湖南第一工业设计研究院有限公司所持湖南煤矿机械有限公司 51.3% 股权及湖南第一工业设计研究院有限公司对湖南煤矿机械有限公司的债权债务一并无偿划转给湖南能投智能装备集团有限公司，2022 年 12 月 26 日办理了工商变更登记手续。

2022 年末，资产总额 2.3594 亿元，其中流动资产 1.8630 亿元、非流动资产 4964 万元；负债总额 1.5195 亿元，其中流动负债 1.2461 亿元、非流动负债 2734 万元，负债率 64.40%；所有者权益 8399 万元，其中归属于母公司所有者权益 8260 万元；2022 年，营业收入 1.1790 亿元，利润总额 514 万元。

公司系国家高新技术企业、湖南省专精特新中小企业，拥有发明专利 7 项、实用新型专利 14 项、软件著作权证书 2 项，参与《矿井提升机　提升能效检测方法》（GB/T 26966—2011）、《矿井提升机和矿用提升绞车　安全要求》（GB 20181—2006）、《矿山机械产品型号编制方法》（GB/T 25706—2010）、《单绳缠绕式矿井提升机》（GB/T 20961—2007）、《矿用辅助绞车　安全要求》（GB 20180—2006）等 5 项国家标准的编制。

公司是安全生产标准化三级企业、全国矿山

机械标准化技术委员会委员单位，通过 ISO 9001 质量管理体系、ISO 14001 环境管理体系、ISO 45001 职业健康安全管理体系认证，先后获得湖南省总工会“工人先锋号”、纳税信用等级 A 级单位、湖南省名牌产品、湖南省著名商标、湖南省“守合同重信用”单位、湖南省知名商标品牌等荣誉称号。

2022 年末，公司有员工 207 人，大专及以上学历 74 人，其中硕士以上学历 1 人、本科学历 29 人；专业技术人员 39 人，其中高级职称 1 人、中级职称 28 人、初级职称 10 人；高级技师 8 人、技师 25 人、高级技工 24 人。

公司集科研设计、制造、销售、安装服务于一体，是一家以智能综采采运成套装备和抽水蓄能（井巷隧洞施工）工程机械设备为主的机械制造企业，主要生产以下产品：

（1）急倾斜煤层采煤机：包括 MG25/50 - TPD、MG50/85 - TPD、MG100/140 - TPD 等系列，适用于煤层倾角 45° ~ 90°、厚度 1 ~ 3 米、煤质硬度 $f \leqslant 3$、伪倾斜采煤方法的急倾斜工作面。

（2）单（双）滚筒采煤机：包括 MG100/240 - BWD、MG2 × 65/330 - WD 系列，适用于倾角小于或等于 45°的薄煤层，实现机械化采煤、装煤，达到提高产能、降低劳动强度的目的。单（双）滚筒采煤机通常与液压支架、刮板输送机构成综采工作面配套设备。

（3）刮板输送机：包括 SGZ764、SGB630、SGD280 系列，适用于薄煤层、中厚煤层综采工作面，与采煤机、液压支架等配套使用。

（4）顺槽刮板转载机：包括 SZZ764、SZB630 系列，适用于煤矿井下回采工作面顺槽中，在工作面刮板输送机和顺槽可伸缩带式输送机之间起转载输送煤炭的作用，煤炭由工作面刮板输送机经转载机转载到顺槽带式输送机上。

（5）带式输送机：包括 DTC、DTL、DSJ、DTS 系列，带宽 650 ~ 2400 毫米，适用于水平运输或倾斜运输，广泛应用于现代化的各类工矿企业中，如矿山的井下巷道、矿井地面运输系统、露天采矿场及选矿厂中。根据输送工艺要求，可以单台输送，也可以多台组成或与其他输送设备组成水平或倾斜的输送系统，以满足不同布置形式的作业线需要。

（6）矿井提升机（绞车）：包括 JK 系列单绳缠绕式提升机、JTP 系列提升绞车，适用于煤矿、金属非金属矿、水利水电工程的倾斜巷道及一般竖井，用作提升货物和升降人员。

（7）智能立体车库：包括 PCX 垂直循环类、PPY 平面移动类、PCS 垂直升降类、PSH 升降横移类、PJS 简易升降类等类型，适用于大型酒店、医院、小区等在较小占地面积内高密度存储汽车。

（8）湿式喷浆机：包括手持式、臂架式系列，适用于隧道、涵洞、边坡、水电、地铁、非煤矿山、建筑基坑支护、河道护坡等混凝土快凝前期支护的场所。

（9）智能扩挖平台：于 2021 年自主研制、专为水电斜井施工配套设计，系国内首创，在实现水电斜井施工机械化、提高安全作业水平以及提高生产工效方面较原有工艺具有显著优势。

（10）塔式起重机：包括 QTZ125 型等，主要用于房屋建筑施工中物料的垂直和水平输送及建筑构件的安装。

公司秉承“以客户为中心，做客户满意的产品”的经营理念，立足矿山机械，注重产品市场新领域及客户群体的拓展，延伸产品链。公司创造性地将矿井提升机（绞车）应用于抽水蓄能、水利水电行业，极大地提高了水利水电工程施工安全；带式输送机实现了由传统矿山井下提升向地面隧道施工出渣运输系统、山地桁架结构越野皮带、砂石骨料生产线、混凝土输送的延伸；由单一生产制造企业向服务型制造企业转变，由单一销售机械设备向项目方案设计、整体打包等交钥匙工程成功转变。新产品急倾斜煤层采煤机，可有效解决倾角 45° ~ 90°煤层机械化开采难的问题，填补了国内急倾斜煤层机械化开采的空白，实现了该赋存条件下主要产区销售全覆盖。公司客户群体由中小煤矿发展至贵州能源、云南省煤炭产业集团、四川古叙煤业、湾田集团、山西潞安集团等中大型企业；市场领域由煤矿拓展至非煤矿山、水利水电、港口码头、地面工程施工等领域，合作客户包括中电建、中铁建、中能建、安能集团等旗下各工程局、铁建重工、中铁装备、湖南黄金、湖南钢铁等大型客户，产品在新建川藏铁路、滇中引水工程、引黄工程以及各抽水蓄能电站等诸多重点工程项目均有应用。

公司始终坚持生产一代、开发一代、储备一代的理念，一直致力于新技术的运用、新产品的研发以及传统产品的升级，科研创新成果平均每年至少5项全部转化为公司主要产品或用于各产品的生产和研发中。截至2022年，累计研发投入9393万元，占营业收入的6%以上。

2012年，公司创造性地研制出水电绞车，通过了由行业内顶级专家组成的专家论证评审会的评审，在与国外先进产品的比选中胜出，首次应用于中国水利水电第十四工程局有限公司清远抽水蓄能项目，取得良好效果。随后陆续在广蓄、深蓄、海蓄、周宁、长龙山、厦蓄、山西引黄、黄登、滇中引水、梅蓄、永泰、缙云、台州等20余个抽水蓄能项目得到广泛应用。

2013年，公司陆续研制了功率132～330千瓦适用于南方薄煤层开采的单（双）滚筒采煤机。

2019年，公司自主研制的第一台急倾斜煤层采煤机于2020年通过矿用产品安全标志中心认证，应用于贵州省六盘水市六枝特区中渝煤矿，效果良好。2020年12月该设备通过贵州省煤炭学会组织的现场鉴定，被认定为国内领先技术水平。2020年该设备获得湖南省首台（套）重大技术装备认定及奖励，入选2021年度湖南省工业和信息化重点新产品推荐目录。经过持续改进，该设备已由第一代机型BQ22/25刨煤机发展成第二代机型MG25/50－TPD、MG50/85－TPD、MG100/140－TPD等系列交流电牵引采煤机（急倾斜煤层采煤机），适用于煤层倾角45°～90°、厚度1～2米、煤质硬度$f \leqslant 3$、采取伪倾斜采煤方法的急倾斜工作面，可有效解决急倾斜煤层机械化开采难的问题，填补了国内急倾斜煤层机械化开采的空白，获得3项发明专利、1项实用新型专利。

2021年，根据客户需求，公司自主研制的1.0版智能扩挖平台，专为水电斜井施工配套设计，系国内首创，获得中电建单一来源采购资质。至2022年，已持续改进推出了2.0版智能扩挖平台，使公司从解决水电项目斜/竖井提升系统向全系统施工服务转变，增大了公司在水电行业的影响力。

“十四五”期间，公司将积极开拓市场，不断调整结构、协调发展，开展技术创新，广泛开辟煤矿机械销售市场，为实现年营业收入、利润总额、职工人均年收入大幅提高的目标奋斗。

历任领导班子正职：

李超群，董事长（2009年12月—2021年11月）；

杨忠明，党委书记（2009年12月—2020年7月）；

敬贵华，总经理（2009年12月—2020年7月），党委书记、总经理（2020年7—11月），党支部书记、总经理（2020年11月—2021年11月），公司党支部书记、董事长（2021年11月—2022年4月）；

严晓湘，党支部书记、董事长（2022年4月—　）；

熊菊芳，总经理（2023年9月—　）。

2022年领导班子成员：

严晓湘、熊菊芳、易顺霞、廖超平、颜国良、康兵；严晓湘为党支部书记、董事长，熊菊芳为总经理。

三十三、湖南煤矿安全装备有限公司

湖南煤矿安全装备有限公司前身为湖南煤矿安全仪器厂，位于长沙市岳麓区含光路412号，紧邻长沙市政府，地理位置优越，交通便利。1972年，经燃料化学工业部批准成立，先后隶属燃料化学工业部、煤炭工业部。1998年7月，下放湖南省，隶属湖南省煤炭工业局管理。2005年按照湖南省政府国企改革“1＋11”文件精神，改制为国有绝对控股的湖南煤矿安全装备有限公司；2016年1月，根据政资政企两分开精神，将原湖南省煤炭管理局代持的90%股权变更至湖南省国资委，2017年4月，将90%股权变更至湖南省国有资产管理集团有限公司；2021

年3月，湖南省国资委按照“主业归核、资产归集、产业归位”的要求，将湖南省国有资产管理集团有限公司持有的公司90%股权无偿划转至湖南省煤业集团有限公司；2022年5月，湖南煤矿安全装备有限公司整合至湖南能投智能装备集团有限公司。

经过50多年的发展，公司已成为中国从事煤矿安全救护装备研发生产时间最早、规模最大的国有控股企业，中国煤炭机械工业协会煤矿安全仪器委员会主任单位，国家高新技术企业，国家AAA信用等级企业，《矿用自救器》(GB 24502）国家标准起草单位；“双安”商标被评为“湖南省知名商标”。公司通过ISO 9001：2008质量管理体系认证、ISO 45001：2008环境管理体系认证。

公司致力于煤矿安全装备的创新和发展，拥有近百项国家实用新型专利和智慧矿山全系列软件著作权专利；拥有国内唯一一条自救器自动生产线。公司集研发设计、生产制造、销售安装服务于一体，生产矿山救护类、井下测控类、照明灯具类、系统集成类和民（军）用消防呼吸器五大类近百种产品，所有产品均纳入中国煤机协会《煤矿专用设备及配件产品定点生产单位产品目录》。其中ZH30（D）型化学氧自救器、ZYX45(C)型压缩氧自救器、DJB4C－150(250)型车载式甲烷断电仪、CLF100Wb型智能矿灯充电架荣获中国煤机协会认定的“优质品牌产品”称号；按欧盟EN13794标准研制的ZH30E型化学氧自救器在国内独家取得印度“DGMS”认证。

公司注册资本、实收资本均为1320万元，其中，湖南省煤业集团有限公司出资1188万元占总股本的90%，员工出资132万元占总股本的10%。公司设综合管理部、党群与人力资源部、生产管理部、技术质量部、财务管理部等5个职能部门，1个研发中心，4个车间，4个营销公司和1个营销服务中心。

公司经营范围：煤矿安全救护装备的研发、生产、销售和煤矿监控检测装备的研发、生产、销售。

2022年末，资产总额10188万元，净资产2397万元，负债总额7791万元，资产负债率76.47%。公司有员工204人，其中，在岗员工153人。2016—2020年营业收入如下。

2016—2020年营业收入

年份	2016	2017	2018	2019	2020
营业收入（万元）	3505	5014	12989	11458	5564

注：2018年煤炭贸易业务收入7693万元，2019年煤炭贸易业务收入5925万元。

2021年，营业收入5905万元，利润总额172万元；2022年，营业收入6266万元，利润总额203万元。

“十四五”期间，公司将秉承“与时俱进，开拓创新”企业精神，奉行“诚信经商、精工铸物”的经营理念，加大技术创新力度，为广大用户提供优质的产品和满意的服务，为实现“成为中国煤矿安全救护装备第一品牌”的愿景不懈努力，为中国煤矿的安全事业作出应有的贡献。

2022 年领导班子成员：

郭建湘、卢建伟、黄豫州、王胜初、刘乐；郭建湘为党支部书记、执行董事，卢建伟为总经理。

三十四、湖南能投智能装备集团有限公司资兴分公司

湖南能投智能装备集团有限公司资兴分公司，是国家电力监管委员会实施承装（修、试）电力设施许可证制度以来第一批获得此资质的企业，具备承装（修、试）电力设施四级资质，获得国家煤炭工业节约能源办颁发的节能监测证书和湖南省气象局颁发的防雷装置检测资质证。2022 年末，拥有煤矿安全生产标志证 32 个、危化品经营许可证 2 个，可从事许可经营范围内的危化品储存、销售业务。公司资产总额 3218 万元。

公司坐落在资兴市三都镇，在册员工 93 人，其中：专业技术人员 19 人，高级职称 1 人、中级职称 7 人、初级职称 4 人、技师 7 人，中高级技能员工 56 人。经营范围：电气安装服务，输电、供电、受电电力设施的安装、装修和试验，雷电防护装置检测，普通机械设备安装服务，专用设备修理，电子、机械设备维护（不含特种设备），矿山机械制造，矿山机械销售，金属结构制造，金属结构销售，黑色金属铸造，紧固件销售，非居住房地产租赁，机械设备租赁，再生资源回收（除生产性废旧金属外），生产性废旧金属回收，再生资源销售。

公司拥有一支业务技术精湛、精诚团结、吃苦耐劳、乐于奉献的员工队伍，工艺设备先进，具有现代企业管理体系和服务体系。公司秉承“团结、拼搏、共赢”的企业精神和“生命至上，安全第一，客户至上，用心服务”的工作理念，以竭诚服务好客户为工作导向，坚持科学发展、安全发展、创新发展、高质量发展，与客户共享共赢、共谋发展。

公司前身是资兴矿务局机修厂。1952 年，资兴矿务局机修厂组建成立，先后隶属于湘南煤矿局资兴矿厂、资兴煤矿。1993 年 9 月，资兴矿务局机电公司成立，隶属资兴矿务局。2005 年 4 月 26 日，成立资兴矿业集团有限公司机电分公司，隶属于资兴矿业集团有限公司，2008 年更名为湖南省煤业集团资兴实业有限公司机电分公司。2008 年 11 月 27 日，资兴矿业集团有限公司机电总厂更名为湖南省煤业集团资兴实业有限公司机电总厂。2020 年 11 月 26 日，资兴实业有限公司机电总厂并入资兴实业机电分公司，更名为资兴实业机电装备分公司，隶属于资兴实业有限公司。2022 年 11 月 30 日，湖南省煤业集团资兴实业有限公司机电装备分公司划转至湖南能投智能装备集团有限公司，更名为湖南能投智能装备集团有限公司资兴分公司。

2008—2022 年，公司主要产品包括：耙斗装岩机、SGB 系列刮板输送机、JD 系列调度绞车、JH 系列回柱绞车、DW 外注式单体液压支柱、各种矿车等矿用机电设备及配件，具备 10 个系列，26 个品种的矿安、煤安产品安全标志证书。

2006 年，机电总厂资产总额 1590 万元，负债 1729 万元，营业收入 882 万元，利润总额 -490 万元；机电分公司资产总额 3391 万元，负债 575 万元，营业收入 4270 万元，利润总额 53 万元。

2015 年，机电总厂资产 1965 万元，负债 3011 万元，营业收入 1633 万元，利润总额 -3 万元；机电分公司资产 3452 万元，负债 1253 万元，营业收入 3743 万元，利润总额 111 万元。

2016 年，机电总厂资产 1663 万元，负债

2712 万元，营业收入 1536 万元，利润总额 -3 万元；机电分公司资产 3481 万元，负债 1272 万元，营业收入 3539 万元，利润总额 64 万元。

2018 年，机电总厂资产 1636 万元，负债 2778 万元，营业收入 1761 万元，利润总额 28 万元；机电分公司资产 3034 万元，负债 1085 万元，营业收入 2861 万元，利润总额 -53 万元。

2020 年，机电总厂资产 1530 万元，负债 2659 万元，营业收入 1746 万元，利润总额 5 万元；机电分公司资产 2913 万元，负债 809 万元，营业收入 2809 万元，利润总额 131 万元。

2022 年，机电分公司资产 3219 万元，负债 1902 万元，营业收入 5670 万元，利润总额 440 万元。

“十四五”期间，公司将不断求实创新，根据市场需求，研发新产品，拓宽新市场，真诚服务于煤矿安全生产，力争打造成产品卓越、品牌卓著、创新领先、治理现代、行业一流、专精特新型企业。

历任领导班子正职：

刘万圣，总经理（2020 年 12 月—　）；

梁　斌，党总支书记（2022 年 3 月—　）。

2022 年领导班子成员：

刘万圣、梁　斌、张新伟、黄朝兴、龚高田；梁斌为党总支书记，刘万圣为总经理。

三十五、湖南岳阳铁水集运煤炭储备有限公司

2019 年 12 月 3 日，湖南岳阳铁水集运煤炭储备有限公司成立，公司地处国务院首批沿江开放城市、长江中游重要的区域中心城市、湖南省第二大经济体——岳阳市。公司通江达海，铁水联运，北靠长江，西依洞庭，京广铁路、浩吉铁路、京广高铁、京港澳高速公路、杭瑞高速公路等国家交通大动脉均经过岳阳市区，交通运输十分便利。

公司运营湖南岳阳铁水集运煤炭储备项目，该项目是国家北煤南运战略运输通道浩吉铁路在湖南区域配套的煤炭集疏运系统，肩负做好湖南煤炭战略储备、构建湖南煤炭产供储销、煤炭物流和综合服务新格局的重大使命。公司经营范围：港口经营、水路普通货物运输、煤炭洗选、煤炭及制品销售、煤制活性炭及其他煤炭加工、铁路运输辅助活动、港口理货等。2022 年末，公司注册资本 12 亿元，在册员工 64 人，设综合管理部、财务部、企管法务部、纪检审计部、业

务部、结算运营部、港口工程部、铁路工程部、运营管理部9个职能部门。

公司前身是湖南黑金时代煤炭销售有限公司。公司位于长沙市天心区万家丽南路二段1099号湘煤大厦，注册资本金1亿元，主要经营无烟煤、烟煤、贫瘦煤、炼焦煤等多品种煤炭。公司自2014年成立以来，牢记“助力集团打造湖南能源保障主平台，调煤入湘保供湖南经济社会发展”的初心使命，大力弘扬“诚信、服务、合作、创新、共赢、卓越”的经营理念，始终坚持以客户为中心，聚焦煤炭购销主业，积极推进“一主两翼、转型升级”营销策略。该营销策略以服务省内市场为“主线”，着力构建全省煤炭保障体系；以吸聚浩吉铁路蒙陕甘宁和环渤海港口煤炭资源为“两翼”，着力布局云贵西南和海江沿线市场；以优化商业模式、规范风险管控为抓手，着力提升企业运行质效，不断提升资源吸聚力和市场影响力。公司先后与晋能控股集团、山东能源集团、陕煤化工集团、国家能源集团、云煤集团、华能集团、华电集团、大唐集团、国电集团、华润集团、中石化、海螺水泥等300多家上下游大中型企业建立合作伙伴关系，2014—2022年，累计完成销量3000多万吨，营业收入200多亿元，营业利润总额7000万元。

湖南黑金时代煤炭销售有限公司在煤炭贸易推进中，逐步加深对全国煤炭资源、市场的认知了解。2018年7月，开始建设“一平台（湖南省煤炭大数据中心）、一枢纽（在岳阳建立北煤南运中转枢纽）、五基地（株洲、衡阳、娄底、郴州、常德5个区域性煤炭储备分销配送基地）、一集运站（浩吉铁路沿线蒙西、陕北煤炭集运站）”为核心的全省煤炭供应保障体系构想，得到湖南省政府的高度认可。2019年3月，湖南省发展改革委就岳阳铁水集运煤炭储备项目主体变更到集团公司作出批复将项目交由湘煤主导。11月，集团公司召开首届党代会，对构建全省煤炭供应保障体系作出了全面部署，正式拉开“一平台、一枢纽、五基地、一集运站”的建设序幕。

岳阳铁水集运煤炭储备项目是“湖南煤炭供应保障体系”的核心工程，是湖南省提升煤炭安全保障供应能力的重点项目。该工程包括煤炭码头工程、储备基地工程和铁路专用线工程三部分，估算总投资56.37亿元。其中：煤炭码头工程，估算投资9.3亿元，规划新建9个煤炭泊位，含3个5000吨级进口泊位、6个3000吨级出口泊位（水工结构均兼顾万吨级），年设计吞吐量3200万吨。码头一期工程新建1个5000吨级煤炭进口泊位、2个3000吨级出口泊位和引桥工程568米；煤炭储备基地工程，估算投资29.24亿元，规划建设10条堆场，堆场容量200万吨，设计周转量2200万吨/年，配套建设2台翻车机和1台铁路装车机；铁路专用线工程，估算投资17.83亿元，线路全长21.518千米，按单线铁路设计，物流量3800万吨/年。

湖南岳阳铁水集运煤炭储备有限公司认真贯彻落实集团党委的决策部署，扎实构建全省煤炭供应保障体系。

全力争取项目落地。2019年，岳阳铁水项目长江岸线纳入交通运输部、湖南省政府联合审查的“岳阳港总体规划”。委托中交一航院编制岳阳铁水项目预可研报告并组织专家评审会，对岳阳、华容两个项目进行可行性论证；湖南省政协常委、集团公司党委书记、董事长廖建湘在全省两会上发起政协提案，并联合巴陵石化主要领导递交人大议案，最终促成湖南省政府决策建设岳阳、华容“两基地、两码头”方案。

2020年8月19日，《关于加快推进岳阳煤炭铁水联运储配基地建设的会议纪要》（湘府阅〔2020〕64号），明确湘煤集团为岳阳项目责任主体，持股95%。

岳阳铁水集运煤炭储备项目列入湖南省重点建设项目、国家重点能源项目，国家开发银行投放贷款基金1.558亿元，国家发展改革委资金支持8000万元；铁路专用线工程纳入了国家发展改革委、自然资源部、交通运输部、国家铁路局、国铁集团2022—2023年铁路专用线重点项目，二期工程120万吨储备能力申报中央政府煤炭储备基地工程，力争国家全额投资实施建设。为构建“资源+物流+市场”的全产业链格局，实现合作共赢，拟从上游煤炭资源方、下游市场需求方各引进一家战略投资者，共同投资、建设和运营岳阳铁水集运煤炭储备项目。

2021年4月，码头一期工程开工，储备基地一期工程办理用地预审与选址意见书、立项核准、环评、水保、洪水影响评价行政许可等系列前置批文，取得初步设计概算批复和土地批单，完成堆场428亩土地征拆、引桥用地调规和1.2千米管道机先行用地交付，多方协调解决耕地占补指标、优化供电方案、压减耕植地剥离工程量等，公开招标确定储备基地设计、施工、监理、带式输送机、机电工程总承包、斗轮堆取料机设备单位，获得了储备基地一期工程建设用地规划许可证、建设工程规划许可证和建设工程施工许可证。2022年11月26日，举行开工仪式。

公司顺利承接煤炭贸易业务。岳阳铁水集运煤炭储备项目坐拥浩吉铁路和海进江煤入湘的双通道优势，扼守着北煤入湘的咽喉要道，功能定位于物流中转和战略储备，实现铁转水、铁转铁、水转水、水转铁，为全省煤炭保障提供重要的物流支撑。为充分发挥岳阳铁水集运煤炭储备项目独有的地理区位、交通枢纽优势，实现煤炭物流、仓储、贸易等协同互动、相互支撑、一体推进，培育新的经济增长点，提升企业的核心竞争力，根据“湖南省煤业集团有限公司深化改革方案”工作要求，公司将湖南黑金时代煤炭销售有限公司的煤炭业务逐步过渡到湖南岳阳铁水集运煤炭储备项目。

2021年10月制定了两个公司业务承接总体规划，健全完善了岳阳公司制度体系，提升增值税发票开具额度，获取5亿元银行授信，确定了项目建设和煤炭贸易分线运行、分线核算，分线考核、合并报表的经营模式。同年11月19日，岳阳铁水集运煤炭储备公司与陕西延长中陕签订首单业务，采购1000万元煤炭销售到华菱电商公司。

2022年公司营业收入32.24亿元，利润总额998.85万元。

湖南省煤炭大数据中心项目作为全省唯一煤炭交易平台，是构建全省煤炭供应保障体系的重要环节。公司于2020年12月29日成立，位于长沙市天心区万家丽南路二段1099号湘煤大厦，注册资本2000万元，员工6人，设立技术研发部和商务运营部。公司主要依托“互联网+煤炭”建设，为产运需三方共同搭建统一、开放、公平，内容全方位、服务全渠道、用户全参与、资源全共享、跨区全支持、过程全监控的煤炭交易平台。定位以交易服务为核心、以信息服务为基础、以物流服务为保障、以金融服务为支撑的煤炭交易综合服务平台，实现供应链及仓储物流的标准化、数据化和金融化，促进产业链商品与服务交易、供应成本优化及综合效率提升，打造集煤炭交易、储运、供应链金融、资讯、价格指数、大数据分析应用等增值服务为一体的煤炭产业生态圈，促进全省煤炭相关行业统计、监测、预警和可持续发展能力建设。通过前期的紧张建设，于2022年1月26日正式上线运营，全年发展注册会员411家，交易量700万吨。

湖南岳阳铁水集运煤炭储备有限公司党组织关系纳入湖南黑金时代煤炭销售有限公司党支部管理，两块牌子，一套人马，党支部拥有党员41人，下设管理、业务、项目建设三个党小组，保障党对国有企业的政治领导、思想领导和组织领导，保证党和国家方针政策在公司有效贯彻执行。

2016—2022年，党组织工作紧密围绕煤炭贸易和项目建设工作，一年一个主题，2016年开展“两学一做”学习教育，2017年开展“献礼十九大、建设双基年”活动，2018年开展“学习十九大，开启新征程”活动，2019年开展“不忘初心、牢记使命”主题教育，2020年开展“千名书记联项目、万名党员先锋行”活动，2021年开展党史学习教育，2022年开展“初心十问”大反思大讨论活动，持续开展共产党员示范岗、书记联项目、党员先锋行、党员突击队等活动，组织党员亮标准、亮身份、亮承诺，比能力、比作风、比业绩，以高质量党建引领高质量发展。公司2020年、2021年连续两年被集团公司党委评为“宣传工作优秀单位”。

强化员工权益保护。公司工会组织和各项工作制度健全。2021年8月5日，召开第一届职工代表大会选举产生了工会委员会、女职工委员会和工会经费审查委员会。凡属重大决策部署和牵涉职工切身利益的重大事项，全部提交职代会审议，保障职工的当家做主、民主决策权益。将原销售公司职工整体转移到岳阳公司，并签订新的劳动合同。按集团公司规定缴纳“五险一金”，摒弃了过去企业处在发展初级阶段“能省则省”的简单做法，保障了职工的长远利益。在办公楼添置了跑步机、划船机、动感单车、乒乓球桌等体育健身设施，方便员工锻炼身体。积极参加集团公司工会组织的职工群众文体活动，

2021 年、2022 年在集团公司党委迎“七一”文艺会演中分别获得三等奖和二等奖。对身患重大疾病的员工及家属进行看望慰问，让全体员工感受到公司大家庭般的温暖，更好地投身于公司的发展。同时，健全完善人才培养教育选拔机制，积极组织年轻人开展业务培训，对自学成才拿到技术资格证书和学历提升人员给予一定奖励，在全公司营造钻业务、学技术、强本领的浓厚氛围。

“十四五”期末，一平台、一中心、五基地、一集运站基本建成，煤炭贸易量达到 2000 万吨/年。

湖南煤业股份销售有限公司历任董事长、总经理：

肖振林，党支部书记、董事长、总经理(2014 年 5 月—)。

湖南岳阳铁水集运煤炭储备有限公司历任董事长、总经理、党委书记：

肖振林，董事长、总经理(2019 年 12 月—)。

湖南省煤炭大数据中心有限公司历任执行董事、总经理：

肖振林，执行董事、总经理(2020 年 12 月—)。

岳阳铁水 2022 年领导班子成员：

肖振林、蒋勇平；肖振林为董事长、总经理。

销售子公司 2022 年领导班子成员：

肖振林、吴奇峰、蒋志军、周拓；肖振林为党支部书记、董事长、总经理。

大数据中心 2022 年领导班子成员：

肖振林、周朝阳；肖振林为执行董事、总经理。

三十六、湖南能投售电有限公司

湖南能投售电有限公司于 2016 年 12 月 20 日成立，是由湖南省煤业集团有限公司全额出资设立的子公司；是湖南省能源局第一批批准设立的售电企业；是湖南省委、省政府、省国资委利用湖南省煤业集团有限公司的资源平台优势，在国家推进新一轮电力体制改革之初成立的服务于省属国有企业、在湘央企、知名民营企业的省属国有购售电主平台；是湖南省煤业集团有限公司新能源板块的重要平台与抓手。公司经营范围涵盖售电服务、合同能源管理；综合节能、用电信

息咨询服务；新能源汽车充电桩的建设及运营，新能源汽车充电信息化平台开发运营等业务。公司注册资本2亿元，位于湖南省长沙市天心区万家丽南路二段1099号湘煤大厦11楼。公司设市场部、营销部、财务部、综合部（党群工作部）四个部门，在册员工19人。

公司成立以来，加强安全管理，加快转型升级，强化党建和思想政治工作，充分发挥省属国有企业购售电主平台优势，年度签约电量逐年稳步提高。

2017年，交易电量38.31亿千瓦时；2018年，交易电量50亿千瓦时；2019年，交易电量60亿千瓦时。公司成功当选为湖南省电力市场管理委员会会员单位，荣获集团公司总部机关“先进集体”“优秀领导班子”荣誉称号。

2020年，交易电量70亿千瓦时。公司顺利参股湖南电力交易中心有限公司，并获得第一届董事席位。同年，公司在新能源产业链上下功夫，加快推进“一平台两中心”战略发展目标，推动公司创新发展，拓宽公司营业收入渠道。公司适应形势需要，开展了新能源充电站业务。经过近两年的发展，公司已在长沙城区（河东片区）建设了4个直流快充充电站，配电总容量达到4592千伏安。公司荣获集团公司总部机关“先进集体”“优秀领导班子”荣誉称号。

2021年，交易电量突破80亿千瓦时，稳居全省售电公司第二位，独立售电公司第一位。公司荣获湖南省国资委党委“先进基层党组织”荣誉称号，集团公司财务报表“先进单位”荣誉称号，“经济效益红旗单位”荣誉称号，“优秀领导班子”荣誉称号。

2022年，交易电量稳定在80亿千瓦时以上。公司研发的“湘煤能投充电”数字化智慧充电综合服务平台、“湘煤能投充电”小程序和APP相继投入运行。公司荣获集团公司“优秀领导班子”荣誉称号。

公司始终坚持聚焦主责主业，坚持突出省属国有企业购售电主平台定位功能，创优“湘煤售电”品牌。2022年底，签约客户558家，年度合同电量达80.06亿千瓦时。公司积极推动数字化赋能“售电+”主业，稳步推进新能源汽车充电桩项目建设，致力于智慧能源管理平台和“湘煤能投”数字化智慧充电综合服务平台的发展升级，以“两个目的”为导向、“四个方向”为目标、“十大功能”为定位，为售电主业提供数字化支撑，打造具有吸引力的延伸增值服务。

“十四五”期间，公司将加快推进“一平台两中心”战略发展，以数字化发展为引领，聚焦主责主业，扩大主业优势，抒写好“售电+”的文章，打响“湘煤售电”品牌。公司将擘画“三高四新”美好蓝图，按照集团公司各项部署要求，全面推进公司高质量发展，为打造成为省内具有较强影响力的电力能源综合服务商而努力。

历任领导班子正职：

李茂红，执行董事、总经理（兼）（2016年—2018年8月），执行董事（兼）（2018年8月—2019年1月）；

李　超，总经理（2018年8月—2019年1月），执行董事、总经理（2019年1月—2020年7月），党支部书记、执行董事（2020年7月—　）；

孔富根，党委书记（2019年1—12月）；

刘英杰，党委书记（2019年12月—2020年7月）、总经理（2020年7月—　）。

2022年领导班子成员：

李超、刘英杰、刘绍勇、胡艳芳；李超为党支部书记、执行董事，刘英杰为总经理。

三十七、湖南省煤业集团资兴实业有限公司

湖南省煤业集团资兴实业有限公司，前身为原资兴矿务局，2002年改制为资兴矿业集团。2008年9月，湖南省煤业集团有限公司矿区管理体制改革，更名为资兴实业公司。公司位于湖南省资兴市三都镇。

2022年末，公司直属生产经营单位8个，

其中分公司4个（丽景建筑分公司、郴州电子科技分公司、医院、招待所）、全资子公司2个（丽景物业公司、宏景房地产公司）、控股公司2个（焦电公司，控股49.92%；发电公司，控股56.37%），注册资本6626.63万元，在册员工961人。公司机关设企管发展部、资产财务部、人力资源部、党委工作部、纪检监察审计部、资产管理部和办公室“六部一室”。

2022年，主产品生产能力：焦炭21万吨/年、重介质洗煤45万吨/年、发电4.2亿千瓦时/年。公司营业收入8.4076亿元，利润总额4488万元，上缴税费3000万元。湖南省煤业集团资兴实业有限公司是一家集焦炭、洗煤、发电、建筑施工、房地产开发、物业管理、医疗卫生、工业园区运营等产业和服务于一体的多元化企业，也是湖南省唯一一家煤、焦、电、化产业链较为完整的企业。公司主要产品包括国家准一级冶金焦、动力煤、电力、煤焦油、粗笨等。

2008年，湖南省、郴州市两级发展改革委的核准LED建设项目，资兴焦电股份有限公司为项目实施主体，工厂选址于郴州市有色金属产业园区，占地300亩，注册成立湖南华磊光电股份有限公司。公司总股本1.15亿元，其中资兴实业公司出资2725万元，持股23.69%；资兴焦电公司出资6541.75万元，持股56.89%；台湾团队出资560万元，持股4.87%；自然人股东出资1673.25万元，持股14.55%。根据集团公司战略发展规划，2011年资兴实业公司和资兴焦电公司退出湖南华磊光电股份有限公司，所持华磊光电股份转让给集团公司。丽景建筑工程有限公司依托房地产开发资质，参与城区建设和棚户区改造，并注册成立物业服务公司。宏景房地产公司在资兴市区成功开发宏景小区和宏景丽园、新区文锋路及三中房屋、郴州同心桥小区等楼盘，开发建筑面积19.98万平方米。2006—2015年累计利润总额5646万元，上缴税金4.18亿元。

“十三五”期间，公司坚持以“安全、改革、高效”三大主题为工作引领，通过强化安全生产和内部经营管理，加大“压、减、去”和三项制度改革，取得了一定的成绩。“十三五”期间，营业收入29.74亿元，利润总额2400万元，2017年以来，着力建设“和谐、廉洁、高效”湘煤，打造“责任、感情、利益”共同体，践行“统、信、为”企业行为准则以及“三个最大”和“三个首要”安全理念，不忘初心使命，牢记责任担当，企业党的建设、安全生产、经营管理、改革发展、民生稳定等各项工作再上新的台阶。至2020年底，公司完成“压层级”企业6个，“减法人”企业4个，“去僵尸”企业9个，消灭了亏损源。社会职能移交工作扎实推进，供水、供电、物业、退休人员移交、社区移交工作全面完成。解决了省属国有企业厂办大集体改革的重点问题和主要矛盾，顺利完成了周源山综合一厂、资兴矿务局综合三厂2个厂办大集体的分离和注销工作，维护了企业和社会稳定。“三供一业”及退休人员等社会职能剥离移交。

构建安全长效机制，打造本质安全型企业。公司始终坚持“三个最大”和“三个首要”的安全管理理念，落实领导干部安全生产“党政同责、一岗双责、齐抓共管”责任，完善安全管理制度、加大安全投入、开展安全培训和宣传教育，通过完善、落实安全管理制度和各级安全责任制，强化安全监督检查，开展安全生产“大排查、大管控、大整治”专项行动，开展安全培训教育和“安全生产月”活动，“十三五”期间全公司实现了安全生产。公司加大环保改造力度，完善环保设施，提升生产现场环保治理能力，投入5000多万元先后完成了焦电公司蒸氨脱硫系统改造，钢架煤棚、焦棚搭建，废水处理系统改造，焦化工业广场硬化改造升级，沿河设置抑尘隔音网等，实现了废水闭路循环、粉尘散排达标、无噪声污染；对发电公司脱硫设施、灰渣运输系统、粉尘系统进行改造，实施烟气超低排放改造，二氧化硫、氮氧化物和粉尘排放浓度达到国家超低排放环保标准。

推进企业管理创新，内部管理质效显著提升。2017年以来，优化焦炭产品销售模式，焦电公司每年减少营销费用360多万元；创新灰渣销售模式，发电公司增收超2000万元。兴鑫、球团等九家亏损企业进行“去僵尸”后，每年节支费用近500万元。加强全面预算管理，狠抓“两金”压降，2022年节支增效300多万元。至2022年末，盘活闲置存量资产，2017—2022年，处置郴州下湄桥土地、郴州同心桥仓储用房、神杨公司土地出售、郴州“林邑国际”整体转让等项目“两资”资产处置17批次，实现处置收益1.44亿元。

实施“科技兴企”“人才强企”战略，促进企业自主创新。公司所属单位围绕安全生产、产品开发等方面的重点、难点问题，积极开展“小发明、小改革、小革新、小设计、小建议”的“五小”创新创效活动。焦电公司重介质洗煤TBS系统改造，提高洗煤生产效率30%，洗精煤回收率提高1%以上，每年可创效900多万元；弧形筛分级处理改造，提高中煤回收率2.5%左右，每年可创造经济效益近800万元。发电公司锅炉冷渣水余热加热泥煤技术改造，泥煤配比量从原来的5%提高到10%以上，每年可降低燃料煤成本300万元。

公司拥有研究生学历8人、本科学历88人、专科学历314人，各类专业技术人员223人。公司制定了从管理人员至员工的五级培训制度，出台了员工职称职级评聘制度及员工学历提升奖励制度，对部分管理岗位实行公开竞聘，完善选人用人机制。

全面加强党的领导，充分发挥党建引领作用。公司党委充分发挥把方向、管大局、保落实的领导作用，聚焦党委、直属党组织、党支部、党员“四级联动”主轴，通过实施“七大工程”（即“领航工程”，强根铸魂；“治理工程”，建章立制；“强基工程”，固本培元；“融合工程”，聚力赋能；“素质工程”，广聚英才；“清风工程”，正风肃纪；“凝心工程”，汇聚共识），探索形成了一条“资兴实业党建”新路径，实现了高质量党建引领企业高质量发展。近年来，公司党建工作荣膺湖南省国资委和集团公司“基层党建示范点”“党建工作先进单位”“宣传工作先进单位”“平安建设先进单位”等称号，共青团工作荣获省级“示范青年之家”称号。

深化企业文化建设，增强企业发展软实力。公司从搭建企业文化宣传平台入手，倡导“严细、求实、拼搏、创新”的企业精神，积极培育和践行社会主义核心价值观，有效引领职工群众思想行为，进而推动各项工作开展。公司修建了“统、信、为”文化广场、篮球场、职工健身中心、企业文化宣传长廊等文教设施，加强了电教、网站、微信公众号、简报宣传阵地建设，完善了宣传工作制度。

大力实施民生工程，员工幸福指数显著提升。公司全力推进资兴矿区三个棚户区改造项目，建筑面积50万平方米，总投资8.54亿元。2018年6月，交房给业主3212户，入住率达到95%；2020年12月，交房给业主1674户。

2017年，营业收入5.2亿元，利润总额261万元；2018年，营业收入6.2亿元，利润总额588万元；2019年，营业收入7.2亿元，利润总额1210万元；2020年，克服新冠疫情影响，营业收入6.79亿元，利润总额5232万元；2021

年，营业收入9.1亿元，利润总额6951万元；2022年，营业收入8.4亿元，利润总额4488万元。安全管理持续加强，创最佳安全业绩；环保节能投入加大，发电公司超低排放系统建成运行，顺应循环经济和低碳经济发展趋势，打造资源节约和环境友好型企业；转型发展迈出新步伐，“双百万吨”项目纳入湖南省重点项目，医院经营模式向“专精特新”方向发展，建筑施工、物业服务完成资质升级，工业园区管理提质上档，市场竞争力显著增强。2022年公司被湖南省国资委列入公司治理基层示范企业，荣获湖南省工信厅第二十三届湖南省企业管理现代化创新成果二等奖。

“十四五”期间，公司将有序推进120万吨选煤项目建设、100万吨大焦炉项目调研论证、郴州煤炭储配基地项目建设申报。立足本地煤源优势，以炼焦、电力、煤炭物流为主线，大力发展煤、焦、电、化清洁能源经济产业链和能源供应、节能应用、建筑施工、医疗及物业服务等主营业务，进一步完善产业布局，优化资产结构，提升企业核心竞争力，做强做优做大煤焦电产业。到“十四五”末，营业收入10亿元，利润总额6000万元。在此基础上，实现职工收入与经济效益同步增长，幸福指数不断提升。

历任领导班子正职：

何建辉，执行董事、总经理（2008年9月—2017年4月）；

廖本俸，党委书记（2011年12月—2014年11月）；

周向志，执行董事、总经理（2017年4月—2020年9月），党委书记、董事长（2020年9— ）；

彭桂剑，党委书记（2014年12—2018年10月）；

张新建，党委书记（2018年10—2020年1月）；

李由顺，党委书记（2020年1—9月），总经理（2020年9月— ）。

2022年领导班子成员：

周向志、李由顺、王旭辉、曹明庚、姚鑫锐；周向志为党委书记、董事长，李由顺为总经理。

三十八、湖南省煤业集团白沙实业有限公司

湖南省煤业集团白沙实业有限责任公司（简称白沙实业公司）前身为湖南省白沙矿务局，2001年经湖南省人民政府批准，整体改制为湖南省白沙煤电集团有限公司。2008年9月，湖南省煤业集团有限公司矿区管理体制改革，实施原煤与非煤经营管理职能分离，湖南省白沙煤

电集团有限公司更名为湖南省煤业集团白沙实业有限责任公司。

公司位于湖南省耒阳市白沙路1号，紧邻107国道，距京港澳高速公路8.3千米、京广铁路2千米、武广高铁5.2千米，地理位置优越，交通十分便利。公司设立7个管理部门，在册员工700余人，其中：高级职称人员15人、中级职称人员68人、初级职称人员128人。公司主要业务为发电及供电、铁路运输与服务、电力工程建设、铁路工程建设与运维、房地产开发、物业管理与服务、医疗、电视网络及通信等。

公司把调结构、促转型作为企业生存发展的最根本、最重要的工作，通过淘汰落后产能、调整产业结构不断加大外部市场开拓力度。不等不靠，转变观念、勇闯市场，积极外出“找米下锅”。各级领导带头抓营销、跑项目、揽工程，培育新的经济增长点，实现了企业的良性发展。2022年末，注册资本3.4亿元，总资产5.5亿元，净资产1.4亿元。2022年，营业收入1.9137亿元，利润总额1623万元。

2018年以来，白沙电力火力发电产业全部退出、楚湘公司和白沙设计公司成建制划出、永耒铁路本部运量大幅下跌、白沙房产行情低迷等不利形势，对公司的生存、发展以及生产经营造成巨大冲击，白沙实业一度面临生存危机。为谋求企业的生存和发展，公司上下没有怨天尤人，没有畏缩不前，而是敢于直面现实和问题，迎难而上，上下同欲，取向正、全力拼，以时不我待的紧迫感、危机感和责任感，切实加快转型发展和产业升级步伐，打响了“找项目谋转型、拓市场增营业收入、强管理降成本”攻坚战。以新能源光伏发电项目开发建设为突破口，带动其他项目建设和市场开拓齐头并进，取得了质效双赢的效果，成为白沙实业发展史上极为重要的历史转折点，为企业可持续高质量发展以及和谐稳定的内外环境奠定了坚实基础。

白沙电力公司坚定“做优内网供电、做大光伏发电、做强电建市场”战略目标不动摇，开发建设光伏一期、二期项目，总装机容量达到12兆瓦，年均发电可达1100万千瓦时，创利600万元/年。发挥自身优势，获得了电力工程施工总承包三级资质，进军电建市场，承接多个电建工程，打开了局面，树立了品牌。以“电保姆”式的优质服务，确保了35千伏盐沙供电网络内白沙矿区10多对矿井安全供电。

永耒铁路公司面对运量断崖式下滑的严峻形势，一方面深化运行机制、经营模式改革，实施单机运行、内部承包、精简岗位，降低成本；另一方面及时申办了“铁路工程施工总承包三级资质”，加快拓展铁路运维、铁建业务，跳出本部外出承揽业务，聚焦铁路专线代营靶向发力，与多家央企同台竞技不落下风，接连中标长沙电厂铁路专线代营、永州电厂铁路专线代营、华凌涟源钢铁厂铁路专线代营等重大项目，在省内叫响了品牌，闯出了一条可持续发展新路，外拓项目实现盈利转变，外部业务营业收入占到总营业收入的半壁江山。同时，与神州高铁集团战略合作，建立中车资阳机车永耒检修基地，拓宽增收渠道。

2022年11月，在集团公司的大力支持和指导下，争取衡阳煤炭储备项目落户永耒公司本部，永耒公司领导班子主动作为，经向湖南省政府和中央申报，已批准立项。项目建设规模为储煤库静态储煤能力52万吨，设计周转量208万吨/年，项目建成投运后，不但可以给永耒公司带来每年100万~200万吨运量，增加运输收入2000万~3000万元，同时盘活了永耒公司闲置资产和安置剩余劳动力，从而扭转了永耒公司经营困境，缓解了实业公司和永耒公司的经营压力，对于实业公司和永耒公司可持续、高质量发展具有非常重要的意义。

白沙职工医院经过充分调研论证，在资金极为紧张的情况下，投资千余万元，将闲置的原永联服装厂厂房、场地改造升级，添置部分办公设施和医疗设备，改善了就医环境，同时，通过增加医技人员，提高医疗水平，与南华医院达成医联体合作，为打造特色医疗和扩大业务打下基础。职工医院总院搬迁至新址后，经营面积增加至4480平方米，床位增加至154张，预计可增加年营业收入1000万元以上，年增创利200万元以上，为实现职工医院跨越式发展打下坚实基础，成为白沙实业和职工医院新的经济增长点。

白沙物业公司认真贯彻落实集团公司廖建湘董事长调研时提出的“坚定不移市场化，饱含深情优服务”这一理念，不断做优矿区物业服务，加大外拓市场步伐，先后承接了耒阳市商粮局、顺湖中学、白沙电力小区和白沙职工医院等12个物业服务项目，既盘活了人力资源，又实现了市场增收。

白沙房产按照“一个楼盘在销，一个楼盘在建和一个楼盘在储备”的格局，先后开发建设了白沙御城一、二、三期总计9.9万平方米商居小区，白沙矿区棚户区改造工程白沙佳苑70.11万平方米商居小区，以及白沙御城西湖苑项目2.33万平方米商居小区，总开发面积达到82.65万平方米，创产值16亿元。面对房地产市场低迷的现状，公司审时度势，发挥队伍和人才优势，在工程设计、工程结算和工程代管领域进行尝试，新增了装饰装潢资质，并成功签下多户业主居家装饰业务，迈出了外拓市场的第一步。

白沙信息技术服务分公司通过多次升级改造组成了光环路，为原白沙矿务局内部企业安全生产管理及家属区提供可靠的网络保障。秉承“技术创新、服务优化、互利双赢、和谐发展”经营理念，搭建了10G带宽的内部骨干宽带网络交换系统，在白沙通信网内承载电信、广播电视和互联网等各类业务，先后开辟了白沙佳苑、白沙御城等楼盘通信业务。积极外拓市场，承接了白沙光伏电站、白沙职工医院改造多项弱电安装工程，并参与了智慧矿山建设，想方设法求生存、谋发展。

2017年、2018年、2021年、2022年公司被集团公司评为“安全生产红旗单位”；2019—2020年连续两年被评为集团公司“深化改革红旗单位”；2017年、2018年、2020年、2021年被评为集团公司“党建工作先进集体”；2019年、2022年被评为集团公司“优秀领导班子”；2017—2019年连续三年被评为集团公司和耒阳市“综治维稳先进单位”；2020年被集团公司评为“财务管理工作先进单位”和“生态红旗单位”；2021年被集团公司评为“人力资源管理先进单位”。

“十四五”期间，白沙实业公司将调结构、促转型，瞄准主业发展目标，通过淘汰落后产能、不断加大外部市场开拓力度，加强经营管理，实现主营业务收入、利润总额逐年递增，为湖南省“三高四新”战略实施和集团公司高质量发展作出贡献。

历任领导班子正职：

周伏生，党委书记（2008年8月—2010年5月），执行董事、总经理（2008年9月—2009年12月）；

徐泽明，执行董事、总经理(2009年12月—2016年12月)；

刘航朝，党委书记（2014年4月—2016年12月）；

蒋厚今，副总经理（2016年12月—2017年2月）主持全面工作，执行董事、总经理（2017年2月—2018年11月），党委书记、董事长（2018年11月—2023年2月）；

陈秋华，总经理（2018年11月—2023年2月），党委书记、董事长（2023年2月— ）。

2022年领导班子成员：

蒋厚今、陈秋华、洪卫国、雷小永、李健辉；蒋厚今为党委书记、董事长，陈秋华为总经理。

三十九、湖南省煤业集团涟邵实业有限公司

湖南省煤业集团涟邵实业有限公司前身为湖南省涟邵矿务局，2001年，湖南省人民政府批准，涟邵矿务局整体改制为湖南省涟邵矿业集团有限公司。2008年9月，湖南省煤业集团有限公司矿区管理体制改革，湖南省涟邵矿业集团有限公司更名为湖南省煤业集团涟邵实业有限公司。公司位于湖南省娄底市娄星区氐星路7号，注册资本1.1亿元，在册员工132人。

公司设党群工作部、办公室、人资企管部、财务部、资产事业部、纪检监察部6个职能部室。下辖湖南继善经贸有限公司、湖南华泰广厦房地产公司2家全资子公司和兴宁物业分公司，

参股湖南千万间房地产公司、娄底市联众置业发展有限公司。

公司经营范围：许可项目包括建设工程施工，房地产开发经营，建设工程设计，道路货物运输，住宅室内装饰装修，餐饮服务；一般项目包括物业管理，建筑材料销售，矿山机械销售，电气设备销售，办公用品销售，家政服务，房地产经纪，房地产咨询，房地产评估，承接总公司工程建设业务，住房租赁，广告设计、代理，图文设计制作，园林绿化工程施工，机械设备销售，日用百货销售，五金产品零售，建筑装饰、水暖管道零件及其他建筑用金属制品制造，电子产品销售，住宅水电安装维护服务。

坚守房地产主业发展方向，力争打造集团公司范围存量土地资源有效开发、实现国有资产保值增值的重要专业平台的企业发展方向和主业定位，坚定市场化方向、打造专业化队伍经营管理理念，保障主业定位落实落地，落实集团公司“十四五”发展规划，以盘活集团存量土地资产为基础，因地施策、激活存量，探索以多种形式推进存量土地的盘活利用，将涟邵实业公司打造成为集团公司存量土地盘活的专业开发运营平台的战略定位。2021 年 10 月，湘江新区“华泰和府”项目开工建设，项目用地 16273 平方米，总建筑面积 41088 平方米，住宅 6 栋，182 户，建筑面积 28237. 8 平方米；商业建筑 1 栋，面积 97156 平方米，车位 240 个。2022 年 10 月营销中心运营，开盘销售，筹划湖南省煤科院存量土地开发。该项目位于长沙市雨花区，项目用地 37686. 85 平方米；规划建设科研、检测实验楼 1 栋，建筑面积 22127 平方米；住宅 8 栋，788 户，规划建筑总面积 165213. 94 平方米。至 2022 年底，该项目处于调容调规、建筑物拆迁阶段。

2022 年，营业收入 3. 4516 亿元，人均营业收入 265. 51 万元；利润总额 3395 万元，人均利润 26. 12 万元；利税总额 3800 万元，人均利税 29. 23 万元；在岗职工年人均收入 12. 84 万元，2006—2022 年，累计开发建设商业、住宅建筑面积 40 多万平方米，营业收入 19. 43 亿元（其中房地产主业 7. 77 亿元），利润总额 8572. 66 万元（其中房地产主业 9311. 07 万元）。2022 年末，资产总额 6. 4154 亿元，其中：流动资产 3. 7902 亿元，非流动资产 2. 6252 亿元。

加强安全管理。公司始终坚持“生命至上，安全第一”的思想，树牢“三个最大”“三个首要”安全理念，认真履行企业安全生产主体责任，不断完善安全管理体系。2006—2022 年，连续 17 年实现安全生产，2022 年被评为集团公司“安全生产红旗单位”。

加强人力资源管理。公司坚持事业为上原则，着重在建设重点项目、完成重大任务等关键节点考察干部，努力做到以事择人、依事选人、人岗相适。公司引导员工树立“本领恐慌”意识和爱岗敬业意识，在充分激活存量人力资源的基础上，按照市场化选聘和契约化管理的选人用人机制，有计划、有针对性地合理引进专业人才，实现员工队伍年轻化、专业化、知识化。2008 年以来，公司招聘和引进房地产专业技术人员及其他专业技术人员 39 名，员工队伍的数量、结构、质量得到明显改善。公司制定薪酬调整及绩效考核方案，实行全员绩效考核。公司配套实施职称管理办法、末位淘汰管理办法、加班工资管理办法，加大对公司主业专业技术人员的倾斜力度。同时，坚持开展员工年度述职考评工作，考评结果与员工薪酬升（降）档、年度评优挂钩。在建立劳动关系的基础上，以岗位管理代替人员管理、身份管理，实行劳动合同和岗位聘用合同双重管理。

加强党建工作。公司党委下设基层党委5个、总支9个、支部48个，党员总人数1465人，其中在职党员199人、离退休党员1237人。公司党委坚持党建引领，层层压实主体责任，构建"书记抓、抓书记"的工作格局，不断推动党建工作与企业中心工作深度融合，以改革发展成果检验党建工作实效。严格落实"第一议题"制度，坚持党委会前置程序，决策、审议基层党建和"三重一大"决策事项，确保党委政治核心和领导核心作用贯穿于重大决策、安全生产、选人用人、经营管理全过程。围绕新时代党的建设总要求，层层压实党建责任，每年初印发"党建工作要点"，将全年党建工作细化、量化成责任清单，推动党建工作提质升级。严格按照年初签订的"党建工作目标责任书"要求，对所属各单位党组织理论学习、党建与中心工作融合、组织生活开展等相关情况定期进行督导，发现问题及时提醒，并督促严格整改落实，不断夯实党建基础。深入开展"书记联项目"和"党员先锋行"活动，党委班子聚焦集团公司下达的各项目标任务，各自联系重点项目，持续破解企业生产经营过程中的重点、难点、痛点、疑点问题，取得显著成效。加强学习型党组织建设，坚持党委（扩大）中心组学习，抓好领导班子的政治理论学习和业务培训，提高班子成员和党员干部的政治理论和专业知识素养；组织开展党建主题活动，不断激发全员"主人翁"精神和"干事创业"的激情，形成"上下同欲、攻坚克难"的强大合力，凝聚力量助推企业高质量发展。

不断推进强化党风廉政建设，构建完善制度体系，风险控制体系进一步完善。公司建立并规范"三重一大"决策及监督制度，建立领导人员"一岗双责"制度，主要负责人签订了党风廉政建设责任状。2022年，印发"关于中共涟邵实业有限公司委员会清廉涟邵建设实施细则"，系统性地全面推动清廉涟邵建设工作。

坚持以人为本，为职工群众做好事，办实事。2016—2022年，走访慰问2308人次，发放慰问金86.9万元，为121名困难员工发放困难补助金12.38万元，为22名家庭困难学生发放助学金2.2万元，把组织的温暖送到员工身边，为企业发展凝聚强大合力。

"十四五"期间，公司将坚持主业发展规划和目标，加强经营管理，实现主营业务收入、利润总额、总资产逐年递增，努力做强做优，为湖南省"三高四新"战略实施、集团高质量发展贡献力量！

历任董事长、总经理、党委书记：

谭校祥，执行董事、总经理(2008年9月—2009年9月)；

赵运求，党委书记（2008年9月—2009年9月)；

廖哲强，党委书记、执行董事、总经理(2009年9月—2013年5月)，执行董事、总经理（2013年5—7月)；

曹贵华，党委书记（2013年5—7月)；

刘东红，执行董事、总经理(2013年7月—2018年11月)，党委书记、董事长（2018年11月—2021年3月)；

袁于胜，党委书记（2013年7月—2016年2月)；

黄海清，党委书记（2016年2月—2018年11月)，总经理（2018年11月—2022年4月)；

李界宏，党委书记、董事长(2021年3月—　)；

孙朝晖，总经理（2022年5月—　)。

2022年领导班子成员：

李界宏、孙朝晖、周平方、徐瑞兵；李界宏为党委书记、董事长，孙朝晖为总经理。

四十、湖南省煤业集团辰溪实业有限公司

2017年12月，湖南省煤业集团整合辰溪矿业公司的职工医院、机械厂、五溪大酒店、商铺资产及四个矿区400余亩土地等资产组建湖南省煤业集团辰溪实业有限公司，注册资本5000万元。

湖南省煤业集团辰溪实业有限公司坐落在湖南省辰溪县县城境内，南北长20千米，东西宽5千米，纵跨城郊、田湾、板桥3个乡镇，紧邻常怀公路，交通十分便利。公司下辖医院、机械厂、服装厂3个经营单位，设综合管理部、企业管理发展部、资产财务部3个管理部门，在册员工77人。

公司经营范围：机织服装、皮箱、皮包（袋）制造，服装、鞋帽、箱包零售，全科医疗，机构养老业务，酒店管理，生态旅游，生态农业种养殖业，新能源技术开发与推广，机械加工及制造，工程机械设备租赁，建筑材料销售，土地复垦，自有房屋租赁。

2022年末，资产总额4481万元。其中流动资产2573万元、非流动资产1908万元；负债总额637万元，其中流动负债637万元。所有者权益总额3844万元。2022年，营业收入1668万元，利润总额152万元，在册员工77人，在岗职工人均工资6.21万元/年。

夯实党建基础工作。2017年12月，成立辰溪实业有限公司党委，管辖党总支1个、党支部4个，2022年底公司党员32人。

2018—2022年，公司党委积极开展党的“两学一做”“不忘初心、牢记使命”、党史学习教育。强化宗旨意识和群众观念，密切党组织和人民群众的血肉联系。广泛听取群众意见。聚焦“四风”，立学立查立改，保证党员和支部参与覆盖面达到100%。

以党委（扩大）中心组学习为平台，抓好领导班子的政治理论学习和业务培训，提高班子成员、党员干部的政治理论和专业知识素养；组织开展“第一议题”学习，学习贯彻习近平新时代中国特色社会主义思想系列书目，强化理论学习，提高理论水平，时刻与党和国家的方针政策保持高度一致。同时结合集团监事会和纪检监察部的各类专项整治活动在各基层党组织广泛开展收受红包礼金、靠企吃企、涉矿涉砂、私设小金库等专项治理行动，建立“三重一大”决策及监督机制，强化领导人员“一岗双责”制度；公司贯彻落实集团公司“五严禁九不准十项规定”，监督“三公经费”，开展反对“索、拿、卡、要”专项活动，建立健全了岗位风险防控

体系，制定了“辰溪实业廉洁从业二十条规定”，管理岗位全部签订岗位廉洁从业承诺书，严格执行领导干部廉洁从业规定，严格禁止婚丧嫁娶之外的宴请。

积极弘扬新湘煤精神，以建设“三个湘煤”为指引，全力打造“三个共同体”，统一目标追求，同心凝聚力量，奋力创造价值；积极倡导“取向正，全力拼”“无奋斗、不湘煤”思想。公司各级党员干部把旗帜鲜明讲政治摆在首要位置，把强化党建引领、统一价值追求、坚定发展信心摆在重要位置，以党支部“五化”建设为着力点，强基固本，夯实基层基础工作。以“书记联项目、党员先锋行”为抓手，凝心聚力，积极推动党建工作与企业中心工作的深度融合，新湘煤的文化思想理念逐渐深入人心，凝聚正能量，激发全体员工与时俱进，争创一流，忠诚奉献的精神力量，有效地推动公司各项工作的顺利开展。

五年来，公司开展“五必访”活动，关心、关注、关爱职工家属群众，了解员工群众疾苦，真心实意为员工群众做好事、办实事，引导员工群众自觉维护社会稳定，共创“环境宜居、邻里和谐、生活丰富、心理健康”和谐家园。加强信息调度，24 小时维稳值班；加强与地方政府以及政法、公安、维稳、信访等部门的汇报、沟通，争取地方政府的关心和支持，五年来，公司大局和谐稳定。

2018—2022 年，公司工会在资金紧张的情况下，通过多方努力，筹集资金，精心打造“职工之家”，加强阵地建设，为丰富职工群众的业余文化生活奠定良好基础。五年来，公司积极参加集团公司组织的“我创造、我光荣”职工运动会，取得气、排球比赛第一名。在新冠疫情肆虐的三年间，公司面对经营生产的极大困境，毅然扛起自身肩负的社会责任，积极配合、援助当地政府的新冠疫情防控要求，多次派人驰援救助，并获得市、县医疗部门和社会的肯定和赞扬。公司发扬一方有难八方支援的精神品格，多次伸出援助之手，赞助救灾款 4 万余元。

公司积极开拓市场，寻找发展机遇。全体员工努力工作，不舍昼夜，一步一个脚印，朝着既定的“十四五”规划，实现年营业收入突破 2000 万元、年利润总额 200 万元、职工人均年收入翻番的目标。

历任领导班子正职：

姚湘安，执行董事、总经理（2006 年 5 月—2007 年 5 月）；

向元首，党委书记（2006 年 5 月—2007 年 5 月）；

杨瑞美，党委书记、执行董事（2007 年 5 月—2009 年 4 月）；

刘抗明，总经理（2007 年 5 月—2009 年 4 月）；

赵正稳，执行董事、总经理（2009 年 4 月—2015 年 12 月）；

罗平忠，党委书记（2009 年 9 月—2015 年 12 月）；

龙建军，党委书记、执行董事、总经理（2017 年 11 月—2022 年 4 月），党委书记、执行董事（2022 年 4 月— ）；

向　毅，总经理（2022 年 4 月— ）。

2022 年领导班子成员：

龙建军、向毅；龙建军为党委书记、执行董事，向毅为总经理。

四十一、湖南省煤业集团新疆能源有限公司

湖南省煤业集团新疆能源有限公司是集团公司进入新疆开发利用煤炭资源的综合型股份制企业，是湖南煤业股份公司的控股子公司。公司办公所在地新疆鄯善县，位于吐鲁番盆地东部，西距乌鲁木齐 280 千米，东距哈密 320 千米，居东疆、北疆、南疆三疆交会中心。兰新铁路、连霍高速、西气东输、西电东送等均横贯鄯善境内，交通十分便利。经营范围：煤炭批发经营，煤矿（矿业）投资，煤矿基础设施建设，焦炭批发经营。前期主要负责新疆鄯善县库姆塔格－沙尔湖

煤矿区第四勘查区（简称第四勘查区）的勘查、权证办理及项目开发前期工作。

2008年8月，湖南省人民政府第十二次常务会议决定把集团公司打造成湖南能源安全保障主平台。湖南省委、省政府明确支持湘煤集团走出去控制开发煤炭资源的发展战略。9—12月，集团公司专家考察组赴新疆考察、可行性论证，与吐鲁番地区签订“新疆吐鲁番地区与湖南省煤业集团有限公司在煤炭勘探开发领域友好合作框架协议”和“新疆吐鲁番地区与湖南省煤业集团有限公司关于煤炭资源勘探开发合作协议书”。

2009年3月，集团公司在新疆吐鲁番地区鄯善县注册成立“湖南省煤业集团新疆能源有限公司”，注册资本金1亿元，2011年注册资本金增至1.4286亿元。2015年1月，黑金时代转让其所持19%的股权给中国万向控股有限公司（简称中国万向）。黑金时代持股51%，中联华夏投资集团有限公司持股30%，中国万向持股19%。

第四勘查区位于吐—哈煤炭基地地缘中心，地缘优势明显，矿区所在区域是国家发展改革委2013年确定的第十四个国家大型煤炭基地中“西煤东运”重点开发的主战场，位于鄯善县城东偏南约80千米，属于鄯善县管辖。

2009年4月，自治区“358”项目布置在第四勘查区KS91ZK8孔见煤，委托新疆地矿局第一地质大队（简称一大队）在该区开展勘查工作。同时，公司向自治区人民政府请求办理第四勘查区的勘查许可证，得到自治区国土资源厅批示。5月，自治区国土资源厅为一大队颁发了新疆鄯善县库姆塔格煤田四区煤炭资源远景调查证，调查区面积为112.96平方千米。至2011年10月，公司全面完成了112.96平方千米的煤炭资源预查、普查、详查和露天煤矿勘探四个阶段的野外勘查工作，施工钻孔95个，钻探总进尺48314.07米。普查二维地震施工物理点7397个，详查二维地震施工物理点5233个。

2010年5月，集团公司沙尔湖煤炭建设项目启动仪式在新疆吐鲁番地区吐哈大厦举行。时任湖南省委书记、省长周强，自治区主要领导等十三位副省级以上领导参加仪式并为项目启动剪彩。鄯善县委、县政府组织召开“支持集团公司沙尔湖煤田开发项目专题会议”。11月，自治区资源管理委员会第三次会议决定同意为集团公司办理第四勘查区的煤炭探矿权证。

2012年11月，国土资源部以国土资函〔2012〕913号文批准包括集团第四勘查区勘查项目在内的9个煤炭勘查项目作为新疆第四批煤炭探矿权协议出让项目。

2014年12月，自治区国土资源厅厅长办公会决定同意为集团公司办理第四勘查区的煤炭普查探矿权证。

2019年7月，“新疆鄯善县库姆塔格-沙尔湖煤矿区第四勘查区详查报告”评审通过。11月，自治区自然资源厅出具了第四勘查区详查报告矿产资源储量评审备案证明，备案煤炭资源量54.5499亿吨。

2019年7月，生态环境部出具了“关于‘新疆鄯善县库木塔格矿区总体规划环境影响报告书’的审查意见”，审查意见中明确指出“以一号露天矿为试点先行开发，严格控制矿区开发规模”。将第四勘查区内的一号露天矿指定为矿区内唯一试点先行开发矿井。

2020年1月，“新疆库木塔格矿区总体规划”获得国家发展改革委的批复（发改能源〔2020〕149号）。这是“十三五”期间国家发展改革委批复新疆的第五个矿区总体规划。库木塔格矿区是国家发展改革委批准的第十四个国家大型煤炭基地规划的先期开发范围，是重点开发的主战场。“新疆库木塔格矿区总体规划”中，第四勘查区的含煤面积扩大到了56.05平方千米，煤炭储量达到75.46亿吨，比集团公司已办理的第四勘查区探矿权证范围内的煤炭资源量增加了24.97亿吨。“新疆库木塔格矿区总体规划”将第四勘查区规划了2个煤矿，一个为露天矿，即一号露天矿；另一个为一号矿井。一号露天矿位于第四勘查区东北部，面积约9.11平方千米，矿田内煤炭资源量7.40亿吨，建设规模10.0兆吨/年，服务年限27.2年。一号矿井位于第四勘查区北部，面积约55.74平方千米，矿田内煤炭资源量68.06亿吨，建设规模15.0兆吨/年（前期），服务年限200.9年。一号矿井是一号露天矿的接续矿井。

2010年4月，公司编制“湖南省煤业集团新疆能源有限公司中长期发展规划”，规划建设集团鄯善工业园，规划煤电煤化工项目18项，总投资327.20亿元。公司规划在库木塔格矿区建设煤电一体化项目，即露天矿和配套坑口电厂。2011年，自治区发展和改革委员会、吐鲁番地区、鄯善县政府分别发文支持，并要求集团公司抓紧项目的前期规划、设计工作。公司委托湖南电力勘测设计院编制“湖南省煤业集团新疆能源有限公司鄯善县沙尔湖煤电一体化项目电厂一期工程（2×1000兆瓦）初步可行性研究报告”。该项目规划为：一期2×1000兆瓦超超零界空冷发电，二期2×1000兆瓦超超零界空冷发电，两期电厂建成后，煤炭消耗量为1000万~1200万吨/年，年发电量达到220亿千瓦时。项目于2012年3月通过西北电网有限公司的评审，西北电网有限公司出具了审查意见（西北电网〔2012〕252号）。

2015年3月，公司响应鄯善县政府的号召，编制了“鄯善县电源点建设规划”和“鄯善县工业园区热电联产项目规划”，为全县电力规划和发展提供了较好的理论依据。4月，吐鲁番市政府向湖南省政府递呈了“关于启动‘疆电外送’‘吐鲁番-长沙’特高压直流输电工程的请示”，时任湖南省常务副省长陈肇雄同志作了批示，湖南省能源局特高压直流输电通道建设技术上可行，与其他进入湖南省的特高压输电线路相比经济效益优势明显，专题向湖南省政府汇报。吐鲁番市就此工程建设规划专题向自治区党委和政府主要领导汇报，得到了两省区的明确支持。

2021年10月，湖南省省长毛伟民率省党政代表团赴新疆考察，破解湖南省中长期电力紧张的问题，提前谋划拓展区外绿色电力入湘新通道，发挥湖南对口援疆合作基础优势，提出“吐电入湘”工程建设设想。同年12月，湖南省能源局牵头成立“吐电入湘”前期研究工作专班，论证“吐电入湘”必要性和可行性，为“吐电入湘”特高压工程纳入全国“十五五”电力发展规划奠定基础。集团作为专班的送端项目组成员单位之一，将负责送端煤电、新能源等资源情况调研，落实煤电、风电、光伏发电等电源项目建设条件，开展送端优质煤电及配套新能源等项目前期工作。12月20—23日，湖南省能源局常务副局长欧阳晓风率“吐电入湘”工作专班成员一行8人赴新疆考察调研，12月22日，考察团一行赴第四勘查区现场调研。

公司在财务管理过程中严格实行预算管理，设置独立的会计机构，明确职责权限。2009年，公司成立之时就实行会计电算化-中科通软件财务管理系统进行会计核算，出台有关劳资财务管理、考核制度9个。公司的资金来源是公司注册资本金，由湖南煤业股份公司按年度预算拨付。资金的使用严格遵守“先计划后使用”的原则，每季度根据公司所需办公费、工资等管理费用和需要支付的勘探工程进度款项编制资金计划，报请湖南煤业股份公司批准后方可使用。

公司制定了“固定资产管理制度”和货币资金、存货、应收款项、在建工程、固定资产、无形资产等具体管理办法，并定期进行核查，以确定是否存在减值情形。2023年6月底，公司固定资产总额202.19万元。

2010年12月，集团公司批准成立中共湖南省煤业集团新疆能源有限公司委员会，产生了第一届党委会，设立党群工作部。2020年9月，公司召开了第一届党员大会，公司党委更改为党支部，隶属集团公司党委。

进疆14年，公司坚守阵地，不忘初心、牢记使命，十分注重培育企业文化，以集团公司的企业理念为基础，在办公场所建立企业文化长廊，以集团公司“取向正、全力拼”“无奋斗、不湘煤”的新湘煤精神，引领职工拼搏进取，勠力奋发。同时，注重对外宣传，响应当地党委和政府的号召，积极支持和参与鄯善县的县志编制；每年在公司办公地及附近制作各种大型宣传标语、广告牌，大力宣传湘煤企业文化和自治区党委反恐维稳宣传教育；加强与湖南省各届援疆干部的联系联谊，树立了企业良好形象。公司还协助集团公司编制《湘煤——走进新疆》《湖南省煤业集团新疆能源有限公司战略发展规划》等宣传画册，得到自治区各级党委、政府和有关部门的充分肯定，扩大了集团公司在新疆的影响力。2009年8月，公司为储备沙尔湖项目开工建设所需人才，经教育部特批，集团公司联合湘潭大学通过高考平台，招收了85名新疆籍（主要为吐鲁番地区的学员）应届高中毕业生到湘潭大学地质、采矿和矿山机电三个专业学习，学费、生活费和奖学金等近2000万元均由集团公司承担，所招学生全部与集团公司签订了回疆工作服务合同。

2009年，乌鲁木齐“7·5”恐怖暴力事件发生后，为支持新疆党委和政府维护社会稳定、安定人心，并表示对受害人民群众的关心和慰问，公司向自治区民政部门捐赠100万元。2010年4月吐鲁番地区遭遇百年不遇的风灾，公司捐赠5万元慰问金。2012年6月，捐资70万元为吐鲁番地区建设煤矿安全培训中心网上考试平台，以满足煤矿特种人员考试计划申报与审批、在线考试等全国联网工作需要。2012年10月，在衡阳援疆工作队组织的“红石榴一对一助教帮扶活动”中，公司选定了5名贫困家庭学生进行帮扶。2017年捐资15万元支持吐鲁番市煤炭局视频监控网络平台建设。

2020—2022年，在历时三年新冠疫情中，公司按照新疆各级政府的要求，严格疫情防控，全面压实责任，工作和防疫两不误，确保公司员工及家属平安，积极响应政府的号召，开展了捐献活动，共捐献物资折合5万多元。公司服从社区防疫管控，支持配合当地政府的防疫管理，严防死守，共抗疫情，受到了当地政府的高度赞扬。

历任党委书记、董事长、总经理：

王双开，董事长、总经理（2008年12月—2010年12月），总经理（2011年1—4月）；

刘航朝，党委书记、董事长（2011年1—4月），党委书记、董事长、总经理(2011年5月—2014年4月)；

揭志文，党委书记、董事长、总经理（2014年4月—2020年9月），党支部书记、董事长、总经理（2020年9月—　）。

2022年领导班子成员：

揭志文。

四十二、湖南省煤业集团能投房地产开发有限公司

湖南省煤业集团能投房地产开发有限公司系集团公司全资子公司，成立于2008年5月26日。2022年8月11日，工商行政管理机关登记核准“湖南省黑金时代房地产开发有限公司”更名为“湖南省煤业集团能投房地产开发有限公司”。公司注册资本3839.7886万元，位于长沙市天心区暮云街道万家丽南路二段1099号，经营范围：房地产开发经营、物业管理、房地产信息咨询、房屋租赁、粮油零售。公司设财务部、综合部、工程部、物管部、营销招商部五个部门。2008—2022年公司从事业务：开发建设“黑金时代广场”，物业管理湘煤大厦商务楼、万鑫嘉园办公楼、综合楼、集团原总部办公楼。

2022年，在册员工49人，经营收入3486万元，利润总额150万元。2008—2022年，累计营业收入75194万元，利润总额4021万元。

黑金时代广场项目位于“长株潭”综合改革配套试验区的核心位置——芙蓉路与万家丽路的交会处。项目规划占地74106.7平方米，投资估算9亿元，建筑面积20.5万平方米，开发建设住宅、商务综合楼。规划住宅占地43834平方米，建筑面积128627平方米，其中：住宅7栋，768户，建筑面积96892平方米、商业门面建筑面积4383平方米、物管用房建筑面积1137平方米、地下室建筑面积26215平方米，投资估算4.5亿元。该项目由湖南省第六工程有限公司承建，2011年12月开工，2013年11月竣工，已办理栋证。商务综合楼地上建筑面积51915平方米、地下室建筑面积24509平方米；地下2层、地上13层，投资估算84975万元。2011年12月开工，2013年9月竣工验收。

“十四五”期间，公司将积极加强房产管理，积极开拓市场，寻找发展机遇，提升营业收入、利润总额。

历任领导班子正职：

李传红，董事长、总经理（2008年—2011年1月）；

龙绍泉，董事长、总经理（2011年1月—2014年1月）；

李茂红，董事长（兼）(2014年1月—2015年9月)；

刘嘉玲，总经理（2014年1月—2015年9月），董事长、总经理（2015年9月— ）。

2022年领导班子成员：

刘嘉玲、唐斌武。

四十三、湖南省煤炭科学研究院有限公司

湖南省煤炭科学研究院有限公司成立于1973年，坐落在湖南省长沙市雨花区井湾路658号，占地面积5万余平方米，建筑面积3万余平方米，注册资本1000.2万元。

公司原名湖南省煤炭科学研究所，是集科、工、贸于一体以科研为主的省级研究所，2014年3月，湖南省煤炭科学研究所更名为湖南省煤炭科学研究院。2015年底根据湖南省委、省政府政企分开、政资分开的整体部署要求，湖南省煤炭科学研究院与湖南省煤炭管理局脱钩，移交至湖南省国资委管理。2016年8月，为贯彻落实湖南省委、省政府关于深化国资国企改革的总体要求，将湖南省煤炭科学研究院委托湖南国有资产管理有限公司（简称国资公司）监管，并

授权国资公司代行出资人职责。2018 年经国资公司批准，以湖南省煤炭科学研究院有限公司为载体改组设立集中管理平台，对湖南省纺织科学研究院有限责任公司、湖南省皮革研究所有限公司集中管理，同时以煤安检测检验中心为载体组建综合性检测检验公司，整合并拓展三家科研院所的检测检验业务，实现最大化的资产盘活。2021 年 3 月，湖南省国资委将湖南省煤炭科学研究院有限公司划转至湖南省煤业集团有限公司。9 月，为进一步建立、完善湖南能源保障体系，充分发挥科技是第一生产力的推动作用，集团公司对湖南省煤炭科学研究院有限公司相关研究人员、机构和职能以及湖南省瓦斯治理和利用工程研究中心的人员、机构、实验室和职能进行了重组，组建了“湖南省瓦斯治理和利用工程研究中心有限公司”，为集团公司直管全资子公司，整合为国内具备较强实力和影响力的煤矿安全工程、瓦斯抽采利用综合服务中心平台，成为集科学研究、技术应用、项目施工等科工一体化的科技企业。

公司主业为科学研究和技术服务业。经营范围：许可项目包括特种设备安装改造修理、建设工程设计、建设工程施工、地质灾害治理工程设计、安全生产检验检测、安全评价业务、职业卫生技术服务，一般项目包括地质灾害治理服务，技术服务、技术开发、技术咨询、技术交流、技术转让、技术推广，工程技术服务，工程、技术研究和试验发展，环保咨询服务，信息技术咨询服务，安全咨询服务，环境保护监测，非居住房地产租赁，煤炭及制品销售，矿山机械销售，环境监测专用仪器仪表销售，生态环境监测及检测仪器仪表销售，电气设备销售，计算机软硬件及辅助设备零售，网络设备销售，电子测量仪器销售，数字视频监控系统销售，电气信号设备装置销售，网络与信息安全软件开发，物业管理，停车场服务，租赁服务，特种设备销售，信息系统集成服务，电气设备修理，普通机械设备安装服务，业务培训。

公司拥有煤炭行业（及冶金矿山工程）设计资质、煤炭开采业安全评价资质、安全生产检测检验资质、煤矿生产能力核定和煤矿瓦斯等级鉴定资质、矿用设备检测资质。历经四十多年时间，通过几代人的不懈努力，湖南省煤炭科学研究院有限公司已发展成为集科研、设计、技术服务、检验检测、产业化于一体，覆盖煤矿、非煤矿山、环境领域、纺织工业、皮革工业的技术力量雄厚的省级综合科学技术研究院。

公司先后承担国家科技重点攻关项目 20 余项，省部级科研项目 200 余项，开展技术服务项目 300 余项，分别荣获国家、部、省级科技进步奖 80 余项，科研能力和成果转化率已达到国家同行业的先进水平，其中煤矿瓦斯治理、矿山水灾防治、防灭火、苎麻纺织及检测、皮革检测等技术在全国名列前茅。

公司设置有综合管理部、党群与人力资源部、纪检监察审计部、财务部、科研发展（法务）部、资产运营部、贸易部 7 个部门。公司有湖南国标检测科技有限公司、岳阳英派科特种设备检验检测有限公司 2 家子公司，控股顶鑫环保科技有限公司

2017—2022 年，营业收入 14.25 亿元，利

润总额 1010.07 万元。

2022 年末，在岗职工 208 人，专科以上学历 172 人，其中：博士研究生 3 人、硕士研究生 25 人，高级技术职称 23 人、中级技术职称 51 人。2022 年在册员工人均收入 10.67 万元/年。

公司坚持以“科技为先导、产业为支柱、人才为根本、创新为灵魂”的发展方针，不断深化科技体制改革，综合实力、科技创新力得到了进一步加强。2021 年，湖南省煤炭科学研究院有限公司被认定为“国家高新技术企业”。

以建设“三个湘煤”，打造“三个共同体”为指引，弘扬“取向正、全力拼”“无奋斗不湘煤”的新湘煤精神，在企业增收的同时，发展成果与民共享，职工收入持续增长，公司将进一步落实“十四五”规划，深入学习贯彻习近平总书记全国国企党建会重要讲话精神，并将其转化、细化、实化为抓党建、强党建的具体思路措施，以高质量党建引领保障公司高质量发展。

2022 年领导班子成员：

刘学服、陈红斌、徐东方、匡玉宝、王宁亚、赵鹏涛、马合意、彭祥宇；刘学服为党委书记、董事长，陈红斌为总经理。

四十四、湖南省煤炭进出口有限责任公司

湖南省煤炭进出口有限责任公司前身为中国煤炭进出口总公司湖南省分公司。1987 年 2 月，经湖南省人民政府和煤炭工业部批准成立，与湖南省煤炭公司合署办公。

1990 年 11 月，中国煤炭进出口总公司湖南省分公司更名为湖南省煤炭进出口公司，1991 年工商注册。2018 年 1 月，湖南省国企改革办批准，公司性质由全民所有制企业改制为有限责任公司，为湖南国有资产经营管理有限公司（简称国资公司）一级全资子公司。2020 年 6 月，由国资公司委托湖南省煤炭有限责任公司监督管理。2021 年 3 月，根据湖南省国资委要求，公司全部股权划转至湖南省煤业集团有限公司。同年 7 月，注册资金增至 2084 万元，成为集团公司全资子公司。

湖南省煤炭进出口公司与湖南省煤炭公司为两块牌子一套人马，2021 年 3 月划转前主要业务由湖南省煤炭公司经营。公司注册地址为长沙市芙蓉区新军路 3 号湖南省煤炭工业局办公楼西配楼 5 楼。经营范围：许可项目包括道路货物运输；一般项目包括煤炭及制品销售、货物进出口、技术进出口、金属矿石销售、金属材料销售。至 2023 年 9 月底，公司在册员工 68 人，设综合管理部、财务管理部、人资企管部、纪检监察部、经营贸易部五个部门。

公司以煤炭贸易为主，与浙江物产、宝钢资

源、广物国际等大型国有企业有稳定的进口煤合作业务，经营品种主要有主焦煤、肥煤、喷吹煤、建材煤、动力煤。用户遍及冶金、电力、建材行业，特别是与宝武鄂钢、柳钢集团、华菱湘钢、萍乡钢铁、九江钢铁和国内五大电力集团及华润电力下属各大电厂保持着紧密的合作伙伴关系。

2021 年 3 月，公司积极开拓进口煤炭板块，在广州港务局码头、贵港码头、河北曹妃甸、韶关煤场等地区建立多个进口煤参配加工转运基地。公司销售模式除以往的通关港单一地销模式外新增了直销终端客户购销模式。在煤炭发运方面，精准发力冶金煤，采购兖矿长协精煤和山西介休肥煤，在青岛董家口港建立了冶金煤集港发运基地；在宁夏惠农、内蒙古乌海、陕西靖边地区分别建立了冶金煤货运基地。通过高效合作，与广西柳钢、江西新钢等终端客户开展了冶金煤供应业务。

2021 年，购销煤炭 30 万吨，销售收入 3 亿元；2022 年，购销煤炭 54 万吨，销售收入 9 亿元，利润总额 100 万元。

“十四五”期间，公司将适应新形势，开拓新市场，加大营销力度，规划公司每年营业收入规模和利润总额年增长率 8% 以上，实现公司持续稳定发展。

历任领导班子正职：

李运来，执行董事（2021 年 3—6 月）；

周建辉，执行董事（2021 年 6 月— ）；

刘　琪，总经理（2022 年 3 月— ）。

2022 年领导班子成员：

周建辉、刘琪、林旭民、周小岗；周建辉为执行董事，刘琪为总经理。

四十五、湖南第一工业设计研究院有限公司

湖南第一工业设计研究院有限公司为湖南省煤业集团全资子公司，原为煤炭工业部长沙设计研究院，是集工程咨询、工程设计、工程勘察、项目代建、工程监理于一体的高新技术企业，是一所实力雄厚的现代甲级综合型勘察咨询设计研究院，为湖南省守合同重信用企业。

公司设党委会、董事会、经理层、监事会，内设 19 个生产部门和 4 个管理部门，专业技术人员 230 余人，硕士及以上学历 40 余人、高级职称（含各类注册人员）120 余人。生产经营场地分别位于长沙市天心区木莲西路 187 号天天向上家园 1 栋、长沙市新军路 3 号煤炭大楼。

公司前身为湖南省煤矿设计院于1959年5月经湖南省委批准设立，1991年划归煤炭工业部管理，成为部管勘察设计单位，更名为“煤炭工业部长沙设计研究院”。2000年10月，按照国务院相关文件要求，公司由事业单位转制为科技型企业，隶属湖南省煤炭管理局，更名为“湖南第一工业设计研究院”。2015年11月底，移交湖南省国资委监管。2017年完成公司制改制，由兴湘集团委托监管，2022年5月31日整合至集团公司。

公司转制后，积极适应勘察咨询设计市场，着力整合资源，培育壮大核心能力，业务领域不断拓展，经过多年转型创新发展，形成矿山与能源、建筑与市政、综合咨询、工程项目管理四大业务板块，为各级政府、产业园区和企业提供咨询、勘察设计、运营管理全过程“一站式”服务，是服务集团公司战略发展重要技术支撑平台。

公司拥有煤炭行业（矿井、选煤厂）2项专业甲级设计资质，电力行业（新能源发电、火力发电）专业、冶金行业（冶金矿山、金属冶炼）专业、建材行业（非金属矿及原材料制备）专业共5项乙级设计资质，电力行业（送电、变电工程）专业2项丙级设计资质。公司聚焦资源能源绿色开发与综合利用，为省内外矿山绿色安全开采和洁净高效利用提供优质技术服务，不断开拓省内外新能源、金属矿山、建材矿山市场，开展了矿山绿色开发设计、安全技术改造、智能化改造升级、安全开采论证、采煤沉陷区（独立工矿区）治理、隐蔽灾害普查与治理、清洁能源开发、光伏发电、生物质发电、火电、“双碳”经济、资源综合利用等技术服务，在新能源领域形成了较强竞争力。公司完成醴陵、浏阳、娄底、怀化和湘西等地一批金矿、铁矿、锰矿、铅锌矿等金属和非金属矿山、砂石土矿和石膏矿等建材矿山、安全绿色采选输送、资源洁净高效利用，省煤矿改扩建、安全技术改造及“三下”开采等一批煤矿设计。

公司拥有岩土工程（勘察）、岩土工程（设计）和工程测量专业3项乙级勘察资质，建筑行业（建筑工程）专业甲级设计资质，市政行业（给水、排水、道路、环境卫生）专业、农林行业（农业综合开发生态工程）专业、建筑行业（人防工程）专业、环境工程（污染修复）专项、风景园林专项共8项乙级设计资质，公路行业（公路）专业1项丙级设计资质，城乡规划、地质灾害评估和治理工程勘察设计2项乙级资质，压力管道（公用管道GB1、GB2、工业管道GC2）设计资质。在工业建筑（园区工业地产、标准厂房）、公共建筑（学校、医院、政法、文体场馆、业务用房）、住宅建筑、片区综合性开发、市政工程（给排水工程、污水处理厂、市政道路、生态环境治理）、园林景观（公园、广场、文化旅游）等市场细分领域，公司提供勘察方案、初步设计和施工图设计技术服务。国家杂交水稻综合试验基地、长沙开福军民融合科技城、长沙佳海创业中心及深圳万泽精密铸造高温合金材料与构件制造建设等工业项目赢得业主和市场认同。

公司拥有煤炭、建筑、市政、生态建设和环境工程、电力（火电、水电、核电、新能源）、农林、建材共7项甲级资信；备案专业涵盖水利水电、公路、冶金（钢铁、有色）、轻工、纺织、机械（智能制造）、城市规划、社会稳定评估、民航、电子、信息工程（通信、广电、信息化）、石化、化工、医药、其他（旅游、节能）等24个专业。公司聚焦产业发展，专注产业发展战略研究、产业规划布局、产业投资策划论证、产业科技创新、产业项目招商引资等咨询服务，专业提供运营管理咨询、规划政策咨询、产业集群发展咨询、项目咨询、评估咨询、全过程工程咨询。以各级政府部门、产业园区、重点骨干企业和平台公司作为重点服务对象，已成为湖南省发改、工信、相关行业部门、产业园区的重要专业智库，是湖南省国资委国资国企“十四五”规划编制14家咨询机构之一。公司完成湖南省园区“十四五”发展规划、湖南省园区产业“十四五”发展规划、湖南省长江经济带“十四五”发展规划、湖南省“十四五”特殊类型地区振兴规划等各类管理（含规划）咨询、专项课题研究、建设方案、项目咨询等咨询业务500余项。

公司拥有煤矿和选煤厂、房屋建筑工程和市政公用工程3项监理甲级，矿山工程监理乙级、人民防空工程建设乙级等工程监理资质和项目代建资格。公司具备工程总承包资格，为湖南省政府投资项目代建单位和湖南省全过程工程咨询发展战略联盟成员。在建筑工程、市政公用工程、矿山工程、煤炭工程及防空工程等领域提供工程造价、项目代建、工程监理、全过程咨询服务，多次获得湖南省政府投资项目代建单位监管评价A级、中国建设工程造价管理协会工程造价咨询企业信用评价AAA等级。中南高科株洲智能制造产业园、湘潭昭山示范区、大跃煤矿、湖南工程学院建工大楼、邵阳市机关幼儿园、邵阳职业技术学院综合实训中心等监理代建项目稳步推进。“十四五”期间，公司将积极创新机制，不断开拓市场，增加业务项目、营业收入和利润总额，向着更高的目标积极迈进。

历任领导班子正职：

文际坤，院长（1999年6月—2005年4月）；

李超群，党委书记、院长（2005年4月—2018年1月），党委书记、董事长（2018年2月—　）；

唐智勇，总经理（2019年5月—　）。

2022年领导班子成员：

李超群、唐智勇、彭猛、龙朝晖、刘应斌；李超群为党委书记、董事长，唐智勇为总经理。

四十六、湖南省煤业集团能源资产管理事业部

2017年9月，按照“湖南省煤业集团有限公司深化改革总体方案”要求，成立湖南省能投资产管理有限公司筹备工作组。根据“湖南省煤业集团能源资产管理事业部组建方案”要求，2018年8月，湖南省煤业集团能源资产管理事业部（简称资产管理事业部）正式成立。资产管理事业部下设财务管理部、资产处置部、综合管理部，设总经理1人，主持全面工作。2022年末，在岗员工5人，均为本科及以上学历，其中高级职称2人、中级职称2人。

资产管理事业部，是集团公司全面贯彻落实湖南省委、省政府和湖南省国资委深化国企改革、优化资本布局、调整产业结构科学部署，加强集团公司资产管理和运营，推动企业主业归核、资产归集、产业归位，提升运行质效，促进集团公司深化改革总体目标实现而设立的；是集团公司深化改革、优化资本布局的服务平台和权益资本的增值平台。

资产管理事业部是集团公司六大业务板块的重要组成部分，是集团公司经营部门、利润总额中心和经集团公司授权管理的能源资产管理平台，定位为管理型事业部。在集团公司授权范围内，公司主要发挥资产运营的管理平台、不良资产处置的推进平台和存量项目的孵化培育平台作用，通过对目标资产的归类整合、集中管理，集中处置、有序退出，盘活变现存量资产，促进集

团公司的不良资产得到完全处置、闲置资产得到有效利用、运营资产得到价值提升。

资产管理事业部纳入湖南省煤业集团分公司管理序列。集团公司对其行使重大决策权、合理监控权、人事使用和任免权，对资产管理事业部实行目标管理和重点工作任务考核。纳入资产管理事业部管理范围的各公司为集团公司全资子公司，包括涟邵实业公司、资兴实业公司、白沙实业公司、辰溪实业公司、能投房产公司、湖南第一工业设计研究院有限公司和集团公司在湖南文化旅游投资基金的权益资本。

集团公司为资产管理事业部管理范围各公司的出资人，以投入各公司的财产承担有限责任，行使所有者权益，对各公司资产行使占有、使用、处理和收益分配权。各公司法人资格和管理层级不变，领导班子成员职级不变。总部各部（室）通过资产管理事业部对能源资产业务板块运营、不良资产处置、存量项目孵化培育进行管理和监管，其他的管理职能不变。

资产管理事业部自成立以来，资产管理板块累计营业收入 71.2 亿元，利润总额 3.98 亿元。累计资产处置收入 5.9238 亿元，资产处置收益 2.9595 亿元，资产处置超评估价溢价收益 1.0686 亿元。管理和处置湘潭矿业破产剩余有效财产 5395.63 万元，有效处置 4458.68 万元，处置和变现率 82.64%，溢价处置收益 601.46 万元。集团公司棚户区项目存量房产销售面积 49576 平方米，存量房产销售收入 1.2247 亿元。

根据“湖南省煤业集团有限公司发展战略暨‘十四五’规划”要求，资产管理事业部定位于充分发挥资产运营的管理平台、不良资产处置的推进平台和存量项目的孵化培育平台作用，全面完成集团公司剩余低效无效资产的处置，着力推动存量项目孵化培育，不断提升资本运作能力，向专业化金融投资模式转型升级，打造集团公司专业化能源资本运营平台。

历任领导班子正职：

周秋生，总经理（2018 年 8 月— ）。

2022 年领导班子成员：

周秋生为总经理。

四十七、湖南省煤业集团有限公司培训中心（湘煤党校）

湖南省煤业集团有限公司培训中心（简称培训中心）系湖南省煤业集团有限公司的内部培训机构，位于湖南省长沙市天心区大托机场口新梅路 102 号。培训中心于 2009 年 5 月开始筹

建，2010 年 4 月 1 日正式挂牌运作，2010 年 5 月 5 日，在湖南省长沙市工商行政管理局完成注册。2010 年 11 月 4 日，中共湖南省煤业集团有限公司委员会党校在培训中心挂牌并开班。培训中心与湘煤党校的日常业务运作实行“两块牌子、一套人马、合署办公”。

培训中心是集团公司根据企业总体发展战略，实现“人才荟萃，湖南十强，百年湘煤”企业愿景，建立科学有效的职工教育培训体系，为提升全集团公司员工综合素质和业务技能而组建的一所集职工教育、职工培训、党员培训为一体的综合性职工培训学校。培训中心始终坚持正确的办学方向和教育方针，紧紧围绕集团公司人才队伍建设需要，坚持与时俱进、充分发挥职能作用，严格落实集团公司关于培训和人才培养精神，以“培训提能、人才强企、服务湘煤、促进发展”为办学宗旨，以企业需求为导向，以培养高层次、高技能、复合型、应用型人才为目标，牢固树立“感恩企业、服务基层、有为有位”理念，肩负全集团公司的安全生产技术培训和各类干部、员工培训任务，切实发挥好全集团公司学习型组织建设“总引擎”作用，极力构建具有湘煤特色的员工教育培训体系，为集团公司的高质量发展提供新动力，是集团公司高质量发展新的经济增长点。

中共湖南省煤业集团有限公司委员会党校（简称湘煤党校）是集团公司党委直接领导下的学习宣传马列主义、毛泽东思想、邓小平理论、“三个代表”重要思想、科学发展观和习近平新时代中国特色社会主义思想的重要阵地和党性锻炼的熔炉，是培训轮训全集团公司党员领导干部的主阵地、主渠道。湘煤党校的日常管理和业务工作由培训中心负责，主要承担党的宗旨教育、党章、党规、党纪等党的理论教育培训工作和集团公司中层管理干部、基层党务工作者、工会、共青团组织干部、中青年干部和后备干部的教育培训工作。

培训中心属于集团公司直属单位，领导班子成员由集团公司党委任命，机构、人员、培训计划、经营目标由集团公司确定，薪酬与绩效考核统一纳入集团公司总部机关管理范围。

培训中心实行全面预算管理，税务独立申报，财务独立核算，按照收支平衡的原则编制全年财务收支预算，经集团公司审核批准后执行。集团公司对培训中心的资金统一管理、统一调配，培训中心的资金收支实行“两条线”管理，按照集团公司内部银行管理办法实施，年终按规定参加集团公司组织的年度财务集中会审。

培训中心在集团公司领导下开展培训工作，业务指导部门为集团公司人力资源部，培训中心与集团公司人力资源部一道参与培训需求调研、制定培训计划。培训中心负责培训项目的实施，人力资源部负责培训项目的评估和考核。培训中心设有办公室、党群工作部、教务部、财务和劳动工资部等 4 个职能部门，在岗员工 16 人，其中：高级职称 2 人、中级职称 6 人、初级职称 3 人。岗位设有书记、校长、主任讲师、主任经济师、主管、副主管、主办。

2020 年 9 月，按照湖南省国资委党委统一部署和集团公司“关于进一步加强党建工作的实施方案”要求，推进集团公司所属单位基层党组织规范化建设，培训中心由党委变更为党支部，有党员 14 人，直属于集团公司党委领导。

培训中心党支部充分发挥基层党支部的战斗堡垒作用，坚持以习近平新时代中国特色社会主义思想为指导，深入贯彻落实党的十八大、十九大、二十大精神及历次全会精神，突出政治引领，致力培“根”铸“魂”，切实发挥“把方向、管大局、保落实”作用。扎实开展党的群众路线教育实践活动、“三严三实”专题教育、“两学一做”学习教育、“不忘初心、牢记使命”主题教育、党史学习教育、学习贯彻习近平新时代中国特色社会主义思想主题教育等，牢记使命担当、压实全面从严治党，促进党员思想作风转变。13 年间，先后荣获集团公司“优秀党支部”“优秀领导班子”、总部机关“先进集体”等称号。

培训中心筹建期间，集团公司投入 7013.46 万元用于购置和装修办公楼及综合楼，投入 145.61 万元购置办公设备、教学设备及学员住宿食堂设备，后来又投入 9.01 万元添置办公教学设备。2011 年 1 月完成了万鑫嘉园两楼产权证的办理工作，2013 年完成了万鑫嘉园两楼的配电间工程改造。2013 年 7 月，培训中心两栋楼及后勤服务工作移交至湖南楚湘建设工程公司管理。2019 年 6 月 10 日，集团公司为推进学习型组织建设，投资196.52万元建立了集团公司教育培训信息化平台，交由培训中心管理。培训中心拥有计算机室1间、智慧教室1间、多媒体远程录播教室1间、学员之家1间。近年来，培训中心以全集团公司创建学习型组织为契机，以创新培训理念为目标，积极探索干部、员工教育培训工作的新思路、新方法、新机制。通过聘请专家讲学、组建集团公司内训师人才库、开发“模块化”课程和行动教学的培训方法，与湖南省内高等院校（湘潭大学）开展联合培养专业技术人员项目、开设技能人员专项培训班，开展培训教师下基层等活动，稳步推进教学改革创新，不断探索员工教育培训新模式，实现线上线下互联互补，打造了培训教育新格局、新模式，为集团公司的战略发展、安全生产、经济效益、改革发展提供了强有力的人才和智力支撑。2010年4月至2022年12月，培训中心共举办培训班342期（含党校），培训学员25000人次。其中：线下培训班317期，党建企业文化类62期3732人，安全生产类培训班123期6659人，经营管理类培训班82期4879人，干部综合素质类培训班23期1093人，其他类培训班27期2451人。在集团公司教育培训信息化平台上开展25期线上培训班的培训工作，培训学员6186人。

“十四五”期间，培训中心将加强自身建设，增加各类培训，提高培训质量和效果，为提高干部、员工政治和业务素质作出贡献。

历任领导班子正职：

刘省良，校长（2009年5月—2012年12月）；

童建良，党委书记（2009年5月—2017年9月），代理校长（2013年12月—2014年7月）；

梁翠霞，校长（2014年7月—2018年1月）；

邓世瑜，党委书记（2017年12月—2018年11月），校长（2018年11月— ）；

李文军，党委书记（2018年11月—2020年8月），党支部书记（2020年9月— ）。

2022年领导班子成员：

李文军、邓世瑜、徐志华；李文军为党支部书记，邓世瑜为校长。

四十八、湖南能投招标代理有限责任公司

湖南能投招标代理有限责任公司于2020年8月工商注册，2020年10月挂牌成立，注册地址为湖南省长沙市天心区万家丽南路二段1099号，系湖南煤业股份有限公司全资子公司。

公司经营范围：工程建设项目招标代理服务；科技项目招标服务；政府采购代理；政府采购咨询服务；物流设备采购；工程项目管理服务；组织采购、供应成员所需的生产资料；工程技术咨询服务。

公司依法设立，依法登记注册，自主经营、自负盈亏、自我发展、自我约束、自担风险；公司不设立董事会，设执行董事为公司法定代表人，由出资人委派；公司不设立监事会，设监事1名，由集团公司监事会委派；公司成立初期与湖南煤业股份有限公司物资供应分公司合署办公，三年内逐步实现市场化独立经营。公司下设党群工作部、综合管理部、招标部、运营部、财务部、工会办公室6个职能部室；公司职员共14人，其中股份公司物资供应分公司兼职人员11人。

公司受集团公司非煤单位和股份公司物资供应分公司的委托，开展集团公司非煤单位的招（议）标、股份公司招（议）标业务，并遵守国家有关招标投标的法律法规与条例的规定和集团、股份公司有关管理制度的规定；协助物资供应分公司对股份公司各单位组织的物资采购招（议）标工作进行指导；对外积极开展招标代理业务等。

公司承揽包含但不局限于工程、设备（材料）、服务等采购项目的招标与采购代理，以及招标采购业务、合同方案等方面的咨询服务等，以收取代理服务费的模式实现公司创效运营。公司通过不断加强企业制度建设，建立了一套业务运作比较规范流畅的管控体系，基本实现了制度化管人、信息化管事、标准化作业，公司未来发展前景可观。

2021年，营业收入192.78万元，利润总额37.73万元；2022年，营业收入348.86万元，利润总额133.73万元。

2022年领导班子成员：

谢攸松，执行董事、总经理。

四十九、湖南省湘潭矿业集团有限公司留守处

湖南省湘潭矿业集团有限公司留守处前身为湖南省谭家山煤矿，于1958年建矿，系省属国有企业。矿区位于湖南省湘潭县谭家山镇，占地面积7.88平方千米。G107国道经过矿区西部边缘，S313省道直穿矿区中心，京广铁路、京珠高速、京珠高铁从矿区东北部通过，湘江、渌水流经矿区的北部和东部，交通十分便利。

谭家山矿区煤炭发现和开采历史源远流长。《湖南省建设月刊》《湖南之矿业》《湘潭今著》记载：明嘉靖年间即有人采掘。抗战时期，国家资委会与当时全国第三大煤矿——中英合资经营的焦作中福公司总工程师、中国现代能源工业创始人和奠基人、工矿泰斗孙越崎亲赴湘潭考察，联合设立湘潭谭家山煤矿筹备处，1937年11月，组建湘潭煤炭有限公司。抗日战争胜利后，成立中湘煤矿局中湘煤矿，湖南和平解放后，由省军事管制委员接管。为解决湖南特别是湘潭地区钢铁主焦煤需求，湖南省政府和湘潭地委决定开发谭家山矿区，1958年6月，湘潭专区谭家山煤矿成立。1980年1月更名为湖南省谭家山煤矿，隶属湖南省煤炭工业局管辖。

2003年9月，湖南省谭家山煤矿改制为湖南省湘潭矿业有限公司，2005年9月变更为湖南省湘潭矿业集团有限公司。2006年9月，湖南省国资委批准，成为湖南省煤业集团有限公司全资子公司，2009年7月变更为湖南黑金时代股份有限公司控股子公司，2011年8月成为湖南黑金时代股份有限公司全资子公司，注册资本7219.8万元。经营范围：煤炭生产、销售批发，在本企业“采矿许可证”“煤炭生产许可证”核定的范围内从事煤炭开采、销售，机械配件的加工、修理，电力设施的承装、承修、承试等。

2006年9月，湘潭矿业公司有二级单位9个。原煤单位5个，即一矿、三矿、四矿、谭二井煤业公司和正湘煤业有限公司，其中谭二井煤业公司因资源枯竭于2006年10月关闭破产；

2004 年 5 月成立正湘煤业公司，作为湘潭矿业公司在贵州的原煤生产接替基地，2010 年湘潭矿业公司将所持有的该公司股权全部转让，增值率 170.38%。非煤单位 4 个，即建安公司、正科机械有限公司、正鑫投资有限公司、职工医院。公司设有 15 个职能部室。截至 2015 年 11 月底，在册职工 4559 人。

2015 年末，生产矿井 3 个，即一矿、三矿、四矿，核定生产能力 56 万吨/年。公司生产焦煤，冶金、化工、动力用煤。2006—2014 年，原煤产量 516 万吨，煤炭销量 484 万吨，营业收入 263366 万元，利润总额 36739 万元，上交税费 42756 万元。

加大对生产系统的技术改造力度，生产条件得到显著改善，其中一矿实际生产能力提高到 30 万吨/年。2013 年 3 月小型割煤机制作成功，并投入一矿试点，工作面单产 7500 吨/月。

矿井安全质量标准化建设。按照“巩固、提高、发展、创新”的标准化工作方针，以建设“八化”矿井为目标，强力推进安全质量标准化矿井建设，落实到现场、落实到连队班组、落实到生产工序。2011 年底，一矿、四矿达到省一级标准化矿井，三矿达到省二级标准化矿井。

推进采煤方法技术革新。三矿、四矿推广正倾斜掩护支架采煤方法，提高了工作面的安全性能和单产、工效。正倾斜掩护支架采煤工作面运用耙煤机，基本消除了工作面中间“天眼”，减少了天眼准采进尺，降低了生产成本。三矿、四矿试点推广反井钻机技术，通风眼掘进机械化，掘进成本降低 64%，加快了掘进速度。

开展业务竞赛活动，进一步提高了技术人员业务理论水平，多篇学术论文在国家级刊物上发表。其中《刚性帷幕注浆止水固化技术在湘潭二矿的应用》《张开式伪斜掩护支架的探讨》《分析急倾斜采煤法煤层注水》等三篇论文在《能源技术与管理》上发表。

建立健全安全生产责任制，强化了瓦斯综合治理、防治水管理、顶板管理、非正规采煤方法整改等安全重点工作。“一通三防”管理水平明显提高，矿井防灾、抗灾能力显著增强。

推进“五型企业”建设，财务管理实行了以预算管理、成本管理、利润总额管理的财务管理体系，每年根据生产经营计划及时组织编制财务预算。在资金管理方面严格审批程序，提高了资金利用率。资产实行集中管理，资产规模扩大到 4 亿多元。

加强销售工作，舞活销售龙头。从 2006 年开始公司在集团公司的统一管理下，为开拓市场自建洗煤厂，并做好煤炭运销管理工作。十年来公司实现了产运销平衡发展。2014 年以后，企业资金极度紧张，生产所需要的材料难以采购到位，公司强化内部挖潜，积极开展物资回收利用和利库工作，确保物资正常供应，保证了生产的稳定发展。据统计，2014—2015 年充分挖潜利旧利库，共节约采购资金 1500 多万元。

公司党委坚持“融入中心抓党建，抓好党建促发展”的工作思路，创新党建工作。进一步健全党内民主生活会制度，落实“三会一课”制度，并将其统一纳入政工目标管理考核之中。注重强化党风廉政建设，每年与下属各单位及部门党政一把手签订党风廉政建设责任状。在认真开展党的群众路线教育实践活动和“三严三实”专题教育中，各级党组织和广大党员、干部围绕“为民务实清廉”主题，按照“照镜子、正衣冠、洗洗澡、治治病”的总要求，聚焦“四风”问题，扎实推进教育实践活动。针对反馈的意见，制订措施进行整改，召开了高质量的领导班子民主生活会，在督查组进行的民意调查中，群众评价满意达 99%。注重推进矿区文化建设，以《湘煤集团报》《湘矿通讯》、广播站、电视台为阵地及时宣传矿区文明建设取得的成效，逐步积淀和形成了“团结、敬业、开拓、创新”的企业精神、“诚实、守信、服务、共赢”的经营理念、“一专多能有限多元，以煤为主多业并举”的发展理念。企业工会积极开展“职工之家”创建、民主管理、劳动竞赛、职工维权、扶贫帮困、班级建设和文体活动，被授予“湖南省模范职工之家”，在湖南省总工会“安康杯”竞赛中获得“优胜企业”称号。

因资源枯竭，企业生产经营困难，扭亏无望，2015 年 12 月，湘潭市中院裁定破产，进入关闭破产法律程序，2017 年 12 月破产程序终结，报经湖南省国企改革办批复管理人组建湖南省湘潭矿业集团有限公司关闭破产留守处（下称留守处），定编 34 人，人员公开海选竞聘上岗。2018年1月1日，留守处正式运行，设职能部门5个。

留守处行政及留守处党支部注重工作方式，确立了“以人为本做好破产扫尾工作、盯守跟磨全力推进社会职能移交工作、关注民生确保职工生产生活安全、多措并举确保矿区稳定大局”的工作重心。其中，在加快推进社会职能移交工作方面，湘潭县委县政府一直将留守机构移交与解决房赔、土地移交等破产遗留问题捆绑在一起，致使社会职能和留守机构移交工作处于胶着状态，集团公司董事长、党委书记廖建湘和集团公司党委副书记文仕秋非常重视留守处的工作，先后多次调度、调研留守机构职能实质性移交工作情况。留守处在常态化与湘潭市县政府保持多层级、多轮次的沟通协调和采取“盯”“守”“跟”“磨”等方式的同时，积极参加由湖南省政府、湖南省国企改革办和湖南省国资委等主持召开的专题会议8次，推动促成湘潭县市政府召开专题会议34次，各项工作得以渐进式推进。

留守处党支部注重党建思想政治工作。2019年9月，湘潭市委将湘潭矿业公司党委的地方管理下放到湘潭县。2021年11月，集团公司党委批复成立留守处党支部，选举支部委员会成员三人，支部下设三个党小组，在编党员31人。

注重加强党建工作阵地建设，夯实基层基础，党支部新辟一个党员学习活动室和党建文化走廊，新建一个标准的集党员学习、支部活动、党员宣教、“三会一课”于一体的党员学习活动室，为党员学习和党建工作的开展提供了良好的阵地，为“五化支部”的建设提量升级。认真开展“不忘初心、牢记使命”主题教育，2021年11月至2022年底，组织集中理论学习58次，认真宣贯习近平新时代中国特色社会主义思想、党的十九大、二十大精神，深入开展党史学习教育，学习贯彻习近平新时代中国特色社会主义思想主题教育，用理论思想武装头脑，用红色教育充分激发全体党员和职工群众建设“三个湘煤”、打造“三个共同体”的工作热情，进一步引导党员干部树牢“四个意识”、坚定“四个自信”、做到“两个维护”，真正把全面从严治党主体责任落到实处。学习贯彻习近平新时代中国特色社会主义思想主题教育有声有色，留守处党支部按照集团公司党委统一要求，成立了专项活动领导小组，制定了详细的活动方案和配套措施。深入开展帮扶困难党员活动，每年“七一”及春节前夕，留守处均以帮扶享受低保党员和生活特别困难党员为重点，大力开展扶贫帮困活动。至2022年底，共慰问帮扶困难党员620人次。留守处党支部注重加强信访维稳工作，针对湘潭矿业公司破产后没有重组，导致历史遗留问题积淀厚重、困难职工群体大且诉求多，加之周边工农矛盾交织在一起，矿区维稳压力巨大、各项诉求依然强烈的现状，定期对稳定风险进行评估，制定稳定工作方案，协调地方政府，实行分级负责、定点蹲守、上门服务，特别注重做好困难职工和情绪不稳定职工的思想工作；重点做好各类人员的来访接待和政策解答工作，由于措施得力、工作到位，无论是在关闭破产还是在社会职能移交期间，均没有发生重大不稳定事件，实现了“五个不发生”工作目标，确保了矿区稳定大局。

在新冠疫情防控工作方面，留守处党支部和行政注重充分发动群众群防群治，疫情防控工作卓有成效。留守处按照集团公司和县卫健局对新冠疫情防控要求，根据矿区家属区、分路口安置区、易俗河及板塘铺宿舍区的防控范围广、人口分布散、人群流动大和留守处办公区域集中等特点，成立了疫情防控领导小组，先后下发了5个关于切实加强疫情防控工作的专门文件，制定了严密的防控措施。期间，留守处主任王亮山、谢押南先后带领周日升、陈建锋、李正雄、刘敏智、陈海林、王立强、黄象毫等在矿区范围内发放口罩14800余个、张贴标语353条、发放宣传单1800余份、购置酒精及84消毒液520瓶、购置防护服150多件（套），为矿区和职工住宅区的职工家属提供了有效的防护措施和安全保障。

“十四五”期间，留守处将认真落实习近平新时代中国特色社会主义思想精神和集团公司有关指示和要求，积极处理各类遗留问题，维护矿区稳定大局，朝着“十四五”既定的目标努力奋进。

历任董事长、总经理、党委书记：

廖建湘，董事长、党委书记（2006年6月—2007年9月）；

孔富根，董事长、总经理（2007年11月—2011年11月）；

陈锡辉，党委书记（2007 年 11 月—2009 年 7 月）；

王福全，党委书记（2009 年 7 月—2011 年 11 月），董事长、党委书记（2011 年 11 月—2014 年 12 月）；

陈久良，总经理（2011 年 11 月—2014 年 12 月）；

龙正松，董事长、总经理（2014 年 12 月—2015 年 12 月），关闭破产办公室主任（2016 年 1 月—2017 年 12 月）；

陈石华，党委书记（2014 年 12 月—2017 年 12 月）；

王亮山，关闭破产留守处主任（2018 年 1 月—2021 年 3 月）；

谢申南，关闭破产留守处主任、党支部书记（2021 年 3 月— ）。

2022 年领导班子成员：

谢申南为党支部书记、留守处主任。

五十、湖南煤业股份有限公司驻长沙矿业有限公司工作组

湖南黑金时代股份有限公司驻长沙矿业有限公司（简称长沙矿业公司）工作组前身为湖南省煤炭坝煤矿，1951 年建矿，2006 年成为湖南省煤业集团子公司。2008 年 12 月 30 日，湖南省长沙市中级人民法院宣告破产。2009 年 12 月，湖南黑金时代股份有限公司出资 3300 万元（占总股本的 55%）、广东中铁实业投资有限公司出资 2700 万元（占总股本的 45%），破产重组，成立湖南黑金时代股份有限公司长沙矿业有限公司，注册资本 6000 万元。2012 年 5 月，公司申请增加注册资本 7000 万元，增资后的注册资本 1.3 亿元，其中湖南黑金时代股份有限公司出资 7150 万元，占总股本的 55%，广东中铁实业投资有限公司出资 5850 万元，占总股本的 45%。2015 年 6 月末，公司资产总额为 22820 万元。

公司地处湖南省宁乡县北部，距 319 国道 17 千米、宁乡县城 25 千米，距湖南省长沙市 70 千米，省道煤双线、煤回线贯穿矿区，交通十分方便。

长沙矿业公司始终把安全生产放在首位，坚持安全生产“高于一切、重于一切、先于一切、压倒一切”的理念，建立健全各项安全生产制度，创新安全教育方法，互动式教育模仿法庭的审理、辩护形式，举行互动式教育活动，同时利用手机短信平台进行警示教育。大力推进安全质量标准化工作，始终抓住“六个一”标准化典型创建活动和“三管二线一卫”整治活动不放松。集中人力、物力，分阶段、分步骤，对薄弱环节按照高标准、严要求进行整治。

长沙矿业公司不断推进生产技术进步，2011 年，一次性采全高的悬移顶梁支护采煤工艺在五亩冲煤矿上马，最高月产量达到 1.5 万吨，刷新了五亩冲煤矿有史以来单面单月单产的新纪录。煤巷综掘机在五亩冲煤矿创下了单班掘进 7 架，单头单月掘进 240 米的煤掘纪录。2008—2011 年，投入资金 14000 多万元，用于矿井支护改革、矿井水害防治以及“六大系统”建设。

长沙矿业公司在用工管理上遵循《劳动法》《劳动合同法》，规范员工招聘流程，优化劳动合同管理，改进异动申报制度，积极推行用工形式多样化，有效规避了劳动纠纷。

在全日制合同员工参加“五险一金”的基础上，拓宽保险渠道和保险覆盖范围，为从事非全日制、劳务协议和经济承包合同人员办理了商业保险。公司参保员工年度社会保险缴费基数申报核定利用 Excel 统计功能，快捷准确统计，确保了社保基础数据的真实、准确，并有效降低了公司管理成本，维护了员工的合法权益。

长沙矿业公司破产重组后，在职人数 2451 人，中层管理人员 54 人，机关管技服务人员 75 人，直属单位管技人员 25 人，矿井管理技术人

员49人，地面人员和管技服务人员318人。

长沙矿业公司每年举办煤矿安全质量标准化、工程技术人员、安全管理人员及井下重要工种作业人员和新工人培训班，共举办培训班13期，培训718人次。按照地方政府管理部门的要求，组织送培办证27期264人。按照集团公司要求，送湘煤大学培训35期142人次。公司指导煤矿新工人、井下特殊工种岗位培训1841人次，职业技能资格持证人员590人。

长沙矿业公司强化物资管理，加强供应商的管理与考核，对供应商的履约、质量及信用状况采取月考核、季评比、年筛选的方式进行，定期优化供应商结构。2010—2014年共计完成采购任务3.5亿元，且每年以降低5%～8%的采购量递减，节约资金近7800万元。

长沙矿业公司舞活销售龙头，适时调整营销策略，保证货款回笼，加强煤质和运输环节管理，货款回收率达到92%以上。2006—2014年累计回收货款31.5亿元。

长沙矿业公司大力加强党建工作。至2015年6月，公司党委共有二级党委3个，党总支4个，党支部45个，党员523名。在共产党员先进性教育活动中，公司党委成立了领导小组办公室，制订教育活动实施办法和学习方案，召开了动员大会、优秀事迹报告会、形势报告会。在活动中以宣传专栏、宣传报道、宣传横幅标语、宣传学习资料为载体，不断加大宣传力度。公司召开了征求意见座谈会，发放征求意见表征集意见和建议。公司500多名党员参加了学习教育，党员参与人数占党员总人数的98%。2014年3月，根据集团公司党委统一部署，开展党的群众路线教育实践活动，全公司487名党员共41个基层党支部参加了教育实践活动。在学习教育、听取意见环节，做到动员部署到位，学习研讨深入，边查边改见效。通过召开座谈会、下发征求意见表、设立职工意见箱等方式征集各类意见与建议316条，其中对“四风”方面的意见与建议232条，关乎职工切身利益、企业改革发展等方面的问题和意见84条。全公司基层党支部和党员参加了民主评议，129名群众参与评议。

加强企业文化建设。在安全文化建设方面，公司每年6月开展安全月活动。2007年以来，每年组织管理人员及员工观看以安全生产为主题的警示教育片，培养广大员工抓好安全的责任感和使命感；组织开展“树立安全第一，实现安全目标”和“慎言成绩、警惕问题、反骄破满”大讨论，制订各岗位工种安全责任制。在廉洁文化建设方面，从2010年起，公司编印“煤黑如乌金，心洁似白玉”“廉洁从业规章制度”，内容包括廉洁理念、基本准则、职业道德规范、制度建设、廉政格言等内容和公司廉洁从业的规章制度，科队级以上骨干年年签订廉洁从业责任状。积极打造宣传湘煤理念、展示员工风采、服务矿区建设、聚焦湘煤发展的新闻平台，着力做好湘煤报刊发放与管理工作。2007年在《湘煤集团报》上稿26篇，2008年上稿22篇，2009年上稿22篇，2010年上稿74篇，2011年上稿45篇，2012年上稿58篇，2013年上稿72篇。

加强对工会和共青团工作的领导。公司工会组织完善，每年召开职工代表大会，对经理层履职情况实时监管、监督。工会共质询各类问题210个，整改160个，整改率达到76%。公司开展班组建设工作，每个季度坚持进行总结表彰，先后评比出班组建设先进单位3个，红旗队组350队次，明星班组410班次，优秀队长350人次，模范班组长410人次。公司有全国劳动模范1人，全国煤炭系统劳动模范2人，省市劳动模范5人。

积极关心职工生活，对职工危房进行改造修缮，共安置危房职工家属729户，面积达到6100多平方米。2010年，公司再次争取国家棚户区改造政策，第一期一批安置1074户，2014年12月交房使用，第一期二批安置748户，2015年7月交房使用。第二期工程安置1879户，2018年7月交房使用，建筑总面积达到33万平方米，解决了公司职工家属的住房问题。

2014年11月长沙矿业公司因淹井停产，设立了留守机构，2022年底，留守机构有在职人员3人，1～6级工伤人员11人，股份公司派驻丁治军担任长沙矿业工作组组长。留守机构主要处理人员安置和历史遗留问题。

妥善安置人员，办理离职手续领取经济补偿金2899人，2016—2022年协助办理正常退休、特殊工种退休893人。

2016—2022年，应对司法判决100余起，处理历史遗留问题300余起，缓解了相关矛盾，维持了相对稳定局面。公司原办公楼、档案室作为办公、财务及人事档案存放地点。

“十四五”期间，工作组将以维护矿区稳定大局为重，加强管理，积极处置各类遗留问题，为集团公司高质量发展作出贡献。

历任领导班子正职：

罗瑞峰，董事长、党委书记、总经理（2006年6—10月），董事长、党委书记（2006年11月—2007年11月）；

黄奂果，总经理（2006年12月—2007年12月），董事长、党委书记、总经理（2007年12月—2009年11月），董事长、党委书记（2009年12月—2013年6月）；

邓建长，总经理（2009年12月—2013年6月），董事长、党委书记（2013年7月—2014年3月）；

丁治军，总经理（2013年7月—2014年3月），工作组副组长（主持工作）（2016年8月—2017年4月）工作组组长（正部级）（2017年4月— ）；

彭斌武，总经理（2014年4月—2015年9月）；

涂湘明，董事长（2014年4月—2015年9月）；

杨富强，党委书记（2014年4月—2020年8月）；

黄学军，总经理（2015年9月—2016年7月）。

2022年工作组组长：

丁治军。

附　　录

附录一 重 要 文 献

一 湖南省政府关于设立湘煤集团的批复

湖南省人民政府

湘政函〔2005〕214号

湖南省人民政府
关于设立湖南省煤业集团有限责任公司的批复

省国资委、省煤炭工业局:

你们《关于组建湖南省煤业集团有限责任公司的请示》(湘国资[2005]330号)收悉。经研究,现批复如下:

一、同意设立湖南省煤业集团有限责任公司(以下简称省煤业集团)。原则同意《湖南省煤业集团有限责任公司组建方案》和《湖南省煤业集团有限责任公司章程》。

二、省煤业集团以涟邵矿业集团有限公司、资兴矿业集团有限公司、白沙煤电集团有限公司、长沙矿业集团有限公司、湘潭矿业集团有限公司、省辰溪煤矿等6家省属国有企业的国有净资产作为出资,重组设立。

三、省煤业集团由省国资委履行出资人职责。由省国资委按新的授权经营管理办法,对省煤业集团统一认定、实施授权经营,省政府原对上述有关企业的授权经营自行终止。省煤业集团董事长、总裁、党委书记按照省委有关干部管理办法任免。省煤业集团副职领导成员和所属企业的党政班子成员由省国资委按照国有企业领导人员管理办法统一管理。

省煤炭工业局继续履行省政府确定的“三定”职能，对煤炭企业（包括省煤业集团）履行地方安全监管和行业管理职能，并负责未进入省煤业集团的 8 家省属煤炭企业的管理和改革等工作。

四、你们要尽快组织实施《湖南省煤业集团公司组建方案》，并严格执行《公司法》的有关规定，积极推进企业的改革改组和现代企业制度建设，尽快完善公司法人治理结构，积极引进战略投资者，实现产权多元化。要根据国家产业政策和市场导向，制定产业发展规划，加快结构调整，采取收购、兼并、参股、控股等市场化手段，对省内煤矿进行整合，形成主业突出、核心竞争力强的大型集团公司，增强我省煤炭工业的整体竞争实力，进一步提高投资效益和经济效益。

五、组建省煤业集团关系我省的能源安全和经济社会的可持续发展，省直相关部门和单位要积极支持省煤业集团的建设发展，省内煤炭资源要优先安排省煤业集团勘探、开发和经营。

湖南省人民政府

二〇〇五年十一月七日

主题词：经济管理　公司　设立△　批复

抄送：省委组织部，省发改委，省经委，省财政厅，省国土资源厅，省劳动保障厅，省安全生产监管局，省地税局，省国税局，省工商局，湖南煤矿安全监察局。

二 湖南省国资委党委关于设立集团党委、纪委的通知

中共湖南省国资委委员会

湘国资党委函〔2006〕25号

关于设立中共湖南省煤业集团有限公司委员会和纪律检查委员会的通知

湖南省煤业集团有限公司：

根据中共湖南省委组织部《关于同意设立中共湖南省煤业集团有限公司委员会和纪律检查委员会的批复》(湘组〔2006〕47号)，设立中共湖南省煤业集团有限公司委员会和纪律检查委员会。

中共湖南省国资委委员会

2006年6月16日

三　湖南省总工会关于成立集团工会的批复

湖南省总工会文件

湘工字[2006]17号

关于同意湖南省煤业集团有限公司成立工会的批复

湖南省煤业集团有限公司：

根据《全国总工会关于企业集团建立工会组织的试行办法》和省人民政府组建省煤业集团有限公司的有关批复精神，现对贵公司组建工会申请批复如下：

一、同意成立湖南省煤业集团有限公司工会委员会，管理集团公司所属煤矿及辅业工会，在原三个矿务局分别设立工会工作委员会，作为派出机构，在改制过渡期受集团公司工会委托管理其所属辅业单位工会。

二、集团公司工会作为省总工会直属基层工会，由省总工会直接领导，同时接受省煤炭工会业务指导。

三、 集团公司所属单位工会接受集团公司工会和当地市总工会的领导，以集团公司工会领导为主。

四、集团公司工会财务由省总工会领导，其所属单位工会财务同时接受集团公司工会及当地市总工会管理，以集团公司工会管理为主。工会经费分成比例为：集团公司和所属单位每月按全部职工工资总额的2%拨缴的工会经费中，集团公司工会和所属各单位工会共同留用 60%（所属单位工会不低于 50%），上缴所在地市（州）总工会 10%，省总工会（含全总）30%。上缴省总（含全总）和地方总工会的工会经费，委托有税收管辖权的所在地地税机关代收。

湖南省总工会

二〇〇六年十二月十八日

主题词：组织建设 省煤业集团有限公司 批复

湖南省总工会办公室 2006 年 11 月 18 日印

四 湖南省国资委关于集团申请授权经营的批复

湖南省人民政府国有资产监督管理委员会

湘国资考核函〔2006〕410号

关于湖南省煤业集团有限公司申请授权经营的批复

湖南省煤业集团有限公司：

你公司《关于对我公司国有资产实行授权经营的请示》(湘煤集企改〔2006〕296 号）收悉。经研究，同意授权你公司董事会代表我委在以下重大事项上履行部分出资人权利：

1、在我委批准的主业、发展战略和规划范围内，决定公司年度投资计划，依法定程序决定或参与公司年度投资计划内的公司本部和子公司的主业投资。你公司主营业务为：煤炭开采及洗选，炼焦，电力、热力生产供应，煤炭及制品批发。

2、在我委核定的当年担保总额的范围内，决定对全资子公司的担保，具体额度由我委另行明确；对同一控股或参股企业的担保，按照同股同责的原则，在各股东共同履行担保责任的前提下，决定以上年度所享有的权益范围内的担保。

3、决定你公司全资、控股、参股子公司及以下独立法人单位的产权转让金额（指评估价）不超过2000万元且不丧失国有控股地位的国有产权转让。

你公司要依据我委授权，进一步规范公司重大事项的决策程序，修改公司章程，在公司章程中对投资、担保、国有产权转让等重大事项决策的范围、数量界限和决策程序作出明确具体的规定，并将公司章程修改草案报我委企业改革发展处审批。你公司章程经我委审核批复并与我委签订授权经营责任书后，上述授权正式生效。

二〇〇六年十二月十日

主题词：经济管理 煤业集团△ 授权经营 批复

省国资委办公室　　　　2006年12月11日印发

（共印10份）

五 湖南省国资委关于《湖南省煤业集团有限公司组建方案》的组织实施方案的复函

湖南省人民政府国有资产监督管理委员会

湘国资改革函〔2006〕291号

关于《湖南省煤业集团有限公司组建方案》的组织实施方案的复函

湖南省煤业集团有限公司：

你公司《关于审批<湖南省煤业集团有限公司组建方案>组织实施方案的请示》（湘煤集办〔2006〕91 号）收悉。经研究，现函复如下：

一、你公司要按照省人民政府湘政函〔2005〕214 号文件及《湖南省煤业集团有限公司组建方案》的精神，遵循“统筹设计、分步到位、平稳过渡”的方针，结合公司实际，周密部署，精心组织，积极、稳妥、有序地推进组建方案的实施工作。

二、在实施工作中，你公司要坚持责、权、利相统一的原则，兼顾各方利益，充分调动各级积极性；坚持管理幅度、管理层级与管理能力相匹配的原则，强化执行力，确保安全生产与企业稳定。

三、在当前公司组建运作的关键时期，要着力抓好资产过户、产权变更登记；加强自身能力建设，理顺、建立和完善内部管理体制；加大资源控制和拓展工作力度；认真谋划公司“十一五”发展战略规划；着力改善外部环境，争取优惠政策支持等重点工作，确保公司起好步、开好局。

二〇〇六年八月二十九日

主题词：经济管理　湘煤集团△　组建　实施方案　函

省国资委办公室　　　　　　2006 年 8 月 29 日印发

（共印 10 份）

六　湖南省人民政府2008年第12次常务会议纪要

湖南省人民政府常务会议纪要

第 12 次（一）

湖南省人民政府办公厅　　　　二○○八年十一月十三日

9月5日下午，省长周强主持召开第12次省政府常务会议，研究部署开展解放思想大讨论活动，听取省国资委关于做强做大湘煤集团（湖南省煤业集团公司）全力打造湖南能源保障主平台有关情况的汇报，并进行了讨论研究。

会议议定了以下意见：

一、关于开展解放思想大讨论活动

各级各部门要认真贯彻落实省委关于解放思想大讨论活动的部署，精心组织，精心安排，紧紧围绕坚持科学发展、加快富民强省这个主题，进一步转变观念，深化改革，扩大开放；加快政府职能转变，改进工作作风，提高行政效能，建设责任政府、法治政府和服务型政府，为推进“一化三基”、加快实现富民强省提供有力保障。

二、关于做强做大湘煤集团、打造能源保障主平台

（一）充分认识做强做大湘煤集团、打造能源保障主平台的重要意义。湘煤集团是我省整合省属煤矿组建的一家国有大型煤矿企业，在今年的抗冰救灾、调煤保电的关键时期，发挥国有企业主力军作用，坚决服从省委、省政府的宏观调控，为保证全省经济社会又好又快发展做出了突出贡献。做强做大湘煤集团，打造湖南省能源保障主平台，是省委、省政府站在全省能源安全和经济安全的战略高度做出的一项重要战略决策，对于加快推进“一化三基”和新型城市化，实现富民强省具有十分重要的意义。全省各级各有关部门要进一步统一思想，增强忧患意识和责任意识，加大对湘煤集团的支持力度，全力扶持湘煤集团进一步做强做大。

（二）原则同意省国资委关于做强做大湘煤集团全力打造湖南能源保障主平台的思路和措施。

1、同意湘煤集团以协议方式获取现有耒阳坦里深部等 16 对生产矿井边深部资源作为接替资源进行扩界开采；在技术经济论证可安全开采的前提下，已关停的原辰溪狮子山等 6 对省属煤矿，以协议方式配置给湘煤集团，经法定程序恢复开采。

2、按一个矿区一个开发主体的国家产业政策，加快省内资源整合步伐，依法依规推动省内煤炭资源向湘煤集团集中。其中现已探明可供建井的金竹山深部井田等 11 处资源以协议方式配置给湘煤集团。对正在或计划勘探，但尚未设置矿权可建 9 万吨/年及以上新井的湘潭王家山井田等 8 处资源以协议方式配置给湘煤集

团。今后新探明储量规模在 200 万吨及以上可建新矿好矿的优质煤炭资源，要向湘煤集团集中。

3、原则同意长沙矿业公司破产，考虑煤炭企业特殊困难的客观实际，可按省政府办公厅湘政办发[2004]25 号文件的有关规定给予适当补助。省国企改革办组织实施株洲洗煤集团（湖南天泰能源有限责任公司）的破产重组工作，并妥善处理好与山西潞安矿业集团的相关问题。

4、同意湘煤集团加快组建股份公司，积极引进战略投资者，尽早上市融资，筹措建设资金。同时，省相关专项资金要向湘煤集团倾斜，加大对湘煤集团的资金支持。全省每年安排的 2000 万元煤矿基建资金和 800 万元煤矿技改资金，主要用于支持湘煤集团所属煤矿基本建设和技术改造。全省技术改造资金、新型工业化引导资金和信息化建设专项资金等，适当向湘煤集团煤矿项目倾斜。

5、湖南省土地资本经营公司持有的攸县柳树冲煤矿 5500 万元股权上移至湘煤集团即将剥离成立的湘煤股份公司中持股，但不参加管理。

6、湘煤集团所属矿井及新增矿井采矿权价款按国家现行规定处理。

7、几个具体问题

（1）湘煤集团所属金竹山公司塘冲矿井建设工程要尽快复工。由省发改委牵头组织省国土资源厅、省安监局（湖南煤监局）、省煤炭局补批相关手续。

（2）原则同意湘煤集团在“十一五”期间新建9万吨/年规模的矿井，列入省重点建设工程。在湘煤集团现有实际矿井总数基础上，湘煤集团9万吨/年及以上规模新建矿井办矿指标不受限制。其它新建矿井仍按有关规定执行。

（3）对湘煤集团有关证照办理和煤矿开采手续等方面予以支持。现有生产矿井在现有合法矿界范围内的采矿权证办理及年检，由各有关国土资源管理部门按照高效、便捷的原则优先办理，省国土资源厅积极支持、督促。

（4）要进一步规范和整治煤矿开采秩序。湘煤集团现有煤矿开发区域内的现有合法小煤矿必须控制在已批准的矿界范围内，省国土资源厅、省煤炭局不再批准其扩界开采。其他非法小煤矿一律关闭到位。

（三）加快省外煤炭基地建设步伐。积极依托中央直属大型发电企业，在省外建设直接供应我省的煤炭基地。湘煤集团要立足省内，放眼省外，拓展煤炭资源供应渠道，从多方面构筑煤炭能源保障主平台。

（四）进一步加强湘煤集团的经营管理。湘煤集团要按现代企业制度要求，深化改革，转换机制，创新管理，多渠道筹集发展资金，进一步做强做大，为我省经济社会又好又快发展和富民强省提供稳定可靠的能源支撑。

（五）省国资委要会同有关部门根据会议讨论意见进一步细

化有关扶持湘煤集团做强做大的各项措施意见。有关协调工作由陈肇雄同志负责。

出席：周强、于来山、甘霖、陈肇雄、袁建尧。

列席：李友志、邹育文。

省政府副秘书长刘庆选，省政府办公厅朱一平、刘岳辉、田彦智、严余江，省发改委袁乾培，省经委谢超英，省国土资源厅方先知，省信息产业厅贺仁雨，省国资委莫德旺、向曙光，省安全生产监管局严寅初，省政府法制办许显辉，省煤炭局陈永康，省监狱管理局黄春阳，湘煤集团覃道雄及省重点办有关负责人。

记录：毛健刚、鲁明。

发送：省委常委，副省长，省委办公厅，省人大常委会办公厅，
省政府办公厅，省政协办公厅，列席会议各单位。

七 中共湖南省委关于湘煤集团第一次党代会选举结果的批复

210121

中国共产党湖南省委员会

湘委干〔2019〕203 号

★

中 共 湖 南 省 委
关于中共湖南省煤业集团有限公司
第一次代表大会选举结果的批复

中共湖南省煤业集团有限公司委员会：

省委同意中共湖南省煤业集团有限公司第一次代表大会选举产生的中共湖南省煤业集团有限公司第一届委员会和中共湖南省煤业集团有限公司第一届纪律检查委员会。

同意中共湖南省煤业集团有限公司第一届委员会第一次全体会议选举廖建湘同志为书记，文仕秋、杨洁同志为副书记。

同意中共湖南省煤业集团有限公司第一届纪律检查委员

会第一次全体会议选举罗和平同志为书记。

中共湖南省委

2019 年 11 月 6 日

抄送：各市州委，省委各部委，省直机关各单位、各人民团体党组（党委）。

中共湖南省委办公厅　　2019 年 11 月 12 日印发

八 集团第一次党代会党委工作报告

坚守初心使命 加快转型升级 为集团公司高质量发展不懈奋斗

——在中国共产党湖南省煤业集团有限公司第一次代表大会上的报告

廖建湘

（2019 年 11 月 6 日）

各位代表、同志们：

现在，我代表集团公司党委向大会作报告。

中国共产党湖南省煤业集团有限公司第一次代表大会，是在中国特色社会主义进入新时代、全国上下热烈庆祝新中国成立 70 周年、全省国资国企改革和集团公司转型发展的关键时期，召开的一次十分重要的大会。

大会的主要任务是：以习近平新时代中国特色社会主义思想为指导，全面贯彻落实党的十九大精神、省第十一次党代会精神、全省国有企业党建工作会议精神，回顾总结过去，谋划部署未来，选举产生新一届中国共产党湖南省煤业集团有限公司委员会和纪律检查委员会，动员集团各级党组织、广大党员和干部职工不忘初心、牢记使命，团结一心、奋发有为，加快推动转型升级，实现企业高质量发展，为谱写富饶美丽幸福新湖南的湘煤篇章而不懈奋斗。

一、集团组建以来的工作回顾

2006 年，省委省政府为加强煤炭能源供应保障，整合“三局三矿”组建湘煤集团。这是省委省政府组建集团的初心。十三年来，我们肩负着保障全省煤炭能源供应的重任和使命，一路风雨兼程，一路砥砺前行。

集团组建来的十三年，是极不容易、极不平凡的十三年。经历了体制机制改革的艰难探索，经历了煤炭市场的高峰和低谷，经历了绝境求生的挑战和考验，经历了政治生态一度恶化到风清气正政通人和，从生存焦虑到重新找回自信。近三年来，在新班子带领下，我们不忘初心，坚持党的领导，加强党的建设，团结带领全体干部职工，披肝沥胆，披荆斩棘，艰苦奋斗，取得了安全、改革、效益的巨大成就，守住了赖以生存的物质和精神家园，实现了从求生存到谋发展再到高质量发展的根本转变。

（一）党的领导全面加强，政治建设开辟新境界

过去，集团党组织曾一度虚化、弱化、边缘化，腐败问题严重，原主要领导被立案查处，集团政治生态恶化，企业濒临破产倒闭的边缘。新班子到任后，旗帜鲜明讲政治，把强化党建引领、统一价值追求、坚定发展信心摆在首要位置，立即采取有效措施稳定人心，重构生态，将“和谐湘煤、廉洁湘煤、高效湘煤”建设融入党的建设，推动形成了改革发展的强大精神动力。

一是加强组织领导。坚持把习近平新时代中国特色社会主义思想作为企业改革发展稳定各项工作的根本遵循，增强“四个意识”、坚定“四个自信”、做到“两个维护”，坚决贯彻落实省委省政府和省国资委的各项决策部署，通过落实党委决策前置研究程序、将党建考核纳入综合绩效考核体系等措施，确保了党组织把方向、管大局、保落实等各项举措的顺利实施。

二是加强基层组织建设。通过开展党的群众路线教育实践活动、“三严三实”专题教育、深入推进“两学一做”学习教育常态化制度化、扎实开展“不忘初心、牢记使命”主题教育，进一步增强了党员干部组织意识和纪律意识，各级党组织从软弱涣散走向高度统一。同时，着力完善党务机构，加强党务力量，有序推进党支部“五化”建设，全集团有70%的党支部实现达标。

三是加强干部队伍建设。坚持党管干部原则，通过配强配优各级领导班子、推进干部人事制度改革、严抓“双述双评”、强化教育培训、规范档案管理、落实个人事项报告制度等干部管理规定，有效提升干部整体素质和能力水平。同时，通过外部引进、内部培养，造就了一批高技能人才。全集团新增享受省政府特殊津贴技能专家2名，本科及以上学历905人，拥有各类专业技术人员3487人，干部人才队伍整体素质全面提升。

四是狠抓正风肃纪。集团党委和各级党组织高度重视巡视整改工作，对省委巡视第九组反馈的6个方面40个问题，严肃认真开展专项整改。认真履行“两个责任”，强调各级党员干部要谨守职业操守，绝不让价值取向出现偏差，绝不因个人利益损害企业利益和国家利益。严格落实中央八项规定精神，“四风”突出问题得到有效遏制。把握和运用监督执纪“四种形态”，全集团问题线索举报率、调查立案率直线下降。

五是加强和落实意识形态工作。强化意识形态工作责任制，狠抓集团内部媒体、宣传队伍的管理，精心办好“一报一网一刊”，主动讲好湘煤故事，集团公司对内凝聚力、对外影响力显著提升。《湘煤集团报》先后荣获中国品牌内刊“好报纸”特等奖、“2018—2019年度中国品牌企业报刊百强”称号。

六是推进综治维稳工作。建立健全综治维稳组织机构和工作机制，及时处置历史遗留问题，妥善解决职工群众合理诉求，确保了矿区和谐稳定。集团公司2017年度首次被省委省政府评为“综治工作先进单位”。

（二）经济运行质效持续提升，综合实力迈上新台阶

由于全行业产能过剩，煤炭价格暴跌，2012年“黄金十年”结束。加之湘煤资源赋存条件差，资产规模不大，资产结构不优，过去在贵州巨额投资损失惨重，企业陷入困境，2015年亏损高达11.94亿元，企业处于濒临崩溃的边缘。

新班子临危受命，迅速摸清问题症结，明确战略方向，完善资本布局，增强综合实力，使企业逐步迈入健康稳定发展轨道。三年来，集团党委立足现有资源能力，按照产业归位、主业归核、资产归集的要求，进一步明确了“做湖南能源保障主平台”的战略定位，对所属企业和业务板块进行深度重组，逐步形成能源供给、能源装备及节能应用、能源建设三大主要业务方向，初步打造出煤炭、新能源、LED芯片、机械装备、施工建设、资产管理六大业务板块协同发展的产业格局。

在**煤炭板块**，对具备资源能力的矿井实施扩能改造，力争多出煤，出好煤；通过推进实施精品煤战略，加强资金管控，做优做强煤炭贸易，实现了效益最大化。同时，统筹资金偿还了6.36亿元“10黑金时代债”及6亿多元社保、材料、工程欠账等，杜绝了债务违约风险，保障了经营稳定。在**施工建设板块**：整合集团内部建设、施工、物业、设计和房地产开发业务，组建湖南楚湘建工集团有限公司，在露天矿山采剥、千米竖井施工、煤矿托管等领域取得重要突破，承建工程多次荣获煤炭行业优质工程奖和“太阳杯”奖，打响了“矿建湘军”的品牌。在**LED芯片板块**：华磊光电按照“不进则亡、进而求生、生而图强”的工作方针，实施外延芯片技术升级扩能改造，提高了产品的亮度和良率，稳定了市场占有，行业排名逆势晋位。在**机械装备板块**：顺应煤矿“四化”要求，积极研发推广新产品和智能控制系统；同时，加大承揽外协加工业务力度，顶住了主导产品需求不旺的压力，企业发展平稳向好。在**新能源板块**：组建能投售电公司，与省内277家电力市场化用户建立了合作关系，年售电量突破64.55亿度，位居全省售电公司第二、独立售电公司第一。成立近两年来，该公司已为我省国有企业节约用电成本2.51亿元，消纳偏差考核电量近2.6亿度，规避偏差考核费用1000多万元，确保了省属国企“零风险、零损失”全额享受电改红利。同时，积极稳妥开展光伏发

电试点，新建白沙6 MW分布式光伏发电试点项目成功并网发电，产生了良好的经济效益和社会效益。积极推进煤层气的开发利用，与澳大利亚CFT集团签署《谅解合作备忘录》，正着手合作公司的组建工作。在**资产管理板块**：不断加强对集团所属资产的集中管理、分类处置，强化无效资产退出和优质资产提质增效。同时，成立资产管理事业部，对所属涟邵、资兴、白沙、长沙实业公司资产及湘潭矿业破产有效资产进行整合，推进资产布局优化和权益资本保值增值。近三年完成闲置与不良资产的挂牌处置近6亿元，有效盘活了存量资产。

经过不懈努力，2016年10月煤炭板块扭亏为盈，2016年11月全集团实现整体盈利，结束了长达四年严重亏损的局面，企业实现绝境求生。2017年集团实现营业收入76.52亿元，利税8.56亿元，其中利润2.58亿元。2018年实现营业收入102.81亿元，进入“百亿企业”行列，较2006年成立之初增长2.4倍，较2015年增长1.1倍；2018年实现利税9.35亿元，其中利润2.69亿元，创历史最好水平。2019年1—10月实现营业收入82.86亿元，同比增收1.89亿元；实现利税7.46亿元，其中利润2.33亿元，同比增利2340万元，继续保持平稳增长。截至2019年10月末，在消化潜亏基础上，全集团资产总额为126亿元，企业规模逐步扩大，发展质量稳步提高。由中国煤炭工业协会评选的中国煤炭企业50强，集团公司连续两次入榜，位居第45位。

（三）打造本质安全型煤矿，安全生产实现新跨越

集团新班子审时度势，提出了“安全是最大的政治、安全是最大的效益、安全是最大的福利”和“确保安全是煤矿企业的首要任务、确保安全是煤矿领导班子的首要职责、确保安全是体现煤矿领导能力的首要指标”的安全生产理念，始终坚持铁腕治安，通过狠抓安全责任落实、现场安全监管和安全隐患整改、大力推进安全生产标准化建设，推动安全形势持续好转。2016—2019年，加大安全投入，专项工程及国债总投资11.45亿元，其中争取国家煤矿安全改造项目56个，获得中央补助资金3.43亿元，安全基础进一步夯实。目前，集团全部矿井均达三级及以上标准，其中二级标准化矿井18对，一级标准化矿井1对。所属煤矿机械化采掘，水泵无人值守系统，通风机、压风机无人值守系统，智能化矿灯管理系统等一大批新技术、新工艺、新设备不断更新。防治水、防突、火灾防控、粉尘防治、顶板管理等重点领域安全保障能力进一步提升，安全管理效果逐步显现。2016年，集团被评为全国“安全生产月”活动先进单位，2017年和2018年连续两年被评为全省安全生产工作优秀单位。截至今天，已经连续安全生产1081天，创湖南国有煤矿历史最好成绩。

（四）轻装上阵实现重大突破，深化改革取得新成就

湘煤集团人员多、包袱重、效率低、管理粗历来是老大难问题，严重制约企业核心竞争力的提高。近年来，集团党委不等不靠、主动作为，加快推进深化改革，通过改革企业经营机制、建立新的管控体系、积极推进重组整合、有效破解现实矛盾和历史难题，进一步激发了内生动力和创新活力，减轻了企业负担，提高了运营绩效。**一是推进实施“三项制度”改革**。集团总部部室由19个精简到14个，人员编制由118人减到88人，同时对所属法人单位实施正职选任、副职“竞聘上岗、末位淘汰”，全集团净减中层及以上干部14人，干部职数和年龄结构进一步优化；大力推进减员增效，通过机械化减人、优化劳动组合、并岗分流等措施，使全集团员工总数在业务规模大幅增长的基础上实现了净减少；以目标导向、业绩导向为基础的绩效考评机制进一步完善，全员薪酬收入与经营业绩紧密挂钩，同向浮动。“干部能上能下、员工能进能出、收入能增能减”的新机制逐步形成。**二是持续减轻企业负担**。加快推进“三供一业”社会职能移交。争取中央和省财政资金13.32亿元，基本完成了“三供一业”分离移交主体工作，每年减轻企业负担近亿元。稳妥推进“压减去”改革。两年来，集团管理层级压缩到三级以内，管理效率得到有效提升；同时，完成减法人22户、“去僵尸”24户，消灭了一大批出血点和亏损源；尤其是下决心解决贵州湘能这个最大的亏损点，经过反复研究论证，制定了有关破产方案和股份公司资产优化方案，取得了省国资委的大力支持，预计2019年年内完成出表。**三是推进完成“去产能”和政策性破产任务**。积极争取中央“去产能”专项奖补资金10亿元，筹措并争取湘潭、辰溪两矿政策性挂账及破产费用等省财政支持资金31.88亿元，关闭

矿井 11 对，化解落后产能 170 万吨/年，分流安置员工 15105 人、离退休人员 4188 人，既减轻了企业负担，又保持了关闭矿井、破产矿区的社会稳定。

（五）治理能力现代化加速推进，管控模式构建新体系

为有效应对市场，提升资源能力，集团公司近年来不断加强精细化管理，健全现代企业制度，集团化管理管控水平得到进一步提升。**一是完善治理结构，优化管控模式**。通过确立集团总部“四个中心”的管理职能，进一步提升了监管效能，明确了集团公司对所属法人单位实行“战略＋财务型”管控模式，实现了从单一企业管理向集团化管控的深刻转变。通过加强制度建设，按“务实、管用”原则修订《制度汇编》，建立了行之有效的现代企业制度体系。通过修改公司章程，明确了党组织前置研究“三重一大”决策程序，完善了所属单位党委会、董事会、经理层机构设置和人员配置，建立了分级授权经营体制，确保分子公司“管而不死，放而不乱”；组建长沙、资兴、白沙三个监事会办事处，强化日常监督与专业监督，逐步健全了科学制衡、运转有效的公司治理结构。通过完善“以责任结果评价责任过程”的考核体系，实施强激励、硬约束、“一企一策”、分类考核，有效提升了契约化管理水平，确保了各项目标任务的顺利完成。**二是强化全面预算管理，加大财务管控力度**。构建了全员参与、全过程管理的全面预算管理体系，实现了预算管理内容全覆盖，形成了集编制、执行、控制分析、检查考核为一体的闭环式预算管理机制。切实加强资金管理。引进建立公司 CBS 银行直连系统，强化资金收支两条线，确保全集团资金整体动态平衡；组织开展银行账户专项清理工作，账户总数下降 39%。大力推进降本增效。规范各项费用开支，严控非生产性支出；原煤、芯片等主要产品可控成本、管理费用逐年下降；充分利用国家减税降费政策，三年来通过合理筹划累计减免各类税费 2.96 亿元。加强项目审批、核查，严控预算外支出，杜绝“未批先建”。同时，加强“两金”管理，千方百计促回款、去库存，减少资金占用，防范呆坏账风险。**三是加强投融管理，强化风险防控**。规范投资决策和融资权限。注重投资项目前期调研论证，严格执行“三重一大”决策制度。目前，已投的原煤板块 3 个矿井改扩建项目、华磊光电外延芯片技术升级扩能改造、能投售电公司、白沙光伏发电等项目，均实现了预期目标，取得较好投资效果。

（六）文化建设深入人心，和谐湘煤建设形成新格局

三年来，通过重塑企业文化，“三个湘煤”“三个共同体”文化理念深入人心，“诚信、敬业、奋斗、团队和主人翁”团队精神被广泛认同，“统、信、为”企业行为准则被自觉遵循，全员共同奋斗的思想基础更加牢固，集团公司获评“2018 年度中国企业文化建设先进单位”。**大力推进职工之家建设**。所属单位工会被授予国家级模范职工之家 2 家、职工小家 4 家，省部级模范职工之家 7 家、职工小家 3 家；大力弘扬劳模精神、工匠精神，涌现出“湖南国企楷模”、掘进技能大师胡文胜等一大批先进个人。**丰富职工文化生活**。积极组织“五一”职工运动会、“七一”文艺汇演、“十一”职工篮球比赛，彰显了湘煤人爱企、爱党、爱国的情怀。2019 年，集团公司篮球队荣获第十三届湖南省直机关篮球赛甲级组冠军，在省总工会举办的“我和我的祖国－湖南百万职工同声唱”网络歌唱大赛活动中获得一等奖。**团青工作全面提升**。一批先进单位和个人荣获省级以上“五四”红旗团委和青年“五四”奖章。**稳步提高职工薪酬**。在控制工资总额前提下，2018 年全集团在岗职工人均工资 5.58 万元，较 2006 年增长 2.95 倍，较 2016 年增长 20.5%，职工生活水平明显提高。**改善职工生产生活条件**。积极开展金秋助学、大病救助、走访慰问等扶贫帮困活动。加快推进棚户区改造，陆续投入资金 46 亿元，开工建设棚改房 23030 套，预计 2019 年末全部实现交房，极大改善了职工住房条件。同时，积极推进矿区硬化、亮化、绿化工程，所属矿区废水、废气和固废处置合规达标，“两堂一舍”环境设施明显改善。随着职工群众各项权益得到充分保障，党群、干群关系进一步密切，职工归属感、获得感进一步增强，思想观念和精神面貌焕然一新。

多难兴邦、殷忧启圣。三年多的砥砺奋进、艰辛探索，湘煤人用自己的智慧、勤劳和汗水走出了困境，换来了新生，同时也得到了省委省政府和社会各界的广泛认可：“湖南的经济社会发展没有煤的支撑是不行的。湖南需要煤，离不开煤，也需要湘煤，离不开湘煤！”正是基于这样的判断，我们

进一步坚定了初心和使命，找准了企业的定位和优势，树立了自己的战略自信、文化自信和能力自信，稳步迈入了企业高质量发展的新征程。

同志们，十三年的艰苦奋斗，风雨兼程，成绩来之不易。这得益于省委省政府、省国资委的正确领导，得益于省直各部门的大力支持，更得益于集团全体党员干部和职工群众的共同努力。在此，我代表集团公司党委，向长期关心、支持集团公司改革发展的各级领导、各界朋友表示衷心的感谢！向集团公司全体干部职工及家属表示亲切的慰问！

回顾过去，集团取得了来之不易的成绩，也收获了弥足珍贵的经验。

一是要加强党的建设，始终把“讲政治”放在一切工作的首要位置，建设一个坚强有力的领导班子。党的领导是企业发展的“根”和“魂”。回顾集团公司的发展历程，党建引领做得好的阶段，领导班子坚强有力，发展态势就好；党建引领做不好、领导班子涣散的阶段，发展态势就不好，甚至乱象丛生。新班子到任三年多来，我们始终坚持党的领导，认真吸取过往教训，改善政治生态，改进工作作风，各级领导班子团结互信、紧密配合，自觉围绕中心，服务大局，积极主动想事干事，才迈过一道又一道难关，取得一个又一个胜利。

二是要以人为本，始终把安全生产作为企业的首要任务，筑就坚实的安全屏障。煤矿是高危行业，实现安全生产、稳定经营始终是我们安身立命的根本所在。三年来，各级党委班子坚定不移地坚持安全第一，贯彻落实“三个最大”“三个首要”安全理念，加大安全投入，加强安全管理，提升煤矿安全保障度，实现了安全生产，得到了省委省政府认可和支持。事实证明，湘煤只有确保安全生产，企业才有地位，才能高质量发展。

三是要坚守初心使命，坚持战略导航，坚定守恒做好煤炭能源这一主业。三年多来，新班子坚守省委省政府组建湘煤的初心，重新明确了“做湖南能源保障主平台”战略定位，确立了“打造以能源产业为依托，有限多元，产业经营和资本运营融合发展的大型能源投资控股集团”的战略目标，为集团公司持续快速发展指明了方向、明确了路径。在这个初心和使命的指引下，我们把一度涣散的人心凝聚起来，让濒临崩溃的企业走出绝境，通过统筹推进企业改革发展稳定各项工作，形成了三大主业方向、六大业务板块的战略布局，实现了规模效益的快速提升，守住了湘煤人共同的物质和精神家园。否则，湘煤向何处去，建设一个什么样的湘煤，怎样建设湘煤，就会无所适从，迷失方向。

四是要坚持改革创新，把握“三个权变”，始终把“善作为”作为应对环境变化的有效手段。改革创新是企业发展的“活力源”，三年来，我们高举改革发展的旗帜，不断破除影响发展的体制机制障碍，始终坚持把握定位权变、战略权变、运营权变，及时研判形势，灵活机动地调整经营策略，通过向管理、向改革、向创新要效益，不断挖掘经营潜力，激发活力和创造力，企业轻装减负取得重大成效，公司治理结构进一步优化，管理体制和运行机制进一步完善，产品创新、管理创新、科技创新成果不断涌现，企业应对市场、适应市场的能力不断增强。实践证明，只有改革创新，敢想敢干，敢于超越自我，才有发展的新局面。

五是要坚持高标准全面预算，按照市场原则，构建一套高效管用的经营机制。三年多来，我们始终坚持目标守恒，通过加强全面预算管理，坚持目标导向，挑战自我，迎难而上，高标准确立经营预算，“踮起脚跟，跳起来才能摘桃子”，自我加压，奋发有为。同时，严格考核，重奖重罚，严格兑现，督促各利润中心落实“五自原则”，充分发挥各法人主体作用，层层压实安全、经济、政治责任，始终保持坚强的意志和必胜的信心，一个财年一个财年地去拼搏奋斗，一步一个台阶地实现了经济运行目标。广大党员干部责任意识和责任能力不断增强，全集团形成了崇尚业绩、追求实效的良好风尚。

六是要弘扬企业文化，统一目标追求，营造一个干事创业的和谐氛围。三年多来，新班子提出的“三个湘煤”“三个共同体”等文化理念得到了集团上下广大干部职工共同认可和自觉遵循。实实在在地提高职工薪酬福利水平，增强职工群众的获得感，提升广大员工的幸福指数，不仅迅速改变了思想混乱、人心浮动的不利局面，营造了和谐健康稳定的良好氛围，而且通过改革发展取得的成果进一步证明了湘煤文化体系的独创性、思想性和生命力，为企业实现健康稳定高质量发展提供了强大精神动力。

以上六条经验既是对过去工作实践的深刻体会，也是未来发展必须遵循的重要原则，我们要长期坚持，久久为功，把推动湘煤高质量发展的良好基因发扬光大。

二、面临的形势和主要任务

中国特色社会主义进入新时代，这是我国发展新的历史方位。站在新的历史起点上，如何回应职工群众对美好生活的新期待，如何保证湘煤人与时代同步实现小康，同步走向现代化，是我们各级领导班子的时代命题。时代有召唤，职工有期盼，湘煤有担当。我们必须精准研判内外形势，在新时代有新思考，新征程有新作为，把转型升级、高质量发展作为集团公司发展的战略选择。

从全国总体经济形势上看，宏观经济将继续保持平稳向好的总趋势。当前，国内外形势正在发生深刻复杂变化，我国发展仍处在重要战略机遇期，既有挑战也有机遇。我国经济已由高速增长阶段步入高质量发展阶段，正处在转变发展方式、优化经济结构、转换增长动力的攻关期，国家将坚持市场化改革方向，建设现代化经济体系。将以供给侧结构性改革为主线，推动经济发展质量变革、效率变革、动力变革，提高全要素生产率，着力加快建设实体经济、科技创新、现代金融协同发展的产业体系，着力构建市场机制有效、微观主体有活力、宏观调控有度的经济体制，不断增强经济的创新力和竞争力。尽管目前经济下行压力有所上升，但随着新旧动能转换和新一轮技术革命、产业变革的加速推进，宏观经济仍将继续保持平稳势头，总体运行在合理区间，企业转型升级仍处于良好的战略机遇期。

从全国煤炭行业发展来看，能源主体地位和供需态势总体平稳。煤炭是我国的主体能源，是我国能源工业的基础。习近平总书记强调，在相当长的一段时间内，甚至从长远来看，还是“以煤为主”的格局，要做好煤炭这篇大文章。近日，国务院总理李克强主持召开国家能源委员会会议，研究进一步落实能源安全新战略，审议通过推动能源高质量发展实施意见。指出我国仍是发展中国家，推动现代化建设，保障能源供给是长期战略任务。面对国际能源供需格局深度调整、能源领域新形势新挑战，必须推动能源消费、供给、技术、体制革命和国际合作，以能源高质量发展为经济社会持续健康发展提供坚实保障。根据我国以煤为主的能源资源禀赋，要科学规划煤炭开发布局，加快输煤输电大通道建设，推动煤炭安全绿色开采和煤电清洁高效发展。立足我国基本国情和发展阶段，要多元发展能源供给，提高能源安全保障水平。因此，进入新时代，我国“以煤为主，多元发展”的能源方针不会改变，在未来较长的一个时期内，煤炭在我国一次能源供应保障中的主体地位和作用不会改变。预计到2020年末煤炭消费在一次能源中仍占60%左右，煤炭行业仍有较大发展空间。同时，国家加快推进能源结构调整，不断淘汰落后产能、破除无效供给，产业集中度将进一步提高；为平衡“去产能”后的供需矛盾，大力推动北煤南运工程，“两湖一江”煤炭能源市场面临深度调整，给企业抢抓机遇、加快发展带来新的契机。

从湖南能源市场来看，新的产业格局正在面临深度调整。其一，我省煤矿资源赋存条件差，开采难度大，安全环保压力与日俱增，淘汰落后产能已成刚性政策。预计到“十四五”末，全省煤矿数量将压减到100处左右，压减率超过50%，小散弱煤矿将没有生存空间。湘煤作为国有大型能源企业必须进一步加快资源整合，实现做优做强做大。其二，湖南煤炭需求量每年为1亿吨以上，而自产煤量不到2000万吨，煤炭能源供应很大程度上依赖外省。为了确保全省经济社会稳定发展，必须保有一定的煤炭生产能力。湘煤要进一步把握政策，加快现有煤矿资源的升级改造，增强应急保障能力。其三，外煤入湘特别是浩吉铁路开通后，将不断替换原有的落后产能，但省内尚未建立规模化煤炭应急储备基地，物流运输组织主体分散，难以满足经济社会发展对能源的迫切需求。基于此，省政府将“湖南省煤炭供应保障体系”建设作为我省2019年“补短板”项目，湘煤作为大型国有煤炭企业，必须主动作为，努力化危为机，调优结构，实施转型发展，提升发展质量，打造新的经济增长点。

三年的实践充分证明，有省委省政府和省国资委的坚强领导和有力支持，有湘煤人团结一心、勠力拼搏，我们能够“扎扎实实办好自己的事”，湘煤仍然具备在湖南代表一个行业持续坚守的能力，仍然能够继续为湖南经济社会发展做出新的贡献。特别是随着国资国企改革的深入推进，政资分开、简政放权将给予企业更多的发展空间，为我们下一步开展能源领域投融资、资本运作和产业升级，实现企业高质量发展奠定了坚实的政策基础。

与此同时，我们仍然面临不少风险和挑战，集团上下要始终保持清醒的头脑和强烈的忧患意识：中美贸易摩擦长期博弈，国家宏观经济下行压力加大；煤炭行业产能持续释放，但煤炭消费增幅下降；浩吉铁路已于9月28日正式通车，随着运能释放将给区域市场带来较大影响；集团自产煤规模小、工效低，终端控制力不足，保价稳价压力较大；“湖南省煤炭供应保障体系”建设仍处于布局起步阶段，新旧动能转换仍需时日；集团非煤产业核心竞争力不足，新产品、新业务、新模式的培育壮大还需一个过程；同时，内部管理不严不细不实的问题仍在一定范围内存在；一些历史遗留问题尚未得到彻底解决；党建工作与中心工作深度融合不够，党建工作转化为现实生产力还需要进一步发力；部分党员干部应变能力不足，市场竞争意识不强，进取意识不强，担当作为不够，等等。对于这些问题和挑战，我们必须高度重视，采取有效措施，切实加以解决。

同志们，面对风起云涌、波澜壮阔的新时代，湘煤要有新目标、新举措、新作为。我们必须融入全国全省改革发展大局，立足企业自身，科学谋划集团未来五年发展，扛起新使命。

集团公司未来五年发展的总体思路是：坚持以习近平新时代中国特色社会主义思想为指导，以加强党的建设为引领，以打造“湖南能源保障主平台”为战略定位，以建设“能源产业为依托，有限多元、产业经营和资本运营融合发展的能源产业投资控股集团”为战略目标，以“安全生产、改革创新、精细管理、转型升级”为主题，讲政治，敢担当，善作为，不断提升经济运行质效和规模，将湘煤打造成为在全国具有较大影响力的能源产业投资控股集团、省内最大的煤炭供应综合服务商，实现企业可持续、高质量发展，在湖南经济社会发展中成为中坚力量，发挥重要作用。

集团公司未来五年的发展目标是：在确保安全稳定的前提下，大力发展能源供给、能源装备及节能应用、能源建设三大主营业务，进一步完善产业布局，优化资产结构，提升企业核心竞争力，充分发挥“湖南省煤炭供应保障体系”的作用，为全省能源供应提供强大支撑。到2024年末，实现煤炭产销量3000万吨，集团资产规模达到200亿元，年营业收入200亿元，利税总额20亿元。在此基础上，实现员工收入与经济效益同步增长，幸福指数不断提高。

以上奋斗目标，是集团新一届党委班子需要承担的历史使命和庄严承诺，也是集团上下每一位党员干部的宣言书和动员令。

三、未来五年工作重点

使命引领未来，使命呼唤担当。我们必须肩负起历史重任，按照明确的总体思路，确定的战略定位，敲定的奋斗目标，统一目标追求，同心凝聚力量，奋力创造价值，把各级党组织建设成为贯彻新思想新理念、推动企业做优做强做大的核心力量，全力提升企业适应环境的动态能力，克服一切艰难险阻，推动企业党的建设、生产经营、安全稳定、改革创新各项工作迈上新台阶，创造新业绩。

（一）在全面统筹改革发展各项工作中讲政治，进一步发挥党组织的政治优势

“勇于自我革命，从严管党治党，是我们党最鲜明的品格，全面从严治党永远在路上”。未来五年，集团公司改革发展稳定各项工作都必须旗帜鲜明讲政治，坚持党的领导，加强党的建设，把党组织的政治优势转化为市场竞争优势。

1. 以理论武装为根本，提高政治站位

要继续巩固“不忘初心、牢记使命”主题教育成果，学深悟透习近平新时代中国特色社会主义思想，确保方向正确，步调一致。要不断加强党的政治建设，不折不扣贯彻落实中央、省委省政府和

省国资委各项决策部署。要严肃党内政治生活。认真执行“三会一课”、民主评议党员、民主生活会、组织生活会、谈心谈话等制度，用好批评和自我批评武器，在经常、严肃、认真上见真章，推动政治生活常态化、规范化、制度化。要以提高经济效益、增强市场竞争力、实现国有资产保值增值作为集团各级党组织工作的出发点和落脚点，把“爱党、忧党、兴党、护党”落实到企业的生产经营各环节，推动企业党建蓬勃发展。

2. 以深度融合为关键，彰显党建价值

要按照省国资委党委的总体要求，扎实推进党建工作与中心工作深度融合。一是在决策上融合。充分发挥各级党组织的领导作用，在坚定正确的政治方向、把握科学的工作方向、谋划可持续的发展方向上从严把关。要着力制定党建工作责任清单，抓好“双述双评”，落实“一岗双责”。二是在执行上融合。要紧紧围绕企业生产经营开展工作，通过管干部聚人才、建班子带队伍、抓基层打基础、强监督正风气，实现党建工作成效与生产经营业绩同步检验，互相促进。要着力健全党建考核细则，抓好党务人员培训提升，实现党支部“五化”建设全部达标。三是在监督上融合。要推动党组织监督体系与企业监督体系深度融合，进一步整合党内监督、群众监督、财务监督、审计监督、法律监督、监事会监督等资源，形成监督合力，做到既监督决策、又监督执行，既监督领导干部、又监督普通党员，既监督结果、又监督过程，实现党组织监督全覆盖。要着力完善监督资源协调管理机制，探索建立党建信息综合管理系统，推动巡视巡察、检查考评各项问题及时整改，巩固提高。

3. 以干部人才为支撑，集聚发展合力

着力培养造就一支讲政治、敢担当、善作为的高素质干部人才队伍。一方面，要建好领导班子。坚持党管干部原则，充分发挥党组织对选人用人的领导和把关作用。树立正确用人导向，突出“德才兼备，以德为先”，使那些对企业感情真挚、深得群众拥护的干部，那些说话办事有灼见、有效率的干部，那些对上对下都实实在在、不玩虚招、清正廉洁的干部，得到褒奖和重用。要充分发挥人事组织部门“蓄水池”作用，搭建人力资源供需平台，实现人才信息互通、供求公开、合理调剂。要更加注重年轻干部的培养选拔，加强后备人才队伍建设，使他们在基层一线和急难险重任务中经历风雨、经受考验，保证干部使用上有梯队、选择上有空间。另一方面，要提高履职能力。结合学习型组织建设，不断创新干部培训的方式方法，切实增强培训的针对性和实效性；要继续鼓励支持在岗学习、职业教育和职称评定工作，培养引进一批思想政治过硬，懂管理、懂技术，具备现代财会、投资、金融、法律知识的中高端技能人才；要积极探索干部交流轮岗机制，加大集团总部与所属单位之间，原煤企业之间、原煤企业与非煤企业之间的干部交流力度，通过多岗位历练，切实提高领导干部的战略思维能力、总揽全局能力、项目管理能力和风险控制能力。

4. 以纪律作风为保障，营造清风环境

一要强化廉洁自律意识。各级领导干部要严格遵守政治、组织、廉洁、群众、工作、生活“六大纪律”，用好手中权力，管住家中亲友，自觉在思想上画出红线、在行为上明确界线，做到心中有畏、言有所戒、行有所止。二要强化监督执纪。抓住“关键少数”和关键领域，进一步用好“四种形态”，注重抓早抓小，坚持失责必问、问责必严，把预防教育与执纪问责有机结合起来，保持震慑常态；要加强专项治理，重点监督资产处置、物资采购、招投标、干部人事、工资分配等重点环节领域，标本兼治，抓源头、堵漏洞。三要强化作风建设。认真贯彻执行中央八项规定精神，紧盯作风问题新动向，防止“四风”问题反弹回潮。要加强工作作风建设，不做“好好先生”，敢于动真碰硬，敢于讲真话、出实招、求实效。要重点整治形式主义、官僚主义，让基层党员干部从繁文缛节、文山会海、迎来送往中解脱出来，集中精力干大事、解难事。

（二）在加快主业提质增效中敢担当，进一步推进新旧动能转换升级

十三年的实践证明，无论市场、行业如何变化，湘煤都不能偏离主业。我们要牢记省委省政府组建湘煤的初心，立足煤、巩固煤、提升煤，坚持聚焦主业，稳健发展，着力做好“向外拓展”“向内挖潜”两篇文章，全力打造湖南能源保障主平台。

1. 聚焦发展煤炭能源主业

在资源有限、资产不良、安全环保持续加压的不利形势下，湘煤必须尽快转变经济增长方式，积极争取政策，通过市场化手段加快整合行业资源，盘活提升存量资源，奠定可持续发展的坚实基础。

一是加快推进“湖南省煤炭供应保障体系”建设。近年来，我们主动应对浩吉铁路通车影响、提前布局了“湖南省煤炭供应保障体系”建设项目，这是集团能否实现转型发展的关键所在。未来，我们要依托浩吉铁路及岳阳水路运输通道条件，着力打造“通道 + 枢纽 + 基地 + 配送”的物流运行体系和网络体系，有效整合上下游资源，增强市场议价能力和话语权。到 2023 年力争完成“一平台、一中心、五基地、一集运站”工程建设，即设立湖南省煤炭交易中心；建成岳阳煤炭铁水联运储配基地；新建或改扩建株洲、娄底、衡阳、郴州、常德等五个省内区域性煤炭储备分销配送基地；配套建设浩吉铁路源头资源地煤炭集运站，控制资源组织渠道。目前，项目已经得到省委省政府的大力支持，纳入了我省 2019 年基础领域补短板项目名录，通过了省发改委的专家评审，初步争取了部分政策资金支持。可以说开了一个好头，但真正距离项目落地，产生经济效益，还有很长的路要走，还有很多困难要克服。下一步，相关部门和单位要进一步加强沟通协调，积极争取政策支持，统筹资金保障，做好投资、运营、人才各方面准备工作，确保项目建设顺利推进，如期运营。

二是加快建设一批高产高效现代化煤矿。为满足产业政策和未来发展需要，我们必须进一步加大对现有煤矿的提质改造，确保自有矿井安全达标，产量稳定，效益提升。要推进产能升级。在全面完成兴源伍家冲、白山坪磨田、马田新星煤矿升级改造的基础上，对其他资源条件较好的矿井实施改建、扩建，使整体生产能力提升至 500 万吨/年以上，筑牢企业发展根基。要提升科技化水平。继续巩固和推广采掘机械化，通过 3 – 5 年时间，使全集团采煤机械化率提升到 40% 以上，掘进机械化率达到 40% 以上，实现矿井供电、排水、压风、运输远程监控或无人值守，推动“四化”建设迈上新台阶。要实施精品煤战略。切实加强精细化管理。从工作面设计、生产现场、洗选加工、存储洗运等环节着手，全面加强煤质管控，做到以质保市、以质提效，最大限度地挖掘煤炭差异化经营效益。全力提升市场议价能力。充分利用自身资源优势、技术优势、贸易平台规模优势，进一步加强终端控制能力，最大限度保价稳价，持续扩大市场份额。同时，要适时开展套保业务，规避煤价下行风险。

三是加快煤炭资源优化配置。要争取省内资源优先配置。通过积极争取省政府支持，力争将省内优质煤炭资源配置给集团公司集中开发，增加矿井数量、提升产能规模。要积极稳妥开展矿山托管业务。随着安全监管日益趋严、环保压力不断增大，办矿标准也在不断提高。要充分发挥专业优势，在提供矿山生产技术服务方面想办法，逐步开拓矿山托管市场，实现企业规模效益提升。

通过以上努力，在三年内使贸易煤量达到 1500 万吨，年产销量达到 2000 万吨，煤炭供给量达全省需求的 20%，实现营收 100 亿元，利润 3 亿元。到 2024 年，自产煤量力争达到 1000 万吨，贸易煤量达到 2000 万吨，年产销量力争达 3000 万吨，煤炭供给量接近全省需求的三分之一，实现营收 150 亿元，利润 5 亿元，切实发挥湖南能源保障主平台的作用。

2. 打造楚湘建工优质品牌

要以升级特级资质为目标，做精矿山工程，着力做好煤炭和非煤矿山开发建设，加强业务协同，强化内部管控，巩固国内市场，尤其要注重提高自营项目比例，防范挂靠风险；要围绕“大项目、大市场、大业主”做文章，紧盯大型煤炭或有色企业集团，全面提升施工技术，着力打造精品工程，创树行业品牌，择机向国际市场进军。同时，做强建安工程，通过开展矿山托管、矿山地质灾害治理等业务，提高矿山综合服务能力；提升房建资质，通过集团内部存量土地开发及合作开发，打造优质工程，积累业绩、创树品牌，争取进入省内房建企业 50 强。力争到 2024 年实现营收 70 亿元，利润 1.5 亿元。

3. 推动华磊光电市场破局

要确保外延芯片技术升级扩能改造项目全面达产达效，使产能稳定在 600 万片/年以上；加强技术攻关，以过硬品质稳定市场占有；全力以赴突破技术瓶颈，向高附加值绿光、高光效照明、显示用背光产品转型；要积极争取设立 LED 基础产业扶持引导基金，与郴州市政府实施战略合作，共同打造 LED 千亿产业集群。通过生产规模的扩产、芯片成本的控制、技术研发的创新、金融资本的运营，将华磊光电打造成国内一流、面向全球的 LED 芯片制造商。到 2024 年，成功登陆科创板，实现营收 15 亿元，利润 2 亿元。

4. 实现新能源投资创新发展

要以参与湖南电力交易中心有限公司股改为契机，继续巩固购售电业务，打造省属国有企业购售电代理主平台；要加大市场探索力度，积极向政府相关部门争取跨省跨区电力交易代理权，主动开拓上市公司、中小企业、高新技术企业等优质客户，进一步提升公司核心竞争力，逐步实现由购售电平台向新能源投资平台的转变，使能投售电公司成为购售电代理、增量配网及新能源发电项目投资、电力增值服务三大业务板块并重、省内具有较强影响力的电力能源综合服务供应商。根据新能源汽车的发展态势，适时拓展充电桩业务，扩大能源服务范畴，扩大规模和效益。同时，要保证白沙光伏发电试点项目安全平稳运行，发挥好示范、带动和辐射作用。要探索推进煤层气开发利用。利用国际先进技术使我省煤层气开采与综合利用有实质突破，进一步加强与澳大利亚 CFT 集团的沟通协调，确保合作公司尽快成立、试验井早日开钻，大幅提升省属国企燃气资源的保障能力，争取每年开采煤层气 1 亿立方米；要通过加大煤层气的开采力度，消除安全威胁，释放煤与瓦斯突出矿井的生产能力，大幅提高矿井综合效益。到 2024 年该板块要实现营收 4 亿元，利润 5000 万元。

5. 加快机械装备高端智能制造

现阶段，要做精做深具有核心竞争力的煤机产品，重点瞄准提升机中高端市场，做精做深无极绳绞车、架空乘人装置等辅助运输设备，变频及电气自动化项目，同时抢占单体液压支柱的广阔市场。未来，要加大向通用机械转型升级的力度。通过技术研发、项目合作、战略投资者引进等方式切入新兴装备行业，实现转型发展；同时，以资本运作为重要手段，利用新三板平台，不断提升企业品牌影响和综合竞争力，成为集矿山装备和新兴装备于一体的行业知名装备制造商和服务商。到 2024 年实现营收 3 亿元，利润 5000 万元。

6. 推进资产管理高效运营

以“主业归核、资产归集、产业归位”为目标，充分发挥资产运营管理平台、不良资产处置平台和存量项目孵化培育平台的作用，加强专业指导、突破处置难点，力争通过 3 年左右时间，将集团公司的不良资产和闲置资产全部处置到位。同时要继续做好资产的运营管理工作，确保资产的保值增值；做好存量项目的孵化培育提升工作，打造一批能够可持续发展的优质业务。到 2024 年实现营收 12 亿元，利润 8000 万元。

（三）在打造本质安全型企业中敢担当，进一步提升安全管理综合绩效

1. 强化安全意识，压实安全责任

确保安全是湘煤实现稳定健康发展的根本前提，也是湘煤生存发展、争取政策、树立形象的根本条件。我们必须进一步强化“三个最大”“三个首要”的安全生产理念，持之以恒、严防死守，绝不逾越安全红线。要进一步完善三级安全责任体系，构建全面体检、动态巡检、定期互检的安全预防控制体系，打造党政工团齐抓共管，全方位、全时空、全覆盖的安全宣教体系，从管理、技术、操作各个层面减少事故隐患，真正打造本质安全型矿井。

2. 突出重点环节，补强安全底板

要紧盯安全重点、难点、盲点、薄弱点，片刻不松、寸步不让。突出瓦斯治理、防治水、机电运输、危险品管理、建筑施工等重要领域攻坚，全面消灭重大隐患，保证大系统安全可靠。加大安全投入，引进先进装备，进一步实现机械化换人、自动化减人。关注重点领域、特殊时段，严查“三违”等不安全行为。狠抓应急救援管理，推进应急救援队伍专业化、物资规范化、演练常态化，提升实战能力。

3. 加强标准创建，夯实基础管理

要健全风险分级管控、隐患排查治理、安全质量达标“三位一体”安全生产标准化建设体系，

开展达标竞赛，推进标准创建。2020 年末，所有矿井要达到二级及以上标准；2024 年末，一级标准化矿井占比要超过 30%。要以班组为突破口加强基层建设，全面实行班长素质准入、竞聘上岗，划小管理单元，下放管理权限。加大奖惩力度，坚持严抓严管，充分运用通报批评、警示约谈、分析追责等手段，加大事前处理力度，把发生安全事故“一票否决”作为铁律来执行。同时，要建立健全矿区环境监管机制，抓好污染防治，实施生态恢复，实现经济效益、环境效益和社会效益和谐统一。

（四）在深入推进改革创新中善作为，进一步提高企业运营质效

要继续推进深化改革，打好改革攻坚战。通过进一步完善产权清晰、权责明确、运转协调、管理科学的现代企业制度，激发企业活力和创造力。

1. 完善公司治理模式

要进一步提高集团化管控能力，坚持依法治企，推进企业治理体系和治理能力现代化。根据改革发展需要，不断健全完善制度体系，实现管理制度规范化，流程控制标准化。要进一步明确集团总部与各级子公司在投资融资、资产处置、选人用人、定岗定薪等方面的权责边界，依法保障子企业法人财产权和经营自主权，充分发挥子公司的市场主体作用。要进一步强化服务意识，加强各级职能部门办文办事效率，落实重点工作督办制度，缩短审批链条和决策时间。要坚持以责任结果评价责任过程，进一步完善考核机制，坚持统筹兼顾，分类施策，不断完善考核指标体系和薪酬奖励分配细则，紧盯收入、利润、现金流三项指标，切实发挥考核“指挥棒”作用。

2. 持续深化“三项制度”改革

要通过优化组织架构、严格职数管理、加强综合绩效考评、选强配优各级领导干部，进一步实现“干部能上能下”；要通过推广使用新装备新工艺，减少用工总量，提高劳动工效，规范劳动关系，不断完善与市场紧密接轨的劳动用工机制，进一步实现“员工能进能出”；要通过完善与岗位责任、风险、绩效紧密挂钩的薪酬分配机制，不断强化价值创造，进一步实现“收入能增能减”。要坚定不移地贯彻落实“有为者有位”“能者上、庸者下”、岗位与能力相匹配、收入与贡献成正比的干部任用原则和劳动用工机制，激发全员创业热情。同时，要按照省国资委有关要求，结合企业实际，稳步推进职业经理人试点工作，探索建立“责、权、利”对等的外部选聘机制。

3. 加快低效无效资产处置

要进一步加强资产管理，优化资产结构，妥善解决历史遗留问题。一是要尽快实现贵州湘能破产出清，相关部门和单位要按方案要求抓紧推进，确保年内出表；同时要落实好财务优化方案，使股份公司负债率维持在合理水平，确保融资功能不丧失，生产经营保持稳定。二是要按时完成“僵尸企业”处置任务。改革推进会确定的剩余“僵尸企业”，都要力争年内完成处置。三是要通过市场化手段，加快推进闲置资产处置工作，分类盘活存量资产，培育一批优质产业，退出一批无效产业，消灭亏损源。

4. 加快推进资本化运作

要进一步理顺产权关系，适时推进国有资产资本化、证券化工作。以资本为纽带，通过兼并重组，整合行业资源，提升能源市场综合竞争力。积极探索科创板及其他资本市场开展资本运作，提高投融资能力和行业影响力。适时推动非煤产业混合所有制改革，通过增资扩股、交叉持股、权益转让及签订长期协议等合作方式，稳妥引入上下游战略合作伙伴，发挥产业协同效应。放开搞活房地产、焦电、机修、建材、贸易等辅助业务，盘活存量，有序进退，集中优势资源向战略性关键性产业领域聚集。

（五）在从严从细加强管理中善作为，进一步完善风险防控体系

要以挖潜增效、防控风险为重点，深入推进精细化管理，通过进一步加强财务、资金、专项监督、法务监管和信息化建设，推进企业内部管控水平全面升级。

1. 进一步加强全面预算管理

要科学制定年度预算，在充分调研基础上，结合企业自身发展规划和资源能力现状，确定年度预算目标。要继续采取周调度、月分析、季总结的预算控制方法，进一步强化预算过程管控的检查、分

析与考核，全方位找准差距，立行立改，实现 PDCA 循环和闭环管理，确保预算目标的如期实现。要制定严格考核措施，对年度预算指标进行细化分解，层层传递压力。要推广运用契约化管理手段，逐步实现内部经营市场化，建立健全班组核算，从生产一线挖掘成本空间，提升经营效益。

2. 进一步加强资金收支管理

要加强资金集中统一管理，继续推进 CBS 银行直连，强化资金统筹使用和收支两条线管理，实现“以收定支，收支平衡”。要进一步强化现金流考核。加强“两金”管理，努力实现产销平衡，降低库存比例；同时，强化货款清收，加快资金周转，使收入、利润和现金流量保持同步增长。要按照“必需、节约”原则严控资金使用，切实提高资金利用效率和风险防控水平。要加强沟通协调，充分用好政策，将减税降费红利转化为实实在在的利润。要进一步创新融资方式。多种渠道开展融资工作，扩大授信规模，优化贷款结构，降低短期借款比例，化解短期偿债风险；适度推进资产抵押开具银行承兑的方式，提高存量资产使用效率，减少企业带息负债。

3. 进一步加强全面风险管理

要健全大监督格局。充分整合财务、审计、纪检、监事会等各类监督资源，不断加强采购、销售、工程、劳动用工等重点领域的风险防控，建立风险台账，重点督办，逐项销号。要完善法律风险防控体系。不断加强普法宣传，推动子公司建立健全法律顾问制度，实现项目、合同、制度合规性审查全覆盖，严控法律风险；要积极跟进新疆神宇、黄牛岭、楚湘建工等诉讼案件，最大限度挽回权益损失。要加强信息系统建设。逐步健全信息化控制系统，优化风险管理的手段与方式，进一步强化风险事前、事中、事后全过程监控，提升风险防控水平。

（六）在全力构建和谐企业中善作为，进一步增强团队凝聚力战斗力

文化是企业发展的精神动力。我们要进一步加强“三个湘煤”“三个共同体”文化理念及“统、信、为”行为准则的宣贯落实，培育提升具有湘煤特色的企业文化，构建和谐家园。一要保障民主权利。进一步完善职代会、职工董事监事、企务公开“三位一体”的企业民主管理体系，在重大决策制定、实施过程中，进一步保障职工的知情权、参与权、监督权。二要加强团队建设。继续办好“五一”职工运动会、“七一”文艺汇演、“十一”职工篮球比赛三大文体活动，不断创新活动内容和组织方式；鼓励所属企业因地制宜开展群众性体育赛事、红色教育、技能竞赛等各类健康向上的文体活动；大力弘扬劳模精神、工匠精神，培育健康文明、昂扬向上的团队文化。三要加大宣传力度。利用《湘煤集团报》《湖南煤业》、湘煤集团网站、湘煤 APP、微信群等，大力宣传优秀干部职工的先进事迹和突出贡献，营造鼓励创新、争做贡献的氛围；同时，要加强与省内主流媒体合作，广泛开展对外宣传，讲好湘煤故事，展示湘煤形象。四要抓好团青工作。各级党组织要落实领导责任，为团组织提供良好的工作环境和条件；各级团组织要聚焦企业中心工作和青年成长成才，持续开展青年创新创效主题实践活动，引导团员青年拥抱新时代，建功新湘煤。五要持续改善民生。在企业效益稳步提升的前提下，确保职工收入与经济效益同步增长，职工群众共享企业发展成果；鼓励通过转岗分流、创新创业，拓宽收入渠道、提高收入水平。要健全完善扶贫帮困机制，坚持常态慰问与救急救助相结合，确保困难职工生活稳定，同时要维护好女职工合法权益和特殊权益。六要加强综合治理。严格落实综治维稳责任制。强化群体性事件的预防和处置，运用改革办法、市场手段，逐步解决医院、改制社区、退休人员等剥离移交工作中存在的问题；要深入推进“平安单位”创建，积极开展法治宣传教育，完善“五位一体”“三级接访”“互联网 +”等信访管理模式，畅通职工依法诉求渠道，切实化解矛盾和问题，全力打造团结一心、共谋发展的良好氛围。

同志们，湘煤十三年的改革发展是一段极不平凡的奋斗历程，企业走到今天，已经到了承上启下、继往开来的决胜关头。面对省委省政府、省国资委的殷切嘱托和四十万职工家属的深切期盼，我们必须进一步坚守初心，牢记使命，迎难而上，奋勇拼搏，实现企业持续、健康、高质量发展，奋力谱写好富饶美丽幸福新湖南的湘煤篇章！

九 湖南省政府关于铁水项目建设的会议纪要

湖南省人民政府专题会议纪要

湘府阅〔2020〕64 号

关于加快推进岳阳煤炭铁水联运储配基地建设的会议纪要

（2020 年 8 月 19 日）

2020 年 8 月 6 日，副省长陈飞主持召开会议，专题研究加快推进岳阳煤炭铁水联运储配基地（以下简称岳阳联运项目）建设。省发展改革委、省工业和信息化厅、省交通运输厅、省国资委、岳阳市人民政府、湘煤集团、湘水集团等单位负责人参加会议。会议听取了省发展改革委、岳阳市人民政府、湘煤集团、湘水集团关于岳阳联运项目建设情况的汇报。

会议指出，岳阳联运项目是浩吉铁路配套集疏运重要项目，对我省煤炭能源供应保障具有重要作用。省发展改革委、省交通运输厅、省国资委、岳阳市、湘煤集团、湘水集团要强化责任担当，密切协作，务实推进岳阳联运项目建设，确保按时高质量完成建设任务。

会议研究议定了以下事项:

一、关于《岳阳港总体规划》。《岳阳港总体规划》获批是岳阳联运项目实施的前提。由岳阳市人民政府和省交通运输厅、省发展改革委等单位负责，进一步加强与国家部委衔接汇报，争取《岳阳港总体规划》早日获批。岳阳联运项目要严格按照批复的《岳阳港总体规划》开展设计、建设、施工、运营和管理。

二、关于岳阳联运项目公司组建及运作。由湘煤集团和湘水集团共同发起组建岳阳铁水集运煤炭储备有限公司（以下简称合资公司），湘煤集团（为项目牵头责任单位）占股 95%、湘水集团（为项目参与单位）占股 5%，作为岳阳联运项目的业主单位（实缴资本金根据项目实施进度分步到位）。合资公司负责统筹规划实施项目各项工作，并立即启动各项前期工作。目前，湘水集团（省港务集团）按照省国资委要求，已经完成了项目可研等前期工作，要尽快移交至合资公司，前期垫付费用经湘煤集团确认后转为湘水集团（省港务集团）的出资。后续湘煤集团在对岳阳联运项目控股权不变的前提下，可根据需要引进战略投资者。岳阳联运项目码头经招投标，同等条件下由湘水集团（省港务集团）

承包施工，码头作业采用服务外包形式，经招投标优先考虑由湘水集团（省港务集团）承担。

三、抓好工作落实。省发展改革委、省交通运输厅等省直有关单位要大力支持项目建设，尽快按程序核准岳阳联运项目立项。岳阳市人民政府要在土地征拆、按期交付等方面给予支持。省国资委要加强对项目实施的统筹协调指导，负责协调解决有关矛盾问题，督促省属企业按要求推进项目如期实施。湘煤集团和湘水集团要增强大局意识、市场意识，密切配合协作，加强与省直相关单位和岳阳市人民政府的沟通对接，争取各有关方面支持，为工程顺利建设创造条件，今年底岳阳联运项目要全面开工。

出席： 省发展改革委蒋天海，省工业和信息化厅黄宝林，省交通运输厅曾胜，省国资委张美诚，岳阳市人民政府杨昆，湘煤集团廖建湘、曹建书、肖振林，湘水集团易放辉、蒋鹏飞、徐国兵。

分送：省长，副省长，秘书长，副秘书长，办公厅负责人，省委办公厅，省发展改革委，省工业和信息化厅，省交通运输厅，省国资委，岳阳市人民政府，湘煤集团，湘水集团。

湖南省人民政府办公厅　　2020年8月19日印发

十　湖南省国资委关于集团公司章程修订的复函

湖南省人民政府国有资产监督管理委员会

湘国资发展函〔2021〕216号

湖南省国资委
关于湖南省煤业集团有限公司
章程修订事项的复函

湖南省煤业集团有限公司：

你公司报送的《关于修订<公司章程>的请示》（湘煤集企〔2021〕51号）收悉，经研究，现函复如下：

一、原则同意按照《湖南省国资委关于印发<湖南省省属监管企业投资管理监督管理办法（试行）>》（湘国资〔2020〕27号）、《湖南省国资委湖南省财政厅关于省属企业国有资产交易监督管理有关事项的通知》（湘国资〔2020〕70号）、《湖南省国资委关于印发<省属国有独资公司章程模板（2020年修订版）><省属国有全资公司、国有控股公司章程模板（2020年修订版）>的通知》（湘国资〔2020〕72号）、《湖南省财政厅湖南省人力资源和社会保障厅湖南省国资委关于划转部分国有资本充实社保基金的通知》、《湖南省国资委关于公布监管企业主业的通知》（湘国资〔2021〕145号）文件的要求，对公司章程有关内容进行修订。

二、现印发《湖南省煤业集团有限公司章程》(2021年10月版)，请你公司依法依规按程序尽快完成工商变更(备案)登记。

附件：湖南省煤业集团有限公司公司章程(2021年10月版)

湖南省国资委

2021年10月27日

十一 湖南省煤业集团有限公司章程（2021年10月版）

湖南省煤业集团有限公司章程

（2021年10月版）

第一章 总 则

第一条 为规范湖南省煤业集团有限公司（以下简称公司）的组织和行为，坚持和加强党的全面领导，完善公司法人治理结构，建设中国特色现代企业制度，保障股东、公司、债权人的合法权益，促进公司的发展，根据《中华人民共和国公司法》(以下简称《公司法》)、《中华人民共和国企业国有资产法》(以下简称《国有资产法》)、《中国共产党章程》(以下简称《党章》)、《中国共产党国有企业基层组织工作条例（试行)》(以下简称《条例》) 和国家有关法律、行政法规及湖南省人民政府（以下简称省人民政府）的有关规定，制定本章程。本章程为公司的最高行为准则，对公司、股东、党委委员、董事、监事、高级管理人员等具有约束力。

第二条 公司名称

中文名称：湖南省煤业集团有限公司

英文名称：Hunan Province Coal Group Co. , Ltd.

公司住所：长沙市天心区万家丽南路二段1099号

邮政编码：410118

第三条 公司是湖南省人民政府批准成立的国有全资公司，由湖南省人民政府国有资产监督管理委员会（以下简称“省国资委”)、湖南兴湘投资控股集团有限公司（以下简称“兴湘集团”)、湖南省国有投资经营有限公司（以下简称“湖南国投”）共同出资设立的有限责任公司，依法办理注册登记。

第四条 公司依法设立，依法登记注册，自主经营、自负盈亏、自我发展、自我约束、自担风险，具有独立的企业法人资格。公司享有由股东投资形成的全部法人财产权，依法享有民事权利，承担民事责任和国有资产保值增值责任。

第五条 公司的经营期限为长期。

第六条 公司董事长为公司法定代表人。

第七条 公司设立中国共产党的组织，确立党组织在公司法人治理结构中的法定地位。坚持“两个一以贯之”，把党的领导融入公司治理各环节，把党组织内嵌于公司治理结构之中，发挥党委领导作用；坚持全面从严治党，落实两个责任，促进企业持续健康发展。

第八条 坚持现代企业制度，建立健全产权清晰、权责明确、政企分开、管理科学的体制机制，明确公司党委、董事会、监事会和经理层各自权责，并建立议事规则，各司其职、各负其责、协调运转、有效制衡。

公司不得以任何形式代替党委会会议、董事会会议、监事会会议的决策，以上会议不得混开、套开。

第九条 公司建立职工代表大会（以下简称职代会）制度，充分发挥职工的民主参与、民主管理、民主监督和集体协商作用。公司通过职代会选举产生职工董事、职工监事。公司工会是职代会的工作机构，负责职代会的日常工作，检查、督促职代会决议的执行。公司为此提供必要的条件。

第十条 公司的经营行为和其他活动不得损害股东的合法权益。公司遵守社会公德、商业道德，维护社会公共利益和国家利益。公司的合法权益和正当经营活动受法律保护，不受侵犯。

公司党委委员、董事、监事、高级管理人员违反法律、行政法规、本章程规定，致使公司遭受损失的，应按有关规定对公司承担赔偿责任。但是，对议案表示异议并记载于会议记录，且在表决时明确投票反对的董事，内部党员董事执行公司党委决定行使表决权的，可以免除责任。对投弃权票或既未出席会议，又未委托其他董事出席董事会的董事不予免除其责任。

对上述人员失职、渎职行为严格追责，建立决策、执行、监督环节的终身责任追究制度。

第十一条　公司可以依法设立分公司和子公司（或子企业，下同）。分公司不具有法人资格，其民事责任由公司承担。子公司具有法人资格，依法独立承担民事责任。

第十二条　公司可以向其他企业投资。但是，除法律另有规定外，不得成为对所投资企业的债务承担连带责任的股东。

非经省国资委批准，公司二级子公司（或拥有实际控制权及以上的上市公司所属的二级子公司）不得作为对外投资主体。

第二章　经营宗旨和经营范围

第十三条　公司经营宗旨：建立现代企业制度，充分利用资本市场和产品市场，实现资源优化配置，提高规模经济效益；适应市场需求，加速结构调整，推进技术进步，改善经营管理，不断提高湖南省煤业集团有限公司的产品结构水平、技术装备水平和经济运行质量，提高市场竞争力，并力争成长为国内有影响力的集团公司，提高国有资产运营效能，促进湖南煤炭工业的发展和湖南经济的增长，打造湖南能源保障主平台。

第十四条　公司主业：煤炭开采、加工、贸易；矿井建设、矿山机械制造及相关工程技术服务；坑口发电。

公司经营范围：国家授权的资产经营；煤炭行业投资、其它产业投资（未经金融监管部门批准，不得从事吸收存款、集资收款、受托贷款、发行票据、发放贷款等国家金融监管及财务信用业务）；煤矿机械生产制造；煤炭建设工程质量监督；半导体照明（LED）系列产品的研发、生产和销售；经营商品和技术的进出口业务及国内商品贸易；提供房屋、设备租赁服务；内部职工培训（国家法律、法规禁止和限制的不得经营）。

第三章　公司注册资本及股东出资额

第十五条　公司出资人名称及住所：

（一）湖南省人民政府国有资产监督管理委员会

住所：湖南省长沙市五一大道351号省政府二院二办公楼

法定代表人：丛培模

（二）湖南兴湘投资控股集团有限公司

住所：湖南省长沙市天心区友谊中路332号

法定代表人：杨国平

（三）湖南省国有投资经营有限公司

住所：长沙市岳麓区茶子山东路112号滨江金融中心T4栋712

法定代表人：李立新

第十六条　公司注册资本为18亿元人民币。

第十七条　股东出资额及股权比例

（一）湖南省人民政府国有资产监督管理委员会出资额为14.58亿元，占股权比例的81%。

（二）湖南兴湘投资控股集团有限公司出资额为1.8亿元，占股权比例的10%。

（三）湖南省国有投资经营有限公司出资额为1.62亿元，占股权比例的9%。

出资人				资本金额	出资方式（金额：万元）					出资比例（%）	出资时间
名称	国别（地区）	证件类型	证件号码		货币资产	实物资产	无形资产	其他	合计		
省国资委	中国（湖南）	统一社会信用代码	114300007607278946	认缴		145800			145800	81	2006.6.19
				实缴		145800			145800	81	2006.6.19
兴湘集团	中国（湖南）	统一社会信用代码	91430000772273922H	认缴		18000			18000	10	2006.6.19
				实缴		18000			18000	10	2006.6.19
湖南国投	中国（湖南）	统一社会信用代码	9143000018378058XP	认缴		16200			16200	9	2006.6.19
				实缴		16200			16200	9	2006.6.19
总计				认缴		180000			180000	100	2006.6.19
				实缴		180000			180000	100	2006.6.19

第十八条　股东可以用货币出资，也可以用实物、知识产权、土地使用权等可以用货币估价并可以依法转让的非货币财产作价出资；但是，法律、行政法规规定不得作为出资的财产除外。

对作为出资的非货币财产应当评估作价，核实财产，不得高估或低估作价。法律、行政法规对评估作价有规定的，从其规定。

第十九条　公司成立后，按照《公司法》的规定，向股东签发出资证明书。出资证明书应由公司盖章，并载明下列事项：

（一）公司名称；

（二）公司成立日期；

（三）公司注册资本；

（四）股东的姓名或者名称、缴纳的出资额和出资日期；

（五）出资证明书的编号和核发日期。

第二十条　公司应当置备股东名册，记载下列事项：

（一）股东的姓名或者名称及住所；

（二）股东的出资额；

（三）出资证明书编号。

记载于股东名册的股东，可以依股东名册主张行使股东权利。

第二十一条　公司应当将股东的姓名或者名称向公司登记机关登记；登记事项发生变更的，应当办理变更登记。未经登记或者变更登记的，不得对抗第三人。

第二十二条　股东可以转让部分或全部股权。公司股东转让股权按《公司法》第三章规定执行。因国家政策需要划转的公司股权，其股东有关权利义务按《国有股权划转协议》执行。

第二十三条　发生股权转让情形时，应相应修改公司章程和股东名册中有关股东及出资额的记载，并及时办理有关变更登记手续。

第四章　股东及股东会

第一节　股　　东

第二十四条　股东有权查阅、复制公司章程、股东会会议记录、董事会会议决议、监事会会议决议和财务会计报告。

股东可以要求查阅公司会计账簿。股东要求查阅公司会计账簿的，应当向公司提出书面请求，说明目的。公司有合理根据认为股东查阅会计账簿有不正当目的，可能损害公司合法利益的，可以拒绝提供查阅，并应当自股东提出书面请求之日起十五日内书面答复股东并说明理由。公司拒绝提供查阅的，股东可以请求人民法院要求公司提供查阅。

第二十五条　股东按照实缴的出资比例分取红利;公司新增资本时,股东有权优先按照实缴的出资比例认缴出资。但是,全体股东约定不按照出资比例分取红利或者不按照出资比例优先认缴出资的除外。

第二十六条　公司成立后，股东不得抽逃出资。

第二节　股　东　会

第二十七条　公司股东会由全体股东组成，股东会依照公司法和本章程的规定行使职权。

第二十八条　股东会约定由控股股东行使下列职权：

（一）决定公司的经营方针和投资计划；

（二）委派和更换非由职工代表担任的董事、监事，决定有关董事、监事的报酬事项；

（三）审议批准董事会的报告；

（四）审议批准监事会的报告；

（五）审议批准公司的年度财务预算方案、决算方案；

（六）审议批准公司的利润分配方案和弥补亏损方案；

（七）对公司增加或者减少注册资本作出决议；

（八）对发行公司债券作出决议；

（九）对公司合并、分立、解散、清算或者变更公司形式作出决议；

（十）决定授予控股股东在股东会闭会期间行使股东会以下职责：

1. 按有关规定对公司董事会、董事进行考核评价，对董事报酬提出建议；

2. 按有关规定对公司监事会、监事进行考核评价，对监事报酬提出建议；

（十一）决定授予董事会行使部分股东会职责；

（十二）修改公司章程；

（十三）公司章程规定的其他职权。

对前款所列事项控股股东以书面形式一致表示同意的，可以不召开股东会会议，直接作出决定，并由全体股东在决定文件上签名、盖章。

第二十九条　股东会会议由股东按照出资比例行使表决权。

第三十条　股东会会议议案由股东、董事会、监事会提出。

第三十一条　股东会会议分为定期会议和临时会议。定期会议一年至少召开 2 次。代表十分之一以上表决权的股东，三分之一以上的董事，监事会提议召开临时会议的，应当召开临时会议。

股东会定期会议应以现场会议方式，临时会议可选择通信或现场会议方式。

第三十二条　召开股东会会议，应于定期会议召开前 15 日，临时会议召开前 10 日，将会议通知送达全体股东。会议通知的内容至少应包括股东会议时间、地点、会期、议题、议程及所附相关资料、通知发出的日期等。

股东出席股东会现场会议一般由法定代表人参加。法定代表人不能参加的，可书面委托他人参加，并在委托书中载明行使的权利。

第三十三条　股东会由董事会召集，董事长主持。

股东会会议应对所议事项作出决议，会议决议应由代表二分之一以上表决权的股东表决通过。

股东会会议作出修改公司章程、增加或者减少注册资本的决议，以及公司合并、分立、解散或者变更公司形式的决议，必须经代表三分之二以上表决权的股东通过。

第五章　公　司　党　委

第三十四条　公司党委由 9 人组成，设书记 1 名，副书记 2 名，每届任期 5 年，期满应及时换届。公司党委书记、董事长由一人担任，党员总经理担任公司党委副书记，符合条件的公司党委领导班子成员可以通过法定程序进入董事会、监事会、经理层；董事会、监事会、经理层成员中符合条件的党员可以依照有关规定和程序进入公司党委。

公司纪委组成及职责，按省委、省纪委监委及上级纪检监察机构有关规定执行。

第三十五条 公司党委发挥领导作用，把方向、管大局、促落实，依照规定讨论和决定公司重大事项。重大经营管理事项须经党委研究讨论后，再由董事会或经理层作出决定。主要职责是：

（一）加强公司党的政治建设，坚持和落实中国特色社会主义根本制度、基本制度、重要制度，教育引导全体党员始终在政治立场、政治方向、政治原则、政治道路上同以习近平同志为核心的党中央保持高度一致；

（二）深入学习贯彻习近平新时代中国特色社会主义思想，学习宣传党的理论，贯彻执行党的路线方针政策，监督、保证党中央重大决策部署和上级党组织决议在本公司贯彻落实；

（三）研究讨论公司重大经营管理事项，支持股东（大）会、董事会、监事会和经理层依法行使职权；

（四）加强对公司选人用人的领导和把关，抓好领导班子建设和人才队伍建设；

（五）履行公司全面从严治党主体责任，领导、支持纪检监察机构履行监督责任，推动全面从严治党向基层延伸；

（六）加强基层党组织建设和党员队伍建设，发挥基层党组织战斗堡垒作用和党员先锋模范作用，团结带领职工群众积极投身公司改革发展；

（七）领导公司意识形态工作、思想政治工作、精神文明建设、统一战线工作，领导公司工会、共青团、妇女组织等群团组织。

第三十六条 公司党委对以下重大经营管理事项履行前置研究程序，提出意见或建议：

（一）公司贯彻执行党的方针政策、国家法律法规、国家发展战略和上级决定的重大举措；

（二）公司发展战略、中长期发展规划和生产经营方针的制订和调整；

（三）公司资产重组、产权转让、资本运作、大额投资和大额资金调度等重大事项；

（四）公司改制、合并、分立、解散或者变更公司形式以及内部机构设置调整、下属分子公司的设立和撤销等事项；

（五）公司重要规章制度的制定和修改；

（六）涉及职工切身利益的重要事项；

（七）公司在重大安全生产、维护稳定、环境保护等涉及企业社会责任等方面采取的重要措施；

（八）其他应当由公司党委研究讨论的重要事项。

第三十七条 公司党委要坚持和完善民主集中制，建立健全并严格执行公司党委会议事规则，做到充分民主、有效集中。就公司重大事项进行前置研究时，应做好会议记录，与会党委委员应审阅会议记录并签名。

第三十八条 公司党委在收到董事会、总经理办公会提请事前研究的重大议题后10日内，须召开党委会予以研究并出具意见，无特殊原因，不得推迟。

第三十九条 公司党委对公司生产经营进行监督，重点对权力集中、资金密集、资源富集、资产聚集等重点部门和岗位的予以监督，建立健全权力运行监督机制，监督公司合法运营，监督事项包括但不限于公司党委委员和高中层管理人员在重大决策、财务管理、产品销售、物资采购、工程招标、企业重组改制、产权变更与交易等方面的行权履职情况。

第四十条 公司党委要合理设置党务工作机构。公司党务专职人员的总量应为职工总数的1%，兼职党务工作人员按实际需要配备。党组织活动经费按公司上年度工资薪金总额1%的比例纳入年度财务预算。

公司党委履行职责时所发生的有关费用按照相关规定，由公司承担。

第四十一条　公司各部门有义务协助公司党委的工作。

第六章　董　事　会

第一节　一　般　规　定

第四十二条　公司设立董事会，董事会向股东会负责。

董事会每届3年。董事会由7名董事组成。其中，股东董事6人，职工董事1人，除职工董事外，均由控股股东进行委派或更换。

第四十三条　董事会行使下列职权：

（一）召集股东会会议，并向股东会报告工作；

（二）执行股东会的决议；

（三）决定公司的经营计划和投资方案；

（四）制订公司的年度财务预算方案、决算方案；

（五）制订公司的利润分配方案和弥补亏损方案；

（六）制订公司增加或者减少注册资本以及发行公司债券的方案；

（七）制订公司合并、分立、解散或者变更公司形式的方案；

（八）决定公司内部管理机构、分支机构的设置并对其进行监控；

（九）决定聘任或者解聘公司总经理及其报酬事项，并根据总经理的提名决定聘任或者解聘公司副总经理、财务负责人及其报酬事项；

（十）审议批准总经理工作报告；

（十一）制定公司的基本管理制度；

（十二）对子公司行使股东职权；

（十三）监督检查公司经理层、子企业股权代表对董事会决议的执行情况；决定公司高级管理人员和子企业股权代表的考核、薪酬、奖惩等事项；

（十四）决定公司的风险管理体系，对公司风险管理进行总体监控；制订公司重大会计政策和会计估计变更方案；审议公司内部审计报告，聘用或者解聘负责公司财务会计报告审计业务的会计师事务所并决定其报酬；

（十五）股东会授予公司董事会行使以下职权：

1. 对公司主业的确定及调整提出建议并制订方案；

2. 制订公司的经营方针和投资计划并报省国资委备案；

3. 在资产负债率不超过70%且严格执行投资负面清单的前提下，董事会决定主业范围内的境内投资项目（不含未纳入年度投资计划的投资项目，境内投资项目引入非国有资本另有规定的，从其规定）。

4. 在集团公司资产负债率不超过60%时，决定年度累计不超过集团公司净资产40%额度的新增对外中长期借款，以及年度累计不超过公司净资产50%额度的新增对外短期借款。

5. 决定公司本级单项资产转让标的金额不超过公司本级最近一期经审计的资产总额（账面价值）25%和所属各级子企业的资产转让事宜，但重要子企业最近一期经审计的资产总额（账面价值）50%以上（含）的资产转让除外。决定公司所属各级子企业（不含重要子企业）的国有产权转让、增资事项，以及公司本级和各级子企业的资产租赁和承包事项；

6. 在年度累计不超过公司净资产10%额度内，决定单笔不超过1000万元的资产减值准备。

7. 在集团公司资产负债率不超过60%时，决定对公司全资、控股子公司等提供累计不超过公司净资产20%额度的担保；决定累计不超过集团公司净资产20%额度的资产抵押或质押。

董事会在行使股东会授予的职权时，应当遵守法律、行政法规相关规定，并与股东充分沟通。

董事会可根据需要，对应上述授权事项，对子公司的股权代表给予一定的授权，但授权事项、权限不得超出股东会上述授权范围和限额。

股东会根据国家法律、行政法规和政策的变化要求，适时对授权事项、权限作出必要调整。

（十六）制订公司章程草案或章程修订案；

（十七）股东会及有关部门授权的其他职权。

第四十四条 董事会履行下列义务：

（一）接受股东会的考核、评价；

（二）向股东会提交董事会年度和任期工作报告；

（三）向股东会提供真实、全面、准确的公司重大决策、高级管理人员的变动、公司财务和运营等信息；

（四）向股东会报告董事及高级管理人员的实际薪酬情况；

（五）支持公司经理层依法履行职权，监督公司日常生产经营管理；

（六）接受企业党组织、监事会的监督，建立与党组织、监事会重大事项沟通制度，如实向党组织、监事会报告情况并提供资料。

第二节 董 事

第四十五条 公司董事任期3年。董事任期届满，可连选连任。董事任期从就任之日起计算，至本届董事会任期届满时为止。董事任期届满未及时改选，原董事仍应当依照法律、行政法规和本章程的规定，履行董事职务。

第四十六条 董事的任职条件：

（一）能够切实执行党的路线方针政策和自觉遵守国家法律法规；

（二）具有良好的职业道德和敬业精神，忠诚勤勉，诚实守信，公道正派，敢于担当，清正廉洁，切实维护股东权益和企业利益；

（三）熟悉企业经营管理和公司主营业务，具有企业战略规划、投融资决策、人力资源管理、法律、财务会计等相关方面的专长和经验；

（四）符合《国资法》第二十三条的规定，无《公司法》第一百四十六条规定的情形；

（五）身心健康，能够充分保证履职所需要的时间和精力；

（六）法律、行政法规规定的其他资格条件。

第四十七条 董事在公司任职期间享有以下权利：

（一）获得履行董事职责所需要的公司信息；

（二）出席董事会会议，充分发表意见，对表决事项行使表决权；

（三）对提交董事会会议的文件、材料提出补充、完善的要求；

（四）经三分之一以上董事同意，有权提议召开临时董事会会议；可以提出缓开董事会会议和暂缓对所议事项进行表决的建议；

（五）根据董事会或董事长委托，检查董事会决议执行情况；

（六）参加任职的专门委员会的会议并发表意见；

（七）董事行使职权时，公司有关人员应当积极配合，不得拒绝、阻碍或隐瞒，不得干预其独立行使职权；

（八）根据履行职责的需要，可以到公司进行工作调研，向公司有关人员了解情况；

（九）按照股东会关于公司董事报酬管理的有关规定领取报酬、津贴；

（十）按照有关规定在履行董事职务时享有办公、出差等方面的待遇；

（十一）董事认为有必要，可以书面或者口头向出资人、监事会反映或征询有关情况和意见；

（十二）法律、行政法规或董事会决议授予的其他权利。

第四十八条　董事应当遵守法律、行政法规和本章程，对公司负有下列忠实和勤勉义务：

（一）忠实履行职责，保护公司资本及资产安全，维护出资人和公司的合法权益；

（二）保守公司商业秘密；

（三）遵守国有企业领导人员廉洁从业规定；

（四）遵守国家法律法规以及公司有关内部管理制度；

（五）就董事会会议、专门委员会会议审议事项发表独立意见；

（六）及时向董事会报告所发现的、董事会应当关注的公司重大风险和问题；

（七）及时向省国资委报告有关情况，保证所提供信息的客观性、真实性、完整性；

（八）职工董事应关注和反映职工正当诉求，代表和维护职工合法权益；

（九）法律、行政法规规定的其他义务。

第四十九条　未经本章程规定或者董事会的合法授权，董事不得代表公司或者董事会行事。董事以其个人名义行事时，该董事应当事先声明其立场和身份。

第五十条　董事违反有关规定自营或者为他人经营公司同类业务的，或者从事损害公司利益活动的，其营业或活动所得归公司所有，给公司造成损害的，应当承担赔偿责任。

第五十一条　董事可以在任期届满前提出辞职。董事辞职应向省国资委提交书面辞职报告。董事辞职导致董事会成员低于法定最低人数的，在新选聘的董事就任前，董事仍应当按照法律、行政法规及本章程的规定，履行职务。

董事辞职生效或者任期届满，应向董事会办妥所有移交手续，其对公司和省国资委承担的忠实义务，在任职结束后 2 年内或有关协议约定的期限内仍然有效。

第五十二条　建立董事工作报告制度。董事每年需定期或不定期向控股股东书面报告本人的履职情况，主要报告参加董事会会议的主要情况，本人提出的保留、反对意见及其原因，无法发表意见的障碍，对公司改革发展与董事会建设的意见或建议。

第五十三条　除法律法规、省国资委及本章程另有规定外，本节第四十八条，第四十九条、第五十条的（一）、（二）、（三）、（四）、（七）项，第五十一条，第五十二条，第五十三条的相关规定，适用于公司党委委员、监事、高级管理人员。

第三节　董　事　长

第五十四条　董事会设董事长 1 名。董事长由控股股东推荐，经全体董事过半数选举产生和罢免。

董事长任期 3 年，任期届满，连选可以连任。在任期届满前，不得无故解除其职务。

第五十五条　董事长除应具备董事的任职条件外，还应符合以下任职要求：

（一）政治意识、大局意识、核心意识和看齐意识强；

（二）熟悉现代企业管理，具有较强的战略决策能力、组织领导能力和知人善任能力，能坚持民主集中制原则，善于驾驭全局；

（三）具有良好的工作业绩。

第五十六条　董事长行使下列职权：

（一）负责主持股东会，代表董事会向股东会报告年度工作；

（二）亲自或授权公司其他人员签署应由法定代表人签署的法律文书及其他文件；

（三）召集和主持董事会会议，负责董事会日常工作；

（四）执行股东会决议，督促、检查董事会决议的执行；

（五）商公司党委提名董事会专门委员会委员、董事会秘书人选；

（六）签署董事会相关文件；

（七）向股东签发出资证明书；

（八）行使法定代表人的职权；

（九）在发生特大自然灾害等不可抗力的紧急情况下，对公司事务行使符合法律、行政法规和公司利益的特别处置权，事后及时向省国资委、公司党委、董事会、监事会报告；

（十）董事会授予的其他职权。

第五十七条　董事长不能履行职务或者不履行职务的，由副董事长履行董事长职务；副董事长不能履行职务或者不履行职务的，由控股股东制定或由半数以上董事共同推举1名董事履行其职务。

第四节　专 门 委 员 会

第五十八条　公司董事会设置战略发展委员会、审计与风险控制委员会、薪酬考核委员会等专门委员会。

各专门委员会是董事会下设的专门工作机构，对董事会负责，在董事会授权范围内开展工作，为董事会重大决策提出意见建议，起草议案或方案，但不得以董事会名义作出任何决议。董事会专门委员会可根据需要聘请外部专家就有关重大决策事项提供专业咨询意见。

第五十九条　董事会专门委员会委员由公司董事担任。

第六十条　战略发展委员会主任委员由董事长担任。

战略发展委员会主要负责研究以下事项，并向董事会提出建议或方案：公司发展战略和中长期规划、主营业务范围及其调整、增加或减少注册资本及发行公司债券、年度财务预决算；须经董事会批准或应上报省国资委审核批准的重大投资、融资、担保、资产处置、关联交易和捐赠事项；股份制改造、与其他企业重组；公司合并、分立、变更公司形式、解散，子公司的有关改革发展重大事项等。

第六十一条　审计与风险控制委员会主要负责研究以下事项，并向董事会提出建议或方案：监督公司内部控制制度和风险管理体系的有效运行；全面监督、评估公司存在的或潜在的风险状况；指导和监督公司内部审计工作；协调外部审计工作；协调与监事会的监督工作。

第六十二条　薪酬考核委员会主要负责研究以下事项，并向董事会提出建议或方案：组织对公司高级管理人员履行职责的情况进行年度绩效考评；拟订高级管理人员的薪酬方案以及奖惩建议；拟订职工收入分配制度及总体方案并对其执行情况进行审查监督。

第六十三条　公司各部门应为董事会各专门委员会提供工作便利及服务。经董事会同意，公司业务部门负责人可参与专门委员会的有关工作。

第五节　议　事　规　则

第六十四条　董事会会议包括定期会议和临时会议。董事会定期会议每年一般不少于4次。

董事会定期会议应在会议召开10日前，临时会议应在5日前向全体董事和监事发出书面通知及有关议题资料。议案属于公司党委前置研究讨论的事项，通知应同时送达公司党委。

会议通知的内容包括但不限于会议时间、地点、会期、议程、议题及所附相关资料、通知发出的日期等。

特殊情况下，需董事会立即作出决议的，召开临时董事会会议可以不受前款通知方式及通知时限的限制。

第六十五条　有下列情形之一时，应召开董事会临时会议：

（一）董事长提议；

（二）三分之一以上董事提议；

（三）监事会提议；

（四）公司党委提议；

（五）代表十分之一以上表决权的股东提议。

公司董事会会议应有过半数的董事出席方可举行。公司董事会会议由董事长召集和主持。公司纪委书记可列席董事会会议。

第六十六条 董事会会议议案由董事、董事会专门委员会、公司党委、总经理、代表十分之一以上表决权的股东提出。议案内容应当属于法律、行政法规及本章程规定的董事会职权范围内的事项。会议议案由董事会秘书收集，报董事长审定。

第六十七条 本章程规定属于公司党委前置研究讨论的事项，未经公司党委研究讨论提出意见建议的，不得提交董事会会议审议。

第六十八条 董事会会议议案的提议人应对所提议案内容和所附材料内容的真实性、准确性和完整性负责。

当三分之一以上董事认为所议议题资料不完备或论证不充分时，可联名提出暂缓召开董事会会议或缓议该议题，董事会应予采纳。

第六十九条 董事会会议一般以现场会议方式举行。在所议事项简单和非本章程第四十五条规定的重大事项的情况下，可采用通信方式进行，但决议应经全体董事一致同意方为有效。

第七十条 董事会会议应由董事本人出席。董事因故不能出席的，可以书面委托其他董事代为出席，委托书中应载明授权范围。但一年内，同一董事授权他人出席的次数不得超过实际召开会议次数的1/3。

第七十一条 出席董事会会议的董事应对会议议案逐一充分发表自己的独立意见。

第七十二条 董事会所议事项形成决议的应做成会议记录，由出席会议的董事在会议记录上签名。

第七十三条 董事会的表决应采取投票方式，一人一票。董事对议案可投同意、反对或弃权票。董事会决议应由二分之一以上的董事表决同意方为有效，但决定本章程第四十三条（六）、（七）、（九）、（十二）、（十四）、（十五）、（十六）和股东约定的其它事项，需三分之二以上董事同意方为有效。

第七十四条 董事会决议与公司党委意见建议不一致，董事会决议有效。公司党委认为有必要时，可以向省国资委党委或股东会报告。

第七十五条 董事会设董事会秘书一名，由董事会决定聘任或解聘。董事会秘书履行以下职责：

（一）办理董事会日常事务；

（二）筹备股东会会议、董事会会议，准备会议议案和材料；

（三）负责董事会与股东、公司党委、监事会的日常沟通联系；

（四）负责与董事会专门委员会、董事的沟通与联络；

（五）负责董事会委托的其他工作。

第七十六条 公司应当为董事会秘书履职提供便利条件，董事、监事、其他高级管理人员和相关工作人员应当支持、配合董事会秘书的工作。

第七十七条 董事会应当制定董事会秘书工作制度，明确任职资格、聘用方式、权利义务和考核评价办法等。

第七章 经 理 层

第七十八条 公司设总经理1名，副总经理及其他高级管理人员若干名，均由控股股东推荐。

第七十九条 总经理每届任期3年，连聘可连任。公司应同总经理签订聘任合同。

第八十条 总经理对董事会负责，向董事会报告工作，接受董事会的监督管理和监事会的监督。

第八十一条 总经理行使下列职权：

（一）组织主持公司的生产经营管理工作，组织实施股东会、董事会决议；

（二）组织拟订公司发展战略和中长期规划草案；

（三）组织拟订公司年度经营计划，投融资方案草案，年度财务预、决算草案，利润分配及亏损弥补草案，发行债券、兼并重组、产权转让及改制草案；

（四）组织实施经董事会审议通过的经营计划，投融资方案，年度财务预、决算方案，利润分配及亏损弥补方案，发行债券、兼并重组、产权转让及改制方案；

（五）组织拟订公司内部管理机构、分支机构设置方案，拟订公司内部改革方案，制定公司员工招聘、调整方案，公司总部员工录用、调动、晋级和奖惩方案，制定公司发展、改革与生产经营年度工作计划；

（六）组织拟订公司的基本管理制度；

（七）组织制定公司的具体规章制度；

（八）按照有关规定，依程序向公司董事会推荐或提名子公司相关股权代表人选；

（九）按照有关规定，提请董事会聘任或者解聘董事会秘书以外的其他高级管理人员，聘任或者解聘公司除由董事会聘任或者解聘以外的公司管理人员；

（十）董事会授予的其它职权。

第八十二条 未事先征求并得到公司党委的正式意见建议，总经理不得对职权范围内但属于公司党委前置研究讨论的重要事项作出决定。

第八十三条 公司高级管理人员应定期或专项向公司党委报告公司党组织重点监督事项的执行情况，自觉接受公司党委的监督。

第八十四条 总经理应制订总经理工作细则，报董事会批准后实施。

第八十五条 公司建立总经理办公会议制度，其议事规则由总经理组织制定，报董事会批准后实施。

第八十六条 总经理办公会议应形成会议纪要，并于会后 2 个工作日内送达所有党委委员、董事、监事。

第八十七条 总经理及其他高级管理人员应定期或不定期向董事会报告工作，向董事、监事提供其履职所需的资料。

第八十八条 总经理可以在任期届满前提出辞职。有关总经理辞职的具体程序和办法由聘任合同约定。

第八章 监 事 会

第八十九条 公司设监事会，对股东会负责。

监事会成员 5 人，其中股东监事 3 人，均由控股股东委派或更换；职工监事 2 人。

监事会设主席一人，由控股股东推荐，全体监事过半数选举产生；监事会每届任期三年。

公司董事、高级管理人员、财务部门负责人及相关人员不得兼任监事。

第九十条 监事会行使下列职权：

（一）检查公司贯彻执行法律、行政法规和公司规章制度的情况；

（二）检查公司财务；

（三）对公司“三重一大”等事项实行监督；

（四）对董事、高级管理人员执行公司职务的行为进行监督，对违反法律、行政法规、公司章程或者股东会决议的董事、高级管理人员提出罢免的建议；

（五）提议召开临时股东会议，在董事会不履行本章程规定的召集和主持股东会议职责时，召集和主持股东会会议；

（六）向股东会提出议案，定期和不定期向股东会报告工作；

（七）当董事、高级管理人员行为损害公司的利益时，要求董事、高级管理人员予以纠正；

（八）依照《公司法》第一百五十一条的规定，对董事、高级管理人员提起诉讼；

（九）列席党委会会议、董事会会议及其他重要会议，并对会议决议事项提出质询或者建议；

（十）发现公司经营情况异常时，及时将异常情况通报董事会和党委，重大异常情况应及时报告控股股东；

（十一）对公司异常经营情况开展调查，必要时可以聘请社会中介机构协助工作；

（十二）指导公司内部审计工作；

（十三）法律、行政法规、股东会授予的其他职权。

第九十一条 监事会每年度召开与董事会会议次数相当的监事会会议。监事会会议由监事会主席主持，监事会主席不能履行职务或者不履行职务的，由半数以上监事共同推举一名监事召集和主持。监事会决议应当经半数以上监事通过。监事会应对所议事项的决定形成会议记录，出席会议的监事应在会议记录上签名。

第九十二条 建立监事会与党委、董事会的沟通机制，形成对公司监督的联动机制。

第九十三条 监事在任职期间如违反国家法律、行政法规、本章程的规定，股东会有权解除其职务。

第九十四条 监事会应制定监事会议事规则。监事会的开展工作所需经费按照省国资委或公司规定处理。

第九章 公司财务、劳动保护

第九十五条 公司依照国家有关法律、行政法规和制度规定，建立公司的财务、会计、审计、法务等制度，加强企业法治建设，推进企业依法经营、合规管理。公司除法定的会计账册外，不得另立会计账册，不得以任何名义另立账户存储公司资产。财务会计报告应当依照法律、行政法规和国务院财政部门的规定编制。公司每一会计年度终了时，应编制财务会计报告并依法经会计师事务所审计。

第九十六条 公司实行内部审计制度，设立内部审计机构，依照国家有关法律、行政法规对公司财务收支和经营活动，进行内部审计监督。

第九十七条 公司保护职工的合法权益，依法与职工签订劳动合同，参加社会保险，加强劳动保护，实现安全生产。公司应当采用多种形式，加强公司职工的职业教育和岗位培训，提高职工素质。

第九十八条 公司依照《中华人民共和国劳动法》及《中华人民共和国劳动合同法》决定用工制度，实行全员劳动合同制。

第九十九条 公司决定本章程第四十三条（五）（十三）以及制定重要的规章制度和决定有关安全生产以及劳动保护、劳动保险、解聘（或开除）公司职工等涉及职工切身利益的问题前，应当事先听取工会或职工代表大会的意见建议。

第十章 公司合并、分立、终止、清算

第一百条 公司合并可以采取吸收合并或者新设合并。

公司合并，应当由合并各方签订合并协议，并编制资产负债表及财产清单。公司应当自作出合并决议之日起十日内通知债权人，并于三十日内在报纸上公告。债权人自接到通知书之日起三十日内，未接到通知书的自公告之日起四十五日内，可以要求公司清偿债务或者提供相应的担保。

第一百〇一条 公司合并时，合并各方的债权、债务，应当由合并后存续的公司或者新设的公司承继。

第一百〇二条 公司分立，其财产作相应的分割。公司分立，应当编制资产负债表及财产清单。

公司应当自作出分立决议之日起十日内通知债权人，并于三十日内在报纸上公告。公司分立前的债务由分立后的公司承担连带责任。但是，公司在分立前与债权人就债务清偿达成的书面协议另有约定的除外。

第一百〇三条 公司合并或者分立，登记事项发生变更的，应当依法向公司登记机关办理变更登记；公司解散的，应当依法办理公司注销登记；设立新公司的，应当依法办理公司设立登记。

第一百〇四条　公司有下列情形之一时应予终止并进行清算：

（一）公司章程规定的营业期限届满或者公司章程规定的其他解散事由出现；

（二）股东决定解散；

（三）因公司合并或者分立需要解散；

（四）依法被吊销营业执照、责令关闭或者被撤销；

（五）人民法院依照公司法第一百八十三条的规定予以解散。

第一百〇五条　公司经营管理发生严重困难，继续存续会使股东利益受到重大损失，通过其他途径不能解决的，股东可以请求人民法院解散公司。

第一百〇六条　公司因本章程第一百〇四条第（一）、（二）、（四）、（五）项或第一百〇五条规定而解散的，应当在解散事由出现之日起十五日内成立清算组，开始清算。

第一百〇七条　清算组成员由股东会确定。

第一百〇八条　清算组在清算期间行使下列职权：

（一）通知或者公告债权人；

（二）清理公司财产、编制资产负债表和财产清单；

（三）处理公司未了结的业务；

（四）清缴所欠税款；

（五）清理债权、债务；

（六）处理公司清偿债务后的剩余财产；

（七）代表公司参与民事诉讼活动。

第一百〇九条　清算组应当自成立之日起十日内通知债权人，并于六十日内在报纸上公告。债权人应当自接到通知之日起三十日内，未接到通知的自公告之日起四十五日内，向清算组申报其债权。债权人申报债权时，应当说明债权的有关事项，并提供证明材料。清算组应当对债权进行登记。在申报债权期间，清算组不得对债权人进行清偿。

第一百一十条　清算组在清算公司财产、编制资产负债表和财产清单后，应当制定清算方案，并报股东会确认。

第一百一十一条　公司财产在分别支付清算费用、职工的工资、社会保险费用和法定补偿金，缴纳所欠税款，清偿公司债务后的剩余财产，有限责任公司按照股东的出资比例分配。

清算期间，公司存续，但不得开展与清算无关的经营活动。公司财产在未依照前款规定清偿前，不得分配给股东。

第一百一十二条　清算组在清理公司财产、编制资产负债表和财产清单后，发现公司财产不足清偿债务的，应当依法向人民法院申请宣告破产。公司经人民法院裁定宣告破产后，清算组应当将清算事务移交给人民法院。

第一百一十三条　公司被依法宣告破产的，依照《中华人民共和国企业破产法》等法律实施破产清算。

第一百一十四条　清算结束后，清算组应当制作清算报告，以及清算期间收支报表和财务账册，报省国资委确认。并报送公司登记机关，申请注销公司登记，公告公司终止。

第一百一十五条　清算组人员应当忠于职守，依法履行清算义务，不得利用职权收受贿赂或者其他非法收入，不得侵占公司财产。清算组人员因故意或者重大过失给公司或者债权人造成损失的，应当承担赔偿责任。

第十一章　附　　则

第一百一十六条　有下列情形之一的，公司应当修改章程：

（一）《公司法》或有关法律、行政法规、党的规定修改后，章程规定的事项与修改后的法律、行政法规、规定相抵触；

（二）公司的情况发生变化，与章程记载的事项不一致；

（三）股东提议修改章程。

第一百一十七条　修改本公司章程的程序：

（一）代表三分之一以上股权的股东、公司三分之一以上董事或董事长提议修改章程；

（二）董事会秘书、法律顾问等依据董事会修改公司章程的决议，拟订公司章程修订案；

（三）董事会讨论通过公司章程修订案，并报股东会批准；

（四）向省市场监督管理部门申请公司章程变更登记。

第一百一十八条　公司变更章程，涉及变更名称、住所、经营范围、注册资本等登记注册事项以及要求公告的其他事项，予以公告。

第一百一十九条　本章程规定事项，国家法律法规、湖南省委省政府、省国资委另有规定的，从其规定；本章程未尽事宜或与国家新颁法律法规相抵触的内容，以国家法律法规为准。

第一百二十条　本章程所指公司高级管理人员为公司总经理和其他高级管理人员，其他高级管理人员指公司的副总经理、总会计师、总工程师、总经济师、总法律顾问、董事会秘书及其他董事会认定的高级管理人员。

本章程所指经理层是指由公司高级管理人员组成的经营班子。

本章程所指子企业是公司下属全资、控股、参股及其他有实际控制力的企业。

本章程所指子公司股权代表包括公司委派或推荐，在子公司担任董事、监事和高级管理人员的人员。

第一百二十一条　本章程所称“以上”“以下”“以内”“届满”均包括本数，“超过”“以外”“不满”均不包括本数。

第一百二十二条　本章程经公司股东会审议通过，股东签名、盖章，并经公司登记机关备案后生效。

第一百二十三条　本章程由董事会负责解释。

第一百二十四条　公司《党委会议事规则》《董事会议事规则》《总经理办公会议事规则》《监事会议事规则》为本章程的附件，与本章程具有同等的法律地位。

第一百二十五条　本章程一式9份，股东各留存2份，公司留存2份，并报公司登记机关备案1份。

十二　湖南省国资委关于对集团“十四五”规划的批复

湖南省人民政府国有资产监督管理委员会

湘国资发展函〔2021〕159号

湖南省国资委
关于对《湖南省煤业集团有限公司发展战略
暨“十四五”规划》的批复

湖南省煤业集团有限公司：

你公司上报的《湖南省煤业集团有限公司发展战略暨“十四五”规划》（简称《规划》）收悉，已经我委9月2日行政办公会审议通过，现函复如下：

一、原则同意你公司《规划》。

二、你公司应按照“三规合一”原则，根据《湖南省国资委关于印发<湖南省国资国企“十四五”发展规划>的通知》（湘国资〔2021〕150号）的相关要求，做好如下修改完善：

1、《规划》结构上，第一部分前言中规划定位，与第五部分发展战略与指导思想相关内容整合，避免逻辑不当及内容重复。

2、《规划》内容上，企业使命、愿景表述可以更精炼；第四部分竞争力分析“存在的主要问题”修改为“存在的主要不足（或劣势）”；要加大科学技术研发投入。

三、加强贯彻落实

1、强化《规划》应用。要发挥《规划》的引领作用，切实做好《规划》指标分解工作，确保指标分解到每一个部门，每一户企业。

2、做好《规划》宣贯。充分利用传统媒介和新媒体，全方位加强《规划》的诠释和宣传；强化《规划》执行督察考核力度，确保《规划》落实落地。

湖南省国资委

2021年9月14日

十三 湖南省煤业集团有限公司“十四五”规划（摘要）

湖南省煤业集团有限公司发展战略暨“十四五”规划

（摘要）

一、发展战略与指导思想

（一）指导思想

以习近平新时代中国特色社会主义思想为指导，深入贯彻落实党的二十大精神、习近平总书记对湖南重要讲话重要指示批示精神、“四个革命、一个合作”能源安全新战略，全面落实“三高四新”战略定位和使命任务，坚持“问题、目标、结果”导向，以“安全、转型、高效”主题，深入推进“三个湘煤”建设、打造“三个共同体”，全力“保安全、谋转型、促高效、强党建、惠民生”，做强做优湖南能源保障主平台，奋力打造在全国具有较大影响力的能源产业投资控股集团、省内最大的煤炭供应综合服务商，为“三高四新”战略实施贡献湘煤力量，为中国式现代化新湖南经济社会发展能源供给安全保障贡献湘煤力量，为满足全体湘煤人对美好生活的追求进一步建设好我们共有的精神和物质家园。

（二）发展战略

1. 战略定位

做强做优湖南能源保障主平台。

2. 战略描述

紧扣集团战略定位，重点围绕“三个核心”“三个驱动”“三个升级”“三个市场”，整合产业资源、调优产业结构，提升产业核心竞争力，不断提升企业经济运行质效和规模，到“十四五”末期努力发展成为全国具有较大影响力的能源产业投资控股集团、省内最大的煤炭供应综合服务商。

“三个核心（业务方向）”：煤炭开采、储备、贸易及综合利用，矿山建设、智慧矿山装备制造及工程服务，清洁能源开发利用及节能应用。

从“十三五”时期形成的能源供给、能源装备及节能应用、能源建设三大主业方向，调整过渡至煤炭开采、储备、贸易及综合利用，矿山建设、智慧矿山装备制造及工程服务，清洁能源开发利用及节能应用，进一步增强省内煤炭、新能源资源厚度、保障湖南能源供应。

“三个驱动”：创新、改革、资本。

创新驱动：打造具备核心竞争力的省属国企创新高地，围绕煤矿采掘运输及装备智能化、清洁能源开发利用及节能应用，加强科技创新及研发投入，促进安全管理升级、产能释放，促进技术提升、产品服务全面改善。

改革驱动：以新一轮国企改革深化提升行动为重要契机，进一步做强做优做大国有资本，提升企业核心竞争力和增强核心功能。

资本驱动：巩固集团资本结构优化的阶段性成果，进一步推动与强化资本管理、改善资本结构，促进资本与实业双轮驱动，推进煤炭及能源环保领域优质资源的重组与整合，优化投资布局，以资本赋能经营、以资本助力增长。

“三个升级”：业务模式升级、技术升级、产品升级。

业务模式升级：煤炭板块由简单差价贸易，向煤炭供应链整合升级，通过大数据、定制化解决方案、端到端精准匹配降低整体供应链成本，实现生产商向现代煤炭供应链综合服务商转变。施工建设板块由单纯的施工企业向集“建、管、融”于一体的大型综合服务型企业转变。新能源板块售电业务，通过大数据、隔墙售电、峰谷储能调节，实现配售电电力资源及消费管理精益化管理，并在电力增值服务方面不断取得突破。

技术升级：煤炭板块在安全开采、绿色开采、高效开采、煤炭清洁利用、智慧矿山等方面实现技术飞跃，并针对湖南煤矿地质条件复杂，灾害严重，尤其是瓦斯灾害特别严重的客观实际，开展“中国湖南煤与瓦斯突出防治”科技攻关，为全国乃至全世界煤矿瓦斯治理提供湘煤方案。施工建设板块，要在智慧矿山技术研发及应用、矿建工法及设计取得突破。机械装备板块要把握“机械化减人、自动化换人”要求和信息化、智能化趋势，实现矿山辅运产品机电液一体化、信息化、远程监控/无人值守。LED 芯片板块立足 GaN 基半导体技术和市场发展趋势，重点攻克高清显示用 Mini - LED 芯片、GaN 功率器件关键技术攻关，解决制约 Mini - LED 芯片和 GaN 功率器件产业化应用的技术瓶颈。

产品升级：煤炭板块进一步推动精品煤战略深入发展。机械装备进一步做精做深具有核心竞争力的煤机产品和辅助运输产品，做强做优电控产品和智能控制产品，摆脱煤机制造的简单路径依赖，实现向煤机为主兼顾通用型设备的方向转型，向煤矿装备运维服务升级。LED 芯片加快推进中高端产品转型，聚焦手机、车载显示、VR、消费电子等领域，开发 Mini/Micro - LED 芯片、GaN 功率器件等中高端应用产品。

“三个市场”：湖南、全国、境外。

立足湖南能源保障，基于省内煤炭生产/供应链、电力储能销售服务业务做强做优湖南能源保障主平台；矿建、托管及矿机生产销售以大客户为导向，重点拓展西北/西南市场，注重非煤市场拓展；结合“一带一路”实现矿山建设、矿机装备跨国发展。LED 芯片板块拓宽灯珠贸易销售渠道，积极开拓非洲、南美市场。

（三）“十四五”发展目标

产业布局进一步优化，核心主业煤炭生产供应质量和销量明显提高，安全生产水平大幅提升，培育主业市场化竞争力显著增强，业绩贡献规模持续扩大，集团综合实力稳居全国煤炭企业前 40 强，发展成为全国具有较大影响力的能源产业投资控股集团、省内最大的煤炭供应综合服务商。

到 2025 年末，实现煤炭产销量 3000 万吨，培育主业发展实现突破，收入力争突破 100 亿元，贡献占比接近 35%，利润总额力争达到 3.5 亿元，贡献占比接近 25%。集团资产规模达 300 亿元，净资产 100 亿元，年营业收入 260 亿元，利润总额 15 亿元，资产负债率≤70%（煤炭开采、储备、贸易及综合利用是集团的核心主业。近两年，在国际地缘政治冲突、气候异常等多重因素叠加影响下，能源危机加剧，煤炭产量及消费双双反弹，煤炭价格高位运行。“十四五”后期，随着新增煤炭产能释放，加之进口煤政策放宽，供需紧张局面将逐步缓解，价格重心或将下移，回归合理区间，因此，规划提出如下控制目标，到 2025 年末，集团资产规模达到 265 亿元，净资产 86 亿元，年营业收入 246 亿元，利润总额 12 亿元，资产负债率≤70%）。

煤炭开采、储备、贸易及综合利用。煤炭开发和运销储备体系基本建成，原煤产量实现 1000 万吨，煤炭贸易量达 2000 万吨，煤炭供应量接近全省需求的三分之一。

矿山建设、智慧矿山装备制造及工程服务。矿山建设领域专业施工资质更完备、专业施工手段更先进、专业施工能力更强大，打造成为集矿山勘察、设计、规划、施工、安装等能力于一体，具备总承包特级资质的国内一流大型建工集团，矿山施工建设综合实力全国排名前列。矿山装备制造领域力争进入全国煤机 50 强，打造为全国具有重要影响力的智能装备制造及运维服务商、智慧矿山及矿山智能提运装备制造基地、全国薄煤层采运智能装备制造基地、全国救护及无人监控监测装备制造基地。

清洁能源开发利用及节能应用。建成先进的瓦斯抽采利用体系，瓦斯灾害治理水平大幅提升，瓦斯实现资源化产业化利用。LED芯片进入行业综合实力（高端产品生产能力和利润水平）前三名，并实现上市，打造国内一流、面向全球的LED芯片制造商。

（四）2035年远景规划目标

坚持“以煤为基、相关多元、综合发展”的产业发展思路，在确保安全稳定的前提下，大力发展“煤炭开采、储备、贸易及综合利用、矿山建设、智慧矿山装备制造及工程服务、清洁能源及节能应用”业务，拓宽产业布局，形成发展新动能，谋划发展新布局，不断提升集团规模，实现集团高质量可持续发展。到2035年，实现原煤产销5000万吨，煤炭供应量达全省需求的50%左右，集团资产、年营业收入、利润总额均实现翻番。

（五）滚动发展规划目标及年度分解目标

到2023年底，煤炭产销量达1300万吨；各类矿山装备19万台套；代理购售电量80亿度；瓦斯利用率达37%，瓦斯发电量592万度。实现资产总额166.46亿元，营业收入220亿元，利润总额14亿元。

到2024年底，煤炭产销达1700万吨；各类矿山装备21万台套；代理购售电量82亿度；瓦斯利用率达45%，瓦斯发电量706万度。实现资产总额237亿元，营业收入240亿元，利润总额14.47亿元。

到2025年底，煤炭产销达3000万吨；各类矿山装备25万台套；代理购售电量90亿度；瓦斯利用率达46%，瓦斯发电量741万度。实现资产总额300亿元，营业收入260亿元，利润总额15亿元。

2023—2025年三大主业发展规划目标及分解目标（奋斗目标）

业务分类	资产总额		营业收入		利润总额		在职职工（人）
	数量（亿元）	比例（%）	数量（亿元）	比例（%）	数量（亿元）	比例（%）	
2023年							
一、核心主业：							
煤炭开采、储备、贸易及综合利用	118.44	64.67	158.52	69.60	12.33	83.94	25997
二、培育主业：							
1. 矿山建设、智慧矿山装备制造及工程服务	42.67	23.30	62.13	27.28	1.68	11.40	2554
2. 清洁能源开发利用及节能应用	22.04	12.04	7.12	3.13	0.68	4.66	1349
内部抵消	-16.68		-7.78		-0.69		
合计	166.46	100.00	220.00	100.00	14.00	100.00	29900
2024年							
一、核心主业：							
煤炭开采、储备、贸易及综合利用	166.83	67.13	167.89	68.92	12.45	82.18	28749
二、培育主业：							
1. 矿山建设、智慧矿山装备制造及工程服务	50.75	20.42	66.98	27.50	1.81	11.95	2849
2. 清洁能源开发利用及节能应用	30.92	12.44	8.71	3.58	0.89	5.87	1401
内部抵消	-11.50		-3.59		-0.67		
合计	237.00	100.00	240.00	100.00	14.47	100.00	33000
2025年							
一、核心主业：							
煤炭开采、储备、贸易及综合利用	221.00	71.00	174.35	65.26	12.67	78.07	31904
二、培育主业：							

（续）

业务分类	资产总额		营业收入		利润总额		在职职工（人）
	数量（亿元）	比例（%）	数量（亿元）	比例（%）	数量（亿元）	比例（%）	
1. 矿山建设、智慧矿山装备制造及工程服务	57.00	18.31	82.30	30.80	2.42	14.91	3324
2. 清洁能源开发利用及节能应用	33.25	10.68	10.52	3.94	1.14	7.02	1473
内部抵消	-11.25		-7.17		-1.22		
合　计	300.00	100.00	260.00	100.00	15.00	100.00	36700

2023—2025年六大板块发展规划目标及分解目标（奋斗目标）

业务板块	资产总额		营业收入		利润总额	
	数量（亿元）	比例（%）	数量（亿元）	比例（%）	数量（亿元）	比例（%）
2023年						
煤炭	106.29	58.03	150.05	65.88	11.74	79.87
施工建设	21.49	11.73	52.88	23.22	1.23	8.38
机械装备	8.37	4.57	4.80	2.11	0.15	1.02
LED芯片	14.28	7.79	4.73	2.07	0.28	1.91
新能源	2.15	1.18	0.29	0.13	0.17	1.16
资产管理	30.58	16.69	15.03	6.60	1.13	7.67
内部抵消	-16.68		-7.78		-0.69	
合计	166.46	100.00	220.00	100.00	14.00	100.00
2024年						
煤炭	148.00	59.56	158.92	65.24	11.84	78.16
施工建设	21.80	8.77	56.80	23.32	1.25	8.25
机械装备	8.45	3.40	5.50	2.26	0.27	1.80
LED芯片	22.95	9.23	6.00	2.46	0.40	2.64
新能源	2.30	0.93	0.50	0.21	0.25	1.65
资产管理	45.00	18.11	15.87	6.51	1.13	7.51
内部抵消	-11.50		-3.59		-0.67	
合计	237.00	100.00	240.00	100.00	14.47	100.00
2025年						
煤炭	195.99	62.97	164.48	61.56	12.01	74.13
施工建设	22.00	7.07	70.00	26.20	1.60	9.88
机械装备	8.99	2.89	6.66	2.49	0.50	3.09
LED芯片	24.55	7.89	7.20	2.69	0.50	3.09
新能源	2.73	0.88	1.00	0.37	0.40	2.47
资产管理	57.00	18.31	17.83	6.67	1.19	7.34
内部抵消	-11.25		-7.17		-1.22	
合计	300.00	100.00	260.00	100.00	15.00	100.00

2023—2025年三大主业发展规划目标（控制目标）

业务板块	资产总额		营业收入		利润总额	
	数量（亿元）	比例（%）	数量（亿元）	比例（%）	数量（亿元）	比例（%）
2023年						
一、核心主业：						
煤炭开采、储备、贸易及综合利用	118.44	64.67	139.45	69.48	9.25	84.71
二、培育主业：						
1. 矿山建设、智慧矿山装备制造及工程服务	42.67	23.30	54.63	27.22	1.26	11.54
2. 清洁能源开发利用及节能应用	22.04	12.04	6.62	3.30	0.41	3.75
内部抵消	-16.51		-7.40		-0.41	
合　计	166.63	100.00	193.30	100.00	10.50	100.0
2024年						
一、核心主业：						
煤炭开采、储备、贸易及综合利用	137.96	62.81	150.30	66.70	9.19	80.83
二、培育主业：						
1. 矿山建设、智慧矿山装备制造及工程服务	50.75	23.11	66.64	29.57	1.50	13.23
2. 清洁能源开发利用及节能应用	30.92	14.08	8.40	3.73	0.68	5.94
内部抵消	-19.64		-5.35		-0.37	
合　计	200	100.00	220	100.00	11.0	100.0
2025年						
一、核心主业：						
煤炭开采、储备、贸易及综合利用	183.09	66.98	161.47	63.12	9.25	74.99
二、培育主业：						
1. 矿山建设、智慧矿山装备制造及工程服务	57.00	20.85	82.23	32.15	2.10	17.02
2. 清洁能源开发利用及节能应用	33.25	12.17	12.10	4.73	0.99	7.99
内部抵消	-8.34		-9.80		-0.33	
合　计	265	100.00	246	100.00	12.0	100.0

2023—2025年六大板块发展规划目标（控制目标）

业务板块	资产总额		营业收入		利润总额	
	数量（亿元）	比例（%）	数量（亿元）	比例（%）	数量（亿元）	比例（%）
2023年						
煤炭	106.29	58.03	131.35	65.45	8.90	81.58
施工建设	21.49	11.73	46.00	22.92	1.00	9.17
机械装备	8.37	4.57	4.50	2.24	0.10	0.92
LED芯片	14.28	7.79	4.50	2.24	0.21	1.92
新能源	2.15	1.18	0.25	0.12	0.13	1.19
资产管理	30.58	16.69	14.10	7.03	0.57	5.22
内部抵消	-16.51		-7.40		-0.41	
合计	166.63	100.00	193.30	100.00	10.50	100.00

（续）

业务板块	资产总额		营业收入		利润总额	
	数量（亿元）	比例（%）	数量（亿元）	比例（%）	数量（亿元）	比例（%）
2024 年						
煤炭	119.13	54.24	141.97	63.00	8.83	77.71
施工建设	21.80	9.93	56.80	25.21	1.10	9.64
机械装备	8.45	3.85	5.50	2.66	0.23	1.98
LED 芯片	22.95	10.45	6.00	2.44	0.40	3.52
新能源	2.30	1.05	0.50	0.22	0.20	1.76
资产管理	45.00	20.49	14.58	6.47	0.61	5.39
内部抵消	-19.64		-5.35		-0.37	
合计	200.00	100.00	220.00	100.00	11.00	100.00
2025 年						
煤炭	158.08	57.83	152.53	59.63	8.88	71.99
施工建设	22.00	8.05	70.00	27.37	1.40	11.39
机械装备	8.99	3.29	6.66	2.60	0.50	4.06
LED 芯片	24.55	8.98	9.00	3.52	0.50	4.06
新能源	2.73	1.00	1.00	0.39	0.40	3.24
资产管理	57.00	20.85	16.61	6.49	0.65	5.26
内部抵消	-8.34		-9.80		-0.33	
合计	265.00	100.00	246.00	100.00	12.00	100.00

（六）企业主责

集团的核心功能定位是“坚守做强做优湖南省能源保障主平台的战略定位，承担全省煤炭应急保供任务，打造在全国具有较大影响力的能源产业投资控股集团、省内最大的煤炭供应综合服务商”，这是省委省政府赋予湘煤的初心使命，也是全体湘煤人矢志不渝的奋斗目标。

监管企业主责表

主责内容	主责名称
战略定位	做强做优湖南能源保障主平台
使命任务	承担全省煤炭应急保供任务，打造在全国具有较大影响力的能源产业投资控股集团
重大责任	筑牢安全生产底线，以煤为基，做强做优煤炭开采、储备、贸易及综合利用，做大做精矿山建设、智慧矿山装备制造及工程服务，做大做强清洁能源及节能应用，提升企业核心竞争力，增强核心功能，防范化解重大风险，实现国有资产保值增值，为湖南“三高四新”战略实施贡献湘煤力量，为全省经济社会发展能源供给安全保障贡献湘煤力量，为全体湘煤人对美好生活的追求进一步建设好我们共有的精神和物质家园

（七）企业主业核心竞争力提升目标和路径

企业功能性任务、主业核心竞争力提升目标和路径见下表：

监管企业核心竞争力提升目标和路径表

主业名称	2022年发展情况	2023年提升目标	2023年提升路径	“十四五”提升目标	“十四五”提升路径
功能性任务1：全省煤炭应急保供任务	全年发运电煤210万吨，电煤中长协兑现率为80.04%。	1. 按要求完成长协煤供应。 2. 落实省委省政府下达煤炭应急保供的任务。	一是加快推进岳阳铁水集运煤炭储备项目建设。 二是全力争取岳阳、衡阳、郴州中央政府煤炭储备基地项目落户集团。 三是整合省内外煤炭优质资源，进一步增强煤炭供给安全保障能力。 四是认真履行电煤中长期合同责任，优先确保电煤中长期合同供应和发运。	1. 按要求完成长协煤供应。 2. 落实省委省政府下达煤炭应急保供的任务。	一是构建畅通高效煤炭物流体系。 二是加强煤炭应急储备设施建设。 三是增强上游煤炭资源控制能力。积极争取政策支持，择优并购省内外煤炭资源。 四是在确保安全的前提下，做到煤矿能产尽产、稳产增产，提高自产煤量。
主业1：煤炭开采、储备、贸易及综合利用	1. 实现资产93.80亿元、营收127.31亿元、利润8.44亿元。 2. 全年安全产煤503.1万吨，产销煤炭1106万吨(其中自产原煤503.1万吨)，采煤机械化率达42%。	1. 实现资产118.44亿元、营收158.52亿元、利润12.33亿元。 2. 实现煤炭产销量1300万吨，采煤机械化率达42%以上。	一是加快推进岳阳铁水集运煤炭储备项目建设。 二是全力争取岳阳、衡阳、郴州中央政府煤炭储备基地项目落户集团。 三是整合省内外煤炭优质资源，进一步增强煤炭供给安全保障能力。 四是有序开展新疆鄯善县库木塔格矿区一号露天矿前期工作，加快战略投资者引进。 五是对集团内部煤炭贸易企业进行专业化重组，构建统一的煤炭运销大平台。 六是进一步做强做优煤炭洗选加工、焦化、煤矸石发电等煤炭循环综合利用。	1. 实现资产221亿元、营收174.35亿元、利润12.67亿元。 2. 实现原煤产量1000万吨，煤炭贸易量达2000万吨，煤炭供应量接近全省需求的三分之一。	一是加大现有煤矿“四化”升级改造，释放有效产能，择优并购省内外煤炭资源，有序推进新疆鄯善县库木塔格矿区一号露天矿开发工作，增强煤炭供给安全保障能力。 二是提升重大灾害防治能力，加大重大灾害防治力度，通过技术攻关和示范创建，开展地面与井下相结合的瓦斯抽采与开发利用；严格落实水害预防和治理措施，积极创新应用先进技术装备，提升矿井应急处置能力。 三是依托岳阳铁水集运、煤炭大数据中心及岳阳、衡阳、郴州煤炭储备基地，加快推进煤炭供、储、销体系建设，做大做强煤炭贸易。 四是科学有序发展煤炭精深加工，延长煤炭产业链，增加产品附加值。
主业2：矿山建设、智慧矿山装备制造及工程服务	2022年实现资产总额39.20亿元，营业收入47.04亿元，利润总额为2.15亿元，技术投入比率2%。	2023年实现资产总额42.67亿元、营业收入62.13亿元、利润总额1.68亿元。	一是做大做强矿山托管业务，煤矿托管市场规模达1000万吨以上，积极扩大非煤矿山托管业务规模。 二是积极拓展海外市场，在“一带一路”国家，落地2~3个矿山建设项目。 三是统筹部署现有市场及研发资源，实施产品差异化发展战略，加大产品研发力度，持续推进数字化、智能化改造，完善产品结构，创树“湘煤智造”品牌。	“十四五”末实现资产总额57.0亿元、营业收入82.3亿元、利润总额2.42亿元。	一是做强“矿建湘军”品牌。筹备升级矿山工程施工总承包特级资质，瞄准行业一流，做优做强矿山建设业务，深拓非煤矿山建设项目，实行差异化、品牌化拓展战略。 二是提高“湘煤智造”水平。聚焦智慧矿山、智能提运装备、薄煤层采运装备、矿山救护装备等领域，打造国家级专精特新“小巨人”企业，形成一批制造业单项冠军产品，积极探索装备在非煤领域应用。加大研发投入，强化售后服务，形成品牌优势。 三是探索“设计+矿建+机械装备”“矿山托管+后勤服务”等联合体模式，打造集勘察、设计、规划、施工、安装、运维服务等全链条一体化系统解决方案。

（续）

主业名称	2022 年发展情况	2023 年提升目标	2023 年提升路径	“十四五”提升目标	“十四五”提升路径
主业 3：清洁能源开发利用及节能应用	2022 年实现资产总额 21.16 亿元，营业收入 5.67 亿元，利润总额 0.29 亿元。抽采煤层瓦斯 2308 万 m^3，煤层气发电总装机达 4800 kW。	2023 年实现资产总额 22.04 亿元、营业收入 7.12 亿元、利润总额目标 0.68 亿元。	一是加快瓦斯抽采发电设备更新改造，加大瓦斯抽采综合利用力度。 二是加大芯片市场布局和客户开发力度，拓展海外市场业务，扩大销售规模。 三是积极做好售电市场开发与维护工作，稳固提升客户数量及电量规模，有序推进集团闲置土地光伏项目开发。	“十四五”末实现资产总额 33.25 亿元、营业收入 10.52 亿元、利润总额目标 1.14 亿元。	一是加强瓦斯抽采和利用技术研究，提高瓦斯综合利用水平，煤层气发电装机总量达 9000 kW 以上。探索页岩气、地热等非常规能源开发利用。 二是加强技术创新，大力开发 mini 背光芯片等中高端产品，延伸 LED 芯片产业链条，打造芯片－灯珠－成品产业链。 三是持续加大电力市场开发力度，拓展“售电＋”多元化服务，积极布局光伏发电项目，稳步推进充电桩及储能项目，探索虚拟电厂应用场景服务。

六、规划目标任务

（一）主业结构调整

聚焦煤炭能源核心主业，做强做优煤炭生产、煤炭贸易及供应链服务实力，提高煤层气开发利用水平，煤炭产销量由 2020 年的 1398 万吨提高至 2025 年的 3000 万吨（其中：原煤产量 1000 万吨，煤炭贸易量 2000 万吨）。

做大做强做精培育主业规模和实力，稳步提升市场化竞争力与业绩贡献规模，培育主业收入由 2020 年的 45.3 亿元提高至 2025 年的 92.82 亿元，产业格局及贡献分布更加均衡。

（二）产业布局调整

“十四五”期间，根据集团战略定位，紧紧围绕湖南省能源保障主平台，统筹湖南省能源安全及低碳转型，维持“煤炭、施工建设、LED 芯片、新能源、机械装备、资产管理”六大业务板块。

2025 年三大主业构成表（三年滚动规划期末）

业务分类	资产总额		营业收入		利润总额		在职职工（人）
	数量（亿元）	比例（%）	数量（亿元）	比例（%）	数量（亿元）	比例（%）	
一、核心主业：							
煤炭开采、储备、贸易及综合利用	221.00	71.00	174.35	65.26	12.67	78.07	31，904
二、培育主业：							
1. 矿山建设、智慧矿山装备制造及工程服务	57.00	18.31	82.30	30.80	2.42	14.91	3，324
2. 清洁能源开发利用及节能应用	33.25	10.68	10.52	3.94	1.14	7.02	1，473
内部抵消	－11.25		－7.17		－1.22		
合　计	300.00	100.00	260.00	100.00	15.00	100.00	36，700

2025 年六大板块业务构成表（三年滚动规划期末）

业务板块	资产总额		营业收入		利润总额	
	数量（亿元）	比例（%）	数量（亿元）	比例（%）	数量（亿元）	比例（%）
煤炭	195.99	62.97	164.48	61.56	12.01	74.13
施工建设	22.00	7.07	70.00	26.20	1.60	9.88
机械装备	8.99	2.89	6.66	2.49	0.50	3.09
LED 芯片	24.55	7.89	7.20	2.69	0.50	3.09
新能源	2.73	0.88	1.00	0.37	0.40	2.47
资产管理	57.00	18.31	17.83	6.67	1.19	7.34
内部抵消	-11.25		-7.17		-1.22	
合计	300.00	100.00	260.00	100.00	15.00	100.00

（三）主要经济指标

奋斗目标：到 2025 年，集团资产规模达到 300 亿元，净资产 100 亿元，年营业收入 260 亿元，利润总额 15 亿元，资产负债率≤70%。

控制目标：到 2025 年，集团资产规模达到 265 亿元，净资产 86 亿元，年营业收入 246 亿元，利润总额 12 亿元，资产负债率≤70%。

主要经济指标（奋斗目标）

序号	指　　标	2021 年	2022 年	2023 年（预估）	2024 年（预估）	2025 年（预估）
1	主营业务收入（万元）	1522178	1720241	2200000	2400000	2600000
2	利润总额（万元）	51920	100621	140000	144100	150000
3	净利润（万元）	39225	80428	105000	110000	112500
4	资产总额（万元）	1407108	1447626	1666348	2370000	3000000
5	负债总额（万元）	983341	948767	1062489	1513368	2000000
6	所有者权益总额（万元）	423767	498859	603859	856632	1000000
7	经济增加值（万元）					
8	成本费用总额（万元）	1474141	1632193	2060000	2255900	2450000
9	人工成本（万元）	223351	234429	292193	335927	390000
10	在岗职工（人）	23233	22999	27881	31191	35197
11	净资产收益率（%）	9.83	17.43	19.04	15.06	12.12
12	营业现金比率（%）	3.03	2.61	2.59	2.57	2.55
13	总资产报酬率（%）	2.98	5.63	8.99	7.14	5.59
14	国有资产保值增值率（%）	113.11%	117.72	121.05	118.34	116.74
15	年度科技支出总额（万元）	23893	29170	37400	40800	44200
16	技术投入比率（%）	1.57	1.70	1.7	1.7	1.7

主要经济指标（控制目标）

序号	指　标	2021 年	2022 年	2023 年（预估）	2024 年（预估）	2025 年（预估）
1	主营业务收入（万元）	1522178	1720241	1933000	2200000	2460000
2	利润总额（万元）	51920	100621	105000	110000	120000
3	净利润（万元）	39225	80428	78750	82500	90000
4	资产总额（万元）	1407108	1447626	1666348	2000000	2650000
5	负债总额（万元）	983341	948767	1062489	1300000	1790000
6	所有者权益总额（万元）	423767	498859	603859	700000	860000
7	经济增加值（万元）					
8	成本费用总额（万元）	1474141	1632193	1828000	2090000	2340000
9	人工成本（万元）	223351	234429	287174	324386	369569
10	在岗职工（人）	23233	22999	27881	31191	35197
11	净资产收益率（%）	9. 83	17. 43	14. 28	12. 65	11. 54
12	营业现金比率（%）	3. 03	2. 61	2. 57	2. 55	2. 53
13	总资产报酬率（%）	2. 98	5. 63	6. 74	6. 00	5. 16
14	国有资产保值增值率（%）	113. 11	117. 72	121. 05	115. 92	122. 86
15	年度科技支出总额（万元）	23893	29170	32861	37400	41820
16	技术投入比率（%）	1. 57	1. 7	1. 7	1. 7	1. 7

（四）产权结构调整

按照“主业归核、资产归集、产业归位”的要求，推进深化煤炭贸易企业专业化重组，建立全新的煤炭运销集团，完善湖南煤炭保供产业链、供应链体系，提升企业整体实力和核心竞争力。压减法人：在确保企业基本面稳定的前提下，推进集团内部同类企业和产业链上下游企业的整合，最大限度减少三级企业户数，力争控制在 50 户以内。引进战略投资者：稳妥推进混改工作，调整优化股权结构积极引入战略投资者，完成岳阳铁水集运煤炭储备项目、新疆开发公司、华磊光电引进战略投资者，进一步整合优势资源，完善股权结构；同时配合优质子公司上市进度的推进，进一步优化相关子公司产权结构。

（五）产品结构调整

煤炭板块：煤炭产量逐步提升，煤炭贸易量快速增长，加强精细煤质管理，推动产品定制和配煤业务，提升精煤洗出率，科学有序发展煤炭精深加工。

施工建设板块：矿山工程业务稳步增长，2025 年收入规模突破 25. 5 亿元；建筑工程业务快速突破，2025 年收入突破 26 亿元，较 2022 年实现大幅跨越；矿山托管实现规模化发展，2025 年营收力争达到 16 亿元；将市政环保、设计咨询、房产开发、物业服务等业务打造为新的经济增长点，营收突破 2. 5 亿元。

机械装备板块：加大资源整合力度，初步实现以煤机为主向兼顾通用型设备转型，提升机及辅助设备、皮带输送机产能持续释放，智慧矿山、运维服务及无人值守系列产品取得突破，化学氧消防自救器在民用消防市场取得推广应用，矿山装备应用领域向民用、非煤矿山拓展。

LED 芯片板块：以背光芯片和高光效芯片为主，着力形成 Mini/Micro - LED 芯片、GaN 功率器件等中高端应用产品布局，到 2025 年，LED 芯片、外延片产能均突破 400 万片/年，海外出口产品占比达 10% 。

新能源板块：推动煤层气（煤矿瓦斯）资源化、产业化利用，2025 年瓦斯抽采量 2167 万立方米，瓦斯利用量 989 万立方米，瓦斯发电量 740 万度；代理购售电规模进一步扩大，2025 年达到 90

亿度；充电桩业务、智慧能源管理、新能源发电持续提升。

资产管理板块：全面完成集团剩余低效无效资产的处置，着力推动存量项目孵化培育。不断提升资本运作能力，向专业化金融投资模式转型升级，打造集团专业化能源资本运营平台。到2025年，全面完成集团剩余低效无效资产的处置，力争打造1～2个新的经济增长点。

（六）企业组织结构调整

建立健全“压减去”工作常态长效机制，及时处置“两非两资”，实现管理链条与资产收入规模相匹配、企业户数增长与经营发展速度相匹配。进一步加强企业制度体系建设，保障规范运行，提升现代化企业治理能力，将国有企业制度优势转化为治理效能优势和发展优势。

（七）技术进步指标

2025年，累计实现技术投入超10.0亿元，争取平均科研投资强度达到1.7%。力争申报国家高新技术企业8家，复核高新技术企业11家，申报省级创新平台3家，省级及以上专精特新“小巨人”企业3家。

（八）安全生产目标

煤矿安全生产长效机制进一步健全，安全保障能力显著提高，杜绝重特大事故和较大事故、遏制一般事故，打造本质安全型企业。煤矿职业病危害防治取得明显进展，煤矿职工健康状况显著改善。

（九）人力资源目标

深化三项制度改革，激发市场化运营活力，真正实现干部“能上能下”，员工“能进能出”、收入“能增能减”。大力引进能源领域高层次管理和技术人才，优化人才专业结构、学历结构和年龄结构，主动适应能源产业对于人才的需求。建立人才梯队培育机制，培养一批能源领域领军人才；建立科学规范的薪酬和绩效评价体系，完善人才长效激励机制，充分激发人才队伍干事创业热情；营造汇聚人才、用好人才的优良环境，提供坚强的人才保障。到2025年集团在岗职工达3.5万人，30岁以下的职工人数达10%，40岁以下的职工比例达25%，专科及以上职工占比达20%以上，专业技术人才总数占在岗职工比例达12%以上，技能人才总数占在岗职工比例达18%以上。

（十）全面预算目标

以实现年度目标为根本，精细预算管理，持续提升全面预算编制、分解、执行水平，不断强化预算过程管控的检查、分析与考核。

（十一）全面风险管理目标

完善集团制度建设：开展内控、风控、合规、法务、内审“五位一体”的管理体系建设。进一步健全法治工作组织体系、制度体系，不断完善法律风险防范机制，严格执行法律审核、法律论证制度。进一步优化“两金”压降的长效机制，切实提升资金利用率和风险防控水平。

集团资产负债率控制：“十四五”末资产负债率控制在70%以内，财务状况能够满足较好支撑公司持续发展的要求。

非主业投资控制目标：按照集团战略发展方向和投资管理原则，严控非主业投资。

（十二）信息化建设目标

集团综合管理信息建设：有序推进企业战略管理、资产管理、财务管理、人力资源管理、档案管理、经济运行监测、风险管控、党建、审计等信息系统的建设和应用。

企业数字化业务转型：持续推进集团公司智慧管控系统（二期）建设，全面启动集团业务系统建设及整合工作，加强数据治理，进一步提升集团整体管控能力。积极推广周源山智慧矿山建设经验，在有条件的煤矿推进智能化综采、综掘工作面建设，持续完善煤炭大数据中心智慧交易，华磊光电、能投智能集团智慧工厂和数字车间建设，能投售电公司智慧售电等项目建设。建立横向到边、纵向到底，全覆盖、全周期、全成本、全集成的业务财务资金一体化系统，实现各方位成本管控。

网络基础设施及信息安全管理：健全和优化信息化部门设置，持续加强信息化基础设施及网络安全。

主业板块主要产品的市场目标（三年滚动规划期）

主要产品（业务）名称			国内市场						出口（海外业务）			
			2022 年			2025 年			2022 年		2025 年	
			数量	市场占有率（%）	排名	数量	市场占有率（%）	排名	数量	比重（%）	数量	比重（%）
煤炭开采、储备、贸易及综合利用	原煤	万吨	503.1	60（省内）	1（省内）	1000	90（省内）	1（省内）	—			
	煤炭产销量	万吨	1106	10（省内）	1（省内）	3000	30（省内）	1（省内）	—			
矿山建设、智慧矿山装备制造及工程服务	矿山工程建设	亿元	14.62	—		25.5	—		0.72	4.92	2.55	10
	建筑工程建设	亿元	11.28	—		26	—		—			
	矿山托管	亿元	10.2	—		16	—		—			
	其他	亿元	1.4	—		2.5	—		—			
	猴车	台（套）	11	13	5	20	20	3	4	36.36	8	40
	绞车	台（套）	24	28	4	30	35	3	3	12.5	7	23.33
	无极绳牵引车	台（套）	16	12	6	30	15	3	—			
	矿井提升机	台（套）	39	—		50	—		1	3.85	3	10
	采煤机	台（套）	9	—		16	—		—			
	扒渣机	台（套）	1	—		3	—		—			
	皮带运输机	台（套）	88	—		153	—		—	—	10	7.4
	刮板运输机	台（套）	10	—		11	—		—			
	塔式起重机	台（套）	19	—		—			—			
	车库	台（套）	18	—		500	—		—			
	救护装备	台（套）	140000	20	1	170000	25	1	—			
	测控装备	台（套）	19793	—		43000	—		—			
	井下照明产品	台（套）	800	—		6000	—		—			
	消防产品	台（套）	2754	—		25000	—		—			
	智慧矿山及智能型新产品	台（套）	272	20	2	320	30	3	—			
	电控系统	台（套）	53	10	7	80	20	6	—			
	无人值守系统	台（套）	17	25	5	35	30	4	—			
清洁能源开发利用及节能应用	LED 外延片	万片	339.46	3	7	400	4	6	—			
	LED 芯片	万片	324.3	3	7	400	4	6	6.6	2	40	10
	代理购售电	亿度	80	—	2（省内）	90	—	2（省内）	—			

品牌创建目标：围绕“战略投资中心、运营管控中心、风险控制中心、共享服务中心”定位，建立“品质湘煤”微信公众号，打造推广湘煤品牌的融媒体平台，创树“湘煤矿建”“湘煤托管”“湘煤光电”“湘煤智造”“湘煤售电”等“湘品”“湘造”品牌。

十四　中国煤炭工业协会发布 2022 年全国煤炭企业 50 强的通知

中国煤炭工业协会文件

中煤协会会员〔2022〕16 号

关于发布 2022 中国煤炭企业 50 强
和煤炭产量千万吨以上企业名单的通知

各会员单位，有关煤炭企业：

为提高行业凝聚力和社会影响力，发挥骨干企业示范带头作用，我会参照国际通行做法，在连续 19 年发布的基础上，通过企业自主申报与我会统计数据相结合的方式，按申报企业 2021 年度营业收入为标准排出了 2022 中国煤炭企业 50 强，按 2021 年度煤炭产量为标准排出了 2022 中国煤炭企业煤炭产量千万吨以上企业名单，现予发布。

2021 年，以中国煤炭企业 50 强为代表的煤炭企业，深入贯彻习近平总书记关于煤炭工业作出的一系列重要指示批示精神，全力做好煤炭安全稳定供应，彰显了煤炭行业企业高度的政治责任感，为促进国民经济平稳健康发展作出了贡献。2022年是“十四五”规划全面实施的重要一年，希望广大煤炭企业以习近平新时代中国特色社会主义思想为指导，扎实做好煤炭保供稳价，积极推进煤炭绿色低碳转型和高质量发展，为实现广大矿工对美好生活的向往不懈努力，以实际行动和优异成绩迎接党的二十大胜利召开。

附件：1. 2022中国煤炭企业50强名单

2. 2022中国煤炭企业煤炭产量千万吨以上企业名单

中国煤炭工业协会

2022年8月3日

附件 1

2022中国煤炭企业50强名单

排名	企业名称	地区	主要产品或服务	营业收入/万元
1	山东能源集团有限公司	山东	煤炭、电力、化工、装备制造、新能源、新材料、现代物流贸易	77,411,900
2	国家能源投资集团有限责任公司	北京	煤炭、电力、交通运输、煤化工、科技环保、金融	69,079,494
3	晋能控股集团有限公司	山西	煤炭、电力、装备制造	48,111,841
4	陕西煤业化工集团有限责任公司	陕西	煤炭、钢铁、煤化工、电力、装备制造、水泥、现代物流、金融	39,539,854
5	中国中煤能源集团有限公司	北京	煤炭、煤化工、电力、煤矿建设、装备制造、工程技术服务	30,100,349
6	潞安化工集团有限公司	山西	煤炭、化工	21,959,023
7	山西焦煤集团有限责任公司	山西	炼焦煤、焦化、民爆化工、现代物流	21,531,205
8	华阳新材料科技集团有限公司	山西	煤炭、新材料、绿色节能建筑、石墨烯、新能源、大数据物联网	18,682,697
9	中国平煤神马控股集团有限公司	河南	煤炭、焦炭、化工、尼龙、装备制造、工程劳务	17,064,844
10	冀中能源集团有限责任公司	河北	煤炭、装备制造、电力、化工、医药、物流	14,815,673
11	河南能源集团有限公司	河南	煤炭、甲醇、氧化铝	11,031,388
12	开滦（集团）有限责任公司	河北	煤炭、现代物流、煤化工	9,649,389
13	淮北矿业（集团）有限责任公司	安徽	煤炭、煤化工、盐化工、电力、物流贸易、建筑安装	7,208,606
14	淮河能源控股集团有限责任公司	安徽	煤炭、电力、天然气、综合能源服务、物流贸易、金融	5,959,275
15	浙江浙能富兴燃料有限公司	浙江	煤炭、技术服务	5,729,746

排名	企业名称	地区	主要产品或服务	营业收入/万元
16	内蒙古伊泰集团有限公司	内蒙古	煤炭、煤化工	5,209,843
17	贵州盘江煤电集团有限责任公司	贵州	煤炭、煤焦化、电力、瓦斯利用、商贸物流	5,001,796
18	彬县煤炭有限责任公司	陕西	煤炭、煤化工、贸易、物流、电力、酒店、金融	4,785,908
19	徐州矿务集团有限公司	江苏	煤炭、电力、煤化工、矿业工程、装备制造、能源服务外包	4,748,054
20	华电煤业集团有限公司	北京	煤炭、电力、物流	3,977,653
21	安徽省皖北煤电集团有限责任公司	安徽	煤炭、煤化工、物流贸易、电力	3,936,300
22	辽宁省能源产业控股集团有限责任公司	辽宁	煤炭、焦炭、电力、热力、页岩油	3,680,935
23	中国煤炭科工集团有限公司	北京	智能制造、设计建设、安全技术装备、示范工程、清洁能源	3,566,524
24	国家电投集团内蒙古能源有限公司	内蒙古	煤炭、电力、物流、港口经营、热力、电解铝、技术服务	3,562,149
25	河南神火集团有限公司	河南	煤炭、电解铝、炭素、电力、房地产、建筑安装、装备制造	3,558,638
26	陕西榆林能源集团有限公司	陕西	煤炭、电力、热力、酒店、房地产	3,422,617
27	内蒙古汇能煤电集团有限公司	内蒙古	煤炭、电力、化工	3,204,429
28	黑龙江龙煤矿业控股集团有限责任公司	黑龙江	煤炭、电力、煤化工、物流贸易、装备制造、铁路运输、建筑建造	3,118,856
29	中国庆华能源集团有限公司	北京	煤炭、焦炭、天然气、甲醇、油品	3,052,431
30	中国煤炭地质总局	北京	地质勘查、矿产开发、地理信息、地质环境及生态建设、地质工程	2,932,384
31	郑州煤矿机械集团股份有限公司	河南	装备制造、煤炭智能化开采系统、汽车零部件	2,929,353
32	济宁能源发展集团有限公司	山东	煤炭、物流贸易、电力、热力、装备制造、蒸汽、教育培训、房地产	2,909,317

排名	企业名称	地区	主要产品或服务	营业收入/万元
33	陕西延长石油矿业有限责任公司	陕西	煤炭、电力、煤化工	2,905,391
34	广汇能源股份有限公司	新疆	煤炭、天然气、甲醇、石油	2,486,495
35	中国华能集团有限公司（煤炭板块）	北京	煤炭、投资、工程建设	2,298,872
36	云南省煤炭产业集团有限公司	云南	煤炭、矿山规划设计、清洁能源	1,885,663
37	内蒙古伊东资源集团股份有限公司	内蒙古	煤炭、甲醇、电石、硝酸铵、PVC、树脂、烧碱、房地产	1,878,761
38	中煤矿山建设集团有限责任公司	安徽	矿建工程、基础设施工程、非煤矿山建筑工程、房建工程、房地产	1,778,036
39	四川省煤炭产业集团有限责任公司	四川	煤炭、煤矿设计、电力、矿石冶炼、房地产、建筑安装	1,617,364
40	山西兰花煤炭实业集团有限公司	山西	煤炭、尿素	1,570,087
41	湖南省煤业集团有限公司	湖南	煤炭、建筑施工、装备制造、LED芯片、新能源	1,522,178
42	甘肃能源化工投资集团有限公司	甘肃	煤炭、电力、热力、化肥、房地产、矿井建设、商贸物流	1,443,924
43	满世投资集团有限公司	内蒙古	煤炭、新能源、房地产、生态旅游、物流商贸、投资	1,290,558
44	内蒙古神东天隆集团股份有限公司	内蒙古	煤炭、矿井建设、机电安装、土建工程	1,247,389
45	鄂尔多斯市乌兰发展集团有限公司	内蒙古	煤炭、装备制造、现代农牧业、建筑安装、房地产	1,106,726
46	吉林省能源投资集团有限责任公司	吉林	煤炭、装备制造、现代农牧业、工程服务、地质勘察及环保	950,864
47	山西忻州神达能源集团有限公司	山西	煤炭	922,036
48	北京昊华能源股份有限公司	北京	煤炭	836,895
49	山东鲁泰控股集团有限公司	山东	煤炭、烧碱、树脂、电力、水泥、电商物流、托管服务	572,553
50	延安车村煤业（集团）有限责任公司	陕西	煤炭、电力、煤化工	530,887

十五　湖南省企业和工业经济联合会关于公布2022年湖南企业100强的通知（部分）

湖南省企业和工业经济联合会文件

湘企工〔2022〕38号

关于公布2022湖南企业100强的通知

各市州企业联合会、企业家协会，省直有关行业协会，各有关企业：

为认真贯彻落实习近平新时代中国特色社会主义思想和党的二十大精神，促进企业做优做强做大，培育具有行业影响力和全球竞争力的一流企业，湖南省企业和工业经济联合会在连续19年发布湖南企业100强的基础上，参照国际通行和中国企业联合会的做法，以2021年企业营业收入为入围标准，经专家委员会审定，确定湖南钢铁集团有限公司等为2022湖南企业100强，现将名单予以公布（名单详见附件）。

2021年，以湖南企业100强为代表的大型企业积极应对风险挑战，主动加快转型升级，奋力打造新优势，保持了稳健发展态势，在全省企业中发挥了示范带动作用，为推动全省经济平稳和高质量发展做出了积极贡献。

希望全省广大企业特别是湖南企业 100 强，认真学习贯彻落实党的二十大精神，保持战略定力，坚定发展信心，完整准确全面贯彻新发展理念，着力推进高质量发展，加快转型升级步伐，不断提升核心竞争力，推动企业做优做强做大，为全面落实“三高四新”战略定位和使命任务，建设富强民主文明和谐的社会主义现代化新湖南作出新的更大贡献。

附件：2022 湖南企业 100 强名单

湖南省企业和工业经济联合会

2022 年 11 月 16 日

附件

2022 湖南企业 100 强名单(部分)

名次	企业名称	营业收入（万元）
1	湖南钢铁集团有限公司	21970605
2	中国建筑第五工程局有限公司	17569640
3	三一集团有限公司	15456008
4	湖南建工控股集团有限公司	12133778
5	蓝思科技集团	10931462
6	湖南中烟工业有限责任公司	10726773
7	国网湖南省电力有限公司	10290552
8	中国烟草总公司湖南省公司	9369362
9	大汉控股集团有限公司	6753204
10	中联重科股份有限公司	6713063
11	湖南博长控股集团有限公司	6215798
12	中国石化销售股份有限公司湖南石油分公司	5374144
13	中国石油化工股份有限公司长岭分公司	4118177
14	步步高投资集团股份有限公司	4086796
15	湖南省高速公路集团有限公司	3949046
16	长沙银行股份有限公司	3787604
17	湖南五江控股集团有限公司	3698745
18	中车株洲电力机车研究所有限公司	3622717
19	湖南有色金属控股集团有限公司	3370224
20	中国水利水电第八工程局有限公司	3132415
21	长沙市比亚迪汽车有限公司	2886864
22	湖南马上银科技有限公司	2830472
23	中国移动通信集团湖南有限公司	2510348

名次	企业名称	营业收入（万元）
24	湖南省交通水利建设集团有限公司	2447745
25	中铁城建集团有限公司	2364511
26	中车株洲电力机车有限公司	2356155
27	唐人神集团股份有限公司	2174219
28	华融湘江银行股份有限公司	2149514
29	湖南黄金集团有限责任公司	2010631
30	中石化巴陵石油化工有限公司	1997373
31	湖南永通集团有限公司	1716001
32	湖南博深实业集团有限公司	1692297
33	中国电信股份有限公司湖南分公司	1688799
34	湖南粮食集团有限责任公司	1656045
35	中国石油天然气股份有限公司湖南销售分公司	1618451
36	老百姓大药房连锁股份有限公司	1569566
37	芒果超媒股份有限公司	1535586
38	益丰大药房连锁股份有限公司	1532631
39	湖南省煤业集团有限公司	1522178
40	爱尔眼科医院集团股份有限公司	1500081
41	株洲旗滨集团股份有限公司	1457272
42	鹏都农牧股份有限公司	1430370
43	湖南兰天集团有限公司	1352616
44	五矿资本股份有限公司	1303124
45	金杯电工股份有限公司	1283231
46	安克创新科技股份有限公司	1257420
47	国药控股湖南有限公司	1188471
48	中国铁建重工集团股份有限公司	1170322
49	中国电建集团中南勘测设计研究院有限公司	1167131
50	山河智能装备股份有限公司	1140766

附录二 统 计 资 料

一 集团公司2006—2022年原煤产量

计量单位：吨

单位名称	2006年	2007年	2008年	2009年	2010年	2011年	2012年	2013年	2014年	2015年	2016年	2017年	2018年	2019年	2020年	2021年	2022年	合计
集团公司合计	6585782	6832372	7254959	7629216	7443630	7769556	8068868	7904326	6930587	5873717	4777340	4373202	4401810	4492716	4528616	4672074	4979358	104518129
1. 牛马司公司	211638	239668	245179	254740	211968	239062	250752	258800	241398	210891	216884	191121	200101	196416	188401	169491	180066	3706576
斗米山矿	39791	48554	41328	44546	37454	36079	41940	43032	35876									368600
水井头矿	63890	80882	94889	103546	90765	98969	102587	107875	101717	105783	109566	99102	99972	99661	93964	86188	90803	1630159
铁箕山矿	107957	110232	108962	106648	83749	104014	106225	107893	103805	105108	107318	92019	100129	96755	94437	83303	89263	1707817
2. 金竹山公司	1005299	1014426	1005166	885719	925689	861566	935168	831593	691283	719822	581268	541296	565977	547216	548039	556104	612858	12828489
一平硐矿	212622	248999	237160	200221	190383	150064	185993	170558	146899	129494	115649	116313	143400	136976	141235	170065	177031	2873067
土朱矿	266656	257538	257999	220049	248536	237989	257034	236557	184647	194937	207934	190326	190424	190744	198153	209689	194160	3743372
托山矿	225925	219368	221828	206760	214790	211598	216293	202705	155670	176651	33810							2085398
塘冲矿	300096	288521	288179	258689	271980	261915	275843	221773	204067	218740	223875	234657	232153	219496	208651	176350	241667	4126652
3. 洪山殿公司	185908	205398	147365	181088	162916	150027	82288											1114990
蛇形山矿	112231	130376	94437	124761	117606	123590	65881											768882
彭家冲矿	34441	38477	28147	21939	13701	397												137102
咸沙坝矿	39236	36545	24781	34388	31609	26040	16407											209006
4. 长沙矿业公司	818667	870590	881465	859823	806280	773381	775573	711549	493876									6991204

（续）

计量单位：吨

单位名称	2006年	2007年	2008年	2009年	2010年	2011年	2012年	2013年	2014年	2015年	2016年	2017年	2018年	2019年	2020年	2021年	2022年	合计
五亩冲矿	323124	381273	355858	373346	449369	505177	552120	513117	395555									3848939
西峰仑矿	189508	186266	191630	171196	155237	156589	119379	107278	81578									1358661
竹山塘矿	148821	162516	176406	129299	106598	111615	104074	91154	16743									1047226
跃进矿	75164	49532	48453	64192	45595													282936
湘东矿	74600	68065	81800	93668	34338													352471
高陂矿	7450	22938	27318	28122	15143													100971
5. 辰溪矿业公司	169127	165346	170298	173867	186898	200840	204300	236011	220201	57751								1784639
大坪矿	76876	74665	71630	70661	79047	88199	87343	96522	83157	5901								734001
蒋家坪矿	92251	90681	98668	103206	107851	112641	116957	139489	137044	51850								1050638
6. 周源山煤矿	581680	570668	630000	666168	702640	731136	730328	733712	701374	733532	735168	736126	740262	750000	739996	753072	752400	11988262
7. 宝源公司	338548	364289	360006	412858	455766	478666	500236	502392	500003	504424	471736	450770	473568	475179	477189	484312	495546	7745488
南平硐矿	114267	147118	148820	186497	185758	198988	212324	211567	214711	200672	149489	176751	174845	194877	169819	201685	209219	3097407
北平硐矿	224281	217171	211186	226361	270008	279678	287912	290825	285292	303752	322247	274019	298723	280302	307370	282627	286327	4648081
8. 唐煤公司	342314	311079	319571	312272														1285236
9. 祥和公司	122388	123487	120006	123873	152879	163197	165500	164838	160888	159998	166006	18188						1641248
10. 嘉禾公司	53872	90168	90048	74936	70158	116000	125839	146622	102158	130080	124373	125122	132610	131869	132919	140160	115119	1902053
11. 黄牛岭公司	81273	107769	120029	124696	120051	125139	100033	133600	54130					87542	120800	119612	84690	1379364
12. 马田公司	382550	300082	408006	420128	360168	350318	360168	377389	370066	303672	290168	311366	313364	316096	325772	385010	453068	6027391
爱和山矿	31229	31096	23945	18480														104750
桐子山矿	11355	22942	32937	37135		1551												105920
芝兰冲矿	123652	93262	76469	91701	93125	65080	69258	71926	68830	9319								762622
高泉塘矿	71613	68943	86785	94118	85008	106828	109852	116998	110038	115045	104951	103736	113364	116130	119400	121895	114089	1758793

（续）

计量单位：吨

单位名称	2006 年	2007 年	2008 年	2009 年	2010 年	2011 年	2012 年	2013 年	2014 年	2015 年	2016 年	2017 年	2018 年	2019 年	2020 年	2021 年	2022 年	合计
新星矿	144701	83839	187870	178694	182035	176859	181058	188465	191198	179308	185217	207630	200000	199966	206372	263115	338979	3295306
13. 湘永公司	275048	272600	282606	271250	260068	294909	330268	363018	279838	270008	272016	243112	246106	247060	246071	251125	265384	4670487
铜角湾矿	60993	72532	79780	79391	79771	117812	150807	214498	168156	164111	173697	178924	186194	181077	181705	185863	198046	2473357
安陵矿	81754	81545	83002	86268	70686	67721	64343	59448	60098	60595	55698	64188	59912	65983	64366	65262	67338	1158207
荆草坪矿	61214	56474	57987	47690	51163	50253	51296	33586	7495									417158
荆草坪南矿	71087	62049	61837	57901	58448	59123	63822	55486	44089	45302	42621							621765
14. 街洞公司	198108	203448	205168	218830	215689	239518	239368	248073	242117	239009	226484	191009	198818	183058	198800	205068	213547	3666612
茶山岭矿	132879	154438	148609	150000	148192	168382	169402	176297	165015	176831	184592	191009	198818	183058	198800	205068	213547	2964937
茶塘矿	65229	49010	56559	68830	67497	71136	70466	71776	77102	62178	41892							701675
15. 红卫公司	438639	436869	430068	440168	440296	450666	446099	451699	468139	466588	468868	484869	470016	470000	470000	470168	472208	7775360
沈家湾矿	65379	93875	97040	99755	99988	100000	99000	98500	99592	99864	99899	99869	99988	100000	100000	100036	100529	1653314
坦家冲矿	109632	101348	102954	109411	102933	105456	103000	106000	109530	109981	109901	122486	120989	110000	110000	110028	110511	1854160
里王庙矿	106788	99351	90068	88370	87628	95210	95099	97199	109665	107049	109898	112906	112268	110000	110000	110038	110592	1752129
龙家山矿	156840	142295	140006	142632	149747	150000	149000	150000	149352	149694	149170	149608	136771	150000	150000	150066	150576	2515757
16. 白山坪公司	340524	329266	392119	404908	401698	441114	460018	381488	366177	360779	358366	335833	317032	328226	335080	347934	360188	6260750
龙塘矿	94945	89985	85206	87702	90316	91279	90013	93035	91227	94433	99029	93387	97677	100621	90692	99286	96770	1585603
白山坪矿	112324	109999	96006	96508	96266	93535	89979	98626	90473	93569	91539	86119	90740	94665	76441	66136	82433	1565358
磨田矿	110775	89989	114006	142320	147916	156290	180026	168627	184477	172777	167798	156327	128615	132940	167947	182512	180985	2584327
大岭矿	22480	39293	96901	78378	67200	100010	100000	21200										525462
17. 南阳公司	438188	470188	472168	490083	491688	486868	492368	480688	480000	429668	396000	375270	383888	390036	375469	403918	410300	7466788
南阳庙矿	68581	69989	62402	63800	68122	69890	70681	70000	70000	30745								644210
泖江矿	146089	149981	149868	150000	149998	149980	153989	150000	150000	145765	146680	134881	138554	145013	140649	148815	146102	2496364

（续）

计量单位：吨

单位名称	2006 年	2007 年	2008 年	2009 年	2010 年	2011 年	2012 年	2013 年	2014 年	2015 年	2016 年	2017 年	2018 年	2019 年	2020 年	2021 年	2022 年	合计
前进矿	223518	250218	259898	276283	273568	266998	267698	260688	260000	253158	249320	240389	245334	245023	234820	255103	264198	4326214
18. 兴源公司					136008	230168	286500	310666	326622	350006	356229	369120	360068	370018	370080	386100	402539	4254124
觉光寺矿					38704	80602	86227	94280	104168	111486	109822	112670	110026	110009	120038	122277	120503	1320812
周家坳矿					40578	67672	96420	89918	99373	111122	111557	103522	100013	100006	110037	106735	106761	1243714
伍家冲矿					56726	81894	103853	126468	123081	127398	134850	152928	150029	160003	140005	157088	175275	1689598
19. 湘潭公司	602011	658966	640640	645583	634058	597345	593245	581479	417120	396451								5766898
谭一井	242590	270557	274172	305915	295930	270972	304050	286454	212640	231709								2694989
谭二井	67812	58613	12543		34700													173668
谭三井	135912	137999	142647	127208	136978	140533	131048	140414	104641	94609								1291989
谭四井	155697	154497	159395	162071	149527	185840	158147	154611	99839	70133								1449757
黔西正湘		37300	51883	50389	16923													156495
20. 贵州湘能公司		50065	335051	668226	708712	839636	853349	867332	815197	541038	113774							5792380
神仙坡矿			179865	232839	241607	278654	112563	139514	188554	105685								1479281
晋家冲矿				163169	70043	187047	107124	184306	73302									784991
义忠矿							190334	137391	185541	282181	113774							909221
下河坝矿		50065	96038	81117	123229	172266	200255	155774	159431	95784								1133959
长田矿			32606	92786	99286	43153												267831
保华矿			23844	73646	75790	62674	117126	75900	83804									512784
丰胜矿			2698	24669	42419		31994	85532	32231									219543
黔源矿					56338	95843	93953	88915	92334	57388								484771
其他																		
21. 新疆神宇公司							136968	123377										260345

（续）

计量单位：吨

单位名称	2006年	2007年	2008年	2009年	2010年	2011年	2012年	2013年	2014年	2015年	2016年	2017年	2018年	2019年	2020年	2021年	2022年	合计
东发矿							67332	39980										107312
向阳矿							69636	83397										153033
22. 云南堰塘		48000																48000
23. 湘东公司																	91158	91158
24. 大岭公司																	70287	70287

二　集团公司2006—2022年煤炭价格走势图

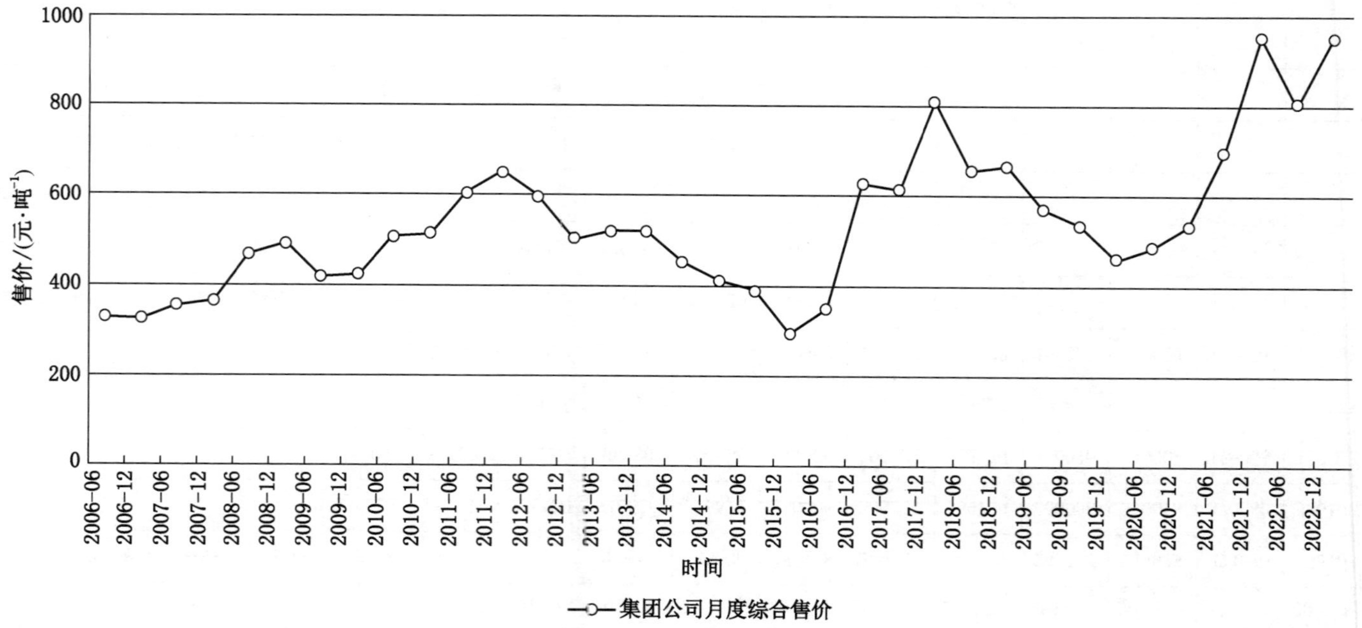

三 集团公司2006—2022年营业收入

计量单位：万元

单位名称	2006年	2007年	2008年	2009年	2010年	2011年	2012年	2013年	2014年	2015年	2016年	2017年	2018年	2019年	2020年	2021年	2022年
集团公司	242061	269598	353184	420273	543317	728105	703437	657833	634439	494057	590905	765188	1018783	1101263	1116318	1455029	1720241
1. 牛马司公司	11553	14497	23954	22352	9289	27505	25461	21395	16376	11766	13953	19413	21749	16027	15031	18026	24211
2. 金竹山公司	27880	29896	38276	33566	42259	42577	46644	35005	27248	25714	20619	26376	28842	26942	23222	36245	35158
3. 长沙矿业公司	23516	20771			33858	50490	44172	38359	23905	0	0	0	0	0	0		
4. 辰溪矿业公司	6038	6613	9228	9898	13258	16686	14721	14808	12142	3532	0						
5. 周源山煤矿	18161	12464	26852	27490	35769	40334	33906	31920	26825	26715	27358	37279	40152	38735	36734	45779	44471
6. 宝源公司	12032	13593	14421	21861	21322	23995	23655	21485	17374	18736	22485	28642	23932	20924	21445	28221	33424
7. 祥和公司																	
8. 嘉禾公司	1798	3438	5374	6581	5553	10994	11131	10980	6992	6824	6778	10240	10721	8074	7701	12773	11446
9. 黄牛岭公司															7991	14465	13270
10. 马田公司	11451	10289	17886	16558	18021	18468	19268		14798	9983	11498	18514	19948	18611	15851	28389	36844
11. 湘永公司	10556	10347	14282	13102	17423	21755	22301	22113	16290	13658	14727	18831	19225	18511	17073	23272	29196
12. 街洞公司	6951	8382	12587	11510	15144	17790	18353	16409	13773	11174	11140	15593	15873	13804	13087	21089	28804
13. 红卫公司	15302	10410	24405	22692	28924	34648	31545	27677	25988	20521	21462	33072	34745	28423	25214	41303	45606
14. 白山坪公司	11086	11475	18365	18185	22977	29599	27183	23298	20368	16355	16491	23929	22381	19257	18265	30259	32382
15. 南阳公司	25134	28127	35994	40603	40682	38493	35245	28380	24446	16559	17448	25340	25879	18488	17934	32229	37825
16. 兴源公司					8191	17265	19688		17229	15527	14665	23381	20687	16019	15530	31206	35892
17. 湘潭公司	19163	22188	27891	30779	39697	43487	38884	45354	22694	17075	0						
18. 贵州湘能公司		1497	14198	26971	40219	40381	33825	36002	28373	15899	1460	321	0	0			

（续）

计量单位：万元

单位名称	2006年	2007年	2008年	2009年	2010年	2011年	2012年	2013年	2014年	2015年	2016年	2017年	2018年	2019年	2020年	2021年	2022年
19. 新疆神宇公司									0	0	0						
20. 煤炭经贸公司/精煤公司							60812	62757	59766	52603	20752	10376	109299	108988	125819	216233	251740
21. 华磊光电公司				91	16160	17001	24258	40394	48156	41447	38915	51869	50122	42791	40752	40935	35337
22. 湘煤立达公司				0	9301	11172	15664	14151	8128	6796	3967	10147	7067	12444	10022	10278	13031
23. 涟邵实业公司				6262	6587	7405	4055	6081	6655	11570	8925	11340	14961	19572	19406	27167	33601
24. 资兴实业公司				58770	56631	65152	69706	61372	46835	38405	43042	51196	61536	71705	64581	88650	84076
25. 白沙实业公司				9614	14578	52349	118739	128513	108309	97861	115841	98108	15735	15861	17340	15057	19137
26. 长沙实业公司				166	172	166	1079	8254	3516	3213	1209	2078	583				
27. 中南运销公司/洁净煤公司							51386	37416	8387	11054	14243	30481	55059	62444	54320	1202	58487
28. 销售子公司												256304	351014	348926	367104	503643	159085
29. 辰溪实业公司													1136	1398	1353	1535	1668
30. 售电公司													358	866	2511	1839	2208
31. 楚湘建工集团													180001	250012	293901	333428	400510
32. 煤科院																	41547
33. 煤炭公司																	97276
34. 煤安公司																	6266
35. 煤机公司																	11790
36. 湘东公司																	4732
37. 大岭公司																	5970
38. 岳阳铁水																	322393
39. 能投房产公司								587	28872	6512	7646	10711	4110	5334	4435	3501	3486
40. 第一工业设计院																	7088

四 集团公司2006—2022年利润总额

计量单位：万元

单位名称	2006年	2007年	2008年	2009年	2010年	2011年	2012年	2013年	2014年	2015年	2016年	2017年	2018年	2019年	2020年	2021年	2022年
集团公司	-1922	2792	12729	12597	23345	40662	48260	21357	-36146	-119407	-81797	25774	26894	-148121	26267	52180	100621
1. 牛马司公司	-1585	-472	1733	2216	115	3863	3805	1118	-66	-1988	-3099	2003	2363	521	-960	2584	3188
2. 金竹山公司	423	1580	1130	-2092	-244	128	5005	-2777	-6129	-6829	-5501	8332	2455	663	-3426	2291	1018
3. 长沙矿业公司	-2649	-1302			2640	4228	2509	-6319	-16825								
4. 辰溪矿业公司	-196	-383	642	88	421	1482	935	-735	-1062	-1898							
5. 周源山煤矿	246	1982	3367	3469	6868	7207	6663	6343	109	2074	1398	7812	9302	7739	7335	9007	11201
6. 宝源公司	1399	1366	397	515	936	27	2033	483	-954	-393	110	3671	2749	2249	1682	3346	10370
7. 祥和公司																	
8. 嘉禾公司	-951	84	509	-873	-1547	-532	-17885	-528	-2063	240	-19	1117	2476	2333	1207	2244	2132
9. 黄牛岭公司														509	1028	2950	2875
10. 马田公司	-948	-1839	-473	424	1678	930	906		44	322	-705	2162	2368	3526	1879	4103	9305
11. 湘永公司	348	1	652	-1064	2090	3657	3623	3572	-74	-1161	-7378	4826	4506	3729	2272	5207	10585
12. 街洞公司	398	162	476	702	1194	534	2802	1408	490	278	587	3912	4605	2969	2540	5110	10575
13. 红卫公司	1545	1	3640	1648	3542	5066	6180	5119	956	343	636	3496	4916	2949	2110	5035	10197
14. 白山坪公司	259	121	2391	1343	2579	5228	7029	2910	798	87	333	2551	2420	496	672	2887	3182
15. 南阳公司	1230	1831	545	608	2838	5978	7894	4797	1432	-1806	-6366	5300	4290	3264	574	5874	10913
16. 兴源公司					-2020	-73	115		1101	1230	1219	3086	2964	990	810	3811	5681
17. 湘潭公司	1154	748	2796	2151	4270	3840	23551	4707	-5467	-20117							
18. 贵州湘能公司		106	1636	2659	811	523	-12617	-7846	-5510	-52246	-26233	-10910	-11321	-2554			
19. 新疆神宇公司																	

（续）

计量单位：万元

单位名称	2006 年	2007 年	2008 年	2009 年	2010 年	2011 年	2012 年	2013 年	2014 年	2015 年	2016 年	2017 年	2018 年	2019 年	2020 年	2021 年	2022 年
20. 煤炭经贸公司								396	490	485	-9498	112	128	191			
21. 华磊光电公司								7573	1824	-9166	-12432	1224	1276	-2997	10	1550	20
22. 湘煤立达公司								1833	518	-931	-2599	-1754	-1530	2966	1	131	8964
23. 涟邵实业公司								-350	175	720	155	403	502	1357	1153	3422	2834
24. 资兴实业公司								-32	-209	424	407	-2464	588	3773	4962	3924	4488
25. 白沙实业公司								-466	457	-483	529	546	425	2796	4012	1023	1623
26. 长沙实业公司								475	-582	-2908	-3031	-9576	-670				
27. 中南运销公司/洁净煤公司							986	-971	-322	-176	-79	-69	35	32	41	-103	150
28. 销售子公司												263	754	703	396	2003	-319
29. 辰溪实业公司													81	105	120	160	152
30. 售电公司													180	422	2001	1110	1302
31. 楚湘公司													2368	3807	4961	7755	9025
32. 精煤公司															637	901	1119
33. 煤科院																	710
34. 煤炭公司																	101
35. 煤安公司																	203
36. 煤机公司																	511
37. 湘东公司																	771
38. 大岭公司																	69
39. 岳阳铁水																	999
40. 能投房产公司								-182	321	130	545	200	771	1003	660	241	150
41. 第一工业设计院																	

注：1. 经贸公司 2020 年起改名为精煤公司；2. 煤炭销售子公司 2022 年起营收及利润计入岳阳铁水公司；3. 中南煤炭运销公司与洁净煤公司为两块牌子，一套人马，洁净煤公司由陕煤化集团控股，中南煤炭运销由湘煤集团控股。

五 集团公司2006—2022年职工平均人数

计量单位：人

单位名称	2006年		2007年		2008年		2009年		2010年		2011年		2012年		2013年		2014年		2015年		2016年		2017年		2018年		2019年		2020年		2021年		2022年	
	全部	在岗	全部	在岗	全部	在岗	全部	在岗	全部	在岗	全部	在岗	全部	在岗	全部	在岗	全部	在岗	全部	在岗	全部	在岗	全部	在岗	全部	在岗	全部	在岗	全部	在岗	全部	在岗	全部	在岗
集团公司	47310	40727	44714	40016	43182	40161	44246	41646	45118	42468	46359	39874	44116	39078	46235	40589	41843	38339	35405	31210	25027	22033	25370	21706	24530	21152	23976	20901	23312	20420	23690	20829	25156	22330
股份公司							27531	26631	28768	27593	37613	32672	42319	38093	40556	36325	34563	31932	30701	27537	21804	18801	21717	18607	20841	18009	19993	17303	19308	16821	19332	16856	19054	16682
1. 牛马司公司	3176	2775	3136	2758	3440	3022	3452	3078	3346	3000	2304	2244	2148	2146	2132	2124	1999	1990	1619	1587	1462	1414	1483	1441	1481	1420	1471	1402	1465	1397	1398	1318	1549	1468
2. 金竹山公司	5811	5119	5864	5167	6149	5383	5896	5270	5938	5217	5127	3993	4435	4054	4578	4227	4345	3927	3990	3384	3626	2815	3404	2648	3203	2519	3099	2432	3121	2445	3399	2643	3366	2587
3. 长沙矿业公司	5593	4899	5261	4382									3475	3475	3270	3270	2359	2359																
4. 辰溪矿业公司	2108	1609	1362	1337	1505	1293	1550	1337	1647	1406	1674	1397	1623	1351	1552	1302	1532	1279	1406	656														
5. 周源山煤矿	1938	1758	1889	1714	3058	2720	3015	2846	2973	2840	2920	2667	2824	2493	2626	2357	2487	2288	2287	2092	2168	1952	2207	2062	2190	2032	2141	2000	2130	1999	2116	1987	2061	1937
6. 宝源公司	1524	1524	1518	1493	2623	2623	2600	2587	2641	2641	2712	2501	2646	2358	2445	2306	2385	2375	2176	2147	1996	1862	2023	1942	1880	1747	1775	1659	1662	1567	1727	1632	1712	1618
7. 祥和公司																																		
8. 嘉禾公司	193	193	269	269	732	732	728	726	697	692	730	505	741	670	746	624	725	681	611	556	585	538	607	585	576	570	598	572	579	548	600	565	586	545
9. 黄牛岭公司																											514	514	574	574	596	594	580	578
10. 马田公司	2204	2203	2194	2110	2094	2072	2712	2691	2309	2269	2191	2116	2086	1941	1954	1879	1865	1687	1638	1485	1474	1215	1506	1206	1378	1179	1296	1155	1250	1108	1345	1178	1380	1200
11. 湘永公司	1512	1472	1752	1595	2468	2442	2030	2001	2179	2158	2130	2056	2137	2006	2080	1935	1659	1559	1484	1426	1818	1173	1697	1044	1565	1029	1449	990	1354	973	1330	921	1287	944
12. 街洞公司	1165	1145	1185	1150	1376	1354	1331	1313	1353	1329	1353	1324	1371	1346	1265	1234	1226	1201	1076	1065	958	953	1059	846	1024	835	1026	829	1003	810	1044	864	909	765
13. 红卫公司			2229	2229	2720	2720	2731	2731	2732	2732	2668	2377	2609	2411	2567	2285	2533	2420	2357	2357	2137	2020	2095	2011	1998	1899	1998	1899	1901	1818	1745	1671	1747	1673
14. 白山坪公司	1801	1771	1858	1838	1919	1914	1917	1904	1894	1875	1940	1911	2025	1966	2005	1925	1904	1779	1854	1692	1732	1485	1772	1576	1753	1587	1478	1303	1433	1276	1456	1278	1472	1285

（续）

计量单位：人

单位名称	2006年		2007年		2008年		2009年		2010年		2011年		2012年		2013年		2014年		2015年		2016年		2017年		2018年		2019年		2020年		2021年		2022年	
	全部	在岗	全部	在岗	全部	在岗	全部	在岗	全部	在岗	全部	在岗	全部	在岗	全部	在岗	全部	在岗	全部	在岗	全部	在岗	全部	在岗	全部	在岗	全部	在岗	全部	在岗	全部	在岗	全部	在岗
15. 南阳公司		2512		2456		2692		2758		2515	2791	2395	2769	2327	2670	2204	2503	2112	2360	1945	1743	1460	1717	1355	1705	1330	1672	1275	1524	1170	1507	1288	1288	1108
16. 兴源公司									1417	1417	1608	1511	1642	14	1610	1481	1566	1566	1456	1456	1321	1210	1493	1338	1466	1323	1421	1312	1395	1298	1191	1110	1237	1150
17. 湘潭公司	5970	5037	4464	4464	4653	4653	4122	4122	4613	4415	4861	4280	4648	4089	4522	3813	4300	3601	4102	3481														
18. 贵州湘能公司			689	689	2445	2445	2567	2567	3474	3474	3782	3782	4217	4179	3684	3591	3315	3315	1692	1692	239	239	83	75	86	86	51	43						
19. 新疆神宇公司									14	14	15	15	11	11	11	11																		
20. 煤炭经贸公司/精煤公司							8	8	9	9	11	11	14	14	15	13	47	45	47	45	43	41	67	65	79	78	48	47	25	24	28	28	29	29
21. 华磊光电公司							111	111	329	329	625	609	863	837	962	953	1066	1066	933	933	788	788	746	746	850	850	760	760	692	692	662	662	711	711
22. 湘煤立达公司									208	208	210	210	321	321	326	326	256	256	223	223	221	221	179	179	192	192	196	193	202	199	219	213	196	191
23. 涟邵实业公司	1609	607	1278	279	351	161	490	232	433	215	448	217	274	105	260	108	235	123	208	115	187	113	167	107	173	121	146	107	135	98	136	104	135	111
24. 资兴实业公司					1870	1609	1799	1531	1837	1559	1979	1653	1838	1559	1885	1440	1627	1270	1445	1139	1326	1161	1198	1061	1120	896	1138	934	1113	923	1037	847	1063	869
25. 白沙实业公司			615	529	588	509	561	462	657	489	1929	1678	1830	1504	2065	1265	1695	1181	1547	1102	941	790	904	767	607	498	660	544	667	543	665	541	662	543
26. 长沙实业公司							26	26	28	28	33	29	60	60	61	60	60	59	56	52	52	51	49	49	54	48								
27. 辰溪实业公司																									84	84	92	92	86	86	86	86	79	79
28. 能投房产公司															28	27	50	46	53	44	55	48	55	48	47	43	47	47	45	45			47	47
29. 洁净煤/中南煤炭运销公司																					5	5	5	5	5	5	5	5	5	5	4	4	6	6
30. 销售子公司/岳阳铁水公司																							20	20	24	24	27	27	31	31	29	29	38	38
31. 能投售电公司																									9	9	11	11	14	14	16	16	17	17
32. 楚湘建工集团																									315	295	446	421	466	436	522	493	611	575
33. 煤科院																																	233	233

六 2006—2022年职工人均工资

计量单位：元/(人·年)

单位名称	2006年	2007年	2008年	2009年	2010年	2011年	2012年	2013年	2014年	2015年	2016年	2017年	2018年	2019年	2020年	2021年	2022年
集团公司	19316	20392	25386	26669	31839	35554	37823	40965	39025	38294	44453	50221	54158	55500	58141	70332	71707
股份公司				26416	32238	34850	37853	40687	38167	37616	44156	48445	52388	53760	56491	68409	67633
1. 牛马司公司	14198	17868	23073	24604	36038	39798	20374	43538	41516	34748	45806	37826	42635	41608	45881	44568	49562
2. 金竹山公司	18769	20137	24055	23440	27951	36376	39511	36220	32074	33341	33587	37803	41470	39332	38600	35199	35686
3. 长沙矿业公司	14725	14345	27043		27553	32782	38046	37789	42841								
4. 辰溪矿业公司	14661	18168	21964	21451	27240	31811	34919	34265	31241	34939							
5. 周源山煤矿	26797	28676	30540	30453	35746	41766	42892	45505	43947	43827	47583	53346	53934	58383	60514	67268	65679
6. 宝源公司	26214	22773	25555	26540	31208	31487	34510	34173	31114	31636	35563	39021	43394	45769	51254	57699	63091
7. 祥和公司																	
8. 嘉禾公司	17824	19480	23049	23347	29595	41545	37839	43183	39462	43654	46563	52124	56190	55349	60499	71536	66025
9. 黄牛岭公司	15000													58521	58634	87793	71185
10. 马田公司	17671	16991	19641	20346	24385	28067	35251	32501	37346	32300	38613	42940	49268	49379	54411	70153	71024
11. 湘永公司	19124	20897	20221	23523	28420	30851	33154	42064	41666	31280	40111	46848	52262	52781	56246	73802	77802
12. 街洞公司	20201	20974	23484	27144	37397	38180	38228	44734	41043	41613	45107	50478	57203	56503	59670	78614	99388
13. 红卫公司	26348	18102	28283	28535	33664	42019	39904	44596	39366	37453	46200	49923	54030	54541	59965	75649	74768
14. 白山坪公司	21321	22976	27491	28902	34732	40848	39339	40894	37119	36029	45655	49775	50228	60880	63533	71647	63844
15. 南阳公司	35556	24204	28707	28583	31320	43432	46781	47552	45060	44682	47766	54600	55268	56082	59751	73349	86758
16. 兴源公司					27290	34249	40592	41327	45270	39288	49879	55534	56156	56222	51929	75914	68908
17. 湘潭公司	18227	21062	23965	27863	32858	35932	38264	40226	29655	22780							

（续）

计量单位：元/（人·年）

单位名称	2006 年	2007 年	2008 年	2009 年	2010 年	2011 年	2012 年	2013 年	2014 年	2015 年	2016 年	2017 年	2018 年	2019 年	2020 年	2021 年	2022 年
18. 贵州湘能公司			28983	29899	32611	35246	34715	38934	44437	64602	90214	87248	61629	71761			
19. 新疆神宇公司																	
20. 煤炭经贸公司/精煤公司								89172	50762	52759	57347	49691	128012	58014	109740	146405	120238
21. 华磊光电公司					43161	35993	42092	53179	50449	47900	51524	60606	58408	61933	63832	68033	71853
22. 湘煤立达公司					42857	50381	52910	51111	53427	48057	47429	63017	71771	75211	81706	81926	92553
23. 涟邵实业公司								63315	62691	70214	67460	81954	69589	77653	88044	129666	123692
24. 资兴实业公司								31702	32419	33907	35374	41507	48928	53175	59550	84610	63999
25. 白沙实业公司								39334	42213	44217	53380	54698	62032	60350	64772	67888	70567
26. 长沙实业公司								66580	59322	63285	66400	55327	68550				
27. 辰溪实业公司													50277	54003	57093	57024	62076
28. 洁净煤公司/中南煤炭运销					26693	32020	35567	36953	26901	54626	217921	215221	139000	168761	169240	212550	181667
29. 能投房产公司							81868	67742	53035	51671	61607	67018	83999	96168	107114	107106	115336
30. 能投售电公司												135743	162953	240452	244190	247028	290079
31. 楚湘建工集团												50488	70056	70683	77077	96233	99020
32. 煤炭销售有限公司/岳阳铁水														122290	154927	309082	135932
33. 湘东公司																	74614
34. 大岭公司																	79264
35. 煤科院																	121799
36. 煤机公司																	79641
37. 煤安公司																	84308
38. 煤炭进出口公司																	101869

附录三 《中国煤炭工业志》编纂委员会办公室文件

一 关于建议编纂好《湘煤集团志》的函

《中国煤炭工业志》编纂委员会

关于建议编纂好《湘煤集团志》的函

湖南省煤业集团有限公司：

湘煤集团历来高度重视煤炭史志和文化建设工作，注意总结历史经验，传承煤炭精神，对全国煤炭行业第二轮修志工作给予大力支持，在此表示衷心感谢！

目前，全国煤炭第二轮修志以及中央和各省级煤炭集团（公司）修志工作基本完成。《湘煤集团志》是《中国煤炭工业志》重要的组成部分。鉴于《湘煤集团志》在2016年已基本形成初稿，但仍有一些问题需要解决，特提出如下建议：

一、增补廖建湘董事长为《中国煤炭工业志》编委会委员。此名单印在此后出版的《中国煤炭工业志》系列志书上。

二、原志书下限止于2015年。建议后延至2022年。志书重点记述近年的工作与成绩。

三、原编写大纲按实际情况，予以调整简化。对其内容按新版大纲予以修改。

四、对违纪违法人员不再列入“人物简介”，予以清理。按照有关要求认真处理。

五、建议贵集团尽快明确分管修志工作的领导、志书总纂（主编）、负责修志的部门及编写人员。结合学习贯彻二十大精神，全面精准推进修志工作。

六、我们将全力协助贵集团做好修志启动、培训和评审工作。也盼望一部高质量的《湖南煤业集团志》早日问世。

以上，谨供参考。

《中国煤炭工业志》编委会办公室

二〇二三年二月六日

二 关于《湖南省煤业集团有限公司志》(2006—2022)编写大纲的评审意见

《中国煤炭工业志》编纂委员会

关于《湖南省煤业集团有限公司志》(2006-2022)编写大纲的评审意见

湖南省煤业集团有限公司:

我办公室收到《湖南省煤业集团有限公司志》(2006-2022)编写大纲和评审申请后,组织有关专家进行了认真审读,并于6月15日召开了《湖南省煤业集团有限公司志》编写大纲评审会。原则同意《湖南省煤业集团有限公司志》编写大纲。具体评审意见如下:

一、编写大纲的篇目设置符合志书“横排门类”的要求,结构合理、归属得当;体裁齐全,运用规范,全面反映了湖南省煤业集团有限公司的历史与现状。

二、希望根据湖南省煤业集团有限公司和编纂工作的实际,参考评审会提出的修改建议,对编写大纲加以补充完善。在此基础上编写高质量的《湖南省煤业集团有限公司志》。

《中国煤炭工业志》编纂委员会办公室

二〇二三年六月十五日

三　关于《湖南省煤业集团志》有关人员称谓的回复

《中国煤炭工业志》编纂委员会

关于《湖南省煤业集团志》有关人员称谓的回复

湖南省煤业集团有限公司：

经研究，对有关人员称谓的回复建议如下：

1.按照有关规定，凡是犯过错误并受到处理领导干部，在出版物中一律不上。

2.志书中，上述领导干部可以在机构设置和干部任职中出现。但在彩页、大事记、人物与荣誉中不能出现。如要在人物中出现，必须要把所犯错误及处理结果记清（经过组织审批）。

3.对上述人员的称谓，我们建议用全称（全名）。

《中国煤炭工业志》编纂委员会办公室

2023年11月6日

四 《湖南省煤业集团志》终审证书

《中国煤炭工业志》编纂委员会

终 审 证 书

志书名称 《湖南省煤业集团志》

编纂单位 《湖南省煤业集团志》编纂委员会

终审时间 二〇二四年一月五日

终审地点 长沙

评审组终审意见

《中国煤炭工业志》编委会组织有关专家对《湖南省煤业集团志》（送审稿）进行认真审读。在此基础上，于 2024 年 1 月 5 日在长沙召开了终审会。**终审意见如下：**

一、湖南省煤业集团党政领导具有高度文化自觉和责任承担意识，依法修志，落实任务，精准推进。编纂人员认真负责，勤恳敬业，克服困难，各部门和所属单位密切配合，圆满地完成了送审稿的编纂任务。

二、评审组同意《湖南省煤业集团志》通过终审

《湖南省煤业集团志》全面记述了 2006-2022 年湖南省煤业集团的发展历程与现状。送审稿观点正确，体裁齐全，结构合理；地域特色、时代特色、企业特色鲜明；资料翔实，记述准确，语言朴实，行文规范。符合志书编纂规范。

三、希望编纂人员认真研究评审组和有关方面的意见与修改建议，举一反三，按照志书编纂规范，对志稿进行认真修改和完善，使高质量的《湖南省煤业集团志》早日出版。

二〇二四年一月五日

《湖南省煤业集团志》编纂委员会意见

（签字）　　　　（盖章）

2024 年 1 月 5 日

《中国煤炭工业志》编纂委员会意见

（签字）　　　　（盖章）

2024 年 1 月 5 日

《湖南省煤业集团志》评审组成员

2024 年 1 月 5 日

姓　名	单位及职务	签　字
解宏绪	中国煤炭工业协会副会长、《中国煤炭工业志》编委会副主任	
陈党义	河南煤炭学会会长、《河南煤炭工业志》编委会主任	
陈　昌	《中国煤炭工业志》编办主任、副总纂	
张志民	陕西煤炭学会常务副理事长，《陕西煤炭工业志》编委会副主任、总纂	
于海宏	《中国煤炭工业志》编办副主任	

编 纂 始 末

根据中国煤炭工业协会《关于煤炭行业第二轮修志工作的指导意见》，为了全面真实记述湘煤集团组建以来顺势而生、乘势而兴的发展历程，充分展示湘煤集团17年来安全生产、经营管理、改革创新、党的建设等所取得的丰硕成果，全方位展示湘煤人取向正、全力拼，不畏困难，顽强拼搏，自我加压，敢于胜利的精神风貌，赓续红色血脉，传承湘煤文化，达到“存史、资治、育人”的目的，《湖南省煤业集团志》编纂工作2015年就着手筹备，初步完成《湖南省煤业集团公司志》(2006—2015）送审稿。但因集团主要负责人等人被立案查处，此项工作暂停。

2016年5月，新班子到任后，奋力自强，企业从绝境求生，到全面提升、彰显价值，湘煤集团进入了高质量发展新阶段。2017年10月23日，《中国煤炭工业志》编纂委员会副主任、总纂吴晓煜给湘煤集团董事长廖建湘写信，建议编纂《湖南省煤业集团志》。2023年2月6日，《中国煤炭工业志》编纂委员会办公室发来《关于建议编纂好湘煤集团志的函》，要求集团结合学习贯彻党的二十大精神，全面准确推进修志工作。2023年4月15日，董事长廖建湘批示“同意来函建议”。5月5日，集团企业管理部呈报《关于启动湘煤志编制工作的请示》。5月6日，集团公司董事长廖建湘批示“同意。请仕秋、湘明同志抓落实，确保按期保质完成”。

2023年5月17日，集团公司印发《关于成立湖南煤业集团志编纂委员会的通知》(湘煤集企〔2023〕176号)。党委书记、董事长廖建湘担任《湖南省煤业集团志》编纂委员会主任，并出任《中国煤炭工业志》编委委员。党委副书记、副董事长、总经理胡瑞连，党委副书记文仕秋担任《湖南省煤业集团志》编纂委员会副主任；集团公司、股份公司全体高管为编纂委员会成员，涂湘明任主编；并设立编纂委员会办公室（编辑部）。

2023年6月8日，集团公司向《中国煤炭工业志》编纂委员会、中国煤炭工业协会史志委员会呈报《关于请求审定〈湖南省煤业集团有限公司志〉编写大纲的请示》(湘煤集办〔2023〕246号)。

2023年6月15日，《中国煤炭工业志》编纂委员会办公室组织召开了《湖南省煤业集团志》(2006—2022）编写大纲评审会，原则同意《湖南省煤业集团志》(2006—2022）编写大纲，并印发了《关于〈湖南省煤业集团志〉(2006—2022）编写大纲的评审意见》，要求按大纲高质量完成书稿。

2023年6月19日，编辑部人员全部到位，编辑工作全面展开。

2023年6月27日，集团公司召开“《湖南省煤业集团志》(2006—2022）编纂工作启动大会”。会议由主编涂湘明主持，副主编张新建、童建良、杨瑞美作了培训讲话，编委副主任文仕秋作主题动员讲话。总部各部门主要负责人、所属单位负责人、编辑和编务人员共130人参加会议。

2023年9月21日，集团公司印发《关于印发〈湘煤志图片、综述、大事记等编纂规则〉的通知》(湘煤集办〔2023〕349号)，规范志书编写工作。

2023年9月30日，《湖南省煤业集团志》(2006—2022）第一稿基本完成。

2023年10月19日，集团公司召开“《湖南省煤业集团志》(2006—2022）编纂工作推进会议”。会议由文仕秋主持，涂湘明对编纂工作进行了全面回顾总结，对下步工作进行了详细安排。

10月23—30日，各部室进行第一轮审稿，编辑部按照审稿意见进行了修改，形成了《湖南省煤业集团志》(2006—2022）第二稿。

2023年10月25日，涂湘明主持召开第一次编纂工作推进会议，提出“苦战三十天，坚决按时保质完成编辑任务”。组织编辑人员，对每一篇章的详细内容进行研究审议，要求进一步充实基础资料，核准基础数据，把握编纂重点，详今略远，去伪存真，汲取精华，编写正史。

2023 年 11 月 17 日，文仕秋主持召开第二次编纂工作推进会，涂湘明作了题为“苦战半个月，坚决按时保质完成编辑任务”的讲话。《湖南省煤业集团志》(2006—2022) 进行以副主编为主的第二轮审稿。

2023 年 11 月 24 日，对修改形成的《湖南省煤业集团志》(2006—2022) 第三稿进行第三轮审稿。

2023 年 11 月 30 日，经常务副主编童建良全面统稿，主编涂湘明和编委副主任文仕秋的统筹和审核，修改完成了《湖南省煤业集团志》(2006—2022) 第四稿（送审稿）。

12 月 4 日，《湖南省煤业集团志》(2006—2022)(送审稿) 呈报集团、股份公司领导审阅。

12 月 20 日，廖董事长组织召开集团公司党委（编委）会议，审议通过了《湖南省煤业集团志》(2006—2022)(送审稿)，要求进行修改完善后，形成了《湖南省煤业集团志》(2006—2022) 第五稿（评审稿），报《中国煤炭工业志》编纂委员会评审。

12 月 23 日，《湖南省煤业集团志》(2006—2022)(评审稿) 送《中国煤炭工业志》编纂委员会评审。

2024 年 1 月 5 日，《中国煤炭工业志》编纂委员会召开评审会，审定通过了《湖南省煤业集团志》(2006—2022)，并提出了修改意见。

2024 年 2 月 1 日，按照《中国煤炭工业志》编纂委员会评审意见修改后，形成《湖南省煤业集团志》(2006—2022)第六稿(审定稿) 交应急管理出版社出版。

在整个编纂过程中，全体编纂人员本着忠诚企业、尊重历史与现状、继往开来、启迪后世的精神，经过两个阶段一年半的艰苦努力，六易其稿。按照编写内容和业务工作的职能分工，将初稿撰写任务分解到 32 名责任人，并分 14 个板块明确 8 名专职编辑人员，分别负责收集整理及综合编写。为规范简称，制定了各单位及部门全称、简称对照表。在这期间，《中国煤炭工业志》编委会办公室主任、副总纂陈昌，副主任于海宏亲自询问关心志书编写情况，指导志书编写。志书成稿的每一个环节都经历了反复的撰写和修改。从最初开始撰写到形成初稿，有的内容最多经历了 13 次反复修改，一般内容修改都在 10 次左右。初稿倾注了编纂人员辛勤汗水。通过各位领导、编委的指正、修改、补缺、纠谬、审削、优化、润色和提升，2023 年 11 月底形成《湖南省煤业集团志》(2006—2022)(送审稿)，共计约 160 万字。

从志书编写筹备到最后成稿，编写人员通过对资料的消化、甄别、筛选和核实，梳理出集团约 17 年完整的发展过程、清晰的发展脉络和贯穿始终的发展全貌，力求突出发展重点，体现工作亮点，彰显湘煤特色。编辑部聘请了 7 位熟悉湘煤、热爱湘煤、感恩湘煤、奉献湘煤的专业人员，年龄最大的 70 岁。他们精心研讨，孜孜不倦，精益求精，体现了良好的奉献精神。

志书成稿得到各级领导的亲切关怀和悉心指导，得到上级主管部门、行业管理部门及兄弟单位的热心帮助，得到集团总部各部室、所属各单位的鼎力支持。集团所属单位、总部各部门，近 100 人直接参与资料收集、志书编写、审稿和指导。集团公司党委书记、董事长廖建湘亲自审批编写方案，指导志书编写，审阅修改志书，并为《湖南省煤业集团志》(2006—2022) 作序。集团公司党委副书记、副董事长、总经理胡瑞连多次过问编纂工作，并对志书编纂提出了宝贵意见。编委会的各位领导从人力、物力和精神方面对编纂工作给予了大力支持和指导。编纂这样一部洋洋百万字大型企业志书，是举全集团之力，集集体之智慧而成，可谓“众手成志”。在此，谨向所有给予《湖南省煤业集团公司志》(2006—2022) 编纂工作关心、支持、帮助的各级领导、单位、部门和参与编纂工作的全体人员表示诚挚的敬意和衷心的感谢。

本志书编写各部分对应的负责人为：概述、凡例为童建良；大事记、第一篇公司治理为苏艳燕；第二篇煤炭产业、第四篇安全生产为邱发亮；第三篇非煤产业、第八篇科技与信息化为蒋兴华；第五篇环境保护、第七篇经营管理为蒋明华；彩页图片及配文、第六篇改革改制、附录及编纂始末为邹跃平；第九篇企业文化与社会责任、第十一篇工会和共青团为谢喜荣；第十篇中国共产党组织、人物与荣誉为王庚如；单位简介和第一篇中的发展战略、第七篇中的建设管理、物资管理、行政事务管理为刘尚初。

由于资料不够详尽，志书编写人员对集团情况掌握得不够全面，且时间紧迫，编写水平有限，尽管付出了辛勤努力，但难免存在缺陷，敬请读者批评指正。

《湖南省煤业集团志》编纂委员会办公室